해커스변호사

# 민사법

*Civil Law*

 변호사시험
핵심기출 **400**제

선택형

⫸ 해커스변호사

# 서문

"기출문제를 풀고 싶은데 시간은 없고 기존 책들은 문제가 너무 많네."

"빈출되는 핵심지문을 중심으로 효과적으로 준비하고 싶어."

---

**윤동환·공태용과 해커스가** 자신 있게 만들었습니다.

2022년 제11회까지의 변호사시험 민사법(민법·민사소송법·상법)선택형 기출 문제 중 **가장 중요한 민법 200문제, 민사소송법 100문제, 상법 100문제를 각 선별**하였습니다.

**변호사시험을 위한** 가장 효율적인 기출문제집입니다.

변호사시험 민사법 **기출문제 중 핵심적인 400제를 선별**함으로써, 양적인 부담을 최소화하면서도 질적으로는 기출된 내용의 **핵심사항을 효율적으로 정리·암기할 수 있도록 구성**하였습니다.

합격을 위한 여정
윤동환·공태용과 해커스가 여러분과 함께합니다.

# 차례

# 상법

해커스변호사 변호사시험 핵심기출 400제 **민사법 선택형**

민법

# PART 1

## 민법총칙

## 01

A 회사는 토지 소유자인 乙의 동의 없이 그 토지의 상공에 고압송전선이 통과하도록 시설을 설치하여 사용하고 있으며, 甲은 이러한 사실을 알면서 乙로부터 그 토지를 매수하여 소유권이전등기를 경료하고 이를 농지로 이용하고 있다. 甲이 토지를 취득한 때부터 13년이 경과한 시점에 A 회사를 상대로 송전선의 철거를 구하고자 한다. 이와 관련한 법률관계에 대한 설명으로 옳지 않은 것은? (다툼이 있는 경우 판례에 의함)                                   [14 변호사]

① 甲이 송전선의 철거를 구하는 것은 소유권에 기한 물권적 청구권을 행사는 것이므로 소멸시효에 걸리지 않는다.

② 甲이 송전선이 토지 위를 통과하고 있다는 점을 알고서 토지를 취득하였다고 하여 그 토지에 대한 소유권의 행사가 제한된 상태를 용인하였다고 할 수 없으므로, 甲이 송전선 철거를 구하는 것은 신의성실의 원칙에 반하지 않는다.

③ 甲의 권리행사에 실효의 법리를 적용하기 위해서는 종전 토지 소유인인 乙이 자신의 권리를 행사하지 아니하였다는 사정을 고려하여 판단하여야 한다.

④ 甲의 권리행사가 권리남용에 해당하기 위해서는 그러한 권리행사가 주관적으로 그 목적이 오로지 상대방에게 고통을 주고 손해를 입히려는 데 있을 뿐만 아니라 객관적으로는 사회질서에 위반된 것으로 인정되어야 한다.

⑤ 甲이 송전선의 철거를 구하는 소송을 제기한 경우, 법원은 A회사의 주장이 없더라도 甲의 청구가 권리남용에 해당하는지 여부를 직권으로 판단할 수 있다.

## 01

정답 ③

▶ 위 문제는 대판 1996.5.14. 94다54283 ; 대판 1995.8.25. 94다27069 판례를 기초로 한 사례이다.

① [○]

[해설] 소유권은 제162조에 의해 소멸시효에 걸리지 않는다. 그리고 통설은 소유권의 절대성과 항구성을 이유로 소유권은 물론 소유권에 기한 물권적 청구권도 소멸시효에 걸리지 않는다고 본다. 判例도 동일하다(아래 80다2968 등).

[관련판례] "합의해제에 따른 매도인의 원상회복청구권은 소유권에 기한 물권적 청구권이라 할 것이고, 따라서 이는 소멸시효의 대상이 아니다"(대판 1982.7.27. 80다2968).

② [○]

[해설] "송전선이 토지 위를 통과하고 있다는 점을 알고서 토지를 취득하였다고 하여 그 취득자가 그 소유 토지에 대한 소유권의 행사가 제한된 상태를 용인하였다고 할 수 없으므로, 그 취득자의 송전선 철거 청구 등 권리행사가 신의성실의 원칙에 반하지 않는다"(대판 1995.8.25. 94다27069).

③ [×]

[해설] "실효의 원칙이라 함은 권리자가 장기간에 걸쳐 그 권리를 행사하지 아니함에 따라 그 의무자인 상대방이 더 이상 권리자가 그 권리를 행사하지 아니할 것으로 신뢰할 만한 정당한 기대를 가지게 되는 경우에 새삼스럽게 권리자가 그 권리를 행사하는 것은 법질서 전체를 지배하는 신의성실의 원칙에 위반되어 허용되지 않는다는 것을 의미하는 것이므로, 종전 토지 소유자가 자신의 권리를 행사하지 않았다는 사정은 그 토지의 소유권을 적법하게 취득한 새로운 권리자에게 실효의 원칙을 적용함에 있어서 고려하여야 할 것은 아니다"(대판 1995.8.25. 94다27069).

④ [○]

[해설] "주관적으로는 그 목적이 오직 상대방에게 고통을 주고 손해를 입히려는 데 있고, 객관적으로는 사회질서에 위반된 것이어서 권리남용에 해당한다"(대판 1999.9.7. 99다27613 등).

▶ 즉, 判例는 일관된 입장을 보이고 있지 않으나 기본적으로 주관적 요건(가해의사 ; 상대방에게 고통을 주고 손해를 입히려는 의사)을 고려하여 판단한다(위 99다27613판결 등). 다만 최근에는 "주관적 요건은 권리자의 정당한 이익 결여라는 객관적 사정에 의하여 추인될 수 있다"(대판 1993.5.14, 93다4366 등 ; 이 사안에서 判例는 원고가 이 사건 건물철거소송에 이른 사정, 계쟁토지가 0.3㎡에 불과한 점, 피고 건물의 철거에 상당한 비용이 들고 철거 후에도 잔존 2층 건물의 효용이 크게 감소되리라는 점 등에 비추어 원고의 청구가 떳떳한 권리행사라고는 보여지지 않는다고 판단하였다)라고 판시함으로써 주관적 요건을 완화하는 경향이다.

⑤ [○]

[해설] 신의성실의 원칙은 강행법규적 성질을 가지므로 당사자의 주장이 없더라도 법원이 직권으로 그 위반 여부를 판단할 수 있다(대판 1995.12.22. 94다42129).

## 02

미성년자에 관련된 설명 중 옳지 않은 것을 모두 고른 것은?

[14 변호사]

ㄱ. 법정대리인이 재산의 범위를 정하여 미성년자에게 처분을 허락하였다면, 법정대리인은 그 재산의 처분에 관하여 스스로 유효한 대리행위를 할 수 없다.

ㄴ. 법정대리인이 미성년자에게 영업의 종류를 특정하여 영업을 허락하였다면, 법정대리인은 허락한 영업과 관련된 행위를 스스로 대리할 수 없다.

ㄷ. 피후견인의 신상과 재산에 관한 모든 사정을 고려하여, 성년후견인과 마찬가지로 미성년후견인도 여러 명 둘 수 있다.

ㄹ. 후견인과 피후견인 미성년자 사이에 이해상반되는 행위를 하는 경우, 후견감독인이 선임된 때에도 후견인은 특별대리인의 선임을 청구하여야 한다.

ㅁ. 제한능력자가 속임수로써 법정대리인의 동의가 있는 것으로 믿게 하여 법률행위를 한 경우, 그 행위를 취소할 수 없다.

① ㄱ, ㄴ, ㄷ

② ㄱ, ㄷ, ㅁ

③ ㄱ, ㄹ, ㅁ

④ ㄱ, ㄷ, ㄹ, ㅁ

⑤ ㄴ, ㄷ, ㄹ, ㅁ

**02**                                        정답 ④

해설 ㄱ. [×]

법정대리인이 범위를 정하여 처분을 허락한 재산은 미성년자가 임의로 처분할 수 있다(제6조). 법정대리인의 허락이 있다고 하여 미성년자가 성년자로 되는 것은 아니므로, 법정대리인 스스로 대리행위를 할 수 있다.

ㄴ. [○]

미성년자가 법정대리인으로부터 허락을 얻은 특정한 영업에 관하여 **성년자와 동일한 행위능력이 있다**(제8조 1항). 따라서 당해 영업과 관련하여서는 법정대리인의 대리권도 소멸한다.

ㄷ. [×]

미성년자에게 친권자가 없거나, 친권자가 법률행위의 대리권과 재산관리권을 행사할 수 없는 경우에는 미성년후견인을 두어야 한다(제928조). 미성년후견인의 수는 한 명으로 하고(제930조 1항), 피후견인의 법정대리인이 된다(제938조 1항).

ㄹ. [×]

미성년자에게 친권자가 없어 후견인이 선임된 경우에도 제921조(이해상반행위)는 준용된다. 다만 후견감독인이 선임된 경우에는, 그가 피후견인(미성년자)을 대리하여 특별대리인의 역할을 수행할 것이므로 특별대리인을 따로 선임할 필요는 없다(제940조의6 3항, 제949조의3).

ㅁ. [×]

조문 제17조(제한능력자의 속임수) 「① 제한능력자가 속임수로써 자기를 능력자로 믿게 한 경우에는 그 행위를 취소할 수 없다.

② 미성년자나 피한정후견인이 속임수로써 법정대리인의 동의가 있는 것으로 믿게 한 경우에도 제1항과 같다.」

▶ 따라서 피성년후견인의 법률행위는 원칙적으로 취소할 수 있으므로(제10조 1항), 그가 속임수로써 법정대리인의 동의가 있는 것으로 믿게 하더라도 제17조 2항은 적용되지 않는다. 그러나 피성년후견인이 속임수로써 능력자로 믿게 한 때에는 제17조 1항이 적용된다.

# 03

「민법」상의 능력에 관한 설명 중 옳지 않은 것은? (다툼이 있는 경우 판례에 의함)                    [22 변호사]

① 의사능력 없이 한 법률행위는 무효인데, 의사능력의 유무는 구체적인 법률행위와 관련하여 개별적으로 판단되어야 한다.

② 제한능력자인지 여부가 연령에 의하여 획일적으로 또는 법원의 심판에 의하여 정해지기 때문에, 행위능력제도의 근본적인 입법취지는 제한능력자의 보호보다 거래의 안전을 확보함에 있다고 보아야 한다.

③ 피성년후견인의 법률행위는 취소할 수 있지만, 일용품의 구입 등 일상생활에 필요하고 그 대가가 과도하지 아니한 법률행위는 성년후견인이 취소할 수 없다.

④ 임의후견인의 대리권 소멸은 등기하지 아니하면 선의의 제3자에게 대항할 수 없다.

⑤ 법인도 성년후견인이 될 수 있고, 미성년후견인은 한 명이어야 하지만 성년후견인은 여러 명일 수 있다.

**03** 　　　　　　　　　　　　　　　　　　　　정답 ②

① [○]

**해설 의사무능력**

의사무능력자의 예로 정신병자, 만취자를 들 수 있고, 만7세 미만의 자는 대체로 의사능력이 없다. 민법의 규정이 없어 **의사능력의 유무는 '구체적'인 법률행위와 관련하여 '개별적'으로 판단해야** 한다. 判例에 따르면 의사능력이 인정되기 위하여는 그 행위의 일상적인 의미뿐만 아니라 법률적인 의미나 효과에 대하여도 이해할 수 있을 것을 요한다고 한다(대판 2009.1.15. 2008다58367).

② [×]

**해설 제한능력자 제도의 목적**

민법은 제한능력자가 독자적으로 한 법률행위는 원칙적으로 '**취소**'할 수 있다고 규정하고 있다(제5조 2항, 제10조 1항, 제13조 4항). 즉 유리하다고 생각되면 취소 안 하면 그만이지만, 취소를 하게 되면 소급해서 무효가 되고(제141조), 이것은 모든 사람에 대한 관계에서 무효가 되는 절대적 효력이 있다(제5조 2항, 제10조 1항, 제13조 4항에서는 제107조 이하에서 정한 선의의 제3자 보호규정이 없다). 이 점에서 **제한능력자제도는 거래의 안전을 희생시키는 것을 감수하면서 제한능력자 본인을 보호하는 데 그 목적을 두고 있다**(강행규정성 ; 대판 2007.11.16. 2005다71659 등).

③ [○]

**해설 피성년후견인의 행위능력**

피성년후견인의 법률행위는 원칙적으로 언제나 취소할 수 있다(정신적 제약으로 사무를 처리할 능력이 지속적으로 결여되어 있기 때문이다)(제10조 1항). 성년후견인의 동의가 있더라도 취소할 수 있는데, 취소권자는 피성년후견인과 성년후견인이다(제141조).

그러나 가정법원이 '취소할 수 없는' 피성년후견인의 법률행위의 범위를 정한 경우에 그 한도에서 예외적으로 행위능력을 가지고(제10조 2항),[1] 일정한 자의 청구에 의해 가정법원이 그 범위를 변경할 수 있다(동조 3항). 그리고 일용품의 구입 등 일상생활에 필요하고 그 대가가 과도하지 아니한 법률행위는 피성년후견인이 단독으로 할 수 있다(제10조 4항)

④ [○]

**해설 임의후견제도**

후견계약은 '공정증서'로 체결하여야 하고, 가정법원이 '임의후견감독인을 선임'한 때부터 효력이 발생한다(제959조의14 2항, 3항). 후견계약에 따라 대리인으로 선임된 자를 '임의후견인'이라 하는데, 그 대리권의 범위는 후견계약에 따라 정해진다. 임의후견인의 대리권 소멸은 등기하지 아니하면 선의의 제3자에게 대항할 수 없다(제959조의19). 주의할 것은 이러한 임의후견인 선임을 위한 후견계약은 피후견인의 행위능력에 어떠한 영향도 미치지 않는다는 점이다.

⑤ [○]

**해설 후견인의 자격 및 인원수**

성년후견인은 피성년후견인의 신상과 재산에 관한 모든 사정을 고려하여 '여러 명'을 둘 수 있으나(제930조 2항), 미성년후견인의 수는 '한 명'으로 제한하고 있다(제930조 1항). 성년후견인은 자연인뿐만 아니라 사회복지법인 등의 '법인'도 선임될 수 있으나(제930조 3항), 미성년후견의 경우 미성년자의 원만한 인격형성을 위하여 법인은 미성년후견인이 될 수 없고 '자연인'에 한한다.

---

1) 제938조 2항이 가정법원은 성년후견인이 가지는 법정대리권의 범위를 정할 수 있다고 하는데, 그 범위가 제10조 2항의 범위와 일치하지 않는 경우(가령 취소할 수 없는 행위가 대리권의 범위에 포함된 경우)에 제10조 2항이 우선적용되어야 할 것이다(즉 성년후견인이 대리권을 가지더라도 피성년후견인의 행위능력은 제한되지 않는다)[지원림, 민법강의(13판), 2-69].

## 04

미성년자에 관한 설명 중 옳지 않은 것은? (각 지문은 독립적이며, 다툼이 있는 경우 판례에 의함)　　　　[18 변호사]

① 미성년자 甲이 법정대리인 乙의 동의 없이 신용카드회사 丙과 신용카드 이용계약을 체결하고 그 카드를 이용하여 丁으로부터 구입한 물품의 대금을 丙이 지급한 이후에 甲이 丙과의 신용카드 이용계약을 취소하더라도 이는 신의칙에 위배되지 않으며, 이 경우 甲이 丁과의 매매계약을 취소하지 않고 위 물품을 모두 소비하였다면 더 이상 현존이익이 존재하지 않으므로 甲은 丙에게 부당이득반환의무를 부담하지 않는다.

② 미성년자 甲 소유의 부동산에 관해 증여를 원인으로 하여 甲의 친권자 乙 명의의 소유권이전등기가 경료된 경우에는, 이를 위해 필요한 특별대리인 선임이 있었던 것으로 추정된다.

③ 공동상속인인 친권자가 다른 공동상속인인 수인의 미성년자의 법정대리인인 경우, 그 친권자의 대리행위에 의하여 성립된 상속재산분할협의는 공동상속인인 수인의 미성년자 전원에 의한 적법한 추인이 없는 한 무효이다.

④ 미성년자 甲 소유의 부동산에 대해 법정대리인 乙이 자신의 유흥비를 마련하기 위해 시세보다 훨씬 저렴한 가격으로 甲을 대리하여 丙과 매매계약을 체결한 경우, 丙이 그러한 사정을 알았거나 알 수 있었다면 그 매매계약의 효력은 甲에게 미치지 않는다.

⑤ 미성년자 甲이 불법행위의 피해자인 경우에는 다른 특별한 사정이 없는 한 甲의 법정대리인 乙이 甲의 손해 및 그에 대한 가해자를 알아야 甲의 손해배상청구권의 소멸시효가 진행한다.

## 04

① [×]

**[해설] 신용카드이용계약 및 신용구매계약에 있어 미성년자의 법률행위**

判例는 "미성년자의 법률행위에 법정대리인의 동의를 요하도록 하는 것은 강행규정이므로 법정대리인의 동의 없이 신용구매계약을 체결한 미성년자가 나중에 법정대리인의 동의 없음을 이유로 취소하는 것은 금반언에 반하지 않으므로 허용된다"(제5조 2항)(대판 2007.11.16. 2005다71659)고 한다. 다만 제17조의 속임수를 쓴 경우는 취소권이 배제된다.

▶ 따라서 사안에서 甲이 丙과의 신용카드 이용계약을 취소하더라도 이는 신의칙(금반언)에 위배되지 않는다.
判例는 신용카드이용계약이 제한능력을 이유로 취소되는 경우, 제한능력자가 반환하여야 할 부당이득반환의 대상은 신용카드가맹점과의 거래계약을 통하여 취득한 물품이 아니라 신용카드사가 가맹점에 대신 지급함으로써 '면제받은 물품대금채무 상당액'이고, 그와 같은 이익은 금전상의 이익으로 다른 특별한 사정이 없는 한 현존하고 있는 것으로 추정된다고 한다(대판 2005.4.15. 2003다60297 등).

▶ 따라서 사안에서 甲이 丁과의 매매계약을 취소하지 않고 위 물품을 모두 소비하였더라도, 甲은 丙에게 丙이 丁에게 지급한 물품의 대금을 부당이득으로 반환해야 한다.

② [○]

**[해설] 등기의 추정력 – 절차의 적법추정**

"전 등기명의인이 미성년자이고 당해 부동산을 친권자에게 증여하는 행위가 이해상반행위라면, 일단 친권자에게 이전등기가 마쳐졌더라도 그 이전등기에 관하여 필요한 절차를 적법하게 거친 것으로 추정된다"(대판 2002.2.5. 2001다72029).

③ [○]

**[해설] 친권자와 그 자간 또는 수인의 자간의 이해상반행위**

判例는 "제921조 1항의 이해상반행위란 행위의 객관적 성질상 친권자와 子 사이에 이해의 대립이 생길 우려가 있는 행위를 가리키는 것으로서 친권자의 의도나 그 행위의 결과로 실질적 이해의 대립이 생겼는가의 여부는 묻지 아니하는 것이라"(대판 1991.11.26. 91다32466)고 하여 형식적 판단설의 입장인바, "공동상속재산분할협의는 그 행위의 객관적 성질상 상속인 상호간에 이해의 대립이 생길 우려가 있는 행위라고 할 것이므로 공동상속인 친권자와 미성년인 수인의 자 사이에 상속재산분할협의를 하게 되는 경우에는 미성년자 각자마다 특별대리인을 선임하여 그 각 특별대리인이 각 미성년자인 자를 대리하여 상속재산분할의 협의를 하여야 하고 만약 친권자가 수인의 미성년자의 법정대리인으로서 상속재산분할협의를 한 것이라면 이는 민법 제921조에 위반된 것으로서 이러한 대리행위에 의하여 성립된 상속재산분할협의는 피대리자 전원에 의한 추인이 없는 한 무효"(대판 1993.4.13. 92다54524)라고 판시하고 있다.

④ [○]

**[해설] 친권의 남용**

친권자의 친권행사도 일종의 법정대리권의 행사인 이상 대리권 남용이론이 동일하게 적용되어야 하며, 단지 친권의 상실제도(제924조 이하)가 있다는 특수성이 있을 뿐이다. 최근에 대법원도 "법정대리인인 친권자의 대리행위가 객관적으로 볼 때 미성년자 본인에게는 경제적인 손실만을 초래하는 반면, 친권자나 제3자에게는 경제적인 이익을 가져오는 행위이고, 그 행위의 상대방이 이러한 사실을 알았거나 알 수 있었을 때에는, 민법 제107조 제1항 단서의 규정을 유추적용하여 그 행위의 효과는 자(子)에게는 미치지 않는다고 해석함이 상당하다"(대판 2011.12.22. 2011다64669)고 하여, 친권의 남용에도 임의대리권의 남용에 관한 논의를 적용할 수 있음을 분명히 하였다.

▶ 따라서 사안에서 미성년자 甲 소유의 부동산에 대해 법정대리인 乙이 자신의 유흥비를 마련하기 위해 시세보다 훨씬 저렴한 가격으로 甲을 대리하여 丙과 매매계약을 체결한 행위는 '친권남용'의 행위로서 상대방 丙이 그러한 사정을 알았거나 알 수 있었다면 제107조 1항 단서 유추적용에 따라 무효이므로 그 매매계약의 효력은 甲에게 미치지 않는다.

**[관련판례]** 다만 과거 判例는 친권의 행사에는 넓은 재량이 인정되므로 최종적으로 친권의 남용 여부를 판단할 때 신중한 태도를 보였다(대판 1991.11.26. 91다32466).[2] 아울러 최근 判例는 친권남용의 경우 제107조 1항 단서뿐만 아니라 제107조 2항의 규정도 유추적용될 수 있다는 입장이다(대판 2018. 4.26. 2016다3201).

⑤ [○]

**[해설] 불법행위로 인한 손해배상청구권의 기산점**

"민법 제766조 제1항은 '불법행위로 인한 손해배상의 청구권은 피해자나 그 법정대리인이 그 손해 및 가해자를 안 날로부터 3년간 이를 행사하지 아니하면 시효로 인하여 소멸한다'고 규정하고 있는바, 여기서 불법행위의 피해자가 미성년자로 행위능력이 제한된 자인 경우에는 다른 특별한 사정이 없는 한 그 법정대리인이 손해 및 가해자를 알아야 위 조항의 소멸시효가 진행한다고 할 것이다"(대판 2010.2.11. 2009다79897).

---

2) "미성년자의 (단독)친권자인 母가 미성년자에게는 오로지 불이익만을 주는데도 자기 오빠의 사업을 위하여 미성년자 소유의 부동산을 제3자에게 담보로 제공하였고(형식적 판단설인 判例에 따르면 이는 제921조의 이해상반행위에 해당하지 않는다), 제3자도 그와 같은 사정을 잘 알고 있었다고 하더라도, 그와 같은 사실만으로 母의 근저당권 설정행위가 바로 친권을 남용한 경우에 해당한다고는 볼 수 없다"

## 05

**종중에 관한 설명 중 옳지 않은 것은? (다툼이 있는 경우 판
례에 의함)**                                        [21 변호사]

① 고유 의미의 종중이란 공동선조의 분묘 수호와 제사, 종원
   상호 간 친목 등을 목적으로 하는 자연발생적인 관습상 종족
   집단체로서 특별한 조직행위를 필요로 하는 것이 아니다.

② 종중 소유의 재산은 그 관리 및 처분에 관하여 먼저 종중
   규약에 정하는 바가 있으면 이에 따라야 하고, 그 점에 관한
   규약이 없으면 종중총회의 결의에 의하여야 하므로 종중 대
   표자에 의한 종중 재산의 처분이라고 하더라도 그러한 절차
   를 거치지 아니한 채 한 행위는 무효이다.

③ 종중 토지 매각대금의 분배는 정관 기타 규약에 달리 정함이
   없는 한 종중총회의 결의에 의하여만 할 수 있고, 이러한 분
   배결의가 없으면 종원이 종중에 대하여 직접 분배청구를 할
   수 없다.

④ 공동 선조의 자손인 성년 여자를 종중원으로 인정한 대법원
   전원합의체 판결 이후에는 종중총회 개최를 위하여 남자 종
   중원들에게만 소집통지를 하고, 여자 종중원들에게 소집통지
   를 하지 않는 경우 그 종중총회에서의 결의는 효력이 없다.

⑤ 종중의 임원은 종중 재산의 관리·처분에 관한 사무를 처리
   함에 있어 종중 규약 또는 종중총회의 결의에 따라야 할 의
   무는 있으나 선량한 관리자로서의 주의를 다하여야 할 의무
   는 없다.

## 05

정답 ⑤

① [○]

**해설** "고유 의미의 **종중**이란 공동선조의 분묘 수호와 제사, 종원 상호 간 친목 등을 목적으로 하는 '**자연발생적인 관습상 종족집단체**'로서 특별한 조직행위를 필요로 하는 것이 아니고, 공동선조의 후손은 그 의사와 관계없이 성년이 되면 당연히 그 구성원(종원)이 되는 것이며 그중 일부 종원을 임의로 그 종원에서 배제할 수 없다. 따라서 공동선조의 후손 중 특정 범위 내의 자들만으로 구성된 종중이란 있을 수 없으므로, 만일 공동선조의 후손 중 특정 범위 내의 종원만으로 조직체를 구성하여 활동하고 있다면 이는 본래의 의미의 종중으로는 볼 수 없고, '**종중 유사의 권리능력 없는 사단**'이 될 수 있을 뿐이다"(대판 2019.2.14. 2018다264628).

② [○]

**해설** "종중 소유의 재산은 종중원의 총유에 속하는 것이므로 그 관리 및 처분에 관하여 먼저 종중규약에 정하는 바가 있으면 이에 따라야 하고, 그 점에 관한 종중규약이 없으면 종중총회의 결의에 의하여야 하므로, **비록 종중 대표자에 의한 종중재산의 처분이라고 하더라도 그러한 절차를 거치지 아니한 채 한 행위는 무효이고**, 이러한 법리는 종중이 타인에게 속하는 권리를 처분하는 경우에도 적용된다"(대판 1996.8.20. 96다18656).

③ [○]

**해설** 종중 토지 매각대금의 분배에 관한 종중총회의 결의가 무효인 경우, 새로운 종중총회의 결의 없이 종원이 곧바로 종중을 상대로 분배금의 지급을 구할 수 있는지 여부(소극)
"총유물인 종중 토지 매각대금의 분배는 정관 기타 규약에 달리 정함이 없는 한 종중총회의 결의에 의하여만 처분할 수 있고 이러한 분배결의가 없으면 종원이 종중에 대하여 직접 분배청구를 할 수 없다. 따라서 종중 토지 매각대금의 분배에 관한 종중총회의 결의가 무효인 경우, 종원은 그 결의의 무효확인 등을 소구하여 승소판결을 받은 후 새로운 종중총회에서 공정한 내용으로 다시 결의하도록 함으로써 그 권리를 구제받을 수 있을 뿐이고 새로운 종중총회의 결의도 거치지 아니한 채 종전 총회결의가 무효라는 사정만으로 곧바로 종중을 상대로 하여 스스로 공정하다고 주장하는 분배금의 지급을 구할 수는 없다"(대판 2010.9.9. 2007다42310,42327).

④ [○]

**해설** "종중 총회를 개최함에 있어서는, 특별한 사정이 없는 한 족보 등에 의하여 소집통지 대상이 되는 종중원의 범위를 확정한 후 국내에 거주하고 소재가 분명하여 통지가 가능한 모든 종중원에게 개별적으로 소집통지를 함으로써 각자가 회의와 토의 및 의결에 참가할 수 있는 기회를 주어야 하므로, 일부 종중원에 대한 소집통지 없이 개최된 종중 총회에서의 결의는 그 효력이 없다. 대법원 2005.7.21. 선고 2002다1178 전원합의체 판결 이후에는 **공동 선조의 자손인 성년 여자도 종중원**이므로, 종중 총회 당시 남자 종중원들에게만 소집통지를 하고 여자 종중원들에게 소집통지를 하지 않은 경우 그 종중 총회에서의 결의는 효력이 없다"(대판 2010.2.11. 2009다83650).

⑤ [×]

**해설** 종중과 위임에 유사한 계약관계에 있는 종중의 임원은 종중재산의 관리·처분에 관한 사무를 처리함에 있어 종중규약 또는 종중총회의 결의에 따라야 함은 물론 선량한 관리자로서의 주의를 다하여야 할 의무가 있다(대판 2017.10.26. 2017다231249).

## 06

**법인 아닌 사단에 관한 설명 중 옳지 않은 것은? (다툼이 있는 경우 판례에 의함)** [17 변호사]

① 법인 아닌 사단의 사원이 존재하지 않게 된 경우에도 그 법인 아닌 사단은 청산사무가 완료될 때까지 청산의 목적범위 내에서 권리의무의 주체가 된다.

② 법인 아닌 사단의 대표자가 정관에 규정된 대표권 제한에 위반하여 법률행위를 한 경우, 그 상대방이 대표권 제한 및 그 위반 사실을 알았거나 과실로 인해 알지 못한 때에는 그 법률행위는 무효이다.

③ 법인 아닌 사단의 정관에 특별한 규정이 없는 경우 법인 아닌 사단의 대표자가 타인 간의 금전채무를 보증하기 위해 사원총회 결의를 거칠 필요는 없다.

④ 법인 아닌 사단의 총회 소집권자가 총회 소집을 철회하는 경우 반드시 총회 소집과 동일한 방식으로 통지해야 할 필요는 없고, 총회 구성원들에게 소집 철회의 결정이 있었음이 알려질 수 있는 적절한 조치를 취하는 것으로 충분하다.

⑤ 법인 아닌 사단의 채권자가 채권자대위권에 기하여 법인 아닌 사단의 총유재산에 대한 권리를 대위행사하는 경우, 사원총회의 결의 등 법인 아닌 사단의 내부적 의사결정 절차를 거쳐야 한다.

## 06
정답 ⑤

① [ ○ ]

**해설** "법인 아닌 사단에 대하여는 사단법인에 관한 민법규정 가운데서 법인격을 전제로 하는 것을 제외하고는 이를 유추적용하여야 할 것인바, 사단법인에 있어서는 사원이 없게 된다고 하더라도 이는 해산사유가 될 뿐 막바로 권리능력이 소멸하는 것이 아니므로 법인 아닌 사단에 있어서도 구성원이 없게 되었다 하여 막바로 그 사단이 소멸하여 소송상의 당사자능력을 상실하였다고 할 수는 없고 청산사무가 완료되어야 비로소 그 당사자능력이 소멸하는 것이다"(대판 1992.10.9. 92다23087).

② [ ○ ]

**해설** "임원회의의 결의 등을 거치도록 한 규약은 대표권을 제한하는 규정에 해당하는 것이므로, 거래 상대방이 그와 같은 대표권 제한 및 그 위반 사실을 알았거나 과실로 인하여 이를 알지 못한 때에는 그 거래행위가 무효로 된다고 봄이 상당하며, 이 경우 그 거래 상대방이 대표권 제한 및 그 위반 사실을 알았거나 알지 못한 데에 과실이 있다는 사정은 그 거래의 무효를 주장하는 측이 이를 주장·입증하여야 한다"(대판 2007.4.19. 전합2004다60072·60089).

③ [ ○ ]

**해설** 권리능력 없는 사단의 재산소유는 총유로 하며(제275조 1항), 총유물의 관리 및 처분은 정관 기타 규약에 정한 바가 없으면 사원총회의 결의에 의한다(제275조 2항, 제276조 1항). 이와 관련하여 判例는 "총유물의 관리 및 처분이라 함은 총유물 그 자체에 관한 이용·개량행위나 법률적·사실적 처분행위를 의미하는 것이므로, [보증계약과 같은] 단순한 채무부담행위는 총유물의 관리·처분행위라고 볼 수 없다"고 한다(대판 2007.4.19. 전합2004다60072·60089).

**관련판례** 判例에 따르면 총회결의를 거치지 않은 총유물의 관리 및 처분행위는 '무효'이고(대판 2001.5.29. 2000다10246), 이는 처분권한 없이 처분한 경우에 해당하므로 표현대리가 적용될 여지도 없다고 한다(대판 2009.2.12. 2006다23312 등). 따라서 상대방이 선의였는지 여부는 문제되지 않는다.

④ [ ○ ]

**해설** "법인이나 법인 아닌 사단의 총회에 있어서 총회의 소집권자가 총회의 소집을 철회·취소하는 경우에는 반드시 총회의 소집과 동일한 방식으로 그 철회·취소를 총회 구성원들에게 통지하여야 할 필요는 없고, 총회 구성원들에게 소집의 철회·취소결정이 있었음이 알려질 수 있는 적절한 조치가 취하여지는 것으로써 충분히 그 소집 철회·취소의 효력이 발생한다"(대판 2007.4.12. 2006다77593).

⑤ [ × ]

**해설** "비법인사단이 총유재산에 관한 소를 제기할 때에는 정관에 다른 정함이 있는 등의 특별한 사정이 없는 한 사원총회의 결의를 거쳐야 하지만(대판 2011.7.28. 2010다97044 판결 등 참조), 이는 비법인사단의 대표자가 비법인사단 명의로 총유재산에 관한 소를 제기하는 경우에 비법인사단의 의사결정과 특별수권을 위하여 필요한 내부적인 절차이다. 채권자대위권은 채무자가 스스로 자기의 권리를 행사하지 아니하는 때에 채권자가 채무자에 대한 채권을 보전하기 위하여 채무자의 의사와는 상관없이 채무자의 권리를 대위하여 행사할 수 있는 권리로서 그 권리행사에 채무자의 동의를 필요로 하는 것은 아니므로, 비법인사단이 총유재산에 관한 권리를 행사하지 아니하고 있어 비법인사단의 채권자가 채권자대위권에 기하여 비법인사단의 총유재산에 관한 권리를 대위행사하는 경우에는 사원총회의 결의 등 비법인사단의 내부적인 의사결정절차를 거칠 필요가 없다"(대판 2014.9.25. 2014다211336).

## 07

법인에 관한 설명 중 옳지 않은 것은? (다툼이 있는 경우에는 판례에 의함)  [13 변호사]

① 재단법인의 기본재산의 변경은 정관의 변경을 초래하기 때문에 주무관청의 허가를 받아야 하는데, 기존의 기본재산을 처분하는 행위는 물론 새로이 기본재산으로 편입하는 행위도 주무관청의 허가가 있어야 유효하다.

② 총유재산의 보존행위로서 소를 제기하는 경우, 법인 아닌 사단의 구성원 중 1인에 불과한 甲은 설령 그가 사단의 대표자이거나 사원총회의 결의를 거쳤더라도 그 소송의 당사자가 될 수 없다.

③ 설립자가 그 소유의 부동산을 출연하여 재단법인을 설립하는 경우, 설립등기가 경료되었더라도 그 부동산에 관하여 재단법인 명의의 등기가 경료되기 전이라면, 설립자의 채권자가 그 부동산에 관하여 신청한 강제집행에 대하여 재단법인은 제3자이의의 소를 제기할 수 없다.

④ 법인 아닌 사단에서 이사의 대표권에 대한 제한이 정관에 기재되어 있는 경우, 그 대표권의 제한은 악의의 제3자에 대해서는 대항할 수 있지만, 선의의 제3자에 대해서는 그에게 과실이 있더라도 대항할 수 없다.

⑤ 사단법인의 정관에 그 정관을 변경할 수 없다는 규정이 있더라도 총사원의 동의로 정관을 변경할 수 있다.

**07**                   정답 ④

① [○]

**해설** 재단법인을 설립하기 위해 출연한 '**기본재산**'은 재단법인의 실체를 이루며, 이것은 정관의 필요적 기재사항이다(제43조)[그러나 "재단법인의 기본재산이 아닌 재산의 매각은 정관의 변경을 초래하는 것이 아니므로 주무관청의 허가를 필요로 하는 것이 아니다"(대판 1967.12.19. 67다1337)]. 따라서 재단법인의 기본재산을 처분하거나 또는 **추가로 기본재산에 편입시키는 것**(기본재산의 증가)은 모두 정관의 변경사항이 되므로 주무관청의 허가를 얻어야 그 효력이 생기고(제45조 3항)(처분행위 전에 주무관청의 허가를 얻는 것이 원칙이겠지만, 사후에 허가를 받아도 된다), 그 허가 없이 한 **처분행위는 무효가** 된다(대판 1991.5.28. 90다8558). 그리고 주무관청의 허가 없는 기본재산의 처분을 금하는 법의 취지상 **채권계약으로서도 그 효력이 없다**(대판 1974.6.11. 73다1975).

② [○]

**해설** 총유의 경우에는 공유나 합유의 경우처럼 보존행위는 구성원 각자가 할 수 있다(제265조 단서, 제272조)는 규정이 없으므로 보존행위를 함에도 제276조 1항에 따른 사원총회의 결의를 거치거나 정관이 정하는 바에 따른 절차(제275조 2항 참조)를 거쳐야 한다(대판 2014.2.13. 2012다112299). 특히 총유재산에 관한 소송행위와 관련(당사자적격의 문제)하여 최근 判例는 "총유재산에 관한 소송은 법인 아닌 사단이 그 명의로 사원총회의 결의를 거쳐 하거나(민사소송법 제52조 참조) 또는 그 구성원 전원이 당사자가 되어 필수적 공동소송의 형태로 할 수 있을 뿐 총회의 결의를 거치더라도 (설령 대표자라도)구성원 개인이 할 수는 없다"(대판 2005. 9.15. 전합2004다44971)고 판시하고 있다. 그럼에도 불구하고 비법인사단의 대표자 개인이 총유재산의 보존행위로서 소를 제기한 때에는 법원은 당사자적격 흠결을 이유로 부적법 각하하여야 한다.

③ [○]

**해설** 설립자가 그 소유의 부동산을 출연하여 재단법인을 설립하는 경우 判例는 "출연자와 법인간에는 등기 없이도 제48조에서 규정하는 때에 법인에 귀속되지만, **법인이 그것을 가지고 제3자에게 대항하기 위해서는 제186조의 원칙에 돌아가 그 등기를 필요로 한다**"(대판 1979.12.11. 전합78다481)고 판시하고 있다.
따라서 설립등기가 경료되었더라도 그 부동산에 관하여 재단법인 명의의 등기가 경료되기 전이라면, 설립자의 채권자가 그 부동산에 관하여 신청한 강제집행에 대하여 재단법인은 제3자이의의 소를 제기할 수 없다. 왜냐하면 **제3자이의의 소는 제3자가 집행목적물에 대하여 소유권 또는 목적물의 양도·인도를 막을 수 있는 권리를 가진 때, 이를 침해하는 강제집행에 대하여 이의를 주장하여 집행의 배제를 구하는 소**인데, 이 소의 원인이 되는 양도나 인도를 막을 수 있는 권리는 집행채권자에게 대항할 수 있는 것이어야 하기 때문이다(민사집행법 제48조).

④ [×]

**해설** "민법 제275조, 제276조 제1항에서 말하는 총유물의 관리 및 처분이라 함은 총유물 그 자체에 관한 이용·개량행위나 법률적·사실적 처분행위를 의미하는 것이므로, 비법인사단이 타인 간의 금전채무를 보증하는 행위는 총유물 그 자체의 관리·처분이 따르지 아니하는 단순한 채무부담행위에 불과하여 이를 총유물의 관리·처분행위라고 볼 수는 없다. 따라서 비법인사단인 재건축조합의 조합장이 채무보증계약을 체결하면서 조합규약에서 정한 조합 임원회의 결의를 거치지 아니하였다거나 조합원총회 결의를 거치지 않았다고 하더라도 그것만으로 바로 그 보증계약이 무효라고 할 수는 없다. 다만, 이와 같은 경우에 조합 임원회의의 결의 등을 거치도록 한 조합규약은 조합장의 대표권을 제한하는 규정에 해당하는 것이므로, 거래 상대방이 그와 같은 대표권 제한 및 그 위반 사실을 알았거나 과실로 인하여 이를 알지 못한 때에는 그 거래행위가 무효로 된다고 봄이 상당하며, 이 경우 그 거래 상대방이 대표권 제한 및 그 위반 사실을 알았거나 알지 못한 데에 과실이 있다는 사정은 그 거래의 무효를 주장하는 측이 이를 주장·입증하여야 한다"(대판 2007.4.19. 전합 2004다60072,60089).

⑤ [○]

**해설** 사단법인은 자율적 법인이므로 그 법인의 '동일성을 유지하는 범위'에서 원칙적으로 정관변경이 가능하다(가령 비영리의 목적을 영리의 목적으로 변경하는 경우와 같이 동일성을 해치거나 사단법인의 본질에 반하는 정관변경은 허용되지 않는다). 즉 사단법인은 ⅰ) 사원총회에서 총사원의 3분의 2이상의 동의와, ⅱ) 주무관청의 허가를 얻어 정관을 변경할 수 있다(제42조). 특히 정관에 그 정관을 변경할 수 없다고 규정하고 있더라도 모든 사원의 동의가 있으면 정관을 변경할 수 있다고 본다(통설).

## 08

甲 법인의 대표자가 乙에게 대표자의 모든 권한을 포괄적으로 위임하여 乙이 실질적으로 법인의 대표자로서 그 법인의 사무를 집행하고 있었다. 그러던 중 乙이 외관상 직무에 관한 행위로 丙에게 손해를 가하였다. 이에 대한 설명 중 옳지 않은 것을 모두 고른 것은? (다툼이 있는 경우 판례에 의함)

[14 변호사]

> ㄱ. 甲 법인의 대표자가 행한 乙에 대한 업무의 포괄적 위임과 포괄적 수임인 乙의 대행행위는 원칙적으로 甲 법인에 효력이 미친다.
>
> ㄴ. 만약 乙이 대표자로 등기되어 있지 않았다면, 丙은 甲 법인을 상대로 민법 제35조에서 정한 법인의 불법행위책임에 따른 손해배상을 청구할 수 없다.
>
> ㄷ. 乙의 행위가 자신의 이익을 도모하기 위한 것이라면 직무관련성이 부정되므로, 丙은 甲 법인을 상대로 민법 제35조에서 정한 법인의 불법행위책임에 따른 손해배상을 청구할 수 없다.
>
> ㄹ. 乙의 행위가 실제로 직무에 관한 행위에 해당하지 아니함을 丙이 알았거나 과실로 알지 못한 경우에는 甲 법인을 상대로 민법 제35조에 정한 법인의 불법행위책임에 따른 손해배상을 청구할 수 없다.

① ㄱ, ㄹ      ② ㄷ, ㄹ

③ ㄱ, ㄴ, ㄷ      ④ ㄴ, ㄷ, ㄹ

⑤ ㄱ, ㄴ, ㄷ, ㄹ

정답 ⑤

**해설** ㄱ. [×]

이사는 원칙적으로 자신이 스스로 대표권을 행사하여야 한다. 다만, 정관 또는 사원총회의 결의로 금지하지 않은 사항에 한하여 타인으로 하여금 '특정'의 행위를 대리하게 할 수 있다(제62조). 따라서 이사는 '포괄적인 복임권'은 없다. 만약 대표자가 타인에게 업무를 포괄적으로 위임한 경우 그 포괄적 수임인이 법인의 사무를 행하더라도 이는 제62조에 위반된 것이어서 그 효력이 법인에는 미치지 아니한다(대판 2011.4.28. 2008다15438).

[위 2008다15438판결의 사실관계] 주택조합 등 다수의 주택조합을 설립한 乙이 甲 주택조합 대표자에게서 권한을 위임받아 甲 주택조합의 업무를 수행하면서 분양대행회사와 조합원모집대행계약을 체결하였고, 그에 따라 丙 등이 분양대행회사를 통해 조합원가입계약을 체결하였는데, 계약서에는 계약당사자로 甲 주택조합 등 위 다수의 주택조합을 통칭하는 명칭으로 사용되는 丁 주택조합이 기재되어 있는 사안에서, 비록 계약서에 丁 주택조합이라고 기재되어 있더라도 丙 등과 분양대행회사 사이에는 계약당사자를 甲 주택조합으로 보는 의사합치가 있었으므로 위 조합원가입계약의 계약당사자는 甲 주택조합이고, 다만 甲 주택조합의 대표자가 甲 주택조합 대표자로서의 모든 권한을 乙에게 포괄적으로 위임한 것은 민법 제62조에 위반한 것이어서 위 조합원가입계약이 甲 주택조합에 효력이 없다고 하면서, 丙 등의 甲 주택조합에 대한 분양대금 또는 조합원분담금반환청구 부분을 기각하였다.

ㄴ. [×]

민법 제35조 1항 소정의 '대표자'에는 그 명칭이나 직위 여하, 또는 대표자로 등기되었는지 여부를 불문하고 당해 법인을 실질적으로 운영하면서 법인을 사실상 대표하여 법인의 사무를 집행하는 사람을 포함한다(A는 등기부상 대표자이지만, A가 대표자로서의 모든 권한을 B에게 일임하여 B가 실질적으로 법인의 대표자로서의 사무를 집행한 사안에서, B를 위 대표자에 해당하는 것으로 보았다)(대판 2011.4.28. 2008다15438).

[위 2008다15438판결의 사실관계] 甲 주택조합의 대표자가 乙에게 대표자의 모든 권한을 포괄적으로 위임하여 乙이 그 조합의 사무를 집행하던 중 불법행위로 타인에게 손해를 발생시킨 데 대하여 불법행위 피해자가 甲 주택조합을 상대로 민법 제35조에서 정한 법인의 불법행위책임에 따른 손해배상청구를 한 사안에서, 甲 주택조합의 등기부상 대표자는 조합 설립 시부터 乙에게 대표자로서의 모든 권한을 일임하여 乙이 조합의 도장, 대표자의 신분증 등으로 소지하면서 조합 대표자로서 사무를 집행한 점, 甲 주택조합의 등기부상 대표자는 乙로부터 월급을 받는 직원에 지나지 아니하여 乙의 사무집행에 관여할 지위에 있지 않았고, 실제로도 일절 대표자로서의 사무를 집행하지 않은 점 등 여러 사정에 비추어 볼 때, 乙은 甲 주택조합을 실질적으로 운영하면서 법인을 사실상 대표하여 법인의 사무를 집행하는 사람으로

서 제35조에서 정한 '대표자'에 해당한다고 하여, 丙 등의 甲 주택조합에 대한 제35조에 의한 손해배상청구 부분을 인용하였다.

ㄷ. [×]

통설·判例는 행위의 외형을 기준으로 직무관련성 여부를 판단한다. 즉 '직무에 관한 행위'인지 여부는 주관적·구체적으로 판단할 것이 아니라 객관적·추상적으로 판단하여야 하며, 여기에는 외형상 대표기관의 직무집행행위라고 볼 수 있는 행위 및 직무집행행위와 사회관념상의 관련성(견련성)을 가지는 행위를 포함한다.

"법인이 그 대표자의 불법행위로 인하여 손해배상의무를 지는 것은 그 대표자의 직무에 관한 행위로 인하여 손해가 발생한 것임을 요한다 할 것이나, 그 직무에 관한 것이라는 의미는 행위의 외형상 법인의 대표자의 직무행위라고 인정할 수 있는 것이라면 설사 그것이 대표자 개인의 사리를 도모하기 위한 것(대표권남용)이었거나 혹은 법령의 규정(강행규정)에 위배된 것이었다 하더라도 위의 직무에 관한 행위에 해당한다고 보아야 한다"(대판 2004.2.27. 2003다15280).

▶ 따라서 실질적인 대표자인 乙의 행위가 자신의 이익을 도모하기 위한 것(대표권남용)이라도 외형상 대표기관의 직무집행행위라고 볼 수 있으면 제35조의 책임이 성립될 수 있다.

ㄹ. [×]

'직무에 관하여'의 범위를 확장하는 것은 거래의 안전을 도모하기 위한 것이므로, 대표기관의 행위가 직무집행에 관한 것이 아니라는 점에 대하여 상대방이 '선의'이고 '중대한 과실'이 없어야 한다(대판 2003.7.25. 2002다27088). 따라서 상대방이 '경과실'로 인하여 몰랐을 경우 상대방은 법인에 대하여 불법행위책임을 물을 수는 있지만, 과실상계를 함으로써 양자의 이익을 보호할 수 있을 것이다(제763조, 제396조). 민법상 과실은 원칙적으로 '경과실'을 의미한다.

**참고 판례** "여기서 중대한 과실이라 함은 거의 고의에 가까운 정도의 주의를 결여하고, 공평의 관점에서 상대방을 구태여 보호할 필요가 없다고 봄이 상당하다고 인정되는 상태를 말한다"(대판 2003.7.25. 2002다27088).

## 09

법률행위의 해석에 관한 설명 중 옳지 않은 것은? (다툼이 있는 경우 판례에 의함) [17 변호사]

① 법률행위의 해석은 당사자가 그 표시행위에 부여한 객관적인 의미를 명백하게 확정하는 것으로서, 당사자의 내심의 의사가 어떤지에 관계없이 그 문언의 내용에 의하여 당사자가 그 표시행위에 부여한 객관적 의미를 합리적으로 해석하여야 하는 것이다.

② 계약당사자 사이에 계약내용이 처분문서로 작성된 경우 문언의 객관적인 의미가 명확하다면 특별한 사정이 없는 한 문언대로 의사표시의 존재와 내용을 인정하여야 한다.

③ 계약당사자 쌍방이 계약의 전제나 기초가 되는 사항에 관하여 같은 내용으로 착오를 하고 이로 인하여 그에 관한 구체적 약정을 하지 않은 경우, 당사자가 그러한 착오가 없을 때에 약정하였을 것으로 보이는 실제 의사 내지 주관적 의사의 내용으로 당사자의 의사를 보충하여 계약을 해석해야 한다.

④ 계약을 체결하는 행위자가 타인의 이름으로 법률행위를 한 경우에 행위자 또는 명의인 가운데 누구를 계약의 당사자로 볼 것인가에 관하여, 행위자와 상대방의 의사가 일치하지 않으면 그 계약 체결 전후의 구체적인 제반 사정을 토대로 상대방이 합리적인 사람이라면 누구를 계약당사자로 이해할 것인가에 의하여 당사자를 결정하여야 한다.

⑤ 부동산의 매매계약에 있어 쌍방당사자가 모두 토지 X를 계약의 목적물로 삼았으나 그 목적물의 지번에 관하여 착오를 일으켜 계약서상 그 목적물을 X와는 별개인 토지 Y로 표시하였다 하여도 X를 매매의 목적물로 한다는 쌍방당사자의 의사합치가 있은 이상 위 매매계약은 X에 관하여 성립한 것으로 보아야 한다.

**09**   정답 ③

① [○]

해설 "법률행위의 해석은 당사자의 내심의 의사가 어떤지에 관계없이 그 문언의 내용에 의하여 당사자가 그 표시행위에 부여한 객관적 의미를 합리적으로 해석하여야 하는 것이다"(대판 2001.3.23. 2000다40858).

비교판례 "계약의 해석에 있어서는 형식적인 문구에만 얽매여서는 아니되고 쌍방 당사자의 진정한 의사가 무엇인가를 탐구하여야 하는 것이므로, 계약서에 그 목적물을 X토지가 아닌 Y토지로 표시하였다 하여도, 위 X토지에 관하여 이를 매매의 목적물로 한다는 쌍방 당사자의 의사합치가 있는 이상, 위 매매계약은 X토지에 관하여 '성립'한 것으로 보아야 한다"(대판 1993.10.26. 93다2629 : 아래 ⑤ 지문)고 한다.

② [○]

해설 判例는 법률행위가 문서(계약서·합의서·각서 등)에 의해 이루어진 경우(소위 처분문서 ; 증명하고자 하는 법률적 행위(처분)가 그 문서 자체에 의하여 이루어지는 경우의 문서)에는 원칙적으로 그 기재내용대로 법률행위의 존재를 인정한다. 즉, 예문이라고 할 수 없다고 한다(대판 1966.10.4. 66다1479 ; 대판 1970.12.29. 70다2449).

③ [×]

해설 "계약당사자 쌍방이 계약의 전제나 기초가 되는 사항에 관하여 같은 내용으로 착오가 있고 이로 인하여 그에 관한 구체적 약정을 하지 아니하였다면, 당사자가 그러한 착오가 없을 때에 약정하였을 것으로 보이는 내용으로 당사자의 의사를 보충하여 계약을 해석할 수 있는바, 여기서 보충되는 당사자의 의사는 당사자의 실제 의사 또는 주관적 의사가 아니라 계약의 목적, 거래관행, 적용법규, 신의칙 등에 비추어 객관적으로 추인되는 정당한 이익조정 의사를 말한다"(대판 2006.11.23. 2005다13288).

④ [○]

해설 "타인의 이름을 임의로 사용하여 계약을 체결한 경우에는 누가 그 계약의 당사자인가를 먼저 확정하여야 할 것으로서, 행위자 또는 명의인 가운데 누구를 당사자로 할 것인지에 관하여 행위자와 상대방의 의사가 일치한 경우에는 그 일치하는 의사대로 행위자의 행위 또는 명의자의 행위로서 확정하여야 할 것이지만(자연적 해석 : 주), 그러한 일치하는 의사를 확정할 수 없을 경우에는 계약의 성질, 내용, 체결 경위 및 계약체결을 전후한 구체적인 제반 사정을 토대로 상대방이 합리적인 인간이라면 행위자와 명의자 중 누구를 계약 당사자로 이해할 것인가에 의하여 당사자를 결정하고(규범적 해석 : 주), 이에 터잡아 계약의 성립 여부와 효력을 판단함이 상당하다"(대판 1995.9.29. 94다4912).

⑤ [○]

해설 "부동산의 매매계약에 있어 쌍방당사자가 모두 특정의 X토지를 계약의 목적물로 삼았으나 그 목적물의 지번 등에 관하여 착오를 일으켜 계약을 체결함에 있어서는 계약서상 그 목적물을 X토지와는 별개인 Y토지로 표시하였다 하여도 X토지에 관하여 이를 매매의 목적물로 한다는 쌍방당사자의 의사합치가 있는 이상 위 매매계약은 X토지에 관하여 성립한 것으로 보아야 할 것이고 Y토지에 관하여 매매계약이 체결된 것으로 보아서는 안 될 것이며, 만일 Y토지에 관하여 위 매매계약을 원인으로 하여 매수인 명의로 소유권이전등기가 경료되었다면 이는 원인이 없이 경료된 것으로서 무효이다"(대판 1993.10.26. 93다2629).

## 10

甲이 X 부동산을 乙에게 매도하기로 약정하고, 계약금 및 중도금을 수령한 뒤 이를 다시 丙에게 매도하고 丙에게 먼저 소유권이전등기를 마쳐주었다. 다음 설명 중 옳지 않은 것은? (다툼이 있는 경우에는 판례에 의함) [12 변호사]

① 乙이 甲을 상대로 소유권이전등기를 구하는 소를 제기한 경우, 甲은 이행불능의 항변으로 대항할 수 있고, 이에 대하여 乙은 계약해제 없이도 전보배상을 구하는 취지로 청구를 변경할 수 있다.

② 乙이 甲에 대하여 채무불이행으로 인한 손해배상청구권과 아울러 불법행위로 인한 손해배상청구권을 취득한 경우, 乙은 그 중 어느 쪽의 손해배상청구권이라도 선택적으로 행사할 수 있다.

③ 丙이 甲의 이중매매에 적극 가담한 것으로 인정되는 경우, 乙은 甲을 대위함이 없이 직접 丙을 상대로 소유권이전등기의 말소를 청구할 수 있다.

④ 乙이 甲에 대한 소유권이전등기청구권의 보전을 위하여 甲과 丙 사이의 매매계약에 대하여 채권자취소권을 행사하는 것은 허용되지 않는다.

⑤ 만약 丁이 丙 명의의 소유권이전등기를 신뢰하여 丙으로부터 X를 매수하여 소유권이전등기를 마쳤더라도, 甲과 丙 사이의 매매계약이 사회질서에 반하여 무효인 것으로 인정되면, 丁은 선의의 제3자임을 증명하더라도 보호받을 수 없다.

## 10 정답 ③

### ① [○]

**해설** 이중매매가 유효한 경우에는 제2매수인에게 소유권이전등기를 함으로써 매도인의 제1매수인에 대한 계약은 이행불능이 된다. 따라서 제1매수인은 계약해제 및 손해배상을 청구할 수 있고 또는 계약을 해제하지 않고 이행불능에 기한 전보배상을 청구할 수도 있다. 이 경우 원채권의 행사(소유권이전등기청구)와 그에 갈음하는 전보배상청구의 행사는 청구기초의 동일성이 인정되므로 청구의 변경은 적법하다(민사소송법 제262조).

**관련쟁점** "원래의 청구는 명의신탁해지를 원인으로 한 소유권이전등기청구이고 변경 후의 청구는 피고의 소유권이전등기의무의 이행불능임을 전제로 한 손해배상청구라 하더라도 청구의 기초에 변경이 없다"(대판 1969.7.22. 69다413).

### ② [○]

**해설** "본래 채무불이행책임과 불법행위책임은 각각 요건과 효과를 달리하는 별개의 법률관계에서 발생하는 것이므로 하나의 행위가 계약상 채무불이행의 요건을 충족함과 동시에 불법행위의 요건도 충족하는 경우에는 두 개의 손해배상청구권이 경합하여 발생한다고 보는 것이 당연하다"(대판 1983.3.22. 전합82다카1533). 다만 중첩적으로 행사할 수는 없다.

### ③ [×]

**해설** 判例는 부동산의 이중매매가 반사회적 법률행위로서 무효인 경우(제103조), 등기하지 않은 제1매수인은 아직 소유권자가 아니고 단순한 채권자에 불과하므로 직접 제2매수인에 대하여 그 명의의 소유권이전등기의 말소(제214조)를 구할 수는 없다고 한다. 다만 채권자대위권(제404조)을 행사하여 제2매수인에게 이를 청구할 수 있다고 한다.

**관련쟁점** "매도인의 매수인에 대한 배임행위에 가담하여 증여를 받아 이를 원인으로 소유권이전등기를 경료한 수증자에 대하여 매수인은 매도인을 대위하여 위 등기의 말소를 청구할 수는 있으나 직접 청구할 수는 없다는 것은 형식주의 아래서의 등기청구권의 성질에 비추어 당연하다"(대판 1983.4.26. 83다카57).

### ④ [○]

**해설** 민법 제407조에 따라 '특정채권 자체'의 보전을 위한 경우에는 채권자취소권을 행사할 수 없다(통설). 判例도 "채권자취소권을 특정물에 대한 소유권이전등기청구권을 보전하기 위하여 행사하는 것은 허용되지 않으므로, 부동산의 제1양수인은 자신의 '소유권이전등기청구권' 보전을 위하여 양도인과 제3자 사이에서 이루어진 이중양도행위에 대하여 채권자취소권을 행사할 수 없다"(대판 1999.4.27. 98다56690)고 한다.

**관련쟁점** 아울러 이행불능으로 이유로 한 손해배상청구권(금전채권)을 피보전채권으로 하는 채권자취소권의 경우도 判例는 "사해행위라고 주장하는 이 사건 부동산에 관한 매매 당시 아직 위 손해배상채권이 발생하지 아니하였고, 그 채권 성립에 관한 고도의 개연성 또한 없어 원고는 피고에 대한 '손해배상채권'을 피보전채권으로 하여 채권자취소권을 행사할 수 없다(대판 1999.4.27. 98다56690)고 한다.

### ⑤ [○]

**해설** "부동산의 이중매매가 반사회적 법률행위에 해당하는 경우에는 이중매매계약은 절대적으로 무효이므로, 당해 부동산을 제2매수인으로부터 다시 취득한 제3자는 설사 제2매수인이 당해 부동산의 소유권을 유효하게 취득한 것으로 믿었더라도 이중매매계약이 유효하다고 주장할 수 없다"(대판 1996.10.25. 96다29151)

## 11

민법 제104조의 불공정한 법률행위에 관한 설명 중 옳지 않은 것은? (다툼이 있는 경우에는 판례에 의함) [12 변호사]

① 대가관계 없는 일방적 급부행위에 대해서는 민법 제104조가 적용되지 않는다.

② 경매에 의한 재산권의 이전에 대해서는 민법 제104조가 적용된다.

③ 매매계약 등 쌍무계약이 불공정한 법률행위에 해당하여 무효인 경우, 그로 인하여 불이익을 입는 당사자로 하여금 그 불공정성을 이유로 제소하지 못하도록 하는 합의도 특별한 사정이 없는 한 무효이다.

④ 대리인에 의한 법률행위에 있어 경솔과 무경험은 대리인을 기준으로 판단하고, 궁박상태에 있었는지의 여부는 본인을 기준으로 판단한다.

⑤ 민법 제104조에 따라 무효인 법률행위는 원칙적으로 추인에 의해서도 유효로 될 수 없다.

## 12

채무초과 상태인 甲은 유일한 재산인 X 토지에 관하여 채권자 乙이 강제집행할 것을 우려하여 丙과 허위로 매매계약을 체결하고, 丙 명의로 소유권이전등기를 마쳤다. 그 후 丙은 이러한 사정을 모르는 丁에게 X를 매도하고 그에 관한 소유권이전등기를 마쳤다. 한편 丙의 채권자인 戊는 丙이 丁에게 X에 관한 소유권이전등기를 마치기 전에 X에 관하여 근저당권설정등기를 마쳤다. 다음 설명 중 옳지 않은 것은? (다툼이 있는 경우에는 판례에 의함) [12 변호사]

① 甲과 丙 사이의 매매계약은 甲이 계약체결 당시 채무초과 상태가 아니었더라도 무효이다.

② 甲과 丙 사이의 매매계약이 강제집행을 면탈할 목적으로 체결된 것이라도 선량한 풍속 기타 사회질서에 위반한 법률행위로 볼 수 없으므로, 甲은 丙에게 부당이득의 반환을 청구할 수 있다.

③ 甲과 丙 사이의 매매계약이 무효인 경우, 甲은 丁이 선의라면 그 무효로 丁에게 대항할 수 없고, 丁의 선의는 추정되므로 甲은 丁의 악의를 증명하여야 한다.

④ 甲과 丙 사이의 매매계약이 무효인 경우, 甲은 戊가 선의인지 여부와 관계없이 그 무효로 戊에게 대항할 수 있다.

⑤ 甲과 丙 사이의 매매계약이 무효인 경우에도 채권자 乙은 위 매매계약이 사해행위임을 이유로 채권자취소권을 행사할 수 있다.

## 11
정답 ②

[조문] 제104조(불공정한 법률행위) 당사자의 궁박, 경솔 또는 무경험으로 인하여 현저하게 공정을 잃은 법률행위는 무효로 한다.

① [○]

[해설] "민법 제104조가 규정하는 현저히 공정을 잃은 법률행위라 함은 자기의 급부에 비하여 현저하게 균형을 잃은 반대급부를 하게 하여 부당한 재산적 이익을 얻는 행위를 의미하는 것이므로, 증여계약과 같이 아무런 대가관계 없이 당사자 일방이 상대방에게 일방적인 급부를 하는 법률행위는 그 공정성 여부를 논의할 수 있는 성질의 법률행위가 아니다"(대판 2000.2.11. 99다56833)

② [×]

[해설] 제104조는 사적자치의 원칙에 대한 제한원리이므로 경매에는 적용되지 않는다. 判例도 "경매에 있어서는 불공정한 법률행위 또는 채무자에게 불리한 약정에 관한 것으로서 효력이 없다는 민법 제104조, 제608조는 적용될 여지가 없다"(대결 1980.3.21. 80마77결정)고 한다.

③ [○]

[해설] "매매계약과 같은 쌍무계약이 급부와 반대급부와의 불균형으로 말미암아 민법 제104조에서 정하는 '불공정한 법률행위'에 해당하여 무효라고 한다면, 그 계약으로 인하여 불이익을 입는 당사자로 하여금 위와 같은 불공정성을 소송 등 사법적 구제수단을 통하여 주장하지 못하도록 하는 부제소합의 역시 다른 특별한 사정이 없는 한 무효이다"(대판 2010.7.15. 2009다50308).

④ [○]

[해설] "대리인에 의하여 법률행위가 이루어진 경우 그 법률행위가 민법 제104조의 불공정한 법률행위에 해당하는지 여부를 판단함에 있어서 경솔과 무경험은 대리인을 기준으로 하여 판단하고, 궁박은 본인의 입장에서 판단하여야 한다"(대판 2002.10.22. 2002다38927).

⑤ [○]

[해설] 제104조에 따른 무효는 절대적 무효이므로 당사자의 추인(제139조)이 허용되지 않는다. 判例도 "불공정한 법률행위로서 무효인 경우에는 추인에 의하여 무효인 법률행위가 유효로 될 수 없다"(대판 1994.6.24. 94다10900)고 한다.

## 12
정답 ④

① [○]

甲과 丙 사이의 매매계약은 甲이 계약체결 당시 채무초과 상태였느냐와 상관없이 통정허위표시에 해당하여 무효이다(제108조 1항).

[관련 쟁점] 만약 甲이 채무초과 상태였다면(이른바 무자력) 乙은 甲과 丙 사이의 매매계약을 사해행위를 이유로 채권자취소권을 행사할 수 있을 것이다(제406조). 통설 및 判例(대판 1984.7.24. 84다카68)는 허위표시도 제406조(채권자취소권)의 '법률행위'에 해당하는 것으로 해석한다. 해설 ⑤번 참고.

② [○]

[해설] 민법 제746조의 불법원인급여에 대해 '불법원인'의 의미를 확대할 경우, 甲의 강제집행 면탈 의도를 법이 오히려 도와주어 甲의 채권자들의 채권을 침해할 수 있게 된다.
따라서 判例는 "강제집행을 면할 목적으로 부동산에 허위의 근저당설정등기를 경료하는 행위는 제103조 위반의 반사회적 행위라고 할 수 없다"(대판 2004.5.28. 2003다70041)고 하며 "불법원인급여를 규정한 민법 제746조 소정의 '불법의 원인'이라 함은 재산을 급여한 원인이 선량한 풍속 기타 사회질서에 위반하는 경우를 가리키는 것으로서, 강제집행을 면할 목적으로 부동산의 소유자명의를 신탁하는 것이 위와 같은 불법원인급여에 해당한다고 볼 수는 없다"(대판 1994. 4.15. 93다61307)고 판시하고 있다.

③ [○]

[해설] "허위표시 매매에 의한 매수인으로부터 부동산상의 권리를 취득한 제3자는 특별한 사정이 없는 한 선의로 추정할 것이므로 허위표시를 한 부동산 양도인이 제3자에 대하여 소유권을 주장하려면 그 제3자의 악의임을 입증하여야 한다"(대판 1970.9.29. 70다466).

④ [×]

[해설] 戊는 가장매수인 丙으로부터 저당권 취득이라는 실질적으로 새로운 법률상의 이해관계를 맺은 자로서 제108조 2항의 제3자에 해당하며, 선의로 추정된다. 따라서 甲은 戊에게 丙과의 매매계약이 통정허위표시로써 무효임을 주장할 수 없다(제108조 제2항).

⑤ [○]

[해설] 이른바 무효와 취소의 이중효에 관한 내용이다. 즉, 통설과 判例(대판 1998.2.27. 97다50985)는 통정허위표시도 채권자취소권(제406조)의 대상이 될 수 있다고 한다. 왜냐하면 무효와 취소의 '이중효'의 이론적 측면뿐만 아니라 통정허위표시의 경우 제3자의 보호법리(제108조 2항)에 의해 채무자의 재산이 일탈될 가능성이 있어 채권자가 사해행위를 주장하여 그 취소를 구할 실익이 있기 때문이다.

**13**

통정허위표시에 관한 설명 중 옳지 않은 것은? (각 지문은 독립적이며, 다툼이 있는 경우 판례에 의함) [18 변호사]

① 甲이 실제 차주인 丙에 대한 여신제한 등의 규정을 회피하기 위하여 甲 자신 명의로 금융기관 乙과의 소비대차계약서에 서명날인했다 하더라도, 乙과 소비대차에 따른 법률효과를 丙에게 귀속시키기로 약정하거나 乙이 이를 양해하는 등 특별한 사정이 없는 이상, 甲과 乙 사이의 소비대차계약은 통정허위표시가 아니며 甲이 이 소비대차계약에 따른 채무를 부담한다.

② 甲과 乙은 甲 소유의 부동산에 관하여 통정허위표시로 근저당권설정계약을 체결하고 이에 따른 乙 명의의 근저당권설정등기를 마쳤으나, 위 근저당권의 피담보채권을 성립시키는 법률행위는 없었다. 그 뒤 乙의 채권자 丙이 이 근저당권부 채권을 가압류한 경우, 丙은 위 근저당권설정계약이 통정허위표시임을 몰랐다 하더라도 이 근저당권말소에 대하여 등기상 이해관계인으로서 승낙할 의무가 있다.

③ 甲 은행이 乙과의 통정허위표시에 의한 가장의 대출채권을 보유하던 중 파산한 경우, 법원에 의해 선임된 파산관재인 丙은 통정허위표시에서의 제3자에 해당하며, 丙의 선의·악의는 丙을 기준으로 하는 것이 아니라 총 파산채권자를 기준으로 하여야 하므로, 파산채권자 모두가 악의가 아닌 이상 乙은 丙을 상대로 자신에게 대출채무가 존재하지 않는다고 주장할 수 없다.

④ 甲이 부동산의 매수자금을 乙로부터 차용하고 그 담보조로 乙에게 가등기를 해 주기로 약정하였으나 그 부동산에 대한 자신의 다른 채권자들의 강제집행을 우려하여 丙에게 이 부동산을 가장양도한 다음 丙이 乙에게 가등기를 경료해 준 경우, 乙은 통정허위표시에서의 제3자에 해당하지 않는다.

⑤ 甲이 통정허위표시로 乙에게 甲 소유의 부동산에 관한 전세권설정등기를 해 준 이후 丙이 이 전세권을 목적으로 한 근저당권설정등기를 마친 다음 丁이 丙의 전세권근저당권부 채권을 가압류한 경우, 설사 丁이 선의라 하더라도 丙이 악의인 이상 甲은 丁에게 위 전세권이 무효임을 주장할 수 있다.

**13**                                  정답 ⑤

① [○]

**해설** 명의차용자가 당사자로 되는 경우

원칙적으로는 차명대출의 경우 통정허위표시로 볼 수 없으나(대판 1998.9.4. 98다17909), 判例에 따르면 상대방이 대출명의를 명의대여자로 할 뿐 명의대여자에게 책임을 지우지 않는다는 '양해'를 하고 대출을 한 경우라면 명의대여자를 당사자로 한 의사표시는 통정허위표시로 무효가 되어 명의대여자가 책임을 면할 수 있으며(대판 1999.3.12. 98다48989), 이 경우 실제 채무자인 명의차용자가 채무자가 되어 상대방에게 책임을 진다고 한다(대판 1996.8.23. 96다18076).

② [○]

**해설** 허위의 근저당권설정계약과 제3자 보호

"근저당권은 그 담보할 채무의 최고액만을 정하고, 채무의 확정을 장래에 보류하여 설정하는 저당권으로서(제357조 1항), 계속적인 거래관계로부터 발생하는 다수의 불특정채권을 장래의 결산기에서 일정한 한도까지 담보하기 위한 목적으로 설정되는 담보권이므로, 근저당권설정행위와는 별도로 근저당권의 피담보채권을 성립시키는 법률행위가 있어야 한다. 한편, 근저당권이 있는 채권이 가압류되는 경우, 근저당권설정등기에 부기등기의 방법으로 그 피담보채권의 가압류 사실을 기입등기하는 목적은 근저당권의 피담보채권이 가압류되면 담보물권의 수반성에 의하여 종된 권리인 근저당권에도 가압류의 효력이 미치게 되어 피담보채권의 가압류를 공시하기 위한 것이므로, 만일 근저당권의 피담보채권이 존재하지 않는다면 그 가압류명령은 무효라 할 것이고, 근저당권을 말소하는 경우에 가압류권자는 등기상 이해관계 있는 제3자로서 근저당권의 말소에 대한 승낙의 의사표시를 하여야 할 의무가 있다"(대판 2004.5.28. 2003다70041).

▶ 즉, 判例는 통정한 허위표시에 의하여 외형상 형성된 법률관계로 생긴 채권(사안에서는 근저당권부채권)을 가압류한 경우, 그 가압류권자는 허위표시에 기초하여 새로운 법률상 이해관계를 가지게 되므로 제108조 2항의 제3자에 해당한다고 한다. 다만 사안과 같이 근저당권설정행위에 대해서만 허위의 의사표시가 있었고, 그 근저당권의 피담보채권을 성립시키는 허위의 의사표시는 없었던 경우는 결국 제3자는 보호받을 수 없다고 한다. 즉 '기본계약의 부존재와 가압류결정의 무효'를 이유로 丙은 등기상 이해관계 있는 제3자로서 근저당권의 말소에 대한 승낙의 의사표시를 할 의무가 있다고 한다(대판 2004.5.28. 2003다70041).

③ [○]

**해설** 허위표시의 무효로 대항할 수 없는 제3자 – 파산관재인
대법원은 "가장소비대차의 대주가 파산한 경우의 파산관재인은 파산자와는 독립한 지위에서 파산채권자 전체의 공동의 이익을 위하여 직무를 행하게 됨을 이유로 제3자에 해당한다"고 보고 있다(대판 2005.5.12. 2004다68366). 그리고 "파산관재인의 선의는 추정되고, 다만 파산관재인 개인의 선의·악의를 기준으로 할 수는 없고 총파산채권자 중 1인이라도 선의이면 파산관재인은 선의로 다루어진다"고 하는데, 이는 만일 파산관재인 개인을 기준으로 선의 여부를 판단하게 되는 경우 파산관재인이 누가 되는가에 따라 가장채권이 파산재단에 속하는지 여부가 달라지게 되는 불합리가 생기기 때문이다(대판 2006.11.10. 2004다10299).

④ [○]

**해설** 허위표시의 무효로 대항할 수 없는 제3자 – 기존의 채권자
"통정허위표시의 무효를 대항할 수 없는 제3자란 허위표시의 당사자 및 포괄승계인 이외의 자로서 허위표시에 의하여 외형상 형성된 법률관계를 토대로 새로운 법률원인으로써 이해관계를 갖게 된 자를 말한다. 따라서, 소외인(甲)이 부동산의 매수자금을 피고(乙)로부터 차용하고 담보조로 가등기를 경료하기로 약정한 후 채권자들의 강제집행을 우려하여 소외인(丙)에게 가장양도한 후 피고(乙) 앞으로 가등기를 경료케한 경우에 있어서 피고(乙)는 형식상은 가장 양수인(丙)으로부터 가등기를 경료받은 것으로 되어 있으나 실질적인 새로운 법률원인에 의한 것이 아니므로 통정허위 표시에서의 제3자로 볼 수 없다"(대판 1982.5.25. 80다1403).

▶ 다만 위 사안에서 判例는 乙의 가등기는 실체관계에 부합하는 것으로서, 丙 앞으로의 소유권등기가 허위표시임을 乙이 알았건 몰랐건 간에, 실제의 소유자인 甲은 乙에 대한 채무를 이행하지 않고서는 乙명의의 가등기의 말소를 구할 수 없다고 판시하였다(즉 乙이 보호받는 것은 제108조의 선의의 제3자 보호와는 별개의 것이다 ; 대판 1982. 5.25, 80다1403).

⑤ [×]

**해설** 허위표시의 무효로 대항할 수 없는 제3자 – 가장전세권의 전세권근저당권부 채권을 가압류한 가압류권자
"실제로는 전세권설정계약을 체결하지 아니하였으면서도 임대차계약에 기한 임차보증금반환채권을 담보할 목적 또는 금융기관으로부터 자금을 융통할 목적으로 임차인과 임대인 사이의 합의에 따라 임차인 명의로 전세권설정등기를 경료한 경우에, 위 전세권설정계약이 통정허위표시에 해당하여 무효라 하더라도 위 전세권설정계약에 의하여 형성된 법률관계에 기초하여 새로이 법률상 이해관계를 가지게 된 제3자에 대하여는 그 제3자가 그와 같은 사정을 알고 있었던 경우에만 그 무효를 주장할 수 있다. 그리고 여기에서 선의의 제3자가 보호될 수 있는 법률상 이해관계는 위 전세권설정계약의 당사자를 상대로 하여 직접 법률상 이해관계를 가지는 경우 외에도 그 법률상 이해관계를 바탕으로 하여 다시 위 전세권설정계약에 의하여 형성된 법률관계와 새로이 법률상 이해관계를 가지게 되는 경우도 포함된다"(대판 2013.2.15. 2012다49292).

▶ [사실관계] "丙의 전세권근저당권부 채권은 통정허위표시에 의하여 외형상 형성된 전세권을 목적물로 하는 전세권근저당권의 피담보채권이고, 丁은 이러한 丙의 전세권근저당권부 채권을 가압류하고 압류명령을 얻음으로써 그 채권에 관한 담보권인 전세권근저당권의 목적물에 해당하는 전세권에 대하여 새로이 **법률상 이해관계를 가지게 되었으므로**, 丁이 통정허위표시에 관하여 선의라면 비록 丙이 악의라 하더라도 허위표시자는 그에 대하여 전세권이 통정허위표시에 의한 것이라는 이유로 대항할 수 없다"(대판 2013.2.15. 2012다49292).

**쟁점정리** **제3자로부터의 전득자**는 제3자가 선의라면 전득자는 선·악을 불문하고 보호되는바, 이는 제108조 2항이 문제되는 것은 아니다[선의의 제3자의 개입에 의하여 허위표시의 하자는 치유되었다고 보아야 한다(엄폐물의 법칙)]. 반면 제3자가 악의이고 전득자가 선의인 경우에는 제108조 2항에 의하여 전득자가 보호될 수 있다(대판 2013.2.15. 2012다49492 : ⑤ 지문).

## 14

통정허위표시에 관한 민법 제108조 제2항의 '제3자'에 해당하지 않는 자를 모두 고른 것은? (다툼이 있는 경우 판례에 의함)

[14 변호사]

ㄱ. 甲과 乙사이의 허위의 의사표시에 기한 채무를 보증하고 그에 따라 보증채무자로서 그 채무를 이행한 경우, 보증인 丙

ㄴ. 근로자 甲이 乙회사에 대한 퇴직금채권을 丙에게 가장양도하였으나, 乙 회사가 아직 퇴직금을 가장양수인 丙에게 지급하지 않고 있던 중, 위 퇴직금채권이 법원의 전부명령에 의하여 丁에게 이전된 경우, 퇴직금채무자 乙 회사

ㄷ. 甲 금융기관과 乙 사이의 통정한 허위표시에 따라 甲이 乙에 대하여 취득한 외형상의 채권을 한국자산관리공사 丙이 인수한 경우, 채권양수인 丙

ㄹ. 甲이 상대방 乙과 통정한 허위의 의사표시를 통하여 가장채권을 보유하고 있다가 파산선고를 받은 경우, 파산관재인 丙

ㅁ. 甲이 자신의 소유인 X토지에 관하여 채권자 乙에게 담보가등기를 경료하기로 약정한 상태에서 그 토지를 丙에게 가장양도하고 소유권이전등기를 마친 다음 丙에게 지시하여 乙에게 가등기를 경료케 하여 준 경우, 채권자 乙

① ㄱ, ㄴ      ② ㄱ, ㅁ

③ ㄴ, ㄷ      ④ ㄴ, ㅁ

⑤ ㄷ, ㄹ

**14** 　　　　　　　　　　　　　　　　정답 ④

▶ 일반적으로 제3자란 당사자와 그의 포괄승계인 이외의 자를 말하지만, 허위표시를 기초로 하여 별개의 법률원인에 의하여 고유한 법률상의 이익을 갖는 법률관계에 들어간 자를 보호한다는 취지에 따라, 제108조 제2항의 제3자는 위와 같은 제3자 중 '허위표시에 의하여 외형상 형성된 법률관계를 토대로 ⅰ) 실질적으로 ⅱ) 새로운 ⅲ) 법률상 이해관계를 맺은 자'로 한정된다는 것이 통설과 判例의 입장이다.

〔해설〕 ㄱ. [제3자 ○]
대법원은 채무자와 허위표시에 기초한 채무에 대해 보증을 한 자가 보증채무를 이행하여 채무자에 대해 구상권을 취득한 경우, 그 구상권 취득에는 보증채무의 부종성으로 인하여 주채무가 유효하게 존재할 것이 필요하므로, 결국 그 보증인은 채무자의 채권자에 대한 채무부담행위라는 허위표시에 기초하여 구상권 취득에 관한 법률상 이해관계를 가지게 되었다고 보아야 하므로 제3자에 해당한다고 한다(대판 2000. 7.6. 99다51258). 다만, 보증채무부담행위 그 자체만으로는 제108조 2항의 제3자에 해당하지 않는다.

〔관련쟁점〕 그러나 가장채무의 보증인이 선의이지만 '중과실'로 가장채권자에게 보증채무를 이행한 사안에서, 보증인은 가장채무자(통정허위표시의 당사자)에게는 구상권을 행사할 수 있지만, 선의의 구상보증인들(통정허위표시의 무효를 주장하는 다른 제3자)에게까지 구상보증채무의 이행을 구하는 것은 권리남용에 해당하여 허용되지 않는다고 한다(위 99다51258의 재상고심 판결).

ㄴ. [제3자 ×]
채권의 가장양도에서 채무자는 채권의 양도인이 채무자에게 채무의 이행을 청구할 때 선의의 채무자는 채권 양수인에게 변제하여야 함을 이유로 거절할 수 없다. 이 경우 채무자는 가장양도에 터 잡아 새로운 이해관계를 맺은 바가 없기 때문이다(대판 1983.1.18. 82다594 ; 이 판결은 채무자가 가장양수인에게 지급하지 않고 있는 동안에 양도가 허위표시에 기한 것임이 밝혀진 경우를 전제로 하고 있음을 주의해야 한다).

〔관련쟁점〕 그러나 채권의 가장양도인이 채무자에게 채무의 이행을 청구하였는데 채무자는 이미 채권의 양도가 유효한 것으로 믿고 채권 양수인에게 채무를 이행해 버린 경우, 채무자는 채권의 가장양도에 터 잡아 '채무의 변제'라는 새로운 이해관계를 맺었기 때문에 제3자에 해당하는 것으로 보아야 한다(다수설). 따라서 채무자는 이를 이유로 변제를 거절할 수 있다. 물론 채무자는 그 밖에 제452조 1항에 의한 항변, 채권의 준점유자에 대한 변제(제470조) 항변 등을 할 수도 있다.

ㄷ. [제3자 ○]
가장매매에 기한 대금채권의 양수인 기타 가장채권의 양수인도 제3자에 해당한다고 할 것이다(제548조 1항 단서와 비교). 이와 관련하여 대법원은 통정허위표시에 의하여 금융기관과의 사이에 대출명의인이 된 자는 제108조 2항에 의해 그 금융기관으로부터 그 채권을 양수한 한국자산관리공사에 대하여 대출계약의 무효를 주장할 수 없다고 한다(대판 2004.1.15. 2002다31537).

〔비교관례〕 계약해제로 인한 원상회복의무는 제3자의 권리를 해하지 못한다(제548조 1항 단서). 이때 제3자의 범위와 관련하여 判例는 "그 해제된 계약으로부터 생긴 법률효과를 기초로 하여 '해제 전'에 새로운 이해관계를 가졌을 뿐 아니라 등기·인도 등으로 완전한 권리를 취득한 자"를 말한다고 하여(대판 2002.10.11. 2002다33502), 判例는 채권의 양수인이 취득한 권리는 채권에 불과하고 대세적 효력을 갖는 권리가 아니어서 (대항요건을 갖추었더라도) 채권의 양수인은 제3자에 해당하지 않는다고 한다(대판 2003.1.24. 2000다22850 등).

ㄹ. [제3자 ○]
대법원은 "가장소비대차의 대주가 파산한 경우의 파산관재인은 파산자와는 독립한 지위에서 파산채권자 전체의 공동의 이익을 위하여 직무를 행하게 됨을 이유로 제3자에 해당한다"고 보고 있다(대판 2005.5.12. 2004다68366).

〔관련쟁점〕 그리고 "파산관재인의 선의는 추정되고, 다만 파산관재인 개인의 선의·악의를 기준으로 할 수는 없고 총파산채권자 중 1인이라도 선의이면 파산관재인은 선의로 다루어진다"고 하는데, 이는 만일 파산관재인 개인을 기준으로 선의 여부를 판단하게 되는 경우 파산관재인이 누가 되는가에 따라 가장채권이 파산재단에 속하는지 여부가 달라지게 되는 불합리가 생기기 때문이다(대판 2006.11.10. 2004다10299).

ㅁ. [제3자 ×]
甲이 乙로부터 금전을 차용하고 그 담보로 甲의 부동산에 가등기를 하기로 약정하였는데, 채권자들의 강제집행을 우려하여 丙에게 가장양도하고 이를 乙 앞으로 가등기를 해 준 경우, 乙은 형식상은 가장양수인(丙)으로부터 가등기를 한 것이지만 실질적으로 새로운 법률원인에 의한 것이 아니므로 제3자에 해당하지 않는다(대판 1982.5.25. 80다1403).

〔관련쟁점〕 다만 乙의 가등기는 실체관계에 부합하는 것으로서, 丙 앞으로의 소유권등기가 허위표시임을 乙이 알았건 몰랐건 간에, 실제의 소유자인 甲은 乙에 대한 채무를 이행하지 않고서는 乙 명의의 가등기의 말소를 구할 수 없다(즉 乙이 보호받는 것은 제108조의 선의의 제3자 보호와는 별개의 것이다).

# 15

다음 설명 중 옳은 것을 모두 고른 것은? (각 지문은 독립적이고, 다툼이 있는 경우에는 판례에 의함) [12 변호사]

ㄱ. 甲이 乙과의 사이에 X 토지를 매매하는 계약을 체결한 후 乙에 대한 매매잔대금채권을 丙에게 양도한 경우, 위 매매계약이 해제되면 丙은 선의라도 乙에 대하여 위 양수금을 청구할 수 없다.

ㄴ. 甲이 乙에게 매매를 원인으로 주택의 소유권이전등기를 마쳐주었으나, 매매계약이 적법하게 해제되고 乙 명의의 소유권이전등기가 말소된 경우에도 위 매매계약이 해제되기 전에 乙로부터 위 주택을 임차하여 인도와 주민등록을 마친 丙의 권리를 해하지 못한다.

ㄷ. 丙이 甲과 乙 사이의 매매계약에 기한 甲의 소유권이전등기청구권을 가압류하였다면, 그 후 乙이 甲의 대금지급의무 불이행을 이유로 매매계약을 해제하더라도 丙의 가압류권자로서의 지위는 보호된다.

ㄹ. 파산자가 통정허위표시를 통하여 가장채권을 보유하고 있다가 파산이 선고된 경우, 파산관재인은 그 허위표시에 따라 외형상 형성된 법률관계를 토대로 실질적으로 새로운 법률상 이해관계를 가지게 된 제3자에 해당하는데, 이때 선의 여부는 파산관재인을 기준으로 판단한다.

ㅁ. X 토지에 관하여 甲과 乙 사이의 통정허위표시에 기하여 乙 명의의 가등기가 마쳐지고 甲으로부터 丙에게로의 소유권이전등기가 마쳐진 후 위 가등기에 기한 본등기가 마쳐짐에 따라 丙 명의의 등기가 말소된 경우, 乙로부터 X에 관한 소유권이전등기를 마친 丁이 위 허위표시에 관하여 알지 못했더라도 丙은 丁을 상대로 소유권이전등기의 말소를 청구할 수 있다.

① ㄱ, ㄴ      ② ㄴ, ㄹ
③ ㄷ, ㅁ      ④ ㄱ, ㄴ, ㅁ
⑤ ㄱ, ㄷ, ㄹ

**15** 　　　　　　　　　　　　　　　　　　　정답 ①

▶ **제108조 2항의 제3자와 제548조 1항 단서의 제3자 비교**
제108조 2항 등의 제3자는 '무효'인 의사표시를 바탕으로 새로운 이해관계를 가지면 되나, 제548조 1항 단서의 제3자는 '완전히 유효'한 계약을 바탕으로 새로운 이해관계를 가져야 하므로 후자의 경우에는 등기, 인도 등으로 완전한 권리를 취득한 자이어야 한다.

**해설** ㄱ. [○], ㄷ. [×]
"민법 제548조 제1항 단서에서 말하는 제3자란 일반적으로 그 해제된 계약으로부터 생긴 법률효과를 기초로 하여 해제 전에 새로운 이해관계를 가졌을 뿐 아니라 등기, 인도 등으로 완전한 권리를 취득한 자를 말하므로 계약상의 채권을 양수한 자나 그 채권 자체를 압류 또는 전부한 채권자는 여기서 말하는 제3자에 해당하지 아니한다"(대판 2000.4.11. 99다51685).

ㄴ. [○]
"소유권을 취득하였다가 계약해제로 인하여 소유권을 상실하게 된 임대인으로부터 그 계약이 해제되기 전에 주택을 임차받아 주택의 인도와 주민등록을 마침으로써 같은 법 소정의 대항요건을 갖춘 임차인은 등기된 임차권자와 마찬가지로 제3자에 해당된다"(대판 1996.8.20. 96다17653).

**관련판례** 判例는 '주택을 인도받은 미등기매수인'과 임대차계약을 체결하고 그 주택을 인도받아 전입신고를 마친자는 제3자에 해당한다고 한다(대판 2008.4.10, 2007다38908,38915).[3] 그러나 미등기매수인의 임대권한이 처음부터 제한되어 있는 경우에는 제3자는 보호되지 않는다. 즉 "주택 매매계약에 부수하여 매매대금 수령 이전에 매수인에게 임대 권한을 부여한 경우, 이는 매매계약의 해제를 해제조건으로 한 것이고, 매도인으로부터 매매계약의 해제를 해제조건부로 전세 권한을 부여받은 매수인이 주택을 임대한 후 매도인과 매수인 사이의 매매계약이 해제됨으로써 해제조건이 성취되어 그 때부터 매수인이 주택을 전세 놓을 권한을 상실하게 되었다면, 임차인은 전세계약을 체결할 권한이 없는 자와 사이에 전세계약을 체결한 임차인과 마찬가지로 매도인에 대한 관계에서 그 주택에 대한 사용수익권을 주장할 수 없게 되어 매도인의 명도 청구에 대항할 수 없게 되는바, 이러한 법리는 임차인이 그 주택에 입주하고 주민등록까지 마쳐 주택 임대차보호법상의 대항요건을 구비하였거나 전세계약서에 확정일자를 부여받았다고 하더라도 마찬가지이다"(대판 1995.12.12. 95다32037). 이 때 임차인은 매수인(임대인)의 보증금반환과 동시이행으로 매도인에게 목적물인도를 하겠다는 동시이행의 항변을 행사할 수 없다(대판 1990.12.7. 90다카24939).

ㄹ. [×]
"파산관재인이 민법 제108조 제2항의 경우 등에 있어 제3자에 해당하는 것은 파산관재인은 파산채권자 전체의 공동의 이익을 위하여 선량한 관리자의 주의로써 그 직무를 행하여야 하는 지위에 있기 때문이므로, 그 선의·악의도 파산관재인 개인의 선의·악의를 기준으로 할 수는 없고 총파산채권자를 기준으로 하여 파산채권자 모두가 악의로 되지 않는 한 파산관재인은 선의의 제3자라고 할 수밖에 없다. 파산관재인이 파산선고 전에 개인적인 사유로 파산자가 체결한 대출계약이 통정허위표시에 의한 것임을 알게 되었다고 하더라도 그러한 사정만을 가지고 파산선고시 파산관재인이 악의자에 해당한다고 할 수 없다"(대판 2006.11.10. 2004다10299).

ㅁ. [×]
가장양도인(甲)으로부터의 양수인(丙)과 가장양수인(乙)으로부터의 양수인(丁)의 우열이 문제되는 사안에서 判例는 "가장양수인으로부터의 양수인이 가장매로 인한 가등기 및 이에 대한 본등기의 원인이 된 각 의사표시가 허위임을 알지 못하였다면, 가장양도인으로부터의 양수인은 이러한 선의의 제3자에게 허위표시의 무효를 주장할 수 없고, 따라서 가장양수인으로부터의 양수인 명의의 소유권이전등기는 유효하다"(대판 1996.4.26. 94다12074)고 한다. 가장양도인으로부터의 양수인은 새로운 법률관계를 맺은 것이 가장매매를 기초로 한 것이 아닐 뿐만 아니라, 이미 가등기가 등재되어 있어 가등기에 기한 본등기시 자신의 등기가 말소될 위험을 부담하고 권리를 취득하였을 것이라는 점에서 判例의 태도가 타당하다.

---

3) [사실관계] 아파트 수분양자가 분양자로부터 열쇠를 교부받아 임차인을 입주케 하고 임차인이 주택임대차보호법상 대항력을 갖춘 후 다른 사정으로 분양계약이 해제되어 임대인인 수분양자가 주택의 소유권을 취득하지 못한 사안에서, 임차인은 아파트 소유자인 분양자에 대하여 임차권으로 대항할 수 있다고 본 사례이다.

## 16

착오에 관한 설명 중 옳지 않은 것은? (다툼이 있는 경우 판례에 의함)                                                    [20 변호사]

① 매매계약 내용의 중요부분에 착오가 있는 경우, 매수인은 매도인의 하자담보책임이 성립하는지와 상관없이 착오를 이유로 매매계약을 취소할 수 있다.

② 매도인이 매수인의 중도금 지급채무 불이행을 이유로 매매계약을 적법하게 해제한 후라도 매수인으로서는 착오를 이유로 취소권을 행사하여 매매계약 전체를 무효로 만들 수 있다.

③ 의사표시의 착오가 표의자의 중대한 과실로 발생하였으나 상대방이 표의자의 착오를 알고 이용한 경우, 표의자는 의사표시를 취소할 수 있다.

④ 보험회사가 설명의무를 위반하여 고객이 보험계약의 중요사항에 관하여 제대로 이해하지 못한 채 착오에 빠져 보험계약을 체결한 경우, 그 착오가 동기의 착오에 불과하더라도 착오가 없었다면 보험계약을 체결하지 않았거나 적어도 동일한 내용으로 보험계약을 체결하지 않았을 것임이 명백하다면 이를 이유로 보험계약을 취소할 수 있다.

⑤ 경과실에 의한 착오를 이유로 의사표시를 취소한 자는 상대방이 그 의사표시의 유효를 믿었음으로 인하여 발생한 손해에 대해 불법행위 책임을 진다.

## 16                                                    정답 ⑤

**① [○]**

**해설** 착오취소와 담보책임의 경합

"착오로 인한 취소 제도와 매도인의 하자담보책임 제도는 취지가 서로 다르고, 요건과 효과도 구별된다. 따라서 **매매계약 내용의 중요 부분에 착오가 있는 경우 매수인은 매도인의 하자담보책임이 성립하는지와 상관없이 착오를 이유로 매매계약을 취소할 수 있다**"(대판 2018.9.13. 2015다78703).

**② [○]**

**해설** 착오취소와 해제의 경합

判例는 매도인이 매수인의 중도금 지급 채무불이행을 이유로 매매계약을 적법하게 해제한 후에도(소급적 소멸), 매수인이 착오를 이유로 취소권을 행사하여 매매계약 전체를 무효로 돌릴 수 있다고 판시하여 경합을 인정한다(대판 1996.12.6. 95다24982). 왜냐하면 무효와 취소의 '이중효'의 이론적 측면뿐만 아니라 이를 인정할 경우 매수인으로서는 계약해제의 효과로서 발생하는 손해배상책임을 지는 불이익(제548조·제551조)을 피할 수 있는 실익도 있기 때문이다.

**③ [○]**

**해설** 취소권 발생의 요건(착, 중, 중)

착오를 이유로 취소를 주장하기 위해서는 ⅰ) 법률행위 내용의 착오, ⅱ) 중요부분에 관한 착오, ⅲ) 취소의 의사표시 및 그 도달사실을 증명해야 한다(제109조 1항). 이에 대해 표의자에게 중대한 과실이 없을 것은 상대방측의 (재)항변 사유이다(제109조 1항 단서). 그러나 **상대방이 표의자의 착오를 알면서 이를 이용한 경우에, 표의자에게 중대한 과실이 있더라도 표의자는 그 의사표시를 취소할 수 있다**(대판 1955.11.10. 4288민상321 ; 대판 2014.11.27. 2013다49794). 제109조 1항 단서가 상대방의 이익을 보호하기 위한 것이지만 이러한 경우에는 상대방의 보호가치가 부정되므로 그 규정의 적용이 배제되어야 하고, 또한 상대방이 표의자의 중대한 과실을 원용하여 표의자의 취소권을 부인하는 것은 신의칙에 반하기 때문이다.

**④ [○]**

**해설** 중요부분의 착오

"보험약관만으로 보험계약의 중요사항을 설명하기 어려운 경우에는 보험회사 또는 보험모집종사자는 상품설명서 등 적절한 추가자료를 활용하는 등의 방법을 통하여 개별 보험상품의 특성과 위험성에 관한 보험계약의 중요사항을 고객이 이해할 수 있도록 설명하여야 한다. 보험회사 또는 보험모집종사자가 설명의무를 위반하여 고객이 보험계약의 중요사항에 관하여 제대로 이해하지 못한 채 착오에 빠져 보험계약을 체결한 경우, 그러한 착오가 동기의 착오에 불과하다고 하더라도 그러한 착오를 일으키지 않았더라면 보험계약을 체결하지 않았거나 아니면 적어도 동일한 내용으로 보험계약을 체결하지 않았을 것이 명백하다면, 위와 같은 착오는 보험계약의 내용의 중요부분에 관한 것에 해당하므로 이를 이유로 **보험계약을 취소할 수 있다**"(대판 2018.4.12. 2017다229536).

**⑤ [×]**

**해설** 경과실 표의자의 상대방에 대한 신뢰이익 배상책임

독일 민법에는 착오를 이유로 취소를 한 자의 배상책임규정이 있으나 우리 민법에는 이러한 규정이 없어 인정 여부가 문제된다. 이에 대해 判例는 "ⅰ) (경)과실로 인하여 착오에 빠져 계약을 체결한 것과, ⅱ) 그 착오를 이유로 계약을 취소한 것 모두 '위법'하다고는 할 수 없다"(대판1997.8.22. 97다13023)고 하여, 제750조의 요건을 검토하기는 했으나 배상책임을 인정하지 않았다. 다만 학설은 제535조를 유추하여 경과실이 있는 표의자가 착오를 이유로 취소한 경우에 신뢰이익의 배상책임을 인정하자는 것이 다수설이다.

## 17

甲은 乙의 기망에 의해 신원보증 서류에 서명날인한다는 착각에 빠져 乙의 丙에 대한 채무를 보증하는 서면에 서명날인하였다. 이에 관한 설명 중 옳은 것(○)과 옳지 않은 것(×)을 올바르게 조합한 것은? (각 지문은 독립적이며, 다툼이 있는 경우 판례에 의함)　　　　　[18 변호사]

> ㄱ. 丙이 乙의 기망사실을 알았거나 알 수 있었다면 甲은 사기에 의한 의사표시를 이유로 丙과의 보증계약을 취소할 수 있다.
> ㄴ. 乙과 丙이 공모하여 甲을 기망하였다면 甲은 상대방에 의해 유발된 동기의 착오를 이유로 丙과의 보증계약을 취소할 수 있다.
> ㄷ. 甲이 착각에 빠진 점에 관하여 설사 중과실이 있다 하더라도 丙이 이를 알고 이용한 경우에는 甲은 착오를 이유로 丙과의 보증계약을 취소할 수 있다.
> ㄹ. 甲이 착각에 빠진 점에 관하여 경과실이 있는 경우, 甲의 착오를 이유로 한 취소가 허용되어 이로 인해 丙이 손해를 입었다면, 丙은 甲을 상대로 불법행위에 의한 손해배상을 청구할 수 있다.

① ㄱ(○), ㄴ(×), ㄷ(×), ㄹ(○)
② ㄱ(○), ㄴ(○), ㄷ(×), ㄹ(×)
③ ㄱ(×), ㄴ(○), ㄷ(×), ㄹ(○)
④ ㄱ(×), ㄴ(○), ㄷ(○), ㄹ(×)
⑤ ㄱ(×), ㄴ(×), ㄷ(○), ㄹ(×)

**17** 　　　　　　　　　　　　　　정답 ⑤

해설 ㄱ. [×]

**법률행위 내용의 착오와 사기의 경합**

判例는 타인의 기망행위에 의하여 '동기의 착오'가 발생한 때에는 사기와 착오의 경합을 인정한다(대판 1969.6.24. 68다1749). 그러나 타인의 기망행위에 의하여 '표시상의 착오'가 발생한 경우에는 사기를 이유로 취소할 수 없고, 착오를 이유로만 취소할 수 있다고 한다.

즉, "사기에 의한 의사표시란 타인의 기망행위로 말미암아 착오에 빠지게 된 결과 어떠한 의사표시를 하게 되는 경우이므로 거기에는 의사와 표시의 불일치가 있을 수 없고, 단지 의사의 형성과정 즉 의사표시의 동기에 착오가 있는 것에 불과하며, 이 점에서 고유한 의미의 착오에 의한 의사표시와 구분되는데, 제3자의 기망행위에 의하여 신원보증서류에 서명날인한다는 착각에 빠진 상태로 연대보증의 서면에 서명날인한 경우 이른바 표시상의 착오에 해당하므로, 상대방이 그러한 제3자의 기망행위 사실을 알았거나 알 수 있었을 경우가 아닌 한 의사표시자가 취소권을 행사할 수 없다는 제110조 2항의 규정을 적용할 것이 아니라, 착오에 의한 의사표시에 관한 법리만을 적용하여 취소권 행사의 가부를 가려야 한다"(대판 2005.5.27. 2004다43824)고 한다.

▶ 따라서, 判例에 따르면 사안에서 丙이 제3자 乙의 기망사실을 알았거나 알 수 있었느냐에 상관없이(제110조 2항) 甲은 사기에 의한 의사표시를 이유로 丙과의 보증계약을 취소할 수 없다.

ㄴ. [×]

ㄱ.에서 살핀바와 같이 判例에 따르면 제3자(채무자)의 기망행위에 의하여 신원보증서류에 서명날인한다는 착각에 빠진 상태로 연대보증의 서면에 서명날인한 경우는 '표시상의 착오'에 해당하므로, 사안은 '동기의 착오'가 아니다.

▶ 따라서 乙과 丙이 공모하여 甲을 기망하였더라도 甲은 상대방에 의해 유발된 동기의 착오를 이유로 丙과의 보증계약을 취소할 수 없고, 법률행위 내용의 착오를 이유로 취소할 수 있을 뿐이다.

ㄷ. [○]

**상대방이 표의자의 착오를 알면서 이용한 경우**

착오가 표의자의 중대한 과실로 인한 때에는 취소하지 못한다(제109조 1항 단서). 그러나 상대방이 표의자의 착오를 알면서 이를 이용한 경우에는 표의자에게 중대한 과실이 있더라도 표의자는 그 의사표시를 취소할 수 있다(대판 1955.11.10. 4288민상321 ; 대판 2014.11.27. 2013다49794). 이러한 경우에는 상대방의 보호가치가 부정되므로 제109조 1항 단서의 적용이 배제되어야 하고, 또한 상대방이 표의자의 중대한 과실을 원용하여 표의자의 취소권을 부인하는 것은 신의칙에 반하기 때문이다.

▶ 따라서, 判例에 따르면 甲이 착각에 빠진 점에 관하여 설사 중과실이 있다 하더라도 丙이 이를 알고 이용한 경우에는 甲은 착오를 이유로 丙과의 보증계약을 취소할 수 있다.

ㄹ. [×]

**경과실 표의자의 상대방에 대한 신뢰이익 배상책임**

判例는 전문건설공제조합이 경과실로 인하여 착오에 빠져 계약보증서를 발급하고 그 착오를 이유로 보증계약을 취소하자 상대방이 제750조의 불법행위로 인한 손해배상을 청구한 사안에서 " ⅰ) (경)과실로 인하여 착오에 빠져 계약을 체결한 것과, ⅱ) 그 착오를 이유로 계약을 취소한 것 모두 '위법'하다고는 할 수 없다"(대판1997.8.22. 97다카13023)고 하여 불법행위 책임을 부정하고 있다.

▶ 따라서 甲이 착오에 빠진 점에 관하여 경과실이 있는 경우, 甲의 착오를 이유로 한 취소가 허용되어 이로 인해 丙이 손해를 입었더라도, 判例에 따르면 丙은 甲을 상대로 불법행위에 의한 손해배상을 청구할 수 없다.

## 18

대리에 관한 설명 중 옳지 않은 것은? (각 지문은 독립적이고, 다툼이 있는 경우 판례에 의함) [15 변호사]

① 甲이 乙의 대리인 丙과 매매계약을 체결한 후 丙의 기망행위를 이유로 매매계약을 취소하고자 할 경우, 甲은 乙이 丙의 기망행위를 알았거나 알 수 있었는지의 여부를 불문하고 매매계약을 취소할 수 있다.

② 甲이 乙의 무권대리인 丙과 매매계약을 체결한 경우, 乙은 丙의 무권대리행위를 추인할 수 있고, 乙의 추인이 있을 경우 위 매매계약은 계약체결 당시로 소급하여 효력이 발생한다.

③ 甲의 대리인 乙은 甲의 지시에 따라 丙과 통모하여 甲 소유의 부동산에 관하여 丙과 가장매매계약을 체결하고 丙 명의로 소유권이전등기를 경료하여 주었는데, 그 후 丙이 위 부동산을 丁에게 매도하고 丁 명의로 소유권이전등기를 경료하여준 경우, 丁이 위 가장매매에 대하여 선의라면 유효하게 위 부동산의 소유권을 취득한다.

④ 甲에 의해 대리인으로 선임된 乙이 甲의 승낙 없이 丙을 복대리인으로 선임하더라도, 丙이 甲의 대리인으로 법률행위를 하면 원칙적으로 그 효과는 甲에게 귀속된다.

⑤ 부동산 소유자 甲으로부터 매매계약 체결에 관한 대리권을 수여받은 대리인 乙은 특별한 사정이 없는 한 계약상대방인 丙으로부터 중도금이나 잔금을 수령할 수 있다.

## 18　　　　　　　　　　　　　　정답 ④

① [○]

**해설** "민법 제110조 2항에서 정한 제3자에 해당되지 아니한다고 볼 수 있는 자란 '그 의사표시에 관한 상대방의 대리인 등 상대방과 동일시 할 수 있는 자' 만을 의미하고, 단순히 상대방의 피용자이거나 상대방이 사용자책임을 져야 할 관계에 있는 피용자에 지나지 않는 자는 상대방과 동일시할 수는 없어 이 규정에서 말하는 제3자에 해당한다고 보아야 한다"(대판 1998.1.23. 96다41496, 대판 1999.2.23. 98다60828 등).

▶ 따라서 甲은 본인 乙이 대리인 丙의 기망행위를 알았거나 알 수 있었는지의 여부를 불문하고 제110조 1항에 따라 매매계약을 취소할 수 있다.

② [○]

**조문** **제130조(무권대리)** 「대리권없는 자가 타인의 대리인으로 한 계약은 본인이 이를 추인하지 아니하면 본인에 대하여 효력이 없다.」

**제133조(추인의 효력)** 「추인은 다른 의사표시가 없는 때에는 계약시에 소급하여 그 효력이 생긴다. 그러나 제3자의 권리를 해하지 못한다.」

▶ 따라서 본인 乙이 무권대리행위를 추인하는 경우 위 매매계약은 계약체결 당시로 소급하여 효력이 발생한다.

③ [○]

**조문** **제116조(대리행위의 하자)** 「① 의사표시의 효력이 의사의 흠결, 사기, 강박 또는 어느 사정을 알았거나 과실로 알지 못한 것으로 인하여 영향을 받을 경우에 그 사실의 유무는 대리인을 표준하여 결정한다.
② 특정한 법률행위를 위임한 경우에 대리인이 본인의 지시에 좇아 그 행위를 한 때에는 본인은 자기가 안 사정 또는 과실로 인하여 알지 못한 사정에 관하여 대리인의 부지를 주장하지 못한다.」

▶ 대리인 乙이 대리권의 범위 내에서 본인 甲의 이름으로 부동산 매매계약을 체결하면서 상대방 丙과 통모하여 허위표시를 한 경우에는 본인 甲의 선의여부를 불문하고 의사표시는 허위표시로서 무효이고(제116조 1항, 제108조 1항), 그 후 丙이 丁에게 위 부동산을 양도하였다면 선의의 丁은 제108조 2항에 의해 유효하게 위 부동산의 소유권을 취득한다.

④ [×]

**조문** **제120조(임의대리인의 복임권)** 「대리권이 법률행위에 의하여 부여된 경우에는 대리인은 본인의 승낙이 있거나 부득이한 사유있는 때가 아니면 복대리인을 선임하지 못한다.」

▶ 甲에 의해 대리인으로 선임된 '임의대리인' 乙은 본인 甲의 승낙 없이 丙을 복대리인을 선임할 수 없으므로, 乙의 복임행위는 무효이다. 따라서 丙이 甲의 대리인으로 법률행위를 하면 이는 '무권대리'행위인바, 본인 甲의 추인이 없는 한 그 효과는 甲에게 귀속되지 않는다(제130조).

⑤ [○]

**해설** 임의대리권의 범위는 수권행위에 의해 정해진다. 따라서 그 구체적인 범위는 '수권행위의 해석'을 통해 결정된다. 判例는 임의대리권은 그 권한에 부수하여 상대방의 의사표시를 수령하는 이른바 수령대리권을 포함하고, 매매계약체결의 대리권을 수여받은 대리인은 중도금과 잔금을 수령할 권한을 가진다고 한다(대판 1994.2.8. 93다39379).

## 19

甲이 乙의 대리인으로서 丙과 매매계약을 체결하였는데, 甲에게는 매매에 관한 대리권이 없었다. 이 경우의 법률관계에 관한 설명 중 옳지 않은 것은? (다툼이 있는 경우에는 판례에 의함) [12 변호사]

① 甲의 대리행위가 권한을 넘은 표현대리에 해당하는지 여부를 판단함에 있어서 정당한 이유의 존부는 甲의 대리행위시를 기준으로 판단하여야 한다.

② 甲이 乙의 배우자인 경우에는 일상가사대리권을 기본대리권으로 하는 권한을 넘은 표현대리가 성립할 수 있다.

③ 丙이 乙을 상대로 제기한 위 매매계약의 이행청구 소송에서 丙이 甲의 행위가 유권대리에 해당한다고 주장한 경우, 그 주장 속에는 甲의 행위가 표현대리에 해당한다는 주장이 포함되어 있는 것으로 볼 수 없다.

④ 만약 甲이 乙의 복대리인인 경우, 甲의 대리행위는 권한을 넘은 표현대리에 해당할 수 없다.

⑤ 甲의 대리행위가 대리권 소멸 후의 표현대리로 인정되는 경우에도 권한을 넘은 표현대리가 성립할 수 있다.

**19**                                          정답 ④

① [○]

**해설** "권한을 넘은 표현대리에 있어서 정당한 이유의 유무는 대리
행위 당시를 기준으로 하여 판정하여야 하고 매매계약 성립
이후의 사정은 고려할 것이 아니다"(대판 1997.6.27. 97다
3828).

② [○]

**해설** 부부는 일상의 가사에 관하여 서로 대리권이 있다(제827조 제
1항). 判例는 이러한 일상가사대리권은 제126조의 기본대리
권이 될 수 있으나, "문제된 월권행위에 관하여 그 권한을 수
여받았다고 믿을 만한 정당한 사유가 있는 경우"에만 제126조
의 적용을 인정하고 있다(대판 1998.7.10. 98다18988).

③ [○]

**해설** "유권대리에 있어서는 본인이 대리인에게 수여한 대리권의
효력에 의하여 법률효과가 발생하는 반면 표현대리에 있어서
는 대리권이 없음에도 불구하고 법률이 특히 거래상대방 보
호와 거래안전유지를 위하여 본래 무효인 무권대리행위의 효
과를 본인에게 미치게 한 것으로서 표현대리가 성립된다고
하여 무권대리의 성질이 유권대리로 전환되는 것은 아니므
로, 양자의 구성요건 해당사실 즉 주요사실은 다르다고 볼
수 밖에 없으니 유권대리에 관한 주장 속에 무권대리에 속
하는 표현대리의 주장이 포함되어 있다고 볼 수 없다"(대판
1983.12.13. 전합83다카1489).

④ [×]

**해설** 복대리인은 본인의 대리인이므로 직접 본인의 이름으로 대리
한다. 임의대리인이 제120조를 위반한 복임행위는 무효이며,
그 복대리인이 한 대리행위는 무권대리이다. 즉, (임의)대리
인이 임의로 선임한(무효인 복임행위에 기한) 복대리인이 권
한 외의 대리행위를 한 경우 표현대리의 법리가 적용될 수
있는지 문제되는 바, 判例는 "상대방이 그 행위자를 대리권
을 가진 대리인으로 믿었고 또한 그렇게 믿는 데에 정당한
이유가 있는 때에는, 복대리인 선임권이 없는 대리인에 의하
여 선임된 복대리인의 권한도 기본대리권이 될 수 있다"(대
판 1998.3.27. 97다48982)고 판시하여 제126조의 표현대
리가 성립할 수 있는 가능성을 열어 두고 있다.

⑤ [○]

**해설** "과거에 가졌던 대리권이 소멸되어 민법 제129조에 의하여
표현대리로 인정되는 경우에 그 표현대리의 권한을 넘는 대
리행위가 있을 때에는 민법 제126조에 의한 표현대리가 성
립할 수 있다"(대판 2008.1.31. 2007다74713).

## 20

甲의 대리인이라 칭하는 乙이 甲을 대리하여 丙과 사이에 甲 소유의 X토지를 매도하는 내용의 매매계약을 체결하였다. 이에 관한 설명 중 옳지 않은 것은? (다툼이 있는 경우 판례에 의함)

[20 변호사]

① 甲이 乙의 대리권 없음을 이유로 丙에게 위 매매계약을 원인으로 마쳐진 소유권이전등기의 말소를 구하는 소를 제기하는 경우, 甲은 乙의 대리권 부존재를 증명하여야 한다.

② 乙이 甲으로부터 매매계약을 체결할 대리권을 수여받은 경우, 乙은 특별한 사정이 없는 한 그 매매계약에서 약정한 바에 따라 중도금이나 잔금을 수령할 권한도 있다.

③ 乙이 甲으로부터 매매계약을 체결할 대리권을 수여받은 후 자기의 이익을 위하여 배임적 대리행위를 한 경우, 丙이 이러한 사실을 과실없이 알지 못한 때에는 乙의 대리행위는 甲에게 효력이 미친다.

④ 乙이 위 매매계약에 관한 대리권을 증명하지 못하고 甲의 추인도 얻지 못하여 甲에게 대리의 효력이 발생하지 않는 경우, 그 무권대리행위가 제3자 丁의 기망이나 문서위조 등 위법행위로 야기되었다면 丙은 乙을 상대로 계약의 이행이나 손해배상을 청구할 수 없다.

⑤ 위 매매계약에서 甲의 채무불이행에 대비한 손해배상액이 예정된 경우, 乙이 무권대리인으로서 丙에 대하여 계약 이행의 채무를 부담하게 되었으나 이를 이행하지 아니하여 손해배상책임을 진다면, 특별한 사정이 없는 한 그 책임은 위 손해배상액의 예정에 따라 정해진다.

## 20                                 정답 ④

① [○]

**해설** 등기명의인이 아닌 제3자가 개입된 처분행위에 의하여 소유권이전등기가 마쳐진 경우, 등기의 추정력을 번복하기 위하여 필요한 증명사실 및 증명책임자

등기가 있으면 등기권리(대판 2009.9.24. 2009다37831), 등기원인(대판 1994.9.13. 94다10160), 등기절차(대판 2002.2.5. 2001다72029)의 적법성이 법률상 추정된다. 뿐만 아니라 매매계약 및 등기가 대리인에 의해 행해지는 경우 대리인이 대리권을 수여받아 유효한 대리행위를 하였다는 점도 추정된다.

따라서 判例는 "소유권이전등기가 전 등기명의인의 직접적인 처분행위에 의한 것이 아니라 제3자가 그 처분행위에 개입된 경우 현 등기명의인이 그 제3자가 전 등기명의인의 대리인이라고 주장하더라도 현 소유명의인의 등기가 적법히 이루어진 것으로 추정되므로, 그 등기가 원인무효임을 이유로 그 말소를 청구하는 전 소유명의인으로서는 반대사실, 즉 그 제3자에게 전 소유명의인을 대리할 권한이 없었다든가 또는 제3자가 전 소유명의인의 등기서류를 위조하는 등 등기절차가 적법하게 진행되지 아니한 것으로 의심할 만한 사정이 있다는 등의 무효사실에 대한 증명책임을 진다"(대판 2009.9.24. 2009다37831)고 판시하였다.

② [○]

**해설** 임의대리권의 범위

判例는 임의대리권은 그 권한에 부수하여 상대방의 의사표시를 수령하는 이른바 수령대리권을 포함하고, 매매계약체결의 대리권을 수여받은 대리인은 중도금과 잔금을 수령할 권한을 가지며(대판 1994.2.8. 93다39379), 상대방에 대해 약정된 매매대금 지급기일을 연기하여 줄 권한도 가진다고 한다(대판 1992.4.14. 91다43107).

**비교판례** 그러나 예금계약의 체결을 위임받은 자가 가지는 대리권에 당연히 그 예금을 담보로 하여 대출을 받거나 이를 처분할 수 있는 대리권이 포함되어 있는 것은 아니라고 할 것이며(대판 1995.8.22. 94다39365), 특별한 사정이 없는 한, 본인을 대리하여 금전소비대차 내지 그를 위한 담보권설정계약을 체결할 권한을 수여받은 대리인에게 본래의 계약관계를 '해제'할 대리권까지 있다고 볼 수는 없다고 한다(대판 1993.1.15. 92다39365).

③ [○]

**해설** 대리권의 남용

"민법 제107조 제1항에서 규정하고 있는 진의 아닌 의사표시가 대리인에 의하여 이루어지고, 그 대리인의 진의가 본인의 이익이나 의사에 반하여 자기 또는 제3자의 이익을 위한 배임적인 것임을 그 상대방이 알았거나 알 수 있었을 경우에는 동항 단서의 유추해석상 그 대리인의 행위는 본인의 행위로 성립할 수 없으므로 본인은 대리인의 행위에 대하여 아무런 책임이 없다 할 것이며, 이때에 그 상대방이 대리인의 표시의사가 진의아님을 알았거나 알 수 있었는가의 여부는

표의자인 대리인과 상대방 사이에 있었던 의사표시의 형성과정과 그 내용 및 그로 인하여 나타나는 효과 등을 객관적 사정에 따라 합리적으로 판단하여야 한다"(대판 1987.11.10. 86다카371).

**쟁점정리** 대리권 남용의 법률구성으로는 ⅰ) 제107조 1항 단서 유추적용설(非眞意表示說), ⅱ) 권리남용설(信義則說), ⅲ) 무권대리설(代理權否認說)이 있으며, 判例는 대체로 대리인의 진의가 사익 도모에 있다는 것을 상대방이 알았거나 알 수 있었을 경우에는 제107조 1항 단서를 유추하여 '무효'로 보아야 한다는 제107조 1항 단서 유추적용설과 그 견해를 같이 하나(대판 1987.11.10. 86다카371), 주식회사의 대표이사의 '대표권남용'에 대해서는 대리권 남용 행위 자체는 '유효'하지만, 상대방이 '악의'로 취득한 권리를 행사하는 것은 신의칙상 허용되지 않는다고 판단한 것도 있다(대판 1987.10.13. 86다카1522 ; 2016.8.24. 2016다222453).

④ [×]

**해설** 무권대리인의 상대방에 대한 책임의 성질 및 무권대리행위가 제3자의 위법행위로 야기된 경우 책임이 부정되는지 여부(소극)

"민법 제135조 제1항은 "타인의 대리인으로 계약을 한 자가 그 대리권을 증명하지 못하고 또 본인의 추인을 얻지 못한 때에는 상대방의 선택에 좇아 계약의 이행 또는 손해배상의 책임이 있다."고 규정하고 있다. 위 규정에 따른 무권대리인의 상대방에 대한 책임은 무과실책임으로서 대리권의 흠결에 관하여 대리인에게 과실 등의 귀책사유가 있어야만 인정되는 것이 아니고, 무권대리행위가 제3자의 기망이나 문서위조 등 위법행위로 야기되었다고 하더라도 책임은 부정되지 아니한다"(대판 2014.2.27. 2013다213038).

⑤ [○]

**해설** 무권대리인의 책임의 내용

상대방의 선택에 좇아 이행 또는 손해배상의 책임을 진다(제135조 1항 ; 선택채권). "이때 상대방이 계약의 이행을 선택한 경우 무권대리인은 마치 자신이 계약의 당사자가 된 것처럼 계약에서 정한 채무를 이행할 책임을 지는 것이다. 따라서 위 계약에서 채무불이행에 대비하여 손해배상액의 예정에 관한 조항을 둔 때에는 무권대리인은 조항에서 정한 바에 따라 산정한 손해액을 지급하여야 한다. 이 경우에도 손해배상액의 예정에 관한 제398조가 적용됨은 물론이다"(대판 2018.6.28. 2018다210775).

## 21

甲소유의 X 토지를 무단 점유하고 있던 乙은 등기서류를 위조하여 X 토지에 관하여 자기 앞으로 소유권이전등기를 마쳤다. 乙은 2010. 10. 27. 자신이 X 토지의 소유자라고 거짓말하여 이에 속은 丙과 매매계약을 체결하고, 2010. 12. 27. 丙으로부터 매매대금 1억 원을 지급받은 다음 丙에게 X 토지에 관한 소유권이전등기를 마쳐주고 X 토지를 인도하였다. 뒤늦게 이와 같은 사실을 알게 된 甲은 2011. 9. 1. 丙을 상대로 X 토지에 관한 소유권이전등기의 말소를 구하는 소를 제기하여 2012. 3. 4. 승소판결을 받았고, 그 판결은 丙의 항소포기로 확정되었다. 다음 설명 중 옳지 않은 것은? (다툼이 있는 경우에는 판례에 의함)               [13 변호사]

① 丙은 사기에 의한 의사표시임을 이유로 乙과 체결한 매매계약을 취소하고, 乙을 상대로 위 매매대금 상당액을 부당이득으로 반환청구할 수 있다.

② 丙은 乙을 상대로 불법행위를 원인으로 한 손해배상청구를 할 수 있는데, 위 판결확정시에 X 토지의 가격이 1억 2,000만 원으로 상승하였더라도 그 가격상승분에 대해서는 손해배상청구를 할 수 없다.

③ 丙은 乙을 상대로 매도인의 담보책임을 물을 수 있고, 이때의 손해배상은 이행이익을 그 내용으로 한다.

④ 위 소에서 甲이 X 토지에 관한 인도청구를 병합한 경우, 丙이 X 토지의 객관적 가치를 높이기 위하여 비용을 지출하였고 그 이익이 현존한다면, 丙은 반소로써 甲을 상대로 유익비의 상환을 청구할 수 있다.

⑤ 甲이 2012. 4. 2. 丙을 상대로 2010. 12. 27.부터 X 토지의 인도 완료일까지 그 사용으로 얻은 부당이득의 반환을 구하는 소를 제기한 경우, 丙은 2012. 4. 2.부터 악의의 점유자로 본다.

**21**            정답 ⑤

① [○]

**해설** 사기에 의한 의사표시가 성립하기 위해서는 ⅰ) 사기자의 2단의 고의, ⅱ) 기망행위(사기) ⅲ) 기망행위의 위법성, ⅳ) 기망행위와 착오 사이에 그리고 착오와 의사표시 사이에 인과관계가 존재하여야 한다(제110조).

▶ 사안에서는 위의 요건을 모두 충족하므로 丙은 사기에 의한 의사표시임을 이유로 乙과 체결한 매매계약을 취소하고, 乙을 상대로 위 매매대금 상당액을 부당이득으로 반환청구할 수 있다.

② [○]

**해설** 乙은 무권리자임에도 불구하고 丙에게 마치 자신이 소유자인 것처럼 기망하여 이를 매도하고 丙으로부터 매매대금을 편취하였으므로 이는 제750조의 불법행위에 해당한다. 다만 **손해배상의 범위와 관련하여 判例**(아래 전합91다33070판결)**는 무효의 소유권이전등기를 유효한 등기로 믿고 부동산을 매수하기 위하여 출연한 금액 즉, 매매대금상당액(1억원)이라고 한다.**

"타인 소유의 토지에 관하여 매도증서, 위임장 등 등기관계서류를 위조하여 원인무효의 소유권이전등기를 경료하고 다시 이를 다른 사람에게 매도하여 순차로 소유권이전등기가 경료된 후에 토지의 진정한 소유자가 최종 매수인을 상대로 말소등기청구소송을 제기하여 그 소유자 승소의 판결이 확정된 경우 위 불법행위로 인하여 최종 매수인이 입은 손해는 무효의 소유권이전등기를 유효한 등기로 믿고 위 토지를 매수하기 위하여 출연한 금액, 즉 매매대금으로서 이는 기존이익의 상실인 적극적 손해에 해당하고, 최종 매수인은 처음부터 위 토지의 소유권을 취득하지 못한 것이어서 위 말소등기를 명하는 판결의 확정으로 비로소 위 토지의 소유권을 상실한 것이 아니므로 위 토지의 소유권상실이 그 손해가 될 수는 없다"(대판 1992.6.23. 전합91다33070).

③ [○]

**해설** 타인의 권리를 매매한 경우 매도인은 그 권리를 취득하여 매수인에게 이전하여야 하며(제569조), 매도인이 그 권리를 취득하여 매수인에게 이전할 수 없는 때에는 선의의 매수인은 계약해제권과 함께 손해배상청구권을 행사할 수 있다(제570조). 이 경우 손해배상의 범위와 관련하여 제569조가 매도인에게 권리 취득 및 이전 의무를 부과하고 있어 **타인 권리의 매매로 인한 담보책임은 채무불이행에 대한 책임이라는데** 견해가 일치되어 있는바, 그 범위는 이행이익 상당액이라고 본다(대판 1967.5.18. 전합66다2618).

**관련판례** 즉, 대법원은 "매도인이 매수인에 대하여 배상하여야 할 손해액은 원칙적으로 매도인이 매매의 목적이 된 권리(의 일부)를 취득하여 매수인에게 이전할 수 없게 된 때의 **이행불능이 된 권리의 시가, 즉 이행이익 상당액**"(대판 1993.1.19. 92다37727)이라고 하며, "부동산을 매수하고 소유권이전등기까지 넘겨받았지만 진정한 소유자가 제기한 등기말소청구소송에서 매도인과 매수인 앞으로 된 소유권이전등기의 말소를

명한 판결이 확정됨으로써 매도인의 소유권이전의무가 이행불능된 경우, 그 손해배상액 산정의 기준시점은 위 판결이 확정된 때이다"(대판 1993.4.9. 92다25946)라고 한다.

④ [○]

**해설** 점유자가 점유물을 개량하기 위하여 지출한 금액 기타 유익비에 관하여는 그 가액의 증가가 현존한 경우에 한하여 회복자의 선택에 좇아 그 지출금액이나 증가액의 상환을 청구할 수 있다(제203조 2항).

▶ 따라서 점유자 丙이 X 토지의 객관적 가치를 높이기 위하여 비용을 지출하였고 그 이익이 현존한다면, 丙은 반소(이 때 청구의 방법은 항변, 별소, 반소 등이 가능하다)로써 회복자 甲을 상대로 유익비의 상환을 청구할 수 있다.

⑤ [×]

**해설** 점유자는 선의로 점유한 것으로 추정된다(제197조 1항). 그런데 선의의 점유자라도 본권에 관한 소에서 패소한 경우, 그 소가 제기된 때부터 악의의 점유자로 간주된다(제197조 2항). 여기서 '본권에 관한 소'에는 소유권에 기하여 점유물의 인도나 명도를 구하는 소송은 물론, 부당점유자를 상대로 점유로 인한 부당이득의 반환을 구하는 소송도 포함된다(대판 2002.11.22. 2001다6213)(민법 제749조 2항에서의 '그 소'라 함은 부당이득을 이유로 그 반환을 구하는 소를 가리킨다는 점에서 민법 제197조 2항의 '본권에 관한 소'와 다르다).

▶ 따라서 丙은 甲의 X토지에 관한 소유권이전등기의 말소를 구하는 소에서 패소하였으므로, '소가 제기된 때'인 2011. 9.1.부터 악의의 점유자로 간주된다.

**관련판례** "원고가 이 사건 토지는 원고의 소유이고 피고명의의 소유권이전등기는 원인무효의 등기라 하여 피고를 상대로 1979. 9.8 이 사건 토지에 관한 피고명의의 소유권이전등기의 말소청구소송을 제기한 끝에 그 소송사건이 피고의 패소로 확정되었다면 피고는 민법 제197조 제2항의 규정에 의하여 원고의 위의 소유권이전등기말소 청구소송제기시인 1979.9.8부터는 이 사건 토지에 대한 악의의 점유자로 간주된다 할 것이니 원심이 같은 취지에서 피고에 대하여 위 말소청구소송제기 및 이후로서 원고가 구하는 1980.7.1부터 이 사건 토지의 점유로 인한 부당이득의 반환을 명한 조처는 정당하다"(대판 1987.1.20. 86다카1372).

## 22

**법률행위의 무효에 관한 설명 중 옳지 않은 것은? (다툼이 있는 경우에는 판례에 의함)** [13 변호사]

① 이미 법률행위가 취소된 경우라도 무효행위의 추인의 요건에 따라 추인할 수 있다.

② 무효인 입양행위라도 그 내용에 맞는 신분관계가 실질적으로 형성되어 당사자 쌍방이 이의 없이 그 신분관계를 계속하여 왔다면 추인의 소급효가 인정될 수 있다.

③ 무효인 가등기를 유효한 등기로 전용하기로 약정하였더라도 그 가등기가 소급하여 유효한 등기로 되지는 않는다.

④ 매매계약이 불공정한 법률행위에 해당하여 무효라고 하더라도, 특별한 사정이 없는 한 그 계약에 관한 부제소합의까지 무효로 되는 것은 아니다.

⑤ 상속재산 전부를 상속인 중 1인에게 상속시킬 방편으로 나머지 상속인들 전원이 상속포기신고를 하였으나, 그 상속포기가 민법 제1019조 제1항의 기간을 도과한 후에 신고된 것이어서 상속포기로서의 효력이 없는 경우에도 상속재산협의분할로서의 효력은 인정될 수 있다.

**22** 　　　　　　　　　　　　정답 ④

① [○]

**해설** "취소한 법률행위는 처음부터 무효인 것으로 간주되므로, 취소할 수 있는 법률행위가 일단 취소된 이상 그 후에는 취소할 수 있는 법률행위의 추인에 의하여 이미 취소되어 무효인 것으로 간주된 **당초의 의사표시를 다시 확정적으로 유효하게 할 수는 없고**, 다만 무효인 **법률행위의 추인의 요건과 효력으로서 추인할 수는 있으나**, 무효행위의 추인은 그 무효원인이 소멸한 후에 하여야 그 효력이 있으므로, 강박에 의한 의사표시임을 이유로 일단 유효하게 취소되어 당초의 의사표시가 무효로 된 후에 추인한 경우, 그 추인이 효력을 가지기 위하여는 그 무효원인이 소멸한 후일 것을 요한다고 할 것인데, 그 무효원인이란 바로 위 의사표시의 취소사유라 할 것이므로 결국 무효원인이 소멸한 후란 것은 당초의 의사표시의 성립과정에 존재하였던 취소의 원인이 종료된 후, 즉 강박상태에서 벗어난 후라고 보아야 한다"(대판 1997.12.12. 95다38240).

② [○]

**해설** 무효행위의 추인에는 원칙적으로 소급효가 없다. 즉 추인한 때부터 새로운 법률행위를 한 것으로 간주될 뿐이다(제139조). 그러나 判例는 입양 등의 '**신분행위의 경우**'에 대체행위로서의 유효요건을 갖추지 못하여 무효행위의 전환이 인정되지 않더라도(제138조 참조), 그 내용에 맞는 신분관계가 실질적으로 형성되어 당사자 쌍방이 이의 없이 그 신분관계를 계속하여 왔다면 '**소급적으로**' 무효행위의 추인을 인정한다(아래 99므1633,1640판결).

**관련 판례** "친생자 출생신고 당시 입양의 실질적 요건을 갖추지 못하여 입양신고로서의 효력이 생기지 아니하였더라도 그 후에 '**입양의 실질적 요건을 갖추게 된 경우**'에는 무효인 친생자 출생신고는 '**소급적으로**' 입양신고로서의 효력을 갖게 된다. 다만 당사자 간에 무효인 신고행위에 상응하는 신분관계가 실질적으로 형성되어 있지 아니한 경우에는 무효인 신분행위에 대한 추인의 의사표시만으로 그 무효행위의 효력을 인정할 수 없다"(대판 2000.6.9. 99므1633 등).

③ [○]

**해설** 무효행위의 추인에는 원칙적으로 소급효가 없다. 즉 추인한 때부터 새로운 법률행위를 한 것으로 간주될 뿐이다(제139조). 따라서 判例는 무효인 가등기를 유효한 등기로 전용키로 한 약정도 그 때부터 유효하고 이로써 가등기가 소급하여 유효한 등기로 전환될 수 없다고 한다(대판 1992.5.12. 91다26546).

④ [×]

**해설** "매매계약과 같은 쌍무계약이 급부와 반대급부와의 불균형으로 말미암아 민법 제104조에서 정하는 '불공정한 법률행위'에 해당하여 무효라고 한다면, 그 계약으로 인하여 불이익을 입는 당사자로 하여금 위와 같은 불공정성을 소송 등 사법적 구제수단을 통하여 주장하지 못하도록 하는 **부제소합의 역시 다른 특별한 사정이 없는 한 무효이다**"(대판 2010.7.15. 2009다50308).

⑤ [○]

**해설** 判例는 제138조의 무효행위의 전환과 관련하여 상속인 중 일부의 상속포기가 무효인 경우에 상속재산의 협의분할로 전환되어 그 효력이 인정될 수 있다고 한다(아래 88누9305판결).

**관련 판례** "상속재산 전부를 상속인 중 1인(乙)에게 상속시킬 방편으로 그 나머지 상속인들이 상속포기신고를 하였으나 그 상속포기가 민법 제1019조 제1항 소정의 기간을 초과한 후에 신고된 것이어서 상속포기로서의 효력이 없더라도 乙과 나머지 상속인들 사이에는 乙이 고유의 상속분을 초과하여 상속재산 전부를 취득하고 나머지 상속인들은 그 상속재산을 전혀 취득하지 않기로 하는 의사의 합치가 있었다고 할 것이므로 그들 사이에 위와 같은 내용의 상속재산의 협의분할이 이루어진 것이라고 보아야 하고 공동상속인 상호 간에 상속재산에 관하여 협의분할이 이루어짐으로써 공동상속인 중 1인이 고유의 상속분을 초과하여 상속재산을 취득하는 것은 상속개시당시에 피상속인으로부터 상속에 의하여 직접 취득한 것으로 보아야 한다"(대판 1989.9.12. 88누9305).

## 23

甲과 乙은 2010. 1. 7. 「국토의 계획 및 이용에 관한 법률」상 토지거래허가구역 내에 있는 甲의 X 토지를 乙에게 매도하는 매매계약을 체결하면서 "甲과 乙은 2010. 2. 7.까지 토지거래허가를 받는다. 乙은 甲에게 계약 당일 계약금을, 2010. 3. 7. 중도금을, 2010. 5. 7. 잔금을 지급한다. 甲은 乙로부터 잔금을 지급받음과 동시에 乙 앞으로 X 토지에 관한 소유권이전등기를 마친다."라는 내용의 약정을 하였다. 이 약정에 따라 乙은 계약 당일 甲에게 계약금을 지급하였다. 다음 설명 중 옳지 않은 것은? (각 지문은 독립적이며, 다툼이 있는 경우 판례에 의함)　[16 변호사]

① 甲과 乙이 토지거래허가를 신청하여 관할관청으로부터 토지거래허가를 받은 후에도 甲은 乙이 중도금지급채무의 이행에 착수하기 전에 乙로부터 지급받은 계약금의 배액을 乙에게 지급하고 매매계약을 해제할 수 있다.

② 甲과 乙이 2010. 2. 7.까지 토지거래허가를 받지 못하였다고 하더라도, 약정된 기간 내에 토지거래허가를 받지 못할 경우 계약해제 등의 절차 없이 곧바로 당해 매매계약을 무효로 하기로 약정하였다는 등의 특별한 사정이 없는 한, 매매계약이 확정적으로 무효가 되는 것은 아니다.

③ 매매계약이 乙의 사기에 의해 체결된 경우라도, 甲은 토지거래허가를 신청하기 전 단계에서는 乙의 사기를 이유로 매매계약의 취소를 주장하여 매매계약을 확정적으로 무효화시킬 수 없다.

④ 甲은 토지거래허가를 받기 전에는 乙이 중도금을 2010. 3. 7.이 도과할 때까지 지급하지 않았다 하더라도 이를 이유로 매매계약을 해제할 수 없다.

⑤ 甲과 乙은 상대방에 대하여 공동으로 관할관청의 허가를 신청할 의무를 부담한다. 만일 甲이 이러한 의무에 위배하여 허가신청절차에 협력하지 않으면 乙은 甲에 대하여 협력의무의 이행을 소송으로써 구할 이익이 있다.

## 23 정답 ③

**① [○]**

해설 "국토의 계획 및 이용에 관한 법률에 정한 토지거래계약에 관한 허가구역으로 지정된 구역 안에 위치한 토지에 관하여 매매계약이 체결된 경우 당사자는 그 매매계약이 효력이 있는 것으로 완성될 수 있도록 서로 **협력할 의무가 있지만**, 이러한 의무는 그 매매계약의 효력으로서 발생하는 매도인의 재산권이전의무나 매수인의 대금지급의무와는 달리 신의칙상의 의무에 해당하는 것이어서 당사자 쌍방이 위 협력의무에 기초해 토지거래허가신청을 하고 이에 따라 관할관청으로부터 그 허가를 받았다 하더라도, 아직 그 단계에서는 당사자 쌍방 모두 매매계약의 효력으로서 발생하는 의무를 이행하였거나 이행에 착수하였다고 할 수 없을 뿐만 아니라, 그 단계에서 매매계약에 대한 이행의 착수가 있다고 보아 민법 제565조의 규정에 의한 해제권 행사를 부정하게 되면 당사자 쌍방 모두에게 해제권의 행사 기한을 부당하게 단축시키는 결과를 가져올 수도 있다. 그러므로 국토의 계획 및 이용에 관한 법률에 정한 토지거래계약에 관한 허가구역으로 지정된 구역 안의 토지에 관하여 매매계약이 체결된 후 계약금만 수수한 상태에서 당사자가 토지거래허가신청을 하고 이에 따라 **관할관청으로부터 그 허가를 받았다 하더라도, 그러한 사정만으로는 아직 이행의 착수가 있다고 볼 수 없어 매도인으로서는 제565조에 의하여 계약금의 배액을 상환하여 매매계약을 해제할 수 있다**"(대판 2009.4.23. 2008다62427).

▶ 乙은 계약금을 지급하였고 甲과 乙간에는 다른 약정이 없으므로 당사자 일방이 이행에 착수할 때까지는 해약금에 기한 해제를 할 수 있다. 判例는 토지거래허가구역내의 부동산매매에 있어 관할관청으로부터 허가를 받았더라도 이는 이행의 착수로 보지 않으므로 甲은 토지거래허가를 받은 후에도 乙이 이행에 착수하기 전이라면 계약금의 배액을 지급하고 해제할 수 있다.

**② [○]**

해설 "유동적 무효 상태에 있는, 토지거래허가구역 내 토지에 관한 매매계약에서 계약의 쌍방 당사자는 공동허가신청절차에 협력할 의무가 있고, 이러한 의무에 위배하여 허가신청절차에 협력하지 않는 당사자에 대하여 상대방은 협력의무의 이행을 소구할 수도 있다. 그러므로 매매계약 체결 당시 일정한 기간 안에 토지거래허가를 받기로 약정하였다고 하더라도, 그 약정된 기간 내에 토지거래허가를 받지 못할 경우 계약해제 등의 절차 없이 곧바로 매매계약을 무효로 하기로 약정한 취지라는 등의 특별한 사정이 없는 한, 이를 쌍무계약에서 이행기를 정한 것과 달리 볼 것이 아니므로 위 약정기간이 경과하였다는 사정만으로 곧바로 매매계약이 확정적으로 무효가 된다고 할 수 없다"(대판 2009.4.23. 2008다50615)

**③ [×]**

해설 "국토이용관리법상 규제구역 내에 속하는 토지거래에 관하여 관할 도지사로부터 거래허가를 받지 아니한 거래계약은 처음부터 위 허가를 배제하거나 잠탈하는 내용의 계약이 아닌 한 허가를 받기까지는 유동적 무효의 상태에 있고 거래 당사자는 거래허가를 받기 위하여 서로 협력할 의무가 있으나, 그 토지거래가 계약 당사자의 표시와 불일치한 의사(비진의표시, 허위표시 또는 착오) 또는 사기, 강박과 같은 하자 있는 의사에 의하여 이루어진 경우에는, 이들 사유에 의하여 그 거래의 무효 또는 취소를 주장할 수 있는 당사자는 그러한 거래허가를 신청하기 전 단계에서 이러한 사유를 주장하여 거래허가신청 협력에 대한 거절의사를 일방적으로 명백히 함으로써 그 계약을 확정적으로 무효화시키고 자신의 거래허가절차에 협력할 의무를 면할 수 있다"(대판 1997.11.14. 97다36118).

▶ 유동적 무효상태에서도 별도의 무효 또는 취소사유가 있다면 이를 주장하여 확정적으로 무효화시킬 수 있다(무효와 취소의 이중효).

**④ [○]**

해설 "국토이용관리법상 토지거래허가구역 내에 있는 토지에 관하여 소유권 등 권리를 이전 또는 설정하는 내용의 거래계약은 관할 시장·군수 또는 구청장의 허가를 받아야만 효력이 발생하고 허가를 받기 전에는 물권적 효력은 물론 채권적 효력도 발생하지 아니하여 무효라고 보아야 할 것이므로, 따라서 허가받을 것을 전제로 하는 거래계약은 허가를 받을 때까지는 법률상 미완성의 법률행위로서 소유권 등 권리의 이전 또는 설정에 관한 거래의 효력이 전혀 발생하지 않으나 **일단 허가를 받으면 그 계약은 소급하여 유효한 계약이 되고**, 이와 달리 불허가가 된 때에 무효로 확정되므로 허가를 받기까지는 유동적 무효의 상태에 있다고 볼 것인바, 허가를 받을 것을 전제로 한 거래계약은 **허가받기 전의 상태에서는** 거래계약의 채권적 효력도 전혀 발생하지 않으므로 권리의 이전 또는 설정에 관한 **어떠한 내용의 이행청구도 할 수 없고**, 그러한 거래계약의 당사자로서는 허가받기 전의 상태에서 상대방의 거래계약상 **채무불이행을 이유로 거래계약을 해제하거나 그로 인한 손해배상을 청구할 수 없다**"(대판 1997.7.25. 97다4357).

**⑤ [○]**

해설 "이러한 계약을 체결한 당사자 사이에 있어서는 그 계약이 효력있는 것으로 완성될 수 있도록 서로 협력할 의무가 있음이 당연하므로, 규제지역 내의 토지에 대하여 거래계약이 체결된 경우에 계약의 쌍방 당사자는 공동으로 관할 관청의 허가를 신청할 의무가 있고, 이러한 의무에 위배하여 허가신청절차에 협력하지 않는 당사자에 대하여 상대방은 협력의무의 이행을 소송으로써 구할 이익이 있다고 할 것이다"(대판 1991. 12.24. 90다12243).

▶ 判例는 국토이용관리법상 토지거래허가구역 내에 있는 토지에 관한 거래계약에 관하여 협력의무 소구권을 인정한다.

## 24

기한이익의 상실에 관한 설명 중 옳은 것(○)과 옳지 않은 것(×)을 올바르게 조합한 것은? (다툼이 있는 경우 판례에 의함)

[19 변호사]

ㄱ. 기한이익의 상실에 관한 「민법」 제388조는 임의규정이므로 당사자 사이에 위 규정과 다른 내용의 약정이 있는 경우에는 그 약정에 따라 기한이익의 상실 여부를 판단하여야 한다.

ㄴ. 일반적으로 기한이익 상실의 특약이 채무자를 위하여 둔 것인 점에 비추어 명백히 형성권적 기한이익 상실의 특약이라고 볼 만한 특별한 사정이 없는 이상 정지조건부 기한이익 상실의 특약으로 추정하는 것이 타당하다.

ㄷ. 형성권적 기한이익 상실의 특약이 있는 할부채무에 있어서는 1회의 불이행이 있더라도 각 할부금에 대해 그 각 변제기의 도래 시마다 그때부터 순차로 소멸시효가 진행하고, 채권자가 특히 잔존 채무 전액의 변제를 구하는 취지의 의사를 표시한 경우에 한하여 전액에 대하여 그때부터 소멸시효가 진행한다.

ㄹ. 정지조건부 기한이익 상실의 특약을 하였을 경우에는, 그 특약이 정한 기한이익 상실의 사유가 발생한 이후 특별한 사정이 없는 한 채무자가 채권자로부터 이행청구를 받은 때로부터 이행지체 상태에 놓이게 된다.

① ㄱ(○), ㄴ(○), ㄷ(×), ㄹ(×)
② ㄱ(○), ㄴ(×), ㄷ(○), ㄹ(×)
③ ㄱ(○), ㄴ(×), ㄷ(×), ㄹ(○)
④ ㄱ(×), ㄴ(○), ㄷ(○), ㄹ(×)
⑤ ㄱ(×), ㄴ(×), ㄷ(○), ㄹ(○)

**24**  정답 ②

**해설** 법정기한의 이익의 상실

**조문** 제388조(기한의 이익의 상실) 「채무자는 다음 각호의 경우에는 기한의 이익을 주장하지 못한다.
1. 채무자가 담보를 손상, 감소 또는 멸실하게 한 때
2. 채무자가 담보제공의 의무를 이행하지 아니한 때」

ㄱ. [○]
"기한의 이익의 상실에 관한 민법 제388조는 임의규정이므로 당사자 사이에 위 규정과 다른 내용의 약정이 있는 경우에는 그 약정에 따라 기한의 이익의 상실 여부를 판단하여야 한다"(대판 2001.10.12. 99다56192).

ㄴ. [×]
기한이익 상실 특약에는 ⅰ)일정한 사유가 발생하면 곧바로 채무자의 기한의 이익이 상실되어 채무의 이행기가 도래하는 약정(정지조건부 기한이익 상실 약정)과, ⅱ) 채권자가 기한이익 상실의 의사표시를 해야만 채무자의 기한의 이익이 상실되어 채무의 이행기가 도래하는 약정(형성권적 기한이익 상실 약정)이 있는데, 判例는 "기한이익 상실의 특약이 위의 양자 중 어느 것에 해당하느냐는 당사자의 의사해석의 문제이지만 **일반적으로 기한이익 상실의 특약이 채권자를 위하여 둔 것인 점에 비추어 명백히 정지조건부 기한이익 상실의 특약이라고 볼 만한 특별한 사정이 없는 이상 형성권적 기한이익 상실의 특약으로 추정하는 것이 타당하다**"(대판 2002.9.4. 2002다28340)고 한다.

ㄷ. [○]
"이른바 형성권적 기한이익 상실의 특약이 있는 경우에는 그 특약은 채권자의 이익을 위한 것으로서 기한이익의 상실 사유가 발생하였다고 하더라도 채권자가 나머지 전액을 일시에 청구할 것인가 또는 종래대로 할부변제를 청구할 것인가를 자유로이 선택할 수 있으므로, 이와 같은 기한이익 상실의 특약이 있는 할부채무에 있어서는 1회의 불이행이 있더라도 각 할부금에 대해 그 각 변제기의 도래시마다 그 때부터 순차로 소멸시효가 진행하고 채권자가 특히 **잔존 채무 전액의 변제를 구하는 취지의 의사를 표시한 경우에 한하여 전액에 대하여 그 때부터 소멸시효가 진행**하는 것이다"(대판 2002.9.4. 2002다28340).

ㄹ. [×]
정지조건부 기한이익 상실약정을 하였을 경우에는 그 약정에 정한 **기한이익 상실사유가 발생함과 동시에 이행기 도래의 효과가 발생**하고, 채무자는 특별한 사정이 없는 한 그때부터 이행지체의 상태에 놓이게 된다(대판 1999.7.9. 99다15184). 따라서 채권의 소멸시효도 그때부터 진행된다.

## 25

소멸시효에 관한 설명 중 옳지 않은 것은? (다툼이 있는 경우 판례에 의함)  [20 변호사]

① 정지조건부 권리의 경우 조건이 성취되지 않은 동안에는 소멸시효가 진행하지 않는다.

② 동시이행의 항변권이 붙어 있는 채권이라 하더라도 약정한 이행기부터 소멸시효가 진행한다.

③ 명의수탁자의 등기가 3자간 등기명의신탁(중간생략등기형)에 해당하여 무효인 경우, 명의신탁자의 매도인에 대한 소유권이전등기청구권은 명의신탁자가 목적 부동산을 인도받아 점유하고 있는 한 소멸시효가 진행하지 않는다.

④ 채권양도의 대항요건을 갖추지 못한 상태에서 채권의 양수인이 채무자를 상대로 양수금의 지급을 재판상 청구하는 경우, 그 양수금채권의 소멸시효는 중단되지 않는다.

⑤ 채권자가 확정판결에 기한 채권의 실현을 위하여 채무자의 제3채무자에 대한 채권에 관하여 압류 및 추심명령을 받아 그 결정이 제3채무자에게 송달되었다면, 채무자의 제3채무자에 대한 채권에 관하여는 소멸시효 중단사유인 최고로서의 효력이 있다.

# 25

① [ ○ ]

**해설** 정지조건부 채권의 소멸시효 기산점

소멸시효는 권리를 행사할 수 있는 때로부터 진행하는데(제166조 1항), 정지조건이 있는 법률행위는 조건이 성취한 때로부터 그 효력이 생긴다(제147조). 따라서 정지조건부 채권은 조건이 성취된 때로부터 시효가 진행한다.

② [ ○ ]

**해설** 동시이행의 항변권이 붙어 있는 채권의 소멸시효진행여부

동시이행의 항변권이 붙어 있는 채권의 경우에 이행기 도래 후에 반대급부를 제공하면 언제라도 권리를 행사할 수 있으므로 '이행기'부터 소멸시효가 진행한다(대판 1991.3.22. 90다9797).

③ [ ○ ]

**해설** 3자간 등기명의신탁에 의한 등기가 유효기간 경과로 무효로 된 경우, 명의신탁자의 매도인에 대한 소유권이전등기청구권

"부동산의 매수인이 목적물을 인도받아 계속 점유하는 경우에는 매도인에 대한 소유권이전등기청구권은 소멸시효가 진행되지 않고, 이러한 법리는 3자간 등기명의신탁에 의한 등기가 유효기간의 경과로 무효로 된 경우에도 마찬가지로 적용된다. 따라서 그 경우 목적 부동산을 인도받아 점유하고 있는 명의신탁자의 매도인에 대한 소유권이전등기청구권 역시 소멸시효가 진행되지 않는다"(대판 2013.12.12. 2013다26647).

**쟁점정리** 3자간 명의신탁약정과 그에 의한 등기가 무효로 되는 결과(부동산실명법 제4조 1항, 2항 본문), 명의신탁된 부동산은 매도인 소유로 복귀하고, 매도인은 원인무효를 이유로 수탁자 명의의 등기의 말소를 구할 수 있다. 한편 부동산실명법은 매도인과 명의신탁자 사이의 매매계약의 효력을 부정하는 규정을 두고 있지 아니하므로 그들 사이의 매매계약은 유효한 것으로 되어(명의수탁자가 당사자로 등장하는 계약명의신탁에서와는 다름에 주의할 것), 명의신탁자는 매도인에 대하여 매매계약에 기한 소유권이전등기를 청구할 수 있고, 그 소유권이전등기청구권을 보전하기 위해 매도인을 대위하여 수탁자 명의의 등기의 말소를 구할 수 있다(대판 2002.3.15. 2001다61654). 이는 동법에서 정한 유예기간이 경과하여 명의신탁약정과 그에 따른 등기가 무효인 경우에도 마찬가지이다(대판 2011.9.18. 2009다49193,49209).

**비교판례** 반면, 계약명의신탁약정과 그에 따른 등기가 부동산실명법 시행 전에 행하여진 경우, 명의신탁자가 해당부동산의 회복을 위해 명의수탁자에 대해 가지는 이러한 소유권이전등기청구권은 명의신탁자가 목적물을 점유하고 있더라도 소멸시효에 걸린다(대판 2009.7.9. 2009다23313). 만약 이 경우 소멸시효가 진행되지 않는다고 한다면 실명전환을 하지 않아 위 법률을 위반한 경우임에도 그 권리를 보호하여 주는 결과가 되기 때문이다.

④ [ × ]

**해설** 채권양도의 대항요건을 갖추지 못한 상태에서 '채권양수인'이 채무자를 상대로 소를 제기한 경우(시효중단 인정)

채권양수인이 소멸시효기간이 경과하기 전에 채무자를 상대로 소를 제기하였는데, 채권양도사실의 채무자에 대한 통지는 소멸시효기간이 경과한 후에 이루어진 경우, 위 채권의 소멸시효가 중단되는지 여부가 문제되는바, 判例는 "채권양도에 의하여 채권은 그 동일성을 잃지 않고 양도인으로부터 양수인에게 이전되며, 이러한 법리는 채권양도의 대항요건을 갖추지 못하였다고 하더라도 마찬가지인 점 등에서 비록 '대항요건을 갖추지 못하여' 채무자에게 대항하지 못한다고 하더라도 '채권의 양수인'이 채무자를 상대로 재판상의 청구를 하였다면 이는 소멸시효 중단사유인 재판상의 청구에 해당한다"(대판 2005.11.10. 2005다41818)고 한다.

⑤ [ ○ ]

**해설** 최고로서 경매신청, 압류 또는 가압류

채권자가 채무자의 제3채무자에 대한 채권을 압류 또는 가압류한 경우 채권자의 채무자에 대한 채권은 압류에 따른 시효중단의 효력이 확정적으로 발생하나, 이와 달리 압류의 대상인 채무자의 제3채무자에 대한 채권은 확정적 시효중단이 되는 것은 아니고 다만 채권자가 채무자의 제3채무자에 대한 채권에 관한 압류 및 추심명령을 받아 그 결정이 제3채무자에게 송달이 되었다면 채무자의 제3채무자에 대한 채권은 최고로서의 효력에 의해 시효중단이 된다(대판 2003.5.13. 2003다16238).

## 26

소멸시효에 관한 설명 중 옳지 않은 것은? (다툼이 있는 경우에는 판례에 의함)                                          [15 변호사]

① 부동산 매수인이 매도인으로부터 부동산을 인도받아 사용·수익하다가 이를 타인에게 처분하고 그 점유를 승계하여 준 경우에도 위 부동산 매수인의 매도인에 대한 소유권이전등기청구권에 관한 소멸시효는 진행되지 않는다.
② 채권양도의 대항요건이 구비되지 않은 상태에서 양수인이 채무자를 상대로 재판상 청구를 한 경우, 소멸시효는 중단된다.
③ 수급인인 건설회사의 도급인에 대한 공사대금채권은 상거래에 관한 것으로 5년의 단기소멸시효에 걸린다.
④ 사해행위취소소송에서 수익자는 취소채권자의 피보전채권에 대하여 시효소멸을 주장할 수 있다.
⑤ 확정기한부 채권은 반대채권과 동시이행관계에 있는 경우에도 그 기한이 도래한 때부터 소멸시효가 진행된다.

## 26                                                                 정답 ③

① [○]

해설 "부동산의 매수인이 그 부동산을 인도받은 이상 이를 사용·수익하다가 그 부동산에 대한 **보다 적극적인 권리행사의 일환**으로 다른 사람에게 그 부동산을 처분하고 그 점유를 승계하여 준 경우에도 그 이전등기청구권의 행사 여부에 관하여 그가 그 부동산을 스스로 계속 사용·수익만 하고 있는 경우와 특별히 다를 바 없으므로 위 두 어느 경우에나 이전등기청구권의 소멸시효는 진행되지 않는다고 보아야 한다"(대판 1999.3.18. 전합98다32175).

비교판례 **점유취득시효 완성에 의한 소유권이전등기청구권의 소멸시효**
점유취득시효완성에 의한 등기청구권(제245조 1항) 역시 채권적 청구권으로 보는 것이 통설적인 입장이나 앞서 검토한 전합98다32175判例의 취지와는 달리 "토지에 대한 취득시효 완성으로 인한 소유권이전등기청구권은 그 토지에 대한 점유가 계속되는 한 시효로 소멸하지 아니하고, 그 후 점유를 상실하였다고 하더라도 이를 **시효이익의 포기로 볼 수 있는 경우가 아닌 한** 이미 취득한 소유권이전등기청구권은 바로 소멸되는 것은 아니나, 그 점유자가 점유를 상실한 때로부터 10년간 등기청구권을 행사하지 아니하면 소멸시효가 완성한다"(대판 1996.3.8. 95다34866)고 보아 점유취득시효 완성자가 부동산의 점유를 이전한 경우 그 자의 등기청구권은 점유상실시로부터 소멸시효가 진행된다고 보고 있다. 즉 전합98다32175判例에서 위 판결을 폐기하지 않아 점유취득시효에 관한 위 判例는 여전히 유지되고 있다.

② [○]

해설 **채권양도의 대항요건을 갖추지 못한 상태에서 '채권양수인'이 채무자를 상대로 소를 제기한 경우**
"채권양도에 의하여 채권은 그 동일성을 잃지 않고 양도인으로부터 양수인에게 이전되며, 이러한 법리는 채권양도의 대항요건을 갖추지 못하였다고 하더라도 마찬가지인 점 등에서 비록 '대항요건을 갖추지 못하여' 채무자에게 대항하지 못한다고 하더라도 '채권의 양수인'이 채무자를 상대로 재판상의 청구를 하였다면 이는 소멸시효 중단사유인 재판상의 청구에 해당한다"(대판 2005.11.10. 2005다41818).

비교판례 **채권양도의 대항요건을 갖추지 못한 상태에서 '채권양도인'이 채무자를 상대로 소를 제기한 경우**
이 경우 시효중단이 되는데 "그 소송 중에 채무자가 채권양도의 효력을 인정하는 등의 사정으로 인하여 채권양도인의 청구가 기각된 경우 시효중단의 효력이 없어지나, 이 경우에도 채권양수인이 그로부터 6월 내에 채무자를 상대로 재판상의 청구 등을 하면 **채권양도인이 최초의 재판상 청구를 한 때부터 시효가 중단된다**"(제169조, 제170조 2항 ; 대판 2009.2.12. 2008두20109).[4]

③ [×]

**조문** 제64조(상사시효) 「상행위로 인한 채권은 본법에 다른 규정이 없는 때에는 5년간 행사하지 아니하면 소멸시효가 완성한다. 그러나 **다른 법령에 이보다 단기의 시효의 규정이 있는 때에는 그 규정에 의한다.**」

제163조(3년의 단기소멸시효) 「다음 각호의 채권은 3년간 행사하지 아니하면 소멸시효가 완성한다. 3. 도급받은 자, 기사 기타 공사의 설계 또는 감독에 종사하는 자의 공사에 관한 채권」

▶ 도급받은 자 등의 공사에 관한 채권(제163조 3호)은 수급인이 도급인에 대하여 갖는 공사에 관한 채권을 말하는 것으로(대판 1963.4.18. 63다92), 상거래에 관한 것이더라도 상법 제64조 단서에 의해 민법 제163조 3호의 3년의 단기소멸시효에 걸린다.

**비교판례** 반면 도급인이 수급인에 대해 갖는 권리(하자보수에 갈음하는 손해배상채권 등)는 이에 해당하지 않는다. 예를 들어 "건설공사에 관한 도급계약이 상행위에 해당하는 경우 그 도급계약에 기한 수급인의 하자담보책임은 상법 제64조 본문에 의하여 원칙적으로 5년의 소멸시효에 걸리는 것으로 보아야 한다"(대판 2011.12.8. 2009다25111).

④ [○]

**해설** 判例는 소멸시효의 완성을 원용할 수 있는 자는 권리의 소멸에 의하여 **직접 이익을 받는 자에 한정**된다고 하는바(대판 1995.7.11. 95다12446), 사해행위취소소송의 상대방이 된 '**사해행위의 수익자**'는, 사해행위가 취소되면 사해행위에 의해 얻은 이익을 상실하고 사해행위취소권을 행사하는 채권자의 채권이 소멸하면 그와 같은 이익의 상실을 면하는 지위에 있으므로, 그 채권의 소멸에 의해 직접 이익을 받는 자에 해당한다고 한다(대판 2007.11.29. 2007다54849).

**비교판례** '**채권자대위권의 행사에서 제3채무자**'는 채무자가 채권자에 대하여 가지는 항변(예를 들어 피보전채권의 소멸시효가 완성되었다는 항변)으로 대항할 수 없을 뿐더러 시효이익을 직접 받는 자에도 해당하지 않는다는 이유로 채권자의 채권이 시효로 소멸하였다고 주장할 수 없다(대판 1998.12.8. 97다31472). 다만 채무자가 이미 소멸시효를 원용한 경우에는 피보전채권이 소멸하게 되므로 제3채무자가 그 '효과'를 원용하여 피보전채권의 부존재를 주장하는 것은 허용된다(대판 2008.1.31. 2007다64471).

⑤ [○]

**해설** '확정기한부 채권'은 그 기한이 도래한 때부터 소멸시효가 진행한다(제166조 1항 참조). 그리고 그 권리에 대해 상대방이 동시이행의 항변권을 가지고 있더라도, 이러한 법률상의 장애는 권리자의 의사에 의해 제거될 수 있으므로 기한이 도래한 때 소멸시효가 진행한다(아래 90다9797판결).

**관련판례** "매매에서 매도인이 매수인에게 대금을 청구하면 매수인은 매도인에게 재산권이전에 관한 동시이행의 항변권을 가지므로, 그 한도에서는 대금청구권의 행사가 저지되지만(즉, 법률상의 장애에 해당하지만), 그것은 매도인이 자기의 의무를 이행함으로써 매수인의 항변권을 소멸시킬 수 있는 것이므로, 이행기부터 대금청구권의 소멸시효는 진행한다"(대판 1991.3.22. 90다9797).

---

4) [사실관계] 하천구역으로 편입되어 국유로 된 제외지의 구 소유자가 서울시를 상대로 손실보상금청구소송을 제기하였다가 기각되자 그때부터 6월 내에 위 채권의 양수인이 다시 손실보상금을 청구한 사안에서, 구 소유자의 청구를 채권양도 후 대항요건이 구비되기 전 청구로 볼 여지가 있어 그로 인하여 시효가 중단되었다고 볼 수 있다는 이유로, 위 청구의 기각으로 시효중단의 효력이 소멸하였다고 본 원심을 파기하였다.

## 27

선물용 시계 제조업자인 甲은 시계 도매업자인 乙에게 고급 여성 손목시계 200개를 1억 원에 매도하는 내용의 매매계약을 체결하였다. 甲은 위 매매계약 체결 당일 매매대금의 지급을 확보하기 위하여 乙로부터 액면금 1억 원의 약속어음을 발행받아 수령하였고, 乙은 추가로 丙에게 부탁하여 丙은 같은 날 위 매매대금채무를 연대보증하였다. 甲은 위 매매목적물을 모두 乙에게 인도하였으나 乙과 丙은 변제기가 지나도록 대금을 지급하지 않고 있다. 이에 관한 설명 중 옳은 것을 모두 고른 것은? (다툼이 있는 경우 판례에 의함)

[21 변호사]

> ㄱ. 甲의 乙에 대한 매매대금채권의 소멸시효기간은 3년이다.
> ㄴ. 甲이 乙에 대한 매매대금채권을 피보전채권으로 乙 소유의 건물에 대한 가압류를 신청하여 법원의 가압류결정을 받아 위 건물에 가압류등기가 되었다면 가압류에 의한 시효중단의 효력은 가압류신청을 한 때로 소급한다.
> ㄷ. 甲이 乙을 상대로 매매대금청구의 소를 제기하면 위 약속어음채권의 소멸시효는 중단된다.
> ㄹ. 甲이 乙에 대한 매매대금채권을 피보전채권으로 乙 소유의 토지에 대한 가압류를 신청하여 법원의 가압류결정을 받아 위 토지에 가압류등기가 되었다 하더라도 丙에게 그 사실을 통지하지 않은 경우에는 丙에게 시효중단의 효력이 발생하지 않는다.

① ㄱ, ㄴ      ② ㄱ, ㄷ
③ ㄱ, ㄹ      ④ ㄴ, ㄹ
⑤ ㄱ, ㄴ, ㄹ

## 27
정답 ①

**해설** ㄱ. [○]

**조문** 제64조(상사시효) 「상행위로 인한 채권은 본법에 다른 규정이 없는 때에는 5년간 행사하지 아니하면 소멸시효가 완성한다. 그러나 **다른 법령에 이보다 단기의 시효의 규정이 있는 때에는 그 규정에 의한다.**」

제163조(3년의 단기소멸시효) 「다음 각호의 채권은 3년간 행사하지 아니하면 소멸시효가 완성한다.
6. 생산자 및 상인이 판매한 생산물 및 상품의 대가」

ㄴ. [○]
소멸시효는 압류, 가압류 또는 가처분으로 인하여 중단되는 바(제168조 2호), 判例에 따르면 이러한 가압류 등은 '**집행**'이 되는 것을 전제로 민사소송법 제265조(재판상 청구의 경우 소제기시 시효중단)를 유추적용하여 재판상 청구의 '소제기'와 유사하게 '**집행을 신청한 때**'에 소급하여 시효중단의 효력이 발생한다고 한다(대판 2017.4.7. 2016다35451).

ㄷ. [×]
**원인채권의 행사로 어음채권에 대한 시효가 중단되는지 여부(소극)**
"원인채권의 지급을 확보하기 위한 방법으로 어음이 수수된 경우에 원인채권과 어음채권은 별개로서 채권자는 그 선택에 따라 권리를 행사할 수 있고, 원인채권에 기하여 청구를 한 것만으로는 어음채권 그 자체를 행사한 것으로 볼 수 없어 어음채권의 소멸시효를 중단시키지 못한다"(대판 1967.4.25. 67다75 ; 대판 1994.12.2. 93다59922).

**비교판례** **어음채권의 행사로 원인채권의 시효가 중단되는지 여부(적극)**
"원인채권의 지급을 확보하기 위한 방법으로 어음이 수수된 경우, 이러한 어음은 경제적으로 동일한 급부를 위하여 원인채권의 지급수단으로 수수된 것으로서 그 어음채권의 행사는 원인채권을 실현하기 위한 것일 뿐만 아니라, 원인채권의 소멸시효는 어음금청구소송에서 채무자의 인적항변사유에 해당하는 관계로 채권자가 어음채권의 소멸시효를 중단하여 두어도 채무자의 인적항변에 따라 그 권리를 실현할 수 없게 되는 불합리한 결과가 발생하게 되므로, **채권자가 어음채권에 기하여 청구를 하는 반대의 경우에는 원인채권의 소멸시효를 중단시키는 효력이 있고**, 이러한 법리는 어음채권을 피보전권리로 하여 채무자의 재산을 가압류함으로써 그 권리를 행사한 경우에도 마찬가지로 적용된다"(대판 1961.11.9. 4293 민상748 ; 대판 1999.6.11. 99다16378).

ㄹ. [×]
**주채무에 대한 시효중단**
시효완성의 이익을 받을 자(채무자)가 아니라 제3자(물상보증인 또는 저당부동산의 제3취득자 등)에 대해 압류 등을 한 경우에는, 그 자(채무자)에 대하여 통지한 때에 시효중단의 효력이 발생한다(제176조). 그러나 주채무자에 대한 시효의 중단은 보증인에 대하여 그 효력이 있으므로(제440조), 그 시효중단사유가 압류, 가압류 및 가처분이라고 하더라도 이를 보증인에게 통지하여야 시효중단의 효력이 발생하는 것은 아니다(대판 2005.10.27. 2005다35554,35561).

## 28

시효의 중단에 관한 설명 중 옳은 것을 모두 고른 것은? (다툼이 있는 경우 판례에 의함)　[21 변호사]

---

ㄱ. 소장에서 청구의 대상으로 삼은 금전채권 중 일부만을 청구하면서 소송의 진행경과에 따라 나머지 부분에 대하여 장차 청구금액을 확장할 뜻을 표시하였으나 당해 소송이 종료될 때까지 실제로 청구금액을 확장하지 않은 경우, 나머지 부분에 대하여는 재판상 청구로 인한 시효중단의 효력이 발생하지는 않지만 특별한 사정이 없는 한 소송이 계속 중인 동안에는 최고에 의한 권리행사가 지속되는 것으로 볼 수 있다.

ㄴ. 점유로 인한 부동산소유권의 시효취득에 있어 취득시효기간의 완성 전에 부동산에 압류 또는 가압류 조치가 이루어졌다고 하더라도 이는 취득시효의 중단사유가 될 수 없다.

ㄷ. 확정판결에 의한 채권의 소멸시효기간인 10년의 경과가 임박한 경우에 그 시효중단을 위한 소는 소의 이익이 있다.

ㄹ. 어느 연대채무자가 채무를 승인함으로써 그에 대한 시효가 중단되면 그로 인하여 다른 연대채무자에게도 시효중단의 효력이 발생한다.

---

① ㄱ, ㄴ　　　　　② ㄴ, ㄷ

③ ㄷ, ㄹ　　　　　④ ㄱ, ㄴ, ㄷ

⑤ ㄴ, ㄷ, ㄹ

## 28 　　　　　　　　　　　정답 ④

**해설** ㄱ. [○]

### 일부청구와 시효중단

일부의 청구(특히 일부를 특정하고 일부청구임을 명시하여 청구한 경우)는 나머지 부분에 대한 시효중단의 효력이 없다는 것이 判例의 기본적인 입장이다(대판 1967.5.23. 67다529). 그러나 비록 일부만을 청구한 경우에도 그 취지로 보아 채권 전부에 관하여 판결을 구하는 것으로 해석되는 경우에는 그 전부에 대해 시효중단의 효력이 발생한다(대판 1992.4.10. 91다43695).

다만, "소장에서 청구의 대상으로 삼은 채권 중 일부만을 청구하면서 소송의 진행경과에 따라 장차 청구금액을 확장할 뜻을 표시하였으나 당해 소송이 종료될 때까지 실제로 청구금액을 확장하지 않은 경우에는 소송의 경과에 비추어 볼 때 채권 전부에 관하여 판결을 구한 것으로 볼 수 없으므로, 나머지 부분에 대하여는 재판상 청구로 인한 시효중단의 효력이 발생하지 아니한다. 그러나 이와 같은 경우에도 소를 제기하면서 장차 청구금액을 확장할 뜻을 표시한 채권자로서는 장래에 나머지 부분을 청구할 의사를 가지고 있는 것이 일반적이라고 할 것이므로, 다른 특별한 사정이 없는 한 당해 소송이 계속 중인 동안에는 나머지 부분에 대하여 권리를 행사하겠다는 의사가 표명되어 '최고'에 의해 권리를 행사하고 있는 상태가 지속되고 있는 것으로 보아야 하고, 채권자는 당해 소송이 종료된 때부터 6월 내에 민법 제174조에서 정한 조치를 취함으로써 나머지 부분에 대한 소멸시효를 중단시킬 수 있다"(대판 2020.2.6. 2019다223723).

ㄴ. [○]

"민법 제168조 제2호에서 정하는 '압류 또는 가압류'는 금전채권의 강제집행을 위한 수단이거나 그 보전수단에 불과하여 취득시효기간의 완성 전에 부동산에 압류 또는 가압류 조치가 이루어졌다고 하더라도 이로써 종래의 점유상태의 계속이 파괴되었다고는 할 수 없으므로 이는 취득시효의 중단사유가 될 수 없다"(대판 2019.4.3. 2018다296878).

ㄷ. [○]

"확정된 승소판결에는 기판력이 있으므로 승소 확정판결을 받은 당사자가 전소의 상대방을 상대로 다시 승소 확정판결의 전소(전소)와 동일한 청구의 소를 제기하는 경우, 특별한 사정이 없는 한 후소(후소)는 권리보호의 이익이 없어 부적법하다. 하지만 예외적으로 확정판결에 의한 채권의 소멸시효기간인 10년의 경과가 임박한 경우에는 그 시효중단을 위한 소는 소의 이익이 있다"(대판 2019.1.17. 2018다24349).

ㄹ. [×]

"민법 제416조는 어느 연대채무자에 대한 이행청구는 다른 연대채무자에게도 효력이 있다고 규정하고 있을 뿐이고 채무승인은 이행청구에는 해당하지 않기 때문에, 어느 연대채무자가 채무를 승인함으로써 그에 대한 시효가 중단되었더라도 그로 인하여 다른 연대채무자에게도 시효중단의 효력이 발생하는 것은 아니다"(대판 2018.10.25. 2018다234177).

## 29

소멸시효에 관한 설명 중 옳은 것을 모두 고른 것은? (다툼이 있는 경우 판례에 의함) [18 변호사]

ㄱ. 채무자가 채권자에게 담보가등기를 경료하고 부동산을 인도하여 준 다음 피담보채권의 이자 또는 지연손해금의 지급에 갈음하여 채권자로 하여금 그 부동산을 사용수익할 수 있도록 한 경우, 이로 인해 피담보채권의 소멸시효가 중단되지는 않는다.

ㄴ. 채권자의 신청에 의한 경매개시결정에 따라 연대채무자 1인 소유의 부동산이 압류된 경우, 이로써 이 연대채무자에 대한 채권의 소멸시효는 중단되지만 다른 연대채무자에 대한 채권의 소멸시효는 중단되지 않는다.

ㄷ. 채무자가 담보가등기가 설정된 자신 소유의 부동산을 양도하여 당해 부동산에 관한 양수인 명의의 소유권이전등기가 경료된 경우, 그 양수인은 채무자를 대위하지 않더라도 그 담보가등기의 피담보채권이 시효로 소멸했다는 주장을 할 수 있다.

ㄹ. 채권자대위소송에서 피고인 제3채무자는 원고인 채권자가 채무자에 대해 가지는 채권이 시효로 소멸했음을 주장할 수 없으며, 채권자취소소송에서도 피고인 수익자나 전득자는 원고인 채권자가 채무자에 대해 가지는 채권이 시효로 소멸했다는 주장을 할 수 없다.

ㅁ. 채무자가 자신 소유의 부동산에 저당권을 설정한 상태에서 당해 부동산을 양도하여 그 부동산에 관한 양수인 명의의 소유권이전등기가 경료된 다음, 채무자가 시효기간 도과 후 자신의 채무를 승인했다 하더라도 이로 인한 시효이익 포기의 효력은 양수인에게 미치지 않는다.

① ㄱ, ㄴ, ㄷ      ② ㄱ, ㄷ, ㅁ
③ ㄴ, ㄷ, ㄹ      ④ ㄴ, ㄷ, ㅁ
⑤ ㄴ, ㄹ, ㅁ

## 29                정답 ④

**해설** ㄱ. [×]

**시효중단의 물적 범위**

判例는 "담보가등기를 경료한 부동산을 인도받아 점유하더라도 담보가등기의 피담보채권의 소멸시효가 중단되는 것은 아니지만, 채무의 일부를 변제하는 경우에는 채무 전부에 관하여 시효중단의 효력이 발생하는 것이므로, 채무자가 채권자에게 담보가등기를 경료하고 부동산을 인도하여 준 다음 피담보채권에 대한 이자 또는 지연손해금의 지급에 갈음하여 채권자로 하여금 부동산을 사용수익할 수 있도록 한 경우라면, **채권자가 부동산을 사용수익하는 동안에는 채무자가 계속하여 이자 또는 지연손해금을 채권자에게 변제하고 있는 것으로 볼 수 있으므로 피담보채권의 소멸시효가 중단된다고 보아야 한다**"(대판 2009.11.12. 2009다51028)고 판시하였다.

**비교판례** 그러나 원칙적으로 채권자가 담보목적의 가등기를 취득한 후 그 목적토지를 인도받아 점유하더라도 담보가등기의 피담보채권의 소멸시효가 중단되는 것은 아니다(대판 2007.3.15. 2006다12701).

ㄴ. [○]

**시효중단의 인적 범위 – 연대채무자**

연대채무자 1인의 소유 부동산이 경매개시결정에 따라 **압류된 경우, '다른 연대채무자'에게는 시효중단의 효력이 없다**(제169조, 제176조 참조)(대판 2001.8.21. 2001다22840).

**비교판례** 그러나 채권자가 연대채무자 1인의 소유 부동산에 대하여 **경매신청을 한 경우에 이는 최고로서의 효력이 있다**. 한편 이 최고는 다른 연대채무자에게도 효력이 있으므로(제416조), 채권자가 6개월 내에 '다른 연대채무자'를 상대로 재판상 청구 등을 한 때에는 그 '다른 연대채무자'에 대한 채권의 소멸시효가 중단되지만, 이로 인하여 중단된 시효는 위 경매절차가 종료된 때가 아니라 재판이 확정된 때부터 새로 진행된다.

ㄷ. [○], ㅁ. [○]

**시효중단의 인적 범위와 시효이익 포기의 상대효**

"소멸시효를 원용할 수 있는 사람은 권리의 소멸에 의하여 직접 이익을 받는 사람에 한정되는바, 채권담보의 목적으로 매매예약의 형식을 빌어 소유권이전청구권 보전을 위한 가등기가 경료된 부동산을 양수하여 소유권이전등기를 마친 제3자는 당해 가등기담보권의 피담보채권의 소멸에 의하여 직접 이익을 받는 자이므로, 그 가등기담보권에 의하여 담보된 채권의 채무자가 아니더라도 그 피담보채권에 관한 소멸시효를 원용할 수 있고, 이와 같은 **직접수익자의 소멸시효 원용권**은 채무자의 소멸시효 원용권에 기초한 것이 아닌 독자적인 것으로서 **채무자를 대위하여서만 시효이익을 원용할 수 있는 것은 아니며**(ㄷ 관련 해설), 가사 채무자가 이미 그 가등기에 기한 본등기를 경료하여 시효이익을 포기한 것으로 볼 수 있다고 하더라도 그 시효이익의 포기는 상대적 효과가 있음에 지나지 아니하므로 채무자 이외의 이해관계자에 해당하는 **담보 부동산의 양수인으로서는 여전히 독자적으로 소멸시효를 원용할 수 있다**(ㅁ 관련 해설)"(대판 1995.7.11. 95다12446).

ㄹ. [×]

**시효완성의 인적 범위**

① 判例는 '채권자대위권의 행사에서 제3채무자'는 채무자가 채권자에 대하여 가지는 항변으로 대항할 수 없을 뿐더러 시효이익을 직접 받는 자에도 해당하지 않는다는 이유로 채권자의 채권이 시효로 소멸하였다고 주장할 수 없다고 한다(대판 1998.12.8. 97다31472). 다만 채무자가 이미 소멸시효를 원용한 경우에는 피보전채권이 소멸하게 되므로 제3채무자가 그 '효과'를 원용하여 피보전채권의 부존재를 주장하는 것은 허용된다(대판 2008.1.31. 2007다64471).

② 사해행위취소소송의 상대방이 된 '사해행위의 수익자'는, 사해행위가 취소되면 사해행위에 의해 얻은 이익을 상실하고 사해행위취소권을 행사하는 채권자의 채권이 소멸하면 그와 같은 이익의 상실을 면하는 지위에 있으므로, 피보전채권의 소멸에 의해 직접 이익을 받는 자에 해당한다고 한다(대판 2007.11.29. 2007다54849).

## 30

소멸시효에 관한 설명 중 옳지 않은 것은? (다툼이 있는 경우에는 판례에 의함)　　　　　　　　　　[13 변호사]

① 채무불이행으로 인한 손해배상청구권의 소멸시효기간은 채무불이행시부터 진행하는데, 그 시효기간은 본래의 채권에 적용될 기간에 의한다.

② 실제의 소멸시효 기산일과 당사자가 주장하는 기산일이 다른 경우, 법원은 당사자가 주장하는 기산일을 기준으로 삼아야 한다.

③ 시효중단의 효력있는 승인에는 상대방의 권리에 관한 처분의 능력이나 권한있음을 요하지 아니한다.

④ 유치권이 성립한 부동산의 매수인은 피담보채무의 소멸시효가 완성되면 독자적으로 소멸시효를 원용할 수 있으므로, 유치권의 피담보채권의 소멸시효기간이 확정판결에 의하여 연장되었더라도 종전의 단기소멸시효기간을 원용할 수 있다.

⑤ 다른 채권자가 신청한 부동산경매절차에서 채무자 소유 부동산이 매각되고 그 대금이 이미 소멸시효가 완성된 채무를 피담보채무로 하는 근저당권을 가진 채권자에게 배당되어 채무 변제에 충당될 때까지 채무자가 아무런 이의를 제기하지 아니하였다면, 경매절차 진행을 채무자가 알지 못하였다는 등 다른 특별한 사정이 없는 한 채무자는 채권에 대한 소멸시효 이익을 포기한 것으로 볼 수 있다.

# 30　　　　　　　　　　　　　정답 ④

① [○]

**해설** 채권이 '채무불이행'으로 인하여 손해배상청구권으로 바뀐 때에는, 그 동일성이 유지되므로 그 손해배상청구권의 시효기간은 원채권의 시효기간에 따른다(**통설, 대판 2010.9.9. 2010다28031**). 문제는 그 기산점인데, 判例는 채무불이행이 발생한 때로부터 진행하는 것으로 본다(**대판 1990.11.9. 90다카22513**).

② [○]

**해설** 특정시점에서 당해 권리를 행사할 수 있었던 사실은 소멸시효의 기산점에 관한 사실로서 '주요사실'이므로 당사자가 주장하지 않은 때를 기산점으로 하여 소멸시효의 완성을 인정하게 되면 변론주의 원칙에 위배된다(아래 94다35886판결).

**관련판례** "소멸시효의 기산일은 채무의 소멸이라고 하는 법률효과 발생의 요건에 해당하는 소멸시효 기간 계산의 시발점으로서 소멸시효 항변의 법률요건을 구성하는 구체적인 사실에 해당하므로 이는 변론주의의 적용 대상이다"(**대판 1995.8.25. 94다35886**).

**비교판례** "취득시효의 기산점은 법률효과의 판단에 관하여 직접 필요한 주요사실이 아니고 간접사실에 불과하여 법원으로서는 이에 관한 당사자의 주장에 구속되지 아니하고 소송자료에 의하여 진정한 점유의 시기를 인정하여야 하는 것"(**대판 1994. 4.15. 93다60120**)이라 하여 변론주의의 적용이 없는 간접사실로 보고 있다.

③ [○]

**해설** 시효중단사유로서의 승인은 단지 권리의 존재를 인정하는 것에 불과하기 때문에 상대방의 권리에 관한 처분의 능력이나 권한 있음을 요하지 아니한다(제177조).

**보충쟁점** 따라서 가령 처분권한 없는 부재자재산관리인(제25조)도 유효하게 승인할 수 있다. 그러나 그 반대해석상 '관리능력'이나 '관리권한'은 있어야 하므로 제한능력자는 법정대리인의 동의가 없는 한 단독으로 유효하게 승인할 수 없다.

**관련쟁점** 시효완성 전의 채무승인은 시효중단사유이고(제168조 3호, 제177조), 시효완성 후의 채무승인은 시효이익의 포기인바(제184조 1항 반대해석), 시효이익의 포기는 '처분행위'이므로 처분능력과 처분권한이 있어야 한다.

④ [×]

**해설** 판결에 의하여 확정된 채권은 '단기의 소멸시효에 해당한 것'이라도 그 소멸시효는 10년으로 한다(제165조 1항). 그러나 이러한 주채무의 소멸시효기간의 연장이 '보증채무'에 대하여는 미치지 않는다(**대판 1986.11.25. 86다카1569**). 하지만 이와 비교하여 '담보목적물의 제3취득자 또는 물상보증인'은 채권자에게 채무자의 채무와는 별개의 독립된 채무를 부담하는 것이 아니라 단지 채무자의 채무를 변제할 책임을 부담한다. 따라서 채권에 관하여 소멸시효가 중단되거나 소멸시효기간이 제165조에 따라 연장되더라도 그 효과가 그대로 미친다(아래 2009다39530 판결).

**관련판례** "유치권이 성립된 부동산의 매수인은 피담보채권의 소멸시효가 완성되면 시효로 인하여 채무가 소멸되는 결과 직접적인 이익을 받는 자에 해당하므로 소멸시효의 완성을 원용할 수 있는 지위에 있다고 할 것이나, 매수인은 유치권자에게 채무자의 채무와는 별개의 독립된 채무를 부담하는 것이 아니라 단지 채무자의 채무를 변제할 책임을 부담하는 점 등에 비추어 보면, 유치권의 피담보채권의 소멸시효기간이 확정판결 등에 의하여 10년으로 연장된 경우 매수인은 그 채권의 소멸시효기간이 연장된 효과를 부정하고 종전의 단기소멸시효기간을 원용할 수는 없다"(**대판 2009.9.24. 2009다39530**).

⑤ [○]

**해설** "채무자가 소멸시효 완성 후 채무를 일부 변제한 때에는 그 액수에 관하여 다툼이 없는 한 그 채무 전체를 묵시적으로 승인한 것으로 보아야 하고, 이 경우 시효완성의 사실을 알고 그 이익을 포기한 것으로 추정되므로, 소멸시효가 완성된 채무를 피담보채무로 하는 근저당권이 실행되어 채무자 소유의 부동산이 경락되고 그 대금이 배당되어 채무의 일부 변제에 충당될 때까지 채무자가 아무런 이의를 제기하지 아니하였다면, 경매절차의 진행을 채무자가 알지 못하였다는 등 다른 특별한 사정이 없는 한, 채무자는 시효완성의 사실을 알고 그 채무를 묵시적으로 승인하여 시효의 이익을 포기한 것으로 보아야 한다"(**대판 2001.6.12. 2001다3580**).

## 31

소멸시효에 관한 설명 중 옳지 않은 것은? (다툼이 있는 경우 판례에 의함) [19 변호사]

① 채무자가 소멸시효 완성 후 시효를 원용하지 아니할 것 같은 태도를 보여 권리자로 하여금 이를 신뢰하게 하였고 그 후 채권자가 권리행사를 기대할 수 있는 상당한 기간 내에 권리를 행사한 경우, 채무자가 소멸시효의 완성을 주장하는 것은 허용되지 않는다.

② 체납처분에 의한 채권압류로 인하여 압류채권자의 채무자에 대한 채권의 시효가 중단되었으나 그 후 피압류채권이 기본계약관계의 해지·실효 또는 소멸시효의 완성 등으로 소멸하여 압류 자체가 실효된 경우, 시효중단 사유는 종료되고 그때부터 시효가 새로이 진행한다.

③ 동일 당사자 간에 계속적인 거래로 인하여 같은 종류를 목적으로 하는 수개의 채권관계가 성립되어 있는 경우에 채무자가 특정채무를 지정하지 아니하고 그 일부의 변제를 한 때에도 다른 특별한 사정이 없다면 잔존 채무에 대하여도 승인을 한 것으로 보아 시효중단이나 포기의 효력을 인정할 수 있다.

④ 원금채무에 관하여는 소멸시효가 완성되지 아니하였으나 이자채무에 관하여는 소멸시효가 완성된 상태에서 채무자가 채무를 일부 변제한 때에는 액수에 관하여 다툼이 없는 한 원금채무에 관하여 묵시적으로 승인하는 한편 이자채무에 관하여 시효완성의 사실을 알고 그 이익을 포기한 것으로 추정된다.

⑤ 법률의 규정에 따른 적법한 가압류가 있었으나 제소기간의 도과로 인하여 가압류가 취소된 경우에는 소멸시효 중단의 효력이 없다.

**31** 　　　　　　　　　　　　　　　　　　　정답 ⑤

① [○]

**해설** 소멸시효의 남용(시효완성전 ; 불행장, 시효완성후 ; 신부)

"채무자의 소멸시효에 기한 항변권의 행사도 우리 민법의 대원칙인 신의성실의 원칙과 권리남용금지의 원칙의 지배를 받는 것이어서, ⅰ) 채무자가 시효완성 전에 채권자의 권리행사나 시효중단을 불가능 또는 현저히 곤란하게 하였거나, ⅱ) 그러한 조치가 불필요하다고 믿게 하는 행동을 하였거나, ⅲ) 객관적으로 채권자가 권리를 행사할 수 없는 장애사유가 있었거나, ⅳ) 또는 일단 시효완성 후에 채무자가 시효를 원용하지 아니할 것 같은 태도를 보여 권리자로 하여금 그와 같이 신뢰하게 하였거나, ⅴ) 채권자보호의 필요성이 크고, 같은 조건의 다른 채권자가 채무의 변제를 수령하는 등의 사정이 있어 채무이행의 거절을 인정함이 현저히 부당하거나 불공평하게 되는 등의 '특별한 사정'이 있는 경우에는 채무자가 소멸시효의 완성을 주장하는 것이 신의성실의 원칙에 반하여 권리남용으로서 허용될 수 없다"(대판 2002.10.25. 2002다32332).

② [○]

**해설** 기본계약관계 해지 등으로 인한 피압류채권의 소멸과 시효중단

"체납처분에 의한 채권압류로 인하여 채권자의 채무자에 대한 채권의 시효가 중단된 경우에 압류에 의한 체납처분 절차가 채권추심 등으로 종료된 때뿐만 아니라, 피압류채권이 기본계약관계의 해지·실효 또는 소멸시효 완성 등으로 인하여 소멸함으로써 압류의 대상이 존재하지 않게 되어 압류 자체가 실효된 경우에도 체납처분 절차는 더 이상 진행될 수 없으므로 시효중단사유가 종료한 것으로 보아야 하고, 그때부터 시효가 새로이 진행한다"(대판 2017.4.28. 2016다239840).

**쟁점 정리** 압류, 가압류 또는 가처분이 '집행되면' 그 '집행을 신청한 때'에 소급하여 시효중단의 효력이 발생하고, '집행절차종료시'로부터 다시 시효가 진행된다(대판 2011.5.13. 2011다10044). 만약, 집행채권의 소멸시효가 채무자의 채권에 대한 압류로 중단된 후, 그 '피압류채권이 기본계약관계의 해지·실효 또는 소멸시효 완성 등으로 소멸'하면 시효중단사유가 종료한 것으로 보아야 하고, 집행채권의 소멸시효는 그때부터 다시 진행한다.

③ [○]

**해설** 일부변제와 채무승인·시효이익포기

"ⅰ) 동일당사자간에 계속적인 거래로 인하여 같은 종류를 목적으로 하는 수개의 채권관계가 성립되어 있는 경우에 채무자가 특정채무를 지정하지 아니하고 그 일부의 변제를 한 때에도 다른 특별한 사정이 없다면 잔존채무에 대하여도 승인을 한 것으로 보아 시효중단이나 포기의 효력을 인정할 수 있을 것이나, ⅱ) 그 채무가 별개로 성립되어 독립성을 갖고 있는 경우에는 일률적으로 그렇게만 해석할 수는 없을 것이고, 특히 채무자가 가압류 목적물에 대한 가압류를 해제받

을 목적으로 피보전채권을 변제하는 경우에는 특별한 사정이 없는 한 피보전채권으로 적시되지 아니한 별개의 채무에 대하여서까지 소멸시효의 이익을 포기한 것이라고 볼 수는 없을 것이다"(대판 1993.10.26. 93다14936). ⅰ)은 일부변제에 의한 채무승인과 시효이익포기가 인정되는 경우이고 ⅱ)은 부정되는 경우로서 구별하여야 한다.

④ [○]

**해설** 원금채무와 이자채무의 시효중단관계

"원금채무에 관하여는 소멸시효가 완성되지 아니하였으나 이자채무에 관하여는 소멸시효가 완성된 상태에서 채무자가 채무를 일부 변제한 때에는 그 액수에 관하여 다툼이 없는 한 그 원금채무에 관하여 묵시적으로 승인하는 한편 그 이자채무에 관하여 시효완성의 사실을 알고 그 이익을 포기한 것으로 추정되며, 채무자의 변제가 채무 전체를 소멸시키지 못하고 당사자가 변제에 충당할 채무를 지정하지 아니한 때에는 민법 제479조, 제477조에 따른 법정변제충당의 순서에 따라 충당되어야 할 것이다"(대판 2013.5.23. 2013다12464).

▶ 따라서 다른 사정이 없다면 일부변제한 것으로는 원본에 앞서 이자에 먼저 충당하며, 이행기가 도래한 이자 중에는 이행기가 먼저 도래한 순서에 따라 충당될 것이어서(제477조 3호 참조) 결국 먼저 시효로 소멸한 이자에 우선 충당하게 된다.

⑤ [×]

**해설** 민법 제175조와 시효중단

"민법 제175조는 가압류가 '권리자의 청구에 의하여 또는 법률의 규정에 따르지 아니함으로 인하여 취소된 때에는 소멸시효 중단의 효력이 없다'고 규정하고 있고, 이는 그러한 사유가 가압류 채권자에게 권리행사의 의사가 없음을 객관적으로 표명하는 행위이거나 또는 처음부터 적법한 권리행사가 있었다고 볼 수 없는 사유에 해당한다고 보기 때문이므로, 법률의 규정에 따른 적법한 가압류가 있었으나 제소기간의 도과로 인하여 가압류가 취소된 경우에는 위 법조가 정한 소멸시효 중단의 효력이 없는 경우에 해당한다고 볼 수 없다"(대판 2011.1.13. 2010다88019).

**쟁점 정리** 압류, 가압류 및 가처분이 권리자의 청구에 의하여 또는 법률의 규정에 따르지 않음으로 인하여 취소된 경우에는 시효중단의 효력이 소급적으로 소멸한다(제175조). 여기서 '법률의 규정에 따르지 아니함으로 인하여 취소된 경우'라 함은 처음부터 적법한 권리행사가 있었다고 볼 수 없는 경우를 의미한다. 따라서 判例에 따르면 법률의 규정에 따른 적법한 가압류가 있었으나 제소기간의 도과(채무자의 제소명령신청에 의하여 채권자가 법원으로부터 제소명령을 받게 되면 일정한 기간 내에 본안소송을 제기하여야 한다)로 인하여 가압류가 취소된 경우나(위 2010다88019판결), 압류가 있었으나 이후 남을 가망이 없는 경우의 경매취소를 규정한 민사집행법 제102조 2항에 따라 경매절차가 취소된 것은 제175조에 해당하는 것은 아니어서 위 경우의 소멸시효 중단의 효력은 소멸하지 않는다(대판 2015.2.26. 2014다228778)고 한다.

## 32

소멸시효에 관한 설명 중 옳은 것은? (다툼이 있는 경우 판례에 의함)

[17 변호사]

① 부동산에 대한 매매대금 채권이 소유권이전등기청구권과 동시이행의 관계에 있는 경우, 매수인이 매매목적물인 부동산을 인도받아 점유하고 있어서 소유권이전등기청구권의 소멸시효가 진행되지 않는 이상 매매대금 채권 역시 그 지급기일이 경과했더라도 소멸시효가 진행되지 않는다.

② 금전채무가 시효소멸한 후 채무자가 미지급이자를 담보하기 위해 자신이 소유한 부동산에 근저당권을 설정해줌으로써 시효이익을 포기한 경우, 그 후 채무자로부터 그 부동산을 매수한 양수인은 채무자가 한 시효이익 포기의 효력을 부정할 수 있다.

③ 소멸시효 완성 후 시효이익을 받는 당사자인 채무자가 채권자에게 자신의 채무가 있음을 알고 있다는 뜻을 표시하여 채무승인을 한 경우, 시효의 완성으로 인한 법적인 이익을 받지 않겠다는 효과의사가 없더라도 소멸시효 이익의 포기로 인정될 수 있다.

④ 채무자가 채권자에게 담보가등기를 경료하고 부동산을 인도하여 준 다음 피담보채권에 대한 이자 또는 지연손해금의 지급에 갈음하여 채권자로 하여금 부동산을 사용·수익하게 한 경우, 채권자가 부동산을 사용·수익하는 동안에도 피담보채권의 소멸시효가 진행된다.

⑤ 소멸시효가 완성된 경우 채무자에 대한 일반 채권자는 채권자의 지위에서 독자적으로 시효소멸의 주장을 할 수 없지만 자기의 채권을 보전하기 위하여 필요한 한도 내에서 채무자를 대위하여 시효소멸의 주장을 할 수 있다.

**32**                정답 ⑤

① [ × ]

**해설** "부동산에 대한 매매대금 채권이 소유권이전등기청구권과 동시이행의 관계에 있다고 할지라도 매도인은 매매대금의 지급기일 이후 언제라도 그 대금의 지급을 청구할 수 있는 것이며, 다만 매수인은 매도인으로부터 그 이전등기에 관한 이행의 제공을 받기까지 그 지급을 거절할 수 있는 데 지나지 아니하므로 매매대금 청구권은 그 지급기일 이후 시효의 진행에 걸린다"(대판 1991.3.22. 90다9797).

② [ × ]

**해설** 시효이익 포기의 상대효 제한법리
소멸시효이익 포기의 인적범위와 관련하여 判例는 시효이익을 이미 포기한 자와의 법률관계를 통하여 비로소 시효이익을 원용할 이해관계를 형성한 자(판례사안은 피담보채권의 소멸시효가 완성된 후 채무자가 저당권을 설정한 후 이를 취득한 담보물의 제3취득자)는 이미 이루어진 시효이익 포기의 효력을 부정할 수는 없다고 한다(아래 2015다200227판결).

**사실관계** A는 1992년 B로부터 5천만 원을 차용하면서 그 담보로 A 소유 부동산에 대해 B 앞으로 제1근저당권을 설정해 주었다. 그 후 (이 채권의 소멸시효기간 10년이 지난 때인) 2004년에 A는 위 차용금채무의 이자를 3천만 원으로 확정하고, 이를 담보하기 위해 위 부동산에 대해 B 앞으로 제2근저당권을 설정해 주었다. 2013년에 C는 A로부터 위 부동산을 매수하여 소유권을 취득한 후, B를 상대로 근저당권의 피담보채권이 소멸시효로 인해 소멸하였다는 것을 이유로 제1, 제2근저당권의 말소를 청구한 것이다. 이에 대해 대법원은 A가 B 앞으로 제2근저당권을 설정해 준 것은 소멸시효의 이익을 포기한 것으로 볼 수 있는데, 이 효력은 C에게도 미쳐 C는 독자적으로 소멸시효를 주장할 수 없는 것으로 보았다(대판 2015.6.11. 2015다200227).

**비교판례** 시효이익 포기의 상대효(원칙)
시효이익의 포기의 효과는 상대적이어서 포기할 수 있는 자가 다수인 경우에 1인의 포기는 다른 사람에게 영향을 미치지 않는다. 判例도 직접 이익을 받는 자의 시효원용권은 채무자의 시효원용권에 기초한 것이 아닌 독자적인 것이라고 하여 채무자의 시효이익의 포기는 다른 직접수익자의 시효원용권에 영향을 미치지 않는다고 한다(대판 1995.7.11. 95다12446).

③ [ × ]

**해설** 시효이익의 포기에는 '효과의사'가 필요하므로, '관념의 통지'로 효과의사가 필요하지 않는 시효중단사유로서의 승인과 다르며, 따라서 채무승인만으로 언제나 시효이익의 포기가 되는 것은 아니다(대판 2013.2.28. 2011다21556).
즉, "소송에서의 상계항변은 소송상의 공격방어방법으로 피고의 금전지급의무가 인정되는 경우 자동채권으로 상계를 한다는 예비적 항변의 성격을 갖는데, 따라서 상계항변이 먼저 이루어지고 그 후 대여금채권의 소멸을 주장하는 소멸시효항변이 있었던 경우에는, 상계항변 당시 채무자인 피고에게 수

동채권인 대여금채권의 시효이익을 포기하려는 효과의사가 있었다고 단정할 수 없다"(대판 2013.2.28. 2011다21556 ; 2013.7.25. 2011다56187,56194).

④ [ × ]

**해설** "담보가등기를 경료한 부동산을 인도받아 점유하더라도 담보가등기의 피담보채권의 소멸시효가 중단되는 것은 아니지만, 채무의 일부를 변제하는 경우에는 채무 전부에 관하여 시효중단의 효력이 발생하는 것이므로, **채무자가 채권자에게 담보가등기를 경료하고 부동산을 인도하여 준 다음 피담보채권에 대한 이자 또는 지연손해금의 지급에 갈음하여 채권자로 하여금 부동산을 사용수익할 수 있도록 한 경우라면, 채권자가 부동산을 사용수익하는 동안에는 채무자가 계속하여 이자 또는 지연손해금을 채권자에게 변제하고 있는 것으로 볼 수 있으므로 피담보채권의 소멸시효가 중단된다고 보아야 한다**"(대판 2009.11.12. 2009다51028).

**비교판례** 저당권이 설정되어 있더라도 저당권의 피담보채권이 시효중단되는 것은 아니다. 마찬가지로 채권자가 담보목적의 가등기를 취득한 후 그 목적토지를 인도받아 점유하더라도 담보가등기의 피담보채권의 소멸시효가 중단되는 것은 아니다(대판 2007.3.15. 2006다12701).

⑤ [ ○ ]

**해설** "소멸시효가 완성된 경우 이를 주장할 수 있는 사람은 시효로 인하여 채무가 소멸되는 결과 직접적인 이익을 받는 사람에 한정되므로, 채무자에 대한 일반 채권자는 자기의 채권을 보전하기 위하여 필요한 한도 내에서 채무자를 대위하여 소멸시효 주장을 할 수 있을 뿐 채권자의 지위에서 독자적으로 소멸시효의 주장을 할 수 없다"(대판 1997.12.26. 97다22676).

**민법**

# PART 2

## 물권법

## 33

**가등기에 관한 설명 중 옳지 않은 것은? (다툼이 있는 경우 관례에 의함)** [19 변호사]

① 가등기는 그 성질상 본등기의 순위보전의 효력이 있어 후일 본등기가 경료된 때에는 본등기의 순위가 가등기한 때로 소급하지만 본등기에 의한 물권변동의 효력이 가등기한 때로 소급하여 발생하는 것은 아니다.

② 대상 토지에 관하여 무효인 중복등기가 존재하는 경우, 가등기권자는 가등기에 따른 본등기가 마쳐지지 않은 이상 현재의 소유자를 대위하지 않고 직접 그 중복등기 명의자를 피고로 삼아 그 등기의 말소를 청구할 수는 없다.

③ 가등기에 기하여 본등기가 경료된 경우 가등기의 원인인 법률행위와 본등기의 원인인 법률행위가 명백히 다른 것이 아니면 사해행위 요건의 구비 여부는 본등기의 원인된 법률행위 당시를 기준으로 판단하여야 한다.

④ 효력이 상실된 가등기를 유용하기로 합의하고 실제로 그 가등기이전의 부기등기를 경료하였다면, 그 가등기이전의 부기등기를 경료받은 제3자로서는 언제든지 부동산의 소유자에 대하여 위 가등기 유용의 합의를 주장하여 가등기의 말소청구에 대항할 수 있고, 다만 그 가등기이전의 부기등기 이전에 등기부상 이해관계를 가지게 된 자에 대하여는 위 가등기 유용의 합의 사실을 들어 그 가등기의 유효를 주장할 수 없다.

⑤ 가등기명의인은 단독으로 가등기의 말소를 신청할 수 있다.

## 33                                                     정답 ③

① [○]

**해설** **가등기의 효력**

"가등기는 본등기 순위보전의 효력만이 있고, 후일 본등기가 마쳐진 때에는 본등기의 순위가 가등기한 때로 소급함으로써 가등기 후 본등기 전에 이루어진 중간처분이 본등기보다 후순위로 되어 실효될 뿐이고, **본등기에 의한 물권변동의 효력이 가등기한 때로 소급하여 발생하는 것은 아니다**"(대판 1981.5.26. 80다3117).

② [○]

**해설** "가등기는 부동산등기법 제6조 제2항의 규정에 의하여 그 본등기시에 본등기의 순위를 가등기의 순위에 의하도록 하는 **순위보전적 효력만이 있을 뿐이고, 가등기만으로는 아무런 실체법상 효력을 갖지 아니하고** 그 본등기를 명하는 판결이 확정된 경우라도 본등기를 경료하기까지는 마찬가지이므로, 중복된 소유권보존등기가 무효이더라도 가등기권리자는 그 말소를 청구할 권리가 없다"(대판 2001.3.23. 2000다51285).

③ [×]

**해설** "가등기에 기하여 본등기가 경료된 경우 가등기의 원인인 법률행위와 본등기의 원인인 법률행위가 명백히 다른 것이 아닌 한 사해행위 요건의 구비 여부는 **'가등기'의 원인된 법률행위 당시를 기준으로 판단하여야 한다**"(대판 2014.3.27. 2013다1518).

④ [○]

**해설** **무효인 가등기의 유용 합의에 따라 그 가등기 이전의 부기등기가 마쳐진 경우의 법률관계**

"부동산의 매매예약에 기하여 소유권이전등기청구권의 보전을 위한 가등기가 경료된 경우에 그 매매예약완결권이 소멸하였다면 그 가등기 또한 효력을 상실하여 말소되어야 할 것이나, 그 부동산의 소유자가 제3자와 사이에 새로운 매매예약을 체결하고 그에 기한 소유권이전등기청구권의 보전을 위하여 이미 효력이 상실된 가등기를 유용하기로 합의하고 실제로 그 가등기이전의 부기등기를 경료하였다면, 그 가등기이전의 부기등기를 경료받은 제3자로서는 언제든지 부동산의 소유자에 대하여 위 가등기 유용의 합의를 주장하여 가등기의 말소청구에 대항할 수 있고, 다만 그 가등기이전의 부기등기 이전에 등기부상 이해관계를 가지게 된 자에 대하여는 위 가등기 유용의 합의 사실을 들어 그 가등기의 유효를 주장할 수는 없다"(대판 2009.5.28. 2009다4787).

⑤ [○]

**해설** 등기는 법률에 다른 규정이 없는 경우에는 등기권리자)와 등기의무자가 공동으로 신청한다(부동산등기법 제23조 1항). 그러나 **가등기명의인은 부동산등기법 제23조 1항에도 불구하고 단독으로 가등기의 말소를 신청할 수 있다**(동법 제93조 1항).

# 34

원래 甲 소유이던 X 토지에 관하여 1972. 4. 2. 甲 명의로 소유권보존등기가 마쳐진 후 2012. 2. 5. 乙 명의로 상속을 원인으로 한 소유권이전등기가 마쳐졌다. 한편 X 토지에 관하여 1983. 3. 5. 丙 명의로 중복하여 소유권보존등기가 마쳐졌고, 丁은 丙으로부터 X 토지를 매수하여 2013. 10. 5. 丁 명의로 소유권이전등기를 마쳤다. 소유권이전등기청구권의 시효소멸의 문제는 발생하지 않는다고 가정한다. 옳은 것을 모두 고른 것은? (각 지문은 독립적이며, 다툼이 있는 경우 판례에 의함)                                    [16 변호사]

---

ㄱ. 丙이 甲으로부터 X 토지를 매수하고 대금을 모두 지급한 사실이 증명되면, 丙은 乙에게 소유권이전등기를 청구할 수 있다.

ㄴ. 丙이 甲으로부터 X 토지를 매수하고 대금을 모두 지급한 사실이 증명되면, 丁은 乙을 상대로 진정명의회복을 원인으로 한 소유권이전등기를 청구할 수 있다.

ㄷ. 乙이 丁을 상대로 소유권이전등기의 말소를 청구하는 경우 丁이 20년간 소유의 의사로 평온·공연하게 점유를 계속한 사실이 밝혀지더라도 乙의 청구는 인용된다.

---

① ㄱ                    ② ㄴ

③ ㄷ                    ④ ㄱ, ㄴ

⑤ ㄱ, ㄷ

**34** 　　　　　　　　　　　　　　정답 ⑤

**해설** ㄱ. [○]

중복보존등기의 등기명의인이 동일인이 아닌 경우 判例는 "먼저 이루어진 소유권보존등기가 '원인무효가 되지 아니하는 한' 뒤에 된 보존등기는 비록 그 부동산의 매수인에 의하여 이루어진 경우에도 1부동산 1등기용지주의를 취하고 있는 부동산 등기법 아래에서는 무효"(대판 1990.11.27. 전합 87다카2961)라고 판시하였다.

▶ 결국 丙명의의 보존등기는 무효이고, 원래 소유자인 甲으로부터 상속을 받아 상속을 원인으로 한 소유권이전등기를 마친 乙이 X토지의 소유권자가 된다. 또한 상속인은 상속개시된 때로부터 피상속인의 재산에 관한 포괄적 권리의무를 승계하므로(제1005조), 丙이 甲으로부터 X토지를 매수하고 대금을 모두 지급한 사실이 증명되면, 丙은 매도인의 지위를 상속한 乙에게 소유권이전등기를 청구할 수 있다.

ㄴ. [×]

"갑 명의의 소유권이전등기가 경료된 토지에 관하여 제3자 명의로 소유권보존등기가 이중으로 경료되고, 이에 터잡아 순차로 소유권이전등기가 경료된 사안에서, 위 소유권보존등기에 터 잡은 위 소유권이전등기의 최종 등기명의인인 을이 진정한 등기명의의 회복을 위한 소유권이전등기를 청구할 수 없다"(대판 2007.7.12. 2007다14940). "진정한 등기명의의 회복을 위한 소유권이전등기청구는 이미 자기 앞으로 소유권을 표상하는 등기가 되어 있었거나 법률에 의하여 소유권을 취득한 자가 진정한 등기명의를 회복하기 위한 방법으로 현재의 등기명의인을 상대로 그 등기의 말소를 구하는 것에 갈음하여 허용되는 것이다"(대판 2001.9.20. 전합99다 37894).

▶ 무효인 중복등기를 기초로 하여 소유권이전등기를 마친 丁은 소유권을 취득하지 못하므로 丁은 乙을 상대로 진정 명의회복을 원인으로 한 소유권이전등기를 청구할 수 없다(제214조). 다만 丁은 丙에게 가지고 있는 매매계약에 기한 등기청구권을 피보전채권으로 해서 丙이 乙에게 가지고 있는 등기청구권을 대위행사 할 수는 있을 것이다(제404조).

ㄷ. [○]

최근에 判例는 "후행 보존등기가 무효인 경우 후행 보존등기에 기하여 소유권이전등기를 마친 사람이 그 부동산을 20년간 소유의 의사로 평온·공연하게 점유하여 점유취득시효가 완성되었더라도, 후행 보존등기나 그에 기하여 이루어진 소유권이전등기가 실체관계에 부합한다는 이유로 유효로 될 수 없고, 선행 보존등기에 기한 소유권을 주장하여 후행 보존등기에 터잡아 이루어진 등기의 말소를 구하는 것이 실체적 권리 없는 말소청구에 해당한다고 볼 수 없다"(대판 2011.7. 14. 2010다107064)고 한다.

점유취득시효 완성의 효과로서의 등기는 유효한 등기이어야 하는바, 후행보존등기는 1부동산 1등기기록주의에 위반하여 무효인 등기이므로 무효인 중복보존등기에 기초한 점유취득시효는 인정될 수 없다. 따라서 丁이 점유취득시효를 원인으로 乙에게 소유권이전등기청구를 할 수 있는지는 별론으로 하더라도 乙의 丁에 대한 등기말소청구는 인용가능하다.

## 35

X토지에 관하여 甲 명의의 1996. 5. 1.자 소유권보존등기와
乙 명의의 1999. 5. 1.자 소유권보존등기가 각각 마쳐져 있
다. 단, 甲 명의 소유권보존등기의 원인무효 사유는 없다. 이
에 관한 설명 중 옳은 것(○)과 옳지 않은 것(×)을 올바르게
조합한 것은? (다툼이 있는 경우에는 판례에 의함)

[20 변호사]

> ㄱ. 乙이 甲으로부터 X토지를 매수하고 위 소유권보존
>    등기를 마친 것이라면 乙 명의의 위 등기가 유효하
>    므로 乙은 甲 명의 등기의 말소를 청구할 수 있다.
> ㄴ. X토지에 관하여 乙의 점유취득시효가 완성된 경우
>    에는 乙 명의의 위 소유권보존등기가 실체관계에 부
>    합하게 되므로 乙은 甲 명의 등기의 말소를 청구할
>    수 있다.
> ㄷ. 乙이 丙에게 위 토지를 매도하고 소유권이전등기를
>    마쳐준 후 丙의 등기부취득시효가 완성되었더라도
>    甲은 丙 명의 등기의 말소를 청구할 수 있다.

① ㄱ(×), ㄴ(×), ㄷ(○)
② ㄱ(×), ㄴ(○), ㄷ(×)
③ ㄱ(×), ㄴ(○), ㄷ(○)
④ ㄱ(○), ㄴ(×), ㄷ(×)
⑤ ㄱ(○), ㄴ(○), ㄷ(×)

## 35 정답 ①

**해설** ㄱ. [×]

**중복보존등기의 효력(등기명의인이 동일인이 아닌 경우 : 절차법설에 가까운 절충설)**

먼저 하나의 보존등기가 되어 있는 뒤에 이루어진 보존등기는 1부동산 1등기용지주의 원칙에 위반한 것이어서 무효라는 '**절차법설**'과 1부동산 1등기용지주의 원칙은 등기의 신청 단계에만 적용하는 것이므로, 일단 등기신청이 받아 들여져 등기부상 중복등기가 되고 나면 이제는 양등기의 실체관계를 따져서 유효·무효를 결정하여야 한다는 '**실체법설**' 등의 대립이 있으나, 判例는 등기명의인이 동일인이 아닌 경우 "먼저 이루어진 소유권보존등기가 '**원인무효가 되지 아니하는 한**' 뒤에 된 보존등기는 비록 그 부동산의 매수인에 의하여 이루어진 경우에도 1부동산 1등기용지주의를 취하고 있는 부동산등기법 아래에서는 무효"라고 판시하여(대판 1990.11.27. 전합87다카2961), 절차법설에 가까운 절충설의 입장이다.

▶ 甲 명의 소유권보존등기의 원인무효 사유는 없으므로, 乙은 甲 명의 등기의 말소를 청구할 수 없다. 다만, 乙 명의 '소유권보존등기'는 중복보존등기로서 무효라고 할 것이므로 乙은 甲을 상대로 X토지에 관하여 매매를 원인으로 한 '소유권이전등기'를 청구할 이익은 있다(위 87다카2961의 판시내용).

**비교판례** 중복보존등기의 효력(등기명의인이 동일인인 경우 : 절차법설)

判例는 일관하여 절차법설에 따르고 있다(대판 1981.11. 18. 81다1340등). 이는 동일인명의의 보존등기 사이에는 실체적 권리관계에 부합하는지 여부를 가릴 필요가 없기 때문으로 보인다.

ㄴ. [×]

**중복등기한 자가 점유취득시효를 완성한 경우**

判例는 "동일 부동산에 관하여 이미 소유권이전등기가 경료되어 있음에도 그 후 중복하여 소유권보존등기를 경료한 자가 그 부동산을 20년간 소유의 의사로 평온·공연하게 점유하여 점유취득시효가 완성되었더라도, 선등기인 소유권이전등기의 토대가 된 소유권보존등기가 원인무효라고 볼 아무런 주장·입증이 없는 이상, 뒤에 경료된 소유권보존등기는 실체적 권리관계에 부합하는지의 여부에 관계없이 무효이므로, 뒤에 된 소유권보존등기의 말소를 구하는 것이 신의칙위반이나 권리남용에 해당한다고 할 수 없다"(대판 2008.2. 14. 2007다63690)라고 판시하고 있다.

ㄷ. [○]

**무효인 중복등기에 기한 등기부취득시효를 이유로 한 소유권 인정여부(소극)**

"제245조 2항의 '등기'는 부동산등기법 제15조가 규정한 1부동산 1용지주의에 위배되지 아니한 등기를 말하므로, 어느 부동산에 관하여 등기명의인을 달리하여 소유권보존등기가 2중으로 경료된 경우 먼저 이루어진 소유권보존등기가 원인무효가 아니어서 뒤에 된 소유권보존등기가 무효로 되는 때에는, 뒤에 된 소유권보존등기나 이에 터잡은 소유권이전등기를 근거로 하여서는 등기부취득시효의 완성을 주장할 수 없다"(대판 1996.10.17. 전합96다12511)고 한다.

# 36

등기의 추정적 효력에 관한 다음 설명 중 옳지 않은 것을 모두 고른 것은? (다툼이 있는 경우에는 판례에 의함) [12 변호사]

ㄱ. 甲으로부터 乙에게로 소유권이전등기가 마쳐진 경우, 乙은 제3자 뿐만 아니라 甲에 대하여도 적법한 등기원인에 의하여 소유권을 취득한 것으로 추정된다.

ㄴ. 신축된 건물의 소유권은 특별한 사정이 없는 한 이를 건축한 사람이 원시취득하는 것이므로, 건물 소유권 보존등기의 명의자가 이를 신축한 것이 아니라면 그 등기의 권리추정력은 깨어지고, 등기명의자가 스스로 적법하게 그 소유권을 취득한 사실을 증명하여야 한다.

ㄷ. 전 등기명의인이 미성년자이고 당해 부동산을 친권자에게 증여하는 행위가 이해상반행위라면, 일단 친권자에게 이전등기가 마쳐졌더라도 그 이전등기에 관하여 필요한 절차를 적법하게 거친 것으로 추정되지 않는다.

ㄹ. 구 「임야소유권이전등기 등에 관한 특별조치법」(실효)에 의하여 소유권이전등기를 마친 자가 보증서나 확인서의 실체적 기재내용이 허위임을 자인한 경우에는 그 소유권이전등기의 추정력은 깨어진다.

ㅁ. 환매기간을 제한하는 환매특약이 등기부에 기재되어 있더라도 환매특약이 진정하게 성립된 것으로 추정되지 않는다.

① ㄱ, ㄴ, ㄹ      ② ㄱ, ㄷ, ㄹ
③ ㄴ, ㅁ      ④ ㄷ, ㄹ
⑤ ㄷ, ㅁ

## 36
정답 ⑤

**해설** ㄱ. [○]

"부동산에 관하여 소유권이전등기가 마쳐져 있는 경우에는 등기명의자는 제3자에 대하여서 뿐 아니라 전소유자에 대하여서도 적법한 등기원인에 의하여 소유권을 취득한 것으로 추정되는 것이므로 이를 다투는 측에서 무효사유를 주장, 입증하여야 한다"(대판 1993.5.11. 92다46059).

**비교판례** 권리변동의 당사자간에도 등기의 추정력이 미치는가에 관하여 判例는 '소유권이전등기'에 관하여는 긍정하는 입장이나 '소유권보존등기'의 경우 매매 등에 의한 소유권이전이 있었음에도 불구하고 편의상 보존등기를 하는 등 진실성 보장이 약하다는 이유로 부정하는 입장을 취하고 있다(대판 1982.9.14. 82다카707). 따라서 소유권보존등기의 경우에는 그 명의자가 보존등기전의 소유자로부터 소유권을 양도받은 것이라는 주장을 하였지만 전소유자가 명의자에게 양도한 사실을 부인하는 경우 그 명의자는 소유자로 추정되지 않는다.

ㄴ. [○]

"신축된 건물의 소유권은 이를 건축한 사람이 원시취득하는 것이므로, 건물 소유권보존등기의 명의자가 이를 신축한 것이 아니라면 그 등기의 권리 추정력은 깨어지고, 등기 명의자가 스스로 적법하게 그 소유권을 취득한 사실을 입증하여야 한다"(대판 1996.7.30. 95다30734).

ㄷ. [×]

등기의 추정력은 절차의 적법도 추정된다.

"어느 부동산에 관하여 등기가 경료되어 있는 경우 특별한 사정이 없는 한 그 원인과 절차에 있어서 적법하게 경료된 것으로 추정된다. 전 등기명의인이 미성년자이고 당해 부동산을 친권자에게 증여하는 행위가 이해상반행위라 하더라도 일단 친권자에게 이전등기가 경료된 이상, 특별한 사정이 없는 한, 그 이전등기에 관하여 필요한 절차를 적법하게 거친 것으로 추정된다"(대판 2002.2.5. 2001다72029).

ㄹ. [○]

상대방이 등기의 기초가 된 보증서나 확인서의 실체적 기재 내용이 허위임을 자백한 경우 자백에 구속되어 등기의 추정력은 깨진다. 다만 취득원인(등기원인)이 허위임을 자백한 것만으로는 등기의 추정력은 깨지지 않는다.

"구 임야소유권이전등기 등에 관한 특별조치법(실효)에 의한 등기는 같은 법 소정의 적법한 절차에 따라 마쳐진 것으로서 실체관계에 부합하는 등기로 추정되므로 그 등기의 말소를 소구하는 자에게 추정 번복의 주장·입증책임이 있지만, **상대방이 등기의 기초가 된 보증서나 확인서의 실체적 기재 내용이 허위임을 자인하거나 실체적 기재 내용이 진실이 아님을 의심할 만큼 증명이 된 때에는 등기의 추정력은 번복된 것으로 보아야 한다**"(대판 1996.10.11. 95다47992).

**비교판례** "구 임야소유권이전등기 등에 관한 특별조치법(실효)에 따라 등기를 마친 자가 보증서나 확인서에 기재된 취득원인이 사실과 다름을 인정하더라도 그가 다른 취득원인에 따라 권리를 취득하였음을 주장하는 때에는, 특별조치법의 적용을 받을 수 없는 시점의 취득원인 일자를 내세우는 경우와 같이 그 주장 자체에서 특별조치법에 따른 등기를 마칠 수 없음이 명백하거나 그 주장하는 내용이 구체성이 전혀 없다든지 그 자체로서 허구임이 명백한 경우 등의 특별한 사정이 없는 한 위의 사유만으로 특별조치법에 따라 마쳐진 등기의 추정력이 깨어진다고 볼 수는 없으며, 그 밖의 자료에 의하여 새로이 주장된 취득원인 사실에 관하여도 진실이 아님을 의심할 만큼 증명되어야 그 등기의 추정력이 깨어진다고 할 것이다"(대판 2001.11.22. 전합2000다71388,71395).

ㅁ. [×]

"환매기간을 제한하는 환매특약이 등기부에 기재되어 있는 때에는 반증이 없는 한 등기부 기재와 같은 환매특약이 진정하게 성립된 것으로 추정함이 상당하다"(대판 1991.10.11. 91다13700).

## 37

X 토지에 관하여 甲 명의의 소유권보존등기와 乙 명의의 소유권이전등기가 순차로 경료되어 있다는 사실은 아래 각 소송에서 다툼이 없다. 아래 각 소가 모두 적법하다는 전제에서, 이에 관한 설명 중 옳은 것을 모두 고른 것은? (각 지문은 독립적이며, 다툼이 있는 경우 판례에 의함) [18 변호사]

---

ㄱ. 甲은 乙을 상대로 소유권이전등기말소 청구의 소를 제기하였다. 이 소송에서 甲은 乙에게 토지를 매도한 적이 없다고 주장하고, 乙은 甲으로부터 X 토지를 매수하였다고 주장하였다. 甲과 乙 양측의 위 주장 사실이 증명되지 않은 경우 원고 甲이 승소한다.

ㄴ. 甲은 乙을 상대로 소유권이전등기말소 청구의 소를 제기하였다. 이 소송에서 乙이 X 토지를 甲의 대리인임을 자칭하는 A를 통하여 매수했다는 사실에 대해서는 당사자 사이에 다툼이 없었고, A에게 대리권이 있었는지 여부에 관해서만 다투어졌는데, 이 대리권 존부에 관하여 증명되지 않은 경우 원고 甲이 승소한다.

ㄷ. X 토지의 사정 명의인은 B이고 丙은 B의 유일한 상속인이라는 사실은 아래 소송에서 당사자 사이에 다툼이 없다. 丙이 甲을 상대로 소유권보존등기말소 청구의 소를 제기하였다. 이 소송에서 丙은 甲이 관련 서류를 위조하여 등기하였다고 주장하고 甲은 B 생전에 B로부터 X 토지를 매수하고 대금을 모두 지급하였다고 주장하였다. 甲과 丙 양측의 위 주장 사실이 증명되지 않은 경우 원고 丙이 승소한다.

---

① ㄱ          ② ㄴ

③ ㄷ          ④ ㄱ, ㄴ

⑤ ㄴ, ㄷ

# 37                             정답 ③

**해설** ㄱ. [×]

### 등기추정력의 인적범위

부동산에 관하여 소유권이전등기가 경료되어 있는 경우에는 그 등기명의자는 제3자에 대하여서 뿐만 아니라 그 전소유자에 대하여도 적법한 등기원인에 의하여 소유권을 취득한 것으로 추정된다(대판 1992.4.24. 91다26379,26386).

ㄴ. [×]

### 등기추정력과 대리권의 증명책임

일반적으로 대리권이 있다는 점에 대한 입증책임은 그 대리행위의 효과를 주장하는 자에게 있다. 따라서 대리행위의 상대방이 본인에게 계약의 이행을 청구하는 경우에는 상대방이 대리인에게 대리권이 있음을 입증하여야 한다(대판 1994.2.22. 93다42047). 그러나 부동산거래의 대리행위에서 등기가 있는 경우에는 '**등기의 추정력**'에 의해 그 등기의 무효를 주장하는 자(甲)가 대리인에게 대리권 없음을 입증하여야 한다(대판 1993.10.12. 93다18914).

ㄷ. [○]

### 추정력의 복멸 – 소유권보존등기의 경우

소유권보존등기는 소유권이 진실하게 보존되었다는 사실 이외에 권리변동이 진실하다는 점에 관하여는 추정력이 없으므로, 判例는 보존등기명의인이 원시취득자가 아니라는 점이 증명되면[보존등기 명의인이 전소유자로부터 매수하였다고 주장하는 경우, 보존등기 명의인 이외의 자가 사정받은 사실이 인정되는 경우, 건물 보존등기 명의인 이외의 자가 그 건물을 신축한 사실이 드러난 경우(대판 1996.7.30. 95다30734)] 추정력이 깨진다고 보아 소유권이전등기에 비하여 용이하게 추정력의 복멸을 인정한다(대판 1982.9.14. 82다카707).

## 38

甲과 乙은 甲 소유의 X 부동산에 관하여 매매대금을 1억 원으로 하여 매매계약을 체결하였고, 그 후 乙과 丙은 X에 관하여 매매대금을 1억 2,000만 원으로 하여 매매계약을 체결하였다. 다음 설명 중 옳은 것은? (다툼이 있는 경우에는 판례에 의함) [12 변호사]

① 丙이 乙로부터 甲에 대한 소유권이전등기청구권을 양수하고 이 사실을 乙이 甲에게 통지하였다면, 丙은 甲에게 X에 관하여 직접 자기 앞으로 소유권이전등기를 해줄 것을 청구할 수 있다.

② 丙이 乙과 甲 사이의 매매계약에 기한 소유권이전등기청구권을 보전하기 위해 乙을 대위하여 X에 대한 처분금지가처분결정을 받았고 乙이 그러한 사실을 알고 있었더라도, 甲과 乙은 위 매매계약의 합의해제로 丙에게 대항할 수 있다.

③ 甲, 乙, 丙 사이에 중간생략등기에 관한 합의가 있었다면, 丙은 甲에게 X에 관하여 직접 자기 앞으로 소유권이전등기를 해줄 것을 청구할 수 있고, 그 후 甲은 乙과 매매대금을 인상하기로 합의하였더라도 그 인상분을 지급받지 아니하였음을 이유로 丙에게 소유권이전등기의무의 이행을 거절할 수 없다.

④ 이미 X에 관하여 甲에서 丙 앞으로 소유권이전등기까지 마쳐지고, 甲과 乙, 乙과 丙 사이에 각각 매매대금이 모두 지급되었다면, 위 소유권이전등기가 丙이 甲 명의의 등기신청서류를 위조하여 직접 丙 앞으로 마친 것이고, 甲, 乙, 丙 사이에 중간생략등기의 합의가 없었더라도, 甲은 丙에게 위 소유권이전등기의 말소를 청구할 수 없다.

⑤ 甲, 乙, 丙 사이의 중간생략등기의 합의에 따라 甲이 X에 관하여 직접 丙 앞으로 소유권이전등기를 마쳐주었는데, 그 후 甲과 乙 사이의 매매계약이 사기를 이유로 취소되었다면, 甲은 丙이 선의인지 여부와 관계없이 丙에 대하여 위 소유권이전등기의 말소를 청구할 수 있다.

## 38

정답 ④

① [×]

**해설** 종전의 判例는 소유권이전등기청구권을 채권적 청구권으로 보면서도 '3자 합의설'의 이론구성에 의거하여 그 양도성을 제한하여 왔는데(대판 1995.8.22. 95다15575), 최근 判例는 또 다른 논거로서 매매로 인한 소유권이전등기청구권은 그 '이행과정에 신뢰관계'가 따른다는 것을 이유로 (특별한 사정이 없는 이상 권리의 성질상 양도가 제한되어) 통상의 채권양도와 달리 채무자에 대한 **통지만으로는** 채무자에 대한 대항력이 생기지 않으며 반드시 채무자의 동의나 승낙을 받아야 대항력이 생긴다(대판 2001.10.9. 2000다51216)고 판시하고 있다.

② [×]

**해설** 채권자가 보존행위 이외의 권리를 행사한 때에는 채무자에게 이를 통지하여야 하고(제405조 1항), 채무자가 그 통지를 받은 후에는 그 권리를 '처분'하여도 채권자에게 대항하지 못한다(제405조 2항). 여기서 말하는 금지되는 처분행위에는 '채권 자체'에 대한 처분행위[예컨대 채무자의 제3자에 대한 권리를 소멸시키는 행위(대판 1975.12.23. 73다1086), 제3자에 대한 채권을 양도하는 행위, 권리의 행사] 뿐만 아니라 **'채권 발생의 기초가 되는 법률관계에 대한 처분행위'**[예컨대 채권발생원이 된 기본계약의 합의해제(아래 95다54167 판결)]도 포함된다. 그러나 채무를 불이행함으로써 제3채무자로 하여금 채권의 발생원인이 된 기본계약을 해제하게 하거나 자동해제약정에 따라 그 기본계약이 실효되도록 한 경우는 제405조 제2항에서 말하는 '처분'에 해당한다고 할 수 없다(아래 전합2011다87235판결).

"채권자가 채무자를 대위하여 제3채무자의 부동산에 대한 처분금지가처분을 신청하여 처분금지가처분 결정을 받은 경우, 이는 그 부동산에 관한 소유권이전등기청구권을 보전하기 위한 것이므로 피보전권리인 소유권이전등기청구권을 행사한 것과 같이 볼 수 있어, 채무자가 그러한 채권자대위권의 행사 사실을 알게 된 이후에 그 부동산에 대한 매매계약을 합의해제함으로써 채권자대위권의 객체인 그 부동산의 소유권이전등기청구권을 소멸시켰다 하더라도 이로써 채권자에게 대항할 수 없다"(대판 1996.4.12. 95다54167).

**비교판례** "ⅰ) 채무자의 채무불이행 사실 자체만으로는 권리변동의 효력이 발생하지 않아 이를 채무자가 제3채무자에 대하여 가지는 채권을 소멸시키는 적극적인 행위로 파악할 수 없는 점, ⅱ) 법정해제는 채무자의 객관적 채무불이행에 대한 제3채무자의 정당한 법적 대응인 점 등을 고려할 때 채무자가 자신의 채무불이행을 이유로 매매계약이 해제되도록 한 것을 두고 민법 제405조 제2항에서 말하는 '처분'에 해당한다고 할 수 없다. 따라서 채무자가 채권자대위권행사의 통지를 받은 후에 채무를 불이행함으로써 통지 전에 체결된 약정에 따라 매매계약이 자동적으로 해제되거나, 채권자대위권행사의 통지를 받은 후에 채무자의 채무불이행을 이유로 제3채무자가 매매계약을 해제한 경우 제3채무자는 계약해제로써 대위권을 행사하는 채권자에게 대항할 수 있다. 다만 형식적으로는 채무자의 채무불이행을 이유로 한 계약해제인 것처럼 보이지만 실질적으로는 채무자와 제3채무자 사이의 합의에 따라 계약을 해제한 것으로 볼 수 있거나, 채무자와 제3채무자가 단지 대위채권자에게 대항할 수 있도록 채무자의 채무불이행을 이유로 하는 계약해제인 것처럼 외관을 갖춘 것이라는 등의 특별한 사정이 있는 경우에는 채무자가 피대위채권을 처분한 것으로 보아 제3채무자는 계약해제로써 대위권을 행사하는 채권자에게 대항할 수 없다"(대판 2012.5.17. 전합2011다87235).

③ [×]

**해설** 중간생략등기의 합의만으로 최초 매도인 甲의 乙에 대한 항변권을 상실하는 것은 아니다.

"중간생략등기의 합의란 부동산이 전전 매도된 경우 각 매매계약이 유효하게 성립함을 전제로 그 이행의 편의상 최초의 매도인으로부터 최종의 매수인 앞으로 소유권이전등기를 경료하기로 한다는 당사자 사이의 합의에 불과할 뿐이므로, 이러한 합의가 있다고 하여 최초의 매도인이 자신이 당사자가 된 매매계약상의 매수인인 중간자에 대하여 갖고 있는 매매대금청구권의 행사가 제한되는 것은 아니다. 최초 매도인과 중간 매수인, 중간 매수인과 최종 매수인 사이에 순차로 매매계약이 체결되고 이들 간에 중간생략등기의 합의가 있은 후에 최초 매도인과 중간 매수인 간에 매매대금을 인상하는 약정이 체결된 경우, 최초 매도인은 인상된 매매대금이 지급되지 않았음을 이유로 최종 매수인 명의로의 소유권이전등기의무의 이행을 거절할 수 있다"(대판 2005.4.29. 2003다66431).

④ [○]

**해설** 실체관계에 부합한 등기로서 유효하므로 甲은 丙에게 소유권이전등기 말소를 청구할 수 없다.

**관련판례** "최종 양수인이 중간생략등기의 합의를 이유로 최초 양도인에게 직접 중간생략등기를 청구하기 위하여는 관계 당사자 전원의 의사합치가 필요하지만, 당사자 사이에 적법한 원인행위가 성립되어 일단 중간생략등기가 이루어진 이상 중간생략등기에 관한 합의가 없었다는 이유만으로는 중간생략등기가 무효라고 할 수는 없다"(대판 2005.9.29. 2003다40651).

**관련판례** "위조된 등기신청서류에 의하여 경유된 소유권이전등기라 할지라도 그 등기가 실체적 권리관계에 부합되는 경우에는 유효하다"(대판 1965.5.25. 65다365).

⑤ [×]

**해설** 丙이 선의인 경우 제110조 제3항(사기의 의사표시의 취소는 선의의 제3자에게 대항하지 못한다)의 제3자에 해당하므로 이 경우 甲은 丙에게 소유권이전등기의 말소를 청구할 수 없다.

▶ 判例에 따르더라도 **중간생략등기가 유효하기 위해서는** 최초의 매도인과 중간자의 법률행위, 그리고 중간자와 최종매수인의 각각의 법률행위가 모두 **유효함을 전제로 한다**(대판 1997.3.14. 96다22464)(실체관계에의 부합은 복수의 권리변동원인 전부에 인정되어야 한다). 즉 양도인과 중간자 3자 사이의 **중간생략등기 합의**는 각 계약에 부

수하는 채무 이행의 방법에 관한 합의이므로(대판 1996.6.28. 96다3982 참고), 어느 한 계약이 무효이거나 취소·해제되면, 종된 합의인 중간생략등기의 합의도 그 효력을 상실한다(대판 1996.2.27. 95다38875 참고 : 당해 판례는 일부무효법리에 따라 이론구성하였다). 따라서 이 경우 최종양수인에게 경료된 중간생략등기는 무효이나, 제3자 보호규정이 있는 경우에는 실체관계에 부합하여 유효할 수 있다.

## 39

점유에 관한 설명 중 옳은 것(○)과 옳지 않은 것(×)을 올바르게 조합한 것은? (다툼이 있는 경우 판례에 의함)

[22 변호사]

ㄱ. 직접점유자가 점유의 침탈을 당한 경우, 간접점유자는 그 물건을 직접점유자에게 반환할 것을 청구할 수 있고, 직접점유자가 그 물건의 반환을 받을 수 없는 때에는 자기에게 반환할 것을 청구할 수 있다.

ㄴ. 타인의 소유물을 권원 없이 점유한 악의수익자는 받은 이익에 이자를 붙여 반환해야 하고, 위 이자의 이행지체로 인한 지연손해금도 지급해야 한다.

ㄷ. 甲이 그 소유인 X 토지에 관하여 乙 앞으로 지상권을 설정해 준 후 丙이 X 토지를 불법으로 점유한 경우, 특별한 사정이 없는 한 甲은 丙을 상대로 X 토지의 인도를 청구할 수 있지만 X 토지 임료 상당의 손해배상을 청구할 수는 없다.

ㄹ. 甲의 점유가 타주점유인 경우, 특별한 사정이 없는 한 甲으로부터 상속에 의하여 점유를 승계한 乙의 점유는 타주점유이다.

① ㄱ(×), ㄴ(○), ㄷ(○), ㄹ(○)
② ㄱ(×), ㄴ(×), ㄷ(×), ㄹ(○)
③ ㄱ(○), ㄴ(×), ㄷ(○), ㄹ(×)
④ ㄱ(○), ㄴ(○), ㄷ(×), ㄹ(○)
⑤ ㄱ(○), ㄴ(○), ㄷ(○), ㄹ(○)

## 39
정답 ⑤

**해설** ㄱ. [○]

간접점유자의 점유보호청구권

제3자에 의해 직접점유자의 점유가 침해받고 있는 경우에 간접점유자는 그 물건을 '직접점유자'에게 반환할 것을 청구할 수 있다(제207조 1항). 만약 직접점유자가 그 물건의 반환을 받을 수 없거나 원하지 않을 때에는 자신에게 반환할 것을 청구할 수 있다(제207조 2항).

**비교판례** 그러나 직접점유자가 점유물을 무단으로 제3자에게 처분한 경우처럼 직접점유자에 의하여 간접점유가 침해된 경우에는 간접점유자의 제3자에 대한 점유보호청구권은 인정되지 않는다(대판 1993.3.9. 92다5300).

ㄴ. [○]

악의의 점유자

判例에 따르면 악의의 점유자가 타인 소유물을 권원 없이 점유함으로써 얻은 사용이익을 반환하는 경우 제201조 2항은 제748조 2항의 특칙이 아니므로 악의 수익자가 반환하여야 할 범위는 제748조 2항에 따라 정하여지는 결과 ⅰ) 임료 상당의 부당이익(사용이익) 및 ⅱ) 그에 따른 법정이자와 ⅲ) 위 부당이득 및 이자액에 대한 지연이자의 지급도 청구할 수 있다(제387조 2항 참조)고 한다(대판 2003.11.4. 2001다61869).[5]

ㄷ. [○]

지상권의 효과

지상권은 타인의 토지에서 건물 기타 공작물이나 수목을 소유하기 위하여 그 토지를 사용하는 물권이다(제279조). 따라서 "지상권을 설정한 토지소유권자는 지상권이 존속하는 한 토지를 사용 수익할 수 없으므로 특별한 사정이 없는 한 불법점유자에게 손해배상을 청구할 수 없다"(대판 1974.11. 12. 74다1150).

▶ 사안의 경우 지상권설정자인 甲은 불법점유자 丙을 상대로 X토지 임료 상당의 손해배상을 청구할 수 없다.

**비교판례** 다만, "토지소유권은 그 토지에 대한 지상권설정이 있어도 이로 인하여 그 권리의 전부 또는 일부가 소멸하는 것도 아니고 단지 지상권의 범위에서 그 권리행사가 제한되는 것에 불과하며, 일단 지상권이 소멸되면 토지소유권은 다시 자동적으로 완전한 제한없는 권리로 회복되는 법리라 할 것이므로 소유자가 그 소유토지에 대하여 지상권을 설정하여도 그 소유자는 그 토지를 불법으로 점유하는 자에게 대하여 방해배제를 구할 수 있는 물권적청구권이 있다"(대판 1974.11.12. 74다1150).

ㄹ. [○]

상속인의 점유

"상속에 의하여 점유권을 취득한 경우에는 상속인이 새로운 권원에 의하여 자기 고유의 점유를 시작하지 않는 한 피상속인의 점유를 떠나 자기만의 점유를 주장할 수 없고, 또 선대의 점유가 타주점유인 경우 선대로부터 상속에 의하여 점유를 승계한 자의 점유도 그 성질 내지 태양을 달리하는 것이 아니어서 특별한 사정이 없는 한 그 점유가 자주점유로 될 수 없고, 그 점유가 자주점유가 되기 위하여는 점유자가 소유자에 대하여 소유의 의사가 있는 것을 표시하거나 새로운 권원에 의하여 다시 소유의 의사로써 점유를 시작하여야 한다"(대판 1997.12.12. 97다40100).

---

5) "타인 소유물을 권원 없이 점유함으로써 얻은 사용이익을 반환하는 경우 민법은 선의 점유자를 보호하기 위하여 제201조 1항을 두어 선의 점유자에게 과실수취권을 인정함에 대하여, 이러한 보호의 필요성이 없는 악의 점유자에 관하여는 제201조 2항을 두어 과실수취권이 인정되지 않는다는 취지를 규정하는 것으로 해석되는바, 따라서 악의 수익자가 반환하여야 할 범위는 제748조 2항에 따라 정하여지는 결과 그는 받은 이익에 이자를 붙여 반환하여야 한다. 위 조문에서 규정하는 이자는 당해 침해행위가 없었더라면 원고가 위 임료로부터 통상 얻었을 법정이자 상당액을 말하는 것이므로, 악의 수익자는 위 이자의 이행지체로 인한 지연손해금도 지급하여야 할 것이다. 즉, 악의 점유자는 과실을 반환하여야 한다고만 규정한 민법 제201조 2항이, 민법 제748조 2항에 의한 악의 수익자의 이자지급의무까지 배제하는 취지는 아니기 때문에, 악의 수익자의 부당이득금 반환범위에 있어서 민법 제201조 2항이 민법 제748조 2항의 특칙이라거나 우선적으로 적용되는 관계를 이루는 것은 아니다"

## 40

甲 소유의 X 동산을 乙이 점유하고 있다. 이에 관한 설명 중 옳은 것(○)과 옳지 않은 것(×)을 올바르게 조합한 것은? (다툼이 있는 경우 판례에 의함)　　　　　　[22 변호사]

ㄱ. 乙이 X를 훔쳐서 점유하는 경우, 乙은 자신으로부터 X를 빼앗아 간 丙에 대하여 점유를 침탈당한 날부터 1년 내에 점유회수청구권을 행사할 수 있다.

ㄴ. 丙이 X를 빼앗아 갔더라도 乙이 적법하게 X의 점유를 회수하면 乙의 점유는 계속된 것으로 본다.

ㄷ. 乙이 선의의 점유자라도 甲이 제기한 소유권에 기한 인도청구의 소에서 패소하면 "그 소가 제기된 때"부터 악의의 점유자로 의제되는데, 여기서 "그 소가 제기된 때"는 甲의 소장이 법원에 접수된 때를 말한다.

ㄹ. 乙이 X를 丙에게 보관시킨 경우, 乙이 X를 丁에게 매각하여 丙에 대한 반환청구권을 丁에게 양도하고 채권양도의 대항요건을 갖추었다면, 丁은 X의 선의 취득에 필요한 점유요건을 충족한다.

① ㄱ(×), ㄴ(×), ㄷ(○), ㄹ(○)
② ㄱ(×), ㄴ(○), ㄷ(×), ㄹ(×)
③ ㄱ(○), ㄴ(○), ㄷ(×), ㄹ(○)
④ ㄱ(○), ㄴ(○), ㄷ(×), ㄹ(×)
⑤ ㄱ(○), ㄴ(○), ㄷ(○), ㄹ(○)

## 40

**[해설]** ㄱ. [○]

**점유물반환청구권**

점유자가 점유의 '침탈' [침탈이란 점유자가 그의 의사에 의하지 아니하고 사실적 지배를 빼앗긴 경우를 말하고. 점유자에 대한 집행권원 없이 이루어진 위법한 강제집행에 의하여 점유자의 점유를 빼앗은 경우도 점유의 침탈에 해당한다(대판 2012.3.29. 2010다2459)]을 당한 때에는 그 물건의 반환 및 손해의 배상을 청구할 수 있다(제204조 1항). 이는 본권의 유무와는 관계없이 점유 그 자체를 보호하기 위해 인정되는 물권적 청구권으로서 그 점유가 '선의 또는 악의의 것'인지 여부는 물론 '점유할 정당한 권리'가 있는지 여부도 묻지 않는다(대판 1962.1.25. 4294민상793).

이러한 점유물반환청구권은 침탈자의 '선의'의 특별승계인에 대하여는 행사하지 못한다(제204조 2항). 그리고 **점유물반환청구권은 침탈을 당한 날로부터 1년내에 행사하여야 한다**(제204조 3항). 이러한 제척기간은 判例에 따르면 출소기간이다.

ㄴ. [○]

**점유의 회수**

점유자가 물건에 대한 사실상의 지배를 상실한 때에는 점유권이 소멸하나, 제204조의 규정에 의하여 점유를 회수한 때에는 그러하지 아니하다(제192조 2항). 한편, 전후양시에 점유한 사실이 있는 때에는 그 점유는 계속한 것으로 추정한다(제198조).

ㄷ. [×]

**지상권의 효과**

선의의 점유자라도 본권에 관한 소에서 패소한 때에는 그 '소가 제기된 때'부터 악의의 점유자로 본다(제197조 2항)(대판 2019.1.31. 2017다216028,216035). 여기서의 '소가 제기된 때'란 소송이 계속된 때, 즉 소장 부본이 피고에게 송달된 때를 말하며(대판 2016.12.29. 2016다242273), '본권에 관한 소'에는 소유권에 기하여 점유물의 인도를 구하는 소송은 물론 부당점유자를 상대로 점유로 인한 부당이득의 반환을 구하는 소송도 포함된다(대판 2002.11.22. 2001다6213). 그리고 선의이더라도 폭력 또는 은비에 의한 점유자는 악의의 점유자로 다루어진다(제201조 3항).

**[비교판례]** 민법 제749조 2항에서의 '그 소'라 함은 부당이득을 이유로 그 반환을 구하는 소를 가리킨다는 점에서 민법 제197조 2항의 '본권에 관한 소'와 다르다(대판 1987.1.20. 86다카1372).

ㄹ. [○]

**목적물반환청구권의 양도의 경우 선의취득(적극)**

"양도인이 소유자로부터 보관을 위탁받은 동산을 제3자에게 보관시킨 경우에 양도인이 그 제3자에 대한 반환청구권(**채권적 청구권**)을 양수인에게 양도하고 지명채권 양도의 대항요건을 갖추었을 때에는 동산의 선의취득에 필요한 점유의 취득 요건을 충족한다"(대판 1999.1.26. 97다48906).

**[비교판례]** **간이인도에 의한 점유취득의 경우 선의취득(적극)**

"동산의 선의취득에 필요한 점유의 취득은 이미 현실적인 점유를 하고 있는 양수인에게는 간이인도에 의한 점유취득으로 그 요건은 충족된다"(대판 1981.8.20. 80다2530).

**[비교판례]** **점유개정의 경우 선의취득(소극)**

"동산의 선의취득에 필요한 점유의 취득은 현실적 인도가 있어야 하고 점유개정에 의한 점유취득만으로서는 그 요건을 충족할 수 없다"(대판 1964.5.5. 63다775).

## 41

乙은 甲의 부탁으로 甲 소유인 고장난 기계를 보관하고 있었다. 다음 중 옳은 것을 모두 고른 것은? (다툼이 있는 경우에는 판례에 의함) [13 변호사]

ㄱ. 乙은 그 기계가 자신의 것이라고 말하며 기계부품상 丙에게 구입할 의향이 있는지를 타진하였다. 丙은 乙의 무지를 이용하여 사실은 간단한 수리만으로 사용할 수 있음에도 불구하고 그 기계는 고장나서 쓸 수 없다고 속여 헐값으로 매입하고 인도받았다. 그 후 甲과 乙이 함께 丙을 찾아와 기망을 이유로 위 매매계약을 취소하고 인도를 요구하였다. 위 매매 당시 丙은 그 기계가 乙의 소유가 아님을 알지 못했고 알 수도 없었다. 이 경우 丙은 기계의 인도를 거절할 수 있다.

ㄴ. 乙은 그 기계를 자신의 소유인 것처럼 丁에게 임대하고 점유를 이전하여 주었다가 丁의 간곡한 요청으로 丁에게 그 기계를 매도하였다. 그 기계는 매매 당시 丁이 점유하고 있었으므로 별도로 인도할 필요가 없었고, 丁은 그 기계가 乙의 소유가 아님을 알지 못했고 알 수도 없었다. 이 경우 丁은 기계의 소유권을 취득한다.

ㄷ. 乙의 채권자 戊는 그 기계가 乙의 소유가 아님을 알지 못했고 알 수도 없었기 때문에 그 기계에 대하여 경매신청을 하여 스스로 경락받고 집행비용을 제외한 매각대금 전액을 乙의 채권자로서 배당받았다. 이러한 사정을 알게 된 甲이 戊를 상대로 부당이득반환을 청구하면, 戊는 甲에게 배당금을 부당이득으로 반환할 의무가 있다.

ㄹ. 위 ㄷ에서 甲으로부터 부당이득의 반환을 청구받은 戊는 그 기계의 소유권 취득을 거부하고 甲에게 기계를 반환받아 갈 것을 요구할 수 있다.

① ㄴ, ㄷ      ② ㄴ, ㄹ
③ ㄱ, ㄹ      ④ ㄱ, ㄷ
⑤ ㄱ, ㄴ

**41** 정답 ①

**해설** ㄱ. [×]

선의취득이 성립하기 위해서는 ⅰ) 목적물이 동산이어야 하고, ⅱ) 처분자는 점유자이지만 무권리자이어야 하고, ⅲ) 유효한 거래행위에 의해 점유를 승계취득한 것이어야 하며, ⅳ) 선의취득자의 점유는 평온·공연·선의·무과실이어야 한다(제249조).

▶ ⅰ) 사안에서 목적물은 기계로 동산이며, ⅱ) 처분자 乙은 점유자이지만 무권리자이며, ⅳ) 양수인 丙은 설문내용상 선의, 무과실이고, 평온·공연도 추정된다(제197조 1항). 문제는 ⅲ) 요건인바, 乙과 丙의 매매계약(채권행위)은 원칙적으로 타인권리매매로 유효하나(제569조), 丙의 기망행위에 기한 것으로 乙은 사기를 이유로 취소할 수 있다(제110조 1항). 따라서 사안에서 乙의 취소로 丙은 유효하지 않은 거래행위에 의해 점유를 승계취득하였으므로 丙에게는 선의취득이 인정되지 않는다. 따라서 丙은 기계의 인도를 거절할 수 없다.

**관련 판례** "동산의 선의취득은 양도인이 무권리자라는 점을 제외하고는 거래행위는 유효하게 성립한 것이어야 한다"(대판 1995. 6.29. 94다22071).

▶ 거래행위가 제한능력, 대리권의 결여, 의사의 흠결, 그 밖의 무효나 취소의 원인이 있어 실효된 때에는 선의취득은 성립하지 않는다.

ㄴ. [○]

**조문** 제188조 (간이인도) 「② 양수인이 이미 그 동산을 점유한 때에는 당사자의 의사표시만으로 그 효력이 생긴다.」
따라서 사안에서 임차인 丁이 그 동산을 매수하고 있으므로 이는 간이인도에 의한 점유이다.
그리고 判例에 따르면 "동산의 선의취득에 필요한 점유의 취득은 이미 현실적인 점유를 하고 있는 양수인에게는 간이인도에 의한 점유취득으로 그 요건은 충족된다"(대판 1981. 8.20. 80다2530)고 한다. 따라서 선의, 무과실의 丁에게는 기계에 대한 선의취득이 성립하므로 丁은 기계의 소유권을 취득한다.

ㄷ. [○], ㄹ. [×]

"ⅰ) 민법 제249조의 동산 선의취득제도는 동산을 점유하는 자의 권리외관을 중시하여 이를 신뢰한 자의 소유권 취득을 인정하고 진정한 소유자의 추급을 방지함으로써 **거래의 안전을 확보하기 위하여 법이 마련한 제도이므로,** 위 법조 소정의 요건이 구비되어 동산을 선의취득한 자는 권리를 취득하는 반면 종전 소유자는 소유권을 상실하게 되는 법률효과가 법률의 규정에 의하여 발생되므로, **선의취득자가 임의로 이와 같은 선의취득 효과를 거부하고 종전 소유자에게 동산을 반환받아 갈 것을 요구할 수 없다.** ⅱ) 채무자 이외의 자의 소유에 속하는 동산을 경매하여 그 매득금을 배당받은 채권자가 그 동산을 경락받아 선의취득자의 지위를 겸하고 있는 경우, 배당받은 채권자가 법률상 원인 없이 이득을 한 것은 배당액이지 선의취득한 동산이 아니므로, 동산의 전 소유자가 임의로 그 동산을 반환받아 가지 아니하는 이상 동산 자체를 반환받아 갈 것을 요구할 수는 없고 단지 배당금을 부당이득으로 반환할 수밖에 없다"(대판 1998.6.12. 98다6800).

# 42

甲은 乙 소유의 X 토지를 25년 동안 점유해오고 있다. 甲이 乙을 상대로 취득시효 완성을 원인으로 한 소유권이전등기 청구권을 행사하였다. 다음 중 옳은 것을 모두 고른 것은? (다툼이 있는 경우에는 판례에 의함)　　　　　[12 변호사]

> ㄱ. 甲이 취득시효 완성 후 乙을 상대로 소유권이전등기 청구를 하자 乙이 X의 소유권을 丙에게 양도한 경우, 자기 소유권을 행사한 乙은 甲에 대하여 불법행위책임을 지지 않는다.
>
> ㄴ. 만약 甲의 X에 대한 취득시효가 완성된 후 甲이 점유를 상실하였다면, 특별한 사정이 없는 한 甲의 소유권이전등기청구권은 점유를 상실한 날로부터 10년간 행사하지 않으면 소멸시효가 완성한다.
>
> ㄷ. 취득시효 완성 후 乙이 丙에게 X를 양도하였더라도 이전등기 시점을 기준으로 하여 새로운 취득시효의 완성을 주장할 수 있지만 그 기간 중에는 소유자의 변동이 없어야 한다.
>
> ㄹ. 만약 丙이 甲으로부터 X를 양수하여 점유를 승계한 경우, 丙은 甲의 취득시효 완성의 효과를 주장하여 직접 자기에게 소유권이전등기를 해줄 것을 청구할 수 있다.
>
> ㅁ. 만약 甲의 점유개시 후 10년이 지났을 때 X의 소유자에 변동이 있었다면, 점유개시시점에 관하여 법원은 당사자의 주장에 구속되지 않고 소송자료에 의하여 진정한 점유의 시기(始期)를 인정하여야 한다.

① ㄱ, ㄹ　　　　　　　② ㄴ, ㅁ
③ ㄷ, ㅁ　　　　　　　④ ㄱ, ㄴ, ㅁ
⑤ ㄴ, ㄷ, ㄹ

**42** 정답 ②

**해설** ㄱ. [×]
ⅰ) 취득시효가 완성된 후 점유자가 그 취득시효를 주장하거나 이로 인한 소유권이전등기를 청구하기 이전에는, 특별한 사정이 없는 한 등기명의인은 그 시효취득사실을 알 수 없으므로 이를 제3자에게 처분하였다고 하더라도 불법행위가 성립하지는 않는다(대판 1995.7.11. 94다4509). ⅱ) 그러나 등기명의인이 자신의 부동산에 대하여 취득시효가 완성된 사실을 알고도 제3자에게 처분하여 등기명의를 넘겨줌으로써 시효취득자에게 손해를 입혔다면 불법행위를 구성하며, 만약 부동산을 취득한 제3자가 부동산 소유자의 이러한 불법행위에 적극 가담하였다면 이는 사회질서에 반하는 행위로서 무효가 된다(대판 1994.4.12. 93다60779).

ㄴ. [○]
"토지에 대한 취득시효 완성으로 인한 소유권이전등기청구권은 그 토지에 대한 점유가 계속되는 한 시효로 소멸하지 아니하고, 그 후 점유를 상실하였다고 하더라도 이를 **시효이익의 포기**로 볼 수 있는 경우가 아닌 한 이미 취득한 소유권이전등기청구권은 바로 소멸되는 것은 아니나, 취득시효가 완성된 점유자가 점유를 상실한 경우 취득시효 완성으로 인한 소유권이전등기청구권의 소멸시효는 이와 별개의 문제로서, 그 점유자가 점유를 상실한 때로부터 **10년간 등기청구권을 행사하지 아니하면 소멸시효가 완성한다**"(대판 1996.3.8. 95다34866,34873).

ㄷ. [×]
2차 취득시효기간 중 등기부상 소유명의자가 변경된 경우 2차 취득시효 완성자가 2차 시효완성 당시의 등기부상 소유명의자에게 시효취득을 주장할 수 있는지 여부(대판 2009.7.16. 전합2007다15172,15189)

　1) 다수의견(적극)
　　"ⅰ) 취득시효기간이 경과하기 전에 등기부상의 소유명의자가 변경된다고 하더라도 그 사유만으로는 점유자의 종래의 사실상태의 계속을 파괴한 것이라고 볼 수 없어 취득시효를 중단할 사유가 되지 못하므로, 새로운 소유명의자는 취득시효 완성 당시 권리의무 변동의 당사자로서 취득시효 완성으로 인한 불이익을 받게 된다 할 것이어서 시효완성자는 그 소유명의자에게 시효취득을 주장할 수 있는바, ⅱ) 이러한 법리는 새로이 2차의 취득시효가 개시되어 그 취득시효기간이 경과하기 전에 등기부상의 소유명의자가 다시 변경된 경우에도 마찬가지로 적용된다고 봄이 상당하다"[6]
　2) 반대의견(소극)
　　"ⅰ) 점유취득시효에 대한 해석에 있어서 부동산에 관한 물권의 득실변경에 관한 형식주의의 대원칙과 공신력이 훼손됨으로써 거래의 안전이 위협받는 것을 최소화할 필요가 있고, ⅱ) 점유취득시효 제도를 지나치게 넓게 인정하는 것은 타인의 재산권을 부당히 침해할 요소가 크므로 그 취득요건은 엄격히 해석하여야 한다"

ㄹ. [×]
점유취득시효 완성 후 등기 전에 목적부동산을 양수받은 제3자가 '점유승계의 효과'로써 전 점유자의 점유취득시효를 완성으로 인한 소유권이전등기청구권까지 승계받았다고 주장하여 소유자에 대하여 직접 자기에게 소유권이전등기를 청구할 수 있는지 여부(대판 1995.3.28. 전합93다47745)

　1) 다수의견(소극)
　　"전 점유자의 점유를 승계한 자는 그 점유 자체와 하자만을 승계하는 것이지 그 점유로 인한 법률효과까지 승계하는 것은 아니므로……전 점유자의 취득시효 완성의 효과를 주장하여 직접 자기에게 소유권이전등기를 청구할 권원은 없다"라고 하여 전 점유자의 소유자에 대한 소유권이전등기청구권을 대위행사할 수 있을 뿐이라고 보고 있다.
　2) 반대의견(적극)
　　"점유를 승계한 현 점유자는 민법 제199조 1항에 의하여 자기의 점유와 전 점유자의 점유를 아울러 주장할 수 있으므로 승계한 점유의 시초부터 현재까지 자기가 점유를 계속한 경우와 동일하게 등기부상 소유자에 대하여 직접 취득시효 완성을 원인으로 한 소유권이전등기를 청구할 수 있다고 봄이 상당하다"라고 판단하고 있다.

ㅁ. [○]
"취득시효의 기산점은 법률효과의 판단에 관하여 직접 필요한 주요사실이 아니고 간접사실에 불과하므로 법원으로서는 이에 관한 당사자의 주장에 구속되지 아니하고 소송자료에 의하여 점유의 시기를 인정할 수 있다"(대판 1998.5.12. 97다34037).

 "특정시점에서 당해 권리를 행사할 수 있었던 사실은 소멸시효의 기산점에 관한 사실로서 '주요사실'이므로 당사자가 주장하지 않은 때를 기산점으로 하여 소멸시효의 완성을 인정하게 되면 변론주의 원칙에 위배된다"(대판 1995.8.25. 94다35886).

6) 종전 判例는 1차 점유취득시효 기간과 달리 2차 점유취득시효 기간 중에는 소유자의 변동이 없어야 한다고 하였다(대판 1999.2.12. 98다40688).

# 43

甲은 1985. 5.경 A 토지(300m²)와 그 지상 주택을 소유자로부터 매수하여 자신의 명의로 등기하였다. 그런데 그 주택은 A 토지에 인접한 乙 소유의 B 토지(200m²) 중 X 부분(15㎡)을 침범하여 건축되어 있었는바, 甲은 그 침범사실을 모르고 그 주택에서 거주하다가 1995. 3. 5. 사망하였다. 甲의 유일한 상속인인 丙이 위 주택과 A 토지를 상속하고 X 부분 토지에 대한 점유도 승계하였다. X 부분 토지의 시효취득에 관한 설명 중 옳은 것은? (각 지문은 독립적이고, 다툼이 있는 경우에는 판례에 의함)                    [12 변호사]

① 丙이 2006. 10.경 乙을 상대로 X 부분 토지에 관하여 취득시효완성을 주장하면서 소유권이전등기청구를 하지 아니한 채로 소유권확인청구소송을 제기한 경우, 丙은 승소할 수 있다.

② 상속 당시 丙이 소유의 의사로 선의이며 과실없이 점유를 개시했다면 2005. 3. 5.이 경과함으로써 등기부취득시효가 완성된다.

③ 丙이 2004. 3.경 乙을 상대로 취득시효완성을 원인으로 한 소유권이전등기청구소송을 제기하였다가 乙이 응소하여 적극적으로 丙의 주장을 다투자, 2004. 10.경 소를 취하한 후 다시 2007. 3.경 동일한 취지의 소송을 제기한 경우, 丙은 승소할 수 없다.

④ 2007. 2.경 B 토지에 관하여 乙의 아들 丁의 명의로 소유권이전등기가 경료되었다. 丁의 등기가 통정허위표시로 인한 등기인 경우, 丙은 丁을 상대로 점유취득시효완성을 원인으로 한 소유권이전등기청구소송을 제기한다면 승소할 수 있다.

⑤ 乙은 2007. 2.경 戊에게 B 토지를 매도하고 소유권이전등기를 경료하여 주었다. 乙이 2007. 10.경 사망한 후 乙의 유일한 상속인 丁이 戊로부터 B 토지를 다시 매수하고 소유권이전등기를 경료한 경우, 丙이 丁을 상대로 점유취득시효완성을 원인으로 한 소유권이전등기청구소송을 제기한다면 특별한 사정이 없는 한 丙은 승소할 수 없다.

---

# 43                                           정답 ⑤

① [×], ② [×]

**해설** 부동산에 관한 점유취득시효가 완성하기 위해서는 20년간 소유의 의사로 평온, 공연하게 부동산을 점유하여야 한다(제245조 1항). 이 사건 토지는 B토지의 특정한 일부분인데 1필의 토지의 일부도 점유취득시효의 대상이 될 수 있는지와 관련해 判例는 "i) 1필의 토지의 일부 부분이 다른 부분과 구분되어 ii) 시효취득자의 점유에 속한다는 것을 인식하기에 족한 객관적인 징표(예컨대 담장이나 건물의 외벽)가 계속하여 존재하면 취득시효가 인정된다"(대판 1997.3.11. 96다37428)고 한다. 사안에서 이 사건 B토지의 X부분(15m²)은 이 사건 건물의 부지이므로, 다른 부분과는 명확히 구분되어 있고 이는 점유취득시효 기간 동안 계속되어 왔다. 따라서 이 사건 B토지의 X부분(15m²)은 점유취득시효의 대상이 될 수 있다.

아울러 '소유의 의사', 즉 자주점유와 관련하여 判例는 "매매대상 대지의 면적이 등기부상의 면적을 '상당히 초과'하는 경우에는 특별한 사정이 없는 한, 그 초과 부분은 단순한 점용권의 매매로 보아야 하고 따라서 그 점유는 권원의 성질상 타주점유에 해당한다"(대판 1998.11.10. 98다32878 등)고 한다. 사안에서 甲이 매수한 A토지의 등기부상 면적은 300m²인데 甲이 실제로 인도받은 토지의 면적은 315m²로서, 실제로 인도받은 토지의 면적이 등기부상 면적을 상당히 초과한다고 볼 수 없으므로 이는 착오로 인접 토지의 일부를 그가 매수·취득한 대지에 속하는 것으로 믿고 점유를 하여 왔다고 보아야 한다. 즉 이 사건 B토지의 X부분(15m²)에 대한 점유는 소유의 의사에 기한 것이라고 보는 것이 타당하다.

▶ 결국 사안에서 다른 사정이 없는 한 甲의 상속인 丙은 2005. 5경 B토지 중 X부분에 대한 점유취득시효를 완성한다(제245조 1항). 그리고 사안에서 B토지 중 X부분에 대한 등기는 乙에게 있으므로 丙의 등기부취득시효는 문제되지 않는다(②번 지문).

▶ 이러한 취득시효에 의한 소유권 취득은 법률행위에 의한 것이 아니므로 원칙적으로 등기를 요하지 않지만(제187조), 그에 대한 유일한 예외로 제245조 1항은 등기를 하여야 소유권을 취득하도록 규정하고 있다. 따라서 丙이 2006. 10.경 乙을 상대로 X 부분 토지에 관하여 취득시효완성을 주장하면서 소유권이전등기청구를 하지 아니한 채로 소유권확인청구소송을 제기한 경우, 丙은 승소할 수 없다(①번 지문).

**참고 판례** "민법 제245조 제1항의 취득시효기간의 완성만으로는 소유권취득의 효력이 바로 생기는 것이 아니라, 다만 이를 원인으로 하여 소유권취득을 위한 등기청구권이 발생할 뿐이고, 미등기 부동산의 경우라고 하여 취득시효기간의 완성만으로 등기 없이도 점유자가 소유권을 취득한다고 볼 수 없다"(대판 2006.9.28. 2006다22074)

③ [×]

조문 **제170조(재판상의 청구와 시효중단)** 「① 재판상의 청구는 소송의 각하, 기각 또는 취하의 경우에는 시효중단의 효력이 없다. ② 전항의 경우에 6월내에 재판상의 청구, 파산절차참가, 압류 또는 가압류, 가처분을 한 때에는 시효는 최초의 재판청구로 인하여 중단된 것으로 본다.」

**제247조(소유권취득의 중단사유)** 「② 소멸시효의 중단에 관한 규정은 전2조의 소유권취득기간에 준용한다.」

判例에 따르면 권리자가 응소행위로서 상대방의 청구를 적극적으로 다투면서 승소한 경우도 제170조의 재판상 청구에 해당한다고 한다고 한다(대판 1993.12.21. 전합92다47861).[7]

▶ 따라서 丙이 취득시효가 완성(2005. 5.)되기 전에 제기한 소에 대해 소유권자 乙이 응소하였으나 丙은 소를 취하한 후 6개월이 지난 2007. 3.경 소송을 다시 제기하였고, 이는 취득시효가 완성된 후이므로 취득시효 중단사유는 없다. 따라서 丙은 취득시효완성을 원인으로 한 소유권이전등기청구소송에서 승소할 수 있다.

④ [×]

해설 취득시효 완성 당시의 진정한 소유자가 원칙적으로 등기청구의 상대방이다. 예를 들어 "취득시효가 완성된 후 점유자가 그 등기를 하기 전에 경료된 제3자 명의의 등기가 원인무효인 경우에는 점유자는 취득시효 완성 당시의 소유자를 대위하여 위 제3자 앞으로 경료된 원인무효인 등기의 말소를 구함과 아울러 위 소유자에게 취득시효 완성을 원인으로 한 소유권이전등기를 구할 수 있다"(대판 1993.9.14. 93다12268).

▶ 따라서 丙은 통정허위표시에 의해 원인무효의 등기를 가지고 있는 丁에게 직접 취득시효 완성에 따른 소유권이전등기청구권을 행사할 수 없고, 진정한 소유자 乙을 대위하여 말소등기를 구함과 아울러 위 소유자 乙에게 취득시효 완성을 원인으로 한 소유권이전등기를 구할 수 있다.

비교판례 대법원은 점유취득시효 완성 당시의 소유권등기가 원인무효인 경우에 점유취득시효 완성자의 대위청구가 불가능한 특별한 사정이 있는 경우(예컨대, 현재 등기명의인의 등기가 확정판결에 기한 경우, 피대위자인 법률상 소유자를 확인할 수 없는 경우 등)에는 예외적으로 원인무효의 등기명의자를 상대로 직접 소유권이전등기를 청구하는 것도 가능하다고 한다(대판 1999.7.9. 98다29575).

⑤ [○]

해설 判例에 따르면 시효완성 후 제3자가 등기를 갖춘 경우는 '이중양도의 법리'에 따라 제3자가 설령 악의라 하더라도 그 소유권이전등기가 **당연무효가 아닌 한**, 종전소유자의 소유권이전등기의무가 이행불능으로 되어 점유취득시효 완성자는 그 제3자에 대하여 시효취득을 주장할 수 없다고 한다(대판 1993.9.28. 93다22883). 원칙적으로 취득시효 완성 후 상속한 경우 상속인은 위 제3자에 해당하지 않지만(대판 1995. 5.9. 94다22484)

▶ 사안의 경우는 점유취득시효 완성 후 제3자 戊에게 소유권이 이전되었다가 乙의 상속인 丁에게 다시 매수된 것이므로 丁의 소유권 취득은 상속과 같은 포괄승계가 아닌 戊에게서 특정승계받은 것이므로 丁은 위 제3자에 해당한다(아래 98다40688판결). 따라서 丙이 丁을 상대로 점유취득시효완성을 원인으로 한 소유권이전등기청구소송을 제기한다면 '이중양도 법리'에 의해 丙은 승소할 수 없다.

참고판례 "부동산에 대한 점유취득시효가 완성된 후 이를 등기하지 않고 있는 사이에 그 부동산에 관하여 제3자 명의의 소유권이전등기가 경료되어 점유자가 그 제3자에게 시효취득으로 대항할 수 없게 된 경우에도 점유자가 취득시효 당시의 소유자에 대한 시효취득으로 인한 소유권이전등기청구권을 상실하게 되는 것이 아니라 단지 그 소유자의 점유자에 대한 소유권이전등기의무가 이행불능으로 된 것에 불과하므로, 그 후 어떠한 사유로 취득시효 완성 당시의 소유자에게로 소유권이 회복되면 그 소유자에게 시효취득의 효과를 주장할 수 있으나, 취득시효 완성 후에 원 소유자가 일시 상실하였던 소유권을 회복한 것이 아니라 그 상속인이 소유권이전등기를 마쳤을 뿐인 경우에는 그 상속인의 등기가 실질적으로 상속재산의 협의분할과 동일시할 수 있는 등의 특별한 사정이 없는 한 그 상속인은 점유자에 대한 관계에서 종전 소유자와 같은 지위에 있는 자로 볼 수 없고, 취득시효 완성 후의 새로운 이해관계인으로 보아야 하므로 그에 대하여는 취득시효 완성으로 대항할 수 없다"(대판 1999.2.12. 98다40688).

---

7) 다만 피고의 권리주장이 소의 각하나 취하 등에 의해 전혀 판단되지 않은 경우에는 제170조 2항을 유추하여 6월 내에 다른 강력한 시효중단 조치를 취하면 응소시에 소급하여 시효중단의 효력이 발생한다(대판 2010.8.26, 2008다42416,42423 : 사안은 피고의 응소 후 원고의 소가 각하되었으나 6개월 내에 피고가 원고에게 반소를 제기한 사안이다). 따라서 사안의 지문과 같이 원고 丙이 소를 취하한 후 다시 원고 丙이 동일한 취지의 소송을 제기한 경우에는 제170조 2항의 '유추적용'이 아니라 '적용'이 문제된다.

## 44

甲은 乙 명의로 소유권보존등기가 마쳐진 X토지를 乙로부터 매수하여 소유권이전등기를 마치지 아니한 채 20년 넘게 점유하고 있다. 다음 중 옳은 것을 모두 고른 것은? (각 지문은 독립적이고, 다툼이 있는 경우에는 판례에 의함)

[14 변호사]

> ㄱ. 甲의 점유기간이 20년이 되기 전에 X 토지에 관하여 매매예약을 원인으로 한 丙 명의의 소유권이전청구권가등기가 마쳐졌고, 그 점유기간이 20년이 지난 후에 위 가등기에 기한 丙명의의 본등기가 마쳐진 경우, 특별한 사정이 없는 한 甲은 丙에 대하여 X 토지에 관한 취득시효 완성을 주장할 수 없다.
>
> ㄴ. 甲이 그 점유기간이 20년이 되기 전에 乙을 상대로 X 토지에 관하여 매매를 원인으로 한 소유권이전등기를 구하는 소를 제기하였다가 패소판결을 받고 그 판결이 확정되었다고 하더라도, 현재 甲이 乙을 상대로 X 토지에 관하여 취득시효 완성을 원인으로 한 소유권이전등기를 구하는 소를 제기하면 승소할 수 있다.
>
> ㄷ. X 토지에 관하여 丙 명의로 유효한 소유권이전등기가 마쳐지게 되면 乙의 甲에 대한 취득시효 완성을 원인으로 한 소유권이전등기의무는 이행불능이 되므로, 甲이 乙을 상대로 그 의무 이행을 구하는 소가 계속되고 있는 중에 丙 명의의 소유권이전등기가 적법하게 말소되더라도 甲은 승소할 수 없다.
>
> ㄹ. X 토지에 관하여 丙 명의로 유효한 소유권이전등기가 마쳐진 경우, 乙의 甲에 대한 취득시효 완성을 원인으로 한 소유권이전등기의무가 이행불능이 되더라도, 甲이 乙을 상대로 그 이행불능을 이유로 채무불이행에 의한 손해배상책임을 묻는 소를 제기하면 승소할 수 없다.

① ㄱ, ㄴ
② ㄱ, ㄹ
③ ㄴ, ㄹ
④ ㄱ, ㄴ, ㄷ
⑤ ㄱ, ㄴ, ㄹ

**44** 　　　　　　　　　　　　정답 ⑤

ㄹ. [○]

"부동산 점유자에게 시효취득으로 인한 소유권이전등기청구
권이 있다고 하더라도 이로 인하여 부동산 소유자와 시효취
득자 사이에 **계약상의 채권·채무관계가 성립하는 것은 아니
므로, 그 부동산을 처분한 소유자에게 채무불이행 책임을 물
을 수 없다**"(대판 1995.7.11. 94다4509).

**해설** ㄱ. [○]

"취득시효완성에 의한 등기를 하기 전에 먼저 소유권이전등
기를 경료하여 부동산 소유권을 취득한 제3자에 대하여는 그
제3자 명의의 등기가 무효가 아닌 한 시효취득을 주장할 수
없고, 가등기는 그 성질상 본등기의 순위보전의 효력만이 있
어 후일 본등기가 경료된 때에는 본등기의 순위가 가등기한
때로 소급하는 것뿐이지 본등기에 의한 물권변동의 효력이
가등기한 때로 소급하여 발생하는 것은 아니므로 취득시효
완성 전에 가등기를 하였다가 취득시효 완성 후 가등기에 기
한 본등기를 마친 경우, 점유취득시효 완성자는 이러한 제3
자에게 대항할 수 없다"(대판 1992.9.25. 92다21258).

ㄴ. [○]

**점유자가 매매나 시효취득을 원인으로 소유권이전등기를 청
구하였다가 패소 확정된 경우에도, 점유자가 소유자에 대하
여 어떤 의무가 있음이 확정되는 것은 아니므로** 소제기시부
터 악의의 점유자(제197조 2항)가 되는데 불과하고 타주점
유로 전환되는 것은 아니다(대판 1981.3.24. 80다2226).
또한 소유권이전등기청구사건에 있어서 등기원인을 달리하
는 경우에는 그것이 단순히 공격방어방법의 차이에 불과한
것이 아니므로 매매를 등기원인으로 소유권이전등기를 구하
는 전소 확정판결의 기판력이 취득시효완성을 청구원인으로
소유권이전등기를 구하는 후소에 미치지는 아니한다(대판
1991.1.15. 88다카19002 참고).

**비교
판례** 그러나 반대로 **소유자가 점유자를 상대로 적극적으로 소유
권을 주장하여 승소한 경우**에는, 점유자가 소유자에 대해 등
기말소 또는 인도 등의 의무를 부담하는 것으로 확정된 것이
므로, 단순한 악의점유의 상태와는 달리 객관적으로 그와 같
은 의무를 부담하는 점유자로 변한 것이어서, 점유자의 토지
에 대한 점유는 소제기시부터 악의의 점유자가 됨(제197조
2항)과 동시에 패소판결 확정 후부터는 타주점유로 전환된다
(대판 2000.12.8. 2000다14934,14941).

ㄷ. [×]

"부동산에 대한 점유로 인한 소유권취득시효가 완성되었다
하더라도 이를 등기하지 않고 있는 사이에 그 부동산에 관하
여 제3자에게로 소유권이전등기가 경료되면 점유자가 그 제
3자에게는 그 시효취득으로 대항할 수 없으나, 그로 인하여
점유자가 취득시효완성 당시의 소유자에 대한 시효취득으로
인한 소유권이전등기청구권을 상실하게 되는 것은 아니고 위
소유자의 점유자에 대한 소유권이전등기의무가 이행불능으
로 된 것이라고 할 것인데, 그 후 **어떠한 사유로 취득시효완
성 당시의 소유자에게로 소유권이 회복되면 그 소유자에게
시효취득의 효과를 주장할 수 있다**"(대판 1991.6.25. 90다
14225).

## 45

甲은 乙 소유의 X토지를 20년간 소유의 의사로 평온·공연하게 점유하여 2018. 1. 1. 점유취득시효가 완성되었다. 이에 관한 설명 중 옳은 것을 모두 고른 것은? (다툼이 있는 경우에는 판례에 의함) [20 변호사]

ㄱ. 甲이 점유취득시효 완성 전까지 점유로 인하여 얻은 이익에 대하여 乙은 부당이득반환을 청구할 수 없다.

ㄴ. 2018. 4. 4. 乙은 甲의 X토지에 관한 취득시효 완성 사실을 알지 못하고서 K은행으로부터 3억 원을 차용하고 당일 K은행에게 근저당권설정등기를 마쳐준 후 甲이 취득시효 완성을 이유로 X토지에 관하여 소유권이전등기를 마쳤다면, 甲은 X토지에 설정된 근저당권의 피담보채무를 변제하고 乙에게 변제금액의 구상을 청구할 수 있다.

ㄷ. 2010. 4. 1. 甲이 X토지의 진정한 소유자가 아님에도 丙으로부터 금원을 차용하면서 X토지에 관하여 丙 명의로 저당권설정등기를 마쳐준 경우, 2018. 4. 5. 甲이 취득시효완성을 이유로 X토지에 관하여 소유권이전등기를 마쳤다면, 이는 원시취득이므로 丙 명의의 위 저당권은 소멸하게 된다.

ㄹ. 2015. 1. 2. X토지에 관하여 매매예약을 원인으로 한 丁 명의의 소유권이전청구권 보전을 위한 가등기가 마쳐졌고, 2018. 6. 5. 위 가등기에 기한 丁 명의의 본등기가 마쳐졌다면, 甲은 丁에 대하여 X토지에 관한 취득시효 완성을 주장할 수 없다.

① ㄱ, ㄹ      ② ㄴ, ㄷ
③ ㄷ, ㄹ      ④ ㄱ, ㄴ, ㄹ
⑤ ㄴ, ㄷ, ㄹ

**45**　　　　　　　　　　　　　　　　　정답 ①

**해설**　ㄱ. [○]

부동산에 대한 점유취득시효가 완성하였으나 아직 소유권이전등기를 경료하지 아니한 자에 대한 소유명의자의 부당이득반환청구의 가부(소극)

"부동산에 대한 취득시효가 완성되면 점유자는 소유명의자에 대하여 취득시효완성을 원인으로 한 소유권이전등기절차의 이행을 청구할 수 있고 소유명의자는 이에 응할 의무가 있으므로 점유자가 그 명의로 소유권이전등기를 경료하지 아니하여 아직 소유권을 취득하지 못하였다고 하더라도 소유명의자는 점유자에 대하여 점유로 인한 부당이득반환청구를 할 수 없다"(대판 1993.5.25. 92다51280).

ㄴ. [×]

취득시효 완성자가 대위변제한 경우 소유자에게 구상권을 행사할 수 있는지 여부

"시효취득자가 원소유자에 의하여 그 토지에 설정된 근저당권의 피담보채무를 변제하는 것은 시효취득자가 용인하여야 할 그 토지상의 부담을 제거하여 완전한 소유권을 확보하기 위한 것으로서 그 자신의 이익을 위한 행위라 할 것이니, 위 변제액 상당에 대하여 원소유자에게 대위변제를 이유로 구상권을 행사하거나 부당이득을 이유로 그 반환청구권을 행사할 수는 없다"(대판 2006.5.12. 2005다75910).

ㄷ. [×]

진정한 권리자가 아니었던 채무자 또는 물상보증인이 채무담보의 목적으로 채권자에게 부동산에 관하여 저당권설정등기를 경료해 준 후 그 부동산을 시효취득하는 경우, 저당목적물의 시효취득으로 저당권자의 권리가 소멸하는지 여부(소극)

"부동산점유취득시효는 원시취득에 해당하므로 특별한 사정이 없는 한 원소유자의 소유권에 가하여진 각종 제한에 의하여 영향을 받지 아니하는 완전한 내용의 소유권을 취득하는 것이지만, 진정한 권리자가 아니었던 채무자 또는 물상보증인이 채무담보의 목적으로 채권자에게 부동산에 관하여 저당권설정등기를 경료해 준 후 그 부동산을 시효취득하는 경우에는, 채무자 또는 물상보증인은 피담보채권의 변제의무 내지 책임이 있는 사람으로서 이미 저당권의 존재를 용인하고 점유하여 온 것이므로, 저당목적물의 시효취득으로 저당권자의 권리는 소멸하지 않는다"(대판 2015.2.26. 2014다21649).

**참고 판례**　"이러한 법리는 부동산 양도담보의 경우에도 마찬가지이므로, 양도담보권설정자가 양도담보부동산을 20년간 소유의 의사로 평온, 공연하게 점유하였다고 하더라도, 양도담보권자를 상대로 피담보채권의 시효소멸을 주장하면서 담보 목적으로 경료된 소유권이전등기의 말소를 구하는 것은 별론으로 하고, 점유취득시효를 원인으로 하여 담보 목적으로 경료된 소유권이전등기의 말소를 구할 수 없고, 이와 같은 효과가 있는 양도담보권설정자 명의로의 소유권이전등기를 구할 수도 없다"(同 判例).

ㄹ. [○]

취득시효완성에 의한 등기 전에 소유권이전등기를 경료하여 부동산 소유권을 취득한 자에 대한 시효취득 주장 가부(소극)

"취득시효완성에 의한 등기를 하기 전에 먼저 소유권이전등기를 경료하여 부동산 소유권을 취득한 제3자에 대하여는 그 제3자 명의의 등기가 무효가 아닌 한 시효취득을 주장할 수 없다"(대판 1992.9.25. 92다21258 : 물권변동의 시기는 가등기한 때가 아니라 본등기를 한·때이기 때문이다)

## 46

X 토지에 관하여 甲, 乙 명의로 순차 소유권이전등기가 되어 있었다. 乙 명의 등기는 서류를 위조하여 경료한 무효의 등기였다. 甲이 등기를 회복하지 않고 있는 사이에 乙이 丙에게 X 토지를 매도하고 소유권이전등기를 마쳤다. 甲이 乙과 丙을 공동피고로 하여 각 피고들 명의 소유권이전등기말소 청구의 소를 제기하였다. 乙과 丙은, 丙이 등기부취득시효 완성을 원인으로 소유권을 취득했다고 주장하고 있다. 이에 관한 설명 중 옳지 않은 것을 모두 고른 것은? (각 지문은 독립적이며, 다툼이 있는 경우 판례에 의함)  [18 변호사]

ㄱ. 등기부취득시효의 요건인 선의·무과실은 점유개시 시에 존재하면 충분하다.

ㄴ. 丙에게 등기부취득시효가 완성되었다는 사실이 증명된 경우에도 법원은 乙에 대한 원고 甲의 청구를 인용해야 한다.

ㄷ. 丙에게 등기부취득시효가 완성되었다는 사실이 증명된 경우 甲은 乙에 대하여 등기말소청구권의 이행불능을 이유로 「민법」 제390조 상의 손해배상을 청구할 수 있다.

① ㄴ  
② ㄱ, ㄴ  
③ ㄱ, ㄷ  
④ ㄴ, ㄷ  
⑤ ㄱ, ㄴ, ㄷ

## 46

**해설** ㄱ. [○]

**등기부취득시효 – 선의·무과실의 내용 및 존재시기**

"등기부취득시효에 있어서 선의·무과실은 등기에 관한 것이 아니고 점유의 취득에 관한 것이므로, 등기경료 이전부터 점유를 하여 온 경우에는 그 점유개시 당시를 기준으로 그 점유의 개시에 과실이 없었는지 여부에 관하여 심리판단하여야 한다"(대판 1994.11.11. 93다28089).

ㄴ. [×]

① "순차로 경료된 등기들의 말소를 청구하는 소송은 권리관계의 합일적인 확정을 필요로 하는 필수적 공동소송이 아니라 **통상공동소송**이며, 이와 같은 통상공동소송에서는 공동당사자들 상호간의 **공격방어방법의 차이에 따라 모순되는 결론이 발생할 수 있고**, 이는 변론주의를 원칙으로 하는 소송제도 아래서는 부득이한 일로서 판결의 이유모순이나 이유불비가 된다고 할 수 없으며, 이 경우 후순위 등기에 대한 말소청구가 패소 확정됨으로써 그 전순위 등기의 말소등기 실행이 결과적으로 불가능하게 되더라도, 그 전순위 등기의 말소를 구할 소의 이익이 있다"(대판 2008.6.12. 2007다36445).

② "선등기명의자의 소유권이전등기가 원인무효라고 하더라도 그 이후의 최종 등기명의자가 등기부시효취득의 항변을 제출하여 법원에서 그것이 받아들여진 경우, 그 전의 등기명의자들이 최종 등기명의자의 시효취득 사실을 원용하여 원소유자의 소유권 상실을 주장하고 있다면 원소유자의 소유권에 기한 등기말소청구는 배척될 수밖에 없다"(대판 1995.3.3. 94다7348).

▶ 甲이 乙과 丙을 공동피고로 하여 각 피고들 명의 소유권이전등기의 말소를 구하는 것은 통상공동소송이어서, 만약 乙이 丙의 등기부취득시효 완성을 주장하지 않았다면 법원은 변론주의 원칙상 乙에 대한 원고 甲의 청구를 인용할 수도 있다(대판 1991.4.12. 90다9872).

그러나 문제에서 "乙과 丙은, 丙이 등기부취득시효 완성을 원인으로 소유권을 취득했다고 주장하고 있다."고 하였고, ㄴ 지문에서 "丙에게 등기부취득시효가 완성되었다는 사실이 증명된 경우"라고 했으므로 법원은 乙에 대한 원고 甲의 청구를 기각해야 한다. 즉, 甲이 소유권에 기하여 乙과 丙을 상대로 각 소유권이전등기의 말소를 청구하면, 등기부취득시효를 완성한 丙뿐만 아니라 乙도 甲의 소유권 상실을 주장하여 甲의 청구에 대항할 수 있다(대판 1995. 3.3. 94다7348).

ㄷ. [×]

**등기부취득시효로 인해 소유권을 상실하게 된 원소유자의 구제수단 – 채무불이행을 원인으로 한 손해배상청구권**

최근 전원합의체 판결에 따르면 물권적 청구권의 이행불능으로 인한 전보배상청구는 인정되지 않는다고 한다(대판 2012.5.17. 전합2010다28604). 즉, 判例는 "소유자가 자신의 소유권에 기하여 실체관계에 부합하지 아니하는 등기의 명의인을 상대로 그 등기말소나 진정명의회복 등을 청구하는 경우에, 그 권리는 물권적 청구권으로서의 방해배제청구권(제214조)의 성질을 가진다. 그러므로 소유자가 그 후에 소유권을 상실함으로써 이제 등기말소 등을 청구할 수 없게 되었다면, 이를 위와 같은 청구권의 실현이 객관적으로 불능이 되었다고 파악하여 등기말소 등 의무자에 대하여 그 권리의 이행불능을 이유로 민법 제390조상의 손해배상청구권을 가진다고 말할 수 없다. 위 법규정에서 정하는 **채무불이행**을 이유로 하는 손해배상청구권은 계약 또는 법률에 기하여 이미 성립하여 있는 채권관계에서 본래의 채권이 동일성을 유지하면서 그 내용이 확장되거나 변경된 것으로서 발생한다. 그러나 위와 같은 등기말소청구권 등의 물권적 청구권은 그 권리자인 소유자가 소유권을 상실하면 이제 그 발생의 기반이 아예 없게 되어 더 이상 그 존재 자체가 인정되지 아니하는 것이다. 이러한 법리는 선행소송에서 소유권보존등기의 말소등기청구가 확정되었다고 하더라도 그 청구권의 법적 성질이 채권적 청구권으로 바뀌지 아니하므로 마찬가지이다"(대판 2012.5.17. 전합2010다28604)고 판시하였다.

**[비교판례] 등기부취득시효로 인해 소유권을 상실하게 된 원소유자의 구제수단 – 불법행위를 원인으로 한 손해배상청구권**

① **[불법행위에 기한 손해배상청구권 인정여부(적극)]** 등기부취득시효로 인해 소유권을 상실하게 된 원소유자의 구제수단으로 判例는 채무불이행을 원인으로 한 손해배상청구권을 부정한다(대판 2012.5.17. 전합2010다28604). 그러나 判例는 불법행위를 원인으로 한 손해배상청구권은 인정한다. 즉, 判例는 "무권리자가 위법한 방법으로 그의 명의로 소유권보존등기나 소유권이전등기를 경료한 후 그 부동산을 전전매수한 제3자의 등기부 시효취득이 인정됨으로써 소유자가 소유권을 상실하게 된 경우, 무권리자의 위법한 등기 경료행위가 없었더라면 소유자의 소유권 상실이라는 결과가 당연히 발생하지 아니하였을 것이고 또한, 이러한 소유권 상실은 위법한 등기 경료행위 당시에 통상 예측할 수 있는 것이라 할 것이므로, 무권리자의 위법한 등기 경료행위와 소유자의 소유권 상실 사이에는 **상당인과관계**가 있다고 할 것이다"(대판 2008. 6.12. 2007다36445)고 하였다.

② **[불법행위에 기한 손해배상청구권의 소멸시효 기산점]** 불법행위에 기한 손해배상청구권의 소멸시효의 기산점인 제766조 2항의 '불법행위를 한 날'의 의미와 관련하여 判例는 "소유자의 소유권 상실이라는 손해는 소송 등의 결과가 나오기까지는 관념적이고 부동적인 상태에서 잠재적으로만 존재하고 있을 뿐 아직 현실화되었다고 볼 수 없고, 소유자가 제3자를 상대로 제기한 등기말소 청구 소송이 패소 확정될 때에 그 손해의 결과발생이 현실화된다고 볼 것이며, 그 등기말소 청구 소송에서 제3자의 등기부 시효취득이 인정된 결과 소유자가 패소하였다고 하더라도 그 등기부 취득시효 완성 당시에 이미 손해가 현실화되었다고 볼 것은 아니다"(대판 2008.6.12. 2007다36445)고 판시하여 원소유자 甲이 등기부취득시효 완성자 丙을 상대로 제기한 소유권이전등기 말소등기 청구의 소에서 패소 확정된 때부터 10년의 소멸시효가 진행한다는 입장을 취하고 있다.

③ **[과실상계의 적용여부(소극)]** 한편 "피해자의 부주의를 이용하여 고의로 불법행위를 저지른 자가 바로 그 피해자의 부주의를 이유로 자신의 책임을 감하여 달라고 주장하는 것은 다른 특별한 사정이 없는 한 허용될 수 없다"(대판 2008.6.12. 2007다36445)고 판시하여 설령 甲에게 X토지에 관한 권리행사를 장기간 해태함으로써 丙의 등기부취득시효가 완성되도록 한 과실이 있다고 하더라도 이를 들어 **과실상계**를 하는 것은 '신의칙'상 허용되지 않는다고 하였다.

## 47

甲은 X 건물의 소유자인데 乙로부터 금원을 차용하고 그 건물에 관하여 乙에게 저당권을 설정해 주었다. 그후 甲은 丙 렌탈회사로부터 X 건물을 위한 냉난방시설, 전화교환기시설을 임차하여 사용하는 계약을 체결하고 위 시설들을 설치하게 하였다. 위 시설 중 냉난방시설은 X 건물 자체에 고착되어 과다한 노력이나 비용을 들이지 아니하고는 분리할 수 없고 분리하더라도 그 경제적 가치가 현저히 감소되어 잔존가치가 거의 없게 되는 형편이었고, 전화교환기시설은 X 건물의 경제적 효용에 직접 이바지하는 것으로서 X 건물과는 독립된 물건이었다. 그후 乙의 신청에 따른 X 건물에 대한 경매절차에서 丁이 이를 매수하여 매각대금을 완납하였으나 아직 丁 명의로 소유권이전등기가 마쳐지지 않았다. 丁은 그 이후에 별도로 丙 렌탈회사와 냉난방시설 및 전화교환기시설에 대한 매매ㆍ임차 등 계약을 체결하지 아니한 채 위 시설들을 점유ㆍ사용하여 왔다. 丙 렌탈회사는 丁을 상대로 냉난방시설과 전화교환기시설에 대한 차임 상당 부당이득금의 반환을 구하는 소를 제기하였다. 옳은 것을 모두 고른 것은? (소유자가 다른 경우 주물과 종물의 관계가 성립하지 아니함을 전제로 하고, 각 지문은 독립적이며, 다툼이 있는 경우 판례에 의함) [16 변호사]

> ㄱ. 丙 렌탈회사의 소 제기시점에서 X 건물 소유자는 丁이다.
> ㄴ. 丁은 냉난방시설의 사용ㆍ수익으로 인한 부당이득반환의무가 없다.
> ㄷ. 丁이 경매 당시 전화교환기시설이 임차한 물건이라는 점을 몰랐고 몰랐던 데에 과실이 없었던 경우 전화교환기시설의 사용ㆍ수익으로 인한 부당이득반환의무가 없다.

① ㄱ        ② ㄴ
③ ㄱ, ㄴ      ④ ㄴ, ㄷ
⑤ ㄱ, ㄴ, ㄷ

**47** 정답 ③

**해설** ㄱ. [○]

저당권자인 乙의 신청에 의한 경매절차에서 丁이 매각대금을 완납하였다면 아직 소유권이전등기가 마쳐지지 않았더라도 매각대금을 다 낸 때 소유권을 취득한다(민사집행법 제135조, 동법 제268조, 제187조). 따라서 丙의 소 제기시점에 X 건물의 소유자는 丁이다.

ㄴ. [○]

부합으로 인하여 소유권의 변동이 있기 위하여는 ⅰ) 훼손하지 아니하면 분리할 수 없거나, ⅱ) 분리에 과다한 비용을 요하는 경우는 물론 ⅲ) 분리하게 되면 경제적 가치를 심히 감소시키는 경우도 포함된다(대판 1962.1.13. 4294민상445 ; 제257참조).

▶ 지문의 경우는 냉난방시설은 X건물에 부합되었으며 判例는 "저당권의 실행으로 부동산이 경매된 경우에 그 부동산에 부합된 물건은 그것이 부합될 당시에 누구의 소유이었는지를 가릴 것 없이 그 부동산을 낙찰받은 사람이 소유권을 취득한다"(대판 2008.5.8. 2007다36933,36940)고 한다. 丁은 경매를 통해 X건물을 취득하였으므로 저당권 설정 후에 냉난방시설이 X건물에 부합되었더라도 부합물인 냉난방시설의 소유권을 취득한다. 따라서 丁은 냉난방시설의 이용에 대해 丙에게 부당이득반환 의무가 없다. 다만 첨부로 인해 손해를 받은 자는 부당이득에 관한 규정에 의하여 보상을 청구할 수 있는데(제261조), 다만 이러한 보상청구가 인정되기 위해서는 제261조 자체의 요건만이 아니라, 부당이득 법리에 따른 판단에 의하여 부당이득의 요건이 모두 충족되었음이 인정되어야 한다(대판 2009.9.24. 2009다15602).[8] 따라서 냉난방시설이 임차한 물건이라는 점에 관하여 丁이 과실 없이 알지 못한 경우라면 丙은 보상청구도 할 수 없다. 다만 丙은 甲에게 임대차 계약상의 비용상환청구권을 행사할 수는 있을 것이다(제626조).

ㄷ. [×]

判例는 "저당권의 실행으로 부동산이 경매된 경우에 그 부동산에 부합된 물건은 그것이 부합될 당시에 누구의 소유이었는지를 가릴 것 없이 그 부동산을 낙찰받은 사람이 소유권을 취득하지만, 그 부동산의 상용에 공하여진 물건일지라도 그 물건이 부동산의 소유자가 아닌 다른 사람의 소유인 때에는 이를 종물이라고 할 수 없으므로 부동산에 대한 저당권의 효력에 미칠 수 없어 부동산의 낙찰자가 당연히 그 소유권을 취득하는 것은 아니며, 그 소유권을 취득하기 위해서는 그 물건이 '경매의 목적물'로 되었고 낙찰자가 '선의이며 과실' 없이 그 물건을 '점유'하는 등으로 선의취득의 요건을 갖추어야 한다"고 한다(대판 2008.5.8. 2007다36933,36940).

▶ 지문의 경우 전화교환시설의 소유권자는 丙이고 X건물의 소유권자는 丁이므로 각 소유자가 달라 종물이라 할 수 없다. 그러므로 전화교환설비에는 저당권의 효력이 미치지 않는다. 따라서 X건물이 경매되었더라도 전화교환설비까지 경매된 것으로 볼 수 없으므로 위 시설이 임차물이라는 사실에 丁이 선의·무과실이라도 선의취득의 요건을 갖추었다고 볼 수 없다(제249조). 결국 丁은 전화교환시설의 사용·수익으로 인한 부당이득 반환의무가 있다.

---

8) "민법 제261조의 보상청구가 인정되기 위해서는 민법 제261조 자체의 요건만이 아니라, 부당이득 법리에 따른 판단에 의하여 부당이득의 요건이 모두 충족되었음이 인정되어야 한다. 매도인에게 소유권이 유보된 자재가 제3자와 매수인 사이에 이루어진 도급계약의 이행으로 제3자 소유 건물의 건축에 사용되어 부합된 경우 보상청구를 거부할 법률상 원인이 있다고 할 수 없지만, 제3자가 도급계약에 의하여 제공된 자재의 소유권이 유보된 사실에 관하여 과실 없이 알지 못한 경우라면 선의취득의 경우와 마찬가지로 제3자가 그 자재의 귀속으로 인한 이익을 보유할 수 있는 법률상 원인이 있다고 봄이 상당하므로, 매도인으로서는 그에 관한 보상청구를 할 수 없다"(대판 2009.9.24, 2009다15602).

## 48

미등기 건물에 관한 설명 중 옳은 것을 모두 고른 것은? (다툼이 있는 경우에는 판례에 의함) [20 변호사]

ㄱ. 타인의 토지 위에 있는 미등기 건물을 법률상, 사실상 처분할 수 있는 지위에 있는 사람은 그 대지에 대한 적법한 점유권원이 없다면 대지소유자에 대하여 그 미등기 건물을 철거할 의무가 있다.

ㄴ. 미등기 무허가건물을 매수하였으나 아직 인도받지 않고, 소유권이전등기를 마치지 않은 매수인은 그 건물의 불법점유자에 대하여 직접 자신의 소유권에 기한 건물반환을 청구할 수 있다.

ㄷ. 주택으로 사용되는 건물에 관하여 소유권보존등기가 이루어지지 않은 경우에도, 특별한 사정이 없는 한 「주택임대차보호법」이 적용된다.

ㄹ. 건물 소유를 목적으로 하는 토지임대차에서 종전 임차인으로부터 미등기 무허가건물을 매수하여 점유하고 있는 토지임차인은, 특별한 사정이 없는 한 비록 소유자로서의 등기 명의가 없어 건물 소유권을 취득하지 못하였다 하더라도 임대인에 대하여 지상물매수청구권을 행사할 수 있는 지위에 있다.

① ㄱ  
② ㄴ, ㄷ  
③ ㄴ, ㄹ  
④ ㄷ, ㄹ  
⑤ ㄱ, ㄷ, ㄹ

**48**                                         정답 ⑤

ㄱ. [○]
**미등기건물 철거청구의 상대방**
判例는 "건물철거는 소유권의 종국적 처분에 해당하는 사실
행위이므로 원칙으로는 소유자(등기명의자)에게만 그 철거
처분권이 있다고 할 것이나, 건물을 매수하여 점유하고 있는
자는 등기부상 아직 소유자로서의 등기명의가 없다 하더라도
그 권리의 범위내에서 그 점유 중인 건물에 대하여 법률상
또는 사실상 처분을 할 수 있는 지위"에 있으므로 그 자를
상대로 건물철거를 구할 수 있다고 한다(대판 1986.12.23.
86다카1751).

참고
판례 이 경우 건물을 매도하고 퇴거한 매도인(미등기건물 사례임)
은 철거청구의 상대방이 될 수 없다고 하며(대판 1987.11.
24. 87다카257,258), 아울러 미등기건물을 '관리'하고 있는
자도 철거청구의 상대방이 될 수 없다고 한다(대판 2003.1.
24. 2002다61521).

ㄴ. [×]
**미등기 무허가건물의 양수인에게 소유권에 준하는 관습상
물권이 존재하는지 여부(소극)**
"미등기 무허가건물의 양수인이라 할지라도 그 소유권이전등
기를 경료받지 않는 한 그 건물에 대한 소유권을 취득할 수
없고, 그러한 상태의 건물 양수인에게 소유권에 준하는 관습
상의 물권이 있다고 볼 수도 없으므로, 건물을 신축하여 그
소유권을 원시취득한 자로부터 그 건물을 매수하였으나 아직
소유권이전등기를 갖추지 못한 자는 그 건물의 불법점거자
에 대하여 직접 자신의 소유권 등에 기하여 명도를 청구할
수는 없다"(대판 2007.6.15. 2007다11347).

ㄷ. [○]
**미등기 또는 무허가 건물도 주택임대차보호법의 적용대상이
되는지 여부(적극)**
"주택임대차보호법은 주택의 임대차에 관하여 민법에 대한
특례를 규정함으로써 국민의 주거생활의 안정을 보장함을 목
적으로 하고 있고, 주택의 전부 또는 일부의 임대차에 관하여
적용된다고 규정하고 있을 뿐 임차주택이 관할관청의 허가를
받은 건물인지, 등기를 마친 건물인지 아닌지를 구별하고 있
지 아니하므로, 어느 건물이 국민의 주거생활의 용도로 사용
되는 주택에 해당하는 이상 비록 그 건물에 관하여 아직 등
기를 마치지 아니하였거나 등기가 이루어질 수 없는 사정이
있다고 하더라도 다른 특별한 규정이 없는 한 같은 법의 적
용대상이 된다"(대판 2007.6.21. 전합2004다26133).

ㄹ. [○]
**미등기 무허가건물 매수인의 지상물매수청구권의 행사**
지상물매수청구권은 지상물소유자에 한하여 행사할 수 있다
(대판 1993.7.27. 93다6386). 다만 건물 소유를 목적으로
하는 '토지 임대인의 동의를 얻어' 토지임차인으로부터 임차
권을 양수한 자가 토지 위에 임차인이 신축한 미등기 무허가
건물을 매수한 때에도, 그 점유 중인 건물에 대해 '법률상
또는 사실상의 처분권'을 갖고 있으므로 이러한 토지임차권
양수인은 임대인에게 그 건물의 매수를 청구할 수 있다(대
판 2013.11.28. 2013다48364).

# 49

甲은 X 주택과 인근 Y 창고를 소유하고 있다. Y 창고는 X 주택의 부속물·종물이 아니다. 乙은 甲으로부터 X 주택을 임차하여 전입신고를 하지 아니하고 사용하면서 점유할 권리없이 Y 창고도 점유·사용하고 있다. 乙은 비용을 들여 X 주택과 Y 창고를 개량하여 가치를 증가시켰고, 지출된 비용만큼의 가치증가가 현존하고 있다. 임대차기간 도중에 甲은 X, Y 건물 모두를 丙에게 매도하고 소유권이전등기를 마쳐주었다. 임대차기간이 만료되었고 丙은 乙에게 X, Y 건물의 인도를 청구하고 있다. 이에 관한 설명 중 옳은 것을 모두 고른 것은? (각 지문은 독립적이며, 다툼이 있는 경우 판례에 의함) [18 변호사]

> ㄱ. 乙은 X 주택에 들인 유익비를 丙에게 청구할 수 있다.
>
> ㄴ. 乙은 Y 창고에 들인 유익비를 丙에게 청구할 수 있다.
>
> ㄷ. (사안을 달리하여) 乙이 공사업자 丁에게 도급하여 X, Y 건물의 개량공사가 이루어졌고 乙이 공사대금을 지급하지 아니한 경우, 丁은 甲에게 X 주택 가치증가분 상당의 부당이득반환을 청구할 수 있지만, Y 창고 가치증가분 상당의 부당이득반환은 청구할 수 없다.

① ㄱ        ② ㄴ

③ ㄷ        ④ ㄱ, ㄴ

⑤ ㄱ, ㄷ

<br>

**49**　　　　　　　　　정답 ②

**해설** ㄱ. [×]

비용상환관련 일반규정과 개별규정이 있는 경우(개별규정 적용)

"점유자가 유익비를 지출할 당시 계약관계 등 적법한 점유의 권원을 가진 경우에 그 지출비용의 상환에 관하여는 그 계약관계를 규율하는 법조항이나 법리 등이 적용되는 것이어서, 점유자는 그 계약관계 등의 상대방에 대하여 해당 법조항이나 법리에 따른 비용상환청구권을 행사할 수 있을 뿐 계약관계 등의 상대방이 아닌 **점유회복 당시의 소유자에 대하여 제203조 2항에 따른 지출비용의 상환을 구할 수는 없다**"(대판 2003.7.25. 2001다64752).

▶ 乙은 甲으로부터 X 주택을 임차하여 적법한 점유의 권원을 가졌으므로, 제201조 이하의 물권적 청구권이 아닌 임차인의 비용상환청구에 관한 제626조에 의해 유익비를 상환받을 수 있다. 따라서 임차인이 유익비를 지출한 경우에는 임대인은 임대차종료시에 그 가액의 증가가 현존한때에 한하여 임차인의 지출한 금액이나 그 증가액을 상환하여야 하고, 이 경우에 법원은 임대인의 청구에 의하여 상당한 상환기간을 허여할 수 있다(제626조 2항). 다만 **임차권이 대항력이 있는 경우**에는 새로운 소유자가 임대인의 지위를 승계하기 때문에 임차인은 새로운 소유자에게 비용상환을 청구할 수 있으나, 사안과 같이 **임차권이 대항력이 없는 경우**(전입신고를 하지 않음 : 주택임대차보호법 제3조 1항 참조)에는 종전의 소유자(임대인 甲)에게 비용상환을 청구할 수 있을 뿐 새로운 소유자(丙)에게는 비용상환을 청구할 수 없다.

ㄴ. [○]

비용상환관련 일반규정

점유자가 점유물을 개량하기 위하여 지출한 금액 기타 유익비에 관하여는 그 가액의 증가가 현존한 경우에 한하여 회복자(丙)의 선택에 좇아 그 지출금액이나 증가액의 상환을 청구할 수 있다(제203조 2항).

▶ 乙은 점유할 권리 없이 Y 창고를 점유·사용하고 있으므로 개별적 청산의 문제(비용상환) 등은 일반조항인 제201조 이하가 적용된다. Y 창고에 대해서는 계약관계가 없으므로 계약상의 상대방이 아닌 Y 창고의 물권자인 丙이 회복자가 되어 乙은 丙을 상대로 유익비를 청구할 수 있다.

ㄷ. [×]

전용물소권, 비용지출자

判例는 "계약상의 급부가 계약의 상대방뿐만 아니라 제3자의 이익으로 된 경우에 급부를 한 계약당사자가 계약 상대방에 대하여 계약상의 반대급부를 청구할 수 있는 이외에 그 제3자에 대하여 직접 부당이득반환청구를 할 수 있다고 보면, ⅰ) 자기 책임 하에 체결된 계약에 따른 위험부담을 제3자에게 전가시키는 것이 되어 **계약법의 기본원리에 반하는 결과**를 초래할 뿐만 아니라, ⅱ) 채권자인 계약당사자가 채무자인 계약 상대방의 일반채권자에 비하여 우대 받는 결과가

되어 일반채권자의 이익을 해치게 되고, ⅲ) 수익자인 제3자가 계약 상대방에 대하여 가지는 항변권 등을 침해하게 되어 부당하므로, 위와 같은 경우 계약상의 급부를 한 계약당사자는 이익의 귀속 주체인 제3자에 대하여 직접 부당이득반환을 청구할 수는 없다"(대판 2002.8.23. 99다66564,66571)고 판시하여 **전용물소권을 부정**하는 입장이다.

▶ 사안의 경우 수급인 丁은 도급계약상 상대방인 도급인 乙에 대해서만 계약상의 반대급부를 청구할 수 있고 제3자인 甲에 대하여는 X 주택이든 Y 창고든 직접 부당이득반환청구를 할 수 없다. 나아가 判例는 "유효한 도급계약에 기하여 수급인이 도급인으로부터 제3자 소유 물건의 점유를 이전받아 이를 수리한 결과 그 물건의 가치가 증가한 경우, 도급인이 그 물건을 간접점유하면서 궁극적으로 자신의 계산으로 비용지출과정을 관리한 것이므로, **도급인만이 소유자에 대한 관계에 있어서 제203조에 의한 비용상환청구권을 행사할 수 있는 비용지출자**라고 할 것이고, 수급인은 그러한 비용지출자에 해당하지 않는다"(대판 2002.8.23. 99다66564,66571)고 판시하였으므로, 도급인 乙은 계약(임대차)관계가 없는 Y 창고에 대해 甲에게 제203조에 의한 비용상환청구권을 행사할 수 있지만, 수급인 丁은 비용지출자가 아니어서 X 주택이든 Y 창고든 제203조에 의한 비용상환청구권을 행사할 수 없다.

## 50

**공유에 관한 설명 중 옳은 것을 모두 고른 것은? (다툼이 있는 경우 판례에 의함)** [22 변호사]

ㄱ. 구분소유적 공유관계에 있는 토지의 특정부분을 구분소유하는 자는 그 부분에 대하여 신탁적으로 지분등기를 가지고 있는 자를 상대로 그 부분에 대한 명의신탁해지를 원인으로 한 지분이전등기절차의 이행을 구할 수 있으나, 그 토지 전체에 대한 공유물분할청구의 소를 제기할 수는 없다.

ㄴ. 공유자 간의 공유물에 대한 사용·수익·관리에 관한 특약은 공유자의 특정승계인에 대하여도 당연히 승계되나, 공유지분권의 본질적 부분을 침해한다고 볼 수 있는 경우에는 특별한 사정이 없는 한 그러하지 아니하다.

ㄷ. 구분소유적 공유관계에 있는 토지에 대하여 공유자 이외의 제3자에 의한 방해가 있는 경우, 공유자 중 1인은 자기의 구분소유 부분뿐 아니라 전체 토지에 대하여 위 방해의 배제를 구할 수 있다.

ㄹ. 토지의 과반수 지분의 공유자로부터 허락을 받아 토지 중 특정부분을 점유 및 사용하는 제3자는 소수지분권자에 대하여 부당이득반환의무를 부담한다.

① ㄱ, ㄷ
② ㄴ, ㄹ
③ ㄱ, ㄴ, ㄷ
④ ㄴ, ㄷ, ㄹ
⑤ ㄱ, ㄴ, ㄷ, ㄹ

## 50  정답 ③

**[해설]** ㄱ. [○]

**구분소유적 공유관계의 해소**
내부관계에서는 각자가 특정 부분을 소유하며 상호명의신탁 관계에 있기 때문에 **공유물분할을 청구할 수는 없고**, 상대방에 대하여 **명의신탁을 해지**하고 특정매수부분에 대한 소유권 확인 또는 지분이전을 청구하면 된다(대판 1985.9.24. 85다카451,452). 이때 각자의 등기의무는 동시이행관계이다(대판 2008.6.26. 2004다32992).

ㄴ. [○]

**공유자간의 공유물의 '관리'에 관한 특약이 공유자의 특정승계인에게 미치는지 여부**
"공유물의 관리에 관한 사항은 공유자의 지분의 과반수로써 결정하고, 공유자간의 공유물에 대한 사용수익·관리에 관한 특약은 공유자의 특정승계인에 대하여도 당연히 승계된다고 할 것이나, 공유물에 관한 특약이 지분권자로서의 사용수익권을 사실상 포기하는 등으로 공유지분권의 본질적 부분을 침해한다고 볼 수 있는 경우에는 특정승계인이 그러한 사실을 알고도 공유지분권을 취득하였다는 등의 특별한 사정이 없는 한 **특정승계인에게 당연히 승계되는 것으로 볼 수는 없다**(대판 2009.12.10. 2009다54294 : 종전 공유자들이 기간을 정하지 않은 채 무상으로 공유자 중 일부에게 공유토지 전체를 사용하도록 한 특약은 공유자 중 1인의 특정승계인에게 당연히 승계된다고 볼 수 없다고 판시한 사례).

**[비교 판례]** 아울러 "공유자 중 1인이 자신의 지분 중 일부를 다른 공유자에게 양도하기로 하는 **'공유자간의 지분의 처분에 관한 약정'**까지 특정승계인에게 당연히 승계된다고 볼 수 없다"(대판 2007.11.29. 2007다64167).

ㄷ. [○]

**구분소유적 공유관계의 대외적 관계**
대외적으로는 공유자가 토지 전부를 공유한다. 따라서 제3자가 불법점유하는 경우 각자는 자기 소유부분 뿐만 아니라 **전체 토지에 대하여 보존행위로서 그 배제를 구할 수 있다**(대판 1994.2.8. 93다42986).

ㄹ. [×]

**제3자의 점유가 과반수지분권자의 의사에 의한 경우**
과반수 지분의 공유자로부터 특정부분의 사용·수익을 허락받은 제3자의 점유는 다수지분권자의 '공유물관리권'에 터잡은 적법한 점유이다(제265조 본문). 따라서 소수지분권자는 그 제3자에 대하여 공유물 전체의 인도를 청구할 수 없다. 이 경우 소수지분권자는 그 적법점유자에게 부당이득으로 반환 청구할 수 없으며, 다만 소수지분권자는 과반수 공유지분권자에게 그 지분에 상응하는 임료 상당의 부당이득을 반환청구할 수 있다(대판 2002.5.14. 2002다9738).

**[비교 판례]** 그러나 과반수가 아닌 지분권자(1/2 지분권자도 이에 해당한다)의 의사에 의한 경우에는 제3자의 점유는 부적법하고, 다른 지분권자는 과반수 지분권자가 아니더라도 그 제3자에 대하여 '보존행위'로서 공유물 전체의 인도를 청구할 수 있다(대판 2014.5.16. 2012다43324). 이는 '제3자에 대한 공유물 인도청구'가 문제되는 사안으로, 소수지분권자의 '다른 소수지분권자에 대한 공유물 인도청구'와 관련한 쟁점과는 구별할 필요가 있다.

## 51

甲, 乙, 丙이 각 5/9, 2/9, 2/9의 지분으로 X 토지를 공유하고 있다. 다음 설명 중 옳은 것은? (각 지문은 독립적이고, 다툼이 있는 경우에는 판례에 의함)  [13 변호사]

① 甲이 乙, 丙의 동의 없이 X 토지 전체를 자재야적장으로 단독 사용하고 있는 경우, 乙은 X 토지의 2/9에 해당하는 부분의 인도를 청구할 수 있다.

② 제3자인 丁이 X 토지 전체를 무단으로 점유하여 사용하고 있는 경우, 甲은 단독으로 丁을 상대로 X 토지 전체에 대한 사용이익 상당의 부당이득반환청구를 할 수 있다.

③ 丙이 X 토지 전체를 무단으로 점유하여 사용하고 있는 경우, 乙은 단독으로 丙을 상대로 X 토지 전체를 乙 자신에게 인도하도록 청구할 수 있다.

④ 甲이 乙, 丙의 동의 없이 X 토지 전체를 丁에게 임대한 경우, 乙은 丁에게 사용이익의 2/9에 상당하는 부당이득의 반환을 청구할 수 있다.

⑤ 만약 甲, 乙, 丙이 실제로 X 토지의 각 특정부분을 독립적으로 소유하면서 등기부상으로는 공유지분등기를 마친 경우라면, 甲이 자신이 실제로 소유하는 부분에 대하여 단독 소유의 등기를 마치기 위하여는 공유물분할청구를 하여야 한다.

## 51

**① [×]**

**해설** 공유물의 관리에 관한 사항은 공유자의 '**지분의 과반수**'로써 결정한다(제265조 본문). 따라서 공유자 사이에 공유물의 관리방법에 관한 협의가 없더라도, **과반수 공유지분을 가진 자는 그 관리에 관한 사항을 단독으로 결정할 수 있으므로**, 그 **공유토지의 특정부분을 배타적으로 사용·수익할 것을 정하는 것은 공유물의 관리방법으로 적법**하며, 다른 공유자에 대하여도 그 효력이 있다(대판 1991.9.24. 88다카33855).

▶ 따라서 지분의 과반수인 5/9를 가진 甲이 乙, 丙의 동의 없이 X토지 전체를 자재야적장으로 단독 사용하고 있는 경우, 乙은 자신의 지분의 범위에 속하는 X토지의 2/9에 해당하는 부분의 인도를 청구할 수 없다.

**② [×]**

**해설** 제3자가 공유물을 불법으로 점유하고 있는 경우 지분권자는 '보존행위'임을 근거로(제265조 단서) 공유물 전체의 인도를 청구할 수 있다(대판 1993.5.11. 92다52870). 그러나 부당이득반환청구는 지분에 상응하는 범위 내에서만 할 수 있다(대판 1979.1.30. 78다2088).

**③ [×]**

**해설** 소수지분권자의 배타적 점유의 경우 다른 소수지분권자는 자신의 지분침해를 이유로 손해배상청구 또는 부당이득반환청구를 할 수 있다(대판 2001.12.11. 2000다13948). 다만 '다른 소수지분권자에게 공유물인도청구'를 인정할 것인지 문제되는바, 기존 判例는 '공유물의 보존행위'로서 공유물의 인도나 명도를 청구할 수 있다"고 한다(대판 1994.3.22. 전합93다9392,9408). 그러나 바뀐 전원합의체 판결에 따르면 "제265조 단서가 공유자 각자가 다른 공유자와 **협의 없이 보존행위를 할 수 있게 한 것은 그것이 다른 공유자에게도 이익이 되기 때문인바**, 소수지분권자가 다른 소수지분권에게 공유물 인도를 청구하는 것은 다른 소수지분권자가 가지고 있는 '지분의 비율에 따른 사용·수익권'까지 근거 없이 박탈하는 것으로 다른 공유자에게도 이익이 되는 보존행위라고 볼 수 없다"는 것을 이유로 부정하였다. 다만 자신의 지분권에 기초한 공유토지 위의 지상물 철거청구나 공동점유에 대한 방해금지 등의 '방해배제청구'(제214조)는 가능하다고 보았다(대판 2020.5.21. 전합2018다287522).

▶ 따라서 사안에서 소수지분권자인 丙이 X 토지 전체를 무단으로 점유하여 사용하고 있는 경우, 또 다른 소수지분권자인 乙은 단독으로 丙을 상대로 X 토지 전체를 乙 자신에게 인도할 것을 청구할 수 없다.

**④ [×]**

**해설** 과반수 지분의 공유자로부터 특정부분의 사용수익을 허락받은 제3자의 점유는 다수지분권자의 '공유물관리권'에 터잡은 적법한 점유이다(제265조 본문). 따라서 소수지분권자는 그 제3자에 대하여 공유물 전체의 인도를 청구할 수 없다. 이 경우 소수지분권자는 그 적법점유자에게 점유사용에 따른 이득을 부당이득으로 반환청구할 수 없으며, 다만 소수지분권자는 과반수공유지분권에게 그 지분에 상응하는 임료 상당의 부당이득을 반환청구할 수 있다(대판 2002.5.14. 2002다9738).

▶ 따라서 사안에서 소수지분권자 乙은 제3자 丁이 아닌 과반수지분권자 甲에게 甲이 丁으로부터 받은 차임(임료)의 2/9에 상당하는 금액을 부당이득으로 반환청구할 수 있다.

**⑤ [×]**

**해설** 2인 이상이 내부적으로는 각 하나의 부동산을 위치, 면적 등을 특정하여 구분하여 소유하기로 약정하면서 그 부동산에 관한 등기는 그들의 공유로 마친 경우를 이른바 '**구분소유적 공유**'라고 한다. 이러한 구분소유적 공유관계의 내부관계에서는 각자가 특정 부분을 소유하며 상호명의신탁관계에 있기 때문에 **공유물분할을 청구할 수는 없고**, 상대방에 대하여 **명의신탁을 해지**하고 특정매수부분에 대한 소유권확인 또는 지분이전을 청구하면 된다(대판 1985.9.24. 85다카451, 452 ; 대판 2011.10.13. 2010다52362).

## 52

공유에 관한 설명 중 옳지 않은 것은? (다툼이 있는 경우 판례에 의함)

[21 변호사]

① 甲과 乙이 각 1/2의 지분으로 공유하고 있는 X토지 중 일부를 甲이 배타적으로 점유하고 있는 경우, 乙은 甲에게 공유물의 보존행위로서 방해배제를 청구할 수 있다.

② X토지의 2/3 지분을 보유한 공유자 甲이 1/3 지분권자인 乙과 협의하지 않고 X토지를 丙에게 임대한 경우, 乙은 丙에게 임료의 1/3을 부당이득으로 반환할 것을 청구할 수 없다.

③ 甲은 乙과 함께 각 1/2의 지분으로 X토지를 공유하면서, 乙이 토지 전체를 단독으로 사용하기로 하되 乙로부터 일정 금액을 지급받기로 약정하였다면, 이러한 약정은 甲으로부터 그 지분권을 양도받은 특정승계인에게 당연히 승계된다.

④ 甲, 乙, 丙이 각 1/3 지분씩 공동상속한 X부동산에 관하여 甲이 부정한 방법으로 그 단독명의의 소유권이전등기를 마친 경우, 乙은 甲에 대하여 공유물의 보존행위로서 2/3 지분에 관한 소유권이전등기 말소등기절차의 이행을 구할 수 있다.

⑤ 乙과 함께 각 1/2 지분으로 X토지를 공유하는 甲이 乙에게 자신의 공유지분을 포기한다는 의사표시를 하였으나, 그에 따른 지분이전등기가 마쳐지기 전에 甲이 사망하여 상속인 丙이 단독상속하는 한편, 乙의 1/2 지분에 대한 강제경매절차가 진행되어 丁이 지분을 취득하였다면, 丁은 甲의 상속인 丙에게 甲의 종전 1/2 지분에 관한 지분이전등기절차의 이행을 구할 수 있다.

## 52                                                  정답 ⑤

① [○]

**해설** "공유물의 소수지분권자가 다른 공유자와 협의 없이 공유물의 전부 또는 일부를 독점적으로 점유·사용하고 있는 경우 다른 소수지분권자는 공유물의 보존행위로서 그 인도를 청구할 수는 없고, 다만 자신의 지분권에 기초하여 공유물에 대한 방해 상태를 제거하거나 공동 점유를 방해하는 행위의 금지 등을 청구할 수 있다고 보아야 한다"(대판 2020.5.21. 전합2018다287522).

② [○]

**해설** 과반수 지분의 공유자로부터 특정부분의 사용수익을 허락받은 제3자의 점유는 다수지분권자의 '공유물관리권'에 터잡은 적법한 점유이다(제265조 본문). 따라서 소수지분권자는 그 제3자에 대하여 공유물 전체의 인도를 청구할 수 없다. 이 경우 **소수지분권자는 그 적법점유자에게 점유사용에 따른 이득을 부당이득으로 반환청구할 수 없으며**, 다만 소수지분권자는 과반수공유지분권에게 그 지분에 상응하는 임료 상당의 부당이득을 반환청구할 수 있다(대판 2002.5.14. 2002다9738).

▶ 따라서 사안에서 소수지분권자 乙은 제3자 丙이 아닌 과반수지분권자 甲에게 甲이 丙으로부터 받은 차임(임료)의 1/3에 상당하는 금액을 부당이득으로 반환청구할 수 있다.

③ [○]

**해설** "공유자 간의 공유물에 대한 사용수익·관리에 관한 특약은 공유자의 특정승계인에 대하여도 당연히 승계된다고 할 것이나, 민법 제265조는 "공유물의 관리에 관한 사항은 공유자의 지분의 과반수로써 결정한다."라고 규정하고 있으므로, 위와 같은 특약 후에 공유자에 변경이 있고 특약을 변경할 만한 사정이 있는 경우에는 공유자의 지분의 과반수의 결정으로 기존 특약을 변경할 수 있다"(대판 2005.5.12. 2005다1827).

④ [○]

**해설** "부동산의 공유자의 1인은 당해 부동산에 관하여 제3자 명의로 원인무효의 소유권이전등기가 경료되어 있는 경우 공유물에 관한 보존행위로서 제3자에 대하여 그 등기전부의 말소를 구할 수 있으므로 상속에 의하여 수인의 공유로 된 부동산에 관하여 그 공유자 중의 1인이 부정한 방법으로 공유물 전부에 관한 소유권이전등기를 그 단독명의로 경료함으로써 타의 공유자가 공유물에 대하여 갖는 권리를 방해한 경우에 있어서는 그 방해를 받고 있는 공유자 중의 1인은 공유물의 보존행위로서 위 단독명의로 등기를 경료하고 있는 공유자에 대하여 그 공유자의 공유지분을 제외한 나머지 공유지분 전부에 관하여 소유권이전등기말소등기절차의 이행을 구할 수 있다"(대판 1988.2.23. 87다카961).

⑤ [×]

**해설** "민법 제267조는 "공유자가 그 지분을 포기하거나 상속인 없이 사망한 때에는 그 지분은 다른 공유자에게 각 지분의 비율로 귀속한다."라고 규정하고 있다. 여기서 공유지분의 포기는 법률행위로서 상대방 있는 단독행위에 해당하므로, 부동산 공유자의 공유지분 포기의 의사표시가 다른 공유자에게 도달하더라도 이로써 곧바로 공유지분 포기에 따른 물권변동의 효력이 발생하는 것은 아니고, 다른 공유자는 자신에게 귀속될 공유지분에 관하여 소유권이전등기청구권을 취득하며, 이후 민법 제186조에 의하여 등기를 하여야 공유지분 포기에 따른 물권변동의 효력이 발생한다. 그리고 부동산 공유자의 공유지분 포기에 따른 등기는 해당 지분에 관하여 다른 공유자 앞으로 소유권이전등기를 하는 형태가 되어야 한다"(대판 2016.10.27. 2015다52978).

▶ 판례는 "이 사건 부동산의 공유자인 소외 1(甲)이 원고(乙) 등 다른 공유자에 대하여 자신의 공유지분을 포기한다는 의사표시를 하였다고 하더라도 그에 따른 등기가 마쳐지지 않은 이상 곧바로 원고가 이 사건 지분에 관한 소유권을 취득하였다고 할 수는 없다. 그러나 소외 1의 지분포기 의사표시로써 원고는 소외 1이나 그 상속인인 소외 2(丙) 등에 대하여 이 사건 지분에 관한 소유권이전등기청구권을 가지게 되었다. 반면 피고(丁)는 강제경매절차를 통하여 원고 종전 지분만을 취득하였을 뿐 이 사건 지분에 관해서는 소유권은 물론 그에 관한 이전등기청구권 등 어떠한 권원도 취득하였다고 할 수 없다"고 판시하였다.

## 53

甲, 乙, 丙이 각각 1/6, 1/6, 2/3 지분으로 X 토지를 공유하고 있다. 乙은 甲, 丙과 상의 없이 A와 B에게 X 토지 전체를 무상으로 사용하도록 허락하였다. A와 B는 위와 같은 사정을 알면서 X 토지 지상에 Y 창고를 건축하여 각 1/2 지분 비율로 공유하고 있다. C는 Y 창고를 A와 B로부터 임차하여 점유·사용하고 있다. X 토지의 차임 상당액은 월 120만 원이고 Y 창고의 차임 상당액은 월 180만 원이다. 옳은 것을 모두 고른 것은? (차임 상당액에 대한 이자나 지연손해금은 고려하지 않고, 각 지문은 독립적이며, 다툼이 있는 경우 판례에 의함)

[16 변호사]

---

ㄱ. 甲이 단독으로 A를 상대로 Y 창고 철거를 청구하는 경우 Y 창고 중 1/2 지분에 한하여 승소할 수 있다.

ㄴ. 甲이 단독으로 A를 상대로 부당이득 반환을 청구하는 경우 최대 월 10만 원의 비율에 의한 금원을 받을 수 있다.

ㄷ. 丙이 단독으로 C를 상대로 X 토지 인도를 청구하는 경우 전부 승소할 수 있다.

---

① ㄱ        ② ㄴ

③ ㄷ        ④ ㄱ, ㄷ

⑤ ㄴ, ㄷ

## 53      정답 ①

**해설** ㄱ. [○]

공유물의 관리에 관한 사항은 공유자의 지분의 과반수로써 결정하는데(제265조 본문), 공유물의 '관리'는 공유물을 이용·개량하는 행위로서, 공유물의 처분이나 변경에 이르지 않는 것을 말한다. 공유물인 X토지를 무상으로 사용하도록 허용하는 것은 공유물의 관리행위라 할 것인데 乙은 1/6 지분권자로서 과반수지분권자가 아니므로 乙로부터 사용을 허락받은 A와 B는 X토지에 대한 적법한 사용권원이 없고 이러한 사실을 알면서 X토지상에 Y창고를 건축하여 소유하는 행위는 X토지에 대한 불법점유에 해당한다.

공유물 보존행위는 각 공유자가 단독으로 할 수 있으므로(제265조 단서) 소수지분권자인 甲은 단독으로 A와 B에 대해 Y창고 철거 및 X토지 전체의 인도를 청구할 수 있다. 제3자가 공유물에 대한 인도청구 또는 철거청구를 할 경우, 判例는 공유자 전원이 피고가 될 필요는 없고 공유자 각자에 대해 그 지분의 한도 내에서 인도 또는 철거를 구할 수 있다고 한다(대판 1969.7.22. 69다609등). 다만 判例는 불가분채무인 건물철거의무(대판 1980.6.24. 80다756)를 공동상속한 경우에, 상속인들은 각자 자기 지분의 범위 안에서 목적물 전체에 대한 의무를 부담한다고 하여 가분채무와 마찬가지로 처리한다. 따라서 A만을 상대로 Y창고의 철거를 청구하는 것은 적법하지만 이 경우엔 A의 지분인 1/2 지분에 한하여 승소할 수 있다.

ㄴ. [×]

"타인 소유의 토지 위에 권한 없이 건물을 소유하고 있는 자는 **그 자체로써** 특별한 사정이 없는 한 법률상 원인 없이 타인의 재산으로 인하여 토지의 차임에 상당하는 이익을 얻고 이로 인하여 타인에게 동액 상당의 손해를 주고 있다고 보아야 한다"(대판 1998.5.8. 98다2389). 그리고 **수인이 공동으로 법률상 원인 없이 타인의 재산을 사용한 경우의 부당이득반환채무**는 불가분적 이득의 상환으로서 불가분채무이며 불가분채무는 각 채무자가 채무 전부를 이행할 의무가 있으며, 1인의 채무이행으로 다른 채무자도 그 의무를 면하게 된다(대판 2001.12.11. 2000다13948).

따라서 甲은 단독으로, A와 B가 X 토지를 불법점유하여 甲 자신에게 끼친 손해 전부에 대해, 불가분채무자인 A를 상대로 부당이득반환을 청구를 할 수 있다. 즉 甲은 월 20만 원(X토지의 월 차임상당액 120만 원 × 자신의 지분1/6)에 대해 A에게 청구 할 수 있다.

나아가 A는 악의의 수익자이므로 그 받은 이익에 이자를 붙여 반환하고 손해가 있으면 이를 배상하여야 한다(제748조). 다만 설문에서 차임 상당액에 대한 이자나 지연손해금은 고려하지 않는다고 하였으니 甲은 최대 월 20만원을 A에게 청구할 수 있다. 설문의 조건이 없더라도 지문은 "최대 월 10만원"을 받을 수 있다고 하였으므로 틀린 지문이다.

ㄷ. [×]

判例에 따르면 "사회통념상 건물은 그 부지를 떠나서는 존재할 수 없는 것이므로 **건물의 부지가 된 토지는 그 건물의 소유자가 점유하는 것으로 볼 것이고**, 이 경우 건물의 소유자가 현실적으로 건물이나 그 부지를 점거하고 있지 아니하고 있더라도 그 건물의 소유를 위하여 그 부지를 점유한다고 보아야 하며, 미등기건물을 양수하여 건물에 관한 사실상의 처분권을 보유하게 된 양수인은 건물부지 역시 아울러 점유하고 있다고 볼 수 있다"(대판 2010.1.28. 2009다61193)고 한다.

▶ 지문에서 X토지를 불법점유하는 자는 Y건물의 소유인인 A와 B이다. 따라서 X토지의 공유자인 丙은 공유물 보존행위로서 단독으로 X 토지의 인도를 청구 할 수 있으나(제265조 단서), 그 상대방은 X 토지의 점유자인 A와 B이어야 하지 Y건물의 점유자인 C를 상대로 하여서는 아니 된다. 다만 X 토지에 대한 소유물방해배제청구로서 C를 상대로 건물 퇴거청구는 가능하다(제214조).

## 54

권리의 귀속형태 및 그 법률관계에 대한 내용이다. 각 괄호 안에 들어갈 용어를 올바르게 나열한 것은? (다툼이 있는 경우 판례에 의함)　　　　　　　　　　　　　[17 변호사]

- 수인이 전매차익을 얻으려는 공동의 목적 달성을 위해 부동산을 공동으로 매수한 경우, 공동사업을 경영할 목적이 있었다고 인정되지 않으면 위 부동산에 대한 매수인들 사이의 소유관계는 ( A )이다.
- 1동의 건물 중 각 일부분의 위치 및 면적이 특정되지 않거나 구조상·이용상 독립성이 인정되지 아니하지만 공유자들 사이에 이를 구분소유하기로 하는 취지의 약정을 하고 공유등기를 한 경우, ( B )가 성립한다.
- 구분소유적 공유관계에 있어서, 1필지의 토지 중 특정 부분에 대한 구분소유적 공유관계를 표상하는 공유지분을 목적으로 하는 근저당권이 설정된 후 구분소유자 상호 간에 지분이전등기를 하여 구분소유적 공유관계가 해소된 경우, 그 근저당권은 ( C ).
- 수인의 채권자가 각기 채권을 담보하기 위하여 채무자와 채무자 소유의 부동산에 관하여 수인의 채권자를 공동매수인으로 하는 1개의 매매예약을 체결하고 그에 따라 수인의 채권자 공동명의로 그 부동산에 가등기를 마친 경우, 수인의 채권자가 공동으로 매매예약완결권을 가지는 관계인지 아니면 채권자 각자의 지분별로 별개의 독립적인 매매예약완결권을 가지는 관계인지는 ( D )에 따라야 한다.

| | A | B | C | D |
|---|---|---|---|---|
| ① | 공유 관계 | 공유 관계 | 종전의 구분소유적 공유지분의 비율대로 분할된 토지들 전부의 위에 그대로 존속한다 | 매매 예약의 내용 |
| ② | 합유 관계 | 공유 관계 | 종전의 구분소유적 공유지분의 비율대로 분할된 토지들 전부의 위에 그대로 존속한다 | 매매 예약의 내용 |
| ③ | 공유 관계 | 구분 소유적 공유관계 | 종전의 구분소유적 공유지분의 비율대로 분할된 토지들 전부의 위에 그대로 존속한다 | 공유 관계의 법리 |
| ④ | 공유 관계 | 구분 소유적 공유관계 | 근저당권설정자의 단독소유로 분할된 토지에 집중된다 | 공유 관계의 법리 |
| ⑤ | 합유 관계 | 공유 관계 | 근저당권설정자의 단독소유로 분할된 토지에 집중된다 | 매매 예약의 내용 |

**54** 정답 ①

해설 A. "부동산의 공동매수인들이 전매차익을 얻으려는 '공동의 목적 달성'을 위하여 상호 협력한 것에 불과하고 이를 넘어 '공동사업을 경영할 목적'이 있었다고 인정되지 않는 경우 이들 사이의 법률관계는 공유관계에 불과할 뿐 민법상 조합관계에 있다고 볼 수 없다"(대판 2012.8.30. 2010다39918).

▶ 민법상의 조합계약은 2인 이상이 상호 출자(금전 기타 재산 또는 노무)하여 공동으로 사업을 경영할 것을 약정하는 계약(제703조)으로서 '특정한 사업'을 '공동 경영'하는 약정에 한하여 이를 조합계약이라고 할 수 있고, 공동의 목적달성이라는 정도만으로는 조합의 성립요건을 갖추었다고 할 수 없다.

B. 1동의 건물의 공유자들 사이에 공유지분등기의 상호명의신탁관계 또는 건물에 대한 구분소유적 공유관계가 성립하기 위한 요건
"1동의 건물 중 위치 및 면적이 특정되고 구조상·이용상 독립성이 있는 일부분씩을 2인 이상이 구분소유하기로 하는 약정을 하고 등기만은 편의상 각 구분소유의 면적에 해당하는 비율로 공유지분등기를 하여 놓은 경우, 구분소유자들 사이에 공유지분등기의 상호명의신탁관계 내지 건물에 대한 구분소유적 공유관계가 성립하지만, 1동 건물 중 각 일부분의 위치 및 면적이 특정되지 않거나 구조상·이용상 독립성이 인정되지 아니한 경우에는 공유자들 사이에 이를 구분소유하기로 하는 취지의 약정이 있다 하더라도 일반적인 공유관계가 성립할 뿐, 공유지분등기의 상호명의신탁관계 내지 건물에 대한 구분소유적 공유관계가 성립한다고 할 수 없다"(대판 2014.2.27. 2011다42430).

C. 구분소유적 공유관계가 해소된 경우 담보물권의 운명
"1필지의 토지의 위치와 면적을 특정하여 2인 이상이 구분소유하기로 하는 약정을 하고 구분소유자의 공유로 등기하는 이른바 구분소유적 공유관계에 있어서, 1필지의 토지 중 특정 부분에 대한 구분소유적 공유관계를 표상하는 공유지분을 목적으로 하는 근저당권이 설정된 후 구분소유하고 있는 특정 부분별로 독립한 필지로 분할되고 나아가 구분소유자 상호 간에 지분이전등기를 하는 등으로 구분소유적 공유관계가 해소되더라도 그 근저당권은 종전의 구분소유적 공유지분의 비율대로 분할된 토지들 전부의 위에 그대로 존속하는 것이고, 근저당권설정자의 단독소유로 분할된 토지에 당연히 집중되는 것은 아니다"(대판 2014.6.26. 2012다25944).

D. 수인이 공동매수인으로서 매매예약을 체결한 경우의 법률관계
"수인의 채권자가 각기 채권을 담보하기 위하여 채무자와 채무자 소유의 부동산에 관하여 수인의 채권자를 공동매수인으로 하는 1개의 매매예약을 체결하고 그에 따라 수인의 채권자 공동명의로 그 부동산에 가등기를 마친 경우, 수인의 채권자가 공동으로 매매예약완결권을 가지는 관계인지 아니면 채권자 각자의 지분별로 별개의 독립적인 매매예약완결권을 가지는 관계인지는 '매매예약의 내용'에 따라야 하고, 매매예약에서 그러한 내용을 명시적으로 정하지 않은 경우에는…(중략)… 종합적으로 고려하여 판단하여야 한다"(대판 2012.2.16. 전합2010다82530).[9]

---

9) [판례평석] 매매예약은 그 목적에 따라 그 유형이 나뉜다. 대체로 보면, ① 순수한 매매의 예약으로서, 어느 부동산을 수인이 장차 공동으로 사용·수익할 것을 목적으로 그 매수를 예약하는 유형이다. ② 채권담보의 목적으로 매매의 예약을 하고 그 청구권을 보전하기 위해 가등기를 하는 유형으로서, 매매예약은 주로 이러한 방식으로 이용된다. 그리고 채권자가 수인인 경우에는 채권액에 비례하여 가등기에 관한 지분등기를 하는 것이 보통이다. 여기서 종전 판례가 전개한 법리는 위 ①의 유형에 맞는 것이고 ②의 유형에는 맞지 않는 것이다. 즉 ①의 유형에서는 수인의 예약권리자가 서로 긴밀한 유대관계를 가지고 있고 또한 목적물의 사용수익을 목적으로 하는 만큼 목적부동산 전체에 관하여 매매가 성립되지 않으면 그 목적을 달성하기가 어려울 것이나, ②의 유형에서는 채권자 간에 연대나 불가분의 관계가 없는 이상 각 채권자는 자기 채권의 만족을 받는 데 그 목적이 있을 뿐이어서 각자의 지분별로 예약완결의 의사표시와 그에 따라 가등기에 기한 본등기청구를 하면 족한 것이다. 즉 여기서는 담보의 법리가 적용될 것이지, 매매예약의 준공유 및 공유물의 처분행위의 법리가 적용되어야 할 이유가 없다. 본 사안은 매매예약의 유형 중 위 ②에 관한 것이므로 이것은 전술한 대로 타당하다[양승태, "공동명의로 가등기한 수인의 매매예약자의 법률관계", 민사판례연구 제7집, p.18 : 김준호, 21판(민법강의), p.1546].

## 55

甲과 乙은 매도인으로부터 X 토지 중 절반씩을 위치를 특정하여 매수하면서 각자 구분소유하기로 하고, 등기부상 각 1/2 공유지분으로 등기하였다. 甲은 X 토지 중 자신의 매수부분 지상에 Y 주택을 건축하고 이를 丙에게 임대하여 丙이 전입신고를 하지 아니한 채 입주를 마쳤다. 甲은 Y 주택에 저당권을 설정했는데 그 저당권이 실행되어 A가 Y 주택 소유권을 취득하였다. 이에 관한 설명 중 옳은 것을 모두 고른 것은? (각 지문은 독립적이며, 다툼이 있는 경우 판례에 의함)

[18 변호사]

---

ㄱ. 인근 토지 소유자 丁이 X 토지 중 乙 매수 부분을 침범하여 건축행위를 하는 경우 甲이 방해배제를 청구할 수 있다.

ㄴ. 乙이 Y 주택을 철거하기 위한 사전작업으로 丙을 상대로 Y 주택에서의 퇴거를 청구할 수 있다.

ㄷ. 甲이 등기부상 공유관계를 해소하고자 하는데 乙이 협조하지 않는 경우 공유물분할 청구의 소를 제기할 수 있다.

---

① ㄱ        ② ㄴ

③ ㄷ        ④ ㄱ, ㄴ

⑤ ㄱ, ㄷ

## 55

**해설** ㄱ. [O]
**상호명의신탁과 구분소유적 공유 – 대외적 관계**
"1필지의 토지 중 일부를 특정하여 매수하고 다만 그 소유권이전등기는 그 필지 전체에 관하여 공유지분권이전등기를 한 경우에는 그 특정부분 이외의 부분에 관한 등기는 상호 명의신탁을 하고 있는 것으로서, 그 지분권자는 내부관계에 있어서는 특정부분에 한하여 소유권을 취득하고 이를 배타적으로 사용, 수익할 수 있고, 다른 구분소유자의 방해행위에 대하여는 소유권에 터잡아 그 배제를 구할 수 있으나, 외부관계에 있어서는 1필지 전체에 관하여 공유관계가 성립되고 공유자로서의 권리만을 주장할 수 있는 것이므로, 제3자의 방해행위가 있는 경우에는 자기의 구분소유 부분뿐 아니라 **전체토지에 대하여 공유물의 보존행위로서 그 배제를 구할 수 있다**"(대판 1994.2.8. 93다42986).

ㄴ. [×]
**상호명의신탁과 구분소유적 공유 – 대내적 관계**
判例는 "건물이 그 존립을 위한 토지사용권을 갖추지 못하여 토지의 소유자가 건물의 소유자에 대하여 당해 건물의 철거 및 그 대지의 인도를 청구할 수 있는 경우에라도 건물소유자가 아닌 사람이 건물을 점유하고 있다면 토지소유자는 그 건물 점유를 제거하지 아니하는 한 위의 건물 철거 등을 실행할 수 없다(건물철거의 대체집행시 건물퇴거도 건물소유자의 수인의무에 포함되나 건물소유자 아닌 제3자는 수인의무를 부담하지 않기 때문이다 : 저자주). 따라서 그때 토지소유권은 위와 같은 점유에 의하여 그 원만한 실현을 방해당하고 있다고 할 것이므로, 토지소유자는 자신의 소유권에 기한 방해배제로서 건물점유자에 대하여 건물로부터의 퇴거를 청구할 수 있다"(대판 2010.8.19. 2010다43801)
그러나 사안과 같은 구분소유적 공유관계의 경우 내부관계에 있어서는 특정부분에 한하여 소유권을 취득하고 이를 배타적으로 사용, 수익할 수 있고(대판 1994.2.8. 93다42986), "공유로 등기된 토지의 소유관계가 구분소유적 공유관계에 있는 경우에는 공유자 중 1인이 소유하고 있는 건물과 그 대지는 다른 공유자와의 내부관계에 있어서는 그 공유자의 단독소유로 되었다 할 것이므로 건물을 소유하고 있는 공유자가 그 건물 또는 토지지분에 대하여 저당권을 설정하였다가 그 후 저당권의 실행으로 소유자가 달라지게 되면 **건물 소유자는 그 건물의 소유를 위한 법정지상권을 취득하므로**"(대판 2004.6.11. 2004다13533), 乙은 법정지상권자인 Y주택 소유자 A를 상대로 Y주택의 철거를 청구할 수 없다. 따라서 乙이 Y 주택을 철거하기 위한 사전작업으로 Y주택 점유자 丙을 상대로 Y 주택에서의 퇴거를 청구할 수 있는 것도 아니다. 이는 丙이 사안과 같이 대항력을 갖추지 않은 건물임차인이더라도 마찬가지이다(사안에서 丙은 전입신고를 하지 않아 주택임대차보호법 제3조 1항에 따른 대항력을 갖추지 못하였다). 사안에서 丙의 대항력은 토지대항력이 아니라 건물에 관한 대항력이기 때문이다.

ㄷ. [×]
**구분소유적 공유관계의 해소**
구분소유적 공유관계의 경우 내부관계에서는 각자가 특정 부분을 소유하며 상호명의신탁관계에 있기 때문에 **공유물분할을 청구할 수는 없고**, 상대방에 대하여 **명의신탁을 해지**하고 특정매수부분에 대한 소유권확인 또는 지분이전을 청구하면 된다(대판 1985.9.24. 85다카451,452).

## 56

공동소유에 관한 설명 중 옳은 것은? (다툼이 있는 경우 판례에 의함)　　　　　　　　　　　　　　　　　[20 변호사]

① 공유물분할 소송절차에서 공유토지의 특정한 일부씩을 각각의 공유관계에 귀속시키는 것으로 현물분할하는 내용의 조정이 성립하였다면, 그 조정조서는 공유물분할판결과 동일한 효력을 가지는 것으로서 「민법」 제187조 소정의 '판결'에 해당하여 조정이 성립한 때 물권변동의 효력이 발생한다.

② 합유자 중 1인이 무단으로 합유 재산에 관하여 자신의 단독소유로 소유권보존등기를 한 경우에는 그 소유권보존등기가 실질관계에 부합하지 않는 원인무효의 등기이므로, 다른 합유자는 등기명의인인 합유자를 상대로 소유권보존등기의 말소를 청구할 수 있다.

③ 甲, 乙이 각각 2/3, 1/3의 지분으로 X토지를 공유하던 중 丙이 X토지를 점유하면서 자기 명의로 원인무효의 소유권이전등기를 마친 경우, 甲이 공유물의 보존행위로 자기 지분에 관하여만 소유권이전등기 말소청구의 소를 제기하면 그로 인한 丙에 대한 취득시효 중단의 효력은 乙에게도 미친다.

④ 만약 1필지의 토지 중 특정 부분에 대한 구분소유적 공유관계를 표상하는 공유지분을 목적으로 하는 근저당권이 설정된 후, 구분소유하고 있는 특정 부분별로 독립한 필지로 분할되고 나아가 구분소유자 상호 간에 지분이전등기를 하여 구분소유적 공유관계가 해소되었다면, 그 근저당권은 근저당권설정자의 단독소유로 분할된 토지에 집중된다.

⑤ 만약 1필지의 토지 중 일부를 특정하여 매수하고 다만 그 소유권이전등기는 그 필지 전체에 관하여 공유지분 이전등기를 한 경우라면, 위 토지에 대한 제3자의 방해행위에 대하여 위와 같이 매수한 공유자는 자신이 구분소유하는 특정부분만 그 배제를 구할 수 있고, 전체 토지에 관하여는 그 배제를 구할 수 없다.

## 56
정답 ②

**① [×]**

**해설** **법률행위에 의하지 않은 부동산물권변동**

상속, 공용징수, 판결, 경매 기타 법률의 규정에 의한 부동산에 관한 물권의 취득은 등기를 요하지 아니한다(제187조). 그런데 최근 전원합의체 판결에 따르면 공유부동산을 '현물분할'하는 내용의 '조정조서'는 제187조의 '판결'과 같은 효력이 없다고 한다(대판 2013.11.21. 전합2011두1917). 즉, 판례는 "공유물분할의 소송절차 또는 조정절차에서 공유자 사이에 공유토지에 관한 현물분할의 협의가 성립하여 그 합의사항을 조서에 기재함으로써 조정이 성립하였다고 하더라도, 그와 같은 사정만으로 재판에 의한 공유물분할의 경우와 마찬가지로 그 즉시 공유관계가 소멸하고 각 공유자에게 그 협의에 따른 새로운 법률관계가 창설되는 것은 아니라고 할 것이고, 공유자들이 협의한 바에 따라 토지의 분필절차를 마친 후 각 단독소유로 하기로 한 부분에 관하여 다른 공유자의 공유지분을 이전받아 등기를 마침으로써 비로소 그 부분에 대한 대세적 권리로서의 소유권을 취득하게 된다"고 한다.

**② [○]**

**해설** **권리자 경정등기의 허용여부(소극)**

"합유재산을 합유자 1인의 단독소유로 소유권보존등기를 한 경우에는 소유권보존등기가 실질관계에 부합하지 않는 원인무효의 등기이므로, 다른 합유자는 등기명의인인 합유자를 상대로 소유권보존등기 말소청구의 소를 제기하는 등의 방법으로 원인무효의 등기를 말소시킨 다음 새로이 합유의 소유권보존등기를 신청할 수 있다"(대판 2017.8.18. 2016다6309).

왜냐하면, "경정등기가 허용되기 위해서는 경정 전후의 등기에 동일성 내지 유사성이 있어야 하는데, 경정 전의 명의인과 경정 후의 명의인이 달라지는 '권리자 경정등기'는 등기명의인의 동일성이 인정되지 않으므로 허용되지 않는다. 따라서 단독소유를 공유로 또는 공유를 단독소유로 하는 경정등기 역시 소유자가 변경되는 결과로 되어 등기명의인의 동일성을 잃게 되므로 허용될 수 없"기 때문이다(同 判例).

**③ [×]**

**해설** **부동산 공유자 중 1인이 공유물의 보존행위로서 일부 지분에 관해서만 재판상 청구를 한 경우, 시효중단 효력이 미치는 범위**

공유자의 1인이 보존행위로서 한 재판상 청구로 인한 취득시효 중단의 효력은 다른 공유자에게는 미치지 않는다(제247조 2항, 제169조 참조).

判例도 "부동산 공유자 중의 한 사람은 당해 부동산에 관하여 제3자 명의로 원인무효의 소유권이전등기가 경료되어 있는 경우 공유물에 관한 보존행위로서 그 제3자에 대하여 그 등기 전부의 말소를 구할 수 있으나, 공유자의 한 사람이 공유물의 보존행위로서 그 공유물의 일부 지분에 관하여서만 재판상 청구를 하였으면 그로 인한 시효중단의 효력은 그 공유자와 그 청구한 소송물에 한하여 발생한다"(대판 1999.8.20. 99다15146)고 판시하였다.

**④ [×]**

**해설** **구분소유적 공유관계가 해소된 경우 담보물권의 운명**

"1필지의 토지의 위치와 면적을 특정하여 2인 이상이 구분소유하기로 하는 약정을 하고 구분소유자의 공유로 등기하는 이른바 구분소유적 공유관계에 있어서, 1필지의 토지 중 특정 부분에 대한 구분소유적 공유관계를 표상하는 공유지분을 목적으로 하는 근저당권이 설정된 후 구분소유하고 있는 특정 부분별로 독립한 필지로 분할되고 나아가 구분소유자 상호 간에 지분이전등기를 하는 등으로 구분소유적 공유관계가 해소되더라도 그 근저당권은 종전의 구분소유적 공유지분의 비율대로 분할된 토지들 전부의 위에 그대로 존속하는 것이고, 근저당권설정자의 단독소유로 분할된 토지에 당연히 집중되는 것은 아니다"(대판 2014.6.26. 2012다25944).

**쟁점정리** 공유부동산 중 공유자 1인의 지분위에 설정된 근저당권 등 담보물권은 특단의 합의가 없는 한 공유물분할이 된 뒤에도 '담보물권의 불가분성'에 따라 종전의 지분비율 대로 공유물 전부의 위에 그대로 존속하고 근저당권설정자 앞으로 분할된 부분에 당연히 집중되는 것은 아니며(대판 1989.8.9.88다카24868), 분할된 각 부동산은 그 저당권의 '공동담보'(공동저당)가 된다(대판 2012.3.29 2011다74932).

**⑤ [×]**

**해설** **구분소유적 공유의 대외적 관계**

대내적으로는 특정 부분을 각자가 단독으로 소유하나, 대외적으로는 공유자가 토지 전부를 공유한다. 따라서 제3자가 불법점유하는 경우 각자는 자기 소유부분 뿐만 아니라 전체 토지에 대하여 보존행위로서 그 배제를 구할 수 있다(대판 1994.2.8. 93다42986).

**관련판례** ㉠ 특정매수부분을 제3자가 불법점유하는 경우 불법점유당한 특정부분 소유자의 부당이득반환청구는 불법점유부분 전부가 아니라 지분의 비율의 범위 내에서만 인정된다. 나머지는 다른 구분소유적 공유자를 대위하여 청구할 수도 없다고 본다(대판 1993.11.23. 93다22326). ㉡ 구분소유적 공유관계로 소유하고 있는 토지 중 일부 구분소유자의 특정부분을 제3자가 점유하여 점유취득시효가 완성된 경우 그 특정부분의 소유자만이 아니라 구분소유적 공유자 각자가 지분의 비율에 따라 이전등기의무를 부담한다(대판 1997.6.13. 97다1730).

# 57

甲은 2006. 10. 5. 친구 乙과 함께 丙 소유의 X 부동산을 매수하기로 하고 매매대금의 2분의 1인 1억 5,000만 원을 乙에게 제공하였다. 이에 乙은 2006. 10. 30. 자신의 명의로 丙과 X에 관하여 매매계약을 체결하고 2007. 1. 4. 자신의 명의로 X의 소유권이전등기를 마쳤는데, 丙은 甲과 乙 사이의 명의신탁약정을 알지 못하였다. 다음 설명 중 옳은 것은? (다툼이 있는 경우에는 판례에 의함)                [12 변호사]

① X에 관한 乙의 소유권이전등기는 전부 무효이다.

② 甲은 乙에 대하여 부당이득으로서 X의 2분의 1 지분에 대한 소유권이전등기청구권을 갖는다.

③ 丙으로부터 X를 인도받아 점유하고 있는 甲은 乙에 대한 부당이득반환청구권에 기하여 X를 유치할 수 있다.

④ 乙이 X를 丁에게 매도하고 그 대금을 乙이 지정한 戊에게 지급하도록 한 경우, 甲은 戊에 대하여 부당이득반환을 청구할 수 있다.

⑤ 乙이 채무초과 상태에서 甲이 지정하는 甲의 일반채권자에게 X를 양도하는 것은 乙의 다른 채권자에 대한 관계에서 사해행위에 해당할 수 있다.

**57** 정답 ⑤

① [×]

**해설** X에 관한 1/2 지분은 乙 자신의 소유이므로 적법하고, 甲의 1/2지분은 계약명의신탁에 해당하는데, 사안은 매도인(丙)이 선의인 계약명의신탁에 해당하므로 명의수탁자 乙은 명의신탁자 甲의 1/2 지분에 대하여도 유효하게 소유권을 취득한다(부동산 실권리자명의 등기에 관한 법률 제4조 제2항 단서). 따라서 X에 관한 乙의 소유권이전등기는 전부 유효이다.

② [×]

**해설** "계약명의신탁약정이 부동산실권리자 명의등기에 관한 법률 시행 후인 경우에는 명의신탁자는 애초부터 당해 부동산의 소유권을 취득할 수 없었으므로 위 명의신탁약정의 무효로 인하여 명의신탁자가 입은 손해는 당해 부동산 자체가 아니라 명의수탁자에게 제공한 매수자금이라 할 것이고, 따라서 명의수탁자는 당해 부동산 자체가 아니라 명의신탁자로부터 제공받은 매수자금을 부당이득하였다고 할 것이다"(대판 2005.1.28. 2002다66922).

▶ 따라서 甲은 乙에 대하여 X부동산의 2분의 1 지분이 아닌 매매대금의 2분의 1에 대해 부당이득반환청구권을 갖는다.

③ [×]

**해설** 소유권을 취득한 제3자가 명의신탁자에게 목적부동산의 인도를 청구하는 경우 명의신탁자가 명의수탁자에 대한 '부당이득반환채권'에 기하여 유치권을 행사할 수 있는지 여부와 관련하여 앞서 검토한 바와 같이 명의신탁자는 명의수탁자에게 제공한 매매대금을 부당이득으로 반환청구할 수 있는바(대판 2005.1.28. 2002다66922), 判例는 "명의신탁자의 이와 같은 부당이득반환청구권은 ⅰ) 부동산 자체로부터 발생한 채권이 아닐 뿐만 아니라 ⅱ) 소유권 등에 기한 부동산의 반환청구권과 동일한 법률관계나 사실관계로부터 발생한 채권이라고 보기도 어려우므로, 결국 민법 제320조 제1항에서 정한 유치권 성립요건으로서의 목적물과 채권 사이의 견련관계를 인정할 수 없다"(대판 2009.3.26. 2008다34828)고 한다. 따라서 유치권이 인정되지 않는다.

④ [×]

**해설** 判例에 따르면 수탁자가 신탁자로부터 받은 부동산 매수자금은 무효인 명의신탁약정에 기한 것으로서 법률상 원인이 없는 것이므로 명의신탁자에 대해 '매수자금 상당액'의 부당이득반환의무를 부담한다(대판 2005.1.28. 2002다66922 등). 그러나 소유권을 취득하게 된 '수탁자가 그 부동산을 제3자에게 처분하여 받은 대금'은 신탁자에 대해 부당이득이 되는 것은 아니다. 수탁자가 그 대금을 다른 사람에게 지급한 경우에도 다를 바 없다(아래 2007다24817판결).
"소외 1과 원고와 사이의 이 사건 제1토지 중 원고 지분에 관한 명의신탁 약정이 무효라고 하더라도 원고 지분에 관하여 명의수탁자인 소외 1 앞으로 마쳐진 소유권이전등기에 의한 물권변동 자체는 유효한 것으로 취급되어 명의수탁자인 소외 1은 원고 지분에 관하여도 완전한 소유권을 취득하게 된다고 할 것이므로, 피고가 소외 1로부터 위 토지에 대한 보상금 중 일부를 지급받았다고 하더라도 소외 1에 대하여 약정금반환청구권과 같은 채권적인 권리만을 갖는 원고에 대한 관계에서 피고가 법률상 원인 없이 타인의 재산으로 인하여 이익을 취득하고 이로 인하여 원고에게 손해를 가하였다고 볼 수 없다"(대판 2008.9.11. 2007다24817).

⑤ [○]

**해설** "부동산 실권리자명의 등기에 관한 법률 제4조 제2항 단서에 의하여 그 명의수탁자는 당해 부동산의 완전한 소유권을 취득하게 되고, 다만 명의신탁자에 대하여 그로부터 제공받은 매수자금 상당액의 부당이득반환의무를 부담하게 되는바, 위와 같은 경우에 명의수탁자가 취득한 부동산은 채무자인 명의수탁자의 일반 채권자들의 공동담보에 제공되는 책임재산이 되고, 명의신탁자는 명의수탁자에 대한 관계에서 금전채권자 중 한 명에 지나지 않으므로, 명의수탁자의 재산이 채무의 전부를 변제하기에 부족한 경우 명의수탁자가 위 부동산을 명의신탁자 또는 그가 지정하는 자에게 양도하는 행위는 특별한 사정이 없는 한 다른 채권자의 이익을 해하는 것으로서 다른 채권자들에 대한 관계에서 사해행위가 된다"(대판 2008.9.25. 2007다74874).

**비교 판례** '매도인이 선의'인 계약명의신탁에서 명의수탁자 명의로 소유권이전등기가 마친 경우 명의신탁자가 실질적인 당사자가 되어 위 부동산을 제3자에게 처분한 행위가 '신탁자'의 일반 채권자들을 해하는 사해행위가 되는지 여부와 관련하여 최근 判例는 부정하고 있는바, "신탁자가 수탁자에 대하여 부당이득반환채권만을 가지는 경우에는 그 부동산은 신탁자의 일반채권자들의 공동담보에 제공되는 책임재산이라고 볼 수 없고, 신탁자가 위 부동산에 관하여 제3자와 매매계약을 체결하는 등 신탁자가 실질적인 당사자가 되어 처분행위를 하고 소유권이전등기를 마쳐주었다고 하더라도 그로써 신탁자의 책임재산에 감소를 초래한 것이라고 할 수 없으므로, 이를 들어 신탁자의 일반채권자들을 해하는 사해행위라고 할 수 없다"(대판 2013.9.12. 2011다89903)고 한다.

## 58

甲과 乙은 2014. 2. 1. 乙이 甲을 대신하여 丙 소유의 X 부동산을 매수하는 내용의 명의신탁약정을 체결한 다음, 甲은 乙에게 매수자금을 제공하였다. 이에 따라 乙은 2014. 2. 10. 丙과 매매계약을 체결하였고, 2014. 4. 10. X 부동산에 대하여 乙 명의로 소유권이전등기를 경료하였다. 다음 설명 중 옳지 않은 것은? (각 지문은 독립적이고, 다툼이 있는 경우 판례에 의함) [15 변호사]

① 丙이 甲과 乙 사이의 명의신탁약정을 알지 못하였다면, 乙은 X 부동산에 대한 소유권을 유효하게 취득한다.

② 丙이 甲과 乙 사이의 명의신탁약정을 알았더라도, 甲이 X 부동산을 丁에게 매도하고 乙로부터 丁에게 소유권이전등기가 경료되면 丁은 유효하게 소유권을 취득한다.

③ 乙이 X 부동산을 丁에게 매도하고 丁 명의로 소유권이전등기가 경료되면, 丁은 위 명의신탁약정에 대한 선의·악의를 불문하고 유효하게 소유권을 취득한다.

④ 丙이 매매계약 체결 당시 甲과 乙 사이의 명의신탁약정을 안 경우, 甲은 乙에 대하여 부당이득으로서 부동산 자체의 반환을 구할 수 없다.

⑤ 丙이 乙 명의로 소유권이전등기가 경료되기 전에 甲과 乙 사이의 명의신탁약정이 무효인 사실을 알고 甲이 매매계약의 매수인으로 되는 것에 동의하였다면, 甲은 丙에 대하여 소유권이전등기를 청구할 수 있다.

## 58

정답 ②

**① [ㅇ]**

**해설** 사안은 신탁자 甲의 위임에 따라 수탁자 乙이 자기 이름으로 매도인 丙으로부터 부동산을 매수하여 그 등기도 수탁자(매수인) 乙 앞으로 마친 계약명의신탁에 해당한다. 이러한 계약명의신탁은 매도인의 선의·악의에 따라 그 효력을 달리한다. 사안에서 **매도인 丙이 선의인 경우** 매도인 丙과 명의수탁자 乙 사이의 매매계약은 완전히 유효하고, 이를 원인으로 명의수탁자 乙 앞으로 소유권이전등기가 되면 명의수탁자 乙은 완전한 소유권을 취득한다(부동산실명법 제4조 2항 단서). 그러나 매도인의 선의 여부와 상관없이 신탁자 甲과 수탁자 乙 사이의 계약명의신탁약정은 특별한 사정이 없는 한 무효이다(부동산실명법 제4조 1항).

**② [×]**

**해설** 계약명의신탁에서 매도인이 악의인 경우에는 매도인으로부터 명의수탁자에게로의 소유권 이전은 무효가 되나(부동산실명법 제4조 2항 본문), 명의신탁약정 내지 물권변동의 무효는 제3자에게 대항하지 못한다(동법 제4조 3항). 여기서 '제3자'라고 함은 선·악을 불문하고 명의신탁 약정의 당사자 및 포괄승계인 이외의 자로서 '명의수탁자가 물권자임'을 기초로 그와의 사이에 '직접' 실질적으로 새로운 이해관계를 맺은 자를 말한다(대판 2001.6.26. 2001다5371).
한편 判例는, 위 '제3자'는 "명의수탁자가 물권자임을 기초로 그와의 사이에 새로운 이해관계를 맺은 사람을 말하는 것이므로, 이와 달리 오로지 '명의신탁자'와 부동산에 관한 물권을 취득하기 위한 계약을 맺고 단지 등기명의만을 명의수탁자로부터 받은 것과 같은 외관을 갖춘 자는 동 조항의 제3자에 해당하지 않는다"고 한다. 따라서 "자신의 등기가 실체관계에 부합하여 유효라고 주장하는 것은 별론으로 하더라도 (▶ 당해 지문의 경우 소유자 丙과 매매계약을 체결한 것도 아니기 때문에 이에 해당하는 것도 아니다), 위 규정을 들어 자신의 등기가 유효하다는 주장은 할 수 없다"고 한다(대판 2008.12.11. 2008다45187).

**③ [ㅇ]**

**해설** ⅰ) 만약 **계약명의신탁에서 매도인이 악의인 경우** 제3자는 선·악을 불문하고 소유권을 취득한다(부동산실명법 제4조 3항). ⅱ) 그러나 **계약명의신탁에서 매도인이 선의인 경우**에도 명의수탁자는 대내외적으로 완전한 소유권을 취득하게 되므로, 제3자에게 목적부동산을 처분하더라도 그 처분행위는 완전히 유효하다. 이는 부동산실명법 제4조 3항의 제3자 보호규정이 아닌 승계취득법리에 따른 것이다.

**④ [ㅇ]**

**해설** 일단 매도인의 선의 여부와 상관없이 신탁자 甲과 수탁자 乙 사이의 계약명의신탁약정은 특별한 사정이 없는 한 무효이다(부동산실명법 제4조 1항). 아울러 判例에 따르면 "계약명의신탁약정이 부동산실명법 시행 후인 경우에는 명의신탁자는 애초부터 당해 부동산의 소유권을 취득할 수 없었으므로 위 명의신탁약정의 무효로 인하여 명의신탁자가 입은 손해는 당해 부동산 자체가 아니라 명의수탁자에게 제공한 매수자금이라 할 것이고, 따라서 명의수탁자는 당해 부동산 자체가 아니라 명의신탁자로부터 제공받은 매수자금을 부당이득하였다고 할 것이다"라고 판시하고 있다(대판 2005.1.28. 2002다66922).

**⑤ [ㅇ]**

**해설** "어떤 사람이 타인을 통하여 부동산을 매수함에 있어 매수인 명의 및 소유권이전등기 명의를 타인 명의로 하기로 약정하였고 매도인도 그 사실을 알고 있어서 그 약정이 부동산실권리자 명의등기에 관한 법률 제4조의 규정에 의하여 무효로 되고 이에 따라 매매계약도 무효로 되는 경우에, 매매계약상의 매수인의 지위가 당연히 명의신탁자에게 귀속되는 것은 아니지만, 그 무효사실이 밝혀진 후에 계약상대방인 매도인이 계약명의자인 명의수탁자 대신 명의신탁자가 그 계약의 매수인으로 되는 것에 대하여 동의 내지 승낙을 함으로써 부동산을 명의신탁자에게 양도할 의사를 표시하였다면, 명의신탁약정이 무효로 됨으로써 매수인의 지위를 상실한 명의수탁자의 의사에 관계없이 매도인과 명의신탁자 사이에는 종전의 매매계약과 같은 내용의 양도약정이 따로 체결된 것으로 봄이 상당하고, 따라서 이 경우 명의신탁자는 당초의 매수인이 아니라고 하더라도 매도인에 대하여 별도의 양도약정을 원인으로 하는 소유권이전등기청구를 할 수 있다"(대판 2003.9.5. 2001다32120).

# 59

甲은 2010. 2.경 친구 乙과 '甲이 매수하고자 하는 X 토지의 소유명의만을 乙 앞으로 해 두되, 세금 등은 모두 甲이 부담한다'고 약정하였다. 그 후 甲은 丙과 丙 소유인 X 토지를 甲이 매수하는 내용의 매매계약을 체결하고, 丙에게 등기는 乙에게 이전하여 줄 것을 부탁하였고 丙이 이를 승낙하여 乙 명의의 소유권이전등기가 경료되었다. 다음 중 옳은 것을 모두 고른 것은? (다툼이 있는 경우에는 판례에 의함)

[13 변호사]

---

ㄱ. 乙이 돈이 필요하게 되어 丁에게 위와 같은 사정을 설명하고 X 토지에 저당권을 설정하여 줄 테니 돈을 빌려달라고 부탁하여 丁으로부터 돈을 차용하고 X 토지에 저당권을 설정한 경우, 그 저당권설정등기는 무효의 등기이다.

ㄴ. 甲은 자신의 소유권에 기하여 乙을 피고로 삼아 乙 명의 등기의 말소를 청구할 수 있다.

ㄷ. 甲과 丙 사이의 매매계약은 유효하다.

---

① ㄱ          ② ㄷ

③ ㄱ, ㄴ      ④ ㄱ, ㄷ

⑤ ㄴ, ㄷ

**59**                                            정답 ②

**해설** ㄱ. [×]

3자간 등기명의신탁(중간생략형 명의신탁)이란 신탁자(사안에서 甲)가 계약의 당사자가 되어 매도인(사안에서 丙)과 매매계약을 체결하되, 매도인과의 합의 아래 등기를 매도인으로부터 (신탁자와 명의신탁약정을 맺은) 수탁자(사안에서 乙) 앞으로 직접 이전하는 경우이다.

이 때 명의신탁약정과 그에 의한 등기가 무효로 되나(부동산실명법 제4조 1항, 2항 본문), 명의수탁자가 그 신탁재산을 제3자에게 처분하면 그 처분행위는 제3자의 선·악을 불문하고 유효하다(동법 제4조 3항). 따라서 사안에서 명의수탁자 乙이 악의의 丁에게 저당권을 설정한 경우, 그 저당권설정등기는 유효하다.

ㄴ. [×], ㄷ. [○]

3자간 등기명의신탁약정과 그에 의한 등기가 무효로 되는 결과(동법 제4조 1항, 2항 본문), 명의신탁된 X토지는 매도인 丙소유로 복귀하고, 매도인 丙은 원인무효를 이유로 수탁자 乙 명의의 등기의 말소를 구할 수 있다. 부동산실명법은 매도인과 명의신탁자 사이의 매매계약의 효력을 부정하는 규정을 두고 있지 아니하므로 매도인 丙과 명의신탁자 甲 사이의 매매계약은 유효한 것으로 되어, 명의신탁자 甲은 매도인 丙에 대하여 매매계약에 기한 소유권이전등기를 청구할 수 있고, 그 소유권이전등기청구권을 보전하기 위해 매도인 丙을 대위하여 수탁자 乙명의의 등기의 말소를 구할 수 있다(대판 2002.3.15. 2001다61654). 따라서 명의신탁자 甲이 소유권에 기해 직접 수탁자 乙에게 등기의 말소를 청구할 수 없다.

## 60

甲은 그 소유인 X 토지에 Y 건물을 소유하고 있다가 X 토지의 여유공간에 Z 건물을 신축하여 완공하였으나 소유권보존등기를 마치지 아니하였다. 甲은 X 토지와 2채의 건물을 모두 乙에게 매도하고 인도하였으며, X 토지와 Y 건물에 관하여 소유권이전등기를 마쳐 주었다. 그 후 乙이 은행으로부터 자금을 차용하고 X 토지에 관하여 저당권을 설정하였다가 X 토지가 경매됨에 따라 X 토지의 소유자가 丙으로 변경되었다. 한편 乙은 Y, Z 건물 및 이에 부대하는 일체의 권리를 丁에게 매도하고 인도하면서 Y 건물에 관하여 소유권이전등기를 마쳐 주었다. Z 건물은 아직 미등기 상태이다. 다음 설명 중 옳은 것을 모두 고른 것은? (다툼이 있는 경우에는 판례에 의함)
[13 변호사]

> ㄱ. 乙이 甲으로부터 토지의 소유권을 취득할 때 甲은 Z 건물의 소유를 위한 관습상의 법정지상권을 취득하였다.
> ㄴ. 丁은 지상권등기를 하지 아니하였어도 Y 건물의 대지에 관하여 법정지상권을 취득하였다.
> ㄷ. 丙은 丁을 상대로 Y 건물의 철거를 청구할 수 있다.
> ㄹ. 丙은 丁을 상대로 Z 건물의 철거를 청구할 수 있다.

① ㄹ
② ㄱ, ㄴ
③ ㄱ, ㄷ
④ ㄴ, ㄷ
⑤ ㄷ, ㄹ

**60** 　　　　　　　　　　　　정답 ①

**해설** ㄱ. [×]

判例는 "관습상의 법정지상권은 동일인의 소유이던 토지와 그 지상건물이 매매 기타 원인으로 인하여 각각 소유자를 달리하게 되었으나 그 건물을 철거한다는 등의 특약이 없으면 건물 소유자로 하여금 토지를 계속 사용하게 하려는 것이 당사자의 의사라고 보아 인정되는 것이므로 **토지의 점유·사용에 관하여 당사자 사이에 약정이 있는 것으로 볼 수 있거나 토지 소유자가 건물의 처분권까지 함께 취득한 경우에는 관습상의 법정지상권을 인정할 까닭이 없다**"(대판 2002.6.20. 전합2002다9660)라고 하여 관습법상 법정지상권의 성립을 부정하고 있다.

▶ 사안과 같이 乙이 甲으로부터 X대지와 Z건물 모두를 매수하였으나 대지에 관하여만 소유권이전등기를 마쳐 결국 X대지와 Z건물의 소유자가 형식적으로 달라진 경우에는 실질적으로 X대지와 Z건물이 동일인의 소유에 속하는 것과 마찬가지이므로 Z건물의 존속을 위하여 그 대지에 별도의 용익권능을 인정할 필요는 없다고 본다. 따라서 甲은 Z건물을 위한 관습법상 법정지상권을 취득하지 못한다.

ㄴ. [×]

제366조의 법정지상권이 성립하기 위해서는 ⅰ) 저당권설정 당시부터 건물이 존재할 것, ⅱ) 저당권이 설정될 당시 토지와 건물의 소유자가 동일할 것, ⅲ) 토지나 건물 중 적어도 어느 하나에 저당권이 설정될 것, ⅳ) 경매로 인해 건물과 토지에 대한 소유자가 분리될 것을 요한다.

따라서 사안에서 **乙은 Y건물을 위한 제366조의 법정지상권을 취득하였다.**

그러나 丁은 丙으로부터 건물의 소유권이전등기는 경료하였으나 법정지상권의 이전등기는 하지 아니하였다. 이러한 경우 丁이 법정지상권을 취득했다고 볼 수 있는가 문제되는바, 법정지상권을 취득한 Y건물소유자 乙이 건물에 대한 소유권을 양도하는 경우에는 특별한 사정이 없는 한 **제100조 2항의 유추적용에 의해 건물의 소유권과 함께 법정지상권도 양도하기로 하는 채권적 계약이 있었다**고 할 것이다(대판 1988.9.27. 87다카279). 그러나 丁이 당해 지상권을 취득하기 위해서 건물소유권등기 외에 지상권등기를 해야 하는지와 관련하여 본조의 규정은 물건의 경제적 효용이라는 관점에서 종물과 주물을 하나의 집합물로 다루고자 하는 취지이고, **공시방법은 이와 별개인 것으로 해석하는 것이 타당하다**(다수설). 判例도 역시 후자의 입장을 취하고 있는바, 지상권이 딸린 건물을 매도한 경우 제100조 2항을 유추하여 건물의 소유권뿐만 아니라 그 지상권도 양도한 것으로 보는데, 다만 지상권이전등기가 있어야만 지상권이 건물양수인에게 이전하는 것이고 건물소유권 이전등기로써 당연히 지상권까지 이전되는 것은 아니라고 하고 있다(대판 1985.4.9. 전합84다카1131).

따라서 乙의 Y건물을 위한 지상권은 법률규정(제366조)에 의하여 당연히 성립하는 것이므로 제187조에 의하여 등기를 요하지 않으나, 사안과 같이 제3자 丁에게 법정지상권을 전득시키려면 제187조 단서에 의하여 등기를 하여야 한다. 그러므로 아직 지상권이전등기를 경료받지 못한 丁은 법정지상권이라는 물권을 취득하지는 못하였다.

ㄷ. [×]

丙의 丁에 대한 Y 건물철거청구 가능 여부와 관련하여 判例는 이러한 청구는 "지상권의 부담을 용인하고 그 설정등기절차를 이행할 의무있는 자가 그 권리자를 상대로 한 청구라 할 것이어서 '신의성실의 원칙'상 허용될 수 없다"고 판시하고 있다(대판 1985.4.9. 84다카1131,1132).

▶ 즉 사안의 경우 앞서 ㄴ.에서 살핀바와 같이 乙과 丁 사이에서는 제100조 2항의 유추적용에 의해 건물의 소유권이라는 주된 권리를 양도하는 것에 의해 종된 권리인 지상권도 함께 양도하기로 하는 채권적 계약이 있었던 것으로 보아야 하므로 양도인 乙은 양수인 丁에게 이 법정지상권을 이전해 줄 의무를 지게 된다. 그렇다면 丁은 乙을 대위하여 토지소유자 丙에 대하여 전소유자였던 법정지상권자 乙에게 법정지상권 설정등기를 해 줄 것을 청구할 수 있는 지위에 있으므로 이러한 지위는 제213조 단서에서 말하는 '점유할 권리'에 해당한다 할 것이다. 그렇다면 丙은 丁을 상대로 Y건물의 철거를 청구할 수 없다.

ㄹ. [○]

"민법 제366조의 법정지상권은 저당권 설정 당시에 동일인의 소유에 속하는 토지와 건물이 저당권의 실행에 의한 경매로 인하여 각기 다른 사람의 소유에 속하게 된 경우에 건물의 소유를 위하여 인정되는 것이므로, 미등기건물을 그 대지와 함께 매수한 사람이 그 대지에 관하여만 소유권이전등기를 넘겨받고 건물에 대하여는 그 등기를 이전 받지 못하고 있다가, 대지에 대하여 저당권을 설정하고 그 저당권의 실행으로 대지가 경매되어 다른 사람의 소유로 된 경우에는, 그 저당권의 설정 당시에 이미 대지와 건물이 각각 다른 사람의 소유에 속하고 있었으므로 법정지상권이 성립될 여지가 없다(대판 2002.6.20. 전합2002다9660).

▶ 乙이 은행에게 근저당권을 설정할 당시에 X대지의 소유권은 乙에게 있었으나 Z건물의 소유권은 여전히 甲에게 있었으므로, 저당권 설정 당시 이미 대지와 건물이 각각 다른 사람의 소유에 속한 것이 되어 '乙에게 Z건물을 위한 제366조의 법정지상권'은 성립될 여지가 없다(위 전합 2002다9660판결). 아울러 앞서 ㄱ.에서 살핀바와 같이 '甲에게 Z건물을 위한 관습법상 법정지상권'도 인정되지 않으므로, 결국 Z건물에 대해서는 甲과 乙 모두 법정지상권을 취득하지 못하므로 丁도 법정지상권을 이전받을 수 없다. 그렇다면 丙은 지상권의 부담을 용인해야 할 의무가 없으므로 丙은 丁을 상대로 Z건물의 철거를 청구할 수 있다(제214조).

# 61

다음의 사건이 순차로 일어났다. (ⅰ) A는 그 소유의 X 토지 위에 3층 규모의 다세대 주택을 신축하기 시작하였다. (ⅱ) A는 B로부터 1억 원을 차용하면서 위 차용금채무를 담보하기 위하여 B 앞으로 X토지에 관하여 1번 저당권을 설정하여 주었는데, 그 당시 위 다세대주택은 일부 내부공사만 남겨두고 골조공사를 비롯한 거의 모든 공사가 마쳐진 상태였다. (ⅲ) X 토지 위에는 1층, 2층, 3층으로 구분된 다세대주택 1동이 건축되었고, 각 층에 관하여 A 앞으로 각 소유권보존등기가 마쳐졌다. (ⅳ) 3층에 관하여는 이를 매수한 C 앞으로 소유권이전등기가 마쳐졌다. (ⅴ) X 토지에 관하여 강제경매개시결정 기입등기가 마쳐졌고, D는 위 경매절차에서 X 토지를 매수하여 매각대금을 완납하였다. (ⅵ) 1층에 관하여는 이를 매수한 E 앞으로 소유권이전등기가 마쳐졌고, 2층에 관하여는 F가 임차하여 거주하고 있다. 다음 설명 중 옳은 것을 모두 고른 것은? (「집합건물의 소유 및 관리에 관한 법률」은 적용되지 않는다고 가정하고, 다툼이 있는 경우에는 판례에 의함)

[14 변호사]

> ㄱ. A는 2층 구분건물의 소유를 위한 관습상 법정지상권을 취득한다.
> ㄴ. E는 1층 구분건물을 매수함과 함께 1층 구분건물의 소유를 위한 관습법상 법정지상권도 양수하였다고 보아야 하므로 E는 그 관습상 법정지상권을 취득한다.
> ㄷ. D는 F를 상대로 2층 구분건물에 퇴거하여 달라고 청구할 수 없다.
> ㄹ. 매각대금이 완납될 당시는 물론 강제경매개시결정 기입등기가 마쳐질 당시에도 X 토지의 소유자와 3층 구분건물의 소유자가 다르므로 C는 3층 구분건물의 소유를 위한 관습상 법정지상권을 취득하지 못한다.

① ㄱ, ㄴ        ② ㄴ, ㄷ
③ ㄷ, ㄹ        ④ ㄱ, ㄷ
⑤ ㄱ, ㄷ, ㄹ

# 61

정답 ④

▶ 사실관계를 시간순서에 따라 간단히 재구성하면 ⅰ) A가 자신 소유 X토지 위에 3층 건물 거의 완성 ⇨ ⅱ) B가 X토지에 1번 저당권 ⇨ ⅲ) A가 3층 건물 완성 후 각 층에 보존등기 ⇨ ⅳ) C가 3층을 매수한 후 이전등기 ⇨ ⅴ) D가 '강제경매'에 따라 X토지 취득 ⇨ ⅵ) E가 1층을 매수한 후 이전등기, F가 2층에 건물임차

**해설** ㄱ. [○]

1. 2층에 대한 A의 관습상 법정지상권이 문제되는지 법정지상권이 문제되는지 여부
   판례는 토지 또는 그 지상 건물에 관하여 강제경매를 위한 (가)압류가 있기 이전에 저당권이 설정되어 있다가 그 후 '강제경매'로 인해 그 저당권이 소멸하는 경우에는 제366조의 법정지상권이 아니라 관습상의 법정지상권이 문제된다고 한다(대판 2013.4.11. 2009다62059).
   ▶ 사안에서 X토지의 소유권자가 A에게서 D로 바뀐 것은 저당권에 기한 '임의경매'가 아니라 일반적인 '강제경매'에 따른 것이므로 사안은 제366조가 아닌 관습상 법정지상권이 문제되는 사안이다.

2. 2층에 대한 A의 관습상 법정지상권 취득여부
   관습법상 법정지상권이 성립하기 위해서는, 원칙적으로 ⅰ) 처분 당시 토지와 건물의 소유권이 동일인에게 속하여야 하며 ⅱ) 매매 기타의 적법한 원인으로 소유자가 달라져야 하며 ⅲ) 또한 당사자 사이에 건물을 철거한다는 특약이 없어야 한다. 아래에서는 문제되는 부분에 대해 살핀다.
   (1) 건물의 존재
   건물의 완성 정도와 관련하여 判例는 "X토지에 대한 강제경매개시결정 이전에 乙은행 앞으로 근저당권이 설정되어 있었고, X토지에 관하여 위 근저당권이 설정될 당시에 X토지 소유자인 甲에 의하여 그 지상에 건물이 그 규모·종류를 외형상 예상할 수 있는 정도까지 건축이 진전되어 있었으며, 그 후 경매절차에서 매수인인 丙이 매각대금을 완납하기 이전에 독립된 부동산으로서 건물의 요건을 갖추었던 이상 X토지와 그 지상 건물은 저당권 설정 당시부터 모두 甲의 소유에 속하고 있었다고 봄이 상당하고, 그에 따라 X토지에 대하여는 저당권 설정 당시에 시행 중이던 신축공사의 완료로 인하여 건축된 이 사건 건물을 위한 관습상 법정지상권이 성립한다"(대판 2013. 4.11. 2009다62059)고 판시하고 있다.

   ▶ 사안에서 X토지에 저당권 설정 당시 다세대주택은 일부 내부공사만 남겨두고 골조공사를 비롯한 거의 모든 공사가 마쳐진 상태이므로 관습상 법정지상권이 성립될 수 있는 건물이 존재하였던 것으로 볼 수 있다.

(2) 소유자 동일성의 판단 기준시점

1) 원칙

"관습법상의 법정지상권이 성립되기 위하여는 토지와 건물 중 어느 하나가 '처분될 당시'에 토지와 그 지상건물이 동일인의 소유에 속하였으면 족하고 원시적으로 동일인의 소유였을 필요는 없다"(대판 1995.7.28. 95다9075,9082).

2) 예외 : 부동산 '강제경매'로 인해 토지와 건물의 소유자가 달라진 경우

判例는 토지 또는 그 지상 건물에 관하여 강제경매를 위한 (가)압류가 있기 이전에 저당권이 설정되어 있다가 그 후 '강제경매'로 인해 그 저당권이 소멸하는 경우에는 제366조의 법정지상권이 아니라 관습상의 법정지상권이 문제되며, 이 때 토지와 그 지상 건물이 동일인 소유에 속하였는지는 그 '저당권 설정 당시'를 기준으로 판단한다고 한다(대판 2013.4.11. 2009다62059).[10]

〔관련쟁점〕 그에 앞서 대법원은 전원합의체 판결을 통해 "부동산강제경매절차에서 목적물을 매수한 사람의 법적 지위는 다른 특별한 사정이 없는 한 그 절차상 '압류의 효력이 발생하는 때'를 기준으로 하여 정하여지므로, 강제경매의 목적이 된 토지 또는 그 지상 건물의 소유권이 강제경매로 인하여 그 절차상의 매수인에게 이전된 경우에 건물의 소유를 위한 관습상 법정지상권이 성립하는가 하는 문제에 있어서는 그 매수인이 소유권을 취득하는 매각대금의 완납시(과거 판례의 태도)가 아니라 그 압류의 효력이 발생하는 때를 기준으로 하여 토지와 그 지상 건물이 동일인에 속하였는지 여부가 판단되어야 한다. 한편 경매의 목적이 된 부동산에 대하여 가압류가 있고 그것이 본압류로 이행되어 경매절차가 진행된 경우에는 애초 가압류가 효력을 발생하는 때를 기준으로 토지와 그 지상 건물이 동일인에 속하였는지 여부를 판단할 것이다"(대판 2012.10.18. 전합2010다52140)고 판시한바 있다.

▶ 사안에서 ⅰ) X토지에 대한 '저당권 설정 당시' 다세대주택은 독립된 부동산으로서 건물의 요건을 갖추고 있었으므로 신축건물 2층의 소유권은 제187조에 의해 A에게 귀속되고, X토지 또한 A의 소유이었고, ⅱ) 그 후 '강제경매'에 의해 X토지에 대한 소유권자가 D로 바뀌었으며, ⅲ) 당사자 사이에 건물을 철거한다는 특약 또는 토지의 점유·사용에 관하여 다른 약정이 없었으므로 A는 2층 구분건물의 소유를 위한 관습상 법정지상권을 취득한다.

ㄴ. [×]

1. 1층에 대한 A의 관습상 법정지상권 취득여부

ㄱ.에서 살펴 본 바와 같이 A는 1층 구분건물의 소유를 위한 관습상 법정지상권도 취득하였다.

2. 1층에 대한 E의 관습상 법정지상권 취득 여부

(1) A와 E 사이 채권계약의 내용

관습법상 법정지상권을 취득한 1층 건물소유자 A가 1층 건물에 대한 소유권을 양도하는 경우에는 특별한 사정이 없는 한 제100조 2항의 유추적용에 의해 건물의 소유권과 함께 법정지상권도 양도하기로 하는 채권적 계약이 있었다고 할 것이다(대판 1988.9.27. 87다카279).

(2) E의 관습법상 법정지상권 승계취득 여부

E가 법정지상권을 취득하기 위해서 건물소유권 등기 외에 지상권등기를 해야 하는지와 관련하여 본조의 규정은 물건의 경제적 효용이라는 관점에서 종물과 주물을 하나의 집합물로 다루고자 하는 취지이고, 공시방법은 이와 별개인 것으로 해석하는 것이 타당하다(대판 1985.4.9. 전합84다카1131). 따라서 A의 지상권은 관습법에 의하여 당연히 성립하는 것이므로 제187조에 의하여 등기를 요하지 않으나, 사안과 같이 제3자 E에게 법정지상권을 전득시키려면 제187조 단서에 의하여 등기를 하여야 한다.

ㄷ. [○]

"경락에 의하여 건물의 소유자와 그 토지의 소유자가 달라지게 되어 경매 당시의 건물의 소유자가 그 건물의 이용을 위한 법정지상권을 취득한 경우, 토지 소유자는 건물을 점유하는 자에 대하여 그 건물로부터의 퇴거를 구할 수 없다"(대판 2013. 4.11. 2009다62059).

▶ ㄱ.에서 살펴본 것과 같이 A는 2층 구분건물의 소유를 위한 관습상 법정지상권을 취득하였으므로 토지소유자 D는 2층 건물을 점유하는 임차인 F에게 퇴거를 구할 수 없다.

ㄹ. [×]

3층 구분소유권의 경우 '강제경매'에 따라 토지 소유권이 D에게 이전되기 전에 3층 건물 소유권이 C에게 이전되었으므로 C에게 관습법상 법정지상권이 성립한다. 왜냐하면 토지와 건물이 동일인인 A에게 속해 있다가 매매를 통해 3층 건물의 소유권만 C에게 이전되었기 때문이다.

〔관련쟁점〕 만약 사안에서 '강제경매'가 아닌 '임의경매'에 따라 토지 소유권이 D에게 이전되었다면 C에게 관습법상 법정지상권이 성립하였다가, 이러한 용익권은 선순위 B의 저당권의 실행에 의한 매각으로 인하여 소멸되기 때문에 결국 C에게는 제366조 법정지상권이 성립된다(대판 1999.11.23. 99다52602). 제366조의 법정지상권의 경우 비록 '처분당시'(사안에서는 D의 경락대금 완납시)에 토지(A소유)와 건물(C소유)의 소유권자가 다르다 하더라도 저당권 설정 당시에만 토지(A소유)와 건물(A소유)의 소유권자가 동일하면 되기 때문이다.

---

10) "강제경매의 목적이 된 토지 또는 그 지상 건물에 관하여 강제경매를 위한 압류나 그 압류에 선행한 가압류가 있기 이전에 저당권이 설정되어 있다가 그 후 강제경매로 인해 그 저당권이 소멸하는 경우에는, 그 저당권 설정 이후의 특정 시점을 기준으로 토지와 그 지상 건물이 동일인의 소유에 속하였는지에 따라 관습상 법정지상권의 성립 여부를 판단하게 되면, 저당권자로서는 저당권 설정 당시를 기준으로 그 토지나 지상 건물의 담보가치를 평가하였음에도 저당권 설정 이후에 토지나 그 지상 건물의 소유자가 변경되었다는 외부의 우연한 사정으로 인하여 자신이 당초에 파악하고 있던 것보다 부당하게 높아지거나 떨어진 가치를 가진 담보를 취득하게 되는 예상하지 못한 이익을 얻거나 손해를 입게 되므로, 그 '저당권 설정 당시'를 기준으로 토지와 그 지상 건물이 동일인에게 속하였는지에 따라 관습상 법정지상권의 성립 여부를 판단하여야 한다"

## 62

X, Y 토지는 모두 甲 소유인데 Y 토지에 관하여 甲의 채권자 A의 가압류등기가 마쳐진 후 甲은 X, Y 토지 양 지상에 걸쳐 Z 건물을 건축하였다. 甲은 X 토지와 Z 건물을 乙에게 매각하고 각 등기를 이전하여 주었다. 그 후 甲의 채권자에 의하여 Z 건물에 관한 매매계약만이 사해행위취소소송을 통하여 취소되고 그에 따라 Z 건물에 마쳐져 있던 乙 명의의 등기가 말소되었다. 그 후 Z 건물은 강제경매절차를 통하여 丙이 소유권을 취득하였다. 한편, A는 집행권원을 확보하여 Y 토지에 관하여 강제경매를 신청하였고, 그 경매절차에서 丁이 소유권을 취득하였다. 乙과 丁은 丙에 대하여 Z 건물 중 각자 자기 토지 지상부분에 대한 철거를 청구하는 소송을 제기하였다. 이에 관한 법률관계 중 옳은 것(○)과 옳지 않은 것(×)을 올바르게 조합한 것은? (각 지문은 독립적이며, 다툼이 있는 경우 판례에 의함)　　　　　[16 변호사]

> ㄱ. 사해행위취소소송을 거쳐 Z 건물에 관한 乙 명의의 등기가 말소된 때, X 토지에 관하여 甲에게 관습상 법정지상권이 발생한다.
>
> ㄴ. 丁의 丙에 대한 철거청구는 기각된다.
>
> ㄷ. Z 건물이 강제경매될 당시 X 토지에 관하여 丙에게 관습상 법정지상권이 발생하지 않는다.

① ㄱ(○), ㄴ(×), ㄷ(×)
② ㄱ(×), ㄴ(○), ㄷ(×)
③ ㄱ(×), ㄴ(×), ㄷ(×)
④ ㄱ(○), ㄴ(○), ㄷ(×)
⑤ ㄱ(○), ㄴ(×), ㄷ(○)

**해설** ㄱ. [×]

"제406조의 채권자취소권의 행사로 인한 사해행위의 취소와 일탈재산의 원상회복은 채권자와 수익자 또는 전득자에 대한 관계에 있어서만 효력이 발생할 뿐이고 채무자가 직접 권리를 취득하는 것이 아니므로, 토지와 지상 건물이 함께 양도되었다가 채권자취소권의 행사에 따라 그 중 건물에 관하여만 양도가 취소되고 수익자와 전득자 명의의 소유권이전등기가 말소되었다고 하더라도, 이는 관습상 법정지상권의 성립요건인 '동일인의 소유에 속하고 있던 토지와 지상 건물이 매매 등으로 인하여 소유자가 다르게 된 경우'에 해당한다고 할 수 없다"(대판 2014.12.24. 2012다73158).

▶ 위와 같은 사실관계를 이러한 법리에 비추어 보면, 甲이 乙에게 Z건물 및 X토지를 함께 매도하였다가 채권자취소권의 행사에 따라 그 중 Z건물에 관하여만 매매계약이 취소되고 乙 명의의 소유권이전등기가 말소되었다고 하더라도, 이는 동일인 소유에 속하고 있던 토지와 건물의 소유권에 변동이 생긴 것은 아니므로 X 토지에 관하여 甲에게 관습법상 법정지상권이 발생하지는 않는다.

ㄴ. [×]

관습법상 법정지상권이 성립하기 위해서는, 원칙적으로 ⅰ) 처분 당시 토지와 건물의 소유권이 동일인에게 속하여야 하며 ⅱ) 매매 기타의 적법한 원인으로 소유자가 달라져야 하며 ⅲ) 또한 당사자 사이에 건물을 철거한다는 특약이 없어야 한다. 이 중 소유자 동일성의 판단 기준시점과 관련하여 判例는 원칙적으로 "토지와 건물 중 어느 하나가 '처분될 당시'에 토지와 그 지상건물이 동일인의 소유에 속하였으면 족하고 원시적으로 동일인의 소유였을 필요는 없다"(대판 1995.07.28. 95다9075,9082)는 입장이나, 예외적으로 부동산 '강제경매'로 인해 토지와 건물의 소유자가 달라진 경우에는 '압류의 효력이 발생하는 때'를 기준으로 토지와 그 지상건물이 동일인의 소유에 속하였을 것을 요구한다(대판 2012.10.18. 전합2010다52140).

즉 判例는 "부동산강제경매절차에서 목적물을 매수한 사람의 법적 지위는 다른 특별한 사정이 없는 한 그 절차상 '압류의 효력이 발생하는 때'를 기준으로 하여 정하여지므로, 강제경매의 목적이 된 토지 또는 그 지상 건물의 소유권이 강제경매로 인하여 그 절차상의 매수인에게 이전된 경우에 건물의 소유를 위한 관습상 법정지상권이 성립하는가 하는 문제에 있어서는 그 매수인이 소유권을 취득하는 매각대금의 완납시(과거 판례의 태도)가 아니라 그 압류의 효력이 발생하는 때를 기준으로 하여 토지와 그 지상 건물이 동일인에 속하였는지 여부가 판단되어야 한다. 한편 경매의 목적이 된 부동산에 대하여 가압류가 있고 그것이 본압류로 이행되어 경매절차가 진행된 경우에는 **애초 가압류가 효력을 발생하는 때를 기준으로 토지와 그 지상 건물이 동일인에 속하였는지 여부를 판단할 것이다**"(대판 2012.10.18. 전합2010다52140)고 판시하고 있다.

▶ 지문의 경우 Y토지에 대한 가압류 등기가 마쳐질 당시에는 Z건물이 존재하지 않았으므로 그 후 강제경매로 인한 관습상 법정지상권은 성립하지 않는다.

ㄷ. [×]

判例는 법정지상권의 성립과 관련하여 "저당권설정 당시 동일인의 소유에 속하고 있던 토지와 지상 건물이 경매로 인하여 소유자가 다르게 된 경우에 건물소유자는 건물의 소유를 위한 민법 제366조의 법정지상권을 취득한다. 그리고 건물 소유를 위하여 법정지상권을 취득한 사람으로부터 경매에 의하여 건물의 소유권을 이전받은 매수인은 매수 후 건물을 철거한다는 등의 매각조건하에서 경매되는 경우 등 특별한 사정이 없는 한 건물의 매수취득과 함께 위 지상권도 당연히 취득하는데, 이러한 법리는 사해행위의 수익자 또는 전득자가 건물의 소유자로서 법정지상권을 취득한 후 채무자와 수익자 사이에 행하여진 건물의 양도에 대한 채권자취소권의 행사에 따라 수익자와 전득자 명의의 소유권이전등기가 말소된 다음 경매절차에서 건물이 매각되는 경우에도 마찬가지로 적용된다"(대판 2014.12.24. 2012다73158)고 판시하였다.

▶ 법정지상권에 관한 判例이지만 이러한 법리는 지문과 같은 강제경매절차에 의한 관습상 법정지상권의 경우에도 적용된다 할 것이다. 따라서 채권자취소권 행사에 따른 소유권이전등기의 말소와 무관하게 소유자의 변동은 인정되지 않는다. 그렇다면 Z건물에 대한 압류의 효력이 발생할 당시까지도 乙은 X토지와 Z건물을 소유하고 있었으므로 그 후 강제경매에 의해 건물의 소유권을 이전받은 매수인 丙은 관습상 법정지상권을 취득한다.

## 63

법정지상권에 관한 설명 중 옳은 것(○)과 옳지 않은 것(×)을 올바르게 조합한 것은? (다툼이 있는 경우에는 판례에 의함)

[20 변호사]

ㄱ. X토지와 그 지상 Y건물의 소유자인 甲이 X토지와 Y건물에 관하여 乙에게 공동저당권을 설정해준 다음 Y건물을 헐고 Z건물을 신축한 후 Z건물에 관하여 X토지와 동일한 순위의 공동저당권을 설정해준 경우, 저당권의 실행으로 丙이 X토지의 소유권을 취득하면, 甲은 Z건물을 위한 법정지상권을 취득할 수 없다.

ㄴ. X토지와 그 지상 Y건물의 소유자인 甲이 X토지와 Y건물을 乙에게 매도하고 각 소유권이전등기를 마쳐주었는데, 그 후 甲의 채권자 丙에 의하여 Y건물에 관한 매매계약만 사해행위취소소송을 통하여 취소되고 그에 따라 Y건물에 마쳐져 있던 乙 명의의 등기가 말소된 경우, 甲은 Y건물의 존립을 위한 관습법상 법정지상권을 취득한다.

ㄷ. X토지와 그 지상 Y건물의 소유자인 甲이 X토지와 미등기된 Y건물을 乙에게 매도하였으나 X토지에 관하여서만 소유권이전등기를 넘겨주고 Y건물에 관하여는 등기를 이전해주지 못하고 있는 경우라면, 甲에게 Y건물을 위한 관습법상 법정지상권은 성립하지 않는다.

① ㄱ(○), ㄴ(×), ㄷ(○)
② ㄱ(○), ㄴ(○), ㄷ(×)
③ ㄱ(×), ㄴ(×), ㄷ(×)
④ ㄱ(×), ㄴ(○), ㄷ(×)
⑤ ㄱ(×), ㄴ(×), ㄷ(○)

**63** 정답 ⑤

해설 ㄱ. [×]
토지와 건물에 '공동저당권'이 설정되어 있는 경우 지상건물이 철거되고 새로 건물이 신축된 경우
判例는 동일인의 소유에 속하는 토지 및 그 지상 건물에 관하여 공동저당권이 설정된 후 그 지상 건물이 철거되고 새로 건물이 '신축된 경우'에는 '그 신축건물에 토지와 동순위의 공동저당권이 설정되지 아니한 경우'에는 저당물의 경매로 인하여 토지와 신축건물이 서로 다른 소유자에게 속하게 되더라도 제366조의 법정지상권은 성립하지 않는다고 한다 (대판 2003.12.18. 전합98다43601 : 전체가치고려설).
왜냐하면 "공동저당권자는 '토지 및 건물 각각의 교환가치 전부'를 담보로 취득한 것으로서, 건물이 철거된 후 신축된 건물에 토지와 동순위의 공동저당권이 설정되지 아니하였는데도 그 신축건물을 위한 법정지상권이 성립한다면, 공동저당권자가 법정지상권이 성립하는 신축건물의 교환가치를 취득할 수 없게 되는 결과 법정지상권의 가액 상당 가치를 되찾을 길이 막혀 '당초 토지에 관하여 아무런 제한이 없는 나대지로서의 교환가치 전체를 실현시킬 수 있다고 기대'하고 담보를 취득한 공동저당권자에게 불측의 손해를 입게 하기 때문이다"(전합98다43601 판시내용).

▶ 사안에서 공동저당권을 설정해준 다음 Y건물을 헐고 Z건물을 신축한 후 Z건물에 관하여 X토지와 동일한 순위의 공동저당권을 설정해 준 경우이므로, 判例에 따르면 甲은 Z건물을 위한 법정지상권을 취득할 수 있다.

ㄴ. [×]
형식적으로만 소유명의자를 달리하게 된 경우(사해행위의 취소와 일탈재산의 원상회복)
"제406조의 채권자취소권의 행사로 인한 사해행위의 취소와 일탈재산의 원상회복은 채권자와 수익자 또는 전득자에 대한 관계에 있어서만 효력이 발생할 뿐이고 채무자가 직접 권리를 취득하는 것이 아니므로, 토지와 지상 건물이 함께 양도되었다가 채권자취소권의 행사에 따라 그 중 건물에 관하여만 양도가 취소되고 수익자와 전득자 명의의 소유권이전등기가 말소되었다고 하더라도, 이는 관습상 법정지상권의 성립요건인 '동일인의 소유에 속하고 있던 토지와 지상 건물이 매매 등으로 인하여 소유자가 다르게 된 경우'에 해당한다고 할 수 없다"(대판 2014.12.24. 2012다73158).

ㄷ. [○]
형식적으로만 소유명의자를 달리하게 된 경우(대지와 미등기건물의 일괄 매매)
判例는 대지와 그 지상의 미등기건물을 일괄하여 매수하고 대지에 대하여만 소유권이전등기를 마친 경우, 형식상으로는 미등기건물의 소유자와 대지의 소유자가 다르지만, "토지의 점유·사용에 관하여 당사자 사이에 약정이 있는 것으로 볼 수 있거나 토지 소유자가 건물의 처분권까지 함께 취득한 경우에는 관습상의 법정지상권을 인정할 까닭이 없다"할 것이어서 미등기건물의 소유자(건물 신축자)에게 관습상의 법정

지상권은 성립하지 않는다고 한다(대판 2002.6.20. 전합 2002다9660).

비교
판례 그러나 判例는 동일인 소유의 대지와 그 지상의 (대지소유자가 신축하였으나 그 보존등기를 마치지 않은) 미등기건물 중 대지만 다른 사람에게 이전된 경우, 미등기건물의 소유자는 관습상의 법정지상권을 취득한다고 한다.

※ 다음 사례에 관한 각 문항(문 64 ~ 문 65)에 답하시오.

[21 변호사]

甲은 자기 소유의 X토지 위에 Y건물을 신축하기 위하여 건축업자 乙과 공사도급계약을 체결하였다. 이 도급계약에서 건물 소유권은 甲에게 귀속되는 것으로 하고, 공사대금은 건물 완공 시 지급하기로 하였다.

乙이 위 도급계약에 따라 Y건물의 신축공사를 시작하여 건물의 기둥, 벽체와 지붕공사를 완성한 후 甲은 공사대금 확보를 위하여 A로부터 2억 원을 차용하면서 X토지에 관하여 채권최고액을 2억 2,000만 원으로 하는 A 명의의 근저당권을 설정해주었다.

甲이 A에 대하여 차용금을 갚지 못하자 A는 X토지에 대하여 담보권 실행 경매를 신청하였고 이 경매절차에서 丙이 X토지를 매수하여 대금을 납입하고 소유권이전등기를 마쳤다.

乙은 Y건물을 완공한 후 점유하면서 甲에게 공사대금을 지급하고 Y건물을 인도받을 것을 통지하였지만 甲은 공사대금을 지급하지 못하고 있다.

# 64

다음 설명 중 옳은 것(○)과 옳지 않은 것(×)을 올바르게 조합한 것은? (다툼이 있는 경우 판례에 의함)

ㄱ. 甲과 A가 X토지에 관한 근저당권설정계약을 체결하면서 법정지상권의 성립을 배제하기로 하는 특약을 한 경우 甲은 丙에 대하여 법정지상권을 주장할 수 없다.

ㄴ. 甲이 법정지상권에 대하여 등기를 갖추지 않고 있던 중 丙이 丁에게 X토지를 매도하고 소유권이전등기를 마쳐준 경우 甲은 丁에 대하여 법정지상권을 주장할 수 없다.

ㄷ. Y건물에 대한 강제경매절차에서 戊가 Y건물을 매수하고 매각대금을 납입하여 소유권을 취득하면 특별한 사정이 없는 한 법정지상권도 함께 취득한다.

ㄹ. 법정지상권에 관한 지료가 결정되지 않은 경우 甲이 2년 이상 지료를 지급하지 않았더라도 丙은 지상권 소멸청구를 할 수 없다.

① ㄱ(○), ㄴ(×), ㄷ(○), ㄹ(○)
② ㄱ(○), ㄴ(○), ㄷ(×), ㄹ(×)
③ ㄱ(×), ㄴ(○), ㄷ(○), ㄹ(×)
④ ㄱ(×), ㄴ(×), ㄷ(○), ㄹ(○)
⑤ ㄱ(×), ㄴ(×), ㄷ(×), ㄹ(○)

**해설** ㄱ. [×]

제366조 법정지상권은 ⅰ) 건물철거로 인한 사회경제적 손실의 방지와 ⅱ) 저당권자의 담보가치에 대한 기대를 고려한 공익을 위한 규정이므로 **강행규정**이다. 따라서 저당권설정 당사자간의 특약으로 저당목적물인 토지에 대하여 법정지상권을 배제하는 약정을 하더라도 그 특약은 효력이 없다(대판 1988.10.25. 87다카1564). 반면에 '관습법상 법정지상권'은 특약(토지임대차계약 체결 등)으로 배제가 가능하다(대판 1992.10.27. 92다3984).

ㄴ. [×]

제366조 법정지상권은 '법률의 규정'에 의하여 성립하는 것이므로 제187조에 의하여 등기를 요하지 않는다. 그러나 제3자에게 이 법정지상권을 전득시키려면 제187조 단서에 의하여 등기를 하여야 한다.

▶ 법정지상권이 성립하기 위해서는 ⅰ) 저당권설정 당시부터 건물이 존재할 것, ⅱ) 저당권이 설정될 당시 토지와 건물의 소유자가 동일할 것, ⅲ) 토지나 건물 중 적어도 어느 하나에 저당권이 설정될 것, ⅳ) 경매로 인해 건물과 토지에 대한 소유자가 분리될 것을 요한다(제366조). 사안의 경우 甲이 A에게 저당권을 설정할 당시 기둥, 벽체와 지붕공사가 완성되어 건물이 존재하고 甲과 乙사이에서 '신축건물의 소유권은 도급인 甲에게 귀속되는 것으로 한다'는 특약으로 인하여 甲은 저당권 설정 당시 토지와 건물의 소유자가 동일 요건을 충족하며, X토지에 저당권이 설정되고 경매로 인하여 토지와 건물의 소유자가 달라졌으므로 甲은 187조에 따라 등기 없이도 366조의 법정지상권을 취득하였다. 따라서 丙뿐만 아니라 X토지의 전득자인 丁에게도 등기없이 법정지상권을 주장할 수 있다.

**관련판례** "최소한의 기둥과 지붕 그리고 주벽이 이루어지면 독립한 부동산으로서의 건물의 요건을 갖춘 것이라고 보아야 한다"(대판 2002.04.26. 2000다16350).

"일반적으로 자기의 노력과 재료를 들여 건물을 건축한 사람은 그 건물의 소유권을 원시취득하는 것이고, 다만 도급계약에 있어서는 수급인이 자기의 노력과 재료를 들여 건물을 완성하더라도 도급인과 수급인 사이에 도급인 명의로 건축허가를 받아 소유권보존등기를 하기로 하는 등 완성된 건물의 소유권을 도급인에게 귀속시키기로 합의한 것으로 보여질 경우에는 그 건물의 소유권은 도급인에게 원시적으로 귀속된다"(대판 1992.3.27. 91다34790).

"소외 1은 민법 제366조에 의하여 이 사건 대지에 대하여 건물의 소유를 목적으로 하는 법정지상권을 취득하였다 할 것이고, 법정지상권자는 물권으로서의 효력에 의하여 이를 취득할 당시의 대지소유자나 이로부터 소유권을 전득한 제삼자에 대하여도 등기없이 위 지상권을 주장할 수 있는 것이므로 소외 1은 위 대지의 전득자인 원고에 대하여 지상권설정등기청구권이 있다 할 것이며, 위 법정지상권을 양도받기로 한 피고 1은 채권자대위의 법리에 의하여 원고 및 소외 1에

대하여 차례로 지상권설정등기 및 이전등기절차의 이행을 구할 수 있다 할 것이다"(대판 1985.4.9. 전합84다카1131, 1132).

ㄷ. [○]

"저당권설정 당시 동일인의 소유에 속하고 있던 토지와 지상건물이 경매로 인하여 소유자가 다르게 된 경우에 건물소유자는 건물의 소유를 위한 민법 제366조의 법정지상권을 취득한다. 그리고 건물 소유를 위하여 법정지상권을 취득한 사람으로부터 경매에 의하여 건물의 소유권을 이전받은 매수인은 매수 후 건물을 철거하는 등의 매각조건하에서 경매되는 경우 등 특별한 사정이 없는 한 건물의 매수취득과 함께 위 지상권도 당연히 취득하는데, 이러한 법리는 사해행위의 수익자 또는 전득자가 건물의 소유자로서 법정지상권을 취득한 후 채무자와 수익자 사이에 행하여진 건물의 양도에 대한 채권자취소권의 행사에 따라 수익자와 전득자 명의의 소유권이전등기가 말소된 다음 경매절차에서 건물이 매각되는 경우에도 마찬가지로 적용된다"(대판 2014.12.24. 2012다73158).

ㄹ. [○]

"법정지상권의 경우 당사자 사이에 지료에 관한 협의가 있었다거나 법원에 의하여 지료가 결정되었다는 아무런 입증이 없다면, 법정지상권자가 지료를 지급하지 않았다고 하더라도 지료 지급을 지체한 것으로는 볼 수 없으므로 법정지상권자가 2년 이상의 지료를 지급하지 아니하였음을 이유로 하는 토지소유자의 지상권소멸청구는 이유가 없고, 지료액 또는 그 지급시기 등 지료에 관한 약정은 이를 등기하여야만 제3자에게 대항할 수 있는 것이고, 법원에 의한 지료의 결정은 당사자의 지료결정청구에 의하여 형식적 형성소송인 지료결정판결로 이루어져야 제3자에게도 그 효력이 미친다"(대판 2001.3.13. 99다17142).

## 65

**다음 설명 중 옳지 않은 것은? (다툼이 있는 경우 판례에 의함)**

① 乙의 甲에 대한 공사대금채권은 Y건물에 관하여 생긴 채권으로 이미 그 변제기가 도래하였으므로 乙은 그 채권을 변제받을 때까지 Y건물을 유치할 권리가 있다.

② 乙이 Y건물을 점유하면서 유치권을 행사하던 중 제3자 B가 乙의 점유를 침탈하여 乙이 점유를 상실하면 유치권은 소멸하며, 乙이 점유회수의 소를 제기하여 점유를 회복할 수 있다는 사정만으로 乙의 유치권이 존속하는 것은 아니다.

③ 乙이 甲의 승낙 없이 Y건물을 C에게 임대하여 임차인 C가 점유하고 있는 상태에서, Y건물에 대하여 강제경매절차가 진행되어 Y건물이 매각된 경우, C는 임차권에 기한 점유로써 위 경매절차에서 매수인에게 대항할 수 없다.

④ 乙이 甲의 승낙을 받아 Y건물을 D에게 임대한 후 위 임대차가 D의 차임 연체를 이유로 적법하게 해지되었으나 D가 Y건물을 반환하지 않은 채 계속 점유하고 있는 경우, 乙의 유치권은 소멸한다.

⑤ 乙이 유치물의 보존에 필요한 사용을 한 경우에도 특별한 사정이 없는 한 그 차임 상당액을 甲에게 부당이득으로 반환할 의무가 있다.

## 65

**① [○]**

**해설** "주택건물의 신축공사를 한 수급인이 그 건물을 점유하고 있고 또 그 건물에 관하여 생긴 공사금 채권이 있다면, 수급인은 그 채권을 변제받을 때까지 건물을 유치할 권리가 있다고 할 것이고, 이러한 유치권은 수급인이 점유를 상실하거나 피담보채무가 변제되는 등 특단의 사정이 없는 한 소멸되지 않는다"(대판 1995.9.15. 95다16202).

**② [○]**

**해설** 유치권자가 목적물의 점유를 잃으면 유치권은 당연히 소멸한다(제328조). 따라서 점유는 계속되어야 한다. 判例도 甲회사가 건물신축 공사대금 일부를 지급받지 못하자 건물을 점유하면서 유치권을 행사해 왔는데, 그 후 乙이 경매절차에서 건물 중 일부를 매수하여 소유권이전등기를 마친 다음 甲 회사의 점유를 침탈하여 丙에게 임대한 사안에서, "乙의 점유 침탈로 甲회사가 점유를 상실한 이상 유치권은 소멸하고, 甲 회사가 점유회수의 소(제204조)를 제기하여 승소판결을 받아 점유를 회복하면 점유를 상실하지 않았던 것으로 되어 유치권이 되살아나지만(제192조 2항 참조), 점유회수의 소를 제기하여 점유를 회복할 수 있다는 사정만으로 甲회사의 유치권이 소멸하지 않았다고 볼 것은 아니다"(대판 2012.2.9. 2011다72189)라고 한다.

**③ [○]**

**해설** 유치권자는 채무자의 승낙없이 유치물의 사용, 대여, 담보제공을 하지 못한다(법 제324조 제2항). 따라서 소유자의 동의 없이 유치권자로부터 유치권의 목적물을 임차한 자는 소유자에 대하여 점유할 정당한 권원이 있다고 할 수 없으므로 임차인은 소유자에게 대항하지 못하며, 따라서 목적물이 경매되면 경락인에게도 대항할 수 없다. 이는 임차권이 대항력을 갖추고 있더라도 마찬가지이다(대결 2002.11.27. 2002마3516).

**④ [×]**

**해설** 채권자가 채무자의 '승낙'을 받아 유치물을 제3자에게 임대하는 방법(제324조 2항)으로 '간접점유'하던 중 임대차가 종료된 경우(유치권 존속)
"유치권의 성립요건인 유치권자의 점유는 직접점유이든 간접점유이든 관계없다. 간접점유를 인정하기 위해서는 간접점유자와 직접점유를 하는 자 사이에 일정한 법률관계, 즉 점유매개관계가 필요한데, 간접점유에서 점유매개관계를 이루는 임대차계약 등이 해지 등의 사유로 종료되더라도 직접점유자가 목적물을 반환하기 전까지는 간접점유자의 직접점유자에 대한 반환청구권이 소멸하지 않는다. 따라서 점유매개관계를 이루는 임대차계약 등이 종료된 이후에도 직접점유자가 목적물을 점유한 채 이를 반환하지 않고 있는 경우에는, 간접점유자의 반환청구권이 소멸한 것이 아니므로 간접점유의 점유매개관계가 단절된다고 할 수 없다"(대판 2019.8.14. 2019다205329).

**⑤ [○]**

**해설** 유치물 사용권 및 부당이득반환
"민법 제324조에 의하면, 유치권자는 선량한 관리자의 주의로 유치물을 점유하여야 하고, 소유자의 승낙 없이 유치물을 보존에 필요한 범위를 넘어 사용하거나 대여 또는 담보제공을 할 수 없으며, 소유자는 유치권자가 위 의무를 위반한 때에는 유치권의 소멸을 청구할 수 있다고 할 것인바, 공사대금 채권에 기하여 유치권을 행사하는 자가 스스로 유치물인 주택에 거주하며 사용하는 것은 특별한 사정이 없는 한 유치물인 주택의 보존에 도움이 되는 행위로서 유치물의 보존에 필요한 사용에 해당한다고 할 것이다. 그리고 유치권자가 유치물의 보존에 필요한 사용을 한 경우에도 특별한 사정이 없는 한 차임에 상당한 이득을 소유자에게 반환할 의무가 있다"(대판 2009.9.24. 2009다40684).

# 66

**전세권에 관한 설명 중 옳은 것은? (다툼이 있는 경우에는 판례에 의함)**                    [12 변호사]

① 전세권이 성립한 후 전세목적물의 소유권이 양도된 경우, 전세권이 소멸하면 전세권자는 전 소유자에 대해서도 전세금 반환을 청구할 수 있다.

② 전세권의 존속기간이 만료되면, 전세금의 반환을 받지 못하였더라도 제3자에게 전세권을 양도할 수 없다.

③ 전세권자의 채권자가 전세권에 저당권을 취득한 경우, 전세권이 기간만료로 소멸하면 전세권설정자는 전세금반환청구권에 대한 저당권자의 압류 등이 없더라도 저당권자에게 전세금을 지급하여야 한다.

④ 전세권설정계약이 합의해지된 경우, 전세권자는 전세권과 분리하여 전세금반환채권만을 확정적으로 양도할 수 없다.

⑤ 토지와 건물의 소유자가 건물에 전세권을 설정하였으나 그 토지가 경매절차에서 제3자에게 매각되어 건물소유자가 법정지상권을 취득한 후 건물이 다시 타인에게 양도되었다면, 건물의 양수인이 토지 소유자와의 관계에서 법정지상권을 취득할 지위를 포기하더라도 그 포기의 효력은 전세권자에게 미치지 않는다.

**66** 　　　　　　　　　　　　　　　　　　정답 ⑤

① [×]

**해설** 전세권의 존속기간 중 전세목적물의 소유권이 이전된 경우에 신 소유자가 전세권설정자의 지위를 승계하는지, 따라서 신 소유자만이 전세금반환의무를 부담하고, 구 소유자는 그 의무를 면하는지에 관해 민법의 명문의 규정이 없어 문제된다. 이에 대해 **判例는 승계긍정설의 입장**이다(아래 2006다6072판결).

**관련판례** "전세권이 성립한 후 목적물의 소유권이 이전되는 경우에 전세권은 전세권자와 목적물의 소유권을 취득한 신 소유자 사이에서 계속 동일한 내용으로 존속하게 된다고 보아야 할 것이고, 따라서 **목적물의 신 소유자는 구 소유자와 전세권자 사이에 성립한 전세권의 내용에 따른 권리의무의 직접적인 당사자**가 되어 전세권이 소멸하는 때에 전세권자에 대하여 전세권설정자의 지위에서 전세금반환의무를 부담하게 되고, **구 소유자는 전세권설정자의 지위를 상실하여 전세금반환의무를 면하게 된다고 보아야 한다**"(대판 2006.5.11. 2006다6072).

② [×]

**해설** "전세권설정등기를 마친 민법상의 전세권은 그 성질상 용익물권적 성격과 담보물권적 성격을 겸비한 것으로서, 전세권의 존속기간이 만료되면 전세권의 용익물권적 권능은 전세권설정등기의 말소 없이도 당연히 소멸하고 단지 전세금반환채권을 담보하는 담보물권적 권능의 범위 내에서 전세금의 반환시까지 그 전세권설정등기의 효력이 존속하고 있다 할 것인데, 이와 같이 **존속기간의 경과로서 본래의 용익물권적 권능이 소멸하고 담보물권적 권능만 남은 전세권에 대해서도 그 피담보채권인 전세금반환채권과 함께 제3자에게 이를 양도할 수 있다** 할 것이지만 이 경우에는 민법 제450조 제2항 소정의 확정일자 있는 증서에 의한 채권양도절차를 거치지 않는 한 위 전세금반환채권의 압류·전부 채권자 등 제3자에게 위 전세보증금반환채권의 양도사실로써 대항할 수 없다"(대판 2005.3.25. 2003다35659).

③ [×]

**해설** 전세권의 존속기간이 만료된 후의 전세권을 목적으로 하는 저당권(제371조)의 효력과 관련하여 **判例는** "ⅰ) 전세권에 대하여 저당권이 설정된 경우 그 저당권의 목적물은 전세권 자체이지 전세금반환채권이 아니고, 전세권의 존속기간이 만료되면 전세권은 소멸하므로 더 이상 전세권 자체에 대하여 저당권을 실행할 수 없다. ⅱ) 이 경우 전세금반환채권은 전세권에 갈음하여 존속하는 것으로서 저당권자는 전세금반환채권에 대하여 물상대위권을 행사할 수 있다(즉 민사집행법 제273조에 의하여 전세금반환채권에 대하여 압류 및 추심명령 또는 전부명령을 받거나, 제3자가 전세금반환채권에 대하여 실시한 강제집행절차에서 배당요구를 하는 방법으로). ⅲ) 제317조가 정하는 동시이행항변권 제도의 취지와 전세권을 목적로 하는 저당권의 설정은 그 소유자의 의사와는 상관없이 전세권자의 동의만 있으면 가능한 것이고, 원

래 전세권에서 전세금반환의무는 전세권설정자가 전세권자에게 지급함으로써 그 의무이행을 다할 뿐인 점에서, **전세금반환채권에 대해 제3자의 압류 등이 없는 한 전세권설정자는 전세권자에 대하여만 전세금반환의무를 부담한다**"(대판 1999.9.17. 98다31301)라고 판시하여 물상대위설의 입장을 취하고 있다.

▶ 이러한 判例에 따르면 전세권의 존속기간이 만료된 후에는 전세권저당권자가 전세금반환청구권을 '압류'하지 않는 이상(제342조 참조) 전세권설정자는 전세권저당권자가 아닌 전세권자에게 전세금을 반환하더라도 그것은 유효하다.

④ [×]

**해설** "전세권이 담보물권적 성격도 가지는 이상 부종성과 수반성이 있는 것이므로 전세권을 그 담보하는 전세금반환채권과 분리하여 양도하는 것은 허용되지 않는다고 할 것이나, 한편 담보물권의 수반성이란 피담보채권의 처분이 있으면 **언제나 담보물권도 함께 처분된다는 것이 아니라**, 채권 담보라고 하는 담보물권 제도의 존재 목적에 비추어 볼 때 특별한 사정이 없는 한 피담보채권의 처분에는 담보물권의 처분도 포함된다고 보는 것이 **합리적**이라는 것일 뿐이므로, ⅰ) 전세권이 존속기간의 만료로 소멸한 경우이거나, ⅱ) **전세계약의 합의해지** 또는 ⅲ) 당사자 간의 특약에 의하여 전세권반환채권의 처분에도 불구하고, **전세권의 처분이 따르지 않는 경우 등의 특별한 사정이 있는 때에는 채권양수인은 담보물권이 없는 무담보의 채권을 양수한 것이 된다**"(대판 1997.11.25. 97다29790).

⑤ [○]

**해설** "토지와 건물을 함께 소유하던 토지·건물의 소유자가 건물에 대하여 전세권을 설정하여 주었는데 그 후 토지가 타인에게 경락되어 민법 제305조 제1항에 의한 법정지상권을 취득한 상태에서 다시 건물을 타인에게 양도한 경우, 그 건물을 양수하여 소유권을 취득한 자는 특별한 사정이 없는 한 법정지상권을 취득할 지위를 가지게 되고, 다른 한편으로는 전세권 관계도 이전받게 되는바, 민법 제304조 등에 비추어 건물양수인이 토지 소유자와의 관계에서 전세권자의 동의 없이 법정지상권을 취득할 지위를 소멸시켰다고 하더라도, 그 건물 양수인은 물론 토지 소유자도 그 사유를 들어 전세권자에게 대항할 수 없다"(대판 2007.8.24. 2006다14684).

## 67

甲은 乙과 乙 소유의 건물에 대하여 전세금 3억 원에 전세권 설정계약을 체결하고 그 등기까지 마쳤다. 이에 관한 설명 중 옳지 않은 것은? (각 지문은 독립적이며, 다툼이 있는 경우 판례에 의함) [19 변호사]

① 甲과 乙이 실제로는 전세권설정계약을 체결하지 않고 임대차계약에 기한 임대차보증금반환채권을 담보할 목적으로 전세권설정등기를 마친 경우라 하더라도, 이 사실을 모른 채 甲의 채권자인 丙이 甲의 전세권부 채권을 가압류하였다면 乙은 丙을 상대로 위 전세권설정계약의 무효를 주장할 수 없다.

② 甲은 존속기간의 경과로 인해 본래의 용익물권적 권능이 소멸하고 담보물권적 권능만 남은 전세권에 대해서는 그 피담보채권인 전세금반환채권과 함께 제3자에게 이를 양도할 수 있다.

③ 전세권이 성립한 후 건물의 소유권이 乙로부터 丙에게 이전된 경우, 전세권은 甲과 丙 사이에서 계속 동일한 내용으로 존속하게 된다고 보아야 할 것이고, 丙은 전세권의 내용에 따른 권리의무의 직접적인 당사자가 되어 전세권이 소멸하는 때에 甲에 대하여 전세권설정자의 지위에서 전세금반환의무를 부담하게 된다.

④ 甲이 전세권 소멸 후 그 목적물을 인도하였다고 하더라도 전세권설정등기의 말소등기에 필요한 서류를 교부하거나 그 이행의 제공을 하지 아니하는 이상, 乙은 전세금의 반환을 거부할 수 있고, 이 경우 다른 특별한 사정이 없는 한 乙이 전세금에 대한 이자 상당액의 이득을 법률상 원인 없이 얻는다고 볼 수 없다.

⑤ 甲의 전세권설정등기 당시 乙이 위 건물의 대지에 대한 소유권자이었으나 그 뒤 乙이 그 대지를 丙에게 매도하여 丙 명의의 소유권이전등기가 경료된 경우, 丙은 甲에게 지상권을 설정한 것으로 본다.

**67** 　　　　　　　　　　　　　정답 ⑤

① [○]

**해설** 채권가압류권자가 민법 제108조 제2항의 제3자에 해당하는지 여부(적극)

"실제로는 전세권설정계약을 체결하지 아니하였으면서도 임대차계약에 기한 임차보증금반환채권을 담보할 목적 또는 금융기관으로부터 자금을 융통할 목적으로 임차인과 임대인 사이의 합의에 따라 임차인 명의로 전세권설정등기를 경료한 경우, 위 전세권설정계약이 통정허위표시에 해당하여 무효라 하더라도 위 전세권설정계약에 의하여 형성된 법률관계에 기초하여 새로이 법률상 이해관계를 갖게 된 제3자에 대하여는 그 제3자가 그와 같은 사정을 알고 있었던 경우에만 그 무효를 주장할 수 있다. 그리고 통정한 허위표시에 의하여 외형상 형성된 법률관계로 생긴 채권을 가압류한 경우 그 가압류권자는 허위표시에 기초하여 새로이 법률상 이해관계를 가지게 된 제3자에 해당하므로, 그가 선의인 이상 위 통정허위표시의 무효를 그에 대하여 주장할 수 없다"(대판 2010. 3.25. 2009다35743).

② [○]

**해설** 전세기간 경과 후 전세권의 양도

"전세권의 존속기간이 만료되면 전세권의 용익물권적 권능은 전세권설정등기의 말소 없이도 당연히 소멸하고 단지 전세금반환채권을 담보하는 담보물권적 권능의 범위 내에서 전세금의 반환시까지 그 전세권설정등기의 효력이 존속하고 있다 할 것인데, 이와 같이 **존속기간의 경과로서 본래의 용익물권적 권능이 소멸하고 담보물권적 권능만 남은 전세권에 대해서도 그 피담보채권인 전세금반환채권과 '함께' 제3자에게 이를 양도할 수 있다**"(대판 2005.3.25. 2003다35659). 이 경우에는 민법 제450조 제2항 소정의 확정일자 있는 증서에 의한 채권양도절차를 거쳐야 제3자에게 대항할 수 있다. 따라서 전세기간 만료 이후 전세권양도계약 및 전세권이전의 부기등기가 이루어진 것만으로는 전세금반환채권의 양도에 관하여 확정일자 있는 통지나 승낙이 있었다고 볼 수 없어 이로써 제3자인 전세금반환채권의 압류·전부 채권자에게 대항할 수 없다.

③ [○]

**해설** 전세권의 존속기간 중 전세목적물의 소유권이 제3자에게 이전된 경우

"전세권이 성립한 후 목적물의 소유권이 이전되는 경우에 전세권은 전세권자와 목적물의 소유권을 취득한 신 소유자 사이에서 계속 동일한 내용으로 존속하게 된다고 보아야 할 것이고, 따라서 목적물의 신 소유자는 구 소유자와 전세권자 사이에 성립한 전세권의 내용에 따른 권리의무의 직접적인 당사자가 되어 전세권이 소멸하는 때에 전세권자에 대하여 전세권설정자의 지위에서 전세금반환의무를 부담하게 되고, 구 소유자는 전세권설정자의 지위를 상실하여 전세금반환의무를 면하게 된다고 보아야 한다"(대판 2006.5.11. 2006다6072).

④ [○]

**해설** 전세권설정자의 전세금반환의무와 전세권자의 등기말소 및 목적물반환의무의 동시이행관계

"전세권이 소멸한 때에는 전세권설정자는 전세권자로부터 그 목적물의 인도 및 전세권설정등기의 말소등기에 필요한 서류의 교부를 받는 동시에 전세금을 반환하여야 한다(제317조). 따라서 **전세권자가 그 목적물을 인도하였다고 하더라도 전세권설정등기의 말소등기에 필요한 서류를 교부하거나 그 이행의 제공을 하지 아니하는 이상, 전세권설정자는 전세금의 반환을 거부할 수 있고,** 이 경우 다른 특별한 사정이 없는 한 그가 전세금에 대한 이자 상당액의 이득을 법률상 원인 없이 얻는다고 볼 수 없다"(대판 2002.2.5. 2001다62091).

**관련판례** "채권적 전세권에 있어서는 그 건물의 시가의 절반상당정도의 금액이 전세금으로써 일시에 교부되고 그 전세금의 이자는 그 임대료와 상계되고 있음이 특단의 사정이 없는 한 인정·시행되어 오고 있고 당사자 일방이 목적물 명도채무와 다른 일방의 전세금반환채무는 특단의 사정이 없는 한 동시이행관계에 있으므로 전세계약기간 종료후 전세금을 반환치 않고 있는 동안의 본건 건물부분의 점유를 불법점유라 할 수 없고 점유 사용에 따른 임료상당액과 전세금에 대한 이자상당액은 서로 대가관계에 있다"(대판 1976.10.26. 76다1184).

⑤ [×]

**해설** 대지와 건물이 동일 소유자에 속한 경우에 그 건물에 전세권을 설정한 때에는 그 대지소유권의 특별승계인은 '**전세권설정자**'(전세권자가 아님에 유의)에 대하여 법정지상권을 설정한 것으로 본다(제305조).

## 68

甲 소유의 X 주택에 관한 乙의 전세권에 대하여 丙의 저당권이 설정되어 있다. 다음 중 옳지 않은 것은?(다툼이 있는 경우에는 판례에 의함)                    [14 변호사]

① 丙의 저당권의 목적물은 乙의 전세권이므로 그 전세권이 기간만료로 소멸하면 丙은 더 이상 그 전세권에 대하여 저당권을 실행할 수 없다.

② 乙의 전세권이 기간만료로 소멸하면 丙의 저당권도 당연히 소멸된다.

③ 乙의 전세권이 기간만료로 소멸하면 甲은 전세금반환채권에 대한 제3자의 압류 등이 없는 한 乙에 대하여만 전세금반환의무를 부담한다.

④ 乙의 전세권이 기간만료로 소멸하면 丙은 제3자가 전세금반환채권에 대하여 실시한 강제집행절차에서 배당요구를 하는 방법으로 乙에 대한 일반채권자보다 우선변제를 받을 수 있다.

⑤ 乙의 전세권이 기간만료로 소멸하면 丙은 전세금반환채권에 대하여 압류 및 전부명령을 받는 등의 방법으로 권리를 행사하여 甲에 대하여 전세금의 지급을 구할 수 있으나 그 전세금반환채권에 대하여 압류가 경합된 상태에서 전부명령을 받았다면 이는 무효이므로 甲에 대하여 전세금의 지급을 구할 수 없다.

**68** 정답 ⑤

**해설** 민법상 전세권을 목적으로 하는 저당권은 인정되고 있다(제371조). 다만 전세권의 존속기간이 만료한 후 저당권의 효력이 문제되는데, 전세권이 용익물권적 성격과 담보물권적 성격을 겸유하는 점을 고려하여야 한다.

判例는 "ⅰ) ① [○] 전세권이 기간만료로 종료된 경우 전세권은 전세권설정등기의 말소등기 없이도 당연히 소멸하고, ② [○] 저당권의 목적물인 전세권이 소멸하면 저당권도 당연히 소멸하는 것이므로 전세권을 목적으로 한 저당권자는 전세권의 목적인 부동산의 소유자에게 더 이상 저당권을 주장할 수 없다. ⅱ) 전세권에 대하여 저당권이 설정된 경우 그 저당권의 목적물은 물권인 전세권 자체이지 전세금반환채권은 그 목적물이 아니고, ④ [○] 전세권의 존속기간이 만료되면 전세권은 소멸하므로 더 이상 전세권 자체에 대하여 저당권을 실행할 수 없게 되고, 이러한 경우에는 민법 제370조, 제342조 및 민사집행법 제273조에 의하여 저당권의 목적물인 전세권에 갈음하여 존속하는 것으로 볼 수 있는 전세금반환채권에 대하여 압류 및 추심명령 또는 전부명령을 받거나 제3자가 전세금반환채권에 대하여 실시한 강제집행절차에서 배당요구를 하는 등의 방법으로 자신의 권리를 행사하여 비로소 전세권설정자에 대해 전세금의 지급을 구할 수 있게 된다는 점, 전세권을 목적물로 하는 저당권의 설정은 전세권의 목적물 소유자의 의사와는 상관없이 전세권자의 동의만 있으면 가능한 것이고, 원래 전세권에 있어 전세권설정자가 부담하는 전세금반환의무는 전세금반환채권에 대한 제3자의 압류 등이 없는 한 전세권자에 대해 전세금을 지급함으로써 그 의무이행을 다할 뿐이라는 점에 비추어 볼 때, ③ [○] 전세권저당권이 설정된 경우에도 전세권이 기간만료로 소멸되면 전세권설정자는 전세금반환채권에 대한 제3자의 압류 등이 없는 한 전세권자에 대하여만 전세금반환의무를 부담한다고 보아야 한다"(대판 1999.9.17. 98다31301).

또한 "저당목적물의 변형물인 금전 기타 물건에 대하여 일반 채권자가 물상대위권을 행사하려는 저당채권자보다 단순히 먼저 압류나 가압류의 집행을 함에 지나지 않은 경우에는 저당권자는 그 전은 물론 그 후에도 목적채권에 대하여 물상대위권을 행사하여 일반 채권자보다 우선변제를 받을 수가 있으며(대판 1994.11.22. 94다25728), 위와 같이 ⑤ [×] 전세권부 근저당권자가 우선권 있는 채권에 기하여 전부명령을 받은 경우에는 형식상 압류가 경합되었다 하더라도 그 전부명령은 유효하다"(대판 2008.12.24. 2008다65396).

## 69

甲은 2012. 2. 10. 乙 소유인 X 주택에 관하여 乙과 사이에 존속기간 3년, 전세금 3억 원으로 하는 전세권설정계약을 체결하고 전세권등기를 한 후 X 주택을 점유·사용하였다. 甲은 2013. 4. 10. 丙으로부터 변제기를 전세기간 만료일로 정하여 3억 원을 차용하고, 같은 날 위 전세권에 관하여 저당권을 설정하여 주었다. 전세기간이 종료한 날부터 1개월 후 丙은 위 저당권에 기한 물상대위권의 행사로써 甲의 전세금반환채권을 압류·전부받은 후 乙을 상대로 전부금 3억 원의 지급을 구하는 소를 제기하였다. 옳은 것을 모두 고른 것은? (각 지문은 독립적이며, 다툼이 있는 경우 판례에 의함)

[16 변호사]

> ㄱ. 전세기간 중인 2013. 6. 10. 甲의 과실로 X 주택의 일부를 멸실시켜 1,000만 원 상당의 손해를 발생시켰다. 전세기간이 종료된 후 乙은 전세금으로써 위 손해의 배상에 충당하고 그 충당으로 丙에게 대항할 수 있다.
> ㄴ. 전세기간 중인 2012. 8. 10. 乙이 甲에게 전세기간 만료일 전일을 변제기로 하여 1억 원을 대여한 경우 특별한 사정이 없는 한 乙은 위 대여금채권에 의한 상계로 丙에게 대항할 수 있다.
> ㄷ. 전세기간 종료 즉시 乙이 甲에게 전세금을 반환한 경우 乙은 이 반환으로써 丙에게 대항할 수 있다.

① ㄴ
② ㄱ, ㄴ
③ ㄱ, ㄷ
④ ㄴ, ㄷ
⑤ ㄱ, ㄴ, ㄷ

## 69

정답 ⑤

**해설** ㄱ. [○]

제315조는 전세권자의 귀책사유로 목적물의 전부 또는 일부가 '멸실'된 경우에 전세금으로써 그 손해의 배상에 충당할 수 있다고 규정하고 있다. 즉, 전세금에는 설정자에 대한 전세권자의 손해배상채무를 담보하는 보증금의 성질이 있다. 한편, 저당권은 저당물의 멸실, 훼손 또는 공용징수로 인하여 저당권 설정자(보다 정확하게는 저당물의 소유자)가 받을 금전 기타 물건에 대하여도 이를 행사할 수 있고(제370조, 제342조), 判例는 "전세권이 저당권의 목적인 경우 전세기간의 만료로 전세권이 소멸한 경우 전세금반환채권에 대해 물상대위를 할 수 있다"(대판 1999.9.17. 98다31301)고 판시하였다.

그런데 判例는 "전세금은 그 성격에 비추어 민법 제315조에 정한 전세권설정자의 전세권자에 대한 손해배상채권 외 다른 채권까지 담보한다고 볼 수 없으므로, **전세권설정자가 전세권자에 대하여 위 손해배상채권 외 다른 채권을 가지고 있더라도 다른 특별한 사정이 없는 한 이를 가지고 전세금반환채권에 대하여 물상대위권을 행사한 전세권저당권자에게 상계 등으로 대항할 수 없다**"(대판 2008.3.13. 2006다29372,29389)고 판시하였다. 결국 判例를 반대해석하면 전세권설정자가 전세권자에 대하여 제315조에 정한 손해배상채권을 가지고 있다면 이를 가지고 전세금반환채권에 대하여 물상대위권을 행사한 전세권저당권자에게 상계 등으로 대항할 수 있다.

▶ 즉, 전세권을 목적으로 한 **저당권자 丙**은, 전세권자 甲이 전세권설정자 乙에게 전세권 소멸 후 발생하는 3억 원의 전세금반환청구권에 대해 저당권의 피담보채권인 3억원의 범위 내에서 물상대위를 할 수 있으나(제370조, 제342조), 전세권설정자 乙은 전세목적물이 전세권자 甲의 과실로 멸실되어 소멸할 경우 발생하는 1,000만 원 상당액의 손해에 대해서는 전세권자 甲에게 반환하여야 할 전세금으로써 위 손해를 충당할 수 있으므로(제315조), 그 충당으로 丙에게 대항할 수 있다. 결국 丙의 乙에 대한 3억 원의 지급을 구하는 소는 2억 9,000만 원에 대해서만 일부인용 될 것이다.

ㄴ. [○]

전세권저당권자가 전세금반환채권에 대하여 물상대위권을 행사한 경우, 전세권설정자가 전세권자에 대한 반대채권으로 상계를 주장할 수 있는지에 대해, 判例는 원칙적으로 "전세권저당권자가 전세금반환채권에 대하여 물상대위권을 행사한 경우, 종전 저당권의 효력은 물상대위의 목적이 된 전세금반환채권에 존속하여 저당권자가 그 전세금반환채권으로부터 다른 일반채권자보다 우선변제를 받을 권리가 있으므로, 설령 전세금반환채권이 압류된 때에 전세권설정자가 전세권자에 대하여 반대채권을 가지고 있고 그 '반대채권'과 전세금반환채권이 상계적상에 있다고 하더라도 그러한 사정만으로 전세권설정자가 전세권저당권자에게 상계로써 대항할 수는 없다"(대판 2014.10.27. 2013다91672)고 하여 부정하는 입장이나, "전세금반환채권은 전세권이 성립하였을 때부터 이미 그 발생이 예정되어 있다고 볼 수 있으므로, 전세권저당권이 설정된 때에 이미 전세권설정자가 전세권자에 대하여 반대채권을 가지고 있고 그 반대채권의 변제기가 장래 발생할 전세금반환채권의 변제기와 동시에 또는 그보다 먼저 도래하는 경우와 같이 전세권설정자에게 합리적 기대 이익을 인정할 수 있는 경우에는 특별한 사정이 없는 한 전세권설정자는 그 반대채권을 자동채권으로 하여 전세금반환채권과 상계함으로써 전세권저당권자에게 대항할 수 있다"(대판 2014.10.27. 2013다91672)고 하여 예외적으로 긍정하는 입장이다.

저당권에는 우선변제권이 있고 물상대위권은 이에 기초한 것이므로 이를 해치는 결과를 가져오는 상계는 원칙적으로 허용되지 않지만, 상계에 관한 기대이익을 인정할 수 있는 경우, 즉 저당권을 설정하기 전(물상대위권에 기해 압류를 한 시점이 아님)에 이미 상계에 관한 요건을 구비한 경우(변제기 선도래설 또는 제한설)에는 상계가 허용된다고 봄이 타당하다. 즉, 전세권설정자가 상계를 통해 달성하고자 하는 우선변제적 효과에 대한 합리적 기대와 전세권저당권자에게 예기치 못한 상계항변으로 인한 채권상실의 위험을 적절히 조화한다는 측면에서 전세권설정자가 전세권자에 대한 반대채권(자동채권)의 변제기가 전세금반환채권(수동채권)의 변제기보다 나중에 도래하는 경우에는 전세권설정자의 상계항변이 허용되지 않는다고 할 것이다(제한설 또는 변제기선도래설). 따라서 判例의 태도는 타당하다.

▶ 지문의 경우 전세권설정자 乙의 전세권자 甲에 대한 대여금채권(자동채권)은 전세권저당권 설정시(2013.4.10.)보다 앞선 2012.8.10.에 취득되었으며, 변제기(2015.2.9.)도 전세권설정자 乙의 전세권자 甲에 대한 전세금반환채무의 변제기(2015.2.10.)보다 앞서므로 전세권설정자 乙에게는 상계에 대한 합리적 기대 이익을 인정할 수 있으므로 乙은 상계로 丙에게 대항할 수 있다.

ㄱ. 지문에서 인용한 대판 2008.3.13.선고 2006다29372, 29389 판결은 **전세권저당권자가 임대차보증금반환채권의 담보를 목적으로 전세권이 설정된 것임을 저당권자가 몰랐던 사안(제108조 제2항)**임을 유의해야 한다. 이때는 전세권저당권자인 丙이 甲과 乙간의 통정허위표시에 대한 선의 제3자여서 전세권설정계약이 유효한 것으로 인정되는데, 임대차계약은 전세권설정계약과 **양립할 수 없으므로**, 임대차계약의 유효를 전제로 하는 임대차보증금반환채권도 인정될 수 없다. 따라서 전세권설정자가 전세권자에 대해 반대채권(임대차계약에 의하여 발생한 연체차임, 관리비, 손해배상 등의 채권)을 갖는다고 하더라도 상계할 여지는 없게 된다. 즉, 상계로써 전세권저당권자에게 대항할 여지가 없다.

따라서 전세권설정자 乙의 전세권자 甲에 대한 임차권반환채권에 근거한 반대채권은 애초에 통정허위표시의 선의 제3자인 전세권저당권자 丙에게 변제기의 선후를 불문하고 대항할 수 없는 것이고, ㄴ. 지문에서 인용한 대판 2014.10.27. 2013다91672 판결은 대여금채권으로서 전세금반환채권과

는 양립가능한 채권이어서 구체적으로 변제기의 선후에 따른 상계에 대한 합리적인 기대 이익을 고려하여 상계로써 대항을 인정한 것이다.

ㄷ. [○]
전세권의 존속기간이 만료된 후의 전세권을 목적으로 하는 저당권의 효력에 관해 判例는 "ⅰ) 전세권에 대하여 저당권이 설정된 경우 그 저당권의 목적물은 전세권 자체이지 전세금반환채권이 아니고, 전세권의 존속기간이 만료되면 전세권은 소멸하므로 더 이상 전세권 자체에 대하여 저당권을 실행할 수 없다. ⅱ) 이 경우 전세금반환채권은 전세권에 갈음하여 존속하는 것으로서 저당권자는 전세금반환채권에 대하여 물상대위권을 행사할 수 있다(즉 민사집행법 제273조에 의하여 전세금반환채권에 대하여 압류 및 추심명령 또는 전부명령을 받거나, 제3자가 전세금반환채권에 대하여 실시한 강제집행절차에서 배당요구를 하는 방법으로). ⅲ) 제317조가 정하는 동시이행항변권 제도의 취지와 전세권을 목적물로 하는 저당권의 설정은 그 소유자의 의사와는 상관없이 전세권자의 동의만 있으면 가능한 것이고, 원래 전세권에서 전세금반환의무는 전세권설정자가 전세권자에게 지급함으로써 그 의무이행을 다할 뿐인 점에서, **전세금반환채권에 대해 제3자의 압류 등이 없는 한 전세권설정자는 전세권자에 대하여만 전세금반환의무를 부담한다**"(대판 1999.9.17, 98다31301)고 판시하여 물상대위설의 입장을 취하고 있다.

전세권을 목적으로 저당권을 설정하려는 자는 전세권 자체보다는 전세금반환청구권을 담보의 목적으로 생각하는 것이 대부분이다. 따라서 전세권의 존속기간이 만료하면 전세권을 목적으로 하는 저당권은 전세권(담보물권)부 전세금반환청구권에 대한 권리질권으로 파악하는 것이 저당권자의 의사에 부합한다. 그러나 이러한 견해에 따르면 전세권설정자는 원칙적으로 전세권자에게 전세금을 반환하면 안 되는바, **전세권에 대한 저당권의 설정은 전세권설정자의 관여 없이 전세권자와 저당권자의 합의만으로 이루어지기 때문에 위와 같이 해석하면 전세권설정자가 전세금을 이중지급하게 되는 위험에 빠질 수 있다.**

따라서 전세권이 존속기간의 만료로 담보물권의 성격을 갖게 된 이상 저당권의 목적이 소멸한 것으로 보아 물상대위로 해결하는 견해가 타당하다.

전세권의 존속기간이 만료된 후에는 丙(전세권저당권자)이 전세금반환청구권을 '압류'하지 않는 이상 乙(전세권설정자)이 甲(전세권자)에게 전세금을 반환한 때에는 그것은 유효하고, 그 결과 전세권을 목적으로 하는 저당권등기는 말소되어야 한다. 지문의 경우 乙은 전세기간 종료 즉시 甲에게 전세금을 반환하였고 丙이 전세금반환청구권을 '압류'한 사정이 보이지 않으므로 丙의 전세금반환청구는 이유 없다(대판 1999.9.17. 98다91901). 따라서 乙은 이 반환으로써 丙에게 대항할 수 있다.

## 70

유치권에 관한 설명으로 옳지 않은 것은? (다툼이 있는 경우 판례에 의함)

[19 변호사]

① 도급인과 건물신축공사 계약을 체결한 수급인이 공사완료 예정일에 공사를 완료하였으나 도급인이 공사대금을 지급하지 않는 경우, 수급인은 공사대금청구권 및 공사대금 채무불이행에 따른 손해배상청구권을 피담보채권으로 하여 도급인에게 위 신축건물에 관한 유치권으로 대항할 수 있다.

② 다세대주택 전체의 창호 공사를 완성한 수급인이 위 공사 전부에 대하여 일률적으로 지급하기로 한 공사대금 잔액을 변제받기 위하여 위 다세대주택 중 한 세대를 점유하여 유치권을 행사하는 경우, 그 유치권은 위 한 세대에 대하여 시행한 공사대금만이 아니라 위 다세대주택 전체에 대하여 시행한 공사대금 잔액 전부에 대한 채권을 피담보채권으로 하여 성립한다.

③ 도급인 소유의 부동산에 경매개시결정의 기입등기가 경료되어 압류의 효력이 발생한 이후에 수급인이 도급인으로부터 위 부동산의 점유를 이전받고 이에 관한 공사 등을 시행함으로써 도급인에 대한 공사대금채권 및 이를 피담보채권으로 한 유치권을 취득한 경우, 부동산을 점유한 수급인은 그 부동산에 관한 경매절차의 매수인에게 유치권으로 대항할 수 없다.

④ 건축자재상인이 건물 신축공사 수급인과 체결한 약정에 따라 건축자재를 공급하였으나 건축자재대금을 받지 못한 경우, 건축자재상인은 위 신축건물에 관하여 건축자재대금채권을 피담보채권으로 하는 유치권의 성립을 주장할 수 있다.

⑤ 공사대금채권에 기하여 유치권을 행사하는 자가 유치물인 주택에 거주하며 사용하는 것이 보존행위에 해당하여 허용되는 경우에도, 특별한 사정이 없는 한 차임에 상당한 이득은 소유자에게 반환해야 한다.

## 70

정답 ④

① [○]

**해설** 수급인의 공사대금채권 및 채무불이행으로 인한 손해배상채권

㉠ "주택건물의 신축공사를 한 수급인이 그 건물을 점유하고 있고 또 그 건물에 관하여 생긴 공사금 채권이 있다면, 수급인은 그 채권을 변제받을 때까지 건물을 유치할 권리가 있다고 할 것이고, 이러한 유치권은 수급인이 점유를 상실하거나 피담보채무가 변제되는 등 특단의 사정이 없는 한 소멸되지 않는다"(대판 1995.9.15. 95다16202,16219).

㉡ "채무불이행에 의한 손해배상청구권은 원채권의 연장이라 보아야 할 것이므로 물건과 원채권과 사이에 견련관계가 있는 경우에는 그 손해배상채권과 그 물건과의 사이에도 견련관계가 있다할 것으로서 손해배상채권에 관하여 유치권항변을 내세울 수 있다"(대판 1976.9.28. 76다582).

② [○]

**해설** 유치권의 불가분성

"민법 제321조는 '유치권자는 채권 전부의 변제를 받을 때까지 유치물 전부에 대하여 그 권리를 행사할 수 있다'고 규정하고 있으므로, 유치물은 그 각 부분으로써 피담보채권의 전부를 담보하며, 이와 같은 유치권의 불가분성은 그 목적물이 분할 가능하거나 수개의 물건인 경우에도 적용된다. 다세대주택의 창호 등의 공사를 완성한 하수급인이 공사대금채권 잔액을 변제받기 위하여 위 다세대주택 중 한 세대를 점유하여 유치권을 행사하는 경우, 그 유치권은 위 한 세대에 대하여 시행한 공사대금만이 아니라 다세대주택 전체에 대하여 시행한 공사대금채권의 잔액 전부를 피담보채권으로 하여 성립한다"(대판 2007.9.7. 2005다16942).

**쟁점정리** 민법 제321조는 '유치권자는 채권 전부의 변제를 받을 때까지 유치물 전부에 대하여 그 권리를 행사할 수 있다'고 규정하고 있으므로, 유치물은 그 각 부분으로써 피담보채권의 전부를 담보하며, 이와 같은 유치권의 불가분성은 그 목적물이 분할 가능하거나 수개의 물건인 경우에도 적용된다(위 2005다16942판결).

③ [○]

**해설** 채권이 변제기에 있을 것

"유치권은 목적물에 관하여 생긴 채권이 변제기에 있는 경우에 비로소 성립하고(민법 제320조), 한편 채무자 소유의 부동산에 경매개시결정의 기입등기가 마쳐져 압류의 효력이 발생한 후에 유치권을 취득한 경우에는 그로써 부동산에 관한 경매절차의 매수인에게 대항할 수 없는데, 채무자 소유의 건물에 관하여 증·개축 등 공사를 도급받은 수급인이 경매개시결정의 기입등기가 마쳐지기 전에 채무자에게서 건물의 점유를 이전받았다 하더라도 경매개시결정의 기입등기가 마쳐져 압류의 효력이 발생한 후에 공사를 완공하여 공사대금채권을 취득함으로써 그때 비로소 유치권이 성립한 경우에는, 수급인은 유치권을 내세워 경매절차의 매수인에게 대항할 수 없다"(대판 2011.10.13. 2011다55214).

④ [×]

**해설** 그 물건에 관하여 생긴 채권

"도급인이 수급인과의 약정에 따라 공사현장에 시멘트와 모래 등의 건축자재를 공급한 경우, 도급인의 건축자재대금채권은 매매계약에 따른 매매대금채권에 불과할 뿐 건물 자체에 관하여 생긴 채권이라고 할 수 없다"(대판 2012.1.26. 2011다96208).

⑤ [○]

**해설** 유치물 사용권 및 부당이득반환

"민법 제324조에 의하면, 유치권자는 선량한 관리자의 주의로 유치물을 점유하여야 하고, 소유자의 승낙 없이 유치물을 보존에 필요한 범위를 넘어 사용하거나 대여 또는 담보제공을 할 수 없으며, 소유자는 유치권자가 위 의무를 위반한 때에는 유치권의 소멸을 청구할 수 있다고 할 것인바, 공사대금채권에 기하여 유치권을 행사하는 자가 스스로 유치물인 주택에 거주하며 사용하는 것은 특별한 사정이 없는 한 유치물인 주택의 보존에 도움이 되는 행위로서 유치물의 보존에 필요한 사용에 해당한다고 할 것이다. 그리고 유치권자가 유치물의 보존에 필요한 사용을 한 경우에도 특별한 사정이 없는 한 차임에 상당한 이득을 소유자에게 반환할 의무가 있다"(대판 2009.9.24. 2009다40684).

**비교판례** "유치권자가 유치물에 관하여 제3자와의 사이에 전세계약을 체결하여 전세금을 수령하였다면 전세금이 종국에는 전세입자에게 반환되어야 할 것임에 비추어 다른 특별한 사정이 없는 한 그가 얻은 구체적 이익은 그가 전세금으로 수령한 금전의 이용가능성이고, 그가 이와 같이 구체적으로 얻은 이익과 관계없이 추상적으로 산정된 차임 상당액을 부당이득으로 반환하여야 한다고 할 수 없다. 그리고 이러한 이용가능성은 그 자체 현물로 반환될 수 없는 성질의 것이므로 그 '가액'을 산정하여 반환을 명하여야 하는바, 그 가액은 결국 전세금에 대한 법정이자 상당액이다"(대판 2009.12.24. 2009다32324).

# 71

甲은 X 건물의 소유자이다. 乙은 甲에 대하여 X 건물에 관한 공사대금채권을 근거로 X 건물을 점유하면서 유치권을 주장하고 있다. 한편, 이 건물에 대하여 저당권을 설정받았던 丙이 피담보채무가 변제되지 않자 경매를 신청하여 경매절차가 진행되었고, 이에 따라 丁은 X 건물을 매수하였다. 다음 설명 중 옳은 것은? (각 지문은 독립적이고, 다툼이 있는 경우 판례에 의함)  [15 변호사]

① 乙이 X 건물에 대하여 적법한 유치권을 취득한 경우, 乙은 위 경매절차에서 우선변제권을 주장하여 甲의 일반채권자보다 우선하여 배당받을 수 있다.

② 乙이 丁에 대하여 유치권을 행사할 수 있는 경우에는 乙은 丁에 대하여 공사대금의 지급을 청구할 수 있다.

③ 만약 乙이 경매개시결정 기입등기 이전부터 X 건물을 점유하고 있었다면, 그 이후에 공사대금채권을 취득하더라도 乙은 丁에 대하여 유치권으로 대항할 수 있다.

④ 경매개시결정 기입등기 이후에 乙이 甲으로부터 점유를 취득하였더라도 乙은 丁에게 유치권으로 대항할 수 있다.

⑤ 유치권을 취득하기 위한 乙의 점유는 직접점유이든 간접점유이든 관계가 없으나, 乙이 직접점유자인 甲으로부터 간접점유를 취득한 경우에는 乙은 유치권을 행사할 수 없다.

## 71  정답 ⑤

**① [×]**

**해설** 유치권자는 채권의 변제를 받기 위하여 유치물을 경매할 수 있다(제322조 제1항). 유치권에 기한 경매는 담보권 실행을 위한 경매의 예에 따라 실시한다(민사집행법 제274조 제1항). 다만, 이 경우의 **경매는 환가에 목적이 있는 것일 뿐,** 경매에 의한 배당절차에서 우선변제권은 없다. 다만 간이변제충당(제322조 제2항) 또는 과실수취권(제323조)을 통해 또는 대세적인 인도거절권능의 행사를 통해 '사실상 우선변제권'이 인정된다(아래 2011다84298판결 참고).

**관련판례** "저당권 등의 설정 후에 (민사)유치권을 취득한 자는 그 저당권의 실행절차에서 목적물을 매수한 사람을 포함하여 목적물의 소유자 기타 권리자에 대하여 '대세적인 인도거절권능'을 행사할 수 있다. 따라서 부동산유치권은 대부분의 경우에 '**사실상 최우선순위의 담보권**'으로서 작용하여, (민사)유치권자는 자신의 채권을 목적물의 교환가치로부터 일반채권자는 물론 저당권자 등에 대하여도 그 성립의 선후를 불문하여 우선적으로 자기 채권의 만족을 얻을 수 있다"(대판 2011.12.22. 2011다84298)

**② [×]**

**해설** 유치권은 물권이기 때문에 채무자뿐만 아니라 모든 자에게 주장할 수 있다. 특히 경매의 경우 민사집행법상 경락인은 유치권자에게 유치권으로 담보하는 채권을 '변제할 책임이 있다'고 규정되어 있으나(동법 제91조 5항), 이는 부동산상의 부담을 승계한다는 취지로서 인적 채무까지 인수한다는 취지는 아니므로, 유치권자는 경락인에 대하여 그 피담보채권의 변제가 있을 때까지 유치목적물인 부동산의 인도를 거절할 수 있을 뿐이고 그 피담보채권의 변제를 청구할 수는 없다(대판 1996.8.23. 95다8713).

**③ [×], ④ [×]**

**해설** 목적물이 경매절차를 통해 매각된 경우 '유치권'은 소멸하지 않고 인수되는 것이 원칙이나(민사집행법 제91조 제5항 ; 인수주의), '저당권'은 소멸한다(동법 제91조 제2항 ; 소제주의). 따라서 경매로 인한 '압류'의 효력이 발생하기 前에 유치권을 취득한 경우에는 최선순위의 저당권보다 뒤에 성립한 유치권이더라도 매각으로 유치권은 소멸되지 않고 매수인(경락인)에게 대항할 수 있는 있는 것이 원칙이다(대판 2009.1.15. 2008다70763 ; 대판 2005.8.19. 2005다22688).
그러나 "경매개시결정의 기입등기가 마쳐져 '압류'의 효력이 발생한 後에 공사를 완공하여 공사대금채권을 취득한 경우에는 그때 비로소 유치권이 성립한다고 할 것이므로 수급인은 그 유치권을 내세워 경매절차의 매수인에게 대항할 수 없다"(대판 2011.10.13. 2011다55214).

▶ 따라서 설문 ③에서 만약 乙이 경매개시결정 기입등기 이전부터 X 건물을 점유하고 있었다고 하더라도 그 이후에 공사대금채권을 취득하였다면 乙은 丁에 대하여 유치권으로 대항할 수 없다.
또한 "채무자 소유의 건물 등 부동산에 강제경매개시결정의 기입등기가 경료되어 압류의 효력이 발생한 이후에 채무자가 위 부동산에 관한 공사대금 채권자에게 그 점유를 이전함으로써 그로 하여금 유치권을 취득하게 한 경우, 그와 같은 점유의 이전은 목적물의 교환가치를 감소시킬 우려가 있는 처분행위에 해당하여 민사집행법 제92조 제1항, 제83조 제4항에 따른 압류의 처분금지효에 저촉되므로 점유자로서는 위 유치권을 내세워 그 부동산에 관한 경매절차의 매수인에게 대항할 수 없다"(대판 2005.8.19. 2005다22688).

▶ 따라서 설문 ④에서 경매개시결정 기입등기 이후에 乙이 甲으로부터 점유를 취득하였다면 乙은 丁에게 유치권으로 대항할 수 없다.

**⑤ [○]**

**해설** 유치권자의 점유는 직접점유이든 간접점유이든 이를 묻지 않는다. 다만 유치권은 목적물을 유치함으로써 채무자의 변제를 간접적으로 강제하는 것을 본체적 효력으로 하는 권리인 점 등에 비추어, 그 직접점유자가 채무자인 경우에는 유치권의 요건으로서의 점유에 해당하지 않는다고 할 것이다(대판 2008.4.11. 2007다27236).

▶ 즉, 사안에서 채무자 甲을 직접점유자로 하여 채권자 乙이 간접점유하는 경우에는 유치권이 성립하지 않는다.

# 72

甲은 자기 소유인 X 토지에 상가건물을 신축하는 공사를 乙에게 도급하였다. 계약 당시 건축허가와 소유권보존등기는 甲의 명의로 하고, 공사대금은 공정률이 30%, 60%, 100%가 될 때마다 그에 상응하는 대금을 지급하기로 약정하였다. 乙은 자기의 재료와 비용으로 건물을 신축하여 완공하였다. 甲 명의로 건물의 소유권보존등기가 경료되었으나 乙은 甲으로부터 공사대금 중 30%밖에 지급받지 못한 상태이다. 乙은 완공건물을 인도하지 않고 점유하고 있다. 다음 설명 중 옳지 않은 것은? (다툼이 있는 경우에는 판례에 의함)

[13 변호사]

① 신축건물의 소유자는 甲이다.

② 丙이 甲으로부터 신축건물을 매수하고 등기를 이전받은 다음 乙에게 건물인도를 청구하는 경우, 乙은 건물인도를 거절할 수 있다.

③ 신축공사가 시작되기 전에 X 토지에 저당권이 설정되어 있었는데 건물완공 후 그 저당권의 실행으로 토지 소유권이 丁에게 이전된 경우, 丁은 乙에게 건물에서의 퇴거를 청구할 수 있다.

④ 乙이 신축건물의 경매를 신청한 경우, 乙은 배당절차에서 일반채권자와 동일한 순위로 배당받을 수 있다.

⑤ 乙이 신축건물의 점유를 계속하는 경우, 甲에 대한 공사대금채권의 소멸시효는 진행하지 않는다.

① [○]

**해설** 判例는 제작물공급계약에서 제작물이 부동산(건물)인 경우 '특약이 없는 한' 자기의 노력과 재료를 들여 건물을 건축한 사람은 그 건물의 소유권을 원시적으로 취득한다(대판 1990.2.13. 89다카11401)고 보아 수급인이 재료의 전부 또는 주요부분을 제공하는 제작물 공급계약의 경우에는 '수급인'에게 소유권이 귀속한다고 본다. 다만 判例는 특약의 범위를 넓게 인정하여 구체적인 사안에서는 도급인이 신축 건물의 소유권을 원시취득한다고 판단한 경우가 적지 않은바, **도급인명의로 건축허가를 받고 또 그 명의로 건물에 대한 소유권보존등기를 하기로 한 경우**(대판 1997.5.30. 97다8601), 공사 기성고 비율에 따라 상당액의 공사대금이 '지급된' 경우(대결 1994.12.9. 94마2089)에는 각각 완성된 건축물의 소유권을 원시적으로 도급인에게 귀속시키기로 하는 '묵시적 합의'가 있는 것으로 본다.

▶ 따라서 사안에서는 계약당시 건축허가와 소유권보존등기를 도급인 甲의 명의로 하였으므로 당사자의 묵시적 합의에 의해 신축건물의 소유자는 도급인 甲이다.

② [○]

**해설** 수급인의 보수채권은 도급목적물과 견련성이 있는 것이므로 보수채권을 위한 유치권이 인정된다(제320조). 따라서 당해 건물의 소유권자 甲으로 소유권을 승계취득 받은 丙이 수급인 乙에게 제213조에 기한 인도청구를 하는 경우 乙은 대세적 효력이 있는 법정담보물권인 '유치권'을 이유로 제213조 단서에 기한 '점유할 권리'를 주장할 수 있다. 즉 건물인도를 거절할 수 있다.

**관련 관례** "주택건물의 신축공사를 한 수급인이 그 건물을 점유하고 있고 또 그 건물에 관하여 생긴 공사금 채권이 있다면, 수급인은 그 채권을 변제받을 때까지 건물을 유치할 권리가 있다고 할 것이고, 이러한 유치권은 수급인이 점유를 상실하거나 피담보채무가 변제되는 등 특단의 사정이 없는 한 소멸되지 않는다"(대판 1995.9.15. 95다16202).

③ [○]

제366조의 법정지상권이 성립하기 위해서는 ⅰ) 저당권설정 당시부터 건물이 존재할 것, ⅱ) 저당권이 설정될 당시 토지와 건물의 소유자가 동일할 것, ⅲ) 토지나 건물 중 적어도 어느 하나에 저당권이 설정될 것, ⅳ) 경매로 인해 건물과 토지에 대한 소유자가 분리될 것을 요한다.

▶ 따라서 X토지에 저당권이 설정된 후 건물이 완공되었다면 건물소유자 甲에게 제366조의 법정지상권은 인정되지 않으므로 당해 건물은 철거될 운명에 있으며, 乙 또한 '건물'에 관한 유치권으로 토지소유자 丁의 퇴거청구(제214조)에 대항할 수 없다. 즉, 토지소유자 丁에 대한 관계에 있어서는 갑의 토지 점유 및 을의 건물점유는 불법점유이다.

**관련 관례** "건물점유자가 건물의 원시취득자에게 그 건물에 관한 유치권이 있다고 하더라도 그 건물의 존재와 점유가 토지소유자에게 불법행위가 되고 있다면 그 유치권으로 토지소유자에게 대항할 수 없다"(대판 1989.2.14. 87다카3073)

④ [○]

**해설** 유치권자는 채권의 변제를 받기 위하여 유치물을 경매할 수 있다(제322조 1항). 유치권에 기한 경매는 담보권 실행을 위한 경매의 예에 따라 실시한다(민사집행법 제274조 1항). 다만, 이 경우의 경매는 환가에 목적이 있는 것일 뿐, 경매에 의한 배당절차에서 우선변제권은 없다(그러나 간이변제충당 또는 과실수취권을 통해 사실상 우선변제권이 인정된다).

▶ 따라서 사안에서 유치목적물(신축건물)의 경매를 신청한 유치권자 乙은 배당절차에서 일반채권자와 동일한 순위로 배당을 받을 수 있다.

**관련 관례** "민법 제322조 제1항에 의하여 실시되는 유치권에 의한 경매도 강제경매나 담보권 실행을 위한 경매와 마찬가지로 목적부동산 위의 부담을 소멸시키는 것을 법정매각조건으로 하여 실시되고 우선채권자뿐만 아니라 일반채권자의 배당요구도 허용되며, 유치권자는 일반채권자와 동일한 순위로 배당을 받을 수 있다고 봄이 상당하다. 다만 집행법원은 부동산 위의 이해관계를 살펴 위와 같은 법정매각조건과는 달리 매각조건 변경결정을 통하여 목적부동산 위의 부담을 소멸시키지 않고 매수인으로 하여금 인수하도록 정할 수 있다"(대판 2011.8.18. 2011다35593).

⑤ [×]

**조문** 제326조(피담보채권의 소멸시효) 「유치권의 행사는 채권의 소멸시효의 진행에 영향을 미치지 아니한다.」 채권자가 담보목적물을 점유(유치)한다고 해서 피담보채권을 '행사'한다고 볼 수 없다. 즉 시효중단인 '청구'로 볼 수 없다(제168조 1호).

▶ 따라서 사안에서 유치권자인 乙이 담보목적물인 신축건물의 점유를 계속하다고 하더라도 甲에 대한 공사대금채권의 소멸시효는 진행한다.

# 73

**채권질권에 관한 설명으로 옳지 않은 것은? (다툼이 있는 경우 판례에 의함)** [19 변호사]

① 질권자는 질권의 목적이 된 채권과 그에 대한 지연손해금채권을 피담보채권의 범위에 속하는 자기 채권액에 대한 부분에 한하여 직접 추심하여 자기 채권의 변제에 충당할 수 있다.

② 질권자가 제3채무자로부터 자기 채권을 초과한 금전을 지급받아 초과수령한 부분에 관하여 그 부분을 질권설정자에게 그대로 반환하였더라도, 질권자는 제3채무자에 대하여 부당이득반환의무를 부담한다.

③ 「주택임대차보호법」상 대항력을 갖춘 임차인이 임대차보증금반환채권에 질권을 설정하고 임대인이 그 질권 설정을 승낙한 후 임대주택이 양도된 경우에는 임대인은 임대차관계에서 탈퇴하고 임차인에 대한 임대차보증금반환채무를 면하게 된다.

④ 질권의 목적인 채권의 양도행위는 특별한 사정이 없는 한 질권자의 이익을 해하는 변경에 해당되지 않으므로 질권자의 동의를 요하지 않는다.

⑤ 제3채무자가 질권설정 사실을 승낙한 후 질권자가 제3채무자에게 질권설정계약의 합의해지 사실을 통지하였다면, 그 계약이 아직 해지되지 아니하였다고 하더라도 선의인 제3채무자는 질권설정자에게 대항할 수 있는 사유로 질권자에게 대항할 수 있다.

## 73
정답 ②

**① [○]**

**해설** **채권질권의 실행방법**

"질권의 목적이 된 채권이 금전채권인 때에는 질권자는 자기채권의 한도에서 질권의 목적이 된 채권을 직접 청구할 수 있고(제353조 2항), 채권질권의 효력은 질권의 목적이 된 채권의 지연손해금 등과 같은 부대채권에도 미치므로 채권질권자는 질권의 목적이 된 채권과 그에 대한 지연손해금채권을 피담보채권의 범위에 속하는 자기채권액에 대한 부분에 한하여 직접 추심하여 자기채권의 변제에 충당할 수 있다"(대판 2005.2.25. 2003다40668).

**② [×]**

**해설** **채권질권자가 제3채무자로부터 초과 수령한 경우**

"질권자가 제3채무자로부터 자기채권을 초과하여 금전을 지급받은 경우 초과 지급 부분에 관하여는 제3채무자의 질권설정자에 대한 급부와 질권설정자의 질권자에 대한 급부가 있다고 볼 수 없으므로, 제3채무자는 특별한 사정이 없는 한 질권자를 상대로 초과 지급 부분에 관하여 부당이득반환을 구할 수 있지만, 부당이득반환청구의 상대방이 되는 수익자는 실질적으로 그 이익이 귀속된 주체이어야 하는데, 질권자가 초과 지급 부분을 질권설정자에게 그대로 반환한 경우에는 초과 지급 부분에 관하여 질권설정자가 실질적 이익을 받은 것이지 질권자로서는 실질적 이익이 없다고 할 것이므로, 제3채무자는 질권자를 상대로 초과 지급 부분에 관하여 부당이득반환을 구할 수 없다"(대판 2015.5.29. 2012다92258).

**비교 판례** **입질채권의 발생원인인 계약관계에 무효 등의 흠이 있어 입질채권이 부존재하는 경우**

"금전채권의 질권자가 민법 제353조 제1항, 제2항에 의하여 자기채권의 범위 내에서 직접청구권을 행사하는 경우 질권자는 질권설정자의 대리인과 같은 지위에서 입질채권을 추심하여 자기채권의 변제에 충당하고 그 한도에서 질권자는 질권설정자의 대리인과 같은 지위에서 입질채권을 추심하여 자기채권의 변제에 충당하고 그 한도에서 질권설정자에 의한 변제가 있었던 것으로 보므로, 위 범위 내에서는 제3채무자의 질권자에 대한 금전지급으로써 제3채무자의 질권설정자에 대한 급부가 이루어질 뿐만 아니라 질권설정자의 질권자에 대한 급부도 이루어진다(이른바 단축급부 : 저자주). 이러한 경우 입질채권의 발생원인인 계약관계에 무효 등의 흠이 있어 입질채권이 부존재한다고 하더라도 제3채무자는 특별한 사정이 없는 한 상대방 계약당사자인 질권설정자에 대하여 부당이득반환을 구할 수 있을 뿐이고 질권자를 상대로 직접 부당이득반환을 구할 수 없다. 이와 달리 제3채무자가 질권자를 상대로 직접 부당이득반환청구를 할 수 있다고 보면 자기 책임하에 체결된 계약에 따른 위험을 제3자인 질권자에게 전가하는 것이 되어 계약법의 원리에 반하는 결과를 초래할 뿐만 아니라 질권자가 질권설정자에 대하여 가지는 항변권 등을 침해하게 되어 부당하기 때문이다(同 判例).

**③ [○]**

**해설** **임대차보증금반환채권에 대한 질권 설정과 임대인 지위 승계**

"주택임대차보호법 제3조 제4항은 같은 조 제1항이 정한 대항요건을 갖춘 임대차의 목적이 된 임대주택의 양수인은 임대인의 지위를 승계한 것으로 본다고 규정하고 있다. 이는 법률상의 당연승계 규정으로 보아야 하므로, 임대주택이 양도된 경우에 양수인은 주택의 소유권과 결합하여 임대인의 임대차계약상 권리·의무 일체를 그대로 승계한다. 그 결과 양수인이 임대차보증금반환채무를 면책적으로 인수하고, 양도인은 임대차관계에서 탈퇴하여 임차인에 대한 임대차보증금반환채무를 면하게 된다. 이는 임차인이 임대차보증금반환채권에 질권을 설정하고 임대인이 그 질권 설정을 승낙한 후에 임대주택이 양도된 경우에도 마찬가지라고 보아야 한다"(대판 2018.6.19. 2018다201610).

**④ [○]**

**해설** **질권자의 이익을 해하는 변경**

질권설정자는 질권자의 동의없이 질권의 목적된 권리를 소멸하게 하거나 질권자의 이익을 해하는 변경을 할 수 없다(제352조). 그러나 질권의 목적인 채권의 양도행위는 질권의 효력이 미치기 때문에(담보물권의 추급력) 제352조의 질권자를 해하는 변경이 아니다. 따라서 질권자의 동의 없이 할 수 있다(대판 2005.12.22. 2003다55059).

**⑤ [○]**

**해설** **채권질권설정계약의 해지**

"제3채무자가 질권설정 사실을 승낙한 후 질권설정계약이 합의해지된 경우 질권설정자가 해지를 이유로 제3채무자에게 원래의 채권으로 대항하려면 질권자가 제3채무자에게 해지 사실을 통지하여야 하고, 만일 질권자가 제3채무자에게 질권설정계약의 해지 사실을 통지하였다면, 설사 아직 해지가 되지 아니하였다고 하더라도 선의인 제3채무자는 질권설정자에게 대항할 수 있는 사유로 질권자에게 대항할 수 있다고 봄이 타당하다. 그리고 위와 같은 해지 통지가 있었다면 해지 사실은 추정되고, 그렇다면 해지 통지를 믿은 제3채무자의 선의 또한 추정된다고 볼 것이어서 제3채무자가 악의라는 점은 선의를 다투는 질권자가 증명할 책임이 있다"(대판 2014.4.10. 2013다76192 : 제349조의 2항에 의하여 지명채권을 목적으로 한 질권설정의 경우에도 제451조가 준용된 사안).

**쟁점 정리** 判例는 지명채권의 양도통지를 한 후 양도계약이 '해제'된 경우, 채권양도인이 해제를 이유로 다시 원래의 채무자에 대하여 양도채권으로 대항하려면, ⅰ) 채권양도인이 채권양수인의 동의를 받아 양도통지를 철회하거나(제452조 제2항 참조 : 대판 1978.6.13. 78다468) ⅱ) 채권양수인이 채무자에게 위와 같은 해제 사실을 통지하여야 한다고 한다(대판 1993.8.27. 93다17379).

## 74

저축성보험의 보험계약자인 甲은 乙로부터 금전을 차용하면서 그 담보로 보험회사인 丙에 대하여 가지는 보험금청구권(보험료환급청구권 포함)에 질권을 설정하여 주었다. 한편 甲의 다른 채권자인 丁은 甲에 대한 채권을 청구채권으로 하여 위 보험금청구권을 가압류하였다. 다음 설명 중 옳은 것을 모두 고른 것은? (각 지문은 독립적이고, 다툼이 있는 경우 판례에 의함)                                [15 변호사]

ㄱ. 乙은 위 보험금청구권에 관한 지연손해금에 대하여 질권을 행사할 수 없다.

ㄴ. 丁의 채권가압류결정이 丙에게 송달되기 전에 丙이 확정일자 있는 서면에 의하여 질권 설정에 승낙하였다면, 丁은 乙에 대하여 가압류로 대항할 수 없다.

ㄷ. 만약 위 보험금청구권의 변제기가 乙의 甲에 대한 위 채권의 변제기보다 먼저 도래하였고 丁의 가압류가 없는 경우라면, 乙은 丙에 대하여 보험금의 공탁을 청구할 수 있다.

① ㄴ  
② ㄷ  
③ ㄱ, ㄴ  
④ ㄴ, ㄷ  
⑤ ㄱ, ㄴ, ㄷ

**74**                                                              정답 ④

**해설** 사안은 보험금청구권이라는 채권에 질권이 설정된 '권리질권'에 관한 문제이다. 채권질권의 목적이 될 수 있는 것은 '양도할 수 있는 채권'이다(제345조·제355조·제331조). 장래의 보험금청구권과 같은 장래의 채권도 채권질권의 목적이 될 수 있다.

ㄱ. [×]

**조문** 제334조(피담보채권의 범위) 「질권은 원본, 이자, 위약금, 질권실행의 비용, 질물보존의 비용 및 **채무불이행** 또는 질물의 하자로 인한 손해배상의 채권을 담보한다. 그러나 다른 약정이 있는 때에는 그 약정에 의한다.」

제355조(준용규정) 「권리질권에는 본절의 규정 외에 동산질권에 관한 규정을 준용한다.」

▶ 따라서 채권질권자 乙은 위 보험금청구권에 관한 지연손해금(채무불이행으로 인한 손해배상채권)에 대하여도 질권을 행사할 수 있다.

**관련 판례** "질권의 목적이 된 채권이 금전채권인 때에는 질권자는 자기채권의 한도에서 질권의 목적이 된 채권을 직접 청구할 수 있고, 채권질권의 효력은 질권의 목적이 된 채권의 지연손해금 등과 같은 부대채권에도 미치므로 채권질권자는 질권의 목적이 된 채권과 그에 대한 지연손해금채권을 피담보채권의 범위에 속하는 자기채권액에 대한 부분에 한하여 직접 추심하여 자기채권의 변제에 충당할 수 있다"(대판 2005.2.25. 2003다40668)

ㄴ. [○]

**조문** 제349조(지명채권에 대한 질권의 대항요건) 「① 지명채권을 목적으로 한 질권의 설정은 설정자가 제450조의 규정에 의하여 제3채무자에게 질권설정의 사실을 통지하거나 제3채무자가 이를 승낙함이 아니면 이로써 제3채무자 기타 제3자에게 대항하지 못한다. ② 제451조의 규정은 전항의 경우에 준용한다.」

▶ 따라서 채권질권자 乙이 다른 '제3자'인 채권의 가압류권자 丁에게 대항하기 위해서는 제3채무자 丙에게 확정일자 있는 증서로 통지나 승낙이 이루어져야 하고(제349조 제1항, 제450조 2항), 이들의 우열은 채무자의 인식을 기준으로 하는바(아래 전합93다24223판결), 사안에서는 丁의 채권가압류결정이 丙에게 송달되기 전에 丙이 확정일자 있는 서면에 의하여 질권 설정에 승낙하였으므로 丁은 乙에 대하여 가압류로 대항할 수 없다.

**관련 판례** 判例는 "채권이 이중으로 양도된 경우의 양수인 상호 간의 우열은 통지 또는 승낙에 붙여진 확정일자의 선후에 의하여 결정할 것이 아니라, 채권양도에 대한 채무자의 인식, 즉 확정일자 있는 양도통지가 채무자에게 도달한 일시 또는 확정일자 있는 승낙일시의 선후에 의하여 결정하여야 한다"(대판 1994.4.26. 전합93다24223)고 하여 채권양수인과 동일채권에 대하여 가압류명령을 집행한 자 사이의 우열은 확정일자 있는 채권양도통지와 가압류결정정본의 제3채무자에 대한 도달의 선후에 의하여 결정하여야 한다고 보아 도달시를 기준으로 우열을 결정한다.

ㄷ. [○]

**조문** 제353조(질권의 목적이 된 채권의 실행방법) 「① 질권자는 질권의 목적이 된 채권을 직접 청구할 수 있다. ② 채권의 목적물이 금전인 때에는 질권자는 자기채권의 한도에서 직접 청구할 수 있다. ③ 전항의 채권의 변제기가 질권자의 채권의 변제기보다 먼저 도래한 때에는 질권자는 제3채무자에 대하여 그 변제금액의 공탁을 청구할 수 있다. 이 경우에 질권은 그 공탁금에 존재한다.」

# 75

甲은 乙에 대하여 1억 원의 대여금채권을 가지고 있다. 위 대여금채권을 담보할 목적으로 乙은 丙에 대하여 갖고 있던 1억 원의 매매대금채권에 관하여 甲에게 채권질권을 설정하여 주었고 丙은 이를 승낙하였다. 甲은 양 채권의 변제기가 도래한 후 丙을 상대로 채권질권을 실행하고자 한다. 이에 관한 설명 중 옳은 것을 모두 고른 것은? (각 지문은 독립적이며, 다툼이 있는 경우 판례에 의함)　　　[18 변호사]

ㄱ. 甲이 丙을 상대로 매매대금채권을 직접 청구함에 대하여 乙이 동의하지 않으면 甲은 「민사집행법」에서 정한 절차에 따라 추심해야 한다.

ㄴ. 甲이 「민사집행법」에 따라 매매대금채권에 대하여 압류 및 전부명령을 받기 위해서는 위 대여금채권에 관한 확정판결 등 집행권원은 필요하지 않다.

ㄷ. 甲의 직접 청구에 따라 丙이 甲에게 1억 원을 지급하였는데 후일 乙의 丙에 대한 위 매매대금채권이 부존재한 것으로 밝혀진 경우, 丙은 甲에 대하여 부당이득반환을 청구할 수 있다.

① ㄱ　　　　　　　　② ㄴ

③ ㄷ　　　　　　　　④ ㄱ, ㄴ

⑤ ㄴ, ㄷ

**해설** ㄱ. [×]

### 질권의 목적이 된 채권의 실행방법

질권자는 질권의 목적이 된 채권을 직접 청구할 수도 있고(제353조 1항), 민사집행법에 정한 집행방법에 의하여 질권을 실행할 수도 있다(제354조). 채권 질권자는 양자의 방법을 선택적으로 행사할 수 있고, 채권을 직접 청구할 경우 질권설정자의 동의를 요하지 않는다.

ㄴ. [○]

### 민사집행법에 의한 입질채권의 집행방법

민사집행법에 의한 집행으로는 채권의 추심, 전부, 현금화 세 가지가 있다. 이 경우 집행권원을 요하지 않고 질권의 존재를 증명하는 서류만 제출되면 개시된다(민사집행법 제273조 1항).

ㄷ. [×]

### 입질채권의 발생원인인 계약관계에 무효 등의 흠이 있어 입질채권이 부존재하는 경우

"금전채권의 질권자가 민법 제353조 제1항, 제2항에 의하여 자기채권의 범위 내에서 직접청구권을 행사하는 경우 질권자는 질권설정자의 대리인과 같은 지위에서 입질채권을 추심하여 자기채권의 변제에 충당하고 그 한도에서 질권자는 질권설정자의 대리인과 같은 지위에서 입질채권을 추심하여 자기채권의 변제에 충당하고 그 한도에서 질권설정자에 의한 변제가 있었던 것으로 보므로, 위 범위 내에서는 **제3채무자의 질권자에 대한 금전지급으로써 제3채무자의 질권설정자에 대한 급부가 이루어질 뿐만 아니라 질권설정자의 질권자에 대한 급부도 이루어진다**(이른바 단축급부 : 저자주). 이러한 경우 입질채권의 발생원인인 계약관계에 무효 등의 흠이 있어 입질채권이 부존재한다고 하더라도 제3채무자는 특별한 사정이 없는 한 상대방 계약당사자인 질권설정자에 대하여 부당이득반환을 구할 수 있을 뿐이고 질권자를 상대로 직접 부당이득반환을 구할 수 없다. 이와 달리 제3채무자가 질권자를 상대로 직접 부당이득반환청구를 할 수 있다고 보면 자기 책임하에 체결된 계약에 따른 위험을 제3자인 질권자에게 전가하는 것이 되어 계약법의 원리에 반하는 결과를 초래할 뿐만 아니라 질권자가 질권설정자에 대하여 가지는 항변권 등을 침해하게 되어 부당하기 때문이다"(대판 2015.5.29. 2012다92258)

## 76

甲은 乙, 丙으로부터 금원을 각 차용하고 甲 소유 부동산에 관하여 乙에게 1번 저당권을, 丙에게 2번 저당권을 각 설정하여 주었다. 다음 설명 중 옳지 않은 것은? (다툼이 있는 경우에는 판례에 의함) [13 변호사]

① 乙의 저당권설정등기가 위조된 등기서류에 의하여 원인없이 말소된 경우에도 저당권은 소멸하지 않는다.

② 乙의 저당권설정등기가 원인없이 말소되었고 그 회복등기 전에 丙의 경매신청으로 丁에게 경락되어 대금이 완납된 경우, 乙은 회복등기를 위하여 丁을 상대로 승낙의 의사표시를 구할 수 있다.

③ 乙의 저당권설정등기가 원인없이 말소되었고 그 회복등기 전에 丙의 경매신청으로 丁에게 경락되어 배당할 금액의 전부가 丙에게 배당된 경우, 乙은 丙에 대하여 부당이득반환을 청구할 수 있다.

④ 甲이 乙에 대한 채무를 전부 변제한 경우, 말소등기를 하지 않아도 1번 저당권은 소멸한다.

⑤ 甲이 乙에 대한 채무를 모두 변제하였음에도 1번 저당권설정등기를 말소하지 아니한 상태에서 다시 戊로부터 금원을 차용하고 乙의 협조를 얻어 戊에게 1번 저당권 이전의 부기등기를 경료하였는데, 위 부기등기의 기입일자보다 2번 저당권설정등기의 기입일자가 빠른 경우, 戊는 丙에게 1번 저당권설정등기와 그 부기등기의 유효를 주장할 수 없다.

**76** 　　　　　　　　　　　정답 ②

① [○], ② [×]

해설 등기는 물권의 효력발생요건이고 존속요건은 아니어서 등기
가 원인 없이 말소된 경우에는 그 물권의 효력에 아무런 영
향이 없고, 그 회복등기가 마쳐지기 전이라도 말소된 등기의
등기명의인은 적법한 권리자로 추정되며, 그 회복등기 신청
절차에 의하여 말소된 등기를 회복할 수 있다. 따라서 부동산
에 관한 저당권설정등기가 위조된 등기서류에 의하여 아무런
원인 없이 말소되었다고 하더라도 그 저당권은 여전히 유효
하게 존속하므로 저당권자는 회복등기 신청절차에 의하여 말
소된 등기를 회복할 수 있고, 회복등기 전이라도 말소된 등기
의 명의인은 적법한 저당권자로 추정된다(대판 1997.9.30.
95다39526). 그러나 저당권이 설정된 목적물에 대한 경매
가 진행되어 경락인(매수인)이 경락대금(매각대금)을 납부한
경우에는 **저당권은 소멸하고, 위법하게 말소된 저당권 역시**
**달리 볼 것은 아니므로**, 이 경우에는 이미 소멸한 저당권에
관한 말소등기의 회복등기를 위하여 현소유자(경락인)를 상대
로 그 승낙의 의사표시를 구할 수는 없다(소제주의 : 민사집행
법 제91조 2항 참조, 부동산 등기법 제59조[11])(대판 1998.
10.2. 98다27197).

③ [○]

해설 저당권설정등기가 위법하게 말소되어 아직 회복등기를 경료
하지 못한 연유로 그 부동산에 대한 경매절차의 배당기일에서
피담보채권액에 해당하는 금액을 배당받지 못한 저당권자는
배당기일에 출석하여 이의를 하고 배당이의의 소를 제기하여
구제를 받을 수 있고(대판 2002.10.22. 2000다59678), 설
령 배당기일에 출석하지 않음으로써 배당표가 확정되었다고
하더라도, 확정된 배당표에 의하여 배당을 실시하는 것은 실
체법상의 권리를 확정하는 것이 아니기 때문에 위 경매절차
에서 **실제로 배당받은 자에 대하여 부당이득반환 청구로서**
그 배당금의 한도 내에서 그 저당권설정등기가 말소되지 아
니하였더라면 배당받았을 금액의 지급을 구할 수 있다(대판
1998.10.2. 98다27197).

④ [○]

해설 甲이 乙에 대한 채무를 전부 변제한 경우, 말소등기를 하지
않아도 '저당권의 부종성'(제369조)에 의해 1번 저당권은 당
연히 소멸한다.

⑤ [○]

해설 부동산의 소유자 겸 채무자가 채권자에게 피담보채무를 모두
변제함으로써 저당권이 소멸된 경우 그 저당권설정등기 또한
효력을 상실하나, 채무자가 새로운 제3의 채권자로부터 금원
을 차용함에 있어 그 제3자와 사이에 차용금 채무를 담보하
기 위하여 잔존하는 종전 채권자 명의의 저당권설정등기를
이용하여 이에 터잡아 새로운 제3의 채권자에게 저당권 이
전의 부기등기를 경료하기로 하는 내용의 저당권등기 유용
의 합의를 하고 그 부기등기를 경료하였다면, 제3의 채권자
로서는 ⅰ) 부동산의 소유자(채무자)에 대하여 그 등기 유용
의 합의를 주장하여 저당권설정등기의 말소청구에 대항할 수
있고, ⅱ) 다만 그 저당권 이전의 부기등기 이전에 등기부상
이해관계를 가지게 된 자에 대하여는 위 등기 유용의 합의
사실을 들어 위 저당권설정등기 및 그 저당권 이전의 부기
등기의 유효를 주장할 수는 없다(대판 1998.3.24. 97다
56242).

▶ 따라서 무효인 1번 저당권설정등기를 유용하려는 戊의 부
기등기의 기입일자보다 丙명의 2번 저당권설정등기의 기
입일자가 빠른 경우, 戊는 丙에게 1번 저당권설정등기와
그 부기등기의 유효를 주장할 수 없다.

---

11) 부동산 등기법 제59조(말소등기의 회복) : 말소된 등기의 회복을 신청
하는 경우에 등기상 이해관계 있는 제3자가 있을 때에는 그 제3자의
승낙이 있어야 한다.

## 77

甲은 X 토지의 소유자이고 乙은 Y 토지의 소유자이다. 丙은 甲에 대한 채권을 담보하기 위하여 X 토지와 Y 토지에 공동저당권을 갖고 있다. X 토지와 Y 토지가 모두 수용되어 보상금채권이 발생하였다. 이에 관한 설명 중 옳은 것(○)과 옳지 않은 것(×)을 올바르게 조합한 것은? (각 지문은 독립적이며, 다툼이 있는 경우 판례에 의함) [18 변호사]

> ㄱ. 甲의 채권자 丁이 X 토지의 보상금채권을 가압류하였고, 이어 丙이 물상대위권에 기하여 위 보상금채권에 대한 압류 및 전부명령을 받은 경우에도 丙은 보상금채권에 관하여 丁보다 우선변제를 받을 수 있다.
>
> ㄴ. 丙이 Y 토지의 보상금채권에 압류 등 조치를 취하지 아니하던 중 물상보증인 乙이 보상금을 수령하였다면 丙은 乙을 상대로 부당이득반환을 청구할 수 있다.
>
> ㄷ. 丙이 X 토지의 보상금채권에 압류 등 조치를 취하지 아니하던 중 甲의 채권자 戊가 그 보상금채권에 대하여 압류 및 전부 명령을 받아 보상금을 수령하였다면 丙은 戊를 상대로 부당이득반환을 청구할 수 있다.

① ㄱ(○), ㄴ(○), ㄷ(×)
② ㄱ(○), ㄴ(×), ㄷ(○)
③ ㄱ(○), ㄴ(×), ㄷ(×)
④ ㄱ(×), ㄴ(○), ㄷ(×)
⑤ ㄱ(×), ㄴ(×), ㄷ(○)

**77** 　　　　　　　　　　　　　　　　　　　　　정답 ①

**해설** ㄱ. [○]

**물상대위 – 대위물의 지급 또는 인도 전에 미리 압류**

저당권자가 물상대위권을 행사하기 위해서는, 대위물의 지급 또는 인도 전에 이를 '압류'하여야 한다(제370조, 제342조 단서). 다만 '누가' 압류를 하여야 하는지와 관련하여 '압류'의 취지가 문제되는바, 判例에 따르면 위 '압류'의 취지에 대해 "물상대위의 목적인 채권의 특정성을 유지하여 그 효력을 보전하고, 평등배당을 기대한 다른 일반채권자의 신뢰를 보호하는 등 제3자에게 불측의 손해를 입히지 않으려는 데 있는 것"이라고 하면서, 위 압류는 담보권자가 아닌 제3자에 의해 이루어진 때에도(대판 2002.10.11. 2002다33137), 또 압류가 아닌 다른 방법, 예를 들어 공탁을 한 경우에도 위 요건은 충족된다고 한다(대판 1987.5.26. 86다카1058).

ㄴ. [○]

**압류 또는 배당요구가 있기 전에 '저당물의 소유자'가 물상대위물(금전 또는 물건)을 수령한 경우**

"저당권자는 저당권의 목적이 된 물건의 멸실, 훼손 또는 공용징수로 인하여 저당목적물의 소유자가 받을 저당목적물에 갈음하는 금전 기타 물건에 대하여 물상대위권을 행사할 수 있으나, 다만 그 지급 또는 인도 전에 이를 압류하여야 하며, 저당권자가 위 금전 또는 물건의 인도청구권을 압류하기 전에 저당물의 소유자가 그 인도청구권에 기하여 금전 등을 수령한 경우 저당권자는 더 이상 물상대위권을 행사할 수 없게 된다. 이 경우 저당권자는 저당권의 채권최고액 범위 내에서 저당목적물의 교환가치를 지배하고 있다가 저당권을 상실하는 손해를 입게 되는 반면에, 저당목적물의 소유자는 저당권의 채권최고액 범위 내에서 저당권자에게 저당목적물의 교환가치를 양보하여야 할 지위에 있다가 마치 그러한 저당권의 부담이 없었던 것과 같은 상태에서의 대가를 취득하게 되는 것이므로, 그 수령한 금액 가운데 저당권의 채권최고액을 한도로 하는 피담보채권액의 범위 내에서는 이득을 얻게 된다. 따라서 저당목적물 소유자는 저당권자에게 이를 부당이득으로 반환할 의무가 있다"(대판 2009.5.14. 2008다17656).

ㄷ. [×]

**압류 또는 배당요구가 있기 전에 '다른 채권자'가 물상대위물(금전 또는 물건)을 수령한 경우**

"이러한 물상대위권의 행사에 나아가지 아니한 채 단지 수용대상토지에 대하여 담보물권의 등기가 된 것만으로는 그 보상금으로부터 우선변제를 받을 수 없고, 저당권자가 물상대위권의 행사에 나아가지 아니하여 우선변제권을 상실한 이상 '다른 채권자'가 그 보상금 또는 이에 관한 변제공탁금으로부터 이득을 얻었다고 하더라도 저당권자는 이를 부당이득으로서 반환청구할 수 없다"(대판 2001.10.11. 2002다33137).

## 78

**부동산 저당권에 관한 설명 중 옳지 않은 것은? (다툼이 있
는 경우 판례에 의함)** [19 변호사]

① 근저당 거래관계가 계속되어 근저당권의 피담보채권이 확정
되지 아니하는 동안에는 그 채권의 일부가 대위변제되었다
하더라도 그 근저당권이 대위변제자에게 이전되지 않는다.

② 동일 부동산에 관하여 가압류등기가 먼저 행해진 후 근저당
권설정등기가 마쳐진 경우 그 근저당권자는 가압류채권자에
대한 관계에서는 우선변제권을 주장할 수 없다.

③ 근저당권자가 피담보채무의 불이행을 이유로 경매신청을 한
경우 경매신청시에 근저당권의 피담보채무액이 확정되지만,
경매개시결정이 있은 후에 경매신청이 취하된 경우에는 그
소급효로 인하여 채무확정의 효과가 번복된다.

④ 저당목적물인 부동산이 수용된 경우 저당권자가 저당권설정
자의 토지수용보상금 지급청구권에 관하여 물상대위권을 행
사하기 전에 다른 채권자가 위 지급청구권에 대하여 압류·
추심명령을 받아 보상금을 지급받은 때에는, 저당권자는 우
선변제권을 상실하게 되고 그 다른 채권자에 대하여 부당이
득반환도 청구할 수 없다.

⑤ 근저당권이전의 부기등기가 경료된 후 그 피담보채무가 소
멸한 경우, 주등기인 근저당권설정등기의 말소등기만 구하
면 되고 그 부기등기에 대한 말소를 구하는 것은 소의 이익
이 없다.

## 78 정답 ③

① [○]

**해설** 근저당권의 피담보채권 확정 전 일부 대위변제

"근저당권이라고 함은 계속적인 거래관계로부터 발생하고 소멸하는 불특정다수의 장래채권을 결산기에 계산하여 잔존하는 채무를 일정한 한도액의 범위 내에서 담보하는 저당권이어서, 거래가 종료하기까지 채권은 계속적으로 증감변동하는 것이므로, 근저당 거래관계가 계속 중인 경우 즉, 근저당권의 피담보채권이 확정되기 전에 그 채권의 일부를 양도하거나 대위변제한 경우 근저당권이 양수인이나 대위변제자에게 이전할 여지는 없다"(대판 2000.12.26. 2000다54451).

**비교판례** "그 근저당권에 의하여 담보되는 피담보채권이 확정되게 되면, 그 피담보채권액이 그 근저당권의 채권최고액을 초과하지 않는 한 그 근저당권 내지 그 실행으로 인한 경락대금에 대한 권리 중 그 피담보채권액을 담보하고 남는 부분은 저당권의 일부 이전의 부기등기의 경료 여부와 관계없이 대위변제자에게 법률상 당연히 이전된다"(대판 2002.7.26. 2001다53929).

② [○]

**해설** 가압류권자와 (근)저당권자의 배당순위

"부동산에 대하여 가압류등기가 먼저 되고 나서 근저당권설정등기가 마쳐진 경우에 그 근저당권등기는 가압류에 의한 처분금지의 효력 때문에 그 집행보전의 목적을 달성하는 데 필요한 범위 안에서 가압류채권자에 대한 관계에서만 상대적으로 무효이다. 위 경우 가압류채권자와 근저당권자 및 근저당권설정등기 후 강제경매신청을 한 압류채권자 사이의 배당관계에 있어서, 근저당권자는 선순위 가압류채권자에 대하여는 우선변제권을 주장할 수 없으므로 1차로 채권액에 따른 안분비례에 의하여 평등배당을 받은 다음, 후순위 경매신청압류채권자에 대하여는 우선변제권이 인정되므로 경매신청압류채권자가 받을 배당액으로부터 자기의 채권액을 만족시킬 때까지 이를 흡수하여 배당받을 수 있다"(대결 1994.11.29. 94마417).

③ [×]

**해설** 근저당권의 피담보채권 확정

"근저당권자가 피담보채무의 불이행을 이유로 경매신청을 한 경우에는 경매신청시에 근저당 채무액이 확정되고, 그 이후부터 근저당권은 부종성을 가지게 되어 보통의 저당권과 같은 취급을 받게 되는바, 위와 같이 경매신청을 하여 경매개시결정이 있은 후에 경매신청이 취하되었다고 하더라도 채무확정의 효과가 번복되는 것은 아니다"(대판 1989.11.28. 89다카15601). 그러나 경매신청이 '각하'된 경우에는 피담보채권이 확정되지 않는다.

④ [○]

**해설** 물상대위권 행사 전 제3자가 보상금을 지급받은 경우

"물상대위권의 행사에 나아가지 아니한 채 단지 수용대상토지에 대하여 담보물권의 등기가 된 것만으로는 그 보상금으로부터 우선변제를 받을 수 없고, 저당권자가 물상대위권의 행사에 나아가지 아니하여 우선변제권을 상실한 이상 다른 채권자가 그 보상금 또는 이에 관한 변제공탁금으로부터 이득을 얻었다고 하더라도 저당권자는 이를 부당이득으로서 반환청구할 수 없다"(대판 2001.10.11. 2002다33137).

**비교판례** 판례에 따르면 저당권자가 물상대위권을 행사하기 전에 저당물의 소유자(저당권설정자)가 물상대위물(금전 또는 물건)을 수령한 경우, 그 지급의무를 부담하는 제3자가 물상대위권자 있음을 알고 있었더라도 그 변제는 원칙적으로 유효한 것이 되어 저당권자는 더 이상 물상대위를 행사할 수 없지만(일반채권자의 지위를 가짐에는 변동이 없다), 저당물의 소유자(저당권설정자)에 대해서는 부당이득반환청구를 할 수 있다고 한다(대판 2009.5.14. 2008다17656).

⑤ [○]

**해설** 근저당권이전의 부기등기의 말소를 구할 소의 이익이 인정되는지 여부

판례는 "채무자의 변경을 내용으로 하는 근저당권변경의 부기등기는 기존의 주등기인 근저당권설정등기에 종속되어 주등기와 일체를 이루는 것이고 주등기와 별개의 새로운 등기는 아니므로, 그 피담보채무가 변제로 인하여 소멸된 경우 위 주등기의 말소만을 구하면 되고, 그에 기한 부기등기는 별도로 말소를 구하지 않더라도 주등기가 말소되는 경우에는 직권으로 말소되어야 할 성질의 것이므로, 위 부기등기의 말소청구는 권리보호의 이익이 없는 부적법한 청구"라고 한다(대판 2000.10.10. 2000다19526).

**비교판례** 그러나 근저당권의 주등기 자체는 유효하고 단지 부기등기를 하게 된 원인만이 무효로 되거나 취소 또는 해제된 경우에는, 그 부기등기만의 말소를 따로 구할 수 있다(대판 2005.6.10. 2002다15412,15429). 즉, 채권양도의 무효·취소·해제로 인하여 '근저당권의 이전원인'이 무효로 된 경우에는 근저당권의 '양도인'(근저당권설정자 또는 그로부터 소유권을 이전받은 제3취득자가 아님)이 '양수인'을 상대로 '근저당권이전의 부기등기'의 말소를 구해야 한다.

## 79

**근저당권에 관한 설명 중 옳지 않은 것은? (다툼이 있는 경우 판례에 의함)** [22 변호사]

① 근저당권 설정의 당사자들이 그 목적인 토지 위에 건물이 설치되어 토지의 담보가치가 감소하는 것을 막는 것을 주요한 목적으로 하여 채권자 앞으로 지상권을 아울러 설정한 경우, 피담보채권의 소멸로 근저당권이 소멸하면 지상권은 소멸한다.

② 선순위의 근저당권부 채권의 양수인이 근저당권 이전의 부기등기를 마쳤다면, 채권양도의 대항요건을 갖추지 아니하였더라도, 후순위 근저당권자에게 채권양도로 대항할 수 있다.

③ 근저당권자가 피담보채무의 불이행을 이유로 경매신청을 한 경우에는 경매신청 시에 피담보채무가 확정되나, 경매개시결정이 있은 후에 경매신청이 취하되면 채무확정의 효과가 번복된다.

④ 후순위 근저당권자가 경매를 신청한 경우, 선순위 근저당권의 피담보채무는 경매절차에서 매수인이 매각대금을 완납한 때에 확정된다.

⑤ 甲은 乙이 운영하는 도박장에서 도박을 하던 중 도박자금이 부족해지자 乙로부터 1억 원을 차용하면서 그 차용금 채무의 담보 목적으로 甲 소유 X 토지에 관하여 乙 앞으로 근저당권설정등기를 마쳐주었다. 이 경우, 甲은 乙을 상대로 위 등기의 말소를 청구할 수 있다.

**79**                                                정답 ③

① [○]

해설 **담보지상권의 소멸**
"근저당권 등 담보권 설정의 당사자들이 그 목적이 된 토지 위
에 차후 용익권이 설정되거나 건물 또는 공작물이 축조·설치
되는 등으로써 그 목적물의 담보가치가 저감하는 것을 막는 것
을 주요한 목적으로 하여 채권자 앞으로 아울러 지상권을 설정
하였다면, 그 피담보채권이 변제 등으로 만족을 얻어 소멸한
경우는 물론이고 시효소멸한 경우에도 그 지상권은 피담보채
권에 부종하여 소멸한다"(대판 2011.4.14. 2011다6342).

② [○]

해설 **저당권과 피담보채권을 함께 양도하면서 채권양도의 제3자
에 대한 대항요건은 갖추지 않았으나 저당권의 이전등기를
마친 경우**
判例는 "채권양도의 대항요건의 흠결의 경우 채권을 주장할
수 없는 채무자 이외의 제3자는 양도된 채권 자체에 관하여
양수인의 지위와 양립할 수 없는 법률상 지위를 취득한 자에
한하므로, **선순위의 근저당권부채권을 양수한 채권자보다 후
순위의 근저당권자는 채권양도의 대항요건을 갖추지 아니한
경우 대항할 수 없는 제3자에 포함되지 않는다**"고 한다(대판
2005.6.23. 2004다29279). 즉, 선순위의 근저당권부채권의
양수인은 설령 채권양도의 대항요건을 갖추지 아니하였더라
도 후순위 근저당권자에게 채권양도로 대항할 수 있다.

비교
판례 한편 위 判例는 채권양도의 대항요건을 갖추지 않았으나 저
당권의 이전등기는 마친 양수인이 저당권에 기하여 임의경매
를 신청할 수 있는지 나아가 배당을 받을 수 있는지 문제된
다. 이와 관련하여 "피담보채권을 저당권과 함께 양수한 자는
저당권이전의 부기등기를 마치고 저당권실행의 요건을 갖추
고 있는 한 **채권양도의 대항요건을 갖추고 있지 아니하더라
도 경매신청을 할 수 있으며**, 채무자는 경매절차의 이해관계
인으로서 채권양도의 대항요건을 갖추지 못하였다는 사유를
들어 경매개시결정에 대한 이의나 즉시항고절차에서 다툴 수
있고, 이 경우는 신청채권자가 대항요건을 갖추었다는 사실
을 증명하여야 할 것이나, 이러한 절차를 통하여 채권 및 근
저당권의 양수인의 신청에 의하여 개시된 경매절차가 실효되
지 아니한 이상 그 경매절차는 적법한 것이고, 또한 그 경매
신청인은 양수채권의 변제를 받을 수도 있다"(대판 2005.6.
23. 2004다29279)고 한다.

③ [×]

해설 **근저당권자가 경매신청을 한 경우 피담보채권액의 확정**
근저당권자가 근저당목적물에 대하여 경매신청을 함으로써
거래를 종료시키려는 의사를 표시한 경우에는 **'경매신청시'**
(경매개시결정시가 아님)에 피담보채권의 원본이 확정된다
(대판 1988.10.11. 87다카545). 그리고 일단 근저당권자
의 경매신청에 의하여 피담보채권이 확정된 이상 그 후 경
매신청이 '취하'되더라도 확정의 효력에는 영향이 없다(대판
2002.11.26. 2001다73022). 그러나 경매신청이 '각하'된
경우에는 피담보채권이 확정되지 않는다.

④ [○]

해설 **제3자(후순위담보권자)가 경매신청을 한 경우 피담보채권
액의 확정**
후순위 근저당권자가 경매를 신청한 경우 선순위 근저당권
의 피담보채권은 그 근저당권이 소멸하는 시기, 즉 '경락인
이 경락대금을 완납한 때'에 확정된다(대판 1999.9.21. 99
다26085).

⑤ [○]

해설 **불법원인급여**
불법의 원인으로 인하여 재산을 급여하거나 노무를 제공한
때에는 그 이익의 반환을 청구하지 못한다(제746조 본문).
여기서의 **급부는 '종국적'**인 것이어야 한다. 따라서 급부대상
이 부동산인 경우에는 등기가 있어야 하고 동산인 경우에는
인도가 있어야 한다.
判例도 급부의 수령자가 이를 실현하려면 국가의 협력 내지
법의 보호를 기다려야 하는 경우는 제746조의 급부가 아니
라고 보았다. 즉, '도박채무의 담보로 부동산에 근저당권을
설정'한 경우, 수령자가 그 이익을 얻으려면 경매신청을 하여
야 하는 별도의 조치를 요하는 점에서 그 급부는 종국적인
것이 아니어서 말소를 청구할 수 있다고 한다(대판 1995.
8.11. 94다54108).

비교
판례 다만 '도박채무의 양도담보로 이전해 준 (가등기 후) 소유
권이전등기'는 제746조의 불법원인급여에 해당하여 그 말
소를 청구할 수 없다고 하였다(대판 1989.9.29. 89다카
5994).

# 80

**근저당권에 관한 설명 중 옳지 않은 것은? (다툼이 있는 경우 판례에 의함)** [21 변호사]

① 물상보증인이 근저당권의 피담보채무를 면책적으로 인수하여 근저당권 변경의 부기등기가 경료된 경우, 특별한 사정이 없는 한 그 근저당권은 그 후 물상보증인이 다른 원인으로 근저당권자에 대하여 부담하게 된 새로운 채무까지 담보하는 것은 아니다.

② 선순위의 근저당권부 채권을 양수한 자가 채권양도의 대항요건을 갖추지 않았으나 근저당권 이전의 부기등기를 마치고 근저당권 실행의 요건을 갖추어 신청한 경매절차에서 매각대금이 배당되는 경우, 후순위 근저당권자는 채권양도로 대항할 수 없는 제3자에 포함되지 않는다.

③ 근저당권의 피담보채권의 총액이 채권최고액을 초과하는 경우, 근저당권자와 채무자 겸 근저당권설정자와의 관계에 있어서는 채권 전액의 변제가 있을 때까지 근저당권의 효력이 채권최고액과는 관계없이 잔존채무에 미친다.

④ 공동근저당권자가 공동담보의 목적 부동산 일부에 대한 환가대금으로부터 피담보채권의 일부를 우선변제받은 경우, 나머지 목적 부동산에 대한 우선변제권의 범위는 피담보채권의 확정 여부와 상관없이 최초의 채권최고액에서 우선변제받은 금액을 공제한 나머지 채권최고액으로 제한된다.

⑤ 공동근저당의 목적 부동산 일부에 대한 경매가 실행되어 그 경매대가로 피담보채권 일부가 변제된 후 잔존 원본에 대한 지연이자가 다시 발생하였다면, 공동근저당권자가 공동근저당권 목적 부동산의 각 환가대금으로부터 배당받는 원본 및 지연이자의 합산액이 결과적으로 최초의 채권최고액을 초과하더라도, 그 지연이자에 대하여는 나머지 목적 부동산에 관한 경매절차에서 다시 우선변제권을 행사할 수 있다.

## 80
정답 ⑤

**① [○]**

**해설** 피담보채무를 인수한 경우

기본계약상의 지위의 이전이 아니라 개별 채무만을 인수한 경우에는 **인수한 기존의 채무만이 근저당에 의해 담보된다.** 判例도 "물상보증인이 근저당권의 채무자의 계약상의 지위를 인수한 것이 아니라, 다만 그 채무만을 면책적으로 인수하고 이를 원인으로 하여 근저당권 변경의 부기등기가 경료된 경우, 특별한 사정이 없는 한 그 변경등기는 당초 채무자가 근저당권자에 대하여 부담하고 있던 것으로서 물상보증인이 인수한 채무만을 그 대상으로 하는 것이지, 그 후 채무를 인수한 물상보증인이 다른 원인으로 근저당권자에 대하여 부담하게 된 새로운 채무까지 담보하는 것으로 볼 수는 없다"(대판 2002.11.26. 2001다73022)고 하여 **결과적으로 면책적 채무인수시 종전의 근저당권은 확정된다는 입장을 취하고 있다.**

▶ '물상보증인의 의사'는 '구 채무자가 부담하고 있다가 신 채무자가 인수하게 된 채무만을 담보한다'는 의사이지 그 후 신채무자(채무인수인)가 다른 원인으로 부담하게 된 새로운 채무까지 담보하겠다는 의사로 볼 수는 없다. 따라서 면책적 채무인수는 근저당권의 확정사유이다.

**② [○]**

**해설** 제450조에서의 '제3자'는 그 채권에 관하여 양수인의 지위와 양립할 수 없는 법률상의 지위를 취득한 자를 말한다. 그러나 채권양도에 의해 간접적으로 영향을 받는데 지나지 않는 '채무자의 채권자'는 제3자에 해당하지 않으며, 이들에 대해서는 확정일자 있는 증서에 의하지 않더라도 대항할 수 있다는 것이 判例의 태도이다(대판 2005.6.23. 2004다29279). "채권양도의 대항요건의 흠결의 경우 채권을 주장할 수 없는 채무자 이외의 제3자는 양도된 채권 자체에 관하여 양수인의 지위와 양립할 수 없는 법률상 지위를 취득한 자에 한하므로, 선순위의 근저당권부채권을 양수한 채권자보다 후순위의 근저당권자는 채권양도의 대항요건을 갖추지 아니한 경우 대항할 수 없는 제3자에 포함되지 않는다"(대판 2005.6.23. 2004다29279).

**③ [○]**

**해설** "원래 저당권은 원본, 이자, 위약금, 채무불이행으로 인한 손해배상 및 저당권의 실행비용을 담보하는 것이며, 채권최고액의 정함이 있는 근저당권에 있어서 이러한 채권의 총액이 그 채권최고액을 초과하는 경우, 적어도 근저당권자와 채무자 겸 근저당권설정자와의 관계에 있어서는 위 채권 전액의 변제가 있을 때까지 근저당권의 효력은 채권최고액과는 관계없이 잔존채무에 여전히 미친다"(대판 2001.10.12. 2000다59081).

**④ [○], ⑤ [×]**

**해설** "ⅰ) 공동근저당권이 설정된 목적 부동산에 대하여 동시배당이 이루어지는 경우에 공동근저당권자는 채권최고액 범위 내에서 피담보채권을 제368조 제1항에 따라 부동산별로 나누어 각 환가대금에 비례한 액수로 배당받으며, 공동근저당권의 각 목적 부동산에 대하여 채권최고액만큼 반복하여, 이른바 **누적적으로 배당받지 아니한다.** 그렇다면 공동근저당권이 설정된 목적 부동산에 대하여 **이시배당이 이루어지는 경우에도** 동시배당의 경우와 마찬가지로 공동근저당권자가 **공동근저당권 목적 부동산의 각 환가대금으로부터 채권최고액만큼 반복하여 배당받을 수는 없다**고 해석하는 것이 제368조 제1항 및 제2항의 취지에 부합한다. ⅱ) 그러므로 공동근저당권자가 스스로 근저당권을 실행하거나 타인에 의하여 개시된 경매 등의 환가절차를 통하여 공동담보의 목적 부동산 중 일부에 대한 환가대금 등으로부터 다른 권리자에 우선하여 피담보채권의 일부에 대하여 배당받은 경우에, 그와 같이 우선변제받은 금액에 관하여는 공동담보의 나머지 목적 부동산에 대한 경매 등의 환가절차에서 다시 공동근저당권자로서 우선변제권을 행사할 수 없다고 보아야 하며, 공동담보의 나머지 목적 부동산에 대하여 공동근저당권자로서 행사할 수 있는 우선변제권의 범위는 피담보채권의 확정 여부와 상관없이 최초의 채권최고액에서 위와 같이 우선변제받은 금액을 공제한 나머지 채권최고액으로 제한된다(④번 지문)고 해석함이 타당하다. 그리고 이러한 법리는 채권최고액을 넘는 피담보채권이 원금이 아니라 이자·지연손해금인 경우에도 마찬가지로 적용(⑤번 지문)된다"(대판 2017.12.21. 전합2013다16992).

# 81

## 저당권에 관한 설명 중 옳지 않은 것은? (다툼이 있는 경우 판례에 의함)

[21 변호사]

① 공동저당권의 목적물인 물상보증인 소유의 X토지, Y토지 중 먼저 경매된 X토지의 후순위 저당권자 乙이 Y토지에 공동저당의 대위등기를 하지 않고 있는 사이에 선순위 공동저당권자 甲이 Y토지에 관한 저당권등기를 말소한 경우, 乙은 그 후 Y토지에 관하여 소유권을 취득한 丙에 대하여 甲을 대위할 수 없다.

② 공동저당권의 목적물인 채무자 소유 부동산과 물상보증인 소유 부동산의 경매대가를 동시에 배당하는 경우, 물상보증인이 채무자를 위한 연대보증인의 지위를 겸하고 있더라도 채무자 소유 부동산의 경매대가에서 공동저당권자에게 우선적으로 배당을 하고, 부족분이 있는 경우에 한하여 물상보증인 소유 부동산의 경매대가에서 추가로 배당을 한다.

③ 공동저당권의 목적물인 채무자 소유 부동산과 물상보증인 소유 부동산 중 채무자 소유 부동산에 대하여 먼저 경매가 이루어져 경매대금에서 선순위 공동저당권자가 채권 전액을 변제받은 경우, 채무자 소유 부동산에 대한 후순위 저당권자는 물상보증인 소유 부동산에 대한 선순위 저당권에 대하여 물상대위를 할 수 있으므로, 물상보증인 소유 부동산에 대한 선순위 저당권설정등기에 대하여는 위 후순위 저당권자 앞으로 대위에 의한 부기등기가 경료되어야 한다.

④ 저당권으로 담보된 채권에 질권을 설정하는 경우, 질권자와 질권설정자가 피담보채권만을 질권의 목적으로 하고 저당권은 질권의 목적으로 하지 않는 것도 가능하고, 이는 저당권의 부종성에 반하지 않는다.

⑤ 저당권부 채권이 양도되는 경우 채권양수인이 채권양도로 채무자에게 대항하기 위해서는 채무자에 대한 채권양도의 통지나 채무자의 승낙이 있어야 하나, 저당권의 이전을 목적으로 하는 물권적 합의는 저당권을 양도·양수하는 당사자 사이에 있으면 족하다.

---

# 81

정답 ③

**① [○]**

**해설** "ⅰ) 후순위저당권자는 제368조 2항에 의해 선순위저당권자가 가지고 있던 다른 부동산에 대한 저당권을 대위하게 되는데, 그 저당권이 말소되지 않고 등기부에 존속하는 동안에는 공동저당의 대위등기를 하지 않더라도 제3취득자는 저당권이 있는 상태에서 취득한 것이므로, 이 경우에는 제3취득자를 보호할 필요성은 적고, 따라서 후순위저당권자는 대위할 수 있다. ⅱ) 그러나, 후순위저당권자가 대위할 저당권이 말소된 상태에서 그 부동산의 소유권 등 새로이 이해관계를 취득한 제3자에 대해서는, 제3취득자를 보호하여야 하고, 후순위저당권자는 제368조 2항에 의한 대위를 주장할 수 없다"(대판 2015.3.20. 2012다99341).

▶ 보증인(물상보증인 포함)이 대위변제를 한 경우에는 저당권의 등기에 미리 대위의 부기등기를 하여야만 그 저당물의 제3취득자에 대해 채권자를 대위하게 되는데(제482조 2항 1호 및 5호), 이처럼 제3취득자를 보호할 필요성은 후순위저당권자가 대위하는 경우에도 마찬가지로 존재하고, 더욱이 변제자대위의 경우에는 저당권뿐 아니라 채권까지 이전되는데 후순위저당권자의 대위의 경우에는 채권은 이전되지 않는 점을 고려하면, 후순위저당권자를 변제자보다 더 보호하여야 할 필요성이 있지도 않다(이하 위 判例의 판시내용).

**② [○]**

**해설** 제368조 1항의 적용범위

判例는 제368조 1항은 채무자 소유의 수 개의 부동산 또는 동일한 물상보증인 소유의 수 개의 부동산에 관하여 공동저당권이 설정된 경우에만 적용되고, **채무자 소유의 부동산과 물상보증인 소유의 부동산에 관하여 공동저당권이 설정된 경우에는 적용되지 않는다**고 한다. 즉, 이 경우에는 **채무자 소유 부동산의 경매대가에서 공동저당권자에게 우선적으로 배당을 하고, 부족분이 있는 경우에 한하여 물상보증인 소유 부동산의 경매대가에서 추가로 배당을 하여야 한다**(대판 2010.4.15. 2008다41475)고 한다. 이는 물상보증인이 채무자를 위한 연대보증인의 지위를 겸하고 있는 경우에도 마찬가지이다(대판 2016.3.10. 2014다231965).

▶ 물상보증인 소유 부동산의 경매대가로 피담보채무가 변제되면 물상보증인은 채무자에 대한 구상권으로 공동저당권자를 변제자대위하여 다시 채무자 소유 부동산의 경매대가에서 그 만족을 얻게 될 것이고, 채무자 소유 부동산의 후순위저당권자는 물상보증인의 이러한 변제자대위를 각오하고 후순위저당권을 취득한 것으로 보는 것이 합리적이기 때문에 判例는 타당하다(통설).

③ [×]

**해설** "공동저당의 목적인 채무자 소유의 부동산과 물상보증인 소유의 부동산 중 채무자 소유의 부동산에 대하여 먼저 경매가 이루어져 그 경매대금의 교부에 의하여 1번 공동저당권자가 변제를 받더라도, 채무자 소유의 부동산에 대한 후순위저당권자는 민법 제368조 제2항 후단에 의하여 1번 공동저당권자를 대위하여 물상보증인 소유의 부동산에 대하여 저당권을 행사할 수 없다"(대결 1995.6.13. 95마500).

▶ 채무자 소유의 부동산의 경매대가가 먼저 배당되는 경우, 채무자 소유의 부동산의 후순위저당권자는 물상보증인 소유의 부동산의 경매대가에 대하여 제368조 2항 2문에 의하여 선순위자를 대위할 수 없다. 결국 제368조 2항 2문은 채무자 소유의 부동산과 물상보증인 소유의 부동산에 관하여 공동저당권이 설정된 경우에는 적용되지 않는다.

④ [○]

**해설** 피담보채권만을 질권의 목적으로 하고 저당권은 질권의 목적으로 하지 않는 것도 가능한지 여부(적극)

"민법 제361조는 "저당권은 그 담보한 채권과 분리하여 타인에게 양도하거나 다른 채권의 담보로 하지 못한다."라고 정하고 있을 뿐 피담보채권을 저당권과 분리해서 양도하거나 다른 채권의 담보로 하지 못한다고 정하고 있지 않다. 채권담보라고 하는 저당권 제도의 목적에 비추어 특별한 사정이 없는 한 피담보채권의 처분에는 저당권의 처분도 당연히 포함된다고 볼 것이지만, 피담보채권의 처분이 있으면 언제나 저당권도 함께 처분된다고는 할 수 없다.

따라서 저당권으로 담보된 채권에 질권을 설정한 경우 원칙적으로는 저당권이 피담보채권과 함께 질권의 목적이 된다고 보는 것이 합리적이지만, 질권자와 질권설정자가 피담보채권만을 질권의 목적으로 하고 저당권은 질권의 목적으로 하지 않는 것도 가능하고 이는 '저당권의 부종성'에 반하지 않는다. 이는 저당권과 분리해서 피담보채권만을 양도한 경우 양도인이 채권을 상실하여 양도인 앞으로 된 저당권이 소멸하게 되는 것과 구별된다"(대판 2020.4.29. 2016다235411).

**관련쟁점** "이와 마찬가지로 담보가 없는 채권에 질권을 설정한 다음 그 채권을 담보하기 위하여 저당권이 설정된 경우 원칙적으로는 저당권도 질권의 목적이 되지만, 질권자와 질권설정자가 피담보채권만을 질권의 목적으로 하였고 그 후 질권설정자가 질권자에게 제공하려는 의사 없이 저당권을 설정받는 등 특별한 사정이 있는 경우에는 저당권은 질권의 목적이 되지 않는다. 이때 저당권은 저당권자인 질권설정자를 위해 존재하며, 질권자의 채권이 변제되거나 질권설정계약이 해지되는 등의 사유로 질권이 소멸한 경우 저당권자는 자신의 채권을 변제받기 위해서 저당권을 실행할 수 있다"(同 判例).

⑤ [○]

**해설** "저당권은 피담보채권과 분리하여 양도하지 못하는 것이어서 저당권부 채권의 양도는 언제나 저당권의 양도와 채권양도가 결합되어 행해지므로 저당권부 채권의 양도는 민법 제186조의 부동산물권변동에 관한 규정과 민법 제449조 내지 제452조의 채권양도에 관한 규정에 의해 규율되므로 저당권의 양도에 있어서도 물권변동의 일반원칙에 따라 저당권을 이전할 것을 목적으로 하는 물권적 합의와 등기가 있어야 저당권이 이전된다고 할 것이나, 이 때의 물권적 합의는 저당권의 양도·양수받는 당사자 사이에 있으면 족하고 그 외에 그 채무자나 물상보증인 사이에까지 있어야 하는 것은 아니라 할 것이고, 단지 채무자에게 채권양도의 통지나 이에 대한 채무자의 승낙이 있으면 채권양도를 가지고 채무자에게 대항할 수 있게 되는 것이다"(대판 2005.6.10. 2002다15412,15429).

## 82

甲이 2012. 1. 3. 乙, 丙 회사와 각 공급기간을 2년으로 하여 우유를 공급받는 계약을 체결하고, 외상대금을 담보하기 위하여 甲 소유인 X 부동산에 관하여 乙 회사에게 1순위로 채권최고액 3,000만 원의, 丙 회사에게 2순위로 채권최고액 4,000만 원의 각 근저당권을 설정하여 주었다. 2012. 8. 5. 乙 회사에 대한 외상대금 원금이 2,400만 원, 丙 회사에 대한 외상대금 원금이 3,600만 원에 이르게 되자 丙 회사가 경매를 신청하여 X 부동산이 1억 원에 매각되어 대금이 완납되고 매수인 명의로 소유권이전등기가 경료되었다. 외상대금 원금과 지연손해금의 날짜별 금액은 다음과 같고, 甲의 일반채권자 丁이 1억 원의 채권으로 적법하게 배당요구를 한 상태이다. 乙 회사와 丙 회사가 위 근저당권에 기하여 우선적으로 배당받을 금액은? (다툼이 있는 경우에는 판례에 의함)

[13 변호사]

| | 乙 회사 | | | 丙 회사 | | |
|---|---|---|---|---|---|---|
| | 외상대금 원금 | 지연 손해금 | 합계 | 외상대금 원금 | 지연 손해금 | 합계 |
| 2012. 8.5. (경매신청) | 2,400만 원 | 300만 원 | 2,700만 원 | 3,600만 원 | 300만 원 | 3,900만 원 |
| 2012. 12.5. (매각대금 완납) | 2,600만 원 | 360만 원 | 2,960만 원 | 3,600만 원 | 500만 원 | 4,100만 원 |
| 2013. 1.5. (배당일) | 2,600만 원 | 390만 원 | 2,990만 원 | 3,600만 원 | 600만 원 | 4,200만 원 |

① 乙 회사 2,700만 원, 丙 회사 3,900만 원
② 乙 회사 2,960만 원, 丙 회사 3,900만 원
③ 乙 회사 2,960만 원, 丙 회사 4,000만 원
④ 乙 회사 2,990만 원, 丙 회사 3,900만 원
⑤ 乙 회사 2,990만 원, 丙 회사 4,000만 원

　　　　　　　　　　　정답 ⑤

**해설** 근저당권자가 근저당목적물에 대하여 경매신청을 함으로써 거래를 종료시키려는 의사를 표시한 경우에는 '**경매신청시**'에 피담보채권의 원본이 확정된다(대판 1988.10.11. 87다카545). 그리고 후순위 근저당권자가 경매를 신청한 경우 선순위 근저당권의 피담보채권은 그 근저당권이 소멸하는 시기, 즉 '**경락인이 경락대금을 완납한 때**'에 확정된다(대판 1999.9.21. 99다26085).

근저당권의 피담보채권이 확정되더라도 최고액을 한도로 담보한다는 근저당권의 본질은 변하지 않는다. 따라서 제360조가 적용되지 않고, 근저당권은 최고액의 범위 내에서 확정된 피담보채권 원본에 대한 '**배당기일까지**'의 지연손해금을 모두 담보하게 된다(대판 2007.4.26. 2005다38300). 이 점에 있어서 근저당권은 여전히 보통의 저당권과 다르다고 할 것이다.

▶ 따라서 사안에서 후순위저당권자 丙이 경매를 신청한 경우 ⅰ) 丙 자신의 피담보채권액 원본(元本)은 경매신청시인 2012. 8. 5. 3,600만 원으로 확정되고 근저당권은 채권최고액 4,000만 원의 범위 내에서 확정된 피담보채권 원본에 대한 배당일까지의 **지연손해금(400만 원)**을 모두 담보하게 된다. 따라서 丙은 4,000만 원에 대해 X부동산을 통해 우선변제받을 수 있다. ⅱ) 그리고 선순위저당권자 乙의 피담보채권액 원본(元本)은 매각대금완납시인 2012. 12. 5. 2,600만 원으로 확정되고 근저당권은 채권최고액 3,000만 원의 범위 내에서 확정된 피담보채권 원본에 대한 배당일까지의 **지연손해금(390만 원)**을 모두 담보하게 된다. 따라서 乙은 2,990만 원에 대해 X부동산을 통해 우선변제받을 수 있다.

## 83

甲 소유의 X 부동산과 乙 소유의 Y 부동산에 甲의 채권자 丙을 위한 공동저당권이 설정되어 있다. X에는 丁을 위한 후순위 저당권이, Y에는 乙의 채권자인 戊를 위한 후순위 저당권이 각 설정되어 있다. X의 경매대가는 1억 원, Y의 경매대가는 2억 원, 丙의 공동저당권의 피담보채권액은 1억 5,000만 원이다. 다음 설명 중 옳지 않은 것은? (집행비용은 고려하지 않고, 다툼이 있는 경우에는 판례에 의함) [12 변호사]

① Y의 경매대가가 먼저 배당되는 경우, 丙은 1억 5,000만 원 전액을 배당받을 수 있다.

② ①의 경우에 乙은 변제자대위에 의하여 X의 경매대가 1억 원을 배당받을 수 있다.

③ ①의 경우에 戊는 乙이 배당받을 금액에 대하여 물상대위할 수 있다.

④ X의 경매대가가 먼저 배당되는 경우, 丁은 Y의 경매대가에 대하여 丙을 대위할 수 없다.

⑤ X와 Y의 경매대가가 동시에 배당되는 경우, 丙은 X의 경매대가로부터 5,000만 원을, Y의 경매대가로부터 1억 원을 각각 배당받는다.

**83** 　　　　　　　　　　　　　　　정답 ⑤

① [○], ② [○], ③ [○], ④ [○]

**해설** 물상보증인 乙 소유 부동산 Y가 먼저 경매된 '이시배당'에서, 공동저당권자 丙은 제368조 제2항에 의해 자신의 채권 전액인 1억 5,000만 원을 우선 배당받을 수 있다(①번 지문). 이러한 이시배당에서 공동저당의 목적물(X,Y) 중 일부가 물상보증인 소유(Y)인 경우에 그 부동산이 경매되면 물상보증인(乙)은 채무자(甲)에 대하여 구상권을 취득하고 구상권을 확보하기 위하여 채권자(丙)를 대위하여 다른 공동저당 부동산 [X] 위의 공동저당권을 취득하게 된다(제481조, 제482조). 이때 물상보증인의 대위권(제481조, 제482조)과 후순위저당권자 대위권(제368조 제2항 후단)이 충돌하는바, 判例는 "채무자 소유의 부동산에 대한 후순위저당권자는 민법 제368조 제2항 후단에 의하여 1번 공동저당권자를 대위하여 물상보증인 소유의 부동산에 대하여 저당권을 행사할 수 없다"(대결 1995.6.13. 95마500)고 판시하여 물상보증인을 우선시키고 있다.

따라서 물상보증인 乙은 제482조의 변제자대위에 의하여 채무자 소유 부동산 X의 경매대가 1억 원을 배당받을 수 있으나(②번 지문)(대판 1996.3.8. 95다36596),[12] 반대로 채무자 소유의 부동산 Y에 대한 후순위저당권자 丁은 물상보증인 소유의 부동산 Y의 경매대가에 대하여 제368조 제2항 후단에 의하여 선순위자 丙을 대위할 수 없다(④번 지문).

아울러 물상보증인 소유 부동산(Y)의 후순위저당권자(戊)와 물상보증인(乙)과의 관계에서 判例는 "공동저당의 목적인 채무자소유의 부동산과 물상보증인소유의 부동산에 각각 채권자를 달리하는 후순위저당권이 설정되어 있는 경우, **자기 소유의 부동산이 먼저 경매되어 1번 저당권자에게 대위변제를 한 물상보증인은 1번 저당권을 대위취득하고 그 물상보증인 소유부동산의 후순위저당권자는 1번 저당권에 대하여 물상대위를 할 수 있다**"(대판 1994.5.10. 93다25417)라고 판시하고 있다. 따라서 사안에서 戊는 乙이 배당받을 금액에 대하여 물상대위할 수 있다(③번 지문).

⑤ [×]

**해설** 제368조 제1항의 적용범위와 관련하여 최근 判例는 "제368조 제1항은 채무자 소유의 수 개의 부동산 또는 동일한 물상보증인 소유의 수 개의 부동산에 관하여 공동저당권이 설정된 경우에만 적용되고, **채무자 소유의 부동산과 물상보증인 소유의 부동산에 관하여 공동저당권이 설정된 경우에는 적용되지 않는다**고 한다. 즉 이 경우에는 **채무자 소유 부동산의 경매대가에서 공동저당권자에게 우선적으로 배당을 하고, 부족분이 있는 경우에 한하여 물상보증인 소유 부동산의 경매대가에서 추가로 배당을 하여야 한다**"(대판 2010.4.15. 2008다41475)고 한다. 검토하건대, 물상보증인 소유 부동산의 경매대가로 피담보채무가 변제되면 물상보증인은 채무자에 대한 구상권으로 공동저당권자를 변제자대위하여 다시 채무자 소유 부동산의 경매대가에서 그 만족을 얻게 될 것이므로 判例의 태도는 타당하다(통설).

▶ 따라서 사안에서 주채무자의 부동산 X의 경매대가 1억 원에서 일단 공동저당권자의 1억 5천만 원의 채권 중 1억원을 배당하고 나머지 5천만 원의 채권으로 물상보증인의 Y부동산에 배당을 받아야 한다. 결국 丙은 X부동산에서는 1억 원을, Y부동산에서는 5천만 원을 각 배당받게 된다.

---

12) "채권자가 물상보증인 소유 토지와 공동담보로 주채무자 소유 토지에 1번 근저당권을 취득한 후 이와 별도로 주채무자 소유 토지에 2번 근저당권을 취득한 사안에서, 먼저 주채무자의 토지에 대하여 피담보채무의 불이행을 이유로 근저당권이 실행되어 경매대금에서 1번 근저당권의 피담보채권액을 넘는 금액이 배당된 경우에는, 변제자 대위의 법리에 비추어 볼 때 민법 제368조 제2항은 적용되지 않으므로 후순위(2번) 저당권자인 채권자는 물상보증인 소유 토지에 대하여 자신의 1번 근저당권을 대위행사할 수 없고, 따라서 물상보증인의 근저당권설정등기는 그 피담보채무의 소멸로 인하여 말소되어야 한다"

## 84

X 토지에는 甲 명의의 1번 저당권(피담보채권액 4,000만원), 乙 명의의 2번 저당권(피담보채권액 1억 5,000만원), 丙 명의의 3번 저당권(피담보채권액 7,000만원)이 각 설정되어 있고, Y 토지에는 乙 명의의 1번 저당권(피담보채권액 1억 5,000만원), 丁 명의의 2번 저당권(피담보채권액 3,000만원)이 각 설정되어 있으며, 위 각 피담보채권의 채무자는 모두 A이고, 乙명의의 저당권은 공동저당권이다. X 토지의 경매대가는 1억 6,000만원, Y 토지의 경매대가는 8,000만 원이다. 다음 설명 중 옳은 것은?(이자, 지연손해금과 집행비용은 고려하지 말고, 다툼이 있는 경우에는 판례에 의함)

[14 변호사]

① X 토지와 Y토지가 모두 채무자(A) 소유인 경우, X 토지와 Y 토지가 동시에 경매되면, 乙은 X 토지의 경매대가에서 1억 원을 배당받는다.

② X 토지와 Y 토지가 모두 채무자(A) 소유인 경우, X 토지가 먼저 경매되면, 丙은 Y 토지의 경매대가에서 5,000만 원을 배당받는다.

③ X 토지는 채무자 (A) 소유, Y토지는 물상보증인(B) 소유인 경우 , X 토지가 먼저 경매되면, 丙은 Y 토지의 경매대가에서 3,000만 원을 배당받는다.

④ X 토지는 채무자(A) 소유, Y 토지는 물상보증인(B) 소유인 경우, Y 토지가 먼저 경매되면, 丁은 X 토지의 경매대가에서 3,000만 원을 배당 받는다.

⑤ X 토지는 채무자(A) 소유, Y 토지는 물상보증인(B) 소유인 경우, X 토지와 Y 토지가 동시에 경매되면, 乙 은 Y 토지의 경매대가에서 6,000만 원을 배당받는다.

**84**　　　　　　　　　　　　　　　　　　　정답 ④

① [×]

**조문** **제368조(공동저당과 대가의 배당, 차순위자의 대위)**
「① 동일한 채권의 담보로 수개의 부동산에 저당권을 설정한 경우에 그 부동산의 경매대가를 동시에 배당하는 때에는 각 부동산의 경매대가에 비례하여 그 채권의 분담을 정한다.」

▶ 만약 乙이 X토지와 Y토지에 1번 저당권을 가지고 있다면 X토지(1억 6천만 원)와 Y토지(8천만 원)가 동시배당되는 경우 제368조 1항에 따라 각 부동산의 경매대가에 비례하여 2 : 1의 비율로 X토지에서 1억 원, Y토지에서 5천만 원을 배당받는다. 그러나 사안의 경우 X토지에는 甲이 1번 저당권을 가지고 있으므로 甲의 피담보채권액인 4천만 원을 공제한 X토지(1억 2천)와 Y토지(8천만 원)의 경매대가에 비례하여 3 : 2의 비율로 **X토지에서 9천만 원, Y토지에서 6천만 원을 배당받는다.**

② [×]

**조문** **제368조(공동저당과 대가의 배당, 차순위자의 대위)**
「② 전항의 저당부동산중 일부의 경매대가를 먼저 배당하는 경우에는 그 대가에서 그 채권전부의 변제를 받을 수 있다. 이 경우에 그 경매한 부동산의 차순위저당권자는 선순위저당권자가 전항의 규정에 의하여 다른 부동산의 경매대가에서 변제를 받을 수 있는 금액의 한도에서 선순위자를 대위하여 저당권을 행사할 수 있다.」

▶ X토지(1억 6천만 원)가 먼저 경매되면 1번 저당권자 甲의 피담보채권액 4천만 원에 배당되고, 2번 저당권자 乙의 피담보채권액 1억 2천만 원에 배당된다. 따라서 3번 저당권자 丙은 X토지에서는 배당받을 수 있는 금액이 없고 제368조 2항 2문에 의해 선순위저당권자 乙이 동시배당받았더라면 다른 부동산 Y토지에서 배당받을 수 있었던 6천만 원의 범위 내에서 선순위자 **乙을 대위하여 6천만 원을 배당받을 수 있다.** 다만 이때에도 乙이 먼저 잔액 3천만 원을 배당받고 나머지 3천만 원을 丙이 乙을 대위하여 배당받게 된다.

③ [×], ④ [○]

**해설** 제368조 2항 2문은 채무자 소유의 수 개의 부동산 또는 동일한 물상보증인 소유의 수 개의 부동산에 관하여 공동저당권이 설정된 경우에만 적용되고, 채무자 소유의 부동산과 물상보증인 소유의 부동산에 관하여 공동저당권이 설정된 경우에는 적용되지 않는다. 즉 이 경우에는 채무자 소유 부동산이 먼저 경매되면 그 부동산의 후순위저당권자는 물상보증인 소유 부동산에 후순위저당권자대위를 하지 못하고(대결 1995. 6.13. 95마500)[13], 반대로 물상보증인 소유 부동산이 먼저 경매되면 물상보증인이 채무자 소유 부동산에 '변제자대위'를 하고 물상보증인 소유 부동산의 후순위저당권자는 이에 대하여 다시 '물상대위'를 하게 된다(대판 1994.5.10. 93다25417).[14]

▶ 따라서 ③번 지문에서 채무자 소유 X토지가 먼저 경매되면, X토지의 후순위저당권자 丙은 물상보증인 소유 Y토지에 후순위저당권자대위(제368조 2항 2문)를 하지 못한다. 그리고 반대로 ④번 지문에서 물상보증인 소유 Y토지가 먼저 경매되면, 乙은 8천만 원 전액을 배당받고 丁은 배당받을 금액이 없다. 그 후 X토지가 경매되면 甲이 4천만 원, 乙이 7천만 원을 배당받는다. 이 경우 X토지의 매각대금 중에서 나머지 5천만 원에 대하여 물상보증인 B가 '변제자대위'(제481조, 제482조 1항)를 할 수 있고, 이에 대하여 물상보증인 소유 Y토지의 후순위저당권자 丁은 다시 '물상대위'(제370조, 제342조)를 할 수 있으므로 결국 丁은 X토지의 경매대가에서 자신의 피담보채권액 3천만 원을 배당받을 수 있다.

---

13) "채무자 소유의 부동산에 대한 후순위저당권자는 민법 제368조 제2항 2문에 의하여 1번 공동저당권자를 대위하여 물상보증인 소유의 부동산에 대하여 저당권을 행사할 수 없다"

14) "공동저당의 목적인 채무자소유의 부동산과 물상보증인소유의 부동산에 각각 채권자를 달리하는 후순위저당권이 설정되어 있는 경우, 자기 소유의 부동산이 먼저 경매되어 1번 저당권자에게 대위변제를 한 물상보증인은 1번 저당권을 대위취득하고 그 물상보증인 소유부동산의 후순위저당권자는 1번 저당권에 대하여 물상대위를 할 수 있다"

# 85

「가등기담보 등에 관한 법률」의 내용에 관한 설명 중 옳지 않은 것은? (다툼이 있는 경우 판례에 의함)　[15 변호사]

① 「가등기담보 등에 관한 법률」은 매매대금채권을 담보하기 위하여 가등기를 한 경우에는 적용되지 않는다.

② 채권자가 주관적으로 평가한 청산금의 액수가 정당하게 평가된 청산금의 액수에 미치지 못하여도 담보권 실행 통지로서의 효력이나 청산기간의 진행에는 아무런 영향이 없다.

③ 채권자는 자신이 통지한 청산금의 금액에 대하여 다툴 수 있다.

④ 가등기담보권자와 채무자의 특약으로 청산절차 없이 본등기가 이루어졌다면, 그러한 본등기는 약한 의미의 양도담보로서의 효력도 없다.

⑤ 가등기담보권 실행 통지의 상대방이 수인일 때 일부에 대한 통지가 누락될 경우, 청산기간이 진행되지 않는다.

## 85　정답 ③

① [○]

**가등기담보 등에 관한 법률 제1조(목적)** 「이 법은 차용물의 반환에 관하여 차주가 차용물을 갈음하여 다른 재산권을 이전할 것을 예약할 때 그 재산의 예약 당시 가액이 차용액과 이에 붙인 이자를 합산한 액수를 초과하는 경우에 이에 따른 담보계약과 그 담보의 목적으로 마친 가등기 또는 소유권이전등기의 효력을 정함을 목적으로 한다.」

▶ 가등기담보법 제1조의 문언상 금전소비대차 또는 준소비대차로 인한 차용금채무를 담보하기 위하여 소유권이전등기 또는 가등기가 마쳐진 경우에만 적용되는 것으로 되어 있지만(대판 1997.3.11. 96다50797) 피담보채권이 매매대금채권, 공사대금채권 등인 경우 동법이 유추적용될 수 없는지 문제된다. 관련하여 判例는 "가등기담보법 제1조를 근거로 피담보채무가 매매대금채권인 경우에는 가담법이 적용되지 않으며, 주된 목적이 매매대금채권의 확보에 있고 대여금채권의 확보는 부수적 목적인 경우라도 가담법이 적용되지 않는다"고 한다(대판 2002.12.24. 2002다50484).

② [○], ⑤ [○]

변제기 후 채무자 등에게 '통지 당시'의 청산금의 '평가액'을 통지하여야 한다(동법 제3조 제1항 1문). "이때의 채무자 등에는 채무자와 물상보증인 뿐만 아니라 담보가등기 후 소유권을 취득한 제3취득자가 포함되는 것이므로(제2조 제2호), 위 통지는 이들 모두에게 하여야 하는 것으로서 채무자 등의 전부 또는 일부에 대하여 위 통지를 하지 않으면 청산기간이 진행할 수 없게 되고, 따라서 가등기담보권자는 그 후 적절한 청산금을 지급하였다 하더라도 가등기에 기한 본등기를 청구할 수 없으며, 양도담보의 경우에는 그 소유권을 취득할 수 없다"(대판 1995.4.28. 94다36162).

청산금이 없다고 인정되는 때에는 그 뜻을 통지하여야 한다(동법 제3조 제1항 2문). 평가액은 채권자의 주관적인 평가액이다. 통지의 방법에는 제한이 없으나 청산기간의 명확화를 위해 서면으로 하는 것이 바람직하다. **채권자가 이와 같이 나름대로 평가한 청산금의 액수가 객관적인 청산금의 평가액에 미치지 못한다고 하더라도 담보권 실행의 통지로서의 효력이나 청산기간의 진행에는 아무런 영향이 없다**(대판 1996.7.30. 96다6974).

③ [×]

청산기간이 경과한 후, 채권자는 '통지 당시'를 기준으로 한 청산금의 '객관적 가액'을 채무자 등에게 지급하여야 한다(동법 제4조 제1항 1문). 다만 채권자는 그가 통지한 청산금의 '평가액'이 '객관적인 가액'보다 크다는 이유로 청산금의 수액을 다툴 수 없다(동법 제9조 참조).

④ [○]

청산금의 지급채무와 가등기에 기한 본등기 및 인도의무의 이행은 동시이행의 관계에 있다(동법 제4조 3항). 이에 반하는 특약으로서 채무자등에게 불리한 것은 그 효력이 없다(동법 제4조 제4항 본문). 따라서 청산금의 지급 없이 담보가등기에 기한 본등기가 이루어진 경우 그 본등기는 무효이고, 이른바 약한 의미의 양도담보로서 존속하는 것이 아니다. 다만, 그 후 동법 소정의 절차에 따라 청산절차를 마치면 그 소유권이전등기는 실체관계에 부합하는 유효한 등기가 된다(아래 2002다42001판결).

"가등기담보 등에 관한 법률 제3조, 제4조의 각 규정에 비추어 볼 때 그 각 규정을 위반하여 담보가등기에 기한 본등기가 이루어진 경우에는 그 **본등기는 무효**라고 할 것이고, 설령 그와 같은 본등기가 가등기권리자와 채무자 사이에 이루어진 특약에 의하여 이루어졌다고 할지라도 만일 그 특약이 채무자에게 불리한 것으로서 무효라고 한다면 그 본등기는 여전히 무효일 뿐, **이른바 약한 의미의 양도담보로서 담보의 목적 내에서는 유효하다고 할 것이 아니고**, 다만 가등기권리자가 가등기담보 등에 관한 법률 제3조, 제4조에 정한 절차에 따라 청산금의 평가액을 채무자 등에게 통지한 후 채무자에게 정당한 청산금을 지급하거나 지급할 청산금이 없는 경우에는 채무자가 그 통지를 받은 날로부터 2월의 청산기간이 경과하면 위 무효인 본등기는 실체적 법률관계에 부합하는 유효한 등기가 될 수 있다"(대판 2002.12.10. 2002다42001).

# 86

뿌은 2008. 7. 10. 乙에게 1억 5,000만 원을 대여하면서 그 채권을 담보하기 위해 이행기인 2009. 7. 10.까지 채무를 이행하지 않으면 乙 소유의 시가 4억 원인 X 부동산을 뿌에게 이전하기로 하는 내용의 계약을 체결하고 2008. 7. 15. 소유권이전등기청구권의 가등기를 마쳤다. 다음 설명 중 옳은 것은? (다툼이 있는 경우에는 판례에 의함) [12 변호사]

① 乙로부터 변제를 받지 못한 뿌은 X의 소유권을 취득하는 귀속청산에 의하거나 제3자에 대한 양도를 통한 처분청산에 의하여 가등기담보권을 실행할 수 있다.

② 담보권의 실행통지에 있어서 뿌이 주관적으로 평가한 청산금 액수(X의 가액과 피담보채권액의 차액)를 명시하였으나 이것이 객관적인 청산금 액수에 미치지 못하는 때에는 통지로서의 효력이 없다.

③ 뿌이 청산절차를 거치지 않고 행한 본등기는 무효이지만, 당사자의 특약에 의한 때에는 약한 의미의 양도담보로서 담보목적범위 내에서는 효력이 있다.

④ 만약 甲, 乙, 丙 3자의 합의에 의해 丙의 명의로 가등기를 한 경우, 비록 丙에게 채권이 실질적으로 귀속되었더라도 이는 담보물권의 부종성에 반하며 실권리자 아닌 자 명의의 등기로서 효력이 없다.

⑤ 만약 위 계약 당시 이미 X 위에 乙의 丁에 대한 3억 원의 채무를 담보하는 저당권이 설정되어 있었다면, 뿌이 청산절차를 거치지 않았다는 이유만으로 가등기에 기한 본등기가 무효인 것은 아니다.

# 86  정답 ⑤

① [×]

**해설** 가등기담보등에 관한 법률은 채무불이행이 생긴 때에 이전하기로 한 부동산의 '예약당시의 가액'이 차용액과 그에 붙인 이자의 합산액을 넘는 경우에 관하여 당해 법을 적용하고 있다(동법 제1조). 따라서 담보목적물인 X부동산의 예약당시의 가액이 시가 4억 원으로 피담보채권인 1억 5,000만 원을 초과하므로 가담법의 적용대상이다. 가등기담보권을 실행하는 방법으로는 '귀속청산'(채권자가 목적물의 가액에서 채권액을 공제한 나머지를 반환하고 그 목적물의 소유권을 취득하는 것)과 '처분청산'(채권자가 목적물을 제3자에게 처분하여 그 환가대금에서 자기채권의 만족을 취하는 것)이 있는데, **통설과 判例는 '가담법상의 처분청산'은 경매를 통한 공적실행**을 의미하며 사적실행에 따른 처분청산은 인정되지 않는다고 한다.

**관련判例** "가등기담보 등에 관한 법률이 제3조와 제4조에서 가등기담보권의 사적 실행방법으로 귀속정산의 원칙을 규정함과 동시에 제12조와 제13조에서 그 공적 실행방법으로 경매의 청구 및 우선변제청구권 등 처분정산을 별도로 규정하고 있는 점, 위 제4조가 제1항 내지 제3항에서 채권자의 청산금 지급의무, 청산기간 경과와 본등기청구, 청산금의 지급의무와 부동산의 소유권이전등기 및 인도 채무의 동시이행관계 등을 순차로 규정한 다음, 제4항에서 제1항 내지 제3항에 반하는 특약으로서 채무자 등에게 불리한 것은 그 효력이 없다(다만, 청산기간 경과 후에 행하여진 특약으로서 제3자의 권리를 해하지 아니하는 경우는 제외된다.)고 규정하고 있는 점, 나아가 제11조는 채무자 등이 청산금 채권을 변제받을 때까지 그 채무액을 채권자에게 지급하고 그 채권담보의 목적으로 경료된 소유권이전등기의 말소를 청구할 수 있다고 규정하고 있는 점 등을 종합하여 보면, 가등기담보권의 사적 실행에 있어서 채권자가 청산금의 지급 이전에 본등기와 담보목적물의 인도를 받을 수 있다거나 청산기간이나 동시이행관계를 인정하지 아니하는 '처분정산'형의 담보권실행은 가등기담보 등에 관한 법률상 허용되지 아니한다"(대판 2002. 12.10. 2002다42001).

② [×]

**해설** "채권자가 나름대로 평가한 청산금의 액수가 객관적인 청산금의 평가액에 미치지 못한다고 하더라도 담보권 실행의 통지로서의 효력이나 청산기간의 진행에는 아무런 영향이 없고, 다만 채무자 등은 정당하게 평가된 청산금을 지급 받을 때까지 목적부동산의 소유권이전등기 및 인도 채무의 이행을 거절하면서 피담보채무 전액을 채권자에게 지급하고 채권담보의 목적으로 마쳐진 가등기의 말소를 구할 수 있을 뿐이다"(대판 1996.7.30. 96다6974,6981)

③ [×]

**해설** "가등기담보 등에 관한 법률 제3조, 제4조의 각 규정에 비추어 볼 때 그 각 규정을 위반하여 담보가등기에 기한 본등기가 이루어진 경우에는 그 본등기는 무효라고 할 것이고, 설령 그와 같은 본등기가 가등기권리자와 채무자 사이에 이루어진 특약에 의하여 이루어졌다고 할지라도 만일 그 특약이 채무자에게 불리한 것으로서 무효라고 한다면 그 본등기는 여전히 무효일 뿐, 이른바 약한 의미의 양도담보로서 담보의 목적 내에서는 유효하다고 할 것이 아니고, 다만 가등기권리자가 가등기담보 등에 관한 법률 제3조, 제4조에 정한 절차에 따라 청산금의 평가액을 채무자 등에게 통지한 후 채무자에게 정당한 청산금을 지급하거나 지급할 청산금이 없는 경우에는 채무자가 그 통지를 받은 날로부터 2월의 청산기간이 경과하면 위 무효인 본등기는 실체적 법률관계에 부합하는 유효한 등기가 될 수 있다"(대판 2002.12.10. 2002다42001).

④ [×]

**해설** 통설과 判例는 '담보물권의 성립상 부종성'을 완화하여 ⅰ) 채권자와 채무자 및 제3자 사이에 합의가 있고, ⅱ) 제3자에게 그 채권이 실질적으로 귀속되었다고 볼 수 있는 특별한 사정이 있다면, 제3자 명의의 담보물권(저당권, 전세권, 담보가등기 등)도 유효하다고 한다.

**관련판례** "채권담보의 목적으로 채무자 소유의 부동산을 담보로 제공하여 저당권을 설정하는 경우에는 담보물권의 부종성의 법리에 비추어 원칙적으로 채권과 저당권이 그 주체를 달리할 수 없는 것이지만, 채권자 아닌 제3자의 명의로 저당권등기를 하는 데 대하여 채권자와 채무자 및 제3자 사이에 합의가 있었고, 나아가 제3자에게 그 채권이 실질적으로 귀속되었다고 볼 수 있는 특별한 사정이 있거나, 거래경위에 비추어 제3자의 저당권등기가 한낱 명목에 그치는 것이 아니라 그 제3자도 채무자로부터 유효하게 채권을 변제받을 수 있고 채무자도 채권자나 저당권 명의자인 제3자 중 누구에게든 채무를 유효하게 변제할 수 있는 관계 즉 묵시적으로 채권자와 제3자가 불가분적 채권자의 관계에 있다고 볼 수 있는 경우에는, 그 제3자 명의의 저당권등기도 유효하다고 볼 것인바, 이러한 법리는 저당권의 경우뿐 아니라 채권 담보를 목적으로 가등기를 하는 경우에도 마찬가지로 적용된다고 보아야 할 것이고, 이러한 법리가 부동산실권리자명의등기에관한법률에 규정된 명의신탁약정의 금지에 위반된다고 할 것은 아니다"(대판 2000.12.12. 2000다49879).

⑤ [○]

**해설** 判例에 따르면 가담법 제1조의 '부동산의 예약당시의 가액'을 정함에 있어 차주의 재산에 선순위 근저당권이 설정되어 있는 경우에는 위 피담보채무액을 공제한 가액을 위 법조 소정의 재산가액으로 보는 것이 타당하다고 한다. 따라서 담보 목적물인 X부동산의 예약당시의 가액인 시가 4억 원에서 선순위 저당권자 丁의 피담보채권액 3억 원을 공제한 1억 원을 가담법 제1조의 '부동산의 예약당시의 가액'으로 보아야 한다. 그러므로 ① 지문에서 검토한 바와 같이 부동산의 예약

당시의 가액이 담보가등기의 피담보채권액 1억 5천만 원에 미치지 못하게 되어 가담법이 적용되지 않는다. 그렇다면 청산절차를 거치지 않더라도 가등기에 기한 본등기가 무효인 것은 아니다.

**관련판례** "가등기담보 등에 관한 법률은 재산권 이전의 예약에 의한 가등기담보에 있어서 재산의 예약 당시의 가액이 차용액 및 이에 붙인 이자의 합산액을 초과하는 경우에 적용되는바, 재산권 이전의 예약 당시 재산에 대하여 선순위 근저당권이 설정되어 있는 경우에는 재산의 가액에서 피담보채무액을 공제한 나머지 가액이 차용액 및 이에 붙인 이자의 합산액을 초과하는 경우에만 적용된다. 가등기담보 등에 관한 법률이 적용되지 않는 경우에도 채권자가 채권담보의 목적으로 부동산에 가등기를 경료하였다가 그 후 변제기까지 변제를 받지 못하여 위 가등기에 기한 소유권이전의 본등기를 경료한 경우에는, 당사자들 사이에 채무자가 변제기에 피담보채무를 변제하지 아니하면 채권채무관계는 소멸하고 부동산의 소유권이 확정적으로 채권자에게 귀속된다는 명시의 특약이 없는 한, 그 본등기도 채권담보의 목적으로 경료된 것으로서 정산절차를 예정하고 있는 이른바 '약한 의미의 양도담보'가 된다. 그리고 이와 같이 약한 의미의 양도담보가 된 경우에는 채무의 변제기가 도과한 후에도 채권자가 담보권을 실행하여 정산절차를 마치기 전에는 채무자는 언제든지 채무를 변제하고 채권자에게 위 가등기 및 그 가등기에 기한 본등기의 말소를 청구할 수 있다"(대판 2006.8.24. 2005다61140)

## 87

甲은 乙로부터 금전을 차용하고, 만약 변제기에 채무를 변제하지 못하면 甲이 소유하는 X 토지의 소유권을 乙에게 이전하기로 하는 내용의 약정을 체결하였다. 그 약정 당시 X 토지의 시가는 원금과 변제기까지의 이자의 합산액을 훨씬 상회하고 있었다. 옳은 것을 모두 고른 것은? (각 지문은 독립적이며, 다툼이 있는 경우 판례에 의함) [16 변호사]

ㄱ. 甲은 위 약정시에 위 채무의 담보로 乙에게 X 토지에 관한 소유권이전등기를 마쳤다. 변제기에 甲이 채무를 변제하지 못하자 乙은 변제기 다음 날 청산절차를 거치지 않은 채 이러한 사실을 모르는 丙에게 X 토지를 매도하고 소유권이전등기를 마쳐주었다. 이 경우 甲은 채무액을 변제하고 丙의 등기를 말소할 수 없다.

ㄴ. 甲은 위 약정시에 위 채무를 담보하기 위하여 乙에게 X 토지에 관한 가등기를 마쳐주었다. 변제기에 甲이 채무를 변제하지 못하자 乙은 그 다음 날 甲에게 적법한 청산통지를 하고 정당하게 산정된 청산금을 지급한 다음, 미리 받아둔 서류를 이용하여 본등기를 마쳤다. 그로부터 4개월 후 甲은 채무액을 변제하고 乙의 본등기를 말소할 수 없다.

ㄷ. 甲은 위 약정시에 위 채무를 담보하기 위하여 乙에게 X 토지에 관한 가등기를 마쳐주었다. 위 가등기 전에 X 토지에 관하여 甲의 채권자 丙 명의로 근저당권이 설정되어 있었다. 甲이 乙에게 채무를 변제하지 못한 상태에서 변제기로부터 6개월이 경과한 시점에 丙의 신청에 따라 위 근저당권에 기한 경매가 개시되자, 乙은 바로 청산통지를 하고 정당하게 산정된 청산금을 지급한 다음 가등기에 기한 본등기를 마쳤다. 이 경우 乙의 본등기는 유효하다.

① ㄱ        ② ㄴ

③ ㄷ        ④ ㄱ, ㄴ

⑤ ㄱ, ㄷ

**해설** ㄱ. [○]

가등기담보계약에는 피담보채무의 불이행시 그 채무의 변제에 갈음하여 일정한 재산권을 채권자에게 이전하기로 하는 대물변제의 예약(또는 매매의 예약)을 하는 것, 즉 유담보약정이 포함되어야 하고 대물변제의 예약 또는 매매예약 당시에 그 목적물의 가액이 차용액 및 이자의 합산액을 초과하여야 한다(가등기담보법 제1조 ; 이하 동법).

지문의 경우 금전소비대차를 담보하기 위하여 X 토지에 양도담보가 설정되고 설정당시 X 토지의 시가가 소비대차의 원금과 변제기까지 이자의 합산액을 훨씬 상회하고 있었으므로 동법이 적용된다.

그런데 동법은 강행규정으로서 동법이 규정하지 않은 방식의 청산은 인정될 수 없다. 가등기담보권을 실행하는 방법으로는 특단의 사정이 없는 한 '처분정산'이나 '귀속정산' 중 채권자가 선택하는 방법에 의할 수 있으나(대판 1988.12.20. 87다카2685), 여기서 말하는 처분정산은 경매를 통한 공적 실행으로서의 처분정산을 의미하며, 사적 실행으로서는 귀속정산만 인정되고 처분정산은 허용되지 않는다. 그리고 동법은 그 귀속실행절차에 관해 엄격한 제한을 가하고 있다. 따라서 乙이 청산절차를 거치지 않은 것은 위법이며 甲은 채무액을 변제하면 그 채권담보의 목적으로 마친 소유권이전등기의 말소(담보가등기도 포함 : 통설)를 청구할 수 있다(동법 제11조 본문).

하지만 채권자가 동법에 정해진 청산절차 없이 그 담보목적 부동산을 처분하여 선의의 제3자가 소유권을 취득한 경우에는 말소를 청구할 수 없다(동법 제11조 단서). 따라서 甲은 변제 후에도 丙의 등기를 말소 할 수 없다. 다만 乙의 처분행위는 甲에 대한 관계에서 불법행위가 성립하며, 이때 甲이 입은 손해는 다른 특별한 사정이 없는 한 채무자가 더는 그 소유권이전등기의 말소를 청구할 수 없게 된 때의 담보목적 부동산의 가액에서 그때까지의 채무액을 공제한 금액이라고 봄이 상당하다(대판 2010.8.26. 2010다27458).

ㄴ. [○]

채무자 등은 '청산금채권을 변제받을 때'(청산기간 중이 아님)까지 그 채무액(반환할 때까지의 이자와 손해금을 포함한다)을 채권자에게 '미리'지급하고 그 채권담보의 목적으로 마친 소유권이전등기의 말소(담보가등기도 포함 : 통설)를 청구할 수 있다(가담법 제11조 본문). 이처럼 그 등기의 말소를 구하려면 '먼저' 채무를 변제하여야 하고 피담보채무의 변제와 교환적으로 말소를 구할 수는 없다(대판 1984.9.11. 84다카781). 그리고 채무자 등의 말소청구권은 채권자로부터 정당한 청산금의 지급이 이루어진 경우(가담법 제11조 본문의 반대해석) 소멸한다.

▶ 지문의 경우 乙은 甲에게 적법한 청산통지를 하고 정당하게 산정된 청산금을 지급한 다음 본등기를 마쳤으므로 甲은 그 후 4개월이 지나 변제를 하더라도 乙의 본등기를 말소할 수 없다.

ㄷ. [×]

다른 권리자에 의하여 목적 부동산에 대한 경매가 신청된 경우 경매 등 개시의 결정이 있는 경우에 그 경매의 신청이 청산금을 지급하기 전에 행하여진 때(청산금이 없는 경우에는 청산기간의 경과 전)에는 가등기담보권자는 그 가등기에 기한 본등기를 청구할 수 없다(동법 제14조). 判例도 "가등기담보법 제13조, 제14조, 제15조에 의하면, 이러한 **청산절차를 거치기 전에 강제경매 등의 신청이 행하여진 경우** 담보가등기권자는 그 가등기에 기한 본등기를 청구할 수 없고, 그 가등기가 부동산의 매각에 의하여 소멸하되 다른 채권자보다 자기 채권을 우선변제받을 권리가 있을 뿐이다"(대판 2010.11.9. 2010마1322)고 판시하였다.

▶ X 토지에 설정된 선순위 근저당권자 丙의 신청에 따라 경매가 개시된 후에 乙이 청산금을 지급한 이상 乙은 더 이상 청산절차를 거쳐 본등기를 청구할 수 없으므로 乙의 본등기는 무효이다.

## 88

甲이 乙에 대한 금전채무를 담보하기 위하여 점유개정의 방법으로 자신의 소유인 공장기계를 乙에게 양도하고, 그 후 甲이 丙에 대한 금전채무를 담보하기 위하여 점유개정의 방법으로 다시 그 기계를 丙에게 양도하였다. 다음 설명 중 옳은 것을 모두 고른 것은? (다툼이 있는 경우에는 판례에 의함)

[14 변호사]

ㄱ. 甲과 乙 사이의 대내적 관계에서 위 기계의 소유권은 乙에게 있다.
ㄴ. 甲이 위 기계에 대한 점유를 잃으면, 乙 역시 그에 대한 양도담보권을 상실한다.
ㄷ. 丙은 양도담보권을 선의취득한다.
ㄹ. 丙이 乙에게 양도담보권이 있다는 사실을 알면서 甲으로부터 위 기계를 현실인도받아 제3자에게 처분함으로써 乙의 담보권실행을 방해하는 행위는 위법하여 손해배상청구의 대상이 된다.

① ㄱ        ② ㄹ
③ ㄱ, ㄹ     ④ ㄴ, ㄷ
⑤ ㄴ, ㄹ

## 88 정답 ②

**해설** ㄱ. [×]

判例는 동산양도담보의 경우 가등기담보 등에 관한 법률의 시행 전후를 불문하고 신탁적 소유권이전설의 입장이다. 즉 "동산에 관하여 양도담보계약이 이루어지고 양도담보권자가 점유개정의 방법으로 인도를 받았다면 그 청산절차를 마치기 전이라 하더라도 담보목적물에 대한 사용수익권은 없지만 제3자에 대한 관계에 있어서는 그 물건의 소유자임을 주장하고 그 권리를 행사할 수 있다"(대판 1994.8.26. 93다44739)고 판시하거나, "금전채무를 담보하기 위하여 채무자가 그 소유의 동산을 채권자에게 양도하되 점유개정에 의하여 채무자가 이를 계속 점유하기로 한 경우 특별한 사정이 없는 한 동산의 소유권은 신탁적으로 이전됨에 불과하여 채권자와 채무자 사이의 대내적 관계에서 채무자는 의연히 소유권을 보유하나 대외적인 관계에 있어서 채무자는 동산의 소유권을 이미 채권자에게 양도한 무권리자가 된다"(대판 2004.10.28. 2003다30463)고 판시하고 있다.

▶ 따라서 甲과 乙 사이의 대내적 관계에서 위 기계의 소유권은 양도담보권설정자인 甲에게 있다.

ㄴ. [×]

양도담보가 설정되면 대외적인 관계에서 소유권이 양도담보권자에게 넘어간다. 가령 점유개정의 방법으로 양도담보를 설정한 후에 양도담보권자나 양도담보설정자가 그 동산에 대한 점유를 상실하더라도 그 양도담보의 효력에는 아무런 영향이 없다(대판 2000.6.23. 99다65066).

ㄷ. [×]

"금전채무를 담보하기 위하여 채무자가 그 소유의 동산을 채권자에게 양도하되 점유개정에 의하여 채무자가 이를 계속 점유하기로 한 경우 특별한 사정이 없는 한 동산의 소유권은 신탁적으로 이전됨에 불과하여 채권자와 채무자 사이의 대내적 관계에서 채무자는 의연히 소유권을 보유하나 대외적인 관계에 있어서 채무자는 동산의 소유권을 이미 채권자에게 양도한 무권리자가 되는 것이어서 다시 다른 채권자와의 사이에 양도담보 설정계약을 체결하고 점유개정의 방법으로 인도를 하더라도 선의취득이 인정되지 않는 한 나중에 설정계약을 체결한 채권자는 양도담보권을 취득할 수 없는데, 현실의 인도가 아닌 점유개정으로는 선의취득이 인정되지 아니하므로, 결국 뒤의 채권자는 양도담보권을 취득할 수 없다"(대판 2004.10.28. 2003다30463). 그러나 점유개정에 의한 선의취득이 부정된다고 하여, 그것을 종국적인 것으로 볼 것은 아니다. 즉, 그 후에 다른 인도방법(현실인도 또는 반환청구권의 양도)을 갖추면, 선의취득을 부정할 것은 아니다. 다만 이러한 경우에 다른 인도방법을 갖출 때(점유개정시 아님) 특히 선의·무과실의 요건이 구비되어야 한다.

▶ 따라서 다른 특별한 사정이 없는 한 점유개정에 따라 점유하고 있는 丙은 양도담보권을 선의취득할 수 없다.

ㄹ. [○]

"동산에 대하여 점유개정의 방법으로 이중양도담보를 설정한 경우 원래의 양도담보권자는 뒤의 양도담보권자에 대하여 배타적으로 자기의 담보권을 주장할 수 있으므로, 뒤의 양도담보권자가 양도담보의 목적물을 처분함으로써 원래의 양도담보권자로 하여금 양도담보권을 실행할 수 없도록 하는 행위는, 이중양도담보 설정행위가 횡령죄나 배임죄를 구성하는지 여부나 뒤의 양도담보권자가 이중양도담보 설정행위에 적극적으로 가담하였는지 여부와 관계없이, 원래의 양도담보권자의 양도담보권을 침해하는 위법한 행위이다"(대판 2000.6.23. 99다65066).

▶ 악의가 있어 공장기계에 대한 양도담보권을 취득하지 못한 제2양도담보권자 丙이 양도담보권을 실행하여 공장기계를 인도받은 후 제3자에게 처분한 경우에는 그 제3자가 공장기계를 선의취득할 수 있다. 이 경우에는 반사적으로 제1양도담보권자 乙의 적법, 유효한 양도담보권이 소멸하게 되므로, 제2양도담보권자 丙은 제1양도담보권자 乙에게 불법행위로 인한 손해배상책임을 진다.

## 89

甲은 乙에 대한 2,000만 원의 채무를 담보하기 위하여 자신 소유 X 동산을 乙에게 양도하되 甲이 X를 계속 점유하기로 하였다. 이에 관한 설명 중 옳지 않은 것은? (다툼이 있는 경우 판례에 의함) [22 변호사]

① 丙이 X를 무단으로 점유하는 경우에, 乙은 丙에 대하여 X의 인도를 구할 수 있다.

② 丙이 X를 무단으로 점유하는 경우에, 乙은 丙에 대하여 차임 상당의 손해배상을 구할 수는 없다.

③ 甲이 X를 위와 같이 乙에게 양도한 후, X를 각각의 목적물로 하여 다른 채권자 丙과 피담보채권액 1,000만 원의 양도담보설정계약을 체결하고, 다시 乙과 피담보채권액 1,000만 원의 양도담보설정계약을 추가로 체결하였는데, 각 설정계약에서 점유개정의 방법으로 X를 인도하였다. 이 경우, 乙의 양도담보권의 피담보채권액은 2,000만 원에서 3,000만 원으로 증액되고, 丙은 양도담보권을 취득하지 못한다.

④ X가 화재로 소실되어 甲이 보험회사에 대하여 보험금청구권을 가지는 경우에, 乙은 그 보험금청구권에 대하여 물상대위권을 행사할 수 있다.

⑤ 丙 소유의 Y 동산이 X에 부합되어 丙이 Y의 소유권을 상실한 경우에, 丙은 乙을 상대로 「민법」 제261조(첨부로 인한 구상권)에 따른 보상을 청구할 수 있을 뿐 甲을 상대로 보상을 청구할 수는 없다.

**89** 정답 ⑤

① [○]

**해설** 양도담보의 대외적 관계

判例는 동산양도담보의 경우 가등기담보 등에 관한 법률의 시행 전후를 불문하고 신탁적 소유권이전설의 입장이다. 즉 "동산의 소유권은 신탁적으로 이전됨에 불과하여 채권자와 채무자 사이의 대내적 관계에서 채무자는 의연히 소유권을 보유하나 대외적인 관계에 있어서 채무자는 동산의 소유권을 이미 채권자에게 양도한 무권리자가 된다"(대판 2004. 10.28. 2003다30463). 따라서 동산양도담보권자는 대외적 관계에서 목적물의 소유권을 주장할 수 있다.

▶ 대외적으로 양도담보권자인 乙이 X 동산의 소유권자이므로 X를 무단점유하고 있는 丙에 대하여 소유권에 기한 방해제거청구권으로 인도청구권을 행사할 수 있다(민법 제 213조).

② [○]

**해설** 양도담보의 대내적 관계

"일반적으로 부동산을 채권담보의 목적으로 양도한 경우 특별한 사정이 없는 한 목적부동산에 대한 사용수익권은 채무자인 양도담보설정자에게 있으므로, 양도담보권자는 사용수익할 수 있는 정당한 권한이 있는 채무자나 채무자로부터 그 사용수익할 수 있는 권한을 승계한 자에 대하여는 사용수익을 하지 못한 것을 이유로 임료 상당의 손해배상이나 부당이득반환청구를 할 수 없다"(대판 2008.2.28. 2007다37394, 37400 : 동산양도담의 경우에도 마찬가지이다)

▶ 무단점유로 인한 차임상당의 손해배상은 사용수익권의 침해를 전제로 하는 것이므로 양도담보물의 사용수익권이 인정되지 않는 乙은 丙에게 차임상당의 손해배상청구권을 행사할 수 없다.

③ [○]

**해설** 동산 이중양도담보

"금전채무를 담보하기 위하여 채무자가 그 소유의 동산을 채권자에게 양도하되 점유개정에 의하여 채무자가 이를 계속 점유하기로 한 경우 특별한 사정이 없는 한 동산의 소유권은 신탁적으로 이전됨에 불과하여 채권자와 채무자 사이의 대내적 관계에서 채무자는 의연히 소유권을 보유하나 대외적인 관계에 있어서 채무자는 동산의 소유권을 이미 채권자에게 양도한 무권리자가 되는 것이어서 다시 다른 채권자와의 사이에 양도담보 설정계약을 체결하고 점유개정의 방법으로 인도를 하더라도 선의취득이 인정되지 않는 한 나중에 설정계약을 체결한 채권자는 양도담보권을 취득할 수 없는데, 현실의 인도가 아닌 점유개정으로는 선의취득이 인정되지 아니하므로, 결국 뒤의 채권자는 양도담보권을 취득할 수 없다"(대판 2004.10.28. 2003다30463).

▶ 제2양도담보권자인 丙이 점유개정에 의한 양도담보권을 취득한 이상 양도담보권을 선의취득할 수 없으므로, 제1 양도담보권자인 乙에게만 양도담보권이 인정되는바, 乙의

양도담보권은 피담보채권의 증액이 인정되나, 丙에게는 양도담보권이 인정되지 않는다.

④ [○]

**해설** 양도담보권자의 물상대위

"동산 양도담보권자는 양도담보 목적물이 소실되어 양도담보 설정자가 보험회사에 대하여 화재보험계약에 따른 보험금청구권을 취득한 경우 담보물 가치의 변형물인 화재보험금청구권에 대하여 양도담보권에 기한 물상대위권을 행사할 수 있는데, 동산 양도담보권자가 물상대위권 행사로 양도담보 설정자의 화재보험금청구권에 대하여 압류 및 추심명령을 얻어 추심권을 행사하는 경우 특별한 사정이 없는 한 제3채무자인 보험회사는 양도담보 설정 후 취득한 양도담보 설정자에 대한 별개의 채권을 가지고 상계로써 양도담보권자에게 대항할 수 없다. 그리고 이는 보험금청구권과 본질이 동일한 공제금청구권에 대하여 물상대위권을 행사하는 경우에도 마찬가지이다"(대판 2014.9.25. 2012다58609)

⑤ [×]

**해설** 민법 제261조에 따라 보상을 청구할 수 있는 상대방(양도담보설정자)

"判例는 동산의 부합과 관련하여 "부당이득반환청구에서 '이득'이란 실질적인 이익을 의미하며, 동산양도담보권은 담보물의 교환가치 취득을 목적으로 하는 것이므로 이러한 양도담보권의 성격에 비추어 보면, 양도담보권의 목적인 주된 동산에 다른 동산이 부합(제257조)되어 부합된 동산에 관한 권리자가 권리를 상실하는 손해를 입은 경우 주된 동산이 담보물로서 가치가 증가된 데 따른 실질적 이익은 주된 동산에 관한 '양도담보권설정자'에게 귀속되는 것이다(즉, 신탁적 소유권이전설에 따라 대외적으로 소유권자인 '양도담보권자'에게 이득이 귀속되는 것이 아니다). 따라서 이 경우 부합으로 인하여 권리를 상실하는 자는 양도담보설정자를 상대로 제261조에 따라 보상을 청구할 수 있을 뿐 양도담보권자를 상대로 보상을 청구할 수는 없다"(대판 2016.4.28. 2012다19659)고 한다.

▶ 사안의 경우, 丙은 양도담보권설정자인 甲을 상대로 보상을 청구할 수 있을 뿐, 양도담보권자인 乙을 상대로는 보상을 청구할 수 없다.

민법

# PART 3

# 채권총론

## 90

甲은 乙에게 乙이 생산한 참외 100상자를 주문하였고, 대금은 100만 원으로 정하였다. 甲과 乙은 품질이나 이행지에 관하여는 달리 약정을 하지 않았다. 乙은 丙에게 자신이 생산한 참외 중에서 100상자를 甲의 주소지로 운송해 줄 것을 부탁하였다. 이에 관한 설명 중 옳지 않은 것은? [17 변호사]

① 乙은 자신이 생산한 참외 중 중등품 100상자를 甲의 주소지에서 인도하여야 한다.

② 丙이 위 참외를 트럭에 싣고 甲의 주소지로 가던 중 丙의 과실 없이 사고를 당하여 참외가 모두 파손된 경우, 乙은 자신이 생산한 다른 참외가 있더라도 참외 100상자를 다시 인도할 필요가 없다.

③ 丙이 참외 100상자를 싣고 이행일시에 甲의 주소지에 도착하여 甲에게 적법한 이행제공을 하였으나 甲이 수령을 거절하는 바람에 丙이 되돌아 가다가 그의 과실 없이 교통사고를 당하여 참외가 멸실된 경우, 乙의 위 참외 인도채무는 소멸한다.

④ 위 ③의 경우에 乙은 甲에게 위 참외대금의 지급을 청구할 수 있다.

⑤ 배달된 참외 중의 일부가 배달 중에 파손되었음을 발견한 甲은 乙에게 다시 하자 없는 참외로 급부해 줄 것을 청구할 수 있다.

# 90 　　　　　　　　　　　　　　　　정답 ②

**쟁점구조** 종류채권의 특정 [채무자(매도인)가 변제제공을 하였으나 채권자(매수인) 수령지체 중 채무자의 경과실로 목적물을 멸실한 경우] (급, 선, 대)

Ⅰ. 매도인의 목적물인도채무(소극)
① 채무의 성질 확정(종류채권인지 특정물채권인지) ⇨ ② 종류채권이라면 종류채권의 특정 시기와 방법(제375조 2항 해석론) ⇨ ③ 특정물 채권으로 변경에 따른 목적물인도청구권의 존부[급부(물건)위험 이전15)]

Ⅱ. 매도인의 채무불이행책임의 성부(소극)
선관주의의무 위반 여부 확정[제374조, 제392조(이행지체), 제401조(채권자지체)]

Ⅲ. 매수인의 대금지급의무(적극)
대가 위험부담의 문제(특히 제538조 1항 2문 해석론)16)

① [○]

**조문** 제375조(종류채권) ① 채권의 목적을 종류로만 지정한 경우에 법률행위의 성질이나 당사자의 의사에 의하여 품질을 정할 수 없는 때에는 채무자는 중등품질의 물건으로 이행하여야 한다.

▶ 종류채권은 특정물채권과 달리 목적물의 개성이 중시되지 않기 때문에, 종류물인지 여부(개성의 중시 여부)는 거래의 일반관념에 의하여 객관적으로 정해지는 것이 아니라, **당사자의 의사를 표준**으로 하여 정하여 진다. 乙의 채무는 참외 100상자를 인도하는 것으로 사안에서 甲이 특정 참외 상자를 지정한 것으로 보이지 않으므로 불특정 참외 100상자를 인도하면 족한 '종류채무'이다.

② [×]

**해설** 乙이 참외 100상자를 다시 인도할 필요가 있는지 여부(조달의무)는 급부의 위험이 누구에게 있는지와 관련된 문제인 바, 종류물의 특정으로 급부(물건)의 위험이 채권자 甲에게 **이전한다.** 따라서 특정된 물건이 그 후 어떤 사정으로 멸실한 경우에는, 채무자 乙은 다른 종류물로 다시 이행하여야 할 의무(조달의무)를 지지는 않으며 그 인도의무를 면한다.

사안의 경우 채권자 甲이 채무자 乙에게 지정권을 준 사정은 없기 때문에 채무자 乙의 '이행에 필요한 행위의 완료 여부'에 따라 특정여부가 결정된다(제375조 제2항). 이는 변제장소와 관련한 채무의 종류에 따라 다른데, 사안과 같이 이행지에 관하여 달리 약정한 바가 없다면 채무변제는 채권자 甲의 현주소에서 하여야 한다. 즉, 지참채무가 원칙이다. 지참채무의 경우는 채권자의 주소에서 '현실의 제공'을 한 때(제460조 본문), 즉 목적물이 채권자의 주소에 도달하고 채권자가 언제든지 수령할 수 있는 상태에 놓여진 때에 특정된다.

따라서 위 지문에서와 같이 **채권자 甲의 주소지에 도달하기 전, 즉 특정되기 전에 목적물이 모두 파손된 경우라면 채무자 乙은 여전히 조달의무를 지게 되고, 참외 100상자를 다시 인도해야 한다.**

③ [○]

**해설** 지문의 경우 채무자 乙이 채권자 甲에게 적법한 이행제공을 하였기 때문에 비록 甲이 수령을 거절하였다고 하더라도 제375조 제2항의 '이행에 필요한 행위를 완료'했다고 봄이 타당하다. 그러므로 乙의 참외 100상자 인도채무는 특정되었다. 따라서 이 때 참외라는 급부(물건)의 위험은 채권자 甲에게 이전하고 채무자 乙은 이행기의 현상대로 물건을 인도하면 된다(제462조). 그런데, 사안에서 그 특정된 참외가 파손된 것이므로 乙의 의무는 급부불능이 되었고 이러한 **급부위험은 채권자 甲이 부담하게 되므로 乙의 참외 인도채무는 소멸한다.**

④ [○]

**해설** 乙이 甲에게 위 참외대금의 지급을 청구하기 위해서는 소위 '채권자위험부담주의'인 제538조 제1항의 법리가 적용되어야 한다. 지문 ③에서 채무자 乙은 채무의 내용에 좇은 이행의 제공을 하였으나 채권자 甲이 수령을 거절하였으므로 채권자지체가 성립한다(제400조). 따라서 지문 ③과 같이 **채권자지체 중 쌍방당사자의 책임 없는 사유로 멸실된 경우**(제538조 제1항 2문) 채무자는 자신의 급부의무는 면하게 되나 채권자는 반대급부의 이행을 청구할 수 있다. 즉 채무자 乙은 급부의무를 면하게 되므로 위 참외 인도채무는 소멸하지만 채무자 乙은 채권자 甲에게 반대급부인 참외대금의 지급을 청구할 수 있다.

⑤ [○]

**해설** 매매의 목적물을 종류로 지정한 경우라 하더라도 그 후 특정된 목적물에 하자가 있는 때에는 매도인은 하자담보책임을 진다(제581조 제1항). 이 경우 매수인은 계약의 해제나 손해배상청구를 하지 않고 하자 없는 물건, 소위 '완전물급부청구권'을 행사할 수 있다(동조 제2항).

▶ 지문의 경우 甲은 목적물의 일부(참외 중 일부)가 파손되었음을 발견한 바, 그 사실을 안 날로부터 6개월 내에 乙에게 다시 하자 없는 목적물(참외)로 급부해 달라고 청구할 수 있다.

---

15) 특정된 물건이 그 후 어떤 사정으로 멸실(滅失)한 경우에는, 채무자는 다른 종류물로 다시 이행하여야 할 의무(조달의무)를 지지는 않으며 그 인도의무를 면한다.

16) 특정이 되어도 대가위험은 여전히 채무자에게 남아 있지만(제537조), 특정 후에 채권자 지체가 발생하면 대가의 위험은 채권자에게 이전되므로(제538조), 특정은 대가위험을 이전시키기 위한 전제조건이 된다.

## 91

甲은 乙로부터 냉동창고를 임차한 창고업자이다. 甲은 이 냉동창고가 파손되어 乙에게 수선을 요청하였다. 이에 乙은 A에게 보수공사를 맡겼는데 A의 피용자 丙의 과실로 냉동창고에 화재가 발생하여 냉동창고에 보관 중이던 B의 임치물이 소실되었다. 이에 관한 설명 중 옳지 않은 것을 모두 고른 것은? (다툼이 있는 경우 판례에 의함)　　[17 변호사]

> ㄱ. 乙은 임대차계약에 따른 임대물수선의무를 이행하기 위하여 제3자인 A에게 도급을 주어 공사를 하게 된 것이고 A 및 丙에 대하여 지휘·감독하는 관계가 아니므로 乙은 甲에 대하여 채무불이행책임을 지지 않는다.
> ㄴ. A는 자기의 피용자 丙의 과실에 의한 화재이므로 乙에 대하여 채무불이행책임을 진다.
> ㄷ. A는 자기의 피용자 丙의 과실에 의한 화재이므로 甲에 대하여 「민법」 제756조에 따라 불법행위책임을 진다.
> ㄹ. A는 자기의 피용자 丙의 과실에 의한 화재이므로 甲에 대하여 채무불이행책임을 진다.

① ㄱ, ㄴ　　　　② ㄱ, ㄹ
③ ㄴ, ㄷ　　　　④ ㄴ, ㄹ
⑤ ㄷ, ㄹ

**91** 정답 ②

**해설** ㄱ. [×]

"ⅰ) 민법 제391조에서의 이행보조자로서의 피용자라 함은 일반적으로 채무자의 의사관여 아래 그 채무의 이행행위에 속하는 활동을 하는 사람이면 족하고, **반드시 채무자의 지시 또는 감독을 받는 관계에 있어야 하는 것은 아니므로 채무자에 대하여 종속적인가 독립적인 지위에 있는가는 문제되지 않는다.** ⅱ) 임대인이 임차인과의 임대차계약상의 약정에 따라 제3자에게 도급을 주어 임대차목적 시설물을 수선한 경우에는 그 수급인도 임대인에 대하여 종속적인지 여부를 불문하고 이행보조자로서의 피용자라고 보아야 할 것이고, 이러한 수급인이 시설물 수선 공사 등을 하던 중 수급인의 과실로 인하여 화재가 발생한 경우에는 임대인은 민법 제391조에 따라 위 화재발생에 귀책사유가 있다 할 것이어서 임차인에 대한 채무불이행상의 손해배상책임이 있다"(대판 2002.7.12. 2001다44338).

▶ 위 지문의 경우 **수급인 A는 乙의 임대차계약과 관련하여 이행보조자**에 해당하여 임대인 乙은 임차인 甲에 대하여 채무불이행 책임을 져야 한다(제623조, 제390조).

ㄴ. [○]

위 ㄱ. 지문과 마찬가지로 **피용자 丙은 A의 도급계약과 관련하여 이행보조자**에 해당하여 수급인 A는 도급인 乙에 대하여 채무불이행 책임을 져야 한다(제665조, 제390조).

ㄷ. [○]

"사용자책임이 성립하려면 사용자와 불법행위자 사이에 사용관계, 즉 사용자가 불법행위자를 실질적으로 지휘·감독하는 관계에 있어야 한다"(대판 1999.10.12. 98다62671).

▶ 피용자 丙은 A의 도급계약과 관련하여 제391조의 '피용자'에도 해당하지만, 제756조의 '피용자'에도 해당한다. 수급인 A의 피용자 丙은 과실에 의해 냉동창고에 화재를 발생시켜 수치인 甲이 냉동창고에 보관 중이던 임치인 B의 물건을 소실시킴에 따라 甲이 B에게 임치계약에 따른 반환을 하지 못하는 재산상의 손해를 발생시켰다(제700조). 따라서 사용자 A는 피해자 甲에 대하여 제756조의 사용자책임을 진다.

ㄹ. [×]

ㄷ. 지문과 같이 A는 제756조의 사용자책임을 甲에 대하여 질 수 있을 뿐, 甲과는 임대차계약의 당사자가 아니므로 수급인 A는 임차인 甲에게 채무불이행책임을 지지 않는다.

## 92

**이행지체에 관한 설명 중 옳은 것은? (다툼이 있는 경우 판례에 의함)**

[16 변호사]

① 매수인이 매도인으로부터 물품을 공급받은 다음 그들 사이의 물품대금 지급방법에 관한 약정에 따라 그 대금의 지급을 위하여 매도인에게 지급기일이 물품 공급일자 이후로 된 약속어음을 발행·교부한 경우 물품대금 지급채무의 이행기는 그 약속어음의 지급기일이지만, 예외적으로 그 약속어음이 발행인의 지급정지의 사유로 그 지급기일 이전에 지급거절된 때에는 그때 위 물품대금 지급채무의 이행기가 도달한다.

② 이행기의 정함이 없는 채권을 양수받은 채권양수인이 채무자를 상대로 이행청구를 하면 그 다음 날부터 이행지체 책임이 발생하며, 이는 채무자에 대한 지명채권 양도의 통지가 이행청구 이후에 도달한 경우에도 동일하다.

③ 乙이 甲에게 기존 매매대금 채무의 이행확보를 위해 약속어음을 발행한 경우 약정된 매매대금채무의 변제기가 도과하더라도 甲이 乙에게 위 약속어음을 반환하지 않는 이상 원칙적으로 이행지체가 발생하지 않는다.

④ 甲의 乙에 대한 매매대금채권의 지급을 금지하는 채권가압류 명령이 乙에게 송달되었다면 그 매매대금채권의 변제기가 도래하더라도 乙은 이행지체 책임을 면한다.

⑤ 특정물의 매매에 있어서 매수인의 대금지급채무가 이행지체에 빠졌다 하더라도 그 목적물의 인도가 이루어지지 아니하는 한 매도인은 매수인의 대금지급채무의 이행지체를 이유로 매매대금의 이자 상당액의 손해배상청구를 할 수 없다.

## 92

정답 ⑤

① [×]

**해설** 이행지체가 성립하기 위해서는 ⅰ) 채무가 이행기에 있고, ⅱ) 그 이행이 가능함에도 불구하고 이행을 지체할 것, ⅲ) 채무자의 귀책사유가 있을 것, ⅳ) 위법할 것을 요한다. 이 중 이행기와 관련하여 어음·수표상의 채권과 원인채권이 병존하는 경우에 判例는 어음·수표의 교부를 원인채권의 **지급을 확보하기 위한 경우**(담보목적)와 원인채권의 **지급을 위한 경우**(지급의 편의를 위한 경우) 등 두 유형으로 나누어 달리 취급한다.

원인채권의 **지급을 확보하기 위한** 방법으로 어음이 수수된 경우에 判例는 "원인채권과 어음채권은 별개로서 채권자는 그 선택에 따라 권리를 행사할 수 있고, 원인채권에 기하여 청구를 한 것만으로는 어음채권 그 자체를 행사한 것으로 볼 수 없어 어음채권의 소멸시효를 중단시키지 못한다"(대판 1999.6.11. 99다16378)고 판시하였다. 반면, **지급을 위한 경우** 判例는 어음채권을 먼저 행사할 것을 예정한 것으로 보아 "채권자로서는 어음채권을 우선 행사하고 그에 의하여 만족을 얻을 수 없는 때 비로소 채무자에 대하여 기존의 원인채권을 행사할 수 있는 것이므로, 채권자가 기존채무의 변제기보다 후의 일자가 만기로 된 어음을 교부받은 때에는 특단의 사정이 없는 한 기존채무의 지급을 유예하는 의사가 있었다고 보아야 한다"(대판 2001.2.13. 2000다5961)고 판시하였다.

▶ 지문의 경우 **지급을 위하여** 약속어음이 교부된 것이므로, 물품대금 지급채무의 이행기는 다른 특별한 사정이 없는 한 그 약속어음의 지급기일로 확정되고, 위 약속어음이 발행인에게 발생한 지급정지사유로 그 지급기일이 도래하기 전에 지급거절 되었더라도 그 지급거절 된 때에 물품대금 지급채무의 이행기가 도래하는 것은 아니다.

"매수인이 매도인으로부터 물품을 공급받은 다음 그들 사이의 물품대금 지급방법에 관한 약정에 따라 그 대금의 지급을 위하여 물품 매도인에게 지급기일이 물품공급일자 이후로 된 약속어음을 발행·교부한 경우, 물품대금 지급채무의 이행기는 다른 특별한 사정이 없는 한 그 약속어음의 지급기일이고, 위 약속어음이 발행인에게 발생한 지급정지사유로 그 지급기일이 도래하기 전에 지급거절 되었더라도 그 지급거절 된 때에 물품대금 지급채무의 이행기가 도래하는 것은 아니다"(대판 2000.9.5. 2000다26333).

② [×]

**해설** 채무이행의 기한이 없는 경우에는 채무자는 이행청구를 받은 때로부터(구체적으로는 그 다음날부터) 지체책임이 있다(제387조 제2항). 그런데 지명채권의 양도는 양도인이 채무자에게 통지하거나 채무자가 승낙하지 아니하면 채무자 기타 제3자에게 대항하지 못하므로(제451조 제1항), 이행기의 정함이 없는 채권을 양수한 양수인으로부터 이행청구를 받은 채무자는 이로써 지체책임을 지지 않고, 그 후 채권양도통지가 도달되면 그 다음 날부터(이행의 소를 제기한 때가 아님) 이행지체의 책임을 진다. 즉, "지명채권이 양도된 경우 채무자에 대한 **대항요건이 갖**

추어질 때까지 채권양수인은 채무자에게 대항할 수 없으므로, 이행기의 정함이 없는 채권을 양수한 채권양수인이 채무자를 상대로 그 이행을 구하는 소를 제기하고 소송 계속 중 채무자에 대한 채권양도통지가 이루어진 경우에는 특별한 사정이 없는 한 채무자는 채권양도통지가 도달된 다음 날부터(이행의 소를 제기한 때가 아님) 이행지체의 책임을 진다"(대판 2014. 4.10. 2012다29557).

③ [×]

**해설** 쌍무계약에 의한 채무의 이행에서는 당사자 간에 동시이행의 항변권이 인정되고(제536조), 동시이행의 항변권을 가지는 채무자는 자신의 채무를 이행하지 않는 것이 정당한 것으로 인정되기 때문에, 비록 이행기에 이행을 하지 않더라도 이행지체가 되지 않는다(제390조 단서). 이러한 **이행지체책임의 면책의 효력은 그 항변권을 행사·원용하지 않아도 발생한다**(대판 2010.10.14. 2010다47438). 즉, 동시이행의 항변권이 존재하는 것만으로 아래의 이행지체 저지효가 발생하는데 이를 존재효 또는 당연효라고 한다. 그러나 **예외적으로 동시이행관계에 있더라도 이행지체가 발생하는 경우가 있다.** 判例는 원인채무의 변제와 어음이나 수표의 반환에 대해 동시이행관계를 인정하면서도 '당연효'를 인정하지 않고, 채무자가 동시이행의 항변권을 행사하여 원인채무의 지급을 거절하는 경우에만 지체책임을 면한다고 본다.

즉, 判例는 "채무이행을 확보하기 위해 어음을 교부한 경우 원인채무의 이행과 어음의 반환은 동시이행관계이나, 어음을 반환하지 않는 것은 원인채무의 지급을 거절할 수 있는 사유일 뿐이므로 원인채무의 이행기를 도과하면 원칙적으로 이행지체책임을 진다"(대판 1999.7.9. 98다47542,47559)고 하면서, "어음반환과 동시이행을 주장하는 경우에는 원인채무의 이행지체가 정당화될 수 있다"(대판 1993.11.9. 93다1203,1121)고 하여 항변권을 적극적으로 행사하여 그 지급을 거절하고 있는 것이 아닌 한 이행지체의 책임을 면할 수 없다고 본다.

왜냐하면 채무자의 원인채무와 채권자의 어음반환의무가 동시이행관계에 있는 이유는 양 채무가 대가적인 견련관계에 있어서가 아니라, 만일 채무자가 무조건 원인채무를 이행하여야 한다면 채무자는 이로써 어음소지인에게 대항할 수 없는 결과 이중변제의 위험에 빠지기 때문이다. 따라서 어음상 권리가 시효완성으로 소멸하여 채무자에게 이중지급의 위험이 없고 채무자가 다른 어음상 채무자에 대하여 권리를 행사할 수도 없는 경우에는 채권자의 원인채권 행사에 대하여 채무자에게 어음상환의 동시이행항변을 인정할 필요가 없으므로 결국 채무자의 동시이행항변권은 부인된다(대판 2010.7.29. 2009다69692).

④ [×]

**해설** "ⅰ) 채권의 가압류는 제3채무자에 대하여 채무자에게 지급하는 것을 금지하는 데 그칠 뿐 채무 그 자체를 면하게 하는 것이 아니고, 가압류가 있다 하여도 그 채권의 이행기가 도래한 때에는 제3채무자는 그 지체책임을 면할 수 없다고 보아야 할 것이다. ⅱ) 이 경우 가압류에 불구하고 제3채무자가 채무자에게 변제를 한 때에는 나중에 채권자에게 이중으로 변제하여야 할 위험을 부담하게 되므로 **제3채무자로서는 민법 제487조의 규정에 의하여 공탁을 함으로써**(실무상 가압류의 경우는 현행 민사집행법상의 집행공탁으로 사실상 통일;저자 주)**이중변제의 위험에서 벗어나고 이행지체의 책임도 면할 수 있다고 보아야 할 것이다.** 제3채무자가 이와 같이 채권의 가압류를 이유로 변제공탁을 한 때에는 그 가압류의 **효력은 채무자의 공탁금출급청구권에 대하여 존속한다**고 할 것이므로 그로 인하여 가압류 채권자에게 어떤 불이익이 있다고도 할 수 없다. ⅲ) 위의 법리는 부당이득반환채권이 가압류된 후에 제3채무자가 악의로 되어 그 받은 이익에 덧붙여 반환하여야 할 이자지급책임을 면하기 위한 경우에도 마찬가지라 할 것이고, 또 채권자의 소재가 불명한 경우에도 채무자로서는 변제공탁을 하지 않는 한 그 이행지체의 책임 내지 부당이득에 대한 이자의 배상책임을 면할 수 없음은 물론이다"(대판 1994.12.13. 전합93다951).

▶ 甲의 乙에 대한 매매대금채권의 지급을 금지하는 채권가압류 명령이 乙에게 송달되었다면 乙은 변제공탁을 하지 않는 한 그 매매대금채권의 변제기가 도래한 경우 이행지체 책임을 면할 수 없다.

⑤ [○]

**해설** "특정물의 매매에 있어서 매수인의 대금지급채무가 이행지체에 빠졌다 하더라도 그 목적물이 매수인에게 인도될 때까지는 매수인은 매매대금의 이자를 지급할 필요가 없는 것이므로(제587조), 그 목적물의 인도가 이루어지지 아니하는 한 매도인은 매수인의 대금지급의무 이행의 지체를 이유로 매매대금의 이자 상당액의 손해배상청구를 할 수 없다"(대판 1995.6.30. 95다14190).

## 93

**이행지체에 관한 설명 중 옳은 것은? (다툼이 있는 경우에는 판례에 의함)** [13 변호사]

① 정지조건부 기한이익 상실의 특약이 있는 경우, 특별한 사정이 없는 한 그 특약에서 정한 기한이익 상실사유가 발생하였더라도 채권자의 이행청구가 없으면 채무자는 지체책임을 지지 않는다.

② 확정기한이 있는 금전채권에 대하여 가압류결정이 내려진 경우, 채무자는 기한이 도래하더라도 지체책임을 지지 않는다.

③ 불법행위로 인한 손해배상의무는 기한의 정함이 없는 채무로서 채무자는 피해자의 이행청구를 받은 때로부터 지체책임이 있다.

④ 채무자는 확정된 지연손해금채무에 대하여 채권자의 이행청구를 받은 때로부터 지체책임을 부담하게 된다.

⑤ 토지거래허가를 전제로 하는 매매계약의 경우, 허가가 있기 전이라도 매도인이 소유권이전등기 소요서류의 이행제공을 하였다면 매수인은 계약내용에 따른 대금지급의무를 부담하므로 매수인이 그 의무를 이행하지 아니한 때에는 매도인은 계약을 해제할 수 있다.

**93** 　　　　　　　　　　　　　　　　　　　　　　정답 ④

조문 제387조(이행기와 이행지체) 「① 채무이행의 확정한 기한이 있는 경우에는 채무자는 기한이 도래한 때로부터 지체책임이 있다. 채무이행의 불확정한 기한이 있는 경우에는 채무자는 기한이 도래함을 안 때로부터 지체책임이 있다.
② 채무이행의 기한이 없는 경우에는 채무자는 이행청구를 받은 때로부터 지체책임이 있다.」

① [ × ]

해설 "채권자의 별도의 의사표시가 없더라도 바로 이행기가 도래한 것과 같은 효과를 발생케 하는 이른바 정지조건부 기한이익 상실의 특약을 하였을 경우에는 그 특약에 정한 기한의 이익 상실사유가 발생함과 동시에 기한의 이익을 상실케 하는 채권자의 의사표시가 없더라도 이행기 도래의 효과가 발생하고, 채무자는 특별한 사정이 없는 한 그 때부터 이행지체의 상태에 놓이게 된다"(대판 1999.7.9. 99다15184).

관련 형성권적 기한이익 상실 약정은 일정한 사유가 발생한 것만으 정리 로 곧바로 기한의 도래가 의제되지는 않고, **채권자가 기한이익 상실의 의사표시를 한 때** 비로소 기한의 도래가 의제된다.

② [ × ]

해설 채권이 가압류(아래 전합93다951판결) 또는 가처분(대판 2010.2.25. 2009다22778)된 경우에도 이행기가 도래하면 채무자는 이행하여야 하고, 그렇지 않으면 이행지체의 책임을 진다.
"ⅰ) 채권의 가압류는 제3채무자에 대하여 채무자에게 지급하는 것을 금지하는 데 그칠 뿐 채무 그 자체를 면하게 하는 것이 아니고, 가압류가 있다 하여도 그 채권의 이행기가 도래한 때에는 제3채무자는 그 지체책임을 면할 수 없다고 보아야 할 것이다. ⅱ) 이 경우 가압류에 불구하고 제3채무자가 채무자에게 변제를 한 때에는 나중에 채권자에게 이중으로 변제하여야 할 위험을 부담하게 되므로 제3채무자로서는 민법 제487조의 규정에 의하여 공탁을 함으로써(실무상 가압류의 경우는 현행 민사집행법상의 집행공탁으로 사실상 통일 ; 저자 주) 이중변제의 위험에서 벗어나고 이행지체의 책임도 면할 수 있다고 보아야 할 것이다. 제3채무자가 이와 같이 채권의 가압류를 이유로 변제공탁을 한 때에는 그 가압류의 효력은 채무자의 공탁금출급청구권에 대하여 존속한다고 할 것이므로 그로 인하여 가압류 채권자에게 어떤 불이익이 있다고도 할 수 없다. ⅲ) 위의 법리는 부당이득반환채권이 가압류된 후에 제3채무자가 악의로 되어 그 받은 이익에 덧붙여 반환하여야 할 이자지급책임을 면하기 위한 경우에도 마찬가지라 할 것이고, 또 채권자의 소재가 불명한 경우에도 채무자로서는 변제공탁을 하지 않는 한 그 이행지체의 책임 내지 부당이득에 대한 이자의 배상책임을 면할 수 없음은 물론이다"(대판 1994.12.13. 전합93다951).

③ [ × ]

해설 불법행위로 인한 손해배상채무는 그 성립과 동시에(그 당일부터) 또 채권자의 청구 없이도 당연히 이행지체가 된다는 것이 判例이다(대판 1975.5.27. 74다1393).

비교 다만 위자료청구권에 대해서는 불법행위시부터 사실심 변론 판례 종결시까지 장기간이 경과하고 통화가치 등에 상당한 변동이 생긴 경우에는 예외적으로 사실심 변론종결일부터 지연손해금이 발생한다고 한다(대판 2011.1.27. 2010다6680 ; 대판 2011.7.21. 전합2011재다199).

비교 "타인의 토지를 점유함으로 인한 **부당이득반환채무**는 이행 판례 의 기한이 없는 채무로서 이행청구를 받은 때로부터 지체책임이 있다"(대판 2008.2.1. 2007다8914).

④ [ ○ ]

해설 "금전채무의 지연손해금채무는 금전채무의 이행지체로 인한 손해배상채무로서 이행기의 정함이 없는 채무에 해당하므로, 채무자는 확정된 지연손해금채무에 대하여 채권자로부터 이행청구를 받은 때로부터 지체책임을 부담하게 된다"(대판 2004.7.9. 2004다11582).

⑤ [ × ]

해설 토지거래허가받기 전의 유동적 무효상태에서는 채권적 효력도 전혀 발생하지 아니하여 계약의 이행청구를 할 수 없어 매수인의 대금지급의무나 매도인의 소유권이전등기의무가 없다(대판 1991.12.24. 전합90다12243). 따라서 허가를 받기 전의 상태에서 상대방의 거래계약상 채무불이행을 이유로 거래계약을 해제하거나 그로 인한 손해배상을 청구할 수도 없다(대판 1997.7.25. 97다4357).

관련 "국토이용관리법상의 토지거래허가를 전제로 하는 매매계약 판례 의 경우 허가가 있기 전에는 매수인에게 그 계약내용에 따른 대금의 지급의무가 없는 것이므로 설사 그 전에 매도인이 소유권이전등기 소요서류의 이행제공을 하였다고 하더라도 매수인이 이행지체에 빠지는 것이 아니고 허가가 난 다음 그 이행제공을 하면서 대금지급을 최고하고 매수인이 이에 응하지 아니한 경우에 비로소 이행지체에 빠져 매도인이 계약을 해제할 수 있다"(대판 1994.8.26. 94다23319).

## 94

**이행불능에 관한 설명 중 옳지 않은 것은? (다툼이 있는 경우 관례에 의함)** [20 변호사]

① 동시이행의 관계에 있는 쌍방의 채무 중 어느 한 채무가 이행불능이 됨으로 인하여 발생한 손해배상채무도 여전히 다른 채무와 동시이행의 관계에 있다.

② 부동산소유권이전등기의무자가 그 부동산에 관하여 가등기를 경료한 경우 그 가등기만으로는 소유권이전등기의무가 이행불능이 된다고 할 수 없으나, 제3자 앞으로 채무담보를 위하여 소유권이전등기를 경료한 경우 그 의무자가 위 채무를 변제할 자력이 없는 때에는 특단의 사정이 없는 한 그 소유권이전등기의무는 이행불능이 된다.

③ 매매 목적 부동산에 관하여 제3자의 처분금지가처분의 등기가 기입되었다고 하더라도 그 가처분등기로 인하여 바로 계약이 이행불능으로 되는 것은 아니다.

④ 매매목적물이 화재로 인하여 소실됨으로써 매도인의 매매목적물에 대한 인도의무가 이행불능이 되었다면 매수인은 화재사고로 인해 매도인이 지급받게 되는 화재보험금에 대하여 대상청구권을 행사할 수 있고, 이때 매수인이 화재보험금에 대하여 행사할 대상청구권의 범위는 실제 지급하거나 지급하기로 약정한 매매대금 상당액의 한도로 제한된다.

⑤ 물권적 방해배제청구권의 행사로 등기말소를 구하는 소유자가 그 후 소유권을 상실함으로써 이제 등기말소를 청구할 수 없게 되었다면, 등기말소의무자에 대하여 그 권리의 이행불능을 이유로 「민법」 제390조상의 손해배상청구권을 행사할 수 없다.

## 94                              정답 ④

① [○]

**해설** 동시이행관계에 있는 쌍방 채무 중 어느 한 채무의 이행불능으로 발생한 손해배상채무가 다른 채무와 동시이행관계에 있는지 여부(적극)

한 쪽의 채무가 급부불능으로 인해 소멸하면 동시이행의 항변권도 소멸한다. 그러나 채무자의 귀책사유로 인해 이행불능이 된 때에는 그 채무는 손해배상채무로 바뀌지만 그 동일성은 유지되므로 동시이행의 항변권도 존속한다(대판 2000. 2.25. 97다30066).

② [○]

**해설** 소유권이전등기의무의 이행불능(가등기, 이전등기)

"부동산소유권이전등기 의무자가 그 부동산상에 가등기를 경료한 경우 가등기는 본등기의 순위보전의 효력을 가지는 것에 불과하고 또한 그 소유권이전등기 의무자의 처분권한이 상실되지도 아니하므로 그 가등기만으로는 소유권이전등기 의무가 이행불능이 된다고 할 수 없다. 그러나 부동산소유권이전등기 의무자가 그 부동산에 관하여 제3자 앞으로 비록 채무담보를 위하여 소유권이전등기를 경료하였다고 할지라도 그 의무자가 채무를 변제할 자력이 없는 경우에는 특단의 사정이 없는 한 그 소유권이전등기의무는 이행불능이 된다"(대판 1991.7.26. 91다8104).

③ [○]

**해설** 소유권이전등기의무의 이행불능(처분금지가처분 등기)

"소유권이전등기의무의 이행불능으로 인한 전보배상청구권의 소멸시효는 이전등기의무가 이행불능 상태에 돌아간 때로부터 진행된다고 할 것이고, 매매의 목적이 된 부동산에 관하여 제3자의 처분금지가처분의 등기가 기입되었다 할지라도, 이는 단지 그에 저촉되는 범위 내에서 가처분채권자에게 대항할 수 없는 효과가 있다는 것일 뿐 그것에 의하여 곧바로 부동산 위에 어떤 지배관계가 생겨서 채무자가 그 부동산을 임의로 타에 처분하는 행위 자체를 금지하는 것은 아니라 하겠으므로, 그 가처분등기로 인하여 바로 계약이 이행불능으로 되는 것은 아니고, 제3자 앞으로 소유권이전등기가 경료되는 등 사회거래의 통념에 비추어 계약의 이행이 극히 곤란한 사정이 발생하는 때에 비로소 이행불능으로 된다"(대판 2002.12.27. 2000다47361).

④ [×]

**해설** 대상청구권의 범위가 채권자가 급부불능으로 인하여 받은 손해의 한도로 제한되는지 여부

대법원은 매매의 목적물이 화재로 소실됨에 따른 화재보험금에 대해 매수인의 대상청구권을 인정하면서 화재보험금 전부에 대해 대상청구권을 행사할 수 있는 것이지 '매매대금 상당액의 한도 내로 그 범위가 제한된다고 할 수 없다'고 판시하여 무제한설에 가까운 입장(매수인의 손해는 화재로 소실될 당시의 목적물의 시가상당액이다)을 밝혔다(대판 2016. 10.27. 2013다7769).

⑤ [○]

**해설** 물권적 청구권의 이행불능으로 인한 전보배상청구가 인정되는지 여부(소극)

"소유자가 자신의 소유권에 기하여 실체관계에 부합하지 아니하는 등기의 명의인을 상대로 그 등기말소나 진정명의회복 등을 청구하는 경우에, 그 권리는 물권적 청구권으로서의 방해배제청구권(제214조)의 성질을 가진다. 그러므로 소유자가 그 후에 소유권을 상실함으로써 이제 등기말소 등을 청구할 수 없게 되었다면, 이를 위와 같은 청구권의 실현이 객관적으로 불능이 되었다고 파악하여 등기말소 등 의무자에 대하여 그 권리의 이행불능을 이유로 민법 제390조상의 손해배상청구권을 가진다고 말할 수 없다. 위 법규정에서 정하는 채무불이행을 이유로 하는 손해배상청구권은 계약 또는 법률에 기하여 이미 성립하여 있는 채권관계에서 본래의 채권이 동일성을 유지하면서 그 내용이 확장되거나 변경된 것으로서 발생한다. 그러나 위와 같은 등기말소청구권 등의 물권적 청구권은 그 권리자인 소유자가 소유권을 상실하면 이제 그 발생의 기반이 아예 없게 되어 더 이상 그 존재 자체가 인정되지 아니하는 것이다. 이러한 법리는 선행소송에서 소유권보존등기의 말소등기청구가 확정되었다고 하더라도 그 청구권의 법적 성질이 채권적 청구권으로 바뀌지 아니하므로 마찬가지이다"(대판 2012.5.17. 전합2010다28604).

## 95

甲과 乙은 2011.5.20. 甲 소유의 X 토지에 관한 매매계약을 체결하면서 계약금 3,000만 원은 당일 지급하였고, 중도금과 잔금 2억 7,000만 원은 같은 해 8.20. 지급하기로 하였는데, 같은 해 7.10. X 토지가 수용되어 甲이 보상금으로 4억 원을 받았다. 다음 설명 중 옳은 것을 모두 고른 것은? (다툼이 있는 경우에는 판례에 의함)                    [13 변호사]

> ㄱ. 乙은 甲에 대하여 보상금의 지급을 구하지 않고, 계약금 3,000만 원에 대한 부당이득반환청구권을 행사할 수 있다.
>
> ㄴ. X 토지의 수용은 甲의 귀책사유에 의한 것이 아니므로 위험부담의 법리에 따라 乙의 반대급부의무 역시 소멸하고, 이는 乙이 甲에 대하여 보상금의 반환을 청구하더라도 마찬가지이다.
>
> ㄷ. 甲이 지급받은 보상금의 반환을 청구할 수 있는 乙의 권리는 특별한 사정이 없는 한 X 토지가 수용된 시점부터 소멸시효가 진행한다.

① ㄱ, ㄷ          ② ㄱ, ㄴ, ㄷ
③ ㄱ               ④ ㄴ
⑤ ㄷ

## 96

손해배상에 관한 설명 중 옳지 않은 것은? (다툼이 있는 경우 판례에 의함)                    [17 변호사]

① 채무자가 이행거절의 의사를 명백히 표시하여 채권자가 최고 없이 이행에 갈음하는 손해배상을 청구할 수 있는 경우, 그 손해액의 산정은 청구 당시의 급부목적물의 시가를 표준으로 해야 한다.

② 특별손해는 채무자가 특별한 사정을 알았거나 알 수 있었을 경우에 한하여 배상할 책임이 인정되는데, 특별한 사정에 대한 채무자의 예견가능성에 대한 증명책임은 채권자가 부담한다.

③ 계약 당시 당사자 사이에 손해배상액을 예정하는 내용의 약정이 있는 경우 특별한 사정이 없는 한 위 약정은 그 계약과 관련된 불법행위책임에 따른 손해까지 예정한 것이라고 볼 수 없다.

④ 피해자가 입은 손해 중 일부만을 청구하는 경우 법원이 과실상계를 함에 있어서는 손해의 전액에서 과실비율에 의한 감액을 하고 그 잔액이 청구액을 초과하지 않을 경우에는 그 잔액을 인용하고, 잔액이 청구액을 초과할 경우에는 청구의 전액을 인용하여야 한다.

⑤ 손해배상 예정액이 부당하게 과다한 경우 당사자의 주장이 없더라도 법원은 직권으로 이를 감액할 수 있다.

**95** 　　　　　　　　　　　　　　　　　　　정답 ①

해설 ㄱ. [○], ㄴ. [×]

대상청구권은 채권자의 권리이지 의무가 아니므로, 쌍무계약에 기한 채무가 채무자에게 '책임 없는' 사유로 소멸한 경우에, 채권자는 제537조에 의하여 자신의 채무를 면할 수도 있고, 대상청구권을 행사할 수도 있다. 다만 이 경우 채권자가 대상청구권을 행사한 경우에는 채권자는 그 한도에서 자신의 반대급부를 이행하여야 한다.

위 설문은 당사자 쌍방의 책임없는 사유로 매도인 甲의 소유권이전의무가 후발적으로 불능이 된 사안이다. 따라서 채권자 乙은 채무자 甲에 대하여 ⅰ) 이행불능의 '대상(代償)'인 보상금의 지급을 구하지 않고, 제537조를 선택해 계약금 3,000만 원에 대한 부당이득반환청구권을 행사할 수도 있고(ㄱ.의 경우), ⅱ) '대상(代償)'인 보상금의 지급을 구한다면, 즉 대상청구권을 행사한다면 자신의 반대급부인 중도금과 잔금 2억 7,000만 원은 지급해야 한다(ㄴ.의 경우). 물론 대등액에서 상계의 의사표시를 통해 실질적으로 1억 3,000만 원(4억 원 – 2억 7,000만 원)의 지급을 청구할 수 있을 것이다.

관련 관례 [ㄱ.지문 관련] "제537조는 채무자위험부담주의를 채택하고 있는바, 쌍무계약에서 당사자 쌍방의 귀책사유 없이 채무가 이행불능된 경우 채무자는 급부의무를 면함과 더불어 반대급부도 청구하지 못하므로, **쌍방 급부가 없었던 경우에는 계약관계는 소멸하고 이미 이행한 급부는 법률상 원인 없는 급부가 되어 부당이득의 법리에 따라 반환청구할 수 있다**"(대판 2009.5.28. 2008다98655,98662).

관련 관례 [ㄴ.지문 관련] "쌍무계약의 당사자 일방이 상대방의 급부가 이행불능이 된 사정의 결과로 상대방이 취득한 대상에 대하여 급부청구권을 행사할 수 있다고 하더라도, 그 당사자 일방이 대상청구권을 행사하려면 상대방에 대하여 반대급부를 이행할 의무가 있는바"(대판 1996.6.25. 95다6601).

ㄷ. [○]

"대상청구권은 특별한 사정이 없는 한 매매 목적물의 수용 또는 국유화로 인하여 매도인의 소유권이전등기의무가 이행불능 되었을 때 매수인이 그 권리를 행사할 수 있다고 보아야 할 것이고 따라서 그 때부터 소멸시효가 진행하는 것이 원칙이라 할 것이다"(대판 2002.2.8. 99다23901).

---

**96** 　　　　　　　　　　　　　　　　　　　정답 ①

① [×]

해설 "채무자의 이행거절로 인한 채무불이행에서의 손해액 산정은, 채무자가 이행거절의 의사를 명백히 표시하여 최고 없이 계약의 해제나 손해배상을 청구할 수 있는 경우에는 이행거절 당시의 급부목적물의 시가를 표준으로 해야 한다"(대판 2007.9.20. 2005다63337).

② [○]

해설 특별한 사정으로 인한 손해는 채무자가 그 사정을 알았거나 알 수 있었을 때에 한하여 배상의 책임이 있다(제393조 제2항). 특별한 사정의 존재 및 채무자의 예견가능성에 대해서는 채권자가 증명책임이 있다(통설).

③ [○]

해설 "계약 당시 당사자 사이에 손해배상액을 예정하는 내용의 약정이 있는 경우에는 그것은 계약상의 채무불이행으로 인한 손해액에 관한 것이고 이를 그 계약과 관련된 불법행위상의 손해까지 예정한 것이라고는 볼 수 없다"(대판 1999.1.15. 98다48033).

④ [○]

해설 일부청구와 과실상계(외측설)

"일개의 손해배상청구권 중 일부가 소송상 청구되어 있는 경우에 과실상계를 함에 있어서는 (청구부분에 비례하여 과실상계비율을 정하지 않고) 손해의 전액에서 과실비율에 의한 감액을 하고 그 잔액이 청구액을 초과하지 않을 경우에는 그 잔액을 인용할 것이고 잔액이 청구액을 초과할 경우에는 청구의 전액을 인용하는 것으로 풀이하는 것이 일부청구를 하는 당사자의 통상적 의사라고 할 것이다"(대판 1976.6.22. 75다819 ; 대판 2008.12.24. 2008다51649 ; 대판 1991.1.25. 90다6491).

⑤ [○]

해설 "손해배상 예정액이 부당하게 과다한 경우에는 법원은 당사자의 주장이 없더라도 직권으로 이를 감액할 수 있으며"(대판 2002.12.24. 2000다54536).

## 97

甲은 그 소유의 토지를 乙에게 매도하면서 매매대금채무의 불이행에 관하여 손해배상액의 예정을 하였다. 甲이 乙의 채무불이행을 이유로 그 예정된 손해배상액을 청구하는 경우에 관한 설명 중 옳은 것은? (다툼이 있는 경우에는 판례에 의함)

[12 변호사]

① 甲은 乙의 이행지체 및 손해발생사실을 증명하여야 하고, 손해액을 증명할 필요는 없다.

② 乙이 甲의 과실을 증명하여 과실상계를 주장하는 경우, 법원은 손해배상액의 산정에 그 과실을 참작하여야 한다.

③ 다른 약정이 없는 한 乙은 자신에게 귀책사유가 없다는 것을 주장·증명하더라도 예정배상액의 지급책임을 면할 수 없다.

④ 손해배상예정액이 부당하게 과다한지 여부는 손해배상예정의 약정시를 기준으로 판단하여야 한다.

⑤ 甲은 특약이 없는 한 통상의 손해뿐만 아니라 특별한 사정으로 인한 손해에 관하여도 예정된 배상액만을 청구할 수 있다.

## 98

甲과 乙은 甲이 乙에게 건물을 신축해 주기로 하는 도급계약을 체결하면서 "甲이 완공기한을 어길 경우 乙에게 지체 1일당 예정 공사금액의 0.1%에 상당하는 지체상금을 지급한다."라고 약정하였고, 위 약정을 위약벌로 볼 만한 특별한 사정이나 지체상금에 관한 다른 약정은 없었다. 이에 관한 설명 중 옳지 않은 것을 모두 고른 것은? (각 지문은 독립적이며, 다툼이 있는 경우 판례에 의함)

[18 변호사]

ㄱ. 위 약정은 손해배상액의 예정으로 추정되고, 「민법」 제398조에 의한 감액의 대상이 된다 할 것이나, 손해배상 예정액이 부당하게 과다하다고 하더라도 변론주의의 원칙상 법원은 이에 관한 당사자의 주장이 없으면 이를 감액할 수 없다.

ㄴ. 乙이 위 약정에 기한 손해배상액을 청구하기 위하여는 甲이 위 약정을 어긴 사실만 증명하면 되고 손해의 발생이나 손해액을 증명할 필요가 없으며, 甲은 자신의 귀책사유가 없음을 주장·증명함으로써 손해배상 예정액의 지급책임을 면할 수 있다.

ㄷ. 채무불이행으로 인한 손해배상은 통상의 손해를 그 한도로 함이 원칙이므로, 乙은 완공기한 위반으로 인하여 특별한 손해가 발생한 사실과 甲이 그 사정을 알았거나 알 수 있었다는 사실을 증명한다면, 이에 관한 특별한 약정이 없더라도 甲에게 위 약정에 기한 손해배상액을 초과한 금액을 청구할 수 있다.

ㄹ. 위 약정에 따른 지체상금이 과다한지 여부는 지체상금률 그 자체가 과다한지 여부를 판단하여야 하고 지체상금률 자체는 과다하지 않은데 단순히 지체일수가 증가함에 따라 지체상금 총액이 증가했다고 해서 그 지체상금 총액을 기준으로 판단하여서는 아니된다.

ㅁ. 乙은 위 약정에도 불구하고 위 도급계약에 따른 이행을 청구하거나 도급계약을 해제할 수 있다.

① ㄱ, ㄴ      ② ㄴ, ㄷ

③ ㄱ, ㄷ, ㄹ      ④ ㄴ, ㄷ, ㅁ

⑤ ㄱ, ㄷ, ㄹ, ㅁ

## 97 정답 ⑤

**① [×]**

**해설** "채무불이행으로 인한 손해배상액이 예정되어 있는 경우에는 채권자는 채무불이행 사실만 증명하면 손해의 발생 및 그 액을 증명하지 아니하고 예정배상액을 청구할 수 있고, 채무자는 채권자와 채무불이행에 있어 채무자의 귀책사유를 묻지 아니한다는 약정을 하지 아니한 이상 자신의 귀책사유가 없음을 주장·입증함으로써 예정배상액의 지급책임을 면할 수 있다"(대판 2007.12.27. 2006다9408)

▶ 이행지체라는 '채무불이행사실'은 채권자 甲이 증명해야 하지만, '손배배상액을 미리 예정'하였으므로 채권자 甲이 손해발생 사실을 증명할 필요는 없다.

**② [×]**

**해설** ① 지문 판례참고

**③ [×]**

**조문** 제398조(배상액의 예정) 「② 손해배상의 예정액이 부당히 과다한 경우에는 법원은 적당히 감액할 수 있다.」

▶ "손실배상액을 예정한 경우에는 과실상계를 적용할 것이 아니다"(대판 1972.3.31. 72다108)
"지체상금이 손해배상의 예정으로 인정되어 이를 감액함에 있어서는 채무자가 계약을 위반한 경위 등 제반사정이 참작되므로 손해배상액의 감경에 앞서 채권자의 과실 등을 들어 따로 감경할 필요는 없다"(대판 2002.1.25. 99다57126)

**④ [×]**

**해설** "손해배상의 예정액이 부당하게 과다한지의 여부 내지 그에 대한 적당한 감액의 범위를 판단하는 데 있어서는, 법원이 구체적으로 그 판단을 하는 때 즉, **사실심의 변론종결 당시를 기준**으로 하여 그 사이에 발생한 위와 같은 모든 사정을 종합적으로 고려하여야 한다"(대판 1999.4.23. 98다45546)

**⑤ [○]**

**해설** "계약 당시 손해배상액을 예정한 경우에는 다른 특약이 없는 한 채무불이행으로 인하여 입은 통상손해는 물론 특별손해까지도 예정액에 포함되고 채권자의 손해가 예정액을 초과한다 하더라도 초과부분을 따로 청구할 수 없다"(대판 1993.4.23. 92다41719)

## 98 정답 ③

**해설** ㄱ. [×]

判例는 도급계약 등을 체결함에 있어 수급인이 이행기에 채무를 이행하지 아니하는 경우에 대비하여 '지체상금 약정'을 하는 경우 손해배상액의 예정으로 본다(대판 1989.7.25. 88다카6273 등). 또한 "손해배상 예정액이 부당하게 과다한 경우에는 법원은 당사자의 주장이 없더라도 '직권'으로 이를 감액할 수 있다"(대판 2009.12.24. 2009다60169,60176).

ㄴ. [○]
**손해배상액의 예정 – 예정된 손해배상액 청구요건**
채무불이행으로 인한 손해배상액의 예정이 있는 경우에는 채권자는 채무불이행 사실만 증명하면 손해의 발생 및 그 액을 증명하지 아니하고 예정배상액을 청구할 수 있다(대판 2000.12.8. 2000다50350). 한편, 채무자의 귀책사유의 요부에 관해서 判例는 "채무자는 채권자와 채무불이행에 있어 채무자의 귀책사유를 묻지 아니한다는 약정을 하지 아니한 이상 자신의 귀책사유가 없음을 주장·입증함으로써 예정배상액의 지급책임을 면할 수 있다. 그리고 채무자의 귀책사유를 묻지 않기로 하는 약정의 존재는 엄격하게 제한하여 인정하여야 한다"(대판 2007.12.27. 2006다9408)고 판시하여 원칙적으로 귀책사유가 필요하다는 입장이다.

▶ 사안의 경우 귀책사유를 묻지 않기로 하는 약정은 존재하지 않으므로 甲은 자신의 귀책사유가 없음을 주장·증명하여야 하지만, 乙은 甲이 위 약정을 어긴 사실만 증명하면 손해의 발생이나 손해액을 증명할 필요가 없이 약정에 기한 손해배상액을 청구할 수 있다.

ㄷ. [×]
**손해배상예정액의 청구**
"당사자사이의 채무불이행에 관하여 손해배상액을 예정한 경우에 채권자는 통상의 손해뿐만 아니라 특별한 사정으로 인한 손해에 관하여도 예정된 배상액만을 청구할 수 있고 특약이 없는 한 예정액을 초과한 배상액을 청구할 수는 없다"(대판 1988.9.27. 86다카2375,2376).

**비교 판례** 判例는 예외적으로 **도급에서 하자보수보증금**은 특수한 손해배상액의 예정의 성질을 가진다고 보아 예정액을 초과하는 손해에 대하여 초과액 상당의 손해배상을 받을 수 있다는 입장이다(대판 2002.7.12. 2000다17810).

ㄹ. [×]
**예정배상액의 감액 판단대상 및 적용범위**
"지체상금을 계약 총액에서 지체상금률을 곱하여 산출하기로 정한 경우, 민법 제398조 제2항에 의하면, 손해배상액의 예정액이 부당히 과다한 경우에는 법원은 적당히 감액할 수 있다고 규정되어 있고 여기의 손해배상의 예정액이란 문언상 그 예정한 손해배상액의 총액을 의미한다고 해석되므로, **손해배상의 예정에 해당하는 지체상금의 과다 여부는 지체상금 총액을 기준으로 하여 판단하여야 한다**"(대판 2002.12.24. 2000다54536).

ㅁ. [○]
**조문** 제398조(배상액의 예정) 「③ 손해배상액의 예정은 이행의 청구나 계약의 해제에 영향을 미치지 않는다.」

# 99

**채권자대위권에 관한 설명 중 옳지 않은 것은? (다툼이 있는 경우 판례에 의함)**　　　　　　　　　[20 변호사]

① 비법인사단인 채무자가 제3채무자를 상대로 소를 제기하였으나 사원총회의 결의 없이 총유재산에 관한 소가 제기되었다는 이유로 각하판결을 선고받고 그 판결이 확정된 경우, 이는 채무자가 스스로 제3채무자에 대한 권리를 재판상 행사한 것으로 보아야 하므로, 그 후 비법인사단의 채권자가 제기한 채권자대위소송은 부적법하다.

② 이행인수계약에서 인수인이 그 인수한 채무를 이행하지 않는 경우 채권자는 인수인에 대하여 직접 자신에게 이행할 것을 청구할 수는 없지만, 채권자대위권에 의하여 채무자의 인수인에 대한 청구권을 대위행사할 수 있다.

③ 채무자 소유의 부동산을 시효취득한 채권자의 사망 후 그 채권자의 공동상속인 중 1인이 채무자에 대한 소유권이전등기청구권을 피보전채권으로 하여 제3채무자를 상대로 채무자의 제3채무자에 대한 소유권이전등기의 말소등기청구권을 대위행사하는 경우, 그 공동상속인은 자신의 지분 범위 내에서만 채무자의 제3채무자에 대한 소유권이전등기의 말소등기청구권을 대위행사할 수 있다.

④ 채권자대위소송에서 피보전채권의 소멸시효가 완성되었다 하더라도 제3채무자는 원칙적으로 위 소멸시효 완성의 항변을 원용할 수 없다.

⑤ 채권자대위권을 행사함에 있어서 채권자가 채무자를 상대로 하여 그 보전되는 청구권에 기한 이행청구의 소를 제기하여 승소판결을 선고받고 그 판결이 확정되면 제3채무자는 그 청구권의 존재를 다툴 수 없다고 보는 것이 원칙이나, 그 청구권의 취득이 강행법규에 위반되어 무효인 경우 제3채무자는 그 존재를 다툴 수 있다.

## 99 정답 ①

① [×]

**해설** 총유재산에 관한 소송

"비법인사단이 사원총회의 결의 없이 제기한 소는 소제기에 관한 특별수권(민법 제276조 제1항)을 결하여 부적법하고, 그 경우 소제기에 관한 비법인사단의 의사결정이 있었다고 할 수 없다. 따라서 비법인사단인 채무자 명의로 제3채무자를 상대로 한 소가 제기되었으나 사원총회의 결의 없이 총유재산에 관한 소가 제기되었다는 이유로 '각하판결'을 받고 그 판결이 확정된 경우에는 채무자가 스스로 제3채무자에 대한 권리를 행사한 것으로 볼 수 없다"(대판 2018.10.25. 2018다210539).

② [○]

**해설** 이행인수 약정이 체결된 경우 그에 기한 채무자의 인수인에 대한 청구권을 채권자가 대위행사 할 수 있는지 여부(적극)

"이행인수는 인수인이 채무자에 대하여 그 채무를 이행할 것을 약정하는 채무자와 인수인 간의 계약으로서, 인수인은 채무자와 사이에 채권자에게 채무를 이행할 의무를 부담하는 데 그치고 직접 채권자에 대하여 채무를 부담하는 것이 아니므로 채권자는 직접 인수인에게 채무를 이행할 것을 청구할 수 없으나, 채무자는 인수인이 그 채무를 이행하지 아니하는 경우 인수인에 대하여 채권자에게 이행할 것을 청구할 수 있고, 그에 관한 승소의 판결을 받은 때에는 금전채권의 집행에 관한 규정을 준용하여 강제집행을 할 수도 있다. 이러한 채무자의 인수인에 대한 청구권은 그 성질상 재산권의 일종으로서 일신전속적 권리라고 할 수는 없으므로, 채권자는 채권자대위권에 의하여 채무자의 인수인에 대한 청구권을 대위행사 할 수 있다"(대판 2009.6.11. 2008다75072).

③ [○]

**해설** 공동매수인 또는 공유자의 1인이 행사할 수 있는 채권자대위권의 범위(피보전채권의 범위)

甲이 乙의 丙에 대한 점유취득시효를 원인으로 한 소유권이전등기청구권 중 일부 지분을 상속받았다고 주장하면서 丁을 상대로 丙의 丁에 대한 소유권이전등기의 말소등기청구권을 대위하여 전부 말소를 구한 사안에서, 判例는 "甲의 상속지분을 넘는 부분에 관하여는 보전의 필요성이 없다는 점을 지적하거나 甲이 주장한 상속지분이 증거에 의하여 인정되는 상속지분과 일치하지 아니함에도 아무런 석명을 하지 아니한 채 甲이 주장하는 지분을 초과하는 부분에 관하여 보전의 필요성이 없다는 이유로 소를 각하한 원심판결에 석명의무를 다하지 아니하여 심리를 제대로 하지 않은 잘못이 있다"(대판 2014.10.27. 2013다25217)고 하였다.

④ [○]

**해설** 채권자대위권의 행사에서 제3채무자가 소멸시효 완성을 주장할 수 있는 직접수익자에 해당하는지 여부

'채권자대위권의 행사에서 제3채무자'는 채무자가 채권자에 대하여 가지는 항변으로 대항할 수 없을 뿐더러 시효이익을 직접 받는 자에도 해당하지 않는다는 이유로 채권자의 채권이 시효로 소멸하였다고 주장할 수 없다고 한다(대판 1998.12.8. 97다31472).

**비교판례** 다만 채무자가 이미 소멸시효를 원용한 경우에는 피보전채권이 소멸하게 되므로 제3채무자가 그 '효과'를 원용하여 피보전채권의 부존재를 주장하는 것은 허용된다(대판 2008.1.31. 2007다64471).

**비교판례** 한편, 사해행위취소소송의 상대방이 된 '사해행위의 수익자'는, 사해행위가 취소되면 사해행위에 의해 얻은 이익을 상실하고 사해행위취소권을 행사하는 채권자의 채권이 소멸하면 그와 같은 이익의 상실을 면하는 지위에 있으므로, 피보전채권의 소멸에 의해 직접 이익을 받는 자에 해당한다고 한다(대판 2007.11.29. 2007다54849).

⑤ [○]

**해설** 피보전채권에 관한 소송에서 '승소판결 확정'후 대위소송을 제기한 경우

만약 채권자가 먼저 채무자를 상대로 제기한 소송에서 '승소'한 후 제3채무자를 상대로 대위소송을 제기하였다면 제3채무자는 그 청구권의 존재를 다툴 수 없다(대판 2003.4.11. 2003다1250 ; 대판 2007.5.10. 2006다82700,82717). 즉, "일반적으로 채권자대위권을 행사하는 경우, 채권자가 채무자를 상대로 그 보전되는 청구권에 기한 이행청구의 소를 제기하여 승소판결을 선고받고 확정되었다면, 특별한 사정이 없는 한 그 청구권의 발생원인이 되는 사실관계가 제3채무자와의 관계에서도 증명되었다고 볼 수 있다"(대판 1995.2.10. 94다39369). 물론 이는 소송물도 다르고 당사자도 다르므로 대위소송 자체가 기판력에 저촉되는 사안은 아니다.

그러나 대법원은 "채권자가 채무자에게 가지는 청구권(피보전채권)의 취득이 강행법규에 위반되어 무효라고 볼 수 있는 경우 등에는 확정판결에도 불구하고 채권자대위소송의 제3채무자와의 관계에서는 피보전권리가 존재하지 아니한다"(대판 2015.9.24. 2014다74919)고 한다.

# 100

다음 설명 중 옳지 않은 것을 모두 고른 것은? (다툼이 있는 경우 판례에 의함) [15 변호사]

ㄱ. 채무자가 채권자대위권 행사의 통지를 받은 후에는 채무자의 채무불이행을 이유로 제3채무자가 매매계약을 해제하더라도, 제3채무자는 원칙적으로 계약해제로써 대위권을 행사하는 채권자에게 대항할 수 없다.

ㄴ. 채권자대위권은 채무자의 제3채무자에 대한 권리를 행사하는 것이므로, 제3채무자는 채무자에 대해 가지는 모든 항변사유로 채권자에게 대항할 수 있으나, 채권자는 채무자가 주장할 수 있는 사유의 범위 내에서 주장할 수 있을 뿐 자기와 제3채무자 사이의 독자적인 사정에 기한 사유를 주장할 수는 없다.

ㄷ. 유류분반환청구권은 그 행사 여부가 유류분권리자의 인격적 이익을 위하여 그의 자유로운 의사결정에 전적으로 맡겨진 권리로서 행사상의 일신전속성을 가진다고 보아야 하므로, 유류분권리자에게 그 권리행사의 확정적 의사가 있다고 인정되는 경우가 아니라면 채권자대위권의 목적이 될 수 없다.

① ㄱ
② ㄷ
③ ㄱ, ㄴ
④ ㄱ, ㄷ
⑤ ㄴ, ㄷ

## 100

해설 ㄱ. [×]

조문 **제405조(채권자대위권행사의 통지)** 「① 채권자가 전조 제 1항의 규정에 의하여 보전행위 이외의 권리를 행사한 때에는 채무자에게 통지하여야 한다. ② 채무자가 전항의 통지를 받은 후에는 그 권리를 처분하여도 이로써 채권자에게 대항하지 못한다.」

"ⅰ) 채무자의 채무불이행 사실 자체만으로는 권리변동의 효력이 발생하지 않아 이를 채무자가 제3채무자에 대하여 가지는 채권을 소멸시키는 적극적인 행위로 파악할 수 없는 점, ⅱ) 법정해제는 채무자의 객관적 채무불이행에 대한 제3채무자의 정당한 법적 대응인 점 등을 고려할 때 **채무자가 자신의 채무불이행을 이유로 매매계약이 해제되도록 한 것을 두고 민법 제405조 제2항에서 말하는 '처분'에 해당한다고 할 수 없다.** 따라서 채무자가 채권자대위권행사의 통지를 받은 후에 채무를 불이행함으로써 통지 전에 체결된 약정에 따라 매매계약이 자동적으로 해제되거나, 채권자대위권행사의 통지를 받은 후에 채무자의 채무불이행을 이유로 제3채무자가 매매계약을 해제한 경우 제3채무자는 계약해제로써 대위권을 행사하는 채권자에게 대항할 수 있다. 다만 형식적으로는 채무자의 채무불이행을 이유로 한 계약해제인 것처럼 보이지만 실질적으로는 채무자와 제3채무자 사이의 합의에 따라 계약을 해제한 것으로 볼 수 있거나, 채무자와 제3채무자가 단지 대위채권자에게 대항할 수 있도록 채무자의 채무불이행을 이유로 하는 계약해제인 것처럼 외관을 갖춘 것이라는 등의 특별한 사정이 있는 경우에는 채무자가 피대위채권을 처분한 것으로 보아 제3채무자는 계약해제로써 대위권을 행사하는 채권자에게 대항할 수 없다"(대판 2012.5.17. 전합 2011다87235).

비교판례 "채권자가 채무자를 대위하여 제3채무자의 부동산에 대한 처분금지가처분을 신청하여 처분금지가처분 결정을 받은 경우, 이는 그 부동산에 관한 소유권이전등기청구권을 보전하기 위한 것이므로 피보전권리인 소유권이전등기청구권을 행사한 것과 같이 볼 수 있어, 채무자가 그러한 채권자대위권의 행사 사실을 알게 된 이후에 그 부동산에 대한 매매계약을 '합의해제'함으로써 채권자대위권의 객체인 그 부동산의 소유권이전등기청구권을 소멸시켰다 하더라도 이로써 채권자에게 대항할 수 없다"(대판 1996.4.12. 95다54167).

ㄴ. [○]

채권자는 채무자의 권리를 행사하는 것이므로 제405조에 따른 대위권 행사의 통지가 있기 전에 제3채무자는 채무자에 대하여 가지는 모든 항변으로 채권자에게 대항할 수 있다. 그러나 채무자가 채권자에게 주장할 수 있는 사유(소멸시효의 완성의 주장, 취소권, 해제권 등 그 권리의 행사가 채무자의 의사에 달려있는 항변을 말한다. 그러나 피보전채권이 이미 변제 등으로 소멸하였다는 항변은 할 수 있다)를 주장할 수는 없다(대판 2004.2.12. 2001다10151). 또한 채권자는 제3채무자에 대하여 채무자가 주장할 수 있는 범위 내에서 주장할 수 있을 뿐, 자기와 제3채무자 사이의 독자적인 사정에

기한 사유를 주장할 수는 없다(대판 2009.5.28. 2009다4787).

사실관계 위 2009다4787판결은 채권자가 무효인 소유권이전등기청구권 가등기의 유용 합의에 따라 부동산 소유자인 채무자로부터 그 가등기 이전의 부기등기를 마친 제3채무자를 상대로 채무자를 대위하여 가등기의 말소를 구한 사안에서, 채권자가 그 부기등기 전에 부동산을 가압류한 사실을 주장하는 것은 채무자가 아닌 채권자 자신이 제3채무자에 대하여 가지는 사유에 관한 것이어서 허용되지 않는다고 한 사례이다.

ㄷ. [○]

"**유류분반환청구권은 그 행사 여부가 유류분권리자의 인격적 이익을 위하여 그의 자유로운 의사결정에 전적으로 맡겨진 권리로서 행사상의 일신전속성을 가진다**고 보아야 하므로, 유류분권리자에게 그 권리행사의 확정적 의사가 있다고 인정되는 경우가 아니라면 채권자대위권의 목적이 될 수 없다"(대판 2010.5.27. 2009다93992).

## 101

甲은 자기의 소유인 X 아파트를 乙에게 대금 3억 원에 매도하였는데 아직 잔대금 1억 원을 지급받지 못함에 따라 등기도 이전 해주지 아니하였다. 乙은 X 아파트를 丙에게 대금 3억 5,000만 원에 전매하였다. 甲의 금전채권자 A는 甲을 대위하여 乙을 상대로 매매 잔대금 청구소송을 제기하였다(제1소송). 한편 丙도 乙을 대위하여 甲을 상대로 乙에게로의 소유권이전등기 청구소송을 제기하고(제2소송), 이를 乙에게 통지하였다. 다음 중 옳은 것을 모두 고른 것은? (다툼이 있는 경우에는 판례에 의하고, 각 지문은 모두 독립적이며 채권자 대위소송은 적법하게 제기된 것으로 전제한다)

[14 변호사]

> ㄱ. 제1소송이 제기된 후 甲은 乙로부터 잔대금을 변제받았다. 이 경우 甲이 위 변제 당시 제1소송의 제기 사실을 알았다면 乙은 위 변제로 A에게 대항하지 못한다.
>
> ㄴ. 제1소송에서, 乙의 甲에 대한 잔대금채무가 시효로 소멸한 경우 乙은 그 시효완성의 이익을 A에게 주장할 수 있다.
>
> ㄷ. 甲과 乙은 제2소송이 제기되자 그들 사이의 매매계약을 합의해제하였고, 甲은 X 아파트를 이러한 사정을 모르는 丁에게 매도하고 소유권이전등기를 경료하여 주었다. 이 경우 丁 명의의 등기는 무효이다.

① ㄱ
② ㄴ
③ ㄷ
④ ㄱ, ㄴ
⑤ ㄴ, ㄷ

## 101 정답 ②

해설 ㄱ. [×]

채권자가 보존행위 이외의 권리를 행사한 때에는 채무자에게 이를 통지하여야 하고(제405조 제1항), 채무자가 그 통지를 받은 후에는 그 권리를 '처분'하여도 채권자에게 대항하지 못한다(제405조 제2항). 그리고 통지는 없었지만 채무자가 대위권행사 사실을 안 때에도 통지가 있었던 때와 마찬가지의 효과가 발생한다(대판 2003.1.10. 2000다27343).

그러나 통지 등이 있는 경우에는 처분행위가 금지될 뿐 관리·보존행위까지 금지되는 것은 아니므로 통지 후에도 제3채무자의 변제가 금지되는 것은 아니다(대판 1991.4.12. 90다9407).

▶ 따라서 제1소송(채권자대위소송)이 제기된 후 채무자 甲이 제3채무자 乙로부터 잔대금을 변제받은 것은 제405조 2항의 처분행위가 아니므로, 甲이 위 변제 당시 당해 채권자대위소송의 제기사실을 알았다 하더라도 乙은 위 변제로 채권자 A에게 대항할 수 있다.

ㄴ. [○]

채권자대위권 행사의 통지가 있기 전에 제3채무자는 채무자에 대하여 가지는 모든 항변으로 채권자에게 대항할 수 있다. 그러나 채무자가 채권자에게 주장할 수 있는 사유(소멸시효의 완성의 주장, 취소권, 해제권 등 그 권리의 행사가 채무자의 의사에 달려있는 항변을 말한다. 그러나 피보전채권이 이미 변제 등으로 소멸하였다는 항변은 할 수 있다)를 주장할 수는 없다(대판 2004.2.12. 2001다10151).

▶ 따라서 제1소송(채권자대위소송)에서 제3채무자 乙의 채무자 甲에 대한 잔대금채무(피대위채권)가 시효로 소멸한 경우 乙은 그 시효완성의 이익을 채권자 A에게 주장할 수 있다.

ㄷ. [×]

제405조 제2항에서 말하는 금지되는 처분행위에는 '채권 자체'에 대한 처분행위 뿐만 아니라 '채권 발생의 기초가 되는 법률관계에 대한 처분행위'[예컨대 채권발생원인이 된 기본계약의 합의해제(아래 95다54167판결)]도 포함된다.

따라서 "채권자가 채무자를 대위하여 제3채무자의 부동산에 대한 처분금지가처분을 신청하여 처분금지가처분 결정을 받은 경우, 이는 그 부동산에 관한 소유권이전등기청구권을 보전하기 위한 것이므로 피보전권리인 소유권이전등기청구권을 행사한 것과 같이 볼 수 있어, 채무자가 그러한 채권자대위권의 행사 사실을 알게 된 이후에 그 부동산에 대한 매매계약을 합의해제함으로써 채권자대위권의 객체인 그 부동산의 소유권이전등기청구권을 소멸시켰다 하더라도 이로써 채권자에게 대항할 수 없다"(대판 1996.4.12. 95다54167).

▶ 따라서 제2소송(채권자대위소송)이 제기된 후 채무자 甲과 제3채무자 乙이 합의해제한 것은 제405조 제2항의 처분행위이므로, 이는 채권자 丙에게 대항할 수 없다. 다만 **채권자 丙에게 대항할 수 없다는 것은 丙에 대한 관계에서 乙이 甲에게 소유권이전등기청구권이란 '채권'을 가지고 있다는 의미일 뿐**이다. 따라서 여전히 그 부동산의 소유자는 등기를 가지고 있는 甲이므로 甲이 X아파트를 이러한 사정을 모르는 丁에게 매도하고 소유권이전등기를 경료하여 주었다면 丁은 '이중양도 법리'에 의해 유효하게 소유권을 취득한다. 따라서 丁명의의 등기는 유효하다.

## 102

채권자대위권에 관한 설명 중 옳은 것(○)과 옳지 않은 것 (×)을 올바르게 조합한 것은? (각 지문은 독립적이며, 다툼 이 있는 경우 판례에 의함) [19 변호사]

ㄱ. 채무자가 채권자대위권 행사의 통지를 받은 후에 제 3채무자가 채무자의 채무불이행을 이유로 그 채무자 와의 매매계약을 해제한 경우, 특별한 사정이 없는 한 제3채무자는 대위권을 행사하는 채권자에게 그 계약해제로써 대항할 수 있다.

ㄴ. 채권자대위권을 재판상 행사하는 경우, 채권자가 채 무자를 상대로 하여 그 보전되는 청구권에 기한 이행 청구의 소를 제기하여 승소판결이 확정되었더라도, 제3채무자는 그 청구권의 존재를 다툴 수 있다.

ㄷ. 채권자 甲이 채무자 乙에 대한 금전채권을 보전하기 위하여 제3채무자 丙에 대한 금전채권을 대위행사하 는 경우, 丙으로 하여금 직접 甲에게 이행하도록 청 구할 수도 있는데, 이러한 채권자대위소송에서 甲이 금전의 지급을 명하는 승소 확정판결을 받았다면, 위 피대위채권이 변제 등으로 소멸하기 전이라도 乙의 다 른 채권자는 위 채권을 압류 또는 가압류할 수 없다.

ㄹ. 채권자 甲이 채무자 乙에 대한 금전채권을 보전하기 위하여 제3채무자 丙에 대한 금전채권을 대위행사하 는 경우, 甲이 乙에게 대위권 행사사실을 통지하거나 乙이 이를 알게 된 이후에는, 피대위채권에 대한 전 부명령은 우선권 있는 채권에 기초한 것이라는 등의 특별한 사정이 없는 한 무효이다.

① ㄱ(○), ㄴ(×), ㄷ(×), ㄹ(○)
② ㄱ(○), ㄴ(×), ㄷ(○), ㄹ(×)
③ ㄱ(○), ㄴ(○), ㄷ(○), ㄹ(×)
④ ㄱ(×), ㄴ(×), ㄷ(○), ㄹ(○)
⑤ ㄱ(×), ㄴ(○), ㄷ(×), ㄹ(○)

**102**　　　　　　　　　　　　　정답 ①

**해설**　ㄱ. [○]
채권자대위권 행사사실이 통지된 후에 '채무자가 채무를 불이행하여 계약이 해제되도록 한 것'이 제405조 2항의 '처분'에 해당하는지 여부(소극)
"ⅰ) 채무자가 채권자대위권행사의 통지를 받은 후에 채무를 불이행함으로써 통지 전에 체결된 약정에 따라 매매계약이 자동적으로 해제되거나, ⅱ) 채권자대위권행사의 통지를 받은 후에 채무자의 채무불이행을 이유로 제3채무자가 매매계약을 해제한 경우에는, 특별한 사정이 없는 한 '채무자가 자신의 채무불이행을 이유로 매매계약이 해제되도록 한 것'을 민법 제405조 제2항에서 말하는 '권리의 처분'에 해당한다고 할 수는 없다. 따라서 제3채무자는 위와 같은 계약해제로써 대위권을 행사하는 채권자에게 대항할 수 있다"(대판 2012.5.17. 전합2011다87235).

**비교판례**　채권자대위권 행사사실이 통지된 후에 '채무자와 제3채무자가 합의해제한 것'이 제405조 2항의 '처분'에 해당하는지 여부(적극)
"채무자가 피대위권리의 발생 원인이 되는 계약을 '합의해제'함으로써 피대위권리를 소멸시키는 것은 민법 제405조 제2항에서 말하는 '권리의 처분'에 해당하므로, 채무자는 위와 같은 합의해제로써 대위채권자에게 대항할 수 없다"(대판 1996. 4.12. 95다54167).

ㄴ. [×]
"채권자대위권을 행사함에 있어 채권자가 채무자를 상대로 그 보전되는 청구권에 기한 이행청구의 소를 제기하여 승소판결을 선고받고 그 판결이 확정되면 제3채무자는 그 청구권의 존재를 다툴 수 없다"(대판 2007.5.10. 2006다82700,82717).

**비교판례**　반대로 채권자와 채무자 사이에 피보전채권이 존재하지 않는다는 확정판결이 있는 경우에는 채권자대위의 소는 '채권보전의 필요성'이 없어 부적법하다(대판 2002.5.10. 2000다55171).

ㄷ. [×], ㄹ. [○]
채권자대위권 행사와 채권압류 및 전부명령의 경합
甲은 乙에 대해 금전채권이 있고 乙은 丙에 대해 금전채권이 있는데, 甲이 丙을 상대로 채권자대위소송을 제기하여, 제1심 법원으로부터 '丙은 피대위채권을 甲에게 지급하라'는 판결이 선고되었고, 乙은 이 법원에 증인으로 출석하여 甲이 채권자대위권을 행사한 사실을 알고 있었다. 이러한 상태에서, **乙의 채권자 A가** 위 피대위채권, 즉 乙이 丙에게 갖는 채권에 대해 채권압류 및 전부명령을 받았는데, 判例(**대판 2016.8.29. 2015다236547**)는 아래 ①②의 이유를 들어 '압류는 유효하나, 전부명령'은 무효라고 판단하였다. 그러나 **甲의 채권자 B가** 甲이 丙으로부터 지급받을 피대위채권에 대해 채권압류 및 전부명령을 받았는데, 判例는 아래 ③의 이유를 들어 '압류 및 전부명령' 모두 무효라고 보았다.

ㄷ. 지문 관련
① 채권자대위소송에서 제3채무자로 하여금 직접 대위채권자에게 금전의 지급을 명하는 판결이 확정된 경우에도, 대위채권자는 채무자를 대위하여 피대위채권에 대한 변제를 수령하게 될 뿐 자신의 채권에 대한 변제로서 수령하게 되는 것이 아니므로 피대위채권이 변제 등으로 소멸하기 전에 '채무자의 다른 채권자'가 피대위채권을 '압류·가압류'할 수 있다(同 判例).

ㄹ. 지문 관련
② 그러나 대위채권자가 채무자에게 대위권 행사사실을 통지하거나 채무자가 이를 알게 된 후에 '채무자의 다른 채권자'가 피대위채권을 '전부명령'을 받을 수 있다고 한다면 전부명령을 받은 '채무자의 다른 채권자'가 대위채권자를 배제하고 전속적인 만족을 얻는 결과가 되어, 채권자대위권의 실질적 효과를 확보하고자 하는 민법 제405조 제2항의 취지에 반하게 된다. 따라서 이러한 상태에서의 '전부명령'은 무효이다(즉, '채무자의 다른 채권자'의 전부명령은 무효이나 압류는 유효하다)(同 判例).

**참고쟁점**　③ 한편 대위채권자의 제3채무자에 대한 추심권능 내지 변제수령권능은 그 자체로서 독립적으로 처분하여 환가할 수 있는 것이 아니어서 압류할 수 없는 성질의 것이므로 '대위채권자의 채권자'가 '대위채권자가 제3채무자로부터 채권자대위소송 판결에 따라 지급받을 채권'에 대하여 받은 '압류 및 전부명령' 모두 무효이다(同 判例).

# 103

甲은 비법인사단인 乙과 공사계약을 체결한 후 공사를 완료하여 乙에 대한 공사대금채권을 가지고 있었으나, 乙은 丙에 대한 매매대금채권을 가지고 있는 외에는 달리 재산이 없었다. 이에 甲은 乙에 대한 자신의 위 공사대금채권을 보전하기 위하여 乙을 대위하여 丙에게 위 매매대금의 지급을 청구하는 소를 제기한 후 乙에게 채권자대위권 행사의 통지를 하였다. 이에 관한 설명 중 옳은 것을 모두 고른 것은? (다툼이 있는 경우 판례에 의함) [21 변호사]

ㄱ. 丙은 위 소송에서 甲이 乙에 대하여 가지는 공사대금채권의 소멸시효가 완성되었다는 항변으로 甲에게 대항할 수 없다.

ㄴ. 丙은 위 소송에서 甲과 乙 사이의 공사계약이 무효라거나 공사대금채권이 변제되어 소멸하였다는 사실을 주장하여 다툴 수 있다.

ㄷ. 甲이 위 소송 도중 乙로부터 丙에 대한 매매대금채권을 양수하여 양수금청구로 소를 교환적으로 변경한 경우에도 당초의 채권자대위소송으로 인한 소멸시효중단의 효과는 소멸하지 않는다.

ㄹ. 甲이 위 채권자대위권에 기한 소를 제기할 당시 이미 乙이 丙을 상대로 위 매매대금의 지급을 구하는 소를 제기한 바가 있다면, 비록 乙의 소가 비법인사단인 乙의 사원총회 결의 없이 총유재산에 관하여 제기된 소라는 이유로 각하판결이 확정되었다고 하더라도 乙이 스스로 丙에 대한 권리를 행사한 것으로 볼 수 있으므로, 甲이 제기한 채권자대위권에 기한 소는 부적법하다.

ㅁ. 乙이 채권자대위권 행사의 통지를 받은 후에 丙에 대한 채무를 불이행하여 丙이 乙과의 매매계약을 해제한 경우, 특별한 사정이 없는 한 丙은 매매계약의 해제로써 甲에게 대항할 수 있다.

① ㄱ, ㄴ, ㄷ  　　② ㄱ, ㄴ, ㅁ
③ ㄴ, ㄷ, ㅁ  　　④ ㄱ, ㄴ, ㄷ, ㅁ
⑤ ㄱ, ㄷ, ㄹ, ㅁ

**해설** ㄱ. [○]
'채권자대위권의 행사에서 제3채무자'는 채무자가 채권자에 대하여 가지는 항변(예를 들어 피보전채권의 소멸시효가 완성되었다는 항변)으로 대항할 수 없을 뿐더러 시효이익을 직접 받는 자에도 해당하지 않는다는 이유로 **채권자의 채권이 시효로 소멸하였다고 주장할 수 없다**(대판 1998.12.8. 97다31472). 다만 채무자가 이미 소멸시효를 원용한 경우에는 피보전채권이 소멸하게 되므로 제3채무자가 그 '효과'를 원용하여 피보전채권의 부존재를 주장하는 것은 허용된다(대판 2008.1.31. 2007다64471).

**비교판례** 판례는 소멸시효의 완성을 원용할 수 있는 자는 권리의 소멸에 의하여 **직접 이익을 받는 자**에 한정된다고 하는바(대판 1995.7.11. 95다12446), 사해행위취소소송의 상대방이 된 '사해행위의 수익자'는, 사해행위가 취소되면 사해행위에 의해 얻은 이익을 상실하고 사해행위취소권을 행사하는 채권자의 채권이 소멸하면 그와 같은 이익의 상실을 면하는 지위에 있으므로, 그 채권의 소멸에 의해 직접 이익을 받는 자에 해당한다고 한다(대판 2007.11.29. 2007다54849).

ㄴ. [○]
**제3채무자의 채권자에 대한 항변권-피보전채권(원칙적 불가, 예외적 가능)**
① 원칙적으로 제3채무자는 채무자가 채권자에 대하여 가지는 항변권(소멸시효의 완성의 주장, 취소권, 해제권 등 그 권리의 행사가 채무자의 의사에 달려있는 항변을 말한다)이나 형성권 등과 같이 권리자에 의한 행사를 필요로 하는 사유를 들어 채권자의 채무자에 대한 권리(피보전권리)가 인정되는지 여부를 다툴 수 없다(대판 2004.2. 12. 2001다10151).
② 그러나 채권자의 채무자에 대한 권리의 발생원인이 된 법률행위가 무효라거나 위 권리가 변제 등으로 소멸하였다는 등의 사실을 주장하여 채권자의 채무자에 대한 권리가 인정되는지 여부를 다투는 것은 가능하고, 이 경우 법원은 제3채무자의 주장을 고려하여 채권자의 채무자에 대한 권리가 인정되는지 여부에 관하여 직권으로 심리·판단하여야 한다(대판 2015.9.10. 2013다55300).

ㄷ. [○]
원고가 채권자대위권에 기해 청구를 하다가 당해 피대위채권 자체를 양수하여 양수금청구로 소를 변경한 사안에서, 判例는 이는 청구원인의 교환적 변경으로서 채권자대위권에 기한 구 청구는 취하된 것으로 보아야 하나, 양소의 소송물이 동일한 점, 시효중단의 효력은 특정승계인에게도 미치는 점(제169조), 원고를 '권리 위에 잠자는 자'로 볼 수 없는 점 등에 비추어 볼 때, 당초의 채권자대위소송으로 인한 시효중단의 효력이 소멸하지 않는다고 한다(대판 2010.6.24. 2010다17284).

ㄹ. [×]
**총유재산에 관한 소송**
"비법인사단이 사원총회의 결의 없이 제기한 소는 소제기에 관한 특별수권(민법 제276조 1항)을 결하여 부적법하고, 그 경우 소제기에 관한 비법인사단의 의사결정이 있었다고 할 수 없다. 따라서 비법인사단인 채무자 명의로 제3채무자를 상대로 한 소가 제기되었으나 사원총회의 결의 없이 총유재산에 관한 소가 제기되었다는 이유로 '각하판결'을 받고 그 판결이 확정된 경우에는 채무자가 스스로 제3채무자에 대한 권리를 행사한 것으로 볼 수 없다"(대판 2018.10.25. 2018다210539).

ㅁ. [○]
**조문** 제405조(채권자대위권행사의 통지) 「①항 채권자가 전조 제1항의 규정에 의하여 보전행위 이외의 권리를 행사한 때에는 채무자에게 통지하여야 한다. ②항 채무자가 전항의 통지를 받은 후에는 그 권리를 처분하여도 이로써 채권자에 대항하지 못한다.」
"ⅰ) 채무자의 채무불이행 사실 자체만으로는 권리변동의 효력이 발생하지 않아 이를 채무자가 제3채무자에 대하여 가지는 채권을 소멸시키는 적극적인 행위로 파악할 수 없는 점, ⅱ) 법정해제는 채무자의 객관적 채무불이행에 대한 제3채무자의 정당한 법적 대응인 점 등을 고려할 때 채무자가 자신의 채무불이행을 이유로 매매계약이 해제되도록 한 것을 두고 민법 제405조 제2항에서 말하는 '처분'에 해당한다고 할 수 없다. 따라서 채무자가 채권자대위권행사의 통지를 받은 후에 채무를 불이행함으로써 통지 전에 체결된 약정에 따라 매매계약이 자동적으로 해제되거나, 채권자대위권행사의 통지를 받은 후에 채무자의 채무불이행을 이유로 제3채무자가 매매계약을 해제한 경우 제3채무자는 계약해제로써 대위권을 행사하는 채권자에게 대항할 수 있다. 다만 형식적으로는 채무자의 채무불이행을 이유로 한 계약해제인 것처럼 보이지만 실질적으로는 채무자와 제3채무자 사이의 합의에 따라 계약을 해제한 것으로 볼 수 있거나, 채무자와 제3채무자가 단지 대위채권자에게 대항할 수 있도록 채무자의 채무불이행을 이유로 하는 계약해제인 것처럼 외관을 갖춘 것이라는 등의 특별한 사정이 있는 경우에는 채무자가 피대위채권을 처분한 것으로 보아 제3채무자는 계약해제로써 대위권을 행사하는 채권자에게 대항할 수 없다"(대판 2012.5.17. 전합 2011다87235).

**비교판례** "채권자가 채무자를 대위하여 제3채무자의 부동산에 대한 처분금지가처분을 신청하여 처분금지가처분 결정을 받은 경우, 이는 그 부동산에 관한 소유권이전등기청구권을 보전하기 위한 것이므로 피보전권리인 소유권이전등기청구권을 행사한 것과 같이 볼 수 있어, 채무자가 그러한 채권자대위권의 행사 사실을 알게 된 이후에 그 부동산에 대한 매매계약을 '합의해제'함으로써 채권자대위권의 객체인 그 부동산의 소유권이전등기청구권을 소멸시켰다 하더라도 이로써 채권자에게 대항할 수 없다"(대판 1996.4.12. 95다54167).

# 104

채권자취소권에 관한 설명 중 옳지 않은 것을 모두 고른 것은? (다툼이 있는 경우에는 판례에 의함) [20 변호사]

ㄱ. 사해행위의 목적물인 부동산에 관하여 우선변제권 있는 임차인이 있는 경우에는 부동산 가액 중 임차보증금 해당 부분은 일반 채권자의 공동담보에 제공되었다고 볼 수 없으므로, 임대차계약의 체결시기와 상관없이 그 임차보증금 반환채권액은 가액반환의 범위에서 공제되어야 한다.

ㄴ. 채무자 소유의 유일한 재산인 부동산에 관한 매매예약완결권이 제척기간 경과가 임박하여 소멸할 예정인 상태에서, 채무자가 제척기간을 연장하기 위하여 새로 매매예약을 하는 행위는 기존에 부담하는 채무 외에 추가로 채무를 부담하는 것이 아니므로 사해행위에 해당하지 아니한다.

ㄷ. 채무초과상태에 있는 채무자가 상속을 포기하는 것은 사해행위취소의 대상이 되지 않고, 유증을 포기하는 것도 직접적으로 채무자의 일반재산을 감소시키지 아니하므로 사해행위취소의 대상이 되지 아니한다.

ㄹ. 신축건물의 도급인이 「민법」 제666조가 정한 수급인의 저당권설정청구권의 행사에 따라 공사대금채무의 담보로 그 건물에 저당권을 설정하는 행위는 특별한 사정이 없는 한 사해행위에 해당하지 아니하고, 수급인으로부터 공사대금채권을 양수받은 자의 저당권설정청구에 의하여 신축건물의 도급인이 그 건물에 저당권을 설정하는 행위 역시 다른 특별한 사정이 없는 한 사해행위에 해당하지 아니한다.

① ㄱ
② ㄱ, ㄴ
③ ㄷ, ㄹ
④ ㄱ, ㄴ, ㄷ
⑤ ㄴ, ㄷ, ㄹ

**해설** ㄱ. [×]

**부동산에 관한 사해행위 이후에 비로소 채무자가 부동산을 임대한 경우, 임차보증금을 가액반환의 범위에서 공제하여야 하는지 여부(소극)**

"사해행위 이전에 임대차계약이 체결되었고 임차인에게 임차보증금에 대해 우선변제권이 있다면, 부동산 가액 중 임차보증금에 해당하는 부분이 일반 채권자의 공동담보에 제공되었다고 볼 수 없으므로 수익자가 반환할 부동산 가액에서 우선변제권 있는 임차보증금 반환채권액을 공제하여야 한다. 그러나 부동산에 관한 사해행위 이후에 비로소 채무자가 부동산을 임대한 경우에는 그 임차보증금을 가액반환의 범위에서 공제할 이유가 없다. 이러한 경우에는 부동산 가액 중 임차보증금에 해당하는 부분도 일반 채권자의 공동담보에 제공되어 있음이 분명하기 때문이다"(대판 2018.9.13. 2018다215756).

ㄴ. [×]

**제척기간 임박한 상태에서의 새로운 매매예약이 사해행위인지 여부(적극)**

"채무자가 유일한 재산인 그 소유의 부동산에 관한 매매예약에 따른 예약완결권이 제척기간 경과가 임박하여 소멸할 예정인 상태에서 제척기간을 연장하기 위하여 새로 매매예약을 하는 행위는 채무자가 부담하지 않아도 될 채무를 새롭게 부담하게 되는 결과가 되므로 채권자취소권의 대상인 사해행위가 될 수 있다"(대판 2018.11.29. 2017다247190).

ㄷ. [○]

**상속포기의 사해행위취소(부정)**

대법원은 "상속의 포기는 비록 포기자의 재산에 영향을 미치는 바가 없지 아니하나 상속인으로서의 지위 자체를 소멸하게 하는 행위로서 순전한 재산법적 행위와 같이 볼 것이 아니다. 오히려 상속의 포기는 1차적으로 피상속인 또는 후순위 상속인을 포함하여 다른 상속인 등과의 인격적 관계를 전체적으로 판단하여 행하여지는 '인적 결단'으로서의 성질을 가진다"(대판 2011.6.9. 2011다29307)고 보아 상속의 포기는 사해행위취소의 대상이 되지 못한다고 한다.

**제1074조 유증 포기의 사해행위취소(부정)**

"유증을 받을 자는 유언자의 사망 후에 언제든지 유증을 승인 또는 포기할 수 있고, 그 효력은 유언자가 사망한 때에 소급하여 발생하므로(민법 제1074조), 채무초과 상태에 있는 채무자라도 자유롭게 유증을 받을 것을 포기할 수 있다. 또한 채무자의 유증 포기가 직접적으로 채무자의 일반재산을 감소시켜 채무자의 재산을 유증 이전의 상태보다 악화시킨다고 볼 수도 없다. 따라서 유증을 받을 자가 이를 포기하는 것은 사해행위 취소의 대상이 되지 않는다고 보는 것이 옳다"(대판 2019.1.17. 2018다260855).

ㄹ. [○]

**수급인의 저당권설정청구권(제666조) 행사에 따라 도급인이 저당권을 설정하는 행위의 사해행위취소(부정)**

민법 제666조는 "부동산공사의 수급인은 보수에 관한 채권을 담보하기 위하여 그 부동산을 목적으로 한 저당권의 설정을 청구할 수 있다."라고 규정하고 있는바, 이는 부동산공사에서 그 목적물이 보통 수급인의 자재와 노력으로 완성되는 점을 감안하여 그 목적물의 소유권이 원시적으로 도급인에게 귀속되는 경우 수급인에게 목적물에 대한 저당권설정청구권을 부여함으로써 수급인이 사실상 목적물로부터 공사대금을 우선적으로 변제받을 수 있도록 하는 데 그 취지가 있고, 이러한 수급인의 지위가 목적물에 대하여 유치권을 행사하는 지위보다 더 강화되는 것은 아니어서 도급인의 일반 채권자들에게 부당하게 불리해지는 것도 아닌 점 등에 비추어, 신축건물의 도급인이 민법 제666조가 정한 수급인의 저당권설정청구권의 행사에 따라 공사대금채무의 담보로 그 건물에 저당권을 설정하는 행위는 특별한 사정이 없는 한 사해행위에 해당하지 아니한다.

민법 제666조에서 정한 수급인의 저당권설정청구권은 공사대금채권을 담보하기 위하여 인정되는 채권적 청구권으로서 공사대금채권에 부수하여 인정되는 권리이므로, 당사자 사이에 공사대금채권만을 양도하고 저당권설정청구권은 이와 함께 양도하지 않기로 약정하였다는 등의 특별한 사정이 없는 한, 공사대금채권이 양도되는 경우 저당권설정청구권도 이에 수반하여 함께 이전된다고 봄이 타당하다. 따라서 신축건물의 수급인으로부터 공사대금채권을 양수받은 자의 저당권설정청구에 의하여 신축건물의 도급인이 그 건물에 저당권을 설정하는 행위 역시 다른 특별한 사정이 없는 한 사해행위에 해당하지 아니한다"(대판 2018.11.29. 2015다19827).

## 105

甲이 채무초과 상태에서 그 소유의 유일한 재산인 X 부동산을 乙에게 증여하였고, 甲의 채권자 丙이 사해행위취소소송을 제기하였다. 다음 설명 중 옳은 것은? (다툼이 있는 경우에는 판례에 의함) [12 변호사]

① X에 관하여 채권자를 丁, 채권최고액을 2억 2,000만 원으로 하는 근저당권이 설정되어 있는데, 증여 당시 X의 가액은 2억 원, 피담보채권액은 1억 6,000만 원인 경우에 甲의 증여행위는 사해행위에 해당하지 않는다.

② 위 증여가 채권자를 해함을 乙이 알았다는 점은 丙이 증명하여야 한다.

③ 甲이 제소 당시에 채무초과 상태에 있었다면 그 후 甲이 채무초과 상태에서 벗어났더라도 이미 계속된 사해행위취소소송에 영향을 주지 않는다.

④ 乙이 선의인 戊를 위하여 X에 관한 근저당권을 설정하여 준 경우에, 丙은 乙 명의 등기의 말소에 갈음하여 甲 앞으로 직접 소유권이전등기를 청구할 수 있다.

⑤ X에 관한 등기명의가 甲에게 회복되면, 丙은 X에 관하여 다른 채권자에 우선하여 채권의 만족을 얻을 수 있다.

## 105　　　　　　　　　정답 ④

① [×]

**해설** "저당권이 설정되어 있는 부동산이 사해행위로 양도된 경우에 그 사해행위는 부동산의 가액, 즉 시가에서 저당권의 피담보채권액을 공제한 잔액의 범위 내에서 성립하고, 피담보채권액이 부동산의 가액을 초과하는 때에는 당해 부동산의 양도는 사해행위에 해당한다고 할 수 없는바, 여기서 **피담보채권액이라 함은 근저당권의 경우 채권최고액이 아니라 실제로 이미 발생하여 있는 채권금액이다**"(대판 2001.10.9. 2000다42618).

▶ 따라서 증여당시 X부동산의 시가(2억 원)가 근저당권의 실제 피담보채권액(1억 6,000만 원)을 초과하므로 나머지 4,000만 원 범위 내에서 사해행위에 해당한다(일부 사해행위).

**비교판례** ㉠ 가압류된 부동산의 처분행위의 경우 그 부동산 전부에 대하여 사해행위가 성립한다(대판 2003.2.11. 2002다37474).[17]

㉡ 채무자가 부동산을 사해행위로서 양도한 후 양수인이 선의의 제3자에게 저당권을 설정한 경우 부동산 가액 전부에 관하여 사해행위가 성립한다(대판 2003.12.12. 2003다40286).[18]

**주의할!** 목적물 전체가 채무자의 책임재산인 경우에는 법률행위 전체가 사해행위에 해당한다. 예컨대 5,000만원의 채무를 부담하고 있는 채무자가 시가 1억원 상당의 유일한 재산을 증여한 경우, 5,000만원의 범위에서만 사해행위가 성립하는 것이 아니다. 재산 전체가 일반채권자들의 공동담보에 속해 있었기 때문에 증여계약 전체가 사해행위에 해당하고, 다만 취소의 범위가 문제될 뿐이다.

② [×]

**해설** "사해행위취소소송에 있어서 채무자가 악의라는 점에 대하여는 그 취소를 주장하는 채권자에게 입증책임이 있으나 수익자 또는 전득자가 악의라는 점에 관하여는 채권자에게 입증책임이 있는 것이 아니라 수익자 또는 전득자 자신에게 선의라는 사실을 입증할 책임이 있다고 할 것이다"(대판 2007.7.12. 2007다18218 등).

③ [×]

**해설** "처분행위 당시에는 채권자를 해하는 것이었다고 하더라도 그 후 채무자가 자력을 회복하여 사해행위취소권을 행사하는 사실심의 변론종결시에는 채권자를 해하지 않게 된 경우에는 책임재산 보전의 필요성이 없어지게 되어 채권자취소권이 소멸하는 것으로 보아야 할 것이다"(대판 2007.11.29. 2007다54849).

④ [○]

**해설** "채권자의 사해행위취소 및 원상회복청구가 인정되면, 수익자는 원상회복으로서 사해행위의 목적물을 채무자에게 반환할 의무를 지게 되고, 만일 **원물반환이 불가능하거나 현저히 곤란한 경우에는 원상회복의무의 이행으로서 사해행위 목적물의 가액 상당을 배상하여야 하는바**, 여기에서 원물반환이 불가능하거나 현저히 곤란한 경우라 함은 원물반환이 단순히 절대적, 물리적으로 불능인 경우가 아니라 사회생활상의 경험법칙 또는 거래상의 관념에 비추어 그 이행의 실현을 기대할 수 없는 경우를 말하는 것이므로, **사해행위 후 그 목적물에 관하여 제3자가 저당권이나 지상권 등의 권리를 취득한 경우에는** 수익자가 목적물을 저당권 등의 제한이 없는 상태로 회복하여 이전하여 줄 수 있다는 등의 특별한 사정이 없는 한 **채권자는 수익자를 상대로 원물반환 대신 그 가액 상당의 배상을 구할 수도 있다**고 할 것이나, 그렇다고 하여 채권자가 스스로 위험이나 불이익을 감수하면서 **원물반환**을 구하는 것까지 허용되지 아니하는 것으로 볼 것은 아니고, 그 경우 채권자는 원상회복 방법으로 가액배상 대신 수익자 명의의 등기의 말소를 구하거나 수익자를 상대로 채무자 앞으로 직접 소유권이전등기절차를 이행할 것을 구할 수 있다"(대판 2001.2.9. 2000다57139).

⑤ [×]

**해설** "사해행위취소란 채권의 보전을 위하여 일반 채권자들의 공동담보에 제공되고 있는 채무자의 재산이 그의 처분행위로 감소되는 경우, 채권자의 청구에 의해 이를 취소하고, 일탈된 재산을 채무자의 책임재산으로 환원시키는 제도로서, **사해행위의 취소와 원상회복은 모든 채권자의 이익을 위하여 효력이 있으므로(민법 제407조), 취소채권자가 자신이 회복해 온 재산에 대하여 우선권을 가지는 것은 아니라**고 할 것이므로, 사해행위의 수익자 소유의 부동산에 대한 경매절차에서 취소채권자가 수익자에 대한 가액배상판결에 기하여 배당을 요구하여 배당을 받은 경우, 그 배당액은 배당요구를 한 취소채권자에게 그대로 귀속되는 것이 아니라 채무자의 책임재산으로 회복되는 것이며, 이에 대하여 채무자에 대한 채권자들은 채권만족에 관한 일반원칙에 따라 채권 내용을 실현할 수 있는 것이다"(대판 2005.8.25. 2005다14595). 다만 상계를 통해 실질적으로 우선변제 받는 방법은 가능하다.

---

17) "사해행위 당시 어느 부동산이 가압류되어 있다는 사정은 채권자 평등의 원칙상 채권자의 공동담보로서 그 부동산의 가치에 아무런 영향을 미치지 아니하므로, 가압류가 된 여부나 그 청구채권액의 다과에 관계없이 그 부동산 전부에 대하여 사해행위가 성립한다."

18) "사해행위 후 그 목적물에 관하여 선의의 제3자가 저당권을 취득하였음을 이유로 가액배상을 명하는 경우에는 사해행위 당시 일반 채권자들의 공동담보로 되어 있었던 부동산 가액 전부의 배상을 명하여야 할 것이고, 그 가액에서 제3자가 취득한 저당권의 피담보채권액을 공제할 것은 아니다."

## 106

다음 각 사례에서 빈칸을 알맞게 채운 것은? (다툼이 있는
경우 판례에 의함) [18 변호사]

ㄱ. 채무자 甲 소유의 X 토지(시가 4,000만 원)와 Y 토지
(시가 6,000만 원)에 대해 피담보채권액 3,000만 원의
공동저당권이 설정되어 있는 상태에서 甲이 Y 토지
를 매도하여 그에 따른 소유권이전등기를 마쳤다. 甲
의 일반 채권자 乙(채권금액 1억 원)에 의해 Y 토지
에 대한 매매계약이 사해행위로 취소되어 가액배상
을 해야 하는 경우, X, Y 토지의 시가변동이 없다면
사해행위취소에 따른 가액배상 범위는 ( A )이다.

ㄴ. 채무자 丙과 물상보증인 丁이 공유하는 Z 토지(시가
1억 원, 丙 지분 2/5, 丁 지분 3/5)에 대해 피담보채
권액 3,000만 원의 저당권이 설정되어 있는 상태에
서 丙이 Z 토지의 지분을 매도하여 그에 따른 지분이
전등기를 마쳤다. 丙의 일반 채권자 戊(채권금액 1억
원)에 의해 Z 토지에 관한 丙 소유 지분에 대한 매매
계약이 사해행위로 취소되어 가액배상을 해야 하는
경우, 丁이 丙에 대하여 구상권을 행사할 수 없는 특
별한 사정이 없고, Z 토지의 시가 변동이 없다면 사
해행위취소에 따른 가액배상 범위는 ( B )이다.

① A: 4,200만 원, B: 1,000만 원
② A: 4,200만 원, B: 2,800만 원
③ A: 6,000만 원, B: 1,000만 원
④ A: 6,000만 원, B: 2,800만 원
⑤ A: 6,000만 원, B: 4,000만 원

## 106                                                              정답 ①

**해설** ㄱ.

**공동저당권이 설정된 채무자 소유의 수 개의 부동산 중 일부 부동산을 처분한 경우**

判例는 "공동저당권이 설정되어 있는 수 개의 부동산 중 일부가 양도된 경우에 있어서의 그 피담보채권액은 특별한 사정이 없는 한 민법 제368조의 규정 취지에 비추어 공동저당권의 목적으로 된 각 부동산의 가액에 비례하여 공동저당권의 피담보채권액을 안분한 금액이라고 보아야 한다"(대판 2003.11.13. 2003다39989)고 한다.

▶ A : Y토지의 시가(6,000만원) – 피담보채권을 안분한 채권액(3,000만원 × 3/5) = 4,200만원

ㄴ.

**공동저당 부동산 중 일부가 채무자 아닌 제3자(물상보증인) 소유인 경우**

判例는 "수 개의 부동산에 공동저당권이 설정되어 있는 경우 그 책임재산을 산정함에 있어 각 부동산이 부담하는 피담보채권액은 특별한 사정이 없는 한 민법 제368조의 규정 취지에 비추어 공동저당권의 목적으로 된 각 부동산의 가액에 비례하여 공동저당권의 피담보채권액을 안분한 금액이라고 보아야 한다. 그러나 그 수 개의 부동산 중 일부는 채무자의 소유이고 다른 일부는 물상보증인의 소유인 경우에는, 물상보증인이 민법 제481조, 제482조의 규정에 따른 변제자대위에 의하여 채무자 소유의 부동산에 대하여 저당권을 행사할 수 있는 지위에 있는 점 등을 고려할 때, 그 **물상보증인이 채무자에 대하여 구상권을 행사할 수 없는 특별한 사정이 없는 한 채무자 소유의 부동산이 부담하는 피담보채권액은 채무자 소유 부동산의 가액을 한도로 한 공동저당권의 피담보채권액 전액**이고, 물상보증인 소유의 부동산이 부담하는 피담보채권액은 공동저당권의 피담보채권액에서 위와 같은 채무자 소유의 부동산이 부담하는 피담보채권액을 제외한 나머지라고 봄이 상당하다. 이러한 법리는 하나의 공유부동산 중 일부 지분이 채무자의 소유이고, 다른 일부 지분이 물상보증인의 소유인 경우에도 마찬가지로 적용된다"(대판 2013.7.18. 전합2012다5643)고 한다.

▶ B : 丙지분의 가액(1억원 × 2/5) – 피담보채권전액(3,000만원) = 1,000만원

# 107

甲은 2012.10.1. 乙에게 5,000만 원을 대여하였다. 乙은 2012.11.1. A 은행으로부터도 3,000만원을 대출받고 유일한 재산인 X아파트(시가 1억 원이고, 그 후에도 변동이 없다)에 관하여 채권최고액 4,000만 원의 근저당권을 설정한 다음, 같은 날 위와 같은 사정을 잘 아는 아들 丙에게 X 아파트를 증여하고 소유권이전등기를 경료하여 주었다. 甲은 2012.12.1. 乙의 증여행위가 사해행위를 알게 되자, 같은 날 丙을 상대로 乙과 丙 사이의 증여계약을 취소하고 丙 명의의 소유권이전등기를 말소하라는 내용의 채권자취소소송을 제기하였다. 다음 중 옳은 것을 모두 고른 것은? (이자, 지연손해금은 없는 것으로 가정한다. 다툼이 있는 경우에는 판례에 의하고, 각 지문은 모두 독립적이다)  [14 변호사]

> ㄱ. 甲이 제기한 소송의 심리과정에서 甲이 2012.11.15. 乙로부터 대여금채권을 모두 변제받아 피보전채권이 소멸한 사실이 밝혀졌다. 법원은 甲의 소를 각하하여야 한다.
>
> ㄴ. 甲이 제기한 소송이 진행되던 중 丙은 A 은행에 3,000만원을 변제하고 근저당권설정등기를 말소하였다. 이에 甲은 위 소송의 청구를 5,000만 원의 범위 내에서 위 증여계약을 취소하고 5,000만 원의 가액배상을 구하는 것으로 변경하였다. 한편 乙에 대하여 7,000만 원의 물품대금채권을 가지고 있던 다른 채권자 丁은 2013.10.5. 별소로 丙을 상대로 7,000만 원의 범위 내에서 위 증여계약을 취소하고 7,000만 원의 가액배상을 구하는 채권자취소소송을 제기하였는데 위 양 소송이 병합되어 심리되었다. 이 소송에서 甲과 丁은 둘 다 전부승소판결을 받을 수 있다.
>
> ㄷ. 甲은 위 소송에서 승소판결을 받고 그 판결이 확정되었다. 한편, 丙은 위 소송의 변론종결 전인 2012. 12.10. X 아파트를 악의인 戊에게 매도하고 소유권이전등기를 경료하여 준 상태였다. 이에 甲은 2013. 12.9. 戊를 상대로 다시 乙과 丙 사이의 증여계약을 취소하고 戊 명의의 등기의 말소를 구하는 소를 제기하였다. 甲은 이 소송에서 승소할 수 있다.

① ㄱ
② ㄴ
③ ㄷ
④ ㄱ, ㄴ
⑤ ㄴ, ㄷ

# 107

정답 ②

**해설** ㄱ. [×]

채권자취소권의 요건으로서 ㉠ 객관적 요건으로는 ⅰ) (금전)채권이 사해행위 이전에 발생하여야 하고(피보전채권), ⅱ) 채권자를 해하는 재산권을 목적으로 하는 법률행위가 있어야 하며(사해행위), ㉡ 주관적 요건으로는 채무자 및 수익자(또는 전득자)의 사해의사가 있어야 한다(제406조). 채권자취소권의 피보전채권이 흠결된 경우에는 채권자취소권이 발생하지 않은 것이 되어 원고의 청구는 이유 없게 된다. 따라서 법원은 원고의 청구를 '기각'하게 된다(대판 1993. 2.12. 92다25151 ; 이에 비해 채권자대위권에서 피보전채권이 존재하지 않으면 '소각하' 판결을 한다).

▶ 따라서 甲이 乙로부터 대여금채권을 모두 변제받아 피보전채권이 소멸한 경우 법원은 甲의 소를 '각하'가 아닌 '기각'하여야 한다.

ㄴ. [○]
(1) 사해행위의 범위
"채무자가 양도한 목적물에 담보권이 설정되어 있는 경우라면 그 목적물 중에서 일반채권자들의 공동담보에 제공되는 책임재산은 피담보채권액을 공제한 나머지 부분만이라 할 것이고, 그 피담보채권이 목적물의 가격을 초과하고 있는 때에는 당해 목적물의 양도는 사해행위에 해당한다고 할 수 없는바, 여기서 피담보채권액이라 함은 근저당권의 경우에 채권최고액이 아니라 실제로 이미 발생하여 있는 채권금액이다"(대판 2001.10.9. 2000다42618).

▶ 따라서 채무자 乙이 양도한 시가 1억 원의 X아파트에 A의 저당권이 설정되어 있는 본 사안의 경우 X아파트 중에서 일반채권자들의 공동담보에 제공되는 책임재산은 A의 채권최고액 4천만 원이 아닌 실제 피담보채권액 3천만 원을 공제한 7천만 원 부분만이라 할 것이다.

(2) 원상회복의 방법
"부동산에 관한 법률행위가 사해행위에 해당하는 경우에는 그 사해행위를 취소하고 소유권이전등기의 말소 등 부동산 자체의 회복을 명하는 것이 원칙이지만, 저당권이 설정되어 있는 부동산에 관하여 사해행위가 이루어진 경우에 그 사해행위는 부동산의 가액에서 저당권의 피담보채권액을 공제한 잔액의 범위 내에서만 성립한다고 보아야 하므로, 사해행위 후 변제 등에 의하여 저당권설정등기가 말소된 경우, 사해행위를 취소하여 그 부동산의 자체의 회복을 명하는 것은 당초 일반채권자들의 공동담보로 되어 있지 아니하던 부분까지 회복을 명하는 것이 되어 공평에 반하는 결과가 되므로, 그 부동산의 가액에서 저당권의 피담보채무액을 공제한 잔액의 한도에서 사해행위를 취소하고 그 가액의 배상을 구할 수 있을 뿐이고, 그와 같은 가액 산정은 사실심 변론종결시를 기준으로 하여야 한다"(대판 1999.9.7. 98다41490).

"사해행위취소로 인한 원상회복으로서 가액배상을 명하
는 경우에는, 취소채권자는 직접 자기에게 가액배상금을
지급할 것을 청구할 수 있고, 위 지급받은 가액배상금을
분배하는 방법이나 절차 등에 관한 아무런 규정이 없는
현행법 아래에서 **다른 채권자들이 위 가액배상금에 대
하여 배당요구를 할 수도 없으므로, 결국 채권자는 자신
의 채권액을 초과하여 가액배상을 구할 수는 없다**"(대
판 2008.11.13. 2006다1442).

▶ 따라서 乙의 사해행위 후 수익자 丙이 3,000만 원을
변제하고 저당권설정등기를 말소하였으므로 X부동산
의 가액인 1억 원에서 저당권의 피담보채무액 3천만
원을 공제한 7천만 원의 한도에서 ⅰ) 甲은 자신의 피
보전채권액 5천만 원의 범위내에서 ⅱ) 丁은 자신의
피보전채권액 7천만 원의 범위내에서 가액배상을 구
할 수 있다.

(3) 사해행위 취소소송의 경합(중복소제기 여부) 및 가액반
환 주문

"채권자취소권은 채권자대위권과는 달리 채권자 개개인에
게 부여된 고유의 권리이므로, 비록 채무자의 같은 법률행
위를 대상으로 각각 채권자취소권을 행사하더라도 소송물이
달라 **중복제소에 해당하지 않는다**"(대판 2003.7.11.
2003다19558 ; 대판 2005.11.25. 2005다51457).
"여러 명의 채권자가 사해행위취소 및 원상회복청구의
소를 제기하여 여러 개의 소송이 계속중인 경우에는 각
소송에서 채권자의 청구에 따라 사해행위의 취소 및 원
상회복을 명하는 판결을 선고하여야 하고, 수익자(전득
자를 포함)가 가액배상을 하여야 할 경우에도 **수익자가
반환하여야 할 가액을 채권자의 채권액에 비례하여 채
권자별로 안분한 범위 내에서 반환을 명할 것이 아니라,
수익자가 반환하여야 할 가액 범위 내에서 각 채권자의
피보전채권액 전액의 반환을 명하여야 한다**"(대판
2005.11.25. 2005다51457). "이와 같은 법리는 여러
명의 채권자들이 제기한 각 사해행위취소 및 원상회복청
구의 소가 민사소송법 제141조에 의하여 병합되어 하나
의 소송절차에서 심판을 받는 경우에도 마찬가지이다"
(대판 2008.6.12. 2008다8690). "이와 같이 여러 개의
소송에서 수익자가 배상하여야 할 가액 전액의 반환을
명하는 판결이 선고되어 확정될 경우 수익자는 이중으로
가액을 반환하게 될 위험에 처할 수 있을 것이나, 수익자
가 어느 채권자에게 자신이 배상할 가액의 일부 또는 전
부를 반환한 때에는 그 범위 내에서 다른 채권자에 대하
여 청구이의 등의 방법으로 이중지급을 거부할 수 있을
것이다"(대판 2005.11.25. 2005다51457).

▶ 따라서 채권자 甲의 가액반환 취소소송과 채권자 丁
의 가액반환 취소소송이 병합되어 심리되었다면 甲과
丁은 둘 다 전부승소판결을 받을 수 있다.

ㄷ. [×]
채권자취소의 소는 채권자가 취소원인을 안 날로부터 1년,
법률행위 있은 날로부터 5년 내에 제기하여야 한다(제406조
제2항).
"채권자가 전득자를 상대로 민법 제406조 제1항에 의한 채
권자취소권을 행사하기 위해서는, 같은 조 제2항에서 정한
기간 안에 채무자와 수익자 사이의 사해행위의 취소를 소송
상 공격방법의 주장이 아닌 법원에 소를 제기하는 방법으로
청구하여야 하는 것이고, 비록 채권자가 수익자를 상대로 사
해행위의 취소를 구하는 소를 이미 제기하여 채무자와 수익
자 사이의 법률행위를 취소하는 내용의 판결을 선고받아 확
정되었더라도 그 판결의 효력은 그 소송의 피고가 아닌 전
득자에게는 미칠 수 없는 것이므로, 채권자가 그 소송과는
별도로 전득자에 대하여 채권자취소권을 행사하여 원상회복
을 구하기 위해서는 위에서 본 법리에 따라 민법 제406조
제2항에서 정한 기간 안에 전득자에 대한 관계에 있어서 채
무자와 수익자 사이의 사해행위를 취소하는 청구를 하지 않
으면 아니 된다"(대판 2005.6.9. 2004다17535).

▶ 사안에서 채권자 甲은 2012.12.1. 채무자 乙의 증여행위
가 사해행위임을 알게 되었으므로 2013.12.1.(수익자인
丙이 전득자인 戊에게 처분행위를 한 2012.12.10.로부
터 1년인 2013.12.10.이 아님) 전에 전득자 戊를 상대로
채권자취소권을 행사하였어야 한다(제406조 2항). 따라
서 甲이 2013.12.9. 戊를 상대로 채권자취소권을 행사한
다면 제소기간 도과로 甲의 소는 '각하'될 것이다.

## 108

甲에 대하여 대여금채무를 부담하고 있는 乙이 그의 유일한 소유 재산인 부동산을 그의 아들인 丙에게 매도하고, 그 후 丙은 이를 다시 丁에게 매도한 후 각 소유권이전등기가 경료되었다. 이에 관한 설명 중 옳지 않은 것은? (다툼이 있는 경우 판례에 의함)

[19 변호사]

① 甲이 丙 및 丁을 상대로 사해행위 취소 및 원상회복을 구하여 이들 명의의 각 소유권이전등기가 말소된 경우, 丁은 乙의 채무를 변제한 것과 같은 지위에 있는 점에서 乙에게 부당이득의 반환을 청구할 수 있으므로, 향후 乙의 채권자들에 의해 진행될 원상회복 부동산에 대한 강제경매절차에서 위 부당이득반환채권으로 배당을 요구할 권리가 있다.

② 甲이 丙 및 丁을 상대로 사해행위 취소 및 원상회복을 구하여 이들 명의의 각 소유권이전등기의 말소를 명하는 확정판결을 받았더라도, 乙에 대한 다른 채권자 戊는 위 판결에 기하여 乙을 대위하여 말소등기를 신청할 수는 없다. 다만 등기관이 위 등기신청을 받아들여 말소등기를 마쳐 버렸다면 그 말소등기를 무효의 등기라 할 수는 없다.

③ 甲이 丁을 상대로 乙과 丙 사이의 매매계약을 사해행위로서 취소함에 있어서는 乙과 丙 사이의 매매계약이 아닌 丙과 丁 사이의 매매계약까지 甲을 해하는 행위로서 사해행위에 해당함을 증명할 필요는 없다.

④ 甲은 丁을 상대로 한 원상회복의 방법으로 丁 명의의 소유권이전등기를 말소하는 대신 乙 앞으로 직접 소유권이전등기절차를 이행할 것을 청구할 수도 있다.

⑤ 甲은 丙 및 丁을 상대로 사해행위 취소 및 원상회복을 구함에 있어 사해행위의 취소만을 먼저 청구한 다음 원상회복을 나중에 청구할 수도 있는데, 이 경우 사해행위 취소청구가 「민법」 제406조 제2항에 정하여진 기간 안에 제기되었다면 원상회복의 청구는 그 기간이 지난 뒤에도 할 수 있다.

① [×]

**해설** 사해행위 취소의 수익자·전득자에 대한 효과

수익자(전득자)는 그 재산의 명의를 채무자 앞으로 회복시킬 의무를 진다. 그러나 이것은 채권자의 강제집행을 위한 수단에 지나지 않고 채무자와의 관계에서 그 권리는 여전히 수익자(전득자)에게 속하는 것이므로, 채권자가 강제집행을 하여 만족을 얻은 부분에 대해 수익자(전득자)는 채무자에 대해 '부당이득반환'을 청구할 수 있다. 그러나 이와 같은 부당이득반환채권은 사해행위 이후에 발생한 채권이므로 수익자 등은 제407조의 채권자에 해당하지 않는다. 따라서 원상회복된 채무자의 재산에 대한 강제집행절차에서 배당을 요구할 권리가 없다(대판 2015.10.29. 2012다14975).

**비교판례** 수익자도 채권자 중 1인인 경우(예컨대 채권자 중 1인에 대한 근저당권 설정, 대물변제)

㉠ 이 경우 사해행위의 상대방인 수익자는 그의 채권이 사해행위 당시에 그대로 존재하고 있었거나(담보제공의 경우) 또는 사해행위가 취소되면서 그의 채권이 부활하게 되는 결과 본래의 채권자로서의 지위를 회복하게 되는 것이므로(대물변제의 경우), 다른 채권자와 함께 제407조의 채권자에 해당한다. 따라서 원상회복된 채무자의 재산에 대한 강제집행절차에서 배당을 요구할 권리가 있다(대판 2003.6.27. 2003다15907). ㉡ 그러나 채권자의 가액반환 청구에 대하여 수익자는 채무자에 대한 원래의 채권 또는 장차 안분배당받을 채권으로 상계할 수 없다(대판 2001.2.27. 2000다44348 ; 대판 2001.6.1. 99다63183).

② [○]

**해설** 사해행위 취소의 상대적 효력 및 다른 채권자에 의한 말소등기의 유효 여부

"채권자가 수익자를 상대로 사해행위 취소 및 원상회복으로 소유권이전등기의 말소를 명하는 판결을 받았으나 말소등기를 마치지 않은 경우, 채권자취소권의 상대적 효력에 따라 소송 당사자가 아닌 다른 채권자는 채무자를 대위하여 말소등기를 신청할 수 없으나, 민법 제407조 등의 취지에 비추어 소송당사자가 아닌 다른 채권자가 위 판결에 따라 채무자를 대위하여 마친 말소등기는 **실체관계에 부합하는 등기로서 유효**하다"(대판 2015.11.17. 2013다84995).

③ [○]

**해설** "채권자가 사해행위의 취소로서 수익자를 상대로 채무자와의 법률행위의 취소를 구함과 아울러 전득자를 상대로도 전득행위의 취소를 구함에 있어서, 전득자의 악의는 전득행위 당시 그 행위가 채권자를 해한다는 사실, 즉 사해행위의 객관적 요건을 구비하였다는 것에 대한 인식을 의미하므로, 전득자의 악의를 판단함에 있어서는 단지 전득자가 전득행위 당시 채무자와 수익자 사이의 법률행위의 사해성을 인식하였는지 여부만이 문제가 될 뿐이지, 수익자와 전득자 사이의 전득행위가 다시 채권자를 해하는 행위로서 사해행위의 요건을 갖추어야 하는 것은 아니다"(대판 2006.7.4. 2004다61280).

즉, 전득자를 상대로 사해행위 취소를 구하는 경우에도, 취소의 대상이 되는 사해행위는 채무자와 수익자 사이의 재산상 법률행위라 할 것이므로, 수익자와 전득자 사이의 전득행위가 별도로 사해행위 요건을 갖추어야 하는 것은 아니다.

▶ 따라서 甲이 丁을 상대로 乙과 丙 사이의 매매계약을 사해행위로서 취소함에 있어서는 乙과 丙 사이의 매매계약이 사해행위에 해당함을 증명하면 족한 것이지 丙과 丁 사이의 매매계약까지 사해행위에 해당함을 증명할 필요는 없다.

④ [○]

**해설** 사해행위 취소시 원상회복의 방법

"자기 앞으로 소유권을 표상하는 등기가 되어 있었거나 법률에 의하여 소유권을 취득한 자가 진정한 등기명의를 회복하기 위한 방법으로는 그 등기의 말소를 구하는 외에 현재의 등기명의인을 상대로 직접 소유권이전등기절차의 이행을 구하는 것도 허용되어야 하는바, 이러한 법리는 사해행위 취소소송에 있어서 취소 목적 부동산의 등기명의를 수익자로부터 채무자 앞으로 복귀시키고자 하는 경우에도 그대로 적용될 수 있다고 할 것이고, 따라서 채권자는 사해행위의 취소로 인한 원상회복 방법으로 수익자 명의의 등기의 말소를 구하는 대신 수익자를 상대로 채무자 앞으로 직접 소유권이전등기절차를 이행할 것을 구할 수도 있다"(대판 2000.2.25. 99다53704).

⑤ [○]

**해설** 사해행위 취소소송의 제척기간 준수 여부 판단 방법

"채권자가 민법 제406조 제1항에 따라 사해행위의 취소와 원상회복을 청구함에 있어 사해행위의 취소만을 먼저 청구한 다음 원상회복을 나중에 청구할 수 있으며, 이 경우 **사해행위 취소 청구가 민법 제406조 제2항에 정하여진 기간 안에 제기되었다면 원상회복의 청구는 그 기간이 지난 뒤에도 할 수 있다**"(대판 2001.9.4. 2001다14108).

**비교판례** 그러나 '수익자'를 상대로 사해행위 취소의 소를 제기한 다음 기간이 지난 뒤에 '전득자'에 대하여 원상회복을 구하는 소를 추가한 경우에는 그렇지 않다. 수익자에 대한 소와 전득자에 대한 소는 별개이기 때문에 채권자는 기간 내에 전득자를 상대로 사해행위 취소를 구하는 소를 제기하였어야 한다. 결국 후자의 경우 전득자에 대하여는 취소를 구하는 소가 적법하게 제기되지 않았기 때문에(기판력의 주관적 범위), 전득자에 대하여 원상회복을 구하는 소는 그 자체로 이유 없게 된다(대판 2005.6.9. 2004다17535).

# 109

甲은 乙에 대하여 1억 원의 금전채권을 가지고 있었는데, 乙은 자기의 유일한 재산인 X부동산을 丙에게 매도하고 소유권이전등기까지 마쳐주었고, 그 후 X부동산에 관하여 A가 저당권을 취득하였다. 甲이 丙을 상대로 사해행위취소 및 원상회복을 구하는 소를 제기한 경우에 관한 설명 중 옳은 것(○)과 옳지 않은 것(×)을 올바르게 조합한 것은? (다툼이 있는 경우 판례에 의함) [21 변호사]

ㄱ. 丙이 X부동산을 저당권의 제한이 없는 상태로 회복하여 乙에게 이전하여 줄 수 있다는 등의 특별한 사정이 없는 한, 甲은 丙을 상대로 원물반환 대신 가액상당의 배상을 구할 수 있다.

ㄴ. 甲이 원상회복의 방법으로 가액배상 대신 丙을 상대로 丙 명의 소유권이전등기의 말소를 구하거나, 乙 앞으로 직접 소유권이전등기절차를 이행할 것을 구할 수는 없다.

ㄷ. 원물반환과 가액배상이 모두 가능한 경우, 법원은 甲의 선택에도 불구하고 직권으로 사해행위취소로 인한 원상회복을 원물반환과 가액배상 중 어느 하나로 확정할 수 있다.

ㄹ. 甲이 일단 사해행위취소 및 원상회복으로서 丙 명의 등기의 말소를 청구하여 승소판결이 확정되었다면, 어떠한 사유로 丙 명의 등기를 말소하는 것이 불가능하게 되었다고 하더라도 다시 丙을 상대로 원상회복청구권을 행사하여 가액배상을 청구하거나 원물반환으로서 乙 앞으로 직접 소유권이전등기절차를 이행할 것을 청구할 수는 없다.

① ㄱ(○), ㄴ(○), ㄷ(×), ㄹ(×)
② ㄱ(○), ㄴ(×), ㄷ(×), ㄹ(○)
③ ㄱ(○), ㄴ(×), ㄷ(○), ㄹ(×)
④ ㄱ(×), ㄴ(○), ㄷ(×), ㄹ(○)
⑤ ㄱ(×), ㄴ(×), ㄷ(○), ㄹ(○)

## 109 정답 ②

**해설** ㄱ. [○], ㄴ. [×], ㄷ. [×], ㄹ. [○]

"사해행위로 부동산 소유권이 이전된 후 그 부동산에 관하여 제3자가 저당권이나 지상권 등의 권리를 취득한 경우에는 수익자가 부동산을 저당권 등의 제한이 없는 상태로 회복하여 채무자에게 이전하여 줄 수 있다는 등의 특별한 사정이 없는 한 **채권자는 수익자를 상대로 원물반환 대신 가액 상당의 배상을 구할 수 있지만**(ㄱ지문), 그렇다고 하여 채권자가 스스로 위험이나 불이익을 감수하면서 원물반환을 구하는 것까지 허용되지 않는 것은 아니다. 채권자는 원상회복 방법으로 가액배상 대신 수익자 명의 등기의 말소를 구하거나 수익자를 상대로 채무자 앞으로 직접 소유권이전등기절차를 이행할 것을 구할 수도 있다(ㄴ지문). 이 경우 원상회복청구권은 사실심 변론종결 당시 **채권자의 선택에 따라** 원물반환과 가액배상 중 어느 하나로 확정된다(ㄷ지문). 채권자가 일단 사해행위취소 및 원상회복으로서 수익자 명의 등기의 말소를 청구하여 승소판결이 확정되었다면, 어떠한 사유로 수익자 명의 등기를 말소하는 것이 불가능하게 되었다고 하더라도 다시 수익자를 상대로 원상회복청구권을 행사하여 가액배상을 청구하거나 원물반환으로서 채무자 앞으로 직접 소유권이전등기절차를 이행할 것을 청구할 수는 없으므로(ㄹ지문), 그러한 청구는 권리보호의 이익이 없어 허용되지 않는다"(대판 2018.12.28. 2017다265815)

## 110

甲, 乙은 丙으로부터 농기계 1대를 10일 동안 사용하기로 하고 차임 1,000만 원에 공동으로 임차하였는데 甲, 乙 사이의 부담부분에 관하여 따로 정하지 아니하였다. 이에 관한 설명 중 옳지 않은 것은? (다툼이 있는 경우 판례에 의함)

[22 변호사]

① 甲, 乙의 丙에 대한 차임지급채무가 기한의 정함이 없는 경우, 丙이 甲에게 이행청구를 하여 甲의 채무의 이행기가 도래하면 乙의 채무 역시 이행기가 도래한다.

② 甲에게 위 임대차계약의 무효의 원인이 있는 경우, 乙은 여전히 丙에 대하여 1,000만 원의 차임지급채무를 부담한다.

③ 甲이 丙에 대한 700만 원의 반대채권을 가지고 丙의 甲에 대한 차임채권과 상계하였다면, 乙의 丙에 대한 채무는 300만 원으로 감축된다.

④ 甲이 丙에 대하여 700만 원의 반대채권을 가지고 丙의 甲에 대한 차임채권과 상계할 수 있음에도 상계를 하지 않는 경우, 乙은 500만 원의 범위 내에서 甲의 丙에 대한 반대채권을 가지고 丙의 甲에 대한 차임채권과 상계할 수 있다.

⑤ 甲이 丙에게 차임지급채무 1,000만 원 중 500만 원을 지급한 경우, 甲은 乙에 대하여 구상권을 행사할 수 없다.

## 110                                    정답 ⑤

① [○]

**해설** 공동임차인의 연대의무(연대채무의 일체형 절대적 효력 : 이행청구)

수인이 공동으로 임차하는 경우, 임차인 각자는 차임의 지급을 비롯하여 임차인의 의무를 연대하여 부담한다(제654조, 제616조). 그런데 어느 연대채무자에 대한 이행청구는 다른 연대채무자에게도 효력이 있으므로(제416조), 공동임차인 일인에 대한 이행청구는 다른 공동임차인에게 효과가 있다.

▶ 공동임차인 甲에게 이행청구를 하여 甲의 채무의 이행기가 도래하면 다른 공동임차인 乙의 채무 역시 이행기가 도래한다.

② [○]

**해설** 연대채무의 독립성

어느 연대채무자에 대한 법률행위의 무효나 취소의 원인은 다른 연대채무자의 채무에 영향을 미치지 아니한다(제415조).

▶ 甲에게 위 임대차계약의 무효의 원인이 있더라도, 다른 공동임차인에게는 영향이 없으므로 乙은 여전히 丙에 대하여 1,000만 원의 차임지급채무를 부담한다.

③ [○]

**해설** 공동임차인의 연대의무(연대채무의 일체형 절대적 효력 : 상계)

어느 연대채무자가 채권자에 대하여 채권이 있는 경우에 그 채무자가 상계한 때에는 채권은 모든 연대채무자의 이익을 위하여 소멸한다(제418조 1항).

▶ 甲이 丙에 대하여 한 상계의 효과는 乙에게 절대적으로 효과가 미치므로, 甲이 丙에 대하여 700만 원의 반대채권을 가지고 상계하였다면, 乙의 丙에 대한 채무는 300만 원으로 감축된다.

④ [○]

**해설** 공동임차인의 연대의무(연대채무의 부담부분형 절대적 효력 : 면, 상, 혼, 소)

면제(제419조), 혼동(제420조), 소멸시효의 완성(제421조), 다른 연대채무자에 의한 상계(제418조 2항)의 경우 당해 채무자의 부담부분에 한하여 절대적 효력이 인정된다. 즉, **상계할 채권이 있는 연대채무자가 상계하지 아니한 때에는 그 채무자의 부담부분에 한하여 다른 연대채무자가 상계할 수 있다**(제418조 2항).

▶ 甲과 乙은 부담부분에 대하여 따로 정하지 않았는바, **연대채무자의 부담부분은 균등한 것으로 추정되므로**(제424조), 甲과 乙의 丙에 대한 차임채무 1000만 원에 대한 부담부분은 각 500만 원으로 균등하다. 따라서 甲이 丙에 대하여 700만 원의 반대채권을 가지고 丙의 甲에 대한 차임채권과 상계할 수 있음에도 상계를 하지 않는 경우, 乙은 500만 원의 범위 내에서 甲의 丙에 대한 반대채권을 가지고 丙의 甲에 대한 차임채권과 상계할 수 있다.

⑤ [×]

**해설** 연대채무의 구상관계(자신의 부담부분 이하의 출재도 구상 가능)

어느 연대채무자가 ⅰ) 변제 기타 자기의 출재로 ⅱ) 공동면책이 된 때에는 ⅲ) 다른 연대채무자의 부담부분에 대하여 구상권을 행사할 수 있다(제425조 1항). 공동면책이 있기만 하면 되고 그 범위가 **출재를 한 연대채무자의 부담부분 이상일 필요가 없다**(통설). 공평을 위한 것이기 때문이다[공동보증인간의 구상권이나(제448조) 및 부진정연대채무자간의 구상권(대판 1997.12.12. 96다50896)에서는 '자기의 부담부분'을 넘어야 하지만, 주관적 공동관계가 존재하는 연대채무에서도 그렇게 볼 것은 아니다]. 따라서 **공동면책이 있기만 하면 출재한 액에 관하여 부담부분의 비율에 따라 구상할 수 있다.**

▶ 甲과 乙의 丙에 대한 차임채무에 대한 부담부분은 균등하므로(제424조), 甲이 丙에게 차임지급채무 1,000만 원 중 500만 원을 지급한 경우, 甲은 乙에 250만 원(=500만원×1/2)에 대하여 구상권을 행사할 수 있다.

## 111

**채권관계의 당사자 변경에 관한 설명 중 옳은 것을 모두 고른 것은? (다툼이 있는 경우 판례에 의함)** [22 변호사]

ㄱ. 양도금지특약을 위반하여 채권을 제3자에게 양도한 경우에, 채권양수인이 양도금지특약이 있음을 알았거나 중대한 과실로 알지 못하였다면, 채권 이전의 효과가 생기지 아니한다.

ㄴ. 「주택임대차보호법」이 정한 대항요건을 갖춘 임대차의 목적인 주택의 양수인은 임대차보증금반환채무를 면책적으로 인수하고, 양도인은 임대차관계에서 탈퇴하여 임차인에 대한 임대차보증금반환채무를 면한다.

ㄷ. 병존적 채무인수에서 인수인이 채무자의 부탁 없이 채권자와의 계약으로 채무를 인수하는 것은 매우 드문 일이므로, 채무자와 인수인은 통상 주관적 공동관계가 있는 연대채무관계에 있고, 인수인이 채무자의 부탁을 받지 아니하여 주관적 공동관계가 없는 경우에는 부진정연대관계에 있는 것으로 보아야 한다.

ㄹ. 채무자와 인수인의 합의에 의한 병존적 채무인수는 일종의 제3자를 위한 계약이라고 할 것이므로, 채권자의 수익의 의사표시는 계약의 효력발생요건이다.

① ㄱ
② ㄱ, ㄷ
③ ㄴ, ㄹ
④ ㄱ, ㄴ, ㄷ
⑤ ㄱ, ㄴ, ㄷ, ㄹ

## 111              정답 ④

**해설** ㄱ. [○]

**제449조 2항 단서의 선의의 제3자의 범위**

당사자, 즉 채권자와 채무자의 양도금지의 의사표시에 의하여 채권은 그 양도성을 상실한다. 그러나 양도금지의 특약은 선의의 제3자에게 대항할 수 없다(제449조 2항 단서). 제449조 2항 단서의 선의의 제3자의 범위에 관하여 거래안전의 일반원칙상 무과실도 요구된다는 견해도 있으나, **判例는 선의의 양수인이 보호받기 위해서는 선의이며, 중과실이 없어야 한다고 하며**, 양수인의 악의 또는 중과실에 대한 증명책임은 채권양도금지특약으로 채권양수인에게 대항하려는 자(**채무자**)가 부담한다고 한다(대판 1999.12.28. 99다8834, 대판 2019.12.19. 전합2016다24284). 그리고 채권증서에 양도금지의 기재가 있는 경우에 그것만으로는 양수인의 악의나 중과실을 추단할 수 없다고 한다(대판 2000.4.25. 99다67482).

ㄴ. [○]

**임차목적물이 양도된 경우(면책적 채무인수)**

주택 임대차보호법은 임차주택의 양수인 기타 임대할 권리를 승계한 자(상속·경매 등으로 임차물의 소유권을 취득한 자)는 '임대인의 지위'를 승계한 것으로 본다(동법 제3조 4항, 상가건물 임대차보호법 제3조 2항도 동일). 이 경우 임대차에 종된 계약인 보증금계약 등도 임대차관계에 수반하여 이전되어(제100조 2항 유추적용), 그 결과 判例에 따르면 양수인이 임대차보증금반환채무를 '면책적으로 인수'(병존적 인수 아님)하고, 양도인은 임대차관계에서 탈퇴하여 임차인에 대한 임대차보증금반환채무를 면하게 된다고 한다(대판 1987.3.10. 86다카1114).

따라서 주택 양수인이 임차인에게 임대차보증금을 반환하면 양수인은 양도인에게 부당이득반환을 청구할 수 없다(대판 1993.7.16. 93다17324).

참고로 동법 제3조 4항은 대항력을 갖춘 일반적인 임차권을 취득한 양수인에게도 유추적용될 수 있다(통설). 그리고 **동 규정은 임차인 보호를 위한 '법정승계'사유로** (임차목적물) 양수인의 동의 등 당사자의 합의와 상관없이 인정된다.

ㄷ. [○]

**채무자의 채무와 인수인의 채무와의 관계**

判例는 "중첩적 채무인수에서 채무자의 부탁 없이 채권자와의 계약으로 채무를 인수하는 것은 매우 드문 일이므로 채무자와 인수인은 원칙적으로 주관적 공동관계가 있는 연대채무관계에 있고, 인수인이 채무자의 부탁을 받지 아니하여 주관적 공동관계가 없는 경우에는 부진정연대관계에 있는 것으로 보아야 한다"(대판 2009.8.20. 2009다32409)고 한다.

ㄹ. [×]

**채무자와 인수인 사이의 인수계약에 의한 병존적 채무인수**

병존적 채무인수는 채무자와 인수인 사이의 인수계약으로도 가능하며, 이 경우 제3자를 위한 계약이 된다. 따라서 채권자의 수익의 의사표시를 필요로 한다(제539조 2항). 채권자가 인수인에 대하여 청구 기타 채권자로서의 권리를 행사하면 그것이 곧 수익의 의사표시가 된다. 이 경우 **채권자의 수익의 의사표시는 그 계약의 '성립요건이나 효력발생요건'이 아니라 채권자가 인수인에 대하여 채권을 취득하기 위한 요건이다**(대판 2013.9.13. 2011다56033).

# 112

다음 설명 중 옳지 않은 것은? (다툼이 있는 경우 판례에 의함)                                    [16 변호사]

① 공동불법행위자는 채권자에 대한 관계에서 부진정연대책임을 지되, 공동불법행위자 중 1인이 전체 채무를 변제한 경우 특별한 사정이 없는 한 나머지 공동불법행위자들이 부담하는 구상채무의 성질은 각자의 부담부분에 따른 분할채무이다.

② 보증인은 자신의 채권자에 대한 채권으로 채권자의 보증채권과 상계할 수 있을 뿐만 아니라, 주채무자의 채권자에 대한 채권으로도 상계할 수 있다.

③ 공동불법행위자는 자신의 부담부분 이상을 변제하여 공동의 면책을 얻게 하였을 때에 다른 공동불법행위자에 대하여 구상권을 행사할 수 있으나, 연대채무자는 자신의 부담부분 이상을 변제하지 않더라도 다른 연대채무자에 대하여 구상권을 행사할 수 있다.

④ 부진정연대채무자 중의 1인이 채권자에 대하여 한 상계는 절대적 효력이 있지만, 부진정연대채무자 중의 1인과 채권자 사이의 상계계약의 경우에는 절대적 효력이 인정되지 않는다.

⑤ 여러 사람이 공동으로 법률상 원인 없이 타인의 재산을 사용한 경우의 부당이득 반환채무는 특별한 사정이 없는 한 불가분적 이득의 반환으로서 불가분채무이고, 불가분채무는 각 채무자가 채무 전부를 이행할 의무가 있으며, 1인의 채무이행으로 다른 채무자도 그 의무를 면하게 된다.

**112** 정답 ④

① [○]

**해설** 제760조는 공동불법행위자는 연대하여 그 손해를 배상할 책임이 있다고 규정한다. 그런데 통설과 判例는 이 연대를 '부진정연대채무'로 해석한다. 왜냐하면 연대채무에서는 절대적 효력이 미치는 범위가 상당히 넓으므로 피해자를 두텁게 보호하기 위해서는 부진정연대채무로 함이 유리하기 때문이다. 그러나 공동불법행위자 중 1인에 대하여 구상의무를 부담하는 다른 공동불법행위자가 수인인 경우에는 특별한 사정이 없는 이상 그들의 구상권에 대한 채무는 각자의 부담 부분에 따른 '분할채무'로 본다(대판 2002.9.27. 2002다15917). 따라서 각자의 내부적 부담부분의 범위 내에서만 구상의무를 부담한다.

**비교판례** 다만 구상권자인 공동불법행위자측에 과실이 없는 경우(운전자에게 과실이 없는 경우에도 자배법상 운행자책임이 성립할 수 있다), 즉 내부적인 부담 부분이 전혀 없는 경우에는 이와 달리 그에 대한 수인의 구상의무 사이의 관계를 '부진정연대관계'로 봄이 상당하다고 한다(대판 2005.10.13. 2003다24147).

② [○]

**해설** 보증인은 자신의 채권자에 대한 채권으로 채권자의 보증채권과 상계할 수 있을 뿐만 아니라, 보증인은 주채무자의 채권에 의한 상계로 채권자에게 대항할 수 있다(제434조). 즉 보증인은 주채무자의 상계권을 직접 행사할 수 있다.

**비교판례** 반대로 "채권자가 주채무자에 대해 상계적상에 있는 채권을 가지고 있으면서 상계하지 않고 있는 때에는 보증인이 상계하거나 이를 이유로 보증채무의 이행을 거절할 수 있는 것은 아니다"(대판 1987.5.12. 86다카1340).

③ [○]

**해설** 공동보증인간의 구상권(제448조) 및 부진정연대채무자간의 구상권(대판 1997.12.12. 96다50896)에서는 '자기의 부담부분'을 넘어야 하지만, 주관적 공동관계가 존재하는 연대채무에서도 그렇게 볼 것은 아니다.
즉 判例는 "부진정연대채무의 관계에 있는 복수의 책임주체 내부관계에 있어서는 형평의 원칙상 일정한 부담부분이 있을 수 있으며, 그 부담부분은 각자의 고의 및 과실의 정도에 따라 정하여지는 것으로서, 부진정연대채무자 중 1인이 자기의 부담부분 이상을 변제하여 공동의 면책을 얻게 하였을 때에는 다른 부진정연대채무자에게 그 부담부분의 비율에 따라 구상권을 행사할 수 있다"(대판 2006.1.27. 2005다19378 : A의 경비용역계약상 채무불이행으로 인한 손해배상채무와 B의 절도라는 불법행위로 인한 손해배상채무는 부진정연대의 관계에 있고, A의 부담부분을 20%, B의 부담부분을 80%로 인정한 사안)고 판시하고 있다.
반면 연대채무의 경우 구상권이 성립하기 위해서는 공동면책이 있기만 하면 되고 그 범위가 **출재를 한 연대채무자의 부담부분 이상일 필요가 없다**(통설). 연대채무자 사이의 구상권 행사에 있어서 '부담부분'이란 연대채무자가 그 내부관계

에서 출재를 분담하기로 한 비율을 말한다. 그 결과 최근 判例가 판시하는 바와 같이 "변제 기타 자기의 출재로 일부 공동면책되게 한 연대채무자는 역시 변제 기타 자기의 출재로 일부 공동면책되게 한 다른 연대채무자를 상대로 하여서도 **자신의 공동면책액 중 다른 연대채무자의 분담비율에 해당하는 금액이 다른 연대채무자의 공동면책액 중 자신의 분담비율에 해당하는 금액을 초과한다면 그 범위에서 여전히 구상권을 행사할 수 있다**고 보아야 한다"(대판 2013.11.14. 2013다46023). 예를 들어 A·B·C가 D에 대하여 300만 원의 연대채무를 부담하고 그들의 부담부분이 균등한 경우에, A가 D에게 60만 원을 변제하였다면 A는 B와 C에게 20만 원(= 60만원 × 1/3)씩 구상할 수 있다. 그리고 만약 B도 30만 원을 변제하였으면 A는 B에게 10만 원[(20만 원 − 10만원(= 30만원 × 1/3)]을 구상할 수 있다.

④ [×]

**해설** 종래 判例의 기본적 입장은 상계의 상대적 효력만 인정하였으나, 최근 전원합의체 판결은 "부진정연대채무자 중 1인이 자신의 채권자에 대한 반대채권으로 상계를 한 경우에도 채권은 변제, 대물변제, 또는 공탁이 행하여진 경우와 동일하게 **현실적으로 만족을 얻어 그 목적을 달성하는 것이므로, 그 상계로 인한 채무소멸의 효력은 소멸한 채무 전액에 관하여 다른 부진정연대채무자에 대하여도 미친다**고 보아야 한다. 이는 부진정연대채무자 중 1인이 채권자와 상계계약을 체결한 경우에도 마찬가지이다. 나아가 이러한 법리는 채권자가 상계 내지 상계계약이 이루어질 당시 다른 부진정연대채무자의 존재를 알았는지 여부에 의하여 좌우되지 아니한다"(대판 2010.9.16. 전합2008다97218)고 하여 **상계의 절대적 효력을 인정하였다.**

⑤ [○]

**해설** "여러 사람이 공동으로 법률상 원인 없이 타인의 재산을 사용한 경우의 부당이득의 반환채무는 특별한 사정이 없는 한 불가분적 이득의 반환으로서 불가분채무이고, 불가분채무는 각 채무자가 채무 전부를 이행할 의무가 있으며, 1인의 채무이행으로 다른 채무자도 그 의무를 면하게 된다"(대판 2001.12.11. 2000다13948).

# 113

甲은 공인중개사인 乙의 중개보조원으로 일하면서 고객인 丙의 인감증명서와 도장을 업무상 자신이 보유하고 있음을 기화로 허위의 임대차계약을 체결하였고, 이를 통해 6,000만 원을 취득하여 丙에게 동액 상당의 손해를 입혔는데, 乙은 甲의 불법행위에 가담하지 않았다. 丙은 甲과 乙에 대해서 각각 일반불법행위책임과 사용자책임을 근거로 6,000만 원의 손해배상을 청구하였다. 이에 대하여 피해자 丙에게도 주의의무를 다하지 않은 과실이 인정되었고 과실비율은 50%였다. 이에 관한 설명 중 옳은 것은? (다툼이 있는 경우 판례에 의함) [19 변호사]

① 甲은 丙의 손해배상청구에 대하여 과실상계를 주장할 수 있다.

② 乙은 丙의 손해배상청구에 대하여 과실상계를 주장할 수 없다.

③ 丙이 乙의 손해배상채무 전부를 면제한 경우 甲은 丙에 대하여 3,000만 원의 손해배상책임을 부담한다.

④ 乙은 丙에 대하여 가지는 별도의 물품대금채권 2,000만 원으로 丙의 위 손해배상채권을 상계할 수 있다.

⑤ 甲이 丙에 대하여 2,000만 원을 변제한 경우 乙은 丙에 대하여 3,000만 원의 손해배상책임을 부담한다.

## 113

▶ **부진정연대채무**

甲은 丙에 대하여 고의의 불법행위로 인한 손해배상책임을 부담하고(제750조), 乙은 비록 甲의 불법행위에 가담하지 않았지만, 피용자 甲에 대한 선임·감독상 주의의무 위반을 이유로 丙에 대하여 사용자책임을 부담한다(제756조). 따라서 甲과 乙은 공동불법행위책임을 부담하지 않더라도 **甲과 乙의 丙에 대한 각 채무는 부진정연대관계에 있다**(대판 1962.11.15. 62다596).

① [ × ], ② [ × ]

**해설** 부진정연대채무와 과실상계

"피해자의 부주의를 이용하여 고의로 불법행위를 저지른 자가 바로 그 피해자의 부주의를 이유로 자신의 책임을 감하여 달라고 주장하는 것은 허용될 수 없으나, 이는 그러한 사유가 있는 자에게 과실상계의 주장을 허용하는 것이 신의칙에 반하기 때문이므로, 불법행위자 중의 일부에게 그러한 사유가 있다고 하여 그러한 사유가 없는 다른 불법행위자까지도 과실상계의 주장을 할 수 없다고 해석할 것은 아니다"(대판 2007.6.14. 2005다32999).

▶ 甲은 丙의 부주의를 이용하여 고의로 불법행위를 하였으므로 과실상계를 주장할 수 없지만, 乙은 그러한 사유가 없으므로 과실상계를 주장할 수 있다. 따라서 甲은 6,000만 원(손해전액), 乙은 3,000만 원의 범위(**피해자 丙의 과실 50%**)에서 丙에 대한 책임을 부담한다.

③ [ × ]

**해설** 부진정연대채무자 중 1인에 대한 채무면제의 효력

"부진정연대채무자 상호간에 있어서 채권의 목적을 달성시키는 변제와 같은 사유는 채무자 전원에 대하여 절대적 효력을 발생하지만 그 밖의 사유는 상대적 효력을 발생하는 데에 그치는 것이므로 피해자가 채무자 중의 1인에 대하여 손해배상에 관한 권리를 포기하거나 채무를 면제하는 의사표시를 하였다 하더라도 다른 채무자에 대하여 그 효력이 미친다고 볼 수는 없다 할 것이고, 이러한 법리는 채무자들 사이의 내부관계에 있어 1인이 피해자로부터 합의에 의하여 손해배상채무의 일부를 면제받고도 사후에 면제받은 채무액을 자신의 출재로 변제한 다른 채무자에 대하여 다시 그 부담 부분에 따라 구상의무를 부담하게 된다하여 달리 볼 것은 아니다"(대판 2006.1.27. 2005다19378).

▶ 丙의 乙에 대한 채무면제는 상대적 효력만이 있을 뿐이므로, 甲은 丙에 대하여 6,000만 원의 손해배상책임을 부담한다.

④ [ × ]

**해설** 피용자의 고의의 불법행위로 인한 사용자책임과 민법 제496조

"민법 제756조에 의한 사용자의 손해배상책임은 피용자의 배상책임에 대한 대체적 책임이고, 같은 조 제1항에서 사용자가 피용자의 선임 및 그 사무감독에 상당한 주의를 한 때 또는 상당한 주의를 하여도 손해가 있을 경우에는 책임을 면할 수 있도록 규정함으로써 사용자책임에서 사용자의 과실은 직접의 가해행위가 아닌 피용자의 선임·감독에 관련된 것으로 해석되는 점에 비추어 볼 때, 피용자의 고의의 불법행위로 인하여 사용자책임이 성립하는 경우에 민법 제496조의 적용을 배제하여야 할 이유가 없으므로 사용자책임이 성립하는 경우 사용자는 자신의 고의의 불법행위가 아니라는 이유로 민법 제496조의 적용을 면할 수는 없다"(대판 2006.10.26. 2004다63019).

▶ 乙은 고의가 없다고 할지라도, 피용자 甲의 고의의 불법행위로 인하여 乙은 사용자 책임을 부담하므로 제496조에 의하여 자신의 물품대금채권과 상계를 할 수 없다.

⑤ [ ○ ]

**해설** 불법행위자의 피해자에 대한 과실비율이 달라 배상할 손해액의 범위가 달라지는 경우

누가 채무를 변제하였느냐에 따라 소멸되는 채무의 범위가 달라진다.

ㄱ. [소액의 채무자가 일부변제한 경우] 적은 손해액을 배상할 의무가 있는 자가 손해액의 일부를 변제한 경우에는 많은 손해액을 배상할 의무 있는 자의 채무가 그 변제금 전액에 해당하는 부분이 소멸한다.

ㄴ. [다액의 채무자가 일부변제한 경우] 많은 손해액을 배상할 의무가 있는 자가 손해액의 일부를 변제한 경우, 종래 判例는 ⅰ) 사용자 및 피용자의 부진정연대책임의 경우에는 '과실비율설'(공동부담부분은 변제액 중 채무자의 과실비율에 상응하는 만큼 소멸한다는 견해)에 따라 판단하고(대판 1995.7.14. 94다19600), ⅱ) 계약책임자(손해배상책임이 아닌 채무 그 자체) 및 불법행위자의 부진정연대책임의 경우에는 '외측설'에 따라 판단하였으나(대판 2000.3.14. 99다67376 ;2010.2.25. 2009다87621), 최근에는 전원합의체 판결을 통해 '외측설'(단독부담부분이 먼저 소멸하고 변제액 중 남은 부분이 있는 경우 그만큼 공동부담부분도 소멸한다는 견해)로 입장을 통일하였다. 즉, "금액이 다른 채무가 서로 부진정연대 관계에 있을 때 다액채무자가 일부 변제를 하는 경우 변제로 인하여 먼저 소멸하는 부분은 **당사자의 의사와 채무 전액의 지급을 확실히 확보하려는 부진정연대채무 제도의 취지에 비추어 볼 때 다액채무자가 단독으로 채무를 부담하는 부분으로 보아야 한다.** 이러한 법리는 사용자의 손해배상액이 피해자의 과실을 참작하여 과실상계를 한 결과 타인에게 직접 손해를 가한 피용자 자신의 손해배상액과 달라졌는데 다액채무자인 피용자가 손해배상액의 일부를 변제한 경우에 적용되고, 공동불법행위자들의 피해자에 대한 과실비율이 달라 손해배상액이 달라졌는데 다액채무자인 공동불법행위자가 손해배상액의 일부를 변제한 경우에도 적용된다"(대판 2018.3.22. 전합2012다74236)라고 판시하였다.

▶ 따라서 사안의 경우 다액채무자인 甲의 2,000만 원 변제로 甲의 채무는 4,000만 원이 되고, 甲의 변제액 2,000만 원 중 甲의 단독부담부분인 3,000만 원을 제하고 남은 부분이 없으므로 乙의 채무는 여전히 3,000만 원이다.

## 114

甲과 乙이 丙의 부주의를 이용하여 고의로 공동불법행위를 저질러 丙에게 1억 원의 손해를 입혔다. 이 손해에 丙이 기여한 과실이 20%이며, 이에 가담하지 않은 丁이 甲의 사용자로서 사용자책임을 진다. 이에 관한 설명 중 옳지 않은 것을 모두 고른 것은? (다툼이 있는 경우에는 판례에 의함)

[20 변호사]

> ㄱ. 甲과 乙은 丙의 과실을 이유로 과실상계를 주장할수 없고, 丁 역시 甲의 사용자로서 과실상계를 주장할 수 없다.
> ㄴ. 丁이 丙에 대하여 대여금채권을 갖고 있는 경우, 丁은 불법행위에 가담하지 않았음을 이유로 고의의 불법행위채권을 수동채권으로 하는 상계 금지 규정인「민법」제496조의 적용을 배제하고 위 대여금채권을 자동채권으로 하여 丙의 丁에 대한 손해배상채권을 상계할 수 있다.
> ㄷ. 丙의 甲에 대한 손해배상채권만 시효로 소멸한 후乙이 丙에게 손해를 전부 배상하였다면, 乙은 甲을상대로 구상권을 행사할 수 있다.
> ㄹ. 丙이 甲을 상대로 손해배상청구의 소를 제기한 경우, 丙의 乙에 대한 손해배상채권도 소멸시효가 중단된다.

① ㄱ, ㄴ        ② ㄱ, ㄹ
③ ㄴ, ㄷ        ④ ㄱ, ㄴ, ㄹ
⑤ ㄱ, ㄷ, ㄹ

## 114　　　　　　　　　　　　　정답 ④

**해설** ㄱ. [×]

피용자의 고의의 불법행위로 인하여 사용자책임을 부담하는 사용자가 민법 제396조의 적용을 주장할 수 있는지 여부 (적극)

"사용자가 피용자의 과실에 의한 불법행위로 인한 사용자책임을 부담하는 경우와 마찬가지로 피용자의 고의에 의한 불법행위로 인하여 사용자책임을 부담하는 경우에도 피해자에게 그 손해의 발생과 확대에 기여한 과실이 있다면 사용자책임의 범위를 정함에 있어서 이러한 피해자의 과실을 고려하여 그 책임을 제한할 수 있다"(대판 2002.12.26. 2000다56952).

ㄴ. [×]

피용자의 고의의 불법행위로 인하여 사용자책임을 부담하는 사용자가 민법 제496조의 적용 배제를 주장할 수 있는지 여부(소극)

"민법 제756조에 의한 사용자의 손해배상책임은 피용자의 배상책임에 대한 대체적 책임이고, 같은 조 제1항에서 사용자가 피용자의 선임 및 그 사무감독에 상당한 주의를 한 때 또는 상당한 주의를 하여도 손해가 있을 경우에는 책임을 면할 수 있도록 규정함으로써 사용자책임에서 사용자의 과실은 직접의 가해행위가 아닌 피용자의 선임·감독에 관련된 것으로 해석되는 점에 비추어 볼 때, 피용자의 고의의 불법행위로 인하여 사용자책임이 성립하는 경우에 민법 제496조의 적용을 배제하여야 할 이유가 없으므로 사용자책임이 성립하는 경우 사용자는 자신의 고의의 불법행위가 아니라는 이유로 민법 제496조의 적용을 면할 수는 없다"(대판 2006. 10.26. 2004다63019).

ㄷ. [○]

손해배상청구권의 시효소멸과 공동불법행위자의 구상권

"공동불법행위자의 다른 공동불법행위자에 대한 구상권은 피해자의 다른 공동불법행위자에 대한 손해배상채권과는 그 발생 원인 및 성질을 달리하는 별개의 권리이고, 연대채무에 있어서 소멸시효의 절대적 효력에 관한 민법 제421조의 규정은 공동불법행위자 상호간의 부진정연대채무에 대하여는 그 적용이 없으므로, 공동불법행위자 중 1인의 손해배상채무가 시효로 소멸한 후에 다른 공동불법행위자 1인이 피해자에게 자기의 부담 부분을 넘는 손해를 배상하였을 경우에도, 그 공동불법행위자는 다른 공동불법행위자에게 구상권을 행사할 수 있다"(대판 1997.12.23. 97다42830).

ㄹ. [×]

부진정연대채무에서 상대적 효력을 가지는 사유

제760조는 공동불법행위자는 연대하여 그 손해를 배상할 책임이 있다고 규정한다. 그런데 통설과 判例는 이 연대를 '부진정연대채무'로 본다(대판 1982.4.27. 80다2555). 그런데 부진정연대채무의 경우 광범위한 절대적 효력이 인정되는 연대채무와 달리 채권을 만족시키는 사유인 변제, 대물변제, 공탁, 상계에 있어서만 절대적 효력이 인정된다.

연대채무에서 절대적 효력이 있는 것, 즉 면제(제419조 참조, 대판 2006.1.27. 2005다19378), 소멸시효의 완성(제421조 참조, 대판 2010.12.23. 2010다52225), 소멸시효의 중단(대판 2011.4.4. 2010다91866) 등은 부진정연대채무에서는 상대적 효력이 있을 뿐이다. 그리고 이러한 부진정연대채무자 상호 간의 상대적 효력 사유로는 다른 부진정연대채무자의 구상금청구에 대한 유효한 항변이 될 수 없다.

## 115

보증채무에 관한 설명 중 옳은 것을 모두 고른 것은? (다툼이 있는 경우 판례에 의함) [15 변호사]

> ㄱ. 보증채무에 대한 소멸시효가 중단되었더라도 이로써 주채무에 대한 소멸시효가 중단되는 것은 아니다.
>
> ㄴ. 주채무가 소멸시효 완성으로 소멸된 경우 보증채무도 그 자체의 시효중단에 불구하고 당연히 소멸된다.
>
> ㄷ. 보증채무자는 보증채무 자체의 이행지체로 인한 지연손해금에 대하여는 보증한도액과 별도로 이를 부담한다.
>
> ㄹ. 보증채무의 연체이율에 관하여 특별한 약정이 없으면 주채무에 관하여 약정된 연체이율이 적용된다.

① ㄱ, ㄴ
② ㄱ, ㄴ, ㄷ
③ ㄱ, ㄷ, ㄹ
④ ㄴ, ㄷ, ㄹ
⑤ ㄱ, ㄴ, ㄷ, ㄹ

## 116

甲에 대한 乙의 1,000만 원의 금전채무에 대하여 丙과 丁이 연대보증인이 된 경우에 관한 설명 중 옳은 것은? (별도의 특약은 없는 것으로 하고, 다툼이 있는 경우에는 판례에 의함) [12 변호사]

① 丙이 甲으로부터 청구를 받은 경우, 丙이 乙에게 집행이 용이한 재산이 있음을 증명하면 甲은 우선 乙에게 청구하여야 한다.

② 甲의 丁에 대한 채권포기는 乙에게도 그 효력이 미친다.

③ 丙이 1,000만 원을 甲에게 변제한 경우, 丙은 乙에 대하여 구상할 수 있지만 丁에 대하여 구상할 수는 없다.

④ 甲이 丙에 대한 연대보증채권을 피보전권리로 하여 丙 소유의 부동산에 가압류를 한 경우에도 乙에 대한 채권의 소멸시효는 중단되지 않는다.

⑤ 乙이 甲에 대하여 채권을 가지고 있더라도 丙은 이 채권에 의한 상계를 가지고 甲에게 대항할 수 없다.

# 115
정답 ②

**해설** ㄱ. [○], ㄴ. [○]

주채무가 시효중단되면 보증채무도 당연히 시효중단되나(제440조), 보증채무에 대한 소멸시효가 중단되었다고 하더라도 이로써 주채무에 대한 소멸시효가 중단되는 것은 아니다. 다만, 주채무가 소멸시효 완성으로 소멸된 경우에는 연대보증채무도 그 채무 자체의 시효중단에 불구하고 부종성에 따라 당연히 소멸된다(대판 1994.1.11. 93다21477).

ㄷ. [○], ㄹ. [×]

보증채무는 채권자와 보증인 사이의 보증계약에 의하여 성립하며, 주채무와는 별개의 독립한 채무이다. 따라서 보증채무에 관해 따로 위약금 기타 손해배상액을 예정할 수 있고(제429조 2항), 보증채무 자체의 이행지체로 인한 지연손해금은 보증한도액과는 별도로 부담하며 주채무에 관하여 약정된 연체이율이 당연히 여기에 적용되는 것은 아니다(대판 2003.6.13. 2001다29803).

# 116
정답 ④

① [×]

**조문** 제437조(보증인의 최고, 검색의 항변) 「채권자가 보증인에게 채무의 이행을 청구한 때에는 보증인은 주채무자의 변제자력이 있는 사실 및 그 집행이 용이할 것을 증명하여 먼저 주채무자에게 청구할 것과 그 재산에 대하여 집행할 것을 항변할 수 있다. 그러나 보증인이 주채무자와 연대하여 채무를 부담한 때에는 그러하지 아니하다.」

▶ 연대보증은 주채무자와 연대하여 보증책임을 부담하므로 보충성 인정되지 않아 민법 제437조의 최고·검색의 항변은 인정하지 않는다. 따라서 甲은 변제기가 도래하면 주채무자 乙 또는 연대보증인 丙과 丁 누구에게나 선택적으로 채무 이행을 청구할 수 있다.

② [×]

**해설** 부종성의 결과 주채무자에 관하여 생긴 사유는 모두 연대보증인에게 효력이 미친다. 그러나 반대로 연대보증인에 관하여 생긴 사유는 변제, 대물변제, 경개, 상계 등 채권의 목적을 달성하는 사유를 제외하고는 주채무자에 대하여 효력이 없다.

**관련판례** "연대보증인 1인에 대한 채권포기는 주채무자나 다른 연대보증인에게는 효력이 미치지 아니한다"(대판 1994.11.8. 94다37202).

③ [×]

**조문** 제448조(공동보증인간의 구상권) 「① 수인의 보증인이 있는 경우에 어느 보증인이 자기의 부담부분을 넘은 변제를 한 때에는 제444조의 규정을 준용한다. ② 주채무가 불가분이거나 각 보증인이 상호연대로 또는 주채무자와 연대로 채무를 부담한 경우에 어느 보증인이 **자기의 부담부분을 넘은 변제를 한 때**에는 제425조 내지 제427조의 규정을 준용한다.」

▶ 수인의 보증인이 연대보증인인 경우에 공동보증인들은 분별의 이익을 누리지 못하며 분별의 이익을 갖지 못하는 공동보증인들 중 1인이 '자기부담부분'(사안에서는 500만 원) 이상을 변제하면 연대채무에 관한 규정에 따라 다른 공동보증인에게 구상할 수 있다(제448조 2항, 제425조 내지 제427조).

④ [○]

**해설** 주채무자에 대한 시효중단은 보증채무자에게도 효력이 있으나(제440조), 보증인에 대한 시효중단은 보증채무에 관한 것일 뿐이므로 주채무자에 효력이 없다. 다만, 주채무가 시효로 소멸하면 보증채무도 부종성에 의해 소멸한다.

**관련판례** "보증채무에 대한 소멸시효가 중단되었다고 하더라도 이로써 주채무에 대한 소멸시효가 중단되는 것은 아니고, 주채무가 소멸시효 완성으로 소멸된 경우에는 보증채무도 그 채무 자체의 시효중단에 불구하고 부종성에 따라 당연히 소멸된다"(대판 2002.5.14. 2000다62476).

⑤ [×]

**조문** 제434조(보증인과 주채무자 상계권) 「보증인은 주채무자의 채권에 의한 상계로 채권자에게 대항할 수 있다.」

▶ 보증인 丙은 주채무자 乙의 채권으로 상계가 가능하다.

## 117

甲은 乙에게 1,000만 원의 채무를 지고 있고, 이에 대해 甲의 부탁을 받은 丙이 연대보증하였다. 다음 설명 중 옳은 것은? (다툼이 있는 경우에는 판례에 의함) [13 변호사]

① 甲이 1,000만 원의 채무에 대한 소멸시효기간이 경과한 후 시효의 이익을 포기한 경우, 丙은 소멸시효를 원용하여 자신의 연대보증채무의 소멸을 주장할 수 없다.

② 乙이 丙에게 변제를 청구해 온 경우, 丙은 먼저 甲에게 청구할 것을 항변할 수 있다.

③ 甲이 변제기에 기한의 유예를 요청하여 乙이 변제기한을 연장해 준 경우, 그 효력은 원칙적으로 丙에게 미치지 않는다.

④ 甲이 乙에게 위 채무를 변제하고도 이 사실을 丙에게 통지하지 않았고, 그 후 丙이 사전통지를 하지 않은 채 乙에게 보증채무를 이행한 경우, 丙은 甲에게 구상권을 행사할 수 없다.

⑤ 만약 丁도 甲의 乙에 대한 채무를 연대보증한 경우라면, 乙에게 400만 원을 변제한 丙은 丁에 대하여 200만 원의 범위에서 구상할 수 있다.

## 117　　　　　　　　　　　정답 ④

① [ × ]

**해설** 소멸시효 이익의 포기(제184조 1항의 반대해석)의 효과는 상대적이어서 포기할 수 있는 자가 다수인 경우에 1인의 포기는 다른 사람에게 영향을 미치지 않는다. 判例도 직접 이익을 받는 자의 시효원용권은 채무자의 시효원용권에 기초한 것이 아닌 독자적인 것이라고 하여 채무자의 시효이익의 포기는 다른 직접수익자의 시효원용권에 영향을 미치지 않는다고 한다(대판 1995.7.11. 95다12446). 따라서 **주채무자의 소멸시효이익의 포기는 연대보증인에게 영향을 미치지 않는다**(대판 1995.7.11. 95다12446).

② [ × ]

**해설** 연대보증에는 '보충성'이 없으므로 채권자의 청구에 대해 최고 · 검색의 항변권이 없다(제437조 단서).

③ [ × ]

**해설** 보증인의 부담이 주채무의 목적이나 형태보다 중한 때에는 주채무의 한도로 감축한다(제430조). 그러나 判例는 보증계약체결 후 채권자가 보증인의 승낙 없이 주채무자에게 '변제기를 연장'해 준 경우에 그것이 보증인의 책임을 가중하는 것은 아니므로 보증인에게도 그 효력이 미친다고 한다(**대판 1996.2.23. 95다49141**).

④ [ ○ ]

**해설** "제446조의 규정은 제445조 1항의 규정을 전제로 하는 것이어서 제445조 1항의 사전 통지를 하지 아니한 수탁보증인까지 보호하는 취지의 규정은 아니므로, 수탁보증에 있어서 주채무자가 면책행위를 하고도 그 사실을 보증인에게 통지하지 아니하고 있던 중에 보증인도 사전 통지를 하지 아니한 채 이중의 면책행위를 한 경우에는 보증인은 주채무자에 대하여 제446조에 의하여 자기의 면책행위의 유효를 주장할 수 없다고 봄이 상당하다 할 것이다. 따라서 **이 경우에는 이중변제의 기본 원칙으로 돌아가 먼저 이루어진 주채무자의 면책행위가 유효하고 나중에 이루어진 보증인의 면책행위는 무효로 보아야 한다**"(대판 1997.10.10. 95다46265).

▶ 따라서 **보증인은 주채무자에게 구상권을 행사하지 못하고, 이중으로 변제를 받은 채권자를 상대로 부당이득의 반환을 청구할 수 있을 뿐이다**(제748조 2항).

**비교쟁점** 보증인이 먼저 변제를 하고 그 통지를 하지 않은 상태에서 주채무자가 나중에 선의로 이중의 면책행위를 한 때에는 (주채무자에게는 사전통지의무가 없으므로) 제445조 2항에 의해 주채무자의 면책이 유효한 것으로 된다.

⑤ [ × ]

**해설** 연대보증인 가운데 한 사람이 '자기의 부담부분을 초과'하여 **변제하였을 때에는 다른 연대보증인에 대하여 구상을 할 수 있는데**(제448조 2항), 부담부분은 먼저 당사자의 특약 또는 연대채무를 부담함으로써 얻는 이익의 비율에 의하되, 이러한 기준을 통하여도 부담부분이 결정되지 않는 경우에는 균등한 것으로 추정한다(대판 2009.6.25. 2007다70155).

▶ 따라서 연대보증인 丙은 채권자 乙에게 자신의 부담부분인 500만원을 초과하여 변제한 경우이어야 다른 연대보증인 丁에 대하여 구상할 수 있다.

## 118

甲은 우유대리점을 경영하고 있다. 甲은 乙 우유회사와 우유를 공급받은 계약을 체결하면서 대금 지급을 지체하는 경우 연 12%의 비율에 의한 지연손해금을 지급하기로 약정하였다. 丙은 甲의 부탁을 받고 甲의 乙 회사에 대한 우유대금 지급채무를 담보하기 위하여 乙 회사의 1억 원을 한도로 하는 근보증계약을 체결하였다. 그 후 甲의 乙회사에 대한 우유대금 원금채무가 1억 원 이상이 연체되자 乙 회사는 甲과의 우유공급계약을 해지하였다. 다음 중 옳은 것을 모두 고른 것은? (다툼이 있는 경우에는 판례에 의하고, 각 지문은 독립적이다) [14 변호사]

ㄱ. 乙 회사는 丙에게 보증채무의 이행을 청구하였다. 이 경우 丙이 乙 회사에 부담하는 채무는 1억 원 및 이에 대한 연 12%의 비율에 의한 지연손해금이다.

ㄴ. 甲의 우유대금채무에 관하여 소멸시효 완성이 2개월 남았을 때에 乙 회사는 甲에게 우유대금의 지급을 최고하였고, 이에 甲은 즉시 乙회사에 우유대금채무의 존재를 인정하는 내용의 답변서를 보냈다. 그로부터 1년 후 乙 회사가 丙을 상대로 보증채무의 이행을 구하는 소송을 제기하였고 이에 丙은 甲의 채무인정은 보증인에게는 효력이 없으므로 丙의 보증채무는 시효로 소멸하였다고 항변하였다. 乙 회사는 위 소송에서 승소할 수 없다.

ㄷ. 甲이 乙 회사에게 연체된 우유대금채무를 모두 변제한 후에도 丙에게 이를 통지하지 아니하였고, 丙의 甲의 채무변제 사실을 모른 채 역시 甲에게 통지하지 아니하고 乙 회사에게 우유대금 보증채무를 이중으로 변제한 경우 丙은 甲에게 구상권을 행사할 수 없다.

① ㄱ
② ㄴ
③ ㄷ
④ ㄱ, ㄴ
⑤ ㄴ, ㄷ

## 118　　　　　　　　　　　　정답 ③

**해설**　ㄱ. [×]

"보증계약의 한도액이나 계속적 거래의 한도액이 정하여져 있는 경우 보증인은 그 한도액의 범위 내에서만 책임을 진다. 그 때 그 한도액이 주채무의 원금만을 기준으로 하는지 여부는 당사자의 특약의 해석에 의하여 정하여지나, **특별한 사정이 없는 한 보증한도의 범위 안에서 확정된 주채무 및 그 이자, 위약금, 손해배상 기타 주채무에 종속한 채무를 모두 포함한다고 해석하여야 한다**"(대판 1995.6.30. 94다40444).

▶ 따라서 근보증인 丙이 채권자 乙에게 부담하는 채무는 1억 원이 된다.

**참고판례**　"보증한도액을 정한 근보증에서, 보증채무는 주채무와는 별개의 채무이기 때문에 보증채무 자체의 이행지체로 인한 지연손해금은 보증한도액과는 별도로 부담하고, 이 경우 보증채무의 연체이율에 관하여 특별한 약정이 없는 경우라면 그 거래행위의 성질에 따라 상법 또는 민법에서 정한 법정이율에 따라야 하며, 주채무에 관하여 약정된 연체이율이 당연히 여기에 적용되는 것은 아니지만, 특별한 약정이 있다면 이에 따라야 한다"(대판 2000.4.11. 99다12123).

▶ 만약 丙이 보증채무를 이행하지 않는다면 채권자 乙에게 부담하는 지연손해금은 특별한 사정이 없는 한 주채무에 관하여 약정된 연 12%의 비율이 아닌 연 6%의 상사이율에 따라야 한다. 그리고 이는 보증한도액 1억 원과는 별도로 부담한다.

ㄴ. [×]

주채무자에 대한 시효의 중단은 보증인에 대하여 그 효력이 있다(제440조). 시효의 중단은 당사자 및 그 승계인간에만 효력이 있으므로(제169조), 본조는 이에 대한 예외를 규정한 것인데, 判例에 따르면 이는 '보증채무의 부종성' 때문이 아니라 주채무와 별도로 보증채무가 시효로 소멸하는 것을 막아 '채권자를 보호'하기 위한 것이라고 한다(대판 1986. 11.25. 86다카1569).

▶ 채권자 乙이 시효완성 2개월 전에 주채무자 甲에게 최고한 후 1년 후 보증인 丙을 상대로 보증채무의 이행을 구하는 소를 제기한 것은 보증채무에 대한 시효중단사유가 되지 않으나(제174조 참조), 주채무자 甲이 시효완성 전 우유대금채무의 존재를 인정하는 내용의 답변서를 보낸 것은 시효중단 사유로서 '승인'에 해당하므로(제168조 3호), 이러한 주채무자에 대한 시효의 중단은 보증인에 대하여 효력이 있다(제440조). 따라서 채권자 乙은 보증인 丙을 상대로 한 보증채무 이행의 소에서 승소할 수 있다.

ㄷ. [○]

주채무자가 수탁보증인에게 사후통지를 하지 아니하고 보증인이 사전통지를 하지 않은 경우 判例는 "제446조의 규정은 제445조 1항의 규정을 전제로 하는 것이어서 제445조 1항의 사전통지를 하지 아니한 수탁보증인까지 보호하는 취지의 규정은 아니므로, 수탁보증에 있어서 주채무자가 면책행위를 하고도 그 사실을 보증인에게 통지하지 아니하고 있던 중에 보증인도 사전통지를 하지 아니한 채 이중의 면책행위를 한 경우에는 보증인은 주채무자에 대하여 제446조에 의하여 자기의 면책행위의 유효를 주장할 수 없다고 봄이 상당하다 할 것이다. 따라서 **이 경우에는 이중변제의 기본 원칙으로 돌아가 먼저 이루어진 주채무자의 면책행위가 유효하고 나중에 이루어진 보증인의 면책행위는 무효로 보아야 한다**"(대판 1997.10.10. 95다46265)고 판시하고 있다. 따라서 보증인은 주채무자에게 구상권을 행사하지 못하고, 이중으로 변제를 받은 채권자를 상대로 부당이득의 반환을 청구할 수 있을 뿐이다(제748조 2항).

# 119

**채권양도에 관한 설명 중 옳지 않은 것은? (다툼이 있는 경우 판례에 의함)** [19 변호사]

① 임대인이 임차인으로부터 임대차보증금반환채권의 양도통지를 받은 후에는 임대인과 임차인 사이에 임대차계약의 갱신이나 계약기간 연장에 관하여 명시적 또는 묵시적 합의가 있더라도 그 합의의 효과는 위 보증금반환채권의 양수인에 대하여는 미칠 수 없다.

② 채권자가 그 채권을 제3자에게 양도하는 경우 주채무자에 대하여만 채권양도의 대항요건을 갖추었을 뿐, 보증인에 대하여는 채권양도의 대항요건을 갖추지 않았더라도, 특별한 사정이 없는 한 채권양수인은 보증인에 대하여 보증채무의 이행을 구할 수 있다.

③ 채권의 당사자는 채권양도금지의 특약으로써 선의의 제3자에게 대항하지 못하나 채권양도금지의 특약을 알지 못함에 중대한 과실이 있는 양수인은 위 선의의 제3자에 해당하지 않는다.

④ 양도금지의 특약이 있는 채권이더라도 압류 및 전부명령에 의한 이전이 가능하고, 이는 압류채권자가 양도금지의 특약이 있다는 사실을 알고 있어도 마찬가지이다.

⑤ 양수인의 권리확보에 위험을 초래할 만한 사정을 조사하고 확인할 책임은 양수인에게 있는 것이 원칙이므로 양수인이 양도금지 특약의 존재를 알지 못하였음을 증명하여야 한다.

# 120

**甲은 乙에게 1억 원을 대여하면서 위 대여금채권에 대한 채권양도금지 특약을 체결하였다. 이에 관한 설명 중 옳은 것을 모두 고른 것은? (다툼이 있는 경우 판례에 의함)** [21 변호사]

ㄱ. 甲이 乙에 대한 대여금채권을 丙에게 양도하여 丙이 乙을 상대로 양수금청구의 소를 제기한 경우, 乙이 丙에 대하여 채권양도금지 특약으로 대항하기 위해서는 丙이 채권양도금지 특약에 관하여 악의이거나, 악의가 아니라도 채권양도금지 특약에 관하여 알지 못한 데에 중대한 과실이 있음을 乙이 주장·증명하여야 한다.

ㄴ. 甲이 乙에 대한 대여금채권을 丙에게 양도한 경우, 丙이 甲과 乙 사이의 채권양도금지 특약에 관하여 선의인 경우라도 丙으로부터 다시 위 대여금채권을 양수한 丁이 위 채권양도금지 특약에 관하여 악의라면 丁은 위 대여금채권을 유효하게 취득하지 못한다.

ㄷ. 丙이 채권양도금지 특약의 체결사실을 알고 있었음에도 甲이 乙에 대한 대여금채권을 丙에게 양도하고 이후 乙이 위 채권양도를 추인하였다면, 채권양도계약은 계약을 체결한 날로 소급하여 효력이 발생한다.

ㄹ. 丙이 甲의 乙에 대한 대여금채권에 관하여 전부명령을 받은 후 그 채권을 戊에게 양도한 경우, 戊가 채권양도금지 특약의 존재를 알았거나 중대한 과실로 알지 못하였다고 하더라도 乙은 위 채권양도금지 특약을 근거로 삼아 丙과 戊 사이의 채권양도의 무효를 주장할 수 없다.

① ㄹ        ② ㄱ, ㄹ

③ ㄴ, ㄹ       ④ ㄱ, ㄴ, ㄷ

⑤ ㄱ, ㄷ, ㄹ

## 119 　　　　　　　　　　　　　　정답 ⑤

① [○]

**해설** **임대차보증금반환채권의 양도와 통지의 효과**

채권의 양도에 의해 양도인에 대한 채무자의 지위가 달라질 것은 아니므로, 채무자는 그 '통지를 받은 때까지' 양도인에 대하여 생긴 사유(채무의 불성립·무효·취소·동시이행의 항변·기한의 유예·채권의 소멸 등)로써 양수인에게 대항할 수 있다(제451조 2항).

다만, 대항사유 자체는 통지 뒤에 생겼더라도 그 '사유 발생의 기초가 되는 법률관계'가 통지 전에 이미 존재하였다면 이는 '계약 자체에 처음부터 내재하는 고유한 위험'이라고 볼 수 있으므로 그 대항사유로서 양수인에게 대항할 수 있다. 그러나 통지를 받은 후부터는 양수인만이 채권자로 되므로, '통지 이후'에 양도인에 대하여 생긴 사유로는 양수인에게 대항하지 못한다. 그래서 判例는 임차보증금반환채권의 양도 통지 후 임대차계약의 갱신이나 연장에 관한 합의는 양수인에게 그 효력이 없다고 한다(대판 1989.4.25. 88다카4253). 왜냐하면 임대차계약의 합의갱신 등은 채권양도 통지 후에 발생한 '새로운' 계약이라고 볼 수 있으므로, 계약 자체에 처음부터 내재하는 고유한 위험이라고 볼 수 없기 때문이다.

② [○]

**해설** **채권양도의 대항요건**

"보증채무는 주채무에 대한 부종성 또는 수반성이 있어서 주채무자에 대한 채권이 이전되면 당사자 사이에 별도의 특약이 없는 한 보증인에 대한 채권도 함께 이전하고, 이 경우 채권양도의 대항요건도 주채권의 이전에 관하여 구비하면 족하고, 별도로 보증채권에 관하여 대항요건을 갖출 필요는 없다"(대판 2002.9.10. 2002다21509).

③ [○], ⑤ [×]

**해설** **제449조 2항 단서의 선의의 제3자의 범위**

당사자, 즉 채권자와 채무자의 양도금지의 의사표시에 의하여 채권은 그 양도성을 상실한다. 그러나 양도금지의 특약은 선의의 제3자에게 대항할 수 없다(제449조 2항 단서).

제449조 2항 단서의 선의의 제3자의 범위에 관하여 判例는 선의의 양수인이 보호받기 위해서는 선의이며, 중과실이 없어야 한다고 하며, 양수인의 악의 또는 중과실에 대한 증명책임은 채권양도금지특약으로 채권양수인에게 대항하려는 자(채무자)가 부담한다고 한다(대판 1999.12.28. 99다8834).

④ [○]

**해설** **양도금지특약이 있는 채권에 대한 전부명령**

당사자, 즉 채권자와 채무자의 양도금지의 의사표시에 의하여 채권은 그 양도성을 상실한다. 그러나 양도금지의 특약은 선의의 제3자에게 대항할 수 없다(제449조 2항 단서).

그러나 양도금지특약이 있는 채권이라도 개인의 의사표시로써 압류금지재산을 만들어내는 것은 채권자를 해하는 것이 되어 부당하기 때문에, '악의'의 채권자라도 압류 및 전부명령에 의해 채권을 취득할 수 있다(대판 2003.12.11. 2001다3771).

## 120 　　　　　　　　　　　　　　정답 ②

**해설** ㄱ. [○]

**제449조 2항 단서의 선의의 제3자의 범위**

당사자, 즉 채권자와 채무자의 양도금지의 의사표시에 의하여 채권은 그 양도성을 상실한다. 그러나 양도금지의 특약은 선의의 제3자에게 대항할 수 없다(제449조 2항 단서).

제449조 2항 단서의 선의의 제3자의 범위에 관하여 判例는 선의의 양수인이 보호받기 위해서는 선의이며, 중과실이 없어야 한다고 하며, 양수인의 악의 또는 중과실에 대한 증명책임은 채권양도금지특약으로 채권양수인에게 대항하려는 자(채무자)가 부담한다고 한다(대판 1999.12.28. 99다8834).

ㄴ. [×]

"민법 제449조 2항 단서는 채권양도금지 특약으로써 대항할 수 없는 자를 '선의의 제3자'라고만 규정하고 있어 채권자로부터 직접 양수한 자만을 가리키는 것으로 해석할 이유는 없으므로, 악의의 양수인으로부터 다시 선의로 양수한 전득자도 위 조항에서의 선의의 제3자에 해당한다. 또한 선의의 양수인을 보호하고자 하는 위 조항의 입법 취지에 비추어 볼 때, 이러한 선의의 양수인으로부터 다시 채권을 양수한 전득자는 그 선의·악의를 불문하고 채권을 유효하게 취득한다고 할 것이다"(엄폐물의 법칙 ; 대판 2015.4.9. 2012다118020).

ㄷ. [×]

**양도금지특약에 위반된 양도에 대하여 채무자가 사후에 승낙한 경우(무효행위의 추인)**

判例에 따르면 양도금지특약에 위반한 채권의 양도는 원래 무효이지만 채무자의 '승낙'으로 '추인'이 되므로 '장래에 향하여' 채권양도의 효력이 발생한다(제139조 참조)(대판 2000. 4.7. 99다52817). 즉, 이러한 사후승낙은 양도금지특약에 대한 물권적 효과설에 따르면 무효행위의 추인이고, 무효행위의 추인은 새로운 법률행위로 보므로(제139조 단서) 소급효가 발생하지 않는다.

ㄹ. [○]

**전부명령과 양도금지 특약**

전부명령에 의하여 피전부채권은 동일성을 유지한 채로 집행채무자로부터 집행채권자에게 이전되므로(민사집행법 제229조 3항), 제3채무자인 피고는 채권압류 전에 피전부채권자에 대하여 가지고 있었던 항변사유를 가지고 전부채권자에게 대항할 수 있다.

그러나 피전부채권이 양도금지의 특약이 있는 채권이더라도 전부명령에 의하여 전부되는 데에는 지장이 없고, 양도금지의 특약이 있는 사실에 관하여 집행채권자가 선의인가 악의인가는 전부명령의 효력에 영향을 미치지 못하는 것이므로(대판 2002.8.27. 2011다71699), 제3채무자인 피고가 채무자와 사이에 피전부채권에 관하여 양도금지의 특약을 체결하였고, 원고가 그 사실을 알고 있었다고 주장하더라도 이는 유효한 항변이 될 수 없다. 나아가 전부채권자(丙)로부터 다시 그 채권을 양수한 자(戊)가 그 특약의 존재를 알았거나 중대한 과실로 알지 못하였다고 하더라도 제3채무자(乙)는 위 특약을 근거로 삼아 채권양도의 무효를 주장할 수 없다(대판 2003.12.11. 2001다3771).

# 121

채권양도에 관한 설명 중 옳은 것을 모두 고른 것은? (다툼이 있는 경우 판례에 의함) [15 변호사]

> ㄱ. 주채무자에 대하여 채권양도통지 등 대항요건을 갖추었다면 연대보증인에 대하여 별도의 대항요건을 갖추지 않았더라도 양수인은 연대보증인에게 대항할 수 있다.
>
> ㄴ. 임대인이 임대차보증금반환채권의 양도통지를 받은 후에는 임대인과 임차인 사이에 임대차계약의 갱신이나 계약기간 연장에 관하여 명시적 또는 묵시적 합의가 있더라도 그 합의의 효과는 임대차보증금반환채권의 양수인에 대하여는 미칠 수 없다.
>
> ㄷ. 지명채권의 양도통지를 한 후 양도계약이 합의해제된 경우, 채권양도인이 해제를 이유로 다시 원래의 채무자에 대하여 양도채권으로 대항하려면, 채권양도인이 채권양수인의 동의를 받아 양도통지를 철회하거나 채권양수인이 채무자에게 위와 같은 해제 사실을 통지하여야 한다.

① ㄷ

② ㄱ, ㄴ

③ ㄱ, ㄷ

④ ㄴ, ㄷ

⑤ ㄱ, ㄴ, ㄷ

**해설** ㄱ. [○]

"보증채무는 주채무에 대한 부종성 또는 수반성이 있어서 주채무자에 대한 채권이 이전되면 당사자 사이에 별도의 특약이 없는 한 보증인에 대한 채권도 함께 이전하고, 이 경우 채권양도의 대항요건도 주채권의 이전에 관하여 구비하면 족하고, 별도로 보증채권에 관하여 대항요건을 갖출 필요는 없다"(대판 2002.9.10. 2002다21509).

ㄴ. [○]

"임대인이 임대차보증금반환청구채권의 양도통지를 받은 후에는 임대인과 임차인 사이에 임대차계약의 갱신이나 계약기간 연장에 관하여 명시적 또는 묵시적 합의가 있더라도 그 합의의 효과는 보증금반환채권의 양수인에 대하여는 미칠 수 없다"(대판 1989.4.25. 88다카4253).

▶ 채권의 양도에 의해 양도인에 대한 채무자의 지위가 달라질 것은 아니므로, 채무자는 그 '**통지를 받은 때까지**' 양도인에 대하여 생긴 사유로써 양수인에게 대항할 수 있다(제451조 2항). 다만, 대항사유 자체(해제, 동시이행의 항변권, 상계적상)는 통지 뒤에 생겼더라도 그 '사유 발생의 기초가 되는 법률관계'가 통지 전에 이미 존재하였다면 이는 '계약 자체에 처음부터 내재하는 고유한 위험'이라고 볼 수 있으므로 그 대항사유로써 양수인에게 대항할 수 있다. 그러나 통지를 받은 후부터는 양수인만이 채권자로 되므로, '통지 이후'에 양도인에 대하여 생긴 사유로는 양수인에게 대항하지 못한다. 그래서 判例는 **임차보증금반환채권의 양도 통지 후 임대차계약의 갱신이나 연장에 관한 합의는 양수인에게 그 효력이 없다**고 한다(위 88다카4253판결). 왜냐하면 임대차계약의 합의갱신 등은 채권양도 통지 후에 발생한 '새로운' 계약이라고 볼 수 있으므로, 계약 자체에 처음부터 내재하는 고유한 위험이라고 볼 수 없기 때문이다.

ㄷ. [○]

"지명채권의 양도통지를 한 후 그 양도계약이 해제된 경우에, 양도인이 그 해제를 이유로 다시 원래의 채무자에 대하여 양도채권으로 대항하려면 **양수인이 채무자에게 위와 같은 해제사실을 통지하여야** 한다"(대판 1993.8.27. 93다17379). "제452조 2항에 채권양도의 통지는 양수인의 동의가 없으면 철회하지 못한다고 규정되어 있으므로 채권양도인과 양수인과의 채권양도 계약이 해제되었고 채권양도인이 채무자에게 양도철회통지를 하였다고 하더라도 채무자는 이것을 채권양수인에게 대항할 수는 없다"(대판 1978.6.13. 78다468)

## 122

甲은 2010.2.1. 乙에게 1억 원을 대여한 후 2010.5.3. 丙에게 위 대여금채권 전부를 양도하고, 같은 날 乙에게 확정일자 있는 내용증명우편으로 채권양도통지를 하여, 그 통지가 2010.5.6. 乙에게 도달하였다. 한편, 甲의 채권자인 丁은 2010.4.29. 위 대여금채권 전부에 대하여 압류명령을 받았고, 그 결정이 2010.5.6. 乙에게 도달하였다. 다음 설명 중 옳지 않은 것은? (다툼이 있는 경우에는 판례에 의함)

[12 변호사]

① 丙과 丁 사이의 우열은 위 확정일자 있는 양도통지와 위 채권압류명령 중 어느 것이 乙에게 먼저 도달하였는지에 따라 결정하여야 한다.

② 위 확정일자 있는 양도통지가 위 채권압류명령보다 乙에게 먼저 도달하였더라도 위 채권압류명령이 무효로 되는 것은 아니다.

③ 위 채권양도통지와 위 채권압류명령 중 어느 것이 乙에게 먼저 도달하였는지 밝혀지지 아니한 경우, 丙은 아직 이행을 하지 않고 있는 乙에게 위 양수금채권 전부의 이행을 청구할 수 있다.

④ ③의 경우, 丙이 乙로부터 위 양수금 전부를 변제받았다면, 丁과의 사이에 각자의 채권액에 안분하여 내부적으로 정산할 의무를 부담한다.

⑤ ③의 경우, 乙은 위 대여금 채무액을 공탁함으로써 법률관계의 불안으로부터 벗어날 수 있다.

## 122

정답 ②

① [○], ③ [○], ④ [○], ⑤ [○]

**해설** 채권의 이중양도에 있어 동시도달로 추정되는 경우의 법률관계에 관한 중요판례의 태도이다.

"ⅰ) 채권이 이중으로 양도된 경우의 양수인 상호간의 우열은 통지 또는 승낙에 붙여진 확정일자의 선후에 의하여 결정할 것이 아니라, 채권양도에 대한 채무자의 인식, 즉 확정일자 있는 양도통지가 채무자에게 도달한 일시 또는 확정일자 있는 승낙의 일시의 선후에 의하여 결정하여야 할 것이고, 이러한 법리는 채권양수인과 동일 채권에 대하여 가압류명령을 집행한 자 사이의 우열을 결정하는 경우에 있어서도 마찬가지이므로, 확정일자 있는 채권양도 통지와 가압류결정 정본의 제3채무자(채권양도의 경우는 채무자)에 대한 도달의 선후에 의하여 그 우열을 결정하여야 한다(① 지문관련).

ⅱ) 채권양도 통지, 가압류 또는 압류명령 등이 제3채무자에 동시에 송달되어 그들 상호간에 우열이 없는 경우에도 그 채권양수인, 가압류 또는 압류채권자는 모두 제3채무자에 대하여 완전한 대항력을 갖추었다고 할 것이므로, 그 전액에 대하여 채권양수금, 압류전부금 또는 추심금의 이행청구를 하고 적법하게 이를 변제받을 수 있고, 제3채무자로서는 이들 중 누구에게라도 그 채무 전액을 변제하면 다른 채권자에 대한 관계에서도 유효하게 면책되는 것이며, 만약 양수채권액과 가압류 또는 압류된 채권액의 합계액이 제3채무자에 대한 채권액을 초과할 때에는 그들 상호간에는 법률상의 지위가 대등하므로 공평의 원칙상 각 채권액에 안분하여 이를 내부적으로 다시 정산할 의무가 있다(③, ④ 지문관련).

ⅲ) 채권양도의 통지와 가압류 또는 압류명령이 제3채무자에게 동시에 송달되었다고 인정되어 채무자가 채권양수인 및 추심명령이나 전부명령을 얻은 가압류 또는 압류채권자 중 한 사람이 제기한 급부소송에서 전액 패소한 이후에도 다른 채권자가 그 송달의 선후에 관하여 다시 문제를 제기하는 경우 기판력의 이론상 제3채무자는 이중지급의 위험이 있을 수 있으므로, 동시에 송달된 경우에도 제3채무자는 송달의 선후가 불명한 경우에 준하여 채권자를 알 수 없다는 이유로 변제공탁을 함으로써 법률관계의 불안으로부터 벗어날 수 있다"(대판 1994.4.26. 전합93다24223)(⑤ 지문관련).

② [×]

**해설** 채권이 양도되고 대항력(확정일자)을 구비한 상태에서 그 양도된 채권을 양도인의 채권자들이 압류, 추심명령을 하게 되면 이미 채권은 양수인에게 이전되었으므로(**피압류채권은 이미 존재하지 않는 것과 같다**) 이러한 압류, 추심은 무효이다.

**참고 판례** "채권압류의 효력발생 전에 채무자가 그 채권을 처분한 경우에는 그보다 먼저 압류한 채권자가 있어 그 채권자에게는 대항할 수 없는 사정이 있더라도 그 처분 후에 집행에 참가하는 채권자에 대하여는 처분의 효력을 대항할 수 있는 것이므로, 채무자가 압류 또는 가압류의 대상인 채권을 양도하고 확정일자 있는 통지 등에 의한 채권양도의 대항요건을 갖추었다면, 그 후 채무자의 다른 채권자가 그 양도된 채권에 대하여 압류 또는 가압류를 하더라도 그 압류 또는 가압류 당시에 피압류채권은 이미 존재하지 않는 것과 같아 압류 또는 가압류로서의 효력이 없고, 따라서 그 다른 채권자는 압류 등에 따른 집행절차에 참여할 수 없다"(대판 2010.10.28. 2010다57213,57220).

# 123

**채권양도에 관한 설명 중 옳지 않은 것은? (다툼이 있는 경우 판례에 의함)**  [18 변호사]

① 동일한 채권에 관하여 확정일자 있는 채권양도 통지, 가압류 또는 압류명령 등이 제3채무자(채권양도의 경우는 채무자, 이하 이 문항에서는 같다)에게 동시에 송달되어 그들 상호간에 우열이 없는 경우, 양수채권액과 가압류 또는 압류된 채권액의 합계액이 제3채무자에 대한 채권액을 초과할 때에는 그들 상호간에는 법률상의 지위가 대등하므로 공평의 원칙상 제3채무자는 위 채권자들의 각 채권액에 안분하여 채무를 변제하여야 한다.

② 당사자 사이에 양도금지의 특약이 있는 채권이더라도 전부명령에 의하여 전부되는 데에는 지장이 없고, 전부채권자로부터 다시 그 채권을 양수한 자가 그 특약의 존재를 알았다고 하더라도 채무자는 위 특약을 근거로 그 채권양도의 무효를 주장할 수 없다.

③ 채권양도의 통지는 「민사소송법」상의 송달에 관한 규정에서 송달장소로 정하는 채무자의 주소·거소·영업소 또는 사무소 등에 해당하지 아니하는 장소에서라도 채무자가 사회통념상 그 통지의 내용을 알 수 있는 객관적 상태에 놓여졌다고 인정됨으로써 족하다.

④ 채권양도에 관한 채무자의 승낙은 채무자가 채권양도 사실에 관한 인식을 표명하는 것으로서 이른바 관념의 통지에 해당하고, 대리인에 의하여도 위와 같은 승낙을 할 수 있다.

⑤ 채권양도의 통지는 그 양도인이 채권이 양도되었다는 사실을 채무자에게 알리는 행위에 불과하므로, 그것만으로 도급계약에 관하여 「민법」 제667조 내지 제671조에 규정된 하자담보책임의 제척기간 준수에 필요한 권리의 행사에 해당한다고 할 수 없다.

## 123       정답 ①

**① [×]**

**해설** **확정일자 있는 통지가 동시에 도달한 경우의 법률관계**
각 양수인과 채무자 간의 법률관계에 대해 判例는 "제1·2 양수인 모두 채무자에 대해 완전한 대항력을 갖추었으므로 양수인 각자는 채무자에게 그 채권 전액에 대해 이행청구를 하고 그 변제를 받을 수 있다"(대판 1994.4.26. 전합93다24223)고 판시하여 **전액청구를** 긍정하였다. 다만, 다른 채권자가 그 송달의 선후에 관하여 다시 문제를 제기하는 경우에는 제3채무자는 이중지급의 위험이 있을 수 있으므로, 동시에 송달된 경우에도 제3채무자는 송달의 선후가 불명한 경우에 준하여 채권자를 알 수 없다는 이유로 **변제공탁**(제487조 2문)을 할 수 있다고 보았다(대판 1994.4.26. 전합93다24223).

**한편, 양수인 간의 법률관계**(전액청구설에 의하는 경우 양수인 간의 내부적인 정산의무의 유무)에 대해서는 "확정일자 있는 통지가 동시에 도달한 경우에 양수채권액과 가압류 또는 압류된 채권액의 합계액이 제3채무자에 대한 채권액을 **초과**할 때에는, 그들 상호 간에는 법률상의 지위가 대등하므로 공평의 원칙상 각 채권액에 안분하여 이를 내부적으로 다시 정산할 의무가 있다"(대판 1994.4.26. 전합93다24223)고 하여 **양수채권액 안분설**의 입장이다.

▶ 따라서 제3채무자는 누구에게든 전액을 지급할 수 있고, 지급받은 자는 내부적으로 정산의무를 부담한다.

**② [○]**

**해설** **전부명령과 양도금지 특약**
전부명령에 의하여 피전부채권은 동일성을 유지한 채로 집행채무자로부터 집행채권자에게 이전되므로(민사집행법 제229조 3항), 제3채무자인 피고는 채권압류 전에 피전부채권자에 대하여 가지고 있었던 항변사유를 가지고 전부채권자에게 대항할 수 있다.

그러나 피전부채권이 양도금지의 특약이 있는 채권이더라도 전부명령에 의하여 전부되는 데에는 지장이 없고, 양도금지의 특약이 있는 사실에 관하여 집행채권자가 선의인가 악의인가는 전부명령의 효력에 영향을 미치지 못하는 것이므로(대판 2002.8.27. 2011다71699), 제3채무자인 피고가 채무자와 사이에 피전부채권에 관하여 양도금지의 특약을 체결하였고, 원고가 그 사실을 알고 있었다고 주장하더라도 이는 유효한 항변이 될 수 없다. 나아가 전부채권자로부터 다시 그 채권을 양수한 자가 그 특약의 존재를 알았거나 중대한 과실로 알지 못하였다고 하더라도 제3채무자는 위 특약을 근거로 삼아 채권양도의 무효를 주장할 수 없다(대판 2003.12.11. 2001다3771).

**③ [○]**

**해설** **채권양도의 대항요건 – 채무자에 대한 통지의 도달**
채권양도의 통지는 채무자에게 도달됨으로써 효력이 발생하는 것이고, 여기서 도달은 보다 탄력적인 개념으로서 민사소송법상의 송달에서와 같은 엄격함은 요구되지 아니하므로 민사소송법상의 송달에 관한 규정에서 송달장소로 정하는 채무자의 주소·거소·영업소 또는 사무소 등에 해당하지 아니하는 장소에서라도 채무자가 사회통념상 그 통지의 내용을 알 수 있는 객관적 상태에 놓여졌다고 인정됨으로써 족하다(대판 2010.4.15. 2010다57).

**④ [○]**

**해설** **채권양도의 대항요건 – 채권자의 승낙**
"민법 제451조 제1항 전문은 "채무자가 이의를 보류하지 아니하고 전조의 승낙을 한 때에는 양도인에게 대항할 수 있는 사유로써 양수인에게 대항하지 못한다."고 규정하고 있는데, 이는 채무자의 승낙이라는 사실에 공신력을 주어 양수인을 보호하고 거래의 안전을 꾀하기 위한 규정이다. 여기서 '승낙'이라 함은 채무자가 채권양도 사실에 관한 인식을 표명하는 것으로서 이른바 관념의 통지에 해당하고, 대리인에 의하여도 위와 같은 승낙을 할 수 있다"(대판 2013.6.28. 2011다83110).

**⑤ [○]**

**해설** **채권양도의 통지가 제척기간의 권리행사 방법에 대당하는지 여부(소극)**
"채권양도의 통지는 양도인이 채권이 양도되었다는 사실을 채무자에게 알리는 것에 그치는 행위이므로, 그것만으로 제척기간 준수에 필요한 권리의 재판외 행사에 해당한다고 할 수 없다"(대판 2012.3.22. 전합2010다28840).

## 124

甲은 乙에 대한 3,000만 원의 물품대금채권 중 1,000만 원 부분을 丙에게 양도하고 乙에게 확정일자 있는 증서로 2015.6.2. 통지하여 그 통지는 같은 날 도달하였다. 그후 2015.6.30. 甲은 다시 위 물품대금채권 3,000만 원 전부를 丁에게 양도하였고, 같은 날 乙이 이의를 보류하지 않고 이를 구두로 승낙하였다. 한편 甲의 채권자 戊는 甲의 乙에 대한 3,000만 원의 물품대금채권 중 800만 원 부분에 대하여 압류 및 전부명령을 받았고, 그 전부명령은 2015.7.4. 乙에게 도달하여 확정되었다. 乙은 丁, 戊에게 각 얼마를 지급하여야 하는가? (다툼이 있는 경우 판례에 의함)  [16 변호사]

① 丁에게 3,000만 원, 戊에게 0원
② 丁에게 2,000만 원, 戊에게 0원
③ 丁에게 2,200만 원, 戊에게 800만 원
④ 丁에게 2,000만 원, 戊에게 800만 원
⑤ 丁에게 1,200만 원, 戊에게 800만 원

**124** 　　　　　　　　　　　　　　　　　　　　　　정답 ⑤

**해설** 지명채권의 양도는 양도인이 채무자에게 통지하거나 채무자가 승낙하지 아니하면 채무자 기타 제3자에게 대항하지 못한다(제450조 1항). 그리고 그 통지나 승낙은 확정일자 있는 증서에 의하지 아니하면 채무자 이외의 제3자에게 대항하지 못한다(제450조 2항).
동일한 채권에 대해 양립할 수 없는 법률상의 지위를 취득한 자 상호 간의 우열의 기준에 관해 정리하면 다음과 같다(이중 양도의 경우를 중심으로 검토).

ㄱ. 제1양도, 제2양도 중 하나만이 확정일자 있는 증서에 의한 대항력을 갖춘 경우는 확정일자 있는 통지·승낙을 갖춘 양수인만이 채무자 및 다른 이중 양수인과의 관계에서 채권자임을 주장할 수 있다. 따라서 **확정일자 있는 증서에 의한 통지가 그 일자 및 도달시기에 있어서 단순통지된 양도보다 늦은 경우도 마찬가지이다**(대판 1972.1.31. 71다2697). 아울러 채무자가 이의를 보류하지 않은 승낙을 한 경우에는 채무자는 양도인에게 대항할 수 있는 사유로 양수인에게 대항할 수 없는바(제451조 1항 본문), 여기서 '양도인에게 대항할 수 있는 사유'란 채권의 성립·존속·행사를 저지·배척하는 사유는 물론, 변제 등에 의한 채무소멸의 사유, 나아가 불법목적에 의하여 발생된 채권의 항변사유(제103조 위반으로 무효라는 항변)도 포함한다(대판 1962.4.4. 4294민상1296). 그러나 민법은 채권의 귀속에 관한 우열을 오로지 확정일자 있는 증서에 의한 통지 또는 승낙의 유무와 그 선후로써만 결정하도록 규정하고 있으므로 위 규정의 '양도인에게 대항할 수 있는 사유'에 채권의 귀속(채권이 이미 타인에게 양도되었다는 사실)은 **이에 포함되지 아니한다**(대판 1994.4.29. 93다35551).

▶ **丁과 丙·戊의 관계가 이에 해당**한다. 사안에서 丙은 확정일자 있는 통지에 의해 제3자에 대한 대항력을 갖추었고(2015.6.2.), 법원이 강제집행의 일환으로 하는 전부명령이나 그 전제가 되는 가압류 또는 압류의 명령이 기재된 일자있는 서면도 자체가 확정일자 있는 증서이므로(대판 1988.4.12. 87다카2429), 戊 또한 확정일자 있는 통지에 의해 제3자에 대한 대항력을 갖추었다(2015.7.4.). 따라서 乙이 이의를 보류하지 않은 승낙(2015.6.30.)을 하였더라도 丁은 확정일자 있는 丙 또는 戊에게 대항하지 못한다.

ㄴ. 제1양수인, 제2양수인 모두 확정일자 있는 증서에 의한 대항력을 갖춘 경우, 判例는 채권양수인과 동일채권에 대하여 가압류명령을 집행한 자 사이의 우열은 확정일자 있는 채권양도통지와 가압류결정정본의 제3채무자(채권양도의 경우 채무자)에 대한 도달의 선후에 의하여 결정하여야 한다고 보아 **도달시를 기준으로 우열을 결정한다**(대판 1994.4.26. 전합93다24223).

▶ **丙과 戊의 관계가 이에 해당**한다. 사안에서 丙과 戊 모두 확정일자 있는 증서에 의한 대항력을 갖춘 경우이므로 양자의 우열은 채권양도통지와 전부명령이 채무자 乙에게 도달한 선후에 의해 결정하여야 한다. 결국 丙의 채권(2015.6.2. 도달)이, 戊의 채권(2015.7.4. 도달)보다 앞서게 된다.
따라서 채무자 乙은 채무액 3,000만 원 중, 丙에게 1,000만 원을 우선 지급하고, 다음으로 戊에게는 800만 원을, 丁에게는 나머지 1200만 원을 각 지급하여야 한다.

# 125

**채권의 압류 및 추심명령, 채권양도에 관한 설명 중 옳지 않은 것은? (다툼이 있는 경우 판례에 의함)** [16 변호사]

① 제3채무자가 압류채권자에게 압류된 채권액 상당에 관하여 지체책임을 지는 것은 추심명령이 발령된 후 압류채권자로부터 추심금청구를 받은 다음 날부터이다.

② 임대인이 임차인으로부터 임대차보증금반환채권의 양도통지를 받은 후에 임대인과 임차인 사이에 임대차 계약기간 연장에 관하여 합의가 있을 경우 그 합의의 효과는 그 채권의 양수인에 대하여도 미친다.

③ 채권양도통지와 채권가압류결정 정본이 같은 날 도달되었는데 그 선후관계에 대하여 달리 증명이 없으면 동시에 도달된 것으로 추정한다.

④ 채권에 대한 압류 후에 피압류채권이 제3자에게 양도된 경우 그 채권양도는 압류채무자에 대한 다른 채권자와의 관계에서 유효하다.

⑤ 금전채권에 대한 가압류가 있더라도 가압류채무자는 제3채무자를 상대로 그 이행을 구하는 소를 제기할 수 있고, 법원은 가압류가 되어 있음을 이유로 그 청구를 배척할 수 없다.

# 126

**채무인수 등에 관한 설명 중 옳지 않은 것은? (다툼이 있는 경우 판례에 의함)** [17 변호사]

① 중첩적 채무인수는 채권자와 채무인수인과의 합의가 있는 이상 채무자의 의사에 반하여서도 이루어질 수 있다.

② 중첩적 채무인수에서 인수인이 채무자의 부탁으로 인수한 경우 채무자와 인수인은 원칙적으로 연대채무관계에 있다.

③ 채권자의 승낙에 의하여 면책적 채무인수의 효력이 생기는 경우, 채권자가 승낙을 거절하면 그 이후에는 채권자가 다시 승낙하여도 채무인수로서의 효력이 생기지 않는다.

④ 채무의 이행인수에 있어 채무자는 인수인이 그 채무를 이행하지 아니하는 경우 인수인에 대하여 채권자에게 이행할 것을 청구할 수 있고, 채권자는 채권자대위권에 의하여 채무자의 인수인에 대한 위와 같은 청구권을 대위행사할 수 있다.

⑤ 채무자와 인수인 사이의 면책적 채무인수약정에 대해 채권자의 승낙이 있는 경우, 채무자가 자신의 채무를 담보하기 위해 설정하였던 저당권은 원칙적으로 소멸한다.

**125**     정답 ②

① [○]

해설 "추심명령은 압류채권자에게 채무자의 제3채무자에 대한 채권을 추심할 권능을 수여함에 그치고, 제3채무자로 하여금 압류채권자에게 압류된 채권액 상당을 지급할 것을 명하거나 그 지급 기한을 정하는 것이 아니므로, 제3채무자가 압류채권자에게 압류된 채권액 상당에 관하여 지체책임을 지는 것은 집행법원으로부터 추심명령을 송달받은 때부터가 아니라, 추심명령이 발령된 후 압류채권자로부터 추심금 청구를 받은 다음날부터라고 할 것이다"(대판 2012.10.25. 2010다47117).

② [×]

해설 "임대인이 임대차보증금반환청구채권의 양도통지를 받은 후에는 임대인과 임차인 사이에 임대차계약의 갱신이나 계약기간 연장에 관하여 명시적 또는 묵시적 합의가 있더라도 그 합의의 효과는 보증금반환채권의 양수인에 대하여는 미칠 수 없다"(대판 1989.4.25. 88다카4253).

③ [○]

해설 "채권양도 통지와 채권가압류결정 정본이 같은 날 도달되었는데 그 선후관계에 대하여 달리 입증이 없으면 동시에 도달된 것으로 추정한다"(대판 1994.4.26. 93다24223).

④ [○]

해설 "채권에 대한 압류의 처분금지의 효력은 절대적인 것이 아니고, 이에 저촉되는 채무자의 처분행위가 있어도 압류의 효력이 미치는 범위에서 압류채권자에게 대항할 수 없는 상대적 효력을 가지는 데 그치므로, 압류 후에 피압류채권이 제3자에게 양도된 경우 채권양도는 압류채무자의 다른 채권자 등에 대한 관계에서는 유효하다. 그리고 채권양도 행위가 사해행위로 인정되어 취소 판결이 확정된 경우에도 취소의 효과는 사해행위 이전에 이미 채권을 압류한 다른 채권자에게는 미치지 아니한다"(대판 2015.5.14. 2014다12072).

⑤ [○]

해설 "일반적으로 채권에 대한 가압류가 있더라도 이는 가압류채무자가 제3채무자로부터 현실로 급부를 추심하는 것만을 금지하는 것이므로 가압류채무자는 제3채무자를 상대로 그 이행을 구하는 소송을 제기할 수 있고, 법원은 가압류가 되어 있음을 이유로 이를 배척할 수 없는 것이며, 채권양도는 구채권자인 양도인과 신 채권자인 양수인 사이에 채권을 그 동일성을 유지하면서 전자로부터 후자에게로 이전시킬 것을 목적으로 하는 계약을 말한다 할 것이고, 채권양도에 의하여 채권은 그 동일성을 잃지 않고 양도인으로부터 양수인에게 이전된다 할 것이며, 가압류된 채권도 이를 양도하는 데 아무런 제한이 없으나, 다만 가압류된 채권을 양수받은 양수인은 그러한 가압류에 의하여 권리가 제한된 상태의 채권을 양수받는다고 보아야 할 것이다"(대판 2000.4.11. 99다23888).

**126**     정답 ⑤

① [○]

해설 "중첩적 채무인수는 채권자와 채무인수인과의 합의가 있는 이상 채무자의 의사에 반하여서도 이루어질 수 있다"(대판 1988.11.22. 87다카1836).

② [○]

해설 "중첩적 채무인수에서 채무자의 부탁 없이 채권자와의 계약으로 채무를 인수하는 것은 매우 드문 일이므로 채무자와 인수인은 원칙적으로 주관적 공동관계가 있는 연대채무관계에 있고, 인수인이 채무자의 부탁을 받지 아니하여 주관적 공동관계가 없는 경우에는 부진정연대관계에 있는 것으로 보아야 한다"(대판 2009.8.20. 2009다32409).

③ [○]

해설 "채권자의 승낙에 의하여 채무인수의 효력이 생기는 경우, 채권자가 승낙을 거절하면 그 이후에는 채권자가 다시 승낙하여도 채무인수로서의 효력이 생기지 않는다"(대판 1998.11.24. 98다33765).

④ [○]

해설 "이행인수는 인수인이 채무자에 대하여 그 채무를 이행할 것을 약정하는 채무자와 인수인 간의 계약으로서, 인수인은 채무자와 사이에 채권자에게 채무를 이행할 의무를 부담하는 데 그치고 직접 채권자에 대하여 채무를 부담하는 것이 아니므로 채권자는 직접 인수인에게 채무를 이행할 것을 청구할 수 없으나, 채무자는 인수인이 그 채무를 이행하지 아니하는 경우 인수인에 대하여 채권자에게 이행할 것을 청구할 수 있고, 그에 관한 승소의 판결을 받은 때에는 금전채권의 집행에 관한 규정을 준용하여 강제집행을 할 수도 있다. 이러한 채무자의 인수인에 대한 청구권은 그 성질상 재산권의 일종으로서 일신전속적 권리라고 할 수는 없으므로, 채권자는 채권자대위권에 의하여 채무자의 인수인에 대한 청구권을 대위행사 할 수 있다"(대판 2009.6.11. 2008다75072)

⑤ [×]

해설 채무자가 제공한 담보는 인수계약이 채권자와 인수인 사이에 체결된 경우에만 담보가 소멸하고, 그 밖의 경우에는 채무자인 담보제공자가 채무인수에 동의한 것으로 보아 담보는 존속한다고 보는 것이 통설이다(제459조 단서 유추적용). 참고로 유치권 등 법정담보물권은 피담보채무가 인수되더라도 존속한다.

## 127

甲은 乙로부터 乙 소유의 X 건물을 10억 원에 매수하는 매매계약을 체결하면서 위 매매대금 중 4억 원은 이미 X 건물에 설정되어 있던 乙의 근저당권부 차용금채무 4억 원을 甲이 인수하는 것으로 하고, 나머지 6억 원은 X 건물의 소유권이전등기서류와 상환으로 지급하기로 약정하였다. 다음 설명 중 옳은 것을 모두 고른 것은? (각 지문은 독립적이고, 다툼이 있는 경우 판례에 의함)

[15 변호사]

> ㄱ. 甲이 乙의 위 근저당권부 차용금채무 4억 원을 乙로부터 인수하기로 약정한 것은, 특별한 사정이 없는 한 매매대금 중 4억 원의 지급에 갈음하기로 한 것이다.
>
> ㄴ. 甲은 위 근저당권부 차용금채무 4억 원을 현실적으로 당장 변제할 의무는 없고, 특별한 사정이 없는 한 매매대금에서 위 채무액을 공제한 6억 원만 지급함으로써 잔금지급의무를 이행한 것으로 된다.
>
> ㄷ. 甲이 인수한 위 근저당권부 차용금채무의 이자를 지급하지 않고 있다면, 특별한 사정이 없더라도 乙은 이를 이유로 甲과의 위 매매계약을 해제할 수 있다.
>
> ㄹ. 甲이 위 근저당권부 차용금채무 4억 원의 변제를 불이행하여 乙이 대신 변제한 경우, 甲의 구상채무 이행의무와 乙의 소유권이전등기 이행의무는 동시이행관계에 있지 않다.

① ㄱ, ㄴ        ② ㄴ, ㄷ

③ ㄱ, ㄴ, ㄷ      ④ ㄱ, ㄴ, ㄹ

⑤ ㄱ, ㄷ, ㄹ

**해설** 부동산의 매수인이 매매대금의 지급에 갈음하여 그 부동산에 대한 매도인의 채무를 인수한 경우의 법률관계

ㄱ. [○]
사안에서 乙의 채권자의 승낙이 보이지 않는 상황에서 매수인 甲은 매매대금 10억 원 중 매도인 乙의 차용금채무 4억 원을 인수하는 것으로 하고 나머지 6억 원을 지급하기로 약정하였으므로, 이는 인수인 甲이 채무자 乙과의 관계에서 4억 원의 채무를 인수하기로 하는 '이행인수'가 있었다고 보여지고, 4억 원은 매매대금의 지급에 갈음한 것이다.

**관련판례** "부동산의 매수인이 매매목적물에 관한 채무(피담보채무, 임대보증금반환채무 등)를 인수하는 한편 그 채무액을 매매대금에서 공제하기로 약정한 경우, 그 인수는 특별한 사정이 없는 한 매도인을 면책시키는 채무인수가 아니라 이행인수로 보아야 하고, 면책적 채무인수로 보기 위하여는 이에 대한 채권자의 승낙이 있어야 한다"(대판 1995.8.11. 94다58599). "부동산매매계약과 함께 이행인수계약이 이루어진 경우, 매수인이 인수한 채무는 매매대금지급채무에 갈음한 것으로서…"(대판 2004.7.9. 2004다13083).

ㄴ. [○]
判例에 따르면 "특별한 사정이 없는 한 매수인은 인수한 채무를 현실적으로 변제할 의무는 없고, 매수인이 매매대금에서 그 채무액을 공제한 나머지를 지급함으로써 잔금지급의무를 다한 것으로 보아야 하고, 또한 이 약정의 내용은 매도인과 매수인과의 계약으로 매수인이 매도인의 채무를 변제하기로 하는 것으로서 매수인은 제3자의 지위에서 매도인에 대하여만 그의 채무를 변제할 의무를 부담함에 그친다"고 한다(대판 2002.5.10. 2000다18578).

ㄷ. [×]
전술한 바와 같이 判例에 따르면 매수인은 매매대금에서 인수채무액을 공제한 나머지를 지급함으로써 잔금지급의무를 다한 것으로 보아야 하므로, 매수인이 인수채무를 변제하지 않았다고 하여도 매도인이 계약을 해제할 수는 없다(대판 1993. 6.29. 93다19108). 이는 인수한 피담보채무의 이자를 지급하지 아니한 경우에도 같다(대판 1998.10.27. 98다25184).

**관련쟁점** 다만 "매수인이 인수채무를 이행하지 아니함으로써 매매대금의 일부를 지급하지 아니한 것과 동일하다고 평가할 수 있는 '특별한 사유'가 있을 때에 한하여 매도인의 계약해제권이 발생한다"고 한다(대판 1993.2.12. 92다23193). 이 때 특별한 사유에 대해 判例는 "매수인이 인수채무를 이행하지 않음에 따라 ⅰ) 매매목적물인 부동산이나 공동담보로 제공된 다른 부동산에 설정된 담보권의 실행으로 임의경매절차가 개시되었다거나 개시될 염려가 있고, ⅱ) 또한 매도인 측이 이를 막기 위하여 부득이 피담보채무를 변제할 필요성이 있는 경우"라고 한다(대판 1998.10.27. 98다25184). 다만 구체적 사안에서 대체로 判例는 '매도인이 자기의 출연(出捐)으로 매수인이 인수한 채무를 대신 변제한 경우'에만 계약해제권의 발생을 인정하는 입장을 취하고 있다.

ㄹ. [×]
"부동산매매계약과 함께 이행인수계약이 이루어진 경우, 매수인이 인수한 채무는 매매대금지급채무에 갈음한 것으로서 매도인이 매수인의 인수채무불이행으로 말미암아 또는 임의로 인수채무를 대신 변제하였다면, 그로 인한 손해배상채무 또는 구상채무는 인수채무의 변형으로서 매매대금지급채무에 갈음한 것의 변형이므로 매수인의 손해배상채무 또는 구상채무와 매도인의 소유권이전등기의무는 대가적 의미가 있어 이행상 견련관계에 있다고 인정되고, 따라서 양자는 동시이행의 관계에 있다고 해석함이 공평의 관념 및 신의칙에 합당하다"(대판 2004.7.9. 2004다13083).

## 128

채무의 변제에 관한 설명 중 옳지 않은 것은? (다툼이 있는 경우에는 판례에 의함)　　　　　　　[12 변호사]

① 甲이 乙에 대하여 금전채무를 부담하고 乙이 丙에 대하여 동일한 금액의 채무를 부담하는 경우, 甲이 乙의 지시로 丙에게 직접 변제하였다면 후에 甲과 乙 사이의 계약이 해제되더라도 甲은 丙에 대하여 급부한 것을 부당이득으로 반환청구할 수 없다.

② 채권양도가 있었으나 아직 대항요건이 갖추어지지 아니하였다면 채무자가 채권양도사실을 알고서 양도인에게 변제한 경우에도 양수인에 대하여 변제의 유효를 주장할 수 있다.

③ 채무자 甲이 乙에게 변제한 후 진정한 채권자가 丙으로 밝혀진 경우라도, 乙이 채권의 준점유자이고 甲이 선의·무과실로 변제하였다면, 甲은 乙에게 변제한 것의 반환을 청구할 수 없다.

④ 채권자 甲에 대한 乙의 채무를 제3자인 丙이 자신의 채무인 줄 알고 甲에게 변제한 경우에도 乙의 채무는 소멸하고, 丙은 원칙적으로 乙에 대하여 부당이득반환을 청구할 수 있다.

⑤ 물상보증인은 채무자의 의사에 반하여 채무를 변제할 수 있다.

**128**　　　　　　　　　　　　　　　　정답 ④

① [○]

**해설** 이른바 단축급부로서 법률상 원인없는 급부 수령이라고 할 수 없다.

**관련판례** "계약의 일방 당사자가 계약 상대방의 지시 등으로 **급부과정을 단축**하여 계약 상대방과 또 다른 계약관계를 맺고 있는 제3자에게 직접 급부한 경우, 그 급부로써 급부를 한 계약 당사자의 상대방에 대한 급부가 이루어질 뿐 아니라 그 상대방의 제3자에 대한 급부로도 이루어지는 것이므로 계약의 일방 당사자는 **제3자를 상대로 법률상 원인 없이 급부를 수령하였다는 이유로 부당이득반환청구를 할 수 없다**"(대판 2003. 12.26. 2001다46730).

② [○]

**해설** 채권양도 사실에 대해 채무자가 악의라는 점만으로 양수인이 대항요건을 갖춘 것은 아니고(제450조 1항 참조), 채권양도 후 대항요건이 구비되기 전의 양도인은 채무자에 대한 관계에서는 여전히 채권자의 지위에 있으므로(대판 2009.2.12. 2008두20109), 채무자는 자신의 채무를 채권 양도인에게 변제해도 유효한 변제가 되고, 양도인에 대한 대항사유로서 양수인에게 대항할 수 있다(제451조 1항).

**참고판례** "채무자가 채권양도 통지를 받기 전 채권자(의 대리인)에게 변제하였으면 이로서 위 채무는 채무 소멸한 것이다"(서울고법 1978.5.12. 77나462).

③ [○]

**해설** 채권의 준점유자에 대한 변제는 변제자가 선의이며 과실 없는 때에 한하여 효력이 있다(제470조). 이 경우 채무소멸의 효과는 절대적이어서, 채권자는 급부를 수령한 채권의 준점유자에 대하여 부당이득반환청구권(제748조 제2항) 또는 불법행위에 기한 손해배상청구권(제750조)을 가지는 반면, 변제자는 채권의 준점유자에 대하여 부당이득으로서 급부의 반환을 청구하지 못한다(절대적 효력설).

**참고판례** "채권압류가 경합된 경우에 그 압류채권자 중의 한 사람이 전부명령을 얻은 경우 그 전부명령은 무효이지만 제3채무자가 선의·무과실로 그 전부 채권자에게 전부금을 변제하였다면 이는 **채권의 준점유자에 대한 변제로서 유효하므로** 제3채무자의 채무자에 대한 채무는 소멸되고 제3채무자는 압류채권자에 대하여 2중 변제의 의무를 부담하지 아니하며 전부채권자에 대하여 전부명령의 무효를 주장하여 **부당이득반환청구도 할 수 없다**"(대판 1980.9.30. 78다1292).

④ [×]

**조문** 제745조(타인의 채무의 변제) 「① 채무자 아닌 자가 착오로 인하여 타인의 채무를 변제한 경우에 채권자가 선의로 증서를 훼멸하거나 담보를 포기하거나 시효로 인하여 그 채권을 잃은 때에는 변제자는 그 반환을 청구하지 못한다.
② 전항의 경우에 변제자는 채무자에 대하여 구상권을 행사할 수 있다.」

▶ 제3자가 타인의 채무를 자기의 채무로 잘못 알고 변제한 때에는 제3자 변제로서의 효력이 생기지 않으므로 급부한 것의 반환을 청구할 수 있는 것이 원칙이다. 그런데 채권자가 유효한 변제를 받은 것으로 믿어 증서를 훼멸하거나 담보를 포기하거나 시효로 채권을 잃은 때에도 부당이득의 반환을 인정하게 되면 선의의 채권자가 피해를 입는 점에서, 이 경우에는 제3자에게 채권자에 대한 부당이득반환청구를 허용하지 않지만(제745조 1항), 채무자에 대하여는 그의 채무를 면하게 한 점에서 구상권을 행사할 수 있다(제745조 2항).
따라서 사안에서 제3자 丙은 자신의 채무인 줄 알고 착오로 변제한 경우이므로 乙의 채무는 소멸하지 않고 그 결과 丙은 원칙적으로 甲에게 부당이득반환을 청구하여야 한다.

⑤ [○]

**조문** 제469조(제3자의 변제) 「② 이해관계없는 제3자는 채무자의 의사에 반하여 변제하지 못한다.」

▶ 물상보증인은 채무변제로 자신의 불안한 지위를 해소할 이해관계 있는 제3자에 해당하므로 채무자의 의사에 반해서도 변제할 수 있다(제469조 2항의 반대해석).

**참고판례** "민법 제469조 제2항은 이해관계 없는 제3자는 채무자의 의사에 반하여 변제하지 못한다고 규정하고, 민법 제481조는 변제할 정당한 이익이 있는 자는 변제로 당연히 채권자를 대위한다고 규정하고 있는바, 위 조항에서 말하는 '**이해관계**' 내지 '**변제할 정당한 이익**'이 있는 자는 변제를 하지 않으면 채권자로부터 집행을 받게 되거나 또는 채무자에 대한 자기의 권리를 잃게 되는 지위에 있기 때문에 변제함으로써 당연히 대위의 보호를 받아야 할 법률상 이익을 가지는 자를 말하고, 단지 사실상의 이해관계를 가진 자는 제외된다"(대결 2009.5.28. 2008마109).

## 129

채무자가 동일한 채권자에 대하여 같은 종류를 목적으로 하는 수개의 채무를 부담하는데 변제의 제공이 그 채무 전부를 소멸하게 하지 못하는 경우에 관한 설명 중 옳지 않은 것은? (다툼이 있는 경우에는 판례에 의함) [13 변호사]

① 채무자의 변제가 채권자에 대한 모든 채무를 소멸시키기에 부족한 때에는 채권자가 적당하다고 인정하는 순서와 방법에 의하여 충당하기로 하는 약정이 있는 경우, 채무자가 변제를 하면서 위 약정과 달리 특정 채무의 변제에 우선적으로 충당한다고 지정하더라도, 그에 대하여 채권자가 명시적 또는 묵시적으로 동의하지 않는 한 그 지정은 효력이 없어 채무자가 지정한 채무가 변제되어 소멸하는 것은 아니다.

② 변제자의 지정이 없다면 변제받은 자가 그 당시 어느 채무를 지정하여 변제에 충당할 수 있지만, 변제자가 그 충당에 대하여 즉시 이의를 한 때에는 그러하지 아니하다.

③ 법정변제충당의 경우, 이행기가 도래한 채무와 도래하지 아니한 채무가 있으면 이행기가 도래한 채무의 변제에 충당하는데, 이행기의 도래 여부는 이행기의 유예가 있더라도 본래의 이행기를 기준으로 판단한다.

④ 변제자가 그 채무 전부를 소멸하게 하지 못한 급여를 한 때에는 특약이 없는 한 비용, 이자, 원본의 순서로 변제에 충당하여야 한다.

⑤ 담보권 실행을 위한 경매에서 배당금이 담보권자가 가지는 수개의 피담보채권 전부를 소멸시키기에 부족한 경우에는 채권자와 채무자 사이에 변제충당에 관한 합의가 있었다고 하더라도 그 합의충당은 허용될 수 없고, 획일적으로 민법 제477조 및 제479조에 따른 법정변제충당의 방법에 따라 충당하여야 한다.

## 130

변제충당에 관한 설명 중 옳지 않은 것은? (다툼이 있는 경우 판례에 의함) [15 변호사]

① 변제자가 주채무자이고 연대보증약정이 있는 경우로서 다른 조건이 동일하다면, 연대보증기간 내의 채무와 연대보증기간 종료 후의 채무 사이의 변제이익은 같다.

② 변제자가 주채무자인 경우로서 다른 조건이 동일하다면, 물상보증인이 제공한 물적 담보가 있는 채무와 그러한 담보가 없는 채무 사이의 변제이익은 같다.

③ 변제자가 주채무자인 경우로서 다른 조건이 동일하다면, 제3자가 발행 또는 배서한 어음에 의하여 담보되는 채무가 그렇지 않은 채무보다 변제이익이 더 많다.

④ 주채무자 이외의 자가 변제자인 경우로서 다른 조건이 동일하다면, 변제자가 발행 또는 배서한 어음에 의하여 담보되는 채무가 그렇지 않은 채무보다 변제이익이 더 많다.

⑤ 변제자가 주채무자인 경우로서 다른 조건이 동일하다면, 담보로 주채무자 자신이 발행 또는 배서한 어음에 의하여 담보되는 채무가 그렇지 않은 채무보다 변제이익이 더 많다.

**129** 　·　　　　　　　　　　　　　　정답 ③

① [○]

해설 변제충당이란 ⅰ) 동일한 채권자에 대하여 같은 종류를 목적으로 한 '수개의 채무'를 지는 경우(제476조 1항), 또는 ⅱ) 1개의 채무의 변제로서 수개의 급부를 해야 할 경우(제478조)에 변제의 제공이 그 채무 전부를 소멸하게 하지 못하는 때에, 그 중 어느 채무의 변제에 충당할 것인가를 정하는 것이다.

"채권자와 채무자의 합의로 채권자가 적당하다고 인정하는 순서와 방법에 의해 충당하기로 약정한 이상(이른바 합의충당), 채무자가 변제를 하면서 위 약정과 달리 특정 채무의 변제에 충당한다고 지정하더라도, 그에 대해 채권자가 동의하지 않는 한, 그 지정은 효력이 없어 채무자가 지정한 채무가 변제되어 소멸하는 것은 아니다"(대판 1999.11.26. 98다27517).

② [○]

해설 변제자가 지정권을 행사하지 않은 때에는 2차적으로 '변제받는 자'가 그 당시(변제제공 수령 후 지체없이) 변제자에 대한 의사표시로써 변제의 충당을 할 수 있다(제476조 2항 본문 및 3항, 제478조). 그러나 변제자가 즉시 이의를 한 때에는 변제수령자의 지정은 효력을 잃고(제476조 2항 단서), 법정충당의 방법에 따라 변제충당이 이루어진다.

③ [×]

해설 "법정변제충당의 순위를 정함에 있어서 변제의 유예가 있는 채무에 대하여는 유예기까지 변제기가 도래하지 않은 것과 같게 보아야 한다"(대판 1999.8.24. 99다22281,22298).

④ [○]

해설 채무자가 1개 또는 수개의 채무의 비용 및 이자를 지급할 경우에 변제자가 그 전부를 소멸하게 하지 못한 급여를 한 때에는 (총)비용, (총)이자(지연이자도 포함된다), (총)원본의 순서로 변제에 충당하여야 한다(제479조 1항).

⑤ [○]

해설 "담보권의 실행 등을 위한 경매에 있어서 배당금이 동일 담보권자가 가지는 수개의 피담보채권의 전부를 소멸시키기에 부족한 경우, 채권자와 채무자 사이에 변제충당에 관한 합의가 있었다고 하더라도 그 합의에 의한 변제충당은 허용될 수 없고, 이 경우에는 획일적으로 가장 공평·타당한 충당방법인 제477조의 규정에 의한 법정변제충당의 방법에 따라 충당을 하여야 한다"(대판 1996.5.10. 95다55504).

**130** 　　　　　　　　　　　　　　　정답 ③

조문 제477조(법정변제충당) 「당사자가 변제에 충당할 채무를 지정하지 아니한 때에는 다음 각호의 규정에 의한다.

1. 채무중에 이행기가 도래한 것과 도래하지 아니한 것이 있으면 이행기가 도래한 채무의 변제에 충당한다.
2. 채무전부의 이행기가 도래하였거나 도래하지 아니한 때에는 채무자에게 변제이익이 많은 채무의 변제에 충당한다.
3. 채무자에게 변제이익이 같으면 이행기가 먼저 도래한 채무나 먼저 도래할 채무의 변제에 충당한다.
4. 전2호의 사항이 같은 때에는 그 채무액에 비례하여 각 채무의 변제에 충당한다.」

① [○], ② [○]

해설 '주채무자가 변제할 때' 보증인이 있는 채무와 보증인이 없는 채무 사이에는 변제 이익의 차이가 없다(왜냐하면 보증인이 있는 채무도 구상의무의 존재로 인해 결국 자기의 채무이기 때문이다). 마찬가지로 '변제자가 채무자인 경우' 물상보증인이 제공한 물적 담보가 있는 채무와 그러한 담보가 없는 채무 사이에도 변제이익의 점에서 차이가 없다(대판 2014.4.30. 2013다8250). 따라서 (주)채무자가 변제한 금원은 이행기가 먼저 도래한 채무부터 (법정변제)충당하여야 한다(제477조 3호 ; 대판 1999.8.24. 99다26481).

비교 판례 그러나 변제자 자신의 채무(주채무)가 보증채무(연대보증채무를 포함한다)보다 변제이익이 더 많다(대판 2002.7.12. 99다68652).

③ [×], ④ [○], ⑤ [○]

해설 주채무자 이외의 자가 변제자인 경우에는, 변제자가 발행 또는 배서한 어음에 의하여 담보되는 채무가 다른 채무보다 변제이익이 많다. 이에 대해 주채무자가 변제자인 경우에는, 담보로 제3자가 발행 또는 배서한 약속어음이 교부된 채무와 다른 채무 사이에 변제이익에서 차이가 없으나, 담보로 주채무자 자신이 발행 또는 배서한 어음으로 교부된 채무는 다른 채무보다 변제이익이 많다(대판 1999.8.24. 99다22281, 22298).

## 131

甲은 乙에게 아래와 같이 2번에 걸쳐 돈을 대여하였는데, 乙은 원리금을 전혀 변제하지 않고 있다가 2017.12.9. 甲에게 채무 변제 명목으로 1,000만 원을 지급하였다. 위 변제금의 변제충당에 관한 설명 중 옳은 것을 모두 고른 것은? (이자에 대한 지연손해금은 고려하지 않고, 각 지문은 독립적이며, 다툼이 있는 경우 판례에 의함) [19 변호사]

- 제1차 대여: 대여일 2017.4.10., 대여금 1,000만 원, 이자 월 1%(매월 9일 후불로 지급), 변제기 2017.9.9. (2017.12.9.까지의 이자 및 지연손해금 80만 원 발생)
- 제2차 대여: 대여일 2017.9.10., 대여금 2,000만 원, 이자 월 2%(매월 9일 후불로 지급), 변제기 2018.1.9. (2017.12.9.까지의 이자 120만 원 발생)

ㄱ. 위 채무변제 시 乙이 별다른 말없이 금원을 교부하였고 甲도 말없이 수령하였다. 이 경우 2017.12.9. 현재 남아 있는 제1차 대여금의 원리금 합계는 200만 원이다.

ㄴ. 위 채무변제 시 乙이 제2차 대여금의 원리금에 지정하여 변제한다는 의사를 표시하였고, 이에 甲이 그 지정에 반대하는 의사를 분명히 밝히면서 금원을 수령하였다. 이 경우 2017.12.9. 현재 남아 있는 제1차 대여금의 원리금 합계는 1,000만 원이다.

ㄷ. 위 채무변제 시 甲은 乙과 제2차 대여금의 원리금에 변제충당하기로 합의한 후 위 금원을 수령하였다. 이 경우 2017.12.9. 현재 남아 있는 제1차 대여금의 원리금 합계는 1,080만 원이다.

① ㄱ
② ㄱ, ㄴ
③ ㄱ, ㄷ
④ ㄴ, ㄷ
⑤ ㄱ, ㄴ, ㄷ

　　　　　　　정답 ⑤

**해설** 변제충당의 법리

乙의 甲에 대한 1,000만 원 변제의 제공이 乙의 甲에 대한 각 대여금채무를 변제하기에 부족하므로 충당의 문제가 발생한다. 乙의 甲에 대한 변제일인 2017.12.9. 당시 각 채무의 원본, 이자, 지연손해금은 다음과 같다.

제1차 대여금 채무 : 원금 1,000만 원, 이자 50만 원(1,000만 원 × 0.01 × 5개월), 지연손해금 30만 원(1,000만 원 × 0.01 × 3개월)

제2차 대여금 채무 : 원금 2,000만 원, 이자 120만 원(2,000만 원 × 0.01 × 3개월)

ㄱ. [○]
**법정충당**

甲과 乙 간 충당에 대한 합의가 없고, 채무자 乙의 지정이 없었으므로, 법정변제충당의 방식에 의하는바, 채무자가 1개 또는 수개의 채무의 비용 및 이자를 지급할 경우에 변제자가 그 전부를 소멸하게 하지 못한 급여를 한 때에는 비용, 이자, 원본의 순서로 변제에 충당하여야 한다(제479조, 제447조). 따라서 각 대여금 채무의 **이자 및 지연손해금 합계 200만 원에 먼저 충당되고, 나머지 800만 원은 제477조 1호에 의하여 변제기가 이미 도래한 제1채 대여금 채무 원금에 충당**된다. 결국 사안의 경우 변제 당시 제1차 대여금 채무는 원금 200만 원이 남는다.

ㄴ. [○]
**지정충당**

**1차적 지정권자는 '변제자'이다.** 즉 변제자는 변제를 할 때 변제수령자에 대한 의사표시로 변제에 충당할 채무를 지정할 수 있다(제476조 1항 및 3항, 제478조). 변제자의 충당지정에 대하여는 변제수령자의 동의는 필요하지 않으며, 수령자가 변제자의 지정에 대하여 이의를 제출하지도 못한다. 그리고 **비용 상호간, 이자 상호간, 원본 상호 간에는 지정의 효력이 미친다**(제479조 2항 참조).

▶ 따라서 변제자 乙이 甲에 대하여 제2차 대여금의 원리금에 충당할 것을 지정하였으므로 1,000만 원은 제2차 대여금의 원리금에 먼저 충당되고(제476조 1항), 甲의 이의는 乙의 지정에 아무런 영향을 미치지 못한다.
다만 비용, 이자, 원본에 대한 변제충당은 변제자에 의한 지정이 허용되지 아니하고 (총)비용, (총)이자(지연이자도 포함된다), (총)원본의 순서로 변제에 충당하여야 한다(제479조 1항).

▶ 결국 사안의 경우 1,000만 원은 우선 각 대여금 채무의 이자 및 지연손해금 합계 200만 원에 먼저 충당되고, 나머지 800만 원만이 제476조 1항에 의하여 제2차 대여금 원금에 충당된다. 따라서 변제 당시 제1차 대여금 채무는 원금 1,000만 원이 남는다.

ㄷ. [○]
**합의충당**

민법은 계약에 의한 변제충당에 관해 정하고 있지는 않지만, 변제자와 변제수령자 사이의 계약에 의해 충당방법을 정하는 때에는 그 방법이 어떤 것이든 유효하다. 따라서 계약에 의한 충당은 제479조(비용·이자·원본에 대한 변제충당의 순서), 제476조(지정변제충당) 및 제477조(법정변제충당)에 우선하여 적용된다(대판 1999.11.26. 98다27517 등).

사안의 경우 甲과 乙 간 제2차 대여금의 원리금에 충당하기로 한 합의가 있었으므로 민법 제476조 내지 제479조의 규정은 적용되지 아니하고, 1,000만 원은 **제2차 대여금의 이자, 원본 순서로 충당되어 변제 당시 제2차 대여금 채무는 원금 1,120만 원이 남는다.** 따라서 제1차 대여금에는 충당되는 금액이 없으므로 변제 당시 제1차 대여금은 원금 1,000만 원, 이자 및 지연손해금 80만 원이 남는다.

## 132

**채권의 소멸에 관한 설명 중 옳은 것을 모두 고른 것은? (다툼이 있는 경우에는 판례에 의함)** [20 변호사]

ㄱ. 채권자가 채무액의 일부를 대위변제한 자에게 고의 또는 과실로 그가 대위변제한 비율을 넘어 근저당권 전부를 이전해준 경우, 다른 보증인은 보증채무를 이행함으로써 채권자에 대한 법정대위권자로서 근저당권을 실행하여 배당받을 수 있었던 금액의 한도에서 보증책임을 면한다.

ㄴ. 무효인 채권압류 및 전부명령을 받은 자에 대한 변제라도 그 채권자가 피전부채권에 관하여 무권리자라는 사실을 변제자가 과실 없이 알지 못하고 변제한 때에는 그 변제는 채권의 준점유자에 대한 변제로서 유효하다.

ㄷ. 채무자가 채권자의 승낙을 얻어 본래의 채무이행에 갈음하여 부동산으로 대물변제를 하였으나 본래의 채무가 존재하지 않았던 경우, 당사자가 특별한 의사표시를 하지 않는 한 대물변제는 무효로서 부동산의 소유권이 이전되는 효과가 발생하지 않는다.

ㄹ. 매도인이나 수급인의 담보책임을 기초로 한 손해배상채권의 제척기간이 지났으나 제척기간이 지나기 전 상대방의 채권과 상계할 수 있었던 경우, 매수인이나 도급인은 '소멸시효완성된 채권에 의한 상계'를 규정한 「민법」 제495조를 유추적용하여 위 손해배상채권을 자동채권으로 상대방의 채권과 상계할 수 없다.

① ㄱ, ㄷ

② ㄱ, ㄴ, ㄷ

③ ㄱ, ㄴ, ㄹ

④ ㄴ, ㄷ, ㄹ

⑤ ㄱ, ㄴ, ㄷ, ㄹ

**132**         정답 ②

**해설** ㄱ. [○]

**채권자의 담보상실, 감소행위와 법정대위자의 면책**
"채권자가 일부 대위변제자에게 그가 대위변제한 비율을 넘어 근저당권 전부를 이전하여 준 경우, 결국 채권자는 근저당권의 피담보채무 중 일부를 대위변제한 다른 보증인이 법정대위권을 행사할 수 있는 채권의 담보를 고의로 상실되게한 것이므로, 다른 보증인은 그의 보증채무를 이행함으로써채권자에 대한 법정대위권자로서 근저당권을 실행하여 배당받을 수 있었던 금액의 한도에서 보증의 책임을 면한다"(대판 1996.12.6. 96다35774).

ㄴ. [○]

**무효인 전부명령을 받은 자에 대한 제3채무자의 변제가 채권의 준점유자에 대한 변제로서 효력을 발생하기 위한 요건**
"무효인 채권압류 및 전부명령을 받은 자에 대한 변제라도 그채권자가 피전부채권에 관하여 무권리자라는 사실을 알지못하거나 과실 없이 그러한 사실을 알지 못하고 변제한 때에는 그 변제는 채권의 준점유자에 대한 변제로서 유효하다"(대판 1997.3.11. 96다44747).

ㄷ. [○]

**본래의 채무가 존재하지 않음이 밝혀진 경우 대물변제의 효력(무효)**
대물변제는 본래의 채무이행에 갈음하여 다른 급여를 하는것이므로, 기존의 채권이 존재하는 것을 전제로 한다. 채권이존재하지 않거나 무효·취소된 경우에는 대물변제도 무효가되며, 그 급부는 비채변제가 된다.
즉, "채무자가 채권자의 승낙을 얻어 본래의 채무이행에 갈음하여 부동산으로 대물변제를 하였으나 **본래의 채무가 존재하지 않았던 경우에는, 당사자가 특별한 의사표시를 하지 않은한 대물변제는 무효로서 부동산의 소유권이 이전되는 효과가 발생하지 않는다**"(대판 1991.11.12. 91다9503).

ㄹ. [×]

**소멸시효완성된 채권에 의한 상계**
소멸시효는 그 기산일에 소급하여 소멸한다(제167조). 따라서 소멸시효로 채무를 면하게 되는 자는 기산일 이후의 이자등을 지급할 의무가 없다. 다만 **시효로 소멸하는 채권이 그소멸시효가 완성하기 전에 상계할 수 있었던 것이라면 채권자는 상계할 수 있다**(제495조). 이는 (매도인이나 수급인의담보책임을 기초로 한 손해배상채권의) 제척기간이 지났으나, 제척기간이 지나기 전 상대방의 채권과 상계할 수 있었던 경우에도 마찬가지이다.
즉, "매도인의 담보책임을 기초로 한 매수인의 손해배상채권또는 수급인의 담보책임을 기초로 한 도급인의 손해배상채권이 각각 상대방의 채권과 상계적상에 있는 경우에 당사자들은채권·채무관계가 이미 정산되었거나 정산될 것으로 기대하는것이 일반적이므로, 그 신뢰를 보호할 필요가 있다. 이러한 손해배상채권의 제척기간이 지난 경우에도 그 기간이 지나기 전에 상대방에 대한 채권·채무관계의 정산·소멸에 대한 신뢰를 보호할 필요성이 있다는 점은 소멸시효가 완성된 채권의

경우와 아무런 차이가 없다. 따라서 매도인이나 수급인의 담보책임을 기초로 한 손해배상채권의 제척기간이 지난 경우에도 제척기간이 지나기 전 상대방의 채권과 상계할 수 있었던 경우에는 매수인이나 도급인은 민법 제495조를 유추적용해서 위 손해배상채권을 자동채권으로 해서 상대방의채권과 상계할 수 있다"(대판 2019.3.14. 2018다255648).

## 133

변제자대위에 관한 설명 중 옳은 것을 모두 고른 것은? (다
툼이 있는 경우 판례에 의함)　　　　　[21 변호사]

ㄱ. 채무를 변제할 정당한 이익이 있는 자가 채무를 대위
변제한 경우에 통상 채무자에 대하여 구상권을 가짐
과 동시에 변제자의 법정대위에 관한 「민법」 제481
조에 의하여 당연히 채권자를 대위하나, 위 구상권과
변제자대위권은 별개의 권리이므로, 대위변제자와
채무자 사이에 구상금에 관한 지연손해금 약정이 있
더라도 이 약정은 변제자대위권을 행사하는 경우에
는 적용될 수 없다.

ㄴ. 변제할 정당한 이익이 있는 자가 채무자를 위하여 근
저당권의 피담보채무의 일부를 대위변제한 경우에
대위변제자는 피담보채무의 일부 대위변제를 원인으
로 한 근저당권 일부이전의 부기등기의 경료 여부와
관계없이 변제한 가액의 범위 내에서 종래 채권자가
가지고 있던 채권 및 담보에 관한 권리를 법률상 당
연히 취득하게 되는 것이므로, 이러한 경우에 대위변
제자는 위 채권자보다 우선하여 배당받는다.

ㄷ. 채무자로부터 담보부동산을 취득한 제3자는 채무를
변제하거나 담보권의 실행으로 소유권을 잃게 되면
물상보증인에 대하여 채권자를 대위할 수 있다.

ㄹ. 물상보증인이 채무를 변제하거나 저당권의 실행으로
저당물의 소유권을 잃었더라도 다른 사정에 의하여
채무자에 대하여 구상권이 없는 경우에는 채권자를
대위하여 채권자의 채권 및 담보에 관한 권리를 행사
할 수 없다.

ㅁ. 채무자 소유 부동산과 물상보증인 소유 부동산에 공
동근저당권을 설정한 채권자가 채무자 소유 부동산
에 대한 담보를 상실하게 하거나 감소하게 한 경우,
공동근저당권자는 물상보증인 소유 부동산에 관한
경매절차에서 물상보증인이 담보 상실 내지 감소로
인한 면책을 주장할 수 있는 한도에서, 물상보증인
소유 부동산의 후순위 근저당권자에 우선하여 배당
받을 수 없다.

① ㄱ, ㄹ
② ㄴ, ㄷ
③ ㄱ, ㄹ, ㅁ
④ ㄱ, ㄴ, ㄹ, ㅁ
⑤ ㄱ, ㄷ, ㄹ, ㅁ

## 133               정답 ③

**해설** ㄱ. [○]

"채무를 변제할 이익이 있는 자가 채무를 대위변제한 경우에 통상 채무자에 대하여 구상권을 가짐과 동시에 민법 제481조에 의하여 당연히 채권자를 대위하나, 위 구상권과 변제자 대위권은 그 원본, 변제기, 이자, 지연손해금의 유무 등에 있어서 그 내용이 다른 별개의 권리이므로, 대위변제자와 채무자 사이에 구상금에 관한 지연손해금 약정이 있더라도 이 약정은 구상금을 청구하는 경우에 적용될 뿐, 변제자대위권을 행사하는 경우에는 적용될 수 없다"(대판 2009.2.26. 2005다32418).

ㄴ. [×]

"변제할 정당한 이익이 있는 자가 채무자를 위하여 채권의 일부를 대위변제할 경우에 대위변제자는 변제한 가액의 범위내에서 종래 채권자가 가지고 있던 채권 및 담보에 관한 권리를 취득하게 되고 따라서 **채권자가 부동산에 대하여 저당권을 가지고 있는 경우에는 채권자는 대위변제자에게 일부 대위변제에 따른 저당권의 일부이전의 부기등기를 경료해 주어야 할 의무가 있다 할 것이나 이 경우에도 채권자는 일부 대위변제자에 대하여 우선변제권을 가지고 있다**"(대판 1988. 9.27. 88다카1797).

▶ 즉 *判例*는 제483조 1항의 '변제한 가액에 비례하여 행사'의 의미에 대해 채권자우선설의 입장인바, 대위변제제도는 구상권을 보호하려는 것뿐이므로 채권자를 해하면서까지 변제자를 보호할 필요가 없고, 그 일부대위의 효력이 채권자가 갖는 담보물권의 불가분성을 해칠 수도 없으므로 통설도 *判例*와 동일한 입장이다.

ㄷ. [×]

**물상보증인과 채무자로부터 담보목적물을 취득한 제3자와의 관계**

"① 물상보증인이 채무를 변제하거나 담보권의 실행으로 소유권을 잃은 때에는 보증채무를 이행한 보증인과 마찬가지로 **채무자로부터 담보부동산을 취득한 제3자에 대하여 구상권의 범위 내에서 출재한 전액에 관하여 채권자를 대위할 수 있는 반면, ② 채무자로부터 담보부동산을 취득한 제3자는 채무를 변제하거나 담보권의 실행으로 소유권을 잃더라도 물상보증인에 대하여 채권자를 대위할 수 없다**"(대판 2014. 12.18. 전합2011다50233).[19]

▶ 만일 과거 *判例*(대판 1974.12.10. 74다1419)와 같이 물상보증인의 지위를 보증인과 다르게 보아서 물상보증인과 채무자로부터 담보부동산을 취득한 제3자 상호 간에는 '각 부동산의 가액에 비례'하여 채권자를 대위할 수 있다고 한다면, **본래 채무자에 대하여 출재한 전액에 관하여 대위할 수 있었던 물상보증인은 채무자가 담보부동산의 소유권을 제3자에게 이전하였다는 우연한 사정으로 이제는 각 부동산의 가액에 비례하여서만 대위하게 되는 반면, 당초 채무 전액에 대한 담보권의 부담을 각오하고 채무자로부터 담보부동산을 취득한 제3자는 그 범위에서 뜻하지 않은 이득을 얻게 되어 부당**하므로 바뀐 전원합의체 판결의 태도는 타당하다(전합2011다50233판시내용).

ㄹ. [○]

"물상보증인이 채무를 변제하거나 저당권의 실행으로 인하여 저당물의 소유권을 잃었더라도 다른 사정에 의하여 채무자에 대하여 구상권이 없는 경우에는 채권자를 대위하여 채권자의 채권 및 그 담보에 관한 권리를 행사할 수 없다(대판 2014. 4.30. 2013다80429·80436). 따라서 실질적인 채무자와 실질적인 물상보증인이 공동으로 담보를 제공하여 대출을 받으면서 실질적인 물상보증인이 저당권설정등기에 자신을 채무자로 등기하도록 한 경우, 실질적 물상보증인인 채무자는 채권자에 대하여 채무자로서의 책임을 지는지와 관계없이 내부관계에서는 실질적 채무자인 물상보증인이 변제를 하였더라도 그에 대하여 구상의무가 없으므로, 실질적 채무자인 물상보증인이 채권자를 대위하여 실질적 물상보증인인 채무자에 대한 담보권을 취득한다고 할 수 없다. 그리고 이러한 법리는 실질적 물상보증인인 채무자와 실질적 채무자인 물상보증인 소유의 각 부동산에 공동저당이 설정된 후에 실질적 채무자인 물상보증인 소유의 부동산에 후순위저당권이 설정되었다고 하더라도 다르지 아니하다. 이와 같이 **물상보증인이 채무자에 대한 구상권이 없어 변제자대위에 의하여 채무자 소유의 부동산에 대한 선순위공동저당권자의 저당권을 대위 취득할 수 없는 경우에는 물상보증인 소유의 부동산에 대한 후순위저당권자는 물상대위할 대상이 없으므로 채무자 소유의 부동산에 대한 선순위공동저당권자의 저당권에 대하여 물상대위를 할 수 없다**"(대판 2015.11.27. 2013다41097, 41103).

ㅁ. [○]

"물상보증인의 변제자대위에 대한 기대권은 민법 제485조에 의하여 보호되어, 채권자가 고의나 과실로 담보를 상실하게 하거나 감소하게 한 때에는, 특별한 사정이 없는 한 **물상보증인은 그 상실 또는 감소로 인하여 상환을 받을 수 없는 한도에서 면책 주장을 할 수 있다.** 채권자가 물적 담보인 담보물권을 포기하거나 순위를 불리하게 변경하는 것은 담보의 상실 또는 감소행위에 해당한다. 따라서 채무자 소유 부동산과 물상보증인 소유 부동산에 공동근저당권을 설정한 채권자가 공동담보 중 채무자 소유 부동산에 대한 담보 일부를 포기하거나 순위를 불리하게 변경하여 담보를 상실하게 하거나 감소하게 한 경우, 물상보증인은 그로 인하여 상환받을 수 없는 한도에서 책임을 면한다. 그리고 이 경우 공동근저당권자는 나머지 공동담보 목적물인 물상보증인 소유 부동산에 관한 경매절차에서, 물상보증인이 위와 같이 담보 상실 내지 감소로 인한 면책을 주장할 수 있는 한도에서는, 물상보증인 소유 부동산의 후순위 근저당권자에 우선하여 배당받을 수 없다"(대판 2018.7.11. 2017다292756).

---

19) "이와 달리 담보부동산을 매수한 제3취득자는 물상보증인에 대하여 각 부동산의 가액에 비례하여 채권자를 대위할 수 있다고 한 대법원 1974. 12. 10. 선고 74다1419 판결은 이 판결의 견해에 배치되는 범위 내에서 이를 변경하기로 한다"

## 134

甲은 乙에게 1억 원을 대여하면서 乙 소유인 X 토지에 관하여 근저당권을 설정받았다. 丙은 乙의 부탁을 받고 乙의 위 채무를 보증하였다. 변제기가 도래하였음에도 乙이 채무를 변제하지 않고 있다. 옳은 것을 모두 고른 것은? (이자, 지연손해금은 없는 것으로 가정한다. 다툼이 있는 경우에는 판례에 의하고, 각 지문은 모두 독립적이다)　[14 변호사]

ㄱ. 乙이 丙에게 보증채무를 변제하지 말 것을 요구하였음에도 丙은 乙의 의사에 반하여 甲에게 변제하였다. 이 경우 丙은 乙에게 구상권을 행사할 수 있다.

ㄴ. 丙이 甲에게 5,000만 원을 변제하였다. 그 후 X 토지가 경매되어 매각대금 중 배당가능한 금액이 8,000만 원이 된 경우 丙은 4,000만 원을 배당 받을 수 있다.

ㄷ. 丙이 보증채무를 모두 변제하였다. 丙이 X 토지상의 근저당권에 관하여 자신의 명의로 부기등기를 경료하지 않고 있는 사이에 乙은 다시 丁으로부터 금원을 차용하고 丁에게 제2순위 근저당권을 설정하여 주었다. X 토지가 경매되는 경우 丙이 변제사실을 증명하여 배당요구하면 丙은 丁보다 우선하여 배당 받을 수 있다.

① ㄱ
② ㄴ
③ ㄷ
④ ㄱ, ㄴ
⑤ ㄱ, ㄷ

## 134 정답 ⑤

**해설** ㄱ. [○]
이해관계 있는 제3자는 채무자의 의사에 반하여 변제할 수 있다(제469조 2항). 제469조 2항의 이해관계 있는 제3자란 변제를 하지 않으면 채권자로부터 집행을 받게 되거나 또는 채무자에 대한 자기의 권리를 잃게 되는 지위에 있기 때문에 변제함으로써 당연히 대위의 보호를 받아야 할 '법률상 이익'을 가지는 자를 말한다(대결 2009.5.28. 2008마109).

▶ 따라서 수탁보증인 丙은 법률상의 이해관계가 있는 제3자로서 주채무자 乙의 의사에 반하여 변제할 수 있으므로 丙은 乙에게 제441조의 '수탁보증인의 구상권'을 행사할 수 있다.

ㄴ. [×]
제483조 1항의 해석과 관련한 문제이다.
채권의 일부에 대하여 대위변제가 있는 때에는 대위자는 그 변제한 가액에 비례하여 채권자와 함께 그 권리를 행사해야 하는바(제483조 1항), '변제한 가액에 비례하여 행사'의 의미와 관련하여 判例는 "대위변제제도는 구상권을 보호하려는 것뿐이므로 채권자를 해하면서까지 변제자를 보호할 필요가 없고, 그 일부대위의 효력이 채권자가 갖는 **담보물권의 불가분성**을 해칠 수도 없으므로 **채권자는 일부 대위변제자에 대하여 우선변제권을 가지고 있다**"고 한다(대판 1988.9. 27. 88다카1797 등).

▶ 따라서 丙이 甲에게 1억 원 중 일부인 5천만 원을 변제하였다면, 변제할 정당한 이익이 있는 자이므로 변제로 당연히 채권자를 대위한다(제481조, 법정대위). 그러므로 구상할 수 있는 범위에서(제441조 2항, 제425조 2항) 채권(5천만 원) 및 그 담보에 관한 권리(X토지 저당권)를 행사할 수 있다(제482조 1항). 다만 제483조 1항에 따라 변제한 가액에 비례하여 채권자와 함께 그 권리를 행사할 수 있는바, 채권자 우선설에 따르는 判例에 의하면 X토지 경락대금 8천만 원 중 먼저 채권자 甲에게 5천만 원이 배당되고 남은 3천만 원이 일부대위변제자인 수탁보증인 丙에게 배당될 것이다.

ㄷ. [○]
"변제할 정당한 이익이 있는 사람이 채무자를 위하여 근저당권 피담보채무의 일부를 대위변제한 경우에는 대위변제자는 **근저당권 일부 이전의 부기등기 경료 여부에 관계없이** 변제한 가액 범위 내에서 채권자가 가지고 있던 채권 및 담보에 관한 권리를 법률상 당연히 취득한다"(대판 2011.6.10. 2011다9013).
"후순위 근저당권자는 통상 자신의 이익을 위하여 선순위 근저당권의 담보가치를 초과하는 담보가치만을 파악하여 담보권을 취득한 자에 불과하므로 변제자대위와 관련해서 후순위 근저당권자를 보증인보다 더 보호할 이유도 없다. 이러한 사정들과 민법 제482조 제2항 제1호와 제2호가 상호작용하에 법정대위자 중 보증인과 제3취득자의 이해관계를 조절하는 규정인 점 등을 종합하여 보면, 보증인은 미리 저당권의 등기에 그 대위를 부기하지 않고서도 저당물에 후순위 근저당

권을 취득한 제3자에 대하여 채권자를 대위할 수 있다고 할 것이므로 민법 제482조 제2항 '제1호의 제3자'에 후순위 근저당권자는 포함되지 않는다"(대판 2013.2.15. 2012다48855).

▶ 즉, 변제자대위의 경우 채권 및 그 담보에 관한 권리는 법률상 대위자에게 당연히 이전된다(제482조 1항). 따라서 채권자의 저당권은 등기 없이도 대위자에게 당연히 이전된다. 사안에서 연대보증인 丙이 보증채무를 모두 변제하였으므로 법정대위에 의해 X토지상의 근저당권에 부기등기를 경료하지 않더라도 당연히 甲의 1순위 근저당권을 취득한다. 아울러 判例에 따르면 제482조 2항 제1호의 제3자에 후순위 근저당권자는 포함되지 않으므로 X토지가 경매되는 경우 丙이 변제사실을 증명하여 배당요구하면 丙은 2순위 근저당권자 丁보다 우선하여 배당받을 수 있다.

**참고판례** "저당부동산에 대하여 후순위 근저당권을 취득한 제3자는 민법 제364조에서 정한 저당권소멸청구권을 행사할 수 있는 제3취득자에 해당하지 아니하고(대판 2006.1.26. 2005다17341), 달리 선순위 근저당권의 실행으로부터 그의 이익을 보호하는 규정이 없으므로 변제자대위와 관련해서 후순위 근저당권자보다 보증인을 더 보호할 이유가 없으며, 나아가 선순위 근저당권의 피담보채무에 대하여 직접 보증책임을 지는 보증인과 달리 선순위 근저당권의 피담보채무에 대한 직접 변제책임을 지지 않는 후순위 근저당권자는 보증인에 대하여 채권자를 대위할 수 있다고 봄이 타당하므로, 민법 제482조 제2항 '제2호의 제3취득자'에 후순위 근저당권자는 포함되지 아니한다"(대판 2013.2.15. 2012다48855).

## 135

甲은 사채업자 乙로부터 1억 2,000만 원을 대출받았는데,
丙과 丁은 甲의 乙에 대한 채무를 연대보증하였고, 위 대출
금채무에 대한 담보로 丁은 그 소유의 X 토지(시가 6,000만
원 상당)에, 戊는 그 소유의 Y 토지(시가 4,000만 원 상당)에
각 저당권을 설정하였다. 다음 설명 중 옳지 않은 것은? (각
지문은 독립적이고, 다툼이 있는 경우에는 판례에 의함)

[12 변호사]

① 丙은 甲의 의사에 반해서도 변제할 수 있다.
② 丁이 甲을 위하여 7,000만 원을 乙에게 변제한 후 乙이 나머
지 5,000만 원을 회수하기 위하여 저당권을 실행하여 X가
5,000만 원에 매각되었다면, 乙은 매각대금 5,000만 원 전부
를 배당받을 수 있다.
③ ②의 경우에 丁은 乙의 권리를 대위하여 丙에게 4,000만 원
을 청구할 수 있다.
④ 乙이 丙의 보증채무를 면제해 주더라도 乙에 대한 戊의 책임
에는 영향이 없다.
⑤ 甲의 乙에 대한 채무의 소멸시효가 완성된 후 甲이 변제기한
의 유예를 요청하였더라도, 戊는 乙을 상대로 저당권말소등
기를 청구할 수 있다.

**135** 정답 ④

① [○]

**해설** 丙은 연대보증인으로서 법률상 이해관계를 가지는 자이므로 주채무자 甲의 의사에 반해서도 변제할 수 있다(제469조 2항의 반대해석).

② [○]

**해설** "변제할 정당한 이익이 있는 자가 채무자를 위하여 채권의 일부를 대위변제할 경우에 대위변제자는 변제한 가액의 범위 내에서 종래 채권자가 가지고 있던 채권 및 담보에 관한 권리를 취득하게 되고 따라서 채권자가 부동산에 대하여 저당권을 가지고 있는 경우에는 **채권자는 대위변제자에게 일부 대위변제에 따른 저당권의 일부이전의 부기등기를 경료해 주어야 할 의무가 있으나** 이 경우에도 채권자는 일부 대위변제자에 대하여 우선변제권을 가지고, 다만 일부 대위변제자와 채권자 사이에 변제의 순위에 관하여 따로 약정을 한 경우에는 그 약정에 따라 변제의 순위가 정해진다"(대판 2010.4.8. 2009다80460).

▶ 제483조 제1항은 "채권의 일부에 대하여 대위변제가 있는 때에는 대위자는 그 변제한 가액에 비례하여 채권자와 함께 그 권리를 행사한다"고 규정하고 있는바, '변제한 가액에 비례하여 행사'의 의미에 대해 통설과 判例(위 2009다80460판결)는 일부대위자는 채권자와 함께 그 권리를 행사할 뿐이고, 변제에 관해서는 채권자가 우선한다는 입장이다(채권자 우선설). 따라서 채권자 乙은 7천만 원을 변제받고 5천만 원의 채권이 남아있으므로 X부동산의 경매대가 5천만 원에서 전부 우선변제를 받게 된다.

③ [○]

**해설** "민법 제482조 제2항 제4호, 제5호가 물상보증인 상호간에는 재산의 가액에 비례하여 부담 부분을 정하도록 하면서, 보증인과 물상보증인 상호간에는 보증인의 총 재산의 가액이나 자력 여부, 물상보증인이 담보로 제공한 재산의 가액 등을 일체 고려하지 아니한 채 형식적으로 인원수에 비례하여 평등하게 대위비율을 결정하도록 규정한 것은, 인적 무한책임을 부담하는 보증인과 물적 유한책임을 부담하는 물상보증인 사이에는 보증인 상호간이나 물상보증인 상호간과 같이 상호 이해조정을 위한 합리적인 기준을 정하는 것이 곤란하고, 당사자 간의 특약이 있다는 등의 특별한 사정이 없는 한 오히려 인원수에 따라 대위비율을 정하는 것이 공평하고 법률관계를 간명하게 처리할 수 있어 합리적이며 그것이 대위자의 통상의 의사 내지 기대에 부합하기 때문이다. 이러한 규정 취지는 **동일한 채무에 대하여 보증인 또는 물상보증인이 여럿 있고, 이 중에서 보증인과 물상보증인의 지위를 겸하는 자가 포함되어 있는 경우에도 동일하게 참작되어야 하므로, 위와 같은 경우 민법 제482조 제2항 제4호, 제5호 전문에 의한 대위비율은 보증인과 물상보증인의 지위를 겸하는 자도 1인으로 보아 산정함이 상당하다**"(대판 2010.6.10. 2007다61113, 61120).

▶ ②의 경우에 丁이 7천만 원을 乙에게 변제한 후 乙이 저당권을 실행하여 丁소유 X토지가 5천만 원에 매각되어 乙이 매각대금 5천만 원 전부를 배당받았으므로 결국 丁이 1억 2천만원 전액을 변제한 결과가 된다. 이때 법정대위자 상호간의 관계가 문제되는데(제482조 2항 5호), 丁은 연대보증인과 물상보증인의 지위를 겸하고 있는 바, 대위비율을 정할 때 判例(위 2007다61113,61120판결)는 1인으로 취급하여 이중으로 대위를 당하지 않게 하고 있다. 따라서 1억 2천만 원 채무에 대한 丙, 丁, 戊의 내부적 부담은 1 : 1 : 1로서 각 4천만 원이 된다. 따라서 丁은 乙을 대위하여 4천만 원을 丙에게 청구할 수 있다.

④ [×]

**해설** 변제할 정당한 이익이 있는 자는 변제로 당연히 채권자를 대위한다(제481조). 이 경우에 채권자가 고의나 과실로 '담보'가 상실되거나 감소된 때에는 대위할 자는 그 상실 또는 감소로 인하여 상환을 받을 수 없는 한도에서 그 책임을 면한다(제485조). "여기서의 '담보'라 함은 주된 채무를 담보하기 위한 인적 담보 또는 물적 담보를 말하며, 담보의 상실 또는 감소의 전형적 예는 **채권자가 인적 담보인 보증인의 채무를 면제해 주거나 물적 담보인 담보물권을 포기하거나 순위를 불리하게 변경하거나 담보물을 훼손하거나 반환하는 행위 등을 들 수 있다**"(대판 2000.12.12. 99다13669).

▶ 채권자가 인적담보인 보증인의 채무를 면제해 주는 경우는 담보의 상실 또는 감소에 해당한다(위 99다13669판결). 따라서 乙이 丙의 보증채무를 면제해 준 경우에 戊는 丙에게 상환을 받을 수 없는 한도에서 그 책임을 면하게 된다.

⑤ [○]

**해설** 시효이익의 포기는 의사표시이므로 시효완성의 사실을 알고서 하여야 하는바, 判例는 시효완성 후에 시효이익을 포기하는 듯한 행위가 있으면 시효완성사실에 대한 악의를 추정한다(대판 1967.2.7. 66다2173). 따라서 주채무자 甲의 변제기한의 유예요청은 시효이익의 포기로 볼 수 있다(제184조 1항의 반대해석).

判例는 소멸시효의 완성을 원용할 수 있는 자는 권리의 소멸에 의하여 직접 이익을 받는 자에 한정된다고 하는바(대판 1995.7.11. 95다12446), 물상보증인은 채권자에 대하여 물적 유한책임을 지고 있어 그 피담보채권의 소멸에 의해 직접 이익을 받는 관계에 있으므로 소멸시효의 완성을 주장할 수 있다(대판 2004.1.16. 2003다30890).

判例는 직접 이익을 받는 자의 시효원용권은 채무자의 시효원용권에 기초한 것이 아닌 독자적인 것이라고 하여 채무자의 시효이익의 포기는 다른 직접수익자의 시효원용권에 영향을 미치지 않는다고 한다(포기의 **상대효**). 그러므로 주채무자 甲의 시효이익의 포기는 물상보증인 戊에게 영향을 주지 않는다. 따라서 피담보채권이 소멸시효가 완성되는 경우 저당권도 부종성에 의해 소멸하므로 戊는 乙을 상대로 저당권 말소등기를 청구할 수 있다.

## 136

1억 원의 채무를 부담하고 있는 甲을 위하여 乙과 丙은 보증인이 되었고, 丁은 자기 소유의 시가 6,000만 원의 부동산에 저당권을 설정하여 물상보증인이 되었으며, 戊도 자기 소유의 시가 4,000만 원의 부동산에 저당권을 설정하여 물상보증인이 되었다. 당사자 사이의 특약 등 다른 특별한 사정이 없다면 乙이 甲의 채무 전액을 변제한 경우, 乙이 丙, 丁, 戊에 대하여 채권자를 대위할 수 있는 범위로 옳은 것은? (다툼이 있는 경우 판례에 의함) [16 변호사]

① 丙에 대하여 2,500만 원, 丁에 대하여 2,500만 원, 戊에 대하여 2,500만 원

② 丙에 대하여 2,500만 원, 丁에 대하여 2,000만 원, 戊에 대하여 3,000만 원

③ 丙에 대하여 2,500만 원, 丁에 대하여 3,000만 원, 戊에 대하여 2,000만 원

④ 丙에 대하여 5,000만 원, 丁에 대하여 1,500만 원, 戊에 대하여 1,000만 원

⑤ 丙에 대하여 7,500만 원, 丁에 대하여 0원, 戊에 대하여 0원

**해설** 변제할 정당한 이익이 있는 자는 변제로 당연히 채권자를 대위한다(제481조). 변제할 정당한 이익이 있는 자란 변제하지 않으면 채권자로부터 집행을 받거나, 자기의 권리를 잃게 되는 지위에 있는 자로서 '법률상의 이해관계'를 가지는 자를 말한다(대판 1990.4.10. 89다카24834). 가령, 불가분채무자·연대채무자·(연대)보증인·물상보증인·후순위담보권자·담보물의 제3취득자·구상권이 있는 이행인수인(대결 2012.7.16. 2009마461) 등이 있는데, 지문의 경우 乙과 丙은 보증인으로서, 丁과 戊는 물상보증인으로서 각 변제할 정당한 이익이 있는 자에 해당한다.

변제로 인해 채권자를 대위한 자는 자기의 권리에 의하여 구상할 수 있는 범위에서 채권 및 그 담보에 관한 권리를 행사할 수 있다(제482조 1항). 전부변제의 경우 변제자대위의 요건을 갖추는 것을 전제로, '구상권의 범위 내'에서 채권자가 가졌던 '채권' 및 '채권의 담보에 관한 권리'가 법률상 대위자에게 당연히 이전된다.

법정대위자 상호 간의 효과에 있어 물상보증인은 원칙적으로 보증인과 동일하게 취급하며, 물상보증인 상호 간의 관계에서 물상보증인 중 1인은 '각 부동산의 가액'에 비례하여 다른 물상보증인에 대하여 채권자를 대위한다(제482조 2항 4호). 그리고, 보증인과 물상보증인 사이의 관계에 있어서는 그 인원수에 비례하여 채권자를 대위한다(제482조 2항 5호 본문). 이 때 물상보증인이 수인인 경우는 보증인의 부담부분을 제외하고 그 잔액에 대하여 각 재산의 가액에 비례하여 대위의 범위가 정해진다(제482조 2항 5호 단서). 보증인이 수인인 경우에 보증인 각자는 공동보증인 상호간의 구상에 관한 제448조에 따른 범위 내에서 대위할 수 있고, (물상)보증인이 구상권을 행사하기 위해서는 자기의 부담부분을 초과하는 출연이 있어야 한다(대판 2010.6.10. 2007다61113, 61120).

▶ 즉, 1억 원의 채무는 먼저 乙, 丙, 丁, 戊의 인원수에 비례하여 보증인 乙과 丙이 부담하는 부분은 1억 원 ×1/2=5,000만 원이고(제482조 2항 5호 본문), 나아가 乙과 丙은 또 다시 인원수에 비례하여 각 2,500만 원을 부담한다. 물상보증인 丁과 戊는 채무액 1억 원에서 보증인이 부담하는 5,000만 원을 제외한 잔액 5,000만 원에서 각 재산의 가액에 비례하여 丁은 3,000만 원, 戊는 2,000만 원을 각 부담한다(제482조 2항 5호 단서). 乙은 자신의 부담부분인 2,500만 원을 넘어 채무 전액을 변제하였으므로 丙에 대하여 2,500만 원, 丁에 대하여 3,000만 원, 戊에 대하여 2,000만 원의 범위 내에서 채권자를 대위할 수 있다.

## 137

**상계에 관한 설명 중 옳은 것은? (다툼이 있는 경우에는 판례에 의함)**

[12 변호사]

① 고의의 불법행위로 인한 손해배상채권을 자동채권으로 하는 상계는 허용되지 않는다.

② 피용자의 고의의 불법행위로 인하여 사용자책임이 성립하는 경우, 사용자는 피해자의 사용자에 대한 손해배상채권을 수동채권으로 하여 상계할 수 있다.

③ 채권의 일부양도가 이루어진 경우, 그 분할된 채권에 대하여 양도인에 대한 반대채권으로 상계하고자 하는 채무자는 양도인을 비롯한 각 분할채권자 중 어느 누구라도 상계의 상대방으로 지정하여 상계할 수 있다.

④ 상대방이 제3자에 대하여 가지는 채권을 수동채권으로 하여 상계할 수 있다.

⑤ 상계의 대상이 될 수 있는 자동채권과 수동채권이 서로 동시이행관계에 있다면 특별한 사정이 없는 한 상계가 허용되지 않는다.

# 137

**① [×]**

**조문** 제496조(불법행위채권을 수동채권으로 하는 상계의 금지) 「채무가 고의의 불법행위로 인한 것인 때에는 그 채무자는 상계로 채권자에게 대항하지 못한다.」

▶ 제496조의 취지는 고의에 의한 불법행위의 발생을 방지함과 아울러 고의의 불법행위로 인한 피해자에게 현실의 변제를 받게 하려는 데 있다(대판 2002.1.25. 2001다5250). 따라서 피해자가 손해배상채권을 '자동채권'으로 하여 상계하는 것은 무방하다.

**② [×]**

**해설** "민법 제756조에 의한 사용자의 손해배상책임은 피용자의 배상책임에 대한 대체적 책임이고, 같은 조 제1항에서 사용자가 피용자의 선임 및 그 사무감독에 상당한 주의를 한 때 또는 상당한 주의를 하여도 손해가 있을 경우에는 책임을 면할 수 있도록 규정함으로써 사용자책임에서 사용자의 과실은 직접의 가해행위가 아닌 피용자의 선임·감독에 관련된 것으로 해석되는 점에 비추어 볼 때, 피용자의 고의의 불법행위로 인하여 사용자책임이 성립하는 경우에 민법 제496조의 적용을 배제하여야 할 이유가 없으므로 사용자책임이 성립하는 경우 사용자는 자신의 고의의 불법행위가 아니라는 이유로 민법 제496조의 적용을 면할 수는 없다"(대판 2006.10.26. 2004다63019).

**③ [○]**

**해설** "채권의 일부 양도가 이루어지면 특별한 사정이 없는 한 각 분할된 부분에 대하여 독립한 분할채권이 성립하므로 그 채권에 대하여 양도인에 대한 반대채권으로 상계하고자 하는 채무자로서는 양도인을 비롯한 각 분할채권자 중 어느 누구도 상계의 상대방으로 지정하여 상계할 수 있고, 그러한 채무자의 상계 의사표시를 수령한 분할채권자는 제3자에 대한 대항요건을 갖춘 양수인이라 하더라도 양도인 또는 다른 양수인에 귀속된 부분에 대하여 먼저 상계되어야 한다거나 각 분할채권액의 채권 총액에 대한 비율에 따라 상계되어야 한다는 이의를 할 수 없다"(대판 2002.2.8. 2000다50596).

**사실관계** 甲건설은 乙교회에 대해 공사잔대금채권 6억원이 있고, 乙은 위 공사의 하자로 인해 甲에 대해 1억원의 손해배상채권이 있는데, 甲은 乙에 대한 위 채권 중 3억원의 채권을 丙에게 양도하였다. 여기서 乙이 甲에 대한 1억원의 채권을 가지고 상계하는 경우, 먼저 甲에 대해 상계하여야 하는가? 또 丙에 대해 상계할 때에는 그 비율(즉, 3억원 × 1억/ 6억 = 5,000만원)에 따라 상계할 수 있는가? 判例는 위와 같은 이유로 乙은 甲에 대한 1억원의 채권 전부를 丙이 乙에 대해 가지는 양수금채권(3억원)과 상계할 수 있는 것으로 보았다.

**④ [×]**

**해설** "상계는 당사자 쌍방이 서로 같은 종류를 목적으로 한 채무를 부담한 경우에 서로 같은 종류의 급부를 현실로 이행하는 대신 어느 일방 당사자의 의사표시로 그 대등액에 관하여 채권과 채무를 동시에 소멸시키는 것이고, 이러한 **상계제도의 취**지는 서로 대립하는 두 당사자 사이의 채권·채무를 간이한 방법으로 원활하고 공평하게 처리하려는 데 있으므로, 수동채권으로 될 수 있는 채권은 상대방이 상계자에 대하여 가지는 채권이어야 하고, 상대방이 제3자에 대하여 가지는 채권과는 상계할 수 없다고 보아야 한다. 그렇지 않고 만약 상대방이 제3자에 대하여 가지는 채권을 수동채권으로 하여 상계할 수 있다고 한다면, 이는 상계의 당사자가 아닌 상대방과 제3자 사이의 채권채무관계에서 상대방이 제3자에게서 채무의 본지에 따른 현실급부를 받을 이익을 침해하게 될 뿐 아니라, 상대방의 채권자들 사이에서 상계자만 독점적인 만족을 얻게 되는 불합리한 결과를 초래하게 되므로, 상계의 담보적 기능과 관련하여 법적으로 보호받을 수 있는 당사자의 합리적 기대가 이러한 경우에까지 미친다고 볼 수는 없다"(대판 2011.4.28. 2010다101394).

**사실관계** 원고는 근저당권에 기한 임의경매절차에서 A소유의 아파트를 매각 받아 매각대금을 완납함으로써 그 소유권을 취득하였다. 피고는 원래 위 아파트의 '후순위' 임차인이었는데, 그 임차권이 매각으로 소멸하였음에도 임대인 A에 대한 유익비상환청구권에 기한 유치권을 주장하며 원고가 위 아파트의 소유권을 취득한 이후에도 위 아파트를 계속 점유·사용하였다. 이에 원고가 피고를 상대로 소유권에 기하여 위 아파트의 인도를 청구하자, 피고는 위 유치권 항변을 하였고, 이에 대하여 원고는 다시 피고에 대한 부당이득반환채권으로 피고의 A에 대한 유익비상환청구권과 상계한다고 재항변하였으나 받아들여지지 않았다.

**⑤ [×]**

**해설** "상계제도는 서로 대립하는 채권·채무를 간이한 방법에 의하여 결제함으로써 양자의 채권·채무 관계를 원활하고 공평하게 처리함을 목적으로 하고 있으므로, 상계의 대상이 될 수 있는 자동채권과 수동채권이 동시이행관계에 있다고 하더라도 서로 현실적으로 이행하여야 할 필요가 없는 경우라면 상계로 인한 불이익이 발생할 우려가 없고 오히려 상계를 허용하는 것이 동시이행관계에 있는 채권·채무 관계를 간명하게 해소할 수 있으므로 특별한 사정이 없는 한 상계가 허용된다"(대판 2006.7.28. 2004다54633).

**관련쟁점** 동시이행의 항변권이 붙어 있는 채권은 이를 '자동채권'으로 하여 상계하지 못한다. 이를 허용하면 상대방은 이유 없이 동시이행의 항변권을 잃기 때문이다(대판 2002.8.23. 2002다25242). 따라서 수동채권은 가능하다. 다만 자동채권과 수동채권이 서로 동시이행관계에 있는 경우에는 **양 채무를 현실적으로 이행하여야 할 필요성이 없는 한** 동시이행의 항변권이 붙어 있는 채권을 자동채권으로 하는 상계도 허용된다(위 2004다54633판결). 상계를 허용함으로써 오히려 당사자 사이의 채무 변제를 용이하게 처리할 수 있기 때문이다. 그래서 **금전채무 상호 간에 동시이행관계가 있는 경우에는 일반적으로 상계가 허용되며, 判例는 도급인이 하자보수나 손해배상청구권을 자동채권으로 하고 그와 동시이행관계에 있는 수급인의 공사대금채권(제667조 3항)을 수동채권으로 하여 상계할 수 있음을 전제로 한다(대판 1996.7.12. 96다7250,7267).

## 138

상계에 관한 설명 중 옳은 것(○)과 옳지 않은 것(×)을 올바르게 조합한 것은? (각 지문은 독립적이며, 다툼이 있는 경우 판례에 의함) [19 변호사]

ㄱ. 제3채무자의 채무자에 대한 자동채권이 수동채권인 피압류채권과 동시이행의 관계에 있는 경우에는, 압류명령이 제3채무자에게 송달되어 압류의 효력이 생긴 후에 자동채권이 발생하였다고 하더라도, 제3채무자는 그 채권에 의한 상계로 압류채권자에게 대항할 수 있다.

ㄴ. 유치권이 인정되는 아파트를 경매로 매수한 자는 아파트 일부를 점유·사용하고 있는 유치권자에 대한 임료 상당의 부당이득금 반환채권을 자동채권으로 하여 유치권자가 종전 소유자에 대하여 가지는 유익비상환채권을 상계할 수 있다.

ㄷ. 주채무자가 수탁보증인에 대해 사전에 담보제공청구권 등의 항변권을 포기한 경우, 그 수탁보증인은 주채무자에 대하여 가지는 「민법」 제442조의 사전구상권을 자동채권으로 하여 주채무자가 수탁보증인에 대하여 가지는 채권과 상계할 수 있다.

ㄹ. 고의로 인한 불법행위나 중과실로 인한 불법행위 모두 피해자에게 현실의 변제를 받을 수 있도록 할 필요성은 동일하므로, 고의의 불법행위로 인한 손해배상채권에 대한 상계금지는 중과실의 불법행위로 인한 손해배상채권의 경우에도 적용할 수 있다.

① ㄱ(○), ㄴ(○), ㄷ(×), ㄹ(○)
② ㄱ(○), ㄴ(×), ㄷ(○), ㄹ(×)
③ ㄱ(○), ㄴ(×), ㄷ(×), ㄹ(×)
④ ㄱ(×), ㄴ(○), ㄷ(○), ㄹ(×)
⑤ ㄱ(×), ㄴ(○), ㄷ(×), ㄹ(○)

**138**  정답 ②

**해설** ㄱ. [○]

**지급금지채권(압류 또는 가압류된 채권)을 수동채권으로 하는 상계**

지급을 금지하는 명령을 받은 제3채무자는 그 후에 취득한 채권에 의한 상계로 그 명령을 신청한 채권자에게 대항하지 못한다(제498조). 지급금지명령을 받은 채권이란 압류 또는 가압류를 당한 채권으로서, 본조는 압류의 효력을 유지하여 채무자의 재산으로부터 만족을 얻으려는 집행채권자를 보호하려는 데에 그 취지가 있다. 그러므로 압류 또는 가압류의 효력이 발생하기 전에 제3채무자가 채무자에 대해 채권을 가지고 있은 때에는 상계할 수 있다(제498조의 반대해석). 그러나 **판례**는 그 채권이 (가)압류의 효력발생[(가)압류 명령이 제3채무자에게 송달된 때] 이후에 발생한 것이더라도 그 기초가 되는 원인이 가압류 이전에 이미 성립하여 존재하고 있는 경우에는, 본조 소정의 '가압류 이후에 취득한 채권'에 해당하지 않아 상계할 수 있다고 한다(대판 2001. 3.27. 2000다43819). 즉 동시이행관계에 있는 반대채권의 성립이 압류명령 송달 후라고 하더라도 이 경우에는 상계가 허용된다. 동시이행관계인 경우에는 처음부터 채권발생의 기초관계가 존재하고 있어 상계를 할 수 있다는 기대가 존재하는 것이므로 제3채무자의 이러한 상계에 대한 기대 또는 신뢰는 존중되어야 할 것이기 때문이다.

ㄴ. [×]

**상계 수동채권의 요건**

"상계의 수동채권은 피상계자(채권자)가 상계자(채무자)에 대하여 가지는 채권이어야 하고, 피상계자가 제3자에 대하여 가지는 채권과는 상계할 수 없다고 보아야 한다. 그렇지 않고 만약 상대방이 제3자에 대하여 가지는 채권을 수동채권으로 하여 상계할 수 있다고 한다면, 이는 상계의 당사자가 아닌 상대방과 제3자 사이의 채권채무관계에서 상대방이 제3자에게서 채무의 본지에 따른 현실급부를 받을 이익을 침해하게 될 뿐 아니라, 상대방의 채권자들 사이에서 상계자만 독점적인 만족을 얻게 되는 불합리한 결과를 초래하게 되기 때문이다"(대판 2011.4.28. 2010다101394).

▶ 유치권이 인정되는 아파트를 경락·취득한 자(A)가 아파트 일부를 점유·사용하고 있는 유치권자(B)에 대한 임료 상당의 부당이득금 반환채권을 자동채권으로 하여, 유치권자(B)의 종전 소유자(C)에 대한 유익비상환채권과 상계한다는 의사표시를 한 경우, 수동채권은 피상계자(B)가 제3자(C)에 대하여 가지는 채권이 되므로 이러한 상계는 허용되지 않는다.

ㄷ. [○]

**항변권이 부착된 자동채권에 의한 상계**

"항변권이 붙어 있는 채권을 자동채권으로 하여 다른 채무(수동채권)와의 상계를 허용한다면 상계자 일방의 의사표시에 의하여 상대방의 항변권 행사의 기회를 상실시키는 결과가 되므로 그러한 상계는 허용될 수 없고, 특히 수탁보증인이 주채무자에 대하여 가지는 민법 제442조의 사전구상권에는 민법 제443조의 담보제공청구권이 항변권으로 부착되어 있는 만큼 이를 자동채권으로 하는 상계는 허용될 수 없다. 다만 민법 제443조는 임의규정으로서 주채무자가 사전에 담보제공청구권의 항변권을 포기한 경우에는 보증인은 사전구상권을 자동채권으로 하여 주채무자에 대한 채무와 상계할 수 있다"(대판 2004.5.28. 2001다81245).

ㄹ. [×]

**중과실에 의한 불법행위채권을 수동채권으로 하는 상계 가부**

민법 제496조는 고의의 불법행위로 인한 손해배상채권에 대한 상계를 금지하고 있다. 이는 고의에 의한 불법행위의 발생을 방지함과 아울러 고의의 불법행위로 인한 피해자에게 현실의 변제를 받게 하려는 데 그 취지가 있다. **판례**는 이 같은 입법취지나 적용결과에 비추어 볼 때, 민법 제496조를 중과실의 불법행위에 인한 손해배상채권에까지 유추 또는 확장 적용하여야 할 필요성은 없다고 보았다(대판 1994.8.12. 93다52808).

## 139

甲과 乙 사이의 채권 발생 경위는 다음과 같다. 옳은 것을 모두 고른 것은? (다툼이 있는 경우에는 판례에 의하고, 각 지문은 모두 독립적이다)

[14 변호사]

A채권(대여금채권): 甲은 2012.12.31. 乙에게 2,000만 원을 변제기 2013.3.5.로 정하여 대여하였다.

B채권(부당이득금채권): 乙은 2012.1.1.부터 2012.12.31.까지 사이에 권원 없음을 알면서도 甲의 의사에 반하여 甲소유인 X 아파트를 무단으로 점유하면서 사용하였다. 이로 인한 차임 상당 부당이득금은 2,000만 원이다.

C채권(컴퓨터 대금채권): 乙은 2012.12.5. 甲에게 컴퓨터 10대를 대금 2,000만원, 대금지급일 2013.2.5.로 정하여 매도하였고 아직 컴퓨터를 인도하지 않았다.

D채권(양수금채권): 丙은 2012.10.1. 甲에게 2,000만 원을 변제기 2013.2.5.로 정하여 대여하였다. 乙은 2012. 12.1. 丙으로부터 이 채권을 양수하였고, 丙이 양도통지를 보내어 그 통지가 2012.12.11 甲에게 도달하였다.

ㄱ. 甲의 채권자 丁은 A 채권에 관하여 압류 전부명령을 받았고, 그 명령이 2013.1.2. 甲과 乙에게 도달하여 그 무렵 확정되었다. 乙은 2014.1.2. D채권을 자동채권으로 A채권을 수동채권으로 하여 丁에게 상계의 사표시를 하였다. 이 경우 乙은 상계로 丁에게 대항할 수 있다.

ㄴ. 乙은 2014.1.2. 甲에게 D 채권을 자동채권으로 B 채권을 수동채권으로 하여 상계의사표시를 하였다. 상계는 인정된다.

ㄷ. 乙은 2014.1.2. 甲에게 C 채권을 자동채권으로 A 채권을 수동채권으로 하여 상계의사표시를 하였다. 상계는 인정된다.

ㄹ. 甲은 2014.1.2. 乙에게 B 채권을 자동채권으로 C 채권을 수동채권으로 하여 상계의사표시를 하였다. 상계는 인정된다.

① ㄱ, ㄴ      ② ㄴ, ㄷ
③ ㄷ, ㄹ      ④ ㄱ, ㄹ
⑤ ㄴ, ㄹ

**해설** 상계가 유효하기 위해서는 양 채권이 상계적상에 있어야 하는바, ⅰ) 채권이 대립하고 있을 것, ⅱ) 대립하는 채권이 동일한 종류일 것, ⅲ) 적어도 자동채권의 변제기가 도래할 것, ⅳ) 상계가 허용되지 않는 채권이 아닐 것을 요한다. ⅴ) 이러한 상계적상은 원칙적으로 상계의 의사표시가 행하여지는 당시에 현존하여야 한다(제492조). 설문에서는 ⅳ) 상계가 허용되지 않는 채권이 아닐 것과 관련해서 문제된다.

ㄱ. [○]
제498조는 '지급을 금지하는 명령을 받은 제3채무자는 그 후에 취득한 채권에 의한 상계로 그 명령을 신청한 채권자에게 대항하지 못한다'고 규정하고 있다. 지급금지명령을 받은 채권이란 압류 또는 가압류를 당한 채권으로서, 본조는 압류의 효력을 유지하여 채무자의 재산으로부터 만족을 얻으려는 집행채권자를 보호하려는 데에 그 취지가 있다.
제498조의 반대해석상 지급금지명령을 받기 전에 제3채무자가 채무자에 대해 반대채권을 가지고 있는 경우에는 상계가 허용될 수 있다. 다만 이 경우 자동채권도 그 명령을 받기 전에 이행기가 도래해 있어야 하는지가 문제된다. 이와 관련하여 判例는 "민법 제498조 규정의 취지, 상계제도의 목적 및 기능, 채무자의 채권이 압류된 경우 관련 당사자들의 이익상황 등에 비추어 보면, 채권압류명령 또는 채권가압류명령을 받은 제3채무자가 압류채무자에 대한 반대채권을 가지고 있는 경우에 상계로써 압류채권자에게 대항하기 위하여는, **압류의 효력 발생 당시에 대립하는 양 채권이 상계적상에 있거나, 그 당시 반대채권(자동채권)의 변제기가 도래하지 아니한 경우에는 그것이 피압류채권(수동채권)의 변제기와 동시에 또는 그보다 먼저 도래하여야 한다**"(대판 2012. 2.16. 전합2011다45521)고 한다.

▶ 사안에서 채권압류명령을 받은 제3채무자 乙은 압류채무자 甲에게 반대채권인 D채권을 가지고 있는바, 압류의 효력 발생 당시(2013.1.2.) 자동채권인 D 채권의 변제기는 2013.2.5.이므로 아직 자동채권의 변제기가 도래하지는 않았지만, 당해 자동채권의 변제기가 피압류채권(수동채권)인 A채권의 변제기인 2013.3.5.보다 먼저 도래하므로 乙은 상계로 압류채권자 丁에게 대항할 수 있다.

ㄴ. [×]
채무가 고의의 불법행위로 인한 것인 때에는 그 채무자는 상계로 채권자에게 대항하지 못한다(제496조). 따라서 피해자가 손해배상채권을 '자동채권'으로 하여 상계하는 것은 무방하다. 그리고 판례는 '부당이득'의 원인이 고의의 불법행위였다면 불법행위로 인한 손해배상채권을 청구하는 경우와 다를 바 없다 할 것이어서, 부당이득의 경우에도 제496조를 유추적용함이 타당하다고 한다(대판 2002.1.25. 2001다52506).

▶ 사안에서 B채권은 부당이득의 원인이 고의의 불법행위이므로, 乙이 B채권을 수동채권으로 하는 의사표시는 제496조의 유추적용에 의해 허용되지 않는다.

ㄷ. [×], ㄹ. [○]
동시이행의 항변권이 붙어 있는 채권은 이를 '자동채권'으로 하여 상계하지 못한다. 이를 허용하면 상대방은 이유 없이 동시이행의 항변권을 잃기 때문이다(대판 2002.8.23. 2002다25242). 따라서 수동채권에 항변권이 붙어 있는 경우에는 채무자가 이를 포기하고 상계하는 것은 무방하다.

▶ ㄷ. 사안에서 C채권은 컴퓨터 매매대금지급청구권인바, 이러한 채권에는 컴퓨터인도라는 동시이행의 항변권이 붙어있으므로 乙은 C채권을 자동채권으로 상계할 수 없다.

▶ ㄹ. 사안에서 甲은 乙에게 고의의 불법행위에 기한 손해배상채권에 준하는 부당이득반환채권인 B채권을 자동채권으로 동시이행의 항변권이 붙은 C채권을 수동채권으로 하는 상계의 의사표시를 할 수 있다.

# 140

상계에 관한 설명 중 옳지 않은 것은? (다툼이 있는 경우 판례에 의함) [21 변호사]

① 매도인이나 수급인의 담보책임을 기초로 한 손해배상채권의 제척기간이 지난 경우에도 제척기간이 지나기 전 상대방의 채권과 상계할 수 있었다면 매수인이나 도급인은 위 손해배상채권을 자동채권으로 해서 상대방의 채권과 상계할 수 있다.

② 고의의 불법행위로 인한 손해배상채권의 채무자는 그 채권이 양도된 경우에 양수인에게도 상계로 대항할 수 없으나, 그 채권양도가 사해행위에 해당하는 경우 불법행위로 인한 손해배상채권의 채무자가 채권양도인에 대한 별도의 채권자 지위에서 채권양수인에게 채권자취소권을 행사하여 채권양도의 취소를 구함과 아울러 취소에 따른 원상회복 방법으로 직접 자신 앞으로 가액배상의 지급을 구하는 것은 허용된다.

③ 주채무자가 사전에 수탁보증인의 사전구상권에 부착되어 있는 담보제공청구권 등의 항변권을 포기한 경우, 수탁보증인은 사전구상권을 자동채권으로 하여 주채무자에 대한 채무와 상계할 수 있다.

④ 가정법원의 심판에 의하여 구체적인 청구권의 내용과 범위가 확정된 후의 양육비채권 중 이미 이행기에 도달한 후의 양육비채권은 권리자의 의사에 따라 상계의 자동채권으로 하는 것이 가능하다.

⑤ 가분적인 금전채권의 일부에 대한 전부명령이 확정되면 특별한 사정이 없는 한 전부된 채권 부분과 전부되지 않은 채권 부분에 대하여 각기 독립한 분할채권이 성립하게 되므로, 그 채권에 대하여 압류채무자에 대한 반대채권으로 상계하고자 하는 제3채무자로서는 각 분할채권액의 채권 총액에 대한 비율에 따라 상계하여야 한다.

## 140　　　　　　　　　정답 ⑤

① [○]

**해설** 소멸시효완성된 채권에 의한 상계

소멸시효는 그 기산일에 소급하여 소멸한다(제167조). 따라서 소멸시효로 채무를 면하게 되는 자는 기산일 이후의 이자 등을 지급할 의무가 없다. 다만 **시효로 소멸하는 채권이 그 소멸시효가 완성하기 전에 상계할 수 있었던 것이라면 채권자는 상계할 수 있다**(제495조). 이는 (매도인이나 수급인의 담보책임을 기초로 한 손해배상채권의) 제척기간이 지났으나, 제척기간이 지나기 전 상대방의 채권과 상계할 수 있었던 경우에도 마찬가지이다

즉, "매도인의 담보책임을 기초로 한 매수인의 손해배상채권 또는 수급인의 담보책임을 기초로 한 도급인의 손해배상채권이 각각 상대방의 채권과 상계적상에 있는 경우에 당사자들은 채권·채무관계가 이미 정산되었거나 정산될 것으로 기대하는 것이 일반적이므로, 그 신뢰를 보호할 필요가 있다. 이러한 손해배상채권의 제척기간이 지난 경우에도 그 기간이 지나기 전에 상대방에 대한 채권·채무관계의 정산 소멸에 대한 신뢰를 보호할 필요성이 있다는 점은 소멸시효가 완성된 채권의 경우와 아무런 차이가 없다. 따라서 매도인이나 수급인의 담보책임을 기초로 한 손해배상채권의 제척기간이 지난 경우에도 제척기간이 지나기 전 상대방의 채권과 상계할 수 있었던 경우에는 매수인이나 도급인은 민법 제495조를 유추적용해서 위 손해배상채권을 자동채권으로 해서 상대방의 채권과 상계할 수 있다"(대판 2019.3.14. 2018다255648).

② [○]

**해설** 고의의 불법행위로 인한 손해배상채권의 채무자는 그 채권을 수동채권으로 한 상계로 채권자에게 대항하지 못하고(제496조), 그 결과 **채권이 양도된 경우에 양수인에게도 상계로 대항할 수 없게 되나**(제451조 2항 참조), 채권양도가 사해행위에 해당하는 경우 불법행위로 인한 손해배상채권의 채무자가 채권양도인에 대한 별도의 채권자 지위에서 채권양수인에게 채권자취소권을 행사하여 채권양도의 취소를 구함과 아울러 취소에 따른 원상회복 방법으로 직접 자신 앞으로 가액배상의 지급을 구하는 것 자체는 제496조에 반하지 않으므로 허용된다(대판 2011.6.10. 2011다8980,8997).

③ [○]

**해설** 항변권이 부착된 자동채권에 의한 상계

"항변권이 붙어 있는 채권을 자동채권으로 하여 다른 채무(수동채권)와의 상계를 허용한다면 상계자 일방의 의사표시에 의하여 상대방의 항변권 행사의 기회를 상실시키는 결과가 되므로 그러한 상계는 허용될 수 없고, 특히 수탁보증인이 주채무자에 대하여 가지는 민법 제442조의 사전구상권에는 민법 제443조의 담보제공청구권이 항변권으로 부착되어 있는 만큼 이를 자동채권으로 하는 상계는 허용될 수 없다. 다만 민법 제443조는 임의규정으로서 주채무자가 사전에 담보제공청구권의 항변권을 포기한 경우에는 보증인은 사전구상권을 자동채권으로 하여 주채무자에 대한 채무와 상계할 수 있다"(대판 2004.5.28. 2001다81245).

④ [○]

**해설** "이혼한 부부 사이에서 子에 대한 양육비의 지급을 구할 권리(이하 '양육비채권')는 당사자의 협의 또는 가정법원의 심판에 의하여 구체적인 청구권의 내용과 범위가 확정되기 전에는 '상대방에 대하여 양육비의 분담액을 구할 권리를 가진다'라는 추상적인 청구권에 불과하고 당사자의 협의나 가정법원이 당해 양육비의 범위 등을 재량적·형성적으로 정하는 심판에 의하여 비로소 구체적인 액수만큼의 지급청구권이 발생하게 된다고 보아야 하므로, 당사자의 협의 또는 가정법원의 심판에 의하여 구체적인 청구권의 내용과 범위가 확정되기 전에는 그 내용이 극히 불확정하여 상계할 수 없지만, 가정법원의 심판에 의하여 구체적인 청구권의 내용과 범위가 확정된 후의 양육비채권 중 이미 이행기에 도달한 후의 양육비채권은 완전한 재산권(손해배상청구권)으로서 친족법상의 신분으로부터 독립하여 처분이 가능하고, 권리자의 의사에 따라 포기, 양도 또는 상계의 자동채권으로 하는 것도 가능하다"(대판 2006.7.4. 2006므751).

⑤ [×]

**해설** "가분적인 금전채권의 일부에 대한 전부명령이 확정되면 특별한 사정이 없는 한 전부명령이 제3채무자에 송달된 때에 소급하여 전부된 채권 부분과 전부되지 않은 채권 부분에 대하여 각기 독립한 분할채권이 성립하게 되므로, 그 채권에 대하여 압류채무자에 대한 반대채권으로 상계하고자 하는 제3채무자로서는 전부채권자 혹은 압류채무자 중 어느 누구도 상계의 상대방으로 지정하여 상계하거나 상계로 대항할 수 있고, 그러한 제3채무자의 상계 의사표시를 수령한 전부채권자는 압류채무자에 잔존한 채권 부분이 먼저 상계되어야 한다거나 **각 분할채권액의 채권 총액에 대한 비율에 따라 상계되어야 한다는 이의를 할 수 없다**"(대판 2010.3.25. 2007다35152).

**민법**

# PART 4

# 채권각론

## 141

**동시이행관계에 관한 설명 중 옳지 않은 것은? (별도의 특약은 없는 것으로 하고, 다툼이 있는 경우에는 판례에 의함)**

[12 변호사]

① 전세권이 소멸한 경우, 전세권자의 목적물 인도의무 및 전세권설정등기 말소의무와 전세권설정자의 전세금반환의무는 동시이행관계에 있다.

② 부동산매매계약상 매수인이 약정된 중도금지급기일인 2010. 4. 1. 중도금 1억 원의 지급을 지체한 후 계약이 해제되지 않은 상태에서 잔대금 2억 원의 지급기일인 2010. 10. 1. 매수인이 3억 원을 이행제공하였다면, 매수인은 매도인에게 소유권이전등기를 청구하기 위한 자신의 의무를 다 했다고 할 수 있다.

③ 근저당권설정등기가 마쳐진 부동산의 매매계약에 있어서, 매도인의 소유권이전의무 외에 근저당권설정등기 말소의무도 매수인의 잔대금지급의무와 동시이행관계에 있다.

④ 이자부 소비대차계약에서 채무자가 담보목적으로 채무자 소유의 부동산에 근저당권설정등기를 하였는데 변제기에 원리금을 갚지 아니하여 채권자로부터 대여금청구소송을 제기당한 경우, 채무자는 근저당권설정등기 말소등기와 동시에 원리금을 변제하겠다는 항변을 할 수 없다.

⑤ 임차인이 임차물을 인도할 의무와 임대인이 임대보증금 중 미지급 월임료 등을 공제한 나머지 보증금을 반환할 의무가 동시이행관계에 있는 이상, 임대인이 임차인에게 위 보증금반환의무를 이행하였다거나 그 현실적인 이행의 제공을 하여 임차인의 임차물인도의무가 지체에 빠졌다는 사실이 인정되지 않는다면, 임차인은 임대차기간만료 후 인도를 지연할 경우 지급키로 한 약정지연손해금을 지급할 의무가 없다.

## 141　정답 ②

▶ 동시이행의 항변권이 성립하기 위해서는 ⅰ) 동일한 쌍무계약에 의한 대가적 채무가 존재할 것, ⅱ) 적어도 상대방의 채무가 변제기에 있을 것, ⅲ) 상대방이 이행 또는 이행의 제공을 하고 있지 않을 것이 필요하다(제536조). **설문은 ⅰ)의 요건과 관련한 질문**이다.

① [○]

조문　제317조(전세권의 소멸과 동시이행) 「전세권이 소멸한 때에는 전세권설정자는 전세권자로부터 그 목적물의 인도 및 전세권설정등기의 말소등기에 필요한 서류의 교부를 받는 동시에 전세금을 반환하여야 한다.」

② [×]

해설　"매수인이 선이행하여야 할 중도금지급을 하지 아니한 채 잔대금지급일을 경과한 경우에는 매수인의 중도금 및 이에 대한 지급일 다음날부터 잔대금지급일까지의 지연손해금과 잔대금의 지급채무는 매도인의 소유권이전등기의무와 특별한 사정이 없는 한 동시이행관계에 있다"(대판 1991.3.27. 90다19930)

　　▶ 따라서 잔대금 지급기일 이후에 상대방의 이행이 없으면 그때부터 지체책임을 지지 않는 것일 뿐, 잔대금 지급기일까지 발생한 중도금지급에 관한 이행지체로서 지연손해금(2010. 4. 2 ~ 2010. 10. 1.)은 이행하여야한다.

③ [○]

조문　제568(매매의 효력) 「①항 매도인은 매수인에 대하여 매매의 목적이 된 권리를 이전하여야 하며 매수인은 매도인에게 그 대금을 지급하여야 한다. ②항 전항의 쌍방의무는 특별한 약정이나 관습이 없으면 동시에 이행하여야 한다.」

"특별한 사정이 없는 한 매도인은 완전한 권리의 이전이 필요하므로 근저당권설정등기 말소의무도 대금지급의무와 동시이행관계에 있다. 이 때 근저당권설정등기의 말소의무에 관한 이행제공은 그 근저당채무가 변제되었다는 것만으로는 부족하고 근저당권설정등기의 말소에 필요한 서류까지도 준비해야 한다"(대판 1979.11.13. 79다1562).

④ [○]

해설　"채무담보의 목적으로 경료된 채권자 명의의 소유권이전등기나 그 청구권보전의 가등기의 말소를 구하려면 **먼저 채무를 변제하여야** 하고 피담보채무의 변제와 교환적으로 말소를 구할 수는 없다"(대판 1984.9.11. 84다카781).

⑤ [○]

해설　"임차인이 임차건물을 명도할 의무와 임대인이 임대보증금 중 미지급월임료 등을 공제한 나머지 보증금을 반환할 의무가 동시이행관계에 있는 이상, 임대인이 임차인에게 위 보증금반환의무를 이행하였다거나 그 현실적인 이행의 제공을 하

여 임차인의 건물명도의무가 지체에 빠졌다는 사실이 인정되지 않는다면 임차인은 임대차기간만료후 명도를 지연할 경우 지급키로 한 약정지연손해금을 지급할 의무가 없다"(대판 1988.4.12. 86다카2476).

## 142

**동시이행관계에 관한 설명 중 옳지 않은 것은? (다툼이 있는 경우 판례에 의함)** [19 변호사]

① 채무를 담보하기 위하여 어음이 발행된 경우, 채권자가 원인채권을 행사함에 있어서 채무자는 원칙적으로 어음과 상환으로 지급하겠다는 항변으로 채권자에게 대항할 수 있다.

② 「주택임대차보호법」상의 임차권등기명령에 의하여 임차권이 등기된 경우, 임대인의 임대차보증금반환의무와 임차인의 임차권등기말소의무는 동시이행관계에 있다.

③ 근저당권설정등기가 되어 있는 부동산을 매매하는 경우, 특별한 사정이 없는 한 매도인의 근저당권말소 및 소유권이전등기의무와 매수인의 잔대금지급의무는 동시이행관계에 있다.

④ 수급인이 도급계약상의 의무를 제대로 이행하지 못하여 도급인의 신체 또는 재산에 손해가 발생한 경우, 하자확대손해로 인한 수급인의 손해배상채무와 도급인의 공사대금채무는 동시이행관계에 있다.

⑤ 계약이 해제된 경우 계약당사자가 부담하는 원상회복의무뿐만 아니라 손해배상의무도 함께 동시이행관계에 있다.

## 142　　　　　　　　　　　　　　정답 ②

① [○]

**해설** 어음상환과의 동시이행항변

"기존의 원인채권과 어음채권이 병존하는 경우에 채권자가 원인채권을 행사함에 있어서 채무자는 원칙적으로 어음과 상환으로 지급하겠다고 하는 항변으로 채권자에게 대항할 수 있다"(대판 2010.7.29. 2009다69692).

**쟁점 정리** 채무이행을 확보하기 위해 어음을 교부한 경우 원인채무의 이행과 어음의 반환은 동시이행관계이나(위 2009다69692 판결), 어음을 반환하지 않는 것은 원인채무의 지급을 거절할 수 있는 사유일 뿐이므로 원인채무의 이행기를 도과하면 원칙적으로 이행지체책임을 진다(대판 1999.7.9. 98다47542, 47559). 단, 어음반환과 동시이행을 주장하는 경우에는 원인채무의 이행지체가 정당화될 수 있다(대판 1993.11.9. 93다1203,1121).

> ▶ 즉, **判例는** 원인채무의 변제와 어음이나 수표의 반환에 대해 동시이행관계를 인정하면서도 '당연효'를 인정하지 않고, 채무자가 동시이행의 항변권을 행사하여 원인채무의 지급을 거절하는 경우에만 지체책임을 면한다고 본다.

② [×]

**해설** 임대인의 임대차보증금 반환의무와 임차인의 임차권등기 말소의무

"주택임대차보호법 제3조의3 규정에 의한 임차권등기는 이미 임대차계약이 종료하였음에도 임대인이 그 보증금을 반환하지 않는 상태에서 경료되게 되므로, 이미 사실상 이행지체에 빠진 임대인의 임대차보증금의 반환의무와 그에 대응하는 임차인의 권리를 보전하기 위하여 새로이 경료하는 **임차권등기에 대한 임차인의 말소의무를 동시이행관계에 있는 것으로 해석할 것은 아니고,** 특히 위 임차권등기는 임차인으로 하여금 기왕의 대항력이나 우선변제권을 유지하도록 해 주는 담보적 기능만을 주목적으로 하는 점 등에 비추어 볼 때, 임대인의 임대차보증금의 반환의무가 임차인의 임차권등기 말소의무보다 먼저 이행되어야 할 의무이다"(대판 2005.6.9. 2005다4529).

**비교 쟁점** 이와 달리 전세권설정자의 전세금반환의무와 전세권자의 전세권등기말소의무는 동시이행의 관계에 있다(제317조). 이와 동일하게 일반적인 임차권등기가 마쳐진 경우에도 임대인의 보증금반환의무와 임차인의 임차권등기말소의무는 동시이행의 관계에 있다.

③ [○]

**해설** 근저당권이 설정되어 있는 부동산 매매

"근저당권설정등기가 되어 있는 부동산을 매매하는 경우 매수인이 근저당권의 피담보채무를 인수하여 그 채무금 상당을 매매잔대금에서 공제하기로 하는 특약을 하는 등 특별한 사정이 없는 한 매도인의 근저당권말소 및 소유권이전등기의무와 매수인의 잔대금지급의무는 동시이행의 관계에 있는 것이다"(대판 1991.11.26. 91다23103).

④ [○]

**해설** 하자확대손해로 인한 수급인의 손해배상채무와 도급인의 공사대금채무

**조문** 민법 제667조(수급인의 담보책임)「②항 도급인은 하자의 보수에 갈음하여 또는 보수와 함께 손해배상을 청구할 수 있다. ③항 전항의 경우에는 제536조의 규정을 준용한다.」

> ▶ '하자로 인한 확대손해'는 제667조 2항의 하자담보책임에 따른 손해배상의 범위에 포함되지 않는다(대판 2004.8.20, 2001다70337참고). 따라서 확대손해에 대한 배상을 청구하기 위해서는 수급인의 귀책사유를 전제로 한 채무불이행책임을 원인으로 하여야 한다. 그리고 **하자확대손해로 인한 수급인의 손해배상채무도 도급인의 공사대금채무와 동시이행관계에 있다**(대판 2005.11.10. 2004다37676).

⑤ [○]

**해설** 계약해제로 인하여 발생하는 원상회복의무와 손해배상의무

**조문** 민법 제549조(원상회복의무와 동시이행)「제536조의 규정은 전조(원상회복)의 경우에 준용한다.」

> ▶ "계약이 해제되면 계약당사자는 상대방에 대하여 원상회복의무와 손해배상의무를 부담하는데, 이 때 계약당사자가 부담하는 원상회복의무뿐만 아니라 손해배상의무도 함께 동시이행의 관계에 있다"(대판 1996.7.26. 95다25138, 25145).

## 143

甲과 乙은 공동으로 丙에게 특수한 인쇄기계의 제작을 대금 3억 원에 도급하였다. 그 계약에서 도급대금은 완성된 인쇄기계의 인도와 동시에 지급하기로 약정하고 그 지급에 관하여 甲과 乙이 연대채무를 부담하기로 하였다. 다음 중 옳은 것을 모두 고른 것은? (다툼이 있는 경우에는 판례에 의하고, 각 지문의 모두 독립적이다)                    [14 변호사]

> ㄱ. 丙은 인쇄기계 제작을 완성한 후 두 사람 중 보다 자력이 있는 甲에게 계속적으로 이행제공을 하면서 대금청구를 하였으나 乙에게는 한 번도 대금청구를 한 바 없다. 이 경우 乙도 丙에게 도급대금뿐만 아니라 지연손해금도 지급할 의무가 있다.
>
> ㄴ. 丙은 인쇄기계 제작을 완성한 후 근거 없이 도급대금을 4억 원으로 증액하여 달라고 요구하였다. 甲·乙은 수차례에 걸쳐 도급대금을 지급하고자 시도하면서 인쇄기계 인도를 요구하였으나 丙은 인쇄기계 인도와 대금 수령을 거절하였다. 그러던 중 甲, 乙, 丙의 과실 없이 위 인쇄기계가 멸실되었다. 이 경우 원칙적으로 丙은 甲·乙에 대하여 도급대금의 지급을 청구할 수 없는 대신 손해배상책임을 면한다.
>
> ㄷ. 甲·乙은 인쇄기계가 완성되기 전부터 丙에게 근거 없이 도급대금을 지급할 수 없다는 취지의 확고한 이행거절의사를 표시하였다. 인쇄기계가 완성된 후 丙이 甲·乙에게 대금청구 및 인쇄기계 수령을 최고하기 전에 甲, 乙, 丙의 과실 없이 위 인쇄기계가 멸실되었다. 이 경우 丙은 甲·乙에게 도급대금을 청구할 수 있다.

① ㄱ

② ㄴ

③ ㄷ

④ ㄱ, ㄴ

⑤ ㄴ, ㄷ

# 143

해설 ㄱ. [○]

조문 제416조(이행청구의 절대적 효력) 「어느 연대채무자에 대한 이행청구는 다른 연대채무자에게도 효력이 있다.」

▶ 따라서 연대채무자 甲에 대한 이행제공 및 이행청구는 다른 연대채무자 乙에게도 효력이 있으므로 乙도 丙에게 도급대금 뿐만 아니라 지연손해금도 지급할 의무가 있다.

ㄴ. [×]

본 사안은 인쇄기계 제작계약의 수급인이자 채무자인 丙의 이행지체 중에 불가항력으로 인하여 이행불능이 된 경우이다. 채무자의 귀책 없는 이행불능의 경우에는 채무자는 책임을 면하고 위험부담의 문제로 되지만(제537조, 제538조), 이행지체 중에 이행불능이 된 경우에는 이행지체에 대해 채무자의 귀책사유가 존재하는 한 이행불능 자체에는 책임이 없더라도 손해배상책임을 진다(제392조 본문). 그러나 채무자가 이행기에 이행하여도 손해를 면할 수 없는 경우에는 그러하지 아니하다(제392조 단서).

▶ 사안의 경우 甲과 乙은 수차례에 걸쳐 도급대금에 대한 변제제공을 하였으나(丙의 동시이행항변권 소멸), 채무자 丙이 인쇄기계 제작을 완성한 후 '근거 없이' 도급대금의 증액을 요구하며 자신의 이행을 미루는 경우이므로 이행지체가 일단 성립하였다. 따라서 이후 甲·乙과 丙의 과실 없이 기계가 멸실되어 급부불능이 되었으므로 채무자 丙은 제392조 본문에 따라 甲과 乙에게 손해배상책임을 진다. 그리고 이행불능이 되더라도 채권관계는 여전히 존속하므로 본래의 급부의무는 소멸하고 손해배상청구권으로 변경된다(제537조, 제538조의 대가위험부담의 문제가 아님). 즉 귀책사유 있는 채무자도 손해배상책임을 이행하고 상대방의 채무이행을 청구할 수 있다. 사안에서 丙은 특수한 인쇄기계의 제작을 완성하였으므로 甲과 乙에 대해 손해배상책임을 지는 것과 동시에 도급대금을 청구할 수 있다.

ㄷ. [×]

본 사안은 채무자 丙의 귀책사유 없는 이행불능 사안이므로 대가위험부담의 문제이다. 즉 쌍무계약의 당사자 일방의 채무가 당사자 쌍방의 책임 없는 사유로 이행할 수 없게 된 때에는 채무자는 상대방의 이행을 청구하지 못한다(제537조). 그러나 채권자의 책임 있는 사유로 채무를 이행할 수 없게 된 경우이거나 채권자의 수령지체 중에 당사자 쌍방의 책임 없는 사유로 채무를 이행할 수 없게 된 경우에는 채무자는 상대방인 채권자의 이행을 청구할 수 있다(제538조 1항). 즉 채무자는 급부의무를 면하는 반면 대가를 청구할 수 있게 된다. 사안의 경우 채권자인 甲과 乙이 인쇄기계가 완성되기 전부터 도급대금지급의 확고한 '이행거절'의사를 표시했던바, 이것이 과연 제538조 1항 후문상의 수령지체에 해당하는지 여부가 쟁점이 된다. 判例는 채권자가 미리 수령을 확고하게 거절한 경우에는 채무자는 구두제공조차 하지 않더라도 채무불이행책임을 면하나(제460조·제461조), 대가위험을 상대방에게 이전시키기 위해서는(제538조 1항 후문) 채무자의 변제제공(현실제공이나 구두제공)이 필요하다고 한다(대판 2004.3.12, 2001다79013).[20]

▶ 사안에서 채무자인 丙은 아직 대금청구 및 인쇄기계 수령을 최고하지 않았으므로 변제제공을 하지 않은 것이고 이는 判例(위 2001다79013판결)의 태도에 따를 때 채권자 甲과 乙이 제538조상의 수령지체에 빠진 것이라 볼 수 없다. 그러므로 원칙으로 돌아가 제537조가 적용되어 채무자가 대가위험을 부담하므로 채무자 丙은 인쇄기계의 인도의무를 면하는 대신 그 대금지급청구권도 상실한다. 따라서 丙은 甲과 乙에게 도급대금을 청구할 수 없다.

---

20) "민법 제400조 소정의 채권자지체가 성립하기 위해서는 민법 제460조 소정의 채무자의 변제 제공이 있어야 하고, 변제제공은 원칙적으로 현실 제공으로 하여야 하며 다만, 채권자가 미리 변제받기를 거절하거나 채무의 이행에 채권자의 행위를 요하는 경우에는 구두의 제공으로 하더라도 무방하고, 채권자가 변제를 받지 아니할 의사가 확고한 경우(이른바, 채권자의 영구적 불수령)에는 구두의 제공을 한다는 것조차 무의미하므로 그러한 경우에는 구두의 제공조차 필요 없다고 할 것이지만, 그러한 구두의 제공조차 필요 없는 경우라고 하더라도, 이는 그로써 채무자가 채무불이행책임을 면한다는 것에 불과하고, 민법 제538조 1항 2문 소정의 '채권자의 수령지체 중에 당사자 쌍방의 책임 없는 사유로 이행할 수 없게 된 때'에 해당하기 위해서는 현실제공이나 구두제공이 필요하다. 다만, 그 제공의 정도는 그 시기와 구체적인 상황에 따라 신의성실의 원칙에 어긋나지 않게 합리적으로 정하여야 한다. 이 사건에서 원고의 수령거절의 의사가 확고하여 이른바, 채권자의 영구적 불수령에 해당한다고 하더라도, 채무자인 피고는 원고를 수령지체에 빠지게 하기 위하여 소유권이전등기에 필요한 서류 등을 준비하여 두고 원고에게 그 서류들을 수령하여 갈 것을 최고하는 구두 제공을 하였어야 한다"

## 144

甲과 乙은 甲 소유의 시계를 乙에게 500만 원에 매도하면서 甲의 丙에 대한 채무의 변제에 충당하기 위해 500만 원을 乙이 丙에게 지급하기로 하는 제3자를 위한 계약을 하고 丙도 이를 승낙하였다. 이에 관한 설명 중 옳은 것은? (다툼이 있는 경우 판례에 의함)                                    [17 변호사]

① 시계가 모조품으로 밝혀져 乙이 사기를 이유로 甲과의 계약을 취소한 경우, 丙이 이러한 사실을 알지 못했다 하더라도 乙은 丙의 대금지급청구를 거절할 수 있다.

② 乙이 丙에 대하여 이행기에 있는 300만 원의 금전채권을 가지고 있다고 해도 乙은 이 채권을 가지고 丙에 대한 500만 원 지급채무와 상계할 수 없다.

③ 甲이 시계를 인도하지 않더라도 乙은 丙의 동의 없이 매매계약을 해제할 수 없다.

④ 乙이 丙에게 500만 원을 지급하였는데 甲이 이행을 지체하자 乙이 매매계약을 해제한 경우, 乙은 丙에게 500만 원의 반환을 구할 수 있다.

⑤ 甲이 시계를 乙에게 인도하였는데 乙이 丙에게 500만 원을 지급하지 않은 경우, 丙은 채무불이행을 이유로 매매계약을 해제하고 원상회복을 청구할 수 있다.

## 144                                                정답 ①

① [○]

**해설** 제3자를 위한 계약에서 위 사안과 같은 경우, 요약자(甲)와 낙약자(乙)사이의 관계를 '기본관계'(보상관계)라 하는데 이와 같은 **기본관계는 제3자를 위한 계약의 내용이 된다.** 즉, 기본관계에 대한 의사표시 흠결이나 하자는 계약의 효력에 영향을 미친다. 따라서 위 지문과 같이 **요약자(甲)와 낙약자(乙)사이의 계약이 무효이거나 취소되면 수익자(丙)의 권리는 소멸되는 것이다.**

그리고 위 사안에서 丙이 甲의 사기를 알지 못했다 하더라도 제110조 3항에 의해 보호되는 제3자가 아니다(대판 2005. 7.22. 2005다7566참고). 수익의 의사표시를 한 것만으로는 실질적으로 새로운 이해관계를 맺은 것으로 볼 수 없기 때문이다.

② [×]

**해설** "당사자 사이에 상계적상이 있는 채권이 병존하고 있는 경우에는 이를 상계할 수 있는 것이 원칙이고, 이러한 **상계의 대상이 되는 채권은 상대방과 사이에서 직접 발생한 채권에 한하는 것이 아니라, 제3자로부터 양수 등을 원인으로 하여 취득한 채권도 포함한다**"(대판 2003.4.11. 2002다59481).

**주의
환기!** 낙약자는 '기본관계에 기한 항변'(동시이행의 항변권, 위험부담, 제3자를 위한 계약의 무효,취소,해제 등)으로 수익자에게 대항할 수 있는바(제542조), 당해 제542조의 낙약자의 '항변'은 요약자와 낙약자 사이의 계약(제539조의 제3자를 위한 계약)에서 기인하는 것에 한한다는 점이다. 따라서 그 계약 이외의 원인에 의하여 낙약자가 요약자에게만 대항할 수 있는 항변으로는 제3자에게 대항하지 못한다. 예컨대 **낙약자(乙)는 요약자(甲)에 대한 반대채권을 가지고 제3자(丙)의 자신에 대한 급부청구권과 상계하지는 못한다**('채권양도'의 방식에서는 채권은 동일성을 유지하면서 양수인에게 이전하므로, 채무자는 종전의 채권자에 대한 채권으로써 양수인에 대한 채무와 상계할 수 있고, 이 점은 제3자를 위한 계약의 경우와는 다르다).

③ [×]

**해설** 제3자를 위한 계약에서 취소권이나 해제권은 계약의 당사자인 요약자나 낙약자가 행사할 수 있는 것이고 수익자는 행사하지 못한다. "제3자를 위한 계약의 경우 요약자는 낙약자의 채무불이행을 이유로 제3자의 동의없이 계약을 해제할 수 있다"(대판 1970.2.24. 69다1410).

④ [×]

**해설** '요약자가 채무를 불이행'하면 낙약자는 계약을 해제할 수 있다. 그리고 그 전에 제3자가 수익의 의사표시를 하였더라도 이로써 수익자에게 대항할 수 있다. 다만 判例는 낙약자가 수익자에게 이미 이행한 것이 '금전의 지급'인 경우(이미 이행한 것이 동산 또는 부동산의 소유권 이전이면 물권행위의 유인성에 의하여 소유권변동이 소급적으로 무효가 되므로 낙약자가 소유권을 회복한다. 따라서 낙약자는 수익자에게 직접 그 반환 또는 말소등기를 할 수 있다), "제3자를 위한 계

약관계에서 낙약자와 요약자 사이의 법률관계(이른바 기본관계)를 이루는 계약이 해제된 경우, 그 계약관계의 청산은 계약의 당사자인 낙약자와 요약자 사이에 이루어져야 하므로, 특별한 사정이 없는 한, 낙약자가 이미 제3자에게 급부한 것이 있더라도 낙약자는 계약해제에 기한 원상회복 또는 부당이득을 원인으로 제3자를 상대로 그 반환을 구할 수 없다"(대판 2005.7.22. 2005다7566,7573 ; 기본관계가 무효 또는 취소된 경우에도 마찬가지이다. 대판 2010.8.19. 2010다31860,31877 참고)고 판시하였다.

▶ 따라서 위 지문의 경우 낙약자 乙은 수익자 丙이 아닌 요약자 甲에게 500만 원의 원상회복을 청구할 수 있다.

⑤ [×]

**해설** "ⅰ) 제3자를 위한 계약의 당사자가 아닌 수익자는 계약의 해제권이나 해제를 원인으로 한 원상회복청구권이 있다고 볼 수 없다. ⅱ) 제3자를 위한 계약에 있어서 수익의 의사표시를 한 수익자는 낙약자에게 직접 그 이행을 청구할 수 있을 뿐만 아니라 요약자가 계약을 해제한 경우에는 낙약자에게 자기가 입은 손해의 배상을 청구할 수 있는 것이므로, 수익자가 완성된 목적물의 하자로 인하여 손해를 입었다면 수급인은 그 손해를 배상할 의무가 있다"(대판 1994.8.12. 92다41559).

## 145

甲은 甲 소유인 X 토지를 乙에게 매도하는 매매계약을 체결하고, 계약금과 중도금을 지급받은 뒤 X 토지에 대한 소유권이전등기를 乙 명의로 경료해주었다. 그 후 乙이 잔금을 지급하기 전에 甲과 乙이 합의하여 위 매매계약을 해제하고자 할 경우, 다음 설명 중 옳지 않은 것은? (각 지문은 독립적이고, 다툼이 있는 경우 판례에 의함)           [15 변호사]

① 甲이 해제권의 발생 여부에 관계없이 위 매매계약의 효력을 소멸시켜 당초부터 계약이 체결되지 않았던 것과 같은 상태로 복귀시킬 것을 내용으로 하는 새로운 청약을 하고 乙이 이에 승낙하면 위 매매계약은 해제된다.

② 甲과 乙이 위 매매계약을 해제하기로 합의한 경우, 특별한 약정이 없다면 甲이 乙에게 반환하여야 할 금전에 대하여는 乙로부터 지급받은 다음 날부터 이자를 가산하여 지급하여야 한다.

③ 甲과 乙이 위 매매계약을 해제하기로 합의하기 전에 乙로부터 X 토지를 매수한 丙은 자신의 명의로 소유권이전등기가 경료되었다면 보호될 수 있다.

④ 甲이 乙에게 위 매매계약의 해제에 따른 원상회복 및 손해배상에 관한 조건을 제시한 경우, 그 조건에 대한 합의까지 이루어져야 합의해제가 성립된다.

⑤ 甲이 잔금지급 기일의 경과 후 계약해제를 주장하면서 이미 지급받은 계약금과 중도금의 반환으로 이를 공탁하고 乙이 아무런 이의 없이 그 공탁금을 수령한 경우에는 특단의 사정이 없는 한 합의해제된 것으로 본다.

## 145 정답 ②

① [○], ④ [○]

**해설** 합의해제란 해제권유무와 무관하게 당사자의 합의로 이미 체결한 계약을 해소하여 원상으로 회복시키는 새로운 '계약'을 말한다. 이는 사적자치의 원칙상 당연히 인정되는바, 합의해제가 성립하기 위해서는 일반적인 계약의 성립요건과 마찬가지로 ⅰ) 종전 계약의 소멸을 내용으로 하는 청약과 승낙, ⅱ) 표시행위에 나타난 청약과 승낙의 내용이 서로 객관적으로 일치할 것이 필요하다(대판 1998.8.21. 98다17602).
따라서 계약당사자의 일방이 계약해제에 따른 원상회복 및 손해배상의 범위에 관한 조건을 제시한 경우 그 조건에 관한 합의까지 이루어져야 합의해제가 성립된다(대판 1996.2.27. 95다43044).

② [×]

**해설** 합의해제에 따라 당초 계약의 효과가 소급적으로 소멸하며, 계약이므로 단독행위로서의 해제를 전제로 하는 민법 제543조 이하의 규정은 원칙적으로 적용되지 않는다(대판 1979. 10.30. 79다1455). 따라서 제548조 2항이 적용되지 않으므로, 특약이 없는 이상 합의해제로 인하여 반환할 금전에 그 받은 날로부터의 이자를 가하여야 할 의무가 없다(대판 1996.7.30, 95다16011).
결국 합의해제에 따른 당사자간의 효력은 1차적으로 해제계약의 내용에 의해 정해지고, 그 합의에 특별한 약정이 없는 경우에는 부당이득반환규정(제741조 이하)에 의해 반환범위가 정해진다.

③ [○]

**해설** 계약의 효력은 원칙적으로 당사자 간에만 미치므로 완전한 권리를 취득한 제3자의 권리관계에는 영향을 미치지 못한다. 즉 제548조 1항 단서 규정은 합의해제의 경우에도 유추적용된다. 判例 역시 "계약의 합의해제에 있어서도 민법 제548조의 계약해제의 경우와 같이 이로써 제3자의 권리를 해할 수 없으나, 그 대상부동산을 전득한 매수자라도 완전한 권리를 취득하지 못한 자는 위 제3자에 해당하지 아니한다"(대판 1991.4.12. 91다2601)고 판시하고 있다.

⑤ [○]

**해설** "매도인이 잔대금 지급기일 경과 후 계약해제를 주장하여 이미 지급받은 계약금과 중도금을 반환하는 공탁을 하였을 때, 매수인이 아무런 이의없이 그 공탁금을 수령하였다면 위 매매계약은 특단의 사정이 없는 한 합의해제된 것으로 봄이 상당하다"(대판 1979.10.10. 79다1457).

## 146

**계약의 해제에 관한 설명 중 옳지 않은 것은? (다툼이 있는 경우에는 판례에 의함)** [13 변호사]

① 당사자 일방이 계약을 해제한 때에는 각 당사자는 그 상대방에 대하여 원상회복의무가 있고, 반환할 금전에는 그 받은 날로부터 이자를 가하여야 한다.

② 甲이 乙에게 X 토지를 매도하였다가 대금을 지급받지 못하여 그 매매계약을 해제한 경우, 乙로부터 X 토지 위에 신축된 건물을 매수한 丙은 위 계약해제로 권리를 침해당하지 않을 제3자에 해당하지 않는다.

③ 매도인이 매수인의 중도금 지급채무 불이행을 이유로 매매계약을 적법하게 해제한 경우라도 매수인은 착오를 이유로 한 취소권을 행사하여 위 매매계약 전체를 무효로 돌릴 수 있다.

④ 매도인 丁과 매수인 戊 사이의 매매계약 체결 후 매매목적물의 시가 상승을 예상한 丁이 戊에게 금액 제시 없이 매매대금의 증액요청을 하였고, 이에 대하여 戊가 확답하지 않은 상태에서 이행기 전 이행착수금지 특약이 없다는 이유로 중도금을 이행기 전에 제공한 경우, 丁은 계약금의 배액을 공탁하여 해제권을 행사할 수 있다.

⑤ 매수인이 중도금 지급채무를 불이행하여 매도인이 그 이행을 최고한 경우, 그 최고가 약정된 금액보다 현저하게 과다하고, 청구한 금액을 제공하지 않으면 그것을 수령하지 않을 것이라는 매도인의 의사가 분명하다면, 위와 같은 최고에 터잡은 매도인의 계약해제는 효력이 없다.

① [○]

**조문** 제548조(해제의 효과, 원상회복의무)「① 당사자 일방이 계약을 해제한 때에는 각 당사자는 그 상대방에 대하여 원상회복의 의무가 있다. 그러나 제3자의 권리를 해하지 못한다. ② 전항의 경우에 반환할 금전에는 그 받은 날로부터 이자를 가하여야 한다.」

② [○]

**해설** "계약당사자의 일방이 계약을 해제하여도 제3자의 권리를 침해할 수 없지만, 여기에서 그 제3자는 계약의 목적물에 관하여 권리를 취득하고 또 이를 가지고 계약당사자에게 대항할 수 있는 자를 말하므로, 토지를 매도하였다가 대금지급을 받지 못하여 그 매매계약을 해제한 경우에 있어 그 토지 위에 신축된 건물의 매수인은 위 계약해제로 권리를 침해당하지 않을 제3자에 해당하지 아니한다"(대판 1991.5.28. 90다카16761).

**관련쟁점** 건축업자 A가 X토지를 매수하고 소유권이전등기를 받기 전에 토지소유자인 매도인 B의 승낙을 받아 그 X토지에 대규모로 견고하게 Y건물을 신축하고 이를 제3자 C에게 분양(양도)하여 소유권이전등기를 해 준 상태에서 매도인 B가 건축업자 A의 채무불이행을 이유로 토지매매계약을 적법하게 해제한 경우, ㉠ 건물의 양수인 C는 제548조 1항 단서의 제3자에 해당하지 않으며(대판 1991.5.28. 90다카16761), ㉡ 관습법상 법정지상권을 취득하는 것도 아니다(대판 1988.6.28. 87다카12895). ㉢ 다만 토지소유자인 매도인 B가 건물 양수인 C를 상대로 건물철거를 주장하는 것(제214조)은 신의칙에 반한다(대판 2003.4.11. 2003다2154). 그러나 만약 위 사안에서 X토지의 매수인 A가 B의 선이행으로 'X토지에 대한 소유권이전등기를 경료받은 후' Y건물을 신축하여 건물의 소유권만을 C에게 이전한 경우라면, C는 X토지에 관하여 관습법상 법정지상권을 취득하기 때문에 나중에 토지매매가 해제되는 경우에도 C는 제548조 1항 단서에 의해 보호된다.

③ [○]

**해설** "매도인이 매수인의 중도금 지급채무 불이행을 이유로 매매계약을 적법하게 해제한 후라도 매수인으로서는 상대방이 한 계약해제의 효과로서 발생하는 손해배상책임을 지거나 매매계약에 따른 계약금의 반환을 받을 수 없는 불이익을 면하기 위하여 착오를 이유로 한 취소권을 행사하여 매매계약 전체를 무효로 돌리게 할 수 있다"(대판 1996.12.6. 95다24982).

▶ 왜냐하면 무효와 취소의 '이중효'의 이론적 측면뿐만 아니라 이를 인정할 경우 매수인으로서는 계약해제의 효과로서 발생하는 손해배상책임을 지는 불이익(제548조·제551조)을 피할 수 있는 실익도 있기 때문이다.

④ [×]

**해설** "민법 제565조가 해제권 행사의 시기를 당사자의 일방이 이행에 착수할 때까지로 제한한 것은 당사자의 일방이 이미 이행에 착수한 때에는 그 당사자는 그에 필요한 비용을 지출하였을 것이고, 또 그 당사자는 계약이 이행될 것으로 기대하고 있는데 만일 이러한 단계에서 상대방으로부터 계약이 해제된다면 예측하지 못한 손해를 입게 될 우려가 있으므로 이를 방지하고자 함에 있고, **이행기의 약정이 있는 경우라 하더라도 당사자가 채무의 이행 전에는 착수하지 아니하기로 하는 특약을 하는 등 '특별한 사정이 없는 한' 이행기 전에 이행에 착수할 수 있다**"(대판 2006.2.10. 2004다11599).

▶ 여기서 특별한 사정이란 예컨대 중도금지급기일이 매도인을 위하여서도 기한의 이익이 있는 때를 말한다. 즉 **判例**(위 2004다11599판결)는 매매계약의 체결 이후 시가상승이 예상되자 매도인이 구두로 구체적인 금액의 제시 없이 매매대금의 증액요청을 하였고, 매수인은 이에 대하여 확답하지 않은 상태에서 중도금을 이행기 전에 제공하였는데, 그 이후 매도인이 계약금의 배액을 공탁하여 해제권을 행사한 사안에서, 시가 상승만으로 매매계약의 기초적 사실관계가 변경되었다고 볼 수 없고, **이행기 전의 이행의 착수가 허용되어서는 안 될 만한 불가피한 사정이 있는 것도 아니므로 매도인은 위의 해제권을 행사할 수 없다**고 하였다.

**비교판례** 그러나 **다음의 경우에는 '특별한 사정'에 해당하여 이행기 전에 이행에 착수할 수 없다고 보았다**. "토지거래허가를 전제로 하는 매매계약의 경우 허가가 있기 전에는 매수인이나 매도인에게 그 계약내용에 따른 대금의 지급이나 소유권이전등기 소요서류의 이행제공의 의무가 있다고 할 수 없을 뿐 아니라, 매도인이 민법 제565조에 의하여 계약금의 배액을 제공하고 계약을 해제하고자 하는 경우에 이 해약금의 제공이 적법하지 못하였다면 해제권을 보유하고 있는 기간 안에 적법한 제공을 한 때에 계약이 해제된다고 볼 것이고, 매도인이 매수인에게 계약을 해제하겠다는 의사표시를 하고 일정한 기한까지 해약금의 수령을 최고하였다면, 중도금 등 지급기일은 매도인을 위하여서도 기한의 이익이 있는 것이므로 매수인은 매도인의 의사에 반하여 이행할 수 없다"(대판 1997.6.27. 97다9369).

⑤ [○]

**조문** 제544조 (이행지체와 해제)「당사자 일방이 그 채무를 이행하지 아니하는 때에는 상대방은 상당한 기간을 정하여 그 이행을 최고하고 그 기간 내에 이행하지 아니한 때에는 계약을 해제할 수 있다.」

**해설** '과다최고'의 경우에는 채무의 동일성이 인정되는 한, 본래 급부의 범위 내에서 최고의 효력이 인정된다. 다만, 과다한 정도가 현저하고 채권자가 청구한 금액을 제공하지 않으면 그것을 수령하지 않을 것이라는 의사가 분명한 경우에는 그 최고는 부적법하고, 이러한 최고에 터잡은 계약해제는 그 효력이 없다(대판 1994.5.10. 93다47615).

## 147

**계약해제에 관한 설명 중 옳은 것은? (다툼이 있는 경우 판례에 의함)**
[17 변호사]

① 甲이 그 소유건물을 乙에게 매각하는 계약을 체결하고, 乙은 그 건물 일부를 丙에게 분양하는 계약을 체결하였는데, 丙은 분양대금의 일부를 乙의 지시에 따라 甲에게 송금하였다. 乙이 甲에게 매매대금을 지급하지 못하여 丙이 건물을 분양받지 못하자 丙이 乙과의 분양계약을 해제한 경우, 丙은 직접 甲을 상대로 부당이득의 반환을 청구할 수 있다.

② 매매계약의 당사자 사이에 계약해제로 인한 원상회복의무로서 반환할 매매대금에 가산할 이자를 약정하였고 그 약정이율이 법정이율보다 낮은 경우, 위 매매대금 반환의무의 이행지체로 인한 지연손해금에 관하여도 위 약정이율이 적용되어야 한다.

③ 甲이 乙 주택조합을 대리한 丙과 조합가입계약을 체결하고 丙에게 조합원분담금 일부를 송금한 후에 甲이 이행불능을 근거로 조합가입계약을 유효하게 해제한 경우, 丙이 그 해제로 인한 원상회복의무를 부담한다.

④ 부동산 매매계약 해제시 매매대금 반환의무와 소유권이전등기말소의무가 동시이행관계에 있는지 여부에 관계없이 매도인은 매매대금을 받은 날로부터 법정이자를 가산하여 지급하여야 한다.

⑤ 매매계약의 해제로 인하여 매수인이 반환하여야 할 목적물의 사용이익을 산정함에 있어서 매수인이 투입한 현금자본의 기여분 및 매수인의 영업수완 등 노력으로 인한 운용이익은 원칙적으로 공제하여서는 안 된다.

# 147

① [×]

**해설** 지시삼각관계(제3자를 위한 계약)에서의 반환청구권자

"계약의 일방당사자(丙)가 상대방(乙)의 지시 등으로 상대방과 또 다른 계약관계를 맺고 있는 제3자(甲)에게 직접 급부한 경우(이른바 삼각관계에서의 급부가 이루어진 경우), 그 급부로써 급부를 한 당사자(丙)의 상대방(乙)에 대한 급부가 이루어질 뿐 아니라 그 상대방(乙)의 제3자(甲)에 대한 급부도 이루어지는 것이므로 계약의 일방당사자(丙)는 제3자(甲)를 상대로 법률상 원인 없이 급부를 수령하였다는 이유로 부당이득반환청구를 할 수 없다. 이러한 경우에 계약의 일방당사자가 상대방에 대하여 급부를 한 원인관계인 법률관계에 무효 등의 흠이 있다는 이유로 제3자를 상대로 직접 부당이득반환청구를 할 수 있다고 보면 자기 책임하에 체결된 계약에 따른 위험부담을 제3자에게 전가하는 것이 되어 계약법의 원리에 반하는 결과를 초래할 뿐만 아니라 수익자인 제3자가 상대방에 대하여 가지는 항변권 등을 침해하게 되어 부당하기 때문이다. 이와 같이 삼각관계에서의 급부가 이루어진 경우에, 제3자가 급부를 수령함에 있어 계약의 일방당사자가 상대방에 대하여 급부를 한 원인관계인 법률관계에 무효 등의 흠이 있었다는 사실을 알고 있었다 할지라도 계약의 일방당사자는 제3자를 상대로 법률상 원인 없이 급부를 수령하였다는 이유로 부당이득반환청구를 할 수 없다"(대판 2008.9.11. 2006다46278).

② [×]

**해설** "계약해제시 반환할 금전에 가산할 이자에 관하여 당사자 사이에 약정이 있는 경우에는 특별한 사정이 없는 한 이행지체로 인한 지연손해금도 그 약정이율에 의하기로 하였다고 보는 것이 당사자의 의사에 부합한다. 다만 그 **약정이율이 법정이율보다 낮은 경우에는 약정이율에 의하지 아니하고 법정이율에 의한 지연손해금을 청구할 수 있다고 봄이 타당하다**"(대판 2013.4.26. 2011다50509).

> **구체적 예**
>
> 甲과 乙은 甲소유 X토지에 대한 매매계약을 1억원에 체결한 바, 乙은 계약금 1천만 원과 중도금 4천만 원은 약속한 날짜에 제대로 지급하여 특약에 따라 중도금 지급기일부터 乙이 X토지를 사용하고 있었다. 그러나 甲의 X토지에 관한 등기서류 교부와 동시에 지급하기로 한 잔금 5천만 원에 대한 지급을 乙이 지체함으로써 甲은 적법하게 乙과의 매매계약을 이행지체를 이유로 해제하였다.

▶ 만약 위 사안에서 甲과 乙 사이에 계약해제시에 반환할 금전에 가산할 이자에 관하여 월 0.4%(연 4.8%)의 약정이율만이 있었다면, 乙이 X토지에 관한 원상회복(손해배상 포함)을 이행하며 甲에게 최고하는 경우 甲은 계약금 및 중도금의 원상회복에 대해 乙의 원상회복 전까지는 월 0.4%의 약정이율을, 원상회복 이후부터는 연 5%의 비율에 의한 지연이자를 지급해야 한다.

**조문** 제397조(금전채무불이행에 대한 특칙) 「①항 금전채무불이행의 손해배상액은 법정이율에 의한다. 그러나 법령의 제한에 위반하지 아니한 약정이율이 있으면 그 이율에 의한다. ②항 전항의 손해배상에 관하여는 채권자는 손해의 증명을 요하지 아니하고 채무자는 과실없음을 항변하지 못한다.」

③ [×]

**해설** "계약이 적법한 대리인에 의하여 체결된 경우에 대리인은 다른 특별한 사정이 없는 한 본인을 위하여 계약상 급부를 변제로서 수령할 권한도 가진다. 그리고 대리인이 그 권한에 기하여 계약상 급부를 수령한 경우에, 그 법률효과는 계약 자체에서와 마찬가지로 직접 본인에게 귀속되고 대리인에게 돌아가지 아니한다. 따라서 계약상 채무의 불이행을 이유로 계약이 상대방 당사자에 의하여 유효하게 해제되었다면, **해제로 인한 원상회복의무는 대리인이 아니라 계약의 당사자인 본인이 부담한다.** 이는 본인이 대리인으로부터 그 수령한 급부를 현실적으로 인도받지 못하였다거나 해제의 원인이 된 계약상 채무의 불이행에 관하여 대리인에게 책임 있는 사유가 있다고 하여도 다른 특별한 사정이 없는 한 마찬가지라고 할 것이다"(대판 2011.8.18. 2011다30871).

▶ 따라서 지문에서 대리인 丙이 적법하게 대금을 수령한 이상(유권대리) 계약의 당사자인 본인 乙이 계약해제로 인한 원상회복의무를 부담한다.

④ [○]

**해설** "제548조 제2항은 원상회복의 범위에 속하는 것이며 일종의 부당이득반환의 성질을 가지는 것이고 반환의무의 이행지체로 인한 것이 아니므로, 부동산 매매계약이 해제된 경우 매도인의 매매대금 반환의무와 매수인의 소유권이전등기말소등기 절차이행의무가 동시이행의 관계에 있는지 여부와는 관계없이 매도인이 반환하여야 할 매매대금에 대하여는 그 받은 날로부터 민법 소정의 법정이율인 연 5푼의 비율에 의한 법정이자를 부가하여 지급하여야 한다"(대판 2000.6.9. 2000다9123).

⑤ [×]

**해설** "매매계약의 해제로 인하여 매수인이 반환하여야 할 목적물의 사용이익을 산정함에 있어서 매수인의 영업수완 등 노력으로 인한 이른바 운용이익이 포함된 것으로 볼 여지가 있는 경우 이러한 운용이익은 사회통념상 매수인의 행위가 개입되지 아니하였더라도 그 목적물로부터 매도인이 당연히 취득하였으리라고 생각되는 범위 내의 것이 아닌 한 매수인이 반환하여야 할 사용이익의 범위에서 공제하여야 한다"(대판 2006.9.8. 2006다26328·26335).

## 148

甲은 자기 소유 X 토지를 乙에게 매도하였는데, 약정에 따라 계약금과 중도금만 지급받은 후 乙에게 소유권이전등기를 마쳐주었다. 그 후 甲은 乙의 매매잔대금 지급의무의 지체를 이유로 매매계약을 해제하였다. 이에 관한 설명 중 옳은 것을 모두 고른 것은? (다툼이 있는 경우 판례에 의함)

[22 변호사]

> ㄱ. 乙이 甲을 상대로 이미 지급한 매매대금의 반환을 구하는 소를 제기한 경우, 乙의 과실(過失)이 있다면 甲이 반환해야 할 금액을 산정함에 있어서 법원은 乙의 과실에 대한 甲의 주장이 없더라도 직권으로 이를 참작하여야 한다.
>
> ㄴ. 乙이 甲을 상대로 이미 지급한 매매대금의 반환을 구하는 소를 제기하여 甲의 패소판결이 확정된 경우, 甲은 소가 제기된 때부터 악의의 수익자가 되므로 그 때부터 매매대금에 이자를 붙여 반환하면 된다.
>
> ㄷ. 甲의 매매대금반환의무와 乙의 소유권이전등기말소의무가 동시이행관계에 있는지 여부와 관계없이 甲은 이미 지급받은 매매대금에 이자를 더하여 반환해야 한다.
>
> ㄹ. 乙이 X 토지에 관하여 소유권이전등기를 마친 후 위 매매계약의 해제 전에 丙이 乙과 매매예약을 체결하고 그에 따른 소유권이전등기청구권 보전을 위한 가등기를 마친 경우, 丙은 해제로 인한 원상회복으로부터 보호받는 제3자에 해당하지 않는다.

① ㄷ                    ② ㄱ, ㄷ

③ ㄴ, ㄹ                ④ ㄷ, ㄹ

⑤ ㄱ, ㄴ, ㄷ

**해설** ㄱ. [×]

**과실상계의 적용범위**

"계약의 해제로 인한 원상회복청구권에 대하여 해제자가 해제의 원인이 된 채무불이행에 관하여 '원인'의 일부를 제공하였다는 등의 사유를 내세워 신의칙 또는 공평의 원칙에 기하여 일반적으로 손해배상에 있어서의 **과실상계에 준하여 권리의 내용이 제한될 수 있다고 하는 것은 허용되어서는 아니된다**"(대판 2014.3.13. 2013다34143).

ㄴ. [×]

**계약해제에 따른 '원상회복'**

악의의 수익자는 그 받은 이익에 이자를 붙여 반환하고 손해가 있으면 이를 배상하여야 하고(제748조 2항), 수익자가 이익을 받은 후 법률상 원인 없음을 안 때에는 그때부터 악의의 수익자로서 이익반환의 책임이 있고, 선의의 수익자가 패소한 때에는 '그 소'를 제기한 때부터 악의의 수익자로 본다(제749조). 그런데 **判例는 계약해제에 따른 '원상회복'에 관한 제548조의 규정은 부당이득에 관한 특칙이라고 본다**(대판 1998.12.23. 98다43157). 그러므로 해제의 경우 반환범위에 대해서는 제548조가 적용될 뿐 부당이득에 관한 제748조가 적용되는 것이 아니며 원물반환의 경우라도 제201조 등이 적용되는 것도 아니다. 따라서 **매도인은 제548조 2항에 의하여 반환할 금전에 그 받은 날로부터 이자를 가하여 반환해야 하며 매수인도 역시 반환할 물건의 사용이익을 반환해야 한다**(제548조 2항의 유추해석).

ㄷ. [○]

**계약해제에 따른 '원상회복'**

"제548조 제2항은 원상회복의 범위에 속하는 것이며 일종의 부당이득반환의 성질을 가지는 것이고 반환의무의 이행지체로 인한 것이 아니므로, 부동산 매매계약이 해제된 경우 매도인의 매매대금 반환의무와 매수인의 소유권이전등기말소등기 절차이행의무가 **동시이행의 관계에 있는지 여부와는 관계없이** 매도인이 반환하여야 할 매매대금에 대하여는 그 받은 날로부터 민법 소정의 법정이율인 연 5푼의 비율에 의한 법정이자를 부가하여 지급하여야 한다"(대판 2000.6.9. 2000다9123).

ㄹ. [×]

매수인과 매매예약을 체결한 후 그에 기한 소유권이전청구권보전을 위한 가등기를 마친 사람도 제548조 1항 단서에서 말하는 제3자에 포함된다(대판 2014.12.11. 2013다14569).

## 149

甲과 乙은 2013. 9. 20 甲 소유의 토지에 대하여 매매대금을 5억 원으로 하는 매매계약을 체결하면서, 乙이 계약 당일 계약금 5,000만 원을 甲에게 지급하였고, 중도금 2억 원은 2013. 10. 20. 지급하고, 잔금 2억 5,000만 원은 2013. 11. 20. 甲의 소유권이전과 상환하여 지급하기로 하였다. 다음 설명 중 옳은 것을 모두 고른 것은? (다툼이 있는 경우 판례에 의함) [14 변호사]

ㄱ. 甲이 乙에 대하여 중도금의 지급을 최고하였으나 乙이 이를 이행하지 않아 甲이 중도금의 지급을 구하는 소송을 제기하였다면, 특별한 사정이 없는 한 乙은 계약금 5,000만 원을 포기하더라도 위 매매계약을 해제할 수 없다.

ㄴ. 乙이 2013. 10. 20.을 경과하여 중도금의 이행을 지체하고 있는 중에, 甲 역시 소유권이전등기서류를 乙에게 이행제공 하지 않고, 2013. 11. 20.을 경과하였다면, 乙은 2013. 11. 21. 부터는 중도금에 대한 지체책임을 지지 않는다.

ㄷ. 乙 명의로 소유권이전등기가 이루어지기 전에 乙로부터 위 토지를 매수한 丙의 乙을 대위한 신청으로 위 토지에 대하여 처분금지가처분등기가 된 상태에서 甲과 乙 사이의 매매계약이 적법하게 해제된 경우, 위 가처분등기의 말소와 매도인의 대금반환의무는 동시이행관계에 있다.

ㄹ. 특별한 사정으로 甲이 乙에게 토지의 소유권이전등기를 먼저 해 주었으나, 乙의 잔대금지급채무불이행으로 인하여 甲이 2013. 12. 5. 위 매매계약을 적법하게 해제한 경우, 위 토지에 대한 원상회복의 등기가 되기 전인 2013. 12. 10 丁 앞으로 그 토지에 관한 근저당권설정등기가 이루어졌다면, 甲은 丁이 근저당권 설정 당시 甲의 해제권행사 사실을 알았더라도 丁에 대하여 근저당권설정등기의 말소를 청구할 수 없다.

① ㄴ  
② ㄱ, ㄹ  
③ ㄴ, ㄷ  
④ ㄴ, ㄹ  
⑤ ㄴ, ㄷ, ㄹ

## 149　　　정답 ①

**해설** ㄱ. [×]

"매수인은 민법 제565조 제1항에 따라 본인 또는 매도인이 이행에 착수할 때까지는 계약금을 포기하고 계약을 해제할 수 있는바, 여기에서 이행에 착수한다는 것은 객관적으로 외부에서 인식할 수 있는 정도로 채무의 이행행위의 일부를 하거나 또는 이행을 하기 위하여 필요한 전제행위를 하는 경우를 말하는 것으로서 단순히 이행의 준비를 하는 것만으로는 부족하고, 그렇다고 반드시 계약내용에 들어맞는 이행제공의 정도에까지 이르러야 하는 것은 아니지만, 매도인이 매수인에 대하여 매매계약의 이행을 최고하고 매매잔대금의 지급을 구하는 소송을 제기한 것만으로는 이행에 착수하였다고 볼 수 없다"(대판 2008.10.23. 2007다72274).

ㄴ. [○]

"매수인이 선이행하여야 할 중도금지급을 하지 아니한 채 잔대금지급일을 경과한 경우에는 매수인의 중도금 및 이에 대한 지급일 다음날부터 잔대금지급일까지의 지연손해금과 잔대금의 지급채무는 매도인의 소유권이전등기의무와 특별한 사정이 없는 한 동시이행관계에 있다"(대판 1991.3.27. 90다19930).

▶ 따라서 매수인 乙은 2013. 10. 21.부터 2013. 11. 20.까지만 중도금지체책임을 진다.

ㄷ. [×]

"부동산에 관한 매매계약을 체결한 후 매수인 앞으로 소유권이전등기를 마치기 전에 매수인으로부터 그 부동산을 다시 매수한 제3자의 처분금지가처분신청으로 매매목적부동산에 관하여 가처분등기가 이루어진 상태에서 매도인과 매수인 사이의 매매계약이 해제된 경우, 매도인만이 가처분이의 등을 신청할 수 있을 뿐 매수인은 가처분의 당사자가 아니어서 가처분이의 등에 의하여 가처분등기를 말소할 수 있는 법률상의 지위에 있지 않고, 제3자가 한 가처분을 매도인의 매수인에 대한 소유권이전등기의무의 일부이행으로 평가할 수 없어 그 가처분등기를 말소하는 것이 매매계약 해제에 따른 매수인의 원상회복의무에 포함된다고 보기도 어려우므로, 위와 같은 가처분등기의 말소와 매도인의 대금반환의무는 동시이행의 관계에 있다고 할 수 없다"(대판 2009.7.9. 2009다18526).

ㄹ. [×]

계약해제로 인한 원상회복의무는 제3자의 권리를 해하지 못한다(제548조 1항 단서). 이때 제3자의 범위와 관련하여 判例는 "그 해제된 계약으로부터 생긴 법률효과를 기초로 하여 '해제 전'에 새로운 이해관계를 가졌을 뿐 아니라 등기·인도 등으로 완전한 권리를 취득한 자"를 말한다고 한다(대판 2002.10.11. 2002다33502). 그러나 判例는 '해제의 의사표시가 있은 후라도 그 등기 등을 말소하지 않은 동안' 새로운 권리를 취득하게 된 '선의'의 제3자도 포함된다고 한다(대판 1985.4.9. 84다카130,131).

▶ 따라서 丁은 해제의 의사표시가 있은 후 원상회복의 등기가 되기 전에 새로운 권리를 취득하게 된 자이나 악의이므로 제548조 1항 단서에 의해 보호받지 못한다. 그러므로 甲은 악의의 丁에 대하여 근저당권설정등기의 말소를 청구할 수 있다.

## 150

甲과 乙은 이행기를 정하여 甲 소유의 X 건물에 대한 매매계약을 체결하였으나, 乙의 잔대금채무에 대한 이행지체를 이유로 甲이 위 매매계약을 해제하려고 한다. 이에 관한 설명 중 옳은 것은? (각 지문은 독립적이며, 다툼이 있는 경우 판례에 의함)                              [16 변호사]

① 甲이 상당한 기간을 정하여 乙에게 잔대금의 지급을 최고하고 그 기간 내에 乙이 이행하지 않는 경우에 계약을 해제할 수 있지만, 특별한 사정이 없는 한 甲이 기간을 정하지 않고 최고하더라도 상당한 기간이 경과한 때에는 甲의 해제권이 인정된다.

② 위 매매계약에서 다른 약정 없이 '乙이 잔대금을 지급하지 아니한 상태로 지급기일을 경과하면 매매계약 자체가 자동적으로 해제된다'는 취지의 약정이 있는 경우에는 甲이 자신의 채무에 대한 이행제공을 통하여 乙을 이행지체에 빠뜨리지 않더라도 잔대금 지급기일의 경과만으로 위 매매계약은 자동 해제된 것으로 볼 수 있다.

③ 甲은 계약해제 전에 그 해제와 양립되지 아니하는 법률관계를 가진 丙에 대해서는 계약의 해제에 따른 법률효과를 주장할 수 없으나, 丙이 그 계약의 해제 전에 해제 가능성이 있다는 것을 알았거나 알 수 있었던 경우에는 해제의 효과를 주장할 수 있다.

④ 위 매매계약의 해제 전에 乙이 X 건물을 사용함으로써 이익을 얻은 경우, 甲이 매매계약의 해제 후 乙에 대한 원상회복을 청구할 때 乙이 취득한 사용이익의 반환을 함께 청구할 수는 없다.

⑤ 甲이 채무불이행을 이유로 매매계약을 해제하고 손해배상을 청구하는 경우에는 그 매매계약의 이행으로 인하여 甲이 얻을 이익, 즉 이행이익의 배상을 청구하는 것이 원칙이나, 신뢰이익이 이행이익보다 큰 경우 신뢰이익의 배상을 구할 수 있다.

# 150                                              정답 ①

① [○]

**해설** 당사자 일방이 그 채무를 이행하지 아니하는 때에는 상대방
은 상당한 기간을 정하여 그 이행을 최고하고 그 기간 내에
이행하지 아니한 때에는 계약을 해제할 수 있다(제544조 본
문). 여기서 상당한 기간은 채무자가 이행을 준비하고 이행을
하는 데 필요한 기간이며, 채무자의 여행·질병 등의 주관적
인 사정은 고려되지 않는다(다수설). 채권자가 정한 기간이
'상당한 기간'보다 짧은 경우에도 최고는 유효하며, 다만 '상
당한 기간'이 경과한 뒤에 해제권이 생긴다고 새겨야 한다(대
판 1979.9.25. 79다1135). 마찬가지로 상당기간을 정하지
않고서 최고를 한 경우에도 상당한 기간이 경과하면 해제권
이 발생한다(대판 1990.3.27. 89다카14110).

② [×]

**해설** 判例는 쌍방의 채무가 동시이행관계인 경우 이행의 제공을
하여 상대방을 이행지체에 빠뜨려야 자동해제가 된다고 한다
(대판 1998.6.12. 98다505). 다만 동시이행의 경우에도
(매수인이 수회에 걸친 채무불이행에 대하여 책임을 느끼고
잔금 지급기일의 연기를 요청하면서 새로운 약정기일까지는
반드시 계약을 이행할 것을 확약하고) **'불이행시 계약이 자
동적으로 해제되는 것을 감수하겠다'**는 등의 별도의 특약이
있는 때에는 특약에 따라 이행의 제공 없이도 자동해제 될
수 있다고 한다(대판 1996.3.8. 95다55467).
즉, 별도의 특약이 없는 한 동시이행관계인 경우에는 해제조
건부 계약이라 하더라도 조건성취시 계약이 자동해제 되지는
않고 이행의 제공을 하여 매수인으로 하여금 이행지체에 빠
지게 하였을 때에 비로소 자동적으로 매매계약이 해제된다고
보아야 한다(1992.10.27. 91다32022).

③ [×]

**해설** 해제의 의사표시 전 제3자의 보호에 관해 민법은 "계약해제
로 인한 원상회복의무는 제3자의 권리를 해하지 못한다"(제
548조 1항 단서)고 규정한다. 이 때 제3자의 범위와 관련하
여 判例는 "그 해제된 계약으로부터 생긴 법률효과를 기초
로 하여 '해제 전'에 새로운 이해관계를 가졌을 뿐 아니라
등기·인도 등으로 완전한 권리를 취득한 자"를 말한다고 한
다(대판 2002.10.11. 2002다33502). 이 경우 제3자 인정
여부는 해제의 가능성을 알았는지 모르는데 과실이 있었는지
와 무관하다. 해제권의 행사여부는 해제권자인 甲의 결정권
한으로, 甲이 해제권을 행사할지 말지를 제3자 丙이 객관적
으로 예측할 수는 없기 때문이다.

④ [×]

**해설** 당사자일방이 계약을 해제한 때에는 각 당사자는 그 상대방
에 대하여 원상회복의 의무가 있고(제548조 1항), 원상회복
으로 반환해야할 대상이 금전인 경우에는 그 받은 날로부터
이자를 가하여야 한다(제548조 2항). 금전을 반환하는 경우
와의 균형상 원상회복으로 반환해야할 대상이 물건인 때에는
과실이나 사용이익도 반환하여야 한다. 다만 사용이익을 반
환하는 외에 감가상각비까지 반환할 필요는 없다. 사용이익

속에 감가상각비가 포함되기 때문이다.
"계약 해제로 인하여 계약 당사자가 원상회복의무를 부담함
에 있어서 당사자 일방이 목적물을 이용한 경우에는 그 **사용
에 의한 이익을 상대방에게 반환하여야** 하는 것이므로, 피고
가 이 사건 지게차와 페이로더를 원고가 인도받은 후 사용하
였다 하더라도 이 사건 양도계약의 해제로 인하여 원고에게
그 사용에 의한 이익의 반환을 구함은 별론으로 하고, 위 지
게차 등이 원고에 의하여 사용됨으로 인하여 감가 내지 소모
가 되는 요인이 발생하였다 하여도 그것을 훼손으로 볼 수
없는 한 그 감가비 상당은 원상회복의무로서 반환할 성질의
것은 아니라 할 것이다"(대판 1991.8.9. 91다13267).

⑤ [×]

**해설** 계약해제의 효과는 손해배상의 청구에 영향을 미치지 않는다
(제551조). 여기에서 말하는 손해배상은 채무불이행으로 인
한 손해배상이고, 그 범위도 원칙적으로 '이행이익'의 배상이
다(통설). 즉 해제로 인하여 기이행된 급부를 반환함으로써
이루어지는 원상회복만으로 계약이 해제될 때까지 당사자 일
방이 입은 손해가 제거되는 것은 아니므로, 실질적 공평의 관
점에서 법이 해제와 손해배상의 양립을 인정하는 것이다. 따
라서 **여기서의 이행이익 상당액이란 원상회복을 통해 전보
되지 못한 추가적인 손해**를 의미한다.
그런데, 최근 들어 대법원은 **계약의 이행을 믿고 지출한 비
용의 배상**(이를 '신뢰이익'이라고 표현하지만)은 **이행이익의
범위를 초과할 수 없고**, 또 비용의 배상을 청구하든지 아니
면 이행이익의 배상을 청구하든지 양자를 선택해서 행사할
수 있다고 한다. 또한 신뢰이익의 배상도 '통상손해'와 '특별
손해'로 구분하여, 후자의 경우에는 상대방이 그러한 지출을
알았거나 알 수 있었어야만 그 배상을 청구할 수 있다고 한다
(아래 2002다2539판결). 예를 들어 건물을 신축할 목적으로
토지를 매수한 매수인이 설계비 또는 공사계약금을 지출하였
다가 토지매매계약이 해제됨으로 말미암아 이를 회수하지 못
하는 손해는 '신뢰이익'손해이지만, 이는 특별한 사정으로 인
한 '특별손해'에 해당한다(대판 1996.2.13. 95다47619).
결국 신뢰이익의 배상을 인정하는 判例에 따르더라도 그 신
뢰이익은 과잉배상금지의 원칙에 비추어 이행이익의 범위를
초과할 수 없으므로 신뢰이익이 이행이익보다 큰 경우 신뢰
이익의 배상을 구할 수 있다는 지문은 틀렸다.

## 151

**매매예약의 완결권에 관한 설명 중 옳은 것은? (다툼이 있는 경우 판례에 의함)**  [15 변호사]

① 매매예약의 완결권은 형성권으로서 10년의 제척기간에 걸리며, 그 행사기간을 당사자가 계약으로 정할 수는 없다.

② 당사자가 제척기간의 기산점을 특별히 약정한 경우에는 그 제척기간은 약정한 때부터 10년의 기간이 경과하면 만료된다.

③ 제척기간이 경과하더라도 상대방이 예약목적물을 인도받은 경우에는 예약완결권은 소멸되지 않는다.

④ 예약완결권자에게 상대방이 최고했음에도 불구하고 예약완결권자가 확답을 하지 않았을 때에는 예약완결권은 행사된 것으로 본다.

⑤ 공동명의로 담보가등기를 마친 수인의 채권자가 각자의 지분별로 별개의 독립적인 매매예약완결권을 가지는 경우, 채권자 중 1인은 단독으로 자신의 지분에 관하여 「가등기담보 등에 관한 법률」이 정한 청산절차를 이행한 후 소유권이전의 본등기절차이행청구를 할 수 있다.

## 151

▶ 예약완결권

매매의 일방예약 또는 쌍방예약에 의하여 예약권리자가 상대방에 대하여 예약완결의 의사표시를 할 수 있는 권리를 '예약완결권'이라 한다. 예약완결권의 행사에 의하여 곧바로 본계약인 매매계약이 성립(제564조 1항)하므로 예약완결권은 '형성권'이다.

① [×], ③ [×], ④ [×]

조문 제564조(매매의 일방예약) 「① 매매의 일방예약은 상대방이 매매를 완결할 의사를 표시하는 때에 매매의 효력이 생긴다. ② 전항의 의사표시의 기간을 정하지 아니한 때에는 예약자는 상당한 기간을 정하여 매매완결여부의 확답을 상대방에게 최고할 수 있다. ③ 예약자가 전항의 기간내에 확답을 받지 못한 때에는 예약은 그 효력을 잃는다.」

해설 "민법 제564조가 정하고 있는 매매의 일방예약에서 예약자의 상대방이 매매완결의 의사를 표시하여 매매의 효력을 생기게 하는 권리(이른바 예약완결권)는 일종의 형성권으로서 당사자 사이에 그 행사기간을 약정한 때에는 그 기간내에(제564조 2항의 반대 해석), 그러한 약정이 없는 때에는 예약이 성립한 때부터 10년 내에 이를 행사하여야 하고 위 기간을 도과한 때에는 상대방이 예약목적물인 부동산을 인도받은 경우라도 예약완결권은 제척기간의 경과로 인하여 소멸된다"(대판 1992.7.28. 91다44766).

② [×]

해설 "제척기간의 기산점은 특별한 사정이 없는 한 원칙적으로 권리가 발생한 때이고, 당사자 사이에 매매예약완결권을 행사할 수 있는 시기를 특별히 약정한 경우에도 그 제척기간은 당초 권리의 발생일로부터 10년 간의 기간이 경과되면 만료되는 것이지, 그 기간을 넘어서 그 약정에 따라 권리를 행사할 수 있는 때로부터 10년이 되는 날까지로 연장된다고 볼 수 없다"(대판 1995.11.10. 94다22682,22699).

⑤ [○]

해설 최근 전원합의체 판결은 "甲이 乙에게 돈을 대여하면서 담보목적으로 乙 소유의 부동산 지분에 관하여 乙의 다른 채권자 A와 공동명의로 매매예약을 체결하고 각자의 채권액 비율에 따라 지분을 특정하여 가등기를 마쳤다면 채권자가 각자의 지분별로 별개의 독립적인 매매예약완결권을 갖는 것으로 볼 수 있으므로, 甲이 단독으로 담보목적물 중 자신의 지분에 관하여 매매예약완결권을 행사할 수 있고, 이에 따라 단독으로 자신의 지분에 관하여 가등기에 기한 본등기절차의 이행을 구할 수 있다"(아래 전합2010다82530판결)고 한다.

관련 종래의 判例는 "복수의 채권자 甲과 A는 예약완결권을 준 쟁점 공유하는 관계에 있고 복수채권자가 매매예약 완결권을 행사하는 경우는 매매예약 완결권의 처분행위라 할 것이므로, 매매예약의 의사표시 자체는 복수채권자 전원이 행사하여야 하며, 채권자가 채무자에 대하여 예약이 완결된 매매목적물의 소유권이전의 본등기를 구하는 소는 필요적 공동소송으로

서 복수채권자 전원이 제기하여야 할 것이다"라고 하였으나(대판 1984.6.12. 83다카2282), 변경된 判例에 따르면 "수인의 채권자가 각기 채권을 담보하기 위하여 채무자와 채무자 소유의 부동산에 관하여 수인의 채권자를 공동매수인으로 하는 1개의 매매예약을 체결하고 그에 따라 수인의 채권자 공동명의로 그 부동산에 가등기를 마친 경우, 수인의 채권자가 공동으로 매매예약완결권을 가지는 관계인지 아니면 채권자 각자의 지분별로 별개의 독립적인 매매예약완결권을 가지는 관계인지는 매매예약의 내용에 따라야 하고, 매매예약에서 그러한 내용을 명시적으로 정하지 않은 경우에는 수인의 채권자가 공동으로 매매예약을 체결하게 된 동기 및 경위, 매매예약에 의하여 달성하려는 담보의 목적, 담보 관련 권리를 공동 행사하려는 의사의 유무, 채권자별 구체적인 지분권의 표시 여부 및 지분권 비율과 피담보채권 비율의 일치 여부, 가등기담보권 설정의 관행 등을 종합적으로 고려하여 판단하여야 한다"(대판 2012.2.16. 전합2010다82530)고 한다.

## 152

매매목적물에 대한 과실수취권과 매매대금에 대한 이자, 지연손해금에 관한 설명 중 옳지 않은 것은? (별도의 특약은 없는 것으로 하고, 다툼이 있는 경우에는 판례에 의함)

[12 변호사]

① 매매목적물이 인도되지 않고 대금도 완제되지 아니한 경우, 매수인의 대금지급의무의 이행기가 지났더라도 매도인은 매매대금에 대한 지연손해금의 지급을 청구할 수 없다.

② 매매목적물이 인도되지 않고 대금도 완제되지 아니한 경우, 매도인의 인도의무의 이행기가 지났더라도 매수인은 인도의무지체로 인한 손해배상을 청구할 수 없다.

③ 매수인이 이행기에 대금을 완제하고도 매매목적물을 인도받지 못한 경우, 매도인은 매수인의 매매대금지급 시점 이후부터 매수인에게 그 대금에 대한 이자를 지급하여야 한다.

④ 매매계약이 취소된 경우, 선의의 매수인은 취소 이전에 인도받은 매매목적물로부터 수취한 과실을 반환할 필요가 없다.

⑤ 매매계약이 해제된 경우, 매도인은 수령한 매매대금 및 이에 대한 수령일부터의 법정이자를 반환하여야 한다.

**152** 　　　　　　　　　　　　　　　정답 ③

조문 **제587조(과실의 귀속, 대금의 이자)** 「매매계약있은 후에도 인도하지 아니한 목적물로부터 생긴 과실은 매도인에게 속한다. 매수인은 목적물의 인도를 받은 날로부터 대금의 이자를 지급하여야 한다. 그러나 대금의 지급에 대하여 기한이 있는 때에는 그러하지 아니하다.」

▶ 제587조는 특히 부동산의 경우 의미가 있는바(동산매매의 경우에는 목적물의 인도가 곧 소유권이전의무의 이행을 의미), 당해 규정에 따르면 부동산 매매의 경우 매수인에게 소유권이전등기를 경료하였더라도 매수인에게 '인도'하기 전이라면 여전히 매도인이 과실을 수취할 수 있고, 반대로 매수인이 소유권이전등기를 받지 않았더라도 '인도'를 받으면 매수인에게 과실수취권이 넘어가게 된다. 즉 **제587조는 목적물의 사용이익과 대금의 이자 사이의 등가성을 선언한 것으로 이해되고 있다.**

① [○], ② [○]

해설 매도인의 목적물 인도의무와 매수인의 대금지급의무는 동시이행관계에 있으므로(제536조), 동시이행관계에서 서로 이행이 없을 경우에는 이행지체 책임이 발생하지 않으므로 매매대금 또는 목적물 인도와 관련해 손해배상을 청구할 수 없다.

관련판례 **매수인이 매매대금을 완납하지 않은 상태**에서는, 매도인이 인도의무를 지체하더라도 매수인은 매도인의 매매목적물의 인도의무의 이행지체를 이유로 손해배상을 청구할 수 없다(대판 2004.4.23. 2004다8210). 마찬가지로 매수인의 대금지급채무가 이행지체에 빠진 경우에도 매도인은 인도하기 전까지는 그 목적물에서 생기는 과실을 수취할 수 있고 목적물의 관리·보존의 비용도 자기가 부담하여야 하며, 그에 대응하여 매수인도 매매대금의 이자 상당액의 손해배상을 지급할 필요가 없다(대판 1981.5.26. 80다211).

③ [×]

해설 매도인은 매매대금에 대한 이자가 아닌 목적물로부터 발생된 과실을 반환하여야 한다(제587조).

관련판례 매수인이 대금을 이미 완납한 경우에는 매도인이 인도를 지체하고 있어도 매수인이 과실을 수취한다(대판 1993.11.9. 93다28928). 그러므로 제587조는 대금을 지급받지 않고 부동산의 이전등기를 해 준 경우에 인도전이라면 여전히 매도인이 과실을 수취한다는 점에서 의미가 있다.

④ [○]

해설 "쌍무계약이 취소된 경우 선의의 매수인에게 제201조가 적용되어 과실취득권이 인정되는 이상 선의의 매도인에게도 제587조의 유추적용에 의하여 대금의 운용이익 내지 법정이자의 반환을 부정함이 형평에 맞다"(대판 1993.5.14. 92다45025).

▶ 점유부당이득론의 형식논리에 따르자면 선의의 매수인은 제201조 1항이 적용되어 임료상당의 사용이익을 반환할 필요가 없으나, 선의의 매도인은 제748조 1항이 적용되어 매매대금의 법정이자까지 반환해야된다(현존이익에는 과실이 포함되기 때문이다). 그러나 이와 같은 결론은 쌍무·유상계약에서의 당사자의 공평성에 문제가 있을 수 있다. 따라서 判例는(위 92다45025판결) 계약당사자 사이에 발생할 수 있는 불공평을 제거하기 위하여 제587조(계약법)의 유추적용을 인정하고 있다.

⑤ [○]

해설 계약이 해제된 경우 해제의 소급효로 인해 계약의 당사자는 원상회복의무로서 자신이 수령한 것을 이익의 현존 여부, 선·악을 불문하고 받은 급부 전체를 상대방에게 반환하여야 한다(제548조 1항). 특히 금전을 수령한 자는 그 '수령한 날'부터 (법정)이자(지연손해금이 아님)를 가산하여 반환하여야 한다(제548조 2항). 이는 수령한 금전으로부터 실제로 이자를 수취하였는가와 무관하게 인정된다.

## 153

「민법」상 매도인의 담보책임에 관한 설명 중 옳지 않은 것은? (다툼이 있는 경우 판례에 의함) [22 변호사]

① 경매절차의 무효로 경매 부동산의 소유권을 취득하지 못한 매수인은 매매대금을 배당받은 경매 채권자 또는 채무자를 상대로 배당금 상당의 부당이득반환을 청구할 수 있고, 경매에 따른 담보책임을 물을 수도 있다.

② 건축을 목적으로 매매된 토지에 대하여 건축허가를 받을 수 없어 건축이 불가능하다는 법률적 제한은 매매목적물의 하자에 해당하고, 하자의 존부는 매매계약 성립시를 기준으로 판단하여야 한다.

③ 매도인의 담보책임을 기초로 한 손해배상채권의 제척기간이 지난 경우에도, 제척기간이 지나기 전 상대방의 채권과 상계할 수 있었다면, 매수인은 위 손해배상채권을 자동채권으로 하여 상대방의 채권과 상계할 수 있다.

④ 매도인의 하자담보책임과 채무불이행책임은 경합적으로 인정되므로, 매매목적물인 토지에 폐기물이 매립되어 있어서 매수인에게 폐기물을 처리하기 위한 비용 상당의 손해가 발생한다면, 매수인은 그 비용에 관하여 매도인에게 채무불이행으로 인한 손해배상을 청구할 수 있다.

⑤ 하자담보에 기한 손해배상청구권은 원칙적으로 10년의 소멸시효에 걸리고 매수인이 매매목적물을 인도받은 때부터 소멸시효가 진행한다.

## 153 정답 ①

**① [×]**

**해설** **경매에 있어서의 담보책임**

경매의 담보책임은 경매절차 자체는 유효해야 한다. 즉 경매절차 자체가 무효여서 소유권을 취득하지 못한다면, 경락받은 자는 제578조의 담보책임이 아니라 배당채권자에 대하여 부당이득반환청구권을 행사할 수 있을 뿐이다.

**② [○]**

**해설** **하자판단의 기준시**

判例는 건축목적으로 매매된 토지에 대하여 **건축허가를 받을 수 없어 건축이 불능한 경우**, 이와 같은 법률적 제한 내지 장애 역시 목적물(물건)의 하자에 해당한다고 보아 제580조를 적용하였다(대판 2000.1.18. 98다18506). 判例는 "하자의 존부는 매매계약 성립 당시를 기준으로 판단하여야 한다"(대판 2000.1.18. 98다18506 ; 특정물매매 사안)고 판시한 바 있다. 따라서 계약 성립 이후에 하자가 발생한 경우에는 채무불이행책임 또는 위험부담의 법리가 적용된다고 한다(대결 1979.7.24. 78마248).

**③ [○]**

**해설** **제척기간과 제495조의 유추적용**

"매도인의 담보책임을 기초로 한 매수인의 손해배상채권 또는 수급인의 담보책임을 기초로 한 도급인의 손해배상채권이 각각 상대방의 채권과 상계적상에 있는 경우에 당사자들은 채권·채무관계가 이미 정산되었거나 정산될 것으로 기대하는 것이 일반적이므로, 그 신뢰를 보호할 필요가 있다. 따라서 매도인이나 수급인의 담보책임을 기초로 한 손해배상채권의 제척기간이 지난 경우에도 제척기간이 지나기 전 상대방의 채권과 상계할 수 있었던 경우에는 매수인이나 도급인은 민법 제495조를 유추적용해서 위 손해배상채권을 자동채권으로 해서 상대방의 채권과 상계할 수 있다"(대판 2019.3.14. 2018다255648).

**④ [○]**

**해설** **불완전이행과 하자담보책임과의 관계**

학설은 경합부정설과 경합긍정설이 있으나, 담보책임은 채무불이행책임과는 그 요건과 효과가 다른 별개의 제도로서 매수인을 보호하기 위한 또 하나의 구제수단으로 보아야 할 것이다. 따라서 양 책임은 중첩적으로 병존한다고 할 것이다. **최근 判例도** "매도인이 성토작업을 기화로 다량의 폐기물을 은밀히 매립하고 그 위에 토사를 덮은 다음 도시계획사업을 시행하는 공공사업시행자와 사이에서 정상적인 토지임을 전제로 협의취득절차를 진행하여 이를 매도함으로써 매수자로 하여금 그 토지의 폐기물처리비용 상당의 손해를 입게 하였다면 매도인은 이른바 불완전이행으로서 채무불이행으로 인한 손해배상책임을 부담하고, 이는 하자 있는 토지의 매매로 인한 민법 제580조 소정의 하자담보책임과 경합적으로 인정된다고 할 것이다"(대판 2004.7.22. 2002다51586)라고 판시하여 매매의 목적인 특정물에 원시적인 하자가 있는 경우에도 불완전급부로 인한 채무불이행책임이 성립할 수 있음을 명확히 하였다.

**비교판례** 또한 判例는 "매매의 목적물에 하자가 있는 경우 매도인의 하자담보책임과 채무불이행책임은 별개의 권원에 의하여 경합적으로 인정된다. 이 경우 특별한 사정이 없는 한 하자를 보수하기 위한 비용은 매도인의 하자담보책임과 채무불이행책임에서 말하는 손해에 해당한다. 따라서 매매 목적물인 토지에 폐기물이 매립되어 있고 매수인이 폐기물을 처리하기 위해 비용이 발생한다면 매수인은 그 비용을 민법 제390조에 따라 채무불이행으로 인한 손해배상으로 청구할 수도 있고, 민법 제580조 제1항에 따라 하자담보책임으로 인한 손해배상으로 청구할 수도 있다"(대판 2021.4.8. 2017다202050)고 하여 담보책임과 채무불이행책임은 중첩적으로 병존한다고 판시하였다.

참고로 判例는 "피고들이 이러한 오염토양 정화의무를 이행하지 않음에 따라 원고들로서는 이 사건 토지소유권을 완전하게 행사하기 위하여 원고들의 비용으로 오염토양을 정화할 수밖에 없게 되었다고 볼 수 있다. 이런 상황이라면 사회통념상 오염토양 정화비용 상당의 손해가 원고들에게 현실적으로 발생한 것으로 볼 수 있다"(대판 2021.3.11. 2017다179,186)고 하여 오염토양 정화비용을 지출하지 않은 상태에서도 오염토양 정화비용 상당의 손해배상을 청구 할 수 있다고 판시하였다.

**⑤ [○]**

**해설** **권리행사기간**

**매수인이 하자를 안 날로부터 6월 내에 행사해야 한다**(제582조). 이때 '하자를 안 날'이란 그 결과가 하자로 인한 것임을 알았을 때를 말한다(대판 2003.6.27. 2003다20190). 최근 判例에 따르면 하자담보책임에 기한 매수인의 손해배상청구권은 매수인이 그 사실을 안 때부터 6월의 제척기간(제582조)에 걸리는 동시에 매수인이 매매의 '목적물을 인도받은 때'부터 10년의 소멸시효(제162조 1항)에도 걸린다고 한다(대판 2011.10.13. 2011다10266).

## 154

**매도인의 담보책임에 관한 설명 중 옳은 것은? (다툼이 있는 경우 판례에 의함)** [17 변호사]

① 甲은 자기 소유 17필지의 토지에 대하여 일괄하여 매매대금을 정하고 乙에게 매도하였으나 그 중 2필지가 타인 소유로 밝혀진 경우 매도인 甲이 그 2필지만에 대하여 매매계약을 해제할 수 있다.

② 매매목적물의 하자로 인하여 확대손해가 발생하였다는 이유로 매도인에게 그 확대손해에 대한 배상책임을 지우기 위하여는 채무의 내용으로 된 하자 없는 목적물을 인도하지 못한 의무위반사실 외에 그러한 의무위반에 대한 매도인의 귀책사유는 요구되지 않는다.

③ 매매목적물의 하자가 경미하여 수선 등의 방법으로도 계약의 목적을 달성하는 데 별다른 지장이 없고, 매도인에게 하자 없는 물건의 급부의무를 지우면 다른 구제방법에 비하여 매도인에게 현저한 불이익이 발생되는 경우라도 공평의 원칙상 매수인의 완전물급부청구권의 행사를 제한할 수 없다.

④ 매매의 목적이 된 권리가 타인에게 속하여 매도인이 그 권리를 취득하여 매수인에게 이전할 수 없게 된 경우, 그 권리가 타인에게 속함을 알지 못한 매수인이 매도인에게 배상을 청구할 수 있는 손해에는 매수인이 얻을 수 있었던 이익의 상실은 포함되지 않는다.

⑤ 평형별 세대당 건물 및 공유대지가 일정한 면적을 가지고 있다는 데 주안을 두고 대금을 그 면적을 기준으로 정한 아파트 분양계약에서 분양자가 공유대지 면적의 일부를 이전할 수 없게 되었고, 그 일부 이행불능이 분양계약 체결 당시 존재한 사유에 의한 경우, 수분양자는 분양자에게 부족한 면적비율에 따라 대금감액을 청구할 수 있다.

**154**                                                          정답 ⑤

① [×]

**해설** 권리의 일부가 타인에게 속한 경우에는 제571조가 적용되지 않는다.

매도인이 그의 명의로 등기된 토지 15필지에 대해 일괄하여 매매대금을 정하고 이를 매수인에게 매도하였는데, 후에 이중 3필지가 판결을 통해 타인의 소유로 밝혀진 경우, 매도인이 그 3필지 토지만에 대해 위 조항을 근거로 매매계약의 일부해제를 할 수 있는지가 문제된 사안에서, 判例는 "민법 제571조 1항은 선의의 매도인이 매매의 목적인 권리의 전부를 이전할 수 없는 경우에 적용될 뿐 매매의 목적인 권리의 일부를 이전할 수 없는 경우에는 적용될 수 없고, 마찬가지로 수개의 권리를 일괄하여 매매의 목적으로 정하였으나 그 중 일부의 권리를 이전할 수 없는 경우에도 위 조항은 적용될 수 없다"(대판 2004.12.9. 2002다33557)고 하여 부정하였다.

② [×]

**해설** 判例는 하자담보책임으로 인한 확대손해는 채무불이행책임으로 다루고 있다.

"매매목적물의 하자로 인하여 확대손해 내지 2차 손해가 발생하였다는 이유로 매도인에게 그 확대손해에 대한 배상책임을 지우기 위하여는 채무의 내용으로 된 하자 없는 목적물을 인도하지 못한 의무위반사실 외에 그러한 의무위반에 대하여 매도인에게 귀책사유가 인정될 수 있어야만 한다"(대판 1997.5.7. 96다39455).

③ [×]

**해설** 불특정물매매에서 매수인은 계약의 해제나 손해배상을 청구할 수 있으나, 계약의 해제 또는 손해배상의 청구를 하지 아니하고 하자없는 물건을 청구할 수 있다(제581조 2항). 다만 判例에 따르면 "매매목적물의 하자가 경미하여 수선 등의 방법으로도 계약의 목적을 달성하는 데 별다른 지장이 없는 반면 매도인에게 하자 없는 물건의 급부의무를 지우면 다른 구제방법에 비하여 지나치게 큰 불이익이 매도인에게 발생되는 경우와 같이 하자담보의무의 이행이 오히려 공평의 원칙에 반하는 경우에는, 완전물급부청구권의 행사를 제한함이 타당하다"(대판 2014.5.16. 2012다72582)고 판시하였다.

④ [×]

**해설** 타인권리매매의 경우 매도인이 그 권리를 취득하여 매수인에게 이전할 수 없을 때, 判例는 "매도인이 매수인에 대하여 배상하여야 할 손해액은 원칙적으로 매도인이 매매의 목적이 된 권리(의 일부)를 취득하여 매수인에게 이전할 수 없게 된 때의 이행불능이 된 권리의 시가, 즉 이행이익 상당액"(대판 1993.1.19. 92다37727)이라고 판시하였다.

▶ 채무자가 채무를 이행하였더라면 채권자가 얻었을 이익을 이행이익 또는 적극적 이익이라고 하는데, '채무불이행'으로 채권자가 이러한 이익을 얻지 못한 손해를 이행이익의 손해라고 한다(이행이익의 손해=이행이 있었더라면 존재하였을 채권자의 상태−현재의 상태). 예컨대 매수인이 얻을 수 있었던 이익의 상실도 이에 포함된다. 가령 A가 B로부터 매수한 부동산을 2,000만원의 전매이익을 얻고 팔수 있었다면, 2,000만원이 이행이익이다. 따라서 만일 매도인 B가 매매계약상의 의무를 이행하지 않았기 때문에 매수인 A가 2,000만원의 전매이익을 얻지 못하였다면, A는 B에게 2,000만원의 이행이익의 손해의 배상을 청구할 수 있다.

⑤ [○]

**해설** "목적물이 일정한 면적(수량)을 가지고 있다는 데 주안을 두고 대금도 면적을 기준으로 하여 정하여지는 아파트분양계약은 이른바 수량을 지정한 매매라 할 것이다"(대판 2002.11.8. 99다58136)라고 하여, 아파트 분양시 공유대지면적을 지정한 아파트 분양계약을 수량지정매매로 보아 공유대지면적을 부족하게 이전해 준 경우 민법 제574조에 의한 대금감액청구권을 인정하였다.

# 155

乙은 2010. 4. 1. 甲으로부터 甲 소유의 X 부동산을 매수하는 계약을 체결하면서 계약금 1,000만 원을 甲에게 지급하였다. 계약에 따르면 매매대금은 1억 원이며, 2010. 5. 1. 乙은 잔대금 9,000만 원을 지급하면서 甲으로부터 X 부동산의 소유권이전등기에 필요한 서류를 교부받기로 하였다. 다음 설명 중 옳지 않은 것은? (다툼이 있는 경우에는 판례에 의함) [13 변호사]

① 乙은 2010. 4. 15. 계약금 1,000만 원을 포기하면서 위 매매계약을 해제할 수 있다.

② 특별한 사정이 없는 한, 이행기 도과 후 甲이 乙에게 지연손해금을 청구하기 위해서는 甲이 한 차례 이행제공을 하는 것으로 충분하고, 그 이행제공이 계속되어야 할 필요는 없다.

③ 乙이 별다른 근거도 없이 2010. 4. 5.부터 계약의 무효를 주장하면서 甲의 변제제공이 있더라도 그 수령을 거절할 것임을 표시하여 수령거절의사를 번복할 가능성이 없는 경우, 甲은 2010. 4. 15. 이행의 최고 없이 乙의 이행거절을 이유로 계약을 해제할 수 있다.

④ 甲이 2010. 5. 1. 乙에게 X 부동산에 관하여 소유권이전등기를 마쳐주고 X 부동산을 인도하였으나 乙이 잔대금을 지급하지 못하자, 甲과 乙이 위 잔대금을 차용금으로 하고 이자율은 연 4%로 약정한 경우, 차용금의 변제기가 도과하면, 甲은 乙의 이행지체로 인한 지연손해금을 법정이율에 따라 乙에게 청구할 수 있다.

⑤ '乙이 2010. 5. 1. 잔대금을 지급하지 못하면 이 계약은 자동적으로 해제된다'는 취지의 특약이 있는 경우, 특별한 사정이 없는 한 2010. 5. 1.이 도과되었더라도 乙이 이행지체에 빠진 것이 아니라면 잔대금의 미지급으로 이 계약이 자동해제된 것으로 볼 수 없다.

① [ ○ ]

**해설** 계약금은 다른 약정이 없는 한 해약금으로 추정된다(제565조). 그러나 약정해제권에 기하여 계약을 해제할 수 있는 기간은 '당사자 일방이 이행에 착수할 때'까지인바(제565조), 2010. 4. 15. 이라면 잔대금지급기일이 5. 1. 이 되기 전이므로 다른 특별한 사정이 없는 한 乙은 계약금 1,000만 원을 포기하면서 위 매매계약을 해제할 수 있다.

② [ × ]

**해설** "쌍무계약의 당사자 일방이 먼저 한 번 현실의 제공을 하고, 상대방을 수령지체에 빠지게 하였다고 하더라도 그 이행의 제공이 계속되지 않는 경우는 과거에 이행의 제공이 있었다는 사실만으로 상대방이 가지는 동시이행의 항변권이 소멸하는 것은 아니므로, 일시적으로 당사자 일방의 의무의 이행제공이 있었으나 곧 그 이행의 제공이 중지되어 더 이상 그 제공이 계속되지 아니하는 기간 동안에는 상대방의 의무가 이행지체 상태에 빠졌다고 할 수는 없다고 할 것이고, 따라서 그 이행의 제공이 중지된 이후에 상대방의 의무가 이행지체되었음을 전제로 하는 손해배상청구도 할 수 없는 것이다"(대판 1995.3.14. 94다26646)고 판시하여 계약해제를 위한 경우(이행의 제공이 계속될 필요가 없고 상대방의 이행을 수령하고 자신의 채무를 이행할 수 있는 정도의 준비가 되어 있으면 족함)와는 달리 이행지체를 이유로 한 손해배상책임을 묻기 위해서는 이행의 제공이 계속되고 있어야 한다는 계속적 이행제공설의 입장이다.

③ [ ○ ]

**해설** "부동산 매도인이 중도금의 수령을 거절하였을 뿐만 아니라 계약을 이행하지 아니할 의사를 명백히 표시한 경우 매수인은 '신의성실의 원칙'상 소유권이전등기의무 이행기일까지 기다릴 필요없이 이를 이유로 매매계약을 해제할 수 있다"(대판 1993.6.25. 93다11821).

④ [ ○ ]

**해설** "제397조 1항 단서규정은 약정이율이 법정이율 이상인 경우에만 적용되고, 약정이율이 법정이율보다 낮은 경우에는 그 본문으로 돌아가 법정이율에 의하여 지연손해금을 정할 것이다"(대판 2009.12.24. 2009다85342).

▶ 따라서 사안에서 준소비대차계약(제605조)에 따른 약정이율이 연 4%라면 법정이율인 연 5%보다 낮은 경우이므로 이 경우에는 법정이율에 의하여 지연손해금을 정할 것이다.

**관련쟁점** (1) 원 칙

금전채무불이행에 의한 손해배상액은 실제 손해액이 얼마인가에 관계없이, 법정이율(민법에 정한 연 5%, 상법에 정한 연 6%)에 의해 정해진다(제397조 1항 본문).

(2) 예 외

① 약정이율(약정이자)이 있는 경우

㉠ 법정이율보다 높은 약정이율이 있는 경우

금전채무에 대해서 약정이율(약정이자)을 정한 것이 있는 때에는 그 약정이율이 법령의 제한에 위반되지 않는 한 채무불이행시에 지연배상금 산정의 기준이 된다(제397조 1항 단서). 즉, "소비대차에서 '변제기 후의 이자약정이 없는 경우' 특별한 의사표시가 없는 한 변제기가 지난 후에도 당초의 '약정이자'를 지급하기로 한 것으로 보는 것이 '당사자의 의사'이므로"(대판 1981.9.8, 80다2649) 변제기가 경과하여 채무불이행이 성립한 이후에는 약정이자의 이율은 지연배상금(지연이자) 산정을 위한 이율로 적용된다.

㉡ 법정이율보다 낮은 약정이율이 있는 경우

최근에 판례는 '약정이율'이 법정이율보다 낮은 경우에는 '지연손해금'은 약정이율이 아니라 법정이율에 의하여 정해야 한다고 명백히 밝히고 있다(대판 2009.12.24. 2009다85342). 이러한 법리는 계약해제시에 반환할 금전에 가산할 이자(제548조 2항)에 관하여도 적용된다(대판 2013.4.26. 2011다50509).

② 지연손해금 약정이 있는 경우

약정이율이 채무불이행시의 지연배상금 산정의 기준으로 적용되는 것은 별도의 약정이 없는 때에 한하므로, 당사자간에 금전채무불이행에 대비하여 손해배상액 산정을 위한 이율(지연손해금률) 등을 정한 때에는 그러한 약정에 따르며(예를 들어 제398조의 손해배상액의 예정), '약정이율'(약정이자)에 의할 것이 아니다. 따라서 이러한 지연손해금 약정이 법정이율보다 낮더라도 약정에 따른 지연손해금률이 적용된다(대판 2013.4.26. 2011다50509).

⑤ [ ○ ]

**해설** "부동산 매매계약에 있어서 매수인이 잔대금 지급기일까지 그 대금을 지급하지 못하면 그 계약이 자동적으로 해제된다는 취지의 약정이 있더라도, 특별한 사정이 없는 한 매수인의 잔대금 지급의무와 매도인의 소유권이전등기의무는 동시이행의 관계에 있으므로 매도인이 잔대금 지급기일에 소유권이전등기에 필요한 서류를 준비하여 매수인에게 알리는 등 이행의 제공을 하여 매수인으로 하여금 이행지체에 빠지게 하였을 때에 비로소 자동적으로 매매계약이 해제된다고 보아야 하고 매수인이 그 약정 기한을 도과하였더라도 이행지체에 빠진 것이 아니라면 대금 미지급으로 계약이 자동해제된 것으로 볼 수 없다"(대판 1998.6.12. 98다505).

# 156

임대차에 관한 설명 중 옳지 않은 것을 모두 고른 것은? (다툼이 있는 경우 판례에 의함) [19 변호사]

ㄱ. 임차인이 임대인 소유 건물의 일부를 임차하여 사용·수익하던 중 임차건물 부분에서 화재가 발생하여 임차건물 부분이 아닌 건물 부분까지 불에 탄 경우에, 건물의 규모와 구조로 볼 때 건물 중 임차건물 부분과 그 밖의 부분이 상호 유지·존립함에 있어서 구조상 불가분의 일체를 이루는 관계에 있다면, 임차인은 임차건물의 보존에 관하여 선량한 관리자의 주의의무를 다하였음을 증명하지 못하는 이상 그 임차 외 건물 부분이 소훼되어 임대인이 입게 된 손해도 채무불이행으로 인한 손해로 배상할 의무가 있다.

ㄴ. 임대인의 수선의무 면제특약에 면제되는 수선의무의 범위를 명시하지 않은 경우, 특별한 사정이 없는 한 대파손의 수리, 건물의 주요 구성부분의 대수선, 기본적 설비 교체 등 대규모의 수선은 여전히 임대인이 수선의무를 부담한다.

ㄷ. 「주택임대차보호법」상 대항력을 갖춘 임차인의 임대차보증금반환채권이 가압류된 경우, 임대주택의 양도로 인하여 임대차보증금반환채무가 이전된 때에는, 이미 집행된 가압류의 제3채무자 지위는 양수인에게 승계된다.

ㄹ. 부동산 임대차보증금반환채권의 양도에 대하여 임대인이 아무런 이의를 보류하지 아니한 채 이를 승낙하였더라도, 특별한 사정이 없는 한 임대인은 양수인에게 반환할 임대차보증금에서 임대차 목적물의 원상복구비용 상당의 손해배상액을 당연히 공제할 수 있다.

① ㄱ
② ㄱ, ㄴ
③ ㄴ, ㄷ
④ ㄱ, ㄴ, ㄹ
⑤ ㄴ, ㄷ, ㄹ

# 156 정답 ①

**해설** ㄱ. [ × ]

**임차물 멸실의 경우 손해배상과 증명책임**

임대차가 종료한 경우, 임차인은 원상회복의무로서 임차물반환의무를 부담한다. 이는 특정물 인도 채무이므로, 임차인은 임차건물의 보존에 관하여 선량한 관리자의 주의의무를 다하여야 하고(민법 제374조), 임차물 멸실 등으로 임차인의 임차물반환채무가 이행불능이 된 경우에는 원칙적으로 '임차인이' 그 이행불능이 임차인의 귀책사유로 말미암은 것이 아님을 입증할 책임이 있다(대판 2006.1.13. 2005다51013, 51020). 따라서 임차건물이 화재로 소훼된 경우에 있어서 그 화재의 발생원인이 불명인 때에도 임차인이 그 책임을 면하려면 그 임차건물의 보존에 관하여 선량한 관리자의 주의의무를 다하였음을 입증하여야 한다(대판 2001.1.19. 2000다57351).

그러나, ① "임차건물이 '임대인의 지배관리 영역 내'에 있는 부분(주로 대규모 수선을 요하는 부분)의 화재로 소훼된 경우에는 임차인의 선관주의의무의 위반을 '임대인'이 입증하여야 임차인에게 손해배상책임을 지울 수 있으며"(대판 2006. 2.10. 2005다65623), ② 임차 건물 부분에서 화재가 발생하여 임차 건물 부분이 아닌 건물 부분(이하 '임차 외 건물 부분'이라 한다)까지 불에 타버린 경우에, 임대인이 그 임차 외 건물 부분에 발생한 손해에 대하여 채무불이행을 원인으로 하는 배상을 구하려면, '임차 외 건물 부분이 구조상 불가분의 일체를 이루는 관계에 있는 부분이라 하더라도', "ⅰ) 임차인이 보존·관리의무를 위반하여 화재가 발생한 원인을 제공하는 등 화재 발생과 관련된 임차인의 계약상 의무 위반이 있었고, ⅱ) 그러한 의무 위반과 임차 외 건물 부분의 손해 사이에 상당인과관계가 있으며, ⅲ) 임차 외 건물 부분의 손해가 의무 위반에 따라 민법 제393조에 의하여 배상하여야 할 손해의 범위 내에 있다는 점에 대하여 '임대인'이 주장·증명하여야 한다"(대판 2017.5.18. 전합2012다86895, 86901).

ㄴ. [ ○ ]

**임대인의 수선의무 면제 특약의 효력이 미치는 범위**

"임대인이 수선의무를 지는 경우에도 특약에 의해 이를 면제할 수는 있지만(제652조 참조), 특약에서 수선의무의 범위를 명시하고 있는 등의 특별한 사정이 없는 한 이것은 통상 생길 수 있는 '소규모의 수선'에 한하고, 대파손의 수리, 건물의 주요 구성부분에 대한 대수선, 기본적 설비부분의 교체 등과 같은 '대규모의 수선'은 이에 포함되지 아니하고, 임대인이 그 수선의무를 부담한다"(대판 1994.12.9. 94다34692).

▶ 判例는 특약으로 수선의무를 임차인이 부담하기로 정하였지만 그의 수선의무의 범위가 구체적으로 명시되지는 아니한 경우에 그 약정이 어떻게 의사해석 되어야 하는가를 판단하면서, 이를 제한적으로 해석하려는 태도를 보이고 있다. 즉 당사자들의 약정이 임차인이 부담하는 수선의무의 범위를 구체적으로 명시하였으면 그것이 그대로 유효하다는 것을 전제로 하고 있다.

ㄷ. [○]
보증금반환채권이 가압류된 '후' 임차건물의 양수인의 지위

주택 임대차보호법은 임차주택의 양수인 기타 임대할 권리를 승계한 자(상속·경매 등으로 임차물의 소유권을 취득한 자)는 '임대인의 지위'를 승계한 것으로 본다(동법 제3조 4항, 상가건물 임대차보호법 제3조 2항도 동일). 이 경우 임대차에 종된 계약인 보증금계약 등도 임대차관계에 수반하여 이전되어(제100조 2항 유추적용), 그 결과 判例에 따르면 양수인이 임대차보증금반환채무를 '면책적으로 인수'(병존적 인수 아님)하고, 양도인은 임대차관계에서 탈퇴하여 임차인에 대한 임대차보증금반환채무를 면하게 된다고 한다(대판 1987.3.10. 86다카1114).

이러한 법리는 임차인의 임대차보증금반환채권이 가압류된 상태에서 임대주택이 양도된 경우에도 그대로 적용되므로 이 경우 양수인은 임대차보증금반환채무를 면책적으로 인수하게 되는데, 나아가 채권가압류의 제3채무자의 지위까지 승계하는지 문제된다. 이와 관련하여 최근 判例는 "ⅰ) 임대주택의 양도로 임대인의 지위가 일체로 양수인에게 이전된다면 채권가압류의 제3채무자의 지위도 임대인의 지위와 함께 이전된다고 볼 수밖에 없다는 점과 ⅱ) 만약 이를 부정하면 가압류권자는 장차 본집행절차에서 주택의 매각대금으로부터 우선변제를 받을 수 있는 권리를 상실하는 중대한 불이익을 입게 된다는 점 등에서 양수인은 채권가압류의 제3채무자의 지위도 승계하고, 가압류권자 또한 임대주택의 양도인이 아니라 양수인에 대하여만 위 가압류의 효력을 주장할 수 있다고 보아야 한다"고 판시하였다(대판 2013.1.17. 전합2011다49523).

ㄹ. [○]
"부동산임대차에 있어서 임차인이 임대인에게 지급하는 임대차보증금은 임대차관계가 종료되어 목적물을 반환하는 때까지 그 임대차관계에서 발생하는 임차인의 모든 채무를 담보하는 것으로서, 임대인의 임대차보증금 반환의무는 임대차관계가 종료되는 경우에 그 임대차보증금 중에서 목적물을 반환받을 때까지 생긴 연체차임 등 임차인의 모든 채무를 공제한 나머지 금액에 관하여서만 비로소 이행기에 도달하는 것이므로, 그 임대차보증금 반환 채권을 양도함에 있어서 임대인이 아무런 이의를 보류하지 아니한 채 채권양도를 승낙하였어도 임차 목적물을 개축하는 등 하여 임차인이 부담할 원상복구비용 상당의 손해배상액은 반환할 임대차보증금에서 당연히 공제할 수 있다"(대판 2002.12.10. 2002다52657).

 그러나 "임대인과 임차인 사이에서 장래 임대목적물 반환시 위 원상복구비용의 보증금 명목으로 지급하기로 약정한 금액은, 임대차관계에서 당연히 발생하는 임차인의 채무가 아니라 임대인과 임차인 사이의 약정에 기하여 비로소 발생하는 채무에 불과하므로, 반환할 임대차보증금에서 당연히 공제할 수 있는 것은 아니라 할 것이어서, 임대차보증금 반환채권을 양도하기 전에 임차인과 사이에 이와 같은 약정을 한 임대인이 이와 같은 약정에 기한 원상복구비용의 보증금 청구 채권이 존재한다는 이의를 보류하지 아니한 채 채권양도를 승낙하였다면 민법 제451조 제1항이 적용되어 그 원상복구비용의 보증금 청구 채권으로 채권양수인에게 대항할 수 없다"(同 判例).

## 157

甲과 乙은 甲 소유의 건물 중 1층에 대하여 임대차계약을 체결하였으나 乙이 임차하여 점유하고 있던 건물 1층에서 발생한 화재로 건물 1층뿐만 아니라 甲이 점유하고 있던 건물 2층도 전소되었다. 이에 관한 설명 중 옳은 것(○)과 옳지 않은 것(×)을 올바르게 조합한 것은? (다툼이 있는 경우에는 판례에 의함) [20 변호사]

> ㄱ. 건물 1층에서 발생한 화재가 甲이 지배, 관리하는 영역에 존재하는 하자로 인하여 발생한 것으로 추단된다면, 특별한 사정이 없는 한 甲은 화재로 인한 목적물 반환의무의 이행불능으로 인한 손해배상책임을 乙에게 물을 수 없다.
>
> ㄴ. 건물 1층에서 발생한 화재가 그 발생 원인이 불분명한 경우라면 乙은 원칙적으로 화재로 인한 임대목적물 반환의무의 이행불능에 따른 손해배상책임을 지지 않는다.
>
> ㄷ. 건물 1층과 구조상 불가분의 일체를 이루고 있는 건물 2층에서 발생한 재산상 손해에 대하여 乙에게 채무불이행에 기한 손해배상을 청구하는 경우, 甲은 화재 발생과 관련된 乙의 계약상 의무 위반이 있었다는 사실을 주장·증명하여야 한다.

① ㄱ(○), ㄴ(○), ㄷ(×)
② ㄱ(○), ㄴ(×), ㄷ(○)
③ ㄱ(○), ㄴ(×), ㄷ(×)
④ ㄱ(×), ㄴ(×), ㄷ(○)
⑤ ㄱ(×), ㄴ(×), ㄷ(×)

**해설** ㄱ. [○]

임대인의 지배관리 영역 내의 화재(임대인에게 증명책임이 있는 경우)

"임대인은 목적물을 임차인에게 인도하고 임대차계약 존속 중에 그 사용, 수익에 필요한 상태를 유지하게 할 의무를 부담하므로(제623조), 임대차계약 존속 중에 발생한 화재가 임대인이 지배·관리하는 영역에 존재하는 하자로 인하여 발생한 것으로 추단된다면, 그 하자를 보수·제거하는 것은 임대차 목적물을 사용·수익하기에 필요한 상태로 유지하여야 하는 임대인의 의무에 속하며, 임차인이 하자를 미리 알았거나 알 수 있었다는 등의 특별한 사정이 없는 한, 임대인은 화재로 인한 목적물 반환의무의 이행불능 등에 관한 손해배상책임을 임차인에게 물을 수 없다(대판 2017.5.18. 전합2012다86895,86901). 이러한 법리는 임대인이 훼손된 임대차 목적물에 관하여 수선의무를 부담하더라도 동일하게 적용된다(대판 2019.4.11. 2018다291347).

ㄴ. [×]

임차건물이 발생원인이 불명인 화재로 소훼된 경우(임차인에게 증명책임이 있는 경우)

임차인은 임차건물의 보존에 관하여 선량한 관리자의 주의의무를 다하여야 하고(제374조), 임차인의 임차물반환채무가 이행불능이 된 경우, 임차인이 그 이행불능으로 인한 손해배상책임을 면하려면 그 이행불능이 임차인의 귀책사유로 말미암은 것이 아님을 입증할 책임이 있다(대판 2006.1.13. 2005다51013,51020). 따라서 임차건물이 화재로 소훼된 경우에 있어서 그 화재의 발생원인이 불명인 때에도 임차인이 그 책임을 면하려면 그 임차건물의 보존에 관하여 선량한 관리자의 주의의무를 다하였음을 입증하여야 한다(대판 2001.1.19. 2000다57351).

ㄷ. [○]

임차 외 건물부분의 화재(임대인에게 증명책임이 있는 경우)

"임차 건물 부분에서 화재가 발생하여 임차 건물 부분이 아닌 건물 부분(이하 '임차 외 건물 부분'이라 한다)까지 불에 타 그로 인해 임대인에게 재산상 손해가 발생한 경우에는 '**임차 외 건물 부분이 구조상 불가분의 일체를 이루는 관계에 있는 부분이라 하더라도**', 그 부분에 발생한 손해에 대하여 임대인이 임차인을 상대로 채무불이행을 원인으로 하는 배상을 구하려면, ⅰ) 임차인이 보존·관리의무를 위반하여 화재가 발생한 원인을 제공하는 등 화재 발생과 관련된 '**임차인의 계약상 의무 위반**'이 있었고, ⅱ) 그러한 의무 위반과 임차 외 건물 부분의 손해 사이에 '**상당인과관계**'가 있으며, ⅲ) 임차 외 건물 부분의 손해가 의무 위반에 따라 민법 제393조에 의하여 배상하여야 할 '**손해의 범위 내**'에 있다는 점에 대하여 '**임대인**'이 주장·증명하여야 한다"(대판 2017.5.18. 전합 2012다86895,86901).

## 158

건물 소유를 목적으로 하는 토지 임대차에서 임차인의 지상
물매수청구권에 관한 설명 중 옳지 않은 것은? (다툼이 있는
경우 판례에 의함) [18 변호사]

① 종전 토지 임차인으로부터 미등기 무허가건물을 매수하여
점유하고 있는 현재의 토지 임차인은 소유자로서의 등기명
의가 없더라도 특별한 사정이 없는 한 임대인에 대하여 지상
물매수청구권을 행사할 수 있다.

② 토지 임차인의 지상물매수청구권은 임대차기간이 만료된 경
우뿐만 아니라, 기간의 정함이 없는 임대차에서 임대인에 의한
해지통고에 의하여 그 임차권이 소멸된 경우에도 인정된다.

③ 토지 소유자가 아닌 제3자가 임대차계약의 당사자로서 토지
를 임대한 경우, 토지 소유자가 임대인의 지위를 승계하였다
는 등의 특별한 사정이 없는 한, 임대인이 아닌 토지 소유자
가 직접 지상물매수청구권의 상대방이 될 수는 없다.

④ 임차인 소유 건물이 임대차 대상 토지 외에 임차인 또는 제3
자 소유의 토지 위에 걸쳐서 건립되어 있는 경우, 임차지에
서 있는 건물 부분 중 구분소유의 객체가 될 수 있는 부분에
한하여 임차인은 지상물매수청구를 할 수 있다.

⑤ 토지 임대차 종료 시 임대인의 건물철거와 그 부지인도 청구
에는 건물매수대금 지급과 동시에 건물명도를 구하는 청구
가 포함되어 있다고 볼 수 있다.

**158**                                          정답 ⑤

① [○]

**해설** 지상물매수청구권자
지상물매수청구권은 지상물소유자에 한하여 행사할 수 있다
(대판 1993.7.27. 93다6386). 다만 건물 소유를 목적으로
하는 '토지 임대인의 동의를 얻어' 토지임차인으로부터 임차
권을 양수한 자가 토지 위에 임차인이 **신축한 미등기 무허가
건물을 매수**한 때에도, 그 점유 중인 건물에 대해 '법률상 또
는 사실상의 처분권'을 갖고 있으므로 이러한 토지임차권 양
수인은 임대인에게 그 건물의 매수를 청구할 수 있다(대판
2013.11.28. 2013다48364).

② [○]

**해설** 지상물매수청구권의 발생요건 - 토지임대차계약의 종료
일정한 목적의 토지임대차에서 존속기간이 만료한 경우에 지
상시설이 현존한 때에는 토지임차인은 1차로 임대인을 상대
로 계약의 갱신을 청구할 수 있고, 임대인이 이를 거절한 때
에는 2차로 상당한 가액으로 지상시설의 매수를 청구할 수 있
다(제643조, 제283조). 그런데 기간의 약정 없는 토지임대차
계약에 대해 임대인이 해지통고를 한 경우(제635조), 이때에는
임대인이 미리 계약의 갱신을 거절한 것으로 볼 수 있으므로,
임차인은 계약의 갱신을 청구할 필요없이 곧바로 지상물의 매
수를 청구할 수 있다(대판 1995.2.3. 94다51178,51185).

③ [○]

**해설** 지상물매수청구의 상대방
"토지 소유자가 아닌 제3자가 토지 임대행위를 한 경우에는
ⓐ 제3자가 토지 소유자를 적법하게 대리하거나 토지 소유자
가 제3자의 무권대리행위를 추인하는 등으로 임대차계약의
효과가 토지 소유자에게 귀속되었다면 토지 소유자가 임대인
으로서 지상물매수청구권의 상대방이 된다. ⓑ 그러나 '제3
자가 임대차계약의 당사자로서 토지를 임대'하였다면, 토지
소유자가 임대인의 지위를 승계하였다는 등의 특별한 사정이
없는 한 임대인이 아닌 토지 소유자가 직접 지상물매수청구권
의 상대방이 될 수는 없다"(대판 2017.4.26. 2014다72449,
72456).

④ [○]

**해설** 지상물매수청구권의 발생요건 - 임차인이 지상물을 건축하
여 현존하고 있는 사실
"건물 소유를 목적으로 하는 토지임대차에 있어서 임차인 소
유 건물이 임대인이 임대한 토지 외에 임차인 또는 제3자 소
'유의 토지 위에 걸쳐서 건립되어 있는 경우에는, 임차지 상에
서 있는 건물 부분 중 구분소유의 객체가 될 수 있는 부분에
한하여 임차인에게 매수청구가 허용된다"(대판 1996.3.21.
전합93다42634).

⑤ [×]

**해설** 임대인의 건물철거청구 소송 중(또는 확정 後)에 임차인의 매
수청구권 행사시 상환이행판결 여부(부정, 적극적 석명 인정)
"토지임대차 종료시 임대인의 건물철거와 그 부지인도 청구
에는 건물매수대금 지급과 동시에 건물명도를 구하는 청구가
포함되어 있다고 볼 수 없다"(대판 1995.7.11. 전합94다
34265).

**관련쟁점** 따라서 임차인의 지상물매수청구권 행사의 항변이 받아들여
지면 (교환적·예비적) 청구취지의 변경이 없는 한 임대인의
지상물철거 및 토지인도청구는 기각하여야 할 것이나, 법원
으로서는 '석명권'을 적절히 행사하여 임대인으로 하여금 건
물철거청구를 건물소유권이전등기·건물인도청구(대지와 건
물부지가 일치할 경우 건물인도청구 이외에 별도의 대지인도
청구는 불필요하다)로 변경하게 한 후 매매대금과의 상환이행
을 명하는 판결을 하여야 하며, 이와 같은 석명권 행사 없이
그냥 기각하면 위법하다(대판 1995.7.11. 전합94다34265 ;
적극적 석명의무 긍정).

## 159

甲은 그 소유인 X 주택에 전입신고를 마치고 거주하다가 2010. 2. 1. 乙에게 X를 대금 3억 원에 매도하면서 같은 날 乙로부터 X를 임대차보증금 1억 원, 기간 2010. 2. 1.부터 2012. 1. 31.까지로 정하여 임차하였고, 같은 날 임대차계약서에 확정일자를 받았다. 甲은 2010. 2. 2. 乙의 요청에 따라 乙의 채권자인 丙에게 X에 관한 저당권설정등기를 마쳤다. 乙은 2010. 2. 10. X에 관하여 위 매매를 원인으로 한 소유권이전등기를 마치고, 같은 날 채권자 丁에게 근저당권설정등기를 마쳤다. 그 후 丙은 위 저당권실행을 위한 경매를 신청하였고, 戊는 그 경매절차에서 X를 매수하고 그 대금을 모두 지급하였으며, 甲은 그 경매절차에서 주택임대차보호법상 우선변제권 있는 임차인임을 이유로 적법하게 배당요구하였다. 다음 설명 중 옳은 것은? (다툼이 있는 경우에는 판례에 의함)                                    [12 변호사]

① 甲, 丙, 丁 순서로 배당받는다.
② 丙, 甲, 丁 순서로 배당받는다.
③ 丙, 丁, 甲 순서로 배당받는다.
④ 丙, 丁 순서로 배당받고, 甲은 주택임대차보호법상 우선변제권 있는 임차인으로서 배당받을 수 없다.
⑤ 만약 甲이 위 경매절차에서 배당요구하지 않았다면, 甲은 戊에 대하여 위 임대차보증금의 반환을 청구할 수 있다.

## 159 정답 ③

① [×], ② [×], ③ [○]

**해설** "갑이 주택에 관하여 소유권이전등기를 경료하고 주민등록 전입신고까지 마친 다음 처와 함께 거주하다가 을에게 매도함과 동시에 그로부터 이를 다시 임차하여 계속 거주하기로 약정하고 임차인을 갑의 처로 하는 임대차계약을 체결한 후에야 을 명의의 소유권이전등기가 경료된 경우, 제3자로서는 주택에 관하여 갑으로부터 을 앞으로 소유권이전등기가 경료되기 전에는 갑의 처의 주민등록이 소유권 아닌 임차권을 매개로 하는 점유라는 것을 인식하기 어려웠다 할 것이므로, 갑의 처의 주민등록은 주택에 관하여 을 명의의 소유권이전등기가 경료되기 전에는 주택임대차의 대항력 인정의 요건이 되는 적법한 공시방법으로서의 효력이 없고 을 명의의 소유권이전등기가 경료된 날에야 비로소 갑의 처와 을 사이의 임대차를 공시하는 유효한 공시방법이 된다고 할 것이며, 주택임대차보호법 제3조 제1항에 의하여 유효한 공시방법을 갖춘 다음날인 을 명의의 소유권이전등기일 익일부터 임차인으로서 대항력을 갖는다"(대판 2000.2.11. 99다59306).

▶ 甲은 임대차계약 체결과 확정일자를 2010. 2. 1.에 받았으나 乙 명의의 소유권이전등기가 2010. 2. 10.에 있어 그 다음날인 2010. 2. 11. 00:00에 주택임대차보호법상의 대항력을 취득하게 되었다. 丙은 근저당권 설정등기를 마친 2010. 2. 2.부터 우선변제적 효력을 주장할 수 있다. 丁은 근저당권설정등기를 마친 2010. 2. 10.부터 우선변제적 효력을 주장할 수 있다. 따라서 **사안에서 등기일자와 대항력의 선후에 의하여 우열이 결정되는바, 丙, 丁, 甲 순으로 배당을 받게 된다.**

④ [×]

**해설** 대항요건(주택의 인도와 전입신고)과 임대차계약서상에 확정일자를 갖춘 주택임차인은 후순위 권리자나 일반채권자보다 우선하여 매각대금으로부터 그의 보증금을 변제받을 수 있다 (주택임대차보호법 제3조의2 2항).

⑤ [×]

**해설** "주택임대차보호법에 의하여 우선변제청구권이 인정되는 임대차보증금반환채권은 현행법상 배당요구가 필요한 배당요구채권에 해당한다. 따라서 경매에서 적법한 배당요구를 하지 아니한 경우에는 비록 실체법상 우선변제청구권이 있다 하더라도 경락대금으로부터 배당을 받을 수는 없다"(대판 1998.10.13. 98다12379).

"주택임대차보호법 제3조에 정한 대항요건을 갖춘 임차권보다 선순위의 근저당권이 있는 경우에는, 낙찰로 인하여 선순위 근저당권이 소멸하면 그보다 후순위의 임차권도 선순위 근저당권이 확보한 담보가치의 보장을 위하여 그 대항력을 상실하는 것이다"(대결 1998.8.24. 98마1031).

▶ 임차인 甲이 배당요구를 하지 않아 甲은 최선순위 저당권자 丙보다 후순위 임차인에 해당하여 경매절차에서 그 대항력이 소멸하게 되었다. 따라서 임차인 甲은 매수인 戊에게 대항할 수 없으므로 甲은 戊에게 임대차보증금의 반환을 청구할 수 없다.

## 160

예금계약에 관한 설명 중 판례의 입장과 다른 것은?

[13 변호사]

① 예금계약은 예금자가 예금의 의사를 표시하면서 금융기관에 돈을 제공하고 금융기관이 그 의사에 따라 그 돈을 받아 확인을 하면 그로써 성립하며, 금융기관의 직원이 그 받은 돈을 금융기관에 실제로 입금하였는지 여부는 예금계약의 성립에 아무런 영향을 미치지 아니한다.

② 계좌이체가 된 경우에는 예금원장에 입금기록이 된 때에 예금이 된다고 예금거래기본약관에 정하여져 있더라도, 송금의뢰인이 계좌이체의 원인인 법률관계가 존재하지 아니함에도 착오로 수취인의 예금구좌에 계좌이체를 한 경우, 수취인이 수취은행에 대하여 위 금액 상당의 예금채권을 취득하는 것은 아니다.

③ 은행이 일반거래약관인 예금거래기본약관에서 각종의 예금채권에 대하여 그 양도를 제한하는 내용의 규정을 둠으로써 예금채권의 양도를 제한하고 있는 사실은 적어도 은행거래의 경험이 있는 자에 대하여는 널리 알려진 사항에 속한다할 것이므로, 은행거래의 경험이 있는 자가 예금채권을 양수한 경우, 특별한 사정이 없는 한 예금채권에 대하여 양도제한의 특약이 있음을 알았다고 할 것이고, 그렇지 않다 하더라도 알지 못한 데에 중대한 과실이 있다고 봄이 상당하다.

④ 본인인 예금명의자의 의사에 따라 실명확인 절차가 이루어지고 예금명의자를 예금주로 한 예금계약서를 작성한 경우, 금융기관과 출연자 등과 사이에서 실명확인 절차를 거쳐 서면으로 이루어진 예금명의자와의 예금계약을 부정하여 예금명의자의 예금반환청구권을 배제하고 출연자 등과 예금계약을 체결하여 출연자 등에게 예금반환청구권을 귀속시키겠다는 명확한 의사의 합치가 위 예금계약서의 증명력을 번복하기에 충분할 정도의 명확한 증명력을 가진 구체적이고 객관적인 증거에 의하여 인정되는 경우에는 예금명의자가 아닌 출연자 등을 예금계약의 당사자로 볼 수 있다.

⑤ 甲, 乙이 각자 분담하여 출연한 돈을 동업 이외의 특정 목적을 위하여 공동명의로 예치해 둠으로써 그 목적이 달성되기 전에는 甲이나 乙이 단독으로 예금을 인출할 수 없도록 방지·감시하고자 하는 목적으로 甲, 乙 공동명의로 예금을 개설한 경우, 甲에 대한 채권자 丙은 甲의 지분에 상응하는 예금채권에 대한 압류 및 추심명령 등을 얻어 이를 집행할 수 있고, 이러한 압류 등을 송달받은 은행은 丙의 압류명령 등에 기초한 단독 예금반환청구에 대하여, 甲, 乙과 약정한 공동반환특약을 들어 그 지급을 거절할 수는 없다.

## 160

① [○]

**해설** "예금계약은 예금자가 예금의 의사를 표시하면서 금융기관에 돈을 제공하고 금융기관이 그 의사에 따라 그 돈을 받아 확인을 하면 그로써 성립하며, 금융기관의 직원이 그 받은 돈을 금융기관에 실제로 입금하였는지 여부는 예금계약의 성립에는 아무런 영향을 미치지 아니한다"(대판 2005.12.23. 2003다30159).

② [×]

**해설** "현금으로 계좌송금 또는 계좌이체가 된 경우에는 예금원장에 입금의 기록이 된 때에 예금이 된다고 예금거래기본약관에 정하여져 있을 뿐이고, 수취인과 은행 사이의 예금계약의 성립 여부를 송금의뢰인과 수취인 사이에 계좌이체의 원인인 법률관계가 존재하는지 여부에 의하여 좌우되도록 한다고 별도로 약정하였다는 등의 특별한 사정이 없는 경우에는, 송금의뢰인이 수취인의 예금구좌에 계좌이체를 한 때에는, 송금의뢰인과 수취인 사이에 계좌이체의 원인인 법률관계가 존재하는지 여부에 관계없이 수취인과 수취은행 사이에는 계좌이체금액 상당의 예금계약이 성립하고, 수취인이 수취은행에 대하여 위 금액 상당의 예금채권을 취득한다"(대판 2007.11.29. 2007다51239).

③ [○]

**해설** "은행거래에서 발생하는 채권인 예금채권에 관한 법률관계는 일반거래약관에 의하여 규율되어 은행은 일반거래약관인 예금거래기본약관에 각종의 예금채권에 대하여 그 양도를 제한하는 내용의 규정을 둠으로써 예금채권의 양도를 제한하고 있는 사실은 적어도 은행거래의 경험이 있는 자에 대하여는 널리 알려진 사항에 속한다 할 것이므로, 은행거래의 경험이 있는 자가 예금채권을 양수한 경우 특별한 사정이 없는 한 예금채권에 대하여 양도제한의 특약이 있음을 알았다고 할 것이고, 그렇지 않다 하더라도 알지 못한 데에 중대한 과실이 있다고 보아야 한다"(대판 2003.12.12. 2003다44370).

④ [○]

**해설** "본인인 예금명의자의 의사에 따라 예금명의자의 실명확인 절차가 이루어지고 예금명의자를 예금주로 하여 예금계약서를 작성하였음에도 불구하고, 위에서 본 바와 달리 예금명의자가 아닌 출연자 등을 예금계약의 당사자라고 볼 수 있으려면, 금융기관과 출연자 등과 사이에서 실명확인 절차를 거쳐 서면으로 이루어진 예금명의자와의 예금계약을 부정하여 예금명의자의 예금반환청구권을 배제하고, 출연자 등과 예금계약을 체결하여 출연자 등에게 예금반환청구권을 귀속시키겠다는 명확한 의사의 합치가 있는 극히 예외적인 경우로 제한되어야 할 것이고, 이러한 의사의 합치는 금융실명법에 따라 실명확인 절차를 거쳐 작성된 예금계약서 등의 증명력을 번복하기에 충분할 정도의 명확한 증명력을 가진 구체적이고 객관적인 증거에 의하여 매우 엄격하게 인정하여야 한다"(대판 2009.3.19. 전합2008다45828).

⑤ [○]

**해설** "은행에 공동명의로 예금을 하고 은행에 대하여 그 권리를 함께 행사하기로 한 경우에 만일 동업 자금을 공동명의로 예금한 경우라면 채권의 준합유관계에 있다고 볼 것이나, 공동명의 예금채권자들 각자가 분담하여 출연한 돈을 동업 이외의 특정 목적을 위하여 공동명의로 예치해 둠으로써 그 목적이 달성되기 전에는 공동명의 예금채권자가 단독으로 예금을 인출할 수 없도록 방지·감시하고자 하는 목적으로 공동명의로 예금을 개설한 경우라면, 하나의 예금채권이 분량적으로 분할되어 각 공동명의 예금채권자들에게 공동으로 귀속되고, 각 공동명의 예금채권자들이 예금채권에 대하여 갖는 각자의 지분에 대한 관리처분권은 각자에게 귀속되는 것이고, 다만 은행에 대한 지급 청구만을 공동반환의 특약에 의하여 공동명의 예금채권자들 모두가 공동으로 하여야 하는 것이므로, 공동명의 예금채권자 중 1인에 대한 채권자로서는 그 1인의 지분에 상응하는 예금채권에 대한 압류 및 추심명령 등을 얻어 이를 집행할 수 있고, 한편 이러한 압류 등을 송달받은 은행으로서는 압류채권자의 압류 명령 등에 기초한 단독 예금반환청구에 대하여, '공동명의 예금채권자가 공동으로 그 반환을 청구하는 절차를 밟아야만 예금청구에 응할 수 있다'는 공동명의 예금채권자들과 사이의 공동반환특약을 들어 그 지급을 거절할 수는 없다"(대판 2005.9.9. 2003다7319).

## 161

甲, 乙, 丙은 각각 1억 원씩 출자하여 A사업체를 운영하는 「민법」상 조합계약을 체결하였다. 아래 사항들에 대해 조합계약에서 별도의 특약이 없음을 전제로 할 때, 이에 관한 설명 중 옳지 않은 것은? (각 지문은 독립적이며, 다툼이 있는 경우 판례에 의함) [18 변호사]

① A사업체가 구입한 부동산에 대하여 甲, 乙, 丙의 명의로 각 지분에 관하여 공유등기를 하였다면 A사업체가 甲, 乙, 丙에게 각 지분에 대하여 명의신탁한 것으로 보아야 한다.

② A사업체에 업무집행자를 두지 않은 경우, 甲과 乙이 A사업체의 명의로 B회사와 매매계약을 체결하였더라도 그 매매계약은 A사업체에 효력이 발생한다.

③ 조합계약으로 업무집행자를 정하지 아니한 경우에는 甲과 乙의 찬성으로 甲을 업무집행자로 선임할 수 있다.

④ A사업체의 업무집행자가 甲으로 정해져 있는 경우에 乙의 임의탈퇴는 甲에 대한 의사표시만으로 효력이 발생한다.

⑤ 甲이 사망한 경우, 甲은 조합을 당연히 탈퇴한 것으로 되고 조합원의 지위가 甲의 상속인에게 승계되지 않는다.

　정답 ④

① [○]

**해설** 조합이 조합원명의로 공유등기를 한 경우(각 지분에 대한 명의신탁)

"동업 목적의 조합체가 부동산을 조합재산으로 취득하였으나 합유등기가 아닌 조합원들 명의로 공유등기를 하였다면 그 공유등기는 조합체가 조합원들에게 각 지분에 관하여 명의신 탁한 것에 불과하므로 부동산 실권리자명의 등기에 관한 법률 제4조 제2항 본문이 적용되어 명의수탁자인 조합원들 명의의 소유권이전등기는 무효이다"(대판 2002.6.14. 2000 다30622).

**참고판례** 조합이 조합원 1인의 명의로 등기를 한 경우(그 조합원에 대한 명의신탁)

"매수인들이 상호 출자하여 공동사업을 경영할 것을 목적으 로 하는 조합이 조합재산으로서 부동산의 소유권을 취득하였 다면 민법 제271조 제1항의 규정에 의하여 당연히 그 조합 체의 합유물이 되고, 다만 그 조합체가 합유등기를 하지 아니 하고 그 대신 조합원 1인의 명의로 소유권이전등기를 하였다 면 이는 조합체가 그 조합원에게 명의신탁한 것으로 보아야 한다"(대판 2006.4.13. 2003다25256).

② [○]

**조문** 제706조(사무집행의 방법) 「② 조합의 업무집행은 조합원 의 과반수로써 결정한다. 업무집행자수인인 때에는 그 과반 수로써 결정한다.」

▶ 甲과 乙이 찬성하면 조합원 甲, 乙, 丙 중 과반수의 결정 이 되므로 지문에서의 매매계약은 A사업체에 효력이 발생 한다.

③ [○]

**조문** 제706조(사무집행의 방법) 「① 조합계약으로 업무집행자를 정하지 아니한 경우에는 조합원의 3분의 2이상의 찬성으로 써 이를 선임한다.」

▶ A사업체에는 업무집행자가 없고, 甲과 乙이 찬성하면 조 합원 甲, 乙, 丙 중 3분의 2이상이 되므로, 甲과 乙은 甲 을 업무집행자로 선임할 수 있다.

④ [×]

**해설** 조합원의 탈퇴

"민법상 조합에 있어서 조합원은 임의로 탈퇴할 수 있고 그 탈퇴는 다른 조합원 전원에 대한 의사표시로 하여야 하나 (주 : 조합의 탈퇴는 조합계약의 해지의 성격을 가지므로 종 전 조합원의 지분확대와 탈퇴조합원의 지분 계산 등 조합원 지위에 중대한 영향을 미치므로 업무집행자가 있음에도 조합 원 전원에 대한 의사표시가 필요), 조합계약에서 탈퇴의사의 표시 방식을 따로 정하는 특약은 유효하다"(대판 1997.9.9. 96다16896).

▶ 지문에서 임의탈퇴에 대한 별도의 특약이 보이지 않으므 로 乙은 甲뿐만 아니라 丙에게도 탈퇴의 의사표시를 하여 야 한다.

⑤ [○]

**해설** 조합원의 사망

조합체인 경우 특별한 약정이 없으면 사망한 조합원은 조합 에서 당연탈퇴되고(제717조 1호), 조합원의 지위는 일신전 속적인 권리의무관계로서 상속인에게 상속되지 않는다(대판 1981.7.28. 81다145).

**참고판례** 종중이 그 소유의 부동산을 여러 명의 종중원에게 명의신탁 하면서 그 중 1인이 임의로 지분을 처분하는 것을 막기 위하 여 그들의 합유로 등기하는 경우 判例는 "부동산의 합유자 중 일부가 사망한 경우 합유자 사이에 특별한 약정이 없는 한 사망한 합유자의 상속인은 합유자로서의 지위를 승계하는 것이 아니므로 해당 부동산은 잔존 합유자가 2인 이상일 경 우에는 잔존 합유자의 합유로 귀속되고 잔존 합유자가 1인인 경우에는 잔존 합유자의 단독소유로 귀속된다"(대판 1994. 2.25. 93다39225)는 입장이다.

## 162

丙의 甲에 대한 부당이득반환 청구에 관한 설명 중 옳은 것은? (다툼이 있는 경우 판례에 의함) [20 변호사]

① 금전채권의 질권자 甲이 자기채권의 범위 내에서 직접청구권을 행사하여 제3채무자인 丙으로부터 자기채권을 변제받은 경우, 질권설정자 乙이 丙에 대해 가지는 입질채권의 발생원인계약이 무효라면, 특별한 사정이 없는 한 丙은 甲을 상대로 직접 변제금 상당의 부당이득반환을 청구할 수 있다.

② 丙이 법률상 의무 없이 乙을 위하여 사무를 관리한 경우, 그 사무관리행위로 甲이 결과적으로 사실상 이익을 얻었다면 丙은 甲을 상대로 직접 그 이익 상당의 부당이득반환을 청구할 수 있다.

③ 유효한 도급계약에 기하여 수급인 丙이 도급인 乙로부터 甲 소유의 물건을 인도받아 수리한 결과 그 물건의 가치가 증가한 경우, 丙은 甲을 상대로 직접 증가액 상당의 「민법」 제203조에 의한 비용상환이나 제741조에 의한 부당이득반환을 청구할 수 없다.

④ 丙이 착오로 자신의 乙은행 예금계좌에 예금된 돈을 丁의 甲은행 예금계좌로 송금한 경우, 丙은 甲은행을 상대로 직접 송금액 상당의 부당이득반환을 청구할 수 있다.

⑤ 채무자인 乙이 丙으로부터 횡령한 금전을 자신의 채권자인 甲에게 변제하는 데 사용한 경우, 甲이 변제수령 당시 乙의 횡령사실을 알았더라도 丙은 甲을 상대로 변제금 상당의 부당이득반환을 직접 청구할 수 없다.

## 162

**① [×]**

**해설** 입질채권의 발생원인인 계약관계에 무효 등의 흠이 있어 입질채권이 부존재하는 경우

"금전채권의 질권자가 민법 제353조 제1항, 제2항에 의하여 자기채권의 범위 내에서 직접청구권을 행사하는 경우 질권자는 질권설정자의 대리인과 같은 지위에서 입질채권을 추심하여 자기채권의 변제에 충당하고 그 한도에서 질권설정자에 의한 변제가 있었던 것으로 보므로, 위 범위 내에서는 제3채무자의 질권자에 대한 금전지급으로써 제3채무자의 질권설정자에 대한 급부가 이루어질 뿐만 아니라 질권설정자의 질권자에 대한 급부도 이루어진다(이른바 단축급부 : 저자주). 이러한 경우 입질채권의 발생원인인 계약관계에 무효 등의 흠이 있어 입질채권이 부존재한다고 하더라도 제3채무자는 특별한 사정이 없는 한 상대방 계약당사자인 질권설정자에 대하여 부당이득반환을 구할 수 있을 뿐이고 질권자를 상대로 직접 부당이득반환을 구할 수 없다. 이와 달리 제3채무자가 질권자를 상대로 직접 부당이득반환청구를 할 수 있다고 보면 자기 책임하에 체결된 계약에 따른 위험을 제3자인 질권자에게 전가하는 것이 되어 계약법의 원리에 반하는 결과를 초래할 뿐만 아니라 질권자가 질권설정자에 대하여 가지는 항변권 등을 침해하게 되어 부당하기 때문이다"(대판 2015.5.29. 2012다92258).

▶ 제3채무자 丙은 질권설정자 乙을 상대로 부당이득반환을 구할 수 있을 뿐이다.

**② [×]**

**해설** 사무관리와 전용물 소권

"전용물소권은 부정되는바, 이러한 법리는 그 급부가 사무관리에 의하여 이루어진 경우에도 마찬가지이다. 따라서 의무 없이 타인을 위하여 사무를 관리한 자는 타인에 대하여 민법상 사무관리 규정에 따라 비용상환 등을 청구할 수 있는 외에 사무관리에 의하여 결과적으로 사실상 이익을 얻은 다른 제3자에 대하여 직접 부당이득반환을 청구할 수는 없다"(대판 2013.6.27. 2011다17106).

▶ 사무관리자 丙은 타인 乙을 상대로 사무관리 규정(제739조)에 따른 비용상환청구를 할 수 있을 뿐이다. 즉, 사무관리가 성립하게 되면 본인과 관리자 사이에 '법정채권관계'가 발생하므로, 이때에는 부당이득이 문제되지 않는다. 이와 같이 사무관리는 적법행위 또는 법률상의 원인에 해당하므로, 사무관리가 성립하게 되면 부당이득이나 불법행위가 성립하지 않는다. 따라서 부당이득, 불법행위의 성립여부 보다는 사무관리의 성립여부를 먼저 검토하여야 한다.

**③ [○]**

**해설** 점유자의 비용상환청구권

제203조에 의해 비용상환을 청구할 수 있는 자는 ⅰ) 타인의 소유물을 권원없이 점유하는 자여야 하며, ⅱ) 그 비용지출과정을 주도하고 관리한 자일 것을 요한다.

"유효한 도급계약에 기하여 수급인이 도급인으로부터 제3자 소유 물건의 점유를 이전받아 이를 수리한 결과 그 물건의 가치가 증가한 경우, 도급인이 그 물건을 간접점유하면서 궁극적으로 자신의 계산으로 비용지출과정을 관리한 것이므로, 도급인만이 소유자에 대한 관계에 있어서 제203조에 의한 비용상환청구권을 행사할 수 있는 비용지출자라고 할 것이고, 수급인은 그러한 비용지출자에 해당하지 않는다"(대판 2002.8.23. 99다66564,66571).

▶ 수급인 丙이 아니라 도급인 乙이 소유자 甲을 상대로 점유자의 비용상환청구권 규정(제203조)에 따른 비용상환청구를 할 수 있다.

**④ [×]**

**해설** 착오송금의 경우 송금의뢰인의 수취은행에 대한 부당이득반환청구 가부(소극)

"예금거래기본약관에 따라 송금의뢰인이 수취인의 예금계좌에 자금이체를 하여 예금원장에 입금의 기록이 된 때에는 특별한 사정이 없는 한 송금의뢰인과 수취인 사이에 자금이체의 원인인 법률관계가 존재하는지 여부에 관계없이 수취인과 수취은행 사이에 위 입금액 상당의 예금계약이 성립하고 수취인이 수취은행에 대하여 위 입금액 상당의 예금채권을 취득하며, 이때 송금의뢰인과 수취인 사이에 계좌이체의 원인이 되는 법률관계가 존재하지 않음에도 불구하고 계좌이체에 의하여 수취인이 계좌이체 금액 상당의 예금채권을 취득한 경우에는, 송금의뢰인은 수취인에 대하여 위 금액 상당의 부당이득반환청구권을 가지게 되지만, 수취은행은 이익을 얻은 것이 없으므로 수취은행에 대하여는 부당이득반환청구권을 취득하지 아니한다"(대판 2012.3.29. 2011다89040).

**⑤ [×]**

**해설** 횡령한 돈에 의한 변제

대법원은 "부당이득제도는 이득자의 재산상 이득이 법률상 원인을 결여하는 경우에 공평·정의의 이념에 근거하여 이득자에게 그 반환의무를 부담시키는 것인바, 채무자가 피해자로부터 횡령한 금전을 그대로 채권자에 대한 채무변제에 사용하는 경우 피해자의 손실과 채권자의 이득 사이에 인과관계가 있음이 명백하고, 한편 채무자가 횡령한 금전으로 자신의 채권자에 대한 채무를 변제하는 경우 **채권자가 그 변제를 수령함에 있어 악의 또는 중대한 과실이 있는 경우에는 채권자의 금전 취득은 피해자에 대한 관계에 있어서 법률상 원인을 결여한 것으로 봄이 상당하나**, 채권자가 그 변제를 수령함에 있어 단순히 과실이 있는 경우에는 그 변제는 유효하고 채권자의 금전 취득이 피해자에 대한 관계에 있어서 법률상 원인을 결여한 것이라고 할 수 없다"(대판 2003.6.13. 2003다8862)고 하였다.

▶ 채무자(乙)가 피해자(丙)로부터 횡령한 금전을 채권자(甲)에 대한 채무변제에 사용한 경우, 채권자의 금전 취득이 피해자에 대한 관계에서 부당이득으로 되기 위하여 채권자(甲)의 악의·중과실이 필요하다.

# 163

**부당이득에 관한 설명 중 옳지 않은 것은? (다툼이 있는 경우에는 판례에 의함)** [15 변호사]

① 타인의 소유물을 권원 없이 점유함으로써 얻은 사용이익을 반환하는 경우, 악의의 수익자는 받은 이익에 이자를 붙여 반환하여야 하며, 위 이자의 이행지체로 인한 지연손해금도 지급하여야 한다.

② 수익자가 이익을 받은 후 법률상 원인없음을 안 때에는 그 때부터 악의의 수익자로서 이익반환의 책임이 있다.

③ 비채변제와 관련하여, 지급자가 채무 없음을 알고 있었으나 변제를 강요당하거나 변제 거절로 인한 사실상의 손해를 피하기 위하여 부득이 변제하게 된 경우에는 지급자가 그 반환청구권을 상실하지 않는다.

④ 법률행위의 내용 자체는 반사회질서적인 것이 아니라고 하여도 법률행위 과정에서 표시되거나 상대방에게 알려진 법률행위의 동기가 반사회질서적인 경우에는 불법원인급여에 있어서의 불법원인에 해당한다.

⑤ 불법원인급여 후 급부를 이행받은 자가 급부의 원인행위와 별도의 약정으로 급부 그 자체 또는 그에 갈음한 대가물을 반환하기로 특약하는 것은 무효이다.

① [○]

**해설** 判例에 따르면 악의의 점유자의 반환에 관한 제201조 2항은 제748조 2항의 특칙이 아니어서 악의의 점유자는 제201조 2항에 따라 과실을 반환하는 외에 다시 제748조 2항을 적용하여 ⅰ) 임료 상당의 부당이득(사용이익) 및 ⅱ) 그에 따른 법정이자와 ⅲ) 위 부당이득 및 이자액에 대한 지연이자도 지급해야 한다고 한다(아래 2001다61869판결).

**관련판례** "타인 소유물을 권원 없이 점유함으로써 얻은 사용이익을 반환하는 경우 민법은 선의 점유자를 보호하기 위하여 제201조 1항을 두어 선의 점유자에게 과실수취권을 인정함에 대하여, 이러한 보호의 필요성이 없는 악의 점유자에 관하여는 제201조 2항을 두어 과실수취권이 인정되지 않는다는 취지를 규정하는 것으로 해석되는바, 따라서 악의 수익자가 반환하여야 할 범위는 제748조 2항에 따라 정하여지는 결과 그는 받은 이익에 이자를 붙여 반환하여야 한다. 위 조문에서 규정하는 이자는 당해 침해행위가 없었더라면 원고가 위 임료로부터 통상 얻었을 법정이자 상당액을 말하는 것이므로, 악의 수익자는 위 이자의 이행지체로 인한 지연손해금도 지급하여야 할 것이다"(대판 2003.11.4. 2001다61869).

② [○]

**조문** 제749조(수익자의 악의인정) 「① 수익자가 이익을 받은 후 법률상 원인 없음을 안 때에는 그때부터 악의의 수익자로서 이익반환의 책임이 있다.
② 선의의 수익자가 패소한 때에는 그 소를 제기한 때부터 악의의 수익자로 본다.」

③ [○]

**해설** 채무가 없음에도 불구하고 채무자로서 변제하였다면 당연히 부당이득반환채권을 갖는다(제741조). 그러나 ㉠ 채무 없음을 알고 이를 변제하거나(제742조), ㉡ 그 변제가 도의관념에 적합한 때(제744조)에는 그 반환을 청구하지 못한다. 주의할 점은 변제를 강제당한 경우나 변제거절로 인한 사실상의 손해를 피하기 위하여 부득이 변제하게 된 경우 등 그 변제가 자기의 자유로운 의사에 반하여 이루어진 것으로 볼 수 있는 사정이 있는 때에는 지급자가 그 반환청구권을 상실하지 않는다(대판 1997.7.25. 97다5541)는 점이다.

④ [○]

**해설** "제103조에 의하여 무효로 되는 '법률행위'는 ㉠ 법률행위의 내용이 선량한 풍속 기타 사회질서에 위반되는 경우뿐만 아니라, ㉡ 그 내용 자체는 반사회질서적인 것이 아니라고 하여도 ⅰ) 법률적으로 이를 강제하거나, ⅱ) 법률행위에 반사회질서적인 조건 또는 ⅲ) 금전적인 대가가 결부됨으로써 반사회질서적 성질을 띠게 되는 경우 및 ⅳ) 표시되거나 상대방에게 알려진 법률행위의 동기가 반사회질서적인 경우를 포함한다"(대판 2001.2.9. 99다38613).

⑤ [×]

**해설** 判例는 종래에 급여물을 그대로 반환하기로 한 경우이든(대판 1995.7.14. 94다51994), 급여물이 아닌 다른 물품의 지급을 받기로 한 경우이든(대판 1964.7.21. 64다389) 반환약정은 모두 불법원인급여의 반환을 구하는 범주에 속하는 것으로서 무효라고 하였다. 그런데 최근에는 "반환약정 자체가 사회질서에 반하여 무효가 되지 않는 한 유효하다고 할 것이고, 무효여부는 반환약정 그 자체의 목적뿐만 아니라 당초의 불법원인급여가 이루어진 경우, 쌍방당사자의 불법성의 정도, 반환약정의 체결과정 등 제103조 위반 여부를 판단하기 위한 제반요소를 종합적으로 고려하여 결정해야 한다"고 한다(대판 2010.5.27. 2009다1258).

**비교판례** 불법원인급여의 수령자가 임의로 급여된 물건이나 이에 갈음하여 다른 물건을 급여자에게 반환하는 것(임의반환)은 선량한 풍속 기타 사회질서에 위배되는 것은 아니다(대판 1964. 0.27. 64다798,799). 제746조는 불법원인급여자의 반환청구를 법률상 보호하지 않겠다는 것일 뿐이지 수령자의 급부 보유가 정당하다는 것은 아니기 때문이다.

## 164

**불법원인급여에 관한 설명 중 옳지 않은 것은? (다툼이 있는 경우에는 판례에 의함)**　　　　　　[13 변호사]

① 민법 제746조가 규정하는 불법원인이라 함은 그 원인되는 행위가 선량한 풍속 기타 사회질서에 위반하는 경우를 말하는 것으로서, 법률의 금지에 위반하는 경우라 할지라도 그것이 선량한 풍속 기타 사회질서에 위반하지 않는다면 위 불법원인에 해당하지 않는다.

② 윤락행위를 할 자를 고용·모집하거나 그 직업을 소개·알선한 자가 성매매의 유인·강요의 수단으로 이용되는 선불금 등 명목으로 제공한 금품은 불법원인급여에 해당하여 그 반환을 청구할 수 없다.

③ 불법원인급여 후 급부를 이행받은 자가 급부의 원인행위와 별도의 약정으로 급부 그 자체 또는 그에 갈음한 대가물의 반환을 특약하는 경우, 그 반환약정 자체가 사회질서에 반하여 무효가 되지 않는 한 유효하고, 이때 그 특약이 유효가 됨으로 인하여 이익을 얻는 급부자가 그 반환약정이 사회질서에 반하지 않는다는 점을 증명하여야 한다.

④ 부동산 실권리자명의 등기에 관한 법률에 의하여 무효인 명의신탁약정에 기하여 타인 명의의 등기가 마쳐졌다는 이유만으로 그것이 당연히 불법원인급여에 해당한다고 볼 수 없다.

⑤ 도박자금을 제공함으로 인하여 발생한 채권의 담보로 부동산에 관하여 근저당권설정등기가 경료되었을 뿐이라면 위 근저당권설정등기로 근저당권자가 받을 이익은 민법 제746조에서 말하는 이익에는 해당하지 아니하므로, 그 부동산의 소유자는 위 등기의 말소를 청구할 수 있다.

**164**  정답 ③

① [○]

**해설** "제746조의 불법원인은 설사 법률의 금지함에 위반한 경우라 할지라도 그것이 선량한 풍속 기타 사회질서에 위반하지 않는 경우에는 이에 해당하지 않는다"(대판 1983.11.22. 83다430).

② [○]

**해설** "윤락행위 및 그것을 유인·강요하는 행위는 선량한 풍속 기타 사회질서에 위반되므로, 윤락행위를 할 자를 고용·모집하거나 그 직업을 소개·알선한 자가 윤락행위를 할 자를 고용·모집함에 있어 성매매의 유인·강요의 수단으로 이용되는 선불금 등 명목으로 제공한 금품이나 그 밖의 재산상 이익 등은 불법원인급여에 해당하여 그 반환을 청구할 수 없다"(대판 2004.9.3. 2004다27488,2749)

③ [×]

**해설** 불법원인급여의 반환약정

(1) **급여와 동시에 이루어지는 경우** : 수령자가 급부받을 때 만일 불법한 목적이 달성되지 않으면 반환한다고 약정하였다면 그 특약은 무효이다(대판 1991.3.22. 91다520).

(2) **급여 이후에 사후적으로 이루어지는 경우** : 判例는 종래에 급여물을 그대로 반환하기로 한 경우이든(대판 1995. 7.14. 94다51994), 급여물이 아닌 다른 물품의 지급을 받기로 한 경우이든(대판 1964.7.21. 64다389) 반환약정은 모두 불법원인급여의 반환을 구하는 범주에 속하는 것으로서 무효라고 하였다. 그런데 최근에는 "**반환약정 자체가 사회질서에 반하여 무효가 되지 않는 한 유효**하다고 할 것이고, 무효여부는 반환약정 그 자체의 목적뿐만 아니라 당초의 불법원인급여가 이루어진 경우, 쌍방당사자의 불법성의 정도, 반환약정의 체결과정 등 제103조 위반 여부를 판단하기 위한 제반요소를 종합적으로 고려하여 결정해야 한다"고 한다(대판 2010.5.27. 2009다1258).

**비교판례** 불법원인급여의 수령자가 임의로 급여된 물건이나 이에 갈음하여 다른 물건을 급여자에게 반환하는 것(임의반환)은 선량한 풍속 기타 사회질서에 위배되는 것은 아니다(대판 1964. 10.27. 64다798,799). 제746조는 불법원인급여자의 반환청구를 법률상 보호하지 않겠다는 것일 뿐이지 수령자의 급부 보유가 정당하다는 것은 아니기 때문이다.

④ [○]

**해설** "부동산실명법이 규정하는 명의신탁약정은 그 자체로 선량한 풍속 기타 사회질서에 위반하는 경우에 해당한다고 단정할 수 없을 뿐만 아니라, 위 법률은 원칙적으로 명의신탁약정과 그 등기에 기한 물권변동만을 무효로 하고 명의신탁자가 다른 법률관계에 기하여 등기회복 등의 권리행사를 하는 것까지 금지되지는 않는 대신, 명의신탁자에 대하여 행정적 제재나 형벌을 부과함으로써 사적자치 및 재산권보장의 본질을 침해하지 않도록 규정하고 있으므로, 위 법률이 비록 부동산등기제도를 악용한 투기·탈세·탈법행위 등 반사회적 행위를 방지하는 것 등을 목적으로 제정되었다고 하더라도, 무효인 명의신탁약정에 기하여 타인 명의의 등기가 마쳐졌다는 이유만으로 그것이 당연히 불법원인급여에 해당한다고 볼 수 없다"(대판 2003.11.27. 2003다41722).

⑤ [○]

**해설** 제746조의 불법원인급여에서의 '급부'는 '종국적'인 것이어야 한다. 判例도 급부의 수령자가 이를 실현하려면 국가의 협력 내지 법의 보호를 기다려야 하는 경우는 제746조의 급부가 아니라고 보았다. 즉 '도박채무의 담보로 부동산에 근저당권을 설정'한 경우, 수령자가 그 이익을 얻으려면 경매신청을 하여야 하는 별도의 조치를 요하는 점에서 그 급부는 종국적인 것이 아니어서 말소를 청구할 수 있다고 한다(대판 1995. 8.11. 94다54108).

**비교판례** 다만 '도박채무의 양도담보조로 이전해 준 소유권이전등기'는 제746조의 불법원인급여에 해당하여 그 말소를 청구할 수 없다고 하였다(대판 1989.9.29. 89다카5994).

▶ 근저당권의 경우에는 그 실행을 위해 경매절차 등 국가의 협력이 필요하다는 점에서 사적실행이 가능한 양도담보와는 그 사정이 다르므로, 判例의 결론은 구체적 타당성이 있다고 생각된다.

## 165

甲 종중은 정기총회에서 종중 소유의 X 토지를 2억 원에 매도하기로 결의한 다음, 乙에게 X 토지를 2억 원에 매도하는 계약을 체결하였다. 乙은 甲 종중의 요구에 따라 계약금 2,000만 원, 중도금 8,000만 원 합계 1억 원을 甲 종중의 채권자인 丙에게 지급하였는데, 그 후 위 종중총회의 결의가 총회 소집절차상의 하자로 인하여 무효라는 판결이 선고되어 그 판결이 확정되었다. 다음 설명 중 옳지 않은 것을 모두 고른 것은? (각 지문은 독립적이고, 다툼이 있는 경우 판례에 의함)                [15 변호사]

---

ㄱ. 乙이 丙에게 1억 원을 지급한 것은 甲 종중이 丙에게 부담하고 있던 채무의 변제로서 유효하다.
ㄴ. 乙은 丙에게 1억 원의 반환을 청구할 수 있다.
ㄷ. 乙은 甲 종중에게 1억 원의 반환을 청구할 수 있다.
ㄹ. 丙이 乙로부터 1억 원을 받을 당시 甲 종중에 대한 채권이 8,000만 원에 불과하였다면 甲 종중은 丙에게 2,000만 원의 반환을 청구할 수 있다.

---

① ㄴ                      ② ㄷ
③ ㄱ, ㄷ                   ④ ㄴ, ㄹ
⑤ ㄱ, ㄷ, ㄹ

**165**　　　　　　　　　　　　　　　　　　정답 ①

**해설** 사안은 乙이 甲의 '지급지시'에 따라 丙에게 변제를 한 경우이다.

ㄱ. [○]
"乙이 제3자인 丙에 대하여 한 급부는 乙의 甲에 대한 추가부담금 등의 납부의무의 이행으로서 이루어진 것임과 동시에 甲의 丙에 대한 공사대금 등 지급채무의 이행으로서도 이루어진 것이고, 다만 甲의 지시 등으로 그 급부과정을 단축하여 乙이 丙에게 직접 급부한 것으로 평가할 수 있다. 이러한 경우에 乙이 甲에게 추가부담금 등을 납부한 법률상 원인이 된 이 사건 임시총회와 정산총회가 부존재하거나 무효로 되었다고 하더라도 丙은 甲과 사이의 재건축사업공사계약에 따른 공사대금 등의 변제로서 乙로부터 추가납부금 등을 수령한 것이므로 丙이 그 급부의 수령에 대한 유효한 법률상 원인을 보유하고 있다"(대판 2008.9.11. 2006다46278).

▶ 따라서 설문 사안에서 乙이 丙에게 1억 원을 지급한 것은 甲 종중이 丙에게 부담하고 있던 채무의 변제로서 유효하다.

ㄴ. [×], ㄷ. [○], ㄹ. [○]
"계약의 일방당사자가 상대방의 지시 등으로 상대방과 또 다른 계약관계를 맺고 있는 제3자에게 직접 급부한 경우(이른바 삼각관계에서의 급부가 이루어진 경우), 그 급부로써 급부를 한 당사자의 상대방에 대한 급부가 이루어질 뿐 아니라 그 상대방의 제3자에 대한 급부도 이루어지는 것이므로 **계약의 일방당사자는 제3자를 상대로 법률상 원인 없이 급부를 수령하였다는 이유로 부당이득반환청구를 할 수 없다.** 이러한 경우에 계약의 일방당사자가 상대방에 대하여 급부를 한 원인관계인 법률관계에 무효 등의 흠이 있다는 이유로 제3자를 상대로 직접 부당이득반환청구를 할 수 있다고 보면 자기 책임하에 체결된 계약에 따른 위험부담을 제3자에게 전가하는 것이 되어 계약법의 원리에 반하는 결과를 초래할 뿐만 아니라 수익자인 제3자가 상대방에 대하여 가지는 항변권 등을 침해하게 되어 부당하기 때문이다"(대판 2008.9.11. 2006다46278).

▶ 乙은 丙에게 직접 부당이득을 원인으로 그 매매대금의 반환을 청구할 수 없고 계약의 당사자인 甲에게 1억 원의 부당이득반환을 청구할 수 있다[이는 甲과 乙 사이의 계약(기본관계)이 해제된 경우에도 마찬가지이다(대판 2003. 12.26. 2001다46730)]. 또한 乙이 丙에게 1억 원을 지급했다면 이는 甲이 丙에게 1억 원을 지급한 것으로도 볼 수 있으므로(이른바 단축급부), 만약 甲의 丙에 대한 채무액이 8,000만 원에 불과하였다면 甲은 丙에게 2,000만 원의 반환을 청구할 수 있다.

## 166

甲 회사의 상품판매 대리인 乙이 자신의 채권자 丙으로부터 채무독촉에 시달리자, 2010. 8. 5. 평소 거래하던 판매업자 丁에게 甲 회사의 상품을 시가의 반값에 판매하는 매매계약을 甲의 이름으로 체결하고, 2010. 8. 10 판매대금 4억원 중 2억 원을 선불로 받은 후 丙에 대한 자신의 채무를 변제하는데에 사용하였다. 이러한 사실을 알게 된 甲 회사의 대표이사 戊는 乙을 추궁하여 2010. 10. 20. 乙로부터 2억 원을 받아 1억 원은 甲 회사의 계좌에 입금하고 나머지 1억 원은 개인용도로 소비하였다. 다음 설명 중 옳은 것을 모두 고른 것은? (다툼이 있는 경우에는 판례에 의함)　　　　[14 변호사]

> ㄱ. 乙이 자신의 이익을 위하여 시가의 반값에 매각하는 배임적 사정을 丁이 알면서 위 매매계약을 체결하였다면, 丁은 甲에 대하여 위 매매목적물의 인도를 청구할 수 없다.
>
> ㄴ. 丙이 乙의 채무변제가 횡령한 금전에 의한 것임을 알면서 변제받은 경우, 甲은 丙을 상대로 직접 부당이득에 의한 금전반환을 청구할 수 없다.
>
> ㄷ. 2013. 11. 20. 戊의 횡령사실이 밝혀져 戊가 해임됨과 동시에 새로운 대표이사가 선임되고, 같은 해 12.23 甲 회사가 戊를 상대로 불법행위에 기한 손해배상청구소송을 제기 한 경우, 위 불법행위가 있었음으로 안 날로부터 3년이 경과하여 소멸시효가 완성되었다는 戊의 항변은 허용되지 않는다.

① ㄱ　　　　　　　　　② ㄴ

③ ㄱ, ㄴ　　　　　　　④ ㄱ, ㄷ

⑤ ㄱ, ㄴ, ㄷ

**166** 정답 ④

**해설** ㄱ. [○]

甲의 대리인인 乙은 '형식적'으로는 대리권의 범위 내에서 甲을 대리하여 丁과 매매계약을 체결하였지만 '실질적'으로는 자기의 이익을 도모하기 위하여 대리행위를 하였다. 이러한 대리권남용의 경우 判例는 대리인의 진의가 사익 도모에 있다는 것을 상대방이 알았거나 알 수 있었을 경우에는 제107조 1항 단서를 유추하여 '무효'로 보아야 한다는 입장(제107조 1항 단서 유추적용설)이다.

▶ 따라서 상대방 丁이 乙의 배임적 사정을 알았다면 甲과의 매매계약은 무효이므로 丁은 甲에 대하여 위 매매목적물의 인도를 청구할 수 없다.

ㄴ. [×]

"부당이득제도는 이득자의 재산상 이득이 법률상 원인을 결여하는 경우에 공평·정의의 이념에 근거하여 이득자에게 그 반환의무를 부담시키는 것인바, 채무자가 피해자로부터 횡령한 금전을 그대로 채권자에 대한 채무변제에 사용하는 경우 피해자의 손실과 채권자의 이득 사이에 인과관계가 있음이 명백하고, 한편 채무자가 횡령한 금전으로 자신의 채권자에 대한 채무를 변제하는 경우 **채권자가 그 변제를 수령함에 있어 악의 또는 중대한 과실이 있는 경우에는 채권자의 금전 취득은 피해자에 대한 관계에 있어서 법률상 원인을 결여한** 것으로 봄이 상당하나, 채권자가 그 변제를 수령함에 있어 단순히 과실이 있는 경우에는 그 변제는 유효하고 채권자의 금전 취득이 피해자에 대한 관계에 있어서 법률상 원인을 결여한 것이라고 할 수 없다"(대판 2003.6.13. 2003다8862).

▶ 따라서 채무자 乙이 피해자 甲으로부터 횡령한 금전을 채권자 丙에 대한 채무변제에 사용한 경우, 채권자 丙이 악의이므로 判例에 따르면 피해자 甲에 대한 관계에서 부당이득이 된다. 따라서 甲은 丙을 상대로 직접 부당이득에 의한 금전반환을 청구할 수 있다.

ㄷ. [○]

**조문** 제766조(손해배상청구권의 소멸시효) 「① 불법행위로 인한 손해배상의 청구권은 피해자나 그 법정대리인이 그 손해 및 가해자를 안 날로부터 3년간 이를 행사하지 아니하면 시효로 인하여 소멸한다. ② 불법행위를 한 날로부터 10년을 경과한 때에도 전항과 같다.」

**해설** 법인의 경우 대표자가 안 날부터 기산될 것이나, 법인의 대표자가 법인에 대해 불법행위를 한 경우에는 다른 임원 등이 안 때부터 기산하여야 한다(아래 2002다11441판결). 만약 임원 등이 법인 대표자와 공동불법행위를 한 경우에는 그 임원 등을 배제하고 단기소멸시효의 기산점을 판단하여야 한다(대판 2012.7.12. 2012다20475).

**관련 판례** "법인의 경우 불법행위로 인한 손해배상청구권의 단기소멸시효의 기산점인 '손해 및 가해자를 안 날'을 정함에 있어서 법인의 대표자가 법인에 대하여 불법행위를 한 경우에는 법인과 그 대표자는 이익이 상반하게 되므로 현실로 그로 인한 손해배상청구권을 행사하리라고 기대하기 어려울 뿐만 아니라 일반적으로 그 대표권도 부인된다고 할 것이므로 단지 그 대표자가 그 손해 및 가해자를 아는 것만으로는 부족하고, 적어도 법인의 이익을 정당하게 보전할 권한을 가진 다른 임원 또는 사원이나 직원 등이 손해배상청구권을 행사할 수 있을 정도로 이를 안 때에 비로소 위 단기소멸시효가 진행한다"(대판 2002.6.14. 2002다11441).

▶ 따라서 甲의 戊에 대한 불법행위에 기한 손해배상청구소송의 경우 戊의 횡령사실이 밝혀져 戊가 해임됨과 동시에 새로운 대표이사가 선임된 2013. 11. 20.이 제766조 1항의 피해자가 '손해 및 가해자를 안 날'이므로, 같은 해 12. 23.의 경우 3년이 경과되지 않아 소멸시효가 완성되었다는 戊의 항변은 허용되지 않는다.

## 167

**불법행위에 관한 설명 중 옳지 않은 것은? (다툼이 있는 경우에는 판례에 의함)** [15 변호사]

① 사용자가 피용자와 제3자의 책임비율에 의하여 정해진 피용자의 부담부분을 초과하여 피해자에게 손해를 배상한 경우, 사용자는 제3자에 대하여도 구상권을 행사할 수 있으나 그 구상의 범위는 제3자의 부담부분에 국한된다.

② 화재가 공작물 자체의 설치·보존상의 하자에 의하여 직접 발생한 경우, 간접점유자인 건물의 소유자는 직접점유자가 손해 방지에 필요한 주의를 해태하지 아니한 경우에 한하여 공작물책임을 지게 된다.

③ 2인 이상의 공동불법행위로 인하여 호의동승한 사람이 피해를 입은 경우, 동승자가 입은 손해에 대한 배상액을 산정할 때에는 먼저 호의동승으로 인한 감액비율을 참작하여 공동불법행위자들이 동승자에 대하여 배상하여야 할 수액을 정하여야 한다.

④ 일반적으로 타인의 불법행위 등에 의하여 재산권이 침해된 경우에 재산적 손해의 배상만으로 회복할 수 없는 정신적 손해가 발생하였다면, 가해자가 그러한 사정을 알았을 경우에 한하여 그 손해에 대한 위자료를 청구할 수 있다.

⑤ 사람이 갖는 명예에 관한 권리의 침해에 대하여는 사전 예방적 구제수단으로 침해행위의 정지·방지 등의 금지 청구권이 인정될 수 있다.

# 167

정답 ④

① [O]

**해설** "피용자와 제3자가 공동불법행위로 피해자에게 손해를 가하여 그 손해배상채무를 부담하는 경우에 피용자와 제3자는 공동불법행위자로서 서로 부진정연대관계에 있고, 한편 사용자의 손해배상책임은 피용자의 배상책임에 대한 대체적 책임이어서 사용자도 제3자와 부진정연대관계에 있다고 보아야 하므로, 사용자가 피용자와 제3자의 책임비율에 의하여 정해진 피용자의 부담부분을 초과하여 피해자에게 손해를 배상한 경우에는 사용자는 제3자에 대하여도 구상권을 행사할 수 있으며, 그 구상의 범위는 제3자의 부담부분에 국한된다고 보는 것이 타당하다"(대판 1992.6.23. 전합91다33070).

② [O]

**조문** 제758조(공작물등의 점유자, 소유자의 책임) 「① 공작물의 설치 또는 보존의 하자로 인하여 타인에게 손해를 가한 때에는 공작물점유자가 손해를 배상할 책임이 있다. 그러나 점유자가 손해의 방지에 필요한 주의를 해태하지 아니한 때에는 그 소유자가 손해를 배상할 책임이 있다.」

**해설** 과거 실화책임법이 면책규정을 두고 있었던바, 判例는 공작물 자체의 설치·보존상의 하자에 의하여 직접 발생한 화재로 인한 손해배상책임에 관하여는 민법 제758조 1항을 적용하고, 그 화재로부터 연소(延燒)한 부분에 대한 손해배상책임에 대하여는 실화 책임에 관한 법률을 적용함이 상당하다고 하였으나(대판 1996.2.23. 95다22887), 현행 실화책임법은 경감규정만 두고 있는바, "공작물의 설치·보존상 하자에 의하여 직접 발생한 화재로 인한 손해배상책임뿐만 아니라 그 화재로부터 연소한 부분에 대한 손해배상책임에 관하여도 공작물의 설치·보존상 하자와 손해 사이에 상당인과관계가 있는 경우에는 민법 제758조 제1항이 적용되고, 실화가 중대한 과실로 인한 것이 아닌 한 화재로부터 연소한 부분에 대한 손해의 배상의무자는 개정 실화책임법 제3조에 의하여 손해배상액의 경감을 받을 수 있다"(대판 2012.6.28. 2010다58056)고 한다.
"제758조의 공작물책임에서 간접점유의 경우에는 직접점유자가 1차적인 배상책임을 지고, 그가 손해의 방지에 필요한 주의를 다한 때에 비로소 간접점유자가 그 배상책임을 진다"(대판 1981.7.28. 81다209).

▶ 따라서 화재가 공작물 자체의 설치·보존상의 하자에 의하여 직접 발생한 경우, 간접점유자인 건물의 소유자는 직접점유자가 손해 방지에 필요한 주의를 해태하지 아니한 경우에 한하여 제758조의 공작물책임을 지게 된다.

③ [O]

**해설** 공동불법행위에 있어 호의동승으로 인한 책임제한이 미치는 범위

**사실관계** A가 운전하던 차량과 B가 운전하던 차량이 두 운전자의 공동과실로 사고가 발생하였고, 그로 인해 B가 운전하던 차량에 타고 있던 C가 사망하였다. 이 때 B와 C는 연인 사이였고 두 사람은 벚꽃구경을 가던 길이었다. 이에 동승차량의 운행목적, 피해자와의 인적 관계, 동승경위 등에 비추어 볼 때 C의 사망에 대해 동승차량 운전자 B에게 전적인 책임을 지우는 것은 신의칙이나 형평의 원칙상 불합리하므로 '호의동승으로 인한 책임제한'을 인정할 수 있는데, 이러한 책임제한이 다른 공동불법행위자인 A에게도 미치는지가 문제되었다. 이에 원심은 호의동승에 의한 책임제한은 인적, 내부적 관계에 기한 것인 만큼 상대적 효력만을 인정하여 부정하였으나 대법원은 아래와 같은 이유로 긍정하였다.

**판시내용** "2인 이상의 공동불법행위로 인하여 호의동승한 사람이 피해를 입은 경우, 공동불법행위자 상호간의 내부관계에서는 일정한 부담부분이 있으나 피해자에 대한 관계에서는 부진정연대책임을 지므로, 동승자가 입은 손해에 대한 배상액을 산정함에 있어서는 먼저 호의동승으로 인한 감액 비율을 참작하여 공동불법행위자들이 동승자에 대하여 배상하여야 할 수액을 정하여야 한다. 그리고 그 당연한 귀결로서 위와 같은 책임제한은 동승 차량 운전자인 B 뿐만 아니라 상대방 차량 운전자인 A와 그 보험자에게도 적용된다"(대판 2014.3.27. 2012다87263).

④ [×]

**조문** 제393조(손해배상의 범위) 「① 채무불이행으로 인한 손해배상은 통상의 손해를 그 한도로 한다.
② 특별한 사정으로 인한 손해는 채무자가 그 사정을 알았거나 알 수 있었을 때에 한하여 배상의 책임이 있다.」

제763조(준용규정) 제393조, 제394조, 제396조, 제399조의 규정은 불법행위로 인한 손해배상에 준용한다.

**해설** "일반적으로 타인의 불법행위에 의하여 재산권이 침해된 경우에는 그 재산적 손해의 배상에 의하여 정신적 고통도 회복된다고 보아야 할 것이므로, 재산적 손해의 배상에 의하여 회복할 수 없는 정신적 손해가 발생하였다면 이는 특별한 사정으로 인한 손해로서 가해자가 그러한 사정을 알았거나 알 수 있었을 경우에 한하여 그 손해에 대한 위자료를 인정할 수 있다"(대판 1988.3.22. 87다카1096).

⑤ [O]

**해설** "명예(인격권)는 그 성질상 일단 침해된 후의 구제수단(손해배상이나 명예회복처분)만으로는 그 침해의 완전한 회복이 어렵고 손해전보의 실효성을 기대하기 어려우므로, 사전(예방적)구제수단으로 '침해행위의 정지·방지' 등의 청구권도 인정된다"(대판 1996.4.12. 93다40614).

## 168

**사용자책임에 관한 설명 중 옳은 것을 모두 고른 것은? (다툼이 있는 경우 판례에 의함)** [18 변호사]

ㄱ. 명의를 대여받은 사람이 업무수행을 함에 있어 고의 또는 과실로 다른 사람에게 손해를 끼쳤고 객관적으로 보아 명의대여자가 명의를 대여받은 사람을 지휘·감독할 지위에 있었다면, 명의대여자는 사용자로서 그 손해를 배상할 책임이 있다.

ㄴ. 도급인이 수급인에 대하여 특정한 행위를 지휘하는 이른바 노무도급의 경우에는 수급인의 불법행위에 대하여 비록 도급인이라고 하더라도 사용자로서의 배상책임이 있다.

ㄷ. 지입차량의 차주가 고용한 운전자의 과실로 타인에게 물적 손해를 가한 경우에 지입회사는 사용자책임을 부담한다.

ㄹ. 사용자가 피용자의 고의에 의한 불법행위로 인하여 사용자책임을 부담하는 경우에 피해자에게 그 손해의 발생과 확대에 기여한 과실이 있더라도 사용자책임의 범위를 정함에 있어서 이러한 피해자의 과실을 고려하여 그 책임을 제한할 수는 없다.

① ㄱ, ㄴ　　　　　　② ㄴ, ㄹ
③ ㄱ, ㄴ, ㄷ　　　　④ ㄱ, ㄷ, ㄹ
⑤ ㄴ, ㄷ, ㄹ

## 168                                        정답 ③

**해설** ㄱ. [○]
### 사용자책임 – 명의대여자
명의를 대여하여 타인으로 하여금 영업을 하게 한 경우에는, '실제적으로 지휘·감독하였느냐'의 여부에 관계없이 당위적 측면에서 '객관적·규범적으로 보아 지휘·감독해야 할 지위에 있었느냐'에 따라 '명의대여자'에 대해서도 사용자책임이 인정된다(대판 2001.8.21. 2001다3658).

ㄴ. [○]
### 사용자책임 – 노무도급
독립적인 지위에서 일의 완성의무를 지는 수급인은 원칙적으로 제756조의 피용자라고 할 수 없다. 다만 **도급인이 수급인의 일의 진행 및 방법에 관하여 구체적인 지휘감독권을 보유한 경우**에는 도급인과 수급인의 관계는 실질적으로 사용자 및 피용자의 관계와 다를 바 없으므로, 수급인이 고용한 제3자의 불법행위로 인한 손해에 대하여 도급인은 제756조에 의한 사용자책임을 면할 수 없다(대판 1987.10.28. 87다카1185). 따라서 도급인이 수급인에 대하여 특정한 행위를 지휘하거나 특정한 사업을 도급시키는 경우와 같은 이른바 **노무도급**의 경우에는, 비록 도급인이라 하더라도 사용자로서의 배상책임이 있다(대판 2005.11.10. 2004다37676).

ㄷ. [○]
### 사용자책임 – 지입회사
"지입차량의 차주 또는 그가 고용한 운전자의 과실로 타인에게 손해를 가한 경우에는 지입회사는 명의대여자로서 제3자에 대하여 지입차량이 자기의 사업에 속하는 것을 표시하였을 뿐 아니라, 객관적으로 지입차주를 지휘·감독하는 사용자의 지위에 있다 할 것이므로 이러한 불법행위에 대하여는 그 사용자책임을 부담한다"(대판 2000.10.13. 2000다20069).

ㄹ. [×]
### 사용자책임 – 과실상계
"사용자가 피용자의 과실에 의한 불법행위로 인한 사용자책임을 부담하는 경우와 마찬가지로 피용자의 고의에 의한 불법행위로 인하여 사용자책임을 부담하는 경우에도 피해자에게 그 손해의 발생과 확대에 기여한 과실이 있다면 사용자책임의 범위를 정함에 있어서 이러한 피해자의 과실을 고려하여 그 책임을 제한할 수 있다"(대판 2002.12.26. 2000다56952).

**비교판례** ### 사용자책임 – 상계
피용자의 고의의 불법행위로 인해 사용자책임이 성립하는 경우, 사용자는 자신의 고의의 불법행위가 아니라는 이유로 제496조(불법행위채권을 수동채권으로 하는 상계의 금지)의 적용을 면할 수는 없다(대판 2006.10.26. 2004다63019).

## 169

**공동불법행위에 관한 설명 중 옳지 않은 것은? (다툼이 있는 경우 판례에 의함)** [17 변호사]

① 공동불법행위자 중에 피해자의 부주의를 이용하여 고의로 불법행위를 행한 자가 있는 경우에는 모든 불법행위자가 과실상계의 주장을 할 수 없다.

② 피해자가 공동불법행위자 중의 일부만을 상대로 손해배상을 청구하는 경우, 과실상계를 함에 있어 피해자에 대한 공동불법행위자 전원의 과실과 피해자의 공동불법행위자 전원에 대한 과실을 전체적으로 평가하여야 하고, 공동불법행위자 간의 과실의 경중이나 구상권행사의 가능 여부 등은 고려할 필요가 없다.

③ 피해자가 공동불법행위자별로 별개의 소를 제기하여 소송을 진행하는 경우, 피해자가 공동불법행위자들 중 일부를 상대로 한 전소(前訴)에서 승소한 금액을 전부 지급받았다고 하더라도 그 금액이 나머지 공동불법행위자에 대한 후소(後訴)에서 산정된 손해액에 미치지 못한다면 후소(後訴)의 피고는 그 차액을 피해자에게 지급할 의무가 있다.

④ 공동불법행위자 중 1인에 대하여 구상의무를 부담하는 다른 공동불법행위자가 수인(數人)인 경우, 구상권자인 공동불법행위자가 과실이 없어 내부적인 부담 부분이 전혀 없다면 그에 대한 수인(數人)의 구상의무 사이의 관계는 부진정연대관계이다.

⑤ 공동불법행위자 중 1인의 손해배상채무가 시효로 소멸한 후에 다른 공동불법행위자 1인이 피해자에게 자기의 부담 부분을 넘는 손해를 배상하였을 경우, 그 공동불법행위자는 손해배상채무가 시효로 소멸한 다른 공동불법행위자에게 구상권을 행사할 수 있다.

## 169
정답 ①

① [×]

**해설** 과실상계 : 개별적 평가설(예외)

判例는 "피해자의 부주의를 이용하여 고의로 불법행위를 저지른 자가 바로 그 피해자의 부주의를 이유로 자신의 책임을 감하여 달라고 주장하는 것은 허용될 수 없으나, 이는 그러한 사유가 있는 자에게 과실상계의 주장을 허용하는 것이 신의칙에 반하기 때문이므로, 불법행위자 중의 일부에게 그러한 사유가 있다고 하여 그러한 사유가 없는 다른 불법행위자까지도 과실상계의 주장을 할 수 없다고 해석할 것은 아니다"(대판 2007.6.14. 2005다32999).

② [○]

**해설** 과실상계 : 전체적 평가설(원칙)

"통상 공동불법행위의 경우 과실상계를 함에 있어서는 피해자에 대한 공동불법행위자 전원의 과실과 피해자의 공동불법행위자 전원에 대한 과실을 '전체적'으로 평가하여야 하고 공동불법행위자 간의 과실의 경중이나 구상권 행사의 가능 여부 등은 고려할 여지가 없다"(대판 1991.5.10. 90다14423).

③ [○]

**해설** 공동불법행위자에 대한 손해배상청구를 별개의 소로 진행한 경우 과실상계비율이나 손해액을 달리 인정할 수 있는지 여부(적극)

"피해자가 공동불법행위자들을 모두 피고로 삼아 한꺼번에 손해배상청구의 소를 제기한 경우와 달리 공동불법행위자별로 별개의 소를 제기하여 소송을 진행하는 경우에는 각 소송에서 제출된 증거가 서로 다르고 이에 따라 교통사고의 경위와 피해자의 손해액산정의 기초가 되는 사실이 달리 인정됨으로 인하여 과실상계비율과 손해액도 서로 달리 인정될 수 있는 것이므로, 피해자가 공동불법행위자들 중 일부를 상대로 한 전소에서 승소한 금액을 전부 지급받았다고 하더라도 그 금액이 나머지 공동불법행위자에 대한 후소에서 산정된 손해액에 미치지 못한다면 후소의 피고는 그 차액을 피해자에게 지급할 의무가 있다"(대판 2001.2.9. 2000다60227).

④ [○]

**해설** 수인의 구상의무자간 상호관계(원칙적 분할채무, 예외적 부진정연대채무)

⊙ [원칙적 분할채무] 공동불법행위자 중 1인에 대하여 구상의무를 부담하는 다른 공동불법행위자가 수인인 경우에는 특별한 사정이 없는 이상 그들의 구상권자에 대한 채무는 각자의 부담 부분에 따른 '분할채무'로 본다(대판 2002.9.27. 2002다15917). 따라서 각자의 내부적 부담부분의 범위 내에서만 구상의무를 부담한다.

ⓛ [예외적 부진정연대채무] 그러나 구상권자인 공동불법행위자측에 과실이 없는 경우(운전자에게 과실이 없는 경우에도 자배법상 운행자책임이 성립할 수 있다), 즉 내부적인 부담 부분이 전혀 없는 경우에는 이와 달리 그에 대한 수인의 구상의무 사이의 관계를 '부진정연대관계'로 봄이 상당하다고 한다(대판 2005.10.13. 2003다24147).

⑤ [○]

**해설** "공동불법행위자의 다른 공동불법행위자에 대한 구상권은 피해자의 다른 공동불법행위자에 대한 손해배상채권과는 그 발생 원인 및 성질을 달리하는 별개의 권리이고, 연대채무에 있어서 소멸시효의 절대적 효력에 관한 민법 제421조의 규정은 공동불법행위자 상호간의 부진정연대채무에 대하여는 그 적용이 없으므로, 공동불법행위자 중 1인의 손해배상채무가 시효로 소멸한 후에 다른 공동불법행위자 1인이 피해자에게 자기의 부담 부분을 넘는 손해를 배상하였을 경우에도, 그 공동불법행위자는 다른 공동불법행위자에게 구상권을 행사할 수 있다"(대판 1997.12.23. 97다42830).

## 170

甲과 乙이 과실에 의한 공동불법행위로 丙에게 손해를 가하
였는데, 丙이 입은 손해액은 3,000만 원이다. 甲과 乙의 부
담부분의 비율은 2:1이고, 甲과 乙에 대한 丙의 과실비율은
20%이며, 丁은 甲의 사용자로서 사용자책임을 부담한다.
다음 설명 중 옳지 않은 것은? (다툼이 있는 경우에는 판례
에 의함)                                            [12 변호사]

① 甲이 丙에 대한 1,000만 원의 대여금채권으로 丙의 손해배
   상채권과 상계하였다면, 乙도 그 한도에서 손해배상책임을
   면한다.

② 만약 甲은 고의로, 乙은 과실로 위 불법행위를 행하였다면,
   甲이 과실상계를 주장하지 못하는 경우라도 乙은 과실상계
   를 주장할 수 있다.

③ 丙의 甲에 대한 소송에서 丙의 과실이 일정한 비율로 인정되
   었다면, 별소로 제기된 丙의 乙에 대한 소송에서 법원은 丙
   의 과실비율을 달리 인정할 수 없다.

④ 丙에게 2,400만 원을 변제한 丁은 乙에 대하여 800만 원을
   구상할 수 있다.

⑤ 丙에게 1,200만 원을 변제한 丁은 乙에 대하여 구상할 수
   없다.

**170**  　　　　　　　　　　　　　　　　정답 ③

① [○]

**해설** 종래 判例의 기본적 입장은 상계의 상대적 효력만 인정하였으나, 최근 전원합의체 판결을 통해 "부진정연대채무자 중 1인이 자신의 채권자에 대한 반대채권으로 상계를 한 경우에도 채권은 변제, 대물변제, 또는 공탁이 행하여진 경우와 동일하게 현실적으로 만족을 얻어 그 목적을 달성하는 것이므로, 그 상계로 인한 채무소멸의 효력은 소멸한 채무 전액에 관하여 다른 부진정연대채무자에 대하여도 미친다고 보아야 한다. 이는 부진정연대채무자 중 1인이 채권자와 상계계약을 체결한 경우에도 마찬가지이다. 나아가 이러한 법리는 채권자가 상계 내지 상계계약이 이루어질 당시 다른 부진정연대채무자의 존재를 알았는지 여부에 의하여 좌우되지 아니한다"(대판 2010.9.16. 전합2008다97218)고 하여 **상계의 절대적 효력을 인정**하였다.

**비교판례** 그러나 부진정연대채무자 사이에는 고유한 의미의 부담부분이 존재하지 않으므로 이를 전제로 한 제418조 2항은 유추적용되지 않는다(대판 1994.5.27. 93다21521).

② [○]

**해설** "피해자의 부주의를 이용하여 고의로 불법행위를 저지른 자가 바로 그 피해자의 부주의를 이유로 자신의 책임을 감하여 달라고 주장하는 것은 허용될 수 없으나, 이는 그러한 사유가 있는 자에게 과실상계의 주장을 허용하는 것이 신의칙에 반하기 때문이므로, 불법행위자 중의 일부에게 그러한 사유가 있다고 하여 그러한 사유가 없는 다른 불법행위자까지도 과실상계의 주장을 할 수 없다고 해석할 것은 아니다"(대판 2007.6.14. 2005다32999).

▶ 어느 한 불법행위자가 고의의 불법행위로 인해 상계가 금지된다는 우연한 사정으로 다른 과실에 의한 불법행위자의 과실상계를 금지할 것은 아니다.

③ [×]

**해설** "피해자가 공동불법행위자들을 모두 피고로 삼아 한꺼번에 손해배상청구의 소를 제기한 경우와 달리 **공동불법행위자별로 별개의 소를 제기하여 소송을 진행하는 경우**에는 각 소송에서 제출된 증거가 서로 다르고 이에 따라 교통사고의 경위와 피해자의 손해액산정의 기초가 되는 사실이 달리 인정됨으로 인하여 **과실상계비율과 손해액도 서로 달리 인정될 수 있는 것**이므로, 피해자가 공동불법행위자들 중 일부를 상대로 한 전소에서 승소한 금액을 전부 지급받았다고 하더라도 그 금액이 나머지 공동불법행위자에 대한 후소에서 산정된 손해액에 미치지 못한다면 후소의 피고는 그 차액을 피해자에게 지급할 의무가 있다"(대판 2001.2.9. 2000다60227).

④ [○], ⑤ [○]

**해설** "피용자와 제3자가 공동불법행위로 피해자에게 손해를 가하여 그 손해배상채무를 부담하는 경우에 피용자와 제3자는 공동불법행위자로서 서로 부진정연대관계에 있고, 한편 **사용자의 손해배상책임은 피용자의 배상책임에 대한 대체적 책임이어서 사용자도 제3자와 부진정연대관계에 있다고 보아야** 할 것이므로, 사용자가 피용자와 제3자의 책임비율에 의하여 정해진 피용자의 부담부분을 초과하여 피해자에게 손해를 배상한 경우에는 사용자는 제3자에 대하여도 구상권을 행사할 수 있으며, 그 구상의 범위는 제3자의 부담부분에 국한된다고 보는 것이 타당하다"(대판 1992.6.23. 전합91다33070).

▶ 사안에서 甲, 乙, 丁은 공동불법행위자로서 丙에 대해 서로 부진정연대채무관계에 있다(위 전합91다33070판결). 判例는 공동불법행위의 경우 형평의 관점에서 공동불법행위자 간에 그 '과실의 비율'에 따른 부담부분이 있는 것으로 보아 구상을 인정해 왔다(대판 1997.12.12. 96다50896). 아울러 연대채무와는 달리 자기 부담부분 초과의 면책행위를 해야 구상권을 행사할 수 있다고 한다(대판 1997.12.12. 96다50896).
이에 따라 사안을 판단해 보면 사안은 과실에 의한 공동불법행위(제760조 제1항)로서 채권자 丙의 과실비율이 20%이므로 과실상계 규정(제396조)에 따라 甲, 乙, 丁은 총 2,400만 원의 손해배상채무에 대해 부진정연대채무관계에 있다. 이 때 내부적 부담부분은 가해자인 甲과 乙의 과실비율에 따라 각 1,600만 원(2,400×2/3), 800만 원(2,400×1/3)이고, 丁은 甲의 사용자이므로 피용자 甲과 동일하게 1,600만 원이다. 따라서 피해자 丙에게 손해배상액 전액인 2,400만 원을 변제한 부진정연대채무자 丁은 다른 부진정연대채무자 乙에 대하여 乙의 부담부분인 800만 원에 대해 구상권을 행사할 수 있으나(④번 지문), 丁의 부담부분(1,600만 원)에 미달한 1,200만 원을 변제한 경우에는 다른 부진정연대채무자에게 구상권을 행사할 수 없다(⑤번 지문).

## 171

甲은 乙이 운전하던 택시의 승객인데, 2010. 7. 1. 교차로에서 乙, 丙, 丁이 각 운전하는 차량의 3중 충돌사고로 부상을 입어 1,000만 원의 손해가 발생하였고, 조사결과 乙에게 10%, 丙에게 40%, 丁에게 50%의 과실이 인정되었다. 다음 설명 중 옳지 않은 것은? (다툼이 있는 경우에는 판례에 의함)

[13 변호사]

① 甲은 乙에게 1,000만 원의 손해배상을 청구할 수 있다.

② 丙이 甲에 대한 반대채권으로 상계한 경우, 상계의 효력은 乙, 丁에게도 미친다.

③ 甲이 乙에게 손해배상채무를 면제해 준 후 1,000만 원을 배상한 丁이 乙에게 구상권을 행사하는 경우, 乙은 자기의 채무가 면제되었음을 이유로 丁에게 대항할 수 없다.

④ 만약 위 교통사고가 2005. 1. 7. 발생하였고, 丁이 甲에게 1,000만 원을 배상하였는데, 甲의 丙에 대한 손해배상청구권이 시효로 소멸한 경우, 丁은 丙에게 구상권을 행사할 수 없다.

⑤ 만약 乙에게 과실이 전혀 없음에도 乙이 甲에게 500만 원을 배상하고 丙, 丁에게 구상할 경우, 丙, 丁의 구상의무는 부진정연대채무이다.

## 171 정답 ④

**①** [○]

**해설** 손해배상채무의 원인이 '동일한 사실관계'에 기한 경우에는 하나의 동일한 급부에 관하여 수인의 채무자가 각자 독립해서 그 전부를 급부하여야 할 의무를 부담하는 경우로서 부진정연대채무관계에 있다(대판 2006.9.8. 2004다55230). 따라서 사안에서 乙, 丙, 丁은 甲에 대해 부진정연대채무관계에 있다.

부진정연대채무의 경우 연대채무와 같이 채권자는 채무자들 가운데 1인에 대하여 채무의 전부나 일부의 이행을 청구하거나 또는 모든 채무자에 대하여 동시에 또는 순차로 채무의 전부나 일부를 청구할 수 있다(제414조 유추적용). 따라서 甲은 乙에게 손해 전액인 1,000만 원의 손해배상을 청구할 수 있다.

**②** [○]

**해설** 종래 判例의 기본적 입장은 상계의 상대적 효력만 인정하였으나, 최근 전원합의체 판결을 통해 "부진정연대채무자 중 1인이 자신의 채권자에 대한 반대채권으로 상계를 한 경우에도 채권은 변제, 대물변제, 또는 공탁이 행하여진 경우와 동일하게 현실적으로 만족을 얻어 그 목적을 달성하는 것이므로, 그 상계로 인한 채무소멸의 효력은 소멸한 채무 전액에 관하여 다른 부진정연대채무자에 대하여도 미친다고 보아야 한다. 이는 부진정연대채무자 중 1인이 채권자와 상계계약을 체결한 경우에도 마찬가지이다. 나아가 이러한 법리는 채권자가 상계 내지 상계계약이 이루어질 당시 다른 부진정연대채무자의 존재를 알았는지 여부에 의하여 좌우되지 아니한다"(대판 2010.9.16. 전합2008다97218)고 하여 **상계의 절대적 효력을 인정**하였다.

**비교판례** 그러나 부진정연대채무자 사이에는 고유한 의미의 부담부분이 존재하지 않으므로 이를 전제로 한 제418조 2항은 유추적용되지 않는다(대판 1994.5.27. 93다21521).

**③** [○], **④** [×]

**해설** 광범위한 절대적 효력이 인정되는 연대채무와 달리 채권을 만족시키는 사유인 변제, 대물변제, 공탁, 상계에 있어서만 절대적 효력이 인정된다. 따라서 연대채무에서 절대적 효력이 있는 것, 즉 면제(③의 경우 ; 제419조 참조) 및 소멸시효의 완성(④의 경우 ; 제421조 참조)은 상대적 효력만이 인정된다.

**관련판례** "부진정연대채무자 상호간에 있어서 채권의 목적을 달성시키는 변제와 같은 사유는 채무자 전원에 대하여 절대적 효력을 발생하지만 그 밖의 사유는 상대적 효력을 발생하는 데에 그치는 것이므로 피해자가 채무자 중의 1인에 대하여 손해배상에 관한 권리를 포기하거나 채무를 면제하는 의사표시를 하였다 하더라도 다른 채무자에 대하여 그 효력이 미친다고 볼 수는 없다"(대판 2006.1.27. 2005다19378). "연대채무에서 소멸시효의 절대적 효력에 관한 제421조는 공동불법행위자 상호간의 부진정연대채무에 대해서는 적용되지 않으므로, 공동불법행위자 중 1인의 손해배상채무가 시효로 소멸한 후에 다른 공동불법행위자 1인이 피해자에게 자기 부담부분을 넘는 손해를 배상하였을 경우에도 그 공동불법행위자는 다른 공동불법행위자에게 구상권을 행사할 수 있다"(대판 1997.12.23. 97다42830).

**⑤** [○]

**해설** 判例는 공동불법행위자 중 1인에 대하여 구상의무를 부담하는 다른 공동불법행위자가 수인인 경우에는 특별한 사정이 없는 이상 그들의 구상권자에 대한 채무는 각자의 부담 부분에 따른 '분할채무'로 본다(대판 2002.9.27. 2002다15917). 따라서 각자의 내부적 부담부분의 범위 내에서만 구상의무를 부담한다. 그러나 구상권자인 공동불법행위자측에 과실이 없는 경우(운전자에게 과실이 없는 경우에도 자배법상 운행자책임이 성립할 수 있다), 즉 내부적인 부담 부분이 전혀 없는 경우에는 이와 달리 그에 대한 수인의 구상의무 사이의 관계를 '부진정연대관계'로 봄이 상당하다고 한다(대판 2005.10.13. 2003다24147).

## 172

**불법행위에 관한 설명 중 옳지 않은 것은? (다툼이 있는 경우 판례에 의함)** [21 변호사]

① 미성년자에게 책임능력이 있어 스스로 불법행위책임을 지는 경우에도, 그 손해가 미성년자에 대한 감독의무자의 의무위반과 상당인과관계가 있으면 감독의무자는 「민법」 제750조에 의하여 일반불법행위자로서 손해배상의무를 진다.

② 유효한 고용관계는 없지만 사실상 어떤 사람이 다른 사람을 위하여 그 지휘·감독 아래 그 의사에 따라 사업을 집행하는 관계에 있을 때에도, 사용자책임이 성립하기 위한 사용자와 피용자의 관계가 인정될 수 있다.

③ 도급인이 수급인의 일의 진행 및 방법에 관하여 구체적으로 지휘·감독을 하는 경우에는, 수급인이 일의 진행을 위하여 고용한 제3자의 불법행위로 인한 손해에 대하여도 도급인이 「민법」 제756조에 의한 사용자책임을 부담한다.

④ 제3자의 행위 또는 피해자의 행위와 경합하여 피해자에게 손해가 발생한 경우, 공작물의 설치·보존상의 하자가 공동원인의 하나가 되는 이상 그 손해는 공작물의 설치·보존상의 하자에 의하여 발생한 것이라고 보아야 한다.

⑤ 실질적으로 부부공동생활이 파탄되어 회복할 수 없을 정도의 상태이지만 재판상 이혼이 청구되지 않았다면, 제3자가 부부의 일방과 부정행위를 한 경우 상대방 배우자에 대한 불법행위가 성립한다.

**172**

정답 ⑤

① [ ○ ]

**해설** "미성년자가 책임능력이 있어 그 스스로 불법행위책임을 지는 경우에도 그 손해가 당해 미성년자의 감독의무자의 의무위반과 상당인과관계가 있으면 감독의무자는 일반불법행위자로서 손해배상책임이 있다 할 것이지만, 이 경우에 그러한 감독의무위반사실 및 손해발생과의 상당인과관계의 존재는 이를 주장하는 자가 입증하여야 한다"(대판 2003.3.28. 2003다5061).

② [ ○ ]

**해설** "민법 제756조의 사용자와 피용자의 관계는 반드시 유효한 고용관계가 있는 경우에 한하는 것이 아니고, 사실상 어떤 사람이 다른 사람을 위하여 그 지휘·감독 아래 그 의사에 따라 사업을 집행하는 관계에 있을 때에도 그 두 사람 사이에 사용자, 피용자의 관계가 있다고 할 수 있으며, 피용자의 불법행위가 외형상 객관적으로 사용자의 사업활동 내지 사무집행행위 또는 그와 관련된 것이라고 보일 때에는 행위자의 주관적 사정을 고려함이 없이 이를 사무집행에 관하여 한 행위로 볼 것이고, 외형상 객관적으로 사용자의 사무집행에 관련된 것인지의 여부는 피용자의 본래 직무와 불법행위와의 관련 정도 및 사용자에게 손해발생에 대한 위험 창출과 방지조치 결여의 책임이 어느 정도 있는지를 고려하여 판단하여야 한다"(대판 2003.12.26. 2003다49542).

③ [ ○ ]

**해설** 독립적인 지위에서 일의 완성의무를 지는 수급인은 원칙적으로 제756조의 피용자라고 할 수 없다. 다만 **도급인이 수급인의 일의 진행 및 방법에 관하여 구체적인 지휘감독권을 보유한 경우**에는 도급인과 수급인의 관계는 실질적으로 사용자 및 피용자의 관계와 다를 바 없으므로, 수급인이 고용한 제3자의 불법행위로 인한 손해에 대하여 도급인은 제756조에 의한 사용자책임을 면할 수 없다(대판 1987.10.28. 87다카1185). 따라서 도급인이 수급인에 대하여 특정한 행위를 지휘하거나 특정한 사업을 도급시키는 경우와 같은 이른바 '**노무도급**'의 경우에는, 비록 도급인이라 하더라도 사용자로서의 배상책임이 있다(대판 2005.11.10. 2004다37676).

④ [ ○ ]

**해설** "공작물의 설치·보존상의 하자로 인한 사고는 공작물의 설치·보존상의 하자만이 손해발생의 원인이 되는 경우만을 말하는 것이 아니고, **공작물의 설치·보존상의 하자가 사고의 공동원인의 하나가 되는 이상 사고로 인한 손해는 공작물의 설치·보존상의 하자에 의하여 발생한 것이라고 보아야 한다**. 그리고 화재가 공작물의 설치·보존상의 하자가 아닌 다른 원인으로 발생하였거나 화재의 발생 원인이 밝혀지지 않은 경우에도 공작물의 설치·보존상의 하자로 인하여 화재가 확산되어 손해가 발생하였다면 공작물의 설치·보존상의 하자는 화재사고의 공동원인의 하나가 되었다고 볼 수 있다"(대판 2015.2.12. 2013다61602).

⑤ [ × ]

**해설** "비록 부부가 아직 이혼하지 아니하였지만 부부공동생활이 파탄되어 실체가 더 이상 존재하지 아니하게 되고 객관적으로 회복할 수 없는 정도에 이른 경우에는 제3자가 부부의 일방과 성적인 행위를 하더라도 배우자에 대하여 손해배상책임을 부담하는 것은 아니다"(대판 2014.11.2. 전합2011므2997).

# 173

과실상계에 관한 설명 중 옳은 것을 모두 고른 것은? (다툼이 있는 경우에는 판례에 의함) [13 변호사]

> ㄱ. 표현대리가 성립하여 본인에 대하여 이행청구를 함에 있어서 상대방에게 과실이 있더라도 과실상계의 법리를 적용할 수 없다.
>
> ㄴ. 손해배상청구권 중 일부가 청구된 경우의 과실상계는 전체 손해액에서 과실비율에 의한 감액을 하고, 잔액이 청구액을 초과하면 청구액을 인용하고 잔액이 청구액을 초과하지 않으면 그 잔액을 인용한다.
>
> ㄷ. 피해자의 손해가 100만 원, 손해야기행위로 인한 이익이 30만 원, 피해자 과실이 30%인 경우, 피해자가 배상받을 수 있는 손해액은 49만 원이다.
>
> ㄹ. 배상의무자가 피해자의 과실에 관하여 주장하지 않는 경우에는 법원은 과실상계를 판단할 수 없다.

① ㄱ, ㄴ      ② ㄱ, ㄷ

③ ㄴ, ㄷ      ④ ㄴ, ㄹ

⑤ ㄱ, ㄴ, ㄷ

**173** 　　　　　　　　　　　　　　　　정답 ①

**해설** ㄱ. [○]

과실상계는 본래 채무불이행 내지 불법행위로 인한 손해배상 책임에 대해 인정되는 것이고, 채무내용에 따른 본래의 급부의 이행을 구하는 경우에 적용될 것이 아니다. 따라서 표현대리가 성립한 경우의 본인에 대한 이행청구(대판 1996.5.10. 96다8468 ; 즉 **상대방에게 과실이 있다고 하더라도 과실상계의 법리를 유추적용하여 본인의 책임을 경감할 수는 없다**)와 같이 손해배상책임이 아니라 이행의 책임에 속하는 경우에는 과실상계법리가 (유추)적용되지 않는다.

ㄴ. [○]

**피해자가 일부청구를 하는 경우에 과실상계를 어느 부분에서 어떻게 할 것인가에 관하여, 判例는 외측설을 따른다**(아래 76다2113 판결).

"일개의 손해배상청구권 중 일부가 소송상 청구되어 있는 경우에 과실상계를 함에 있어서는 손해의 전액에서 과실비율에 의한 감액을 하고 그 잔액이 청구액을 초과하지 않을 경우에는 그 잔액을 인용할 것이고 잔액이 청구액을 초과할 경우에는 청구의 전액을 인용하는 것으로 풀이하는 것이 일부청구를 하는 당사자의 통상적 의사라고 할 것이다"(대판 1977. 2.8. 76다2113).

ㄷ. [×]

채무불이행(불법행위책임)에서 채권자(피해자)가 채무자(가해자)의 채무불이행(불법행위)으로 인하여 이익을 얻은 경우에는 그 이익은 손해배상에서 공제되어야 한다(손익상계). 양자의 적용순서에 관해 判例는 산정된 손해액에서 먼저 과실상계를 한 후 손익상계를 하여야 한다고 하여 배상의무자인 채무자(가해자)에게 유리한 방법을 채택하고 있다(대판 1990.5.8. 89다카29129).

▶ 따라서 ⅰ) 손익상계 후 과실상계를 하는 경우에는 피해자가 배상받을 수 있는 손해액은 49만원[70만원(100만원 – 30만원 ; 손익상계) – 21만원(70 × 0.3 ; 과실상계)]이나, ⅱ) **과실상계 후 손익상계를 하는 경우에는 피해자가 배상받을 수 있는 손해액은 40만원**[70만원(100만원 – 100만원 × 0.3 ; 과실상계) – 30만원(손익상계)]이다.

ㄹ. [×]

피해자에게 과실이 인정되면 법원은 손해배상의 책임 및 그 금액을 정함에 있어서 이를 참작하여야 하며, 배상의무자가 피해자의 과실에 관하여 주장하지 않는 경우에도 소송자료에 의하여 과실이 인정되는 경우에는 이를 법원이 직권으로 심리·판단하여야 한다(대판 1996.10.25. 96다30113).

## 174

과실상계와 책임제한에 관한 설명 중 옳지 않은 것은? (다툼이 있는 경우 판례에 의함)　　　[20 변호사]

① 가해행위와 피해자측의 요인이 경합하여 손해가 발생하거나 확대된 경우에는 피해자측의 요인이 체질적인 소인 또는 질병의 위험도와 같이 피해자측의 귀책사유와 무관한 것이라고 할지라도, 그 질환의 태양·정도 등에 비추어 가해자에게 손해의 전부를 배상하게 하는 것이 공평의 이념에 반하는 경우에는, 법원은 손해배상액을 정하면서 과실상계의 법리를 유추적용하여 그 손해의 발생 또는 확대에 기여한 피해자측의 요인을 참작할 수 있다.

② 교통사고로 인한 피해자의 후유증이 사고와 피해자의 기왕증이 경합하여 나타난 것이라면 사고가 후유증이라는 결과 발생에 기여하였다고 인정되는 정도에 따라 상응한 배상액을 부담하게 하는 것이 손해의 공평한 부담이라는 견지에서 타당하다.

③ 표현대리행위가 성립하는 경우에 그 본인은 표현대리행위에 의하여 책임을 져야 하지만, 상대방에게 과실이 있는 경우라면 공평의 원칙상 과실상계의 법리를 유추적용하여 본인의 책임을 경감할 수 있다.

④ 「민법」제581조, 제580조에 기한 매도인의 하자담보책임은 법이 특별히 인정한 무과실책임으로서 여기에 「민법」제396조의 과실상계 규정이 준용될 수는 없다 하더라도, 담보책임이 「민법」의 지도이념인 공평의 원칙에 입각한 것인 이상 하자 발생 및 그 확대에 가공한 매수인의 잘못을 참작하여 손해배상의 범위를 정함이 상당하다.

⑤ 예금주가 인장관리를 다소 소홀히 하였거나 입·출금 내역을 조회하여 보지 않음으로써 금융기관 직원의 불법행위가 용이하게 된 사정이 있다고 할지라도, 정기예탁금 계약에 기하여 정기예탁금 반환을 청구하는 경우에는 그러한 사정을 들어 과실상계할 수 없다.

## 174 정답 ③

**① [○]**

**해설** 피해자의 체질적인 소인 또는 질병의 위험도

判例는 "가해행위(의료과오)와 피해자측의 요인이 경합하여 손해가 발생하거나 확대된 경우에는 그 피해자측의 요인이 체질적인 소인 또는 질병의 위험도와 같이 피해자측의 귀책사유와 무관한 것이라고 할지라도, 그 질환의 태양·정도 등에 비추어 가해자에게 손해의 전부를 배상하게 하는 것이 공평의 이념에 반하는 경우에는, 법원은 손해배상액을 정하면서 과실상계의 법리를 '유추적용'하여 그 손해의 발생 또는 확대에 기여한 피해자측의 요인을 참작할 수 있다"(대판 2000. 1.21. 98다50586)고 한다.

**② [○]**

**해설** 교통사고 후유증이 피해자의 기왕증과 경합한 경우

"교통사고 피해자의 기왕증이 사고와 경합하여 악화됨으로써 피해자에게 특정 상해의 발현 또는 치료기간의 장기화, 나아가 치료종결 후 후유장애 정도의 확대라는 결과 발생에 기여한 경우에는, 기왕증이 특정 상해를 포함한 상해 전체의 결과 발생에 기여하였다고 인정되는 정도에 따라 피해자의 전체 손해 중 그에 상응한 배상액을 부담하게 하는 것이 손해의 공평한 부담을 위하여 타당하다"(대판 2019.5.30. 2015다8902 : 원고의 기왕증을 피고의 책임제한 사유로 참작하였다는 이유로 기왕치료비와 향후치료비에 관하여 원고의 기왕증을 별도로 고려하지 않은 것은 법리를 오해한 잘못이 있다고 판단한 사례).

**③ [×]**

**해설** 표현대리행위가 성립하는 경우에 과실상계의 법리를 유추적용하여 본인의 책임을 감경할 수 있는지 여부

"표현대리행위가 성립하는 경우에 본인은 표현대리행위에 기하여 전적인 책임을 져야 하는 것이고 상대방에게 과실이 있다고 하더라도 과실상계의 법리를 유추적용하여 본인의 책임을 감경할 수 없는 것이다"(대판 1994.12.22. 94다24985). 과실상계는 본래 채무불이행 내지 불법행위로 인한 손해배상책임에 대해 인정되는 것이고, 채무 내용에 따른 본래의 급부의 이행을 구하는 경우에 적용될 것이 아니기 때문이다(대판 1996.5.10. 96다8468).

**④ [○]**

**해설** 하자담보책임의 경우

判例는 과실상계의 법리를 적용하지 않고 경우에 따라 '신의칙'에 의해 해결하고 있다. 즉 "하자담보책임에 관한 제580조·제581조·제667조는 법이 특별히 인정한 무과실책임으로서 여기에 민법 제396조의 과실상계 규정이 준용될 수는 없다 하더라도, 담보책임이 민법의 지도이념인 공평의 원칙에 입각한 것인 이상 하자 발생 및 그 확대에 가공한 매수인 또는 도급인의 잘못(하자를 발견하지 못하여 손해를 확대시킨 과실)을 참작하여 손해배상의 범위를 정함이 상당하다"(대판 1995.6.30. 94다23920 ; 1999.7.13. 99다12888)고 한다.

**⑤ [○]**

**해설** 부당이득반환청구와 과실상계(소극)

"과실상계는 원칙적으로 채무불이행 내지 불법행위로 인한 손해배상책임에 대하여 인정되는 것이지 채무내용에 따른 본래 급부의 이행을 구하는 경우에 적용될 것은 아니므로, 예금주가 인장관리를 다소 소홀히 하였거나 입·출금 내역을 조회하여 보지 않음으로써 금융기관 직원의 불법행위가 용이하게 된 사정이 있다고 할지라도 정기예탁금 계약에 기한 정기예탁금 반환청구사건에 있어서는 그러한 사정을 들어 금융기관의 채무액을 감경하거나 과실상계할 수 없다"(대판 2001.2.9. 99다48801).

**쟁점정리** 이 사례에서는 제125조와 제126조의 표현대리를 인정하지 않았으므로 금융기관은 출금행위의 유효성을 주장할 수 없고 따라서 예금 전액을 반환해 주어야 한다. 이 경우 예금주가 인장관리를 소홀히 한 점과 입·출금 확인을 하지 않은 과실을 근거로 과실상계를 할 수도 없다고 보았다. 이는 불법행위나 채무불이행을 이유로 한 손해배상청구가 아니라 예금계약에 따른 본래의 급부의 이행을 청구(예금반환청구)하는 것이므로 과실상계를 적용할 수 없다고 본 것이다(제396조, 제763조).

민법

# PART 5
# 친족·상속법

## 175

**부양에 관한 설명 중 옳지 않은 것은? (다툼이 있는 경우 판례에 의함)** [19 변호사]

① 부부간의 부양의무는 부양을 받을 자의 생활을 부양의무자의 생활과 같은 정도로 보장하게 하는 1차 부양의무이다.

② 부부간의 부양의무는 1차 부양의무이므로, 부양의무의 이행을 청구하였으나 이행하지 아니함으로써 이행지체에 빠졌는지 여부와 관계없이 과거의 부양료에 대하여도 지급을 청구할 수 있다.

③ 부모가 성년의 자녀에 대하여 직계혈족으로서 부담하는 부양의무는 부양의무자가 자기의 사회적 지위에 상응하는 생활을 하면서 생활에 여유가 있음을 전제로 하여, 부양을 받을 자가 자력 또는 근로에 의하여 생활을 유지할 수 없는 경우에 한하여 그의 생활을 지원하는 2차 부양의무이다.

④ 특별한 사정이 없는 한 유학비용의 충당을 위해 성년의 자녀가 부모를 상대로 부양료 청구를 할 수는 없다.

⑤ 1차 부양의무자와 2차 부양의무자가 동시에 존재함에도 2차 부양의무자가 부양한 경우, 2차 부양의무자는 특별한 사정이 없는 한 그 소요된 비용을 1차 부양의무자에 대하여 상환 청구할 수 있다.

**175**　　　　　　　　　　　　　　　　정답 ②

① [○], ③ [○], ⑤ [○]

**해설** 배우자의 부양의무와 부모의 부양의무

"부부간의 상호부양의무(제826조 1항)는 혼인관계의 본질적 의무로서 부양을 받을 자의 생활을 부양의무자의 생활과 같은 정도로 보장하여 부부공동생활의 유지를 가능하게 하는 것을 내용으로 하는 **제1차 부양의무**이고, 반면 **부모가 성년의 자녀에 대하여 직계혈족으로서 부양의무(제974조 제1호, 제975조)**는 부양의무자가 자기의 사회적 지위에 상응하는 생활을 하면서 생활에 여유가 있음을 전제로 하여 부양을 받을 자가 자력 또는 근로에 의하여 생활을 유지할 수 없는 경우에 한하여 그의 생활을 지원하는 것을 내용으로 하는 **제2차 부양의무**이다. 이러한 **제1차 부양의무와 제2차 부양의무는 의무이행의 정도뿐만 아니라 의무이행의 순위도 의미하는 것이므로, 제2차 부양의무자는 제1차 부양의무자보다 후순위로 부양의무를 부담한다.** 따라서 제1차 부양의무자와 제2차 부양의무자가 동시에 존재하는 경우에 제1차 부양의무자는 특별한 사정이 없는 한 제2차 부양의무자에 우선하여 부양의무를 부담하므로, 제2차 부양의무자가 부양받을 자를 부양한 경우에는 소요된 비용을 제1차 부양의무자에 대하여 **상환청구할 수 있다**"(대판 2012.12.27. 2011다96932).

② [×]

**해설** 부부간 과거의 부양료

判例에 따르면 "부부간의 상호부양의무는 부부의 일방에게 부양을 받을 필요가 생겼을 때 당연히 발생하는 것이기는 하지만, 과거의 부양료에 관하여는 부양을 받을 자가 부양의무자에게 부양의무의 이행을 청구하였음에도 불구하고 부양의무자가 부양의무를 이행하지 아니함으로써 '**이행지체에 빠진 이후의 것**'에 대하여만 부양료의 지급을 청구할 수 있을 뿐, 부양의무자가 부양의무의 이행을 청구받기 이전의 부양료의 지급은 청구할 수 없다고 보는 것이 부양의무의 성질이나 형평의 관념에 합치된다"(대결 2008.6.12. 2005스50).고 한다.

**비교판례** 자녀에 대한 과거의 부양료

"부모의 자녀양육의무는 특별한 사정이 없는 한 자녀의 출생과 동시에 발생하는 것이므로 과거의 양육비에 대하여도 상대방이 분담함이 상당하다고 인정되는 경우에는 그 비용의 상환을 청구할 수 있다"(대결 1993.5.13. 전합92스21)

④ [○]

**해설** 성년의 자녀가 부모를 상대로 부양료를 청구할 수 있는 경우 및 범위

"성년의 자녀는 요부양상태, 즉 객관적으로 보아 생활비 수요가 자기의 자력 또는 근로에 의하여 충당할 수 없는 곤궁한 상태인 경우에 한하여, 부모를 상대로 그 부모가 부양할 수 있을 한도 내에서 생활부조로서 생활필요비에 해당하는 부양료를 청구할 수 있을 뿐이다. 나아가 이러한 부양료는 부양을 받을 자의 생활정도와 부양의무자의 자력 기타 제반 사정을 참작하여 부양을 받을 자의 통상적인 생활에 필요한 비용의 범위로 한정됨이 원칙이므로, 특별한 사정이 없는 한 통상적인 생활필요비라고 보기 어려운 유학비용의 충당을 위해 성년의 자녀가 부모를 상대로 부양료를 청구할 수는 없다"(대결 2017.8.25. 2017스5).

## 176

甲은 乙과 혼인하여 A를 출산하고, 그 후 乙이 사망하자 丙과 재혼하였다. 그런데 甲은 丙으로부터 상습적으로 폭행을 당하자 丙을 상대로 이혼소송을 제기하였다. 다음 설명 중 옳은 것은? (다툼이 있는 경우에는 판례에 의함) [12 변호사]

① 이혼소송 계속 중 甲이 사망하였다면, 甲의 소송상 지위는 A가 승계한다.

② 甲이 이혼소송 과정에서 재산분할청구를 병합하였는데 위 소송 계속 중 甲이 사망하였다면, 甲의 소송상 지위는 A가 승계한다.

③ 甲이 이혼소송 과정에서 위자료청구를 병합하였는데 위 소송 계속 중 甲이 사망하였다면, 甲의 소송상 지위는 A가 승계한다.

④ 만약 甲과 丙이 사실혼관계였을 경우, 甲이 丙과의 사실혼관계가 해소되었다고 주장하면서 재산분할심판청구를 제기한 후 심판 계속 중 사망하였다면, 재산분할심판은 종료된다.

⑤ 만약 丙이 甲을 축출할 목적으로 허위의 주소를 기재하여 甲을 상대로 제기한 이혼소송에서 승소의 확정판결을 받은 사실이 나중에 밝혀져 甲이 丙을 상대로 위 확정판결에 대한 재심소송을 제기하였으나 그 소송 계속 중 甲이 사망하였다면, 甲의 소송상 지위는 A가 승계한다.

## 176 정답 ③

①~⑤은 **이혼소송과 소송상 지위의 승계와 관련한 질문이다.**

① [×]

**해설** "재판상 이혼청구권은 부부의 일신전속의 권리이므로 이혼소송 계속 중 배우자의 일방이 사망한 때에는 상속인이 그 절차를 수계할 수 없다"(대판 1994.10.28. 94므246,253).

② [×]

**해설** 재산분할청구권은 이혼이 성립한 때에 비로소 발생하므로 (대판 2001.9.25. 2001므725,732), 이혼이 되기 전에(이혼소송 및 재산분할청구소송 도중에) 배우자 일방이 사망하면 이혼의 성립을 전제로 하여 이혼소송에 부대한 재산분할청구 역시 이를 유지할 이익이 상실되어 이혼소송의 종료와 동시에 종료된다(대판 1994.10.28. 94므246,253).

③ [○]

**해설** "이혼에 따른 위자료 청구권은 불법행위책임의 성질을 가지므로 귀속상 일신전속적 권리라 할 수 없다. 따라서 청구권자가 위자료의 지급을 구하는 소송을 제기함으로써 청구권을 행사할 의사가 외부적 객관적으로 명백하게 된 이상 이혼소송이 종료하더라도 소송은 승계될 수 있다"(대판 1993.5.27. 92므143)

④ [×]

**해설** "사실혼관계는 당사자 일방의 의사에 의해 해소될 수 있고 **재산분할심판청구시 사실혼관계가 이미 해소되었으므로** 사망한 상대방의 상속인이 승계하게 된다"(대결 2009.2.9. 2008스105)

**사실관계** 사안은 사실혼관계의 당사자 중 일방인 乙이 의식불명이 되자 상대방인 甲이 일방적으로 사실혼관계의 해소를 주장하면서 재산분할심판청구를 하였는데, 그 재판 과정에서 乙이 사망한 사안에서 甲과 乙의 사실혼관계는 甲의 일방적 파기로 인해 해소되었고 이에 따라 甲은 乙에게 재산분할청구권을 가진다고 한 다음, 그 뒤 乙이 사망함으로 인하여 乙의 재산분할의무가 乙의 상속인들에게 승계되었음을 전제로 위 재산분할청구심판절차를 乙의 상속인들이 수계하여야한다고 판시한 사례이다.

**참고판례** 사실혼관계가 일방 당사자의 사망에 의하여 종료된 경우에는 생존한 배우자에게 상속권이 인정되지 않기 때문에 재산분할청구권이 인정될 필요성이 크지만, 대법원은 법률상 혼인관계가 일방 당사자의 사망으로 인하여 종료된 경우에도 생존 배우자에게 재산분할청구권이 인정되지 않으므로 이를 부정하였다(대판 2006.3.24. 2005두15595).

⑤ [×]

**해설** 혼인관계는 신분관계로서 일신전속적인 것으로 재심에 관한 것이라도 상속될 수는 없고, 공익의 대변자인 검사가 수계할 수는 있다.

"혼인관계와 같은 신분관계는 성질상 상속될 수 없는 것이고 그러한 신분관계의 재심당사자의 지위 또한 상속될 성질의 것이 아니므로 이혼소송의 재심소송에서 당사자의 일방이 사망하였더라도 그 재산상속인들이 그 소송절차를 수계할 까닭이 없는 것이다"(대판 1992.5.26. 90므1135).

## 177

甲男과 乙女는 1992. 12. 26. 혼인하였는데, 乙이 2010. 3. 경부터 丙과 깊은 관계를 맺게 되면서 부부 사이가 회복할 수 없는 상황에 이르러 이혼하려 한다. 乙은 丙을 만나기 전에는 전업주부로서 혼인생활에 충실하였다. 다음 설명 중 옳지 않은 것은? (다툼이 있는 경우에는 판례에 의함)

[13 변호사]

① 乙에게 책임이 있어 이혼을 하는 경우에도 乙은 甲에 대하여 재산분할을 청구할 수 있다.

② 乙은 이혼한 날부터 2년 내에 재산분할을 청구하여야 하며, 이때 2년의 기간은 제척기간이다.

③ 민법 제830조 제1항에 따라 甲이 혼인 중 자기 명의로 취득한 재산은 甲의 특유재산으로 추정되고, 재산을 취득함에 있어 乙의 협력이 있었다거나 혼인생활의 내조의 공이 있었다는 것만으로는 위 추정이 번복될 수 없다.

④ 甲 명의의 재산이 甲의 상속재산을 기초로 형성된 재산이라면, 그 유지에 乙의 가사노동이 기여한 것으로 인정되더라도 재산분할의 대상이 되지 않는다.

⑤ 甲이 乙의 재산분할청구권 행사를 해함을 알면서도 甲 명의의 아파트를 처분한 경우, 乙은 그 취소 및 원상회복을 가정법원에 청구할 수 있다.

## 177                                                                      정답 ④

① [○]

**해설** "이혼에 따른 재산분할청구권의 행사는 이혼의 일방배우자가 청구할 수 있으며 유책배우자라 할지라도 부부가 혼인 중에 취득한 실질적인 공동재산에 대해 재산분할을 청구할 수 있다"(대결 1993.5.11. 93스6).

② [○]

**해설** 재산분할청구권은 이혼한 날로부터 2년을 경과하면 소멸하는데(제839의2 3항) 判例는 이 기간의 성질을 '제척기간'으로 보고 있어, 그 기간이 도과하였는지 여부는 당사자의 주장에 관계없이 법원이 당연히 조사하여 고려할 사항이라고 한다(대판 1994.9.9. 94다17536).

③ [○], ④ [×]

**해설** 민법은 '부부의 일방이 혼인 전부터 가진 고유재산과 혼인 중 자기명의로 취득한 재산은 그 자의 특유재산으로 한다'(제830조 1항)라고 규정함으로써 별산제를 선언하고 있다.
그러나 判例는 "민법이 혼인 중 부부일방의 명의로 취득한 재산에 대해서 그 일방의 특유재산으로 하는 것은 **부부 내부 관계에서는 '추정적 효과'** 밖에 생기지 않으므로, 실질적으로 다른 일방 또는 쌍방이 그 재산의 대가를 부담하여 취득한 것이 증명된 때에는 그 추정은 깨어지고 다른 일방의 소유이거나 쌍방의 공유"라고 본다(대판 1992.8.14. 92다16171). 判例는 일반적으로 금전적 대가 지급, 공동채무 부담 등 '유형적 기여'가 있어야 특유재산의 추정을 번복할 사유가 된다고 하며, "단순히 협력이 있었다거나 결혼생활에 내조의 공이 있었다는 것만으로는 이에 해당하지 않는다"고 한다(대판 1986.9.9. 85다카1337,1338).

**비교판례** 이와 구별해야 할 判例로 "민법 제839조의2에 규정된 재산분할 제도는 부부가 혼인 중에 취득한 실질적인 공동재산을 청산 분배하는 것을 주된 목적으로 하는 것이므로 부부가 협의에 의하여 이혼할 때 쌍방의 협력으로 이룩한 재산이 있는 한, **처가 가사노동을 분담하는 등으로 내조를 함으로써 부의 재산의 유지 또는 증가에 기여하였다면 쌍방의 협력으로 이룩된 재산은 재산분할의 대상이 된다**"(대결 1993.5.11. 93스6)고 보아 혼인관계를 유지하면서 특유재산의 추정을 번복하기 위한 요건과 이혼을 하면서 재산분할을 청구하기 위한 요건에 차이를 두고 있다(즉, 특유재산추정법리와 관련해서는 공유의 인정범위를 매우 좁게 보는 반면 재산분할청구에서는 보다 넓게 파악하고 있다).

⑤ [○]

**조문** 제839조의3(재산분할청구권 보전을 위한 사해행위취소권)
「① 부부의 일방이 다른 일방의 재산분할청구권 행사를 해함을 알면서도 재산권을 목적으로 하는 법률행위를 한 때에는 다른 일방은 제406조 제1항을 준용하여 그 취소 및 원상회복을 가정법원에 청구할 수 있다.
② 제1항의 소는 제406조 제2항의 기간 내에 제기하여야 한다.」

▶ 종래 재산분할청구권이 구체적으로 확정되기 전에 재산분할청구권을 피보전권리로 하는 사해행위취소권이 인정되는지 여부에 대하여 다툼이 있었으나, 현행 개정법에서 부부의 일방이 상대방 배우자의 재산분할청구권 행사를 해함을 알고 사해행위를 한 때에는 상대방 배우자가 그 취소 및 원상회복을 법원에 청구할 수 있도록 재산분할청구권을 보전하기 위한 사해행위취소권을 인정하고 있다(제839조의3).

## 178

**이혼시 재산분할에 관한 설명 중 옳지 않은 것은? (다툼이 있는 경우 판례에 의함)** [15 변호사]

① 사실혼관계에 있었던 당사자들이 생전에 사실혼관계를 해소한 경우 재산분할청구권이 인정될 수 있으나, 사실혼관계가 일방 당사자의 사망으로 인하여 종료된 경우에는 그 상대방에게 재산분할청구권이 인정되지 않는다.

② 이혼으로 인한 재산분할청구권이 협의 또는 심판에 의하여 구체화되지 않았다면, 이를 미리 포기하는 행위는 채권자취소권의 대상이 될 수 없다.

③ 부부 일방이 이혼 당시 아직 퇴직하지 아니한 채 직장에 근무하고 있는 경우에도 퇴직급여채권은 재산분할의 대상에 포함될 수 있다.

④ 혼인 중에 부부가 협력하여 이룩한 재산이 있는 경우에는 혼인관계의 파탄에 대하여 책임이 있는 배우자라도 재산분할을 청구할 수 있다.

⑤ 이미 채무초과 상태에 있는 채무자가 이혼할 때 자신의 배우자에게 재산분할로 일정한 재산을 양도하게 됨으로써 결과적으로 일반채권자에 대한 공동담보가 감소된 경우, 그 재산분할은 원칙적으로 사해행위에 해당한다.

**178** 　　　　　　　　　　　　　　　정답 ⑤

① [○]

**해설** "사실혼관계에 있었던 당사자들이 생전에 사실혼관계를 해소한 경우 재산분할청구권을 인정할 수 있으나, **법률상 혼인관계가 일방 당사자의 사망으로 인하여 종료된 경우에도 생존배우자에게 재산분할청구권이 인정되지 아니하고 단지 상속에 관한 법률 규정에 따라서 망인의 재산에 대한 상속권만이 인정된다는 점** 등에 비추어 보면, 사실혼관계가 일방 당사자의 사망으로 인하여 종료된 경우에는 그 상대방에게 재산분할청구권이 인정된다고 할 수 없다"(대판 2006.3.24. 2005두15595).

▶ 判例에 의하면 사실혼 배우자의 생명이 위독한 경우 다른 일방배우자는 사실혼을 일방적으로 파기하고 재산분할청구를 할 수 밖에 없는데 이는 사실혼 보호라는 관점에서 볼 때 문제가 많다. 다만 이러한 결과는 사실혼 배우자를 상속인에 포함시키지 않는 우리 법제에 기인한 것이므로 입법론은 별론으로 하고 해석론으로서는 어쩔 수 없는 것으로 판단된다.

② [○]

**해설** "이혼으로 인한 재산분할청구권은 이혼을 한 당사자의 일방이 다른 일방에 대하여 재산분할을 청구할 수 있는 권리로서 이혼이 성립한 때에 그 법적 효과로서 비로소 발생하는 것일 뿐만 아니라, 협의 또는 심판에 의하여 구체적 내용이 형성되기까지는 그 범위 및 내용이 불명확·불확정하기 때문에 구체적으로 권리가 발생하였다고 할 수 없으므로 협의 또는 심판에 의하여 구체화되지 않은 재산분할청구권은 채무자의 책임재산에 해당하지 아니하고, 이를 포기하는 행위 또한 채권자취소권의 대상이 될 수 없다"(대판 2013.10.11. 2013다7936).

**참고 판례** "이혼으로 인한 재산분할청구권은 협의 또는 심판에 의하여 그 구체적 내용이 형성되기까지는 그 범위 및 내용이 불명확·불확정하기 때문에 구체적으로 권리가 발생하였다고 할 수 없으므로 이를 보전하기 위하여 **채권자대위권을 행사할 수 없다**"(대판 1999.4.9. 98다58016).

③ [○]

**해설** 이미 수령한 퇴직금은 재산분할의 대상이 되나(대판 1995.3.28. 94므1584 ; 대판 2011.7.14. 2009므2628,2635), 종래 判例는 "향후 수령할 퇴직연금은 여명을 확정할 수 없으므로 이를 바로 분할대상 재산에 포함시킬 수는 없고, 제839조의2 ②항의 '기타 사정'으로 참작하여 분할액수와 방법을 정함이 상당하다"(대판 1997.3.14. 96므1533,1540)고 판시하였으나, 최근 전원합의체 판결에 의해 견해를 변경한바, "부부 일방이 아직 재직 중이어서 실제 퇴직급여를 수령하지 않았더라도 이혼소송의 사실심 변론종결시에 이미 잠재적으로 존재하여 그 경제적 가치의 현실적 평가가 가능한 재산인 퇴직급여채권은 재산분할의 대상에 포함시킬 수 있으며, 구체적으로는 이혼소송의 사실심 변론종결시를 기준으로 그 시점에서 퇴직할 경우 수령할 수 있을 것으로 예상되는 퇴직급여 상당액의 채권이 그 대상이 된다고 할 것이다"(대판 2014.7.16. 전합2013므2250)라고 판시하고 있다.

④ [○]

**해설** "이혼에 따른 재산분할청구권의 행사는 이혼의 일방배우자가 청구할 수 있으며 유책배우자라 할지라도 부부가 혼인 중에 취득한 실질적인 공동재산에 대해 재산분할을 청구할 수 있다"(대결 1993.5.11. 93스6).

⑤ [×]

**해설** "이혼에 따른 재산분할은 혼인 중 쌍방의 협력으로 형성된 공동재산의 청산이라는 성격에 상대방에 대한 부양적 성격이 가미된 제도임에 비추어, 이미 채무초과 상태에 있는 채무자가 이혼을 하면서 배우자에게 재산분할로 일정한 재산을 양도함으로써 결과적으로 일반 채권자에 대한 공동담보를 감소시키는 결과로 되어도, 그 재산분할이 민법 제839조의2 제2항의 규정 취지에 따른 **상당한 정도를 벗어나는 과대한 것이라고 인정할 만한 특별한 사정이 없는 한, 사해행위로서 취소되어야 할 것은 아니고**, 다만 상당한 정도를 벗어나는 초과부분에 대하여는 적법한 재산분할이라고 할 수 없기 때문에 이는 사해행위에 해당하여 취소의 대상으로 될 수 있을 것이나, 이 경우에도 취소되는 범위는 그 상당한 정도를 초과하는 부분에 한정하여야 하고, 위와 같이 상당한 정도를 벗어나는 과대한 재산분할이라고 볼 만한 특별한 사정이 있다는 점에 관한 입증책임은 채권자에게 있다"(대판 2000.9.29. 2000다25569).

**비교 판례** "ⅰ) 상속재산의 분할협의는 상속이 개시되어 공동상속인 사이에 잠정적 공유가 된 상속재산에 대하여 그 전부 또는 일부를 각 상속인의 단독소유로 하거나 새로운 공유관계로 이행시킴으로써 상속재산의 귀속을 확정시키는 것으로 그 성질상 재산권을 목적으로 하는 법률행위이므로 사해행위취소권 행사의 대상이 될 수 있다. ⅱ) 채무초과 상태에 있는 채무자가 상속재산의 분할협의를 하면서 상속재산에 관한 권리를 포기함으로써 결과적으로 일반 채권자에 대한 공동담보가 감소되었다 하더라도, 그 재산분할결과가 채무자의 구체적 상속분에 상당하는 정도에 미달하는 과소한 것이라고 인정되지 않는 한 사해행위로서 취소되어야 할 것은 아니고, 구체적 상속분에 상당하는 정도에 미달하는 과소한 경우에도 사해행위로서 취소되는 범위는 그 미달하는 부분에 한정하여야 한다. 이때 지정상속분이나 기여분, 특별수익 등의 존부 등 구체적 상속분이 법정상속분과 다르다는 사정은 채무자가 주장·입증하여야 할 것이다"(대판 2001.2.9. 2000다51797).

## 179

**이혼으로 인한 재산분할청구권에 관한 설명 중 옳지 않은 것은? (다툼이 있는 경우 판례에 의함)** [18 변호사]

① 부부 일방의 특유재산은 원칙적으로 분할의 대상이 되지 아니하나 다른 일방이 적극적으로 그 특유재산의 유지에 협력하여 그 감소를 방지하였거나 그 증식에 협력하였다고 인정되는 경우에는 분할의 대상이 될 수 있다.

② 재판상 재산분할청구의 경우, 비록 이혼 당시 부부 일방이 아직 재직 중이어서 실제 퇴직급여를 수령하지 않았더라도 퇴직급여채권은 재산분할의 대상이 될 수 있으며, 구체적으로는 이혼소송의 사실심변론종결시 이후 장래 퇴직시까지 예상되는 퇴직급여 상당액의 채권도 포함된다.

③ 소극재산의 총액이 적극재산의 총액을 초과하여 재산분할을 한 결과가 결국 채무의 분담을 정하는 것이 되는 경우에도 법원은 이를 분담하게 하는 것이 적합하다고 인정되면 구체적인 분담의 방법 등을 정하여 재산분할청구를 받아들일 수 있다.

④ 협의 또는 심판에 따라 구체화되지 않은 재산분할청구권을 혼인이 해소되기 전에 미리 포기하는 것은 성질상 허용되지 아니한다.

⑤ 부부 일방이 혼인 중 제3자에게 부담한 채무는 일상가사에 관한 것 이외에는 원칙적으로 개인의 채무로서 청산대상이 되지 않으나 공동재산의 형성에 수반하여 부담한 채무인 경우에는 청산대상이 된다.

　　　　　　　　　　　　정답 ②

① [○]

**해설** 부부 일방의 특유재산이 재산분할의 대상이 되는 경우
"민법 제839조의2에 규정된 재산분할제도는 혼인 중에 취득한 실질적인 공동재산을 청산 분배하는 것을 주된 목적으로 하는 것이므로, 부부가 재판상 이혼을 할 때 쌍방의 협력으로 이룩한 재산이 있는 한, 법원으로서는 당사자의 청구에 의하여 그 재산의 형성에 기여한 정도 등 당사자 쌍방의 일체의 사정을 참작하여 분할의 액수와 방법을 정하여야 하는바, 이 경우 부부 일방의 특유재산은 원칙적으로 분할의 대상이 되지 아니하나 특유재산일지라도 다른 일방이 적극적으로 그 특유재산의 유지에 협력하여 그 감소를 방지하였거나 그 증식에 협력하였다고 인정되는 경우에는 분할의 대상이 될 수 있다"(대판 1998.2.13. 97므1486,1493).

**참고판례** 判例는 妻의 가사노동도 재산조성에 대한 협력으로 취급함으로써 구체적인 증명이 없더라도 일방의 특유재산에 대한 재산분할청구의 길을 열어놓고 있다(대결 1993.5.11. 93스6 등).

**비교판례** 判例는 "민법이 혼인 중 부부일방의 명의로 취득한 재산에 대해서 그 일방의 특유재산으로 하는 것은 **부부 내부관계에서는 '추정적 효과'** 밖에 생기지 않으므로, 실질적으로 다른 일방 또는 쌍방이 그 재산의 대가를 부담하여 취득한 것이 증명된 때에는 그 추정은 깨어지고 다른 일방의 소유이거나 쌍방의 공유"라고 보면서(대판 1992.8.14. 92다16171), 일반적으로 금전적 대가 지급, 공동채무 부담 등 '**유형적 기여**'가 있어야 특유재산의 추정을 번복할 사유가 된다고 하며, "단순히 협력이 있었다거나 결혼생활에 내조의 공이 있었다는 것만으로는 이에 해당하지 않는다"고 한다(대판 1986.9.9. 85다카1337,1338).

② [×]

**해설** 재산분할의 대상 – 향후 수령할 퇴직연금
"부부 일방이 아직 재직 중이어서 실제 퇴직급여를 수령하지 않았더라도 이혼소송의 사실심 변론종결시에 이미 잠재적으로 존재하여 그 경제적 가치의 현실적 평가가 가능한 재산인 퇴직급여채권은 재산분할의 대상에 포함시킬 수 있으며, 구체적으로는 이혼소송의 사실심 변론종결시를 기준으로 그 시점에서 퇴직할 경우 수령할 수 있을 것으로 예상되는 퇴직급여 상당액의 채권이 그 대상이 된다"(대판 2014.7.16. 전합2013므2250).

③ [○]

**해설** 재산분할의 대상 – 소극재산의 총액이 적극재산의 총액을 초과하는 경우
"소극재산의 총액이 적극재산의 총액을 초과하여 재산분할을 한 결과가 결국 채무의 분담을 정하는 것이 되는 경우에도 법원은 채무의 성질, 채권자와의 관계, 물적 담보의 존부 등 일체의 사정을 참작하여 이를 분담하게 하는 것이 적합하다고 인정되면 구체적인 분담의 방법 등을 정하여 재산분할 청구를 받아들일 수 있다"(대판 2013.6.20. 전합2010므4071).

④ [○]

**해설** 재산분할청구권의 사전포기(불가)
미리 포기하는 것은 허용되지 않지만(대판 2003.3.25. 2002므1787), 사후에 포기하는 것은 가능하다. 그리고 혼인이 파탄에 이른 당사자가 협의이혼을 할 것을 약정하면서 이를 전제로 재산분할청구권을 포기하기로 합의하였다면, 이는 협의이혼절차가 유효하게 이루어질 것을 전제조건으로 하는 조건부 의사표시로서 유효하다(서울가정법원 1996.3.22. 96느2350).

⑤ [○]

**해설** 재산분할 – 부부일방이 혼인 중 제3자에게 부담한 채무
채무가 일상가사에 관한 것이 아닌 경우에는 원칙적으로 개인채무로서 청산대상이 되지 않으나, 공동재산의 형성에 수반하여 부담한 채무인 경우에는 청산대상이 된다(대판 1998.2.13. 97므1486). 예를 들어, 判例는 혼인생활 중 쌍방의 협력으로 취득한 부동산에 관하여 부부의 일방이 부담하는 임대차보증금반환채무는 특별한 사정이 없는 한, 혼인 중 재산의 형성에 수반한 채무로서 청산의 대상이 된다고 하였다(대판 2011.3.10. 2010므4699,4705,4712).

# 180

甲男과 乙女 사이에 자 丙(현재 미성년자임)이 출생하였다. 다음 설명 중 옳지 않은 것은? (다툼이 있는 경우에는 판례에 의함)

[13 변호사]

① 甲과 乙은 부부이며, 소득활동은 甲만이 하고 있는데, 甲이 정당한 사유 없이 乙과의 동거를 거부하고 부양료도 지급하지 않고 있다. 乙은 甲을 상대로 자신에 대한 부양료 지급을 청구할 수 있지만, 부양료 지급을 청구하기 이전의 과거의 부양료에 대해서는 그 지급을 청구할 수 없다.

② 甲과 乙이 협의이혼을 하였는데, 협의에 의하여 丙의 친권자는 甲으로, 양육권자는 乙로 분리하여 정하는 것도 가능하다.

③ 甲과 乙이 재판상 이혼을 하였는데, 법원은 丙에 대한 양육권을 甲에게 인정하였다. 그런데 乙이 丙을 甲에게 인도하는 것을 거부한 채 자신이 양육하여 왔다. 乙이 丙을 실제로 양육하였더라도 乙은 甲을 상대로 양육비를 청구할 수 없다.

④ 甲과 乙이 재판상 이혼을 하였는데, 법원은 丙에 대한 양육권을 乙에게 인정하고, 甲은 양육비로 매월 50만 원을 지급하라는 결정을 하였다. 그 후 1년 동안 甲은 양육비를 전혀 지급하지 않고 있다. 乙은 甲에 대한 과거 1년 동안의 양육비채권과 甲이 乙에 대해 갖고 있던 대여금채권을 같은 금액 범위에서 상계할 수 있다.

⑤ 丙은 甲과 乙의 혼인 외의 출생자이며, 출생 이후 현재까지 15년간 乙이 양육하여 왔는데, 甲이 丙을 인지하였다. 乙은 인지가 있기 전에 丙을 혼자서 양육한 것에 대해서 甲에게 양육비를 청구할 수 있지만, 인지한 때로부터 10년 이전의 양육비에 대해서는 시효로 소멸하였으므로 청구할 수 없다.

## 180                                                정답 ⑤

① [ ○ ]

**해설** "민법 제826조 제1항에 규정된 부부간의 상호부양의무는 부부의 일방에게 부양을 받을 필요가 생겼을 때 당연히 발생하는 것이기는 하지만, 과거의 부양료에 관하여는 부양을 받을 자가 부양의무자에게 부양의무의 이행을 청구하였음에도 불구하고 부양의무자가 부양의무를 이행하지 아니함으로써 **이행지체에 빠진 이후의 것에 대하여만 부양료의 지급을 청구할 수 있을 뿐**, 부양의무자가 부양의무의 이행을 청구받기 이전의 부양료의 지급은 청구할 수 없다고 보는 것이 부양의무의 성질이나 형평의 관념에 합치된다"(대결 2008.6.12. 2005스50).

**비교판례** "부모의 자녀양육의무는 특별한 사정이 없는 한 자녀의 출생과 동시에 발생하는 것이므로 과거의 양육비에 대하여도 상대방이 분담함이 상당하다고 인정되는 경우에는 그 비용의 상환을 청구할 수 있다"(대결 1993.5.13. 전합92스21).

② [ ○ ]

**해설** 민법 제837조, 제909조 4항 등이 부부의 이혼 후 그 자의 친권자와 그 양육에 관한 사항을 각기 다른 조항에서 규정하고 있는 점 등에 비추어 보면, **이혼 후 부모와 자녀의 관계에 있어서 친권과 양유권이 항상 같은 사람에게 돌아가야 하는 것은 아니며**, 이혼 후 자에 대한 양육권이 부모 중 어느 일방에, 친권이 다른 일방에 또는 부모에 공동으로 귀속되는 것으로 정하는 것은, 비록 신중한 판단이 필요하다고 하더라도, 일정한 기준을 충족하는 한 허용된다(대판 2012.4.13. 2011므4719).

③ [ ○ ]

**해설** "청구인과 상대방이 이혼하면서 사건본인의 친권자 및 양육자를 상대방으로 지정하는 내용의 조정이 성립된 경우, 그 조정조항상의 양육방법이 그 후 다른 협정이나 재판에 의하여 변경되지 않는 한 청구인에게 자녀를 양육할 권리가 없고, 그럼에도 불구하고 청구인이 법원으로부터 위 조정조항을 임시로 변경하는 가사소송법 제62조 소정의 사전처분 등을 받지 아니한 채 임의로 자녀를 양육하였다면 이는 상대방에 대한 관계에서는 상대적으로 위법한 양육이라고 할 것이니, 이러한 청구인의 임의적 양육에 관하여 상대방이 청구인에게 양육비를 지급할 의무가 있다고 할 수는 없다"(대결 2006.4.17. 2005스18,19).

④ [ ○ ]

**해설** "이혼한 부부 사이에서 자(子)에 대한 양육비의 지급을 구할 권리는 당사자의 협의 또는 가정법원의 심판에 의하여 구체적인 청구권의 내용과 범위가 확정되기 전에는 '상대방에 대하여 양육비의 분담액을 구할 권리를 가진다'라는 추상적인 청구권에 불과하고 당사자의 협의나 가정법원이 당해 양육비의 범위 등을 재량적·형성적으로 정하는 심판에 의하여 비로소 구체적인 액수만큼의 지급청구권이 발생한다고 보아야 하므로, 당사자의 협의 또는 가정법원의 심판에 의하여 구체적인 청구권의 내용과 범위가 확정되기 전에는 그 내용이 극히 불확정하여 상계할 수 없지만, 가정법원의 심판에 의하여 구체적인 청구권의 내용과 범위가 확정된 후의 양육비채권 중 이미 이행기에 도달한 후의 양육비채권은 완전한 재산권(손해배상청구권)으로서 친족법상의 신분으로부터 독립하여 처분이 가능하고, 권리자의 의사에 따라 포기, 양도 또는 '상계의 자동채권'으로 하는 것도 가능하다"(대판 2006.7.4. 2006므751).

⑤ [ × ]

**해설** "당사자의 협의 또는 가정법원의 심판에 의하여 구체적인 지급청구권으로서 성립하기 전에는 과거의 양육비에 관한 권리는 양육자가 그 권리를 행사할 수 있는 재산권에 해당한다고 할 수 없고, 따라서 이에 대하여는 **소멸시효가 진행할 여지가 없다**"(대결 2011.7.29. 2008스67).

## 181

甲과 乙은 혼인신고를 한 지 10년이 지났으나 乙이 아이를 낳지 못하였다. 丁은 자신과 혼인관계 없는 丙과의 사이에서 A를 출산하였다. 甲과 乙은 丙이 A를 인지하기 전에 A를 자신들의 친생자로 출생신고를 하였다. 단, 위 출생신고로 인하여 입양의 효력은 발생하지 않았고, 丙이 A의 생부라는 사실이 객관적으로 명백하게 밝혀졌음을 전제로 한다. 이에 관한 설명 중 옳은 것을 모두 고른 것은? (각 지문은 독립적이며, 다툼이 있는 경우 판례에 의함)                         [16 변호사]

> ㄱ. 甲의 아버지 戊는 甲, 乙, A를 상대로 친생자관계부
>    존재확인의 소를 제기할 수 있다.
> ㄴ. A는 곧바로 丙을 상대로 인지청구의 소를 제기할 수
>    있다.
> ㄷ. A의 인지청구권은 일신전속적인 신분관계상의 권리
>    이므로, 이를 포기할 수 없고 포기하더라도 그 의사
>    표시는 효력이 없다.
> ㄹ. 丙이 사망한 후 丁은 A를 상대로 丙과 A 사이의 친
>    생자관계의 존재확인을 구하는 소를 제기할 수 있다.

① ㄱ                    ② ㄷ
③ ㄴ, ㄹ                ④ ㄷ, ㄹ
⑤ ㄱ, ㄴ, ㄷ

**181**  정답 ⑤

**[해설]** ㄱ. [○]

친생자관계부존재확인의 소란 특정인 사이의 친생자관계의 존부의 확인을 구하는 소로서 그 대상은 친생자관계에 관한 다른 소송유형에 해당하지 않는 경우의 친생자관계의 존재 또는 부존재의 확인을 구하는 소송이다(제865조 1항). 친생추정을 받는 경우 친생부인의 소(제847조)에 의하여야 할 것인데, 지문의 경우 허위의 출생신고로 인한 입양의 효력은 발생하지 않았고, 丙이 A의 생부라는 사실이 객관적으로 명백히 밝혀졌으므로 A는 친생추정을 받지 않고 따라서 친생부인의 소가 아닌 친생자관계부존재확인의 소를 제기할 수 있다. 친생자관계부존재확인의 소를 제기하기 위해서는 원고가 자기의 신분상 지위에 관하여 친자관계존부의 확인을 구할 이익이 있어야 하는데, 당사자 및 그 법정대리인 또는 **민법 제777조의 규정에 의한 친족은 특단의 사정이 없는 한 그와 같은 신분관계를 가졌다는 사실만으로써 당연히 친자관계존부확인의 소를 제기할 소송상의 이익이 있다고 할 것이므로**(대판 1981.10.13. 80므60) 父의 직계존속인 戊는 정당한 당사자로서 소를 제기할 수 있다. 나아가, 허위의 친생자출생신고가 법률상의 친자관계인 양친자관계를 공시하는 입양신고의 기능을 발휘하게 되는 경우 파양에 의하여 그 양친자관계를 해소할 필요가 있는 등 특별한 사정이 없는 한 그 호적기재 자체를 말소하여 법률상 친자관계의 존재를 부인하게 하는 친생자관계부존재확인청구는 허용될 수 없는 것인데(대판 2001.5.24. 2000므1493) 사안의 경우 허위의 출생신고로 인한 입양의 효력은 발생하지 않았으므로 결국 甲의 아버지 戊는 甲, 乙, A를 상대로 친생자관계부존재확인의 소를 제기할 수 있다.

ㄴ. [○]

"민법 제844조의 친생추정을 받는 자는 친생부인의 소에 의하여 그 친생추정을 깨뜨리지 않고서는 다른 사람을 상대로 인지청구를 할 수 없으나, 호적상의 부모의 혼인중의 자로 등재되어 있는 자라 하더라도 그의 생부모가 호적상의 부모와 다른 사실이 객관적으로 명백한 경우에는 그 친생추정이 미치지 아니한다고 봄이 상당하고, 따라서 그와 같은 경우에는 곧바로 생부모를 상대로 인지청구를 할 수 있다"(대판 2000. 1.28.. 99므1817).

지문의 경우 A는 친생추정을 받지 않으므로 곧바로 생부인 丙을 상대로 인지청구의 소(제863조)를 제기할 수 있다.

ㄷ. [○]

"인지청구권은 본인의 일신전속적인 신분관계상의 권리로서 포기할 수 없고 포기하였다 하더라도 그 효력이 발생할 수 없는 것이므로 비록 생모 청구외인이 청구인들의 인지청구권을 포기하기로 하는 화해가 재판상 이루어지고 그것이 화해조항에 표시되었다 할지라도 청구외인이 청구인들의 인지청구권을 포기하기로 한 화해는 그 효력이 없다"(대판 1987. 1.20. 85므70).

ㄹ. [×]

"혼인외 출생자의 경우에 있어서 모자(모자)관계는 인지(인지)를 요하지 아니하고 법률상의 친자관계가 인정될 수 있지만, 부자(부자)관계는 부(부)의 인지에 의하여서만 발생하는 것이므로, 부가 사망한 경우에는 그 사망을 안 날로부터 1년(현행법상 2년, 제864조, 제863조) 이내에 검사를 상대로 인지청구의 소를 제기하여야 하고, 생모가 혼인외 출생자를 상대로 혼인외 출생자와 사망한 부와의 사이에 친생자관계존재확인을 구하는 소는 허용될 수 없다"(대판 1997.2.14.. 96므738).

▶ 지문의 경우 생부인 丙의 사망으로 자인 A는 인지청구의 소를 제기할 수 있으므로(제864조) 생모인 丁이 子 A를 상대로 子 A와 父 丙 사이에 친생자관계존재확인을 구하는 청구는 불가능하다(제865조 1항).

## 182

친생부인의 소와 친생자관계존부확인의 소에 관한 설명 중 옳은 것을 모두 고른 것은? (다툼이 있는 경우에는 판례에 의함) [20 변호사]

---

ㄱ. 인지청구소송의 판결이 확정되어 부(父)와 자(子) 사이의 친자관계가 창설된 경우, 부(父)가 친생자관계부존재확인의 소로써 자(子)와 사이에 친자관계가 존재하지 않는다고 다투는 것은 허용되지 않는다.

ㄴ. 「민법」 규정에 따라 친생추정을 받는 부(父)와 자(子) 사이의 친생추정을 번복하기 위하여 친생자관계부존재확인의 소를 제기하는 것은 적법하다.

ㄷ. 친생부인의 소를 제기할 수 있는 부(夫) 또는 처(妻) 중에 처(妻)는 자(子)를 혼인 중에 포태한 처(妻)로서 친생부인의 대상자인 자(子)의 생모를 의미한다.

ㄹ. 친생자관계존부확인의 소에서 그 상대방이 될 당사자 쌍방이 모두 사망한 경우, 소를 제기할 수 있는 기간은 당사자 쌍방이 모두 사망한 사실을 안 날로부터 기산한다.

---

① ㄴ      ② ㄱ, ㄴ

③ ㄱ, ㄹ      ④ ㄱ, ㄷ, ㄹ

⑤ ㄴ, ㄷ, ㄹ

## 182  정답 ④

**해설** ㄱ. [○]

**인지의 효과**

"인지청구의 소는 부와 자 사이에 사실상의 친자관계의 존재를 확정하고 법률상의 친자관계를 창설함을 목적으로 하는 소송으로서, 당사자의 증명이 충분하지 못할 때에는 법원이 직권으로 사실조사와 증거조사를 하여야 하고, 친자관계를 증명할 때는 부와 자 사이의 혈액형검사, 유전자검사 등 과학적 증명방법이 유력하게 사용되며, 이러한 증명에 의하여 혈연상 친생자관계가 인정되어 확정판결을 받으면 당사자 사이에 친자관계가 창설된다. 이와 같은 인지청구의 소의 목적, 심리절차와 증명방법 및 법률적 효과 등을 고려할 때, 인지의 소의 확정판결에 의하여 일단 부와 자 사이에 친자관계가 창설된 이상, 재심의 소로 다투는 것은 별론으로 하고, 확정판결에 반하여 친생자관계부존재확인의 소로써 당사자 사이에 친자관계가 존재하지 않는다고 다툴 수는 없다"(대판 2015.6.11. 2014므8217).

ㄴ. [×]

**친생자 추정의 번복**

친생자 추정은 반증이 허용되지 않는 강한 추정이어서 그 추정을 번복하려는 父가 제846조 이하의 엄격한 요건의 '친생부인의 소'를 제기하여야 하고(제846조), 제865조에 의한 '친생자관계 부존재확인의 소'에 의할 수는 없다(대판 2000. 8.22. 2000므292). 따라서 친생자 추정을 받는 자에 대해서는 친생자관계부존재확인의 소, 인지청구, 임의인지 등을 할 수 없고 또한 별소에서 선결문제로 친생부인을 주장하는 것도 허용되지 않는다.

ㄷ. [○]

**친생부인의 소의 원고적격**

"846조에서의 '부부의 일방'은 제844조의 경우에 해당하는 '부부의 일방', 즉 제844조 제1항에서의 '부'와 '자를 혼인 중에 포태한 처'를 가리키고, 그렇다면 이 경우의 처는 '자의 생모'를 의미하며, 제847조 제1항에서의 '처'도 제846조에 규정된 '부부의 일방으로서의 처'를 의미한다고 해석되므로, 결국 **친생부인의 소를 제기할 수 있는 처는 자의 생모를 의미한다.** …(중략)… 위와 같은 민법 규정의 입법 취지, 개정 연혁과 체계 등에 비추어 보면, 민법 제846조, 제847조 제1항에서 정한 친생부인의 소의 원고적격이 있는 '부, 처'는 자의 생모에 한정되고, 여기에 '재혼한 처'는 포함되지 않는다고 해석하는 것이 옳다"(대판 2014.12.11. 2013므4591).

ㄹ. [○]

**제3자가 친생자관계존부확인의 소를 제기함에 있어 당사자 쌍방이 모두 사망한 경우의 출소기간**

혼인이 성립한 날로부터 200일이 되기 전에 출생한 자, 혼인관계 종료의 날로부터 300일 이후에 출생한 자, 친생자 추정의 제한을 받는 경우 등 친생자 추정을 받지 않는 혼인 중의 출생자의 경우 이를 다툴 때에는 누구나 제기할 수 있고, 출소기간의 제한도 없는 '친생자관계 부존재확인의 소'에 의하

여 부자관계를 부정할 수 있다(대판 1983.7.12. 전합82므59). 다만 당사자 일방이 사망한 때에는 그 사망을 안 날부터 2년 내에 검사를 상대로 하여 소를 제기하여야 하고(제865조 2항), 제3자가 친생자관계존부확인의 소를 제기함에 있어 당사자 쌍방이 모두 사망한 경우 제소기간은 당사자 쌍방이 모두 사망한 사실을 안 날로부터 기산한다(대판 2004. 2.12. 2003므2503).

# 183

친양자 입양에 관한 설명 중 옳은 것을 모두 고른 것은?

[14 변호사]

---

ㄱ. 친양자가 될 사람은 17세 미만이어야 한다.

ㄴ. 친양자 입양이 취소된 때에는 친양자 관계는 입양한 때로 소급하여 소멸하고 입양 전의 친족관계는 부활한다.

ㄷ. 친양자 입양에는 친양자가 될 사람의 친생부모의 동의가 필요하지만, 친생부모의 소재를 알 수 없는 경우에는 그의 동의 없이도 친양자 입양이 가능하다.

ㄹ. 친양자가 될 사람이 15세 이상인 경우에는 법정대리인의 동의를 받아 입양을 승낙하고, 15세 미만인 경우에는 법정대리인이 그를 갈음하여 입양을 승낙하여야 한다.

ㅁ. 친생부모가 자신에게 책임이 있는 사유로 3년 이상 자녀에 대한 부양의무를 이행하지 아니하고, 면접교섭을 하지 아니한 경우에는 친생부모의 동의나 승낙이 없더라도 가정법원이 친양자 입양청구를 인용할 수 있다.

---

① ㄱ, ㄷ      ② ㄱ, ㅁ

③ ㄴ, ㄹ      ④ ㄷ, ㄹ

⑤ ㄷ, ㅁ

# 184

친권에 관한 설명 중 옳지 않은 것은? (다툼이 있는 경우 판례에 의함)

[17 변호사]

① 친권자가 친권을 남용하여 자녀의 복리를 현저히 해치거나 해칠 우려가 있는 경우 가정법원은 자녀의 청구에 의하여 친권을 일시적으로 정지시킬 수 있다.

② 법정대리인인 친권자는 정당한 사유가 있는 때에는 가정법원의 허가를 얻어 친권자의 권한 중 법률행위의 대리권과 재산관리권을 사퇴할 수 있다.

③ 친권자가 공동상속인인 자신과 미성년자녀 사이에 미성년자녀를 대리하여 상속재산분할협의를 한 경우 그 분할협의는 무효이다.

④ 친권자인 모(母)가 미성년자녀를 대리하여 그 자녀의 유일한 재산인 부동산을 자신의 오빠에게 증여한 경우 이는 「민법」제921조의 이해상반행위에 해당한다.

⑤ 이혼 후 미성년자녀의 단독친권자인 모(母)가 사망한 경우, 생존한 부(父)가 자동적으로 미성년자녀의 친권자가 되는 것은 아니다.

## 183

▶ 전체적으로 2012년 2월 10일 개정(2013년 7월 1일 시행)된 양자관련 규정을 묻는 지문이다.

조문 제908조의2(친양자 입양의 요건 등) 「① 친양자를 입양하려는 사람은 다음 각 호의 요건을 갖추어 가정법원에 친양자 입양을 청구하여야 한다.
1. 3년 이상 혼인 중인 부부로서 공동으로 입양할 것. 다만, 1년 이상 혼인 중인 부부의 한쪽이 그 배우자의 친생자를 친양자로 하는 경우에는 그러하지 아니하다.
2. **친양자가 될 사람이 미성년자일 것**
3. 친양자가 될 사람의 친생부모가 친양자 입양에 동의할 것. 다만, 부모가 친권상실의 선고를 받거나 소재를 알 수 없거나 그 밖의 사유로 동의할 수 없는 경우에는 그러하지 아니하다.
4. 친양자가 될 사람이 **13세 이상**인 경우에는 법정대리인의 동의를 받아 입양을 승낙할 것
5. 친양자가 될 사람이 **13세 미만**인 경우에는 법정대리인이 그를 갈음하여 입양을 승낙할 것
② 가정법원은 다음 각 호의 어느 하나에 해당하는 경우에는 제1항 제3호·제4호에 따른 동의 또는 같은 항 제5호에 따른 승낙이 없어도 제1항의 청구를 인용할 수 있다. 이 경우 가정법원은 동의권자 또는 승낙권자를 심문하여야 한다.
1. 법정대리인이 정당한 이유 없이 동의 또는 승낙을 거부하는 경우. 다만, 법정대리인이 친권자인 경우에는 제2호 또는 제3호의 사유가 있어야 한다.
2. **친생부모가 자신에게 책임이 있는 사유로 3년 이상 자녀에 대한 부양의무를 이행하지 아니하고 면접교섭을 하지 아니한 경우**
3. 친생부모가 자녀를 학대 또는 유기하거나 그 밖에 자녀의 복리를 현저히 해친 경우」

조문 제908조의7(친양자 입양의 취소·파양의 효력) 「① 친양자 입양이 취소되거나 파양된 때에는 친양자관계는 소멸하고 입양 전의 친족관계는 부활한다.
② 제1항의 경우에 친양자 입양의 취소의 효력은 소급하지 아니한다.」

해설 ㄱ. [×]
17세 미만이 아니라 미성년자이면 된다(제908조의2 제1항 2호).

ㄴ. [×]
친양자 입양의 취소의 효력은 소급하지 아니한다(제908조의7 제2항).

ㄷ. [○]
제908조의2 제1항 3호

ㄹ. [×]
15세가 아니라 13세이다(제908조의2 제1항 4호, 5호).

ㅁ. [○]
제908조의2 제2항 2호

## 184

① [○]
조문 제924조(친권의 상실 또는 일시 정지의 선고) 「①항 가정법원은 부 또는 모가 친권을 남용하여 자녀의 복리를 현저히 해치거나 해칠 우려가 있는 경우에는 자녀, 자녀의 친족, 검사 또는 지방자치단체의 장의 청구에 의하여 그 친권의 상실 또는 일시 정지를 선고할 수 있다.」

② [○]
조문 제927조(대리권, 관리권의 사퇴와 회복) 「①항 법정대리인인 친권자는 정당한 사유가 있는 때에는 법원의 허가를 얻어 그 법률행위의 대리권과 재산관리권을 사퇴할 수 있다.」

③ [○]
해설 "상속재산에 대하여 소유의 범위를 정하는 내용의 공동상속재산 분할협의는 행위의 객관적 성질상 상속인 상호간 이해의 대립이 생길 우려가 없다고 볼만한 특별한 사정이 없는 한 민법 제921조의 이해상반되는 행위에 해당한다. 그리고 피상속인의 사망으로 인하여 1차 상속이 개시되고 그 1차 상속인 중 1인이 다시 사망하여 2차 상속이 개시된 후 1차 상속의 상속인들과 2차 상속의 상속인들이 1차 상속의 상속재산에 관하여 분할협의를 하는 경우에 2차 상속인 중에 수인의 미성년자가 있다면 이들 미성년자 각자마다 특별대리인을 선임하여 각 특별대리인이 각 미성년자를 대리하여 상속재산 분할협의를 하여야 하고, 만약 2차 상속의 공동상속인인 친권자가 수인의 미성년자 법정대리인으로서 상속재산 분할협의를 한다면 이는 민법 제921조에 위배되는 것이며, **이러한 대리행위에 의하여 성립된 상속재산 분할협의는 피대리자 전원에 의한 추인이 없는 한 전체가 무효이다**"(대판 2011. 3.10. 2007다17482 등).

④ [×]
해설 위 지문의 경우 母의 오빠와 子의 이해가 상반되는 것에 불과하고 母와 子사이의 이해가 상반되는 것은 아니다. "미성년자의 친권자인 모가 자기 오빠의 제3자에 대한 채무의 담보로 미성년자 소유의 부동산에 근저당권을 설정하는 행위가, 채무자를 위한 것으로서 미성년자에게는 불이익만을 주는 것이라고 하더라도, 민법 제921조 제1항에 규정된 '법정대리인인 친권자와 그 자 사이에 이해상반되는 행위'라고 볼 수는 없다"(대판 1991.11.26. 91다32466).

⑤ [○]
해설 제909조의2는 이혼 등으로 단독 친권자로 정해진 부모의 일방이 사망하거나 친권을 상실하는 등 친권을 행사할 수 없는 경우에 '가정법원의 심리를 거쳐' 친권자로 정해지지 않았던 부모의 다른 일방을 친권자로 지정하거나 후견이 개시되도록 함으로써 부적격의 부 또는 모가 당연히 친권자가 됨으로써 미성년자의 복리에 악영향을 미치는 것을 방지하고 있다.

## 185

甲이 사망하면서 토지와 2,000만 원의 채무를 남겼는데, 甲에게 상속인으로 배우자 乙, 자녀 丙, 丁만 있었다. 甲의 상속재산분할에 관한 설명 중 옳은 것을 모두 고른 것은? (각 지문은 독립적이며, 다툼이 있는 경우 판례에 의함) [19 변호사]

---

ㄱ. 채무초과 상태에 있던 乙이 상속재산의 분할협의를 하면서 자신의 상속분에 관한 권리를 포기함으로써 일반 채권자에 대한 공동담보가 감소한 경우라고 하더라도, 상속재산의 분할협의는 그 성질상 재산권을 목적으로 하는 법률행위가 아니므로 이는 원칙적으로 채권자에 대한 사해행위에 해당하지 않는다.

ㄴ. 丙, 丁이 미성년자인 경우, 乙은 丙, 丁 각자마다 특별대리인을 선임하여 그 각 특별대리인이 丙, 丁을 대리하여 상속재산 분할협의를 하도록 하여야 한다.

ㄷ. 2,000만 원의 채무는 상속개시와 동시에 당연히 법정상속분에 따라 乙, 丙, 丁에게 분할되어 귀속되므로, 상속재산분할의 대상이 되지 않는다.

ㄹ. 상속재산의 분할에 관하여 공동상속인 乙, 丙, 丁 사이에 협의가 성립되지 아니하거나 협의할 수 없는 경우, 乙, 丙, 丁은 상속재산에 속하는 개별재산에 관하여 공유물분할청구의 소를 제기할 수 있다.

---

① ㄱ, ㄴ      ② ㄱ, ㄷ

③ ㄱ, ㄹ      ④ ㄴ, ㄷ

⑤ ㄷ, ㄹ

**185** 　　　　　　　　　　　　정답 ④

**해설** ㄱ. [×]
**상속재산 분할협의에 대한 채권자취소권행사**
判例에 따르면 "상속재산의 분할협의는 상속이 개시되어 공동상속인 사이에 잠정적 공유가 된 상속재산에 대하여 그 전부 또는 일부를 각 상속인의 단독소유로 하거나 새로운 공유관계로 이행시킴으로써 상속재산의 귀속을 확정시키는 것으로 그 성질상 재산권을 목적으로 하는 법률행위이므로 사해행위취소권 행사의 대상이 될 수 있다. 다만, 상속재산의 분할협의를 하면서 상속재산에 관한 권리포기는 구체적 상속분에 미달하는 과소한 부분에 한하여 사해행위가 된다(일부사해행위 : 저자주)"(대판 2001.2.9 2000다51797)고 한다.

**비교판례** **상속포기에 대한 채권자취소권행사**
이와 달리, 判例는 "상속의 포기는 비록 포기자의 재산에 영향을 미치는 바가 없지 아니하나 상속인으로서의 지위 자체를 소멸하게 하는 행위로서 순전한 **재산법적 행위와 같이 볼 것이 아니다**. 오히려 상속의 포기는 1차적으로 피상속인 또는 후순위상속인을 포함하여 다른 상속인 등과의 인격적 관계를 전체적으로 판단하여 행하여지는 '인적 결단'으로서의 성질을 가진다"(대판 2011.6.9. 2011다29307)고 보아 사해행위취소의 대상이 되지 못한다고 한다.

ㄴ. [○]
**이해상반행위시 특별대리인의 선임 방법**
친권자와 그 子 사이에 또는 그 친권에 복종하는 수인의 子 사이에 이해가 상반되는 경우에, **친권자는 법원에 그 子 또는 수인의 子 각자의 특별대리인의 선임을 청구하여야** 한다(제921조). 이 때, "공동상속재산분할협의는 그 행위의 객관적 성질상 상속인 상호간에 이해의 대립이 생길 우려가 있는 행위라고 할 것이므로 공동상속인인 친권자와 미성년인 수인의 자 사이에 상속재산분할협의를 하게 되는 경우에는 **미성년자 각자마다 특별대리인을 선임**하여 그 각 특별대리인이 각 미성년자인 자를 대리하여 상속재산분할의 협의를 하여야 하고 만약 친권자가 수인의 미성년자의 법정대리인으로서 상속재산분할협의를 한 것이라면, 이는 민법 제921조에 위반된 것으로서 이러한 대리행위에 의하여 성립된 상속재산분할협의는 피대리자 전원에 의한 추인이 없는 한 무효이다"(대판 1993.4.13. 92다54524 등).

ㄷ. [○]
**가분인 채무의 상속재산분할 대상 여부**
민법은 상속인이 수인인 때에는 상속재산은 그 '공유'로 하는 것으로 정한다(제1006조). 判例는 "**금전채무와 같이 급부의 내용이 가분인 채무가 공동상속된 경우**, 이는 상속개시와 동시에 당연히 법정상속분에 따라 공동상속인에게 귀속하는 것이므로 상속재산 분할의 대상이 될 여지가 없다"고 한다(대판 1997.6.24. 97다8809).

**관련쟁점** 따라서 상속재산 분할의 대상이 될 수 없는 상속채무에 관하여 공동상속인들 사이에 분할의 협의가 있는 경우라면 이러한 협의는 민법 제1013조에서 말하는 상속재산의 협의분할에 해당하는 것은 아니지만, 위 분할의 협의에 따라 공동상속인 중의 1인이 법정상속분을 초과하여 채무를 부담하기로 하는 약정은 '면책적 채무인수'의 실질을 가진다고 할 것이어서, 채권자에 대한 관계에서 위 약정에 의하여 다른 공동상속인이 법정상속분에 따른 채무의 일부 또는 전부를 면하기 위하여는 제454조의 규정에 따른 '채권자의 승낙'을 필요로 하고, 여기에 상속재산 분할의 소급효를 규정하고 있는 제1015조가 적용될 여지는 전혀 없다(同 判例).

ㄹ. [×]
**상속재산 분할방법**
공동상속인 사이에 분할의 협의가 성립되지 아니한 때에는 각 공동상속인은 가정법원에 그 분할을 청구할 수 있다(가사소송법 제2조 1항 마류비송사건). 우선 조정을 신청하여야 하고, 조정이 성립되지 않으면 심판을 청구할 수 있다. 그러나 공동상속인이 상속재산의 분할에 관하여 공동상속인 사이에 협의가 성립되지 아니하거나 협의할 수 없는 경우, **상속재산에 속하는 개별 재산에 관하여 제268조의 규정에 따라 공유물분할청구의 소를 제기할 수는 없다**(대판 2015.8.13. 2015다18367).

## 186

상속재산분할에 관한 설명 중 옳은 것은? (다툼이 있는 경우 판례에 의함)                [20 변호사]

① 공동상속인 중 일부가 한정승인을 한 경우에는 상속재산분할의 대상이 되는 상속재산의 범위에 관하여 공동상속인 사이에 분쟁이 생길 우려가 있으므로, 한정승인에 따른 청산절차가 종료되지 않았다면 상속재산분할청구가 허용되지 않는다.

② 상속개시 당시 상속재산을 구성하던 재산이 그 후 처분되어 상속재산을 구성하지 않게 된 경우, 상속인이 그 대가로 처분대금을 취득하였더라도 이것은 상속재산분할 당시의 상속재산을 구성하지 않으므로 상속재산분할의 대상이 될 수 없다.

③ 채무초과 상태에 있는 채무자가 상속재산 분할협의에서 자기 상속분에 관한 권리를 포기하여 재산의 감소가 있더라도, 상속개시 전에 채권을 취득한 채권자에 대한 관계에서는 공동담보의 감소가 없으므로, 원칙적으로 상속분에 관한 권리의 포기가 그 채권자에 대해서는 사해행위에 해당하지 않는다.

④ 공동상속인들은 이미 이루어진 상속재산 분할협의의 일부를 해제한 후 이를 수정하는 분할협의를 할 수는 있지만, 공동상속인 전원의 합의가 있더라도 분할협의의 전부를 해제하고 다시 새로운 분할협의를 할 수는 없다.

⑤ 공동상속인 중 1인이 협의분할에 의한 상속을 원인으로 상속부동산에 관한 단독 명의의 소유권이전등기를 마친 경우, 다른 공동상속인이 자신의 동의 없이 협의분할이 이루어져 무효라는 이유로 그 등기의 말소를 청구하는 것은 상속회복청구에 해당한다.

## 186 정답 ⑤

① [×]

**해설** 상속재산분할청구 절차

"상속재산분할청구 절차를 통하여 분할의 대상이 되는 상속재산의 범위를 한꺼번에 확정하는 것이 상속채권자의 보호나 청산절차의 신속한 진행을 위하여 필요하다는 점 등을 고려하면, 한정승인에 따른 청산절차가 종료되지 않은 경우에도 상속재산분할청구가 가능하다"(대결 2014.7.25. 2011스226).

② [×]

**해설** 상속재산분할의 대상이 되는 재산

"상속개시 당시에는 상속재산을 구성하던 재산이 그 후 처분되거나 멸실·훼손되는 등으로 상속재산분할 당시 상속재산을 구성하지 아니하게 되었다면 그 재산은 상속재산분할의 대상이 될 수 없다. 다만 상속인이 그 대가로 처분대금, 보험금, 보상금 등 대상재산(代償財産)을 취득하게 된 경우에는, 그 대상재산이 상속재산분할의 대상으로 될 수는 있을 것이다"(대결 2016.5.4. 2014스122).

③ [×]

**해설** 상속재산분할협의와 사해행위(원칙적 적극)

판례에 따르면 "상속재산의 분할협의를 하면서 상속재산에 관한 권리포기는 구체적 상속분에 미달하는 과소한 부분에 한하여 사해행위가 된다"고 하였다(대판 2001.2.9 2000다51797).[21]

**비교판례** 상속포기가 사해행위취소의 대상인지 여부(소극)

대법원은 "상속의 포기는 비록 포기자의 재산에 영향을 미치는 바가 없지 아니하나 상속인으로서의 지위 자체를 소멸하게 하는 행위로서 순전한 재산법적 행위와 같이 볼 것이 아니다. 오히려 상속의 포기는 1차적으로 피상속인 또는 후순위 상속인을 포함하여 다른 상속인 등과의 인격적 관계를 전체적으로 판단하여 행하여지는 '인적 결단'으로서의 성질을 가진다"(대판 2011.6.9. 2011다29307)고 보아 상속의 포기는 사해행위취소의 대상이 되지 못한다고 한다.

④ [×]

**해설** 상속재산 분할협의의 전부 또는 일부를 합의해제한 후 다시 새로운 분할협의를 할 수 있는지 여부(적극)

"상속재산 분할협의는 공동상속인들 사이에 이루어지는 일종의 계약으로서, 공동상속인들은 이미 이루어진 상속재산 분할협의의 전부 또는 일부를 전원의 합의에 의하여 해제한 다음 다시 새로운 분할협의를 할 수 있다"(대판 2004.7.8. 2002다73203)

⑤ [○]

**해설** 상속재산분할협의와 상속회복청구권

"공동상속인 중 1인이 협의분할에 의한 상속을 원인으로 하여 상속부동산에 관한 소유권이전등기를 마친 경우에, 협의분할이 다른 공동상속인의 동의 없이 이루어진 것이어서 무효라는 이유로 다른 공동상속인이 위 등기의 말소를 청구하는 소는 상속회복청구의 소에 해당한다"(대판 2011.3.10. 2007다17482).

**쟁점정리** 판례는 "참칭상속인 또는 자기들만이 재산상속을 하였다는 일부 공동상속인들을 상대로 그 소유권 또는 지분권이 귀속되었다는 주장이 상속을 원인으로 하는 것인 이상 그 청구원인(예를 들어 제213조, 제214조, 제741조, 제750조) 여하에 불구하고 민법 제999조의 단기 제척기간의 적용을 받는 상속회복의 소로 보아야 한다"(대판 1991.12.24. 전합90다5740)라고 판시하였던바, 일반적으로 집합권리설(개별적 청구권설)을 취하고 있는 것으로 해석되고 있다.

---

21) "ⅰ) 상속재산의 분할협의는 상속이 개시되어 공동상속인 사이에 잠정적 공유가 된 상속재산에 대하여 그 전부 또는 일부를 각 상속인의 단독소유로 하거나 새로운 공유관계로 이행시킴으로써 상속재산의 귀속을 확정시키는 것으로 그 성질상 재산권을 목적으로 하는 법률행위이므로 사해행위취소권 행사의 대상이 될 수 있다. ⅱ) 채무초과 상태에 있는 채무자가 상속재산의 분할협의를 하면서 상속재산에 관한 권리를 포기함으로써 결과적으로 일반 채권자에 대한 공동담보가 감소되었다 하더라도, 그 재산분할결과가 채무자의 구체적 상속분에 상당하는 정도에 미달하는 과소한 것이라고 인정되지 않는 한 사해행위로서 취소되어야 할 것은 아니고, 구체적 상속분에 상당하는 정도에 미달하는 과소한 경우에도 사해행위로서 취소되는 범위는 그 미달하는 부분에 한정하여야 한다. 이때 지정상속분이나 기여분, 특별수익 등의 존부 등 구체적 상속분이 법정상속분과 다르다는 사정은 채무자가 주장·입증하여야 할 것이다"

## 187

甲은 2018. 5. 20. 사망하였는데, 그 배우자 乙과 아들 丙은 2018. 6. 30. 상속포기신고를 하였으나 그 외의 가족은 상속포기신고를 하지 않았고, 법원은 2018. 7. 20. 乙과 丙의 상속포기신고를 수리하는 심판을 하여 위 심판이 같은 달 31. 고지되었다. 이에 관한 설명 중 옳지 않은 것은? (다툼이 있는 경우 판례에 의함)  [20 변호사]

① 乙이 2018. 6. 10. 상속재산에 속하는 손해배상채권을 채무자 A로부터 추심하여 변제를 받은 경우, 乙의 상속포기는 효력이 없다.

② 丙이 2018. 7. 10. 상속재산에 속하는 고가의 패물을 B에게 5,000만 원에 매도하고 대금을 수령한 경우, 丙은 단순승인을 한 것으로 본다.

③ 乙이 2018. 8. 25. 상속재산에 속하는 토지를 C에게 매도하고 그 매매대금 전액으로 위 토지에 관하여 우선변제권을 가진 甲의 채권자 D에게 채무를 변제한 행위는 상속포기신고 후 상속재산의 부정소비에 해당하여 乙이 단순승인을 한 것으로 본다.

④ 만일 甲의 둘째 아들 丁이 2018. 3. 15. 甲 사망 시 유류분을 포함한 상속을 모두 포기한다는 의사를 표시하였더라도, 「민법」에 따른 절차와 방식으로 상속포기를 하지 않았다면, 甲의 사망 후 그 상속권을 다시 주장하는 것은 신의칙에 반하지 않는다.

⑤ 만일 乙과 丙의 상속포기로 단독상속인이 된 甲의 어머니 戊가 2018. 9. 10. 사망함으로써 대습상속이 개시된 경우, 그 대습상속인이 된 乙과 丙이 대습상속에 관하여 「민법」에 따른 절차와 방식으로 한정승인이나 상속포기를 하지 않는 한 단순승인을 한 것으로 본다.

**187**

정답 ③

① [○]

**해설** 상속인이 피상속인의 채권을 추심하여 변제받는 것이 상속재산에 대한 처분행위에 해당하는지 여부(적극)

"상속인이 상속재산에 대한 '처분행위'를 한 때에는 단순승인을 한 것으로 보는바(제1026조 1호), 상속인이 피상속인의 채권을 추심하여 변제받는 것도 상속재산에 대한 처분행위에 해당한다"(대판 2010.4.29. 2009다84936).

▶ 상속인 乙의 상속포기신고 전 피상속인 甲의 손해배상채권을 추심하여 변제받는 것도 법정단순승인사유(제1026조 1호)에 해당하므로 乙의 상속포기는 효력이 없다.

② [○]

**해설** 법정단순승인사유인 상속재산에 대한 처분의 시점

단순승인사유인 제1026조 1호에서의 처분행위는 한정승인이나 상속포기 전의 처분행위를 지칭한다. 한정승인이나 상속포기를 한 후의 처분은 당연히 법정단순승인사유는 아니고, 그것이 부정소비(제1026조 3호)에 해당하는 때에 한하여 법정단순승인사유로 된다(대판 2004.3.12. 2003다63586). 한편 "상속의 한정승인이나 포기는 상속인의 의사표시만으로 효력이 발생하는 것이 아니라 가정법원에 신고를 하여 가정법원의 심판을 받아야 하며, 그 심판은 당사자가 이를 고지받음으로써 효력이 발생한다(대판 2004.6.25. 2004다20401). 따라서 상속인이 가정법원에 상속포기의 신고를 하였다고 하더라도 이를 수리하는 가정법원의 심판이 고지되기 이전에 상속재산을 처분하였다면, 이는 상속 포기의 효력 발생 전에 처분행위를 한 것에 해당하므로 제1026조 1호에 따라 상속의 단순승인을 한 것으로 보아야 한다"(대판 2016.12.29. 2013다73520).

▶ 상속인 丙은 상속포기신고(2018. 6. 20.) 후 그러나 상속포기신고 수리심판 고지(2018. 7. 31.)전에 상속재산처분행위(2018. 7. 10.)를 하였으므로 判例에 따르면 단순승인을 한 것으로 본다(제1026조 1호).

③ [×]

**해설** 민법 제1026조 제3호 소정의 '상속재산의 부정소비'의 의미

'상속재산의 부정소비'라 함은 정당한 사유 없이 상속재산을 써서 없앰으로써 그 재산적 가치를 상실시키는 것을 의미하는바, 判例는 상속재산을 처분하여 그 대금을 전액 상속채무의 변제에 사용한 경우 이는 부정소비가 아니라고 한다(대판 2004.3.12. 2003다63586).

④ [○]

**해설** 상속개시 전에 상속포기약정을 한 다음 상속개시 후에 상속권을 주장하는 것이 신의칙에 반하는지 여부(소극)

"유류분을 포함한 상속의 포기는 상속이 개시된 후 일정한 기간 내에만 가능하고 가정법원에 신고하는 등 일정한 절차와 방식을 따라야만 그 효력이 있으므로, 상속개시 전에 한 상속포기약정은 그와 같은 절차와 방식에 따르지 아니한 것으로 효력이 없다. 상속인 중의 1인이 피상속인의 생존시에 피상속인에 대하여 상속을 포기하기로 약정하였다고 하더라도, 상속개시 후 민법이 정하는 절차와 방식에 따라 상속포기를 하지 아니한 이상, 상속개시 후에 자신의 상속권을 주장하는 것은 정당한 권리행사로서 권리남용에 해당하거나 또는 신의칙에 반하는 권리의 행사라고 할 수 없다"(대판 1998.7.24. 98다9021).

⑤ [○]

**해설** 상속포기의 효력이 피상속인을 피대습자로 하여 개시된 대습상속에 미치는지 여부(소극) 및 이는 상속인의 상속포기로 피대습자의 직계존속이 피대습자를 상속한 경우에도 마찬가지인지 여부(적극)

"피상속인의 사망으로 상속이 개시된 후 상속인이 상속을 포기하면 상속이 개시된 때에 소급하여 그 효력이 생긴다(민법 제1042조). 따라서 제1순위 상속권자인 배우자와 자녀들이 상속을 포기하면 제2순위에 있는 사람이 상속인이 된다. 상속포기의 효력은 피상속인의 사망으로 개시된 상속에만 미치고, 그 후 피상속인을 피대습자로 하여 개시된 대습상속에까지 미치지는 않는다. 대습상속은 상속과는 별개의 원인으로 발생하는 것인 데다가 대습상속이 개시되기 전에는 이를 포기하는 것이 허용되지 않기 때문이다. 이는 종전에 상속인의 상속포기로 피대습자의 직계존속이 피대습자를 상속한 경우에도 마찬가지이다. 또한 피대습자의 직계존속이 사망할 당시 피대습자로부터 상속받은 재산 외에 적극재산이든 소극재산이든 고유재산을 소유하고 있었는지에 따라 달리 볼 이유도 없다"(대판 2017.1.12. 2014다39824).

PART 05 친족·상속법 **375**

## 188

아버지 乙, 할아버지 丙과 함께 살던 미성년자 甲이 부부인 A와 B의 양자(친양자 아님)로 입양되었다. A에게는 아버지 C가 생존해 있다. 이에 관한 설명 중 옳지 않은 것은? (각 지문은 독립적이며, 다툼이 있는 경우 판례에 의함)

[18 변호사]

① A가 사망한 후 甲이 사망하면 甲이 A로부터 상속받은 재산은 乙과 B가 공동 상속한다.

② 乙과 A가 모두 사망한 후 甲이 사망하면 甲이 乙과 A로부터 상속받은 재산은 B가 단독 상속한다.

③ 甲과 A·B가 동시에 사망하면 甲과 A의 재산은 乙이 상속한다.

④ 乙과 A·B 모두 사망한 후 甲이 사망하면 甲이 乙과 A·B로부터 상속받은 재산은 丙과 C가 공동 상속한다.

⑤ A·B 모두 사망한 후 甲이 사망하면 甲이 A·B로부터 상속받은 재산은 乙이 단독 상속한다.

　　　　　　　　　정답 ③

① [○]

**해설** 제1000조 1항 2호의 '피상속인의 직계존속'의 의미(친생부모도 포함, 친양자의 경우는 친생부모 불포함)

양자는 입양이 되어도 친생부모와의 자연혈족관계는 존속하므로(제882조의2 2항), 만약 양자가 직계비속 없이 사망한다면, 양부모뿐만 아니라 친생부모도 상속권을 갖는다. 이 경우 양부모와 친생부모는 공동상속인이 된다. 判例도 "양자가 직계비속 없이 사망한 경우 그가 미혼인 경우 제2순위 상속권자인 직계존속이, 그에게 유처가 있는 경우 직계존속과 처가 동순위로 각 상속인이 되는바, 이 경우 양자를 상속할 직계존속에 대하여 아무런 제한을 두고 있지 않으므로 양자의 상속인에는 양부모뿐 아니라 친부모도 포함된다"(대판 1995. 1.20. 94마535)고 판시하였다.

▶ 양친 A가 사망한 경우 배우자 B와 양자 甲이 공동상속한다. 그 뒤 甲이 사망하면 甲이 A로부터 상속받은 재산은 생부 乙과 양친 B가 공동상속한다.

**비교쟁점** 이와 달리 친양자의 경우 입양 전의 친족관계는 소멸하므로(제908조의3 2항 본문), 친양자가 직계비속 없이 사망한 경우 친생부모나 생가의 친족은 상속인이 될 수 없다. 다만, 부부의 일방이 그 배우자의 친생자를 단독으로 입양한 경우라면 배우자 및 그 친족과 친생자 간의 친족관계는 존속하므로(제908조의3 2항 단서), 이 경우에는 친생부 또는 친생모 및 그 친족도 상속인이 될 수 있다.

② [○], ④ [○], ⑤ [○]

**조문** 제1000조(상속의 순위) 「① 상속에 있어서는 다음 순위로 상속인이 된다.
1. 피상속인의 직계비속
2. 피상속인의 직계존속
3. 피상속인의 형제자매
4. 피상속인의 4촌 이내의 방계혈족
② 전항의 경우에 동순위의 상속인이 수인인 때에는 최근친을 선순위로 하고 동친 등의 상속인이 수인인 때에는 공동상속인이 된다.」

▶ (② 관련해설) 생부 乙과 양친 A가 사망하면 양자 甲은 乙과 A 모두를 상속하는바, 그 후 甲이 사망하면 甲이 乙과 A로부터 상속받은 재산은 생존한 B가 단독상속한다. 즉, B, 丙, C는 모두 甲의 직계존속이나, B가 丙이나 C보다 근친이므로 B가 단독상속한다.

▶ (④ 관련해설) 생부 乙과 양친 A와 B가 모두 사망하면 甲은 乙, A, B 모두를 상속하고, 그 후 甲이 사망하면 甲이 乙, A, B로부터 상속받은 재산은 甲의 직계존속 丙과 C가 동등친이므로 공동상속한다.

▶ (⑤ 관련해설) 양친 A, B가 모두 사망하면 양자 甲이 A, B를 모두 상속하고, 그 후 甲이 사망하면 甲이 A, B로부터 상속받은 재산은 甲의 직계존속으로 乙과 C가 있으나 乙이 근친이므로 乙이 단독상속한다.

③ [×]

**해설** 동시에 사망한 수인들 사이에서는 상속이 일어나지 않는다(동시존재의 원칙).[22] 따라서 甲·A·B 사이에서는 상속이 발생하지 않고, 甲의 재산은 직계존속인 乙·丙·C 중 근친인 乙이 상속하며, A의 재산은 직계존속인 C가 상속한다.

**비교판례** 수인이 동일한 위난으로 사망한 경우에 제30조에 의하여 동시에 사망한 것으로 추정되고, 이들 사이에서는 상속이 일어나지 않지만, 이들의 직계비속이나 배우자에게 대습상속은 일어난다는 점을 유의하여야 한다(대판 2001.3.9. 99다13157). 지문의 경우는 동시사망한 甲·A·B에게 생존한 직계비속 또는 배우자가 없어 대습상속은 문제되지 않는다.

---

22) 상속은 상속개시 당시의 권리·의무를 포괄적으로 승계하는 것이므로 피상속인과 상속인 사이의 권리·의무의 단절이 생겨서는 안된다. 따라서 상속인과 피상속인은 짧은 시간이라도 동시에 권리능력자로서 생존하고 있어야 한다. 상속인이 피상속인보다 먼저 사망하거나 동시에 사망하면 그들 사이에는 상속이 인정되지 않는다. 이를 동시존재의 원칙이라 한다(권순한 친족·상속법 제6판 343쪽).

# 189

甲과 乙은 부부이며 자녀 丙과 丁이 있다. 甲이 사망하고 남긴 재산으로는 X 아파트(시가 5억 원)와 A에게 부담하고 있던 2억 8,000만 원의 채무가 있다. 이에 관한 설명 중 옳지 않은 것은? (다툼이 있는 경우에는 판례에 의함) [14 변호사]

① X 아파트는 乙, 丙, 丁이 3/7, 2/7, 2/7의 각 지분으로 공유하며, A에 대한 2억 8,000만 원의 분할채무를 부담한다.

② 乙, 丙, 丁이 상속재산의 분할협의에 의하여 X 아파트를 乙의 단독소유로 할 수 있지만, A에 대한 2억 8,000만 원의 채무는 상속재산 분할협의의 대상이 아니다.

③ 乙, 丙, 丁이 상속재산의 분할협의에 의하여 X 아파트를 丙의 단독소유로 하였고, 丙은 이를 A에게 매도하고 소유권이 전등기를 경료하여 주었다. 그런데 상속개시 1년 후 甲의 혼인 외의 자가 인지청구의 소에서 승소하여 새로이 상속재산 분할을 요구하더라도 A는 유효하게 X 아파트의 소유권을 보유한다.

④ 丙이 성년자이고 丁이 미성년자인 경우, 乙이 자신의 상속을 포기함과 동시에 丁을 대리하여 丁의 상속을 포기하는 것은 이해상반행위가 아니다.

⑤ 丙이 성년자이고 丁이 미성년자인 경우, 乙은 본인 겸 丁의 법정대리인으로서 丙과 상속재산 분할협의를 하여 X 아파트를 자신의 단독소유로 한 후, 이러한 사정을 모르는 戊에게 매도하여 소유권이전등기를 경료하여 준 경우, 戊는 유효하게 X아파트 소유권을 취득한다.

# 189
정답 ⑤

▶ 배우자 乙과 직계비속 丙과 丁은 甲의 공동상속인이 된다(제1000조 1항 1호, 제1003조 1항). 상속비율은 乙 : 丙 : 丁이 1.5(3/7) : 1(2/7) : 1(2/7)이 된다(제1009조 2항).

① [○]

**해설** 상속인이 수인인 때에는 상속재산은 공유로 하므로(제1006조), X아파트는 乙, 丙, 丁이 3/7 : 2/7 : 2/7의 각 지분으로 공유한다.

아울러 判例는 "금전채무와 같이 급부의 내용이 가분인 채무가 공동상속된 경우, 이는 상속 개시와 동시에 당연히 법정상속분에 따라 공동상속인에게 분할되어 귀속되는 것이므로, 상속재산 분할의 대상이 될 여지가 없다"(대판 1997.6.24. 97다8809)고 한다.

▶ 따라서 A에 대한 2억 8,000만 원의 채무는 법정상속분인 3/7 : 2/7 : 2/7의 비율로 공동상속인 乙, 丙, 丁에게 분할되어 귀속되므로 乙이 1억 2,000만 원의 분할채무를, 丙과 丁이 각 8,000만 원의 분할채무를 부담한다.

② [○]

**해설** 상속재산의 분할협의가 가능하려면 ⅰ) 상속재산에 대하여 공유관계가 존재하여야 하며, ⅱ) 공동상속인이 확정되어야 하며, ⅲ) 분할의 금지가 없어야 한다(제1012조). 따라서 앞서 살펴본 判例와 같이 금전채무의 경우 상속 개시와 동시에 당연히 법정상속분에 따라 공동상속인에게 분할되어 귀속되는 것이므로, 상속재산 분할의 대상이 될 여지가 없다.

▶ 그렇다면 乙, 丙, 丁이 상속재산의 분할협의에 의하여 X아파트를 乙의 단독소유로 할 수 있지만, A에 대한 2억 8,000만 원의 채무는 상속재산 분할협의의 대상이 아니다.

③ [○]

**해설** 상속개시후의 인지 또는 재판의 확정에 의하여 공동상속인이 된 자는 상속재산분할을 청구하여 분할에 참가할 수 있다(제860조 참조). 그러나 다른 공동상속인들이 이미 상속재산의 분할 기타 처분을 한 때에는 상속인들의 분할이나 처분행위의 무효를 주장할 수 없으나, 다만 다른 공동상속인에게 그 상속분에 상당한 가액의 지급을 청구할 권리가 있다(제1014조).

▶ 따라서 이미 상속재산분할을 통하여 X아파트가 A에게 처분되었다면 인지청구의 소에서 승소한 자는 재분할 등을 청구할 수 없고 다른 공동상속인들을 상대로 그 상속분에 상당한 가액의 지급을 청구할 권리만 가진다. 이 때 "인지 전에 공동상속인들에 의해 이미 분할되거나 처분된 상속재산은 이를 분할받은 공동상속인이나 공동상속인들의 처분행위에 의해 이를 양수한 자에게 그 소유권이 확정적으로 귀속되는 것"(대판 2007.7.26. 2006므2757)이므로 결국 양수인 A는 X아파트의 소유권을 보유한다.

④ [○]

**조문** 제921조(친권자와 그 자간 또는 수인의 자간의 이해상반행위) 「① 법정대리인인 친권자와 그 자사이에 이해상반되는 행위를 함에는 친권자는 법원에 그 자의 특별대리인의 선임을 청구하여야 한다. ② 법정대리인인 친권자가 그 친권에 따르는 수인의 자 사이에 이해상반되는 행위를 함에는 법원에 그 자 일방의 특별대리인의 선임을 청구하여야 한다.」

**해설** 여기서 제921조의 '이해상반행위'란 친권자에게는 이익이 되고 子에게는 불이익이 되는 경우(제921조 1항) 혹은 子들 간에 있어서 일방에게는 이익이 되고 타방에게는 해가 되는 행위(제921조 2항)를 말한다.

▶ 따라서 乙이 상속을 포기하면 상속개시시로 소급하여 상속인이 아닌 것이 되므로(제1042조), 설령 乙이 미성년자인 丁을 대리하여 丁의 상속을 포기하더라도 친권자 乙에게 이익이 되는 행위가 아니므로 乙은 丁과 이해상반이 되지 않는다(제921조 1항). 한편 丙은 성년자이므로 제921조 2항에 따른 이해상반행위가 될 수 없다(아래 88다카28044판결 참고).

**관련 판례** "제921조 제2항의 경우, 이해상반행위의 당사자는 그 일방이 친권에 복종하는 미성년자이어야 할 뿐만 아니라 상대방 역시 그 친권에 복종하는 미성년자일 경우이어야 하고, 이때에는 친권자가 미성년자 쌍방을 대리할 수는 없는 것이므로 그 어느 미성년자를 위하여 특별대리인을 선임하여야 한다는 것이지 성년이 되어 친권자의 친권에 복종하지 아니하는 자와 친권에 복종하는 미성년자인 자 사이에 이해상반이 되는 경우가 있다 하여도 친권자는 미성년자를 위한 법정대리인으로서 그 고유의 권리를 행사할 수 있을 것이므로 그러한 친권자의 법률행위는 이해상반행위에 해당한다 할 수 없다" (대판 1989.9.12. 88다카28044).

⑤ [×]

**해설** "민법 제921조의 이해상반행위란 행위의 객관적 성질상 친권자와 그 자 사이 또는 친권에 복종하는 수인의 자 사이에 이해의 대립이 생길 우려가 있는 행위를 가리키는 것으로서 친권자의 의도나 그 행위의 결과 실제로 이해의 대립이 생겼는가의 여부는 묻지 아니하는 것 이라 할 것인바 공동상속재산할협의는 그 행위의 객관적 성질상 상속인 상호간에 이해의 대립이 생길 우려가 있는 행위라고 할 것이므로 공동상속인인 친권자와 미성년인 수인의 자 사이에 상속재산분할협의를 하게 되는 경우에는 미성년자 각자마다 특별대리인을 선임하여 그 각 특별대리인이 각 미성년자인 자를 대리하여 상속재산분할의 협의를 하여야 하고 만약 친권자가 수인의 미성년자의 법정대리인으로서 상속재산분할협의를 한 것이라면 이는 민법 제921조에 위반된 것으로서 이러한 대리행위에 의하여 성립된 상속재산분할협의는 피대리자 전원에 의한 추인이 없는 한 무효라고 할 것이다"(대판 1993.4.13. 92다54524).

▶ 따라서 적법한 추인이 없는 한 乙이 미성년자 丁을 대리하여 성년자 丙과 상속재산 분할협의를 하여 X아파트를 자신의 단독소유로 한 것은 무권대리행위에 불과하여 무효이다. 그렇다면 乙이 X아파트를 戊에게 처분한 것은 '무권리자의 처분행위'로서 戊가 선의라고 하더라도 등기에 공신력이 인정되지 않는 현행법하에서는 원칙적으로 戊는 X아파트의 소유권을 취득할 수 없다.

## 190

甲이 사망하면서 주택과 임야, 그리고 A에 대한 5천만 원의 채무를 남겼다. 甲에게는 상속인으로 자녀 乙, 丙, 丁만 있었는데, 甲은 丙에게 위 임야를 유증하였다. 한편 甲의 사망 직전 B로부터 인지청구의 소가 제기되어 그 사망 후 B가 승소의 확정판결을 받았다. 이에 관한 설명 중 옳은 것은? (각 지문은 독립적이며, 다툼이 있는 경우 판례에 의함)   [16 변호사]

① 乙, 丙, 丁의 상속재산 분할협의에 丁을 대신하여 C가 참석한 경우, C의 대리권에 흠결이 있더라도 위 상속재산 분할협의는 유효하다.

② 상속재산 분할협의는 공동상속인 사이에 잠정적 공유가 된 상속재산의 귀속을 확정시키는 것이므로, 그 협의를 통하여 공동상속인 중 무자력인 1인이 자신의 상속분에 관한 권리를 포기하더라도, 이는 사해행위취소권의 대상이 될 수 없다.

③ 丙은 유증의 효력에 의하여 상속개시 당시에 위 임야의 소유권을 취득한다.

④ 상속재산 분할 후 인지된 B가 자신의 상속분에 상당하는 가액지급을 청구할 때, 상속개시 후 상속재산에서 발생한 과실(果實)은 그 가액산정 대상에 포함된다.

⑤ A에 대한 5천만 원의 채무는 상속개시 당시 상속인에게 법정상속분에 따라 당연히 귀속되므로 상속재산 분할의 대상이 될 수 없다.

**190** 　　　　　　　　　　　　　 정답 ⑤

① [×]

해설 "협의에 의한 상속재산의 분할은 공동상속인 전원의 동의가 있어야 유효하고 공동상속인 중 일부의 동의가 없거나 그 의사표시에 대리권의 흠결이 있다면 분할은 무효이다"(대판 2001.6.29. 2001다28299).

② [×]

해설 "상속재산의 분할협의는 상속이 개시되어 공동상속인 사이에 잠정적 공유가 된 상속재산에 대하여 그 전부 또는 일부를 각 상속인의 단독소유로 하거나 새로운 공유관계로 이행시킴으로써 상속재산의 귀속을 확정시키는 것으로 그 **성질상 재산권을 목적으로 하는 법률행위이므로 사해행위취소권 행사의 대상이 될 수 있다.** 채무초과 상태에 있는 채무자가 상속재산의 분할협의를 하면서 상속재산에 관한 권리를 포기함으로써 결과적으로 일반 채권자에 대한 공동담보가 감소되었다 하더라도, 그 재산분할결과가 채무자의 구체적 상속분에 상당하는 정도에 미달하는 과소한 것이라고 인정되지 않는 한 사해행위로서 취소되어야 할 것은 아니고, 구체적 상속분에 상당하는 정도에 미달하는 과소한 경우에도 사해행위로서 취소되는 범위는 그 미달하는 부분에 한정하여야 한다"(대판 2001.2.9. 2000다51797).

비교판례 사안은 상속재산분할협의의 방법으로 상속재산에 대한 권리를 포기한 경우로서 상속포기사안과 구별하여야 한다. 判例는 "**상속의 포기는** 비록 포기자의 재산에 영향을 미치는 바가 없지 아니하나 상속인으로서의 지위 자체를 소멸하게 하는 행위로서 **순전한 재산법적 행위와 같이 볼 것이 아니다.** 오히려 상속의 포기는 1차적으로 피상속인 또는 후순위상속인을 포함하여 다른 상속인 등과의 인격적 관계를 전체적으로 판단하여 행하여지는 '인적 결단'으로서의 성질을 가진다"(대판 2011.6.9. 2011다29307)고 보아 상속의 포기는 사해행위취소의 대상이 되지 못한다고 한다.

③ [×]

해설 특정유증이란 구체적으로 특정된 개별재산을 증여하는 것을 내용으로 하는 유증이다. 지문의 경우 임야를 유증받았으므로 특정유증이며 "포괄적 유증을 받은 자는 제187조에 의하여 법률상 당연히 유증받은 부동산의 소유권을 취득하게 되나, 특정유증을 받은 자는 유증의무자에게 유증을 이행할 것을 청구할 수 있는 채권을 취득할 뿐이므로, 특정유증을 받은 자는 유증받은 부동산의 소유권자가 아니어서 직접 진정한 등기명의의 회복을 원인으로 한 소유권이전등기를 구할 수 없다"(대판 2003.5.27. 2000다73445).

④ [×]

해설 제1014조에 따른 상속분상당가액지급청구에 있어 가액 산정의 대상에 상속재산의 과실이 포함되는지 여부에 대해 判例는 "상속개시 후에 인지되거나 재판이 확정되어 공동상속인이 된 자도 그 상속재산이 아직 분할되거나 처분되지 아니한 경우에는 당연히 다른 공동상속인들과 함께 분할에 참여할 수 있을 것이나, 인지 이전에 다른 공동상속인이 이미 상속재산을 분할 내지 처분한 경우에는 인지의 소급효를 제한하는 민법 제860조 단서가 적용되어 사후의 피인지자는 다른 공동상속인들의 분할 기타 처분의 효력을 부인하지 못하게 되는바, 민법 제1014조는 그와 같은 경우에 피인지자가 다른 공동상속인들에 대하여 그의 상속분에 상당한 가액의 지급을 청구할 수 있도록 하여 상속재산의 새로운 분할에 갈음하는 권리를 인정함으로써 피인지자의 이익과 기존의 권리관계를 합리적으로 조정하는 데 그 목적이 있다. 따라서 인지 이전에 공동상속인들에 의해 이미 분할되거나 처분된 상속재산은 이를 분할받은 공동상속인이나 공동상속인들의 처분행위에 의해 이를 양수한 자에게 그 소유권이 확정적으로 귀속되는 것이며, 그 후 그 상속재산으로부터 발생하는 과실은 상속개시 당시 존재하지 않았던 것이어서 이를 상속재산에 해당한다 할 수 없고, 상속재산의 소유권을 취득한 자(분할받은 공동상속인 또는 공동상속인들로부터 양수한 자)가 민법 제102조에 따라 그 과실을 수취할 권능도 보유한다고 할 것이며, 민법 제1014조도 '이미 분할 내지 처분된 상속재산' 중 피인지자의 상속분에 상당한 가액의 지급청구권만을 규정하고 있을 뿐 '이미 분할 내지 처분된 상속재산으로부터 발생한 과실'에 대해서는 별도의 규정을 두지 않고 있으므로, 결국 **민법 제1014조에 의한 상속분상당가액지급청구에 있어 상속재산으로부터 발생한 과실은 그 가액산정 대상에 포함된다고 할 수 없다"**(대판 2007.7.26. 2006므2757)고 판시하였다.

⑤ [○]

해설 "금전채무와 같이 급부의 내용이 가분인 채무가 공동상속된 경우, 이는 상속 개시와 동시에 당연히 법정상속분에 따라 공동상속인에게 분할되어 귀속되는 것이므로, 상속재산 분할의 대상이 될 여지가 없다고 할 것이다"(대판 1997.6.24. 97다8809).

## 191

甲男과 乙女는 부부였는데, 甲이 사망하였다. 甲에게는 乙 이외에 다른 유족은 없다. 甲은 유산으로 X 아파트(시가 1억 원)를 남겼으며, 생전에 丙에게 2억 원의 채무를 부담하고 있었다. 다음 설명 중 옳지 않은 것은? (다툼이 있는 경우에는 판례에 의함) [13 변호사]

① 乙이 甲의 사망 및 채무초과 사실을 안 날부터 3개월 내에 상속포기 또는 한정승인 신고를 하지 않은 경우, 乙은 甲의 丙에 대한 2억 원의 채무 전부에 대하여 책임을 진다.

② 만약 甲에게 적극재산이 없다면, 丙이 적법하게 한정승인신고를 한 乙을 상대로 2억 원 채무의 이행을 구하는 소를 제기한 경우, 법원은 丙의 청구를 기각하여야 한다.

③ 乙이 적법하게 한정승인신고를 하고도 丙이 제기한 소송의 사실심 변론종결시까지 그 사실을 주장하지 아니하여 책임의 범위에 관하여 아무런 유보가 없는 판결이 선고되어 확정되었더라도, 乙은 그 후 위 한정승인사실을 내세워 청구이의의 소를 제기하는 것이 허용된다.

④ 乙이 적법하게 한정승인신고를 한 경우, 상속에 기하여 X 아파트의 소유권을 취득한 乙이 위 아파트에 관하여 丁에게 저당권을 설정하여 주었다면 위 아파트에 대한 경매의 매각 대금에 관하여 丙이 丁에게 우선하지 않는다.

⑤ 乙이 적법하게 상속포기신고를 하였으나 丙이 제기한 소송에서 사실심 변론종결시까지 이를 주장하지 않는 경우, 乙은 丙의 승소판결 확정 후 청구이의의 소를 제기할 수 없다.

## 191 정답 ②

① [○]

**해설** 상속인은 '상속개시 있음을 안 날'로부터 3월내에 단순승인이나 한정승인 또는 포기를 할 수 있고(제1019조 1항 본문), 상속인이 이 기간 내에 승인이나 포기를 하지 않으면 단순승인을 한 것으로 의제된다(제1026조 2호).

② [×]

**해설** "상속의 한정승인은 채무의 존재를 한정하는 것이 아니라 단순히 그 책임의 범위를 한정하는 것에 불과하기 때문에, 상속의 한정승인이 인정되는 경우에도 상속채무가 존재하는 것으로 인정되는 이상, 법원으로서는 상속재산이 없거나 그 상속재산이 상속채무의 변제에 부족하다고 하더라도 **상속채무 전부에 대한 이행판결을 선고하여야** 하고, 다만, 그 채무가 상속인의 고유재산에 대해서는 강제집행을 할 수 없는 성질을 가지고 있으므로, 집행력을 제한하기 위하여 이행판결의 주문에 상속재산의 한도에서만 집행할 수 있다는 취지를 **명시하여야 한다**"(대판 2003.11.14. 2003다30968).

③ [○], ⑤ [○]

**해설** 判例는 종래 해석론상 논의되던, 적법하게 한정승인신고를 하고서도 소송과정에서 한정승인의 항변을 하지 않았던 상속인이 집행절차에서 비로소 한정승인주장(청구에 관한 이의의 소)을 할 수 있는지 여부에 관하여 긍정설의 입장이다(아래 2006다23138판결). 즉, **대법원은 한정승인제도와 관련하여 상속채권자의 보호에 제한적 태도를 취하고 있다.** 이는 우리 민법상의 한정승인 제도가 상속채권자의 보호보다는 상속인이 피상속인의 채무를 무한정 상속하여 파탄에 빠지는 것을 막아 상속인을 보호하려는 데 본래의 목적이 있기 때문이다.그러나 상속포기의 경우에는 다르다. 즉 判例는 채무자가 상속포기를 하였으나 채권자가 제기한 소송에서 사실심변론종결시까지 이를 주장하지 않은 경우, 채권자의 승소판결 확정 후 청구이의의 소를 제기할 수 없다고 하였다(아래 2008다79876판결).

**관련판례** "채권자가 피상속인의 금전채무를 상속한 상속인을 상대로 그 상속채무의 이행을 구하여 제기한 소송에서 채무자가 한정승인 사실을 주장하지 않으면 책임의 범위는 현실적인 심판대상으로 등장하지 아니하여 주문에서는 물론 이유에서도 판단되지 않으므로 그에 관하여 기판력이 미치지 않는다. 그러므로 채무자가 한정승인을 하고도 채권자가 제기한 소송의 사실심 변론종결시까지 그 사실을 주장하지 아니하여 책임의 범위에 관한 유보가 없는 판결이 선고되어 확정되었다고 하더라도, 채무자는 그 후 위 한정승인 사실을 내세워 **청구에 관한 이의의 소를 제기할 수 있다**"(대판 2006.10.13. 2006다23138).

**관련판례** "채무자가 한정승인을 하였으나 채권자가 제기한 소송의 사실심 변론종결시까지 이를 주장하지 아니하는 바람에 책임의 범위에 관하여 아무런 유보 없는 판결이 선고·확정된 경우라 하더라도 채무자가 그 후 위 한정승인 사실을 내세워 청구에 관한 이의의 소를 제기하는 것이 허용되는 것은, 한정승인에

의한 책임의 제한은 상속채무의 존재 및 범위의 확정과는 관계없이 다만 판결의 집행 대상을 상속재산의 한도로 한정함으로써 판결의 집행력을 제한할 뿐으로, 채권자가 피상속인의 금전채무를 상속한 상속인을 상대로 그 상속채무의 이행을 구하여 제기한 소송에서 채무자가 한정승인 사실을 주장하지 않으면 책임의 범위는 현실적인 심판대상으로 등장하지 아니하여 주문에서는 물론 이유에서도 판단되지 않는 관계로 그에 관하여는 기판력이 미치지 않기 때문이다. 위와 같은 기판력에 의한 실권효 제한의 법리는 채무의 상속에 따른 책임의 제한 여부만이 문제되는 한정승인과 달리 상속에 의한 채무의 존재 자체가 문제되어 그에 관한 확정판결의 주문에 당연히 기판력이 미치게 되는 상속포기의 경우에는 적용될 수 없다"(대판 2009.5.28. 2008다79876).

④ [○]

**해설** 최근 전원합의체 판결을 통해 대법원은 "한정승인자로부터 상속재산에 관하여 저당권 등의 담보권을 취득한 사람과 상속채권자 사이의 우열관계는 민법상의 일반원칙에 따라야 하고, 상속채권자가 한정승인의 사유만으로 우선적 지위를 주장할 수는 없다. 그리고 이러한 이치는 한정승인자가 그 저당권 등의 피담보채무를 상속개시 전부터 부담하고 있었다고 하여 달리 볼 것이 아니다"(대판 2010.3.18. 전합2007다77781)라고 판시하여 이때에는 **일반상속채권자(사안에서 丙)가 담보권자(사안에서 丁)에 우선할 수 없다**고 보았다.

▶ 이 문제는 특히 한정승인을 등기하는 등의 절차가 마련되어 있지 않기 때문에 발생한다. 즉 등기부만으로는 한정승인에 의한 부동산소유권의 이전을 알 수 없는 것이다. 따라서 한정승인을 하더라도 그러한 사실이 등기 등에 의하여 공시되지 않는 상황에서 피상속인의 재산에 대해 상속을 원인으로 한 등기를 마친 상속인과 거래를 하는 자의 신뢰를 보호할 필요가 있다는 상황을 고려할 경우 담보물권을 설정한 상속인의 고유채권자에 우선변제권을 인정하는 것이 타당할 것이다.

## 192

상속의 한정승인에 관한 설명 중 옳지 않은 것은? (다툼이 있는 경우 판례에 의함)　　　　　　　　[17 변호사]

① 상속채권자는 특별한 사정이 없는 한 한정승인자의 고유재산에 대해 강제집행을 할 수 없다.

② 상속채권자는 상속재산에 관하여 한정승인자로부터 근저당권을 취득한 한정승인자의 고유채권자에 대해, 그 근저당권에 기한 배당절차에서 한정승인의 사유만으로 우선적 지위를 주장할 수 없다.

③ 공동상속인들 중 일부가 한정승인을 한 경우 이에 따른 청산절차가 종료될 때까지는 상속재산분할청구를 할 수 없다.

④ 상속부동산에 관하여 담보권 실행을 위한 경매절차가 진행된 경우, 한정승인에 따른 청산절차에서 상속채권자로 신고한 자라고 하더라도 집행권원을 얻어 그 경매절차에서 배당요구를 함으로써 일반채권자로서 배당받을 수 있다.

⑤ 상속채권자가 한정승인자에게 상속채무 전부의 이행을 구하는 소를 제기한 경우, 법원은 상속재산이 상속채무의 변제에 부족하다고 하더라도 상속채무 전부에 대한 이행판결을 선고하면서 이행판결의 주문에 상속재산의 한도에서만 집행할 수 있다는 취지를 명시하여야 한다.

## 192 　　　　　　　　　　　　정답 ③

① [○]

**해설** "민법 제1028조는 "상속인은 상속으로 인하여 취득할 재산의 한도에서 피상속인의 채무와 유증을 변제할 것을 조건으로 상속을 승인할 수 있다."라고 규정하고 있다. 상속인이 위 규정에 따라 한정승인의 신고를 하게 되면 피상속인의 채무에 대한 한정승인자의 책임은 상속재산으로 한정되고, 그 결과 **상속채권자는 특별한 사정이 없는 한 상속인의 고유재산에 대하여 강제집행을 할 수 없으며 상속재산으로부터만 채권의 만족을 받을 수 있다**"(대판 2016.5.24. 2015다250574).

② [○]

**해설** 한정승인자가 자신의 고유채권자를 위해 상속재산에 담보권을 설정한 경우 우열관계

"법원이 한정승인신고를 수리하게 되면 피상속인의 채무에 대한 상속인의 책임은 상속재산으로 한정되고, 그 결과 상속채권자는 특별한 사정이 없는 한 상속인의 고유재산에 대하여 강제집행을 할 수 없다. 그런데 민법은 한정승인을 한 상속인(이하 '한정승인자'라 한다)에 관하여 그가 상속재산을 은닉하거나 부정소비한 경우 단순승인을 한 것으로 간주하는 것(제1026조 제3호) 외에는 **상속재산의 처분행위 자체를 직접적으로 제한하는 규정을 두고 있지 않기 때문에, 한정승인으로 발생하는 위와 같은 책임제한 효과로 인하여 한정승인자의 상속재산 처분행위가 당연히 제한된다고 할 수는 없다**. 또한 민법은 한정승인자가 상속재산으로 상속채권자 등에게 변제하는 절차는 규정하고 있으나(제1032조 이하), 한정승인만으로 상속채권자에게 상속재산에 관하여 한정승인자로부터 물권을 취득한 제3자에 대하여 우선적 지위를 부여하는 규정은 두고 있지 않으며, 민법 제1045조 이하의 재산분리 제도와 달리 한정승인이 이루어진 상속재산임을 등기하여 제3자에 대항할 수 있게 하는 규정도 마련하고 있지 않다. **따라서 한정승인자로부터 상속재산에 관하여 저당권 등의 담보권을 취득한 사람과 상속채권자 사이의 우열관계는 민법상의 일반원칙에 따라야 하고, 상속채권자가 한정승인의 사유만으로 우선적 지위를 주장할 수는 없다. 그리고 이러한 이치는 한정승인자가 그 저당권 등의 피담보채무를 상속개시 전부터 부담하고 있었다고 하여 달리 볼 것이 아니다**"(대판 2010.3.18. 전합2007다77781).

③ [×]

**해설** "상속재산분할청구 절차를 통하여 분할의 대상이 되는 상속재산의 범위를 한꺼번에 확정하는 것이 상속채권자의 보호나 청산절차의 신속한 진행을 위하여 필요하다는 점 등을 고려하면, **한정승인에 따른 청산절차가 종료되지 않은 경우에도 상속재산분할청구가 가능하다**"(대결 2014.7.25. 2011스226).

④ [○]

**해설** "상속부동산에 관하여 민사집행법 제274조 제1항에 따른 형식적 경매절차가 진행된 것이 아니라 담보권 실행을 위한 경매절차가 진행된 경우에는 비록 한정승인 절차에서 상속채권자로 신고한 자라고 하더라도 집행권원을 얻어 그 경매절차에서 배당요구를 함으로써 일반채권자로서 배당받을 수 있다"(대판 2010.6.24. 2010다14599).

⑤ [○]

**해설** "상속의 한정승인은 채무의 존재를 한정하는 것이 아니라 단순히 그 책임의 범위를 한정하는 것에 불과하기 때문에, 상속의 한정승인이 인정되는 경우에도 상속채무가 존재하는 것으로 인정되는 이상, **법원으로서는 상속재산이 없거나 그 상속재산이 상속채무의 변제에 부족하다고 하더라도 상속채무 전부에 대한 이행판결을 선고하여야 하고**, 다만, 그 채무가 상속인의 고유재산에 대해서는 강제집행을 할 수 없는 성질을 가지고 있으므로, **집행력을 제한하기 위하여 이행판결의 주문에 상속재산의 한도에서만 집행할 수 있다는 취지를 명시하여야 한다**"(대판 2003.11.14. 2003다30968).

## 193

상속에 있어서 특별수익과 기여분에 관한 설명 중 옳은 것을 모두 고른 것은? (다툼이 있는 경우에는 판례에 의함)

[14 변호사]

---

ㄱ. 유증의 가액이 상속이 개시된 때의 피상속인의 재산 가액에서 기여분을 공제한 액을 넘은 경우에는 그 초과분은 반환하여야 한다.

ㄴ. 구체적 상속분을 산정할 때, 특별수익재산의 평가의 기준시점은 상속개시시이다.

ㄷ. 기여분이 결정되기 전이라도 유류분반환청구소송에서 피고가 된 기여상속인은 상속재산 중 자신의 기여분을 공제할 것을 항변으로 주장할 수 있다.

ㄹ. 공동상속인 중에 특별수익자가 있는 경우 구체적인 상속분의 산정의 기초가 되는 '피상속인이 상속개시 당시에 가지고 있던 재산의 가액'이란 상속재산 가운데 적극재산에서 소극재산을 제외한 순재산을 뜻한다.

ㅁ. 상속재산분할 후에라도 피인지자나 재판의 확정에 의하여 공동상속인이 된 자의 상속분에 상당한 가액의 지급청구가 있는 경우에는 기여분의 결정청구를 할 수 있으나, 상속재산분할의 심판청구가 없는 한 유류분반환청구가 있다는 사유만으로 기여분의 결정청구를 할 수 없다.

---

① ㄱ, ㄴ

② ㄱ, ㄷ

③ ㄴ, ㄹ

④ ㄴ, ㅁ

⑤ ㄷ, ㄹ, ㅁ

**193**

[해설] ㄱ. [×]

[조문] **제1008조의2(기여분)** 「③ 기여분은 상속이 개시된 때의 피상속인의 재산가액에서 유증의 가액을 공제한 액을 넘지 못한다.」

[관련쟁점] 유증은 기여분에 우선하고(제1008의2 3항) 유류분은 유증에 우선한다(제1115조). 그러나 기여분과 유류분은 아무 관계가 없다. 즉 기여분은 공동상속인간의 실질적 공평을 실현하기 위한 제도이므로 기여분이 아무리 커도 유류분을 침해하는 것이 아니다. 다만 실제 기여분 산정에 있어서는 다른 공동상속인의 유류분을 참작하여 결정한다.

ㄴ. [○]

[조문] **제1008조(특별수익자의 상속분)** 「공동상속인 중에 피상속인으로부터 재산의 증여 또는 유증을 받은 자가 있는 경우에 그 수증재산이 자기의 상속분에 달하지 못한 때에는 그 부족한 부분의 한도에서 상속분이 있다.」

▶ 상속재산과 특별수익재산 가액의 산정기준시기는 상속개시시이다. 그러나 대금으로 정산하는 경우 구체적 정산액 산정은 분할시를 기준으로 한다(아래 96스62판결).

[관련판례] "공동상속인 중에 피상속인으로부터 재산의 증여 또는 유증 등의 특별수익을 받은 자가 있는 경우에는 이러한 특별수익을 고려하여 상속인별로 고유의 법정상속분을 수정하여 구체적인 상속분을 산정하게 되는데, 이러한 **구체적 상속분을 산정함에 있어서는 상속개시시를 기준으로 상속재산과 특별수익재산을 평가하여 이를 기초로 하여야 할 것이고**, 다만 법원이 실제로 상속재산분할을 함에 있어 분할의 대상이 된 상속재산 중 특정의 재산을 1인 및 수인의 상속인의 소유로 하고 그의 상속분과 그 특정의 재산의 가액과의 차액을 현금으로 정산할 것을 명하는 방법(소위 대상분할의 방법)을 취하는 경우에는, 분할의 대상이 되는 재산을 그 분할시를 기준으로 하여 재평가하여 그 평가액에 의하여 정산을 하여야 한다"(대결 1997.3.21. 96스62).

ㄷ. [×]

"기여분이 결정되기 전에는 피고가 된 기여상속인은 유류분반환청구소송에서 상속재산 중 자신의 기여분을 공제할 것을 항변으로 주장할 수는 없다"(대판 1994.10.14. 94다8334).

ㄹ. [×]

구체적 상속분의 산정을 위한 계산의 기초가 되는 '피상속인이 상속개시 당시에 가지고 있던 재산의 가액'은 상속재산 가운데 적극재산의 전액을 가리킨다(대판 1995.3.10. 94다16571). 즉 제1008조는 적극재산에 대해서만 적용되며, 특별수익자가 있더라도 상속채무는 원칙적으로 공동상속인간에 법정상속분(제1009조)에 따라 승계된다(이는 유류분산정의 경우와 다르다). 만일 소극재산을 공제한다면, 자기의 법정상속분을 초과하여 특별이익을 받은 초과특별수익자는 상

속채무를 전혀 부담하지 않는 불공평한 결과를 초래할 수 있기 때문이다.

ㅁ. [○]

"기여분은 상속재산분할의 전제문제로서의 성격을 갖는 것이므로 상속재산분할의 청구나 조정신청이 있는 경우에 한하여 기여분결정청구를 할 수 있고(제1008조의2 4항), 다만 예외적으로 상속재산분할 후에라도 피인지자나 재판의 확정에 의하여 공동상속인이 된 자의 상속분에 상당한 가액의 지급청구가 있는 경우에는 기여분의 결정청구를 할 수 있으나, **상속재산분할의 심판청구가 없음에도 단지 유류분반환청구가 있다는 사유만으로는 기여분결정청구가 허용된다고 볼 것은 아니다**"(대결 1999.8.24. 99스28).

## 194

상속회복청구권에 관한 설명 중 옳은 것을 모두 고른 것은? (다툼이 있는 경우 판례에 의함) [16 변호사]

ㄱ. 적법하게 공동상속등기가 마쳐진 부동산에 대하여 공동상속인 중 1인이 자기의 단독명의로 소유권이전 등기를 한 경우, 다른 공동상속인들이 그 소유권이전 등기의 말소를 청구하는 것은 상속회복청구에 해당 한다.

ㄴ. 상속재산의 일부에 대하여 제척기간 내에 상속회복 청구권을 행사하여 제소하였다면, 청구의 목적물로 하지 않은 나머지 상속재산에 대해서도 제척기간을 준수한 것으로 본다.

ㄷ. 공동상속인 중 1인이 자신이 단독상속인이라고 주장 하였다면, 다른 상속인의 상속권에 대한 침해가 없더 라도 그는 참칭상속인에 해당한다.

ㄹ. 상속회복청구권이 제척기간의 경과로 소멸되면 진정 상속인은 상속인으로서의 지위를 상실하는 반면, 그 반사적 효과로서 참칭상속인은 상속개시 당시에 소 급하여 상속인의 지위를 취득한 것으로 본다.

① ㄱ

② ㄹ

③ ㄱ, ㄹ

④ ㄴ, ㄷ

⑤ ㄴ, ㄷ, ㄹ

## 195

A는 배우자 B와의 사이에 자녀 C, D를 두었는데, 적극재산 없이 차용금 채무 6억 3,000만 원을 남긴 채 2020. 10. 17. 사망하였다. C에게는 자녀 E가, D에게는 자녀 F와 G가 있 었는데, C와 D가 모두 상속을 적법하게 포기하였다. 이러한 경우에 A가 남긴 채무는 누구에게 얼마씩 귀속되는가? (다 툼이 있는 경우 판례에 의함) [22 변호사]

① B에게 6억 3,000만 원 전액이 귀속된다.

② B, E, F, G에게 6억 3,000만 원 전액이 불가분채무로 귀속 된다.

③ B, E, F, G에게 각 1억 5,750만 원씩 분할되어 귀속된다.

④ B에게 2억 7,000만 원, E에게 1억 8,000만 원, F에게 9,000 만 원, G에게 9,000만 원으로 분할되어 귀속된다.

⑤ B에게 2억 1,000만 원, E에게 1억 4,000만 원, F에게 1억 4,000만 원, G에게 1억 4,000만 원으로 분할되어 귀속된다.

## 194
정답 ②

**해설** ㄱ. [×]

"상속회복청구의 소는 상속을 원인으로 소유권을 취득하였다고 주장하는 사람이 참칭상속인을 상대로 침해된 상속권의 회복을 구하는 것으로서, 참칭상속인이란 정당한 상속권이 없음에도 재산상속임을 신뢰케 하는 외관을 갖추고 있는 사람이나 상속인이라고 참칭하여 상속재산의 전부 또는 일부를 점유하고 있는 사람을 말하는바, 소유권이전등기에 의하여 재산상속임을 신뢰케 하는 외관을 갖추었는지 여부는 권리관계를 외부에 공시하는 등기부의 기재에 의하여 판단하여야 하므로, 등기원인이 상속이 아닌 매매, 증여 등 다른 원인으로 되어 있다면 소유권이전등기를 한 등기명의인이 공동상속인 중의 1인이라고 하더라도 참칭상속인이라고 할 수 없고, 일단 적법하게 공동상속등기가 마쳐진 부동산에 관하여 상속인 중 1인이 자기 단독명의로 소유권이전등기를 한 경우 다른 상속인들이 그 이전등기가 원인 없이 마쳐진 것이라 하여 말소를 구하는 소는 상속회복청구의 소에 해당하지 아니하여 민법 제999조 제2항이 정하는 소의 제기에 관한 제척기간이 적용되지 아니한다. 이는 상속권이 침해되었음을 이유로 그 회복을 구하는 것이 아니라 상속으로 일단 취득한 소유권이 그 후 위법하게 침해되었다는 이유로 소유권의 회복을 구하는 것이기 때문이며, 공동상속등기와 그에 이은 이전등기 사이의 시간적 간격이 짧다거나 공동상속등기와 이전등기가 상속인 중 1인에 의하여 동일한 기회에 이루어졌다고 하여 달리 볼 것이 아니다"(대판 2011.9.29. 2009다78801).

ㄴ. [×]

"재산상속에 관하여 진정한 상속인임을 전제로 그 상속으로 인한 소유권 또는 지분권 등 재산권의 귀속을 주장하고 참칭상속인 또는 자기들만이 재산상속을 하였다는 일부 공동상속인들을 상대로 상속재산인 부동산에 관한 등기의 말소 기타 지분권의 반환 등을 구하는 경우에는 그 소유권 또는 지분권 등이 귀속되었다는 주장이 상속을 원인으로 하는 것인 이상 그 청구원인 여하에 불구하고 이는 민법 제999조 소정의 상속회복청구의 소라고 해석함이 상당하고, 이와 같은 경우에는 민법 제999조에 의하여 준용되는 민법 제982조 제2항 소정의 제척기간의 적용이 있으며, 또 상속재산의 일부에 대하여 제소하여 제척기간을 준수하였다 하여 그로써 다른 상속재산에 대한 소송에 그 기간 준수의 효력이 생기지 아니한다"(대판 1981.6.9. 80므84).

ㄷ. [×]

"재산상속회복청구의 소에 있어서 그 상대방이 되는 참칭상속인이라 함은 재산상속임을 신뢰하게 하는 외관을 갖추고 있거나 상속인이라고 참칭하여 상속재산의 전부 또는 일부를 점유하는 등의 방법에 의하여 진정한 상속인의 상속권을 침해하는 자를 가리키는 것으로서, 상속인 아닌 자가 자신이 상속인이라고 주장하거나 또는 공동상속인 중 1인이 자신이 단독상속인이라고 주장하였다 하더라도 달리 상속권의 침해가 없다면 그러한 자를 가리켜 상속회복청구의 소에서 말하는 참칭상속인이라고 할 수는 없는 것이다"(대판 1994.11. 18. 92다33701).

ㄹ. [○]

"상속회복청구권이 제척기간의 경과로 소멸하게 되면 상속인은 상속인으로서의 지위 즉 상속에 따라 승계한 개개의 권리의무 또한 총괄적으로 상실하게 되고, 그 반사적 효과로서 참칭상속인의 지위는 확정되어 참칭상속인이 상속개시의 시로부터 소급하여 상속인으로서의 지위를 취득한 것으로 봄이 상당하다"(대판 1994.3.25. 93다57155).

## 195
정답 ⑤

① [×], ② [×], ③ [×], ④ [×], ⑤ [○]

**해설** 포기한 상속분의 귀속

공동상속인 전원이 상속을 포기하면 다음 순위자에게 상속이 되는데, 선순위 상속인인 처와 자가 모두 상속포기를 한 경우 후순위 상속인이 없다면 손자가 '본위상속'한다(대판 1995. 9.26. 95다27769).

▶ 금전채무와 같이 급부의 내용이 가분인 채무가 공동상속된 경우, 이는 상속 개시와 동시에 당연히 법정상속분에 따라 공동상속인에게 분할되어 귀속된다(대판 1997.6. 24. 97다8809). 사안의 경우 피상속인 A의 6억 3천만 원의 채무는 손자녀 E, F, G가 각 2/9씩(1억 4,000만 원 제1009조 1항), A의 배우자 B가 3/9씩(2억 1,000만 원 제1009조 2항) A를 본위상속한다.

## 196

사인증여와 유증에 관한 설명 중 옳지 않은 것은? (다툼이 있는 경우에는 판례에 의함) [12 변호사]

① 사인증여는 원칙적으로 증여자와 수증자의 합의에 의해 성립하지만, 유증은 유언자의 사망 전에 수유자가 유언자에 대하여 승낙의 의사표시를 할 필요가 없다.

② 증여자의 사망 전에 사망한 사인증여 수증자의 지위가 상속되는가의 여부는 사인증여의 내용에 의해 정해지고, 유언자의 사망 전에 사망한 유증 수유자의 지위가 상속되는가의 여부는 유언의 취지에 의해 정해진다.

③ 미성년자가 사인증여를 함에는 원칙적으로 법정대리인의 동의를 얻어야 하지만, 미성년자라도 만 17세에 달한 자가 유증을 함에는 법정대리인의 동의를 얻을 필요가 없다.

④ 포괄적 유증을 받은 자는 상속인과 동일한 권리의무가 있다고 규정한 민법 제1078조는 포괄적 사인증여에 준용되지 않는다.

⑤ 유류분침해액의 반환순서에 있어 사인증여는 유증과 동일시된다.

## 197

다음 설명 중 옳지 않은 것은? (다툼이 있는 경우에는 판례에 의함) [12 변호사]

① 비밀증서에 의한 유언이 방식을 갖추지 못하였더라도 그 증서가 자필증서의 방식에 적합한 때에는 자필증서에 의한 유언으로 본다.

② 혼인외의 자를 혼인 중의 친생자로 출생신고한 경우, 그 출생신고는 무효이지만 인지신고로서의 효력은 인정할 수 있다.

③ 타인의 자를 자기의 자로 출생신고한 경우, 그 출생신고는 무효이나, 입양의 실질적 요건을 갖추었다면 입양신고로서의 효력은 인정할 수 있다.

④ 공동상속인 전원의 협의에 따라 상속재산 전부를 상속인 중 일부에게 상속시킬 방편으로 나머지 상속인들이 한 상속포기가 법정기간을 경과한 후에 신고된 것이어서 상속포기로서의 효력이 없더라도, 상속인들 사이에 상속재산의 협의분할이 이루어진 것이라고 볼 수 있다.

⑤ 혼인 중에 부부 일방이 사망하여 상대방이 배우자로서 망인의 재산을 상속받은 후에 그 혼인이 중혼을 이유로 취소되었다면, 그 상속재산은 법률상 원인 없이 취득한 것이 된다.

## 196

①~⑤은 사인증여와 유증을 비교하는 문제이다. 민법은 **사인증여** **에 유증에 관한 규정을 준용하고 있다**(제562조). 다만 사인증여 는 불요식 계약이나 유증은 단독행위로 엄격한 요식성을 요하는 바 준용의 범위가 문제되는바, 判例는 기본적으로 "유증의 방식에 관한 민법 제1065조 내지 제1072조는 그것이 단독행위임을 전제 로 하는 것이어서 계약인 사인증여에는 적용되지 않는다"(대판 1996. 4.12. 94다37714,37721)고 한다.

① [ O ]

**해설** 사인증여는 '계약'으로서 당사자(증여자와 수증자)의 의사합 치가 필요하나, 유증은 '단독행위'로서 유언자의 의사표시만 있으면 족하다.

② [ × ]

**해설** 유증은 유언자의 사망전에 수증자가 사망한 때에는 그 효력 이 생기지 아니한다(제1089조 1항). 아울러 사인증여의 경 우에는 유증에 관한 규정을 준용하므로(제562조), 사인증여 의 경우에도 수증자가 사인증여의 증여자보다 먼저 사망한 때에는 그 효력이 생기지 않는다.

③ [ O ]

**해설** 사인증여도 계약이므로 미성년자가 사인증여를 함에는 원칙 적으로 법정대리인의 동의를 얻어야 한다(다만 미성년자가 사인증여를 받는 수증자인 경우에는 부담이 없는 한 단독으 로 받을 수 있다 ; 제5조 제2항 단서). 그러나 만 17세에 달 하면 유언을 할 수 있으므로(제1061조), 미성년자라도 만 17세에 달한 자가 유증을 함에는 법정대리인의 동의를 얻을 필요가 없다.

④ [ O ]

**해설** "포괄적 사인증여에 민법 제1078조가 준용된다면 양자의 효 과는 동일하게 되므로, 결과적으로 포괄적 유증에 엄격한 방 식을 요하는 요식행위로 규정한 조항들은 무의미하게 된다. 따라서 민법 제1078조가 포괄적 사인증여에 준용된다고 하 는 것은 사인증여의 성질에 반하므로 준용되지 아니한다고 해석함이 상당하다"(대판 1996.4.12. 94다37714,37721).

⑤ [ O ]

**해설** 判例는 유류분반환에 있어 사인증여에 유증과 같은 효과를 인정한다(대판 2001.11.30. 2001다6947). 즉 유류분반환 의 순서에 있어 사인증여를 생전증여가 아닌 유증과 동일한 취급을 하게 되며, 따라서 사인증여는 생전증여보다 먼저 반 환청구의 대상이 된다(제1116조 참조).

## 197

①~④ 가족법 중 **무효행위의 전환**(제138조)과 관련한 질문이다.

① [ O ]

**해설** 비밀증서에 의한 유언이 그 방식에 흠결이 있는 경우에 그 증서가 자필증서의 방식에 적합한 때에는 자필증서에 의한 유언으로 본다(제1071조).

② [ O ]

**해설** 혼인신고가 위법하여 무효인 경우에도 무효인 혼인 중 출생 한 자를 그 호적에 출생신고하여 등재한 이상 그 자에 대한 인지의 효력이 있다"(대판 1971.11.15. 71다1983).

③ [ O ]

**해설** "당사자가 양친자관계를 창설할 의사로 친생자출생신고를 하 고 거기에 입양의 실질적 요건이 모두 구비되어 있다면 그 형식에 다소 잘못이 있더라도 입양의 효력이 발생한다"(대판 2001.5.24. 전합2000므1493).

④ [ O ]

**해설** "상속재산을 공동상속인 1인에게 상속시킬 방편으로 나머지 상속인들이 한 상속포기 신고가 민법 제1019조 제1항 소정 의 기간을 경과한 후에 신고된 것이어서 상속포기로서의 효 력이 없다고 하더라도, 공동상속인들 사이에서는 1인이 고유 의 상속분을 초과하여 상속재산 전부를 취득하고 나머지 상 속인들은 이를 전혀 취득하지 않기로 하는 내용의 상속재산 에 관한 협의분할이 이루어진 것으로 보아야 한다"(대판 1996.3.26. 95다45545,45552,45569).

⑤ [ × ]

**해설** 혼인 취소는 소급효가 없고(제824조), 재산관계와 신분관계 를 구별하지 않는다.
"민법 제824조는 '혼인의 취소의 효력은 기왕에 소급하지 아 니한다.'고 규정하고 있을 뿐 재산상속 등에 관해 소급효를 인 정할 별도의 규정이 없는바, 혼인 중에 부부 일방이 사망하여 상대방이 배우자로서 망인의 재산을 상속받은 후에 그 혼인이 취소되었다는 사정만으로 그 전에 이루어진 상속관계가 소급 하여 무효라거나 또는 그 상속재산이 법률상 원인 없이 취득 한 것이라고는 볼 수 없다"(대판 1996.12.23. 95다48308).

## 198

甲은 배우자 없이 자녀 乙, 丙, 丁만 있는 상태에서 자필로 아래와 같은 내용을 적은 유언장을 남기고 사망하였다. 이에 관한 설명 중 옳은 것은? (다툼이 있는 경우 판례에 의함)

[22 변호사]

---

### 유 언 장

나는 환갑을 맞은 오늘 밤에 내 일생을 돌이켜 보며 많은 생각을 하였고, 평생동안 모은 재산과 사랑하는 나의 자녀들에게 남기고 싶은 말을 적어본다. 이는 아버지의 뜻이므로 반드시 지켜주기를 바란다.

첫째, 너희들끼리 재산문제로 ~~다루지~~ 다투지 말며, 특히 절대 상속재산에 관하여 서로 소송을 제기하지 말고, 상속재산은 내가 죽은 후 5년 동안 절대 분할하지 말아라.

둘째, 내가 남기는 전 재산의 2/3는 장남인 乙에게 주며, 나머지 재산은 丙과 丁이 공평하게 나누어라.

장남인 乙에게 많은 재산을 남기는 것은 乙이 나의 생전에 나를 특별히 부양하였을 뿐만 아니라 나의 재산의 유지와 증가에 특별히 기여하였기 때문이므로 丙과 丁은 그리 알기를 바란다.

나는 너희들이 나의 아들과 딸이었다는 것이 정말 감사하고 행복했다. 그리고 오늘 환갑이라고 잔치를 베풀어 주어서 정말 고마웠다.

乙, 丙, 丁의 아버지 '죽림거사' (무인)

---

① "다루지" 부분에 두 줄을 긋고 "다투지"로 변경한 것은, 명백한 오기의 수정이라 하더라도, 변경한 부분에 날인이 없으므로 유언은 무효이다.

② "전 재산의 2/3는 장남인 乙에게 주며, 나머지 재산은 丙과 丁이 공평하게 나누어라." 하는 부분은 법정상속분을 변경하는 것이어서 허용되지 않는다.

③ 증인의 서명 또는 기명날인이 없으므로 유언은 무효이다.

④ 유언자의 본명이 기재되어 있지 않을 뿐만 아니라, 인장(印章) 대신 무인(拇印)이 찍혀있으므로 유언은 무효이다.

⑤ 유언자의 주소가 기재되지 않았으므로 유언은 무효이다.

## 199

유류분에 관한 설명 중 옳은 것(○)과 옳지 않은 것(×)을 올바르게 조합한 것은? (다툼이 있는 경우 판례에 의함)

[19 변호사]

---

ㄱ. 공동상속인 중 피상속인의 생전에 재산을 증여받아 특별수익을 한 자가 있는 경우, 그 증여는 상속개시 1년 이전의 것인지 여부, 당사자 쌍방이 손해를 가할 것을 알고서 하였는지 여부에 관계없이 유류분 산정을 위한 기초재산에 산입된다.

ㄴ. 유류분권리자의 가액반환청구에 대하여 반환의무자가 원물반환을 주장하며 가액반환에 반대하는 의사를 표시한 경우에는 반환의무자의 의사에 반하여 원물반환이 가능한 재산에 대하여 가액반환을 명할 수 없다.

ㄷ. 공동상속인 중 1인이 자신의 법정상속분 상당의 상속채무분담액을 초과하여 유류분권리자의 상속채무분담액까지 변제한 경우에도 별도로 구상권을 행사하거나 상계하는 등의 방법으로 만족을 얻는 것은 별론으로 하고, 이를 유류분권리자의 유류분 부족액 산정시 고려하여서는 안 된다.

---

① ㄱ(○), ㄴ(○), ㄷ(○)
② ㄱ(○), ㄴ(○), ㄷ(×)
③ ㄱ(○), ㄴ(×), ㄷ(○)
④ ㄱ(×), ㄴ(○), ㄷ(○)
⑤ ㄱ(×), ㄴ(○), ㄷ(×)

① [×]

**해설** 자필증서에 의한 유언(문자의 삽입, 삭제 또는 변경)
자필증서에 의한 유언은 유언자가 그 전문과 년월일, 주소, 성명을 자서하고 날인하여야 한다. 그 증서에 문자의 삽입, 삭제 또는 변경을 함에는 유언자가 이를 자서하고 날인하여야 한다(제1066조). 그러나 **자필증서 중 증서의 기재 자체에 의하더라도 명백한 오기를 정정한 것에 지나지 않는다면** 설령 그 수정 방식이 위 법조항에 위배된다고 할지라도 유언자의 의사를 용이하게 확인할 수 있으므로 이러한 방식의 위배는 유언의 효력에 영향을 미치지 아니한다(대판 1998.6.12,97다38510).

② [×]

**해설** 유언의 자유와 그 제한
사적자치의 한 내용인 소유권 존중의 원칙에 따라 각 개인은 자기 재산을 임의로 처분할 수 있는바, 이러한 처분의 자유는 그의 사후에 미친다. 즉 사적자치의 한 내용으로 유언의 자유가 인정된다. 따라서 법정상속분을 변경하는 내용의 유언도 허용된다.

③ [×]

**해설** 유언의 요건으로서 증인의 서명 또는 기명날인
증인의 서명 또는 기명날인은 공정증서에 의한 유언(제1068조), 비밀증서에 의한 유언(제1069조), 구수증서에 의한 유언(제1070조)의 요건이다. 사안의 경우 자필증서에 의한 유언이므로 증인의 서명 또는 기명날인이 없더라도 무효가 아니다.

④ [×]

**해설** 자필증서에 의한 유언(성명의 자서와 날인)
성명은 자서를 하여야 하나, 날인은 타인이 하여도 무방하며, 날인은 인장 대신에 무인에 의한 경우에도 유효하다.

⑤ [○]

**해설** 자필증서에 의한 유언(주소의 기재)
자서가 필요한 주소는 반드시 주민등록법에 의하여 등록된 곳일 필요는 없으나, 적어도 제18조에서 정한 생활의 근거되는 곳으로서 다른 장소와 구별되는 정도의 표시를 갖추어야 한다(대판 2014.9.26. 2012다71688).

**해설** ㄱ. [○]

유류분액 산정의 기초가 되는 재산
유류분 산정의 기초가 되는 재산에는 증여계약이 체결된 때를 기준(증여계약의 이행시가 아님)으로 상속개시전의 1년간 증여는 모두 산입된다(제1114조 본문). 상속개시 1년 이전의 증여는 원칙적으로 산입되지 않지만, ⅰ) 당사자 쌍방이 유류분권리자에 손해를 가할 것을 알고 증여를 한 때에는 상속개시 1년 이전의 증여라도 반환을 청구할 수 있으며(제1114조 후단), ⅱ) 공동상속인에 있어서는 상속 개시 1년 전에 증여받은 것이라도 모두 산입대상이 된다(대판 1996.2.9. 95다17885). 이러한 특별수익은 상속재산을 선급받은 것이므로 공동상속인간의 공평한 분배를 위하여 산입되어야 하는 것이다.

ㄴ. [○]
유류분의 반환방법
"민법은 유류분의 반환방법에 관하여 별도의 규정을 두지 않는바, 반환의무자는 통상적으로 증여 또는 유증대상인 재산 그 자체를 반환하면 될 것이다(제1115조 1항 참조, 예컨대 수증자 또는 수유자가 아직 목적물을 소유하고 있거나, 목적물을 양수한 제3자가 악의인 경우). 만약 **원물반환이 불가능한 경우**(예컨대 수증자 또는 수유자가 선의의 제3자에게 양도한 경우)에는 그 **가액 상당액을 반환**할 수밖에 없다. 특히 원물반환의 경우 목적물이 부동산인 때에는 유류분이 비율로 정해져 있으므로 공유지분의 이전등기를 청구하는 형태가 될 것이다. 그리고 원물반환이 가능하더라도 유류분권리자와 반환의무자 사이에 가액으로 이를 반환하기로 협의가 이루어지거나 유류분권리자의 가액반환청구에 대하여 반환의무자가 이를 다투지 않은 경우에는 법원은 가액반환을 명할 수 있지만, **유류분권리자의 가액반환청구에 대하여 반환의무자가 원물반환을 주장하며 가액반환에 반대하는 의사를 표시한 경우에는 반환의무자의 의사에 반하여 원물반환이 가능한 재산에 대하여 가액반환을 명할 수 없다**"(대판 2013.3.14. 2010다42624).

ㄷ. [○]
"금전채무와 같이 급부의 내용이 가분인 채무가 공동상속된 경우, 이는 상속개시와 동시에 당연히 공동상속인들에게 법정상속분에 따라 상속된 것으로 봄이 타당하므로, 법정상속분 상당의 금전채무는 유류분권리자의 유류분 부족액을 산정할 때 고려하여야 할 것이나, 공동상속인 중 1인이 자신의 법정상속분 상당의 상속채무 분담액을 초과하여 유류분권리자의 상속채무 분담액까지 변제한 경우에는 유류분권리자를 상대로 별도로 구상권을 행사하여 지급받거나 상계를 하는 등의 방법으로 만족을 얻는 것은 별론으로 하고, 그러한 사정을 유류분권리자의 유류분 부족액 산정시 고려할 것은 아니다"(대판 2013.3.14. 2010다42624).

## 200

유류분에 관한 설명 중 옳은 것은? (다툼이 있는 경우 판례에 의함) [17 변호사]

① 공동상속인 중 1인이 자신의 법정상속분 상당의 상속채무 분담액을 초과하여 유류분권리자의 상속채무 분담액까지 변제한 경우, 그러한 사정은 유류분권리자의 유류분 부족액 산정시 고려되어야 한다.

② 유류분반환청구권자가 침해를 받은 유증 또는 증여행위를 지정하여 재판 외에서 이에 대한 반환청구의 의사를 표시했더라도 그로부터 6개월 이내에 재판상의 청구 등을 하여야 소멸시효 진행이 중단된다.

③ 공동상속인의 협의 또는 가정법원의 심판으로 유류분반환의무자의 기여분이 인정된 경우, 유류분을 산정함에 있어 그 기여분을 공제하여야 한다.

④ 유류분반환청구소송에서 유류분반환의무자가 증여 또는 유증대상 재산 그 자체를 반환하는 것이 불가능한 경우에는 사실심 변론종결시를 기준으로 산정한 가액 상당액을 반환해야 한다.

⑤ 유류분액을 산정함에 있어 유류분반환의무자가 증여받은 재산의 가액은 금전인 경우 증여 당시 받은 금액 자체이고, 그 밖의 재산인 경우 상속개시 당시의 시가이다.

## 200
정답 ④

① [×]

**해설** "금전채무와 같이 급부의 내용이 가분인 채무가 공동상속된 경우, 이는 상속개시와 동시에 당연히 공동상속인들에게 법정상속분에 따라 상속된 것으로 봄이 타당하므로, **법정상속분 상당의 금전채무는 유류분권리자의 유류분 부족액을 산정할 때 고려하여야 할 것이나**, 공동상속인 중 1인이 자신의 법정상속분 상당의 상속채무 분담액을 초과하여 유류분권리자의 상속채무 분담액까지 변제한 경우에는 유류분권리자를 상대로 별도로 구상권을 행사하여 지급받거나 상계를 하는 등의 방법으로 만족을 얻는 것은 별론으로 하고, 그러한 사정을 유류분권리자의 유류분 부족액 산정시 고려할 것은 아니다"(대판 2013.3.14. 2010다42624).

② [×]

**해설** 유류분 반환청구권의 행사는 재판상 또는 재판 외의 방법으로 행사할 수 있다. 判例는 "그 의사표시는 침해를 받은 유증 또는 증여행위를 지정하여 이에 대한 반환청구의 의사를 표시하면 그것으로 족하며, 그로 인하여 생긴 목적물의 이전등기청구권이나 인도청구권 등을 행사하는 것과는 달리 그 목적물을 구체적으로 특정하여야 하는 것은 아니고, 민법 제1117조에 정한 소멸시효의 진행도 그 의사표시로 중단된다"(대판 2002.4.26. 2000다8878).

③ [×]

**해설** 유증은 기여분에 우선하고(제1008의2 3항) 유류분은 유증에 우선한다(제1115조). 그러나 기여분과 유류분은 아무 관계가 없다. 즉 기여분은 공동상속인간의 실질적 공평을 실현하기 위한 제도이므로 기여분이 아무리 커도 유류분을 침해하는 것이 아니다.

따라서 "설령 공동상속인의 협의 또는 가정법원의 심판으로 기여분이 결정되었다고 하더라도 유류분을 산정함에 있어 기여분을 공제할 수 없고, 기여분으로 인하여 유류분에 부족이 생겼다고 하여 기여분에 대하여 반환을 청구할 수도 없다"(대판 2015.10.29. 2013다60753).

④ [○]

**해설** "유류분반환범위는 상속개시 당시 피상속인의 순재산과 문제된 증여재산을 합한 재산을 평가하여 그 재산액에 유류분청구권자의 유류분비율을 곱하여 얻은 유류분액을 기준으로 하는 것인바, 이와 같이 유류분액을 산정함에 있어 **반환의무자가 증여받은 재산의 시가는 상속개시 당시를 기준으로 산정**하여야 하고, 당해 반환의무자에 대하여 반환하여야 할 재산의 범위를 확정한 다음 그 원물반환이 불가능하여 **가액반환**을 명하는 경우에는 그 가액은 사실심 변론종결시를 기준으로 산정하여야 한다"(대판 2005.6.23. 2004다51887).

⑤ [×]

**해설** "유류분액을 산정함에 있어 반환의무자가 증여받은 재산의 시가는 상속개시 당시를 기준으로 산정해야 하고"(대판 1996. 2.9. 95다17885), "증여받은 재산이 금전일 경우에는 그 증여받은 금액을 상속개시 당시의 화폐가치로 환산하여 이를 증여재산의 가액으로 봄이 상당하고, 그러한 화폐가치의 환산은 증여 당시부터 상속개시 당시까지 사이의 물가변동률을 반영하는 방법으로 산정하는 것이 합리적이다"(대판 2009.7.23. 2006다28126).

# 민사소송법

민사소송법

# PART 1
# 총론, 소송의 주체

## 01

甲이 乙을 상대로 제기한 X토지의 소유권이전등기말소 청구의 소의 항소심법원은 甲에게 소유권이 인정되지 않는다는 이유로 甲이 승소한 제1심 판결을 취소하고 甲의 청구를 기각하는 판결을 선고하였다. 이에 대하여 甲이 상고를 제기하였는데, 상고심 법원은 항소심판결을 파기하고 항소심법원에 환송하는 판결을 선고하였다. 다음 설명 중 옳은 것은? (각 지문은 독립적이며, 다툼이 있는 경우 판례에 의함)

[15 변호사]

① 항소심에서 판결 작성에 관여한 A판사가 상고심 재판에 관여한 경우, 乙은 법률상 재판에 관여할 수 없는 법관이 관여하였음을 이유로 위 파기환송판결에 대하여 재심의 소를 제기할 수 있다.

② 환송 후 항소심의 판결정본이 환송 전 항소심의 甲의 대리인인 변호사 B에게 송달되면 송달로서의 효력이 생기지 않는다.

③ 환송 전과 환송 후의 항소심은 동일한 심급이므로 환송 전의 항소심판결에 관여한 C판사는 환송 후의 항소심재판에 관여할 수 있다.

④ 이 사건 제1심 법원의 촉탁에 의해 다른 법원의 D판사가 증거조사를 실시한 경우 D판사는 환송 후 항소심의 직무집행에서 제척된다.

⑤ 환송 후의 항소심판결에 대하여 乙이 적법하게 상고를 제기한 경우 환송 전의 상고심에서 乙을 대리하였던 변호사 E의 소송대리권은 환송 후의 상고심에서 부활하지 않는다.

## 01

정답 ⑤

① [×]

**해설** 대법원의 환송판결이 재심의 대상적격이 있는지 여부(소극)

"재심제도의 본래의 목적에 비추어 볼 때, 재심의 대상이 되는 '확정된 종국판결'이란 당해 사건에 대한 소송절차를 최종적으로 종결시켜 그것에 하자가 있다고 하더라도 다시 통상의 절차로는 더 이상 다툴 수 없는 기판력이나 형성력, 집행력을 갖는 판결을 뜻하는 것이라고 이해하여야 할 것인 바, **대법원의 환송판결은 형식적으로 보면 '확정된 종국판결'에 해당하지만**, 여기서 종국판결이라고 하는 의미는 당해 심급의 심리를 완결하여 사건을 당해 심급에서 이탈시킨다는 것을 의미하는 것일 뿐이고 실제로는 환송받은 하급심에서 다시 심리를 계속하게 되므로 소송절차를 최종적으로 종료시키는 판결은 아니며, 소송물에 관하여 직접적으로 재판하지 아니하고 원심의 재판을 파기하여 다시 심리 판단하여 보라는 종국적 판단을 유보한 재판의 성질상 직접적으로 **기판력이나 실체법상 형성력, 집행력이 생기지 아니한다고 하겠으므로 이는 중간판결의 특성을 갖는 판결로서 '실질적으로 확정된 종국판결'이라 할 수 없다**"(대결 1995.2.14. 전합93재다27).

② [×]

**해설** 대리권의 부활이 긍정된 판례 : 파기환송되어 사실심에 계속 중인 사건

"상고 전의 항소심의 소송대리인의 대리권은 그 사건이 항소심에 계속되면서 다시 부활하므로 환송 받은 항소심에서 환송 전의 항소심의 소송대리인에게 한 송달은 당사자에게 한 송달과 마찬가지의 효력이 있다"(대판 1984.6.14. 84다카744).

③ [×]

**해설** 민사소송법 제41조 5호의 '이전 심급'은 하급심 재판을 말하므로 환송·이송되기 전에 원심에 관여한 법관이 환송·이송된 후에 다시 관여하는 경우는 이에 해당되지 않아 제척 사유가 아니다. 그러나 민사소송법 제436조 3항이 별도로 원심판결에 관여한 판사는 환송된 판결에 관여하지 못하도록 규정하고 있어 C판사는 환송 후의 항소심 재판에 관여할 수 없다.

④ [×]

**해설** 민사소송법 제41조 5호의 관여란 "최종 변론, 판결의 합의 작성 등 깊이 관여한 경우를 말하며, 최종변론 전 변론준비·변론·증거조사, 기일지정과 같은 소송지휘 또는 판결의 선고에만 관여한 것은 제외한다"(대판 1997.6.13. 96다56115). 따라서 제1심 법원의 촉탁에 의해 증거조사만 실시한 경우 제척 사유에 해당되지 않는다.

⑤ [○]

**해설** 대리권의 부활이 부정된 판례 : 파기환송되어 법률심에 계속 중인 사건

判例는 "소송대리권 범위는 특별한 사정이 없는 한 당해 심급에 한정되므로, 상고심에서 항소심으로 파기환송된 사건이 다시 상고된 경우에는 항소심의 소송대리인은 그 대리권을 상실하고, 이때 환송 전 상고심 대리인의 대리권이 그 사건에 다시 상고심에 계속되면서 부활하게 되는 것은 아니라고 할 것"(대결 1996.4.4. 94마148)이라고 하여 **새로운 상고심을 별개의 심급으로 본다.**

## 02

서울특별시 서초구(서울중앙지방법원 관할구역)에 사는 甲은 수원시에 사는 乙에게 甲 소유의 X토지(인천광역시 소재)를 대금 2억 원에 매도하였다. 그 후 甲은 乙을 상대로 X토지 매매계약상의 매매대금 2억 원과 소장송달 다음 날부터 다 갚는 날까지 연 12%의 비율에 의한 지연손해금을 청구하는 소를 제기하였다. 이에 관한 설명 중 옳지 않은 것을 모두 고른 것은? (다툼이 있는 경우 판례에 의함) [21 변호사]

ㄱ. 甲의 배우자 丙은 변호사 자격이 없더라도 위 소송에서 법원의 허가를 얻어 甲의 소송대리인이 될 수 있다.
ㄴ. 甲이 제1심에서 전부 패소하여 제1심 판결에 대해 항소한 경우, 항소심의 관할법원은 고등법원이다.
ㄷ. 甲이 서울중앙지방법원에 위 소를 제기한 후 소송계속 중 대전광역시로 주소를 이전한 경우, 서울중앙지방법원의 관할은 소멸한다.
ㄹ. 甲이 서울동부지방법원에 위 소를 제기하였는데, 乙이 관할위반의 항변을 하지 아니하고 매매계약의 효력을 다투는 답변서를 제출하여 그것이 진술간주된 경우, 서울동부지방법원은 관할권을 가진다.

① ㄱ, ㄴ
② ㄷ, ㄹ
③ ㄱ, ㄴ, ㄷ
④ ㄴ, ㄷ, ㄹ
⑤ ㄱ, ㄴ, ㄷ, ㄹ

## 02
정답 ⑤

해설 ㄱ. [×], ㄴ. [×]
㉠ 소가가 2억원 이하인 사건, ㉡ 수표·약속어음금 청구사건, ㉢ 합의부가 단독판사관할로 인정한 재정단독사건 등은 단독판사관할이다. 단독사건은 지방법원 항소부가 제2심이 된다.[1] 또한 과실, 지연손해, 위약금, 비용 등의 부대청구는 소가 산정에 산입되지 않고(민소법 제27조 2항). 2억 원 이하의 단독사건 중 소송목적의 값이 1억 원을 초과하는 경우에는 비변호사대리가 허용되지 않는다(민사소송규칙 제15조 제1항 제2호 가목).

▶ 사안의 경우 부대청구인 지연손해금 청구는 소가에 포함되지 않으므로 소가가 2억 원인 단독판사 관할의 사건이다. 따라서 항소심은 지방법원 항소부이며, 비변호사대리가 허용되지 않는 사건에 해당한다.

조문 **민사소송법 제27조(청구를 병합한 경우의 소송목적의 값)**
① 하나의 소로 여러 개의 청구를 하는 경우에는 그 여러 청구의 값을 모두 합하여 소송목적의 값을 정한다.
② 과실(果實)·손해배상·위약금(違約金) 또는 비용의 청구가 소송의 부대목적(附帶目的)이 되는 경우에는 그 값은 소송목적의 값에 넣지 아니한다.

**민사소송규칙 제15조(단독사건에서 소송대리의 허가)**
① 단독판사가 심리·재판하는 사건으로서 다음 각 호의 어느 하나에 해당하는 사건에서는 변호사가 아닌 사람도 법원의 허가를 받아 소송대리인이 될 수 있다.
1. 「민사 및 가사소송의 사물관할에 관한 규칙」 제2조 단서 각 호의 어느 하나에 해당하는 사건
2. 제1호 사건 외의 사건으로서 다음 각 목의 어느 하나에 해당하지 아니하는 사건
   가. 소송목적의 값이 소제기 당시 또는 청구취지 확장(변론의 병합 포함) 당시 1억원을 넘는 소송사건
   나. 가목의 사건을 본안으로 하는 신청사건 및 이에 부수하는 신청사건(다만, 가압류·다툼의 대상에 관한 가처분 신청사건 및 이에 부수하는 신청사건은 제외한다)

**민사 및 가사소송의 사물관할에 관한 규칙 제2조(지방법원 및 그 지원 합의부의 심판범위)** 지방법원 및 지방법원지원의 합의부는 소송목적의 값이 2억원을 초과하는 민사사건 및 민사소송등인지법 제2조 제4항의 규정에 해당하는 민사사건을 제1심으로 심판한다. 다만, 다음 각호의 1에 해당하는 사건을 제외한다.
1. 수표금·약속어음금 청구사건
2. 은행·농업협동조합·수산업협동조합·축산업협동조합·산림조합·신용협동조합·신용보증기금·기술신용보증기금·지역신용보증재단·새마을금고·상호저축은행·종합금융회사·시설대여회사·보험회사·신탁회사·증권회사·신용카드회사·할부금융회사 또는 신기술사업금융회사가 원고인 대여금·구상금·보증금 청구사건

3. 자동차손해배상보장법에서 정한 자동차·원동기장치자전거·철도차량의 운행 및 근로자의 업무상재해로 인한 손해배상 청구사건과 이에 관한 채무부존재확인사건
4. 단독판사가 심판할 것으로 합의부가 결정한 사건

**법원조직법 제32조(합의부의 심판권)** ② 지방법원 본원 합의부 및 춘천지방법원 강릉지원 합의부는 지방법원단독판사의 판결·결정·명령에 대한 항소 또는 항고사건 중 제28조제2호에 해당하지 아니하는 사건을 제2심으로 심판한다.

| 소 가 (2022.3.1. 개정법기준) | 1심 | 2심 | | 3심 |
|---|---|---|---|---|
| 3천만 원 이하 | 단독사건: 지법단독판사(법원의 허가 없이 비변호사 대리 가능) | 2억 원 이하 | 지방법원 항소부 | 대법원 |
| 3천만 원 초과 1억 원 이하 | 단독사건: 지법단독판사(법원의 허가 받아 비변호사 대리 가능) | | | |
| 1억 원 초과 5억 원 이하 | 단독사건: 지법단독판사 | 2억 원 초과 | 고등법원 | |
| 5억 원 초과 | 합의사건: 지방법원합의부 | | | |

ㄷ. [×]
다른 소송요건의 판단 표준시가 사실심의 변론종결시인 점과는 달리 수소법원이 관할권이 있는지 여부는 '소제기한 때'를 표준으로 하여 정한다(제33조). 소 제기시에 관할이 인정되는 한 그 뒤 사정변경은 원칙적으로 관할에 아무런 영향이 없다(관할의 항정). 다만, 단독판사에 본소사건이 계속 중인데 합의부관할에 속하는 사건이 반소로 제기된 경우(제269조 2항), 청구취지의 확장으로 합의부의 관할이 된 경우에는 합의부로의 이송원인이 된다.

▶ 사안의 경우 서울중앙지방법원은 '지참채무의 원칙'상 '의무이행지'에 해당하여 적법한 관할에 해당하고, 수소법원의 관할의 표준시기는 '소 제기시'이므로, 甲이 서울중앙지방법원에 소를 제기한 후 적법하게 관할권이 발생한 후 소송계속 중 대전광역시로 주소를 이전한 경우라도 서울중앙지방법원의 관할에는 아무런 영향이 없다.

조문 **민사소송법 제8조 (거소지 또는 의무이행지의 특별재판적)** 재산권에 관한 소를 제기하는 경우에는 거소지 또는 의무이행지의 법원에 제기할 수 있다.

**민법 제467조 (변제의 장소)** ① 채무의 성질 또는 당사자의 의사표시로 변제장소를 정하지 아니한 때에는 특정물의 인도는 채권성립당시에 그 물건이 있던 장소에서 하여야 한다. ② 전항의 경우에 특정물인도 이외의 채무변제는 채권자의 현주소에서 하여야 한다. 그러나 영업에 관한 채무의 변제는 채권자의 현영업소에서 하여야 한다.

**민사소송법 제33조(관할의 표준이 되는 시기)** 법원의 관할은 소를 제기한 때를 표준으로 정한다.

ㄹ. [×]
判例는 "변론관할이 생기려면 피고의 본안에 관한 변론이나 준비절차에서의 진술은 현실적인 것이어야 하므로 피고의 불출석에 의하여 답변서 등이 법률상 진술 간주되는 경우는 변론관할이 생기지 않는다"(대판 1980.9.26. 80마403)라고 판시한 바 있다.

조문 **민사소송법 제30조(변론관할)** 피고가 제1심 법원에서 관할위반이라고 항변(抗辯)하지 아니하고 본안(本案)에 대하여 변론(辯論)하거나 변론준비기일(辯論準備期日)에서 진술하면 그 법원은 관할권을 가진다.

---

1) 2015.2.13.에 개정된 사물관할에 관한 규칙은 소가 2억 초과 사건의 경우 지방법원합의부가 제1심으로 심판한다고 규정하면서도(동 규정 제3조), 고등법원의 심판범위는 소가 1억 원을 초과한 사건이라고 규정하였다(동 규정 제4조). 그러나 2016.10.1. 규칙 제4조가 삭제됨으로써 단독사건에 대한 제2심법원은 지방법원 항소부로 일원화 되었었다. 그러나 2022.3.1.부터 시행되는 개정 규칙에서는 소가 5억 초과 사건의 경우 지방법원합의부가 제1심으로 심판한다고 규정하는 한편, 제4조를 다시 신설하여 고등법원의 심판범위는 소가 2억 원을 초과한 사건이라고 규정하였다(동 규정 제4조)

## 03

**법원의 관할 및 소송의 이송에 관한 설명 중 옳지 않은 것은?**
**(다툼이 있는 경우 판례에 의함)**                    [22 변호사]

① 지방법원 합의부가 지방법원 단독판사의 판결에 대한 항소
   사건을 제2심으로 심판하는 도중에 지방법원 합의부의 관할
   에 속하는 반소가 제기되더라도 이미 정하여진 항소심 관할
   에는 영향이 없다.

② 피고가 제1심 법원에서 관할위반의 항변을 하지 않은 채 본
   안에 관한 답변서를 제출하고서 변론기일 또는 변론준비기
   일에 불출석함으로써 그 답변서가 진술간주된 경우에도 변
   론관할은 생긴다.

③ 당사자가 임의관할에 관한 전속적 합의를 하더라도 다른 법
   원에 변론관할이 생길 수 있다.

④ 전속관할의 규정을 위반하더라도 이송결정이 확정되면 원칙
   적으로 기속력이 인정되지만, 심급관할위반의 이송결정을
   한 경우에는 그 기속력이 이송받은 상급심 법원에까지 미치
   지 아니한다.

⑤ 재심의 소가 재심제기의 기간 내에 제1심 법원에 제기되었
   으나 재심사유 등에 비추어 항소심 판결을 대상으로 한 것이
   라 인정되어 위 재심의 소를 항소심 법원에 이송한 경우, 재
   심제기의 기간 준수 여부는 제1심 법원에 제기된 때를 기준
   으로 하여야 한다.

**03** 　　　　　　　　　　　　　　　　　　　　정답 ②

① [○]

**해설** 반소제기에 의한 이송(제269조 2항)

　본소 피고가 항소 후 지방법원 합의부의 관할에 속하는 반소를 제기하면서 이송신청을 하였는데, 원심이 민사소송법 제34조, 제35조를 들어 이송결정을 한 사안에서, 본소에 대하여 제1심법원의 토지관할 및 변론관할이 인정되어 위 소송의 항소심은 제1심법원의 항소사건을 담당하는 원심법원의 관할에 속하며, ⅰ) 지방법원 합의부가 지방법원 단독판사의 판결에 대한 항소사건을 제2심으로 심판하는 도중에 지방법원 합의부의 관할에 속하는 반소가 제기되었더라도 이미 정하여진 항소심 관할에는 영향이 없고(주 : 제34조의 이송불가), ⅱ) 민사소송법 제35조는 전속관할인 심급관할에는 적용되지 않아 손해나 지연을 피하기 위한 이송의 여지도 없다"(대결 2011.7.14. 2011그65)고 한다.

**비교판례** 본소가 단독사건(소가 5억원 이하).[2]이라고 하더라도 반소(소가 5억원 초과)의 제기로 합의부 관할로 바뀐 경우 일괄하여 합의부로 이송한다(제269조 2항 본문). 다만 원고가 반소청구에 대해 본안변론을 함으로써 변론관할이 생긴 때에는 이송할 필요가 없다(제269조 2항 단서). 그러나 判例는 단독사건(소가 5억원 이하)에 대한 항소사건(지방법원합의부관할)을 심판하던 중 지방법원합의부관할에 속하는 반소(소가 5억원 초과)가 제기되어도 이송의 여지가 없다고 한다.

② [×]

**해설** 피고의 불출석에 의한 답변서의 진술간주가 응소 관할 사유가 될 수 있는지 여부(소극)

　변론관할이란, 원고가 관할권 없는 법원에 소를 제기한 경우, 피고가 이의 없이 본안에 관하여 변론함으로써 발생하는 관할을 말한다(제30조). 여기서 변론은 현실적인 구술에 의해 적극적으로 변론하여야 한다(통설). 判例도 "동법 제30조 소정의 응소관할이 생기려면 피고의 본안에 관한 변론이나 준비절차에서의 진술은 현실적인 것이어야 하므로 피고의 불출석에 의하여 답변서 등이 법률상 진술 간주(제148조 1항)되는 경우는 이에 포함되지 아니한다"(대결 1980.9.26. 80마403)고 한다.

③ [○]

**해설** 전속적 관할 합의 위반의 경우 변론관할 인정 여부(적극)

　'전속적 관할합의 위반'이 있더라도 '전속관할 위반'의 경우와는 구별되어야 한다. 즉 전속적 관할합의도 임의관할에 관한 것이므로 피고 乙이 다투지 않고 본안에 대하여 변론하거나 변론준비기일에서 진술하면 관할위반의 하자는 치유된다(제30조 : 변론관할).

④ [○]

**해설** 전속관할위반의 이송결정의 구속력 인정 여부(상급심불구속)[3]

　判例는 ⅰ) "이송결정의 기속력은 당사자에게 이송결정에 대한 불복방법으로 즉시항고가 마련되어 있는 점이나 이송의 반복에 의한 소송지연을 피하여야 할 공익적 요청에 비추어 볼 때, 당사자가 이송결정에 대하여 즉시항고를 하지 아니하여 확정된 이상 원칙적으로 전속관할의 규정을 위배하여 이송한 경우에도 미친다"(7회 선택형)고 하여 전속관할에 위반한 이송결정의 경우에도 원칙적으로 구속력을 인정하지만, ⅱ) "심급관할을 위배한 이송결정의 기속력이 이송받은 상급심 법원에도 미친다고 한다면 당사자의 심급의 이익을 박탈하고 이송을 받은 법원이 법률심인 대법원인 경우 당사자의 사실에 관한 주장, 입증의 기회가 박탈되는 불합리가 생기므로 상급심 법원에는 미치지 않는다고 보아야 하나, 한편 그 기속력이 이송받은 하급심 법원에도 미치지 않는다고 한다면 사건이 하급심과 상급심 법원 간에 반복하여 전전이송되는 불합리한 결과를 초래하게 되므로 하급심 법원에는 미친다"(대결 1995.5.15. 94마1059,1060)고 판시하였다.

⑤ [○]

**해설** 재심의 소가 관할법원에 이송된 경우 재심제기기간의 준수 여부의 판단기준시기

　"재심의 소가 재심제기기간내에 제1심법원에 제기되었으나 재심사유 등에 비추어 항소심판결을 대상으로 한 것이라 인정되어 위 소를 항소심법원에 이송한 경우에 있어서 재심제기기간의 준수여부는 민사소송법 제36조 제1항의 규정에 비추어 제1심법원에 제기된 때를 기준으로 할 것이지 항소법원에 이송된 때를 기준으로 할 것은 아니다"(대판 1984.2.28. 전합83다카1981).

---

2) 2022.3.1.부터 시행되는 개정 민사 및 가사소송의 사물관할에 관한 규칙에서는 소가 5억 초과 사건의 경우 지방법원합의부가 제1심으로 심판한다고 규정하는 한편(동 규정 제2조), 제4조를 신설하여 고등법원의 심판범위는 소가 2억 원을 초과한 사건이라고 규정하였다(동 규정 제4조)

3) [학설] ① 소극설은 전속관할 위반은 항소심에서 관할위반 주장을 할 수 있고(제411조 단서) 절대적 상고이유에 해당하며(제424조 1항 3호), 구속력을 인정하는 것은 법원의 결정에 의해 강행규정을 배제하는 부당한 결과가 된다고 하여 구속력이 없다고 한다. ② 적극설은 제38조에서 명문으로 전속관할을 제외하지 않고, 이송반복에 따른 소송지연을 피하여야 할 공익적 요청이 이 경우에도 요구되므로 구속력을 인정한다. ③ 절충설은 구속력을 인정하는 것이 타당하지만 심급관할의 경우에는 상급심뿐만 아니라 하급심에서도 구속력을 부정한다.

## 04

**소송의 이송에 관한 설명 중 옳은 것을 모두 고른 것은? (다툼이 있는 경우 판례에 의함)** [18 변호사]

ㄱ. 동일한 지방법원 내에서 합의부와 단독판사의 구별은 사무분담 문제에 불과하므로, 동일한 지방법원 내의 합의부와 단독판사 사이에서는 이송의 여지가 없다.

ㄴ. 관할위반을 이유로 한 당사자의 이송신청은 단지 법원의 직권발동을 촉구하는 의미밖에 없으므로 이송신청 기각결정에 대하여는 즉시항고가 허용되지 않으나, 법원이 이송신청에 대하여 재판하지 않은 경우에는 재판에 영향을 미친 헌법위반이 있음을 이유로 한 특별항고가 허용된다.

ㄷ. 당사자가 즉시항고를 하지 아니하여 이송결정이 확정된 경우, 전속관할의 규정을 위반한 이송결정이라고 하더라도 원칙적으로 기속력이 인정된다.

ㄹ. 심급관할을 위반한 이송결정의 기속력은 이송받은 동일 심급의 법원과 하급심 법원에는 미치지만 상급심 법원에는 미치지 않는다.

ㅁ. 이송결정이 확정되면 이송결정을 한 법원은 수소법원으로서의 자격을 상실하므로 어떠한 처분도 할 수 없다.

① ㄱ, ㅁ
② ㄷ, ㄹ
③ ㄱ, ㄴ, ㄹ
④ ㄱ, ㄷ, ㅁ
⑤ ㄴ, ㄷ, ㄹ

## 04

**해설** ㄱ. [×]

**조문** 제34조(관할위반 또는 재량에 따른 이송) 「② 지방법원 단독판사는 소송에 대하여 관할권이 있는 경우라도 상당하다고 인정하면 직권 또는 당사자의 신청에 따른 결정으로 소송의 전부 또는 일부를 같은 지방법원 합의부에 이송할 수 있다.」

ㄴ. [×]
**당사자의 이송신청권 인정여부(부정설)**
관할위반에 따른 이송은 법원의 직권에 의해 이루어진다. 관할위반이송(제34조 1항)은 심판편의에 의한 이송 등(제34조 2항, 제35조, 제36조, 제269조 2항)과 달리 당사자의 이송신청권이 규정되어 있지 않아 이송신청권 인정 여부가 문제된다.
判例는 "ⅰ) 당사자가 관할위반을 이유로 한 이송신청을 한 경우에도 이는 단지 법원의 직권발동을 촉구하는 의미밖에 없는 것이고, 따라서 법원이 이 이송신청에 대하여는 재판을 할 필요가 없고, ⅱ) 설사 법원이 이 이송신청을 거부하는 재판을 하였다고 하여도 **항고가 허용될 수 없으므로** 항고심에서는 이를 각하하여야 한다"(대결 1993.12.6. 전합93마524)고 하여 부정설의 입장이다. 또한 判例는 즉시항고(제39조)는 물론 특별항고(제449조)도 부정하는 입장이다(대결 1996.1.12. 95그59).

ㄷ. [○]
**전속관할위반의 이송결정의 구속력(원칙적으로 구속력 인정)**
判例는 "이송결정의 기속력은 당사자에게 이송결정에 대한 불복방법으로 즉시항고가 마련되어 있는 점이나 이송의 반복에 의한 소송지연을 피하여야 할 공익적 요청에 비추어 볼 때, 당사자가 이송결정에 대하여 즉시항고를 하지 아니하여 확정된 이상 **원칙적으로 전속관할의 규정을 위배하여 이송한 경우에도 미친다**"(대결 1995.5.15. 94마1059,1060)고 하여 전속관할에 위반한 이송결정의 경우에도 원칙적으로 구속력을 인정한다.

ㄹ. [○]
**전속관할위반의 이송결정의 구속력(예외적으로 상급심불구속)**
判例는 "심급관할을 위배한 이송결정의 기속력이 이송받은 **상급심 법원에도 미친다**고 한다면 당사자의 심급의 이익을 박탈하고 이송을 받은 법원이 법률심인 **대법원인 경우** 당사자의 사실에 관한 주장, 입증의 기회가 박탈되는 불합리가 생기므로 상급심 법원에는 미치지 않는다고 보아야 하나, 한편 그 기속력이 이송받은 하급심 법원에도 미치지 않는다고 한다면 사건이 하급심과 상급심 법원 간에 반복하여 전전 이송되는 불합리한 결과를 초래하게 되므로 **하급심 법원에는 미친다**"(대결 1995.5.15. 94마1059,1060)고 판시하였다.
소송의 지연방지라는 이송의 공익적 취지에 비추어 전속관할의 경우에도 원칙적으로 이송결정의 구속력이 미친다고 보되, 당사자의 심급이익에 비추어 상급심에는 예외적으로 구속력이 미치지 않는다고 보는 判例의 견해가 타당하다.

ㅁ. [×]
**이송의 효과 – 소송행위의 효력 유지여부(적극)**

**조문** 제37조(이송결정이 확정된 뒤의 긴급처분) 「법원은 소송의 이송결정이 확정된 뒤라도 급박한 사정이 있는 때에는 직권으로 또는 당사자의 신청에 따라 필요한 처분을 할 수 있다. 다만, 기록을 보낸 뒤에는 그러하지 아니하다.」

## 05

제3자의 소송담당에 관한 설명 중 옳은 것은? (다툼이 있는
경우 판례에 의함)                                    [18 변호사]

① 주한미군 군인의 공무집행 중 불법행위로 인하여 대한민국
　국민에게 손해가 발생한 경우, 그 손해배상청구소송에서 대
　한민국은 피고인 미군 측을 위하여 소송을 수행할 수 있으나
　피고가 될 수 없다.

② 채권추심명령을 받은 압류채권자는 채무자가 피압류채권에
　관하여 제기한 이행의 소 계속 중 추심의 소를 별도로 제기
　할 수 없다.

③ 공유자는 각자 보존행위를 할 수 있으나, 보존행위가 소송행
　위인 경우에는 특별한 사정이 없는 한 단독으로 할 수 없다.

④ 비상장회사의 발행주식총수의 100분의 1 이상에 해당하는
　주식을 가진 주주가 회사에 회복할 수 없는 손해가 생길 염
　려가 없음에도 불구하고, 회사에 대하여 이사의 책임을 추궁
　할 소의 제기를 청구하지 않고 즉시 회사를 위하여 소를 제
　기한 경우, 그 소는 부적법하다.

⑤ 사해행위의 수익자 또는 전득자에 대하여 회생절차가 개시
　된 경우에 채권자는 관리인을 상대로 사해행위의 취소 및
　그에 따른 원물반환을 구하는 소를 제기할 수 없다.

## 05 정답 ④

**① [×]**

**해설** 주한미군 군인의 공무집행 중 불법행위로 인하여 대한민국 국민에게 손해가 발생한 경우, 그 손해배상청구소송에서 대한민국은 피고인 미군 측에 갈음하여 소송수행권을 갖는다 (한미행정협정 제23조 5항).

**② [×]**

**해설** 채무자가 제소한 후 압류채권자의 추심소송제기 가부(긍정) "채무자가 제3채무자를 상대로 제기한 이행의 소가 법원에 계속되어 있는 경우에도 압류채권자는 제3채무자를 상대로 압류된 채권의 이행을 청구하는 추심의 소를 제기할 수 있고, 제3채무자를 상대로 압류채권자가 제기한 추심의 소는 채무자가 제기한 이행의 소에 대한 관계에서 민사소송법 제259조가 금지하는 **중복된 소제기에 해당하지 않는다고 봄이 타당하다**"(대판 2013.12.18. 전합2013다202120)

**쟁점 정리** 압류 및 추심명령은 갈음형 제3자 소송담당으로서 채무자는 제3채무자를 상대로 이행의 소를 제기할 당사자적격을 상실하고, 이러한 사정은 직권조사사항으로서 당사자의 주장이 없더라도 법원이 이를 직권으로 조사하여 부적법 각하하게 된다. 따라서 압류채권자가 제3채무자를 상대로 제기한 추심의 소의 본안에 관하여 심리·판단한다고 하여, 제3채무자에게 불합리하게 과도한 이중 응소의 부담을 지우고 본안 심리가 중복되어 당사자와 법원의 소송경제에 반한다거나 판결의 모순·저촉의 위험이 크다고 볼 수 없으므로 判例의 태도가 타당하다.

**③ [×]**

**해설** 공유관계소송
원칙적으로 **통상공동소송**(각자 단독으로 가능)에 의한다. 判例는 ㉠ "공동상속재산은 상속인들의 공유이고, 또 부동산의 공유자인 한 사람은 그 **공유물에 대한 보존행위로서** 그 공유물에 관한 원인 무효의 등기 전부의 말소를 구할 수 있다" (대판 1996.2.9. 94다61649 : 그러나 지분권이 아닌 공유관계 자체에 의하여 말소청구를 하는 경우에는 고유필수적 공동소송이 됨)고 하고, ㉡ "**공동상속재산의 지분에 관한 지분존재확인을 구하는 소송**은 필수적 공동소송이 아니라 통상의 공동소송"(대판 2010.2.25. 2008다96963)이라고 하며, ㉢ "**공유자 중 한 사람은 공유물에 경료된 원인무효의 등기에 관하여 각 공유자에게 해당 지분별로 진정명의회복을 원인으로 한 소유권이전등기를 이행할 것을 단독으로 청구할 수 있다**"(대판 2005.9.29. 2003다40651)고 본다.

**비교 관례** 예외적으로 필수적 공동소송으로 본 判例는 다음과 같다. ㉠ "공유물 전체에 대한 소유관계 확인도 이를 다투는 제3자를 상대로 공유자 전원이 하여야 하는 것이지 공유자 일부만이 그 관계를 대외적으로 주장할 수 있는 것이 아니므로, 아무런 특별한 사정이 없이 다른 공유자의 지분의 확인을 구하는 것은 확인의 이익이 없다"(대판 1994.11.11. 94다35008). ㉡ "공동상속인이 다른 공동상속인을 상대로 어떤 재산이 상속재산임의 확인을 구하는 소는 이른바 고유필수

적 공동소송이라고 할 것이고, 고유필수적 공동소송에서는 원고들 일부의 소 취하 또는 피고들 일부에 대한 소취하는 특별한 사정이 없는 한 그 효력이 생기지 않는다"(대판 2007.8.24. 2006다40980). ㉢ "**목적물 전체에 대한 등기절차를 청구하는 경우에는 매수자 전원이 공동으로 청구하여야 한다**"(대판 1960.7.7. 4292민상462).

**④ [○]**

**해설** 회사대표소송의 제소요건(상법 제403조의 취지 : 병행형) "상법 제403조 제1항, 제3항, 제4항에 의하면, 발행주식 총수의 100분의 1 이상에 해당하는 주식을 가진 주주는 회사에 대하여 이사의 책임을 추궁할 소의 제기를 청구할 수 있는데, 회사가 위 청구를 받은 날로부터 30일 내에 소를 제기하지 아니하거나 위 기간의 경과로 인하여 회사에 회복할 수 없는 손해가 생길 염려가 있는 경우에는 발행주식 총수의 100분의 1 이상에 해당하는 주식을 가진 주주가 즉시 회사를 위하여 소를 제기할 수 있다는 취지를 규정하고 있는바, 이는 주주의 대표소송이 회사가 가지는 권리에 바탕을 둔 것임을 고려하여 주주에 의한 남소를 방지하기 위해서 마련된 제소요건에 관한 규정에 해당한다. 따라서 **회사에 회복할 수 없는 손해가 생길 염려가 없음에도 불구하고 회사에 대하여 이사의 책임을 추궁할 소의 제기를 청구하지 아니한 채 발행주식 총수의 100분의 1 이상에 해당하는 주식을 가진 주주가 즉시 회사를 위하여 소를 제기하였다면 그 소송은 부적법한 것으로서 각하되어야 한다**"(대판 2010.4.15. 2009다98058).

**⑤ [×]**

**해설** 사해행위의 수익자(전득자)에 대하여 회생절차가 개시된 경우 채권자의 채권자취소권(적법) "사해행위취소권은 사해행위로 이루어진 채무자의 재산처분행위를 취소하고 사해행위에 의해 일탈된 채무자의 책임재산을 수익자 또는 전득자로부터 채무자에게 복귀시키기 위한 것이므로 환취권의 기초가 될 수 있다. 수익자 또는 전득자에 대하여 회생절차가 개시된 경우 채무자의 채권자가 사해행위의 취소와 함께 회생채무자로부터 사해행위의 목적인 재산 그 자체의 반환을 청구하는 것은 환취권의 행사에 해당하여 회생절차개시의 영향을 받지 아니한다. 따라서 **채무자의 채권자는 사해행위의 수익자 또는 전득자에 대하여 회생절차가 개시되더라도 관리인을 상대로 사해행위의 취소 및 그에 따른 원물반환을 구하는 사해행위취소의 소를 제기할 수 있다**"(대판 2014.9.4. 2014다36771).

## 06

다음 설명 중 옳지 않은 것은? (다툼이 있는 경우에는 판례에 의함) [13 변호사]

① 피고 경정의 경우에는 경정신청서의 제출시에 시효중단의 효과가 생기지만, 피고 표시정정의 경우에는 소제기시에 시효중단의 효과가 생긴다.

② 전속적 관할의 합의가 유효하더라도 합의한 법원이 아닌 다른 법원에 변론관할이 생길 수 있고, 법원은 사건을 다른 법정관할법원으로 이송할 수 있다.

③ 실효의 원칙은 항소권과 같은 소송법상의 권리에 대하여도 적용될 수 있지만, 법원은 구체적으로 권리불행사 기간의 장단·당사자 쌍방의 사정·객관적으로 존재한 사정 등을 모두 고려하여 사회통념에 따라 위 원칙의 적용 여부를 합리적으로 판단하여야 한다.

④ 업무에 관한 포괄적 대리권을 가진 상법상 지배인은 법률상 인정된 임의대리인이며, 소액사건의 경우 당사자의 배우자는 법원의 허가를 받아 소송대리인이 될 수 있다.

⑤ 소 또는 상소를 제기한 사람이 진술금지의 명령과 함께 변호사선임명령을 받고 새 기일까지 변호사를 선임하지 않은 때에는 법원은 결정으로 소 또는 상소를 각하할 수 있다.

**06**                                              정답 ④

① [○]

**해설** **피고 경정**의 경우에는 경정신청서 제출시 시효중단의 효과가
생긴다(소제기의 실체법상의 효과로서 시효중단, 민소법 제
265조). 이에 반하여 **당사자의 표시정정**은 당사자의 동일성
을 유지하는 것이므로, 표시정정은 당초의 소제기시의 효과
가 유지된다(아래 判例참조).

判例는 채무자 甲의 乙 은행에 대한 채무를 대위변제한 보증
인 丙이 채무자 甲의 사망사실을 알면서도 그를 피고로 기재
하여 소를 제기한 사안에서, "채무자 甲의 상속인이 실질적
인 피고이고 다만 소장의 표시에 잘못이 있었던 것에 불과하
므로, 보증인 丙은 채무자 甲의 상속인으로 피고의 표시를
정정할 수 있고, 따라서 당초 소장을 제출한 때에 소멸시효중
단의 효력이 생긴다고 할 것이다"(대판 2011.3.10. 2010다
99040)고 판시하였다.

② [○]

**해설** 합의관할은 전속적 합의관할의 경우에도 그 성질상 임의관할
이며 법정의 전속관할이 아니다. 따라서 원고가 합의를 무시
한 채 다른 법정관할법원에 소를 제기하여도 피고가 이의 없
이 본안변론을 하면 변론관할(민소법 제30조)이 생기며, 전
속적으로 합의된 법원이라도 현저한 지연을 피한다는 공익상
의 필요가 있을 때에는 다른 법정관할법원에 이송할 수 있다
(민소법 제35조).

③ [○]

**해설** 判例는 소권의 실효와 관련하여 "실효의 원칙이라 함은 권리
자가 장기간에 걸쳐 그 권리를 행사하지 아니함에 따라 그
의무자인 상대방이 더 이상 권리자가 권리를 행사하지 아니
할 것으로 신뢰할 만한 정당한 기대를 가지게 된 경우에 새삼
스럽게 권리자가 그 권리를 행사하는 것은 법질서 전체를 지
배하는 신의성실의 원칙에 위반되어 허용되지 아니한다는 것
을 의미하고, **항소권과 같은 소송법상의 권리에 대하여도 이
러한 원칙은 적용될 수 있다고 할 것이다.** 그런데 실효의 원
칙이 적용되기 위하여 필요한 요건으로서의 실효기간(권리를
행사하지 아니한 기간)의 길이와 의무자인 상대방이 권리가
행사되지 아니하리라고 신뢰할 만한 정당한 사유가 있었는지
의 여부는 일률적으로 판단할 수 있는 것이 아니라 구체적인
경우마다 권리를 행사하지 아니한 기간의 장단과 함께 권리
자측과 상대방측 쌍방의 사정 및 객관적으로 존재한 사정 등
을 모두 고려하여 사회통념에 따라 합리적으로 판단하여야
한다"(대판 1996.7.30. 94다51840)고 판시하고 있다.

④ [×]

**해설** 업무에 관한 포괄대리권을 가진 상법상 지배인(상법 제11조)
은 소송대리권이 위임에 의하여 발생하지 않고 법률의 규정
에 의하여 발생하는 법률상 소송대리인(임의대리인)에 해당
한다. 그러나 **소액사건의 경우 당사자의 배우자·직계혈족
또는 형제자매는 법원의 허가 없이 소송대리인이 될 수 있
다**(소액사건심판법 제8조 1항).

⑤ [○]

**해설** 변론능력은 소송요건이 아니라 소송행위의 유효요건일 뿐이
므로, 당사자가 변론능력이 없는 경우 법원은 진술금지의 재
판을 할 수 있다. 그리고 진술금지 재판과 함께 변호사선임명
령을 받은 사람이 (변론속행을 위한) 새 기일까지 변호사를
선임하지 않는 경우 법원은 결정으로 소 또는 상소를 각하할
수 있고, 이 결정에 즉시항고할 수 있다(민소법 제144조 4
항, 5항).

## 07

소송상의 대리인에 관한 설명 중 옳은 것을 모두 고른 것은?
(다툼이 있는 경우 판례에 의함)                    [21 변호사]

ㄱ. 대리권 있는 한정후견인이 소의 취하를 하기 위해서는 후견감독인으로부터 특별한 권한을 받아야 하지만, 후견감독인이 없는 경우에는 수소법원의 허가를 받아야 한다.

ㄴ. 의사무능력자를 위한 특별대리인이 재판상 화해를 하는 경우, 법원은 그 행위가 본인의 이익을 명백히 침해한다고 인정할 때에는 그 행위가 있는 날부터 14일 이내에 결정으로 이를 허가하지 아니할 수 있다.

ㄷ. 항소심 판결이 상고심에서 파기되고 사건이 항소심 법원으로 환송되더라도 환송 전 항소심에서의 소송대리인의 소송대리권은 부활하지 않는다.

ㄹ. 당사자에게 여러 소송대리인이 있는 경우, 항소기간은 소송대리인 중 1인에게 최초로 판결정본이 송달되었을 때부터 진행한다.

① ㄱ, ㄴ          ② ㄱ, ㄷ
③ ㄱ, ㄹ          ④ ㄴ, ㄷ
⑤ ㄴ, ㄹ

## 07

**[해설]** ㄱ. [×]

**[조문]** 제56조(법정대리인의 소송행위에 관한 특별규정) ① 미성년후견인, 대리권 있는 성년후견인 또는 대리권 있는 한정후견인이 상대방의 소 또는 상소 제기에 관하여 소송행위를 하는 경우에는 그 후견감독인으로부터 특별한 권한을 받을 필요가 없다.

② 제1항의 법정대리인이 소의 취하, 화해, 청구의 포기·인낙(認諾) 또는 제80조에 따른 탈퇴를 하기 위해서는 후견감독인으로부터 특별한 권한을 받아야 한다. 다만, 후견감독인이 없는 경우에는 가정법원(수소법원X)으로부터 특별한 권한을 받아야 한다.

▶ 수소법원이 아닌 가정법원의 특별한 권한을 받아야 하므로 틀린 지문이다.

ㄴ. [○]

**[조문]** 제62조의2(의사무능력자를 위한 특별대리인의 선임 등) ① 의사능력이 없는 사람을 상대로 소송행위를 하려고 하거나 의사능력이 없는 사람이 소송행위를 하는 데 필요한 경우 특별대리인의 선임 등에 관하여는 제62조를 준용한다. 다만, 특정후견인 또는 임의후견인도 특별대리인의 선임을 신청할 수 있다.

② 제1항의 특별대리인이 소의 취하, 화해, 청구의 포기·인낙 또는 제80조에 따른 탈퇴를 하는 경우 법원은 그 행위가 본인의 이익을 명백히 침해한다고 인정할 때에는 그 행위가 있는 날부터 14일 이내에 결정으로 이를 허가하지 아니할 수 있다. 이 결정에 대해서는 불복할 수 없다.

ㄷ. [×]

**대리권의 부활이 긍정된 판례 : 파기환송되어 사실심에 계속 중인 사건**

"상고 전의 항소심의 소송대리인의 대리권은 그 사건이 항소심에 계속되면서 다시 부활하므로 환송 받은 항소심에서 환송 전의 항소심의 소송대리인에게 한 송달은 당사자에게 한 송달과 마찬가지의 효력이 있다"(대판 1984.6.14. 84다카744).

ㄹ. [○]

제93조(개별대리의 원칙)와 제180조(공동대리인에게 할 송달)의 관계(제93조 우선 적용)

"민사소송의 당사자는 민사소송법 제396조 1항에 의하여 판결정본이 송달된 날부터 2주 이내에 항소를 제기하여야 한다. 한편 당사자에게 여러 소송대리인이 있는 때에는 **민사소송법 제93조**에 의하여 각자가 당사자를 대리하게 되므로, 여러 사람이 공동으로 대리권을 행사하는 경우 그 중 한 사람에게 송달을 하도록 한 **민사소송법 제180조**가 적용될 여지가 없어 법원으로서는 판결정본을 송달함에 있어 여러 소송대리인에게 각각 송달을 하여야 하지만, 그와 같은 경우에도 소송대리인 모두 당사자 본인을 위하여 소송서류를 송달받을 지위에 있으므로 당사자에 대한 **판결정본 송달의 효력은**

결국 소송대리인 중 1인에게 최초로 판결정본이 송달되었을 때 발생한다. 따라서 당사자에게 여러 소송대리인이 있는 경우 항소기간은 소송대리인 중 1인에게 최초로 판결정본이 송달되었을 때부터 기산된다"(대결 2011.9.29. 2011마1335).

## 08

피고의 대표이사였던 甲은 대표이사선임결의 무효확인소송의 제1심이 진행 중 대표이사의 직무집행이 정지되었음에도 원고가 제기한 항소심에 이르러 피고를 대표하여 변호사 乙을 피고 소송대리인으로 선임하면서 그에게 상고제기 권한까지 위임하였다. 이에 乙은 항소심에서 피고를 대리하여 모든 소송행위를 하였고 피고 패소의 항소심판결이 선고된 후 상고를 제기하였다. 다음 설명 중 옳지 않은 것은? (다툼이 있는 경우에는 판례에 의함)

[13 변호사]

① 항소법원은 乙이 소송대리인으로 선임된 후 乙에게 소송대리권의 흠을 보정하도록 명함에 있어, 보정이 지연됨으로써 손해가 생길 염려가 있는 경우에는 乙에게 일시적으로 소송행위를 하게 할 수 있다.

② 위 상고의 제기는 피고를 대리할 권한이 없는 자에 의하여 제기된 것으로서 부적법하다.

③ 위 상고가 각하된다면, 乙이 그 소송수임에 관하여 중대한 과실이 없는 경우 상고비용은 甲이 부담해야 한다.

④ 상고심에서 피고의 적법한 직무대행자 丁에 의하여 선임된 피고 소송대리인 丙이 항소심에서 乙이 한 소송행위 중 상고제기 행위만을 추인하고 그 밖의 소송행위는 추인하지 아니하는 것은 허용되지 않는다.

⑤ 위 ④ 이후, 丙은 항소심에서 乙이 한 소송행위 중 이전에 추인하지 아니하였던 소송행위를 다시 추인할 수 있다.

## 08
정답 ⑤

① [○]
**해설** 소송능력·법정대리권 또는 소송행위에 필요한 권한의 수여에 흠이 있는 경우에는 법원은 기간을 정하여 이를 보정(補正)하도록 명하여야 하며, 만일 보정하는 것이 지연됨으로써 손해가 생길 염려가 있는 경우에는 법원은 보정하기 전의 당사자 또는 법정대리인으로 하여금 일시적으로 소송행위를 하게 할 수 있다(민소법 제59조).

② [○]
**해설** "피고의 대표이사이던 소외 1은 이 사건 제1심이 진행 중이던 2006.2.16. 전주지방법원 군산지원 동일자 2005카합480 결정으로 대표이사의 직무집행이 정지되었음에도 원심에 이르러 피고를 대표하여 변호사 유경재를 피고 소송대리인으로 선임하면서 그에게 상고제기 권한까지 위임하였고, 이에 위 변호사는 원심에서 피고를 대리하여 모든 소송행위를 하였을 뿐 아니라 피고 패소의 원심판결이 선고된 후에는 피고의 소송대리인 자격으로 이 사건 상고를 제기하기까지 한 사실을 알 수 있는바, 위와 같이 **직무집행이 정지된 대표이사 소외 1**에 의하여 선임된 위 변호사에게는 원심에서 피고를 적법하게 대리할 권한이 있었다고 할 수 없으므로, 이 사건 상고는 피고를 대리할 권한이 없는 자에 의하여 제기된 것으로서 부적법하다"(대판 2008.8.21. 2007다79480).

③ [○]
**해설** 법정대리인 또는 소송대리인으로서 소송행위를 한 사람이 그 대리권 또는 소송행위에 필요한 권한을 받았음을 증명하지 못하거나, 추인을 받지 못한 경우에 그 소송행위로 말미암아 발생한 소송비용에 대하여는 수소법원은 직권으로 또는 당사자의 신청에 따라 그에게 비용을 갚도록 명할 수 있다. 무권대리에 해당하여 소가 각하된 경우에는 소송비용은 그 소송행위를 한 대리인이 부담한다(민소법 제107조 2항, 제108조). 판례는 위 사안에서, "상고를 각하하고, **상고비용의 부담에 관하여는 민사소송법 제108조, 제107조 제2항을 적용하여 피고에 대한 대표권이 없는 소외 1이 부담**하기로 하여 관여 대법관의 일치된 의견으로 주문과 같이 판결한다"(대판2008.8.21. 2007다79480)고 판시하였다.

④ [○]
**해설** 적법하게 선임된 소송대리인이 무권대리인이 한 소송행위 중 상고제기 행위만을 추인하고 그 밖의 소송행위는 추인하지 아니한다고 한 사안에서 判例는 상고행위만의 추인을 허용할 만한 특별한 사정이 없다고 하여 일부추인을 부정하였다(대판 2008.8.21. 2007다79480). 즉, 원칙적으로 일괄추인만 가능하다고 본다.

**비교판례** 그러나 "무권대리인이 변호사에게 위임하여 소를 제기하여서 승소하고 상대방의 항소로 소송이 2심에 계속 중 그 소를 취하한 일련의 소송행위 중 **소취하 행위만을 제외**하고 나머지 **소송행위를 추인**함은 소송의 혼란을 일으킬 우려가 없고 소송경제상으로도 적절하여 그 추인은 유효하다"(대판 1973.

7.24. 69다60)고 하여 소송의 혼란을 가져올 염려가 없는 경우에는 일부추인도 허용된다고 한다.

⑤ [×]
**해설** "피고 소송대리인은 2008. 7. 22.자 상고이유 철회서에 의해 무권대리인인 변호사 유경재의 항소심에서 한 소송행위를 모두 추인하고 소송대리권의 수여에 흠이 있다는 요지의 상고이유 제1점을 철회한다는 의사를 개진하고 있으나, 일단 추인거절의 의사표시가 있은 이상 그 무권대리행위는 확정적으로 무효로 귀착되므로 그 후에 다시 이를 추인할 수는 없다 할 것이다"(대판 2008.8.21. 2007다79480).

# 09

甲은 乙을 상대로 대여금 청구의 소를 제기하였다(이하에서 丙은 甲의 채권자이다). 다음 설명 중 옳지 않은 것은? (각 지문은 독립적이며, 다툼이 있는 경우 판례에 의함) [15 변호사]

① 甲이 乙에게 소구하고 있는 채권을 丙이 가압류한 경우 법원은 甲의 소를 각하하여야 한다.

② 甲이 乙에게 소구하고 있는 채권에 대하여 丙이 압류 및 전부명령을 받고 그 전부명령이 확정된 경우 법원은 甲의 청구를 기각하여야 한다.

③ 丙이 甲을 상대로 신청한 파산절차가 개시되어 파산관재인이 선임된 후, 甲의 파산선고 전에 성립한 위 대여금 채권에 기하여 甲이 위 소를 제기한 경우, 법원은 甲의 소를 각하하여야 한다.

④ 丙이 甲을 대위하여 乙을 상대로 위 대여금의 지급을 구하는 소를 제기하고 甲에게 소송고지한 후 그 소송에서 패소판결이 확정된 경우, 법원은 그 후에 제소된 甲의 乙에 대한 위 대여금 청구를 기각하여야 한다.

⑤ 甲의 乙에 대한 대여금채권에 대해 丙이 압류 및 추심명령을 받아 그 명령이 甲과 乙에게 송달된 후, 甲이 위와 같이 제소하였다면 법원은 甲의 소를 각하하여야 한다.

**09** 정답 ①

① [×]

**해설** "일반적으로 채권에 대한 가압류가 있더라도 이는 채무자가 제3채무자로부터 현실로 급부를 추심하는 것만을 금지하는 것일 뿐 채무자는 제3채무자를 상대로 그 이행을 구하는 소송을 제기할 수 있고 법원은 가압류가 되어 있음을 이유로 이를 배척할 수는 없는 것이 원칙이다. 왜냐하면 채무자로서는 제3채무자에 대한 그의 채권이 가압류되어 있다 하더라도 채무명의를 취득할 필요가 있고 또는 시효를 중단할 필요도 있는 경우도 있을 것이며 또한 소송 계속 중에 가압류가 행하여진 경우에 이를 이유로 청구가 배척된다면 장차 가압류가 취소된 후 다시 소를 제기하여야 하는 불편함이 있는데 반하여 제3채무자로서는 이행을 명하는 판결이 있더라도 집행단계에서 이를 저지하면 될 것이기 때문이다"(대판 2002.4. 26. 2001다59033).

② [○]

**해설** 전부명령이 있는 때에는 압류된 채권은 지급에 갈음하여 압류채권자에게 이전된다(민사집행법 제229조 3항). 즉, 전부명령이 있는 경우 전부채권은 채무자로부터 전부채권자에게 이전되고 '지명채권의 양도'와 같은 효과가 발생한다(다만, 이는 집행행위에 의한 것이므로 민법 제450조에 따른 대항요건이 필요한 것은 아니다). 따라서 전부명령이 있는 경우 전부채권자가 이행청구권자임을 주장하는 이상 원고적격을 가지고, 채무자의 제3채무자에 대한 이행청구소송은 실체법상의 이행청구권의 상실로 인하여 본안에서 기각되어야 한다.

**쟁점정리** 전부명령과 추심명령

ⓐ 금전채권이 압류·전부된 경우에는 제3채무자에게 전부명령 송달시에 소급하여 당연히 전부채권자에게 집행채권이 이전하고 동시에 집행채권 소멸의 효력이 발생하므로(민사집행법 제229조 3항), 만약 집행채무자가 당해 채권의 이행을 청구하는 경우 제3채무자의 항변은 청구기각의 **본안에 관한 항변**사유이다. 즉, 채무자의 제3채무자에 대한 이행청구소송은 실체법상의 이행청구권의 상실로 인하여 **본안에서 기각**되어야 한다.

ⓑ 금전채권이 압류·추심된 경우에는 제3채무자에 대한 이행의 소는 추심채권자만이 제기할 수 있고(민사집행법 제229조 2항), 집행채무자는 피압류채권에 대한 이행의 소를 제기할 당사자적격을 상실하게 되므로, 이는 소각하의 **본안전 항변**사유이다. 하지만 금전채권이 단순히 (가)압류 되었음을 들어 제3채무자가 채무자에게 항변할 수는 없다(대판 2000.4.11. 99다23888).
다만 가압류된 채권을 양수받은 양수인은 그러한 가압류에 의하여 권리가 제한된 상태의 채권을 양수받는다고 보아야 할 것이다(대판 2000.4.11. 99다23888).

③ [○]

**해설** 파산관재인은 채무자의 재산에 관한 소송에서 당사자가 되는(채무자회생 및 파산에 관한 법률 제359조) 갈음형의 제3자 소송담당이다. 따라서 채무자는 소송의 당사자적격이 없어 소송은 부적법하다.

④ [○]

**해설** 전원합의체 판결의 다수의견은 채권자 대위소송은 "어떠한 사유로 인하였던 적어도 **채권자대위권에 의한 소송이 제기된 사실을 채무자가 알았을** 경우에는 그 판결이 채무자에게 미친다."고 보는 바, 사안의 채무자 甲에게 丙의 채권자 대위소송의 소송 고지가 있었던 이상 패소 판결의 기판력은 甲에게도 미친다. 기판력의 본질에 관해 判例가 취하는 모순금지설에 의하면 "원고 청구기각판결의 기판력에 의하여 그 내용과 모순되는 판단을 하여서는 안 되는 구속력 때문에 전소판결의 판단을 채용하여 원고 청구기각 판결을 한다"(대판 1989.6.27. 87다카2478).

**비교판례** "전소의 확정판결에서 원고가 승소한 부분에 해당하는 부분은 권리보호의 이익이 없다"(대판 2009.12.24. 2009다64215).

⑤ [○]

**해설** 추심명령이 있는 때에는 압류 채권자는 대위절차 없이 압류채권을 추심할 수 있다(민사집행법 제229조 2항). 判例는 "채권에 대한 압류 및 추심명령이 있으면 제3채무자에 대한 이행의 소는 추심채권자만이 제기할 수 있고 채무자는 피압류채권에 대한 이행소송을 제기할 당사자적격을 상실"(대판 2010.11.25. 2010다64877)한다고 하여, 추심명령이 제3채무자에게 송달되어 확정된 경우 채무자의 제3채무자에 대한 소제기는 부적법해진다.

# 10

**당사자적격에 관한 설명 중 옳지 않은 것은? (다툼이 있는 경우 판례에 의함)**  [17 변호사]

① 丙이 甲의 乙에 대한 채권에 관하여 압류 및 추심명령을 받은 경우, 甲은 위 채권에 대한 이행의 소를 제기할 당사자적격을 상실한다.

② 甲이 乙, 丙, 丁을 상대로 제기한 소송에서 乙이 선정당사자로 선정되어 소송을 수행하던 중 甲이 乙에 대한 소를 취하하면 乙은 선정당사자의 지위를 상실한다.

③ 甲이 乙, 丙의 합유로 소유권이전등기가 마쳐진 부동산에 관하여 명의신탁 해지를 원인으로 한 소유권이전등기절차의 이행을 구할 경우, 乙과 丙 모두를 피고로 하여야 한다.

④ 원인무효의 근저당권설정등기에 터 잡아 근저당권 이전의 부기등기가 마쳐진 경우, 근저당권의 양수인을 상대로 근저당권설정등기의 말소청구를 하여야 한다.

⑤ A주식회사의 정관에 따라 甲을 대표이사로 선출한 주주총회결의의 효력을 다투는 본안소송과 관련하여 甲에 대한 직무집행정지 및 직무대행자선임의 가처분신청을 할 때에는 A주식회사를 피신청인으로 하여야 한다.

## 10 정답 ⑤

① [○]

**해설** "채권에 대한 압류 및 추심명령이 있으면 제3채무자에 대한 이행의 소는 추심채권자만이 제기할 수 있고 채무자는 피압류채권에 대한 이행소송을 제기할 당사자적격을 상실한다"(대판 2000.4.11. 99다23888).

② [○]

**해설** 判例에 따르면 제53조의 선정당사자는 공동의 이해관계를 가진 여러 사람 중에서 선정되어야 하므로, 선정당사자 본인에 대한 부분의 소가 취하되거나 판결이 확정되는 등으로 **공동의 이해관계가 소멸**하는 경우에는 선정당사자는 선정당사자의 자격을 당연히 상실한다(대판 2014.10.15. 2013다25781).

③ [○]

**해설** "합유로 소유권이전등기가 된 부동산에 관하여 명의신탁 해지를 원인으로 한 소유권이전등기절차의 이행을 구하는 소송은 합유물에 관한 소송으로서 합유자 전원에 대하여 합일적으로 확정되어야 하는 고유필수적 공동소송에 해당한다"(대판 2011.2.10. 2010다82639).

④ [○]

**해설** "근저당권 이전의 부기등기는 기존의 주등기인 근저당권설정등기에 종속되어 주등기와 일체를 이루는 것이어서, 피담보채무가 소멸된 경우 또는 근저당권설정등기가 당초 원인무효인 경우 주등기인 근저당권설정등기의 말소만 구하면 되고 그 부기등기는 별도로 말소를 구하지 않더라도 주등기의 말소에 따라 직권으로 말소되는 것이며, 근저당권 양도의 부기등기는 기존의 근저당권설정등기에 의한 권리의 승계를 등기부상 명시하는 것 뿐으로, 그 등기에 의하여 새로운 권리가 생기는 것이 아닌 만큼 근저당권설정등기의 말소등기청구는 양수인만을 상대로 하면 족하고 양도인은 그 말소등기청구에 있어서 피고 적격이 없으며, 근저당권의 이전이 전부명령 확정에 따라 이루어졌다고 하여 이와 달리 보아야 하는 것은 아니다"(대판 2000.4.11. 2000다5640).

⑤ [×]

**해설** "임시의 지위를 정하기 위한 이사직무집행정지가처분에 있어서 피신청인이 될 수 있는 자는 그 성질상 당해 이사이고, 회사에게는 피신청인의 적격이 없다"(대판 1982.2.9. 80다2424).

**비교판례** 단체내부의 분쟁의 피고적격

判例는 '단체피고설'의 입장에서 "주주총회결의 취소와 결의무효확인판결은 대세적 효력이 있으므로 그와 같은 소송의 피고가 될 수 있는 자는 그 성질상 회사로 한정된다. 주식회사의 이사회결의는 회사의 의사결정이고 회사는 그 결의의 효력에 관한 분쟁의 실질적인 주체라 할 것이므로 그 효력을 다투는 사람이 회사를 상대로 하여 그 결의의 무효확인을 소구할 있다 할 것이나 그 이사회결의에 참여한 이사들은 그 이사회의 구성원에 불과하므로 특별한 사정이 없는 한 이사 개인을 상대로 하여 그 결의의 무효확인을 소구할 이익은 없다"(대판 1982.9.14. 80다2425)고 하였다.

**민사소송법**

# PART 2
# 제1심의 소송절차

## 11

소송의 제기에 관한 설명 중 옳지 않은 것은? (다툼이 있는 경우 판례에 의함)  [19 변호사]

① 당사자들이 부제소합의를 쟁점으로 소의 적법을 다투지 아니함에도 법원이 직권으로 부제소합의에 위배되었다는 이유로 소가 부적법하다고 판단하기 위해서는 당사자에게 그와 같은 법률적 관점에 대하여 의견을 진술할 기회를 주어야 하고, 부제소합의를 하게 된 동기 및 경위, 당사자의 진정한 의사 등에 관하여도 충분히 심리를 하여야 하므로 법원이 그와 같이 하지 아니하고 소 각하 판결을 선고하였다면 석명의무를 위반하고 심리미진의 위법을 범한 것이다.

② 감독청의 허가 없이 학교법인이 학교법인의 기본재산인 부동산을 매도하는 계약을 체결한 후 그 부동산에서 운영하던 학교를 감독청의 허가를 받아 신축교사로 이전하고 준공검사까지 마친 경우, 매수인은 미리 청구할 필요가 있다고 하더라도 감독청의 허가를 조건으로 그 부동산에 관한 소유권이전등기절차의 이행을 청구할 수 없다.

③ 혼인무효의 소송 도중 협의이혼으로 혼인관계가 해소되었더라도 혼인무효의 효과가 현재의 법률상태에 직접적이고 중대한 영향을 미치는 경우 혼인무효의 소는 소의 이익이 있다.

④ 공시송달요건에 해당한다고 볼 여지가 충분한데도 공시송달신청에 대한 허부 재판을 도외시한 채 주소보정 흠결을 이유로 소장각하명령을 하는 것은 위법하다.

⑤ 원고의 소 제기에 대하여 피고가 소장부본을 송달받은 날로부터 30일 이내에 답변서를 제출하지 아니한 경우 피고가 판결선고기일까지 원고의 청구를 다투는 취지의 답변서를 제출하였다면 법원은 변론 없이 판결을 선고할 수 없다.

**11** 정답 ②

① [○]

**해설** "부제소 합의는 소송당사자에게 헌법상 보장된 재판청구권의 포기와 같은 중대한 소송법상의 효과를 발생시키는 것으로서 그 합의 시에 예상할 수 있는 상황에 관한 것이어야 유효하고, 그 효력의 유무나 범위를 둘러싸고 이견이 있을 수 있는 경우에는 당사자의 의사를 합리적으로 해석한 후 이를 판단하여야 한다. 따라서 당사자들이 부제소 합의의 효력이나 그 범위에 관하여 쟁점으로 삼아 소의 적법 여부를 다투지 아니하는데도 법원이 직권으로 부제소 합의에 위배되었다는 이유로 소가 부적법하다고 판단하기 위해서는 그와 같은 법률적 관점에 대하여 당사자에게 의견을 진술할 기회를 주어야 하고, 부제소 합의를 하게 된 동기 및 경위, 그 합의에 의하여 달성하려는 목적, 당사자의 진정한 의사 등에 관하여도 충분히 심리할 필요가 있다. 법원이 그와 같이 하지 않고 직권으로 부제소 합의를 인정하여 소를 각하하는 것은 예상 외의 재판으로 당사자 일방에게 불의의 타격을 가하는 것으로서 석명의무를 위반하여 필요한 심리를 제대로 하지 아니하는 것이다"(대판 2013.11.28. 2011다80449).

② [×]

**해설** 허가조건부 이행청구

"감독청의 허가 없이 학교법인의 기본재산에 대하여 매매계약을 체결한 경우 매수인은 감독청의 허가를 조건으로 소유권이전등기절차의 이행을 구할 수 있다"(대판 1998.7.24. 96다27988).

**비교판례** 판례는 토지거래허가구역의 토지매수인이 매도인을 상대로 장차 허가받을 것을 조건으로 하여 소유권이전등기 청구를 허용하지 않았고(대판 1991.12.24. 90다12243), 대항요건을 갖추지 않은 채권양수인은 채무자와 사이에 아무런 법률관계가 없어 채무자에 대하여 채권양도인으로부터 양도통지를 받은 다음 채무를 이행하라는 청구는 부적법하다고 보았다(대판 1994.12.22. 94다20341).

③ [○]

**해설** 과거의 포괄적 법률관계확인의 경우

원칙적으로 과거의 권리관계의 존부확인을 구할 수 없으나, 현재 법률관계의 확인을 구하는 취지로 선해할 수 있는 경우나 과거의 포괄적 법률관계확인의 경우에는 허용된다. 즉, 신분관계·사단관계처럼 포괄적 법률관계의 경우에는 예외적으로 과거의 것이라도 일체 분쟁의 직접적·획일적 해결에 유효적절한 수단이 되는 경우 그 확인을 구하는 것이 허용된다. 判例는 ㉠ 사실혼 배우자 한 쪽 사망 후 사실혼관계존부확인의 소(대판 1995.3.28. 94므1447)에서 소의 이익을 긍정한 바 있으며, ㉡ "협의이혼으로 혼인관계가 해소된 경우에도 과거의 혼인관계의 무효확인을 구할 정당한 법률상 이익이 있다"(대판 1978.7.11. 78므7)고 판시하였다.

④ [○]

**해설** "공시송달 요건에 해당한다고 볼 여지가 충분한 데도 불구하고 공시송달신청에 대한 허부재판을 도외시한 채 주소보정 흠결을 이유로 소장각하명령을 한 것은 위법하다"(대결 2003.12.12. 2003마1694).

제1심에서 원고가 공시송달신청을 하면서 제출한 소명자료와 그 동안의 송달 결과, 특히 법정경위 작성의 송달불능보고서의 내용을 종합하면 민사소송법 제194조가 규정하는 공시송달의 요건인 '당사자의 주소 등 또는 근무장소를 알 수 없는 경우'에 해당한다고 볼 여지가 충분함에도 위 공시송달 신청에 대하여는 아무런 결정을 하지 아니한 채 주소보정 흠결을 이유로 소장각하명령을 한 경우, 항고심으로서는 소장부본 송달상의 흠결 보정에 관하여 선결문제가 되는 공시송달신청의 허부에 대하여도 함께 판단하여 제1심 재판장의 소장 각하명령의 당부를 판단하였어야 함에도 불구하고 이에 이르지 아니한 채 원고가 최종의 주소보정명령에 따른 주소보정조치를 취하지 아니한 이상 제1심 재판장의 소장각하명령에 위법이 있다고 할 수 없다는 이유 설시만으로 항고를 배척한 것은 위법하다고 한 사례

⑤ [○]

**해설** 피고가 원고의 청구를 다투는 경우에는 소장의 부본을 송달받은 날부터 30일 이내에 답변서를 제출하여야 한다. 다만, 피고가 공시송달의 방법에 따라 소장의 부본을 송달받은 경우에는 그러하지 아니하다(민소법 제256조 1항). 법원은 피고가 제256조 제1항의 답변서를 제출하지 아니한 때에는 청구의 원인이 된 사실을 자백한 것으로 보고 변론 없이 판결할 수 있다. 다만, 직권으로 조사할 사항이 있거나 판결이 선고되기까지 피고가 원고의 청구를 다투는 취지의 답변서를 제출한 경우에는 그러하지 아니하다(민소법 제257조 1항).

# 12

**다음 설명 중 옳지 않은 것은? (다툼이 있는 경우 판례에 의함)**

[20 변호사]

① 변제공탁의 피공탁자 또는 그 승계인이 아닌 제3자는 피공탁자를 상대로 공탁물출급청구권 확인의 소를 제기하여 전부 인용판결을 받은 다음, 이를 근거로 직접 법원에 공탁물출급청구를 할 수 있다.

② 甲의 채권자 丙이 甲의 乙에 대한 소유권이전등기청구권에 대하여 신청한 가압류결정이 乙에게 송달된 후 甲이 乙을 상대로 제기한 소유권이전등기청구 소송에서, 법원은 위 가압류의 해제를 조건으로 하지 아니하는 한 甲의 청구를 인용해서는 아니 된다.

③ 근저당권의 피담보채무에 관한 부존재확인의 소는 근저당권이 적법하게 말소되면 특별한 사정이 없는 한 확인의 이익이 없다.

④ 확인의 소는 당사자 사이의 법률관계에 한하지 않고 당사자의 일방과 제3자 또는 제3자 상호 간의 법률관계도 그 대상이 될 수 있다.

⑤ 소로써 확인을 구하는 서면의 진부가 확정되어도 서면이 증명하려는 권리관계 또는 법률적 지위의 불안이 제거될 수 없고, 그 법적 불안을 제거하기 위하여 당해 권리 또는 법률관계 자체의 확인을 구하여야 할 필요가 있는 경우에 해당하면 그 증서진부확인의 소는 부적법하다.

**12** 　　　　　　　　　　　　　　　　　　정답 ①

① [×]

**해설** 변제공탁에 있어서 피공탁자가 아닌 사람이 피공탁자를 상대로 공탁물출급청구권 확인판결을 받은 경우에 직접 공탁물출급청구를 할 수 있는지 여부(소극)
"변제공탁의 공탁물출급청구권자는 피공탁자 또는 그 승계인이고 피공탁자는 공탁서의 기재에 의하여 형식적으로 결정되므로, 실체법상의 채권자라고 하더라도 피공탁자로 지정되어 있지 않으면 공탁물출급청구권을 행사할 수 없다. 따라서 피공탁자 아닌 제3자가 피공탁자를 상대로 하여 공탁물출급청구권 확인판결을 받았더라도 그 확인판결을 받은 제3자가 직접 공탁물출급청구를 할 수는 없고, 수인을 공탁금에 대하여 균등한 지분을 갖는 피공탁자로 하여 공탁한 경우 피공탁자 각자는 공탁서의 기재에 따른 지분에 해당하는 공탁금을 출급청구할 수 있을 뿐이며, 비록 피공탁자들 내부의 실질적인 지분비율이 공탁서상의 지분비율과 다르다고 하더라도 이는 피공탁자 내부간에 별도로 해결해야 할 문제이다"(대판 2006.8.25. 2005다67476)[4]

② [○]

**해설** 가압류·가처분된 소유권이전등기청구권에 대한 이행청구
가압류·가처분된 소유권이전등기청구권에 대한 이행청구(대판 1992.11.10. 92다4680)도 소의 이익이 있다. 다만, 대법원은 "소유권이전등기청구권에 대한 압류나 가압류가 있더라도 채무자는 제3채무자를 상대로 그 이행을 구하는 소송을 제기할 수 있고 법원은 가압류가 되어 있음을 이유로 이를 배척할 수는 없는 것이지만, 소유권이전등기를 명하는 판결(민법 제389조 2항)은 의사의 진술을 명하는 판결로서 이것이 확정되면 채무자는 일방적으로 이전등기를 신청할 수 있고 제3채무자는 이를 저지할 방법이 없게 되므로(주 : 집행공탁의 공탁물은 금전에 한정되기 때문에 제3채무자는 채무를 면할 방법이 없다) 위와 같이 볼 수는 없고 이와 같은 경우에는 '가압류의 해제'를 조건으로 하지 않는 한 법원은 이를 인용하여서는 안된다"(대판 1999.2.9. 98다42615 ; 대판 1992.11.10. 전합92다4680 등)고 판시하고 있다(원고일부승소).

**참고판례** 다만, 변론주의원칙상 제3채무자가 소유권이전등기청구권이 가압류된 사실을 주장하는 등의 사정이 있어야 위와 같은 해제조건부 인용 판결이 가능하다. 따라서 소유권이전등기청구권이 가압류된 경우에는 제3채무자에게 응소의무가 인정된다(대판 1999.6.11. 98다22963).

③ [○]

**해설** 확인의 소의 대상적격 중 현재성
"확인의 소에서 확인의 대상은 현재의 권리 또는 법률관계일 것을 요하므로 특별한 사정이 없는 한 과거의 권리 또는 법률관계의 존부확인은 인정되지 아니하는바, 근저당권의 피담보채무에 관한 부존재확인의 소는 근저당권이 말소되면 과거의 권리 또는 법률관계의 존부에 관한 것으로서 확인의 이익이 없게 된다"(대판 2013.8.23. 2012다17585).

**쟁점정리** 확인의 소의 대상적격 [법, 자, 현]
'권리·법률관계'를 대상으로 하고(법률성), 자기의 권리를 확인하는 것이어야 하며(자기성), 현재 법률관계의 확인을 구하는 것이어야 한다(현재성)

④ [○]

**해설** 확인의 소의 대상적격 중 자기성(제3자 사이의 권리관계 확인)
확인의 소의 대상은 자기의 권리를 확인하는 것이어야 한다. 다만 예외적으로 당사자 일방과 제3자 사이의 권리관계 또는 제3자 사이의 권리관계에 관하여 당사자 사이에 다툼이 있어서 당사자 일방의 권리관계에 불안이나 위험이 초래되고 있고, 다른 일방에 대한 관계에서 그 법률관계를 확정시키는 것이 당사자의 권리관계에 대한 불안이나 위험을 제거할 수 있는 유효·적절한 수단이 되는 경우에는 당사자 일방과 제3자 사이의 권리관계 또는 제3자 사이의 권리관계에 관하여도 확인의 이익이 있다(대판 1997.6.10. 96다25449).

⑤ [○]

**해설** 증서진부확인의 소의 확인의 이익
증서진부확인의 소는 확인소송으로서 확인의 이익이 있을 것이 요구된다. 判例는 서면으로 증명될 법률관계가 합의에 의하여 이미 소멸되었다는 취지로 주장하고 있다면, 그 서면의 진부가 확정되어도 이에 의하여 원고 주장의 위 권리관계 내지 법률적 지위의 불안이 제거될 수 없고, 그 법적불안을 제거하기 위하여서는 당해 권리 또는 법률관계 자체의 확인을 구하여야 할 필요가 있는 경우에 해당한다 할 것이므로, 진부확인의 소는 즉시 확정의 이익이 없어 부적법하다(대판 1991.12.10. 91다15317)고 하였다.

**쟁점정리** 확인의 이익 [법, 현, 유적]
"확인의 이익은 원고의 권리 또는 법률상 지위에 현존하는 불안, 위험이 있고 그 불안, 위험을 제거함에는 확인판결을 받는 것이 가장 유효적절한 수단일 때에만 인정된다"(대판 1991.12.10. 91다14420).

---

4) 甲과 乙을 피공탁자(지분 각 1/2)로 한 변제공탁에 대하여 甲이 乙을 상대로 1/2 지분을 초과하는 지분에 대한 공탁금출급청구권의 확인을 청구할 수 있는지 여부(소극)

# 13

**다음 사례 중 소의 이익이 인정되지 않는 것은? (다툼이 있는 경우 판례에 의함)** [15 변호사]

① 경매절차에서 가장임차인의 배당요구에 따라 배당표가 확정된 후, 후순위 진정채권자가 그 배당금지급청구권을 가압류하고 가장임차인을 상대로 배당금지급청구권 부존재의 확인을 구하는 소를 제기한 경우

② 부동산담보권 실행을 위한 경매의 배당절차에서 근저당권자의 채권에 대하여 배당이의를 하며 다투는 물상보증인을 상대로 근저당권자가 피담보채권 존재의 확인을 구하는 소를 제기한 경우

③ 협의이혼으로 혼인관계가 해소되었지만 현재의 법률상태에 영향을 미치고 있어 그 이혼당사자의 한 쪽이 다른 쪽을 상대로 과거의 혼인관계 무효확인을 구하는 소를 제기한 경우

④ 사해행위인 근저당권설정계약에 기한 근저당권설정등기가 경매절차상 매각으로 인하여 말소된 후, 그 등기로 인하여 해를 입게 되는 채권자가 근저당권설정계약의 취소를 구하는 소를 제기한 경우

⑤ 채무자의 채무초과가 임박한 상태에서 채권자가 이미 채무자 소유의 목적물에 저당권이 설정되어 있음을 알면서 자기 채권의 우선적 만족을 위하여 채무자와 통모하여 유치권을 성립시킨 후, 저당권자가 경매절차에서 그 유치권을 배제하기 위하여 유치권자를 상대로 그 부존재의 확인을 구하는 소를 제기한 경우

**13**                                                정답 ①

**① [×]**

**해설** 확인의 소는 "원고의 권리 또는 법률상 지위에 현존하는 불안, 위험이 있고 그 불안, 위험을 제거함에는 확인판결을 받는 것이 가장 유효적절한 수단일 때에만 인정된다"(대판 1991. 12.10. 91다14420). 따라서 "가장 임차인의 배당요구가 받아 들여져 제1순위로 허위의 임차보증금에 대한 배당이 이루어졌으나 이해관계인들의 배당이의가 없어 그대로 배당표가 확정된 후 그 사실을 알게 된 후순위 진정 채권자에 의해 그 배당금지급청구권이 가압류되어 가장 임차인이 현실적으로 배당금을 추심하지 못한 경우, 배당을 받지 못한 **후순위 진정 채권자**로서는 배당금지급청구권을 부당이득한 **가장 임차인**을 상대로 그 부당이득 채권의 반환을 구하는 것이 손실자로서의 권리 또는 지위의 불안·위험을 근본적으로 해소할 수 있는 **유효·적절한 방법**이므로, 후순위 진정 채권자가 가장 임차인을 상대로 배당금지급청구권 부존재확인을 구하는 것은 **확인의 이익이 없다**"(대판 1996.11.22. 96다34009).

**② [○]**

**해설** "근저당권자가 근저당권의 피담보채무의 확정을 위하여 스스로 물상보증인을 상대로 확인의 소를 제기하는 것이 부적법하다고 볼 것이 아니며, 물상보증인이 근저당권자의 채권에 대하여 다투고 있을 경우 그 분쟁을 종국적으로 종식시키는 유일한 방법은 근저당권의 피담보채권의 존부에 관한 확인의 소라고 할 것이므로, 근저당권자인 원고가 물상보증인인 피고들을 상대로 제기한 이 사건 확인의 소는 확인의 이익이 있어 적법하다"(대판 2004.3.25. 2002다20742).

**③ [○]**

**해설** 일반적으로 과거의 법률관계의 존부는 독립된 확인의 소의 대상으로 할 수 없고 그 과거의 법률관계의 영향을 받고 있는 현재의 법률상태의 확인을 구해야 하나 혼인 등의 **신분관계나 사단적 관계**와 같이 그것을 기본으로 하여 수많은 법률관계가 계속하여 발생하고 그 효과도 일반 제3자에게까지 미치게 되는 경우에는 그것이 **과거의 것이라 해도 현재의 법률 상태에 영향을 미치고 있는 한** 그 확인의 이익이 인정된다.

判例는 협의이혼으로 혼인관계가 해소되었음에도 과거의 혼인 관계의 무효 확인을 구하는 소에 대하여, "과거 일정기간 동안의 혼인관계의 존부의 문제라 해도 혼인무효의 효과는 기왕에 소급하는 것이고 그것이 적출자의 추정, 재혼의 금지 등 당사자의 신분법상의 관계 또는 연금관계법에 기한 유족연금의 수급자격, 재산상속권 등 재산법상의 관계에 있어 현재의 법률상태에 직접적인 중대한 영향을 미치는 이상 그 무효확인을 구할 정당한 법률상의 이익이 있다 할 것이다"(대판 1978.7.11. 78므7)고 하며, 혼인관계가 당사자 일방이 사망함으로써 해소된 경우에도 과거의 혼인의 무효 확인을 구할 수 있도록 규정한 인사소송법 제27조 1항을 근거로 하여 확인의 이익을 긍정하였다.

**④ [○]**

**해설** "채무자가 사해행위로 인한 근저당권 실행으로 경매절차가 진행 중인 부동산을 매각하고, 그 대금으로 근저당권자인 수익자에게 피담보채무를 변제함으로써 그 근저당권설정등기가 말소된 경우에 위와 같은 변제는 특별한 사정이 없는 한 근저당권의 우선변제권 이행으로 일반 채권자에 우선하여 된 것이라고 봄이 타당하므로, 근저당권이 실행되어 경매절차에서 근저당권설정등기가 말소된 경우와 마찬가지로 수익자로 하여금 근저당권 말소를 위한 변제 이익을 보유하게 하는 것은 부당하다. 따라서 이 경우에도 **근저당권설정등기로 말미암아 해를 입게 되는 채권자는 원상회복을 위하여 사해행위인 근저당권설정계약의 취소를 구할 이익이 있다**"(대판 2012.11.15. 2012다65058).

**⑤ [○]**

**해설** "채무자가 채무초과의 상태에 이미 빠졌거나 그러한 상태가 임박함으로써 채권자가 원래라면 자기 채권의 충분한 만족을 얻을 가능성이 현저히 낮아진 상태에서 이미 채무자 소유의 목적물에 저당권 기타 담보물권이 설정되어 있어서 유치권의 성립에 의하여 저당권자 등이 그 채권 만족상의 불이익을 입을 것을 잘 알면서 자기 채권의 우선적 만족을 위하여 위와 같이 취약한 재정적 지위에 있는 채무자와의 사이에 의도적으로 유치권의 성립요건을 충족하는 내용의 거래를 일으키고 그에 기하여 목적물을 점유하게 됨으로써 유치권이 성립하였다면, 유치권자가 그 유치권을 저당권자 등에 대하여 주장하는 것은 다른 특별한 사정이 없는 한 신의칙에 반하는 권리행사 또는 권리남용으로서 허용되지 아니한다. 그리고 저당권자 등은 경매절차 기타 채권실행절차에서 위와 같은 유치권을 배제하기 위하여 그 부존재의 확인 등을 소로써 청구할 수 있다"(대판 2011.12.22. 2011다84298).

# 14

근저당권에 관한 설명 중 옳지 않은 것은? (다툼이 있는 경우 판례에 의함) [19 변호사]

① 근저당권설정등기의 말소등기절차의 이행을 구하는 소송 도 중 그 근저당권설정등기가 경락을 원인으로 하여 말소된 경 우에는 해당 소를 각하하여야 한다.

② 소유권에 기한 방해배제청구권의 행사로서 근저당권설정등 기의 말소등기청구를 한 전소의 확정판결의 기판력은 계약 해제에 따른 원상회복으로 근저당권설정등기의 말소등기청 구를 하는 후소에 미친다.

③ 채무자가 피담보채무 전액을 변제하였다고 주장하면서 근저 당권설정등기의 말소등기절차의 이행을 청구하였으나 피담 보채무의 잔존채무가 있는 것으로 밝혀진 경우, 채무자의 청 구 중에는 확정된 잔존채무를 변제하고 그 다음에 위 등기의 말소를 구한다는 취지까지 포함되어 있는 것으로 해석함이 상 당하며, 이는 장래 이행의 소로서 미리 청구할 이익도 있다.

④ 피담보채권의 양도를 원인으로 한 근저당권 이전의 부기등 기가 있는 경우에 근저당권설정등기의 말소등기청구는 양수 인을 상대로 제기하여야 하고, 근저당권 이전의 부기등기가 전부명령 확정에 따라 이루어지는 경우에도 동일하다.

⑤ 선순위 근저당권자는 저당부동산에 대하여 경매신청을 하지 아니하였는데 후순위 근저당권자가 저당부동산에 대하여 경 매신청을 한 경우 선순위 근저당권의 피담보채권은 경락인 이 경락대금을 완납한 때에 확정된다.

**14** 정답 ②

① [○]

**해설** "근저당권설정등기의 말소등기절차의 이행을 구하는 소송 도중에 그 근저당권설정등기가 경락을 원인으로 하여 말소된 경우에는 더 이상 근저당권설정등기의 말소를 구할 법률상 이익이 없다"(대판 2003.1.10. 2002다57904).

**비교판례** "채무자와 수익자 사이의 근저당권설정계약이 사해행위인 이상 그로 인한 근저당권설정등기가 경락으로 인하여 말소되었다고 하더라도 수익자로 하여금 근저당권자로서의 배당을 받도록 하는 것은 민법 제406조 제1항의 취지에 반하므로, 수익자에게 그와 같은 부당한 이득을 보유시키지 않기 위하여 그 근저당권설정등기로 인하여 해를 입게 되는 채권자는 근저당권설정계약의 취소를 구할 이익이 있다"(대판 1997.10.10. 97다8687).

② [×]

"소유권에 기한 방해배제청구권의 행사로서 말소등기청구(민법 제214조)를 한 전소의 확정판결의 기판력이 계약해제에 따른 원상회복으로 말소등기청구(등기원인의 무효를 뒷받침하는 사유로서 민법 제548조)를 하는 후소에 미치지 않는다"(대판 1993.9.14. 92다1353).

**참고판례** 구소송물이론을 따르면 말소등기청구소송의 소송물은 민법 제214조의 말소등기청구권 자체이고, 소송물의 동일성 식별 표준이 되는 청구원인, 즉 말소등기청구권의 발생원인은 당해 '등기원인의 무효'에 국한된다. 따라서 등기원인의 무효를 뒷받침하는 개개의 사유는 독립된 공격방어방법에 불과하여 별개의 청구원인을 구성하는 것이 아니다(대판 1993.6.29. 93다11050).

③ [○]

**해설** 원고가 피담보채무의 '소멸'을 원인으로 근저당권설정등기의 말소등기청구의 소를 제기(장래이행판결 긍정)

단순이행청구의 경우에 선이행판결을 하는 것도 원고의 신청 범위를 일탈하는 것이 아니므로 처분권주의에 반하지 않는다. 즉, 원고가 피담보채무의 소멸을 이유로 저당권설정등기의 말소나 소유권이전등기의 말소청구를 한 경우에(단순이행청구), ⅰ) 변론주의 원칙상 피고의 선이행의 항변이 있었고 (원고의 채무가 아직 남아 있다는 항변) 심리결과 항변이 이유 있을 때, ⅱ) 원고가 반대의 의사표시를 하지 않는 한, ⅲ) 미리 청구할 필요가 있으면 원고청구기각이 아니라 원고의 남은 채무의 선이행을 조건으로 피고의 채무이행(등기말소)을 명하는 장래이행판결을 할 수 있다(대판 1996.11.12. 96다33938 ; 대판 2008.4.10. 2007다83694 : 아래 관련 판례 참조).

**관련판례** "채무자가 피담보채무 전액을 변제하였다고 주장하면서 근저당권설정등기에 대한 말소등기절차의 이행을 청구하였으나 피담보채무의 범위나 그 시효소멸 여부 등에 관한 다툼으로 그 변제한 금액이 채무 전액을 소멸시키는 데 미치지 못하고 잔존채무가 있는 것으로 밝혀진 경우에는, 채무자의 청구 중

에는 확정된 잔존채무를 변제하고 그 다음에 위 등기의 말소를 구한다는 취지까지 포함되어 있는 것으로 해석함이 상당하며, 이는 장래 이행의 소로서 미리 청구할 이익도 있다"(대판 1995.7.28. 95다19829).

**비교판례** 원고가 피담보채무의 '부존재'를 원인으로 근저당권설정등기의 말소등기청구의 소를 제기(장래이행판결 부정)

원고가 피담보채무가 발생하지 않았음을 근거로 등기말소를 요구하는 경우에는 피담보채무의 변제를 조건으로 장래의 이행을 구하는 취지가 포함된 것으로 보이지 않으므로 장래이행판결을 하여서는 아니된다(대판 1991.4.23. 91다6009).

④ [○]

**해설** "근저당권 이전의 부기등기는 기존의 주등기인 근저당권설정등기에 종속되어 주등기와 일체를 이루는 것이어서, 피담보채무가 소멸된 경우 또는 근저당권설정등기가 당초 원인무효인 경우 주등기인 근저당권설정등기의 말소만 구하면 되고 근저당권설정등기의 말소등기청구는 양수인만을 상대로 하면 족하고 양도인은 그 말소등기청구에 있어서 피고 적격이 없으며, 근저당권의 이전이 전부명령 확정에 따라 이루어졌다고 하여 이와 달리 보아야 하는 것은 아니다"(대판 2000.4.11. 2000다5640).

⑤ [○]

**해설** 후순위 근저당권자가 경매를 신청한 경우 선순위 근저당권의 피담보채권은 그 근저당권이 소멸하는 시기, 즉 '경락인이 경락대금을 완납한 때'에 확정된다(대판 1999.9.21. 99다26085).

**비교판례** 근저당권자가 근저당목적물에 대하여 경매신청을 함으로써 거래를 종료시키려는 의사를 표시한 경우에는 '경매신청시'에 피담보채권의 원본이 확정된다(대판 1988.10.11. 87다카545).

## 15

장래이행의 소에 관한 설명 중 옳은 것(○)과 옳지 않은 것
(×)을 올바르게 조합한 것은? (다툼이 있는 경우 판례에
의함)                                                [18 변호사]

> ㄱ. 채무자가 피담보채무 전액을 변제하였음을 이유로
>    저당권설정등기의 말소등기절차이행을 청구하였지
>    만 피담보채무의 범위에 관한 견해 차이로 피담보채
>    무가 남아있는 경우, 채무자의 청구 중에는 확정된
>    잔존채무의 변제를 조건으로 그 등기의 말소를 구한
>    다는 취지까지 포함되어 있는 것으로 해석할 여지가
>    있으나 저당권설정등기의 말소를 미리 청구할 필요
>    가 있다고까지 볼 수는 없다.
> ㄴ. 장래의 이행을 명하는 판결을 하기 위해서는 채무의
>    이행기가 장래에 도래하여야 할 뿐만 아니라 의무불
>    이행사유가 그때까지 존속한다는 것을 소 제기 시에
>    확정적으로 예정할 수 있어야 하고, 이러한 책임기간
>    이 불확실하여 소 제기 시에 확정적으로 예정할 수
>    없는 경우에는 장래의 이행을 명하는 판결을 할 수
>    없다.
> ㄷ. 이행보증보험계약에서 구상금채권 발생의 기초가 되
>    는 법률상·사실상 관계가 사실심 변론종결 시까지
>    존재하고 있고 그러한 상태가 앞으로도 계속될 것으
>    로 예상되며 보험자가 피보험자에게 보험금을 지급
>    하더라도 보험계약자 등의 채무이행을 기대할 수 없
>    음이 명백한 경우, 장래 이행보증보험금 지급을 조건
>    으로 미리 구상금 지급을 구하는 장래이행의 소는 적
>    법하다.
> ㄹ. 양도인이 매매계약의 무효를 주장하면서 양수인에게
>    서 받은 매매대금을 변제공탁하였다면, 양도인이 양도
>    부동산에 관한 소유권이전의무의 존재를 다투고 있는
>    것이므로 양수인으로서는 소유권이전의무의 이행기
>    도래 전에도 그 이행을 미리 청구할 필요가 있다.

① ㄱ(○), ㄴ(○), ㄷ(×), ㄹ(×)
② ㄱ(○), ㄴ(×), ㄷ(○), ㄹ(×)
③ ㄱ(×), ㄴ(×), ㄷ(○), ㄹ(○)
④ ㄱ(×), ㄴ(○), ㄷ(×), ㄹ(○)
⑤ ㄱ(×), ㄴ(×), ㄷ(○), ㄹ(×)

**해설** ㄱ. [×]
장래이행의 소 – 미리 청구할 필요(선이행청구의 경우)
"ⅰ) 채무자가 피담보채무 전액을 변제하였다고 하거나 ⅱ) 피담보채무의 일부가 남아 있음을 시인하면서 그 변제를 조건으로 저당권설정등기의 말소등기절차 이행을 청구하였지만 피담보채무의 범위에 관한 견해 차이로 그 채무 전액을 소멸시키지 못하였거나 ⅲ) 변제하겠다는 금액만으로는 소멸시키기에 부족한 경우에, 그 청구 중에는 확정된 잔존채무의 변제를 조건으로 그 등기의 말소를 구한다는 취지까지 포함되어 있는 것으로 해석하여야 하고, 이러한 경우에는 장래 이행의 소로서 그 저당권설정등기의 말소를 미리 청구할 필요가 있다고 보아야 한다"(대판 1996.2.23. 95다9310).

ㄴ. [×]
장래이행의 소 – 대상적격(청구적격, 권리보호의 자격)
"장래의 이행을 명하는 판결을 하기 위하여는 채무의 이행기가 장래에 도래하는 것뿐만 아니라 의무불이행사유가 그 때까지 존속한다는 것을 **변론종결 당시**에 확정적으로 예정할 수 있는 것이어야 하며 이러한 책임기간이 불확실하여 변론종결 당시에 확정적으로 예정할 수 없는 경우에는 장래의 이행을 명하는 판결을 할 수 없다"(대판 2002.6.14. 2000다37517).

ㄷ. [○]
장래이행의 소 – 미리 청구할 필요(계속적·반복적 이행청구의 경우)
"이행보증보험계약에 있어서 구상금채권의 발생의 기초가 되는 법률상·사실상 관계가 변론종결 당시까지 존재하고 있고, 그러한 상태가 앞으로도 **계속될 것으로 예상**되며, 구상금채권의 존부에 대하여 다툼이 있어 보험자가 피보험자에게 보험금을 지급하더라도 보험계약자와 구상금채무의 연대보증인들의 **채무이행을 기대할 수 없음이 명백한 경우** 장래 이행보증보험금지급을 조건으로 미리 구상금지급을 구하는 장래이행의 소가 적법하다"(대판 2004.1.15. 2002다3891).

ㄹ. [○]
장래이행의 소 – 미리 청구할 필요(의무자가 미리 다투는 경우)
"일반적으로 채무자가 채무의 이행기 도래 전부터 채무의 존재를 다투기 때문에 이행기가 도래하거나 조건이 성취되었을 때에 임의의 이행을 기대할 수 없는 경우에는 장래이행의 소로써 미리 청구할 필요가 인정되는데, **양도인측이 계약이 무효가 되었다고 주장하여 양수인으로부터 받은 매매대금을 변제공탁**하였다면 양도인측이 양도 부동산에 관한 소유권이전의무의 존재를 다투고 있는 것이므로 양수인으로서는 위 의무의 이행기 도래 전에도 그 의무의 이행을 미리 청구할 필요가 있다고 보아야 한다"(대판 1993.11.9. 92다43128).

# 16

甲은 乙로부터 3억 원을 빌리면서 그 차용금 채무를 담보하기 위하여 甲 소유의 A 토지에 관하여 채무자 甲, 근저당권자 乙, 채권최고액 3억 3천만 원인 근저당권설정계약을 乙과 체결하고, 이에 관한 근저당권설정등기를 마쳐 주었다. 다음 설명 중 옳은 것을 모두 고른 것은? (다툼이 있는 경우 판례에 의함) [22 변호사]

ㄱ. 甲이 乙로부터 실제로 돈을 빌리지 않았으므로 위 근저당권설정등기는 무효의 등기라고 주장하면서 근저당권설정등기 말소등기절차의 이행을 구하는 소를 제기하였는데, 법원의 심리 결과 甲의 乙에 대한 차용금 채무 1억 원이 존재하는 것으로 밝혀지더라도 그 채무의 변제를 조건으로 위 등기의 말소를 명하는 판결을 할 수 없다.

ㄴ. 甲이 乙의 기망행위로 인해 근저당권설정계약을 체결하였다고 주장하면서 위 근저당권설정계약을 취소하고 그 말소등기를 구하는 소를 제기한 경우, 甲의 3억 원의 부당이득반환채무와 乙의 근저당권설정등기 말소의무는 동시이행관계에 있다고 할 수 없다.

ㄷ. 丙이 乙에 대한 5억 원의 채권에 관한 집행권원을 얻어 乙의 甲에 대한 대여금채권에 대해 압류 및 전부명령을 받아 丙 명의로 A 토지에 관한 근저당권이전의 부기등기를 마친 경우, 甲이 자신의 乙에 대한 차용금채무가 변제로 모두 소멸하였다고 주장하면서 乙을 상대로 제기한 위 근저당권설정등기 말소등기절차의 이행을 구하는 소는 적법하다.

ㄹ. 丙이 乙로부터 乙의 甲에 대한 대여금채권을 유효하게 양도받아 丙 명의로 A 토지에 관한 근저당권이전의 부기등기를 마친 경우, 甲이 자신의 乙에 대한 차용금채무가 변제로 모두 소멸하였다고 주장하면서 丙 명의 근저당권이전의 부기등기 말소등기절차의 이행을 구하는 소는 부적법하다.

① ㄹ
② ㄱ, ㄹ
③ ㄴ, ㄷ
④ ㄱ, ㄴ, ㄹ
⑤ ㄴ, ㄷ, ㄹ

**해설** ㄱ. [○]

**현재의 이행의 소에 대한 장래이행판결 [피, 원, 미]**

a. 원고가 피담보채무의 '소멸'을 원인으로 근저당권설정등기의 말소등기청구의 소를 제기(장래이행판결 긍정)

단순이행청구의 경우에 선이행판결을 하는 것도 원고의 신청범위를 일탈하는 것이 아니므로 처분권주의에 반하지 않는다. 즉, 원고가 피담보채무의 소멸을 이유로 저당권설정등기의 말소나 소유권이전등기의 말소청구를 한 경우에(단순이행청구), ⅰ) 변론주의 원칙상 피고의 선이행의 항변이 있었고(원고의 채무가 아직 남아 있다는 항변) 심리결과 항변이 이유 있을 때, ⅱ) 원고가 반대의 의사표시를 하지 않는 한, ⅲ) 미리 청구할 필요가 있으면 원고청구기각이 아니라 원고의 남은 채무의 선이행을 조건으로 피고의 채무이행(등기말소)을 명하는 장래이행판결을 할 수 있다(대판 1996.11.12. 96다33938 ; 대판 2008.4.10. 2007다83694).[5]

b. 원고가 피담보채무의 '부존재'를 원인으로 근저당권설정등기의 말소등기청구의 소를 제기(장래이행판결 부정)

'ⅱ)' 요건과 관련하여 원고가 피담보채무가 발생하지 않았음을 근거로 등기말소를 요구하는 경우에는 피담보채무의 변제를 조건으로 장래의 이행을 구하는 취지가 포함된 것으로 보이지 않으므로 장래이행판결을 하여서는 아니된다(대판 1991.4.23. 91다6009).

▶ 甲이 乙로부터 실제로 돈을 빌리지 않았음을 근거로 근저당권설정등기 말소등기절차의 이행을 구하는 소를 제기한 이상, 법원의 심리 결과 甲의 乙에 대한 차용금 채무 1억 원이 존재하는 것으로 밝혀지더라도 그 채무의 변제를 조건으로 위 등기의 말소를 명하는 판결을 할 수는 없다.

ㄴ. [×]

"이 사건 근저당권설정계약은 그 자체로서 독자적으로 존재하는 것이 아니라 그 피담보채권의 발생원인이 된 금전소비대차계약과 결합하여 그 전체가 경제적, 사실적으로 일체로서 행하여진 것으로 그 하나가 다른 하나의 조건이 되어 어느 하나의 존재없이는 당사자가 다른 하나를 의욕하지 않았을 것으로 보이고, 더욱이 이 사건의 경우에는 원고가 금전차용행위의 의미도 제대로 모르면서 소외 1과 소외 2의 꾐에 빠져 당장 돈이 생겨 이를 마음대로 쓸 수 있다는 점에 현혹된 나머지 자신의 전답에 담보권을 설정하고 고리의 사채를 빌려 이를 소외 1이 마음대로 유흥비에 탕진하도록 한 것이어서 비록 실제로 원고에게 금원이 교부된 부분이 있다고 하더라도 그 부분에 관하여 원고가 정상적인 사리판단에 의해 차용하기를 의욕했다고는 할 수 없어 이 사건 근저당권설정계약의 체결원인이 되었던 위 소외 2의 기망행위는 금전소비대차계약에도 미쳤다 할 것이므로 원고의 이 사건 근저당권설정계약에 대한 취소의 의사표시는 법률행위의 일부무효이론과 궤를 같이 하는 법률행위 일부취소의 법리에 따라 소비대차계약을 포함하는 전체에 대한 취소의 효력이 있다 할 것이고, 그 결과 피고가 원고에 대하여 부담하게 될 근저당권설정등기말소의무는 원고가 피고에 대하여 부담하게 될 부당이득반환의무와 동시이행관계에 있다고 봄이 상당하다"(대판 1994.9.9. 93다31191)

ㄷ. [×], ㄹ. [○]

피담보채무의 소멸 또는 근저당권설정등기의 원인무효를 이유로 근저당권 이전의 부기등기에 대하여 말소를 구할 소의 이익이 있는지 여부(소극) 및 근저당권 이전의 부기등기가 경료된 경우, 근저당권설정등기 말소청구의 상대방(=양수인)

"근저당권 이전의 부기등기는 기존의 주등기인 근저당권설정등기에 종속되어 주등기와 일체를 이루는 것이어서, 피담보채무가 소멸된 경우 또는 근저당권설정등기가 당초 원인무효인 경우 주등기인 근저당권설정등기의 말소만 구하면 되고 그 부기등기는 별도로 말소를 구하지 않더라도 주등기의 말소에 따라 직권으로 말소되는 것이며, 근저당권 양도의 부기등기는 기존의 근저당권설정등기에 의한 권리의 승계를 등기부상 명시하는 것 뿐으로, 그 등기에 의하여 새로운 권리가 생기는 것이 아닌 만큼 근저당권설정등기의 말소등기청구는 양수인만을 상대로 하면 족하고 양도인은 그 말소등기청구에 있어서 피고 적격이 없으며, 근저당권의 이전이 전부명령 확정에 따라 이루어졌다고 하여 이와 달리 보아야 하는 것은 아니다"(대판 2000.4.11. 2000다5640).

---

5) [사실관계] 甲은 乙에 대한 대여금 채무를 담보하기 위하여 甲 소유의 X토지에 관하여 근저당권설정등기를 마쳐주었다. 甲은 대여금 채무가 모두 변제되어 소멸되었다고 주장하며 근저당권설정등기 말소등기절차의 이행을 구하는 소를 제기하였다. 위 소송에서 변제액수에 관한 다툼이 있어 <u>심리한 결과 대여금 채무가 남아 있는 것으로 밝혀지면, 법원은 특별한 사정이 없는 한 甲의 청구를 기각하여서는 아니되고, 잔존채무의 변제를 조건으로 甲의 청구를 일부 인용하는 판결을 선고하여야 한다.</u>

## 17

건물 임대인 甲은 임대차계약기간 만료일인 2015. 5. 2.이 경과 되었음에도 불구하고 건물 임차인인 乙이 건물을 인도하지 않으므로 乙을 상대로 아래 청구취지로 소를 제기하여 1심에서 아래 주문과 같은 판결을 선고받았다(임대차보증금 1억 원). 이에 관한 설명 중 옳은 것을 모두 고른 것은? (다툼이 있는 경우 판례에 의함)

[19 변호사]

<청구취지>
1. 피고는 원고에게 별지 목록 기재 건물을 인도하라.
2. 피고는 원고에게 2015. 5. 3.부터 별지 목록 기재 건물의 인도 완료일까지 매월 1,000,000원의 비율로 계산한 돈을 지급하라.
3. 소송비용은 피고가 부담한다.
4. 제1, 2항은 가집행할 수 있다.

<주문>
1. 피고는 원고로부터 100,000,000원을 지급받음과 동시에 원고에게 별지 목록 기재 건물을 인도하라.
2. 피고는 원고에게 2015. 5. 3.부터 별지 목록 기재 건물의 인도 완료일까지 매월 1,000,000원의 비율로 계산한 돈을 지급하라.
3. 원고의 나머지 청구를 기각한다.
4. 소송비용 중 1/3은 원고가, 나머지는 피고가 각 부담한다.
5. 제1, 2항은 가집행할 수 있다.

ㄱ. 甲에게는 위 판결에 대한 항소이익이 있다.
ㄴ. 법원이 주문 제2항의 판결을 선고하려면 甲의 청구에 미리 청구할 필요가 인정되어야 한다.
ㄷ. 위 청구취지와 달리 甲의 청구가 없다면 법원은 주문 제5항을 직권으로 선고하지 못한다.
ㄹ. 소송 진행 도중에 甲의 채권자 丙이 甲의 乙에 대한 차임채권에 대하여 압류 및 추심명령을 받더라도 임대차계약이 종료되어 목적물이 반환될 때에는 그때까지 추심되지 아니한 채 잔존하는 차임채권 상당액도 임대차보증금에서 당연히 공제된다.

① ㄴ
② ㄱ, ㄴ
③ ㄷ, ㄹ
④ ㄱ, ㄴ, ㄹ
⑤ ㄱ, ㄴ, ㄷ, ㄹ

**해설** ㄱ. [○]

判例는 "상소인은 자기에게 불이익한 재판에 대해서만 상소를 제기할 수 있는 것이고 재판이 상소인에게 불이익한 것인가의 여부는 재판의 주문을 표준으로 하여 결정되는 것"이라 하여 기본적으로 **형식적 불복설**과 같은 입장이다(대판 1994. 11.4. 94다21207). 甲은 건물인도청구에 관하여 단순이행 청구를 하였으나, 법원은 상환이행 판결을 하면서 주문 제3항에서 원고 甲의 나머지 청구를 기각하였으므로, 甲은 항소이익이 있다.

ㄴ. [○]

甲의 청구취지 제2항 기재 청구는 (1) 변론종결일 현재 이행기가 도래한 현재 이행의 소와(2015.5.3.부터 변론종결일까지의 부당이득반환청구 부분) (2) 변론종결일 이후에 이행기가 도래하는 장래이행의 소가(변론종결일부터 장래 인도 완료일까지의 부당이득반환청구 부분) 병합된 경우에 해당한다. 따라서 위 청구 전부를 인용하여 주문 제2항과 같은 판결을 선고하려면, 장래이행의 소의 적법 요건인 '미리 청구할 필요'가 있어야 한다(제251조).

ㄷ. [×]

"**가집행선고는** 재산권의 청구에 관한 판결의 경우 상당한 이유가 없는 한 당사자의 신청 유무와 관계없이 선고하게 되어 있는 것으로 법원의 **직권판단사항이어서 처분권주의를 근거**로 하는 민사소송법 제385조의 적용을 받지 않는 것이므로 가집행선고가 붙지 않은 제1심판결에 대하여 피고만이 항소한 항소심에서 법원이 항소를 기각하면서 가집행선고를 붙였다 하여 제1심 판결을 피고가 신청한 불복의 한도를 넘어 불이익하게 변경한 것이라 할 수 없다"(대판 1991.11.8. 90다17804).

ㄹ. [○]

"부동산 임대차에 있어서 수수된 보증금은 차임채무, 목적물의 멸실·훼손 등으로 인한 손해배상채무 등 임대차에 따른 임차인의 모든 채무를 담보하는 것으로서 그 피담보채무 상당액은 임대차관계의 종료 후 목적물이 반환될 때에 특별한 사정이 없는 한 별도의 의사표시 없이 보증금에서 당연히 공제되는 것이므로, 임대보증금이 수수된 임대차계약에서 차임채권에 관하여 압류 및 추심명령이 있었다 하더라도, 당해 임대차계약이 종료되어 목적물이 반환될 때에는 그 때까지 추심되지 아니한 채 잔존하는 차임채권 상당액도 임대보증금에서 당연히 공제된다"(대판 2004.12.23. 2004다56554).

# 18

**중복된 소 제기의 금지에 관한 설명 중 옳지 않은 것은? (다툼이 있는 경우 판례에 의함)** [21 변호사]

① 각 채권자가 동일한 사해행위에 관하여 동시 또는 이시에 그 취소 및 원상회복청구의 소를 제기한 경우, 이들 소에 관해서는 중복된 소 제기 금지의 원칙은 문제되지 않는다.

② 채권자대위소송이 이미 법원에 계속되어 있을 때 같은 채무자의 다른 채권자가 동일한 소송물에 대하여 채권자대위권에 기한 소를 제기한 경우, 채무자가 선행하는 대위소송의 존재를 안 경우에 한하여 나중에 계속된 소송은 중복된 소 제기 금지의 원칙에 위배된다.

③ 중복된 소 제기 금지의 원칙에 위배되어 제기된 소에 대한 확정판결 또는 그 소송절차에서 성립된 화해는 당연무효라고 할 수 없다.

④ 채무자가 제3채무자를 상대로 제기한 이행의 소(전소)가 법원에 계속되어 있는 중에 압류채권자가 제3채무자를 상대로 제기한 추심의 소는 전소와의 관계에서 중복된 소 제기에 해당하지 않는다.

⑤ 보전처분 신청이 중복신청에 해당하는지 여부는 후행 보전처분 신청의 심리종결 시를 기준으로 판단하여야 하고, 보전명령에 대한 이의신청이 제기된 경우에는 그 이의신청에 대한 심리종결 시가 기준이 된다.

## 18

① [○]

**해설** "채권자취소권의 요건을 갖춘 각 채권자는 고유의 권리로서 채무자의 재산처분 행위를 취소하고 그 원상회복을 구할 수 있는 것이므로 각 채권자가 동시 또는 이시에 채권자취소 및 원상회복소송을 제기한 경우 이들 소송이 **중복제소에 해당하는 것이 아니다.** 어느 한 채권자가 동일한 사해행위에 관하여 채권자취소 및 원상회복청구를 하여 승소판결을 받아 그 판결이 확정되었다는 것만으로 그 후에 제기된 다른 채권자의 동일한 청구가 **권리보호의 이익이 없어지게 되는 것은 아니고**, 그에 기하여 재산이나 가액의 회복을 마친 경우에 비로소 다른 채권자의 채권자취소 및 원상회복청구는 그와 중첩되는 범위 내에서 권리보호의 이익이 없게 된다"(대판 2003.7.11. 2003다19558).

② [×]

**해설** 채권자대위소송 계속 중 채무자의 소제기(중복제소 긍정) 判例는 "채권자대위소송 계속 중 채무자가 제3채무자에 대해서 소송이 제기된 경우, 양 소송은 동일소송이므로 후소는 중복소제기금지원칙에 위배되어 제기된 부적법한 소송이라 할 것이다"(대판 1992.5.22. 91다41187)라고 하여 채무자의 인식여부와 관계없이 중복소제기를 긍정한다.

**참고판례** 채무자의 소송계속 중 채권자대위소송의 제기(중복제소 긍정) 判例는 "채무자가 제3채무자를 상대로 제기한 소송이 계속 중 채권자대위소송을 제기한 경우에는 양 소송은 동일소송이므로 후소는 중복소제기금지 규정에 저촉된다"(대판 1981.7.7. 80다2751)고 판시하여 긍정설의 입장이다.

**참고판례** 채권자대위소송 계속 중 다른 채권자의 대위소송의 제기 (중복제소 긍정)
判例는 "어느 채권자대위소송의 계속 중 다른 채권자가 채권자대위권에 기한 소를 제기한 경우 시간적으로 나중에 계속하게 된 소송은 중복소제기금지의 원칙에 위배하여 제기된 부적법한 소송이 된다"(대판 1994.2.8. 93다53092)고 판시하여 긍정설의 입장이다. 주의할 것은 채권자대위소송 도중 다른 채권자의 당사자참가는 합일확정의 필요성 및 중복소송의 취지에 비추어 중복소송에 해당하지 않는다.

**비교판례** 이미 채무자가 권리를 재판상 행사하는 경우(당사자적격 부정)
채권자가 대위권을 행사할 당시는 이미 채무자가 권리를 재판상 행사하였을 때에는 설사 패소의 본안판결을 받았더라도 채권자는 채무자를 대위하여 채무자의 권리를 행사할 당사자적격이 없고(대판 1992.11.10. 92다30016), 이 경우 채무자가 반소를 제기한 후 설령 그 반소가 적법하게 취하되었다고 하더라도 반소 후에 제기된 채권자에 의한 채권자대위권의 행사는 부적법하다(대판 2016.4.12. 2015다69372).

**비교판례** 채권자가 채권자대위권을 행사하는 방법으로 제3채무자에 대하여 소송을 제기하여 판결을 받은 경우에 그 확정판결의 효력이 미치는 범위
"채권자가 채권자대위권을 행사하는 방법으로 제3채무자를 상대로 소송을 제기하고 판결을 받은 경우에는 어떠한 사유로 인하였든 적어도 채무자가 채권자 대위권에 의한 소송이 제기된 사실을 알았을 경우에는 그 판결의 효력은 채무자에게 미친다"(대판 1975.5.13. 전합74다1664).

③ [○]

**해설** 중복된 소제기임을 간과하고 본안판결을 한 경우 판결확정 전이면 상소로 다툴 수 있으나, 판결확정 후에는 당연히 재심사유가 되는 것은 아니고 당연무효의 판결이 되는 것도 아니다(대판 1995.12.5. 94다59028). 다만 전·후 양소의 판결이 모두 확정되었으나 서로 모순·저촉되는 경우에는 어느 것이 먼저 제소되었는가에 관계없이 뒤의 확정판결이 재심사유가 될 뿐이다(민소법 제451조 제1항 10호).

④ [○]

**해설** 채무자가 제소한 후 압류채권자의 추심소송제기 가부(긍정) "채무자가 제3채무자를 상대로 제기한 이행의 소가 법원에 계속되어 있는 경우에도 압류채권자는 제3채무자를 상대로 압류된 채권의 이행을 청구하는 추심의 소를 제기할 수 있고, 제3채무자를 상대로 압류채권자가 제기한 추심의 소는 채무자가 제기한 이행의 소에 대한 관계에서 민사소송법 제259조가 금지하는 **중복된 소제기에 해당하지 않는다**고 봄이 타당하다"(대판 2013.12.18. 전합2013다202120).

**쟁점정리** 압류 및 추심명령은 갈음형 제3자 소송담당으로서 채무자는 제3채무자를 상대로 이행의 소를 제기할 당사자적격을 상실하고, 이러한 사정은 직권조사사항으로서 당사자의 주장이 없더라도 법원이 이를 직권으로 조사하여 부적법 각하하게 된다. 따라서 압류채권자가 제3채무자를 상대로 제기한 추심의 소의 본안에 관하여 심리·판단한다고 하여, 제3채무자에게 불합리하게 과도한 이중 응소의 부담을 지우고 본안 심리가 중복되어 당사자와 법원의 소송경제에 반한다거나 판결의 모순·저촉의 위험이 크다고 볼 수 없으므로 判例의 태도가 타당하다.

⑤ [○]

**해설** "보전처분 신청에 관하여도 중복된 소제기에 관한 민사소송법 제259조의 규정이 준용되어 중복신청이 금지된다. 이 경우 보전처분 신청이 중복신청에 해당하는지 여부는 후행 보전처분 신청의 심리종결 시를 기준으로 판단하여야 하고, 보전명령에 대한 이의신청이 제기된 경우에는 이의소송의 심리종결 시가 기준이 된다"(대결 2018.10.4. 2017마6308).

## 19

**중복된 소 제기의 금지에 관한 설명 중 옳지 않은 것은? (다툼이 있는 경우 판례에 의함)**　　　　　[15 변호사]

① 치료비의 일부만 특정하여 그 지급을 청구한 경우에 명시적으로 유보한 나머지 치료비 지급청구를 별도 소송으로 제기하더라도 중복된 소 제기에 해당하지 아니한다.

② 법원에 계속되어 있는 전소가 부적법하더라도 동일한 후소의 변론종결시까지 취하·각하 등에 의하여 소송계속이 소멸되지 아니하는 한 그 후소는 중복된 소 제기의 금지에 저촉되는 부적법한 소로서 각하를 면할 수 없다.

③ 중복된 소 제기에 해당하지 않는다는 것은 소극적 소송요건으로 중복된 소 제기에 해당하면 법원은 피고의 항변을 기다릴 필요없이 후소를 부적법 각하하여야 한다.

④ 계속 중인 전소의 소구채권으로 그 소의 상대방이 청구하는 후소에서 하는 상계항변은 허용된다.

⑤ 중복된 소 제기임을 법원이 간과하고 본안판결을 한 후 그 판결이 확정되었다 하더라도 무효이다.

## 19
정답 ⑤

① [○]

**해설** "전 소송에서 불법행위를 원인으로 치료비청구를 하면서 일부만을 특정하여 청구하고 그 이외의 부분은 별도소송으로 청구하겠다는 취지를 명시적으로 유보한 때에는 그 전소송의 소송물은 그 청구한 일부의 치료비에 한정되는 것이고 전 소송에서 한 판결의 기판력은 유보한 나머지 부분의 치료비에까지는 미치지 아니한다 할 것이므로 **전 소송의 계속 중에 동일한 불법행위를 원인으로 유보한 나머지 치료비청구를 별도소송으로 제기하였다 하더라도 중복제소에 해당하지 아니한다**"(대판 1985.4.9. 84다552).

② [○]

**해설** "중복제소금지는 소송계속으로 인하여 당연히 발생하는 소송요건의 하나로서, 이미 동일한 사건에 관하여 전소가 제기되었다면 설령 그 전소가 소송요건을 흠결하여 부적법하다고 할지라도 후소의 변론종결시까지 취하·각하 등에 의하여 소송계속이 소멸되지 아니하는 한 후소는 중복제소금지에 위배하여 각하를 면치 못하게 된다"(대판 1998.2.27. 97다45532).

③ [○]

**해설** "소가 중복제소에 해당하지 아니한다는 것은 소극적 소송요건으로서 법원의 직권조사 사항이므로"(대판 1990.4.27. 88다카25274), 직권조사사항에 해당하여 피고의 항변 유무와 관계없이 직권으로 심리 후 부적법 각하하여야 한다.

④ [○]

**해설** 별소로 청구한 반대채권을 가지고 상계항변을 한 사건에서 (별소선행형) "사실심 재판부로서는 전소와 후소를 같은 기회에 심리·판단하기 위하여 이부, 이송 또는 변론병합 등을 시도함으로써 기판력의 저촉·모순을 방지함과 아울러 소송경제를 도모함이 바람직하였다고 할 것이나, 그렇다고 하여 특별한 사정이 없는 한 별소로 계속 중인 채권을 자동채권으로 하는 소송상 상계의 주장이 허용되지 않는다고 볼 수는 없다"(대판 2001.4.27. 2000다4050)고 하여, **중복소제기가 아니라는 입장이다.** 다만, 상계항변으로 제출한 자동채권과 동일한 채권으로 별소를 제기(상계항변선행형)한 경우에는 판시한 바 없다.

⑤ [×]

**해설** "중복제소금지원칙에 위배되어 제기된 소에 대한 판결이나 그 소송절차에서 이루어진 화해라도 확정된 경우에는 당연무효라고 할 수는 없고"(대판 1995.12.5. 94다59028), 하자가 치유되어 재심사유도 되지 않는다. 다만 전·후소 판결이 모두 확정되었으나 판결의 내용이 모순되는 경우에는 뒤에 확정된 판결이 재심으로 취소된다(민사소송법 제451조 1항 10호).

## 20

**중복된 소제기의 금지에 관한 설명 중 옳지 않은 것은? (다툼이 있는 경우 판례에 의함)** [14 변호사]

① 중복된 소제기임을 법원이 간과하고 본안판결을 하였을 때에는 상소로 다툴 수 있고, 판결이 확정되었다면 당연무효의 판결이라고 할 수 없다.

② 전소와 후소의 판결이 모두 확정되었으나 그 내용이 서로 모순 저촉되는 때에는 어느 것이 먼저 제소되었는가에 관계없이 먼저 확정된 종국판결에 대하여 재심의 소를 제기할 수 있다.

③ 전 소송에서 피해자 甲이 가해자 乙에게 불법행위를 원인으로 치료비를 청구하면서 일부만을 특정하여 청구하고 그 이외의 부분은 별도소송으로 청구하겠다는 취지를 명시적으로 유보한 경우, 甲이 전 소송의 계속 중 동일 불법행위를 원인으로 나머지 치료비 청구를 별도소송으로 제기하였다 하더라도 중복된 소제기에 해당하지 않는다.

④ 상계의 항변을 제출할 당시 이미 자동채권과 동일한 채권에 기한 소를 별도로 제기하여 계속 중인 경우, 특별한 사정이 없는 한 별소로 계속 중인 채권을 자동채권으로 하는 소송상 상계의 주장이 허용된다.

⑤ 채권자 丙이 채무자 甲과 수익자 乙 사이의 법률행위의 취소를 구하는 채권자취소소송이 계속 중 甲의 다른 채권자 丁이 甲과 乙 사이의 동일한 법률행위의 취소를 구하는 채권자취소소송을 제기한 경우, 후소는 중복된 소제기가 아니다.

# 20                                      정답 ②

① [○]

**해설** 중복된 소제기인 경우 법원은 부적법 각하 판결을 하여야 하지만, 이를 간과하고 본안판결을 한 경우 상소할 수 있다. 그러나 간과한 판결이 확정되었다고 해서 당연무효의 판결이라고 할 수는 없고, 하자가 치유되어 재심사유가 되지 않는다 (대판 1995.12.5. 94다59028 참고). 다만 전후소 판결이 모두 확정되었으나 판결의 내용이 모순되는 경우에는 전후소 (중복소제기여부)와 관계없이 뒤에 확정된 판결이 재심으로 취소된다(제451조 1항 10호).

② [×]

**해설** "민사소송법 제422조 제1항 제10호(현행 제451조 1항 10호) 소정의 재심을 제기할 판결이 전에 선고한 확정판결과 저촉하는 때라 함은 재심대상이 된 확정판결의 기판력이 그보다 전에 선고한 확정판결의 기판력과 서로 저촉하는 경우를 말하므로 **재심을 제기할 판결이 그보다 늦게 선고 확정된 판결과 저촉되는 경우는 이에 해당하지 아니한다**"(대판 1981. 7.28. 80다2668).

③ [○]

**해설** "전 소송에서 불법행위를 원인으로 치료비청구를 하면서 일부만을 특정하여 청구하고 그 이외의 부분은 별도소송으로 청구하겠다는 취지를 명시적으로 유보한 때에는 그 전 소송의 소송물은 그 청구한 일부의 치료비에 한정되는 것이고 전소송에서 한 판결의 기판력은 유보한 나머지 부분의 치료비에까지는 미치지 아니한다 할 것이므로 **전 소송의 계속 중에 동일한 불법행위를 원인으로 유보한 나머지 치료비청구를 별도소송으로 제기하였다 하더라도 중복제소에 해당하지 아니한다**"(대판 1985.4.9. 84다552).

④ [○]

**해설** 별소로 청구한 반대채권을 가지고 상계항변을 한 사건에서 (별소선행형) "사실심 재판부로서는 전소와 후소를 같은 기회에 심리·판단하기 위하여 이부, 이송 또는 변론병합 등을 시도함으로써 기판력의 저촉·모순을 방지함과 아울러 소송경제를 도모함이 바람직하였다고 할 것이나, 그렇다고 하여 특별한 사정이 없는 한 별소로 계속 중인 채권을 자동채권으로 하는 소송상 상계의 주장이 허용되지 않는다고 볼 수는 없다"(대판 2001.4.27. 2000다4050)고 하여, **중복소제기가 아니라는 입장**이다. 다만, 상계항변으로 제출한 자동채권과 동일한 채권으로 별소를 제기(상계항변선행형)한 경우에는 판시한 바 없다.

⑤ [○]

**해설** "채권자취소권의 요건을 갖춘 각 채권자는 고유의 권리로서 채무자의 재산처분 행위를 취소하고 그 원상회복을 구할 수 있는 것이므로 여러 명의 채권자가 동시에 또는 시기를 달리하여 사해행위취소 및 원상회복청구의 소를 제기한 경우 이들 소가 중복제소에 해당하지 아니"(대판 2008.4.24. 2007다84352)한다.

## 21

소 제기에 의한 소멸시효 중단의 효과에 관한 설명 중 옳은 것은? (다툼이 있는 경우 판례에 의함)  [20 변호사]

① 甲은 乙이 사망한 사실을 모르고 乙을 피고로 표시하여 제기한 대여금청구 소송에서 승소하였는데, 乙의 단독상속인 丙이 이러한 사실을 알고 위 판결에 대하여 항소한 경우에는 甲이 소를 제기한 때에 위 대여금채권의 소멸시효가 중단된 것으로 보아야 한다.

② 甲이 그 소유의 A 차량을 운전하던 중에 乙이 운전하던 B 차량과 충돌하여 상해를 입자, A 차량의 보험회사인 丙 회사가 甲에게 보험금을 지급한 후 乙을 상대로 구상금청구의 소를 제기하였는데, 甲이 丙 회사 측에 보조참가하여 乙의 과실 존부 등에 관하여 다툰 경우에는 甲의 보조참가로 인해 甲의 乙에 대한 손해배상채권의 소멸시효가 중단된 것으로 볼 수 없다.

③ 甲이 乙을 대위하여 丙을 상대로 부당이득반환을 원인으로 A 토지에 관한 소유권이전등기청구의 소를 제기하였는데, 甲의 乙에 대한 피보전채권이 인정되지 않음을 이유로 한 소각하 판결이 2019. 3. 15. 확정되었고, 乙의 다른 채권자 丁이 2019. 6. 14. 乙을 대위하여 丙을 상대로 위와 같은 내용의 소를 제기한 경우에는 乙의 丙에 대한 위 소유권이전등기청구권의 소멸시효는 甲이 채권자대위소송을 제기한 때에 중단된 것으로 보아야 한다.

④ 대여금채무자 겸 근저당권설정자 甲이 대여금채권자 겸 근저당권자 乙을 상대로 그 대여금채무의 소멸을 원인으로 한 근저당권설정등기말소청구의 소를 제기한 경우, 乙이 응소하여 자신의 甲에 대한 대여금채권이 존재한다고 적극적으로 주장함으로써 위 대여금채권의 소멸시효 중단의 효력을 발생시키기 위해서는 乙은 자신의 응소행위로 위 대여금채권의 소멸시효가 중단되었음을 주장하여야 하는데, 그 시효 중단의 주장은 답변서 제출 시에 하여야 한다.

⑤ 乙에 대한 대여금채권자 甲이 2019. 7. 9. 乙을 상대로 지급명령을 신청하였고, 법원의 지급명령에 대하여 乙이 2019. 9. 10. 이의신청을 함으로써 사건이 소송으로 이행된 경우에는 위 지급명령에 의한 소멸시효 중단의 효력이 2019. 9. 10. 발생한다.

## 21                      정답 ③

① [×]

**해설** 이미 사망한 자를 피고로 한 청구의 시효중단효과(부정)

"이미 사망한 자를 피고로 하여 제기된 소는 부적법하여 이를 간과한 채 본안 판단에 나아간 판결은 당연무효로서 그 효력이 상속인에게 미치지 않고, 채권자의 이러한 제소는 권리자의 의무자에 대한 권리행사에 해당하지 않으므로, 상속인을 피고로 하는 당사자표시정정이 이루어진 경우와 같은 특별한 사정이 없는 한, 거기에는 애초부터 시효중단 효력이 없어 민법 제170조 제2항이 적용되지 않는다고 봄이 타당하고, 법원이 이를 간과하여 본안에 나아가 판결을 내린 경우에도 마찬가지라고 보아야 한다"(대판 2014.2.27. 2013다94312).

② [×]

**해설** 보조참가로 인한 시효중단효과(긍정)

권리자가 보조참가하여 의무자에 대하여 다툰 것은 권리자가 재판상 그 권리를 주장하여 권리 위에 잠자는 것이 아님을 표명한 것으로 보기에 충분하므로, 소멸시효는 권리자의 위와 같은 보조참가로 인해 중단된다(대판 2014.4.24. 2012다105314)

③ [○]

**해설** 채권자대위의 소가 피보전권리의 부존재를 이유로 각하된 경우(민법 제170조 적용 긍정)

재판상의 청구가 있더라도 소의 각하·기각 또는 취하가 있으면 시효중단의 효력이 없다(민법 제170조 1항). 다만 '최고'로서의 효력은 인정된다(대판 1987.12.22. 87다카2337참고). 이 경우 6개월 내에 재판상의 청구·파산절차참가·압류·가압류·가처분을 한 때에는, 시효는 최초의 재판상 청구로 인하여 중단된 것으로 본다(민법 제170조 2항).

**채권자대위의 소가 피보전권리의 부존재를 이유로 각하된 경우**에도 그때부터 6월 이내에 채무자가 제3채무자를 상대로 피대위권리에 관한 재판상 청구 등을 하면 시효는 최초의 재판상 청구로 인하여 중단되는지와 관련하여 대법원은 **채권자대위권 행사의 효과는 채무자에게 귀속되는 것이므로** 채권자대위소송의 제기로 인한 소멸시효 중단의 효과 역시 채무자에게 생긴다는 이유를 들어 **민법 제170조의 적용을 긍정**하고 있다(대판 2011.10.13. 2010다80930).

④ [×]

**해설** 응소로 인한 시효중단

채권자가 ⅰ) 채무자가 제기한 소송에서, ⅱ) 응소하여 적극적으로 권리를 주장하여, ⅲ) 승소한 경우는 민법 제170조 1항의 '재판상 청구'에 해당하여 소멸시효가 중단된다[채, 주, 승].

判例에 따르면 '변론주의' 원칙상 시효중단의 효과를 원하는 피고로서는 소송에서 응소행위로써 시효가 중단되었다고 주장해야 한다고 한다. 즉 시효중단사실은 주장이 필요한 '주요사실'이다. 따라서 피고의 응소행위가 있었다는 사정만으로 당연히 시효중단의 효력이 발생한다고 할 수는 없다(대판

1997.2.28. 96다26190). 다만 이러한 시효중단의 주장은 반드시 응소시에 할 필요는 없고 소멸시효기간이 만료된 후라도 사실심 변론종결 전에는 언제든지 할 수 있다(대판 2010.8.26. 2008다42416,42423).

⑤ [×]

**해설** 지급명령으로 인한 시효중단

'지급명령'이 있으면 '지급명령신청서'를 관할법원에 제출한 때 시효중단의 효력이 생긴다(통설). 한편, 채무자가 지급명령에 대해 적법한 '이의신청'을 하면 지급명령을 신청한 때에 소를 제기한 것으로 보므로(민사소송법 제472조 2항), 시효중단의 효력이 유지된다. 그리고 "지급명령 사건이 채무자의 이의신청으로 소송으로 이행되는 경우에 그 지급명령에 의한 시효중단의 효과는 소송으로 이행된 때가 아니라 지급명령을 신청한 때에 발생한다"(대판 2015.2.12. 2014다228440).

## 22

甲은 2015. 10. 7. 乙에 대한 3,000만 원의 차용금채무를 피담보채무로 하여 乙에게 甲 소유의 X 부동산을 목적물로 하는 근저당권설정등기를 해주었다. 그후 甲은 乙에게 2,000만 원을 변제하여 잔존채무가 1,000만 원이라고 주장하고 있는데, 乙은 甲의 잔존채무가 2,000만 원이라고 하면서 다투고 있다. 甲은 乙을 상대로 잔존채무가 1,000만 원임을 주장하며 채무부존재확인의 소를 제기하였다. 이에 관한 설명 중 옳은 것을 모두 고른 것은? (다툼이 있는 경우 판례에 의함)

[16 변호사]

---

ㄱ. 甲의 乙에 대한 잔존채무가 乙의 주장대로 2,000만 원임이 인정되는 경우, 법원은 "원고의 피고에 대한 2015. 10. 7. 차용금채무는 2,000만 원을 초과하여서는 존재하지 아니함을 확인한다. 원고의 나머지 청구를 기각한다."라고 판결하여야 한다.

ㄴ. 甲의 乙에 대한 잔존채무가 500만 원임이 인정되는 경우, 법원은 "원고의 피고에 대한 2015. 10. 7. 차용금채무는 1,000만 원을 초과하여서는 존재하지 아니함을 확인한다."라고 판결하여야 한다.

ㄷ. 만일 乙이 위 소송 계속 중에 잔존채무 2,000만 원의 지급을 구하는 반소를 제기한다면, 甲이 제기한 채무부존재확인의 본소는 확인의 이익이 소멸하여 부적법하게 된다.

ㄹ. 위 설문과 달리, 甲이 1,000만 원의 잔존채무 변제를 조건으로 X 부동산에 관한 근저당권말소등기청구의 소를 제기하였지만 잔존채무가 2,000만 원이라는 乙의 주장이 받아들여지는 경우, 법원은 특별한 사정이 없는 한 甲의 청구 중 일부를 기각하고 그 확정된 2,000만 원 채무의 변제를 조건으로 그 등기의 말소절차이행을 인용하는 판결을 하여야 한다.

---

① ㄱ, ㄴ       ② ㄱ, ㄷ
③ ㄱ, ㄴ, ㄹ      ④ ㄴ, ㄷ, ㄹ
⑤ ㄱ, ㄴ, ㄷ, ㄹ

## 23

증거에 관한 설명 중 옳지 않은 것은? (다툼이 있는 경우 판례에 의함)

[21 변호사]

① 당사자신문에서 당사자가 정당한 사유 없이 출석하지 아니하거나 선서 또는 진술을 거부한 때에는 법원은 신문사항에 관한 상대방의 주장을 진실한 것으로 인정할 수 있다.

② 증인이나 당사자 본인에 대한 주신문에서는 원칙적으로 유도신문을 하여서는 안 되지만, 반대신문에서 필요한 때에는 유도신문을 할 수 있다.

③ 문서의 진정성립에 관한 자백의 취소는 주요사실에 관한 자백의 취소와 동일하게 처리되어야 하므로 문서의 진정성립을 인정한 당사자는 자유롭게 이를 철회할 수 없고, 이는 문서에 찍힌 인영의 진정함을 인정하였다가 나중에 이를 철회하는 경우에도 마찬가지이다.

④ 동일한 사실에 관하여 상반되는 수 개의 감정결과가 있을 때 법원이 그중 하나를 채용하여 사실을 인정하였다면 그것이 경험칙이나 논리법칙에 위배되지 않는 한 적법하지만, 어느 하나를 채용하고 그 나머지를 배척하는 이유를 판결서에 구체적으로 명시하지 않으면 위법하다.

⑤ 민사재판에서 이와 관련된 다른 민·형사사건 등의 확정판결에서 인정된 사실은 특별한 사정이 없는 한 유력한 증거자료가 되는 것이나, 당해 민사재판에서 제출된 다른 증거내용에 비추어 관련 민·형사사건의 확정판결에서의 사실판단을 그대로 채용하기 어렵다고 인정될 경우에는 이를 배척할 수 있다.

## 22　　　　　　　　　　정답 ③

**해설** ㄱ. [○]

**처분권주의와 일부인용판결**

判例는 "1천만 원을 초과하는 채무는 존재하지 않는다는 채무일부부존재확인의 소에서도 1,500만 원을 초과하는 채무는 존재하지 않는다는 판결을 할 수 있다"(대판 1994.1.25. 98다9422)라고 판시한 바 있다.

▶ 사안에서 법원은 "원고의 피고에 대한 2015. 10. 7. 차용금채무는 2,000만 원을 초과하여서는 존재하지 아니함을 확인한다. 원고의 나머지 청구를 기각한다." 판결을 하여야 한다.

ㄴ. [○]

甲은 잔존채무가 1,000만 원이라고 주장하고 있다. 따라서 법원이 그보다 적은 500만 원의 잔존채무가 존재한다고 인정하는 것은 甲이 구하는 것 이상을 인정하는 것이어서 **처분권주의에 반한다**. 결국 법원은 "원고의 피고에 대한 2015. 10. 7. 차용금채무는 1,000만 원을 초과하여서는 존재하지 아니함을 확인한다."라고 판결하여야 한다.

ㄷ. [×]

**확인의 이익**

判例는 "소송요건을 구비하여 적법하게 제기된 본소가 그 후 상대방이 제기한 반소로 인하여 소송요건에 흠결이 생겨 **다시 부적법하게 되는 것은 아니므로**, 원고가 손해배상채무부존재확인을 구할 이익이 본소로 확인을 구하였다면, 피고가 그 후 배상채무이행을 구하는 반소를 제기하였더라도 그 사정만으로 본소가 확인의 이익이 소멸하여 부적법하게 된다고 볼 수 없다"(대판 1999.6.8. 99다17401·17418)고 판시한 바 있다.

ㄹ. [○]

甲의 조건(잔존채무 1,000만 원)보다 甲에게 불리한 乙의 주장(잔존채무가 2,000만 원)이 받아들여진 경우, 이는 원고인 甲에게 불리한 주장으로서 이를 인정하여도 처분권주의에 반하는 것이 아니다. 한편, 피고 乙이 잔존채무의 액수를 다투고 있으므로 선이행청구는 장래이행의 소로서 미리 청구할 필요가 인정되고, 원고 甲의 청구에는 甲이 주장하는 잔존채무액보다 많은 채무가 존재할 경우, 이의 변제를 조건으로 말소등기이행을 구하는 취지가 포함되어있다고 볼 수 있다. 따라서 법원은 특별한 사정이 없는 한 甲의 청구 중 일부를 기각하고 그 확정된 2,000만 원 채무의 변제를 조건으로 그 등기의 말소절차이행을 인용하는 판결을 하여야 한다.

## 23　　　　　　　　　　정답 ④

① [○]

**조문** 제367조(당사자신문) 법원은 직권으로 또는 당사자의 신청에 따라 당사자 본인을 신문할 수 있다. 이 경우 당사자에게 선서를 하게 하여야 한다.

제369조(출석·선서·진술의 의무) 당사자가 정당한 사유 없이 출석하지 아니하거나 선서 또는 진술을 거부한 때에는 법원은 신문사항에 관한 상대방의 주장을 진실한 것으로 인정할 수 있다.

② [○]

**해설** 유도신문은 허위증언 유도의 위험성 때문에 원칙적으로 주신문에서는 금지된다(규칙 제91조 2항). 그러나 증인은 반대신문자에게 호의를 갖지 않는 경우가 대부분이므로 반대신문에서 필요한 때에는 유도신문을 할 수 있다(규칙 제92조 2항). 다만 재판장은 유도신문의 방법이 상당하지 아니하다고 인정하는 때에는 제한할 수 있다(규칙 제92조 3항).

③ [○]

**해설** "문서의 성립에 관한 자백은 보조사실에 관한 자백이기는 하나 그 취소에 관하여는 다른 간접사실에 관한 자백취소와는 달리 주요사실의 자백취소와 동일하게 처리하여야 할 것이므로 문서의 진정성립을 인정한 당사자는 자유롭게 이를 철회할 수 없고, 문서에 찍힌 인영의 진정성립에 관하여도 자백의 효력이 생긴다"(대판 2001.4.24. 2001다5654).

④ [×]

**해설** "감정은 법원이 어떤 사항을 판단함에 있어 특별한 지식과 경험을 필요로 하는 경우 그 판단의 보조수단으로서 이를 이용하는데에 지나지 않으므로 동일한 사실에 관하여 상반되는 수개의 감정결과가 있을 때에 법원이 그 중 하나를 채용하여 사실을 인정하였다면 그것이 경험칙이나 논리법칙에 위배되지 않는 한 적법하고 어느 하나를 채용하고 그 나머지를 배척하는 이유를 구체적으로 명시할 필요가 없다"(대판 1989.6. 27. 88다카14076).

⑤ [○]

**해설** "민사재판에 있어서 이와 관련된 다른 민·형사사건 등의 확정판결에서 인정된 사실은 특별한 사정이 없는 한 유력한 증거자료가 되는 것이나, 당해 민사재판에서 제출된 다른 증거내용에 비추어 관련 민·형사사건의 확정판결에서의 사실판단을 그대로 채용하기 어렵다고 인정될 경우에는 이를 배척할 수 있고, 이 경우에 그 배척하는 구체적인 이유를 일일이 설시할 필요는 없다"(대판 2000.2.25. 99다55472).

## 24

甲은 乙회사(이하 '乙'이라 함)의 영업을 위하여 2005. 1. 1. 乙에게 변제기를 2009. 5. 5.로 하여 1억 5,000만 원을 대여해 주었음에도 乙이 이를 변제하지 않는다며 乙에 대하여 2014. 7. 1. 대여금청구소송을 제기하였다. 이에 대하여 乙은 대여사실을 인정하면서 위 채권은 2014. 5. 5. 시효로 소멸되었다고 주장하였다. 이에 관한 설명 중 옳은 것을 모두 고른 것은? (다툼이 있는 경우 판례에 의함)    [19 변호사]

ㄱ. 甲의 대여사실에 대하여는 자백이 성립한 것이므로 법원은 별도의 증거조사 없이 甲의 대여사실을 인정하여야 한다.

ㄴ. 본래의 소멸시효 기산일과 당사자가 주장하는 기산일이 서로 다른 경우에 법원은 당사자가 주장하는 기산일을 기준으로 소멸시효를 계산하여야 한다.

ㄷ. 위 사건을 심리한 결과 甲의 대여금은 乙의 영업을 위한 것이 아닌 개인적인 대여금이라고 법원이 판단하였을 경우에도 그 소멸시효기간을 乙의 주장과 달리 판단할 수 없다.

ㄹ. 乙이 소멸시효 완성 주장을 하지 않은 경우에 법원이 증거조사결과 甲의 채권이 소멸시효 완성으로 인하여 소멸하였다는 심증을 형성하더라도 이를 이유로 청구기각의 판결을 선고할 수 없다.

① ㄱ, ㄴ
② ㄱ, ㄹ
③ ㄴ, ㄹ
④ ㄱ, ㄴ, ㄹ
⑤ ㄱ, ㄷ, ㄹ

## 24

정답 ④

**[해설]** ㄱ. [○]

"자백은 창설적 효력이 있는 것이어서 법원도 이에 기속되는 것이므로, 당사자 사이에 다툼이 없는 사실에 관하여는 법원은 그와 배치되는 사실을 증거에 의하여 인정할 수 없다"(대판 1988.10.24. 87다카804). 원고 甲의 피고 乙에 대한 대여금청구의 소에서 甲이 주장·증명하여야 할 주요사실은 甲이 2005. 1. 1. 乙에게 변제기 2009. 5. 5.로 정하여 1억 5,000만 원을 대여한 사실이다. 이에 대하여 乙이 **변론 또는 변론준비 절차에서 위 대여사실을 인정하는 것은 상대방 주장과 일치하고 자기에게 불리한 상대방의 주장사실을 진실한 것으로 인정**하는 당사자의 주요사실의 진술에 해당한다. 따라서 재판상자백이 성립하고 이는 불요증사실로서 법원은 위 대여사실을 인정하여야 한다.

ㄴ. [○]

"소멸시효의 기산일은 채무의 소멸이라고 하는 법률효과 발생의 요건에 해당하는 소멸시효 기간 계산의 시발점으로서 소멸시효 항변의 법률요건을 구성하는 구체적인 사실에 해당하므로 이는 변론주의의 적용 대상이고, 따라서 본래의 소멸시효 기산일과 당사자가 주장하는 기산일이 서로 다른 경우에는 변론주의의 원칙상 법원은 당사자가 주장하는 기산일을 기준으로 소멸시효를 계산하여야 하는데, 이는 당사자가 본래의 기산일보다 뒤의 날짜를 기산일로 하여 주장하는 경우는 물론이고 특별한 사정이 없는 한 그 반대의 경우에 있어서도 마찬가지이다"(대판 1995.8.25. 94다35886).

ㄷ. [×]

"민사소송절차에서 변론주의 원칙은 권리의 발생·변경·소멸이라는 법률효과 판단의 요건이 되는 주요사실에 관한 주장·증명에 적용된다. 따라서 **권리를 소멸시키는 소멸시효 항변은 변론주의 원칙에 따라 당사자의 주장이 있어야만 법원의 판단대상이 된다. 그러나 이 경우 어떤 시효기간이 적용되는지에 관한 주장은 권리의 소멸이라는 법률효과를 발생시키는 요건을 구성하는 사실에 관한 주장이 아니라 단순히 법률의 해석이나 적용에 관한 의견을 표명한 것이다. 이러한 주장에는 변론주의가 적용되지 않으므로 법원이 당사자의 주장에 구속되지 않고 직권으로 판단할 수 있다. 당사자가 민법에 따른 소멸시효기간을 주장한 경우에도 법원은 직권으로 상법에 따른 소멸시효기간을 적용할 수 있다"**(대판 2017. 3.22. 2016다258124)

ㄹ. [○]

"민법 부칙 제10조 제1항에 의한 등기를 경료하지 않으므로 인하여 그 부동산에 관하여 취득하였던 소유권을 상실하였다는 항변만 있는 경우에 소유권이전등기청구권이 소멸시효기간 만료로 인하여 소멸되었다고 판단한 것은 변론주의 원칙 위배 내지 소멸시효에 관한 법리오해의 위법이 있다"(대판 1980.1.29. 79다1863 : 소멸시효기간 만료에 인한 권리소멸에 관한 것은 소멸시효의 이익을 받은 자가 소멸시효완성의 항변을 하지 않으면, 그 의사에 반하여 재판할 수 없다).

## 25

**석명권과 관련된 설명 중 옳지 않은 것은? (다툼이 있는 경우에는 판례에 의함)** [13 변호사]

① 원고가 피고에 대하여 부당이득금반환을 구한다는 청구를 하다가, 제3자로부터 그 부당이득반환채권을 양수하였으므로 그 양수금의 지급을 구한다고 주장하여 청구원인을 변경하는 경우, 법원은 청구의 교환적 변경인지 추가적 변경인지를 석명으로 밝혀볼 의무가 있다.

② 사해행위 취소소송에서 그 소의 제척기간의 경과 여부가 당사자 사이에 쟁점이 된 바가 없음에도 당사자에게 의견진술의 기회를 부여하거나 석명권을 행사하지 않고 제척기간의 경과를 이유로 사해행위 취소의 소를 각하한 것은 법원이 석명의무를 위반한 것이다.

③ 지적의무를 게을리한 채 판결을 한 경우에는 소송절차의 위반으로 절대적 상고이유가 된다.

④ 증거로 제출된 차용증에 피고는 보증인, 채무자는 제3자로 기재되어 있고, 원고는 피고에 대하여 보증채무의 이행이 아니라 주채무의 이행을 구하고 있는 경우, 이는 당사자의 주장과 그 제출증거 사이에 모순이 있는 경우에 해당하므로 법원이 석명권을 행사하여 이를 밝혀보지 아니하고 원고의 주장사실을 인정하였다면 석명권 불행사로 인한 심리미진의 위법이 있다.

⑤ 당사자가 전혀 주장하지 아니하는 공격방어방법, 특히 독립한 항변사유를 당사자에게 시사하여 그 제출을 권유하는 것과 같은 행위는 변론주의의 원칙에 위배되는 것이어서 석명권의 한계를 일탈한 것이다.

## 25

① [○]

**해설** "소의 변경이 교환적인가 또는 추가적인가의 여부는 기본적으로 당사자의 의사해석에 의할 것이므로 당사자가 구청구를 취하한다는 명백한 의사표시 없이 새로운 청구원인을 주장하는 등으로 그 변경 형태가 불명할 경우에는 사실심법원으로서는 과연 청구변경의 취지가 무엇인가 즉, **교환적인가 또는 추가적인가의 점에 대하여 석명으로 이를 밝혀 볼 의무가 있다**"(대판 1995.5.12. 94다6802).

② [○]

**해설** "당사자가 부주의 또는 오해로 인하여 증명하지 아니한 것이 분명하거나 쟁점으로 될 사항에 관하여 당사자 사이에 명시적인 다툼이 없는 경우에는 법원은 석명을 구하고 증명을 촉구하여야 하고, 만일 당사자가 전혀 의식하지 못하거나 예상하지 못하였던 법률적 관점을 이유로 법원이 청구의 당부를 판단하려는 경우에는 그 법률적 관점에 대하여 당사자에게 의견진술의 기회를 주어야 하며, 그와 같이 하지 않고 예상외의 재판으로 당사자 일방에게 불의의 타격을 가하는 것은 석명의무를 다하지 아니하여 심리를 제대로 하지 아니한 위법을 범한 것이 되므로, **사해행위 취소소송에서 그 소의 제척기간의 도과 여부가 당사자 사이에 쟁점이 된 바가 없음에도 당사자에게 의견진술의 기회를 부여하거나 석명권을 행사함이 없이 제척기간의 도과를 이유로 사해행위 취소의 소를 각하한 것은 법원의 석명의무를 위반한 것이다**"(대판 2006.1.26. 2005다37185).

③ [×]

**해설** 지적의무를 어기고 판결한 경우 소송절차 위반으로 상고이유가 되나 절대적 상고이유가 되는 것이 아니고 일반적 상고이유(민소법 제423조)가 된다. 즉 의무위반이 판결에 영향을 미칠 것을 요한다(대판 1995.11.14. 95다25923).

④ [○]

**해설** "처분문서인 차용증에 피고는 보증인으로 기재되어 있을 뿐이고 제3자가 차용인으로 기재되어 있는 한편, 원고는 피고에 대하여 보증채무의 이행을 구하지 아니하고 주채무의 이행을 구하고 있는 경우, 이는 당사자의 주장과 그 제출증거 사이에 모순이 있는 경우에 해당한다 할 것이므로, 법원이 석명권의 행사를 통하여 이를 밝혀 보지 아니하고 원고의 주장사실을 인정하였다면 석명권 불행사로 인한 심리미진의 위법이 있다"(대판 1994.9.30. 94다16700).

⑤ [○]

**해설** 判例는 소극적 석명은 허용되지만, 당사자의 주장이 분명한데 새로운 신청이나 당사자가 주장하지도 않은 요건사실 또는 공격방어방법을 시사하여 그 제출을 권유함과 같은 것(적극적 석명)은 변론주의에 위반되며 석명권의 범위를 일탈한다고 하였다(아래 80다2360등).

"석명권은 당사자의 진술에 모순 흠결이 있거나 애매하여 그 진술의 취지를 알 수 없을 때 또는 입증책임 있는 당사자에게 입증을 촉구하기 위하여 행사하는 것이지 **당사자가 주장하지 아니하는 공격 방어방법 특히 독립한 항변사유를 시사하여 그 제출을 권유함과 같은 행위는 변론주의의 원칙에 위배되는 것이어서 석명권의 한계를 일탈하는 것이다**"(대판 1981. 7.14. 80다2360)

## 26

상계항변과 시효항변에 관한 설명 중 옳지 않은 것은? (다툼
이 있는 경우 판례에 의함)                    [17 변호사]

① 채무자가 소멸시효 완성의 항변을 하기 전에 상계항변을 먼
   저 한 경우, 채무자는 시효완성으로 인한 법적 이익을 받지
   않겠다는 의사를 표시한 것으로 보아야 한다.

② 어떤 권리의 소멸시효기간이 얼마나 되는지는 법원이 직권
   으로 판단할 수 있다.

③ 피고의 소송상 상계항변에 대하여 원고가 소송상 상계의 재
   항변을 할 경우, 법원은 피고의 소송상 상계항변의 인용 여
   부와 관계없이 원고의 소송상 상계의 재항변에 관하여 판단
   할 필요가 없으므로 원고의 위 재항변은 다른 특별한 사정이
   없는 한 허용되지 않는다.

④ 채권자가 동일한 목적을 달성하기 위하여 복수의 채권을 가
   지고 있더라도 선택에 따라 어느 하나의 채권만을 행사하는
   것이 명백한 경우, 채무자의 소멸시효 완성의 항변은 그 채
   권에 대한 것으로 보아야 한다.

⑤ 소송상 상계항변은 피고의 금전지급의무가 인정되면 자동채
   권으로 상계하겠다는 예비적 항변의 성격을 갖는다.

**26** 정답 ①

**① [×], ⑤ [○]**

**해설** "소송에서의 상계항변은 일반적으로 소송상의 공격방어방법으로 피고의 금전지급의무가 인정되는 경우 자동채권으로 상계를 한다는 **예비적 항변**의 성격을 갖는다. 따라서 상계항변이 먼저 이루어지고 그 후 대여금채권의 소멸을 주장하는 소멸시효항변이 있었던 경우에, 상계항변 당시 채무자인 피고에게 수동채권인 대여금채권의 시효이익을 포기하려는 효과의사가 있었다고 단정할 수 없다. 그리고 항소심 재판이 속심적 구조인 점을 고려하면 제1심에서 공격방어방법으로 상계항변이 먼저 이루어지고 그 후 항소심에서 소멸시효항변이 이루어진 경우를 달리 볼 것은 아니다"(대판 2013.2.28. 2011다21556).

**② [○]**

**해설** "어떤 권리의 소멸시효기간이 얼마나 되는지에 관한 주장은 단순한 법률상의 주장에 불과하므로 변론주의의 적용대상이 되지 않고 법원이 직권으로 판단할 수 있다"(대판 2013. 2.15. 2012다68217).

**③ [○]**

**해설** "소송상 방어방법으로서의 상계항변은 통상 수동채권의 존재가 확정되는 것을 전제로 하여 행하여지는 일종의 **예비적 항변**으로서 소송상 상계의 의사표시에 의해 확정적으로 효과가 발생하는 것이 아니라 당해 소송에서 수동채권의 존재 등 상계에 관한 법원의 실질적 판단이 이루어지는 경우에 비로소 실체법상 상계의 효과가 발생한다. 이러한 피고의 소송상 상계항변에 대하여 원고가 다시 피고의 자동채권을 소멸시키기 위하여 소송상 상계의 재항변을 하는 경우, ⅰ) 법원이 원고의 소송상 상계의 재항변과 무관한 사유로 피고의 소송상 상계항변을 배척하는 경우에는 소송상 상계의 재항변을 판단할 필요가 없고, ⅱ) 피고의 소송상 상계항변이 이유 있다고 판단하는 경우에는 원고의 청구채권인 수동채권과 피고의 자동채권이 상계적상 당시에 대등액에서 소멸한 것으로 보게 될 것이므로 원고가 소송상 상계의 재항변으로써 상계할 대상인 피고의 자동채권이 그 범위에서 존재하지 아니하는 것이 되어 이때에도 역시 원고의 소송상 상계의 재항변에 관하여 판단할 필요가 없게 된다. 또한, ⅲ) 원고가 소송물인 청구채권 외에 피고에 대하여 다른 채권을 가지고 있다면 소의 추가적 변경에 의하여 그 채권을 당해 소송에서 청구하거나 별소를 제기할 수 있다. 그렇다면 원고의 소송상 상계의 재항변은 일반적으로 이를 허용할 이익이 없다. 따라서 피고의 소송상 상계항변에 대하여 원고가 소송상 상계의 재항변을 하는 것은 다른 특별한 사정이 없는 한 허용되지 않는다고 보는 것이 타당하다"(대판 2014.6.12. 2013다95964).

**④ [○]**

**해설** "채권자가 동일한 목적을 달성하기 위하여 복수의 채권을 가지고 이를 행사하는 경우 각 채권이 발생시기와 발생원인 등을 달리하는 별개의 채권인 이상 별개의 소송물에 해당하므로, 이에 대하여 채무자가 소멸시효 완성의 항변을 하는 경우에 그 항변에 의하여 어떠한 채권을 다투는 것인지 특정하여야 하고 그와 같이 특정된 항변에는 특별한 사정이 없는 한 **청구원인을 달리하는 채권에 대한 소멸시효 완성의 항변까지 포함된 것으로 볼 수는 없다.** 그러나 채권자가 동일한 목적을 달성하기 위하여 복수의 채권을 가지고 있더라도 선택에 따라 어느 하나의 채권만을 행사하는 것이 명백한 경우라면 채무자의 소멸시효 완성의 항변은 채권자가 행사하는 당해 채권에 대한 항변으로 봄이 타당하다"(대판 2013.2.15. 2012다68217).

## 27

甲은 乙에게 3억 원을 대여하였다고 주장하면서 乙을 상대로 3억 원의 반환을 청구하는 소를 제기하였다. 변론 진행 중 乙은 차용 사실을 부정하는 한편 "설령 甲으로부터 3억 원을 차용하였더라도 甲에 대한 5억 원의 대여금 채권을 가지고 대등액에서 상계한다."라고 진술하였고, 이에 대하여 甲은 乙로부터 5억 원을 차용한 사실이 없다고 진술하였다. 이에 관한 설명 중 옳지 않은 것은? (다툼이 있는 경우 판례에 의함) [22 변호사]

① 소송상 방어방법으로서의 상계항변은 수동채권의 존재가 확정되는 것을 전제로 행하여지는 일종의 예비적 항변이다.

② 위 소송 진행 중 열린 조정 기일에서 甲과 乙 사이에 "乙은 甲에게 2억 원을 지급한다. 甲은 나머지 청구를 포기한다."라는 내용의 조정이 성립하여 조서에 기재되더라도 위 상계항변의 사법상 효과는 발생하지 않는다.

③ 상계항변에 관한 판단에는 기판력이 발생하므로, 상계항변은 어떠한 경우에도 실기한 공격방어방법이 되지 않는다.

④ 법원이 甲의 乙에 대한 채권의 존재를 인정하면서 乙의 상계항변을 받아들여 甲의 청구를 기각하는 판결을 하였다면 甲과 乙은 이 판결에 대하여 모두 상소의 이익이 있다.

⑤ 乙이 상계항변으로 제출한 5억 원의 대여금 채권을 원인으로 甲에 대하여 이미 별소를 제기하여 소송계속 중이라고 하더라도 이러한 소송상 상계항변은 허용된다.

**27** 　　　　　　　　　　　　　　　　　　정답 ③

① [○]

**해설** 소송상 방어방법으로서의 상계항변

"소송상 방어방법으로서의 상계항변은 통상 수동채권의 존재가 확정되는 것을 전제로 하여 행하여지는 일종의 예비적 항변으로서 소송상 상계의 의사표시에 의해 확정적으로 효과가 발생하는 것이 아니라 당해 소송에서 수동채권의 존재 등 상계에 관한 법원의 실질적 판단이 이루어지는 경우에 비로소 실체법상 상계의 효과가 발생한다"(대판 2014.6.12. 2013다95964).

② [○]

**해설** 소송에 있어 형성권의 행사 : 상계의 항변(신병존설)

사법상 형성권 행사와 소송상 항변이 동시에 이루어지는 경우, 소취하, 실기한 공격방어방법 각하 등으로 실질적인 판단을 받지 못할 때 사법상 효력이 유지되는지 문제된다.

判例는 상계의 항변에 대해서는 "소송상 방어방법으로서의 상계항변은 그 수동채권의 존재가 확정되는 것을 전제로 하여 행하여지는 일종의 예비적 항변으로서 당사자가 소송상 상계항변으로 달성하려는 목적, 상호양해에 의한 자주적 분쟁해결수단인 조정의 성격 등에 비추어 볼 때 당해 소송절차 진행 중 당사자 사이에 '조정'이 성립됨으로써 수동채권의 존재에 관한 법원의 실질적인 판단이 이루어지지 아니한 경우에는 그 소송절차에서 행하여진 소송상 상계항변의 사법상 효과도 발생하지 않는다"(대판 2013.3.28. 2011다3329)고 하여 신병존설의 입장으로 판시하였다.

**비교판례** 소송에 있어 형성권의 행사 : 해제의 항변(병존설)

대법원은 해제권을 행사한 사안에서, "소제기로써 계약해제권을 행사한 후 그 뒤 그 소송을 취하하였다 하여도 해제권은 형성권이므로 그 행사의 효력에는 아무런 영향을 미치지 아니한다"(대판 1982.5.11. 80다916)고 하여 병존설로 평가되는 입장이다.

③ [×]

**해설** 실기한 공격방어방법의 각하와 상계항변

'실기한 공격·방어방법의 각하'란 적시제출주의를 어겨 당사자의 고의 또는 중과실로 공격방어방법이 늦게 제출되었을 때에는 각하하고 심리하지 아니하는 법원의 권한을 말한다. 예비적 주장이나 출혈적인 상계의 항변, 건물매수청구권은 일찍 제출하는 것을 기대하기 어려우므로 중과실이 부정된다. 다만 判例는 파기환송 전에 제출할 수 있었던 상계항변을 환송 후에 주장한 경우를 실기한 공격방법으로 본 판시가 있다(대판 2005.10.7. 2003다44387).

④ [○]

**해설** 상계의 항변을 받아들여 청구를 기각한 제1심판결에 대하여 항소한 경우의 문제

원고의 청구를 전부 기각한 판결에 대하여 원고는 상소의 이익이 인정되나 피고는 판결이유 중의 판단에 불복이 있더라도 상소를 할 이익이 없는 것이 원칙이다. 그러나 **상계를 주장한 청구가 성립되어 원고의 청구가 기각된 때와 같이 예** 외적으로 판결이유에 대한 기판력이 인정되는 경우에는, 피고에게 상소를 할 이익이 인정된다(대판 1993.12.28. 93다47189).

⑤ [○]

**해설** 항변으로 제출된 권리의 별소제기

判例는 별소로 청구한 반대채권을 가지고 상계항변을 한 사건에서(별소선행형) "사실심 재판부로서는 전소와 후소를 같은 기회에 심리·판단하기 위하여 이부, 이송 또는 변론병합 등을 시도함으로써 기판력의 저촉·모순을 방지함과 아울러 소송경제를 도모함이 바람직하였다고 할 것이나, 그렇다고 하여 특별한 사정이 없는 한 별소로 계속 중인 채권을 자동채권으로 하는 소송상 상계의 주장이 허용되지 않는다고 볼 수는 없다"(대판 2001.4.27. 2000다4050)고 하여, 중복소제기가 아니라는 입장이다.

**비교판례** 상계항변으로 제출한 자동채권과 동일한 채권으로 별소를 제기(상계항변선행형)한 경우에는 판시한 바 없다. 다만 상계항변 자체가 소송물이 아니고 방어방법이므로 소송계속이 발생하지 않으므로 별소선행형 사안과 마찬가지로 중복소제기에 해당하지 않는다고 보아야 할 것이다.

# 28

**소송상 상계에 관한 설명 중 옳지 않은 것은? (다툼이 있는 경우 판례에 의함)** [21 변호사]

① 제1심 법원이 원고가 청구한 채권의 발생을 인정한 후 피고의 상계항변을 받아들여 원고의 청구를 전부 기각하였는데 원고만 항소한 경우, 항소법원이 원고가 청구한 채권의 발생이 인정되지 않는다는 이유로 원고의 청구를 기각하는 것은 허용되지 않는다.

② 피고가 상계항변을 하면서 2개 이상의 반대채권을 주장하였는데 법원이 그중 어느 하나의 반대채권의 존재를 인정하여 소구채권의 일부와 대등액에서 상계하는 판단을 하고 나머지 반대채권들은 모두 부존재한다고 판단하여 그 부분 상계항변은 배척한 경우, 반대채권들이 부존재한다는 판단에 대하여 기판력이 발생하는 전체 범위는 위와 같이 상계를 마친 후의 소구채권의 잔액을 초과할 수 없다.

③ 피고의 상계항변을 인용한 제1심 판결에 대하여 피고만 항소한 경우, 항소법원이 피고의 상계항변을 판단함에 있어 제1심 법원이 자동채권으로 인정하였던 부분을 인정하지 아니하고 그 부분에 관하여 피고의 상계항변을 배척하는 것은 허용되지 않는다.

④ 원고의 상계 주장의 대상이 된 수동채권이 피고가 동시이행 항변으로 행사한 채권일 경우, 그러한 상계 주장에 대한 판단에는 기판력이 발생하지 않는다.

⑤ 피고가 상계항변을 철회한다고 진술하였는데 법원이 그 상계항변의 자동채권이 성립하지 않는다고 판단하여 그 항변을 배척하면서 원고의 청구를 전부 인용하는 것은 처분권주의에 위배되지 않는다.

**28** 정답 ⑤

**① [○]**

**해설** 상계의 항변을 받아들여 청구를 기각한 제1심판결에 대하여 원고만 항소한 경우(소구채권이 부존재하는 경우 : 제1심 판결과 똑같은 이유로 항소기각판결)

"항소심은 당사자의 불복신청범위 내에서 제1심판결의 당부를 판단할 수 있을 뿐이므로, 설사 제1심판결이 부당하다고 인정되는 경우라 하더라도 그 판결을 불복당사자의 불이익으로 변경하는 것은 당사자가 신청한 불복의 한도를 넘어 제1심판결의 당부를 판단하는 것이 되어 허용될 수 없는바, 제1심판결이 원고가 청구한 채권의 발생을 인정한 후 피고가 한 상계항변을 받아들여 원고의 청구를 기각하고 이에 대하여 원고만이 항소한 경우에 항소심이 제1심과는 다르게 원고가 청구한 채권의 발생이 인정되지 않는다는 이유로 원고의 청구를 기각하는 것은 항소인인 원고에게 불이익하게 제1심판결을 변경하는 것이 되어 허용되지 아니한다"(대판 2010. 12.23. 2010다67258). 왜냐하면 원고로서는 상계에 제공된 반대채권 소멸의 이익을 잃게 되어 제1심 판결보다 불리해지기 때문이다. 따라서 항소심 법원은 ⅰ) 원고의 항소를 인용하여 원판결을 취소하고 청구기각의 자판을 할 수 없고, ⅱ) 소구채권의 부존재를 이유로 항소기각을 할 수도 없으며, ⅲ) 제1심 판결과 똑같은 이유로 항소기각판결을 하여야 한다. 즉, 항소심은 소구채권이 인정되지 않는 것으로 판단되더라도 판결이유에서 제1심 판결과 마찬가지로 소구채권이 인정됨을 전제로 상계의 항변을 받아들여 청구가 기각되어야 하는 것으로 기재한 후 항소기각 판결을 선고하여야 한다.

**비교 판례** 상계의 항변을 받아들여 청구를 기각한 제1심판결에 대하여 원고만 항소한 경우(반대채권이 부존재하는 경우 : 원고의 항소를 인용)

반대채권이 부존재하는 경우 원고의 항소를 인용하더라도 원고에게 불이익이 없으므로 항소심 법원은 원판결을 취소하고 청구인용의 자판을 하여야 한다.

**② [○]**

**해설** 수개의 반대채권 중 일부는 인용, 나머지는 배척한 경우의 기판력

피고가 상계항변으로 2개 이상의 반대채권을 주장하였는데 법원이 그중 어느 하나의 반대채권의 존재를 인정하여 수동채권의 일부와 대등액에서 상계하는 판단을 하고 나머지 반대채권들은 모두 부존재한다고 판단하여 그 부분 상계항변을 배척한 경우, 나머지 반대채권들이 부존재한다는 판단에 관하여 기판력이 발생하는 전체 범위가 '상계를 마친 후의 수동채권의 잔액'을 초과할 수는 없고 이러한 법리는 피고가 주장하는 2개 이상의 반대채권의 원리금 액수 합계가 법원이 인정하는 수동채권의 원리금 액수를 초과하는 경우에도 마찬가지이다(대판 2018.8.30. 2016다46338,46345).

**③ [○]**

**해설** 반대채권이 부존재하는 경우 - 제1심 판결과 똑같은 이유로 항소기각판결

반대채권이 부존재하는 경우 항소심법원은 ⅰ) 제1심 판결을 취소하여 청구인용판결을 할 수 없고, ⅱ) 반대채권의 부존재를 이유로 항소기각을 할 수도 없고, ⅲ) 제1심 판결과 똑같은 이유로 항소기각판결을 해야 한다. 즉, 상계에 의한 청구기각의 원판결을 유지하여야 한다. 判例도 "피고의 상계항변을 인용한 제1심 판결에 대하여 피고만이 항소하고 원고는 항소를 제기하지 아니하였는데, 항소심이 피고의 상계항변을 판단함에 있어 제1심이 자동채권으로 인정하였던 부분을 인정하지 아니하고 그 부분에 관하여 피고의 상계항변을 배척하였다면, 그와 같이 항소심이 제1심과는 다르게 그 자동채권에 관하여 피고의 상계항변을 배척한 것은 항소인인 피고에게 불이익하게 제1심 판결을 변경한 것에 해당한다"(대판 1995.9.29. 94다18911)고 판시하였다. 따라서 소구채권은 인정되지만 반대채권(자동채권)이 인정되지 않는다고 판단되더라도, 항소심 법원은 불이익변경금지의 원칙상 제1심판결과 마찬가지로 소구채권 및 반대채권의 존재를 전제로 상계항변을 받아들여 항소기각 판결을 선고하여야 한다.

**④ [○]**

**해설** 동시이행항변에 대한 상계 재항변과 기판력

判例는 "상계 주장의 대상이 된 수동채권이 동시이행항변에 행사된 채권일 때는 상계에 대한 판단에는 기판력이 발생하지 않는다고 보아야 할 것인바, 위와 같이 해석하지 않을 경우 동시이행항변이 상대방의 상계의 재항변에 의하여 배척된 경우에 그 동시이행항변으로 행사된 채권을 나중에 행사할 수 없게 되어 제216조가 예정하고 있는 것과 달리 동시이행항변에 행사된 채권의 존부나 범위에 관한 판결 이유 중의 판단에 기판력이 미치는 결과에 이르기 때문이다"(대판 2005.7.22. 2004다17207)라고 판시한 바 있다.

**⑤ [×]**

**해설** "제1심법원에서 피고가 원고에 대한 불법행위 손해배상채권과 원고가 소로써 구하고 있는 채권을 상계한다고 주장하였다가 원심 제1변론기일에 피고 소송대리인이 그 상계 항변을 철회한다고 진술하였는데, 원심법원이 피고의 원고에 대한 손해배상채권은 성립하지 않는다고 판단하여 상계 항변을 배척한 사안에서, 상계 항변이 철회되었음에도 이에 관하여 판단한 것은 당사자가 주장하지 않은 사항에 관하여 심판한 것으로 처분권주의에 위배된다"(대판 2011.7.14. 2011다23323).

# 29

甲은 乙에 대하여 매매대금의 지급을 구하는 소를 제기하였다(이를 '제1소송'이라 함). 이 소송 도중에 乙은 甲에게 대여금의 반환을 구하는 별소를 제기하였다(이를 '제2소송'이라 함). 이후 제1소송의 기일에서 乙은 주위적으로 소멸시효가 완성되었다고 항변하면서, 예비적으로 제2소송의 대여금채권을 자동채권으로 하는 상계항변을 하였다. 이에 관한 설명 중 옳지 않은 것은? (다툼이 있는 경우 판례에 의함)

[19 변호사]

① 乙이 주위적 항변으로 주장한 사실 또는 예비적 항변으로 주장한 사실은 乙에게 증명책임이 있다.

② 제1소송에서 예비적 항변이 받아들여져 청구기각의 판결이 선고된 경우에 甲에게는 항소의 이익이 있지만 乙에게는 항소의 이익이 없다.

③ 상계를 주장한 청구가 성립되는지 아닌지의 판단은 상계하자고 대항한 액수에 한하여 기판력을 가진다.

④ 상계적상 시점 이전에 수동채권의 변제기가 이미 도래한 경우, 법원은 상계적상의 시점 및 수동채권의 지연손해금 기산일과 이율 등을 구체적으로 특정해 줌으로써 자동채권에 대하여 어느 범위에서 상계의 기판력이 미치는지 판결이유에서 분명히 밝혀야 한다.

⑤ 乙이 계속 중인 제2소송에서 청구한 대여금채권을 제1소송에서 자동채권으로 하여 소송상 상계의 주장을 하는 것은 허용된다.

**29** 정답 ②

① [○]

**해설** 제1소송에서 피고 乙이 주위적으로 소멸시효를 주장하고, 예비적으로 상계를 주장하는 것은 모두 원고 甲의 주장과 양립가능한 다른 사실을 주장하는 항변에 해당하므로 모두 피고 乙에게 주장·증명책임이 있다.

② [×]

**해설** 원고의 청구를 전부 기각한 판결에 대하여는 피고가 판결이유 중의 판단에 불복이 있더라도 상소를 할 이익이 없는 것이 원칙이다. 그러나 상계를 주장한 청구가 성립되어 원고의 청구가 기각된 때와 같이 예외적으로 판결이유에 대한 기판력이 인정되는 경우(민소법 제216조 2항)에는, 상소를 할 이익이 인정된다(대판 1993.12.28. 93다47189).

▶ 상계항변은 출혈적 항변이므로 항소심에서 원고 甲의 소구채권 자체가 인정되지 않는 경우에는 乙이 상계로 주장한 채권은 여전히 청구가 가능할 수 있다. 따라서 예비적 상계 항변이 인정되어 승소한 피고 乙에게도 상소이익이 인정된다.

**참고판례** "원심은 원고의 청구원인사실을 모두 인정한 다음 피고의 상계항변을 받아들여 상계 후 잔존하는 원고의 나머지 청구부분만을 일부 인용하였는데, 이 경우 피고들로서는 원심판결이유 중 원고의 소구채권을 인정하는 전제에서 피고의 상계항변이 받아들여진 부분에 관하여도 상고를 제기할 수 있고, 상고심에서 원고의 소구채권 자체가 인정되지 아니하는 경우 더 나아가 피고의 상계항변의 당부를 따져볼 필요도 없이 원고 청구가 배척될 것이므로, 결국 원심판결은 그 전부에 대하여 파기를 면치 못한다"(대판 2002.9.6. 2002다34666).

③ [○]

**해설** 상계를 주장한 청구가 성립되는지 아닌지의 판단은 **상계하자고 대항한 액수에 한하여 기판력을 가진다**(민소법 제216조 2항).

④ [○]

**해설** "상계의 의사표시가 있는 경우, 채무는 상계적상시에 소급하여 대등액에서 소멸한 것으로 보게 되므로, 상계에 의한 양 채권의 차액 계산 또는 상계충당은 상계적상의 시점을 기준으로 하게 된다. 따라서 그 시점 이전에 수동채권의 변제기가 이미 도래하여 지체가 발생한 경우에는 상계적상 시점까지의 수동채권의 약정이자 및 지연손해금을 계산한 다음 자동채권으로 그 약정이자 및 지연손해금을 먼저 소각하고 잔액을 가지고 원본을 소각하여야 한다. 상계를 주장하면 그것이 받아들여지든 아니든 상계하자고 대항한 액수에 대하여 기판력이 생긴다(민사소송법 제216조 제2항). 따라서 여러 개의 자동채권이 있는 경우에 법원으로서는 그 중 어느 자동채권에 대하여 어느 범위에서 상계의 기판력이 미치는지 판결이유 자체로 당사자가 분명하게 알 수 있을 정도까지는 밝혀 주어야 한다. 그러므로 **상계항변이 이유 있는 경우에는**, 상계에 의하여 소멸되는 채권의 금액을 일일이 계산할 것까지는 없다고 하더라도, 최소한 상계충당이 지정충당에 의하게 되는지 법정충당에 의하게 되는지 여부를 밝히고, 지정충당이 되는 경우라면 어느 자동채권이 우선 충당되는지를 특정하여야 할 것이며, **자동채권으로 이자나 지연손해금채권이 함께 주장되는 경우에는 그 기산일이나 이율 등도 구체적으로 특정해 주어야 할 것이다**"(대판 2011.8.25. 2011다24814).

⑤ [○]

**해설** 判例는 별소로 청구한 반대채권을 가지고 상계항변을 한 사건에서(별소선행형) "사실심 재판부로서는 전소와 후소를 같은 기회에 심리·판단하기 위하여 이부, 이송 또는 변론병합 등을 시도함으로써 기판력의 저촉·모순을 방지함과 아울러 소송경제를 도모함이 바람직하였다고 할 것이나, 그렇다고 하여 특별한 사정이 없는 한 별소로 계속 중인 채권을 자동채권으로 하는 소송상 상계의 주장이 허용되지 않는다고 볼 수는 없다"(대판 2001.4.27. 2000다4050)고 하여, **중복소제기가 아니라는 입장**이다. 다만, **상계항변으로 제출한 자동채권과 동일한 채권으로 별소를 제기(상계항변선행형)한 경우**에는 판시한 바 없다.

## 30

당사자의 변론(준비)기일 불출석에 관한 설명 중 옳지 않은 것을 모두 고른 것은? (다툼이 있는 경우 판례에 의함)

[21 변호사]

---

ㄱ. 소송대리인이 있는 경우에 변론기일 불출석에 따른 불이익을 당사자에게 귀속시키려면 그 당사자 본인과 소송대리인 모두가 변론기일에 출석하지 아니하여야 하고, 그 출석 여부는 변론조서의 기재에 의하여 증명되어야 한다.

ㄴ. 변론준비기일은 변론이 효율적이고 집중적으로 실시될 수 있도록 당사자의 주장과 증거를 정리하기 위한 것으로서 그 이후에 진행되는 변론기일과 일체성이 있으므로, 변론준비기일에서의 양 쪽 당사자 불출석의 효과는 변론기일에 승계된다.

ㄷ. 양 쪽 당사자가 변론기일에 2회 불출석한 때에는 1월 이내에 기일지정신청을 하지 않으면 소를 취하한 것으로 간주하는바, 위 기간은 불변기간이므로 당사자가 책임질 수 없는 사유로 말미암아 위 기간 내에 기일지정신청을 하지 못한 경우 그 당사자는 그 사유가 없어진 날부터 2주 이내에 그 신청을 보완할 수 있다.

ㄹ. 「민사소송법」 제268조 제1항에 정한 '양 쪽 당사자가 변론기일에 출석하지 아니한 때'는 양 쪽 당사자가 적법한 절차에 의한 송달을 받고도 변론기일에 출석하지 않은 때를 말한다.

---

① ㄱ, ㄷ        ② ㄱ, ㄹ

③ ㄴ, ㄷ        ④ ㄴ, ㄹ

⑤ ㄷ, ㄹ

## 30

**해설** ㄱ. [○]

"민사소송법 제241조에 의하여 당사자의 변론기일 불출석으로 인한 불이익을 그 당사자에게 귀속시키려면, 그 당사자 본인과 소송대리인 모두가 출석하지 아니함을 요건으로 하고 그 출석 여부는 변론조서의 기재에 의하여서 증명하여야 하므로, 변론조서에서 소송대리인 불출석이라고만 기재되어 있고 당사자 본인의 출석여부에 대하여 아무런 기재가 없으면, 이른바 당사자 쌍방의 변론기일에의 불출석은 증명되지 아니한다"(대판 1979.9.25. 78다153,154).

ㄴ. [×]

**변론준비기일 불출석의 효과가 변론기일에 승계되는지 여부 (소극)**

判例는 "변론준비절차는 원칙적으로 변론기일에 앞서 주장과 증거를 정리하기 위하여 진행되는 변론 전 절차에 불과할 뿐이어서 변론준비기일을 변론기일의 일부라고 볼 수 없고 변론준비기일과 그 이후에 진행되는 변론기일이 일체성을 갖는다고 볼 수도 없는 점, 변론준비기일이 수소법원 아닌 재판장 등에 의하여 진행되며 변론기일과 달리 비공개로 진행될 수 있어서 **직접주의와 공개주의가 후퇴**하는 점, 변론준비기일에 있어서 양쪽 당사자의 불출석이 밝혀진 경우 재판장 등은 양쪽의 불출석으로 처리하여 새로운 변론준비기일을 지정하는 외에도 당사자 불출석을 이유로 변론준비절차를 종결할 수 있는 점, 나아가 양쪽 당사자 불출석으로 인한 취하간주제도는 적극적 당사자에게 불리한 제도로서 적극적 당사자의 소송유지의사 유무와 관계없이 일률적으로 법률적 효과가 발생한다는 점까지 고려할 때 **변론준비기일에서 양쪽 당사자 불출석의 효과는 변론기일에 승계되지 않는다**"(대판 2006. 10.27. 2004다69581)고 하였다.

ㄷ. [×], ㄹ. [○]

"민사소송법 제241조 제2항 및 제4항(현행 제268조 1·2항 : 저자주)에 의하여 소 또는 상소의 취하가 있는 것으로 보는 경우 같은 조 제2항 소정의 1월의 기일지정신청기간은 불변기간이 아니어서 그 추완이 허용되지 않는 점을 고려한다면, 같은 조 제1, 2항에서 '변론의 기일에 당사자 쌍방이 출석하지 아니한 때'란 당사자 쌍방이 적법한 절차에 의한 송달을 받고도 변론기일에 출석하지 않는 것을 가리키는 것이고, **변론기일의 송달절차가 적법하지 아니한 이상 비록 그 송달이 유효하고 그 변론기일에 당사자 쌍방이 출석하지 아니하였다고 하더라도 쌍방 불출석의 효과는 발생하지 않는다**"(대판 1997.7.11. 96므1380).

# 31

변론에서 당사자의 불출석에 관한 설명 중 옳지 않은 것은?
(변호사를 선임하지 않고 당사자 본인이 소송을 수행하는
것으로 가정함)　　　　　　　　　　　　　　[12 변호사]

① 당사자가 민사소송법 제144조에 의해 진술을 금지당한 경
우, 변론속행을 위하여 정한 새 기일에 그 당사자가 출석하
더라도 그 기일에 불출석한 것으로 취급될 수 있다.

② 변론기일에 한쪽 당사자가 결석한 경우, 변론을 진행할지 기
일을 연기할지는 법원의 재량에 속한다.

③ 공시송달의 방법으로 기일통지서를 송달받은 당사자가 당해
변론기일에 출석하지 아니하고 아무런 준비서면도 제출하지
않은 경우, 법원은 그 당사자가 상대방의 주장을 자백한 것
으로 본다.

④ 원고가 청구포기의 의사표시가 적혀 있는 준비서면에 공증사
무소의 인증을 받아 이를 제출하고 변론기일에 결석한 경우,
변론이 진행되었다면 청구의 포기가 성립된 것으로 본다.

⑤ 제1심에서 당사자 쌍방이 변론기일에 결석하여 법원이 새로
운 기일을 정하고 그것을 당사자 쌍방에게 통지하였지만 그
새로운 기일에도 쌍방 모두 결석한 후 1월 이내에 당사자의
기일지정신청이 없으면, 소를 취하한 것으로 본다.

# 31　　　　　　　　　　　　　정답 ③

① [○]

**해설** 진술금지로 인해 당사자의 진술이 없는 경우도 불출석에 의한 진술간주로 취급될 수 있다(민소법 제148조). 다만 헌법상 재판청구권을 제한당할 수 있으므로 법원은 적절한 조치를 취해야 한다는 하급심 判例가 있다.

"**법원은 소송관계를 분명하게 하기 위하여 필요한 진술을 할 수 없는 당사자의 진술을 금지할 수 있으나**(민소법 제144조 1항), 이는 소송절차의 원활·신속한 진행과 사법제도의 능률적인 운용을 기하려는 데 본뜻이 있으므로, **소송관계의 규명을 위하여 필요한 한도에 그쳐야 하고**, 헌법상 보장된 재판을 받을 권리를 본질적으로 침해하지 않는 범위 내에서 이루어져야 하며 변호사강제주의를 채택하지 않고 있는 우리 민사소송법의 취지가 존중될 수 있도록 하는 배려가 필요하고, 따라서 만일 당사자가 변론기일 진행중 일시적으로 흥분하여 소송의 원활한 진행을 방해하는 사유로 진술을 금지한 경우에는 새로 지정한 기일에 당사자가 진정이 되었다면 종전 기일에 한 진술금지명령을 취소하여야 할 것이고, 당사자가 법원의 석명에 대하여 사안의 진상을 충분히 해명할 만한 능력이 부족하다는 등의 이유로 진술을 금지한 경우에는 변호사선임명령을 함께 하되, 경제적 능력의 부족으로 그 명령에 따르지 못한다는 등의 주장이 제기된 경우라면 직권에 의한 소송구조결정 등으로 변호사가 선임되도록 변론을 진행시키는 등 **재판을 받을 권리가 봉쇄되지 않도록 하는 조치를 할 필요가 있다**"(부산고법 2004.4.22. 2003나13734,13741).

② [○]

**해설** 원고 또는 피고가 변론기일에 출석하지 아니하거나, 출석하고서도 본안에 관하여 변론하지 아니한 때에는 그가 제출한 소장·답변서, 그 밖의 준비서면에 적혀 있는 사항을 진술한 것으로 보고 출석한 상대방에게 변론을 명할 수 있다(제148조 1항).

"민사소송법 제148조 제1항에 의하면, 변론기일에 한쪽 당사자가 불출석한 경우에 변론을 진행하느냐 기일을 연기하느냐는 법원의 재량에 속한다고 할 것이나, 출석한 당사자만으로 변론을 진행할 때에는 반드시 불출석한 당사자가 그때까지 제출한 소장·답변서, 그 밖의 준비서면에 적혀 있는 사항을 진술한 것으로 보아야 한다"(대판 2008.5.8. 2008다2890).

③ [×]

**해설** 공시송달의 경우 불출석에 의한 자백간주는 인정되지 않는다(민소법 제150조 3항 단서).

④ [○]

**해설** 제1항의 규정에 따라 당사자가 진술한 것으로 보는 답변서, 그 밖의 준비서면에 청구의 포기 또는 인낙의 의사표시가 적혀 있고 공증사무소의 인증을 받은 때에는 그 취지에 따라 청구의 포기 또는 인낙이 성립된 것으로 본다(민소법 제148조 2항).

⑤ [○]

**해설** 양 쪽 당사자가 변론기일에 출석하지 아니하거나 출석하였다 하더라도 변론하지 아니한 때에는 재판장은 다시 변론기일을 정하여 양 쪽 당사자에게 통지하여야 한다(민소법 제268조 1항). 제1항의 새 변론기일 또는 그 뒤에 열린 변론기일에 양 쪽 당사자가 출석하지 아니하거나 출석하였다 하더라도 변론하지 아니한 때에는 1월 이내에 기일지정신청을 하지 아니하면 소를 취하한 것으로 본다(민소법 제268조 2항).

## 32

甲은 乙을 상대로 X부동산에 관하여 매매계약을 원인으로 한 소유권이전등기청구소송을 제기하였다. 이에 관한 설명 중 옳은 것을 모두 고른 것은? (다툼이 있는 경우 판례에 의함)

[19 변호사]

ㄱ. 법원이 위 소송에서 소송자료를 통하여 X부동산에 관한 甲의 매매계약에 기한 소유권이전등기청구권은 인정되지 않으나 甲의 양도담보약정에 기한 소유권이전등기청구권이 인정된다는 심증을 형성한 경우에 甲의 청구를 인용할 수 있다.

ㄴ. 乙이 甲의 주장사실 중 매매계약 체결사실을 인정하는 내용의 답변서를 제출하고 제1회 변론기일에 불출석하여 위 답변서를 진술한 것으로 보는 경우, 매매계약 체결사실에 대하여 자백한 것으로 간주된다.

ㄷ. 위 1심 진행 중에 甲의 채권자인 丙이 甲의 위 소유권이전등기청구권을 가압류한 경우 법원이 甲의 청구를 인용할 때 위 가압류의 해제를 조건으로 하여야 한다.

ㄹ. 甲이 승소한 1심 판결에 대하여 乙이 항소한 항소심에서 양 당사자가 변론기일에 2회 불출석하고 새로 지정된 변론기일에도 불출석한 경우에는 소가 취하된 것으로 간주된다.

① ㄷ        ② ㄱ, ㄴ
③ ㄴ, ㄷ      ④ ㄴ, ㄹ
⑤ ㄷ, ㄹ

**해설** ㄱ. [×]

"원고가 매매를 원인으로 한 소유권이전등기를 청구한 데 대하여 원심이 양도담보약정을 원인으로 한 소유권이전등기를 명하였다면 판결주문상으로는 원고가 전부 승소한 것으로 보이기는 하나, 매매를 원인으로 한 소유권이전등기청구와 양도담보약정을 원인으로 한 소유권이전등기청구와는 청구원인사실이 달라 동일한 청구라 할 수 없음에 비추어, 원심은 원고가 주장하지도 아니한 양도담보약정을 원인으로 한 소유권이전등기청구에 관하여 심판하였을 뿐, 정작 원고가 주장한 매매를 원인으로 한 소유권이전등기청구에 관하여는 심판을 한 것으로 볼 수 없어 결국 원고의 청구는 실질적으로 인용한 것이 아니어서 판결의 결과가 불이익하게 되었으므로 원심판결에 처분권주의를 위반한 위법이 있고 따라서 그에 대한 원고의 상소의 이익이 인정된다"(대판 1992. 3.27. 91다40696).

▶ 매매를 원인으로 한 소유권이전등기청구권과 양도담보약정을 원인으로 한 소유권이전등기청구권은 소송물이 다르므로 지문의 경우 법원이 甲의 청구를 인용한다면 처분권주의를 위반한 것이다.

ㄴ. [×]

한 쪽 당사자가 출석하지 아니한 경우 법원은 기일을 해태한 당사자가 미리 제출한 소장·답변서 그 밖의 준비서면에 적혀 있는 사항을 진술한 것으로 간주하고, 출석한 상대방에게 변론을 명하고 심리를 진행할 수 있다(민소법 제148조 1항). 한편, 한 쪽 당사자가 상대방의 주장사실을 자백한 내용의 준비서면을 제출한 채 기일을 해태한 경우, 재판상 자백설과 자백간주설의 견해대립이 있다. 결석자가 법정에 출석하였더라도 자백 취지의 진술을 하였을 것인바, 재판상 자백으로 보는 것이 결석자에게 불이익하다고 보기 어려우므로 재판상 자백설이 타당하다(통설). 判例도 "법원에 제출되어 상대방에게 송달된 답변서나 준비서면에 자백에 해당하는 내용이 기재되어 있는 경우라도 그것이 변론기일이나 변론준비기일에서 진술 또는 진술간주되어야 재판상 자백이 성립한다"(대판 2015.2.12. 2014다229870)고 하여 진술간주의 경우에도 재판상자백의 성립을 인정한다.

▶ 乙은 매매계약사실을 인정하는 답변서를 제출하였고 불출석하였으므로 민소법 제148조 1항에 의해 진술간주 되었고, 그 내용은 甲의 주장과 일치하고 자신에게 불리한 사실로서 자백에 해당하므로 재판상자백이 성립한다.

ㄷ. [○]

이행기가 도래한 청구권을 강제집행하려면 승소확정판결을 얻어야 하므로 판결을 받기 위한 현재이행의 소는 원칙적으로 권리보호이익이 인정된다. 가압류·가처분된 소유권이전등기청구권에 대한 이행청구(대판 1992.11.10. 전합92다4680)도 소의 이익이 있다. 다만, 대법원은 "소유권이전등기청구권에 대한 압류나 가압류가 있더라도 채무자는 제3채무자를 상대로 그 이행을 구하는 소송을 제기할 수 있고 법원은 가압

류가 되어 있음을 이유로 이를 배척할 수는 없는 것이지만, 소유권이전등기를 명하는 판결(민법 제389조 2항)은 의사의 진술을 명하는 판결로서 이것이 확정되면 채무자는 일방적으로 이전등기를 신청할 수 있고 제3채무자는 이를 저지할 방법이 없게 되므로(주 : 집행공탁의 공탁물은 금전에 한정되기 때문에 제3채무자는 채무를 면할 방법이 없다) 위와 같이 볼 수는 없고 이와 같은 경우에는 '가압류의 해제'를 조건으로 하지 않는 한 법원은 이를 인용하여서는 안된다"(대판 1999.2.9. 98다42615 : 대판 1992.11.10. 전합92다4680등)고 판시하고 있다.

**참고 판례** 다만, 변론주의원칙상 제3채무자가 소유권이전등기청구권이 가압류된 사실을 주장하는 등의 사정이 있어야 위와 같은 해제조건부 인용 판결이 가능하다. 따라서 소유권이전등기청구권이 가압류된 경우에는 제3채무자에게 응소의무가 인정된다. 즉, 대법원은 "소유권이전등기를 명하는 판결은 의사의 진술을 명하는 판결(민법 제389조 2항)로서 이것이 확정되면 채무자는 일방적으로 이전등기를 신청할 수 있고 제3채무자는 이를 저지할 방법이 없으므로, 소유권이전등기청구권이 가압류된 경우에는 변제금지의 효력이 미치고 있는 제3채무자로서는 일반채권이 가압류된 경우와는 달리 채무자 또는 그 채무자를 대위한 자로부터 제기된 소유권이전등기청구소송에 응소하여 그 소유권이전등기청구권이 가압류된 사실을 주장하고 자신이 송달받은 가압류결정을 제출하는 방법으로 입증하여야 할 의무가 있다고 할 것이고, 만일, 제3채무자가 고의 또는 과실로 위 소유권이전등기 청구소송에 응소하지 아니한 결과 의제자백에 의한 판결이 선고되어 확정됨에 따라 채무자에게 소유권이전등기가 경료되고 다시 제3자에게 처분된 결과 채권자가 손해를 입었다면, 이러한 경우는 제3채무자가 채무자에게 임의로 소유권이전등기를 경료하여 준 것과 마찬가지로 불법행위를 구성한다고 보아야 한다"(대판 1999.6.11. 98다22963)고 판시하였다.

ㄹ. [×]

양 쪽 당사자가 변론기일에 출석하지 아니하거나 출석하였다 하더라도 변론하지 아니한 때에는 재판장은 다시 변론기일을 정하여 양 쪽 당사자에게 통지하여야 한다(민소법 제268조 1항). 제1항의 새 변론기일 또는 그 뒤에 열린 변론기일에 양 쪽 당사자가 출석하지 아니하거나 출석하였다 하더라도 변론하지 아니한 때에는 1월 이내에 기일지정신청을 하지 아니하면 소를 취하한 것으로 본다(동조 2항). 제2항의 기일지정신청에 따라 정한 변론기일 또는 그 뒤의 변론기일에 양쪽 당사자가 출석하지 아니하거나 출석하였다 하더라도 변론하지 아니한 때에는 소를 취하한 것으로 본다(동조 3항). 상소심의 소송절차에는 제1항 내지 제3항의 규정을 준용한다. 다만, 상소심에서는 상소를 취하한 것으로 본다(동조 4항).

▶ 항소심에서 양 당사자가 변론기일에서 2회 불출석하고, 새로 지정된 변론기일에서도 불출석한 경우이므로 항소는 취하된 것으로 간주되고 원판결이 확정된다.

## 33

甲은 乙에게 매매계약에 기한 매매대금 청구의 소를 제기하면서 매매계약서를 그 증거로 제출하였다. 乙은 제1회 변론기일에서 甲이 주장하는 매매계약 체결사실과 매매계약서의 진정성립을 인정하였다. 그후 乙은 매매계약 체결사실을 다투고자 한다. 이 사안에 관한 설명 중 옳지 않은 것은? (다툼이 있는 경우 판례에 의함)

[15 변호사]

① 乙이 위 자백을 취소하려면 그 자백이 진실에 어긋나는 것 외에 착오로 인한 것임을 아울러 증명하여야 하고, 진실에 어긋나는 것이 증명되었다고 하여 착오로 인한 자백으로 추정되지는 않는다.

② 乙의 자백 취소에 대하여 甲이 동의하면 진실에 어긋나는지 여부나 착오 여부와는 상관없이 자백의 취소는 인정된다.

③ 乙의 위 자백이 진실에 어긋난다는 사실이 증명된 경우라면 변론 전체의 취지에 의하여 그 자백이 착오로 인한 것이라는 점을 법원이 인정할 수 있다.

④ 乙이 매매계약서의 진정성립에 관하여 한 자백은 보조사실에 관한 자백이어서 이를 자유롭게 취소할 수 있다.

⑤ 乙의 위 자백이 진실에 어긋난다는 사실의 증명은 간접사실의 증명에 의하여도 가능하다.

## 34

甲은 乙을 상대로 3억 원의 지급을 구하는 대여금청구의 소를 제기하였다. 다음 설명 중 옳은 것을 모두 고른 것은?

[13 변호사]

ㄱ. 법원은 乙이 소장 부본을 송달받은 날부터 30일 이내에 답변서를 제출하지 아니한 때에는 직권으로 조사할 사항이 있더라도 청구의 원인이 된 사실을 자백한 것으로 보고 변론 없이 판결할 수 있다.

ㄴ. 乙이 소장 부본을 송달받은 날부터 30일이 지난 뒤라도 판결이 선고되기까지 甲의 청구를 다투는 취지의 답변서를 제출하면 법원은 더 이상 무변론 판결을 할 수 없다.

ㄷ. 乙이 청구의 원인이 된 사실을 모두 자백하는 취지의 답변서를 제출하고 따로 항변을 하지 아니한 때에도 특별한 사정이 없는 한 법원은 무변론 판결을 할 수 있다.

ㄹ. 甲이 출석하지 아니한 변론기일에 乙은 자신의 준비서면에 적지 않았다고 하더라도 상계항변을 할 수 있다.

ㅁ. 乙이 준비서면을 제출한 후 변론기일에 불출석하여도 법원은 乙이 그 준비서면에 적혀 있는 사항을 진술한 것으로 보고 출석한 甲에게 변론을 명할 수 있다.

① ㄱ, ㄷ      ② ㄴ, ㅁ

③ ㄷ, ㄹ      ④ ㄱ, ㄴ, ㄹ

⑤ ㄴ, ㄷ, ㅁ

## 33 정답 ④

① [○]

**해설** 진실에 어긋나는 자백은 그것이 착오로 말미암은 것임을 증명한 때에는 취소할 수 있다(민사소송법 제288조 단서). 따라서 "자백을 취소하는 당사자는 그 자백이 진실에 반한다는 것 외에 착오로 인한 것임을 아울러 증명하여야 하고, 진실에 반하는 것임이 증명되었다고 하여 착오로 인한 자백으로 추정되는 것은 아니다"(대판 2010.2.11. 2009다84288).

② [○]

**해설** "자백은 사적자치의 원칙에 따라 당사자의 처분이 허용되는 사항에 관하여 그 효력이 발생하는 것이므로, 일단 자백이 성립되었다고 하여도 그 후 그 자백을 한 당사자가 위 자백을 취소하고 이에 대하여 상대방이 이의를 제기함이 없이 동의하면 반진실, 착오의 요건은 고려할 필요없이 자백의 취소를 인정하여야 할 것"(대판 1994.9.27. 94다22897).

**비교판례** "자백은 진실에 반하고 착오에 의한 것임을 증명한 때 한하여 취소할 수 있는 것이고 자백취소에 대하여 상대방이 아무런 이의를 제기하고 있지 않다는 점만으로 그 취소를 인정할 수는 없다"(대판 1987.7.7. 87다카69).

③ [○]

**해설** "자백이 진실에 반한다는 증명이 있다고 하여 그 자백이 착오로 인한 것이라고 추정되는 것은 아니지만 그 자백이 진실과 부합되지 않는 사실이 증명된 경우라면 변론의 전취지에 의하여 그 자백이 착오로 인한 것이라는 점을 인정할 수 있다"(대판 2000.9.9. 2000다23013).

④ [×]

**해설** "문서의 성립에 관한 자백은 보조사실에 관한 자백이기는 하나 그 취소에 관하여서는 다른 간접사실에 관한 자백의 취소와는 달리 주요사실의 자백취소와 동일하게 처리하여야 할 것이므로 문서의 진정성립을 인정한 당사자는 자유롭게 이를 철회할 수 없는 것이다"(대판 1988.12.20. 88다카3083).

**비교판례** "이는 문서에 찍힌 인영의 진정함을 인정하였다가 나중에 이를 철회하는 경우에도 마찬가지로 보아야 할 것"(대판 2001. 4.24. 2001다5654).

⑤ [○]

**해설** "재판상의 자백에 대하여 상대방의 동의가 없는 경우에는 자백을 한 당사자가 그 자백이 진실에 부합하지 않는다는 것과 자백이 착오에 기인한다는 사실을 증명한 경우에 한하여 이를 취소할 수 있으나, 이때 진실에 부합하지 않는다는 사실에 대한 증명은 그 반대되는 사실을 직접증거에 의하여 증명함으로써 할 수 있지만 자백사실이 진실에 부합하지 않음을 추인할 수 있는 간접사실의 증명에 의하여도 가능하다"(대판 2004.6.11. 2004다13533).

## 34 정답 ⑤

**해설** ㄱ. [×] ㄴ. [○]

법원은 피고가 소장 부본을 송달받은 날부터 30일 이내에 답변서를 제출하지 아니한 때에는 청구의 원인된 사실을 자백한 것으로 보고 변론 없이 판결할 수 있다. 다만 ① **직권으로 조사할 사항이 있거나** ② **판결이 선고되기까지 피고가 원고의 청구를 다투는 취지의 답변서를 제출한 경우**에는 그러하지 아니하다(민소법 제257조 1항).

ㄷ. [○]

피고가 청구의 원인이 된 사실을 모두 자백하는 취지의 답변서를 제출하고 따로 항변을 하지 아니한 때에는 민소법 제257조 1항의 규정을 준용한다(민소법 제257조 2항).

ㄹ. [×]

준비서면에 적지 아니한 사실은 상대방이 출석하지 아니한 때에는 변론에서 주장하지 못한다(민소법 제276조 본문). 사안의 경우 3억 원의 지급을 구하는 대여금청구소송으로 합의부 사건이므로, 단독사건의 경우 민소법 제276조 본문이 적용되지 않는다는 민소법 제276조 단서는 적용되지 아니한다.

ㅁ. [○]

원고 또는 피고가 변론기일에 출석하지 아니하거나, 출석하고서도 본안에 관하여 변론하지 아니한 때에는 그가 제출한 소장, 답변서, 그 밖의 준비서면에 적혀 있는 사항을 진술한 것으로 보고 출석한 상대방에게 변론을 명할 수 있다(민소법 제148조 1항).

## 35

송달에 관한 설명 중 옳지 않은 것은? (다툼이 있는 경우 판례에 의함)　　　　　　　　　　　　　[18 변호사]

① 다른 주된 직업을 가지고 있으면서 A주식회사의 비상근이사, 비상근감사 또는 사외이사의 직을 가지고 있는 사람에 대해서는 A주식회사의 본점이 「민사소송법」 제183조 제2항의 '근무장소'에 해당한다고 할 수 없다.

② 소송서류를 송달받을 본인과 당해 소송에 관하여 이해의 대립 내지 상반된 이해관계가 있는 수령대행인에 대하여는 보충송달을 할 수 없다.

③ 보충송달에서 수령대행인이 될 수 있는 사무원이란 반드시 송달받을 사람과 고용관계가 있어야 하는 것은 아니고, 평소 본인을 위하여 사무 등을 보조하는 자이면 충분하다.

④ 「환경분쟁 조정법」에 의한 재정의 경우, 재정문서는 재판상 화해와 동일한 효력을 가질 수도 있는 점 등에 비추어 재정문서의 송달은 공시송달의 방법으로 할 수 없다.

⑤ 「민사소송법」 제187조에 정한 우편송달은 같은 법 제186조에 따른 보충송달, 유치송달 등이 불가능할 것을 요건으로 하는바, 일단 위 요건이 구비되어 우편송달이 이루어진 이상 그 이후에 송달할 서류는 위 요건의 구비 여부를 불문하고 위 조문에 정한 우편송달을 할 수 있다.

## 36

공시송달에 관한 설명 중 옳은 것은? (다툼이 있는 경우 판례에 의함)　　　　　　　　　　　　　[17 변호사]

① 피고가 변론종결 후에 사망한 상태에서 판결이 선고된 경우, 망인인 피고에 대한 판결정본의 공시송달은 무효이다.

② 당사자의 주소등 또는 근무장소를 알 수 없는 경우 또는 외국에서 하여야 할 송달에 관하여 「민사소송법」 제191조(외국에서 하는 송달의 방법)의 규정에 따를 수 없거나 이에 따라도 효력이 없을 것으로 인정되는 경우에는 법원사무관등은 당사자의 신청에 의해서만 공시송달을 할 수 있다.

③ 첫 공시송달은 「민사소송법」 제195조(공시송달의 방법)의 규정에 따라 실시한 날부터 4주가 지나야 효력이 생긴다. 다만, 같은 당사자에게 하는 그 뒤의 공시송달은 실시한 다음 날부터 효력이 생긴다.

④ 재판장은 직권으로 법원사무관등의 공시송달처분을 취소할 수 없다.

⑤ 원고가 피고의 주소나 거소를 알고 있었음에도 소장에 소재불명 또는 허위의 주소나 거소를 기재하여 소를 제기한 탓으로 공시송달의 방법에 의하여 판결정본이 송달된 경우, 피고는 소송행위 추후보완에 의한 상소를 할 수 없다.

① [○]

**해설** 제183조 2항의 '근무장소'는 현실의 근무장소로서 고용계약 등 법률상 행위로 취업하고 있는 지속적인 근무장소를 말한다(대판 2015.12.10. 2012다16063). 따라서 判例는 "다른 주된 직업을 가지고 있으면서 회사의 비상근이사, 사외이사 또는 비상근감사의 직에 있는 피고에게 그 회사의 본점은 지속적인 근무장소라고 할 수 없으므로 제183조 2항에 정한 '근무장소'에 해당한다고 볼 수 없고, 위 소외 1이 피고에 대한 소장부본을 그 회사의 본점 소재지에서 수령한 것을 제186조 2항의 보충송달로서 효력이 있다고 볼 수도 없다"(대판 2015.12.10. 2012다16063)고 판시하였다.

② [○]

**해설** "보충송달제도는 본인 아닌 그의 사무원, 피용자 또는 동거인, 즉 수령대행인이 서류를 수령하여도 그의 지능과 객관적인 지위, 본인과의 관계 등에 비추어 사회통념상 본인에게 서류를 전달할 것이라는 합리적인 기대를 전제로 한다. 그런데 본인과 수령대행인 사이에 당해 소송에 관하여 이해의 대립 내지 상반된 이해관계가 있는 때에는 수령대행인이 소송서류를 본인에게 전달할 것이라고 합리적으로 기대하기 어렵고, 이해가 대립하는 수령대행인이 본인을 대신하여 소송서류를 송달받는 것은 쌍방대리금지의 원칙에도 반하므로, 본인과 당해 소송에 관하여 이해의 대립 내지 상반된 이해관계가 있는 수령대행인에 대하여는 **보충송달을 할 수 없다**"(대판 2016.11.10. 2014다54366).

③ [○]

**해설** "민사소송법 제186조 제1항에서 규정한 보충송달에서 수령대행인이 될 수 있는 사무원이란 반드시 송달받을 사람과 고용관계가 있어야 하는 것은 아니고, 평소 본인을 위하여 사무 등을 보조하는 자이면 충분하다"(대판 2010.10.14. 2010다48455).

④ [○]

**해설** "환경분쟁 조정법 제40조 제3항, 제42조 제2항, 제64조 및 민사소송법 제231조, 제225조 제2항의 내용과 재정문서의 정본을 송달받고도 당사자가 60일 이내에 재정의 대상인 환경피해를 원인으로 하는 소송을 제기하지 아니하는 등의 경우 재정문서가 재판상 화해와 동일한 효력이 있으므로 재정의 대상인 환경피해를 원인으로 한 분쟁에서 당사자의 재판청구권을 보장할 필요가 있는 점 등을 종합하면, 환경분쟁 조정법에 의한 재정의 경우 재정문서의 송달은 공시송달의 방법으로는 할 수 없다"(대판 2016.4.15. 2015다201510).

⑤ [×]

**해설** "민사소송법 제173조에 의한 우편송달은 당해 서류에 관하여 교부 또는 보충, 유치송달 등이 불가능한 것임을 요건으로 하는 것이므로 당해 서류의 송달에 한하여 할 수 있는 것이지 그에 이은 별개의 서류 등의 송달에 관하여는 위 요건이 따로 구비되지 않는 한 당연히 우편송달을 할 수 있는 것은 아니라고 보아야 할 것이다"(대결 1990.1.25. 89마939).

① [○]

**해설** "피고가 변론종결 후에 사망한 상태에서 판결이 선고된 경우, 망인에 대한 판결정본의 공시송달은 무효이고, 상속인이 소송절차를 수계하여 판결정본을 송달받기 전까지는 그에 대한 항소제기기간이 진행될 수도 없다"(대판 2007.12.14. 2007다52997).

② [×]

**조문** 민사소송법 제194조(공시송달의 요건) 「① 당사자의 주소 등 또는 근무장소를 알 수 없는 경우 또는 외국에서 하여야 할 송달에 관하여 제191조의 규정에 따를 수 없거나 이에 따라도 효력이 없을 것으로 인정되는 경우에는 법원사무관등은 직권으로 또는 당사자의 신청에 따라 공시송달을 할 수 있다.」

③ [×]

**조문** 민사소송법 제196조(공시송달의 효력발생) 「① 첫 공시송달은 제195조의 규정에 따라 실시한 날부터 2주가 지나야 효력이 생긴다. 다만, 같은 당사자에게 하는 그 뒤의 공시송달은 실시한 다음 날부터 효력이 생긴다.」

④ [×]

**조문** 민사소송법 제194조(공시송달의 요건) 「④ 재판장은 직권으로 또는 신청에 따라 법원사무관등의 공시송달처분을 취소할 수 있다.」

⑤ [×]

**해설** "당사자가 상대방의 주소 또는 거소를 알고 있었음에도 소재불명 또는 허위의 주소나 거소로 하여 소를 제기한 탓으로 공시송달의 방법에 의하여 판결(심판)정본이 송달된 때에는 민사소송법 제451조 제1항 제11호에 의하여 재심을 제기할 수 있음은 물론이나 또한 같은 법 제173조에 의한 소송행위 추완에 의하여도 상소를 제기할 수도 있다"(대판 2011.12.22. 2011다73540).

# 37

불요증사실에 관한 기술 중 옳은 것을 모두 고른 것은? (다툼이 있는 경우에는 판례에 의함) [12 변호사]

ㄱ. 불요증사실로서 법원에 현저한 사실은 판결을 하여야 할 법원의 법관이 직무상 경험으로 그 사실의 존재에 관하여 명확한 기억을 하고 있는 사실뿐만 아니라, 기록 등을 조사하여 곧바로 그 내용을 알 수 있는 사실도 포함한다.

ㄴ. 피해자의 장래수입상실액을 인정하는 데 이용되는 고용형태별근로(직종별임금)실태조사보고서와 한국직업사전의 각 존재 및 그 기재 내용을 법원에 현저한 사실로 보아, 법원은 그것을 기초로 피해자의 일실수입을 산정할 수 있다.

ㄷ. 원고가 주장한 사실에 대해서 자백간주가 되었다면, 피고는 그 뒤 변론종결시까지 그 사실을 다투더라도 자백간주의 효과를 번복할 수 없다.

ㄹ. 자백의 취소에 있어 그 자백이 진실에 부합하지 않는 것임이 증명된 경우라도 나머지 요건인 그 자백이 착오로 인한 것이라는 점은 변론 전체의 취지만에 의하여 인정할 수 없다.

ㅁ. 당사자가 주장하지 않았음에도, 법원이 당해 법원의 다른 판결에서 인정한 사실관계를 법원에 현저한 사실로 인정한 것은 변론주의를 위반한 것이다.

① ㄴ, ㅁ
② ㄹ, ㅁ
③ ㄱ, ㄴ, ㄷ
④ ㄱ, ㄴ, ㅁ
⑤ ㄱ, ㄷ, ㄹ

정답 ④

**해설** ㄱ. [○], ㄴ. [○]
"ⅰ) 민사소송법 제261조 소정의 '법원에 현저한 사실'이라
함은 법관이 직무상 경험으로 알고 있는 사실로서 그 사실의
존재에 관하여 명확한 기억을 하고 있거나 또는 기록 등을
조사하여 곧바로 그 내용을 알 수 있는 사실을 말한다(ㄱ 관
련 해설). ⅱ) 피해자의 장래수입상실액을 인정하는 데 이용
되는 **직종별임금실태조사보고서와 한국직업사전의 각 존재
및 그 기재 내용을 법원에 현저한 사실로 보아**, 그를 기초로
피해자의 일실수입을 산정한 조치는, 객관적이고 합리적인
방법에 의한 것이라고 보여지므로 옳다(ㄴ 관련 해설)"(대판
1996.7.18. 전합94다20051).

ㄷ. [×]
재판상 자백은 법원과 당사자를 구속하나, 자백간주는 법원
에 대해 구속력을 가질 뿐이고 당사자를 구속하지 않는다.

**관련판례** "제1심에서 의제자백이 있었다고 하더라도 항소심에서 변론
종결시까지 이를 다투었다면 자백의 의제는 할 수 없다"(대
판 1987.12.8. 87다368).
"민사소송법 제150조 제1항은 '당사자가 변론에서 상대방이
주장하는 사실을 명백히 다투지 아니한 때에는 그 사실을 자
백한 것으로 본다. 다만, 변론 전체의 취지로 보아 그 사실에
대하여 다툰 것으로 인정되는 경우에는 그러하지 아니하다.'
고 규정하고 있는바, 당사자는 변론이 종결될 때까지 어느 때
라도 상대방의 주장사실을 다툼으로써 자백간주를 배제시킬
수 있고, 상대방의 주장사실을 다투었다고 인정할 것인가의
여부는 사실심 변론종결 당시의 상태에서 변론의 전체를 살
펴서 구체적으로 결정하여야 할 것이다"(대판 2004.9.24.
2004다21305).

ㄹ. [×]
자백이 진실에 반하는 경우 착오는 변론전체의 취지로도 인
정이 가능하다.
"재판상의 자백에 대하여 상대방의 동의가 없는 경우에는 자
백을 한 당사자가 그 자백이 진실에 부합되지 않는다는 것과
자백이 착오에 기인한다는 사실을 증명한 경우에 이를 취소
할 수 있는바, 이때 진실에 부합하지 않는다는 사실에 대한
증명은 그 반대되는 사실을 직접증거에 의하여 증명함으로써
할 수 있지만, 자백사실이 진실에 부합하지 않음을 추인할 수
있는 간접사실의 증명에 의하여도 가능하다고 할 것이고, 또
자백이 진실에 반한다는 증명이 있다고 하여 그 자백이 착오
로 인한 것이라고 추정되는 것은 아니지만 그 자백이 진실과
부합되지 않는 사실이 증명된 경우라면 변론의 전취지에 의
하여 그 자백이 착오로 인한 것이라는 점을 인정할 수 있
다"(대판 2000.9.8. 2000다23013).

ㅁ. [○]
현저한 사실은 불요증사실일 뿐, 변론주의가 적용되므로 주
요사실인 한 당사자의 주장이 필요하다.
"변론주의가 적용되는 소송절차에서 법원에 현저한 사실도
그 사실이 주요사실인 경우에는 당사자의 주장이 있어야만
비로소 판결의 기초로 할 수 있다"(대판 1965.3.2. 64다
1761).

# 38

**증거조사에 관한 설명 중 옳지 않은 것은?**  [12 변호사]

① 감정증인은 특별한 학식과 경험을 통하여 얻은 과거의 구체적 사실을 보고하는 사람을 말하는데, 경험을 보고하는 이상 증인이므로 법원은 증인과 마찬가지의 절차로 조사한다.

② 감정사항에 관한 진술이 있기 전부터 감정인이 성실하게 감정할 수 없는 사정이 있다는 것을 당사자가 알았다면, 그 당사자는 감정사항에 관한 진술이 이루어진 뒤에는 감정인을 기피할 수 없다.

③ 주신문에서는 특별한 경우가 아닌 한 유도신문이 금지되지만, 반대신문에서는 필요한 경우 유도신문이 허용된다.

④ 증인진술서가 제출되었으나 그 작성자가 증인으로 출석하지 않고, 당사자가 반대신문권을 포기하여 그 증인진술서의 진정성립을 다투지 않는 경우, 법원은 이를 서증으로 채택할 수 있으나, 그 증인진술서의 내용이 허위라고 하더라도 그 작성자에 대하여 위증죄의 책임을 물을 수 없다.

⑤ 법원은 다른 증거방법에 의하여 심증을 얻지 못한 경우에 한하여 직권 또는 당사자의 신청에 따라 당사자 본인을 신문할 수 있다.

**38**                                        정답 ⑤

① [○]

**해설** 감정증인은 사실을 알게 되는 과정에서 특별한 학식과 경험을 이용하였다는 것일 뿐 어디까지나 경험한 사실에 관한 진술을 하는 자이므로 증인의 일종이며 감정인이 아니다. 따라서 증인신문에 관한 규정에 의하여야 한다(민소법 제340조).

② [○]

**해설** 감정인이 성실하게 감정할 수 없는 사정이 있는 때에 당사자는 그를 기피할 수 있다. 다만, 당사자는 감정인이 감정사항에 관한 진술을 하기 전부터 기피할 이유가 있다는 것을 알고 있었던 때에는 감정사항에 관한 진술이 이루어진 뒤에 그를 기피하지 못한다(민소법 제336조).

③ [○]

**해설** 주신문에서는 허위증언 유도의 위험성 때문에 원칙적으로 유도신문이 금지된다(민사소송규칙 제91조 2항). 그러나 증인은 반대신문자에게 호의를 갖지 않는 경우가 대부분이므로 반대신문에서 필요한 때에는 유도신문을 할 수 있다(민사소송규칙 제92조 2항). 다만 재판장은 유도신문의 방법이 상당하지 아니하다고 인정하는 때에는 제한할 수 있다(민사소송규칙 제92조 3항).

④ [○]

**해설** "형법 제152조 제1항의 위증죄는 법률에 의하여 선서한 증인이 허위의 진술을 한 때에 성립하는 것이므로 위증의 경고를 수반하는 법률에 의한 선서절차를 거친 법정에서 구체적으로 이루어진 진술을 그 대상으로 하는바, 민사소송규칙 제79조 제1항은 '법원은 효율적인 증인신문을 위하여 필요하다고 인정하는 때에는 증인을 신청한 당사자에게 증인진술서를 제출하게 할 수 있다'라고 규정함으로써 증인진술서제도를 채택하고 있는데 이러한 증인진술서는 그 자체로는 서증에 불과하여 그 기재내용이 법정에서 진술되지 아니하는 한 여전히 서증으로 남게 되는 점, 민사소송법 제331조가 원칙적으로 증인으로 하여금 서류에 의하여 진술을 하지 못하도록 규정하고 있는 점, 민사소송규칙 제95조 제1항이 증인신문의 방법에 관하여 개별적이고 구체적으로 하여야 한다고 규정하고 있는 점 등의 사정에 비추어 볼 때, 증인이 법정에서 선서 후 증인진술서에 기재된 구체적인 내용에 관하여 진술함이 없이 단지 그 증인진술서에 기재된 내용이 사실대로라는 취지의 진술만을 한 경우에는 그것이 증인진술서에 기재된 내용 중 특정 사항을 구체적으로 진술한 것과 같이 볼 수 있는 등의 특별한 사정이 없는 한 증인이 그 증인진술서에 기재된 구체적인 내용을 기억하여 반복 진술한 것으로는 볼 수 없으므로, 가사 거기에 기재된 내용에 허위가 있다 하더라도 그 부분에 관하여 법정에서 증언한 것으로 보아 위증죄로 처벌할 수는 없다고 할 것이다"(대판 2010.5.13. 2007도1397).

⑤ [×]

**해설** 구 민사소송법이 채택한 당사자신문의 보충성(당사자본인신문은 다른 증거방법에 의하여 법원이 승증을 얻지 못한 경우에 한해서 직권 또는 당사자의 신청에 의하여 허용된다)은 2002년 민사소송법 개정으로 폐지되었다(신법 제367조 본문에서는 법원은 직권 또는 당사자의 신청에 따라 당사자본인을 신문할 수 있다고 규정하고 있다).

## 39

증인신문에 관한 설명 중 옳은 것을 모두 고른 것은? (다툼이 있는 경우 판례에 의함) [18 변호사]

ㄱ. 법원은 효율적인 증인신문을 위하여 필요하다고 인정하는 때에는 증인에게 증인진술서를 제출하게 할 수 있다.

ㄴ. 법원이 증언거부권이나 선서거부권을 고지하지 않았다고 하여도 위법은 아니다.

ㄷ. 만 14세인 학생을 증인으로 신문할 때에는 선서를 시키지 못한다.

ㄹ. 증인이 자신의 직업의 비밀에 속하는 사항에 대하여 신문을 받을 때에는 해당 사항에 대한 비밀을 지킬 의무가 면제된 경우에도 증언거부권을 가진다.

ㅁ. 당사자나 법정대리인을 증인으로 신문하였다고 하더라도 지체 없이 이의권을 행사하지 않으면 그 흠이 치유된다.

① ㄱ, ㄹ
② ㄴ, ㅁ
③ ㄱ, ㄴ, ㄷ
④ ㄱ, ㄷ, ㄹ
⑤ ㄴ, ㄷ, ㅁ

## 39

**해설** ㄱ. [×]

법원은 효율적인 증인신문을 위하여 필요하다고 인정하는 때에는 **증인을 신청한 당사자에게** 증인진술서를 제출하게 할 수 있다(규칙 제79조 1항).

ㄴ. [○]

민사소송절차에 있어 법원이 증언거부권이나 선서거부권을 고지하지 않았다고 하여도 위법은 아니다.

**참고 판례** "형사소송법은 증언거부권에 관한 규정(제148조, 제149조)과 함께 재판장의 증언거부권 고지의무에 관하여도 규정하고 있는 반면(제160조), 민사소송법은 증언거부권 제도를 두면서도(제314조 내지 제316조) 증언거부권 고지에 관한 규정을 따로 두고 있지 않다. 민사소송절차에서 재판장이 증인에게 증언거부권을 고지하지 아니하였다 하여 절차위반의 위법이 있다고 할 수 없고, 따라서 적법한 선서절차를 마쳤는데도 허위진술을 한 증인에 대해서는 달리 특별한 사정이 없는 한 위증죄가 성립한다고 보아야 한다"(대판 2011.7.28. 2009도14928).

**참고 판례** "선서를 거부할 수 있는 증인이 선서를 거부하지 아니하고 증언을 한 경우에 재판장이 선서거부권이 있음을 고지하지 아니하였다고 하여 위법이라고 할 수 없다"(대판 1971.4.30. 71다452).

ㄷ. [○]

**조문** 제322조(선서무능력) 다음 각호 가운데 어느 하나에 해당하는 사람을 증인으로 신문할 때에는 선서를 시키지 못한다.

1. 16세 미만인 사람
2. 선서의 취지를 이해하지 못하는 사람

ㄹ. [×]

**조문** 제315조(증언거부권) ① 증인은 다음 각 호 가운데 어느 하나에 해당하면 증언을 거부할 수 있다.

1. 변호사·변리사·공증인·공인회계사·세무사·의료인·약사, 그 밖에 법령에 따라 비밀을 지킬 의무가 있는 직책 또는 종교의 직책에 있거나 이러한 직책에 있었던 사람이 직무상 비밀에 속하는 사항에 대하여 신문을 받을 때
2. 기술 또는 직업의 비밀에 속하는 사항에 대하여 신문을 받을 때

② 증인이 비밀을 지킬 의무가 면제된 경우에는 제1항의 규정을 적용하지 아니한다.

ㅁ. [○]

증인능력 없는 사람(당사자·법정대리인 및 당사자인 법인 등의 대표자 등)을 증인신문 한 경우라도 이는 이의권의 상실·포기에 의해 하자가 치유된다(대판 1977.10.11. 77다1316).

## 40

甲은 '乙이 丙의 甲에 대한 1억 원의 대여금 채무를 연대보증한다.'는 취지가 기재된 보증서를 증거로 제출하면서 乙에 대하여 위 1억 원의 보증금 지급을 구하는 소를 제기하였다. 이에 관한 설명 중 옳지 않은 것은? (다툼이 있는 경우 판례에 의함) [22 변호사]

① 甲이 보증서의 원본을 제출하지 않고 사본을 제출한 경우에는 원본의 존재 및 진정성립에 관하여 다툼이 있고 사본을 원본의 대용으로 하는 것에 대하여 乙로부터 이의가 있다면 사본으로써 원본을 대신할 수 없다.

② 보증서에 乙의 날인만 되어 있고 내용이 백지로 된 문서를 교부받아 제3자가 후일 그 백지 부분을 보충한 것임이 밝혀지더라도 乙의 날인이 진정한 이상 그 문서의 진정성립이 추정된다.

③ 보증서에 날인된 인영이 乙의 인장에 의하여 현출된 것이라면 그 문서 전체의 진정성립이 추정되고, 그 문서가 乙의 의사에 반하여 작성된 것이라는 점은 이를 주장하는 자가 적극적으로 증명하여야 한다.

④ 보증서에 乙이 아닌 자가 날인한 것이 밝혀진 경우에는, 甲이 그 날인 행위가 乙로부터 위임받은 정당한 권원에 의한 것이라는 사실까지 증명할 책임을 부담한다.

⑤ 乙이 보증서상의 인영이 자신의 인감도장에 의한 인영과 동일하다고 진술한 후에 스스로 그 진술을 철회하기 위해서는 재판상 자백의 취소요건을 갖추어야 한다.

## 40

정답 ②

### ① [○]

해설 **사본을 원본에 갈음하여 제출하는 경우**

判例는 "문서제출은 원본으로 하여야 하고, 원본이 아닌 사본만에 의한 증거제출은 정확성의 보증이 없어 원칙적으로 부적법하므로, 원본의 존재 및 원본의 성립의 진정에 관하여 다툼이 있고 사본을 원본의 대용으로 하는 데 대하여 상대방으로부터 이의가 있는 경우에는 사본으로써 원본을 대용할 수 없다"(대판 2004.11.12. 2002다73319)고 하였다. 즉, ⅰ) 상대방이 원본의 존재나 성립을 인정하고, ⅱ) 사본으로써 원본에 갈음하는 것에 대하여 이의가 없는 경우에는 사본의 실질적 증거력이 인정된다(대판 1992.4.28. 91다45608).

### ② [×]

해설 **작성명의인의 날인만 되어 있고 내용이 백지로 된 문서를 교부받아 내용을 보충한 문서의 증명력**

判例는 "작성명의인의 날인만 되어 있고 그 내용이 백지로 된 문서를 교부받아 후일 그 백지부분을 작성명의자가 아닌 자가 보충한 문서의 경우에 있어서는 문서제출자는 그 기재 내용이 작성명의인으로부터 위임받은 정당한 권원에 의한 것이라는 사실을 입증할 책임이 있다"(대판 2003.4.11. 2001다11406)고 하여 추정복멸설의 입장인데 작성명의인 보호측면에서 判例가 타당하다(다수설은 백지로 날인된 문서를 준 것이라면 백지보충권도 준 것이라고 보아야 하므로 문서의 진정성립은 계속 추정된다고 본다).

### ③ [○], ④ [○]

해설 **작성명의인의 인장이 날인된 문서에 관하여 다른 사람이 날인한 사실이 밝혀진 경우**

判例는 ⅰ) '인영의 진정'(인영의 동일성, 자기 인장이란 점)이 인정되면 '날인의 진정'(인장 소유자의 의사에 의해 날인된 것)이 사실상 추정되고 ⅱ) 날인의 진정이 추정되면 제358조에 의해 그 문서전체의 진정성립이 추정된다고 하여 2단계의 추정으로 형식적 증거력을 추정하고 있다(대판 1986.2.11. 85다카1009).

따라서 인영의 진정성립, 즉 날인행위가 작성 명의인의 의사에 기한 것이라는 추정은 사실상의 추정이므로, 인영의 진정성립을 다투는 자가 반증을 들어 인영의 진정성립, 즉 날인행위가 작성 명의인의 의사에 기한 것임에 관하여 법원으로 하여금 의심을 품게 할 수 있는 사정을 입증하면 그 진정성립의 추정은 깨어진다(③번 지문 해설 대판 1997.6.13. 96재다462).

그리고 "일단 인영의 진정성립이 추정되면 그 문서 전체의 진정성립이 추정되나, 위와 같은 사실상 추정은 날인행위가 작성명의인 이외의 자에 의하여 이루어진 것임이 밝혀진 경우에는 깨어지는 것이므로, 문서제출자는 그 날인행위가 작성 명의인으로부터 위임받은 정당한 권원에 의한 것이라는 사실까지 증명할 책임이 있다"(④번 지문 해설 대판 2009. 9.24. 2009다37831).

### ⑤ [○]

해설 **문서에 찍힌 인영의 진정성립에 관한 자백의 취소**

"문서의 성립에 관한 자백은 보조사실에 관한 자백이기는 하나 그 취소에 관하여는 다른 간접사실에 관한 자백취소와는 달리 주요사실의 자백취소와 동일하게 처리하여야 할 것이므로 문서의 진정성립을 인정한 당사자는 자유롭게 이를 철회할 수 없다고 할 것이고, 이는 문서에 찍힌 인영의 진정함을 인정하였다가 나중에 이를 철회하는 경우에도 마찬가지이다"(대판 2001.4.24. 2001다5654).

## 41

서증에 관한 설명 중 옳지 않은 것은? (다툼이 있는 경우 판례에 의함) [20 변호사]

① 「민법」상 사단법인 총회 등의 결의에 관한 의사정족수나 의결정족수의 충족 여부가 다투어져 총회결의의 성립 여부가 문제되는 경우, 특별한 사정이 없는 한 의사정족수 등 절차적 요건의 충족 여부는 제출된 의사록 등의 기재에 의하여 판단하여야 하고, 그 의사록 등의 증명력을 부인할 만한 특별한 사정은 결의의 효력을 다투는 측에서 구체적으로 주장·증명하여야 한다.

② 서증을 신청한 당사자가 문서의 사본을 서증으로 제출한 경우 문서 원본의 제출이 불가능한 상황에서는 원본의 제출이 요구되는 것은 아니지만, 이러한 때에는 해당 서증의 신청 당사자가 원본 부제출을 정당화할 수 있는 구체적 사유를 주장·증명하여야 한다.

③ 甲과 乙 사이의 계약서에 乙의 인장을 날인한 사람이 乙이 아니라 丙이라는 점에 대해서는 甲과 乙 사이에 다툼이 없는데, 乙은 자신이 丙에게 위 계약을 체결할 권한을 수여한 사실이 없다고 주장할 경우 위 계약서를 서증으로 제출한 甲은 丙이 乙로부터 권한을 위임받아 그 정당한 권원에 의해 乙의 인장을 날인하였음을 증명하여야 한다.

④ 甲 명의의 날인만 되어 있고 그 내용이 백지로 되어 있는 문서를 교부받아 甲이 아닌 사람이 그 백지부분을 보충한 것으로 인정되는 경우, 그 문서를 서증으로 제출한 당사자는 그 보충 기재된 내용이 甲으로부터 위임받은 정당한 권원에 의한 것이라는 점을 증명하여야 한다.

⑤ 甲은 乙에게 1억 원을 빌려 주었고 丙이 위 대여금채무를 연대보증하였다고 주장하면서 乙과 丙을 상대로 1억 원의 지급을 구하는 소를 제기하고 법원에 차용금증서를 서증으로 제출하였는데, 위 차용금증서에는 채권자가 '丁'으로, 채무자가 '戊'로, 연대보증인이 '丙'으로 기재되어 있고, 증인 A에 대한 증인신문 결과 甲과 乙 사이에 1억 원의 금전소비대차계약이 체결된 사실이 인정된 경우, 법원의 심리 결과 丙이 위 차용금증서의 실제 채무자는 乙이라는 사실과 그 실제 채권자는 甲이라는 사실을 알고 있었다는 점이 인정되더라도, 법원은 丙이 乙의 甲에 대한 위 대여금채무를 연대보증한 사실을 인정하여 甲의 丙에 대한 청구를 인용할 수 없다.

**41**                        정답 ⑤

**① [○]**

> **해설** 민법상 사단법인 총회 의사록
> "민법상 사단법인 총회 등의 결의와 관련하여 당사자 사이에 의사정족수나 의결정족수 충족 여부가 다투어져 결의의 성립 여부나 절차상 흠의 유무가 문제되는 경우로서 사단법인 측에서 의사의 경과, 요령 및 결과 등을 기재한 의사록을 제출하거나 이러한 의사의 경과 등을 담은 녹음·녹화자료 또는 녹취서 등을 제출한 때에는, 그러한 의사록 등이 사실과 다른 내용으로 작성되었다거나 부당하게 편집, 왜곡되어 증명력을 인정할 수 없다고 볼 만한 특별한 사정이 없는 한 의사정족수 등 절차적 요건의 충족 여부는 의사록 등의 기재에 의하여 판단하여야 한다. 그리고 위와 같은 **의사록 등의 증명력**을 부인할 만한 특별한 사정에 관하여는 결의의 효력을 다투는 측에서 구체적으로 주장·증명하여야 한다"(대판 2011.10.27. 2010다88682).

**② [○]**

> **해설** 원본의 존재 및 성립의 진정에 관하여 다툼이 있는 경우 원본제출이 요구되지 않는 경우와 그 증명책임의 소재
> 문서는 원본·정본 또는 인증등본의 제출이 원칙이다(제355조 1항). 사본을 원본으로서 제출하는 경우에는 그 사본이 독립한 서증이 된다고 할 것이나 그 대신 이에 의하여 원본이 제출된 것으로 되지는 아니하고, 이때에는 증거(변론 전체의 취지에 의해서는 인정될 수 없다)에 의하여 사본과 같은 원본이 존재하고 또 그 원본이 진정하게 성립하였음이 인정되지 않는 한 그와 같은 내용의 사본이 존재한다는 것 이상의 증거가치는 없다(대결 2010.1.29. 2009마2050).
> 다만, "ⅰ) 서증사본의 신청 당사자가 문서 원본을 분실하였다든가, ⅱ) 선의로 이를 훼손한 경우, 또는 ⅲ) 문서제출명령에 응할 의무가 없는 제3자가 해당 문서의 원본을 소지하고 있는 경우, ⅳ) 원본이 방대한 양의 문서인 경우 등 원본 문서의 제출이 불가능하거나 비실제적인 상황에서는 원본의 제출이 요구되지 아니한다고 할 것이지만, 그와 같은 경우라면 해당 서증의 신청당사자가 원본 부제출에 대한 정당성이 되는 구체적 사유를 주장·입증하여야 할 것이다"(대판 2002.8.23. 2000다66133).

> **비교 관례** 사본을 원본에 갈음하여 제출하는 경우 判例는 "문서제출은 원본으로 하여야 하고, 원본이 아닌 사본만에 의한 증거제출은 정확성의 보증이 없어 원칙적으로 부적법하므로, 원본의 존재 및 원본의 성립의 진정에 관하여 다툼이 있고 사본을 원본의 대용으로 하는 데 대하여 상대방으로부터 이의가 있는 경우에는 사본으로써 원본을 대용할 수 없다"(대판 2004.11.12. 2002다73319)고 하였다. 즉, ⅰ) 상대방이 원본의 존재나 성립을 인정하고, ⅱ) 사본으로써 원본에 갈음하는 것에 대하여 이의가 없는 경우에는 사본의 실질적 증거력이 인정된다(대판 1992.4.28. 91다45608).

**③ [○]**

> **해설** 작성명의인의 인장이 날인된 문서에 관하여 다른 사람이 날인한 사실이 밝혀진 경우, 문서의 진정성립이 인정되기 위하여 필요한 증명사실 및 증명책임자
> "문서에 날인된 작성명의인의 인영이 그의 인장에 의하여 현출된 것이라면 특별한 사정이 없는 한 그 인영의 진정성립, 즉 날인행위가 작성명의인의 의사에 기한 것임이 사실상 추정되고, 일단 인영의 진정성립이 추정되면 그 문서 전체의 진정성립이 추정되나, 위와 같은 사실상 추정은 날인행위가 작성명의인 이외의 자에 의하여 이루어진 것임이 밝혀진 경우에는 깨어지는 것이므로, 문서제출자는 그 날인행위가 작성명의인으로부터 위임받은 정당한 권원에 의한 것이라는 사실까지 증명할 책임이 있다"(대판 2009.9.24. 2009다37831).

**④ [○]**

> **해설** 백지문서에 날인한 경우 진정성립이 추정되는지 여부(소극 : 추정복멸설)
> 判例는 "작성명의인의 날인만 되어 있고 그 내용이 백지로 된 문서를 교부받아 후일 그 백지부분을 작성명의자가 아닌 자가 보충한 문서의 경우에 있어서는 문서제출자는 그 기재 내용이 작성명의인으로부터 위임받은 정당한 권원에 의한 것이라는 사실을 입증할 책임이 있다"(대판 2003.4.11. 2001다11406)고 하여 추정복멸설의 입장인데 작성명의인 보호측면에서 判例가 타당하다(다수설은 백지로 날인된 문서를 준 것이라면 백지보충권도 준 것이라고 보아야 하므로 문서의 진정성립은 계속 추정된다고 본다).

**⑤ [×]**

> **해설** 채권자와 주채무자 사이에 처분문서의 기재 내용과 다른 약정이 체결된 경우, 연대보증인에 대하여도 그와 같은 약정이 체결된 것으로 볼 수 있는지 여부(소극)
> "일반적으로 계약의 당사자가 누구인지는 그 계약에 관여한 당사자의 의사해석의 문제에 해당한다. 의사표시의 해석은 당사자가 그 표시행위에 부여한 객관적인 의미를 명백하게 확정하는 것으로서, 계약당사자 사이에 어떠한 계약 내용을 처분문서인 서면으로 작성한 경우에는 그 서면에 사용된 문구에 구애받는 것은 아니지만 어디까지나 당사자의 내심적 의사의 여하에 관계없이 그 서면의 기재 내용에 의하여 당사자가 그 표시행위에 부여한 객관적 의미를 합리적으로 해석하여야 하며, 이 경우 문언의 객관적인 의미가 명확하다면, 특별한 사정이 없는 한 문언대로의 의사표시의 존재와 내용을 인정하여야 한다. 다만 처분문서라 할지라도 그 기재 내용과 다른 명시적, 묵시적 약정이 있는 사실이 인정될 경우에는 그 기재 내용과 다른 사실을 인정할 수는 있으나, 그와 같은 경우에도 주채무에 관한 계약과 연대보증계약은 별개의 법률행위이므로 처분문서의 기재 내용과 다른 명시적, 묵시적 약정이 있는지 여부는 주채무자와 연대보증인에 대하여 개별적으로 판단하여야 한다"(대판 2011.1.27. 2010다81957).

## 42

甲은 乙에게 대여금반환청구의 소를 제기하면서 乙명의의 차용증서를 증거로 제출하였다. 다음 설명 중 옳지 않은 것은? (다툼이 있는 경우에는 판례에 의함) [14 변호사]

① 차용증서에 날인된 乙의 인영이 그의 인장에 의하여 현출된 것이라면 특단의 사정이 없는 한 그 인영의 진정성립, 즉 날인행위가 乙의 의사에 기한 것임이 추정되고, 일단 인영의 진정성립이 추정되면 민사소송법 제358조에 의하여 차용증서 전체의 진정성립이 추정된다.

② 위 ①의 경우, 乙이 반증을 들어 인영의 진정성립에 관하여 법원으로 하여금 의심을 품게 할 수 있는 사정을 증명하면 그 진정성립의 추정은 깨어진다.

③ 만약 乙이 백지로 된 문서에 날인만 하여 甲에게 교부하였다고 주장한다면, 문서를 백지에 날인만을 하여 교부하여 준다는 것은 이례에 속하는 것이므로 乙이 차용증서의 진정성립의 추정력을 뒤집으려면 그럴만한 합리적인 이유와 이를 뒷받침할 간접반증 등의 증거가 필요하다.

④ 甲이 제출한 차용증서가 乙이 백지로 된 문서에 날인한 후 乙이 아닌 자에 의하여 백지부분이 보충되었음이 밝혀진 경우에는 그것이 권한 없는 자에 의하여 이루어진 것이라는 점에 관하여 乙에게 증명책임이 있다.

⑤ 만약 차용증서의 진정성립이 인정되면 법원은 그 기재내용을 부인할 만한 분명하고도 수긍할 수 있는 반증이 없는 한 그 차용증서에 기재되어 있는 문언대로의 의사표시의 존재와 내용을 인정하여야 한다.

**42**　　　　　　　　　　　　　　　　　　정답 ④

① [○]

**애설** "문서에 날인된 작성명의인의 인영이 작성 명의인의 인장에 의하여 현출된 인영임이 인정되는 경우에는 특단의 사정이 없는 한 그 인영의 성립 즉 날인행위가 작성명의인의 의사에 기하여 진정하게 이루어진 것으로 추정되고 일단 인영의 진정성립이 추정되면 민사소송법 제329조(현행 민사소송법 제358조)의 규정에 의하여 그 문서전체의 진정성립까지 추정된다"(대판 1986.2.11. 85다카1009).

② [○]

**애설** "인영의 진정성립, 즉 날인행위가 작성 명의인의 의사에 기한 것이라는 추정은 사실상의 추정이므로, 인영의 진정성립을 다투는 자가 반증을 들어 인영의 진정성립, 즉 날인행위가 작성 명의인의 의사에 기한 것임에 관하여 법원으로 하여금 의심을 품게 할 수 있는 사정을 입증하면 그 진정성립의 추정은 깨어진다"(대결 1997.6.13. 96재다462).

③ [○]

**애설** "문서를 백지에 서명만을 하여 교부하여 준다는 것은 이례에 속하는 것이므로 그 문서의 진정성립의 추정력을 뒤집으려면 그럴 만한 합리적인 이유와 이를 뒷받침할 증거가 필요하다"(대판 1988.9.27. 85다카1397).

④ [×]

**애설** "문서에 날인된 작성명의인의 인영이 작성명의인의 인장에 의하여 현출된 것임이 인정되는 경우에는 특단의 사정이 없는 한 그 인영의 진정성립 및 그 문서 전체의 진정성립까지 추정되는 것이기는 하나, 이는 어디까지나 먼저 내용기재가 이루어진 뒤에 인영이 압날된 경우에만 그러한 것이며 작성명의인의 날인만 되어 있고 그 내용이 백지로 된 문서를 교부받아 후일 그 백지 부분을 작성명의자가 아닌 자가 보충한 문서의 경우에 있어서는 **문서제출자는 그 기재 내용이 작성명의인으로부터 위임받은 정당한 권원에 의한 것이라는 사실을 입증할 책임이 있으며**, 이와 같은 법리는 그 문서가 처분문서라고 하여 달라질 것은 아니다"(대판 2000.6.9. 99다37009).

▶ 따라서 乙이 아니라, 甲에게 백지부분 보충이 권한 있는 자에 의한 것이라는 점에 관하여 증명책임이 있다.

⑤ [○]

**애설** "처분문서의 진정성립이 인정되는 이상 법원은 그 문서의 기재 내용에 따른 의사표시의 존재 및 내용을 인정하여야 하나, 그 기재 내용을 부인할 만한 분명하고도 수긍할 수 있는 반증이 인정될 경우에는 그 기재 내용과 다른 사실을 인정할 수 있다"(대판 2010.11.11. 2010다56616).

## 43

甲은 乙을 상대로 대여금반환청구의 소를 제기하고 乙 명의의 차용증을 증거로 제출하였다. 이에 관한 설명 중 옳지 않은 것은? (다툼이 있는 경우 판례에 의함) [17 변호사]

① 甲이 차용증 원본에 갈음하여 그 사본을 제출하였는데 차용증의 존재 및 원본의 성립의 진정에 관하여 다툼이 있고 사본을 원본에 갈음하는 데 대하여 乙로부터 이의가 있다면 사본으로써 원본에 갈음할 수 없다.

② 차용증의 진정성립은 제출자인 甲이 증명하여야 한다.

③ 乙의 날인만 되어 있고 내용이 백지로 된 차용증의 백지부분을 제3자인 丙이 후일 보충하였더라도 그 인영이 乙의 인장에 의한 것이라는 사실이 인정된다면 차용증의 진정성립은 추정된다.

④ 제3자인 丙이 乙의 인장으로 차용증에 날인하였는데 丙에게 乙을 대리할 권한이 있었는지에 관하여 다툼이 있는 경우, 甲은 丙의 날인행위가 정당한 권원에 의한 것이라는 사실을 증명할 책임이 있다.

⑤ 법원은 차용증의 기재내용과 다른 명시적, 묵시적 약정사실이 인정될 경우에 그 기재내용과 다른 사실을 인정할 수 있다.

## 43                                                      정답 ③

**① [○]**

> **해설** 사본을 원본에 갈음하여 제출하는 경우 判例는 "문서제출은 원본으로 하여야 하고, 원본이 아닌 사본만에 의한 증거제출은 정확성의 보증이 없어 원칙적으로 부적법하므로, 원본의 존재 및 원본의 성립의 진정에 관하여 다툼이 있고 사본을 원본의 대용으로 하는 데 대하여 상대방으로부터 이의가 있는 경우에는 사본으로써 원본을 대용할 수 없다"(대판 2004. 11.12. 2002다73319)고 하였다. 즉, ⅰ) 상대방이 원본의 존재나 성립을 인정하고, ⅱ) 사본으로써 원본에 갈음하는 것에 대하여 이의가 없는 경우에 사본의 실질적 증거력이 인정된다(대판 1992.4.28. 91다45608).

> **비교판례** 반면에 **사본 그 자체를 원본으로서 제출하는 경우**에는 그 사본이 독립한 서증이 된다고 할 것이나 그 대신 이에 의하여 원본이 제출된 것으로 되지는 아니하고, 이때에는 증거(변론 전체의 취지에 의해서는 인정될 수 없다)에 의하여 사본과 같은 원본이 존재하고 또 그 원본이 진정하게 성립하였음이 인정되지 되지 않는 한 그와 같은 내용의 사본이 존재한다는 것 이상의 증거가치는 없다(대결 2010.1.29. 2009마2050).

> **비교판례** 다만, "ⅰ) 서증사본의 신청 당사자가 문서 원본을 분실하였다든가, ⅱ) 선의로 이를 훼손한 경우, 또는 ⅲ) 문서제출명령에 응할 의무가 없는 제3자가 해당 문서의 원본을 소지하고 있는 경우, ⅳ) 원본이 방대한 양의 문서인 경우 등 원본 문서의 제출이 불가능하거나 비실제적인 상황에서는 원본의 제출이 요구되지 아니한다고 할 것이지만, 그와 같은 경우라면 해당 서증의 신청당사자가 원본 부제출에 대한 정당성이 되는 **구체적 사유를 주장·입증하여야 할 것이다**"(대판 2002.8. 23. 2000다66133)라고 판시한 경우도 있다.

**② [○]**

> **해설** 사문서는 그것이 진정한 것임을 증명하여야 하므로(제357조), 제출자가 성립의 진정을 증명하여야 한다.

**③ [×]**

> **해설** "작성명의인의 날인만 되어 있고 그 내용이 백지로 된 문서를 교부받아 후일 그 백지 부분을 작성명의자가 아닌 자가 보충한 문서의 경우에 있어서는 문서 제출자는 그 기재 내용이 작성명의인으로부터 위임받은 정당한 권원에 의한 것이라는 사실까지 입증할 책임이 있다"(대판 1997.12.12. 97다38190).

**④ [○]**

> **해설** "문서에 날인된 작성명의인의 인영이 그의 인장에 의하여 현출된 것이라면 특별한 사정이 없는 한 그 인영의 진정성립, 즉 날인행위가 작성명의인의 의사에 기한 것임이 사실상 추정되고, 일단 인영의 진정성립이 추정되면 그 문서 전체의 진정성립이 추정되나, 위와 같은 사실상 추정은 날인행위가 작성명의인 이외의 자에 의하여 이루어진 것임이 밝혀진 경우에는 깨어지는 것이므로, 문서제출자는 그 날인행위가 작성명의인으로부터 위임받은 정당한 권원에 의한 것이라는 사실까지 증명할 책임이 있다"(대판 2009.9.24. 2009다37831).

**⑤ [○]**

> **해설** "처분문서라 할지라도 그 기재 내용과 다른 명시적, 묵시적 약정이 있는 사실이 인정될 경우에는 그 기재 내용과 다른 사실을 인정할 수 있다"(대판 2006.4.13. 2005다34643).

## 44

증명책임의 소재에 관한 설명 중 옳은 것을 모두 고른 것은?
(다툼이 있는 경우에는 판례에 의함)　　　　[13 변호사]

> ㄱ. 甲이 乙을 상대로 확정된 지급명령에 대한 청구이의의
> 소를 제기한 경우, 甲이 乙의 채권이 성립하지 아니하
> 였음을 주장하면 乙은 채권의 발생원인 사실을 증명하
> 여야 한다.
>
> ㄴ. 甲이 채권자 乙로부터 채무자 丙에 대한 채권을 양수
> 할 당시 그 채권에 관한 양도금지 특약의 존재를 알고
> 있거나 그 특약의 존재를 알지 못함에 중대한 과실이
> 있다면 丙은 甲에 대하여 그 특약으로써 대항할 수
> 있고, 甲의 악의 내지 중과실은 채권양도금지의 특약
> 으로 甲에게 대항하려는 丙이 증명하여야 한다.
>
> ㄷ. 甲이 乙을 상대로 피담보채권이 성립되지 아니하였
> 음을 원인으로 하여 X 토지에 관하여 乙 명의로 마
> 쳐진 근저당권설정등기의 말소를 구하는 경우, 근저
> 당권의 성립 당시 근저당권의 피담보채권을 성립시
> 키는 법률행위가 없었다는 사실은 근저당권설정등기
> 의 말소를 구하는 甲이 증명하여야 한다.
>
> ㄹ. 상대방과 통정한 허위의 의사표시는 무효이나, 그 의
> 사표시의 무효는 선의의 제3자에게 대항하지 못하는
> 데, 제3자가 선의라는 사실은 그 허위표시의 유효를
> 주장하는 자가 증명하여야 한다.
>
> ㅁ. 임대인 甲이 임차인 乙을 상대로 임차건물이 화재로
> 소실되어 목적물 반환의무가 이행불능이 되었음을
> 원인으로 한 손해배상을 구하는 소를 제기한 경우,
> 甲은 乙의 귀책사유로 위 목적물 반환의무가 이행불
> 능이 되었음을 증명하여야 한다.

① ㄱ
② ㄱ, ㄴ
③ ㄱ, ㄴ, ㄷ
④ ㄴ, ㄷ, ㄹ
⑤ ㄴ, ㄷ, ㄹ, ㅁ

## 44
정답 ②

**해설** ㄱ. [○]

"확정된 지급명령의 경우 그 지급명령의 청구원인이 된 청구권에 관하여 지급명령 발령 전에 생긴 불성립이나 무효 등의 사유를 그 지급명령에 관한 이의의 소에서 주장할 수 있고, 이러한 청구이의의 소에서 청구이의 사유에 관한 증명책임도 일반 민사소송에서의 증명책임 분배의 원칙에 따라야 한다. 따라서 확정된 지급명령에 대한 청구이의 소송에서 원고가 피고의 채권이 성립하지 아니하였음을 주장하는 경우에는 피고에게 채권의 발생원인 사실을 증명할 책임이 있고, 원고가 그 채권이 통정허위표시로서 무효라거나 변제에 의하여 소멸되었다는 등 권리 발생의 장애 또는 소멸사유에 해당하는 사실을 주장하는 경우에는 원고에게 그 사실을 증명할 책임이 있다"(대판 2010.6.24. 2010다128520).

ㄴ. [○]

"채무자는 제3자가 채권자로부터 채권을 양수한 경우 채권양도금지 특약의 존재를 알고 있는 양수인이나 그 특약의 존재를 알지 못함에 중대한 과실이 있는 양수인에게 그 특약으로써 대항할 수 있고, 여기서 말하는 '중과실'이란 통상인에게 요구되는 정도의 상당한 주의를 하지 않더라도 약간의 주의를 한다면 손쉽게 그 특약의 존재를 알 수 있음에도 불구하고 그러한 주의조차 기울이지 아니하여 특약의 존재를 알지 못한 것을 말하며, 제3자의 악의 내지 중과실은 채권양도금지의 특약으로 양수인에게 대항하려는 자가 이를 주장·증명하여야 한다"(대판 2010.5.13. 2010다8310).

ㄷ. [×]

"근저당권은 그 담보할 채무의 최고액만을 정하고, 채무의 확정을 장래에 보류하여 설정하는 저당권으로서(민법 제357조 제1항), 계속적인 거래관계로부터 발생하는 다수의 불특정채권을 장래의 결산기에서 일정한 한도까지 담보하기 위한 목적으로 설정되는 담보권이므로, 근저당권설정행위와는 별도로 근저당권의 피담보채권을 성립시키는 법률행위가 있어야 하고, 근저당권의 성립 당시 근저당권의 피담보채권을 성립시키는 법률행위가 있었는지 여부에 대한 입증책임은 그 존재를 주장하는 측에 있다"(대판 2009.12.24. 2009다72070 ; 대판 2011.4.28. 2010다107408).

ㄹ. [×]

"민법 제108조 제1항에서 상대방과 통정한 허위의 의사표시를 무효로 규정하고, 제2항에서 그 의사표시의 무효는 선의의 제3자에게 대항하지 못한다고 규정하고 있는데, 여기에서 제3자는 특별한 사정이 없는 한 선의로 추정할 것이므로, 제3자가 악의라는 사실에 관한 주장·입증책임은 그 허위표시의 무효를 주장하는 자에게 있다"(대판 2003.12.26. 2003다50078,50085 등).

ㅁ. [×]

"임차인은 임차건물의 보존에 관하여 선량한 관리자의 주의의무를 다하여야 하고, 임차인의 임차물반환채무가 이행불능이 된 경우, 임차인이 그 이행불능으로 인한 손해배상책임을 면하려면 그 이행불능이 임차인의 귀책사유로 말미암은 것이 아님을 입증할 책임이 있다"(대판 2006.1.13. 2005다51013, 51020).[6) 따라서 "임차건물이 화재로 소훼된 경우에 있어서 그 화재의 발생원인이 불명인 때에도 임차인이 그 책임을 면하려면 그 임차건물의 보존에 관하여 선량한 관리자의 주의의무를 다하였음을 입증하여야 하며(대판 2001.1.19. 2000다57351), 이러한 법리는 임대차의 종료 당시 임차목적물 반환채무가 이행불능 상태는 아니지만 반환된 임차건물이 화재로 인하여 훼손되었음을 이유로 손해배상을 구하는 경우에도 동일하게 적용되고, 나아가 그 임대차계약이 임대인의 수선의무 지체로 해지된 경우라도 마찬가지다"(대판 2010.4.29. 2009다96984).

**비교판례** 그러나 "임차건물이 '임대인의 지배관리 영역 내'에 있는 부분의 화재로 소훼된 경우 임차인의 선관주의의무의 위반을 임대인이 입증하여야 임차인에게 손해배상책임을 지울 수 있다"(대판 2006.2.10. 2005다65623).

---

6) "임차건물이 건물구조의 일부인 전기배선의 이상으로 인한 화재로 소훼되어 임차인의 임차목적물반환채무가 이행불능이 되었다고 하더라도, 당해 임대차가 장기간 계속되었고 화재의 원인이 된 전기배선을 임차인이 직접 하였으며 임차인이 전기배선의 이상을 미리 알았거나 알 수 있었던 경우에는, 당해 전기배선에 대한 관리는 임차인의 지배관리 영역 내에 있었다 할 것이므로, 위와 같은 전기배선의 하자로 인한 화재는 특별한 사정이 없는 한 임차인이 임차목적물의 보존에 관한 선량한 관리자의 주의의무를 다하지 아니한 결과 발생한 것으로 보아야 한다"는 이유로 임차인의 손해배상책임을 인정한 사례이다.

## 45

**증명책임에 관한 설명 중 옳지 않은 것은? (다툼이 있는 경우에는 판례에 의함)** [14 변호사]

① 채무불이행으로 인한 손해배상액이 예정되어 있는 경우 채권자는 채무불이행 사실만 증명하면 손해의 발생 및 그 액수를 증명하지 아니하고 예정배상액을 청구할 수 있고, 채무자는 자신의 과실없음을 항변하지 못한다.

② 점유자가 점유취득시효를 주장하는 경우 스스로 소유의 의사를 증명할 책임은 없고, 점유자의 점유가 소유의 의사가 없는 점유임을 주장하여 취득시효 성립을 부정하는 자에게 증명책임이 있다.

③ 피해자가 가해자를 상대로 대기오염이나 수질오염에 의한 공해로 인한 손해배상을 청구하는 소송에 있어서 가해자가 어떠한 유해한 원인물질을 배출하고 그것이 피해물건에 도달하여 손해가 발생하였음을 피해자가 증명하였다면, 가해자가 그것이 무해하다는 것을 증명하여야 한다.

④ 채무부존재확인소송에서 채무자가 먼저 청구를 특정하여 채무발생원인사실을 부정하는 주장을 하면, 채권자는 권리관계의 요건사실에 관하여 주장·증명책임을 부담한다.

⑤ 사해행위취소소송에서 사해행위의 취소를 구하는 채권자가 채무자의 수익자에 대한 금원지급행위를 증여라고 주장함에 대하여, 수익자는 이를 기존 채무에 대한 변제로서 받은 것이라고 다투고 있는 경우 그 금원지급행위가 증여에 해당한다는 사실은 취소를 구하는 채권자가 증명하여야 한다.

## 45                                              정답 ①

① [×]

해설 "채무불이행으로 인한 손해배상액이 예정되어 있는 경우에는 채권자는 채무불이행 사실만 증명하면 손해의 발생 및 그 액을 증명하지 아니하고 예정배상액을 청구할 수 있고, 채무자는 채권자와 채무불이행에 있어 채무자의 귀책사유를 묻지 아니한다는 약정을 하지 아니한 이상 자신의 귀책사유가 없음을 주장·입증함으로써 예정배상액의 지급책임을 면할 수 있다"(대판 2007.12.27. 2006다9408). 따라서 채무자는 자신의 과실 없음을 항변할 수 있다.

② [○]

해설 "민법 제197조 제1항에 의하면, 물건의 점유자는 소유의 의사로 점유한 것으로 추정되므로, 점유자가 취득시효를 주장하는 경우 스스로 소유의 의사를 증명할 책임은 없고, 점유자의 점유가 소유의 의사가 없는 점유임을 주장하여 취득시효 성립을 부정하는 자에게 증명책임이 있다"(대판 2011.7.28. 2011다15094).

③ [○]

해설 "공해로 인한 손해배상청구소송에 있어서는 가해행위와 손해 발생 사이의 인과관계의 고리를 모두 자연과학적으로 증명하는 것은 곤란 내지 불가능한 경우가 대부분이고, 가해기업은 기술적·경제적으로 피해자보다 원인조사가 용이할 뿐 아니라 자신이 배출하는 물질이 유해하지 않다는 것을 입증할 사회적 의무를 부담한다고 할 것이므로, 가해기업이 배출한 어떤 물질이 피해 물건에 도달하여 손해가 발생하였다면 가해자측에서 그 무해함을 입증하지 못하는 한 책임을 면할 수 없다고 봄이 사회 형평의 관념에 적합하다"(대판 2004.11.26. 2003다2123).

관련 판례 判例는 김양식장 피해사건에서 "ⅰ) 피고공장에서 김의 생육에 악영향을 줄 수 있는 폐수가 배출되고 ⅱ) 그 폐수중의 일부가 해류를 통하여 이 사건 어장에 도달되었으며, ⅲ) 그 후 김에 피해가 있었다는 사실이 각 모순 없이 증명되는 이상 피고의 위 폐수의 배출과 원고가 양식하는 김에 병해가 발생하여 입은 손해와의 사이에 일응 인과관계의 증명이 있다고 보아야 할 것이고, 이러한 사정아래서 폐수를 배출하고 있는 피고로서는 ⅰ) 피고공장 폐수 중에는 김의 생육에 악영향을 끼칠 수 있는 원인물질이 들어 있지 않으며 또는 ⅱ) 원인물질이 들어 있다 하더라도 그 혼합율이 안전농도 범위 내에 속한다는 사실을 반증을 들어 인과관계를 부정하지 못하는 이상 그 불이익은 피고에게 돌려야 마땅할 것이다"(대판 1981.9.22. 81다588)라고 판시하고 있다. 그 동안 하급심에서는 피해자가 위 세 가지 사유 이외에 '피해과정 및 오염물질의 분량의 존재'까지 입증할 것을 요구하였는데, 위 판결은 이를 입증의 대상에서 제외함으로써 피해자의 입증곤란에서 오는 어려움을 덜어준 것이다.

참고 판례 ㉠ 判例는 의료과오소송에서 "ⅰ) 피해자측에서 일련의 의료행위 과정에 있어서 저질러진 일반의 상식에 바탕을 둔 의료상의 과실있는 행위를 입증하고, ⅱ) 그 결과와의 사이에 일련의 의료행위 외에 다른 원인이 개재될 수 없다는 점을 증명한 경우에 있어서는, 의료행위를 한 측이 그 결과가 의료상의 과실로 말미암은 것이 아니라 전혀 다른 원인으로 말미암은 것이라는 입증을 하지 아니하는 이상 의료상 과실과 결과 사이의 인과관계를 추정"(대판 1995.2.10. 93다52402 등)한다. 실무는 수술 전의 사전검사에서 특이증상이 발견되지 않았는데 환자가 치료 도중 사망하거나(가령 대판 1995.2.10. 93다52402), 수술 후의 증상을 초래할 만한 특별한 원인이나 증상이 관찰되지 않았는데도 치료 후유증이 나타난 경우(가령 대판 1995.3.10. 94다39567)에 과실을 추정한다.

㉡ 判例는 제조물책임소송에서 "그 제품이 정상적으로 사용되는 상태에서 사고가 발생한 경우, 소비자 측에서 ⅰ) 그 사고가 제조업자의 배타적 지배하에 있는 영역에서 발생하였다는 점과 ⅱ) 그 사고가 어떤 자의 과실 없이는 통상 발생하지 않는다고 하는 사정을 증명하면, 제조업자 측에서 그 사고가 제품의 결함이 아닌 다른 원인으로 말미암아 발생한 것임을 입증하지 못하는 이상 그 제품에 결함이 존재하며, 그 결함으로 말미암아 사고가 발생하였다고 추정된다"(대판 2000.2.25. 98다15934)고 판시하고 있다.

④ [○]

해설 "금전채무부존재확인소송에 있어서는, 채무자인 원고가 먼저 청구를 특정하여 채무발생원인사실을 부정하는 주장을 하면 채권자인 피고는 권리관계의 요건사실에 관하여 주장·입증책임을 부담한다"(대판 1998.3.13. 97다45259).

⑤ [○]

해설 "사해행위의 취소를 구하는 채권자가 채무자의 수익자에 대한 금원지급행위를 증여라고 주장함에 대하여, 수익자는 이를 기존 채무에 대한 변제로서 받은 것이라고 다투고 있는 경우, 이는 채권자의 주장사실에 대한 부인에 해당할 뿐 아니라, 위 법리에서 보는 바와 같이 채무자의 금원지급행위가 증여인지, 변제인지에 따라 채권자가 주장·입증하여야 할 내용이 크게 달라지게 되므로, 결국 위 금원지급행위가 사해행위로 인정되기 위하여는 그 금전지급행위가 증여에 해당한다는 사실이 입증되거나 변제에 해당하지만 채권자를 해할 의사 등 앞서 본 특별한 사정이 있음이 입증되어야 할 것이고, 그에 대한 입증책임은 사해행위를 주장하는 측에 있다고 할 것이다"(대판 2007.5.31. 2005다28686).

## 46

甲이 A법원에 乙을 상대로 제기한 대여금반환청구의 제1심 소송절차에 관한 설명 중 옳은 것을 모두 고른 것은? (다툼이 있는 경우 판례에 의함) [17 변호사]

ㄱ. 乙이 이 사건에 관하여 B법원에서만 재판을 받기로 甲과 합의하였음에도 변론기일에 출석하여 이를 주장하지 않으면서 변제 주장을 하였다면 A법원은 관할권을 가진다.

ㄴ. 甲과 乙 사이에 금원의 수수가 있다는 사실에 관하여 다툼이 없다고 하여도 대여 사실에 관한 증명책임은 甲에게 있다.

ㄷ. 乙이 위 채무의 변제조로 금원을 지급한 사실을 주장함에 대하여 甲이 이를 수령한 사실을 인정하고서 다만 다른 채무의 변제에 충당하였다고 주장하는 경우, 甲은 다른 채권이 존재하는 사실과 다른 채권에 대한 변제충당의 합의가 있었다거나 다른 채권이 법정충당의 우선순위에 있다는 사실을 주장, 증명하여야 한다.

ㄹ. 乙의 변제 주장이 인정되지 아니하는 경우, 법원이 판결 이유에서 변제 주장을 배척하는 판단을 하지 않는다면 그 판결은 판단누락의 위법이 있다.

① ㄱ, ㄷ
② ㄷ, ㄹ
③ ㄱ, ㄴ, ㄹ
④ ㄴ, ㄷ, ㄹ
⑤ ㄱ, ㄴ, ㄷ, ㄹ

**46** 정답 ⑤

**해설** ㄱ. [○]

**조문** 제30조 (변론관할) 「피고가 제1심법원에서 관할위반이라고 항변하지 아니하고 본안에 대하여 변론하거나 변론준비기일에서 진술하면 그 법원은 관할권을 가진다.」

**관할합의의 모습이 전속적이더라도 그 성질은 임의관할**이므로, 원고가 합의를 무시하고 다른 법원에 제기해도 피고가 관할위반의 항변 없이 본안에 관한 변론을 한 때에는 피고의 거동에 의한 변론관할이 생길 수 있다.

ㄴ. [○]

"당사자간에 금원의 수수가 있다는 사실에 관하여 다툼이 없다고 하여도 원고가 이를 수수한 원인은 소비임차라 하고 피고는 그 수수의 원인을 다툴 때에는 그것이 소비임차로 인하여 수수되었다는 것은 이를 주장하는 원고가 입증할 책임이 있다"(대판 1972.12.12. 72다221).

ㄷ. [○]

"채무자가 특정한 채무의 변제조로 금원 등을 지급한 사실을 주장함에 대하여, 채권자가 이를 수령한 사실을 인정하고서 다만 타 채무의 변제에 충당하였다고 주장하는 경우에는, 채권자는 타 채권이 존재하는 사실과 타 채권에 대한 변제충당의 합의가 있었다거나 타 채권이 법정충당의 우선순위에 있다는 사실을 주장·입증하여야 한다"(대판 1999.12.10. 99다14433).

ㄹ. [○]

乙의 변제 주장은 항변이다. 판결이유의 설시에 있어서 원고의 청구가 인용될 때에는 피고의 항변을 배척하는 판단을 요하며 그렇지 않으면 판단누락의 위법을 면치 못한다(대판 1965.1.19. 64다1437).

**쟁점 정리** ㉠ 자기에게 증명책임이 있는 사실의 주장은 **항변**이 되고, 그렇지 않은 사실의 주장은 **부인**이 된다. ㉡ 주장이 인정되지 않을 경우 **부인**은 판결 이유에서 판단하지 않아도 되나(대판 1967.12.19. 66다2291), **항변**에 대해서는 따로 판단하여야 하며 이를 누락한 경우 판단누락의 위법이 있어 상고이유(제424조 제1항 6호)·재심사유(제451조 제1항 9호)가 된다.

## 47

**당사자의 사망에 관한 설명 중 옳지 않은 것은? (다툼이 있는 경우 판례에 의함)**　　　　　　　　[20 변호사]

① 소 제기 당시 이미 사망한 사실을 모르고 원고가 사망한 자를 피고로 표시하여 소를 제기한 경우, 실질적인 피고가 사망자의 상속인이고 다만 그 표시에 잘못이 있는 것에 지나지 않는다고 인정되면, 상고심에서도 사망자의 상속인으로 피고표시정정을 할 수 있다.

② 甲이 소송대리인에게 소송위임을 한 다음 소 제기 전에 사망하였는데, 소송대리인이 甲이 사망한 것을 모르고 甲을 원고로 표시하여 소를 제기하였다면, 소 제기는 적법하고 시효중단 등 소 제기의 효력은 甲의 상속인들에게 귀속된다.

③ 신청 당시 이미 사망한 자를 채무자로 한 처분금지가처분 인용결정이 있어 그 가처분등기가 마쳐진 경우, 채무자의 상속인은 위 가처분등기를 말소하기 위하여 위 결정에 대한 이의신청을 할 수 있으나, 부동산소유권이전등기청구권 보전을 위한 위 가처분의 본안소송에서 승소한 채권자가 그 확정판결에 기하여 소유권이전등기를 마치면 특별한 사정이 없는 한 위 결정에 대한 이의신청을 할 수 없다.

④ 소송계속 중 어느 일방 당사자의 사망에 의한 소송절차의 중단을 간과하고 변론이 종결되어 제1심 판결이 선고된 경우, 위 판결은 당연무효가 아니고 항소의 대상이 된다.

⑤ 신청 당시 이미 사망한 자를 채무자로 한 처분금지가처분 결정은 당연무효이므로 그 효력이 상속인에게 미치지 아니한다.

# 47

정답 ①

**① [×]**

**해설** 상고심에서의 당사자 표시정정(불허)

대법원은 법률심인 상고심에 이르러서는 당사자표시정정의 방법으로 흠결을 보정할 수 없다는 입장이다. 즉, 判例는 필수적 공동소송인 공유물분할청구의 소에서 공동소송인 중 1인이 소제기전 사망한 사건에서 "민사소송에서 소송당사자의 존재나 당사자능력은 소송요건에 해당하고, 이미 사망한 자를 상대로 한 소의 제기는 소송요건을 갖추지 않은 것으로서 부적법하며, 상고심에 이르러서는 당사자표시정정의 방법으로 그 흠결을 보정할 수 없다"(대판 2012.6.14. 2010다105310)고 하여 제소전 사망을 간과한 원심의 본안판결에 대하여 상고심은 원심판결을 파기하고 전체 소를 각하하여야 한다고 한다.

**비교판례** 항소심에서의 당사자 표시정정(원칙적으로 허용, 예외적으로 불허)

항소심이 제1심의 속심이고 사실심이라는 점, 당사자의 동일성을 해하지 않는다는 점에서 항소심에서의 당사자 표시정정은 상대방의 동의 없이 허용된다(대판 1978.8.22. 78다1205 : 반면 피고의 경정은 제1심 변론종결시까지만 허용된다. 제260조 1항)

그러나 제1심의 당사자표시정정에서 누락된 상속인을 항소심에서 정정추가하는 것은 1심에서 절차관여가 없었던 누락상속인의 심급의 이익을 침해할 수 있기 때문에 허용될 수 없다(대판 1974.7.16. 73다1190).

**② [○]**

**해설** 당사자가 소송대리인에게 소송위임을 한 다음 소 제기 전에 사망한 경우

判例는 "당사자가 사망하더라도 소송대리인의 소송대리권은 소멸하지 아니하므로(제95조 제1호), 당사자가 소송대리인에게 소송위임을 한 다음 소 제기 전에 사망하였는데 소송대리인이 당사자가 사망한 것을 모르고 당사자를 원고로 표시하여 소를 제기하였다면 소의 제기는 적법하고, 시효중단 등 소 제기의 효력은 상속인들에게 귀속된다. 이 경우 제233조 제1항이 유추적용되어 사망한 사람의 상속인들은 소송절차를 수계하여야 한다"(대판 2016.4.29. 2014다210449)고 판시하였다. 이 경우에도 소송대리인이 있으므로 소송절차는 중단되지 아니한다(대판 2016.4.29. 2014다210449).

**쟁점정리** 위 判例는 중단부분에 대해서는 제238조에 따라 제233조 1항을 적용하지 아니함으로써 소송절차가 중단되지 않지만, 수계에 대해서는 제233조 1항의 유추적용을 인정하고 있다(제238조 적용, 그러나 제233조 1항 유추적용). 따라서 위 判例는 소송대리인이 있는 경우이지만 수계절차가 요구된다는 것이 또 하나의 쟁점이 됨을 주의해야 한다.

**③ [○], ⑤ [○]**

**해설** 사망한 자를 채무자로 한 처분금지가처분결정의 효력(무효) 및 부동산소유권이전등기청구권 보전을 위한 가처분 후 본안승소판결에 기한 소유권이전등기가 이루어진 경우, 그 가처분에 대한 이의신청을 할 이익이 있는지 여부(소극)

"이미 사망한 자를 채무자로 한 처분금지가처분신청은 부적법하고 그 신청에 따른 처분금지가처분결정이 있었다고 하여도 그 결정은 당연무효로서 그 효력이 상속인에게 미치지 않는다고 할 것이므로, 채무자의 상속인은 일반승계인으로서 무효인 그 가처분결정에 의하여 생긴 외관을 제거하기 위한 방편으로 가처분결정에 대한 이의신청으로써 그 취소를 구할 수 있다고 할 것이나(⑤번 지문 해설), 부동산소유권이전등기청구권 보전을 위한 가처분의 본안소송에서 승소한 채권자가 그 확정판결에 기하여 소유권이전등기를 경료하게 되면 가처분의 목적이 달성되어 그 가처분은 이해관계인의 신청에 따라 집행법원의 촉탁으로 말소될 운명에 있는 것이므로, 특별한 사정이 없는 한 가처분에 대한 이의로 그 결정의 취소를 구할 이익이 없다고 할 것이다(③번 지문 해설)"(대판 2002.4.26. 2000다30578).

**④ [○]**

**해설** 절차중단 사유를 간과한 판결의 효력

대법원은 "소송계속 중 어느 일방 당사자의 사망에 의한 소송절차 중단을 간과하고 변론이 종결되어 판결이 선고된 경우에는 ⅰ) 상속인과의 관계에서 대립당사자구조가 존재하고 다만 수계시까지 절차가 중단될 뿐인바, ⅱ) 그 판결은 소송에 관여할 수 있는 적법한 수계인의 권한을 배제한 결과가 되는 절차상 위법은 있지만 그 판결이 당연무효라 할 수는 없고, ⅲ) 다만 그 판결은 대리인에 의하여 적법하게 대리되지 않았던 경우와 마찬가지로 보아 **대리권흠결을 이유로 상소**(제424조 1항 4호) 또는 재심(제451조 1항 3호)에 의하여 그 취소를 구할 수 있을 뿐이다"(대판 1995.5.23. 94다28444)라고 판시하여 종래의 당연무효로 보던 입장에서 위법설의 입장으로 변경하였다.[7]

---

7) [학설] ① 무효설은 당연승계가 부정되므로 대립당사자구조가 파괴되었다는 점을 근거로 하고, ② 위법설은 당연승계를 인정하여 수계절차가 없었다는 절차상 하자가 있을 뿐임을 근거로 한다.

## 48

甲은 乙을 상대로 매매를 원인으로 한 소유권이전등기청구의 소를 제기하기 위하여 변호사 A를 소송대리인으로 선임하였는데, A가 법원에 소장을 제출하기 전에 甲이 사망하였고, A는 그러한 사실을 모르고 소장에 甲을 원고로 기재하여 위 소를 제기하였다. 甲에게는 상속인으로 丙, 丁이 있다. 제1심 법원은 원고의 청구를 기각하는 판결을 선고하였다. 이에 관한 설명 중 옳지 않은 것은? (다툼이 있는 경우 판례에 의함)

[20 변호사]

① 제1심 법원이 판결서에 甲을 원고로 기재한 경우에도 위 판결의 효력이 丙과 丁에게 미친다.

② 甲이 A에게 상소를 제기할 권한을 수여한 경우 丙과 丁이 직접 항소하지 않고 A도 항소하지 않은 때에는, A가 제1심 판결 정본을 송달받은 날부터 2주가 경과하면 위 판결이 확정된다.

③ 甲이 A에게 상소를 제기할 권한을 수여한 경우 A가 丙만이 甲의 상속인인 줄 알고 丙에 대해서만 소송수계절차를 밟고 丙만을 항소인으로 표시하여 제1심 판결 전부에 대하여 항소를 제기한 때에는 丁에 대해서도 항소 제기의 효력이 미치므로, 丁은 항소심에서 소송수계를 하지 않더라도 항소인으로서 소송을 수행할 수 있다.

④ 甲이 A에게 제1심에 한하여 소송대리권을 수여한 경우 A에게 제1심 판결 정본이 송달된 때에 소송절차가 중단되지만, 丙과 丁의 소송수계에 의하여 소송절차가 다시 진행되면 그때부터 항소기간이 진행된다.

⑤ 甲이 A에게 제1심에 한하여 소송대리권을 수여한 경우 A에게 제1심 판결 정본이 송달된 후 丙과 丁이 소송수계절차를 밟지 않고 변호사 B에게 항소심에 대한 소송대리권을 수여하여 B가 甲 명의로 항소장을 제출한 때에는, 丙과 丁은 항소심에서 수계신청을 하고 B가 한 소송행위를 추인할 수 있다.

## 48

정답 ③

① [○]

**해설** 당사자가 사망하였으나 그를 위한 소송대리인이 있어 소송절차가 중단되지 않는 경우, 판결의 효력이 공동상속인에게 미치는지 여부(적극)

"민사소송법 제95조 제1호, 제238조에 따라 소송대리인이 있는 경우에는 당사자가 사망하더라도 소송절차가 중단되지 않고 소송대리인의 소송대리권도 소멸하지 아니하는바, 이때 망인의 소송대리인은 당사자 지위의 당연승계로 인하여 상속인으로부터 새로이 수권을 받을 필요 없이 법률상 당연히 상속인의 소송대리인으로 취급되어 상속인들 모두를 위하여 소송을 수행하게 되는 것이고, 당사자가 사망하였으나 그를 위한 소송대리인이 있어 소송절차가 중단되지 않는 경우에 비록 상속인으로 당사자의 표시를 정정하지 아니한 채 망인을 그대로 당사자로 표시하여 판결하였다고 하더라도 그 판결의 효력은 망인의 소송상 지위를 당연승계한 상속인들 모두에게 미치는 것이므로, 망인의 공동상속 중 소송수계절차를 밟은 일부만을 당사자로 표시한 판결 역시 수계하지 아니한 나머지 공동상속인들에게도 그 효력이 미친다"(대판 2010.12.23. 2007다22859).

② [○]

**해설** 사망한 당사자의 소송대리인에게 상소제기에 관한 특별수권이 부여되어 있는 경우 상소제기 없이 상소기간이 지나가면 그 판결이 확정되는지 여부(적극)

"망인의 소송대리인에게 상소제기에 관한 특별수권이 부여되어 있는 경우에는, 그에게 판결이 송달되더라도 소송절차가 중단되지 아니하고 상소기간은 진행하는 것이므로 상소제기 없이 상소기간이 지나가면 그 판결은 확정되는 것이지만, 한편 망인의 소송대리인이나 상속인 또는 상대방 당사자에 의하여 적법하게 상소가 제기되면 그 판결이 확정되지 않는 것 또한 당연하다. 그런데 당사자 표시가 잘못되었음에도 망인의 소송상 지위를 당연승계한 정당한 상속인들 모두에게 효력이 미치는 판결에 대하여 그 잘못된 당사자 표시를 신뢰한 망인의 소송대리인이나 상대방 당사자가 그 잘못 기재된 당사자 모두를 상소인 또는 피상소인으로 표시하여 상소를 제기한 경우에는, 상소를 제기한 자의 합리적 의사에 비추어 특별한 사정이 없는 한 정당한 상속인들 모두에게 효력이 미치는 위 판결 전부에 대하여 상소가 제기된 것으로 보는 것이 타당하다"(대판 2010.12.23. 2007다22859).

**쟁점정리** 상소제기의 특별수권을 가진 대리인이 있는 이상 판결정본이 송달되어도 소송절차는 중단되지 않는다. 따라서 판결정본 송달시부터 상소기간이 진행하고, 判例의 입장인 당연승계긍정설(당사자사망시 상속인이 당사자의 지위를 당연승계하고 수계절차는 절차적으로 확인적 의미만 있을 뿐이라는 견해)에 의할 때 상소기간이 도과하면 상속인은 확정판결의 효력을 받게 된다.

③ [×]

**해설** 당사자가 소송대리인에게 소송위임을 한 다음 소 제기 전에 사망한 경우(제238조 적용, 그러나 제233조 1항 유추적용)
"당사자가 사망하더라도 소송대리인의 소송대리권은 소멸하지 아니하므로(제95조 제1호), 당사자가 소송대리인에게 소송위임을 한 다음 소 제기 전에 사망하였는데 소송대리인이 당사자가 사망한 것을 모르고 당사자를 원고로 표시하여 소를 제기하였다면 소의 제기는 적법하고, 시효중단 등 소 제기의 효력은 상속인들에게 귀속된다. 이 경우 제233조 제1항이 유추적용되어 사망한 사람의 상속인들은 소송절차를 수계하여야 한다"(대판 2016.4.29. 2014다210449).

**쟁점정리** 제233조 1항은 당사자 사망으로 인한 소송절차의 중단과 수계에 대해 규정하고 있다. 그런데 소송대리인이 있는 경우에는 제233조 1항을 적용하지 아니한다(제238조). 그리고 위 사안의 경우 당사자가 사망하더라도 소송대리인의 소송대리권은 소멸하지 아니하는 것으로 인정된다(제95조 제1호), 그러나 위 判例는 중단부분에 대해서는 제238조에 따라 제233조 1항을 적용하지 아니함으로써 소송절차가 중단되지 않지만, 수계에 대해서는 제233조 1항의 유추적용을 인정하고 있다. 따라서 위 判例는 소송대리인이 있는 경우이지만 수계절차가 요구된다는 것이 또 하나의 쟁점이 됨을 주의해야 한다.

**비교판례** 소제기 후 당사자가 사망한 경우(제238조 적용, 따라서 제233조 1항 적용배제)
判例는 당사자가 사망하였으나 소송대리인이 있어 소송절차가 중단되지 아니한 경우 원칙적으로 **소송수계라는 문제가 발생하지 아니하고** 소송대리인은 상속인들 전원을 위하여 소송을 수행하게 되는 것이며, 그 사건의 판결은 상속인 전원에 대하여 효력이 있다고 한다(대결 1992.11.5. 91마342). 이 경우 소송절차가 중단되지 않기 때문에 중단을 해소하는 의미의 수계신청은 필요하지 않지만 상속인 등이 소송수계신청을 하는 것은 가능하다. 다만, 이는 당사자표시정정신청의 의미를 갖는다.

④ [○], ⑤ [○]

**해설** 심급대리원칙에 따른 소송절차 중단
"당사자가 사망하였으나 소송대리인이 있는 경우에는 소송절차가 중단되지 아니하고(민사소송법 제238조, 제233조 제1항), 그 소송대리인은 상속인들 전원을 위하여 소송을 수행하게 되며, 판결은 상속인들 전원에 대하여 효력이 있다. 이 경우 심급대리의 원칙상 판결정본이 소송대리인에게 송달되면 소송절차가 중단되므로 항소는 소송수계절차를 밟은 다음에 제기하는 것이 원칙이다(④번 해설). 다만 제1심 소송대리인이 상소제기에 관한 특별수권이 있어 상소를 제기하였다면 그 상소제기 시부터 소송절차가 중단되므로 항소심에서 소송수계절차를 거치면 된다.
그리고 소송절차 중단 중에 제기된 상소는 부적법하지만 상소심법원에 수계신청을 하여 그 하자를 치유시킬 수 있으므로, 상속인들로부터 항소심 소송을 위임받은 소송대리인이 소송수계절차를 취하지 아니한 채 사망한 당사자 명의로 항소장

및 항소이유서를 제출하였더라도, 상속인들이 항소심에서 수계신청을 하고 소송대리인의 소송행위를 적법한 것으로 추인하면 그 하자는 치유된다(⑤번 해설) 할 것이고, 추인은 묵시적으로도 가능하다"(대판 2016.4.29. 2014다210449).

**쟁점정리** ④번과 ⑤번 지문은 "甲이 A에게 제1심에 한하여 소송대리권을 수여한 경우"라고 하였는데, ②번과 ③번 지문에서 "甲이 A에게 상소를 제기할 권한을 수여한 경우"라고 하여 특별수권이 있었음을 명시한 점에 비추어 출제자는 소송대리인에게 상소를 제기할 권한이 없다는 것을 표현하려했음을 알 수 있다. "甲이 A에게 제1심에 한하여 소송대리권을 수여한 경우"라는 제시어에 대해 "이는 심급의 제한을 표현했을 뿐 상소제기의 특별수권까지 알 수는 없다"고 고지식하게 해석한다 하더라도, 옳지 않은 지문이 ③번임이 명확하므로 정답을 고르는 데는 지장이 없었을 것이다.

## 49

甲은 乙을 상대로 대여금청구의 소를 제기하기 위하여 변호사 X를 소송대리인으로 선임하면서 상소 제기의 권한도 부여하였다. 그 후 甲은 사망하였고 甲의 상속인으로는 A, B, C가 있다. 이에 관한 설명 중 옳은 것을 모두 고른 것은? (다툼이 있는 경우 판례에 의함)                [18 변호사]

---

ㄱ. 甲이 소 제기 전에 사망하였는데 X가 그 사실을 모른 채 甲 명의로 소를 제기한 경우, 위 소는 부적법하다.

ㄴ. 甲이 소송계속 중 사망한 경우, 소송절차는 중단되지 않고 X가 A, B, C 모두를 위한 소송대리인이 된다.

ㄷ. 甲이 소송계속 중 사망하였는데 A와 B만이 상속인인 줄 알았던 X가 A와 B 명의로만 소송수계신청을 하여 A와 B만을 당사자로 표시한 제1심 판결이 선고되고 그 당사자 표시를 신뢰한 X가 A와 B만을 당사자로 표시하여 항소한 경우, A, B, C 모두에게 효력이 미치는 제1심 판결 전부에 대하여 항소가 제기된 것으로 보아야 한다.

ㄹ. 위 ㄷ.에서 X는 항소하지 않고 A와 B만이 직접 항소한 경우에도 A, B, C 모두에게 효력이 미치는 제1심 판결 전부에 대하여 항소가 제기된 것으로 보아야 한다.

ㅁ. 만일 X에게 상소 제기의 권한이 부여되지 않았다면 심급대리의 원칙상 제1심 판결이 선고될 때 소송절차가 중단된다.

---

① ㄱ, ㅁ        ② ㄴ, ㄷ

③ ㄴ, ㄹ        ④ ㄱ, ㄴ, ㄷ

⑤ ㄱ, ㄹ, ㅁ

**49**
정답 ②

**[해설]** ㄱ. [×]

"당사자가 사망하더라도 소송대리인의 소송대리권은 소멸하지 아니하므로(민사소송법 제95조 제1호), 당사자가 소송대리인에게 소송위임을 한 다음 소 제기 전에 사망하였는데 소송대리인이 당사자가 사망한 것을 모르고 당사자를 원고로 표시하여 소를 제기하였다면 소의 제기는 적법하다"(대판 2016.4.2. 2014다210449).

ㄴ. [○]

"당사자가 사망하였으나 소송대리인이 있어 소송절차가 중단되지 아니한 경우 원칙적으로 소송수계라는 문제가 발생하지 아니하고 소송대리인은 상속인들 전원을 위하여 소송을 수행하게 되는 것이다"(대결 1992.11.5. 91마342).

ㄷ. [○]

**소송대리인이 상속인 일부를 누락하고 항소한 경우**
제1심 소송 계속 중 원고가 사망하자 공동상속인 중 甲만이 수계절차를 밟아 甲만을 망인의 소송수계인으로 표시하여 원고 패소 판결을 선고한 제1심판결에 대하여, 상소제기의 특별수권을 부여받은 망인의 소송대리인이 항소인을 甲으로 기재하여 항소를 제기하였고, 항소심 소송 계속 중에 망인의 공동상속인 중 乙 등이 소송수계신청을 한 사안에서 判例는, "제1심판결의 효력은 그 당사자 표시의 잘못에도 불구하고 당연승계에 따른 수계적격자인 망인의 상속인들 모두에게 미치는 것인데 그 항소 역시 소송수계인으로 표시되지 아니한 나머지 상속인들 모두에게 효력이 미치는 위 제1심판결 전부에 대하여 제기된 것으로 보아야 할 것이므로 위 항소로 인하여 제1심판결 전부에 대하여 확정이 차단되고 항소심절차가 개시되었으며, 다만 제1심에서 이미 수계한 甲 외에 망인의 나머지 상속인들 모두의 청구 부분과 관련하여서는 항소제기 이후로 소송대리인의 소송대리권이 소멸함에 따라 민사소송법 제233조에 의하여 그 소송절차는 중단된 상태에 있었다고 보아야 할 것이고, 따라서 원심으로서는 망인의 정당한 상속인인 乙 등의 위 소송수계신청을 받아들여 그 부분 청구에 대하여도 심리 판단하였어야 한다"(대판 2010.12.23. 2007다22859)고 보았다.

ㄹ. [×]

**일부 상속인만이 스스로 항소한 경우**
判例는 제1심 소송 계속 중 원고가 사망하고 1심 패소 판결 후 일부 상속인만이 항소제기를 한 사안에서 "당사자가 사망하였으나 소송대리인이 있어 소송절차가 중단되지 아니한 경우 원칙적으로 소송수계라는 문제가 발생하지 아니하고 소송대리인은 상속인들 전원을 위하여 소송을 수행하게 되는 것이며 그 사건의 판결은 상속인들 전원에 대하여 효력이 있다 할 것이고, 소송대리인이 상소제기의 특별수권을 부여받고 있었으므로 항소제기기간은 진행된다고 하지 않을 수 없어 제1심판결 중 나머지 상속인의 상속지분에 해당하는 부분은 그들(누락상속인)이나 소송대리인이 항소를 제기하지 아니한 채 항소제기기간이 도과하여 이미 그 판결이 확정되었다고 하지 않을 수 없다"(대결 1992.11.5. 91마342)고 하였다.

ㅁ. [×]

"당사자가 사망하였으나 그를 위한 소송대리인이 있는 경우에는 소송절차가 중단되지 아니하고, 그 소송대리인은 상속인들 전원을 위하여 소송을 수행하게 되어 그 사건의 판결은 상속인들 전원에 대하여 효력이 있다고 할 것이며, 다만 심급대리의 원칙상 그 판결정본이 소송대리인에게 송달된 때에는 소송절차가 중단된다"(대판 1996.2.9. 94다61649).

# 50

甲은 乙에게 과실로 인한 손해배상으로 3,000만 원을 청구하는 이 사건 소를 제기하였고, 이에 대해 乙은 甲에 대하여 가지는 5,000만 원의 대여금채권으로 상계한다는 항변을 하였다. 다음 설명 중 옳지 않은 것은? (다툼이 있는 경우에는 판례에 의함) [12 변호사]

① 乙이 이 사건에서 위 상계항변을 제출할 당시 이미 甲을 상대로 위 대여금 5,000만 원의 지급을 구하는 별소를 제기한 경우, 위 상계항변은 중복제소에 해당한다는 이유로는 배척되지 않는다.

② 이 사건 소송에서 乙의 상계항변이 인정되어 甲의 전부패소 판결이 선고된 경우, 乙은 甲의 3,000만 원의 손해배상채권이 원래부터 부존재함을 이유로 항소할 수 있다.

③ 만약 乙의 위 대여금채권 성립 전에 甲의 채권자 丙에 의하여 甲의 위 손해배상채권이 가압류되고 그 가압류결정이 乙에게 송달되었다면, 乙은 丙에게 위와 같은 상계로 대항할 수 없다.

④ 만약 이 사건 소송에서 乙의 상계항변 없이 甲의 승소판결이 확정된 경우, 그 후 乙의 상계권 행사를 허용한다면 甲이 위 확정판결에 기하여 강제집행할 수 있는 지위가 무너지게 되어 부당하므로, 乙은 상계권을 행사하여 甲의 집행을 저지할 수 없다.

⑤ 만약 법원이 이 사건 소송의 심리결과 수동채권인 甲의 손해배상채권액은 5,000만 원, 자동채권인 乙의 대여금채권액은 1,000만 원이라는 심증을 형성하였다면, 이 사건 청구에 대하여 3,000만 원 전부를 인용하는 판결을 하게 된다.

# 50

정답 ④

① [○]

**해설** 상계의 항변과 중복소제기금지

소송물의 동일요건과 관련하여 소송계속은 소송물에 한하여 발생하고, 공격방어방법의 주장에는 발생하지 않으므로, 원칙적으로 동시이행항변이나 유치권항변 등의 항변에 대해서는 중복소제기가 문제되지 않는다. 그러나 상계항변은 소송물이 아닌 주장이지만 판결확정시 원칙적으로 **기판력이 인정**된다는 특이성이 있으므로(민소법 제216조 2항), 소송 중 상계항변으로 주장한 반대채권을 가지고 별소를 제기하는 경우(상계선행형) 상계항변을 중복소제기에 준해서 각하할지 문제된다.

判例는 **별소로 청구한 반대채권을 가지고 상계항변을 한 사건**에서(별소선행형) "사실심 재판부로서는 전소와 후소를 같은 기회에 심리·판단하기 위하여 이부, 이송 또는 변론병합 등을 시도함으로써 기판력의 저촉·모순을 방지함과 아울러 소송경제를 도모함이 바람직하였다고 할 것이나, 그렇다고 하여 특별한 사정이 없는 한 별소로 계속 중인 채권을 자동채권으로 하는 소송상 상계의 주장이 허용되지 않는다고 볼 수는 없다"(대판 2001.4.27. 2000다4050)고 하여, 중복소제기가 아니라는 입장이다. 다만, **상계항변으로 제출한 자동채권과 동일한 채권으로 별소를 제기(상계항변선행형)**한 경우에는 판시한 바 없다.

② [○]

**해설** 상계는 대가적 출혈인 점에서 예비적 상계항변이 있는 경우 승소한 자도 소구채권의 부존재를 다툴 이익이 인정된다. 즉, 예비적 상계의 항변이 이유 있다고 하여 승소한 피고는 원고의 소구채권 부존재를 이유로 승소한 것보다도 결과적으로 불이익이 되기 때문에(민소법 제216조 2항 참조), 상소이익이 있다.

**관련판례** "원심은 원고의 청구원인사실을 모두 인정한 다음 피고의 상계항변을 받아들여 상계 후 잔존하는 원고의 나머지 청구부분만을 일부 인용하였는데, 이 경우 피고들로서는 원심판결 이유 중 원고의 소구채권을 인정하는 전제에서 피고의 상계항변이 받아들여진 부분에 관하여도 상고를 제기할 수 있고, 상고심에서 원고의 소구채권 자체가 인정되지 아니하는 경우 더 나아가 피고의 상계항변의 당부를 따져볼 필요도 없이 원고 청구가 배척될 것이므로, 결국 원심판결은 그 전부에 대하여 파기를 면치 못한다"(대판 2002.9.6. 2002다34666).

**비교판례** "원고의 청구를 전부 기각한 판결에 대하여는 피고가 판결이유 중의 판단에 불복이 있더라도, 상계를 주장한 청구가 성립되어 원고의 청구가 기각된 때와 같이 예외적으로 기판력이 있는 경우를 제외하고는, **상소를 할 이익이 없다**"(대판 1993.12.28. 93다47189).

③ [○]

**해설** 채권가압류(지급금지채권) 이후 성립한 채권으로 상계를 주장할 수는 없다(민법 제498조).

**참고판례** "채권가압류명령을 받은 제3채무자는 그 후에 취득한 채권에 의한 상계로 그 가압류채권자에게 대항하지 못하지만 수동채권이 가압류될 당시 자동채권과 수동채권이 상계적상에 있거나 자동채권의 변제기가 수동채권의 그것과 동시 또는 그보다 먼저 도래하는 경우에는 제3채무자는 자동채권에 의한 상계로 가압류채권자에게 대항할 수 있다"(대판 1989.9.12. 88다카25120)

④ [×]

**해설** 변론종결 후의 상계권의 행사

대법원은 "확정된 법률관계에 있어 동 확정판결의 구두변론종결전에 이미 발생하였던 취소권(또는 해제권)을 그 당시에 행사하지 않음으로 인하여 취소권자(또는 해제권자)에게 불리하게 확정되었다 할지라도 확정후 취소권(또는 해제권)을 뒤늦게 행사함으로써 동 확정의 효력을 부인할 수는 없게 되는 것이다"(대판 1979.8.14. 79다1105)라고 하여 표준시 이후의 취소권 또는 해제권의 행사가 기판력의 차단효에 의하여 차단된다는 입장이다.

그러나 전소 변론종결 전에 상계권이 상계적상에 있었으나, 전소 변론종결 후에 상계 의사표시를 하면서 청구이의의 소(후소)를 제기한 사건에서, "변론종결 이후에 비로소 상계의 의사표시를 한 때에는 그 청구이의의 원인이 변론종결 이후에 생긴 때에 해당하는 것으로서 당사자들이 그 변론종결전에 상계적상에 있은 여부를 알았던 몰랐던 간에 적법한 이의의 사유가 된다"(대판 1966.6.28. 66다780 : 대판 1998.11.24. 98다25344)고 하여 상계권 비실권설의 입장이다. 생각건대, ⅰ) 법적 안정성을 추구하는 기판력제도의 취지, ⅱ) 상계의 항변을 실권시키면 상계의 항변을 강제하는 결과가 되어 부당하다는 점, ⅲ) 상계의 항변은 출혈적 방어방법이며, 소구권의 하자문제가 아닌 점을 고려할 때, 상계권 비실권설이 타당하다.

**관련판례** "건물의 소유를 목적으로 하는 토지 임대차에 있어서, 임대차가 종료함에 따라 토지의 임차인이 임대인에 대하여 건물매수청구권을 행사할 수 있음에도 불구하고 이를 행사하지 아니한 채, 토지의 임대인이 임차인에 대하여 제기한 토지인도 및 건물철거청구 소송에서 패소하여 그 패소판결이 확정되었다고 하더라도, 그 확정판결에 의하여 건물철거가 집행되지 아니한 이상 토지의 임차인으로서는 건물매수청구권을 행사하여 별소로써 임대인에 대하여 건물매매대금의 지급을 구할 수 있다"(대판 1995.12.26. 95다42195).

[판례정리] 전소 확정판결의 변론종결 전에 발생한 사유는 후소에서 제출할 수 없다. 이를 '차단효'라고 한다. 전소 변론종결 전에 발생한 취소권, 해제권, 백지보충권과 같은 형성권도 차단된다. 그러나 형성권 중에서 상계권과 건물매수청구권은 차단되지 않는다는 것이 判例의 태도이다.

⑤ [○]

**해설** 원고의 일부청구에 대하여 피고가 반대채권으로 상계를 하는 경우에 判例는 외측설의 입장이다. 즉 判例는 "원고가 피고에게 합계금 5,151,900원의 금전채권중 그 일부인 금 3,500,000원을 소송상 청구하는 경우에 이를 피고의 반대채권으로써 상계함에 있어서는 위 금전채권 전액에서 상계를 하고 그 잔액이 청구액을 초과하지 아니할 경우에는 그 잔액을 인용할 것이고 그 잔액이 청구액을 초과할 경우에는 청구의 전액을 인용하는 것으로 해석하는 것이 일부 청구를 하는 당사자의 통상적인 의사"(대판 1984.3.27. 83다323)라고 판시한 바 있다.

▶ 설문의 경우 외측설에 따르면 수동채권(=소구채권)의 전액 5천만 원에서 자동채권 1천만 원을 상계하면 잔액이 4천만 원이 되므로, 이는 청구액 3천만 원을 초과하는 금액이므로 청구전액인 3천만 원을 인용하는 판결을 하면 된다.

# 51

**일부청구에 관한 설명 중 옳지 않은 것은? (다툼이 있는 경우 판례에 의함)** [17 변호사]

① 특정채권 중 일부만을 청구한 경우에도 그 취지로 보아 채권 전부에 관하여 판결을 구하는 것으로 해석되는 경우에는 그 채권의 동일성의 범위 내에서 전부에 관하여 시효중단의 효력이 발생한다.

② 불법행위의 피해자가 일부청구임을 명시하여 그 손해의 일부만을 청구한 전소가 상고심에 계속 중인 경우, 나머지 치료비를 구하는 손해배상청구의 소는 중복제소에 해당하지 않는다.

③ 불법행위의 피해자가 일부청구임을 명시하여 그 손해의 일부만을 청구한 경우, 그 일부청구에 대한 판결의 기판력은 청구의 인용 여부에 관계없이 그 청구의 범위에 한하여 미친다.

④ 일부청구임을 명시하는 방법으로는 일부청구하는 채권의 범위를 잔부청구와 구별하여 심리의 범위를 특정할 수 있는 정도의 표시를 하여 전체 채권의 일부로서 우선 청구하고 있는 것임을 밝히는 것으로 충분하다.

⑤ 가분채권에 대한 이행의 소를 제기하면서 그것이 나머지 부분을 유보하고 일부만 청구하는 것이라는 취지를 명시하지 아니한 경우, 일부 청구에 관하여 전부승소한 채권자는 나머지 부분에 관하여 청구를 확장하기 위한 항소를 제기할 수 없다.

**51**                                              정답 ⑤

① [ ○ ]

해설 "청구의 대상으로 삼은 채권 중 일부만을 청구한 경우에도 그 취지로 보아 채권 전부에 관하여 판결을 구하는 것으로 해석되는 경우에는 그 동일성의 범위 내에서 그 전부에 관하여 시효중단의 효력이 발생한다"(대판 2001.9.28. 99다72521).

② [ ○ ]

해설 "전 소송에서 불법행위를 원인으로 치료비청구를 하면서 일부만을 특정하여 청구하고 그 이외의 부분은 별도소송으로 청구하겠다는 취지를 명시적으로 유보한 때에는 그 전소송의 소송물은 그 청구한 일부의 치료비에 한정되는 것이고 전소송에서 한 판결의 기판력은 유보한 나머지 부분의 치료비에까지는 미치지 아니한다 할 것이므로 전 소송의 계속 중에 동일한 불법행위를 원인으로 유보한 나머지 치료비청구를 별도소송으로 제기하였다 하더라도 중복제소에 해당하지 아니한다"(대판 1985.4.9. 84다552).

③ [ ○ ]

해설 "불법행위의 피해자가 **일부청구임을 명시하여** 그 손해의 일부만을 청구한 경우 그에 대한 판결의 **기판력은** 청구의 인용 여부에 관계없이 청구의 범위에 한하여 미치고 잔부청구에는 미치지 않는다"(대판 1989.6.27. 87다카2478).

④ [ ○ ]

해설 "일부청구임을 명시하는 방법으로는 반드시 전체 손해액을 특정하여 그중 일부만을 청구하고 나머지 손해액에 대한 청구를 유보하는 취지임을 밝혀야 할 필요는 없고 일부청구하는 손해의 범위를 잔부청구와 구별하여 그 심리의 범위를 특정할 수 있는 정도의 표시를 하여 전체손해의 일부로서 우선 청구하고 있는 것임을 밝히는 것으로 족하다"(대판 1986. 12.23. 86다카536).

⑤ [ × ]

해설 "가분채권에 대한 이행청구의 소를 제기하면서 그것이 나머지 부분을 유보하고 **일부만 청구하는 것이라는 취지를 명시하지 아니한 경우**에는 그 확정판결의 기판력은 나머지 부분에까지 미치는 것이어서 별소로써 나머지 부분에 관하여 다시 청구할 수는 없는 것이므로, 일부 청구에 관하여 전부 승소한 채권자는 나머지 부분에 관하여 청구를 확장하기 위한 항소가 허용되지 아니한다면 나머지 부분을 소구할 기회를 상실하는 불이익을 입게 된다 할 것이고, 따라서 **이러한 경우에는 예외적으로 전부 승소한 판결에 대해서도 나머지 부분에 관하여 청구를 확장하기 위한 항소의 이익을 인정함이 상당하다고 할 것이다**"(대판 2010.11.11. 2010두14534).

## 52

甲은 자신의 소유인 X 부동산에 관하여 乙 명의로 소유권이
전등기가 되어 있는 것을 발견하고, 소유권에 기하여 乙을
상대로 소유권이전등기 말소등기청구의 소를 제기하였다.
다음 설명 중 옳지 않은 것은? (각 지문은 독립적이고, 다툼
이 있는 경우에는 판례에 의함)                    [12 변호사]

① 乙이 甲의 대리인인 丙으로부터 X 부동산을 매수하여 그 이
  전등기를 마친 것이라고 주장하는 경우, 甲이 丙의 대리권
  없음을 증명하여야 한다.

② 甲이 乙의 등기원인을 증명하는 서면인 매매계약서가 위조
  된 사실을 증명한 경우, 乙은 다른 적법한 등기원인의 존재
  를 주장·증명하여야 한다.

③ 甲이 변론을 통해 자신이 소유자라는 주장을 하자 乙이 이를
  인정하는 진술을 한 경우, 그 진술을 甲의 소유권의 내용을
  이루는 사실에 대한 것으로 보아 자백의 구속력을 인정할 수
  있다.

④ 甲으로부터 丁을 거쳐 乙 명의로 순차 소유권이전등기가 경
  료되었다면 甲은 丁과 乙 전원을 피고로 삼아야 하고, 그렇
  지 않을 경우에는 소의 이익을 인정할 수 없어 부적법한 소
  송이 된다.

⑤ 甲이 말소등기청구소송에서 패소 확정판결을 받은 후, 乙을
  상대로 진정명의회복을 원인으로 하는 소유권이전등기청구
  의 소를 제기하는 경우, 청구취지가 다르더라도 그 소송물은
  실질상 동일하므로 기판력에 저촉된다.

## 52                 정답 ④

① [○]

**해설** 判例는 **등기의 추정력**을 넓게 인정하여 부동산을 매수하여 등기한 자는 전 소유자의 대리인으로부터 매수하였다고 주장하는 경우에 그 대리권의 존재도 추정된다고 한다(대판 1999. 2.26. 98다56072).

**관련판례** "소유권이전등기가 전 등기명의인의 직접적인 처분행위에 의한 것이 아니라 제3자가 그 처분행위에 개입된 경우 현 등기명의인이 그 제3자가 전 등기명의인의 대리인이라고 주장하더라도 현 소유명의인의 등기가 적법히 이루어진 것으로 추정되므로, 그 등기가 원인무효임을 이유로 그 말소를 청구하는 전 소유명의인으로서는 반대사실, 즉 그 제3자에게 전 소유명의인을 대리할 권한이 없었다든가 또는 제3자가 전 소유명의인의 등기서류를 위조하는 등 등기절차가 적법하게 진행되지 아니한 것으로 의심할 만한 사정이 있다는 등의 무효사실에 대한 증명책임을 진다"(대판 2009.9.24. 2009다37831).

② [○]

**해설** "소유권이전등기의 원인으로 주장된 계약서가 진정하지 않은 것으로 증명된 이상 그 등기의 적법추정은 복멸되는 것이고 계속 다른 적법한 등기원인이 있을 것으로 추정할 수는 없다"(대판 1998.9.22 98다29568).

③ [○]

**해설** **선결적 법률관계의 진술**
判例는 "소송물의 전제문제가 되는 권리관계를 인정하는 진술은 권리자백으로서 법원을 기속하는 것도 아니며, 상대방의 동의 없이 자유로이 철회할 수 있다"(대판 2008.3.27. 2007다87061)고 하면서도, "소유권에 기한 이전등기말소청구소송에 있어서 피고가 원고 주장의 **소유권을 인정하는 진술**은 그 소전제가 되는 소유권의 내용을 이루는 사실에 대한 진술로 볼 수 있으므로 이는 재판상 자백이라 할 것이다"(대판 1989.5.9. 87다카749)고 판시하여 소유권을 인정하는 진술에 대하여 재판상 자백이 성립될 수 있다는 취지의 판결을 하고 있다.

④ [×]

**해설** "원인없이 경료된 최초의 소유권이전등기와 이에 기하여 순차로 경료된 일련의 소유권이전등기의 각 말소를 구하는 소송은 필요적 공동소송이 아니므로 그 말소를 청구할 권리가 있는 사람은 각 등기의무자에 대하여 이를 각각 청구할 수 있는 것이어서 위 일련의 소유권이전등기 중 최후의 등기명의자만을 상대로 그 등기의 말소를 구하고 있다 하더라도 그 승소의 판결이 집행불능의 판결이 된다거나 종국적인 권리의 실현을 가져다 줄 수 없게 되어 소의 이익이 없는 것으로 된다고는 할 수 없다"(대판 1987.10.13. 87다카1093).

⑤ [○]

**해설** **말소등기청구가 패소확정되어 말소등기청구를 할 수 없는 경우 이전등기청구를 할 수 있는지**와 관련해서는 소송물이론과 기판력이론이 관련되는 문제이다. 이와 관련하여 최근 전원합의체판결은 **양자 모두 청구권의 실체법상 근거가 민법 제214조임**을 근거로 말소등기 소송의 기판력이 진정명의회복을 원인으로 하는 이전등기청구 소송에도 미친다(아래 전합99다37894)고 하였다.
"진정한 등기명의의 회복을 위한 소유권이전등기청구는 이미 자기 앞으로 소유권을 표상하는 등기가 되어 있었거나 법률에 의하여 소유권을 취득한 자가 진정한 등기명의를 회복하기 위한 방법으로 현재의 등기명의인을 상대로 그 등기의 말소를 구하는 것에 갈음하여 허용되는 것인데, 말소등기에 갈음하여 허용되는 진정명의회복을 원인으로 한 소유권이전등기청구권과 무효등기의 말소청구권은 어느 것이나 진정한 소유자의 등기명의를 회복하기 위한 것으로서 실질적으로 그 목적이 동일하고, 두 청구권 모두 소유권에 기한 방해배제청구권으로서 그 법적 근거와 성질이 동일하므로, 비록 전자는 이전등기, 후자는 말소등기의 형식을 취하고 있다고 하더라도 그 소송물은 실질상 동일한 것으로 보아야 하고, 따라서 소유권이전등기말소청구소송에서 패소확정판결을 받았다면 그 기판력은 그 후 제기된 진정명의회복을 원인으로 한 소유권이전등기청구소송에도 미친다"(대판 2001.9.20. 전합99다37894).

## 53

甲은 乙에 대한 대여금 채무를 담보하기 위하여 甲 소유의 X 토지에 관하여 근저당권설정등기를 마쳐주었다. 甲은 대여금 채무가 모두 변제되어 소멸되었다고 주장하며 근저당권설정등기 말소등기절차의 이행을 구하는 소를 제기하였다. 다음 설명 중 옳은 것은? (각 지문은 독립적이고, 다툼이 있는 경우에는 판례에 의함)                                    [13 변호사]

① 甲의 소제기에 앞서 위 대여금 채권이 양도되어 丙 앞으로 근저당권 이전의 부기등기가 마쳐진 경우에도, 위 소송에서 피고적격을 갖는 자는 근저당권설정등기의 전(前) 등기명의인이었던 乙이다.

② 乙의 신청으로 X 토지에 관하여 담보권 실행을 위한 경매절차가 개시된 경우, 甲이 공탁원인이 있어 공탁에 의하여 채무를 면하고자 한다면 특별한 사정이 없는 한 피담보채권액이 근저당권의 채권최고액을 초과하더라도 채권최고액과 집행비용을 공탁하면 된다.

③ 위 소송에서 변제액수에 관한 다툼이 있어 심리한 결과 대여금 채무가 남아 있는 것으로 밝혀지면, 법원은 특별한 사정이 없는 한 甲의 청구를 기각하여서는 아니 되고, 잔존채무의 변제를 조건으로 甲의 청구를 일부 인용하는 판결을 선고하여야 한다.

④ 위 소송 중에 위 근저당권설정등기가 경매절차에서의 매각을 원인으로 하여 말소된 경우에는 더 이상 근저당권설정등기의 말소를 구할 법률상 이익이 없게 되어 법원은 甲의 청구를 기각하여야 한다.

⑤ 甲이 乙을 상대로 한 위 소송에서 甲의 승소판결이 확정되었고, 이에 甲이 丁에게 근저당권설정등기를 마쳐주고 이어 乙 명의의 근저당권설정등기 말소등기를 마쳤는데, 乙이 甲을 상대로 위 판결에 대한 재심의 소를 제기하여 "재심대상판결을 취소한다."라는 취지의 조정이 성립한 경우, 丁은 乙에 대하여 乙 명의의 근저당권설정등기의 회복등기절차에 대하여 승낙할 의무를 부담한다.

**53** 정답 ③

① [×]
**해설** "근저당권의 양도에 의한 부기등기는 기존의 근저당권설정등기에 의한 권리의 승계를 등기부상 명시하는 것뿐으로, 그 등기에 의하여 새로운 권리가 생기는 것이 아닌 만큼 근저당권설정등기의 말소등기청구는 양수인만을 상대로 하면 족하고, 양도인은 그 말소등기청구에 있어서 피고적격이 없다"(대판 1995.5.26. 95다7550).

▶ 따라서 사안의 경우 양수인인 丙을 피고로 하여 근저당권설정등기말소청구의 소를 제기하여야 한다.

② [×]
**해설** 근저당권의 물상보증인은 민법 제357조에서 말하는 채권의 최고액만을 변제하면 근저당권설정등기의 말소청구를 할 수 있고 채권최고액을 초과하는 부분의 채권액까지 변제할 의무가 있는 것이 아니나(대판 1974.12.10. 74다998), 원래 저당권은 원본, 이자, 위약금, 채무불이행으로 인한 손해배상 및 저당권의 실행비용을 담보하는 것이며, 채권최고액의 정함이 있는 근저당권에 있어서 이러한 채권의 총액이 그 채권최고액을 초과하는 경우, 적어도 **근저당권자와 채무자 겸 근저당권설정자와의 관계에 있어서는** 위 채권 전액의 변제가 있을 때까지 근저당권의 효력은 채권최고액과는 관계없이 잔존채무에 여전히 미친다(대판 2001.10.12. 2000다59081).

▶ 따라서 사안의 경우 甲은 채무자 겸 근저당권설정자로서 공탁에 의해 채무를 면하기 위해서는 피담보채권액 전액을 공탁하여야 한다.

③ [○]
**해설** 피담보채무의 완제에 의한 소멸을 주장하면서 무조건의 등기말소청구를 한 경우에, 심리 결과 저당채무나 양도담보채무가 아직 일부 남아 있는 것이 판명된 경우, 判例는 설사 원고가 그 채무를 변제한다고 하더라도 피고가 수액 등을 다투면서 말소등기절차에 협력하지 않을 사정이 있을 때에는, 원고의 반대 의사표시가 없는 한 원고의 청구를 전부 기각할 것이 아니라 원고의 나머지 채무 지급을 조건으로 한 선이행판결(잔존 채무 변제를 조건으로 한 일부 인용 판결)을 하여야 한다는 입장이다(대판 1981.9.22. 80다2270 : 대판 1996. 2.23. 95다9310). 이 경우 주문에 「원고의 나머지 청구를 기각」하는 취지의 표시를 하여야 한다.

④ [×]
**해설** "근저당권설정등기의 말소등기절차의 이행을 구하는 소송 도중에 그 근저당권설정등기가 경락을 원인으로 하여 말소된 경우에는 더 이상 근저당권설정등기의 말소를 구할 법률상 이익이 없게 되므로 법원은 소를 각하하여야 한다"(대판 2003.1.10. 2002다57904).

⑤ [×]
**해설** '재심대상판결을 취소한다.'는 조정조항은 법원의 형성재판 대상으로서 甲과 乙이 자유롭게 처분할 수 있는 권리에 관한 것이 아니어서 당연무효이고, 확정된 재심대상판결이 당연무효인 위 조정조항에 의하여 취소되었다고 할 수 없으므로, 위 판결에 기한 근저당권설정등기의 말소등기는 원인무효인 등기가 아니고 따라서 丁은 근저당권설정등기의 말소회복에 승낙을 하여야 할 실체법상 의무를 부담하지 아니한다"(대판 2012.9.13. 2010다97846).

## 54

**처분권주의에 관한 설명 중 옳지 않은 것은? (다툼이 있는 경우 판례에 의함)**　　　　[21 변호사]

① 원고가 매매를 원인으로 한 소유권이전등기청구를 하였는데, 법원이 양도담보약정을 원인으로 소유권이전등기를 명하는 판결을 하는 것은 처분권주의에 위배되지 않는다.

② 1억 원을 초과하는 채무는 존재하지 않는다는 채무부존재확인의 소에서 2억 원을 초과하는 채무는 존재하지 않는다는 판결을 하는 것은 처분권주의에 위배되지 않는다.

③ 부동산을 단독으로 상속하기로 분할협의하였다는 이유로 부동산 전부가 자기 소유임의 확인을 구하는 청구에는 지분에 대한 소유권의 확인을 구하는 취지가 포함되어 있다고 보아야 하므로, 지분이 인정되면 청구를 전부 기각할 것이 아니라 지분에 관하여 승소판결을 하여야 한다.

④ 「민법」 제840조 각 호가 규정한 이혼사유마다 재판상 이혼청구를 할 수 있으므로 법원은 원고가 주장한 이혼사유에 관하여만 심판해야 하며 원고가 주장하지 아니한 이혼사유에 의하여 이혼청구를 인용하여서는 안 된다.

⑤ 자동차사고를 당한 원고가 「민법」상 불법행위의 사용자책임에 따른 손해배상청구를 하였는데, 법원이 「자동차손해배상보장법」상 자기를 위하여 자동차를 운행하는 자의 손해배상책임 규정을 적용하여 청구를 인용하는 것은 처분권주의에 위배되지 않는다.

## 54 정답 ①

① [×]

**해설** "원고가 매매를 원인으로 한 소유권이전등기를 청구한 데 대하여 원심이 양도담보약정을 원인으로 한 소유권이전등기를 명하였다면 **판결주문상으로는 원고가 전부 승소한 것으로 보이기는 하나**, 매매를 원인으로 한 소유권이전등기청구와 양도담보약정을 원인으로 한 소유권이전등기청구와는 청구원인사실이 달라 **동일한 청구라 할 수 없음**에 비추어, 원심은 원고가 주장하지도 아니한 양도담보약정을 원인으로 한 소유권이전등기청구에 관하여 심판하였을 뿐, 정작 원고가 주장한 매매를 원인으로 한 소유권이전등기청구에 관하여는 심판을 한 것으로 볼 수 없어 결국 원고의 청구는 실질적으로 인용한 것이 아니어서 판결의 결과가 불이익하게 되었으므로 원심판결에 '처분권주의'를 위반한 위법이 있고 따라서 그에 대한 '원고'의 상소의 이익이 인정된다"(대판 1992. 3.27. 91다40696).

② [○]

**해설** 처분권주의와 일부인용의 허용여부(적극)

원고가 신청한 일부만 인정되는 경우에는 청구기각판결을 하여서는 아니되고 일부인용 판결을 하여야 한다. **일부인용판결은 처분권주의에 반하지 않는다**는 것이 통설과 判例의 입장이다. 다만 원고의 명시적 반대의사가 있으면 청구기각 판결을 하여야 한다.

**관련 판례** 채무의 존부 및 액수를 다투면서 청구취지에 상한의 명시가 없는 경우(일부인용판결 허용)

'4천만 원을 초과하여서는 존재하지 아니함을 확인한다.'와 같이 청구취지에 채무상한을 명시하지 않은 경우, 소송물은 4천만 원을 초과하는 채무 전부이다. 判例[8]는 "원고가 상한을 표시하지 않고 일정액을 초과하는 채무의 부존재의 확인을 청구하는 사건에 있어서 일정액을 초과하는 채무의 존재가 인정되는 경우에는, 특단의 사정이 없는 한, 법원은 그 **청구의 전부를 기각할 것이 아니라 존재하는 채무부분에 대하여 일부패소의 판결을 하여야** 한다"(대판 1994.1.25. 93다9422)고 판시하여 일부패소(＝일부인용)설의 입장이다.

③ [○]

**해설** "부동산을 단독으로 상속하기로 분할협의하였다는 이유로 그 부동산 전부가 자기 소유임의 확인을 구하는 청구에는 그와 같은 사실이 인정되지 아니하는 경우 자신의 상속받은 지분에 대한 소유권의 확인을 구하는 취지가 포함되어 있다고 보아야 하므로, 이러한 경우 법원은 특단의 사정이 없는 한 그 청구의 전부를 기각할 것이 아니라 그 소유로 인정되는 지분에 관하여 일부 승소의 판결을 하여야 한다"(대판 1995.9. 29. 95다22849,22856).

④ [○]

**해설** "민법 제840조의 각 이혼사유는 그 각 사유마다 독립된 이혼청구원인이 되므로 법원은 원고가 주장한 이혼사유에 관하여서만 심판하여야 한다"(대판 1963.1.31. 62다812).

⑤ [○]

**해설** "자동차손해배상보장법 제3조는 불법행위에 관한 민법 규정의 특별 규정이라고 할 것이므로 자동차 사고로 인하여 손해를 입은 자가 자동차손해배상보장법에 의하여 손해배상을 주장하지 않았다고 하더라도 법원은 민법에 우선하여 자동차손해배상보장법을 적용하여야 한다"(대판 1997.11.28. 95다29390).

---

8) [학설] ① <u>청구기각설</u>은 채무상한이 표시되지 않은 경우에 원고의 의사는 채무액수가 아닌 채무존부의 확정만을 희망하는 것이라고 보아 일부판결이 허용되지 않는다고 보며, ② 일부패소설은 원고의 의사는 일부인용판결도 희망하는 것이 통상적이라고 보아 일부인용판결을 하여야 한다고 본다.

## 55

척추 이상으로 허리 통증이 있던 甲은 의료법인 A병원에서 2008. 4. 3. 입원진료계약을 체결하고, 같은 달 30.에 수술을 받았다. 척추수술 직후, 甲에게 하반신마비 장애가 발생하였다. 다음 설명 중 옳지 않은 것은? (각 지문은 독립적이고, 다툼이 있는 경우에는 판례에 의함) [13 변호사]

① A병원의 치료비 채권은 특약이 없는 한 개개의 진료가 종료될 때마다 각각의 진료에 필요한 비용의 이행기가 도래하여 그에 대한 소멸시효가 진행된다.

② 甲이 A병원을 상대로 제기한 손해배상청구소송에서 일실이익의 현가산정방식에 관한 甲의 주장은 기초사실에 관한 주장에 속하므로, 법원이 甲의 주장과 다른 산정방식을 채용하는 것은 변론주의에 반한다.

③ 甲이 A병원을 상대로 불법행위를 원인으로 한 손해배상청구의 소를 제기하였는데, 법원이 진료계약상의 의무불이행을 원인으로 한 손해배상금을 지급하도록 판결한 것은 처분권주의에 반한다.

④ A병원이 진료기록을 변조할 가능성이 있는 경우, 甲은 소제기 전이나 후에 증거보전절차를 신청할 수 있으며, 예외적으로 소송계속 중에는 법원이 증거보전을 직권으로도 결정할 수 있다.

⑤ A병원이 진료기록을 사후에 변조한 것으로 밝혀진 경우라고 하더라도 곧바로 A병원에 의료상의 과실이 있다는 甲의 주장사실이 증명된 것으로 볼 수는 없다.

## 55 정답 ②

① [○]

**해설** "민법 제163조 제2호 소정의 '의사의 치료에 관한 채권'에 있어서는 특약이 없는 한 그 개개의 진료가 종료될 때마다 각각의 당해 진료에 필요한 비용의 이행기가 도래하여 그에 대한 시효가 진행된다고 해석함이 상당하다"(대판 1998. 2.13. 97다47675). 따라서 "환자가 수술 후 후유증으로 장기간 입원 치료를 받으면서 병원을 상대로 의료과오를 원인으로 한 손해배상청구 소송을 제기하였다 하더라도, 그러한 사정만으로는 환자를 상대로 치료비를 청구하는 데 법률상으로 아무런 장애가 되지 아니하므로 **치료비 채권의 소멸시효가 퇴원시부터 진행한다거나 위 손해배상청구 소송이 종결된 날로부터 진행한다고 볼 수는 없다**"(同 判例).

② [×]

**해설** "불법행위로 인한 일실수익의 현가산정에 있어서 기초사실인 수입, 가동연한, 공제할 생활비 등은 사실상의 주장이지만 현가산정방식에 관한 주장(호프만식에 의할 것이냐 또는 라이프니쯔식에 의할 것이냐에 관한 주장)은 당사자의 평가에 지나지 않는 것이므로 당사자의 주장에 불구하고 법원은 자유로운 판단에 따라 채용할 수 있고 이를 변론주의에 반한 것이라 할 수 없다"(대판 1983.6.28. 83다191).

③ [○]

**해설** 判例가 취하는 구소송물이론에 따르면 불법행위를 원인으로 한 손해배상청구권과 채무불이행을 원인으로 한 손해배상청구권은 서로 다른 소송물이므로 지문에 제시된 사실관계는 처분권주의에 반한다.
"기록을 보면 원고는 한결같이 피고가 정기검사를 받는다는 구실로 이 사건 선박을 원고로부터 인도받아간 후 되돌려 주지 아니하고 계속 점유한 것이 **불법행위에 해당**한다고 **주장**하면서 그로 인한 손해배상을 구하고 있을 뿐인데도 원심이 그에 대하여 판단하지 아니하고 위에서 본 바와 같이 **채무불이행을 원인**으로 하여 피고에게 그 배상을 명하고 있음이 명백하므로 이는 결국 당사자가 신청하지 아니한 사항을 판결한 것이 되어 위법하다고 하지 않을 수 없다"(대판 1989. 11.28. 88다카9982).

④ [○]

**해설** 법원은 미리 증거조사를 하지 아니하면 그 증거를 사용하기 곤란할 사정이 있다고 인정한 때에는 당사자의 신청에 따라 이 장의 규정에 따라 증거조사를 할 수 있다(민소법 제375조), 법원은 필요하다고 인정한 때에는 소송이 계속된 중에 직권으로 증거보전을 결정할 수 있다(민소법 제379조).

⑤ [○]

**해설** "당사자 일방이 입증을 방해하는 행위를 하였더라도 법원으로서는 이를 하나의 자료로 삼아 자유로운 심증에 따라 방해자측에게 불리한 평가를 할 수 있음에 그칠 뿐 입증책임이 전환되거나 곧바로 상대방의 주장 사실이 증명된 것으로 보아야 하는 것은 아니다"(대판 1999.4.13. 98다9915).

**민사소송법**

# PART 3

# 소송의 종료

## 56

**다음 설명 중 옳은 것은? (다툼이 있는 경우 판례에 의함)**

[15 변호사]

① 소송 외에서 소송당사자가 소 취하 합의를 한 경우 바로 소 취하의 효력이 발생한다.

② 소송 진행 중에 원고가 청구금액을 감축하였으나 그 의사가 분명하지 않은 경우 법원은 이를 청구의 일부포기로 보아야 한다.

③ 소 취하의 특별수권이 있는 원고의 소송대리인인 변호사로 부터 소송대리인 사임신고서 제출을 지시받은 사무원이 착오로 소취하서를 법원에 제출한 후 원고가 소 취하의 효력을 다투면서 기일지정신청을 한 경우, 법원은 변론기일을 열어 소송종료선언을 하여야 한다.

④ 변론준비기일에서의 소취하는 변론기일이 아니므로 말로 할 수 없다.

⑤ 본안에 대한 종국판결 후 소를 취하한 경우 다시 전소의 원고가 동일한 소를 제기하였다 하더라도 전소의 피고가 재소 금지항변을 하지 않으면 법원이 직권으로 재소 여부를 조사하여 소를 각하할 수는 없다.

## 56　　　　　　　　　　　　　　　　정답 ③

① [×]

**해설** 判例는 "소송당사자가 소송 외에서 그 소송을 취하하기로 합의한 경우에는 그 합의는 유효하여 원고에게 권리보호의 이익이 없다"(대판 1982.3.9. 81다1312)고 하여, 소송 외에서의 소 취하 합의에 소 취하의 효력을 인정하지 않고 소송상 항변권 발생만을 인정한다.

② [×]

**해설** 원고가 청구 금액을 감축하여 청구취지를 감축하는 경우 청구의 일부 포기인지, 일부 취하인지 문제된다. 判例는 당사자의 의사가 분명하지 않은 경우 일부 취하로 보는 바(대판 1983.8.34. 83다카450), 기판력이 미치지 않으므로 청구의 일부 포기로 보는 것보다 원고에게 유리한 해석이다.

③ [○]

**해설** "소의 취하는 원고가 제기한 소를 철회하여 소송계속을 소멸시키는 원고의 법원에 대한 소송행위이고 소송행위는 일반 사법상의 행위와는 달리 내심의 의사보다 그 표시를 기준으로 하여 그 효력 유무를 판정할 수밖에 없는 것인바, **원고 소송대리인으로부터 소송대리인 사임신고서 제출을 지시받은 사무원은 원고 소송대리인의 표시기관에 해당되어 그의 착오는 원고 소송대리인의 착오라고 보아야 하므로, 그 사무원의 착오로 원고 소송대리인의 의사에 반하여 이 사건 소를 취하하였다고 하여도 이를 무효라고 볼 수는 없다**"(대판 1997.10.24. 95다11740). 이 때, 소의 취하가 부존재 또는 무효라는 것을 주장하는 당사자는 기일지정신청을 할 수 있고(민사소송규칙 제67조 1항), 법원은 신청이 이유 없으면 소송종료선언을 해야 한다.

④ [×]

**해설** 소의 취하는 서면으로 하여야 한다. 다만, 변론 또는 변론준비기일에서 말로 할 수 있다(민사소송법 제266조 3항 단서).

⑤ [×]

**해설** 재소금지 위반 여부는 소송요건이므로 당사자의 주장을 불문하고 직권으로 심리·조사해야 하는 직권조사사항이다.
"직권으로 보건대 원고는 본건을 갑 법원에 제소한 후 을 법원에 동일한 청구원인으로 이중으로 소송을 제기하고 을 법원에서 원고 일부 승소판결이 선고되자 피고의 항소로 병 법원에 계속중 원고는 소를 취하하여 사건이 종결된 것으로 처리되었음을 알 수 있는 바 이 사실에 대한 탐지없이 본건에 관하여 다시 원고승소판결을 하였음은 위법하다"(대판 1967. 10.31. 67다1848).

# 57

**소취하에 관한 설명 중 옳은 것은? (다툼이 있는 경우 판례에 의함)**

[20 변호사]

① 본안에 대한 변론이 진행된 후 원고 甲이 법원에 소취하서를 제출하자 피고 乙은 甲의 소취하에 대한 동의를 거절하였다가 소취하 동의 거절의사를 철회하고 다시 동의를 한 경우, 甲의 소취하의 효력은 乙이 다시 동의한 때에 발생한다.

② 甲이 乙을 상대로 매매를 원인으로 A 건물의 인도를 청구하였으나 패소한 후 항소심에서 이미 지급한 매매대금반환을 구하는 것으로 청구를 교환적으로 변경하였다가 다시 위 매매를 원인으로 A 건물의 인도를 구하는 것으로 청구를 변경하는 것은 적법하다.

③ 甲으로부터 대여금채권을 상속한 乙과 丙은 변호사 B를 소송대리인으로 선임하여 채무자 丁을 상대로 대여금청구의 소를 제기하였는데, 소송대리권을 수여할 당시 B에게 소취하에 대한 권한도 수여하였다. 소송계속 중에 丙은 B에게 자신의 소를 취하할 것을 의뢰하였고, B는 그의 사무원 C에게 丙의 소취하서만을 제출할 것을 지시하였는데, C의 착오로 B의 의사에 반하여 乙과 丙의 소를 모두 취하하는 내용의 소취하서를 법원에 제출한 경우 乙은 자신의 소취하를 철회할 수 있다.

④ 甲이 乙을 상대로 제기한 청구이의 소송에서 甲의 청구를 기각한 판결이 확정된 후 丙이 공동소송적 보조참가의 요건을 구비하여 甲 측에 대한 참가신청을 하면서 재심의 소를 제기한 경우, 甲이 丙의 동의 없이 재심의 소를 취하하더라도 그 효력이 없다.

⑤ 甲은 乙이 사망한 사실을 모르고 乙을 피고로 표시하여 매매를 원인으로 한 소유권이전등기청구의 소를 제기하여 승소하였는데, 乙의 단독상속인 丙이 이러한 사실을 알고 항소를 제기하였고 甲이 항소심에서 丙의 동의를 얻어 소를 취하한 경우에는, 甲은 丙을 상대로 위 매매를 원인으로 한 소유권이전등기청구의 소를 제기할 수 없다.

**57**　　　　　　　　　　　　　　　　정답 ④

① [×]

**해설** 피고의 동의가 필요한 경우

피고가 응소한 뒤에는 피고에게 원고청구기각 판결을 받을 이익이 발생했기 때문에 피고의 동의를 받아야 취하의 효력이 생긴다(제266조 2항). 그리고 일단 피고가 동의를 거절하였으면 소취하의 효력이 생기지 아니하므로, 후에 다시 동의하더라도 소취하의 효력이 생기지 않는다(대판 1969.5.27. 69다130).

**쟁점정리** 피고의 동의가 필요하지 않은 경우

피고가 주위적으로 소각하판결, 예비적으로 청구기각판결을 구한 경우에는 청구기각의 본안판결을 구하는 것은 예비적인 것에 그치므로 피고의 동의가 필요 없다(대판 1968.4.23. 68다217). 본소의 취하 후에 반소를 취하함에는 원고의 동의가 필요 없다(제271조).

② [×]

**해설** 청구변경 후 다시 구청구로 변경하는 경우(재소금지에 해당)

"소의 교환적 변경은 신청구의 추가적 병합과 구청구의 취하의 결합형태로 볼 것이므로 본안에 대한 종국판결이 있은 후 구청구를 신청구로 교환적 변경을 한 다음 다시 본래의 구청구로 교환적 변경을 한 경우에는 종국판결이 있은 후 소를 취하하였다가 동일한 소를 다시 제기한 경우에 해당하여 부적법하다"(대판 1987.11.10. 87다카1405).

③ [×]

**해설** 소송행위에 의사표시의 하자에 관한 민법규정 적용(소극)

"소의 취하는 원고가 제기한 소를 철회하여 소송계속을 소멸시키는 원고의 법원에 대한 소송행위이고 소송행위는 일반 사법상의 행위와는 달리 내심의 의사보다 그 표시를 기준으로 하여 그 효력 유무를 판정할 수밖에 없는 것인바, 원고들 소송대리인으로부터 원고 중 1인에 대한 소 취하를 지시받은 사무원은 원고들 소송대리인의 표시기관에 해당되어 그의 착오는 원고들 소송대리인의 착오로 보아야 하므로, 그 사무원의 착오로 원고들 소송대리인의 의사에 반하여 원고들 전원의 소를 취하하였다 하더라도 이를 무효라 볼 수는 없고, 적법한 소 취하의 서면이 제출된 이상 그 서면이 상대방에게 송달되기 전·후를 묻지 않고 원고는 이를 임의로 철회할 수 없다"(대판 1997.6.27. 97다6124).

④ [○]

**해설** 피참가인이 할 수 없는 공동소송적 보조참가인에 불이익한 행위(재심의 소의 취하 : 적극)

"재심의 소를 취하하는 것은 통상의 소를 취하하는 것과는 달리 확정된 종국판결에 대한 불복의 기회를 상실하게 하여 더 이상 확정판결의 효력을 배제할 수 없게 하는 행위이므로, 이는 재판의 효력과 직접적인 관련이 있는 소송행위로서 그 확정판결의 효력이 미치는 공동소송적 보조참가인에 대하여는 불리한 행위라고 할 것이다. 따라서 ⅰ) 재심의 소에 공동소송적 보조참가인이 참가한 후에는 피참가인이 재심의 소를 취하하더라도 공동소송적 보조참가인의 동의가 없는

한 효력이 없다. ⅱ) 이는 재심의 소를 피참가인이 제기한 경우나 통상의 보조참가인이 제기한 경우에도 마찬가지이다. ⅲ) 특히 통상의 보조참가인이 재심의 소를 제기한 경우에는 피참가인이 통상의 보조참가인에 대한 관계에서 재심의 소를 취하할 권능이 있더라도 이를 통하여 공동소송적 보조참가인에게 불리한 영향을 미칠 수는 없으므로 피참가인의 재심의 소 취하로 인하여 재심의 소 제기가 무효로 된다거나 부적법하게 된다고 볼 것도 아니다"(대판 2015.10.29. 2014다13044).

**비교판례** 피참가인이 할 수 있는 공동소송적 보조참가인에 불이익한 행위(소의 취하 : 소극)

"공동소송적 보조참가는 그 성질상 필수적 공동소송 중에서는 이른바 유사필수적 공동소송에 준한다 할 것인데 유사필수적 공동소송의 경우에는 원고들 중 일부가 소를 취하하는 데 다른 공동소송인의 동의를 받을 필요가 없다. 또한 소취하는 판결이 확정될 때까지 할 수 있고 취하된 부분에 대해서는 소가 처음부터 계속되지 아니한 것으로 간주되며(민사소송법 제267조) 본안에 관한 종국판결이 선고된 경우에도 그 판결 역시 처음부터 존재하지 아니한 것으로 간주되므로, 이는 재판의 효력과는 직접적인 관련이 없는 소송행위로서 공동소송적 보조참가인에게 불이익이 된다고 할 것도 아니다. 따라서 피참가인이 공동소송적 보조참가인의 동의 없이 소를 취하하였다 하더라도 이는 유효하다"(대판 2013.3.28. 2012아43).

⑤ [×]

**해설** 재소금지의 요건

본안에 관하여 종국판결이 있은 뒤에는 이미 취하한 소와 같은 소를 제기할 수 없는데(제267조 2항), 재소가 금지되기 위해서는 ⅰ) 당사자가 동일해야 하고, ⅱ) 소송물이 동일해야 하며, ⅲ) 권리보호이익도 동일해야 하고, ⅳ) 본안에 관한 종국판결 이후에 소를 취하한 경우이어야 한다(당, 소, 리, 본). ⅳ) 요건에서 말하는 종국판결에는 당연 무효인 판결은 포함되지 않는다. 判例도 "사망자를 상대로 한 판결에 대하여 그 망인의 상속인인 피고가 항소를 제기하여 원고가 항소심변론에서 그 소를 취하하였다 하더라도 위 판결은 당연무효의 판결이므로 원고는 재소금지의 제한을 받지 않는다"(대판 1968.1.23. 67다2494)고 판시하였다.

**참고판례** ⅳ)요건과 관련하여 소송판결(소각하판결, 소송종료선언)이 있은 뒤에 소를 취하한 경우에는 재소가 금지되지 않는다. 본안판결인 이상 원고승소판결이든 원고패소판결이든 불문한다. 항소심에서 소를 교환적으로 변경하면 구청구는 종국판결이 선고된 뒤에 소를 취하한 것이 되어[9] 그 뒤 다시 구청구를 제기하는 것은 재소금지에 위반되어 부적법해진다(대판 1987.11.10. 87다카1405 : 항소심에서 교환적 변경을 두 번하면 재소금지규정에 위반됨).

---

[9] "소의 교환적 변경은 신청구의 추가적 병합과 구청구의 취하의 결합형태로 볼 것"(대판 1987.11.10. 87다카1405)

## 58

甲은 乙에게 1억 원을 대여하면서 그 담보로 약속어음을 받았다. 乙이 변제기에 대여금을 반환하지 않자 甲은 乙을 상대로 1억 원의 대여금청구의 소를 제기하였는데, 제1심 법원이 乙에게 5,000만 원의 지급을 명하는 판결을 하자 甲이 이 판결에 대하여 항소하였다. 甲과 乙은 항소심 계속 중 소송 외에서 '乙이 甲에게 3개월 내에 8,000만 원을 지급하면 甲은 소를 취하하기로 한다'는 내용의 화해를 하였다. 이에 관한 설명 중 옳지 않은 것은? (다툼이 있는 경우 판례에 의함)　　　　　　　　　　　　　　　　　　　[18 변호사]

① 위 화해만으로는 위 소가 당연히 종료되지 않는다.

② 甲이 乙로부터 3개월 내에 8,000만 원을 지급받았음에도 소를 취하하지 않은 경우, 乙이 변론기일에 출석하여 위 화해 사실 및 이에 따른 8,000만 원 지급사실을 주장·증명하면 법원은 甲의 청구를 기각하여야 한다.

③ 乙이 甲에게 3개월 내에 8,000만 원을 지급하지 않은 경우, 위 소송을 계속 유지할 甲의 법률상의 이익을 부정할 수 없다.

④ 위 화해는 甲과 乙 사이의 묵시적 합의로 해제될 수 있다.

⑤ 위 화해에 따른 소 취하 후 甲이 다시 乙을 상대로 위 어음금의 지급을 구하는 소를 제기하더라도 재소금지의 원칙에 위배되지 않는다.

## 58 정답 ②

甲과 乙은 항소심 계속 중 소송 외에서 '乙이 甲에게 3개월 내에 8,000만 원을 지급하면 甲은 소를 취하하기로 한다'는 내용의 조건부 소취하계약을 하였는바, 이러한 명문의 규정이 없는 소송상합의의 법적성질과 관련하여 견해가 대립한다. 判例는 소취하계약의 법적 성질을 사법계약으로 보고 있으며, ㉠ "소취하계약을 위반하여 소를 유지하는 경우 그 취하이행의 소구는 허용되지 않는다"(대판 1966.5.31. 66다564)고 하여 사법계약설 중 의무이행소구설을 배척하였고, ㉡ "소취하계약을 어긴 경우에 권리보호이익이 없다고 하여 소각하를 구하는 본안 전 항변권이 발생한다"(대판 1997.9.5. 96후1743 등)고 하여 **항변권발생설**의 입장이다. 이러한 입장은 재판상화해에 대해서도 마찬가지이다.

① [ ○ ]

**해설** 判例의 입장인 사법계약설에 따르면 소취하계약에 의해 사법상 권리·의무가 발생할 뿐이고 소송법상 효력이 발생하지 않는다고 본다. 따라서 이 사건 화해만으로는 이 사건 소가 당연히 종료되지 않는다.

② [ × ]

**해설** 判例의 입장인 항변권발생설에 따르면 甲이 乙로부터 3개월 내에 8,000만 원을 지급받았음에도 소를 취하하지 않은 경우, 乙이 변론기일에 출석하여 위 화해사실 및 이에 따른 8,000만 원 지급사실을 주장·증명한다면 법원은 권리보호이익이 없다고 하여 소각하판결을 하여야 한다.

③ [ ○ ]

**해설** 당사자 사이에 그 소를 취하하기로 하는 합의가 이루어졌다면 특별한 사정이 없는 한 소송을 계속 유지할 법률상의 이익이 없어 그 소는 각하되어야 하는 것이지만, 조건부 소취하의 합의를 한 경우에는 조건의 성취사실이 인정되지 않는 한 그 소송을 계속 유지할 법률상의 이익을 부정할 수 없다(대판 2013.7.12. 2013다19571). 따라서 乙이 甲에게 3개월 내에 8,000만 원을 지급하지 않은 경우 이 사건 소송을 계속 유지할 甲의 법률상의 이익을 부정할 수 없다.

④ [ ○ ]

**해설** 判例의 입장인 사법계약설에 의하면 위 화해는 민법규정에 따라 甲과 乙 사이의 묵시적 합의로 해제될 수 있다.

⑤ [ ○ ]

**해설** 본안에 대한 종국판결이 있은 뒤에 소를 취하하면 재소금지의 제재가 따른다(제267조 2항). 재소가 금지되기 위해서는 ⅰ) 당사자가 동일해야 하고, ⅱ) 소송물이 동일해야 하며, ⅲ) 권리보호이익도 동일해야 하고, ⅳ) 본안에 관한 종국판결 이후에 소를 취하한 경우이어야 하는데(제267조 2항), 사안에서 위 화해에 따른 소 취하 후 甲이 다시 乙을 상대로 위 어음금의 지급을 구하는 소를 제기한 경우, **원인채권과 어음채권은 별개의 소송물**(대판 1976.11.23. 76다1391)이므로 재소금지의 원칙에 위배되지 않는다.

# 59

기판력의 범위에 관한 설명 중 옳은 것을 모두 고른 것은?
(다툼이 있는 경우 판례에 의함)

ㄱ. 계약해제의 원인은 판결이 확정된 전소의 사실심 변
론종결 전에 존재하였고 위 원인에 따른 계약해제의
의사표시는 전소의 변론종결 후에 이루어진 경우, 후
소에서 계약해제에 따른 효과를 주장하는 것은 위 확
정판결의 기판력에 저촉된다.

ㄴ. 채권자가 채무자를 상대로 제기한 소송에서 채무자
가 사실심 변론종결 전에 채권자에 대하여 상계적상
에 있는 채권을 가지고 있었음에도 상계의 의사표시
를 하지 않아 채권자 승소판결이 확정된 경우, 그 후
채무자가 채권자에 대하여 상계의 의사표시를 한 사
실은 위 확정판결에 대한 청구이의 사유에 해당한다.

ㄷ. 건물의 소유를 목적으로 하는 토지 임대차에서 임대
인이 임차인을 상대로 토지인도 및 건물철거의 소를
제기하였는데 임차인이 임대인에 대하여 건물매수청
구권을 행사할 수 있었음에도 행사하지 아니하여 건
물철거를 명하는 내용의 판결이 확정된 경우, 임차인
은 그 확정판결에 의하여 건물철거가 집행되지 않았
다 하더라도 임대인에 대하여 건물매수청구권을 행
사하여 별소로써 건물 매매대금의 지급을 청구할 수
없다.

ㄹ. 백지어음의 소지인이 어음금청구소송의 사실심 변론
종결일까지 그 백지 부분을 보충하지 아니하여 소지
인의 패소판결이 확정된 경우, 그 후 소지인이 그 백
지 부분을 보충하여 위 소송의 피고를 상대로 다시
동일한 어음금청구의 소를 제기하는 것은 특별한 사
정이 없는 한 위 확정판결의 기판력에 저촉된다.

ㅁ. 채권자가 상속인을 상대로 제기한 상속채무의 이행
을 구하는 소에서 상속인이 위 소의 사실심 변론종결
전에 상속의 한정승인을 하였음에도 이를 주장하지
아니하여 상속인의 책임 범위에 대한 제한이 없는 판
결이 선고되어 확정된 경우, 상속인이 위 한정승인을
하였다는 사실은 위 확정판결에 대한 청구이의 사유
에 해당하지 않는다.

① ㄱ, ㄴ, ㄷ      ② ㄱ, ㄴ, ㄹ
③ ㄱ, ㄷ, ㅁ      ④ ㄴ, ㄹ, ㅁ
⑤ ㄷ, ㄹ, ㅁ

# 59

정답 ②

**해설** 전소 변론종결 전에 발생한 형성권(취소권, 해제권, 상계권,
건물매수청구권)을 변론종결 이후에 행사하여 청구이의의
소나 채무부존재확인의 소로써 다툴 수 있는지 문제된다.[10]

ㄱ. [○], ㄴ. [○], ㄷ. [×], ㄹ. [○]

**취소권, 해제권 등 형성권 일반의 경우(실권 긍정)**

대법원은 표준시 전에 행사할 수 있었던 취소권(대판 1959.
9.24. 4291민상830), 해제권(대판 1979.8.14. 79다1105),
백지보충권(아래 관련판례 참조)에 대하여는 표준시 후에 이를
행사하면 차단된다고 한다. 즉 확정된 법률관계에 있어 동 확정
판결의 변론종결 전에 이미 발생하였던 취소권(또는 해제권)
을 그 당시에 행사하지 않음으로 인하여 취소권자(또는 해제
권자)에게 불리하게 확정되었다 할지라도 확정 후 취소권(또
는 해제권)을 뒤늦게 행사함으로써 동 확정의 효력을 부인할
수는 없게 되는 것이다(대판 1979.8.14. 79다1105).

**관련 판례** "무릇 권리 또는 법률관계의 존부에 관한 판결이 확정한 때에
는 당사자 또는 일반승계인 간에 있어서는 동일한 권리 또는
법률관계에 관하여 구두변론종결전의 사유를 원인으로 하여
확정판결의 취지에 반하는 주장을 할 수 없고 법원 또한 당사
자 간의 별개소송에 있어서 확정판결의 취지에 반하는 판단
을 할 수 없는 소위 기판력이 발생하는 것이고 따라서 확정된
법률관계에 있어 동 확정판결의 구두변론종결전에 이미 발생
하였던 취소권(또는 해제권)을 그 당시에 행사하지 않음으로
인하여 취소권자(또는 해제권자)에게 불리하게 확정되었다
할지라도 확정후 취소권(또는 해제권)을 뒤늦게 행사함으로
써 동 확정의 효력을 부인할 수는 없게 되는 것이다"(대판
1979.8.14. 79다1105)(ㄱ.지문)

**관련 판례** "약속어음의 소지인이 전소의 사실심 변론종결일까지 백지보
충권을 행사하여 어음금의 지급을 청구할 수 있었음에도 위
변론종결일까지 백지 부분을 보충하지 않아 이를 이유로 패
소판결을 받고 그 판결이 확정된 후에 백지보충권을 행사하
여 어음이 완성된 것을 이유로 전소 피고를 상대로 다시 동일
한 어음금을 청구(소송물 동일)하는 경우에는, 위 백지보충
권 행사의 주장은 특별한 사정이 없는 한 전소판결의 기판력
에 의하여 차단되어 허용되지 않는다"(대판 2008.11.27.
2008다59230)(ㄹ.지문)

**비교 쟁점** **상계권(실권 부정)(ㄴ.지문)**

그러나 대법원은 상계권에 관하여는 "집행권원인 확정판결의
변론종결 전에 상대방에 대하여 상계적상에 있는 채권을 가
지고 있었다 하여도 변론종결 이후에 비로소 상계의 의사표
시를 한 때에는 그 청구이의의 원인이 변론종결 이후에 생긴
때에 해당하는 것으로서 당사자들이 그 변론종결 전에 상계
적상에 있은 여부를 알았던 몰랐던 간에 적법한 이의의 사
유(민사집행법 제44조 2항)가 된다"고 판시하여 상계권비실
권설의 입장이다.

[판례검토] ⅰ) 상계의 항변을 실권시키면 상계의 항변을 강
제하는 결과가 되어 부당하다는 점, ⅱ) 상계의 항변은 출혈

적·예비적 방어방법이며, 소구채권의 하자문제가 아니므로 상계권 비실권설이 타당하다.

### 임대차에서의 건물매수청구권(실권 부정)(ㄷ.지문)

判例는 "토지의 임차인이 임대인에 대하여 건물매수청구권을 행사할 수 있음에도 불구하고 이를 행사하지 아니한 채, 토지의 임대인이 임차인에 대하여 제기한 토지인도 및 건물철거 청구소송에서 패소하여 그 패소판결이 확정되었다고 하더라도, 그 **확정판결에 의하여 건물철거가 집행되지 아니한 이상**, 토지의 임차인으로서는 건물매수청구권을 행사하여 별소로써 임대인에 대하여 건물 매매대금의 지급을 구할 수 있다고 할 것이고, 전소인 토지인도 및 건물철거 청구소송과 후소인 매매대금 청구소송은 서로 그 소송물을 달리하는 것이므로, 종전 소송의 확정판결의 기판력에 의하여 건물매수청구권의 행사가 차단된다고 할 수도 없다"(대판 1995.12.26. 95다42195)고 하여 건물매수청구권 비실권설의 입장이다.[11]

[판례검토] ⅰ) 건물매수청구권은 소구채권의 하자에 근거한 것이 아니고, ⅱ) 또 건물 자체의 효용을 되도록 유지하려고 하는 정책적 근거에서 인정한 것이므로 건물매수청구권 비실권설이 타당하다.

▶ 전소 확정판결의 변론종결 전에 발생한 사유는 후소에서 제출할 수 없다. 이를 '차단효'라고 한다. 전소 변론종결 전에 발생한 취소권, 해제권, 백지보충권과 같은 형성권도 차단된다. 그러나 형성권 중에서 상계권과 건물매수청구권은 차단되지 않는다는 것이 判例의 태도이다.

### ㅁ. [×]
상속채무 이행의 소에서 채무자(상속인)가 '한정승인' 사실을 주장하지 않은 경우

채권자가 채무자를 상대로 그 상속채무의 이행을 구하여 제기한 소송에서 채무자가 한정승인 사실을 주장하지 않아 '책임재산의 유보 없는 판결'이 확정된 경우, 채무자가 자기 '고유재산에 대한 집행'에 대하여 위 한정승인의 사실을 내세워 청구이의의 소를 제기할 수 있는지가 문제된다.

이에 대해 判例는 "채무자가 한정승인 사실을 주장하지 않으면 책임의 범위는 현실적인 심판대상으로 등장하지 아니하여 주문에서는 물론 이유에서도 판단되지 않으므로 그에 관하여 기판력이 미치지 않는다. 그러므로 채무자가 한정승인을 하고도 채권자가 제기한 소송의 사실심 변론종결시까지 그 사실을 주장하지 아니하여 책임의 범위에 관한 유보가 없는 판결이 선고되어 확정되었다고 하더라도, 채무자는 그 후 위 한정승인 사실을 내세워 청구에 관한 이의의 소를 제기할 수 있다"(대판 2006.10.13. 2006다23138)고 판시하였다.

### [비교쟁점] 상속채무 이행의 소에서 채무자(상속인)가 '한정승인' 사실을 주장한 경우

채권자가 제기한 상속채무 이행의 소에서 채무자가 한정승인의 주장을 한 경우, 법원은 상속재산이 없거나 그 상속재산이 상속채무의 변제에 부족하더라도 **상속채무 전부에 대한 이행판결**을 선고하여야 하고, 다만, 집행력을 제한하기 위하여 이행판결의 주문에 상속재산의 한도에서만 집행할 수 있다는 취지를 명시하여야 한다[12](대판 2003.11.14. 2003다30968).

위와 같이 집행권원인 확정판결에 한정승인의 취지가 반영되었음에도 불구하고, 그 집행권원에 기초하여 채무자의 '고유재산에 대하여 집행'이 행하여질 경우, 채무자는 그 집행에 대하여 제3자이의의 소를 제기할 수 있을 뿐(**채권압류 및 전부명령의 경우는 그 자체에 대한 즉시항고**), 상속인의 고유재산에 관하여는 이러한 판결의 기판력·집행력이 미치지 않기 때문에 한정승인을 이유로 청구이의의 소를 제기할 수는 없다(대판 2005.12.19. 2005그128).

| ① 상속채무 이행의 소에서 채무자의 주장 | ② 법원의 판결 | ③ 확정판결(집행권원)의 집행력의 범위 | ④ (채무자 고유재산에 대해 집행하는 경우) 채무자의 청구이의의 소 |
|---|---|---|---|
| 채무자의 한정승인 주장 ○ | 책임범위를 유보한 청구인용판결 | 상속재산에 한정 | 청구 이의의 소 × (단, 제3자 이의의 소는 ○) |
| 채무자의 한정승인 주장 × | 책임범위의 유보없는 청구인용판결 | 상속재산 및 채무자의 고유재산 | 청구이의의 소 ○ |
| 채무자의 상속포기 주장 ○ | 청구기각판결[13] | – | – |
| 채무자의 상속포기 주장 × | 책임범위 유보 없는 청구인용판결 | 상속재산 및 채무자의 고유재산 | 청구이의의 소 × |

---

10) [학설] ① 실권설은 형성원인이 존재하는 때를 실권여부의 판단시점으로 보고 변론종결 뒤에는 형성권을 행사할 수 없다고 하고, ② 비실권설은 기판력에 의한 실권여부는 형성권을 실제로 행사한 시점을 기준으로 하여 판단해야 하므로 상계권은 물론 취소권·해제권 등 모든 형성권은 변론종결 뒤에도 실권되지 않는다고 하며, ③ 상계권(지상물매수청구권)비실권설은 변론종결 뒤의 다른 형성권 행사는 원칙적으로 기판력에 저촉되어 실권되지만 상계권(예비적 출혈적 항변으로 표준시에 행사할 것을 예상하기 어려움)과 건물매수청구권은 소구채권(소송물)의 하자를 다투는 것이 아닌 점을 이유로 예외적으로 실권되지 않는다고 하고, ④ 제한적 상계권실권설은 다른 형성권은 당연히 실권되고, 상계권의 경우에도 상계권이 있음을 알고 이를 행사하지 않은 경우에는 실권된다고 한다.

11) [판례평석] 이 판례 사안에 대해 후소는 청구이의의 소가 아닌 매매대금청구의 소이므로 기판력의 작용 국면이 아님이 명백하여 건물매수청구권이 차단되지 않는다고 보는 관점도 있다.

12) 예를 들어 판결주문은 "원고에게, 피고는 금 얼마를 소외 상속인으로부터 상속받은 재산의 한도에서 지급하라"는 형태가 된다.

13) 이 경우 집행권원 자체가 성립하지 않아 ③, ④는 문제되지 않는다.

## 60

기판력에 관한 설명 중 옳지 않은 것은? (다툼이 있는 경우 판례에 의함) 　　　　[20 변호사]

① 제소전화해의 내용이 채권자는 대여금채권의 원본 및 이자의 지급과 상환으로 채무자에게 부동산에 관한 가등기의 말소등기절차를 이행하고, 채무자는 그가 채권자에게 변제기까지 위 대여원리금을 지급하지 않을 경우 「가등기담보 등에 관한 법률」 소정의 청산금 지급과 상환으로 채권자에게 가등기에 기한 소유권이전의 본등기절차를 이행함과 아울러 부동산을 인도하기로 되어 있는 경우, 상환이행의 대상인 반대채권의 존부나 그 수액에 대하여는 기판력이 미치지 아니한다.

② 甲의 乙에 대한 1억 원의 대여금청구 소송에서 乙이 甲에 대한 5,000만 원의 손해배상채권으로 상계항변을 하였고, 乙의 항변이 받아들여져 甲의 청구 중 5,000만 원 부분이 인용되어 그 판결이 확정된 후에 乙이 甲을 상대로 위 상계항변에 제공된 손해배상금의 지급을 구하는 소를 제기한 경우 법원은 乙의 소를 각하하여야 한다.

③ 甲이 乙로부터 토지거래허가구역 내에 있는 A 토지를 매수하는 계약을 체결한 후에 乙을 상대로 토지거래허가신청절차의 이행(제1청구)과 매매를 원인으로 한 소유권이전등기절차의 이행(제2청구)을 구하는 소(전소)를 제기하였고, 법원은 제1청구를 인용하고 제2청구를 기각하는 판결을 선고하여 그대로 확정되었는데, 위 소송의 변론종결 전에 A 토지가 토지거래허가구역에서 해제되었음에도 甲이 이를 알지 못해 주장하지 아니한 경우, 甲이 A 토지가 토지거래허가구역에서 해제되었음을 이유로 乙을 상대로 위 매매를 원인으로 한 소유권이전등기청구의 소(후소)를 제기한 때에는 제2청구에 관한 전소 판결의 기판력이 후소에 미친다.

④ 甲이 乙을 상대로 제기한 어음금청구 소송의 제1심 변론종결 전에 백지보충권을 행사할 수 있었음에도 행사하지 아니하여 이를 이유로 패소하였고, 그 판결이 확정된 후에 백지보충권을 행사한 다음 어음이 완성되었음을 이유로 乙을 상대로 위 어음금의 지급을 구하는 소를 제기한 때에는 특별한 사정이 없는 한 전소 판결의 기판력이 후소에 미친다.

⑤ 甲이 乙을 상대로 피담보채무인 대여금채무가 허위의 채무로서 존재하지 아니함을 이유로 양도담보계약의 해지를 원인으로 한 소유권이전등기의 회복을 구하는 소를 제기하였는데, 법원이 甲의 청구를 기각하는 판결을 하였고 그 판결이 확정된 후에 甲이 乙을 상대로 위 대여금채무 중 잔존채무의 변제를 조건으로 위 소유권이전등기의 회복을 구하는 소를 제기한 때에는 전소 판결의 기판력이 후소에 미친다.

## 60  정답 ⑤

① [○]

**해설** 제소전화해에서 상환이행을 명한 반대채권의 존부나 그 수액에 대하여 기판력이 미치는지 여부(소극)

"제소전화해의 내용이 채권자 등은 대여금 채권의 원본 및 이자의 지급과 상환으로 채무자에게 부동산에 관한 가등기의 말소등기절차를 이행할 것을 명하고, 채무자는 가등기담보등에관한법률 소정의 청산금 지급과 상환으로 채권자 등에게 가등기에 기한 소유권이전의 본등기절차를 이행할 것과 그 부동산의 인도를 명하고 있는 경우, 그 제소전화해는 가등기 말소절차 이행이나 소유권이전의 본등기절차 이행을 대여금 또는 청산금의 지급을 그 조건으로 하고 있는 데 불과하여 그 기판력은 가등기말소나 소유권이전의 본등기절차 이행을 명한 화해내용이 대여금 또는 청산금 지급의 상환이 조건으로 붙어 있다는 점에 미치는 데 불과하고, 상환이행을 명한 반대채권의 존부나 그 수액에 기판력이 미치는 것이 아니다"(대판 1996.7.12. 96다19017).

**쟁점정리** 기판력의 객관적 범위(일반적인 항변의 경우)

판결이유 중에 판단되는 법정지상권 항변, 동시이행의 항변 등에는 기판력이 생기지 않는다. 항변은 소송물이 아니기 때문이다. 다만 상환이행을 명하는 확정판결의 기판력은, 소송물에 대여금 또는 청산금 지급의 상환이 조건으로 붙어 있다는 점에는 미치고, 상환이행을 명한 반대채권의 존부나 그 수액에는 미치지 않는다(대판 1996.7.12. 96다19017 참고).

② [○]

**해설** 상계항변의 기판력

피고가 상계항변을 제출한 경우 비록 판결이유 중의 판단임에도 자동채권의 존부에 대하여 상계로써 대항한 액수의 한도 내에서 기판력이 발생한다(제216조 2항). 그리고 기판력은 후소의 소송물이 전소의 소송물과 동일, 선결, 모순관계에 있을 경우에 작용하는바, 기판력이 발생한 자동채권과 동일한 채권을 후소의 소송물로 하는 경우 기판력이 후소에 작용한다.

따라서 사안에서 전소에서 乙의 상계항변이 받아들여졌으므로(승소확정판결), 전소에서 승소하여 소멸한 자동채권을 다시 후소에서 제기하는 것은 기판력에 반하므로 '각하'하여야 한다.

③ [○]

**해설** 기판력의 객관적 범위와 시적 범위

"확정판결의 기판력은 소송물로 주장된 법률관계의 존부에 관한 판단에 미치는 것이므로 동일한 당사자 사이에서 전소와 동일한 소송물에 대한 후소에서 전소 변론종결 이전에 존재하고 있던 공격방어방법을 주장하여 전소 확정판결에서 판단된 법률관계의 존부와 모순되는 판단을 구하는 것은 확정판결의 기판력에 반하는 것이고, 전소에서 당사자가 그 공격방어방법을 알고서 주장하지 못하였는지 또는 알지 못한 데에 과실이 있는지 여부는 묻지 아니한다. 앞에서 본 소송진행 경과를 이러한 법리에 비추어 보면, 비록 이 사건 전소는 이

사건 토지가 토지거래허가구역 내에 위치하고 있음을 전제로 하는 장래이행 청구인 반면 이 사건 소는 이 사건 토지에 대한 토지거래허가구역 지정이 해제되었음을 전제로 하는 청구라고 하더라도 이 사건 소의 소송물과 이 사건 전소 중 소유권이전등기청구의 소송물은 모두 이 사건 매매계약을 원인으로 하는 소유권이전등기청구권으로서 동일하다고 할 것이다(객관적 범위 : 저자주). 또한 이 사건 토지가 토지거래허가구역에서 해제되어 이 사건 매매계약이 확정적으로 유효하게 되었다는 사정은 이 사건 전소의 변론종결 전에 존재하던 사유이므로, 원고가 그러한 사정을 알지 못하여 이 사건 전소에서 주장하지 못하였다고 하더라도 이를 이 사건 소에서 새로이 주장하여 이 사건 전소에서의 법률관계의 존부에 관한 판단, 즉 이 사건 매매계약에 기한 원고의 피고에 대한 소유권이전등기청구권의 존부에 대한 판단과 모순되는 판단을 구하는 것은 이 사건 전소 확정판결의 기판력에 반하는 것이다(시적 범위 : 저자주)"(대판 2014.3.27. 2011다79968).

④ [○]

**해설** 표준시 이후의 형성권 행사(취소권, 해제권 등 형성권 일반의 경우 실권 긍정)

"약속어음의 소지인이 전소의 사실심 변론종결일까지 백지보충권을 행사하여 어음금의 지급을 청구할 수 있었음에도 위 변론종결일까지 백지 부분을 보충하지 않아 이를 이유로 패소판결을 받고 그 판결이 확정된 후에 백지보충권을 행사하여 어음이 완성된 것을 이유로 전소 피고를 상대로 다시 동일한 어음금을 청구(소송물 동일 : 저자주)하는 경우에는, 위 백지보충권 행사의 주장은 특별한 사정이 없는 한 전소판결의 기판력에 의하여 차단되어 허용되지 않는다"(대판 2008.11.27. 2008다59230).

⑤ [×]

**해설** 변론 종결 후 변제를 조건으로 한 등기말소청구(표준시 이후에 발생한 사유)

"전소에서 피담보채무의 변제로 양도담보권이 소멸하였음을 원인으로 한 소유권이전등기의 회복 청구가 기각되었다고 하더라도, 장래 잔존 피담보채무의 변제를 조건으로 소유권이전등기의 회복을 청구하는 것은 전소의 확정판결의 기판력에 저촉되지 아니한다"(대판 2014.1.23. 2013다64793).

**쟁점정리** 표준시 이후에 발생한 사유에는 실권효가 미치지 않으므로 그 새로운 사정에 기하여 후소를 제기할 수 있다. 변론종결 이후의 변제, 조건성취, 소멸시효 완성 등이 여기에 해당한다.

# 61

甲은 乙을 상대로 1억 원의 매매대금청구의 소를 제기하였는데, 乙은 매매계약이 무효임을 이유로 매매대금채권의 부존재를 주장하는 한편, 甲에 대한 1억 5,000만 원의 대여금채권을 반대채권으로 하여 상계항변을 하였다. 이에 관한 설명 중 옳지 않은 것은? (다툼이 있는 경우 판례에 의함)

[20 변호사]

① 위 소송에서 법원이 甲의 주장 및 乙의 상계항변을 모두 받아들여 甲의 청구를 기각한 경우, 위 판결에 대하여 乙은 항소이익이 있다.

② 위 소송에서 법원이 甲의 주장 및 乙의 상계항변을 모두 받아들여 甲의 청구를 기각하였다. 위 판결에 대하여 甲만이 항소하고 乙은 부대항소도 하지 아니한 경우, 항소심 법원이 甲의 매매대금채권이 부존재한다고 판단하였다면, 乙의 대여금채권 존부와 관계없이 항소심 법원은 위 판결을 취소하고 원고의 청구를 기각하여야 한다.

③ 위 소송에서 법원이 甲의 소를 각하하였고 위 판결에 대하여 甲만이 항소한 경우, 항소심 법원이 甲의 매매대금청구의 소는 적법하나 매매계약이 무효여서 매매대금채권이 존재하지 아니한다고 판단하였다면, 항소심 법원은 甲의 항소를 기각하여야 한다.

④ 위 소송에서 법원이 甲의 주장 및 乙의 상계항변을 모두 받아들여 甲의 청구를 기각하였고 위 판결이 그대로 확정된 경우, 위 확정판결의 기판력은 乙의 甲에 대한 5,000만 원(상계로 대등액에서 소멸되고 남은 금액)의 대여금 지급을 구하는 후소에 미치지 아니한다.

⑤ 위 소송에서 법원이 甲의 주장은 받아들였으나 乙의 상계항변은 대여금채권 전액 부존재를 이유로 배척하여 甲의 청구를 전부 인용하였고 위 판결이 그대로 확정된 경우, 위 확정판결의 기판력은 乙의 甲에 대한 5,000만 원(대여금채권의 존재가 인정되었다면 상계로 대등액에서 소멸되고 남았을 금액)의 대여금 지급을 구하는 후소에 미치지 아니한다.

# 61
정답 ②

① [○]

**해설** 상계의 항변을 받아들여 청구를 기각한 제1심판결에 대하여 피고가 항소한 경우

원고의 청구를 전부 기각한 판결에 대하여는 피고가 판결이유 중의 판단에 불복이 있더라도 상소를 할 이익이 없는 것이 원칙이다. 그러나 상계를 주장한 청구가 성립되어 원고의 청구가 기각된 때와 같이 예외적으로 판결이유에 대한 기판력이 인정되는 경우에는, 상소를 할 이익이 인정된다(대판 1993.12.28. 93다47189).

② [×]

**해설** 상계의 항변을 받아들여 청구를 기각한 제1심판결에 대하여 원고만 항소한 경우(소구채권이 부존재하는 경우 : 제1심판결과 똑같은 이유로 항소기각판결)

"항소심은 당사자의 불복신청범위 내에서 제1심판결의 당부를 판단할 수 있을 뿐이므로, 설사 제1심판결이 부당하다고 인정되는 경우라 하더라도 그 판결을 불복당사자의 불이익으로 변경하는 것은 당사자가 신청한 불복의 한도를 넘어 제1심판결의 당부를 판단하는 것이 되어 허용될 수 없는바, 제1심판결이 원고가 청구한 채권의 발생을 인정한 후 피고가 한 상계항변을 받아들여 원고의 청구를 기각하고 이에 대하여 원고만이 항소한 경우에 항소심이 제1심과 다르게 원고가 청구한 채권의 발생이 인정되지 않는다는 이유로 원고의 청구를 기각하는 것은 항소인인 원고에게 불이익하게 제1심판결을 변경하는 것이 되어 허용되지 아니한다"(대판 2010. 12.23. 2010다67258). 왜냐하면 원고로서는 상계에 제공된 반대채권 소멸의 이익을 잃게 되어 제1심 판결보다 불리해지기 때문이다. 따라서 항소심 법원은 ⅰ) 원고의 항소를 인용하여 원판결을 취소하고 청구기각의 자판을 할 수 없고, ⅱ) 소구채권의 부존재를 이유로 항소기각을 할 수도 없으며, ⅲ) 제1심 판결과 똑같은 이유로 항소기각판결을 하여야 한다. 즉, 항소심은 소구채권이 인정되지 않는 것으로 판단되더라도 판결이유에서 제1심 판결과 마찬가지로 소구채권이 인정됨을 전제로 상계의 항변을 받아들여 청구가 기각되어야 하는 것으로 기재한 후 항소기각 판결을 선고하여야 한다.

**비교판례** 상계의 항변을 받아들여 청구를 기각한 제1심판결에 대하여 원고만 항소한 경우(반대채권이 부존재하는 경우 : 원고의 항소를 인용)

반대채권이 부존재하는 경우 원고의 항소를 인용하더라도 원고에게 불이익이 없으므로 항소심 법원은 원판결을 취소하고 청구인용의 자판을 하여야 한다.

③ [○]

**해설** 소각하의 제1심판결에 대하여 원고만 항소한 경우

判例는 "확정판결의 기판력을 이유로 하여 원고의 청구를 기각하여야 할 것인데도 원고의 소가 부적법하다고 각하한 원심판결에 대하여 원고만이 상고한 경우 불이익변경금지의 원칙상 원고에게 더 불리한 청구기각의 판결을 선고 할 수는 없으므로 원고의 상고를 기각(항소심판결을 그대로 유지하지

함 : 저자주)할 수밖에 없다"(대판 1987.7.7. 86다카2675)
고 하여 **항소기각설**의 입장이다.

④ [○]

해설 **상계항변을 인용한 경우의 기판력**
원고의 소구채권과 피고의 반대채권이 모두 존재하고 그것
이 상계에 의해 소멸하였다고 한 판단에 기판력이 미친다는
입장과, 현재의 법률관계로서 자동채권이 존재하지 않는다는
점에 기판력이 생기는 것으로 보는 입장이 대립한다. 생각건
대 제216조 2항의 '청구가 성립되는지 아닌지'의 판단에 기
판력이 있다는 조문에 충실한 전자의 견해가 타당하다.

조문 민사소송법 제216조(기판력의 객관적 범위) 「② 상계를 주
장한 청구가 성립되는지 아닌지의 판단은 상계하자고 대항한
액수에 한하여 기판력을 가진다.」

▶ 사안의 경우 甲의 乙에 대한 1억 원의 매매대금(소구채권
= 수동채권)청구에 대해, 乙이 1억 5,000만 원의 대여금
채권(반대채권 = 자동채권)으로 상계의 항변을 한 경우, 1
억 5,000만 원의 반대채권이 존재하는 것으로 판단된 결
과 **상계항변이 인용되어 甲의 청구가 기각되더라도, 기판
력은 상계로써 대항한 1억 원의 존재에 대해서만 미치고,
乙의 남은 5,000만 원의 대여금채권에 대해서는 미치지
않게 된다.** 다만 이 경우 전소의 판단은 乙이 甲을 상대로
5,000만 원의 지급을 구하는 별소제기시 유력한 증거가
되므로 乙이 승소할 가능성은 높아진다.

⑤ [○]

해설 **상계항변을 배척한 경우의 기판력**
반대채권의 부존재에 대하여 기판력이 발생한다. 이와 같이
"반대채권이 부존재한다는 판결이유 중의 판단의 기판력은
특별한 사정이 없는 한 '법원이 반대채권의 존재를 인정하였
더라면 상계에 관한 실질적 판단으로 나아가 수동채권의 상
계적상일까지의 원리금과 대등액에서 소멸하는 것으로 판단
할 수 있었던 반대채권의 원리금 액수'의 범위에서 발생한다
고 보아야 한다. 그리고 이러한 법리는 피고가 상계항변으로
주장하는 반대채권의 액수가 소송물로서 심판되는 소구채권
의 액수보다 더 큰 경우에도 마찬가지로 적용된다"(대판
2018.8.30. 2016다46338,46345).

▶ 사안의 경우 甲의 乙에 대한 1억 원의 매매대금(소구채권
= 수동채권)청구에 대해, 乙이 1억 5,000만 원의 대여금
채권(반대채권 = 자동채권)으로 상계의 항변을 한 경우, 1
억 5,000만 원의 반대채권이 부존재하는 것으로 판단된
결과 **상계항변이 배척되어 甲의 청구가 인용되더라도, 기
판력은 상계로써 대항한 1억 원의 부존재에 대해서만 미
치고, 乙의 남은 5,000만 원의 대여금채권에 대해서는
미치지 않게 된다.** 다만 이 경우 전소의 판단은 乙이 甲을
상대로 한 5,000만 원의 지급을 구하는 별소제기시 유력
한 증거가 되므로 乙이 패소할 가능성이 높아진다.

참고 판례 **수개의 반대채권 중 일부는 인용, 나머지는 배척한 경우의
기판력**
피고가 상계항변으로 2개 이상의 반대채권을 주장하였는데
법원이 그중 어느 하나의 반대채권의 존재를 인정하여 수동
채권의 일부와 대등액에서 상계하는 판단을 하고 나머지 반
대채권들은 모두 부존재한다고 판단하여 그 부분 상계항변을
배척한 경우, 나머지 반대채권들이 부존재한다는 판단에 관
하여 기판력이 발생하는 전체 범위가 '상계를 마친 후의 수
동채권의 잔액'을 초과할 수는 없고 이러한 법리는 피고가
주장하는 2개 이상의 반대채권의 원리금 액수 합계가 법원이
인정하는 수동채권의 원리금 액수를 초과하는 경우에도 마찬
가지이다(대판 2018.8.30. 2016다46338,46345). 이때
'상계를 마친 후의 수동채권의 잔액'은 수동채권 '원금'의 잔
액만을 의미한다(同 判例).

## 62

**소송물과 기판력에 관한 설명 중 옳지 않은 것은? (다툼이 있는 경우 판례에 의함)** [17 변호사]

① 원인무효를 이유로 소유권이전등기의 말소를 구하는 전소에서 패소확정판결을 받은 원고는 전소의 사실심 변론종결 전에 주장할 수 있었던 등기원인의 무효사유를 당사자와 청구취지가 동일한 후소에서 주장할 수 없다.

② 소유권확인을 구하는 전소에서 패소확정판결을 받은 원고는 전소의 사실심 변론종결 전에 주장할 수 있었던 소유권 귀속의 원인이 되는 다른 사유를 당사자와 청구취지가 동일한 후소에서 주장할 수 없다.

③ 채권자가 채무자를 대위하여 제3채무자를 상대로 소를 제기하였으나 피보전채권이 존재하지 않는다는 이유로 소각하판결을 받아 확정된 경우, 그 판결의 기판력은 채권자가 채무자를 상대로 피보전채권의 이행을 구하는 후소에 미친다.

④ 매매를 원인으로 한 소유권이전등기를 구하는 전소에서 원고가 패소확정판결을 받았더라도 동일한 당사자 사이에 후소로 취득시효 완성을 원인으로 한 소유권이전등기청구를 할 수 있다.

⑤ 원인무효를 이유로 소유권이전등기의 말소를 구하는 전소에서 원고가 패소확정판결을 받았더라도 동일한 당사자 사이에 후소로 소유권확인청구를 할 수 있다.

## 62
정답 ③

① [○]

**해설** "말소등기청구의 소에서 말소등기청구권이 소송물이며 소송물의 동일성 식별표준이 되는 청구원인, 즉 말소등기청구권의 발생원인은 당해 '등기원인의 무효'에 국한되는 것이고, 등기원인의 무효를 뒷받침하는 개개의 사유(예를 들어 무권대리, 불공정한 법률행위 등)는 독립된 공격방어방법에 불과하여 별개의 청구원인을 구성하는 것이 아니다. 따라서 그러한 주장들이 자체로서 별개의 청구원인을 구성한다고 볼 수 없고 모두 전소의 변론종결 전에 발생한 사유라면 전소와 후소는 그 소송물이 동일하여 후소에서의 주장사유들은 전소의 확정판결의 기판력에 저촉되어 허용될 수 없다"(대판 1993. 6.29. 93다11050).

② [○]

**해설** "소유권확인소송의 소송물은 소유권의 귀속 자체이므로 소유권의 귀속을 뒷받침하는 개개의 사유는 단지 하나의 독립된 공격방어방법에 불과하고 별개의 청구원인을 구성하지 않는 것이어서 전소에서 패소한 원고는 전소판결의 차단효에 의하여 전소의 사실심 변론종결 전에 주장할 수 있었던 소유권 귀속의 원인이 되는 다른 사유를 후소에서 다시 주장할 수 없다"(대판 1987.3.10. 84다카2132).

③ [×]

**해설** "채권자가 채권자대위권을 행사하는 방법으로 제3채무자를 상대로 소송을 제기하였다가 채무자를 대위할 피보전채권이 인정되지 않는다는 이유로 소각하 판결을 받아 확정된 경우 그 판결의 기판력이 채권자가 채무자를 상대로 피보전채권의 이행을 구하는 소송에 미치는 것은 아니다"(대판 2014. 1.23. 2011다108095).

④ [○]

**해설** "매매를 원인으로 한 소유권이전등기청구소송과(민법 제568조) 취득시효완성을 원인으로 한 소유권이전등기 청구소송은(민법 제245조) 이전등기청구권의 발생원인을 달리하는 별개의 소송물이므로 전소의 기판력은 후소에 미치지 아니한다"(대판 1981.1.13. 80다204). 구소송물이론에 의해 실체법적 근거(민법 제568조와 민법 제245조 2개의 청구)에 따라 소송물이 특정되기 때문이다.

⑤ [○]

**해설** **전소의 선결관계가 후소의 소송물이 되는 경우**
대법원은 "확정판결의 기판력은 소송물로 주장된 법률관계의 존부에 관한 판단의 결론에만 미치고 그 전제가 되는 법률관계의 존부에까지 미치는 것은 아니므로, 계쟁 부동산에 관한 피고 명의의 소유권이전등기가 원인무효라는 이유로 원고가 피고를 상대로 그 등기의 말소를 구하는 소송을 제기하였다가 청구기각의 판결을 선고받아 확정되었다고 하더라도, 그 확정판결의 기판력은 소송물로 주장된 말소등기청구권이나 이전등기청구권의 존부(전소의 소송물 : 저자주)에만 미치는 것이지 그 기본이 된 소유권 자체의 존부(전소의 선결적 법률관계=후소의 소송물 : 저자주)에는 미치지 아니한

다"(대판 2002.9.24. 2002다11847)고 하여 이유 중 판단에 기판력 또는 쟁점효를 부정한다.

**비교판례** **전소의 소송물이 후소의 선결문제인 경우**
"확정된 전소의 기판력 있는 법률관계(전소의 소송물 : 저자주)가 후소의 소송물 자체가 되지 아니하여도 후소의 선결문제(후소의 판결이유 : 저자주)가 되는 때에는 전소의 확정판결의 판단은 후소의 선결문제로서 기판력이 작용한다고 할 것이므로, 소유권확인청구에 대한 판결이 확정된 후 다시 동일 피고를 상대로 소유권에 기한 물권적 청구권을 청구원인으로 하는 소송을 제기한 경우에는 전소의 확정판결에서의 소유권의 존부에 관한 판단에 구속되어 당사자로서는 이와 다른 주장을 할 수 없을 뿐만 아니라 법원으로서도 이와 다른 판단은 할 수 없다"(대판 2000.6.9. 98다18155).

## 63

기판력에 관한 설명 중 옳지 않은 것을 모두 고른 것은? (다
툼이 있는 경우에는 판례에 의함)     [13 변호사]

ㄱ. 甲이 乙을 상대로 X 토지의 소유권에 기한 방해배제
　　로써 X 토지에 관하여 乙 명의로 마쳐진 소유권이전
　　등기의 말소를 구하는 소송 중에 甲과 乙 사이에 "乙
　　은 甲에게 X 토지에 관하여 진정명의회복을 원인으
　　로 한 소유권이전등기절차를 이행한다."라는 내용의
　　화해권고결정이 확정되었다. 그 후 乙이 丙에게 X
　　토지에 관한 소유권이전등기를 마쳐준 경우, 위 화해
　　권고결정의 기판력은 丙에 대하여 미치지 아니한다.

ㄴ. 甲이 乙을 상대로 X 토지에 관한 매매계약의 무효를
　　원인으로 하여 매매대금의 반환을 구하는 소송에서
　　乙이 甲의 청구를 인낙하는 내용의 인낙조서가 작성
　　된 경우, 위 인낙조서의 기판력은 乙이 甲을 상대로
　　위 매매계약을 원인으로 한 소유권이전등기절차의
　　이행을 구하는 소에 미친다.

ㄷ. 甲이 乙에게 X 토지에 관하여 신탁해지를 원인으로
　　한 소유권이전등기절차를 이행하기로 한 제소전 화
　　해에 기하여 X 토지에 관하여 乙 명의의 소유권이전
　　등기가 마쳐진 경우, 위 제소전 화해의 기판력은 甲
　　이 乙을 상대로 위 소유권이전등기가 원인무효라고
　　주장하며 그 말소등기절차의 이행을 구하는 소에 미
　　친다.

ㄹ. 甲이 乙을 대위하여 丙을 상대로 제기한 취득시효 완
　　성을 원인으로 한 소유권이전등기절차의 이행을 구하
　　는 소송에서 乙을 대위할 피보전채권의 부존재를 이
　　유로 한 소각하판결이 확정된 후, 丙이 甲을 상대로
　　제기한 토지인도청구소송에서 甲이 다시 乙에 대한
　　위 피보전채권의 존재를 항변사유로 주장하는 것은
　　위 확정판결의 기판력에 저촉되어 허용될 수 없다.

ㅁ. 甲이 乙을 상대로 X 토지에 관한 임대차계약이 기간
　　만료로 종료되었음을 원인으로 하여 제기한 임대차
　　보증금반환청구소송에서 임대차보증금의 지급을 명
　　하는 판결이 확정된 경우, 위 확정판결의 기판력은
　　乙이 甲을 상대로 위 임대차계약에 기한 차임의 지
　　급을 구하는 소에 미친다.

① ㄱ, ㄷ, ㄹ　　　　② ㄴ, ㄷ, ㄹ
③ ㄱ, ㄹ, ㅁ　　　　④ ㄱ, ㄴ, ㅁ
⑤ ㄴ, ㄷ, ㅁ

**63**                                                                 정답 ④

**해설** ㄱ. [×]

"소유권에 기한 물권적 방해배제청구로서 소유권등기의 말소를 구하는 소송이나 진정명의 회복을 원인으로 한 소유권이전등기절차의 이행을 구하는 소송 중에 그 소송물에 대하여 화해권고결정이 확정되면 상대방은 여전히 물권적인 방해배제의무를 지는 것이고, 화해권고결정에 창설적 효력이 있다고 하여 그 청구권의 법적 성질이 채권적 청구권으로 바뀌지 아니한다"(대판 2012.5.10. 2010다2558).

判例는 진정명의회복을 위한 소유권이전등기청구권의 법적 성질을 소유권에 기한 방해배제청구권으로 보는 바, 사안의 경우 甲은 乙을 상대로 물권적 청구권을 행사한 것이고, 따라서 丙은 변론종결 뒤의 승계인에 해당하여 화해권고결정의 기판력을 받는다(判例는 소송물인 청구가 대세적 효력을 갖는 물권적 청구권일 때에는 피고의 지위를 승계한 자가 변론종결 뒤의 승계인으로 기판력을 받는다는 입장이다).

**쟁점정리** 계쟁물승계의 범위

**조문** 제218조 (기판력의 주관적 범위) ① 「확정판결은 당사자, 변론을 종결한 뒤의 승계인(변론 없이 한 판결의 경우에는 판결을 선고한 뒤의 승계인) 또는 그를 위하여 청구의 목적물을 소지한 사람에 대하여 효력이 미친다」

▶ 계쟁물승계의 범위에 대하여는 소송물이론에 따라 견해가 대립한다. 判例는 구실체법설의 입장에서 ① 청구가 **소유권에 기한** 이전등기말소청구권인 경우 피고로부터 소유권이전등기를 경료받은 자는 승계인으로 보지만(대판 1979.2.13. 78다2290), ② 청구가 **매매에 기한** 소유권이전등기청구권인 경우 피고로부터 소유권이전등기를 경료받은 자는 승계인에 해당하지 않는다고 한다(대판 2003.5.13. 2002다64148).

ㄴ. [×]

"ⅰ) 전에 제기된 소와 후에 제기된 소의 소송물이 동일하지 않다고 하더라도, 후에 제기된 소의 소송물이 「전에 제기된 소에서 확정된 법률관계」와 모순되는 정반대의 사항을 소송물로 삼았다면 이러한 경우에는 전번 판결의 기판력이 후에 제기된 소에 미치는 것이지만, 확정판결의 기판력은 소송물로 주장된 법률관계의 존부에 관한 판단의 결론에만 미치고 그 전제가 되는 법률관계의 존부에까지 미치는 것이 아니므로, 「전의 소송에서 확정된 법률관계」란 확정판결의 기판력이 미치는 법률관계를 의미하는 것이지 그 전제가 되는 법률관계까지 의미하는 것은 아니다. ⅱ) 매매계약의 무효 또는 해제를 원인으로 한 매매대금반환청구에 대한 인낙조서의 기판력은 그 매매대금반환청구권의 존부에 관하여만 발생할 뿐, 그 전제가 되는 선결적 법률관계인 매매계약의 무효 또는 해제에까지 발생하는 것은 아니므로 소유권이전등기청구권의 존부를 소송물로 하는 후소는 전소에서 확정된 법률관계와 정반대의 모순되는 사항을 소송물로 하는 것이라 할 수 없으며, 기판력이 발생하지 않는 전소와 후소의 소송물의 각 전제가 되는 법률관계가 매매계약의 유효 또는 무효로 서로 모순된다고 하여 전소에서의 인낙조서의 기판력이 후소에 미친다고 할 수 없다"(대판 2005.12.23. 2004다55698).

**쟁점정리** 전·후소의 소송물의 각 전제가 되는 법률관계가 모순되는 경우

전소(매매계약의 무효 또는 해제를 원인으로 한 매매대금반환청구)와 후소(매매계약에 기한 소유권이전등기청구)의 판결이유 중 판단(매매계약의 효력 여부)이 모순되더라도 판결이유에는 기판력이 미치지 않으므로 모순관계가 아니다.

ㄷ. [○]

"전·후 양소의 소송물이 동일하지 않다고 하더라도, 후소의 소송물이 전소에서 확정된 법률관계와 모순되는 정반대의 사항을 소송물로 삼았다면 이러한 경우에는 전소 판결의 기판력이 후소에 미치는 것이고, 제소전 화해조서는 확정판결과 같은 효력이 있어 당사자 사이에 기판력이 생기는 것이므로, 원고가 피고에게 이 사건 각 토지에 관하여 신탁해지를 원인으로 한 소유권이전등기절차를 이행하기로 한 이 사건 제소전 화해가 준재심에 의하여 취소되지 않은 이상, 그 제소전 화해에 기하여 마쳐진 소유권이전등기가 원인무효라고 주장하며 말소등기절차의 이행을 청구하는 것은 제소전 화해에 의하여 확정된 소유권이전등기청구권을 부인하는 것이어서 그 기판력에 저촉된다"(대판 2002.12.6. 2002다44014).

ㄹ. [○]

"甲이 乙을 대위하여 丙을 상대로 취득시효 완성을 원인으로 한 소유권이전등기 소송을 제기하였다가 乙을 대위할 피보전채권의 부존재를 이유로 소각하 판결을 선고받고 확정된 후, 丙이 제기한 토지인도 소송에서 甲이 다시 위와 같은 권리가 있음을 항변사유로서 주장하는 것을 허용한다면 甲에게 피보전채권의 존재를 인정하는 것이 되어 전소판결의 판단과 서로 모순관계에 있다고 하지 않을 수 없으므로 기판력에 저촉되어 허용될 수 없다"(대판 2001.1.16. 2000다41349).

ㅁ. [×]

전소의 소송물은 甲의 乙에 대한 임대차보증금반환청구권이고 후소의 소송물은 乙의 甲에 대한 차임지급청구권으로서, 소송물이 다르고 선결관계나 모순관계에 있는 것이 아니므로 기판력이 작용하지 아니한다.

## 64

다음 중 변론종결 후의 승계인에 해당하는 것을 모두 고른 것은? (다툼이 있는 경우에는 판례에 의함)  [13 변호사]

---

ㄱ. 확정판결의 변론종결 후 그 확정판결상의 채무자로 부터 채무인수 여부에 관한 약정 없이 영업을 양수하여 양도인의 상호를 계속 사용하는 영업양수인

ㄴ. 확정판결의 변론종결 후 그 확정판결상의 채무자인 회사를 흡수합병한 존속회사

ㄷ. 확정판결의 변론종결 후 그 확정판결상의 채무자인 회사가 신설합병되어 설립된 회사

ㄹ. 확정판결의 변론종결 후 그 확정판결상의 채무자로서 금전지급채무만을 부담하고 있는 회사가 그 채무를 면탈할 목적으로 기업의 형태·내용을 실질적으로 동일하게 하여 설립한 신설회사

---

① ㄷ          ② ㄱ, ㄴ

③ ㄴ, ㄷ        ④ ㄴ, ㄹ

⑤ ㄷ, ㄹ

**해설** ㄱ. [×]

"확정판결의 변론종결 후 동 확정판결 상의 채무자로부터 영업을 양수하여 양도인의 상호를 계속 사용하는 영업양수인은 상법 제42조 제1항에 의하여 그 양도인의 영업으로 인한 채무를 변제할 책임이 있다 하여도, 그 확정판결 상의 채무에 관하여 이를 면책적으로 인수하는 등 특별사정이 없는 한, 그 영업양수인을 곧 민사소송법상의 변론종결후의 승계인에 해당된다고 할 수 없다"(대판 1979.3.13. 78다2330).

ㄴ. [○], ㄷ. [○]

변론을 종결한 뒤에 소송물인 권리관계에 관한 지위를 당사자로부터 승계한 제3자는 당사자 사이의 확정판결의 기판력을 받는데, 그 승계의 모습은 일반승계(상속, 합병 등), 특정승계를 가리지 아니한다.

**관련판례** "구 민사소송법 (2002. 1. 26. 법률 제6626호로 전문 개정되기 전의 것) 제74조에서 규정하고 있는 소송의 목적물인 권리관계의 승계라 함은 소송물인 권리관계의 양도뿐만 아니라 당사자적격 이전의 원인이 되는 실체법상의 권리 이전을 널리 포함하는 것이므로, 신주발행무효의 소 계속중 그 원고 적격의 근거가 되는 주식이 양도된 경우에 그 양수인은 제소기간 등의 요건이 충족된다면 새로운 주주의 지위에서 신소를 제기할 수 있을 뿐만 아니라, 양도인이 이미 제기한 기존의 위 소송을 적법하게 승계할 수도 있다"(대판 2003. 2.26. 2000다42786).

ㄹ. [×]

"기존회사가 채무를 면탈할 목적으로 기업의 형태·내용이 실질적으로 동일한 신설회사를 설립하였다면, 신설회사의 설립은 기존회사의 채무면탈이라는 위법한 목적달성을 위하여 회사제도를 남용한 것이므로, 기존회사의 채권자에 대하여 위 두 회사가 별개의 법인격을 갖고 있음을 주장하는 것은 신의성실의 원칙상 허용될 수 없다 할 것이어서 기존회사의 채권자는 위 두 회사 어느 쪽에 대하여서도 채무의 이행을 청구할 수 있으나(대판 2004.11.12. 2002다66892), 甲 회사와 乙 회사가 기업의 형태·내용이 실질적으로 동일하고, 甲 회사는 乙 회사의 채무를 면탈할 목적으로 설립된 것으로서 甲 회사가 乙 회사의 채권자에 대하여 乙 회사와는 별개의 법인격을 가지는 회사라는 주장을 하는 것이 신의성실의 원칙에 반하거나 법인격을 남용하는 것으로 인정되는 경우에도, 권리관계의 공권적인 확정 및 그 신속·확실한 실현을 도모하기 위하여 절차의 명확·안정을 중시하는 소송절차 및 강제집행절차에 있어서는 그 절차의 성격상 乙 회사에 대한 판결의 기판력 및 집행력의 범위를 갑 회사에까지 확장하는 것은 허용되지 아니한다"(대판 1995.5.12. 93다44531).

# 65

甲은 乙로부터 그 소유의 X 토지를 임차한 후 그 토지상에 Y 건물을 신축하였다. 다음 설명 중 옳지 않은 것은? (각 지문은 독립적이고, 다툼이 있는 경우에는 판례에 의함)

[14 변호사]

① 乙이 甲을 상대로 X 토지의 인도 및 Y 건물의 철거를 청구할 수 있는 경우에, 丙이 Y 건물에 대한 대항력 있는 임차인이라도 乙은 소유권에 기한 방해배제로서 丙에 대하여 Y 건물로부터의 퇴거를 청구할 수 있다.

② 乙이 甲을 상대로 X 토지의 인도 및 Y 건물의 철거를 청구한데 대하여 甲이 적법하게 건물매수청구권을 행사한 경우, 법원은 乙이 종전 청구를 유지할 것인지 아니면 대금지급과 상환으로 건물인도를 청구할 의사가 있는지를 석명하여야 한다.

③ 乙이 甲을 상대로 X 토지의 인도 및 Y 건물의 철거를 청구한데 대하여 甲이 건물매수청구권을 제1심에서 행사하였다가 철회한 후에도 항소심에서 다시 행사할 수 있다.

④ 乙이 甲을 상대로 먼저 X 토지의 인도를 구하는 소를 제기하여 승소판결이 확정되었다. 이후 다시 乙이 甲을 상대로 Y 건물의 철거를 구하는 소를 제기하였는데, 이때 甲이 'Y 건물의 소유를 위하여 X 토지를 임차하였으므로 Y 건물에 관하여 건물매수청구권을 행사한다'고 주장하는 경우, 甲 주장의 임차권은 위 토지인도청구소송의 변론종결일 전부터 존재하던 사유로서 위 확정판결의 기판력에 저촉되는 것이다.

⑤ 乙이 甲을 상대로 제기한 X 토지의 인도 및 Y 건물의 철거 청구소송에 승소하여 그 승소판결이 확정되었다고 하더라도, 그 확정판결에 의하여 건물철거가 집행되지 아니한 이상 甲은 건물매수청구권을 행사하여 별소로써 乙에 대하여 건물매매대금의 지급을 구할 수 있다.

# 65

정답 ④

① [○]

**해설** "건물이 그 존립을 위한 토지사용권을 갖추지 못하여 토지의 소유자가 건물의 소유자에 대하여 당해 건물의 철거 및 그 대지의 인도를 청구할 수 있는 경우에라도 건물소유자가 아닌 사람이 건물을 점유하고 있다면 토지소유자는 그 건물 점유를 제거하지 아니하는 한 위의 건물 철거 등을 실행할 수 없다. 따라서 그때 토지소유권은 위와 같은 점유에 의하여 그 원만한 실현을 방해당하고 있다고 할 것이므로, 토지소유자는 자신의 소유권에 기한 방해배제로서 건물점유자에 대하여 건물로부터의 퇴출을 청구할 수 있다. 그리고 이는 건물점유자가 건물소유자로부터의 임차인으로서 그 건물임차권이 이른바 대항력을 가진다고 해서 달라지지 아니한다. 건물임차권의 대항력은 기본적으로 건물에 관한 것이고 토지를 목적으로 하는 것이 아니므로 이로써 토지소유권을 제약할 수 없고, 토지에 있는 건물에 대하여 대항력 있는 임차권이 존재한다고 하여도 이를 토지소유자에 대하여 대항할 수 있는 토지사용권이라고 할 수는 없다"(대판 2010.8.19. 2010다43801).

**관련쟁점** 토지를 점유하는 자는 지상물의 점유자가 아니라 지상물의 소유자이다. 따라서 토지소유자는 '지상물을 점유'하고 있는 건물임차인 등이 아닌, '토지를 (불법)점유'하고 있는 건물소유자에게 토지의 인도를 청구할 수 있다(민법 제213조). 다만 토지소유자는 토지의 소유권에 기한 방해배제청구권(민법 제214조)으로서 건물임차인 등에게 위 건물에서 '퇴거'할 것을 청구할 수 있다.

② [○]

**해설** 토지임대차 종료시 임대인의 건물철거와 그 부지인도 청구에는 건물매수대금 지급과 동시에 건물명도를 구하는 청구가 포함되어 있다고 볼 수 없다. 따라서 임차인의 지상물매수청구권 행사의 항변이 받아들여지면 청구취지의 변경이 없는 한 임대인의 지상물철거 및 토지인도청구는 기각하여야 할 것이나, 법원으로서는 **석명권**을 적절히 행사하여 임대인으로 하여금 건물철거청구를 건물소유권이전등기·건물인도청구(대지와 건물부지가 일치할 경우 건물인도청구 이외에 별도의 대지인도청구는 불필요하다)로 변경하게 한 후 매매대금과의 상환이행을 명하는 판결을 하여야 하며, 이와 같은 **석명권 행사 없이 그냥 기각하면 위법**하다(아래 전합94다34265).

**관련판례** "토지임대인이 그 임차인에 대하여 지상물철거 및 그 부지의 인도를 청구한 데 대하여 임차인이 적법한 지상물매수청구권을 행사하게 되면 임대인과 임차인 사이에는 그 지상물에 관한 매매가 성립하게 되므로 임대인의 청구는 이를 그대로 받아들일 수 없게 된다. 이 경우에 법원으로서는 임대인이 종전의 청구를 계속 유지할 것인지, 아니면 **대금지급과 상환으로 지상물의 명도를 청구할 의사가 있는 것인지**(예비적으로라도)를 석명하고 임대인이 그 석명에 응하여 소를 변경한 때에는 지상물명도의 판결을 함으로써 분쟁의 1회적 해결을 꾀하여야 한다"(대판 1995.7.11. 전합94다34265).

③ [○]

**해설** 甲의 건물매수청구권 행사의 주장은 **취효적 소송행위**로서, **변론주의**가 적용되므로 사실심 변론종결시까지 주장을 자유롭게 철회할 수 있다. 또한 주장에 대해서는 철회의 제한사유도 없다. 따라서 甲은 건물매수청구권을 제1심에서 행사하였다가 철회할 수 있고, 철회한 후에도 항소심에서 다시 행사할 수 있다.

**관련판례** "건물의 소유를 목적으로 한 토지 임대차가 종료한 경우에 임차인이 그 지상의 현존하는 건물에 대하여 가지는 매수청구권은 그 행사에 특정의 방식을 요하지 않는 것으로서 재판상으로 뿐만 아니라 재판 외에서도 행사할 수 있는 것이고 그 행사의 시기에 대하여도 제한이 없는 것이므로 임차인이 자신의 건물매수청구권을 제1심에서 행사하였다가 철회한 후 항소심에서 다시 행사하였다고 하여 그 매수청구권의 행사가 허용되지 아니할 이유는 없다"(대판 2002.5.31. 2001다42080).

④ [×]

**해설** 判例는 "토지인도청구소송의 승소판결이 확정된 후 그 지상 건물에 관한 철거청구소송이 제기된 경우 후소에서 전소의 변론종결일 전부터 존재하던 건물소유 목적의 토지임차권에 기하여 건물매수청구권을 행사하는 것이 전소 확정판결의 기판력에 저촉되는 것인지 여부"에 관하여 "전소 확정판결의 기판력은 전소에서의 소송물인 토지인도청구권의 존부에 대한 판단에 대하여만 발생하는 것이고 토지의 임차권의 존부에 대하여까지 미친다고 할 수는 없으므로"(대판 1994.9.23. 93다37267) 전소 확정판결의 기판력에 저촉되지 않는다고 보았다.

▶ 따라서 Y 건물의 철거를 구하는 소에서의 甲의 주장은 기판력에 저촉되지 않는다.

⑤ [○]

**해설** 소의 사실심 변론종결 전에 발생한 형성권을 전소에서 행사할 수 있었음에도 불구하고 후소에서 행사할 수 있는지 여부와 관하여 비실권설, 상계권·건물매수청구권 비실권설, 제한적 상계실권설, 실권설이 대립하며, **判例는 건물매수청구권**에 관하여 "건물의 소유를 목적으로 하는 토지 임대차에 있어서, 임대차가 종료함에 따라 토지의 임차인이 임대인에 대하여 건물매수청구권을 행사할 수 있음에도 불구하고 이를 행사하지 아니한 채, 토지의 임대인이 임차인에 대하여 제기한 토지인도 및 건물철거청구 소송에서 패소하여 그 패소판결이 확정되었다고 하더라도, 그 확정판결에 의하여 건물철거가 집행되지 아니한 이상 토지의 임차인으로서는 건물매수청구권을 행사하여 별소로써 임대인에 대하여 건물매매대금의 지급을 구할 수 있다(대판 1995.12.26. 95다42195)고 판시하여 **실권되지 않는다**는 입장이다.

**참고판례** 상계권의 경우에도 判例는 "채무명의인 확정판결의 변론종결전에 상대방에 대하여 상계적상에 있는 채권을 가지고 있었다 하여도 변론종결 이후에 비로소 상계의의사표시를 한 때에는 그 청구이의의 원인이 변론종결 이후에 생긴 때에 해당하는 것으로서 당사자들이 그 변론종결전에 상계적상에 있은 여부를 알았던 몰랐던 간에 적법한 이의의 사유가 된다"(대판 1966.6.28. 66다780)고 판시하여 **실권되지 않는다**는 입장이다.

## 66

매수인 甲과 매도인 乙이 2015. 10. 10. X 부동산에 대해 매매계약을 체결한 후, 甲은 乙을 상대로 위 매매계약에 기하여 X 부동산에 관한 소유권이전등기청구의 소를 제기하였다. 이 소송에서 乙은 동시이행 항변으로 甲으로부터 5,000만 원의 지급을 받으면 이전등기를 하겠다고 주장하였지만, 법원은 "乙은 甲으로부터 3,000만 원을 지급받음과 동시에 甲에게 X 부동산에 관하여 2015. 10. 10. 매매를 원인으로 한 소유권이전등기절차를 이행하라."는 판결을 선고하였다. 이에 관한 설명 중 옳은 것은? (다툼이 있는 경우 판례에 의함)

[16 변호사]

① 위 판결 확정 후 乙이 丙에게 X 부동산을 매도하고 丙 앞으로 소유권이전등기를 마쳐 주었다면, 위 판결의 기판력은 丙에게도 미친다.

② 위 판결 확정 후 기판력이 발생하는 부분은 위 동시이행의 조건이 붙은 소유권이전등기절차의 이행을 명한 부분이고, 甲이 乙에게 3,000만 원을 지급하는 부분에 대해서는 기판력이 발생하지 않는다.

③ 위 판결 확정 후 甲이 다시 乙을 상대로 X 부동산에 관하여 2015. 5. 10. 대물변제약정을 원인으로 한 소유권이전등기청구의 소를 제기하였다면, 그 청구는 위 판결의 기판력에 저촉된다.

④ 위 소송에서 甲은 乙에 대한 2,000만 원의 대여금채권을 자동채권으로 하여 乙이 동시이행 항변으로 주장한 채권에 대해 상계 재항변을 하였고, 법원이 판결이유 중에 상계 재항변을 받아들여 동시이행 항변을 배척하는 판단을 하였다면, 2,000만 원의 대여금채권이 존재한다는 판단에도 기판력이 발생한다.

⑤ 위 판결 선고 후 甲만이 항소를 제기한 경우, 항소심 법원은 乙의 동시이행 항변을 모두 받아들여 "乙은 甲으로부터 5,000만 원을 지급받음과 동시에 甲에게 X 부동산에 관하여 2015. 10. 10. 매매를 원인으로 한 소유권이전등기절차를 이행하라."는 판결을 할 수 있다.

## 66             정답 ②

① [×]

**해설** **기판력의 주관적 범위**

判例는 "소유권에 기한 이전등기말소청구의 원고승소확정 판결 후에 피고로부터 이전등기를 경료한 자는 원고에게 등기말소의무를 부담하므로 변론종결 뒤의 승계인이지만, **매매에 기한 소유권이전등기청구의** 원고승소확정판결 후에 피고로부터 이전등기를 경료한 자는 원고에게 말소할 의무를 부담하지 않으므로 승계인이 아니다"(대판 1993.2.12. 92다25151)라고 판시하여 소송물이 물권적 청구권인 경우에만 변론종결 뒤 승계인이 된다는 입장이다.

▶ 사안에서 甲의 乙에 대한 소의 소송물이 매매에 기한 소유권이전등기청구권이므로(채권적 청구권) 丙은 변론종결 뒤 승계인에 해당하지 않아, 결국 丙에게 기판력이 미치지 않는다.

② [○]

**해설** **동시이행항변과 기판력**

判例는 "상환이행을 명한 **반대 채권의 존부나 그 수액에** 기판력이 미치는 것이 아니다"(대판 1975.5.27. 74다2074)라고 판시한 바 있다.

▶ 사안에서 甲이 乙에게 '3,000만 원을 지급하라'는 부분에 대해서는 기판력이 발생하지 않는다.

③ [×]

**해설** **기판력의 객관적 범위**

전소의 소송물은 2015. 10. 10 매매를 원인으로 하는 소유권이전등기청구이고, 후소의 소송물은 2015. 5. 10. 대물변제약정을 원인으로 한 소유권이전등기청구이므로, **소송물 이론에 관한 구실체법설(判例)**에 따르면 양 자는 **서로 다른 소송물**에 해당한다. 判例도 "대물변제예약에 기한 소유권이전등기청구권과 매매계약에 기한 소유권이전등기청구권은 그 소송물이 서로 다르므로 동일한 계약관계에 대하여 그 계약의 법적 성질을 대물변제의 예약이라고 하면서도 새로운 매매계약이 성립되었음을 인정하여 매매를 원인으로 한 소유권이전등기 절차를 이행할 의무가 있다고 하는 것은 위법하다"(대판 1997.4.25. 96다32133)고 판시하였다.

▶ 사안에서 전소의 확정판결의 기판력은 후소에 미칠 여지가 없다.

④ [×]

**해설** **동시이행항변에 대한 상계 재항변과 기판력**

判例는 "상계 주장의 대상이 된 수동채권이 동시이행항변에 행사된 채권일 때는 상계에 대한 판단에는 기판력이 발생하지 않는다고 보아야 할 것인바, 위와 같이 해석하지 않을 경우 동시이행항변이 상대방의 상계의 재항변에 의하여 배척된 경우에 그 동시이행항변으로 행사된 채권을 나중에 행사할 수 없게 되어 제216조가 예정하고 있는 것과 달리 동시이행항변에 행사된 채권의 존부나 범위에 관한 판결 이유 중의 판단에 기판력이 미치는 결과에 이르기 때문이다"(대판 2005. 7.22. 2004다17207)라고 판시한 바 있다.

▶ 사안에서 2,000만 원의 대여금채권이 존재한다는 판단에는 기판력이 발생하지 않는다.

⑤ [×]

**해설** **상환이행판결과 불이익변경금지원칙**

判例는 불이익하게 변경된 것인지 여부는 기판력의 범위를 기준으로 하나, 동시이행의 판결에 있어서는 원고가 그 반대급부를 제공하지 아니하고는 판결에 따른 집행을 할 수 없어 [14] 비록 피고의 반대급부 이행청구에 관하여 기판력이 생기지 아니하더라도 반대급부의 내용이 원고에게 불리하게 변경된 경우에는 불이익금지 원칙에 반하게 된다는 입장이다(대판 2005.8.19. 2004다8197).

---

14) 민사집행법 제41조(집행개시의 요건) ① 반대의무의 이행과 동시에 집행할 수 있다는 것을 내용으로 하는 집행권원의 집행은 채권자가 반대의무의 이행 또는 이행의 제공을 하였다는 것을 증명하여야만 개시할 수 있다.

# 67

소송비용에 관한 설명 중 옳지 않은 것은? (다툼이 있는 경우에는 판례에 의함)　　　　　　　　[14 변호사]

① 소송비용에 대한 담보제공이 필요하다고 판단되는 경우에 법원은 피고의 신청이 있으면 원고에게 소송비용에 대한 담보를 제공하도록 명하여야 하고, 직권으로 담보제공을 명할 수도 있다.

② 법원은 사정에 따라 승소한 당사자로 하여금 그 권리를 늘리거나 지키는 데 필요하지 아니한 행위로 말미암은 소송비용 또는 상대방의 권리를 늘리거나 지키는 데 필요한 행위로 말미암은 소송비용의 전부나 일부를 부담하게 할 수 있다.

③ 일부패소의 경우에 당사자들이 부담할 소송비용은 법원이 정하며, 사정에 따라 한 쪽 당사자에게 소송비용의 전부를 부담하게 할 수 있다.

④ 소가 취하되면 소송이 재판에 의하지 아니하고 끝난 경우로서 소가 처음부터 계속되지 아니한 것으로 보므로 소송비용의 부담과 수액을 정하는 문제는 발생하지 않는다.

⑤ 공동소송인은 소송비용을 균등하게 부담하는 것이 원칙이나, 법원은 사정에 따라 공동소송인에게 소송비용을 연대하여 부담하게 하거나 다른 방법으로 부담하게 할 수 있다.

# 68

소송의 종료에 관한 설명 중 옳지 않은 것은? (다툼이 있는 경우에는 판례에 의함)　　　　　　　　[14 변호사]

① 변론기일에 불출석하고 원고 또는 피고가 진술한 것으로 보는 답변서, 그 밖의 준비서면에 청구의 포기 또는 인낙의 의사표시가 적혀 있고 공증사무소의 인증을 받은 경우, 상대방 당사자가 변론기일에 출석하여 그 청구의 포기 또는 인낙의 의사표시를 받아들여야만 그 취지에 따라 청구의 포기 또는 인낙이 성립한 것으로 본다.

② 소송이 종료되었음에도 이를 간과하고 심리를 계속 진행한 사실이 발견된 경우 법원은 직권으로 소송종료선언을 하여야 한다.

③ 당사자는 법원의 화해권고결정에 대하여 그 조서 또는 결정서의 정본을 송달 받은 날부터 2주 이내에 이의를 신청할 수 있고, 그 정본이 송달되기 전에도 이의를 신청할 수 있다.

④ 상고인이 상고장에 상고이유를 적지 아니하였음에도 소송기록 접수통지를 받은 날부터 20일 이내에 상고이유서를 제출하지 아니한 경우, 상고법원은 직권으로 조사하여야 할 사유가 있는 때를 제외하고는 변론 없이 판결로 상고를 기각하여야 한다.

⑤ 제1심에서 피고가 주위적으로 소각하판결을, 예비적으로 청구기각판결을 구하는 경우 원고가 소를 취하함에 있어 피고의 동의가 필요없다.

## 67

정답 ④

① [○]

**해설** 원고가 대한민국에 주소·사무소와 영업소를 두지 아니한 때 또는 소장·준비서면, 그 밖의 소송기록에 의하여 청구가 이유 없음이 명백한 때 등 소송비용에 대한 담보제공이 필요하다고 판단되는 경우에 피고의 신청이 있으면 법원은 원고에게 소송비용에 대한 담보를 제공하도록 명하여야 한다. 담보가 부족한 경우에도 또한 같다(민사소송법 제117조 1항). 제1항의 경우에 법원은 직권으로 원고에게 소송비용에 대한 담보를 제공하도록 명할 수 있다(민사소송법 제117조 2항).

② [○]

**해설** 법원은 사정에 따라 승소한 당사자로 하여금 그 권리를 늘리거나 지키는 데 필요하지 아니한 행위로 말미암은 소송비용 또는 상대방의 권리를 늘리거나 지키는 데 필요한 행위로 말미암은 소송비용의 전부나 일부를 부담하게 할 수 있다(민사소송법 제99조).

③ [○]

**해설** 일부패소의 경우에 당사자들이 부담할 소송비용은 법원이 정한다. 다만, 사정에 따라 한 쪽 당사자에게 소송비용의 전부를 부담하게 할 수 있다(민사소송법 제101조).

④ [×]

**해설** 민사소송법 제114조 1항에 의하면 소송이 재판에 의하지 아니하고 끝난 경우에는 법원은 당사자의 신청에 따라 결정으로 소송비용의 액수를 정하고 이를 부담하도록 명하여야 하는 바, 소가 취하되어 소송이 끝난 경우에도 소송비용의 부담과 수액을 정하는 문제가 발생한다.

⑤ [○]

**해설** 공동소송인은 소송비용을 균등하게 부담한다. 다만, 법원은 사정에 따라 공동소송인에게 소송비용을 연대하여 부담하게 하거나 다른 방법으로 부담하게 할 수 있다(민사소송법 제102조 1항).

## 68

정답 ①

① [×]

**해설** 민사소송법 제148조 2항에 따라 답변서 그 밖의 준비서면에 청구의 포기 또는 인낙의 의사표시가 적혀 있고 공증사무소의 인증을 받았다면 그 취지에 따라 청구의 포기 또는 인낙이 성립된 것으로 보는 것이지, 당사자가 변론기일에 출석하여 그 의사표시를 받아들여야만 하는 것은 아니다.

② [○]

**해설** "소송이 종료되었음에도 이를 간과하고 심리를 계속 진행한 사실이 발견된 경우 법원은 직권으로 소송종료선언을 하여야 한다"(대판 2011.4.28. 2010다103048).

③ [○]

**해설** 당사자는 제225조의 결정(결정에 의한 화해권고)에 대하여 그 조서 또는 결정서의 정본을 송달받은 날부터 2주 이내에 이의를 신청할 수 있다. 다만, 그 정본이 송달되기 전에도 이의를 신청할 수 있다(민사소송법 제226조 1항).

④ [○]

**해설** 상고인이 제427조의 규정(상고장에 상고이유를 적지 아니한 때에 상고인은 제426조의 통지(소송기록 접수통지)를 받은 날부터 20일 이내에 상고이유서를 제출하여야 한다)을 어기어 상고이유서를 제출하지 아니한 때에는 상고법원은 변론 없이 판결로 상고를 기각하여야 한다. 다만, 직권으로 조사하여야 할 사유가 있는 때에는 그러하지 아니하다(민사소송법 제429조).

⑤ [○]

**해설** 상대방이 본안에 관하여 준비서면을 제출하거나 변론준비기일에서 진술하거나 변론을 한 뒤에는 상대방의 동의를 받아야 소를 취하할 수 있는데(민사소송법 제266조 2항), 피고가 주위적으로 소각하판결을 구했다면 아직 본안에 관하여 변론 등을 한 것으로 볼 수 없으므로 피고의 동의가 필요 없다.

**관련판례** "피고가 본안전 항변으로 소각하를, 본안에 관하여 청구기각을 각 구한 경우에는 본안에 관한 것은 예비적으로 청구한 것이므로 원고는 피고의 동의 없이 소취하를 할 수 있다"(대판 1968.4.23. 68다217,68다218).

## 69

甲 주식회사는 법령에 위반한 이사 乙의 행위로 甲 회사가 손해를 입었음을 이유로 乙을 상대로 손해배상청구의 소를 제기하였다. 이에 관한 설명 중 옳지 않은 것은? (다툼이 있는 경우 판례에 의함)　　　　　　　　[20 변호사]

① 乙이 甲 회사의 업무를 집행하면서 회사 자금으로 뇌물을 공여한 경우, 이는 「상법」 제399조에서 정한 법령에 위반한 행위에 해당한다.

② 위 소송에서 甲 회사의 청구를 인용한 판결에 대하여 乙이 항소하였으나 이후 변심하여 바로 법원에 항소취하서를 제출한 경우, 아직 항소기간이 지나지 아니하였더라도 乙은 다시 항소할 수 없다.

③ 위 소송에서 법원은 사건의 공평한 해결을 위하여 당사자의 신청이 없어도 직권으로 화해권고결정을 할 수 있다.

④ 위 소송이 화해권고결정으로 종료된 경우, 화해권고결정의 기판력은 그 결정의 확정 시를 기준으로 발생한다.

⑤ 위 사건에서 甲 회사의 항소에 의한 항소심 소송계속 중 甲 회사와 乙 사이에 항소취하의 합의가 있었음에도 甲 회사가 항소취하서를 제출하지 아니한 경우, 乙은 이를 항변으로 주장할 수 있다.

## 69                                          정답 ②

① [○]

**해설** **상법 제399조에 정한 '법령에 위반한 행위'의 의미**
"상법 제399조는 이사가 법령에 위반한 행위를 한 경우에 회사에 대하여 손해배상책임을 지도록 규정하고 있는바, 이사가 회사에 대하여 손해배상책임을 지는 사유가 되는 법령에 위반한 행위는 이사로서 임무를 수행함에 있어서 준수하여야 할 의무를 개별적으로 규정하고 있는 상법 등의 제 규정과 회사가 기업활동을 함에 있어서 준수하여야 할 제 규정을 위반한 경우가 이에 해당된다고 할 것이고, 이사가 임무를 수행함에 있어서 위와 같은 법령에 위반한 행위를 한 때에는 그 행위 자체가 회사에 대하여 채무불이행에 해당되므로 이로 인하여 회사에 손해가 발생한 이상, 특별한 사정이 없는 한 손해배상책임을 면할 수는 없다 할 것이며, 위와 같은 법령에 위반한 행위에 대하여는 이사가 임무를 수행함에 있어 선관주의의무를 위반하여 임무해태로 인한 손해배상책임이 문제되는 경우에 고려될 수 있는 경영판단의 원칙은 적용될 여지가 없다"(대판 2005.10.28. 2003다69638).

② [×]

**해설** **항소취하의 효과**
"항소의 취하가 있으면 소송은 처음부터 항소심에 계속되지 아니한 것으로 보게 되나(민사소송법 제393조 제2항, 제267조 제1항), 항소취하는 소의 취하나 항소권의 포기와 달리 제1심 종국판결이 유효하게 존재하므로, 항소기간 경과 후에 항소취하가 있는 경우에는 항소기간 만료 시로 소급하여 제1심판결이 확정되나, 항소기간 경과 전에 항소취하가 있는 경우에는 판결은 확정되지 아니하고 항소기간 내라면 항소인은 다시 항소의 제기가 가능하다"(대판 2016.1.14. 2015므3455). 제393조 2항에서 제267조 2항을 준용하지 않기 때문이다.

**쟁점정리** **항소취하와 소취하의 비교**

|  | 항소취하 | 소취하 |
|---|---|---|
| 행사기간 | 항소심판결선고 시까지<br>(제393조 1항) | 판결확정시까지<br>(제266조 1항) |
| 동의여부 | 피항소인의 동의 불요<br>(제393조 2항) | 상대방의 동의 필요<br>(제266조 2항). |
| 원심판결에의 영향 | 항소심이 소급적으로 소멸되므로 제1심판결이 확정(원심판결에 영향 없음 : 항소만을 철회) | 소송이 소급적으로 소멸(원심판결의 효력 상실 : 소 그 자체의 철회)(제267조 제1항) |
| 효력발생시기 | 항소취하서를 제출한 때 효력발생 | 동의를 요하는 경우에는 소취하서가 상대방에게 도달한 때, 동의를 요하지 않는 경우에는 제출한 때 효력 발생 |
| 일부취하 | 항소불가분의 원칙과 상대방의 부대항소권의 보장을 이유로 불허 | 당사자처분권주의의 원칙상 당연히 허용 |

③ [○]

**해설** **화해권고결정(직권주의)**
법원·수명법관 또는 수탁판사는 소송에 계속 중인 사건에 대하여 **직권으로(당사자 신청이 아님)** 당사자의 이익, 그 밖의 모든 사정을 참작하여 청구의 취지에 어긋나지 아니하는 범위 안에서 사건의 공평한 해결을 위한 화해권고결정을 할 수 있다(제225조 1항).

④ [○]

**해설** **화해권고결정의 기판력**
"화해권고결정에 대한 이의신청이 적법한 때에는 소송은 화해권고결정 이전의 상태로 돌아가므로, 당사자는 화해권고결정이 송달된 후에 생긴 사유에 대하여도 이의신청을 하여 새로운 주장을 할 수 있고, 화해권고결정이 송달된 후의 승계인도 이의신청과 동시에 승계참가신청을 할 수 있다고 할 것이다. 이러한 점 등에 비추어 보면, **화해권고결정의 기판력은 그 확정시를 기준으로 하여 발생한다고 해석함이 상당하다**"(대판 2012.5.10. 2010다2558).

⑤ [○]

**해설** **항소취하합의**
당사자 사이에 항소취하의 합의가 있는데도 항소취하서가 제출되지 않는 경우 상대방은 이를 항변으로 주장할 수 있고, 이 경우 항소심 법원은 항소의 이익이 없다고 보아 그 항소를 각하함이 원칙이나, 항소심에서 청구의 교환적 변경신청이 있는 경우 그 시점에 항소취하서가 법원에 제출되지 않은 이상 법원은 특별한 사정이 없는 한 제262조에서 정한 청구변경의 요건을 갖추었는지에 따라 허가 여부를 결정하면 된다(대판 2018.5.30. 2017다21411).[15]

---

15) 원고가 피고와의 정산합의에 따른 청구를 하였다가 1심에서 패소한 뒤 항소심에서 새로이 정산합의를 하면서 항소를 취하하기로 하였는데, 새로운 정산합의에 따른 이행이 되지 않자 그 이행을 청구하는 것으로 청구의 교환적 변경신청을 한 사안에서, 원심이 민사소송법 제262조에서 정한 청구변경의 요건을 갖추었는지 여부를 살펴 이를 허가하고 새로운 청구의 당부를 판단한 것은 정당하다고 하여 상고를 기각한 사례

**민사소송법**

# PART 4

# 병합소송

## 70

매수인인 甲은 매도인인 乙을 상대로 하여 주위적으로 매매계약이 유효하다고 주장하면서 매매를 원인으로 한 소유권이전등기절차의 이행을, 예비적으로 위 매매계약이 무효인 경우 이미 지급한 매매대금의 반환을 구하는 소를 제기하였다. 이에 관한 설명 중 옳지 않은 것은? (다툼이 있는 경우 판례에 의함)  [16 변호사]

① 甲의 매매대금반환청구는 예비적 청구이므로, 제1심 법원은 소유권이전등기청구의 인용을 해제조건으로 하여 이를 심판하여야 한다.

② 제1심 법원이 甲의 소유권이전등기청구를 인용하였고, 乙이 그 패소 부분에 대하여 항소하자 항소심 법원이 乙의 항소를 받아들여 위 소유권이전등기청구를 전부 배척하는 경우, 항소심 법원은 제1심 법원이 판단하지 않았던 매매대금반환청구에 관하여 반드시 심판을 하여야 한다.

③ 제1심 법원이 소유권이전등기청구를 기각하면서 매매대금반환청구에 대하여 판단하지 아니하는 판결을 한 경우, 甲이 그 판결에 대하여 항소하더라도 매매대금반환청구는 항소심으로 이심(移審)되지 않고 제1심 법원에 계속된다.

④ 제1심 법원이 소유권이전등기청구를 기각하고 매매대금반환청구를 인용하자 乙만이 그 패소 부분에 대하여 항소한 경우, 항소심 법원의 심판범위는 매매대금반환청구를 인용한 제1심 판결의 당부에 그치고 甲의 부대항소가 없는 한 소유권이전등기청구는 심판대상이 될 수 없다.

⑤ 제1심 법원이 소유권이전등기청구를 기각하고 매매대금반환청구를 인용하자 乙만이 그 패소 부분에 대하여 항소한 후 乙이 항소심에서 소유권이전등기청구를 인낙한 경우, 매매대금반환청구는 심판 없이 종결된다.

## 70　　　　　　　　　　　　　　　정답 ③

① [○]

**해설** 예비적 병합의 의의

예비적 병합은 양립할 수 없는 여러 개의 청구에 순차적으로 순서를 붙여 병합해 주위적 청구의 인용을 해제조건으로 예비적 청구에 관해 심판을 구하는 형태의 병합이다.

▶ 사안에서, 제1심 법원은 주위적 청구인 소유권이전등기청구의 인용을 해제조건으로 하여 예비적 청구인 매매대금반환청구에 대해 심판하여야 한다.

② [○]

**해설** 주위적 청구에 대해 피고만 항소한 경우 예비적 청구 인용 가부

예비적 청구는 제1심 법원에서 판단된 바가 없지만 **전부판결**이므로 **상소불가분의 원칙**에 의하여 예비적 청구도 항소심으로 **이심**된다. 나아가 항소심의 **심판대상**도 된다. 判例도 "이는 전부판결로서 이 판결에 대하여 피고가 항소하면 제1심에서 심판을 받지 않은 예비적 청구도 모두 이심되고 항소심이 제1심에서 인용되었던 주위적 청구를 배척할 때에는 다음 순위의 예비적 청구에 관하여 심판을 하여야 한다"(대판 2000.11.16. 전합 98다22253)라고 판시하였다.

▶ 사안에서 항소심 법원이 乙의 항소를 받아들여 위 소유권이전등기청구를 전부 배척하는 경우, 항소심 법원은 제1심 법원이 판단하지 않았던 매매대금반환청구에 관하여 반드시 심판하여야 한다.

③ [×]

**해설** 예비적 병합의 일부판결 가부

예비적 병합에서 주위적 청구를 기각하면서 예비적 청구에 대한 판단을 하지 않은 경우에 이를 적법한 일부판결로 보고 일부판결한 원심법원이 추가판결을 할 수 있는지에 대해 判例는 "주위적 청구를 배척하면서 예비적 청구에 대해 판단하지 않은 판결에 대한 상소가 제기되면 판단이 누락된 예비적 청구도 상소심으로 이심이 되고 판단되지 않은 청구 부분이 재판의 탈루에 해당하여 원심에 계속 중이라고 볼 것은 아니다"(대판 2000.11.16. 전합 98다22253)라고 판시하여 원심이 추가판결을 할 것이 아니고 상소, 재심으로 구제되어야 한다는 입장이다. 나아가 判例는 **선택적 병합과 부진정 예비적 병합**에서도 동일한 입장이다.

▶ 사안에서 제1심 법원이 소유권이전등기청구를 기각하면서 매매대금반환청구에 대하여 판단하지 아니하는 판결을 한 경우, 甲이 그 판결에 대하여 항소를 제기하면 매매대금반환청구 역시 항소심으로 이심된다.

④ [○]

**해설** 진정 예비적 병합에서 예비적 청구인용판결에 대해 피고만 상소시 주위적 청구의 인용 가부

判例는 본 사건에서 "이심의 효력은 사건 전체에 미치더라고 원고로부터 부대항소가 없는 한 항소심의 심판대상으로 되는 것은 예비적 청구에 국한 된다"(대판 1995.1.24. 94다29065)고 하여 예비적 청구만 심판하여 청구를 기각하여 불이익금지원칙에 충실하고 있다.

▶ 사안에서 항소심 법원의 심판범위는 매매대금반환청구를 인용한 제1심 판결(예비적 청구)의 당부에 그친다.

⑤ [○]

**해설** 원고의 주위적 청구를 기각하고 예비적 청구만을 인용하는 판결을 선고한 데 대하여 피고만 항소를 제기한 뒤 피고가 항소심 변론에서 주위적 청구를 인낙한 경우 예비적 청구에 관한 심판의 필요성 유무

判例는 "제1심 법원이 원고의 주위적 청구와 예비적 청구를 병합심리한 끝에 주위적 청구는 기각하고 예비적 청구만을 인용하는 판결을 선고한 데 대하여 피고만 항소를 하더라도, 항소의 제기에 의한 **이심의 효력**은 피고의 불복신청의 범위와는 관계없이 사건 전부에 미쳐 주위적 청구에 관한 부분도 항소심에 이심되는 것이므로, 피고가 항소심의 변론에서 원고의 주위적 청구를 인낙하여 그 인낙이 조서에 기재되면 그 조서는 확정판결과 동일한 효력이 있는 것이고, 따라서 그 인낙으로 인하여 주위적 청구의 인용을 해제조건으로 병합심판을 구한 예비적 청구에 관하여는 심판할 필요가 없어 사건이 그대로 종결되는 것이다."(대판 1992.6.9. 92다12032)라고 판시하여 예비적 청구에 관한 심판이 필요치 않다고 한다.

▶ 사안에서 乙만이 그 패소 부분(예비적 청구)에 대하여 항소한 후 乙이 항소심에서 소유권이전등기청구(주위적 청구)를 인낙한 경우, 매매대금반환청구(예비적 청구)는 심판 없이 종결된다.

## 71

청구의 객관적 병합에 관한 설명 중 옳지 않은 것은? (다툼이 있는 경우에는 판례에 의함)  [13 변호사]

① 소송목적의 값의 산정은 단순병합의 경우에는 원칙적으로 병합된 청구의 값을 합산하나, 선택적·예비적 병합의 경우에는 병합된 청구의 값 중 다액을 기준으로 한다.

② 甲이 乙에 대한 확정판결에 기하여 X 토지에 관한 소유권이전등기를 마친 경우, 乙이 甲을 상대로 위 확정판결에 대한 재심의 소를 제기하면서 위 소유권이전등기의 말소청구를 병합하는 것은 허용되지 아니한다.

③ 수 개의 청구가 제1심에서 선택적으로 병합되고 그중 어느 하나의 청구에 대한 인용판결이 선고되어 피고가 항소를 제기한 경우, 항소심에서는 선택적으로 병합된 위 수 개의 청구 중 어느 하나를 임의로 선택하여 인용할 수 있다.

④ 제1심에서 이미 충분히 심리된 쟁점과 관련한 반소를 항소심에서 제기하는 것은 상대방의 심급의 이익을 해할 우려가 없는 경우에 해당되므로 허용된다.

⑤ 선택적 병합에서 원고 패소판결을 하면서 병합된 청구 중 어느 하나를 판단하지 않은 경우, 판단되지 않은 청구부분은 재판의 누락으로서 제1심 법원에 그대로 계속되어 있다고 볼 것이다.

## 71

정답 ⑤

① [○]

**해설** 소송목적의 값(소가)의 산정은 단순병합의 경우 원칙적으로 병합된 청구의 값을 합산한다(민소법 제27조 1항). 그러나 하나의 소로써 여러 개의 청구를 한 경우라도 경제적 이익이 동일하거나 중복되는 때에는 합산하지 않으며, 중복이 되는 범위 내에서 흡수되고 그 중 다액인 청구가액을 소가로 한다. 따라서 **청구의 선택적·예비적 병합, 선택적·예비적 공동소송 등의 경우 병합된 청구의 값 중 다액을 기준으로 소가를 산정한다.**

② [○]

**해설** 여러 개의 청구는 같은 종류의 소송절차에 따르는 경우에만 하나의 소로 제기할 수 있는바(민소법 제253조), 判例는 "피고들이 재심대상판결의 취소와 그 본소청구의 기각을 구하는 외에, 원고와 승계인을 상대로 재심대상판결에 의하여 경료된 원고 명의의 소유권이전등기와 그 후 승계인의 명의로 경료된 소유권이전등기의 각 말소를 구하는 청구를 병합하여 제기하고 있으나, 그와 같은 청구들은 **별소로 제기하여야 할 것이고 재심의 소에 병합하여 제기할 수 없다**"(대판 1997. 5.28. 96다41649)고 본다.

③ [○]

**해설** "수개의 청구가 제1심에서 처음부터 선택적으로 병합되고 그 중 어느 한 개의 청구에 대한 인용판결이 선고되어 피고가 항소를 제기한 경우는 물론, 원고의 청구를 인용한 판결에 대하여 피고가 항소를 제기하여 항소심에 이심된 후 청구가 선택적으로 병합된 경우에 있어서도 항소심은 제1심에서 인용된 청구를 먼저 심리하여 판단할 필요는 없고, 선택적으로 병합된 수개의 청구 중 제1심에서 심판되지 아니한 청구를 임의로 선택하여 심판할 수 있다고 할 것이나, 심리한 결과 그 청구가 이유 있다고 인정되고 그 결론이 제1심판결의 주문과 동일한 경우에도 피고의 항소를 기각하여서는 안 되며 제1심 판결을 취소한 다음 새로이 청구를 인용하는 주문을 선고하여야 할 것이다"(대판 1992.9.14. 92다7023 : 대판2006. 4.27,2006다7587 · 7594).

④ [○]

**해설** 判例는 "반소청구의 기초를 이루는 실질적인 쟁점에 관하여 제1심에서 본소의 청구원인 또는 방어방법과 관련하여 충분히 심리되었다면, 항소심에서의 반소제기를 상대방의 동의 없이 허용하더라도 상대방에게 제1심에서의 심급의 이익을 잃게 하거나 소송절차를 현저하게 지연시킬 염려가 있다고 할 수 없으므로, 이러한 경우에는 상대방의 동의 여부와 관계없이 항소심에서의 반소 제기를 허용하여야 한다"(대판 1996. 3.26. 95다45545)고 판시하였다.

▶ 2002년 개정법도 항소심에서의 반소는 상대방의 심급의 이익을 해할 우려가 없는 경우 또는 상대방의 동의를 받은 경우에 제기할 수 있다(민소법 제412조 1항)고 규정하였다.

⑤ [×]

**해설** 선택적 병합에서 원고패소 판결을 하면서 병합된 청구 중 어느 하나를 판단하지 아니한 경우 누락시킨 청구부분이 판단누락인지 재판누락인지 문제되는바, 判例는 선택적 병합의 경우 판단누락을 전제로 원고가 이와 같은 판결에 항소한 이상 누락된 부분까지 선택적 청구 전부가 항소심으로 이심하는 것이고 재판누락이 아니라고 본다(대판 2010.5.13. 2010다8365 : 재판누락이라면 판단되지 않는 청구부분이 제1심 법원에 그대로 계속되어 있어 추가판결의 대상이 되나, 판단누락으로 보는 경우 판단되지 않은 청구부분까지 항소심으로 이심되어 항소심의 심판대상이 된다).

## 72

반소에 관한 설명 중 옳지 않은 것은? (다툼이 있는 경우
판례에 의함)  [22 변호사]

① 본권자가 허용되지 않는 자력구제로 점유를 회복하자 점유
자가 점유 회수의 본소를 제기하였으며 이에 대하여 본권자
가 소유권에 기한 인도를 구하는 예비적 반소를 제기하여
본소 청구와 예비적 반소 청구가 모두 인용되어 확정되었다
면, 특별한 사정이 없는 한 점유자가 본소 확정판결에 의하
여 집행문을 부여받아 강제집행으로 물건의 점유를 회복할
수 있고 본권자는 반소 확정판결에 의하여 집행문을 부여받
아 위 본소 집행 후 비로소 강제집행으로 물건의 점유를 회
복할 수 있다.

② 본소가 부적법하다 하여 각하됨으로써 종료된 경우 피고의
반소 취하는 원고의 동의 없이 효력이 발생한다.

③ 가지급물 반환신청의 성질은 본안판결의 취소 또는 변경을
조건으로 하는 예비적 반소에 해당한다.

④ 피고가 원고의 본소 청구가 인용될 것을 조건으로 예비적
반소를 제기하였는데, 제1심 법원이 소의 이익이 없음을 이
유로 원고의 본소와 피고의 예비적 반소를 모두 각하하자,
이에 대하여 원고만이 본소 각하 부분에 대하여 항소한 경
우, 항소심 법원이 원고의 항소를 받아들여 원고의 본소 청
구를 인용하는 이상 피고의 예비적 반소 청구도 심판 대상으
로 삼아 이를 판단하여야 한다.

⑤ 원고가 본소의 이혼청구에 병합하여 재산분할청구를 한 후
피고가 반소로 이혼청구를 한 경우, 원고가 반대의 의사를
표시하였다는 등의 특별한 사정이 없는 한 원고의 재산분할
청구 중에는 본소의 이혼청구가 받아들여지지 않고 피고의
반소청구에 의하여 이혼이 명하여지는 경우에도 재산을 분
할해 달라는 취지의 청구가 포함된 것으로 봄이 상당하다.

**72**　　　　　　　　　　　　　　　　　　　　　　정답 ②

① [○]

해설　점유권에 기인한 소에서 본권에 기인한 반소의 가능 여부
"점유회수의 본소에 대하여 본권자가 소유권에 기한 인도를 구하는 반소를 제기하여 본소청구와 예비적 반소청구가 모두 인용되어 확정되면, 점유자가 본소 확정판결에 의하여 집행문을 부여받아 강제집행으로 물건의 점유를 회복할 수 있다. 본권자의 소유권에 기한 반소청구는 본소의 의무 실현을 정지조건으로 하므로, 본권자는 위 본소 집행 후 집행문을 부여받아 비로소 반소 확정판결에 따른 강제집행으로 물건의 점유를 회복할 수 있다. 이러한 과정은 애당초 본권자가 허용되지 않는 자력구제로 점유를 회복한 데 따른 것으로 그 과정에서 본권자가 점유 침탈 중 설치한 장애물 등이 제거될 수 있다. 다만 점유자의 점유회수의 집행이 무의미한 점유상태의 변경을 반복하는 것에 불과할 뿐 아무런 실익이 없거나 본권자로 하여금 점유회수의 집행을 수인하도록 하는 것이 명백히 정의에 반하여 사회생활상 용인할 수 없다고 인정되는 경우, 또는 점유자가 점유권에 기한 본소 승소 확정판결을 장기간 강제집행하지 않음으로써 본권자의 예비적 반소 승소 확정판결까지 조건불성취로 강제집행에 나아갈 수 없게 되는 등 특별한 사정이 있다면 본권자는 점유자가 제기하여 승소한 본소 확정판결에 대한 청구이의의 소를 통해서 점유권에 기한 강제집행을 저지할 수 있다"(대판 2021.2.4. 2019다202795,202801).

② [×]

해설　본소가 각하된 경우 피고가 반소 취하시 원고의 동의를 요하는지 여부(동의 필요)
判例는 "제271조의 규정은 원고가 반소의 제기를 유발한 본소는 스스로 취하해 놓고 그로 인하여 유발된 반소만의 유지를 상대방에게 강요한다는 것은 공평치 못하다는 이유에서 원고가 본소를 취하한 때에는 피고도 원고의 동의 없이 반소를 취하할 수 있도록 한 규정이므로 본소가 원고의 의사와 관계없이 부적법하다 하여 각하됨으로써 종료된 경우에까지 유추적용할 수 없고, 원고의 동의가 있어야만 반소취하의 효력이 발생한다 할 것이다"(대판 1984.7.10. 84다카298)고 하여 동의가 필요하다는 입장이다.

비교판례　본소가 취하된 경우 피고가 반소 취하시 원고의 동의를 요하는지 여부(동의 불요)
반소의 취하도 상대방의 동의가 필요하지만(제266조 2항) 본소가 취하되면 피고는 원고의 응소 후라도 원고의 동의 없이 반소를 취하할 수 있다(제271조).

③ [○]

해설　가지급물반환 신청의 법적 성질(= 예비적 반소)
"가지급물반환 신청은 소송중의 소의 일종으로서 그 성질은 예비적 반소라 할 것이므로, 가집행의 선고가 붙은 제1심판결에 대하여 피고가 항소를 하였지만 피고의 항소가 기각된 이 사건에서 원심이 따로 가지급물반환 신청에 대한 판단을 하지 아니한 것은 적법하다고 할 것이므로, 이와 다른 견해인 상고이유의 주장도 받아들일 수 없다"(대판 2005.1.13. 2004다19647).

④ [○]

해설　본소와 예비적 반소가 모두 각하판결을 받았는데 원고만 항소한 경우
判例는 "피고의 예비적 반소는 본소청구가 인용될 것을 조건으로 심판을 구하는 것으로서 제1심이 원고의 본소청구를 배척한 이상 피고의 예비적 반소는 제1심의 심판대상이 될 수 없는 것이고, 이와 같이 심판대상이 될 수 없는 소에 대하여 제1심이 판단하였다고 하더라도 그 효력이 없다고 할 것이므로, 피고가 제1심에서 각하된 반소에 대하여 항소를 하지 아니하였다는 사유만으로 이 사건 예비적 반소가 원심의 심판대상으로 될 수 없는 것은 아니라고 할 것이고, 따라서 원심(주 : 항소심을 의미함)으로서는 원고의 항소를 받아들여 원고의 본소청구를 인용한 이상 피고의 예비적 반소청구를 심판대상으로 삼아 이를 판단하였어야 한다"(대판 2006.6.29. 2006다19061)고 판시하여 예비적 반소도 항소심의 심판의 대상이 된다고 본다. 즉, 불이익변경금지원칙에 반하지 않는다고 보았다.

⑤ [○]

해설　본소 이혼청구를 기각하고 반소 이혼청구를 인용하는 경우, 본소 이혼청구에 병합된 재산분할청구에 대하여 심리·판단하여야 하는지 여부(한정 적극)
"원고가 본소의 이혼청구에 병합하여 재산분할청구를 제기한 후 피고가 반소로서 이혼청구를 한 경우, 원고가 반대의 의사를 표시하였다는 등의 특별한 사정이 없는 한, 원고의 재산분할청구 중에는 본소의 이혼청구가 받아들여지지 않고 피고의 반소청구에 의하여 이혼이 명하여지는 경우에도 재산을 분할해 달라는 취지의 청구가 포함된 것으로 봄이 상당하다고 할 것이므로(이때 원고의 재산분할청구는 피고의 반소청구에 대한 재반소로서의 실질을 가지게 된다), 이러한 경우 사실심으로서는 원고의 본소 이혼청구를 기각하고 피고의 반소청구를 받아들여 원·피고의 이혼을 명하게 되었다고 하더라도, 마땅히 원고의 재산분할청구에 대한 심리에 들어가 원·피고가 협력하여 이룩한 재산의 액수와 당사자 쌍방이 그 재산의 형성에 기여한 정도 등 일체의 사정을 참작하여 원고에게 재산분할을 할 액수와 방법을 정하여야 한다"(대판 2001.6.15. 2001므626).

## 73

재판의 누락 및 판단 누락에 관한 설명 중 옳지 않은 것을 모두 고른 것은? (다툼이 있는 경우 판례에 의함) [22 변호사]

ㄱ. 甲이 乙을 상대로 제기한 1억 원의 부당이득반환청구 소송에서 甲이 청구취지를 7,000만 원으로 감축한다고 진술하였는데 제1심 법원이 이 청구취지를 5,000만 원으로 감축한 것으로 보아 판결한 경우, 甲이 그가 감축한 금액을 제외한 나머지 2,000만 원의 청구 부분에 대하여 한 항소는 부적법하다.

ㄴ. 甲이 乙을 상대로 소유권에 기하여 제기한 A 토지의 인도청구 소송에서 제1심 법원이 甲의 청구를 기각하자 甲은 항소심에서 임료 상당의 부당이득반환청구를 추가하였는데, 항소심 법원이 판결이유에서 甲의 A 토지 인도청구와 부당이득반환청구가 모두 이유 없다고 판단하면서도 "甲의 항소를 기각한다."라는 것만 판결주문에 표시한 경우, 甲이 부당이득반환청구 부분에 대하여 한 상고는 적법하다.

ㄷ. 甲이 乙을 상대로 제1심 판결을 대상으로 제기한 재심소송 계속 중에 甲이 乙을 상대로 중간확인의 소를 제기하였는데, 법원이 재심사유가 인정되지 않는다는 이유로 甲의 재심청구를 기각하는 판결을 하면서 중간확인의 소에 대한 판단을 하지 아니한 경우, 甲이 위 중간확인의 소에 대하여 한 항소는 적법하다.

ㄹ. 甲이 乙을 주위적 피고로, 丙을 예비적 피고로 하여 제기한 예비적 공동소송에서, 법원이 甲의 乙에 대한 청구를 인용하면서도 甲의 丙에 대한 청구에 대해서는 판단하지 않아 丙이 항소한 경우, 항소심 법원이 甲의 乙에 대한 청구를 인용하기 위해서는 제1심 판결을 취소하고 甲의 乙에 대한 청구를 인용하면서 甲의 丙에 대한 청구를 기각하는 판결을 하여야 한다.

① ㄷ
② ㄴ, ㄷ
③ ㄱ, ㄴ, ㄷ
④ ㄱ, ㄴ, ㄹ
⑤ ㄴ, ㄷ, ㄹ

## 73

정답 ②

**해설** ㄱ. [○]

원고가 실제로 청구감축한다고 진술한 것보다 더 많은 부분을 감축한 것으로 보아 판결을 선고한 경우, 그 시정을 구하는 방법(=재판누락으로 보아 추가판결)

"원고가 실제로 감축한다고 진술한 것보다 더 많은 부분을 감축한 것으로 보아 판결을 선고한 경우, 원고가 감축한 금액을 제외한 나머지 부분에 관한 청구에 관하여는 아무런 판결을 하지 아니한 셈이고, 이는 결국 재판의 탈루에 해당하여 이 부분 청구는 여전히 원심에 계속 중이라 할 것이므로, 원고로서는 원심법원에 그 부분에 관한 추가판결을 신청할 수 있음은 별론으로 하고, 그 부분에 관한 아무런 판결도 없는 상태에서 제기한 상고는 상고의 대상이 없어 부적법하다"(대판 1997.10.10. 97다22843)

ㄴ. [×]

판결이유 속에 판단이 있어도 판결주문에 아무 표시가 없는 경우 : 재판누락으로 인정

"판결에는 법원의 판단을 분명하게 하기 위하여 결론을 주문에 기재하도록 되어 있어 재판의 누락이 있는지 여부는 주문의 기재에 의하여 판정하여야 하므로, 판결 이유에 청구가 이유 없다고 설시되어 있더라도 주문에 그 설시가 없으면 특별한 사정이 없는 한 재판의 누락이 있다고 보아야 하며, 재판의 누락이 있으면 그 부분 소송은 아직 원심에 계속 중이어서 상고의 대상이 되지 아니하므로, 그 부분에 대한 상고는 불복의 대상이 존재하지 아니하여 부적법하다"(대판 2017.12.5. 2017다237339).

**비교판례** 판결이유에 아무 표시가 없어도 판결주문에 기재가 있는 경우 : 재판누락 부정

"재판의 탈루가 있는지 여부는 우선 주문의 기재에 의하여 판정하여야 하고, 주문에 청구의 전부에 대한 판단이 기재되어 있으나 이유 중에 청구의 일부에 대한 판단이 빠져 있는 경우에는 이유를 붙이지 아니한 위법이 있다고 볼 수 있을지언정 재판의 탈루가 있다고 볼 수는 없는바, 청구를 기각하는 판결의 경우 주문에 청구 전부에 대한 판단이 기재되어 있는지 여부는 청구취지와 판결이유의 기재를 참작하여 판단하여야 한다"(대판 2003.5.30. 2003다13604).

ㄷ. [×]

재심 절차에서 중간확인의 소를 제기하였으나 재심사유가 인정되지 않아서 재심청구를 기각하는 경우, 중간확인의 소에 관하여 법원이 취하여야 할 조치( =판결 주문으로 소각하)

"재심의 소송절차에서 중간확인의 소를 제기하는 것은 재심청구가 인용될 것을 전제로 하여 재심대상소송의 본안청구에 대하여 선결관계에 있는 법률관계의 존부의 확인을 구하는 것이므로, 재심사유가 인정되지 않아서 재심청구를 기각하는 경우에는 중간확인의 소의 심판대상인 선결적 법률관계의 존부에 관하여 나아가 심리할 필요가 없으나, 한편 중간확인의 소는 단순한 공격방어방법이 아니라 독립된 소이므로 이에 대한 판단은 판결의 이유에 기재할 것이 아니라 종국판결의 주문에 기재하여야 할 것이므로 재심사유가 인정되지 않아서 재심청구를 기각하는 경우에는 중간확인의 소를 각하하고 이를 판결 주문에 기재하여야 한다.

판결에는 법원의 판단을 분명하게 하기 위하여 결론을 주문에 기재하도록 하고 있으므로 주문에 설시가 없으면 그에 대한 재판은 누락된 것으로 보아야 한다. 재판이 누락된 부분의 소송은 여전히 그 심급에 계속중이어서 적법한 상소의 대상이 되지 아니하므로 그 부분에 대한 상소는 부적법하다"(대판 2008.11.27. 2007다69834,69841).

ㄹ. [○]

예비적·선택적 공동소송에서 일부 공동소송인에 대한 청구에 관하여만 이루어진 판결의 소송상 성격( =흠 있는 전부판결, 즉 판단누락) 및 이때 누락된 공동소송인이 상소를 제기할 이익을 가지는지 여부(적극)

주관적·예비적 공동소송은 동일한 법률관계에 관하여 모든 공동소송인이 서로간의 다툼을 하나의 소송절차로 한꺼번에 모순 없이 해결하는 소송형태로서 모든 공동소송인에 관한 청구에 관하여 판결을 하여야 한다(제70조 2항). 判例도 "예비적·선택적 공동소송에서 일부 공동소송인에 대한 청구에 관하여만 이루어진 판결의 소송상 성격은 흠 있는 전부판결이며, 이때 누락된 공동소송인은 상소를 제기할 이익을 가진다"(대판 2008.3.27. 2005다49430)고 하였고, "일부공동소송인에 대하여만 일부판결하거나 남겨진 자를 위한 추가판결을 하는 것은 허용되지 않는다"(대결 2007.6.26. 2007마515)고도 판시하였다.

따라서 주위적 피고에 대한 청구를 인용하면 예비적 피고에 대한 청구를 기각해야 하고(이 점이 예비적 병합과 다름), 주위적 청구를 기각하면 예비적 청구를 인용 또는 기각(양립불가능한 청구라도 증명의 책임을 다하지 못하면 모든 당사자에 대한 청구가 기각될 수 있으므로)해야 한다.

## 74

재판의 누락 또는 판단의 누락에 관한 설명 중 옳지 않은 것은? (다툼이 있는 경우 판례에 의함) [18 변호사]

① 예비적·선택적 공동소송에서는 모든 공동소송인에 관한 청구에 대하여 판결을 하여야 하지만, 일부 공동소송인에 관한 청구에 대하여만 판결을 한 경우라도 누락된 공동소송인에게 그 판결이 불리하다고 할 수 없으므로 누락된 공동소송인의 상소는 허용되지 않는다.

② 판결이유에 청구가 이유 없다고 설시되어 있더라도 판결주문에 그 설시가 없으면 특별한 사정이 없는 한 재판이 누락되었다고 보아야 한다.

③ X 토지의 인도청구에 소유권이전등기말소청구가 단순병합된 소에서 X 토지의 인도청구에 대하여만 판단하고 소유권이전등기말소청구에 대한 재판을 누락한 판결이 확정된 경우, 소유권이전등기말소청구 부분에 대한 상소는 허용되지 않는다.

④ 소송비용의 재판을 누락한 경우에 법원은 직권으로 또는 당사자의 신청에 따라 그 소송비용에 대한 재판을 한다.

⑤ 당사자가 주장한 사항에 대한 구체적·직접적인 판단이 판결에 표시되어 있지 않더라도 판결이유의 전반적인 취지에 비추어 그 주장을 인용하였거나 배척하였음을 알 수 있는 정도라면 판단누락이라고 할 수 없다.

## 75

소의 변경에 관한 설명 중 옳은 것을 모두 고른 것은? (다툼이 있는 경우 판례에 의함) 17 변호사

> ㄱ. 사해행위의 취소를 구하면서 피보전채권을 추가하거나 교환하는 것은 소의 변경에 해당한다.
> ㄴ. 청구취지변경을 불허한 결정에 대하여는 독립하여 항고할 수 없고 종국판결에 대한 상소로써만 다툴 수 있다.
> ㄷ. 항소심에서 청구가 교환적으로 변경된 경우, 항소심 법원은 구청구가 취하된 것으로 보아 교환된 신청구에 대하여만 사실상 제1심으로 재판한다.
> ㄹ. 제1심에서 원고가 전부승소하고 피고만 항소한 경우, 피항소인인 원고는 항소심에서 청구취지를 확장할 수 없다.
> ㅁ. 소장에서 심판을 구하는 대상이 불분명한 경우 이를 명확하게 하기 위하여 청구취지를 보충, 정정하는 것은 청구의 변경에 해당하지 않는다.

① ㄱ, ㄹ  
② ㄱ, ㄷ, ㅁ  
③ ㄴ, ㄷ, ㄹ  
④ ㄴ, ㄷ, ㅁ  
⑤ ㄴ, ㄹ, ㅁ

**74** 　　　　　　　　　　　　　　　정답 ①

① [×]

**해설** "민사소송법 제70조 제2항은 같은 조 제1항의 예비적·선택적 공동소송에서는 모든 공동소송인에 관한 청구에 대하여 판결을 하도록 규정하고 있으므로, 이러한 공동소송에서 일부 공동소송인에 관한 청구에 대하여만 판결을 하는 경우 이는 일부판결이 아닌 흠이 있는 전부판결에 해당하여 상소로써 이를 다투어야 하고, 그 판결에서 누락된 공동소송인은 이러한 판단유탈을 시정하기 위하여 **상소를 제기할 이익이 있다**"(대판 2008.3.27. 2005다49430).

② [○], ③ [○]

**해설** "판결에는 법원의 판단을 분명하게 하기 위하여 결론을 주문에 기재하도록 되어 있으므로 재판의 누락이 있는지 여부는 우선 주문의 기재에 의하여 판정하여야 하고, **판결이유에서 청구가 이유 없다고 설시하고 있더라도 주문에서 설시가 없으면 특별한 사정이 없는 한 재판의 누락이 있다고 보아야 하며**(②번 관련 해설), 재판의 누락이 있는 경우 그 부분 소송은 아직 원심에 계속 중이라고 보아야 할 것이어서 적법한 상고의 대상이 되지 아니하므로 그 부분에 대한 상고는 **부적법하다**(③번 관련 해설)"(대판 2004.8.30. 2004다24083, 2009.11.26. 2009다58692).

④ [○]

**조문** 제212조 (재판의 누락) 「①항 법원이 청구의 일부에 대하여 재판을 누락한 경우에 그 청구부분에 대하여는 그 법원이 계속하여 재판한다.
②항 소송비용의 재판을 누락한 경우에는 법원은 직권으로 또는 당사자의 신청에 따라 그 소송비용에 대한 재판을 한다. 이 경우 제114조의 규정을 준용한다.
③항 제2항의 규정에 따른 소송비용의 재판은 본안판결에 대하여 적법한 항소가 있는 때에는 그 효력을 잃는다. 이 경우 항소법원은 소송의 총비용에 대하여 재판을 한다.」

⑤ [○]

**해설** "판결서의 이유에는 주문이 정당하다는 것을 인정할 수 있을 정도로 당사자의 주장, 그 밖의 공격·방어방법에 관한 판단을 표시하면 되므로(민사소송법 제208조 제2항) 당사자의 모든 주장이나 공격·방어방법을 판단할 필요는 없다. 당사자가 주장한 사항에 대한 구체적·직접적인 판단이 판결 이유에 표시되어 있지 아니하더라도 판결 이유의 전반적인 취지에 비추어 그 주장을 인용하거나 배척하였음을 알 수 있는 정도라면 판단누락이라고 할 수 없고, 설령 실제로 판단을 하지 아니하였더라도 판결 결과에 영향이 없다면 판단누락의 위법이 있다고 할 수 없다"(대판 2016.1.14. 2015다231894).

**75** 　　　　　　　　　　　　　　　정답 ④

**해설** ㄱ. [×]
"채권자가 사해행위의 취소를 청구하면서 그 보전하고자 하는 채권을 추가하거나 교환하는 것은 그 사해행위취소권을 이유 있게 하는 **공격방법에 관한 주장을 변경하는 것일 뿐**이지 소송물 또는 청구 자체를 변경하는 것이 아니므로 소의 변경이라 할 수 없다"(대판 2003.5.27. 2001다13532).

ㄴ. [○]
"청구취지변경을 불허한 결정에 대해서 원고는 독립하여 항고할 수 없고 다만 종국판결에 대한 상소로서만 이를 다툴 수 있는 것이다"(대판 1992.9.25. 92누5096).

ㄷ. [○]
항소심에서 청구가 교환적으로 변경된 경우 구 청구의 취하의 효력이 발생할 때에 그 소송계속은 소멸되는 것이므로 항소심에서는 구 청구에 대한 제1심 판결을 취소할 필요 없이 신청구에 대하여만 제1심으로서 판결을 하게 된다(대판 1989.3.28. 87다카2372).

ㄹ. [×]
항소심에서는 청구의 기초에 변경이 없는 한 청구의 확장이 가능하다(대판 1969.12.26. 69다406). 판례는 "피고만이 항소한 사건에서 원고는 항소심에서 청구취지를 확장할 수 있고, 이 경우 부대항소를 한 것으로 의제된다"(대판 2008.7.24. 2008다18376)고 판시하였다.

ㅁ. [○]
"소장에서 심판을 구하는 대상이 불분명한 경우 이를 명확하게 하기 위하여 청구취지를 보충·정정하는 것은 민사소송법 제262조가 정하는 청구의 변경에 해당하지 아니한다"(대판 2008.2.1. 2005다74863).

## 76

통상공동소송에 관한 설명 중 옳지 않은 것은? (다툼이 있는 경우 판례에 의함) [17 변호사]

① 소유권이전등기가 차례로 경료된 경우 최종 명의인을 상대로 그 말소를 구하는 소송과 그 직전 명의인을 상대로 소유권이전등기를 구하는 소송은 통상공동소송이다.

② 통상공동소송에서 이른바 주장공통의 원칙은 적용되지 아니한다.

③ 통상공동소송에서 상소로 인한 확정차단의 효력은 상소인과 그 상대방에 대하여만 생기고, 다른 공동소송인에게는 영향을 미치지 아니한다.

④ 예비적 공동소송에서 주위적 피고에 대한 예비적 청구와 예비적 피고에 대한 청구가 서로 법률상 양립할 수 있는 관계에 있으면 양 청구를 병합하여 통상공동소송으로 보아 심리, 판단할 수 있다.

⑤ 통상공동소송에서 공동당사자 일부만이 항소를 제기한 경우, 피항소인은 항소인인 공동소송인 이외의 다른 공동소송인을 상대로 부대항소를 제기할 수 있다.

## 77

공동소송에 관한 설명 중 옳지 않은 것을 모두 고른 것은? (각 지문은 독립적이며, 다툼이 있는 경우 판례에 의함) [15 변호사]

ㄱ. 통상공동소송에서 피고 공동소송인 乙, 丙 사이의 주장이 일치하지 아니하면 법원은 석명의무가 있다.

ㄴ. 유사필수적 공동소송관계에 있는 공동소송인 甲, 乙의 청구를 모두 기각하는 판결이 선고되었고, 이에 대해 乙만이 항소를 제기하였더라도 甲, 乙 모두에 대해 사건이 항소심에 이심된다.

ㄷ. 통상공동소송에서 공동소송인 乙, 丙, 丁 중 乙이 자백을 하였다면 법원은 원칙상 乙에 대해서는 증거에 의한 심증이 자백한 내용과 다르더라도 자백한 대로 사실을 인정하여야 하며, 丙과 丁에 대해서는 이를 변론 전체의 취지로 참작할 수 있다.

ㄹ. 통상공동소송의 피고 乙, 丙, 丁 중 乙, 丙만이 상고를 제기하고 상고기간이 경과한 상태라면 원고 甲은 丁을 상대로 부대상고를 제기할 수 있다.

① ㄱ, ㄴ      ② ㄱ, ㄷ
③ ㄱ, ㄹ      ④ ㄴ, ㄷ
⑤ ㄴ, ㄹ

**76** 정답 ⑤

① [○]
**해설** "소유권이전등기가 차례로 경료된 경우 최종 명의인을 상대로 그 말소를 구하는 소송과 그 직전 명의인을 상대로 소유권이전등기를 구하는 소송은 권리관계의 합일적인 확정을 필요로 하는 필수적 공동소송이 아니라 통상 공동소송이다"(대판 2011.9.29. 2009다7076).

② [○]
**해설** 判例는 "민사소송법 제66조의 명문의 규정과 우리 민사소송법이 취하고 있는 변론주의 소송구조 등에 비추어 볼 때, 통상의 공동소송에 있어서 이른바 주장공통의 원칙은 적용되지 아니한다"(대판 1994.5.10. 93다47196)고 하여 **주장공통의 원칙을 부정**한다.

③ [○]
**해설** "통상 공동소송에서는 공동당사자들 상호간의 공격방어방법의 차이에 따라 모순되는 결론이 발생할 수 있으므로, 통상공동소송에서 상소로 인한 확정차단의 효력은 상소인과 그 상대방에 대해서만 생기고, 다른 공동소송인에 대한 청구에 대하여는 미치지 아니한다"(대판 2011.9.29. 2009다7076).

④ [○]
**해설** "민사소송법 제70조 제1항 본문이 규정하는 '공동소송인 가운데 일부에 대한 청구'를 반드시 '공동소송인 가운데 일부에 대한 모든 청구'라고 해석할 근거는 없으므로, **주위적 피고에 대한 주위적·예비적 청구 중 주위적 청구 부분이 인용되지 아니할 경우** 그와 법률상 양립할 수 없는 관계에 있는 예비적 피고에 대한 청구를 인용하여 달라는 취지로 결합하여 소를 제기하는 것도 가능하고, 이 경우 주위적 피고에 대한 예비적 청구와 예비적 피고에 대한 청구가 서로 법률상 양립할 수 있는 관계에 있으면 **양 청구를 병합하여 통상의 공동소송으로 보아 심리·판단할 수 있다**"(대판 2009.3.26. 2006다47677).

⑤ [×]
**해설** 부대항소는 피항소인이 항소인을 상대로 제기한 것이어야 한다. 判例는 "통상의 공동소송에 있어 공동당사자 일부만이 항소를 제기한 때에는 피항소인은 항소인인 공동소송인 이외의 다른 공동소송인을 상대방으로 하거나 상대방으로 보태어 부대항소를 제기할 수는 없다"(대판 2015.4.23. 2014다89287,89294)고 보고 있다. 상고를 제기하지 않은 공동소송인은 분리확정되기 때문이다.

**77** 정답 ③

**해설** ㄱ. [×]
공동소송인 가운데 한 사람의 소송행위 또는 이에 대한 상대방의 소송행위와 공동소송인 가운데 한 사람에 관한 사항은 다른 공동소송인에게 영향을 미치지 아니한다(민소법 제66조). 통상공동소송에서 일부 피고는 불출석으로 의제 자백되고, 일부 피고는 그 사실에 대해 다툰 사안에서 判例는 "의제자백이 된 피고들과 원고의 주장을 다툰 피고들 사이에서 동일한 실체관계에 대하여 서로 배치되는 내용의 판단이 내려진다고 하더라도 이를 위법하다고 할 수 없다"(대판 1997.2.28. 96다53789)고 판단하는 바, 통상공동소송은 소송 자료의 독립을 기초로 하므로 공동소송인 간에 주장이 일치하지 않아도 법원은 석명 의무 없다.

ㄴ. [○]
判例는 "민사소송법 제63조 1항(현행 민사소송법 제67조 1항)은 필요적 공동소송에 있어서 공동소송인 중 1인의 소송행위는 공동소송인 전원의 이익을 위하여서만 효력이 있다고 규정하고 있으므로 공동소송인 중 일부의 상소제기는 전원의 이익에 해당된다고 할 것이어서 다른 공동소송인에 대하여도 그 효력이 미칠 것이며, 사건은 필요적 공동소송인 전원에 대하여 확정이 차단되고 상소심에 이심된다고 할 것이다"(대판 1991.12.27. 91다23486)고 하여 **필수적 공동소송에서의 상소 불가분 원칙을 인정**한다.

ㄷ. [○]
법원은 변론주의 원칙상 자백에 구속된다. 다만, 통상 공동소송에서 공동소송인 가운데 한 사람의 소송행위 또는 이에 대한 상대방의 소송 행위와 공동소송인 가운데 한 사람에 관한 사항은 다른 공동소송인에게 영향을 미치지 아니한다(민사소송법 제66조).

▶ 따라서 법원은 乙에 대해서는 乙의 자백에 기초하여 사실 인정해야 하나, 丙과 丁에 대해서는 이에 구속되지 않고 변론 전체 취지로 참작할 수 있을 뿐이다(아래 75다2152판결).

**관련판례** "필요적 공동소송이 아닌 경우 공동피고가 한 자백은 다른 피고의 소송관계에 직접적으로 무슨 효력을 발생할 수 없고 다만 변론취지로서의 증거자료가 된다고 할 것이다"(대판 1976.8.24. 75다2152).

ㄹ. [×]
부대상고를 제기할 수 있는 시한은 항소심에서의 변론종결시에 대응하는 상고이유서 제출기간 만료시까지이다(대판 2007.4.12. 2006다10439). 한편 부대항소가 허용되기 위해서는 주된 상소가 적법하게 제기되었어야 하는바, 공동소송인 독립원칙(민사소송법 제66조)에 의해 통상공동소송인의 상소는 개별적으로 진행된다. 따라서 상소를 제기하지 않은 통상공동소송인 丁에 대해서는 부대상소를 제기할 수 없다.

**관련판례** "통상의 공동소송에 있어 공동당사자 일부만이 상고를 제기한 때에는 피상고인은 상고인인 공동소송인 이외의 다른 공동소송인을 상대방으로 하거나 상대방으로 보태어 부대상고를 제기할 수는 없다"(대판 1994.12.23. 94다40734).

## 78

**필수적 공동소송에 관한 설명 중 옳지 않은 것은? (다툼이 있는 경우 판례에 의함)**  [21 변호사]

① 고유필수적 공동소송인인 피고 甲, 乙, 丙 중 甲이 소송계속 중 사망하였으나 甲에게 소송대리인 A가 있어 소송절차 중단의 효과가 발생하지 아니하였다고 하더라도, 그 소송에 관한 판결이 A에게 송달되면 A에게 상소제기에 관한 특별한 권한이 없는 한 그 송달과 동시에 甲, 乙, 丙 전원에 대하여 중단 효과가 발생한다.

② 법인 아닌 사단이 총유재산에 관한 소를 제기하는 경우 사원총회의 결의를 거쳐 그 이름으로 하거나 그 구성원 전원이 당사자가 되어 필수적 공동소송의 형태로 할 수 있다.

③ 공유물분할청구의 소는 분할을 청구하는 공유자가 원고가 되어 다른 공유자 전원을 공동피고로 하여야 하는 고유필수적 공동소송이다.

④ 토지를 수인이 공유하는 경우 그 공유토지의 일부에 대하여 취득시효완성을 원인으로 공유자들을 상대로 그 시효완성 부분에 대한 소유권이전등기절차의 이행을 청구하는 소송은 필수적 공동소송이다.

⑤ 수인의 합유로 소유권이전등기가 마쳐진 부동산에 대하여 원고의 명의신탁해지로 인한 소유권이전등기청구소송은 고유필수적 공동소송에 해당한다.

**78** 　　　　　　　　　　　정답 ④

① [ ○ ]

해설 변론·증거조사·판결은 같은 기일에 함께 해야 하므로 변론의 분리·일부판결을 할 수 없고, 공동소송인 중 한사람에 대하여 중단의 원인이 발생하면 다른 공동소송인 전원에 대하여 중단의 효과가 생겨 전 소송절차의 진행이 정지된다(제67조 3항). 한편, 민사소송법 제95조 제1호, 제238조에 따라 소송대리인이 있는 경우에는 당사자가 사망하더라도 소송절차가 중단되지 않고 소송대리인의 소송대리권도 소멸하지 아니한다(대판 2010.12.23. 2007다22859). 그리고 당사자가 사망하였으나 그를 위한 소송대리인이 있는 경우에는 소송절차가 중단되지 아니하고, 그 소송대리인은 상속인들 전원을 위하여 소송을 수행하게 되어 그 사건의 판결은 상속인들 전원에 대하여 효력이 있다고 할 것이며, 다만 심급대리의 원칙상 그 판결정본이 소송대리인에게 송달된 때에는 소송절차가 중단된다"(대판 1996.2.9. 94다61649).

▶ 사안의 경우, 고유필수적 공동소송인 피고 甲, 乙, 丙 중 甲이 소송계속 중 사망하더라도 소송대리인 A가 있으므로 소송절차가 중단되지는 않으나 심급대리의 원칙상 판결정본이 소송대리인 A에게 송달된 때에 민소법 제67조 3항에 따라 甲, 乙, 丙 전원에 대하여 중단 효과가 발생한다.

조문 제95조(소송대리권이 소멸되지 아니하는 경우) 다음 각호 가운데 어느 하나에 해당하더라도 소송대리권은 소멸되지 아니한다.
1. 당사자의 사망 또는 소송능력의 상실
　제238조(소송대리인이 있는 경우의 제외) 소송대리인이 있는 경우에는 제233조제1항, 제234조 내지 제237조의 규정을 적용하지 아니한다.
　제233조(당사자의 사망으로 말미암은 중단) ① 당사자가 죽은 때에 소송절차는 중단된다. 이 경우 상속인·상속재산관리인, 그 밖에 법률에 의하여 소송을 계속하여 수행할 사람이 소송절차를 수계(受繼)하여야 한다.

② [ ○ ]

해설 判例는 "민법 제276조 1항은 '총유물의 관리 및 처분은 사원총회의 결의에 의한다.', 같은 조 2항은 '각 사원은 정관 기타의 규약에 좇아 총유물을 사용·수익할 수 있다.'라고 규정하고 있을 뿐 공유나 합유의 경우처럼 보존행위는 그 구성원 각자가 할 수 있다는 민법 제265조 단서 또는 제272조 단서와 같은 규정을 두고 있지 아니한바, 이는 법인 아닌 사단의 소유형태인 총유가 공유나 합유에 비하여 단체성이 강하고 구성원 개인들의 총유재산에 대한 지분권이 인정되지 아니하는 데에서 나온 당연한 귀결이라고 할 것이므로 총유재산에 관한 소송은 법인 아닌 사단이 그 명의로 사원총회의 결의를 거쳐 하거나 또는 그 구성원 전원이 당사자가 되어 필수적 공동소송의 형태로 할 수 있을 뿐 그 사단의 구성원은 설령 그가 사단의 대표자라거나 사원총회의 결의를 거쳤다 하더라도 그 소송의 당사자가 될 수 없고, 이러한 법리는 총유재산의 보존행위로서 소를 제기하는 경우에도 마찬가지라 할 것이다"(대판 2005.9.15. 전합2004다44971)라고 판시하였다.

③ [ ○ ]

해설 "공유물분할청구의 소는 고유필수적 공동소송이고, 고유필수적 공동소송에서는 공동소송인 중 일부가 제기한 상소는 다른 공동소송인에게도 효력이 미치므로 공동소송인 전원에 대한 관계에서 판결의 확정이 차단되고 소송은 전체로서 상소심에 이심된다. 따라서 공유물분할 판결은 공유자 전원에 대하여 상소기간이 만료되기 전에는 확정되지 않고, 일부 공유자에 대하여 상소기간이 만료되었다고 하더라도 그 공유자에 대한 판결 부분이 분리·확정되는 것은 아니다"(대판 2017.9.21. 2017다233931).

④ [ × ]

해설 "토지를 수인이 공유하는 경우에 공유자들의 소유권이 지분의 형식으로 공존하는 것뿐이고, 그 처분권이 공동에 속하는 것은 아니므로 공유토지의 일부에 대하여 취득시효완성을 원인으로 공유자들을 상대로 그 시효취득 부분에 대한 소유권이전등기절차의 이행을 청구하는 소송은 필수적 공동소송이라고 할 수 없다"(대판 1994.12.27. 93다32880).

⑤ [ ○ ]

해설 피고 등의 합유로 소유권이전등기가 마쳐진 부동산에 대하여 원고의 명의신탁해지로 인한 소유권이전등기이행청구소송은 합유 재산에 관한 소송으로서 고유필수적 공동소송에 해당하고(대판 1983.10.25. 83다카850), 고유필수적 공동소송의 경우 소송자료의 통일·소송진행의 통일의 원칙이 적용되므로, 사안의 경우 甲만이 변론기일에 출석하더라도 乙과 丙은 기일해태의 불이익을 받지 아니한다(민소법 제67조 1항).

# 79

甲, 乙, 丙, 丁은 X 토지에 관하여 각 지분별로 등기를 마친 공유자이다. 다음 설명 중 옳은 것은? (다툼이 있는 경우에는 판례에 의함)　　　　　　　　　　　　　[12 변호사]

① 甲이 乙, 丙만을 상대로 공유물분할청구의 소를 제기한 경우, 甲은 丁을 상대로 별도의 공유물분할청구의 소를 제기하여 乙, 丙을 상대로 이미 제기한 공유물분할청구소송에 변론병합을 신청할 수 있으나, 乙, 丙을 상대로 이미 제기한 위 소송에 丁을 피고로 추가할 수는 없다.

② 제3자는 X 토지에 대한 소유권확인 청구의 소를 제기함에 있어 甲, 乙, 丙, 丁 전원을 피고로 하지 않으면 그 소는 부적법하다.

③ 제3자가 X 토지를 불법으로 점유하는 경우, 甲은 단독으로 제3자를 상대로 X 토지에 대한 인도청구의 소를 제기할 수 없다.

④ 甲, 乙, 丙, 丁이 X 토지를 戊에게 매도하고 소유권이전등기를 마쳐준 후에도 여전히 X 토지를 공동점유하고 있는 경우, 공동점유자 각자는 그 점유물의 일부분씩만을 반환할 수 없기 때문에 戊는 甲, 乙, 丙, 丁 전원을 피고로 하여 토지인도청구의 소를 제기하여야 한다.

⑤ X토지에 대해서 甲, 乙, 丙, 丁으로부터 제3자 앞으로 원인무효의 등기가 마쳐진 경우, 甲은 그 제3자에 대하여 원인무효인 등기 전부의 말소를 구할 수 있을 뿐만 아니라, 각 공유자 앞으로 해당 지분별로 진정명의회복을 원인으로 한 소유권이전등기절차이행을 단독으로 청구할 수 있다.

## 79

① [×]

**해설** 공유물분할청구는 고유필수적 공동소송으로서 공동소송인의 추가가 가능하다(민사소송법 제68조).

"공유물분할청구의 소는 분할을 청구하는 공유자가 원고가 되어 다른 공유자 전부를 공동피고로 하여야 하는 고유필수적 공동소송이고, 공동소송인과 상대방 사이에 판결의 합일확정을 필요로 하는 고유필수적 공동소송에 있어서는 공동소송인 중 일부가 제기한 상소는 다른 공동소송인에게도 그 효력이 미치는 것이므로 공동소송인 전원에 대한 관계에서 판결의 확정이 차단되고 그 소송은 전체로서 상소심에 이심되며, 상소심판결의 효력은 상소를 하지 아니한 공동소송인에게 미치므로 상소심으로서는 공동소송인 전원에 대하여 심리·판단하여야 한다"(대판 2003.12.12 2003다44615, 44622).

② [×], ④ [×]

**해설** 공유는 각 지분별 처분이 가능하므로 공유등기자들을 대상으로 하는 소유권확인의 소 내지 소유권이전등기청구의 소는 필수적 공동소송이 아니다.

"부동산의 공유자인 공동상속인들을 상대로 한 소유권보존등기말소 및 소유권확정청구소송은 권리관계가 합일 확정되어야 할 필수적 공동소송이 아니다"(대판 1972.6.27. 72다555).

"공동점유물의 인도를 청구하는 경우 상반된 판결이 나는 때에는 사실상 인도청구의 목적을 달성할 수 없을 때가 있을 수 있으나 그와 같은 사실상 필요가 있다는 것만으로 그것을 필요적 공동소송이라고는 할 수 없는 것이다"(대판 1966. 3.15 65다2455).

③ [×]

**해설** 공유지분은 공유물의 전체에 미치므로 공유의 대외적 효력으로서 보존행위는 각자 가능하다(민법 제265조 단서). 따라서 甲은 단독으로 제3자를 상대로 X토지에 대한 인도청구의 소를 제기할 수 있다. "건물의 공유지분권자는 동 건물 전부에 대하여 보존행위로서 방해배제 청구를 할 수 있다"(대판 1968.9.17. 68다1142,68다1143).

⑤ [○]

**해설** 제3자 앞으로 원인 무효의 등기가 마쳐져 있는 경우, 지분권자는 공유물에 관한 보존행위로서 '자기의 지분에 관하여서는 물론 그 등기 전부'의 말소를 청구할 수 있다(대판 1993. 5.11. 92다52870). 이 경우 공유자 중 한 사람이 '공유물에 관하여 마쳐진 원인무효의 등기'에 각 공유자에게 해당 지분별로 진정명의회복을 원인으로 한 소유권이전등기를 이행할 것을 단독으로 청구하는 것도 가능하다(대판 2005.9.29. 2003다40651).

**비교판례** 그러나 判例는 부동산 공유자의 1인이 자신의 공유지분이 아닌 '다른 공유자'의 공유지분을 침해하는 원인 무효의 등기가 이루어졌다는 이유로 공유물에 관한 보존행위로서 그 부분 등기의 말소를 구할 수는 없다고 한다(대판 2009.2.26. 2006다71802 : 대판 2010.1.14. 2009다67429).[16][17]

16) "원고가 피고에 대하여 피고 명의로 마쳐진 소유권보존등기의 말소를 구하려면 먼저 원고에게 그 말소를 청구할 수 있는 권원이 있음을 적극적으로 주장·증명하여야 하며, 만일 원고에게 이러한 권원이 있음이 인정되지 않는다면 설사 피고 명의의 소유권보존등기가 말소되어야 할 무효의 등기라고 하더라도 원고의 청구를 인용할 수 없다 할 것인바, 부동산의 공유자의 1인은 당해 부동산에 관하여 제3자 명의로 원인무효의 소유권이전등기가 경료되어 있는 경우 공유물에 관한 보존행위로서 제3자에 대하여 그 등기 전부의 말소를 구할 수 있으나, <u>공유자가 다른 공유자의 지분권을 대외적으로 주장하는 것을 공유물의 멸실·훼손을 방지하고 공유물의 현상을 유지하는 사실적·법률적 행위인 공유물의 보존행위에 속한다고 할 수 없으므로, 자신의 소유지분을 침해하는 지분 범위를 초과하는 부분에 대하여 공유물에 관한 보존행위로서 무효라고 주장하면서 그 부분 등기의 말소를 구할 수는 없다</u>"

17) [판례정리] 判例의 태도를 정리하자면 예를 들어 甲, 乙, 丙이 X토지를 각 1/3 지분으로 공유하고 있는 경우, 공유자 중 1인인 甲이 단독으로 공유물에 관한 보존행위를 이유로 제3자 명의의 원인무효 등기를 자신의 1/3지분에 관하여서는 물론 제3자 명의 등기 전부의 말소를 청구할 수 있고, 甲, 乙, 丙에게 각 1/3씩 진정명의회복을 원인으로 한 소유권이전등기를 이행할 것을 청구하는 것도 가능하다. 그러나 甲은 공유물에 관한 보존행위를 이유로는 예를 들어 乙 명의의 1/3 지분에 관하여 원인 없이 丁 앞으로 마쳐진 소유권이전등기의 말소를 구할 수는 없다는 입장이다.

## 80

다음 설명 중 옳지 않은 것을 모두 고른 것은? (다툼이 있는 경우에는 판례에 의함) [13 변호사]

ㄱ. A아파트 입주자대표회의의 대표자를 피고로 삼아 제기한 대표자 지위부존재확인의 제1심 소송 중에 위 아파트 입주자대표회의에 대하여 같은 내용의 확인을 구하기 위하여 위 아파트 입주자대표회의를 예비적 피고로 추가하는 신청은 적법하다.

ㄴ. 甲이 주위적으로 B보험회사가 한 공탁이 무효임을 전제로 B보험회사에 대하여 보험금의 지급을 구하고, 예비적으로 위 공탁이 유효임을 전제로 乙에 대하여 공탁금의 출급청구에 관한 승낙의 의사표시와 대한민국에 대한 통지를 구하는 소를 제기한 경우, B보험회사에 대한 판결을 먼저 한 다음 나중에 乙에 대하여 추가판결을 할 수 있다.

ㄷ. 甲, 乙, 丙의 합유로 소유권이전등기가 된 X 토지에 관하여 丁이 甲, 乙, 丙을 피고로 명의신탁해지를 원인으로 한 소유권이전등기절차의 이행을 구하는 소를 제기한 경우, 甲만이 변론기일에 출석하더라도 乙과 丙은 기일해태의 불이익을 받지 않는다.

ㄹ. 공동상속인 甲, 乙, 丙 중 甲과 乙 사이에 X 토지가 상속재산에 속하는지 여부에 관하여 다툼이 있어, 甲이 乙을 피고로 하여 X 토지가 상속재산임의 확인을 구하는 제1심 소송 중에 丙을 피고로 추가하는 신청은 부적법하다.

ㅁ. 甲, 乙, 丙의 공유인 X 토지에 관하여 甲이 乙, 丙을 피고로 삼아 제기한 공유물분할청구의 소송 중에 丙에 대한 소를 취하하는 것은 허용되지 아니한다.

① ㄱ, ㄴ      ② ㄴ, ㄹ

③ ㄴ, ㄷ, ㄹ      ④ ㄱ, ㅁ

⑤ ㄴ, ㄹ, ㅁ

## 80 정답 ②

**해설** ㄱ. [○]

**조문** 제70조 (예비적·선택적 공동소송에 대한 특별규정)
「① 공동소송인 가운데 일부의 청구가 다른 공동소송인의 청구와 **법률상 양립할 수 없거나** 공동소송인 가운데 일부에 대한 청구가 다른 공동소송인에 대한 청구와 **법률상 양립할 수 없는 경우**에는 제67조 내지 제69조를 준용한다.」

▶ "법인 또는 비법인 등 당사자능력이 있는 단체의 대표자 또는 구성원의 지위에 관한 확인소송에서 그 대표자 또는 구성원 개인뿐 아니라 그가 소속된 단체를 공동피고로 하여 소가 제기된 경우에 있어서는, 누가 피고적격을 가지는지에 관한 법률적 평가에 따라 어느 한 쪽에 대한 청구는 부적법하고 다른 쪽의 청구만이 적법하게 될 수 있으므로 이는 민사소송법 제70조 제1항 소정의 예비적·선택적 공동소송의 요건인 각 청구가 서로 법률상 양립할 수 없는 관계에 해당한다. 따라서 아파트 입주자대표회의의 구성원 개인을 피고로 삼아 제기한 동 대표 지위 부존재확인의 소의 계속 중에 아파트 입주자대표회의를 피고로 추가하는 주관적·예비적 추가가 허용된다"(대결 2007.6.26. 2007마515).

**쟁점 정리** 제70조의 '법률상 양립할 수 없다'는 의미
실체법적으로 서로 양립할 수 없는 경우뿐 아니라 위 사안과 같이 소송법상으로 서로 양립할 수 없는 경우를 포함한다(위 2007마515판결).

ㄴ. [×]
ⅰ) 주관적·예비적 공동소송은 동일한 법률관계에 관하여 모든 공동소송인이 서로간의 다툼을 하나의 소송절차로 한꺼번에 모순 없이 해결하는 소송형태로서 모든 공동소송인에 대한 청구에 관하여 판결을 하여야 하고(민사소송법 제70조 2항), 그 중 **일부 공동소송인에 대하여만 판결을 하거나 남겨진 자를 위하여 추가판결을 하는 것은 허용되지 않는다.** 그리고 주관적·예비적 공동소송에서 주위적 공동소송인과 예비적 공동소송인 중 어느 한 사람이 상소를 제기하면 다른 공동소송인에 관한 청구 부분도 확정이 차단되고 상소심에 이심되어 심판대상이 되고, 이러한 경우 상소심의 심판대상은 주위적·예비적 공동소송인들 및 상대방 당사자 간 결론의 합일확정 필요성을 고려하여 판단하여야 한다. ⅱ) **공탁이 무효임을 전제로 한 피고 甲에 대한 주위적 청구와 공탁이 유효임을 전제로 한 피고 乙 및 제1심 공동피고들에 대한 예비적 청구가 공탁의 효력 유무에 따라 두 청구가 모두 인용될 수 없는 관계에 있거나 한쪽 청구에 대한 판단 이유가 다른 쪽 청구에 대한 판단 이유에 영향을 주어 각 청구에 대한 판단 과정이 필연적으로 상호 결합되어 있는 주관적·예비적 공동소송의 관계에서 모든 당사자들 사이에 결론의 합일확정을 기할 필요가 인정되므로, 피고 乙만이 제1심판결에 대하여 적법한 항소를 제기하였다고 하더라도 피고 甲에 대한 주위적 청구 부분과 제1심 공동피고들에 대한 예비적 청구 부분도 함께 확정이 차단되고 원심에 이심되어 심판**

대상이 되었다고 보아야 함에도, 그 심판대상을 위 예비적 청구 중 제1심이 인용한 부분에 한정된다고 전제하여 그 부분에 관하여만 판단한 원심판결을 직권으로 전부 파기한 사례(대판 2011.2.24. 2009다43355).

ㄷ. [○]
피고 등의 합유로 소유권이전등기가 마쳐진 부동산에 대하여 원고의 명의신탁해지로 인한 소유권이전등기이행청구소송은 합유 재산에 관한 소송으로서 고유필수적 공동소송에 해당하고(대판 1983.10.25. 83다카850), **고유필수적 공동소송의 경우 소송자료의 통일·소송진행의 통일의 원칙이 적용**되므로, 사안의 경우 甲만이 변론기일에 출석하더라도 乙과 丙은 기일해태의 불이익을 받지 아니한다(민소법 제67조 1항).

ㄹ. [×]
능동적 공유관계소송 중 공유물 전체에 대한 소유권확인청구나 공동상속인의 다른 공동상속인 상대의 상속재산확인의 소는 고유필수적 공동소송에 해당한다(대판 1994.11.11. 94다35008). 따라서 사안의 경우 丙을 피고로 추가 신청할 수 있다(민소법 제68조 1항, 필수적 공동소송인의 추가).

ㅁ. [○]
수동적 공유관계소송 중 공유물 분할청구소송이나 공유토지 경계확정소송은 고유필수적 공동소송이고 고유필수적 공동소송의 경우 자백, 청구포기·인낙 또는 재판상화해는 전원이 함께 하지 않으면 효력이 없고(민소법 제67조 1항), 소의 일부 취하도 허용되지 아니한다(대판 1996.12.10. 96다23238).

# 81

원고 측의 선정당사자에 관한 아래 설명 중 옳은 것을 모두 고른 것은? (다툼이 있는 경우에는 판례에 의함) [12 변호사]

ㄱ. 선정당사자에 대하여는 소송대리인에 관한 규정이 준용되므로, 선정당사자가 소를 취하하려면 선정자들로부터 특별수권을 받아야 한다.

ㄴ. 선정당사자와 선정자들 사이에는 공동의 이해관계가 있어야 하는바, 선정자가 공동의 이해관계가 없는 자를 선정당사자로 선정한 경우, 이는 재심사유에 해당한다.

ㄷ. 선정당사자가 변경된 때 그 변경사실을 상대방에게 통지하지 않았더라도 그 사실이 법원에 알려진 경우, 종전의 선정당사자는 상대방의 동의를 얻었더라도 소를 취하하지 못한다.

ㄹ. 심급을 한정하여 선정을 할 수 없는 것은 아니나, 선정당사자의 지위는 제1심에 한하지 않고 소송이 종결될 때까지 유지되는 것이 원칙이다.

ㅁ. 선정은 소송계속 전·후를 불문하고 할 수 있고, 소송계속 후 선정을 하면 선정자는 당연히 소송에서 탈퇴한 것으로 본다.

① ㄴ, ㄷ      ② ㄹ, ㅁ

③ ㄱ, ㄷ, ㅁ      ④ ㄱ, ㄹ, ㅁ

⑤ ㄷ, ㄹ, ㅁ

## 81
정답 ⑤

**해설** **ㄱ.** [×]
선정자는 대리인이 아닌 당사자이므로 소송수행에 있어 소송대리인에 관한 제90조 2항과 같은 제한은 받지 않는다. "선정당사자는 선정자들로부터 소송수행을 위한 포괄적인 수권을 받은 것으로서 일체의 소송행위는 물론 소송수행에 필요한 사법상의 행위도 할 수 있는 것이고 개개의 소송행위를 함에 있어서 선정자의 개별적인 동의가 필요한 것은 아니다"(대판 2003.5.30. 2001다10748).

**ㄴ.** [×]
"다수자 사이에 공동소송인이 될 관계에 있기는 하지만 주요한 공격방어방법을 공통으로 하는 것이 아니어서 공동의 이해관계가 없는 자가 선정당사자로 선정되었음에도 법원이 그러한 선정당사자 자격의 흠을 간과하여 그를 당사자로 한 판결이 확정된 경우, 선정자가 스스로 당해 소송의 공동소송인 중 1인인 선정당사자에게 소송수행권을 수여하는 선정행위를 하였다면 그 선정자로서는 실질적인 소송행위를 할 기회 또는 적법하게 당해 소송에 관여할 기회를 박탈당한 것이 아니므로, 비록 그 선정당사자와의 사이에 공동의 이해관계가 없었다고 하더라도 그러한 사정은 민사소송법 제451조 제1항 제3호가 정하는 재심사유에 해당하지 않는 것으로 봄이 상당하고, 이러한 법리는 그 선정당사자에 대한 판결이 확정된 경우뿐만 아니라 그 선정당사자가 청구를 인낙하여 인낙조서가 확정된 경우에도 마찬가지라 할 것이다"(대판 2007.7.12. 2005다10470).

**ㄷ.** [○]
선정당사자자격의 상실은 대리권 소멸처럼 상대방에게 통지가 요구되며 그렇지 않으면 효력이 발생하지 않는다(민사소송법 제63조 2항, 1항 본문). 다만 법원에 법정대리권이 소멸사실이 알려진 뒤에는 종전의 선정당사자는 소의 취하, 청구의 포기·인낙 등의 소송행위를 하지 못한다(민사소송법 제63조 2항, 1항 단서).

**ㄹ.** [○]
선정취소가 자유롭게 인정되는 점(민소법 제 53조 1항)에서 심급한정도 가능하다는 것이 判例의 태도이다. 다만 구체적 적용에서 '사건명과 함께 심급에 대한 기술'이 있어도 심급한정으로 볼 수 없다고 본 사안도 있다.
"ⅰ) 공동의 이해관계가 있는 다수자가 당사자를 선정한 경우에는 선정된 당사자는 당해 소송의 종결에 이르기까지 총원을 위하여 소송을 수행할 수 있고, 상소와 같은 것도 역시 이러한 당사자로부터 제기되어야 하는 것이지만, 당사자 선정은 총원의 합의로써 장래를 향하여 이를 취소, 변경할 수 있는 만큼 당초부터 특히 어떠한 심급을 한정하여 당사자인 자격을 보유하게끔 할 목적으로 선정을 하는 것도 역시 허용된다. ⅱ) 선정당사자의 제도가 당사자 다수의 소송에 있어서 소송절차를 간소화, 단순화하여 소송의 효율적인 진행을 도모하는 것을 목적으로 하고, 선정된 자가 당사자로서 소송의 종료에 이르기까지 소송을 수행하는 것이 그 본래의 취지임에 비추어 보면, 제1심에서 제출된 선정서에 사건명을 기재한 다음에 '제1심 소송절차에 관하여' 또는 '제1심 소송절차를 수행하게 한다'라는 문언이 기재되어 있는 경우라 하더라도, 특단의 사정이 없는 한, 그 기재는 사건명 등과 더불어 선정당사자를 선정하는 사건을 특정하기 위한 것으로 보아야 하고, 따라서 그 선정의 효력은 제1심의 소송에 한정하는 것이 아니라 소송의 종료에 이르기까지 계속하는 것으로 해석함이 상당하다"(대결 1995.10.5. 94마2452).

**ㅁ.** [○]
선정은 시기 제한이 없고, 선정이 있으면 선정자는 당연히 소송에서 탈퇴한 것으로 본다.

**조문** **민사소송법 제53조(선정당사자)** 제2항 「소송이 법원에 계속된 뒤 제1항의 규정에 따라 당사자를 바꾼 때에는 그 전의 당사자는 당연히 소송에서 탈퇴한 것으로 본다.」

## 82

甲, 乙, 丙, 丁은 甲이 운전하는 자동차를 함께 타고 가다가 A
가 중앙선을 침범하여 자동차를 운행한 과실에 의해 발생한
사고로 인하여 A에 대하여 각 1억 원의 손해배상채권을 가
지게 되었다. 이에 甲, 乙, 丙, 丁은 A를 상대로 손해배상청
구의 소를 제기하면서 甲과 乙을 선정당사자로 선정하였다.
이에 관한 설명 중 옳지 않은 것은? (다툼이 있는 경우 판례
에 의함)                                               [16 변호사]

① 甲과 乙은 丙과 丁으로부터 특별한 권한을 받을 필요 없이
   청구를 포기할 수 있다.
② 甲과 乙이 선정당사자로 선정되었다는 것은 서면으로 증명
   하여야 하고, 이를 소송기록에 붙여야 한다.
③ 별도의 소송대리인이 없으면, 甲이 사망한 경우 선정자들이
   다시 새로운 선정당사자를 선정할 때까지 소송절차는 중단
   된다.
④ 별도의 약정 등이 없는 한 선정의 효력은 소송의 종료 시까
   지 유지되므로 甲과 乙의 소송수행권은 제1심에 한정되지
   않는다.
⑤ 甲과 乙이 자신들의 청구 부분에 대하여 소를 전부 취하하
   고 A가 이에 동의한 경우, 甲과 乙은 선정당사자 자격을
   상실한다.

**82** 정답 ③

① [○]

**해설** 선정당사자의 당사자 본인으로서의 소송상 지위

선정당사자는 선정자의 대리인이 아니고 당사자 본인이므로(제53조 1항) 소송수행에 있어서 소송대리인에 관한 제90조 2항의 제한을 받지 않는다.

判例도 "선정당사자는 선정자들로부터 소송수행을 위한 포괄적인 수권을 받은 것으로서 일체의 소송행위(취하, 포기, 인낙, 화해, 상소 등)는 물론 소송수행에 필요한 사법상의 행위도 할 수 있는 것이고 개개의 소송행위를 함에 있어서 선정자의 개별적인 동의가 필요한 것은 아니다"(대판 2010.5.13. 2009다05246)라고 판시한 바 있다.

▶ 사안에서 甲과 乙은 丙과 丁으로부터 특별한 권한을 받을 필요 없이 청구를 포기할 수 있다.

② [○]

**해설** 선정의 방법

선정당사자를 선정하고 바꾸는 경우, '소송행위를 위한 권한을 받은 사실은 서면으로 증명하여야' 하므로(제58조 1항), 선정서를 법원에 제출하여 '서면은 소송기록에 붙여야 한다'(동조 제2항).

③ [×]

**해설** 선정당사자의 자격 상실

'선정당사자 가운데 **일부가** 죽거나 그 자격을 잃은 사람이 있는 경우에는 **다른 선정당사자가 모두를 위하여 소송행위를 한다**'(제54조).

▶ 사안에서 선정당사자 중 甲이 사망한 경우, 나머지 선정당사자 乙이 소송절차의 중단 없이 계속해서 소송을 수행할 수 있다.

④ [○]

**해설** 선정의 효력

判例는 "당사자 선정은 **총원의 합의**로써 장래를 향하여 변경할 수 있는 만큼 당초부터 어떠한 심급을 한정해 선정하는 것도 허용된다"(대결 1995.10.5. 94마2452)고 판시한 바 있다. 즉 **반대해석**하면 별도의 약정 등이 없는 한 선정당사자의 소송수행권은 소송의 종료 시까지 유지된다. 따라서 判例는 "선정당사자의 선정행위시 심급의 제한에 관한 약정 등이 없는 한 선정의 효력은 소송이 종료에 이르기까지 계속되는 것이다"(대판 2003.11.14. 2003다34038)고 판시하기도 하였다.

⑤ [○]

**해설** 선정당사자의 자격 상실

선정당사자의 자격은 선정의 취소, 선정당사자의 사망, 선정당사자 본인에 관한 부분의 소가 취하되거나 판결이 확정되어 선정당사자의 공동이해관계가 소멸되는 경우에 당연히 상실된다. 判例도 "민사소송법 제53조 소정의 선정당사자는 공동의 이해관계를 가진 여러 사람 중에서 선정되어야 하는 것이므로, 선정당사자 본인에 대한 부분의 소가 취하되거나 판결이 확정되는 등으로 공동의 이해관계가 소멸하는 경우에는 선정당사자는 선정당사자의 자격을 당연히 상실한다고 보아야 할 것이다"(대판 2006.9.28. 2006다28775)고 판시하였다.

▶ 사안에서 甲과 乙이 자신들의 청구 부분에 대하여 소를 전부 취하하고 A가 이에 동의한 경우(제266조 2항), 甲과 乙은 선정당사자의 자격을 상실한다.

# 83

**보조참가에 관한 설명 중 옳지 않은 것은? (다툼이 있는 경우 판례에 의함)** [22 변호사]

① 보조참가인이 피고를 보조하여 소송을 수행하였으나 피고가 소송에서 패소하여 그 판결이 확정된 경우에는 피고 보조참가인이 피고에게 패소판결이 부당하다고 주장할 수 없도록 하는 참가적 효력이 생긴다.

② 전소 확정판결의 참가적 효력은 전소 확정판결의 결론의 기초가 된 사실상 및 법률상의 판단으로서 보조참가인이 피참가인과 공동이익으로 주장하거나 다툴 수 있었던 사항에 한하여 미친다.

③ 보조참가인이 당해 소송에서 독립당사자참가를 하였다면 그와 동시에 보조참가는 종료된 것으로 보아야 한다.

④ 재심의 소에 공동소송적 보조참가인이 참가한 후에 피참가인이 재심의 소를 취하한 경우 공동소송적 보조참가인의 동의가 없어도 소 취하의 효력이 발생한다.

⑤ 참가적 효력은 피참가인의 상대방과 보조참가인 사이에서는 발생하지 아니한다.

## 83　　　　　　　　　　　정답 ④

**① [○]**

**해설** 참가적 효력의 의의

기판력은 당사자에게만 미치는 것이 원칙인 바(제218조 1항), 제77조의 '재판의 효력'의 의미가 문제된다.[18] 이에 대해 통설과 判例는 피참가인이 '패소'한 뒤에 참가인과 소송행위를 하는 경우 피참가인에 대한 관계에서 참가인은 그 판결의 내용이 부당하다고 주장할 수 없는 구속력으로 보는 참가적 효력설의 입장이다(대판 1988.12.13. 86다카2289).

**② [○]**

**해설** 참가적 효력의 객관적 범위

참가적 효력은 ⅰ) 판결주문에 대해서 뿐만 아니라 ⅱ) 판결이유 중의 패소이유가 되었던 사실인정이나 법률판단에도 미친다. 기판력과 달리 참가적 효력을 확대하지 않으면 참가인에게 판결의 효력이 미치는 실익이 없어지기 때문이다. 다만 전소 확정판결의 참가적 효력은 전소 확정판결의 결론의 기초가 된 사실상 및 법률상의 판단으로서 보조참가인이 피참가인과 공동이익으로 주장하거나 다툴 수 있었던 사항에 한하여 미친다(대판 1997.9.5. 95다42133).

**③ [○]**

**해설** 보조참가인이 독립당사자참가를 한 경우 보조참가가 종료되는지 여부(적극)

"소송당사자인 독립당사자참가인은 그의 상대방 당사자인 원·피고의 어느 한 쪽을 위하여 보조참가를 할 수는 없는 것이므로 보조참가인이 독립당사자참가를 하였다면 그와 동시에 보조참가는 종료된 것으로 보아야 할 것이고, 따라서 보조참가인의 입장에서는 상고할 수 없다"(대판 1993.4.27. 93다5727,93다5734).

**④ [×]**

**해설** 공동소송적 보조참가인의 동의 없이 재심의 소를 취하 불능 : 공동소송적 보조참가인에 불이익한 행위(적극)

"재심의 소를 취하하는 것은 통상의 소를 취하하는 것과는 달리 확정된 종국판결에 대한 불복의 기회를 상실하게 하여 더 이상 확정판결의 효력을 배제할 수 없게 하는 행위이므로, 이는 재판의 효력과 직접적인 관련이 있는 소송행위로서 그 확정판결의 효력이 미치는 **공동소송적 보조참가인에 대하여는 불리한 행위라고 할 것이다. 따라서 ⅰ) 재심의 소에 공동소송적 보조참가인이 참가한 후에는 피참가인이 재심의 소를 취하하더라도 공동소송적 보조참가인의 동의가 없는 한 효력이 없다.** ⅱ) 이는 재심의 소를 피참가인이 제기한 경우나 통상의 보조참가인이 제기한 경우에도 마찬가지이다. ⅲ) 특히 통상의 보조참가인이 재심의 소를 제기한 경우에는 피참가인이 통상의 보조참가인에 대한 관계에서 재심의 소를 취하할 권능이 있더라도 이를 통하여 공동소송적 보조참가인에게 불리한 영향을 미칠 수는 없으므로 피참가인의 재심의 소 취하로 인하여 재심의 소 제기가 무효로 된다거나 부적법하게 된다고 볼 것도 아니다"(대판 2015.10.29. 2014다13044)

**비교판례** 공동소송적 보조참가인의 동의 없이 소를 취하 가능 : 공동소송적 보조참가인에 불이익한 행위(소극)

"공동소송적 보조참가는 그 성질상 필수적 공동소송 중에서는 이른바 유사필수적 공동소송에 준한다 할 것인데 유사필수적 공동소송의 경우에는 원고들 중 일부가 소를 취하하는데 다른 공동소송인의 동의를 받을 필요가 없다. 또한 소취하는 판결이 확정될 때까지 할 수 있고 취하된 부분에 대해서는 소가 처음부터 계속되지 아니한 것으로 간주되며(민사소송법 제267조) 본안에 관한 종국판결이 선고된 경우에도 그 판결 역시 처음부터 존재하지 아니한 것으로 간주되므로, 이는 재판의 효력과는 직접적인 관련이 없는 소송행위로서 공동소송적 보조참가인에게 불이익이 된다고 할 것도 아니다. 따라서 피참가인이 공동소송적 보조참가인의 동의 없이 소를 취하하였다 하더라도 이는 유효하다"(대판 2013.3.28. 2012아43).

**⑤ [○]**

**비교판례** 참가적 효력의 주관적 범위

참가적 효력은 상대방과 참가인 사이에서는 미치지 않고 피참가인과 참가인 사이에만 미친다. 따라서 본 소송에서 패소한 피참가인이 참가인에 대하여 제기한 소에서 참가인은 본 소송의 판결의 내용이 부당하다고 다툴 수 없다. 判例도 "보조참가인이 피참가인을 보조하여 공동으로 소송을 수행하였으나 피참가인이 그 소송에서 패소한 경우에는 형평의 원칙상 보조참가인이 피참가인에게 그 패소판결이 부당하다고 주장할 수 없도록 구속력을 미치게 하는 이른바 참가적 효력이 있음에 불과하므로 피참가인과 그 소송상대방간의 판결의 기판력이 참가인과 피참가인의 상대방과의 사이에까지는 미치지 아니한다"(대판 1988.12.13. 86다카2289)고 판시하였다.

---

18) [학설] ① 기판력설은 기판력의 확장이라 보며, ② 참가적 효력설은 기판력과는 다른 특수효력, 즉 참가적 효력으로서 피참가인이 패소하고 나서 뒤에 피참가인이 참가인 상대의 소송을 하는 경우 피참가인에 대한 관계에서 참가인은 판결의 내용이 부당하다고 주장할 수 없는 구속력으로 보며, ③ 신기판력설은 참가인과 피참가인 사이에는 참가적 효력이 생기지만 참가인과 상대방 사이에서도 기판력 내지 쟁점효를 인정해야 한다고 본다.

## 84

보조참가에 관한 설명 중 옳지 않은 것은? (다툼이 있는 경우 판례에 의함)　[19 변호사]

① 특정 소송사건에서 당사자의 일방을 보조하기 위하여 보조참가를 하려면 당해 소송의 결과에 대하여 이해관계가 있어야 하고, 여기에서 말하는 이해관계라 함은 사실상, 경제상 이해관계가 아니라 법률상 이해관계를 의미한다.

② 불법행위로 인한 손해배상채권을 가지는 甲이 공동불법행위자 乙 및 丙을 상대로 제기한 손해배상청구소송의 2심에서, 甲의 乙에 대한 손해배상청구는 인용된 반면 甲의 丙에 대한 손해배상청구는 전부 기각되는 판결이 선고된 경우, 위 2심 판결 중 甲의 丙에 대한 청구 전부 기각 부분에 대하여 甲이 상고기간 내에 상고하지 않더라도 甲의 상고기간 내라면 乙이 甲을 위하여 보조참가를 함과 동시에 상고를 제기할 수 있다.

③ 서울특별시장과 같은 행정청은 「민사소송법」상의 보조참가를 할 수 없다.

④ 당사자가 보조참가에 대하여 이의를 신청한 때에는, 법원이 참가 허가 여부를 결정하여야 하고, 이를 결정으로만 하여야 하며 종국판결로 하면 위법하다.

⑤ 피참가인과는 별도로 보조참가인에 대하여도 기일의 통지를 하여야 하나, 기일통지서를 송달받지 못한 보조참가인이 변론기일에 직접 출석하여 변론할 기회를 가졌고 위 변론기일 당시 기일통지서를 송달받지 못한 점에 관하여 이의를 하지 아니하였다면, 기일통지를 하지 않은 절차상 흠이 치유된다.

## 84
정답 ④

① [ O ]

**해설** 소송결과에 이해관계가 있는 제3자는 한 쪽 당사자를 돕기 위하여 법원에 계속중인 소송에 참가할 수 있다(제71조 본문). '소송결과에 이해관계가 있을 것'의 의미에 대하여 判例는 "특정 소송사건에서 당사자 일방을 보조하기 위하여 보조참가를 하려면 당해 소송의 결과에 대하여 이해관계가 있어야 할 것이고, 여기서 말하는 이해관계라 함은 사실상·경제상 또는 감정상의 이해관계가 아니라 법률상의 이해관계를 말하는 것으로, 이는 당해 소송의 판결의 기판력이나 집행력을 당연히 받는 경우 또는 당해 소송의 판결의 효력이 직접 미치지는 아니한다고 하더라도 적어도 그 판결을 전제로 하여 보조참가를 하려는 자의 법률상의 지위가 결정되는 관계에 있는 경우를 의미하는 것이다"(대판 2007.4.26. 2005다19156)고 한다.

② [ O ]

**해설** "불법행위로 인한 손해배상책임을 지는 자는 피해자가 다른 공동불법행위자들을 상대로 제기한 손해배상 청구소송의 결과에 대하여 법률상의 이해관계를 갖는다고 할 것이므로, 위 소송에 원고를 위하여 보조참가를 할 수가 있고, 피해자인 원고가 패소판결에 대하여 상소를 하지 않더라도 원고의 상소기간 내라면 보조참가와 동시에 상소를 제기할 수도 있다"(대판 1999.7.9. 99다12796). 판결절차라면 상고심(다만, 상고심에서는 사실주장이나 증거제출을 할 수 없게 되는 제약이 있다 : 제76조 제1항 단서), 재심에서도 보조참가가 허용된다.

**쟁점정리** 제71조의 소송결과에 이해관계가 있을 것(참가이유)

**조문** 제71조 (보조참가) 「소송결과에 이해관계가 있는 제3자는 한 쪽 당사자를 돕기 위하여 법원에 계속중인 소송에 참가할 수 있다.」

▶ 즉, 判例는 기본적으로 '판결주문'에서 판단되는 소송물인 권리관계의 존부에 의하여 참가인의 법적 지위가 직접적으로 영향을 받는 경우에 한하여 참가이유를 인정하는 입장이다(위 ①판례참고). 다만 判例 중에는 실질적으로 판결이유의 판단까지 참가이익을 확대한 경우도 있다(위 ②판례참고).

③ [ O ]

**해설** "타인 사이의 항고소송에서 소송의 결과에 관하여 이해관계가 있다고 주장하면서 민사소송법 제71조에 의한 보조참가를 할 수 있는 제3자는 민사소송법상의 당사자능력 및 소송능력을 갖춘 자이어야 하므로 그러한 당사자능력 및 소송능력이 없는 행정청으로서는 민사소송법상의 보조참가를 할 수는 없고 다만 행정소송법 제17조 제1항에 의한 소송참가를 할 수 있을 뿐인데, 피고 보조참가인 서울특별시장은 행정청에 불과하므로 그가 상고심에서 민사소송법 제71조에 의하여 한 보조참가 신청은 부적법하다"(대판 2002.9.24. 99두1519).

④ [ × ]

**해설** "당사자가 보조참가에 대하여 이의를 신청한 때에는 법원은 참가를 허가할 것인지 아닌지를 결정하여야 하고(민사소송법 제73조 제1항), 다만 이를 결정이 아닌 종국판결로써 심판하였더라도 위법한 것은 아니며, 이는 재판의 효력이 미치는 제3자가 공동소송적 보조참가를 한 경우에 그 참가에 대하여 당사자가 이의를 신청한 때도 같다"(대판 2015.10.29. 2014다13044).

⑤ [ O ]

**해설** 참가인은 자기의 이익을 보호하기 위하여 독자적인 권한으로 소송에 관여하는 자이므로 당사자에 준하는 지위가 인정된다. 따라서 "피참가인과는 별도로 보조참가인에 대하여도 기일의 통지, 소송서류의 송달 등을 행하여야 하고, 보조참가인에게 기일통지서 또는 출석요구서를 송달하지 아니함으로써 변론의 기회를 부여하지 아니한 채 행하여진 기일의 진행은 적법한 것으로 볼 수 없다. 그러나 기일통지서를 송달받지 못한 보조참가인이 변론기일에 직접 출석하여 변론할 기회를 가졌고, 위 변론 당시 기일통지서를 송달받지 못한 점에 관하여 이의를 하지 아니하였다면, 기일통지를 하지 않은 절차진행상의 흠이 치유된다"(대판 2007.2.22. 2006다75641). 당사자가 참가에 대하여 이의를 신청하지 아니한 채 변론하거나 변론준비기일에서 진술을 한 경우에는 이의를 신청할 권리를 잃는다(제74조).

# 85

乙은 甲에 대한 대여금채무자이고, 丙은 乙의 甲에 대한 위 대여금채무의 보증인이다. 甲은 丙를 상대로 보증채무의 이행을 구하는 소를 제기하였고, 위 소송계속 중 乙이 丙 측에 보조참가하여 자신의 甲에 대한 채무가 존재하지 아니한다고 주장하였다. 이에 관한 설명 중 옳지 않은 것은? (다툼이 있는 경우 판례에 의함)                    [20 변호사]

① 위 소송에서 법원은 丙과는 별도로 乙에게도 소송서류를 송달하여야 한다.

② 위 소송에서 丙이 甲의 주장 사실을 명백히 다투지 아니함으로써 「민사소송법」 제150조 제1항에 의하여 그 사실을 자백한 것으로 보게 되는 경우에도 乙은 그 사실에 대하여 다툴 수 있다.

③ 위 소송에서 패소한 丙을 위하여 乙이 항소한 경우에도 丙은 乙의 위 항소를 취하할 수 있다.

④ 위 소송 결과 법원의 판결이 확정되어 참가적 효력이 인정되는 경우에도 참가적 효력은 乙과 丙 사이에서만 발생한다.

⑤ 위 소송이 화해권고결정으로 종료된 경우에도 확정판결에서와 같은 참가적 효력이 발생한다.

# 85                                                    정답 ⑤

① [○]

**해설** 참가인에 대한 기일의 통지 및 소송서류의 송달
참가인은 자기의 이익을 보호하기 위하여 독자적인 권한으로 소송에 관여하는 자이므로 당사자에 준하는 지위가 인정된다. 따라서 "피참가인과는 별도로 **보조참가인에 대하여도 기일의 통지, 소송서류의 송달 등을 행하여야** 하고, 보조참가인에게 기일통지서 또는 출석요구서를 송달하지 아니함으로써 변론의 기회를 부여하지 아니한 채 행하여진 기일의 진행은 적법한 것으로 볼 수 없다"(대판 2007.2.22. 2006다75641).

**참고 판례** 그러나 "기일통지서를 송달받지 못한 보조참가인이 변론기일에 직접 출석하여 변론할 기회를 가졌고, 위 변론 당시 기일통지서를 송달받지 못한 점에 관하여 이의를 하지 아니하였다면, 기일통지를 하지 않은 절차진행상의 흠이 치유된다"(同 判例).

② [○]

**해설** 피참가인의 행위와 소극적으로만 불일치하는 경우(참가가능)
참가인의 소송행위가 피참가인의 소송행위에 어긋나는 경우에는 그 참가인의 소송행위는 효력을 가지지 아니한다(제76조 2항). 그런데 判例는 "참가인의 소송행위가 피참가인의 소송행위에 어긋나는 경우라 함은 참가인의 소송행위가 피참가인의 행위와 명백히 적극적으로 배치되는 경우를 말하고 소극적으로만 피참가인의 행위와 불일치하는 때에는 이에 해당하지 않는 것인바, 피참가인인 피고가 원고가 주장하는 사실을 명백히 다투지 아니하여 민사소송법 제150조에 의하여 그 사실을 자백한 것으로 보게 될 경우(자백간주)라도 참가인이 보조참가를 신청하면서 그 사실에 대하여 다투는 것은 피참가인의 행위와 명백히 적극적으로 배치되는 경우라할 수 없어 그 소송행위의 효력이 없다고 할 수 없다"(대판 2007.11.29. 2007다53310)고 한다.

③ [○]

**해설** 보조참가인들이 제기한 항소를 피참가인이 포기 또는 취하할 수 있는지 여부(적극)
"민사소송법 제76조 제2항은 참가인의 소송행위가 피참가인의 소송행위에 어긋나는 경우에는 참가인의 소송행위는 효력을 가지지 아니한다고 규정하고 있는데, 그 규정의 취지는 피참가인들의 소송행위와 보조참가인들의 소송행위가 서로 어긋나는 경우에는 피참가인의 의사가 우선하는 것을 뜻하므로 **피참가인은 참가인의 행위에 어긋나는 행위를 할 수 있고, 따라서 보조참가인들이 제기한 항소를 포기 또는 취하할 수도 있다**"(대판 2010.10.14. 2010다38168).

**쟁점 정리** 피참가인의 행위와 적극적으로 배치되는 경우(참가불가)
判例는 적극적으로 배치되는 경우로서 피참가인이 자백(재판상 자백)한 후에 참가인은 이를 부인할 수 없고(대판 2001.1.19. 2000다59333), 피참가인이 상소권을 포기한 이후에 참가인은 상소를 할 수 없으며(대판 2000.1.18. 99다47365), 보조참가인이 제기한 항소를 피참가인이 포기·취하할 수 있다(대판 2010.10.14. 2010다38168)고 한다.

④ [○]

쟁점정리 **참가적 효력의 범위(주관적 범위)**
참가적 효력은 상대방과 참가인 사이에서는 미치지 않고 피참가인과 참가인 사이에만 미친다.[19] 따라서 본 소송에서 패소한 피참가인이 참가인에 대하여 제기한 소에서 참가인은 본 소송의 판결의 내용이 부당하다고 다툴 수 없다. 判例도 "보조참가인이 피참가인을 보조하여 공동으로 소송을 수행하였으나 피참가인이 그 소송에서 패소한 경우에는 형평의 원칙상 보조참가인이 피참가인에게 그 패소판결이 부당하다고 주장할 수 없도록 구속력을 미치게 하는 이른바 참가적 효력이 있음에 불구하므로 피참가인과 그 소송상대방간의 판결의 기판력이 참가인과 피참가인의 상대방과의 사이에까지는 미치지 아니한다"(대판 1988.12.13. 86다카2289)고 판시하였다.

**참고판례** **참가적 효력의 범위(객관적 범위)**
참가적 효력은 ⅰ) 판결주문에 대해서 뿐만 아니라 ⅱ) 판결이유 중의 패소이유가 되었던 사실인정이나 법률판단에도 미친다. 기판력과 달리 참가적 효력을 확대하지 않으면 참가인에게 판결의 효력이 미치는 실익이 없어지기 때문이다. 다만 전소 확정판결의 참가적 효력은 전소 확정판결의 결론의 기초가 된 사실상 및 법률상의 판단으로서 보조참가인이 피참가인과 공동이익으로 주장하거나 다툴 수 있었던 사항에 한하여 미친다(대판 1997.9.5. 95다42133).

**쟁점정리** **참가적 효력의 의의**
기판력은 당사자에게만 미치는 것이 원칙인 바(제218조 제1항), 제77조의 '참가인에 대한 재판의 효력'의 의미가 문제된다. 이에 대해 통설과 判例(대판 1988.12.13. 86다카2289 : 아래 '2. 참가적 효력의 범위' 관련판례 참고)는 피참가인이 패소한 뒤에 참가인과 소송행위를 하는 경우 피참가인에 대한 관계에서 참가인은 그 판결의 내용이 부당하다고 주장할 수 없는 구속력으로 보는 참가적 효력설의 입장이다.

⑤ [×]

**해설** **전소가 확정판결이 아닌 화해권고결정에 의하여 종료된 경우**
최근 判例는 "전소가 확정판결이 아닌 화해권고결정에 의하여 종료된 경우에는 확정판결에서와 같은 법원의 사실상 및 법률상의 판단이 이루어졌다고 할 수 없으므로 참가적 효력이 인정되지 아니한다"(대판 2015.5.28. 2012다78184)고 판시하였다.

**쟁점정리** **참가적 효력의 요건 [본, 피, 확, 참]**
참가적 효력이 발생하기 위해서는 당해 소송에서 본안판결이 선고되었을 것(소송판결 제외), 피참가인이 패소하였을 것, 그 판결이 확정되었을 것, 참가인에게 피참가인을 위하여 소송을 수행할 기회가 주어졌을 것(대판 2015.5.28. 2012다78184) 등을 요건으로 하여 발생한다.

**쟁점정리** **참가적 효력의 배제 [없, 어, 방, 실]**
ⅰ) 제76조의 규정에 따라 참가인이 소송행위를 할 수 없거나 ⅱ) 보조참가인의 행위가 피참가인의 행위와 어긋나 효력을 가지지 아니하는 때(제77조 1호), ⅲ) 피참가인이 참가인의 소송행위를 방해한 때(제77조 2호), ⅳ) 피참가인이 참가인이 할 수 없는 소송행위를 고의나 과실로 하지 아니한 때(제77조 3호)에는 보조참가인에게 참가적 효력이 미치지 않는다. 3호의 예로 참가인이 알지 못하는 사실이나 증거의 제출을 피참가인이 게을리하여 패소한 경우나 피참가인이 취소권 등의 사법상 권리를 행사하지 아니하여 패소한 경우가 있다.

---

19) 소송고지를 받은 자에게도 참가적 효력이 미친다(제86조)

## 86

甲이 乙을 상대로 매매를 원인으로 한 소유권이전등기청구
의 소를 제기하여 제1심 계속 중 丙이 이 소송에 독립당사자
참가를 신청하였다. 이에 관한 설명 중 옳지 않은 것은? (다
툼이 있는 경우 판례에 의함)                    [17 변호사]

① 丙이 자신이 진정한 매수인이라고 주장하면서 乙에 대하여
　소유권이전등기절차의 이행을 구함과 동시에 甲에 대하여는
　甲이 매매당사자가 아님을 이유로 소유권이전등기청구권의
　부존재확인을 구하는 것은 적법하다.

② 제1심 법원이 본안판결을 할 때에는 甲, 乙, 丙 3인을 당사자
　로 하는 하나의 종국판결을 하여야 한다.

③ 제1심 법원이 甲, 乙, 丙 3인에 대하여 화해권고결정을 하였
　는데 이에 대하여 丙만이 이의신청을 한 경우, 위 화해권고
　결정은 세 당사자 사이에서 효력이 발생하지 않는다.

④ 제1심 법원이 甲 승소판결을 하여 이에 대하여 丙만이 항소
　를 제기한 경우, 항소심 법원은 항소 또는 부대항소를 제기
　하지 않은 乙에게 결과적으로 제1심 판결보다 유리한 내용
　으로 판결을 변경할 수 없다.

⑤ 제1심 법원이 丙의 독립당사자참가신청을 각하하고 甲의 청
　구를 기각하였는데 丙은 항소를 제기하지 아니하였고 甲만
　이 항소한 경우, 위 독립당사자참가신청을 각하한 부분은 별
　도로 확정된다.

## 86　　　　　　　　　　　　　　정답 ④

① [○]

**해설** "甲(원고)은 乙(피고)과의 사이에 체결된 매매계약의 매수당
사자가 甲이라고 주장하면서 그 소유권이전등기절차이행을
구하고 있고 이에 대하여 丙(참가인)은 자기가 그 매수당사자
라고 주장하는 경우라면 丙은 甲에 의하여 자기의 권리 또는
법률상의 지위를 부인당하고 있는 한편 그 불안을 제거하기
위하여서는 매수인으로서의 권리의무가 丙에 있다는 확인의
소를 제기하는 것이 유효적절한 수단이라고 보여지므로 결국
丙이 乙에 대하여 그 소유권이전등기절차의 이행을 구함과
동시에 甲에 대하여 소유권이전등기청구권 등 부존재확인의
소를 구하는 것은 확인의 이익이 있는 적법한 것이라고 할 것
이다"[대판 1988.3.8. 86다148(본소),149(반소), 150(참
가), 86다카762(본소), 763(반소), 764(참가)].

② [○]

**해설** 判例는 "독립당사자참가는 제3자가 당사자로서 소송에 참가
하여 3당사자 사이의 3면적 소송관계를 하나의 판결로써 모
순 없이 일시에 해결하려는 것이다"(대판 1995.6.16. 95다
5905,5912)라고 하여 3인을 당사자로 하는 하나의 종국판
결을 하여야 한다고 보고 있다.

③ [○]

**해설** "민사소송법 제79조에 의한 소송은 동일한 권리관계에 관하
여 원고, 피고 및 참가인 상호간의 다툼을 하나의 소송절차로
한꺼번에 모순 없이 해결하려는 소송형태로서 두 당사자 사
이의 소송행위는 나머지 1인에게 불이익이 되는 한 두 당사
자 간에도 효력이 발생하지 않는다고 할 것이므로, **원·피고
사이에만 재판상 화해를 하는 것은 3자간의 합일확정의 목
적에 반하기 때문에 허용되지 않는다. 독립당사자참가인이
화해권고결정에 대하여 이의한 경우, 이의의 효력이 원·피
고 사이에도 미친다**"(대판 2005.5.26. 2004다25901). 즉,
독립당사자참가에 의한 소송에서 두 당사자 사이의 소송행위
가 나머지 1인에게 불이익이 되는 경우, 두 당사자 간에도 효
력이 발생하지 않는다.

④ [×]

**해설** 判例는 "항소심에서 심리·판단을 거쳐 결론을 내림에 있어
위 세 당사자 사이의 결론의 **합일확정을 위하여 필요한 경우
에는** 그 한도 내에서 항소 또는 부대항소를 제기한 바 없는
당사자에게 결과적으로 제1심판결보다 유리한 내용으로 판
결이 변경되는 것도 배제할 수는 없다"(대판 2007.10.26.
2006다86573)고 하여 **합일확정이 필요한 한도 내에서는
불이익변경금지원칙이 배제된다**고 본다. 따라서 '제1심에서
원고 및 참가인 패소, 피고 승소의 본안판결이 선고된 데 대
하여 원고만이 항소한 경우 원고와 참가인 그리고 피고간의
세 개의 청구는 당연히 항소심의 심판대상이 되어야 하는 것
이므로 항소심으로서는 참가인의 원·피고에 대한 청구에 대
하여도 같은 판결로 판단을 하여야 한다'는 입장이다.

⑤ [○]

**해설** "제1심 판결에서 참가인의 독립당사자참가신청을 각하하고
원고의 청구를 기각한 데 대하여 참가인은 항소기간 내에 항
소를 제기하지 아니하였고, 원고만이 항소한 경우 위 독립당
사자참가신청을 각하한 부분은 원고의 항소에도 불구하고 피
고에 대한 본소청구와는 별도로 이미 확정되었다 할 것이
다"(대판 1992.5.26. 91다4669,91다4676).

# 87

소송승계에 관한 설명 중 옳지 않은 것은? (다툼이 있는 경우 판례에 의함)                    [21 변호사]

① 소송인수가 있은 후 탈퇴한 원고가, 소송인수인의 소송목적 승계의 효력이 부정되어 소송인수인에 대한 청구기각 판결이 확정된 날부터 6월 내에 다시 탈퇴 전과 같은 재판상의 청구를 한 때에는, 탈퇴 전에 원고가 제기한 재판상의 청구로 인하여 발생한 시효중단의 효력은 그대로 유지된다.

② 甲의 乙에 대한 매매를 원인으로 한 X토지에 관한 소유권이전등기청구의 소송계속 중 그 소송목적이 된 X토지에 관한 乙의 이전등기의무를 승계함이 없이 단순히 X토지에 관한 소유권이전등기가 乙로부터 제3자 丙 앞으로 경료되었다고 하더라도, 丙을 상대로 위 경료된 丙 명의 소유권이전등기의 말소를 구하기 위한 소송의 인수는 허용되지 않는다.

③ 제1심 법원이 승계참가인의 참가신청과 피참가인의 소송탈퇴가 적법함을 전제로 승계참가인과 상대방 사이의 소송에 대해서만 판결을 하였는데 항소심에서 승계참가인의 참가신청이 부적법하다고 밝혀진 경우, 항소법원은 탈퇴한 피참가인의 청구에 관하여 심리·판단할 수 없다.

④ 당사자가 사망하였으나 그를 위한 소송대리인이 있어 소송절차가 중단되지 않는 경우, 상속인으로 당사자의 표시를 정정하지 아니한 채 망인을 그대로 당사자로 표시하여 판결하였더라도 그 판결의 효력은 망인의 소송상 지위를 당연승계한 상속인들 모두에게 미친다.

⑤ 원고가 제3자인 원고 승계참가인의 승계 여부에 대해 다투지 않으면서도 소송탈퇴, 소 취하 등을 하지 않거나 이에 대하여 피고의 승낙, 동의를 받지 못하여 원고가 소송에 남아 있다면, 승계로 인해 청구가 중첩된 원고와 승계참가인은 통상공동소송인의 관계에 있다.

# 87                                                                          정답 ⑤

① [○]

**해설** **승계인의 소송인수와 시효중단**

"소송목적인 권리를 양도한 원고는 법원이 소송인수 결정을 한 후 피고의 승낙을 받아 소송에서 탈퇴할 수 있는데(민사소송법 제82조 제3항, 제80조), 그 후 법원이 인수참가인의 청구의 당부에 관하여 심리한 결과 인수참가인의 청구를 기각하거나 소를 각하하는 판결을 선고하여 그 판결이 확정된 경우에는 원고가 제기한 최초의 재판상 청구로 인한 시효중단의 효력은 소멸한다. 다만 소송탈퇴는 소취하와는 그 성질이 다르며, 탈퇴 후 잔존하는 소송에서 내린 판결은 탈퇴자에 대하여도 그 효력이 미친다(민사소송법 제82조 제3항, 제80조 단서). 이에 비추어 보면 인수참가인의 소송목적 양수 효력이 부정되어 인수참가인에 대한 청구기각 또는 각하 판결이 확정된 날부터 6개월 내에 탈퇴한 원고가 다시 탈퇴 전과 같은 재판상의 청구 등을 한 때에는, 탈퇴 전에 원고가 제기한 재판상의 청구로 인하여 발생한 시효중단의 효력은 그대로 유지된다고 봄이 타당하다"(대판 2017.7.18. 2016다35789).[20]

② [○]

**해설** **계쟁물양도에 있어서 승계인의 범위**

계쟁물의 양도에 있어서 승계인의 범위는 특정적인 권리관계의 변동에 의하여 종전 당사자가 당사자적격을 잃고 신당사자가 당사자적격을 취득하는 당사자적격의 이전이므로 제81조와 제82조의 소송승계인은 제218조의 **변론종결한 뒤의 승계인에 준하여 취급**하여야 한다는 것이 判例이다. 따라서 判例는 채권적 청구권에 기한 소송 중 계쟁물을 취득한 자는 여기의 승계인에 포함되지 아니한다고 보고(아래 **80마283 판결**), 물권적 청구권에 기한 소송 중 계쟁물을 양수한 자는 승계인에 포함시키고 있다.

**관련판례** "부동산소유권이전등기 청구소송계속 중 그 소송목적이 된 부동산에 대한 이전등기이행채무 자체를 승계함이 없이 단순히 같은 부동산에 대한 소유권이전등기(또는 근저당설정등기)가 제3자 앞으로 경료되었다 하여도 이는 민사소송법 제82조 제1항 소정의 '그 소송의 목적이 된 채무를 승계한 때'에 해당한다고 할 수 없으므로 위 제3자에 대하여 등기말소를 구하기 위한 소송의 인수는 허용되지 않는다"(대판 1983. 3.22. 80마283).

③ [○]

**해설** 상소심에서 승계참가인의 참가신청이 부적법하다고 밝혀진 경우

"소송의 탈퇴는 승계참가가 적법한 경우에만 허용되는 것이므로, 승계참가가 부적법한 경우에는 피참가인의 소송 탈퇴는 허용되지 않고 피참가인과 상대방 사이의 소송관계가 유효하게 존속한다. 따라서 승계참가인의 참가신청이 부적법함에도 불구하고 법원이 이를 간과하여 승계참가인의 참가신청과 피참가인의 소송 탈퇴가 적법함을 전제로 승계참가인과 상대방 사이의 소송에 대해서만 판결을 하였는데 **상소심에서 승계참가인의 참가신청이 부적법하다고 밝혀진 경우**, 피참가인과 상대방 사이의 소송은 여전히 탈퇴 당시의 심급에 계속되어 있으므로 **상소심법원은 탈퇴한 피참가인의 청구에 관하여 심리·판단할 수 없다**"(대판 2012.4.26. 2011다85789).

④ [○]

**해설** "당사자가 사망하였으나 소송대리인이 있어 소송절차가 중단되지 아니한 경우 원칙적으로 소송수계라는 문제가 발생하지 아니하고 소송대리인은 상속인들 전원을 위하여 소송을 수행하게 되는 것이며 그 사건의 판결은 상속인들 전원에 대하여 효력이 있다 할 것이고, 이때 상속인이 밝혀진 경우에는 상속인을 소송승계인으로 하여 신당사자로 표시할 것이지만 상속인이 누구인지 모를 때에는 망인을 그대로 당사자로 표시하여도 무방하며, 가령 신당사자를 잘못 표시하였다 하더라도 그 표시가 망인의 상속인, 상속승계인, 소송수계인 등 망인의 상속인임을 나타내는 문구로 되어 있으면 잘못 표시된 당사자에 대하여는 판결의 효력이 미치지 아니하고 여전히 정당한 상속인에 대하여 판결의 효력이 미친다"(대결 1992.11.5. 91마342).

⑤ [×]

**해설** 소송탈퇴, 소취하 등을 하지 않거나 상대방의 부동의로 탈퇴하지 못한 당사자와의 소송관계(필수적 공동소송)

종래 判例는 "원고가 소송의 목적인 손해배상채권을 승계참가인에게 양도하고 피고들에게 채권양도의 통지를 한 다음 승계참가인이 승계참가신청을 하자 탈퇴를 신청하였으나 피고들의 부동의로 탈퇴하지 못한 경우, 원고의 청구와 승계참가인의 청구는 통상의 공동소송으로서 모두 유효하게 존속하는 것이므로 법원은 원고의 청구 및 승계참가인의 청구 양자에 대하여 판단을 하여야 한다"(대판 2004.7.9. 2002다16729)고 판시하였다.

그러나 최근 대법원은 전원합의체 판결을 통해 "승계참가에 관한 민사소송법 규정과 2002년 민사소송법 개정에 따른 다른 다수당사자 소송제도와의 정합성, 원고승계참가인(이하 '승계참가인'이라 한다)과 피참가인인 원고의 중첩된 청구를 모순 없이 합일적으로 확정할 필요성 등을 종합적으로 고려하면, 소송이 법원에 계속되어 있는 동안에 제3자가 소송목적인 권리의 전부나 일부를 승계하였다고 주장하며 민사소송법 제81조에 따라 소송에 참가한 경우, 원고가 승계참가인의 승계 여부에 대해 다투지 않으면서도 소송탈퇴, 소 취

하 등을 하지 않거나 이에 대하여 피고가 부동의하여 원고가 소송에 남아있다면 승계로 인해 중첩된 원고와 승계참가인의 청구 사이에는 필수적 공동소송에 관한 민사소송법 제67조가 적용된다"(대판 2019.10.23. 전합2012다46170)고 하여 입장을 변경하였다.

20) [사실관계] 원고가 피고를 상대로 약정금의 지급을 구하며 제기한 전소에서 원고의 소송인수 신청에 따라 1심 법원이 2011. 9. 30. 甲을 원고 인수참가인으로 하여 소송인수 결정을 하였고, 이에 따라 원고가 같은 날 피고의 승낙을 얻어 전소에서 탈퇴한 후 甲이 소송을 계속 수행하다가 전소의 1심 법원이 2012. 6. 8. 인수참가인의 소를 각하하는 판결을 선고하였으며, 2013. 5. 23. 항소가 기각된 후 대법원이 2014. 10. 27. '무효의 채권양도를 원인으로 하는 甲의 청구는 기각되었어야 함에도 항소심이 甲의 소가 부적법하다고 판단한 것은 잘못이나 불이익변경금지의 원칙상 청구기각판결을 선고할 수는 없다'고 판단하여 상고기각판결을 함으로써 전소 판결이 확정되었으나, 그 확정된 날부터 6개월 이내인 2015. 1. 19. 원고가 피고를 상대로 다시 동일한 약정금의 지급을 구하는 후소를 제기한 사안에서, 원고가 전소를 제기함으로써 발생한 시효중단의 효력은 위와 같은 확정판결에도 불구하고 그대로 유지된다고 판단한 사례

## 88

**소송승계에 관한 설명 중 옳지 않은 것은? (다툼이 있는 경우 판례에 의함)** [18 변호사]

① 청구이의의 소가 제기되기 전에 그 소의 대상이 된 집행권원에 표시된 청구권을 양수하고 대항요건을 갖춘 자가 그 청구이의의 소에 승계참가신청을 하는 것은 특별한 사정이 없는 한 부적법하다.

② 매매를 원인으로 한 부동산소유권이전등기청구의 소 계속 중 제3자가 그 소송목적인 등기절차이행의무 자체를 승계한 것이 아니라 단순히 그 부동산에 대하여 자신의 명의로 소유권이전등기를 마친 경우, 그 제3자에 대하여 등기말소를 구하기 위한 소송의 인수는 허용된다.

③ 甲의 乙에 대한 손해배상청구의 소 계속 중 甲이 丙에게 위 손해배상채권을 양도하고 乙에게 채권양도의 통지를 한 다음 丙이 승계참가신청을 하자 탈퇴를 신청하였으나 乙의 부동의로 탈퇴하지 못한 경우, 甲의 청구와 丙의 청구는 통상의 공동소송으로서 모두 유효하게 존속한다.

④ 신주발행무효의 소 계속 중 원고적격의 근거가 되는 주식이 전부 양도된 경우에 그 양수인은 제소기간 등의 요건이 충족된다면 새로운 주주의 지위에서 신소를 제기할 수도 있고, 양도인이 이미 제기한 위 소송을 적법하게 승계할 수도 있다.

⑤ 당사자인 법인이 합병에 의하여 소멸된 때에는 합병에 의하여 설립된 법인 또는 합병한 뒤의 존속법인이 소송절차를 수계하여야 한다.

**88** 　　　　　　　　　　　　　　　　　　　정답 ②, ③

① [○]

**해설** "민사소송법 제74조(현행 민사소송법 제81조)의 권리승계참가는 소송의 목적이 된 권리를 승계한 경우뿐만 아니라 채무를 승계한 경우에도 이를 할 수 있으나 다만 그 채무승계는 소송의 계속 중에 이루어진 것임을 요함은 위 법조의 규정상 명백하다. 그러므로 ⅰ) 청구 이의의 소의 계속 중 그 소송에서 집행력배제를 구하고 있는 채무명의에 표시된 청구권을 양수한 자는 소송의 목적이 된 채무를 승계한 것이므로 **승계집행문을 부여받은 여부에 관계없이** 위 청구 이의의 소에 민사소송법 제74조에 의한 **승계참가를 할 수 있으나**, ⅱ) 다만 위 소송이 제기되기 전에 그 채무명의에 표시된 청구권을 양수한 경우에는 특단의 사정이 없는 한 승계참가의 요건이 결여된 것으로서 그 참가인정은 부적법한 것이라고 볼 수밖에 없다"(대판 1983.9.27. 83다카1027).

② [×]

**해설** 계쟁물양도에 있어서 승계인의 범위

계쟁물의 양도에 있어서 승계인의 범위는 특정적인 권리관계의 변동에 의하여 종전 당사자가 당사자적격을 잃고 신당사자가 당사자적격을 취득하는 당사자적격의 이전이므로 제81조와 제82조의 소송승계은 제218조의 **변론종결한 뒤의 승계인에 준하여 취급**하여야 한다는 것이 判例이다. 따라서 判例는 채권적 청구권에 기한 소송 중 계쟁물을 취득한 자는 여기의 승계인에 포함되지 아니한다고 보고(**아래 80마283 판결**), 물권적 청구권에 기한 소송 중 계쟁물을 양수한 자는 승계인에 포함시키고 있다.

**관련 판례** "부동산소유권이전등기 청구소송계속 중 그 소송목적이 된 부동산에 대한 이전등기이행채무 자체를 승계함이 없이 단순히 같은 부동산에 대한 소유권이전등기(또는 근저당설정등기)가 제3자 앞으로 경료되었다 하여도 이는 민사소송법 제82조 제1항 소정의 '그 소송의 목적이 된 채무를 승계한 때'에 해당한다고 할 수 없으므로 위 제3자에 대하여 등기말소를 구하기 위한 소송의 인수는 허용되지 않는다"(대판 1983.3.22. 80마283).

③ [×]

**해설** 종래 判例는 "**원고가** 소송의 목적인 손해배상채권을 승계참가인에게 양도하고 피고들에게 채권양도의 통지를 한 다음 승계참가인이 승계참가신청을 하자 탈퇴를 신청하였으나 피고들의 부동의로 **탈퇴하지 못한 경우**, 원고의 청구와 승계참가인의 청구는 **통상의 공동소송**으로서 모두 유효하게 존속하는 것이므로 법원은 **원고의 청구 및 승계참가인의 청구 양자에 대하여 판단을 하여야** 한다"(대판 2004.7.9. 2002다16729)고 판시하였다.

그러나 최근 대법원은 전원합의체 판결을 통해 "승계참가에 관한 민사소송법 규정과 2002년 민사소송법 개정에 따른 다른 다수당사자 소송제도와의 정합성, 원고승계참가인(이하 '승계참가인'이라 한다)과 피참가인인 원고의 중첩된 청구를 모순 없이 합일적으로 확정할 필요성 등을 종합적으로 고려

하면, 소송이 법원에 계속되어 있는 동안에 제3자가 소송목적인 권리의 전부나 일부를 승계하였다고 주장하며 민사소송법 제81조에 따라 소송에 참가한 경우, 원고가 승계참가인의 승계 여부에 대해 다투지 않으면서도 소송탈퇴, 소 취하 등을 하지 않거나 이에 대하여 피고가 부동의하여 원고가 소송에 남아있다면 승계로 인해 중첩된 원고와 승계참가인의 청구 사이에는 필수적 공동소송에 관한 민사소송법 제67조가 적용된다"(대판 2019.10.23. 전합2012다46170)고 하여 입장을 변경하였다.

④ [○]

**해설** "소송의 목적물인 권리관계의 승계라 함은 소송물인 권리관계의 양도뿐만 아니라 당사자적격 이전의 원인이 되는 실체법상의 권리 이전을 널리 포함하는 것이므로, 신주발행무효의 소 계속 중 그 원고 적격의 근거가 되는 주식이 양도된 경우에 그 양수인은 제소기간 등의 요건이 충족된다면 새로운 주주의 지위에서 신소를 제기할 수 있을 뿐만 아니라, 양도인이 이미 제기한 기존의 위 소송을 적법하게 승계할 수도 있다"(대판 2003.2.26. 2000다42786).

⑤ [○]

**조문** 제234조 (법인의 합병으로 말미암은 중단) 당사자인 법인이 합병에 의하여 소멸된 때에 소송절차는 중단된다. 이 경우 합병에 의하여 설립된 법인 또는 합병한 뒤의 존속법인이 소송절차를 수계하여야 한다.

**민사소송법**

# PART 5
# 상소, 재심 등

## 89

甲은 乙을 상대로 불법행위를 원인으로 한 손해배상금 1억 원의 지급을 구함과 동시에 X 토지에 관하여 매매를 원인으로 한 소유권이전등기절차의 이행을 구하는 소를 제기하였다. 제1심 법원은 乙로 하여금 불법행위로 인한 손해배상금 1,000만 원을 甲에게 지급할 것을 명하고, 甲의 나머지 청구는 모두 기각하는 판결을 선고하였다.

甲은 제1심 판결정본을 송달받은 후 항소에 따른 인지대 납부에 부담을 느껴, 기각된 불법행위로 인한 손해배상금 청구(9,000만 원 청구 부분) 중 2,000만 원 부분에 대해서만 항소기간 내에 항소를 제기하였다. 이후 항소심 소송계속 중 甲이 적법하게 할 수 있는 것으로 옳은 것을 모두 고른 것은? [12 변호사]

┌─────────────────────────────────────────────┐
│ ㄱ. 甲은 제1심에서 기각된 9,000만 원의 손해배상금 청  │
│   구 부분 전부에 대하여 다투는 것으로 항소취지를 변  │
│   경(확장)할 수 있다.                           │
│ ㄴ. 甲은 제1심에서 기각된 9,000만 원 부분뿐만 아니라 │
│   동일한 불법행위로 인한 손해배상으로 그 청구액을  │
│   2억 원으로 변경(확장)할 수 있다.                │
│ ㄷ. 불복하지 않은 청구도 항소심에 함께 이심된다는 입  │
│   장에 따르면, 甲은 제1심에서 기각된 소유권이전등  │
│   기청구 부분에 대하여 다투는 것으로 항소취지를 변  │
│   경(확장)할 수 있다.                           │
└─────────────────────────────────────────────┘

① 없음  ② ㄱ
③ ㄱ, ㄷ  ④ ㄴ, ㄷ
⑤ ㄱ, ㄴ, ㄷ

## 90

파기환송심을 포함한 상소심에 관한 설명 중 옳지 않은 것은? (다툼이 있는 경우 판례에 의함) [19 변호사]

① 판결이 상고인에게 불이익한 것인지는 원칙적으로 판결의 주문과 이유를 모두 표준으로 하여 판단하여야 한다.

② 상고인이 적법한 상고이유서 제출기간 경과 후에 매매예약 완결권이 제척기간 도과로 인하여 소멸되었다고 주장하였다고 할지라도 상고법원은 이를 판단하여야 한다.

③ 대법원의 파기환송 판결의 환송 후 2심(당해 사건에 대하여)은 파기의 이유가 된 잘못된 견해만 피하면 당사자가 새로 주장·증명한 바에 따른 다른 가능한 견해에 의하여 환송 전 2심 판결(당해 사건에 대하여)과 동일한 결론을 가져 온다고 하여도 대법원의 파기환송 판결의 기속력에 반하지 아니한다.

④ 상고심에서 항소심으로 파기환송된 사건이 다시 상고되었을 경우 환송 전 상고심에서의 소송대리인의 대리권은 그 사건이 다시 상고심에 계속되면서 부활하지 아니한다.

⑤ 상고이유서에 상고이유를 특정하여 원심판결의 어떤 점이 법령에 어떻게 위반되었는지에 관한 구체적이고도 명시적인 이유의 설시가 없는 때에는 상고이유서를 제출하지 않은 것으로 취급한다.

## 89 정답 ⑤

**해설** ㄱ. [○], ㄷ. [○]
상소불가분원칙에 의해서 상소인의 불복 범위와 관계없이 원심판결의 전부에 차단효와 이심효가 발생한다. 특별한 규정이 없으면 제1심을 준용하는 결과 항소심에서 청구의 변경도 당연히 허용된다. 항소심에서 항소취지의 확장은 청구의 추가적 변경이라고 보아야 하는 바, 청구 변경의 요건(청구기초의 동일성이 유지될 것, 소송절차를 현저히 지연시키지 않을 것, 동종절차, 공통관할)을 갖추면 사실심 변론종결 전까지 허용된다.

ㄴ. [○]
항소심에서도 청구의 기초에 변경이 없는 한 청구의 확장 변경이 가능하다(대판 1969.12.26. 69다406).

## 90 정답 ①

① [×]
**해설** 判例는 "상소인은 자기에게 불이익한 재판에 대해서만 상소를 제기할 수 있는 것이고 재판이 **상소인에게 불이익한 것인가의 여부는 재판의 주문을 표준으로 하여 결정되는 것**"이라 하여 기본적으로 **형식적 불복설**과 같은 입장이다(대판 1994.11.4. 94다21207). 이는 상소 전체에 적용되는 법리로 항소뿐만 아니라 상고에도 동일하게 적용된다.

② [○]
**해설** "매매예약완결권의 제척기간이 도과하였는지 여부는 소위 직권조사 사항으로서 이에 대한 당사자의 주장이 없더라도 법원이 당연히 직권으로 조사하여 재판에 고려하여야 하므로, 상고법원은 매매예약완결권이 제척기간 도과로 인하여 소멸되었다는 주장이 적법한 상고이유서 제출기간 경과 후에 주장되었다 할지라도 이를 판단하여야 한다"(대판 2000. 10.13. 99다18725).

③ [○]
**해설** "환송판결의 하급심에 대한 법률상 판단의 기속력은 그 파기의 이유로서 원심판결의 판단이 정당치 못하다는 소극적인 면에서만 발생하는 것이고 하급심은 파기의 이유로 된 잘못된 견해만 피하면 다른 가능한 견해에 의하여 환송 전의 판결과 동일한 결론을 가져 온다고 하여도 환송판결의 기속을 받지 아니한 위법을 범한 것이라 할 수 없다고 할 것이므로 대법원의 환송 후 원심이 환송판결의 파기이유에 따라 피고의 어음법상 악의의 항변을 배척하되, 다만 상계항변을 채용함으로써 환송 전의 원심판결과 동일한 결론을 가져왔다 하여 환송판결의 기속력의 법리를 오해한 위법을 저질렀다고 할 수 없다"(대판 1990.5.8. 88다카5560).

④ [○]
**해설** 判例는 "소송대리권 범위는 특별한 사정이 없는 한 당해 심급에 한정되므로, 상고심에서 항소심으로 파기환송된 사건이 다시 상고된 경우에는 항소심의 소송대리인은 그 대리권을 상실하고, 이때 환송 전 상고심 대리인의 대리권이 그 사건에 다시 상고심에 계속되면서 부활하게 되는 것은 아니라고 할 것"(대결 1996.4.4. 96마148)이라고 하여 새로운 상고심을 별개의 심급으로 본다.

⑤ [○]
**해설** 상고장에 상고이유를 적지 아니한 때에 상고인은 제426조의 소송기록 접수의 통지를 받은 날부터 20일 이내에 상고이유서를 제출하여야 한다(제427조). 그런데 "상고법원은 상고이유에 의하여 불복신청한 한도 내에서만 조사·판단할 수 있으므로, 상고이유서에는 상고이유를 특정하여 원심판결의 어떤 점이 법령에 어떻게 위반되었는지에 관하여 구체적이고도 명시적인 이유의 설시가 있어야 할 것이므로, **상고인이 제출한 상고이유서에 위와 같은 구체적이고도 명시적인 이유의 설시가 없는 때에는 상고이유서를 제출하지 않은 것으로 취급할 수밖에 없다**"(대판 2017.5.31. 2017다216981).

## 91

甲은 乙의 주소를 알고 있었음에도 소재불명으로 속여 乙에 대해 대여금 청구의 소를 제기하였다. 乙에 대한 공시송달에 의한 재판진행 결과 甲 일부 승소의 제1심 판결이 공시송달로 확정되었다. 그후 乙은 위 사건기록 열람과 판결정본의 수령으로 위와 같이 공시송달에 의해 재판이 진행된 것을 알게 되었다. 다음 설명 중 옳지 않은 것은? (다툼이 있는 경우 판례에 의함)                                    [15 변호사]

① 乙은 위 사실을 알게 된 날부터 30일 이내에 재심을 제기할 수 있다.

② 乙이 추후보완항소 제기기간을 도과하였을 경우에는 재심청구 제기기간 내에 있더라도 재심을 제기할 수 없다.

③ 乙의 추후보완항소가 적법하게 계속될 경우 甲은 부대항소를 제기할 수 있다.

④ 乙이 재심을 제기할 경우 법원은 재심의 소가 적법한지 여부와 재심사유가 있는지 여부에 관한 심리 및 재판을 본안에 관한 심리 및 재판과 분리하여 먼저 시행할 수 있다.

⑤ 乙이 추후보완항소를 제기할 경우 판결의 선고 및 송달 사실을 알지 못하여 항소기간을 지키지 못한 데 과실이 없다는 사정은 乙이 주장·증명하여야 한다.

## 92

추후보완항소에 관한 설명 중 옳은 것을 모두 고른 것은? (다툼이 있는 경우 판례에 의함)                        [18 변호사]

ㄱ. 원고가 피고의 주소를 허위로 기재하여 피고가 아닌 원고에게 소장부본이 송달되어 자백간주에 의한 원고승소판결이 선고되고 판결정본 역시 위와 같은 방법으로 송달된 것으로 처리되었다면, 판결정본은 피고에게 적법하게 송달되었다고 할 수 없으므로 그 판결은 형식적으로 확정되었다고 할 수 없어 소송행위의 추후보완 문제는 발생하지 않는다.

ㄴ. 판결정본이 공시송달의 방법으로 송달된 경우 추후보완항소 제기기간의 기산점인 「민사소송법」 제173조 제1항의 '그 사유가 없어진 날'은 당사자나 소송대리인이 단순히 판결이 있었던 사실만을 안 때가 아니고, 나아가 그 판결이 공시송달의 방법으로 송달된 사실을 안 때를 의미한다.

ㄷ. 추후보완항소를 한 경우에는 확정판결에 의한 집행력이 정지되므로 별도로 집행정지결정을 받을 필요가 없다.

ㄹ. 소장부본이 적법하게 송달되어 소송이 진행되던 중 통상의 방법으로 소송서류를 송달할 수 없게 되어 판결정본을 공시송달의 방법으로 송달한 경우에 당사자가 소송의 진행상황을 조사하지 않아 항소기간이 경과하였다면 항소의 추후보완사유가 되지 않는다.

① ㄱ, ㄴ  
② ㄱ, ㄷ  
③ ㄴ, ㄷ  
④ ㄱ, ㄴ, ㄹ  
⑤ ㄴ, ㄷ, ㄹ

## 91 정답 ②

① [○]

**해설** 判例는 허위 주소를 이용한 공시송달에 의한 판결 편취의 경우에도 "공시송달의 방법에 의하여 피고에게 판결정본이 송달된 경우 피고의 주소가 허위라고 하여도 그 송달은 유효한 것이고, 그로부터 상소제기기간이 도과하면 그 판결은 확정되는 바, 이때 피고로서는 재심의 소를 제기하거나 추완항소를 제기하여서 그 취소변경을 구할 수밖에 없다"(대판 1980.7.8. 79다1528)고 하여 **상소가 아닌 재심**(민사소송법 제451조 1항 11호)으로 이를 구제한다. 재심은 당사자가 재심의 사유를 안 날로부터 30일 이내에 제기해야 한다(민사소송법 제456조 1항).

② [×]

**해설** 추완보완상소는 '당사자가 책임질 수 없는 사유로 말미암아 불변기간을 지킬 수 없었던 경우에는 그 사유가 없어진 날부터 2주 이내에 게을리 한 소송행위를 보완할 수 있다'고 규정한 민사소송법 제173조 1항에 근거한 것으로, 민사소송법 제451조 이하에 근거하는 재심과 그 요건과 효과를 달리한다. 따라서 추완보완상소 제기기간을 도과하였더라도 재심청구의 요건을 만족하는 경우 재심 청구 가능하다.
"공시송달에 의하여 판결이 선고되고 판결정본이 송달되어 확정된 이후에 **추완항소의 방법이 아닌 재심의 방법**을 택한 경우에는 추완상소기간이 도과하였다 하더라도 재심기간 내에 재심의 소를 제기할 수 있다고 보아야 한다"(대판 2011. 12.22. 2011다73540).

③ [○]

**해설** 민사소송법 제403조는 '피항소인은 항소권이 소멸된 뒤에도 변론이 종결될 때까지 부대항소를 할 수 있다'고 규정하므로, 추완보완항소가 적법하게 계속되는 경우 변론 종결 전까지 부대항소를 제기할 수 있다.

④ [○]

**해설** '법원은 재심의 소가 적법한지 여부와 재심사유가 있는지 여부에 관한 심리 및 재판을 본안에 관한 심리 및 재판과 분리하여 먼저 시행할 수 있다'(민소법 제454조 1항).

⑤ [○]

**해설** "판결의 선고 및 송달 사실을 알지 못하여 상소기간을 지키지 못한 데 과실이 없다는 사정은 상소를 추완보완하고자 하는 당사자 측에서 주장·입증하여야 할 것"(대판 2012.10.11. 2012다44730)이다.

## 92 정답 ④

**해설** ㄱ. [○]

"원고가 피고의 주소를 허위로 기재하여 피고가 아닌 원고에게 소장부본이 송달되어 자백간주에 의한 원고승소판결이 선고되고 판결정본 역시 위와 같은 방법으로 송달된 것으로 처리된 경우, 판결정본은 피고에게 적법하게 송달되었다고 할 수 없으므로 그 판결은 형식적으로 확정되었다고 할 수 없다. 따라서 피고는 언제든지 통상의 방법에 의한 상소를 제기할 수 있고, 판결이 확정됨을 전제로 하는 상소의 추후보완이나 재심청구는 허용되지 않는다"(대판 1978.5.9. 75다634).

ㄴ. [○]

**처음부터 공시송달의 방법으로 소송이 진행된 경우(원칙적으로 과실부정)**
"소장부본과 판결정본 등이 공시송달의 방법에 의하여 송달되었다면 특별한 사정이 없는 한 피고는 과실 없이 그 판결의 송달을 알지 못한 것이고, 이러한 경우 피고는 그 책임을 질 수 없는 사유로 인하여 불변기간을 준수할 수 없었던 때에 해당하여 그 사유가 없어진 후 2주일(그 사유가 없어질 당시 외국에 있었던 경우에는 30일) 내에 추완항소를 할 수 있는 바, 여기에서 '사유가 없어진 후'라 함은 **당사자나 소송대리인이 단순히 판결이 있었던 사실을 안 때가 아니고 나아가 그 판결이 공시송달의 방법으로 송달된 사실을 안 때**를 가리키는 것으로서, 다른 특별한 사정이 없는 한 통상의 경우에는 당사자나 소송대리인이 그 사건기록의 열람을 하거나 또는 새로이 판결정본을 영수한 때에 비로소 그 판결이 공시송달의 방법으로 송달된 사실을 알게 되었다고 보아야 한다"(대판 2000.9.5. 2000므87).

ㄷ. [×]

판결은 상소기간이 도과되면 바로 확정되어 집행력이 발생하므로, 추후보완 소송행위를 하는 것만으로는 대상판결의 집행력·기판력이 배제되는 것은 아니다(대판 1978.9.12. 76다2400). 따라서 패소한 당사자가 추후보완을 하면서 그에 의한 집행을 저지하려면, 제500조에 의한 강제집행정지를 신청하여야 한다.

ㄹ. [○]

**통상의 송달이후 공시송달이 이루어진 경우(원칙적으로 과실인정)**
"민사소송법 제173조 제1항에 규정된 '당사자가 책임질 수 없는 사유'란 당사자가 소송행위를 하기 위하여 일반적으로 하여야 할 주의를 다하였음에도 불구하고 그 기간을 준수할 수 없었던 사유를 가리키는데, 소송의 진행 도중 통상의 방법으로 소송서류를 송달할 수 없게 되어 공시송달의 방법으로 송달한 경우에는 처음 소장부본의 송달부터 공시송달의 방법으로 소송이 진행된 경우와 달라서 **당사자에게 소송의 진행상황을 조사할 의무가 있으므로**, 당사자가 이러한 소송의 진행상황을 조사하지 않아 불변기간을 지키지 못하였다면 이를 당사자가 책임질 수 없는 사유로 말미암은 것이라고 할 수 없다"(대판 2012.10.11. 2012다44730).

## 93

**다음 설명 중 옳지 않은 것은? (다툼이 있는 경우에는 판례에 의함)**
[13 변호사]

① 원고가 건물인도청구 및 손해배상청구의 소를 제기하여 건물인도청구 인용·손해배상청구 기각의 판결을 받은 후 패소한 손해배상 부분에 대하여 항소한 경우, 승소한 건물인도 부분도 확정이 차단되고 항소심으로 이심된다.

② 소가 부적법하다는 이유로 각하를 한 제1심 판결에 대하여 원고만이 항소하고 피고는 부대항소를 하지 않은 경우, 항소심이 소 자체는 적법하지만 청구기각할 사안이라고 판단할 때에는 항소기각 판결을 해야 한다.

③ 손해배상청구소송에서 원고가 재산상 손해에 대해서는 전부 승소, 위자료에 대해서는 일부패소하였다. 이에 원고가 위자료 패소부분에 대하여 항소한 경우, 전부승소한 재산상 손해에 대한 청구의 확장도 허용된다.

④ 甲이 주채무자 乙과 보증인 丙을 공동피고로 삼아 제기한 소송에서 甲이 전부 승소하자 乙만이 항소한 경우, 丙에 대한 판결은 그대로 확정된다.

⑤ 소송요건과 참가요건을 모두 갖춘 독립당사자참가소송에서 원고 甲 승소, 피고 乙 패소, 참가인 丙 패소의 경우, 丙만이 항소하여 항소심에서 심리한 결과 乙이 권리자로 판단되더라도 불이익변경금지의 원칙상 乙 승소판결을 할 수 없다.

## 93
정답 ⑤

① [○]

해설 원고가 건물인도청구 및 손해배상청구의 소를 제기하여 건물인도청구 인용·손해배상청구 기각의 판결을 받은 후 패소한 손해배상부분에 대해서만 항소한 경우, 승소부분인 건물인도부분은 비록 항소심의 심판범위에 들어갈 수 없지만(불이익변경금지의 원칙), 패소부분과 같이 항소심에 이심되고 확정이 차단된다(상소불가분의 원칙).

② [○]

해설 소가 부적법하다고 하여 소각하한 제1심 판결에 대해 원고로부터 항소가 제기된 경우에, 항소법원이 소 자체는 적법하지만 어차피 본안에서 이유 없어 청구기각될 사안이라고 보일 때에 취할 조치에 대해 학설은 항소기각설, 필수적 환송설, 청구기각설, 절충설이 대립하나, **判例는 소각하판결보다 청구기각판결이 원고에게 불리하므로 불이익금지의 원칙상 항소기각판결을 해야 한다고 하여 항소기각설의 입장이다**(대판 2001.9.7. 99다50392).

③ [○]

해설 전부 승소한 원고가 소의 변경 또는 청구취지 확장을 위해 상소하거나 전부 승소한 피고가 반소를 위해 상소하는 것은 상소의 이익이 없어 원칙적으로 허용되지 않는다(형식적 불복설). 다만 예외적으로 기판력을 받게 되기 때문에 뒤에 별도의 소송을 제기할 수 없게 될 경우(예 : 잔부를 유보하지 아니한 묵시적 일부청구의 경우)에는 전부 승소한 원고라도 소의 변경 또는 청구취지 확장을 위한 상소의 이익을 인정할 필요가 있다(실질적 불복설).
**判例는 원칙적으로 형식적 불복설의 입장이나, 예외적으로** "상소는 자기에게 불이익한 재판에 대하여 유리하게 취소변경을 구하기 위하여 하는 것이므로 전부 승소한 판결에 대하여는 항소가 허용되지 않는 것이 원칙이나, 하나의 소송물에 관하여 형식상 전부 승소한 당사자의 상소이익의 부정은 절대적인 것이라고 할 수도 없는바, 원고가 재산상 손해(소극적 손해)에 대하여는 형식상 전부 승소하였으나 위자료에 대하여는 일부 패소하였고, 이에 대하여 원고가 원고 패소부분에 불복하는 형식으로 항소를 제기하여 사건 전부가 확정이 차단되고 소송물 전부가 항소심에 계속되게 된 경우에는, 더욱이 불법행위로 인한 손해배상에 있어 재산상 손해나 위자료는 단일한 원인에 근거한 것인데 편의상 이를 별개의 소송물로 분류하고 있는 것에 지나지 아니한 것이므로 이를 실질적으로 파악하여, 항소심에서 위자료는 물론이고 재산상 손해(소극적 손해)에 관하여도 청구의 확장을 허용하는 것이 상당하다"(대판 1994.6.28. 94다3063)고 판시한 바 있다.

④ [○]

해설 주채무자와 보증인을 공동피고로 삼아 제기한 소송은 통상 공동소송이고, 통상 공동소송의 경우 공동소송인 독립의 원칙(민소법 제66조) 때문에 공동소송인 중 한사람의 또는 한 사람에 대한 상소는 다른 공동소송인에 관한 청구에 상소의 효력이 미치지 않으므로 그 부분은 분리 확정된다(일부 이심의 유일한 예외).

▶ 따라서 사안의 경우 주채무자 乙만 항소한 경우 보증인 丙에 대한 판결은 그대로 분리 확정된다.

⑤ [×]

해설 독립당사자참가소송에서 패소하였으나 상소하지 아니한 당사자의 판결 부분에 대해서는 불이익변경금지의 원칙이 배제되며(대판 2007.10.26. 2006다86573·86580), 합일확정을 위해 필요한 한도에서는 더 유리하게 변경할 수 있다.

▶ 따라서 사안의 경우 丙만이 항소하여 항소심에서 심리한 결과 乙이 권리자로 판단되는 경우 불복항소하지 아니한 乙에게 유리하게 乙 승소판결을 할 수 있다.

## 94

**판결의 확정에 관한 설명 중 옳지 않은 것은? (다툼이 있는 경우 판례에 의함)** [21 변호사]

① 구체적인 사건의 판결선고 전에 당사자 쌍방이 서면에 의하여 미리 상소하지 않기로 하는 합의가 유효하게 성립하였다면, 그 판결은 선고와 동시에 확정된다.

② 원고의 대여금청구와 매매대금청구를 모두 인용한 제1심 판결 중 일부에 대해서만 피고가 항소한 경우, 항소하지 않은 나머지 부분도 확정이 차단되고 항소심으로 이심은 되지만, 피고가 변론종결 시까지 항소취지를 확장하지 않는 한 그 나머지 부분은 항소심의 심판대상이 되지 않는다.

③ 항소가 부적법하다는 이유로 항소각하 판결이 선고되면 그 항소각하 판결이 확정된 시점에 제1심 판결이 확정된다.

④ 항소기간 경과 후에 항소취하가 있는 경우에는 항소기간 만료 시로 소급하여 제1심 판결이 확정되고, 항소기간 경과 전에 항소취하가 있는 경우에는 항소를 취하한 당사자라도 항소기간 내에 다시 항소할 수 있다.

⑤ 원고의 주위적 청구를 기각하면서 예비적 청구를 일부 인용한 항소심 판결에 대하여 피고만 상고하고 원고는 상고도 부대상고도 하지 않은 경우, 피고의 상고가 이유 있는 때에는 상고법원은 위 예비적 청구에 관한 피고 패소 부분만 파기하는 판결을 선고하여야 하고, 위 주위적 청구 부분은 위 상고법원 판결선고와 동시에 확정된다.

## 94

① [○]

**해설** "구체적인 어느 특정 법률관계에 관하여 당사자 쌍방이 **제1심판결선고 전에 미리 항소하지 아니하기로 합의하였다면**, 제1심판결은 선고와 동시에 확정되는 것이므로 그 판결선고 후에는 당사자의 합의에 의하더라도 그 **불항소합의를 해제하고 소송계속을 부활시킬 수 없다**"(대판 1987.6.23. 86다카 2728).

② [○]

**해설** "수개의 청구를 기각(또는 각하)한 제1심판결 중 일부의 청구에 대하여만 항소가 제기된 경우, 항소되지 아니한 나머지 부분도 확정이 차단되고 항소심에 이심은 되나, **항소심 변론종결시까지 항소취지가 확장되지 않은 이상 그 나머지 부분은 항소심의 심판대상이 되지 않고 항소심의 판결선고와 동시에 확정되어 소송이 종료**된다고 한다"(대판 2014.12.24. 2012다11684).

▶ '단순병합'이란 **관련성 없는 수개의 청구를** 병렬적으로 병합하여 **전부의 심판을 구하는 형태를** 말하므로 사안의 경우 대여금청구와 매매대금청구는 단순병합에 해당한다. 한편, '전부판결'의 일부에 대하여 상소하면 **모든 청구에 대하여 이심 및 확정차단의 효력이 발생하고**(상소불가분의 원칙), **불복한 청구만이 상소심의 심판대상이 되므로**(불이익변경금지의 원칙), 피고가 변론종결 시까지 항소취지를 확장하지 않는 한 그 나머지 부분은 항소심의 심판대상이 되지 않는다.

③ [×]

**해설** "판결은 상소를 제기할 수 있는 기간 또는 그 기간 이내에 적법한 상소제기가 있을 때에는 확정되지 아니하며(민사소송법 제498조), 부적법한 상소가 제기된 경우에는 그 부적법한 상소를 각하하는 재판이 확정되면 상소기간이 지난 때에 소급하여 확정된다"(대판 2014.10.15. 2013다25781).

④ [○]

**해설** 항소취하의 효과

"항소의 취하가 있으면 소송은 처음부터 항소심에 계속되지 아니한 것으로 보게 되나(민사소송법 제393조 제2항, 제267조 제1항), 항소취하는 소의 취하나 항소권의 포기와 달리 제1심 종국판결이 유효하게 존재하므로, **항소기간 경과 후에 항소취하가 있는 경우에는 항소기간 만료 시로 소급하여 제1심판결이 확정되나, 항소기간 경과 전에 항소취하가 있는 경우에는 판결은 확정되지 아니하고 항소기간 내라면 항소인은 다시 항소의 제기가 가능하다**"(대판 2016.1.14. 2015므3455). 제393조 2항에서 제267조 2항을 준용하지 않기 때문이다.

⑤ [○]

**해설** "원고의 주위적 청구를 기각하면서 예비적 청구를 일부 인용한 환송 전 항소심판결에 대하여 피고만이 상고하고 원고는 상고도 부대상고도 하지 않은 경우에, 주위적 청구에 대한 항소심판단의 적부는 상고심의 조사대상으로 되지 아니하고 환송 전 항소심판결의 예비적 청구 중 피고 패소 부분만이 상고심의 심판대상이 되는 것이므로, 피고의 상고에 이유가 있는 때에는 상고심은 환송 전 항소심판결 중 예비적 청구에 관한 피고 패소 부분만 파기하여야 하고, 파기환송의 대상이 되지 아니한 주위적 청구부분은 예비적 청구에 관한 파기환송판결의 선고와 동시에 확정되며 그 결과 환송 후 원심에서의 심판범위는 예비적 청구 중 피고 패소 부분에 한정된다"(대판 2001.12.24. 2001다62213).

## 95

**재심에 관한 설명 중 옳은 것은? (다툼이 있는 경우 판례에 의함)**
[18 변호사]

① 확정되지 아니한 판결에 대한 재심의 소는 부적법하지만, 판결 확정 전에 제기된 재심의 소가 각하되지 아니하고 있는 동안에 그 판결이 확정되었다면 재심의 소는 적법한 것이 된다.

② 확정된 재심판결에 재심사유가 있더라도 그 재심판결에 대하여 다시 재심의 소를 제기할 수 없다.

③ 재심사유와 추후보완항소사유가 동시에 존재하는 경우 추후보완항소기간이 경과하였다 하더라도 재심제기의 기간이 경과하지 않았다면 재심청구를 할 수 있다.

④ 재심사유 중 「민사소송법」 제451조 제1항 제3호의 대리권의 흠은 무권대리인이 실질적인 대리행위를 한 경우만을 말하고, 당사자 본인이나 그의 대리인이 실질적인 소송행위를 하지 못한 경우는 포함하지 않는다.

⑤ 채권을 보전하기 위하여 필요한 경우에는 실체법상 권리뿐만 아니라 소송법상 권리에 대하여도 대위가 허용되기 때문에 채무자와 제3채무자 사이의 소송이 계속된 이후의 그 소송과 관련한 재심의 소 제기는 채권자대위권의 목적이 될 수 있다.

## 95
정답 ③

① [×]

**해설** "재심은 확정된 종국판결에 대하여 제기할 수 있는 것이므로, 확정되지 아니한 판결에 대한 재심의 소는 부적법하고, 판결 확정 전에 제기한 재심의 소가 부적법하다는 이유로 각하되지 아니하고 있는 동안에 판결이 확정되었더라도, **재심의 소는 적법한 것으로 되는 것이 아니다**"(대판 2016.12.27. 2016다35123).

② [×]

**해설** "민사소송법 제451조 제1항은 '확정된 종국판결'에 대하여 재심의 소를 제기할 수 있다고 규정하고 있는데, 재심의 소에서 확정된 종국판결도 위 조항에서 말하는 '확정된 종국판결'에 해당하므로 확정된 재심판결에 위 조항에서 정한 재심사유가 있을 때에는 확정된 재심판결에 대하여 재심의 소를 제기할 수 있다"(대판 2015.12.23. 2013다17124).

③ [○]

**해설** 추후보완기간은 재심기간과는 별개로 진행한다. 추후보완상소는 제173조 1항에 근거한 것으로, 제451조 이하에 근거하는 재심과 그 요건과 효과를 달리한다. 따라서 추후보완상소 제기기간을 도과하였더라도 재심청구의 요건을 만족하는 경우 재심 청구가 가능하다. 判例는 "공시송달에 의하여 판결이 선고되고 판결정본이 송달되어 확정된 이후에 추완항소의 방법이 아닌 재심의 방법을 택한 경우에는 **추완상소기간이 도과하였다 하더라도 재심기간 내에 재심의 소를 제기할 수 있다고 보아야 한다**"(대판 2011.12.22. 2011다73540)고 판시하였다.

④ [×]

**해설** "민사소송법 제422조 제1항 제3호 소정의 소송대리권 또는 대리인이 소송행위를 함에 필요한 수권의 흠결을 재심사유로 주장하려면 무권대리인이 소송대리인으로서 본인을 위하여 실질적인 소송행위를 하였거나 소송대리권의 흠결로 인하여 본인이나 그의 소송대리인이 실질적인 소송행위를 할 수 없었던 경우가 아니면 안된다고 봄이 상당하므로, 본인에게 송달되어야 할 소송서류 등이 본인이나 그의 소송대리인에게 송달되지 아니하고 무권대리인에게 송달된 채 판결이 확정되었다 하더라도 그로 말미암아 본인이나 그의 소송대리인이 그에 대응하여 공격 또는 방어방법을 제출하는 등의 실질적인 소송행위를 할 기회가 박탈되지 아니하였다면 그 사유를 재심사유로 주장할 수 없다"(대판 1992.12.22. 92재다259).

⑤ [×]

**해설** "채권을 보전하기 위하여 대위행사가 필요한 경우는 실체법상 권리뿐만 아니라 소송법상 권리에 대하여서도 대위가 허용되나, 채무자와 제3채무자 사이의 소송이 계속된 이후의 소송수행과 관련한 개개의 소송상 행위는 그 권리의 행사를 소송당사자인 채무자의 의사에 맡기는 것이 타당하므로 채권자대위가 허용될 수 없다. 같은 취지에서 볼 때 상소의 제기와 마찬가지로 종전 재심대상판결에 대하여 불복하여 종전 소송절차의 재개, 속행 및 재 심판을 구하는 **재심의 소 제기는 채권자대위권의 목적이 될 수 없다**"(대판 2012.12.27. 2012다75239).

## 96
제1심 판결 선고에 따른 가집행 및 강제집행정지에 관한 설명 중 옳지 않은 것은? (다툼이 있는 경우 판례에 의함)

[20 변호사]

① 피고가 원고에게 제1심 판결 선고 후 위 판결 주문 중 인용 부분에 따라 지급한 돈이 제1심 판결 주문 중 가집행선고로 인한 지급물임에도 불구하고, 항소심이 이를 피고가 원고에게 임의로 변제한 것으로 보아 제1심 판결을 취소하고 원고의 청구를 기각해서는 아니 된다.

② 가집행선고 있는 제1심 판결에 기하여 피고가 원고에게 금원을 지급하였다가 다시 항소심 판결의 선고로 제1심 판결 선고가 실효됨으로 인하여 원고가 피고에게 부담하는 가지급물 반환의무는 부당이득 반환채무이므로, 피고가 가지급물 반환 신청 시 「소송촉진 등에 관한 특례법」 소정의 지연손해금을 청구하더라도 그 가지급물의 반환을 명하는 항소심 판결 주문 중 지연손해금에 대하여는 같은 법 제3조 제1항 소정의 법정이율이 적용되지 아니한다.

③ 가집행선고 있는 제1심 판결에 대한 강제집행정지를 위한 담보는 채권자가 그 강제집행정지로 인하여 입게 될 손해배상채권을 확보하기 위한 것이다.

④ 제1심 판결에 붙은 가집행선고는 그 본안판결을 변경한 항소심 판결에 의하여 변경되는 한도에서 효력을 잃게 되지만 그 실효는 변경된 그 본안판결의 확정을 해제조건으로 하는 것이다.

⑤ 금전 지급을 명하는 제1심 판결 주문에 가집행 주문이 있는 경우, 항소심 법원이 제1심 판결을 취소하고 원고의 청구를 전부 기각하는 판결을 선고한 후 상고심 법원이 그 항소심 판결을 전부 파기 환송하는 판결을 선고하면, 제1심 판결 주문상 가집행선고의 효력은 다시 회복된다.

**96** 정답 ②

① [○]

**해설** **가집행선고의 효력(본집행의 효력)**

가집행선고가 붙은 종국판결은 **본집행의 효력과 마찬가지로** 즉시 집행력이 발생한다는 점에서 집행보전에 그치는 가압류·가처분과 다르고, 상급심에서 그 가집행의 선고가 붙은 본안판결이 취소되는 것을 해제조건으로 한다는 점에서 **본집행과 차이가 있다.** 따라서 判例는 "가집행으로 인한 변제의 효력은 확정적인 것이 아니고 어디까지나 상소심에서 그 가집행의 선고 또는 본안판결이 취소되는 것을 해제조건으로 하여 발생하는 것에 지나지 않으므로, 제1심 가집행선고부 판결에 기하여 그 가집행선고 금액을 지급받았다 하더라도 항소심 법원으로서는 이를 참작함이 없이 당해 청구의 당부를 판단하여야 한다"(대판 2000.7.6. 2000다560)고 판시하였다.

**참고판례** **가집행선고 있는 판결에 기한 변제의 효과 및 그것이 청구이의사유가 되는지 여부(적극)**

"가집행이 붙은 제1심 판결을 선고받은 채무자가 선고일 약 1달 후에 그 판결에 의한 그때까지의 원리금을 추심 채권자에게 스스로 지급하기는 하였으나 그 제1심 판결에 대하여 항소를 제기하여 제1심에서 인용된 금액에 대하여 다투었다면, 그 채무자는 제1심 판결이 인용한 금액에 상당하는 채무가 있음을 스스로 인정하고 이에 대한 확정적 변제행위로 추심 채권자에게 그 금원을 지급한 것이 아니라, 제1심 판결이 인용한 지연손해금의 확대를 방지하고 그 판결에 붙은 가집행 선고에 기한 강제집행을 면하기 위하여 그 금원을 지급한 것으로 봄이 상당하고, 이와 같이 제1심 판결에 붙은 가집행 선고에 의하여 지급된 금원은 확정적으로 변제의 효과가 발생하는 것이 아니어서 채무자가 그 금원의 지급 사실을 항소심에서 주장하더라도 항소심은 그러한 사유를 참작하지 않으므로, 그 금원 지급에 의한 채권 소멸의 효과는 그 판결이 확정된 때에 비로소 발생한다고 할 것이며, 따라서 채무자가 그와 같이 금원을 지급하였다는 사유는 본래의 소송의 확정판결의 집행력을 배제하는 적법한 청구이의사유가 된다"(대판 1995.6.30. 95다15827).

② [×]

**참고판례** **가집행선고의 실효로 인한 가지급물 반환의무의 법적 성질 및 소촉법 적용 여부(적극)**

"제1심의 가집행선고부 판결에 기하여 금원을 지급하였다가 다시 상소심 판결의 선고로 그 선고가 실효됨으로 인하여 그 금원의 수령자가 부담하게 되는 가지급물의 반환의무는 성질상 부당이득의 반환채무라 할 것이므로 그 가지급물의 반환을 명하는 판결은 특별한 사정이 없는 한 구 소송촉진등에관한특례법(2003.5.10. 법률 제6868호로 개정되기 전의 것) 소정의 '금전채무의 전부 또는 일부의 이행을 명하는 판결'에 해당하므로 위 법률의 적용을 받는다"(대판 2005. 1.14. 2001다81320).

**참고판례** **본안소송에서 패소확정된 보전처분채권자의 고의·과실이 사실상 추정되는지 여부(적극) 및 특별한 반증이 있는 경우 위 추정이 번복될 수 있는지 여부(적극)**

"본안판결의 변경으로 가집행의 선고가 실효되었을 경우, 법원은 가집행선고로 인하여 지급된 물건의 반환은 물론 가집행으로 인한 손해의 배상까지를 명할 수 있는데(제215조 2항), 위 배상의무는 공평원칙에 입각한 일종의 무과실책임이다"(대판 1979.9.11. 79다1123). 원상회복은 일종의 부당이득반환의무로서의 성격을 가지며, 손해배상책임은 일종의 **불법행위 손해배상책임**의 성격을 가진다.

한편 判例는 민법 제750조의 적용과 관련하여 "가압류나 가처분 등 보전처분은 그 피보전권리가 실재하는지 여부의 확정은 본안소송에 맡기고 단지 소명에 의하여 채권자의 책임하에 하는 것이므로, 그 집행 후에 집행채권자가 본안소송에서 패소확정되면 그 보전처분의 집행으로 인하여 채무자가 입은 손해에 대하여 집행채권자에게 고의 또는 과실이 있다고 사실상 추정되지만, 특별한 반증이 있는 경우에는 위와 같은 고의·과실의 추정이 번복될 수 있다"(대판 2014. 7.10. 2012다29373)고 판시하였다.

③ [○], ④ [○], ⑤ [○]

**해설** **가집행선고부 판결에 대한 강제집행정지를 위한 담보의 효력**

"가집행선고 있는 판결에 대한 강제집행정지를 위한 담보는 채권자가 그 강제집행정지로 인하여 입게 될 손해의 배상채권을 확보하기 위한 것이다(대결 1992.1.31. 91마718 : ③번 해설).

그리고, 제1심판결에 붙은 가집행선고는 그 본안판결을 변경한 항소심판결에 의하여 변경의 한도에서 효력을 잃게 되지만 그 실효는 변경된 그 본안판결의 확정을 해제조건으로 하는 것이어서(④번 해설) 그 항소심판결을 파기하는 상고심판결이 선고되면 가집행선고의 효력은 다시 회복되기에(대결 1965.10.20. 65마826, 대결 1993.3.29. 93마246, 247 등 참조 : ⑤번 해설), 그 항소심판결이 확정되지 아니한 상태에서는 가집행선고부 제1심판결에 기한 가집행이 정지됨으로 인하여 입은 손해의 배상을 상대방에게 청구할 수 있는 가능성이 여전히 남아 있다고 할 것이므로 가집행선고부 제1심판결이 항소심판결에 의하여 취소되었다 하더라도 그 항소심판결이 미확정인 상태에서는 그의 담보의 사유가 소멸되었다고 볼 수 없다(대결 1964.6.2. 63마165, 대결 1965.10.20. 65마826, 1983.9.28. 83마435 등 참조)"(대결 1999.12.3. 전합99마2078).

# 97

**금전채권에 대한 전부명령, 추심명령에 관한 설명 중 옳지 않은 것은? (다툼이 있는 경우 판례에 의함)** [21 변호사]

① 당사자 사이에 양도금지의 특약이 있는 채권이라도 압류 및 전부명령에 따라 이전될 수 있으나, 양도금지의 특약이 있는 사실에 관하여 압류채권자가 악의인 경우에는 그렇지 않다.

② 채권자대위소송이 제기되고 대위채권자가 채무자에게 대위권 행사사실을 통지하거나 채무자가 이를 알게 된 이후에는, 피대위채권에 대한 전부명령은 우선권 있는 채권에 기초한 것이라는 등의 특별한 사정이 없는 한 무효이다.

③ 전부명령이 확정되면 그 명령이 제3채무자에게 송달된 때에 소급하여 압류된 채권이 집행채권의 범위 안에서 당연히 압류채권자에게 이전되고 동시에 집행채권 소멸의 효력이 발생한다.

④ 금전채권에 대한 압류 및 추심명령이 있는 경우, 채무자는 제3채무자에 대하여 가지는 피압류채권에 기한 동시이행 항변권을 상실하지 않는다.

⑤ 임대차보증금이 수수된 임대차계약에서 임대인의 차임채권에 관하여 압류 및 추심명령이 있었다 하더라도, 당해 임대차계약이 종료되어 목적물이 반환될 때에는 그때까지 추심되지 아니한 채 잔존하는 차임채권 상당액도 임대차보증금에서 공제된다.

**97**                 정답 ①

① [×]

해설 **전부명령과 양도금지 특약**

전부명령에 의하여 피전부채권은 동일성을 유지한 채로 집행채무자로부터 집행채권자에게 이전되므로(민사집행법 제229조 3항), 제3채무자인 피고는 채권압류 전에 피전부채권자에 대하여 가지고 있었던 항변사유를 가지고 전부채권자에게 대항할 수 있다.

그러나 피전부채권이 양도금지의 특약이 있는 채권이더라도 전부명령에 의하여 전부되는 데에는 지장이 없고, 양도금지의 특약이 있는 사실에 관하여 집행채권자가 선의인가 악의인가는 전부명령의 효력에 영향을 미치지 못하는 것이므로(대판 2002.8.27. 2011다71699), 제3채무자인 피고가 채무자와 사이에 피전부채권에 관하여 양도금지의 특약을 체결하였고, 원고가 그 사실을 알고 있었다고 주장하더라도 이는 유효한 항변이 될 수 없다. 나아가 전부채권자로부터 다시 그 채권을 양수한 자가 그 특약의 존재를 알았거나 중대한 과실로 알지 못하였다고 하더라도 제3채무자는 위 특약을 근거로 삼아 채권양도의 무효를 주장할 수 없다(대판 2003.12.11. 2001다3771).

② [○]

해설 "채권자대위소송이 제기되고 대위채권자가 채무자에게 대위권 행사사실을 통지하거나 채무자가 이를 알게 되면 민법 제405조 제2항에 따라 채무자는 피대위채권을 양도하거나 포기하는 등 채권자의 대위권 행사를 방해하는 처분행위를 할 수 없게 되고 이러한 효력은 제3채무자에게도 그대로 미치는데, 그럼에도 그 이후 대위채권자와 평등한 지위를 가지는 채무자의 다른 채권자가 피대위채권에 대하여 전부명령을 받는 것도 가능하다고 하면, 채권자대위소송의 제기가 채권자의 적법한 권리행사방법 중 하나이고 채무자에게 속한 채권을 추심한다는 점에서 추심소송과 공통점도 있음에도 그것이 무익한 절차에 불과하게 될 뿐만 아니라, 대위채권자가 압류·가압류나 배당요구의 방법을 통하여 채권배당절차에 참여할 기회조차 가지지 못하게 한 채 전부명령을 받은 채권자가 대위채권자를 배제하고 전속적인 만족을 얻는 결과가 되어, 채권자대위권의 실질적 효과를 확보하고자 하는 민법 제405조 제2항의 취지에 반하게 된다. 따라서 채권자대위소송이 제기되고 대위채권자가 채무자에게 대위권 행사사실을 통지하거나 채무자가 이를 알게 된 이후에는 민사집행법 제229조 제5항이 유추적용되어 피대위채권에 대한 전부명령은, 우선권 있는 채권에 기초한 것이라는 등의 특별한 사정이 없는 한, 무효이다"(대판 2016.8.29. 2015다236547).

③ [○]

해설 "전부명령이 확정되면 피압류채권은 제3채무자에게 송달된 때에 소급하여 집행채권의 범위 안에서 당연히 전부채권자에게 이전하고 동시에 집행채권 소멸의 효력이 발생하는 것으로, 이 점은 피압류채권이 그 존부 및 범위를 불확실하게 하는 요소를 내포하고 있는 장래의 채권인 경우에도 마찬가지라고 할 것이나 장래의 채권에 대한 전부명령이 확정된 후에 그 피압류채권의 전부 또는 일부가 존재하지 아니한 것으로 밝혀졌다면 민사소송법 제564조 단서에 의하여 그 부분에 대한 전부명령의 실체적 효력은 소급하여 실효된다"(대판 2001.9.25. 99다15177).

④ [○]

해설 "금전채권에 대한 압류 및 추심명령이 있는 경우, 이는 강제집행절차에서 추심채권자에게 채무자의 제3채무자에 대한 채권을 추심할 권능만을 부여하는 것이므로, 이로 인하여 채무자가 제3채무자에 대하여 가지는 채권이 추심채권자에게 이전되거나 귀속되는 것은 아니므로, 추심채무자로서는 제3채무자에 대하여 피압류채권에 기하여 그 동시이행을 구하는 항변권을 상실하지 않는다"(대판 2001.3.9. 2000다73490).

⑤ [○]

해설 "부동산 임대차에 있어서 수수된 보증금은 차임채무, 목적물의 멸실·훼손 등으로 인한 손해배상채무 등 임대차에 따른 임차인의 모든 채무를 담보하는 것으로서 그 피담보채무 상당액은 임대차관계의 종료 후 목적물이 반환될 때에 특별한 사정이 없는 한 별도의 의사표시 없이 보증금에서 당연히 공제되는 것이므로, 임대보증금이 수수된 임대차계약에서 차임채권에 관하여 압류 및 추심명령이 있었다 하더라도, 당해 임대차계약이 종료되어 목적물이 반환될 때에는 그 때까지 추심되지 아니한 채 잔존하는 차임채권 상당액도 임대보증금에서 당연히 공제된다"(대판 2004.12.23. 2004다56554).

## 98

乙이 丙에 대하여 가지는 A 부동산에 관한 소유권이전등기 청구권이 甲에 의하여 가압류된 경우에 관한 설명 중 옳지 않은 것은? (다툼이 있는 경우 판례에 의함) [22 변호사]

① 乙은 丙에 대하여 위 부동산에 관한 소유권이전등기절차의 이행을 구하는 소를 제기할 수 있고, 법원은 가압류가 되어 있음을 이유로 이를 배척할 수 없는 것이 원칙이다.

② 어떠한 경로로 丙으로부터 乙 명의로 위 부동산에 관한 소유권이전등기가 마쳐졌다면 甲은 부동산 자체를 가압류하거나 압류하면 되고 위 소유권이전등기의 말소를 구할 필요는 없다.

③ 乙이 丙을 상대로 위 부동산에 관한 소유권이전등기절차의 이행을 구하는 소를 제기한 경우, 丙이 위 가압류 사실을 주장하고 증명하였다면 법원은 가압류의 해제를 조건으로 하지 않는 한 소유권이전등기절차의 이행을 명할 수 없다.

④ 丙이 위 부동산에 관하여 丁에게 소유권이전등기를 해주었다면, 甲이 丁에 대하여 위 소유권이전등기가 가압류에 저촉되어 원인무효라고 주장하며 한 말소등기청구는 인용되어야 한다.

⑤ 乙이 위 부동산에 관한 소유권이전등기절차의 이행을 구하는 소를 제기하였으나, 丙이 이에 적극적으로 응소하지 않음으로써 가압류의 사실이 주장되지 않아 乙의 승소로 소유권이전등기가 된 후 결과적으로 그 부동산이 丁에게 소유권이전등기가 되어 甲에게 손해를 입혔다면, 丙은 甲에 대하여 불법행위에 기한 손해배상책임을 부담한다.

**98** 　　　　　　　　　　　　　　　　정답 ④

① [○]

**해설** 채권가압류결정이 제3채무자에게 송달된 후에 채권을 양도받은 자가 제3채무자를 상대로 이행의 소를 제기할 수 있는지 여부(적극)

"일반적으로 채권에 대한 가압류가 있더라도 이는 가압류채무자가 제3채무자로부터 현실로 급부를 추심하는 것만을 금지하는 것이므로 가압류채무자는 제3채무자를 상대로 그 이행을 구하는 소송을 제기할 수 있고, 법원은 가압류가 되어 있음을 이유로 이를 배척할 수 없는 것이며, 채권양도는 구 채권자인 양도인과 신 채권자인 양수인 사이에 채권을 그 동일성을 유지하면서 전자로부터 후자에게로 이전시킬 것을 목적으로 하는 계약을 말한다 할 것이고, 채권양도에 의하여 채권은 그 동일성을 잃지 않고 양도인으로부터 양수인에게 이전된다 할 것이며, 가압류된 채권도 이를 양도하는 데 아무런 제한이 없으나, 다만 가압류된 채권을 양수받은 양수인은 그러한 가압류에 의하여 권리가 제한된 상태의 채권을 양수받는다고 보아야 할 것이다"(대판 2000.4.11. 99다23888)

② [○]

**해설** 등기청구권이 (가)압류된 후 채무자의 처분행위가 있는 경우

"부동산소유권이전등기청구권의 가압류는 채무자 명의로 소유권을 이전하여 이에 대하여 강제집행을 할 것을 전제로 하고 있으므로 소유권이전등기청구권을 가압류하였다 하더라도 어떠한 경로로 제3채무자로부터 채무자 명의로 소유권이전등기가 마쳐졌다면 채권자는 부동산 자체를 가압류하거나 압류하면 될 것이지 등기를 말소할 필요는 없다"(대판 1992.11.10. 전합92다4680).

③ [○]

**해설** 가압류·가처분된 '소유권이전등기청구권'에 대한 이행청구

가압류·가처분된 소유권이전등기청구권에 대한 이행청구(대판 1992.11.10. 92다4680)도 소의 이익이 있다. 다만, 대법원은 "소유권이전등기청구권에 대한 압류나 가압류가 있더라도 채무자는 제3채무자를 상대로 그 이행을 구하는 소송을 제기할 수 있고 법원은 가압류가 되어 있음을 이유로 이를 배척할 수는 없는 것이지만, 소유권이전등기를 명하는 판결(민법 제389조 2항)은 의사의 진술을 명하는 판결로서 이것이 확정되면 채무자는 일방적으로 이전등기를 신청할 수 있고 제3채무자는 이를 저지할 방법이 없게 되므로(소유권이전등기를 명하는 판결의 경우 별도의 집행단계가 존재하지 않고, 집행공탁의 공탁물은 금전에 한정되기 때문에 제3채무자는 채무를 면할 방법이 없다 : 저자주) 위와 같이 볼 수는 없고 이와 같은 경우에는 '가압류의 해제'를 조건으로 하지 않는 한 법원은 이를 인용하여서는 안된다"(대판 1999.2.9. 98다42615 ; 대판 1992.11.10. 전합92다4680 등)고 판시하고 있다(원고일부승소).

다만, 변론주의원칙상 제3채무자가 소유권이전등기청구권이 가압류된 사실을 주장하는 등의 사정이 있어야 위와 같은 해제조건부 인용 판결이 가능하다.

④ [×]

**해설** 등기청구권이 (가)압류된 후 채무자의 처분행위가 있는 경우

"소유권이전등기청구권에 대한 압류나 가압류는 채권에 대한 것이지 등기청구권의 목적물인 부동산에 대한 것이 아니고, 채무자와 제3채무자에게 결정을 송달하는 외에 현행법상 등기부에 이를 공시하는 방법이 없는 것으로서 당해 채권자와 채무자 및 제3채무자 사이에만 효력을 가지며, 압류나 가압류와 관계가 없는 제3자에 대하여는 압류나 가압류의 처분금지적 효력을 주장할 수 없으므로 소유권이전등기청구권의 압류나 가압류는 청구권의 목적물인 부동산 자체의 처분을 금지하는 대물적 효력은 없다 할 것이고, 제3채무자나 채무자로부터 소유권이전등기를 넘겨받은 제3자에 대하여는 취득한 등기가 원인무효라고 주장하여 말소를 청구할 수 없다"(대판 1992.11.10. 전합92다4680).

⑤ [○]

**해설** 소유권이전등기청구권이 가압류된 경우 제3채무자의 응소 의무 인정여부(적극)

"소유권이전등기를 명하는 판결은 의사의 진술을 명하는 판결(민법 제389조 2항)로서 이것이 확정되면 채무자는 일방적으로 이전등기를 신청할 수 있고 제3채무자는 이를 저지할 방법이 없으므로, 소유권이전등기청구권이 가압류된 경우에는 변제금지의 효력이 미치고 있는 제3채무자로서는 일반채권이 가압류된 경우와는 달리 채무자 또는 그 채무자를 대위한 자로부터 제기된 소유권이전등기 청구소송에 응소하여 그 소유권이전등기청구권이 가압류된 사실을 주장하고 자신이 송달받은 가압류결정을 제출하는 방법으로 입증하여야 할 의무가 있다고 할 것이고, 만일, 제3채무자가 고의 또는 과실로 위 소유권이전등기 청구소송에 응소하지 아니한 결과 의제자백에 의한 판결이 선고되어 확정됨에 따라 채무자에게 소유권이전등기가 경료되고 다시 제3자에게 처분된 결과 채권자가 손해를 입었다면, 이러한 경우는 제3채무자가 채무자에게 임의로 소유권이전등기를 경료하여 준 것과 마찬가지로 불법행위를 구성한다고 보아야 한다"(대판 1999.6.11. 98다22963).

## 99

가압류, 압류명령, 전부명령에 관한 설명 중 옳지 않은 것은? (다툼이 있는 경우 판례에 의함)  [20 변호사]

① 당사자 사이에 양도금지의 특약이 있는 채권에 대하여 집행채권자가 양도금지의 특약이 있는 사실을 알면서 전부명령을 받은 경우 위 전부명령은 무효이다.

② 적법한 집행권원에 의한 압류 및 전부명령에 기하여 채권자가 제3채무자를 상대로 전부금청구의 소를 제기한 경우, 법원은 특별한 사정이 없는 한 그 집행채권(채권자가 채무자에 대하여 가지는 채권)의 소멸에 대하여 심리·판단할 필요가 없다.

③ 임대차보증금반환채권이 전부된 후 임대차계약이 해지된 경우, 임대인이 위 전부채권자에게 잔존임대차보증금반환채무를 현실적으로 이행하거나 그 채무이행을 제공하였음에도 임차인이 목적물을 인도하지 않았다는 점에 대하여 임대인이 주장·증명하지 않았다면, 임차인의 목적물에 대한 점유는 불법점유라고 볼 수 없다.

④ 채무자와 제3채무자가 아무런 합리적 이유 없이 채권의 소멸만을 목적으로 계약관계를 합의해제한다는 등의 특별한 경우를 제외하고는, 제3채무자는 채권에 대한 가압류가 있은 후에도 채권의 발생원인인 법률관계를 합의해제하고 이로 인하여 가압류채권이 소멸되었다는 사유를 들어 가압류채권자에게 대항할 수 있다.

⑤ 甲이 乙의 丙에 대한 금전채권을 압류하여 그 압류명령이 丙에게 송달된 후 丙이 乙에게 채무를 일부 변제하고 그 후에 乙의 다른 채권자인 丁이 위 금전채권을 압류하여 그 압류명령이 丙에게 송달된 경우, 丙의 乙에 대한 위 채무 변제는 丁에 대해서는 유효하다.

## 99               정답 ①

① [ ✕ ]

**해설** **양도금지특약이 있는 채권을 압류할 수 있는지 여부(적극)**
양도금지특약이 있는 채권이라도 개인의 의사표시로써 압류금지재산을 만들어내는 것은 채권자를 해하는 것이 되어 부당하기 때문에, '악의'의 채권자라도 압류 및 전부명령에 의해 채권을 취득할 수 있다(대판 2003.12.11. 2001다3771).

**참고 판례** 나아가 전부채권자로부터 다시 그 채권을 양수한 자가 그 특약의 존재를 알았거나 중대한 과실로 알지 못하였다고 하더라도 제3채무자는 위 특약을 근거로 채권양도의 무효를 주장할 수 없다(엄폐물의 법칙)(대판 2003.12.11. 2001다3771).

② [ ○ ]

**해설** **채권압류 및 전부명령이 적법하게 이루어진 경우 전부금청구사건에서 집행채권의 소멸 또는 소멸가능성에 대한 심리판단을 요하는지 여부(소극)**
"집행력 있는 채무명의에 기하여 채권의 압류 및 전부명령이 적법하게 이루어진 이상 피압류채권은 집행채권의 범위내에서 당연히 집행채권자에게 이전하는 것이어서 그 **집행채권이 이미 소멸하였거나 소멸할 가능성이 있다고 하더라도 위 채권의 압류 및 전부명령의 효력에는 아무런 영향이 없다** 할 것이므로 전부금 청구사건에 있어서는 특단의 사정이 없는 한 그 집행채권의 소멸 또는 소멸가능성에 대하여 심리판단이 필요없다"(대판 1976.5.25. 76다626).

③ [ ○ ]

**해설** **임차인의 임차보증금반환청구채권이 전부된 경우 임대차계약 해지 후의 임차인의 목적물에 대한 점유가 불법점유인지 여부(한정 소극)**
"임차인의 임차보증금반환청구채권이 전부된 경우에도 채권의 동일성은 그대로 유지되는 것이어서 동시이행관계도 당연히 그대로 존속한다고 해석할 것이므로 임대차계약이 해지된 후에 임대인이 잔존임차보증금반환청구채권을 전부받은 자에게 그 채무를 현실적으로 이행하였거나 그 채무이행을 제공하였음에도 불구하고 임차인이 목적물을 명도하지 않음으로써 임차목적물반환채무가 이행지체에 빠지는 등의 사유로 동시이행의 항변권을 상실하게 되었다는 점에 관하여 임대인이 주장·입증을 하지 않은 이상 임차인의 목적물에 대한 점유는 동시이행의 항변권에 기한 것이어서 불법점유라고 볼 수 없다"(대판 2002.7.26. 2001다68839).

④ [ ○ ]

**해설** **채권가압류가 채권의 발생원인인 법률관계에 대한 채무자의 처분을 구속하는지 여부(소극)**
"채권에 대한 가압류는 제3채무자에 대하여 채무자에게의 지급 금지를 명하는 것이므로 채권을 소멸 또는 감소시키는 등의 행위는 할 수 없고 그와 같은 행위로 채권자에게 대항할 수 없는 것이지만, 채권의 발생원인인 법률관계에 대한 채무자의 처분까지도 구속하는 효력은 없다 할 것이므로 채무자와 제3채무자가 아무런 합리적 이유 없이 채권의 소멸만을 목적으로 계약관계를 합의해제한다는 등의 특별한 경우를 제외하고는, 제3채무자는 채권에 대한 가압류가 있은 후라고 하더라도 채권의 발생원인인 법률관계를 합의해제하고 이로 인하여 가압류채권이 소멸되었다는 사유를 들어 가압류채권자에 대항할 수 있다"(대판 2001.6.1. 98다17930).

⑤ [ ○ ]

**해설** **채권압류의 처분금지효력의 상대성**
"압류의 처분금지 효력은 절대적인 것이 아니고, 채무자의 처분행위 또는 제3채무자의 변제로써 처분 또는 변제 전에 집행절차에 참가한 압류채권자나 배당요구채권자에게 대항하지 못한다는 의미에서의 상대적 효력만을 가지는 것이어서, 압류의 효력발생 전에 채무자가 처분하였거나 제3채무자가 변제한 경우에는, 그보다 먼저 압류한 채권자가 있어 그 채권자에게는 대항할 수 없는 사정이 있더라도, 그 처분이나 변제 후에 압류명령을 얻은 채권자에 대하여는 유효한 처분 또는 변제가 된다"(대판 2003.5.30. 2001다10748).

# 100

채권압류 및 추심명령에 관한 설명 중 옳지 않은 것은? (다툼이 있는 경우 판례에 의함)  [20 변호사]

① 임대차보증금반환채권이 양도된 후에 양수인의 채권자가 임대차보증금반환채권에 대하여 채권압류 및 추심명령을 받은 경우 위 채권양도계약이 통정허위표시로서 무효인 때에는, 양수인의 채권자는 이로 인해 외형상 형성된 법률관계를 기초로 실질적으로 새로운 이해관계를 맺은 「민법」 제108조 제2항 소정의 제3자에 해당한다.

② 채권압류 및 추심명령의 제3채무자가 압류채권자에게 압류된 채권액 상당에 관하여 지체책임을 지는 것은 집행법원으로부터 추심명령을 송달받은 때가 아니라 추심명령이 발령된 후 압류채권자로부터 추심금청구를 받은 다음날부터이다.

③ 채권압류 및 추심명령의 제3채무자는 위 명령을 송달받은 후 압류채무자에게 채무를 이행하더라도 압류채권자에게 대항할 수 없어 추심명령을 받은 압류채권자에게 채무를 이행하여야 할 의무를 부담하게 된다.

④ 채권자가 채권압류 및 추심명령을 신청하면서 채무자와 제3채무자 사이의 소송의 판결결과에 따라 제3채무자가 채무자에게 지급하여야 하는 금액을 피압류채권으로 표시한 경우에는, 채권자가 받은 채권압류 및 추심명령의 효력은 위 소송결과에 따라 제3채무자가 채무자에게 실제 지급하여야 하는 판결금채권에 한하여 미치는 것으로 보아야 한다.

⑤ 채권압류명령을 받은 제3채무자가 압류채무자에 대한 반대채권을 가지고 있는 경우 상계로써 압류채권자에게 대항할 수 있기 위해서는, 압류의 효력이 발생할 당시에 대립하는 양 채권이 상계적상에 있거나 그 당시 반대채권의 변제기가 도래하지 아니한 때에는 그것이 피압류채권의 변제기와 동시에 또는 그보다 먼저 도래하여야 한다.

# 100

정답 ④

① [○]

**해설** 가장양도된 채권에 대하여 그 양수인의 채권자가 채권압류 및 '추심명령'을 받은 경우

"임대차보증금반환채권이 양도된 후 양수인의 채권자가 임대차보증금반환채권에 대하여 채권압류 및 추심명령을 받았는데 임대차보증금반환채권 양도계약이 허위표시로서 무효인 경우 채권자는 그로 인해 외형상 형성된 법률관계를 기초로 실질적으로 새로운 법률상 이해관계를 맺은 제3자에 해당한다"(대판 2014.4.10. 2013다59753).

**비교판례** 가장양도된 채권의 채무자

채권의 가장양도에서 채무자는 ⅰ) 채권의 양도인이 채무자에게 채무의 이행을 청구할 때 선의의 채무자는 채권 양수인에게 변제하여야 함을 이유로 거절할 수 없다. 이 경우 채무자는 가장양도에 터 잡아 새로운 이해관계를 맺은 바가 없기 때문이다(대판 1983.1.18. 82다594 ; 이 판결은 채무자가 가장양수인에게 지급하지 않고 있는 동안에 양도가 허위표시에 기한 것임이 밝혀진 경우를 전제로 하고 있음을 주의해야 한다). ⅱ) 그러나 채권의 가장양도인이 채무자에게 채무의 이행을 청구하였는데 채무자는 이미 채권의 양도가 유효한 것으로 믿고 채권 양수인에게 채무를 이행해 버린 경우, 채무자는 채권의 가장양도에 터 잡아 '채무의 변제'라는 새로운 이해관계를 맺었기 때문에 제3자에 해당하는 것으로 보아야 한다(다수설). 따라서 채무자는 이를 이유로 변제를 거절할 수 있다. 물론 채무자는 그 밖에 제452조 1항에 의한 항변, 채권의 준점유자에 대한 변제(제470조) 항변 등을 할 수도 있다.

② [○]

**해설** 압류·추심명령에 따라 압류된 채권액 상당에 관하여 제3채무자가 압류채권자에게 지체책임을 지는 시기

"추심명령은 압류채권자에게 채무자의 제3채무자에 대한 채권을 추심할 권능을 수여함에 그치고, 제3채무자로 하여금 압류채권자에게 압류된 채권액 상당을 지급할 것을 명하거나 그 지급 기한을 정하는 것이 아니므로, 제3채무자가 압류채권자에게 압류된 채권액 상당에 관하여 지체책임을 지는 것은 집행법원으로부터 추심명령을 송달받은 때부터가 아니라 추심명령이 발령된 후 압류채권자로부터 추심금 청구를 받은 다음날부터라고 하여야 한다"(대판 2012.10.25. 2010다47117).

③ [○]

**해설** 변제수령자

채권자가 원칙적으로 변제수령권한을 갖는다. 그러나 채권이 압류·가압류된 경우, 채권이 질권의 목적인 경우, 채권자가 파산한 경우에는 채권자에게 변제수령권한이 없고, 압류·가압류채권자, 질권자, 파산관재인이 변제수령권한을 갖는다. 예컨대 A의 B에 대한 금전채권을 A의 채권자 C가 압류 (또는 가압류)한 때에는, 법원은 제3채무자(B)에게 채무자(A)에 대한 지급을 금지하고 채무자에게 채권의 처분과 영수를 금지하여야 하므로(민사집행법 제227조·제296조 3항), B의 A에 대한 변제는 C에 대해서는 무효이다. C가 위 압류에 기초하여 추심명령 또는 전부명령을 얻은 때에는 B는 C에게 변제하여야 한다(민사집행법 229조). B가 이중변제를 한 때에는 A에 대해 부당이득의 반환을 청구할 수 있다.

④ [×]

**해설** 채권압류 및 추심명령을 신청하면서 판결 결과에 따라 제3채무자가 채무자에게 지급하여야 하는 금액을 피압류채권으로 표시한 경우, 채권압류 및 추심명령의 효력이 거기에서 지시하는 소송의 소송물인 청구원인 채권에 미치는지 여부(적극)

"판결 결과에 따라 제3채무자가 채무자에게 지급하여야 하는 금액을 피압류채권으로 표시한 경우 해당 소송의 소송물인 실체법상의 채권이 채권압류 및 추심명령의 대상이 된다고 볼 수밖에 없고, 결국 채권자가 받은 채권압류 및 추심명령의 효력은 거기에서 지시하는 소송의 소송물인 청구원인 채권에 미친다고 보아야 한다"(대판 2018.6.28. 2016다203056).

**사실관계** 甲 주식회사가 乙을 상대로 토지 인도 및 차임 상당의 부당이득반환소송을 제기하자, 甲 회사에 대한 구상금채권자인 신용보증기금이 '그 소송에서 甲 회사가 받게 될 지료청구채권 및 합의로 소가 취하될 경우 합의금 등 청구채권'을 피압류채권으로 하는 압류명령 및 추심명령을 받았고, 그 후 위 소송에서 차임 상당의 부당이득반환을 구하는 부분이 신용보증기금에만 당사자적격이 있다는 이유로 각하판결이 선고되어 확정되자, 신용보증기금이 乙을 상대로 추심금 청구의 소를 제기하여 승소판결을 받은 다음 乙 소유 동산에 대한 강제집행을 신청하였는데, 위 각하판결 확정 후 甲 회사로부터 부당이득반환채권을 양수한 丙이 乙을 상대로 제기한 소송에서 부당이득금의 지급을 명하는 이행권고결정이 확정되어 위 강제집행의 배당절차에서 丙에게 배당금을 지급하는 내용의 배당표가 작성되자, 신용보증기금이 강제집행절차 진행 중 사망한 丙의 단독상속인 丁을 상대로 배당이의의 소를 제기한 사안에서, 丁은 채권압류 및 추심명령의 효력이 발생한 후에 이루어진 피압류채권에 관한 채권양도로 채권압류 및 추심권자인 신용보증기금에 대항할 수 없다고 한 사례

⑤ [○]

**해설** 지급금지채권(압류 또는 가압류된 채권)을 수동채권으로 하는 상계

지급을 금지하는 명령을 받은 제3채무자는 그 후에 취득한 채권에 의한 상계로 그 명령을 신청한 채권자에게 대항하지 못한다(제498조). 지급금지명령을 받은 채권이란 압류 또는 가압류를 당한 채권으로서, 본조는 압류의 효력을 유지하여 채무자의 재산으로부터 만족을 얻으려는 집행채권자를 보호하려는 데에 그 취지가 있다. 그러므로 압류 또는 가압류의 효력이 발생하기 전에 제3채무자가 채무자에 대해 채권을 가지고 있는 때에는 상계할 수 있다(제498조의 반대해석). 다만 判例는 "㉠ 압류의 효력 발생 당시에 대립하는 양 채권이 상계적상에 있거나, ㉡ 그 당시에 제3채무자가 채무자에 대해 갖는 자동채권의 변제기가 아직 도래하지 않았더라도 압류채권자가 그 이행을 청구할 수 있는 때, 즉 피압류채권인 수동채권의 변제기가 도래한 때에 자동채권의 변제기가 동시에 도래하거나 또는 그 전에 도래한 때에는 제3채무자의 상계에 관한 기대는 보호되어야 한다"(대판 2012. 2.16. 전합2011다45521)고 한다.

**참고판례** 이러한 법리는 채권압류명령을 받은 제3채무자이자 보증채무자가 압류 이후 보증채무를 변제함으로써 담보제공청구의 항변권(제443조)을 소멸시킨 다음, 압류 채무자에 대하여 압류 이전에 취득한 사전구상권으로 피압류채권과 상계하려는 경우에도 적용된다(대판 2019.2.14. 2017다274703).

**비교판례** 그러나 判例는 그 채권이 (가)압류의 효력발생[(가)압류 명령이 제3채무자에게 송달된 때] 이후에 발생한 것이더라도 그 기초가 되는 원인이 가압류 이전에 이미 성립하여 존재하고 있는 경우에는, 본조 소정의 '가압류 이후에 취득한 채권'에 해당하지 않아 상계할 수 있다고 한다(대판 2001. 3.27,2000다43819). 즉 동시이행관계에 있는 반대채권의 성립이 압류명령 송달 후라고 하더라도 이 경우에는 상계가 허용된다. 동시이행관계인 경우에는 처음부터 채권발생의 기초관계가 존재하고 있어 상계를 할 수 있다는 기대가 존재하는 것이므로 제3채무자의 이러한 상계에 대한 기대 또는 신뢰는 존중되어야 할 것이기 때문이다.

# 상법

상법

# PART 1

## 상법총칙

## 01

「상법」상 부분적 포괄대리권을 가진 상업사용인에 관한 설명 중 옳지 않은 것은? (다툼이 있는 경우 판례에 의함)

[22 변호사]

① 일반적으로 특정된 건설현장에서 공사의 시공과 관련된 업무만을 담당하는 건설회사의 현장소장은 특별한 사정이 없는 한 그 업무에 관한 부분적 포괄대리권만을 가지고 있다고 봄이 상당하다.

② 회사의 전산개발장비 구매와 관련된 실무를 총괄하는 부분적 포괄대리권을 가진 상업사용인은 회사로부터 별도의 수권이 없으면 특별한 사정이 없는 한 회사에 새로운 채무부담을 발생시키는 지급보증행위를 할 수 있는 권한이 없다.

③ 부분적 포괄대리권을 가진 상업사용인이 그 범위 내에서 한 행위는 설사 그 상업사용인이 영업주의 이익이나 의사에 반하여 자기 또는 제3자의 이익을 도모할 목적으로 그 권한을 남용한 것이라 할지라도 일단 영업주의 행위로서 유효하나, 그 행위의 상대방이 상업사용인의 진의를 알았거나 알 수 있었을 때에는 영업주에 대하여 무효가 된다.

④ 회사의 부분적 포괄대리권을 가진 상업사용인인 판매부장이 회사의 허락 없이 제3자의 계산으로 회사의 영업부류에 속한 거래를 하여 이득을 얻은 경우, 회사는 판매부장에 대하여 그 이득의 양도를 청구하였더라도 판매부장에게 이와 관련하여 손해의 배상을 청구할 수 있다.

⑤ 회사는 본점의 경리부장을 부분적 포괄대리권을 가진 상업사용인으로 선임하였다면, 그 선임에 관하여 본점소재지에서 등기하여야 한다.

## 01 정답 ⑤

> **핵심공략** 부분적 포괄대리권을 가진 상업사용인, 표현지배인
> - 의의
>   - ㉠ 영업의 특정한 종류 또는 특정한 사항에 대한 대리권을 가진 사용인(제15조 제1항)
>   - ㉡ 건설회사 현장소장(표현지배인 ✕, 부포상 ○)
> - 부분적 포괄대리권
>   - ㉠ 영업의 특정한 종류 또는 특정한 사항에 대한 포괄적, 획일적, 정형적 대리권 ○, 소송행위 ✕
>   - ㉡ 권한 내 개별 행위에 대한 별도 수권 요구 ✕
>   - ㉢ 표현지배인 관련 상법 제14조 적용 ✕ ⇨ 민법 제125조 표현대리, 민법 제756조 사용자책임 ○
> - 부포상 선임은 등기사항 ✕, 지배인 선임 및 대리권 소멸은 등기사항 ○
> - 표현지배인
>   - ◇ 의의(제14조 제1항)
>     - ㉠ 본점 또는 지점의 본부장, 지점장, 그 밖에 지배인으로 인정될 만한 명칭을 사용하는 자(지점차장, 지점장대리, 건설회사 현장소장, 보험회사 영업소장 ✕)
>     - ㉡ 본점 또는 지점의 실체를 가지고 어느 정도 독립적으로 영업활동 할 수 있어야 함
>   - ◇ 효과
>     - ㉠ 본점 또는 지점의 지배인과 동일한 권한이 있는 것으로 간주. 재판상 행위 ✕
>     - ㉡ 상대방이 악의인 경우 적용 ✕

① [○]

**해설** 건설회사 현장소장은 일반적으로 특정된 건설현장에서 공사의 시공에 관련한 업무만을 담당하는 자이므로 특별한 사정이 없는 한 상법 제14조 소정의 본점 또는 지점의 영업주임 기타 유사한 명칭을 가진 사용인 즉 이른바 표현지배인이라고 할 수는 없고, 단지 상법 제15조 소정의 영업의 특정한 종류 또는 특정한 사항에 대한 위임을 받은 사용인으로서 그 업무에 관하여 부분적 포괄대리권을 가지고 있다고 봄이 상당하다.(대판 1994.9.30. 94다20884)

**세부판시** ㉠ 건설회사 현장소장은 표현지배인이라고 할 수는 없고 부분적 포괄대리권을 가진 사용인에 해당한다. ㉡ 건설회사 현장소장은 공사자재, 노무관리, 하도급계약 체결, 하도급공사대금 지급, 공사 중기의 임대차계약 체결과 임대료 지급에 관해 대리권이 있으나 아무리 소규모라 하더라도 새로운 수주활동과 같은 영업활동은 업무범위에 속하지 아니한다. ㉢ 일반적으로 건설회사 현장소장에게 회사의 부담으로 될 채무보증 또는 채무인수 등과 같은 행위를 할 권한이 위임되어 있다고 볼 수는 없으나, ㉣ 중기임대료에 대한 보증행위를 할 권한은 위임하였다고 보는 것이 상당하고 거래상대방이 이를 신뢰하는데 정당한 이유가 있다고 보아야 한다.(대판 1994.9.30. 94다20884)

② [○]

**해설** 전산개발장비 구매와 관련된 실무를 총괄하는 상업사용인의 지위에 있는 자가 회사에 새로운 채무부담을 발생시키는 지급보증행위를 하는 것은 부분적 포괄대리권을 가진 상업사용인의 권한에 속하지 아니한다.(대판 2006.6.15. 2006다13117)

③ [○]

**해설** 부분적 포괄대리권을 가진 상업사용인이 그 범위 내에서 한 행위는 설사 상업사용인이 영업주 본인의 이익이나 의사에 반하여 자기 또는 제3자의 이익을 도모할 목적으로 그 권한을 남용한 것이라 할지라도 일단 영업주 본인의 행위로서 유효하나, 그 행위의 상대방이 상업사용인의 진의를 알았거나 알 수 있었을 때에는 민법 제107조 제1항 단서의 유추해석상 그 행위에 대하여 영업주 본인에 대하여 무효가 된다.(대판 2008.7.10. 2006다43767)

④ [○]

**해설** 영업주는 그 거래가 상업사용인의 계산으로 한 것인 때에는 이를 영업주의 계산으로 한 것으로 볼 수 있고 제3자의 계산으로 한 것인 때에는 영업주는 사용인에 대하여 이로 인한 이득의 양도를 청구할 수 있다(제17조 제2항). 경업금지의무의 규정은 영업주로부터 사용인에 대한 계약의 해지 또는 손해배상의 청구에 영향을 미치지 아니한다(제17조 제3항). 따라서 회사의 부분적 포괄대리권을 가진 상업사용인이 경업금지의무에 위반한 경우 회사는 개입권 행사와 함께 손해배상을 청구할 수 있다.

⑤ [✕]

**해설** 일반적으로 주식회사의 경리부장은 경상자금의 수입과 지출, 은행거래, 경리장부의 작성 및 관리 등 경리사무 일체에 관하여 그 권한을 위임받은 것으로 봄이 타당하고 특별한 사정이 없는 한 독자적인 자금차용은 회사로부터 위임되어 있지 않다고 보아야 할 것이므로 경리부장에게 자금차용에 관한 상법 제15조의 부분적 포괄대리권이 있다고 할 수 없다.(대판 1990.1.23. 88다카3250)

## 02

학원을 설립하여 운영하고자 하는 甲은 2013. 4. 1. 영업준비자금으로 사용하기 위하여 상인이 아닌 乙로부터 1억 원을 차용하였다. 乙은 甲이 학원을 운영할 것이라는 점을 알지 못하였고, 이를 인식할 수 있는 객관적 징표도 없었다. 한편, 자기 소유의 X건물에서 학원을 운영하던 丙은 甲이 학원을 운영하고자 한다는 사실을 알고 2013. 5. 3. 甲에게 X건물과 학원시설을 매도하였고, 현재 甲은 X건물에서 학원을 운영하고 있다. 다음 설명 중 옳은 것을 모두 고른 것은? (각 지문을 독립적이고, 다툼이 있는 경우에는 판례에 의함)

[14 변호사]

> ㄱ. 甲이 2013. 4. 1. 乙로부터 1억 원을 차용한 행위는 보조적 상행위이므로 乙의 대여금 채권에는 상법 제63조의 상사소멸시효가 적용된다.
> ㄴ. 甲이 자기의 처 丁의 명의로 사업자등록을 하였다면 상인으로 인정되는 자는 甲이 아니라 丁이다.
> ㄷ. 매매 당시 X 건물의 보일러 배관에 즉시 발견할 수 없는 하자가 존재한 경우, 甲이 2013. 12. 2. 그 하자를 발견하더라도 매도 당시 丙이 하자의 존재를 알지 못한 이상 甲은 그 하자를 이유로 위 매매 계약을 해제할 수 없다.
> ㄹ. 甲이 학원을 운영하던 중 여유자금을 상인이 아닌 戊에게 대여한 경우 甲의 행위는 영업을 위하여 한 것으로 추정되므로 그와 다른 반대사실의 증명이 없는 한 그 대여금 채권에 대해서는 상법 제64조의 상사소멸시효가 적용된다.

① ㄷ
② ㄱ, ㄴ
③ ㄱ, ㄷ
④ ㄴ, ㄹ
⑤ ㄷ, ㄹ

**02**                                                            정답 ⑤

**핵심공략**  당연상인, 개업준비행위, 자금대여 및 자금차입의
                상행위 여부

- 당연상인 : 자기명의로 상행위를 하는 자(제4조)
  ⇨ 인·허가 명의자 ✕, 사업자등록상 명의자 ✕, 실제 영
    업상의 주체 〇
- 개업준비행위
  ◇ 개업준비행위 시점에 상인 자격 취득, 최초의 보조적 상
    행위
  ◇ 점포구입, 영업양수, 상업사용인 고용 등 성질상 영업의
    사 객관적 인식 가능하면 보조적 상행위 해당
  ◇ 다른 상인의 영업을 위한 준비행위는 행위를 한 자의 보
    조적 상행위가 될 수 없음.
- 영업자금 차입행위의 상행위 인정 요건
  ㉠ 행위자의 영업을 위한 주관적 의사
  ㉡ 상대방의 인식
- 상인의 금전대여행위 ⇨ 반증이 없는 한 영업을 위한 것으
  로 추정

**해설**  ㄱ. [✕]
영업자금 차입 행위는 행위 자체의 성질로 보아서는 영업목
적인 상행위를 준비하는 행위라고 할 수 없지만, **행위자의 주
관적 의사가 영업을 위한 준비행위이었고 상대방도 행위자
의 설명 등에 의하여 그 행위가 영업을 위한 준비행위라는
점을 인식하였던 경우에는 상행위에 관한 상법의 규정이 적
용된다.**(대판 2012.4.13. 2011다104246).
설문의 경우 甲이 영업준비자금을 차용한 행위는 행위자체의
성질로 보아서는 영업의 목적인 학원을 준비하는 행위라고
할 수 없고, 乙은 甲이 학원을 운영할 것이라는 점을 알지
못하였으므로, 甲의 자금차입행위에 대해 상행위에 관한 상
법의 규정이 적용된다고 볼 수 없다.
한편 금전대여를 영업으로 하지 아니하는 상인이더라도 영업
상의 이익 또는 편익을 위하여 금전을 대여하거나 이자 취득
을 목적으로 대여하는 경우가 있을 수 있으므로, **상인이 금전
대여행위는 반증이 없는 한 영업을 위하여 하는 것으로 추
정된다.**(대판 2008.12.11. 2006다54378)
설문의 경우 乙이 상인이 아니라고 명시하고 있으므로, 乙의
대여금채권에 상사소멸시효가 적용될 여지가 없다. 즉 본 설
문은 甲과 관련해서는 영업준비행위의 상행위 인정 여부와
관련되고, 乙과 관련해서는 상인의 금전대여행위의 상행위
인정 여부와 관련된다.

ㄴ. [✕]
행정관청에 대한 인·허가 명의나 국세청에 신고한 사업자
등록상의 명의와 실제 영업상의 주체가 다를 경우 후자가
상인이 된다.(대판 2008.12.11. 2007다66590) 따라서 사
업자등록 명의자인 丁이 아니라 실제 영업상 주체인 甲이 상
인이 된다.

ㄷ. [〇]
설령 매매의 목적물에 상인에게 통상 요구되는 객관적인 주
의의무를 다하여도 즉시 발견할 수 없는 하자가 있는 경우에
도 매수인이 6월 내에 그 하자를 발견하여 지체 없이 이를
통지하지 아니하면 매수인은 과실의 유무를 불문하고 매도
인에게 하자담보책임을 물을 수 없다.(대판 1999.1.29. 98
다1584)
甲과 丙 사이에 상사매매가 적용되더라도 甲이 丙으로부터 X
건물을 매수한 2013. 5. 3.로부터 6개월이 지난 2013. 12. 2.
에 하자를 발견한 경우 丙에게 하자담보책임을 물을 수 없다.
한편 상사매매는 매도인과 매수인 모두 상인일 것이 요구된
다. 설문의 경우 丙은 자기 소유의 X건물에서 학원을 운영하
고 있었으므로 상인 자격이 인정된다. 甲이 학원을 운영하기
위하여 X학원건물과 학원시설을 매수한 행위는 甲의 개업준
비행위에 해당한다.
**영업의 목적인 기본적 상행위의 개시 전에 영업을 위한 준비
행위를 하는 자는 영업으로 상행위를 할 의사를 실현하는 것
이므로 준비행위를 한 때 상인자격을 취득하고 개업준비행
위는 영업을 위한 행위로서 최초의 보조적 상행위가 된다. 개
업준비행위는 상호등기, 개업광고, 간판부착 등에 의해 영업
의사를 일반적·대외적으로 표시할 필요는 없으나, 점포구입,
영업양수, 상업사용인의 고용 등 준비행위의 성질로 보아 영
업의사를 상대방이 객관적으로 인식할 수 있으면 당해 준비
행위는 보조적 상행위로서 상행위에 관한 상법 규정이 적용
된다.**(대판 1999.1.29. 98다1584)
설문의 경우 甲의 상인 자격 또한 인정되므로 甲과 丙 사이
의 매매에 대하여 상사매매에 관한 상법 규정이 적용된다. 매
수인의 검사통지의무는 매도인이 악의 또는 중과실인 경우에
는 적용되지 않는데, 설문은 '매도 당시 丙이 하자의 존재를
알지 못한 이상'이라고 기재하여, 이러한 적용제외 가능성을
배제하고 있다.

ㄹ. [〇]
금전대여를 영업으로 하지 않는 상인이더라도 영업상의 이익
또는 편익을 위하여 금전을 대여하거나 영업자금의 여유가
있어 이자 취득을 목적으로 대여하는 경우가 있을 수 있으므
로, **상인이 금전대여행위는 반증이 없는 한 영업을 위하여
하는 것으로 추정된다.**(대판 2008.12.11. 2006다54378)
설문의 경우 甲이 학원을 운영하던 중에 자금을 대여하였으
므로 자금 대여 시점에 甲의 상인자격은 인정되고, 상인이
甲의 금전대여행위는 위 대법원 판례에 의하여 영업을 위하
여 한 것으로 추정되므로, 甲의 대여금채권에 대해서는 상법
제64조의 상사소멸시효가 적용된다.

## 03

**상업사용인과 상행위에 관한 설명 중 옳지 않은 것은? (다툼이 있는 경우 판례에 의함)** [15 변호사]

① 「상법」 제69조 제1항은 「민법」상의 매도인의 담보책임에 대한 특칙으로 전문적 지식을 가진 매수인에게 신속한 검사와 통지의 의무를 부과함으로써 상거래를 신속하게 결말짓도록 하기 위한 규정으로서 그 성질상 강행규정으로 보아야 한다.

② 지배인이 영업주 명의로 한 어음행위는 객관적으로 영업에 관한 행위로서 지배인의 대리권의 범위에 속하는 행위라 할 것이므로 지배인이 개인적 목적을 위하여 어음행위를 한 경우에도 그 행위의 효력은 영업주에게 미친다 할 것이고, 이러한 법리는 표현지배인의 경우에도 동일하다.

③ 부분적 포괄대리권을 가진 사용인의 경우에는 표현지배인에 관한 「상법」 제14조의 규정이 유추적용되어야 한다고 할 수 없다.

④ 어떠한 자가 자기 명의로 상행위를 함으로써 상인 자격을 취득하고자 준비행위를 하는 것이 아니라 다른 상인의 영업을 위한 준비행위를 하는 것에 불과하다면, 그 행위는 그 행위를 한 자의 보조적 상행위가 될 수 없다.

⑤ 위탁매매에 있어서 위탁물의 소유권은 위탁자와 위탁매매인 또는 위탁매매인의 채권자간의 관계에서는 위탁자에게 귀속한다 할 것이므로, 특별한 사정이 없는 한 위탁매매인이 그 판매대금을 임의로 사용·소비한 때에는 횡령죄가 성립한다.

**핵심공략** 상사매수인 검사통지의무, 지배인의 대리권 범위 판단기준, 위탁매매의 법률관계

- 매수인 검사통지의무의 요건
  ㉠ 쌍방 상인, ㉡ 매매(도급, 임대차 적용 ✕), ㉢ 매수인 목적물 현실 수령, ㉣ 수량부족 또는 하자(권리 하자, 수량 초과 적용 ✕), ㉤ 매도인 선의(악의, 중과실 적용 ✕)
  ㉥ 배제특약 부존재
- 지배인의 대리권 범위 판단기준
  행위 당시 지배인의 주관적인 의사와 관계없이 행위의 객관적 성질에 따라 추상적으로 판단
  ⇨ 지배인의 개인적 목적 어음행위 대리권 범위에 속하고 영업주에 효력 미침. 표현지배인 동일
- 위탁매매의 법률관계
  위탁매매인이 위탁자로부터 받은 물건 또는 위탁매매로 인하여 취득한 물건의 귀속
  ⇨ 위탁자와 위탁매매인 또는 위탁매매인의 채권자간의 관계에서 위탁자의 소유로 간주(제103조)

① [×]

**해설** 상법 제69조 제1항은 민법상의 매도인의 담보책임에 대한 특칙으로 전문적 지식을 가진 매수인에게 신속한 검사와 통지의 의무를 부과함으로써 상거래를 신속하게 결말짓도록 하기 위한 규정으로서 그 성질상 임의규정으로 보아야 할 것이고 따라서 **당사자 간의 약정에 의하여 이와 달리 정할 수 있다.**(대판 2008.5.15. 2008다3671) 이러한 判例에 의하면 상법 제69조 제1항은 임의규정이다.

② [○]

**해설** 判例는 "지배인의 행위가 영업주의 영업에 관한 것인가의 여부는 지배인의 행위 당시의 주관적인 의사와는 관계없이 행위의 객관적 성질에 따라 추상적으로 판단하여야 하므로, 지배인이 영업주 명의로 한 어음행위는 객관적으로 영업에 관한 행위로서 지배인의 대리권의 범위에 속하는 행위이므로 **지배인이 개인적 목적을 위하여 어음행위를 한 경우에도 그 행위의 효력은 영업주에게 미치고, 이러한 법리는 표현지배인의 경우에도 동일하다**"고 판시하여, 제약회사의 지방 분실장이 자신의 개인적 목적을 위하여 권한 없이 대표이사의 배서를 위조하여 어음을 할인한 경우, 표현지배인의 성립을 인정하였다(대판 1998.8.21. 97다6704).

③ [○]

**해설** 判例는 "부분적 포괄대리권을 가진 사용인에 대해서는 상법이 표현적 명칭에 대한 상대방의 신뢰를 보호하는 규정을 두고 있지 않은데, 지배인과 같은 정도의 획일적, 정형적인 대리권을 갖지도 않는 부분적 포괄대리권을 가진 사용인에 대해서까지 상대방의 신뢰를 무조건적으로 보호한다는 것은 오히려 영업주의 책임을 지나치게 확대하는 것이 될 우려가 있으며, 부분적 포괄대리권을 가진 사용인에 해당하지 않는 사용인이 그러한 사용인과 유사한 명칭을 사용하여 법률행위를 한 경우 그 거래 상대방은 민법 제125조의 표현대리나 민법 제756조의 사용자책임 등의 규정에 의하여 보호될 수 있다고 할 것이므로, **부분적 포괄대리권을 가진 사용인의 경우에도 표현지배인에 관한 상법 제14조의 규정이 유추적용 되어야 한다고 할 수는 없다**"고 판시하여(대판 2007.8.23. 2007다23425) 부분적 포괄대리권을 가진 사용인에 대해서는 표현지배인에 관한 상법 제14조 규정의 유추적용을 인정하지 않고 있다.

④ [○]

**해설** 判例는 "영업을 준비하는 행위가 보조적 상행위로서 상법의 적용을 받기 위해서는 행위를 하는 자 스스로 상인자격을 취득하는 것을 당연한 전제로 하므로, **어떠한 자가 다른 상인의 영업을 위한 준비행위를 하는 경우, 그 행위는 행위를 한 자의 보조적 상행위가 될 수 없다.** 회사 설립을 위하여 개인이 한 행위는 그것이 설립 중 회사의 행위로 인정되어 장래 설립될 회사에 효력이 미쳐 회사의 보조적 상행위가 될 수 있는지는 별론으로 하고, 장래 설립될 회사가 상인이라는 이유만으로 당연히 개인의 상행위가 되어 상법 규정이 적용된다고 볼 수 없다"고 판시하여, 회사의 대표이사가 회사 설립 준비과정에서 향후 설립될 회사의 사업을 준비하기 위하여 대표이사 명의로 한 차용행위는 대표이사 개인의 보조적 상행위가 아니므로 대표이사 개인의 차용금채무에 대하여 5년의 상사시효가 적용되지 않는다고 보았다.(대판 2012.7.26. 2011다43594)

⑤ [○]

**해설** 위탁판매에 있어서는 위탁품의 소유권은 위임자에게 속하고 그 판매대금은 다른 특약이나 특별한 사정이 없는 한 이를 수령함과 동시에 위탁자에 귀속한다 할 것이므로 위탁매매인이 이를 사용, 소비한 때에는 횡령죄가 성립한다.(대판 1982. 2.23. 81도2619)

## 04

「상법」상 상호에 관한 설명 중 옳은 것을 모두 고른 것은?

[17 변호사]

---

ㄱ. 부정한 목적으로 타인의 영업으로 오인될 수 있는 상호를 사용하는 자가 있는 경우, 그러한 상호의 사용으로 인하여 손해를 받을 염려가 있는 자는 그 상호의 폐지를 청구할 수 있고, 이와는 별도로 손해배상의 청구가 가능하다.

ㄴ. 영업을 폐지하는 경우, 등기되지 아니한 그 영업의 상호는 양도할 수 없다.

ㄷ. 회사가 수 개의 독립된 영업을 하는 경우, 각 영업별로 다른 상호를 사용할 수 없다.

ㄹ. 회사가 상호와 목적을 변경하고자 할 때에는 상호의 가등기를 신청할 수 있다.

---

① ㄱ, ㄴ            ② ㄴ, ㄷ

③ ㄷ, ㄹ            ④ ㄱ, ㄴ, ㄹ

⑤ ㄱ, ㄷ, ㄹ

**04** 정답 ⑤

---

> **핵심공략** 상호의 사용, 양도, 상호폐지청구권 요건, 상호가등기

- 상호의 사용
  동일영업 단일상호 사용, 회사는 복수상호 ✕, 개인은 독립된 영업별 복수 상호 가능
- 상호의 양도
  영업폐지(사실상 영업중단 포함) 또는 영업과 함께 하는 경우에 한해 양도 가능(제25조 제1항).
- 상호폐지청구권 요건
  ㉠ 상호권자의 상호 선정, 사용, ㉡ 부정한 목적, ㉢ 오인가능성, ㉣ 손해 받을 염려 또는 등기상호
  ⇨ 등기상호 요구 ✕, 지역 제한 ✕, 영업동일성 요구 ✕, 상호 동일성 요구 ✕
  ◇ 동일 특·광·시·군에서 동종영업의 타인 등기상호 사용
  ⇨ 부정한 목적 추정(제23조 제4항)
- 상호가등기
  ◇ 상호가등기 대상: ㉠ 상호, ㉡ 목적사항, ㉢ 본점소재지
  ⇦ 타인 등기상호는 동일한 특·광·시·군에서 동종영업 상호로 등기하지 못함(제22조)
  ◇ 설립시 상호가등기: 주식회사, 유한회사, 유한책임회사만 가능
  ◇ 설립 이후 상호와 목적사항 변경: 모든 회사에 대하여 상호가등기 허용
  ◇ 설립 이후 본점 이전: 모든 회사에 대하여 이전할 곳 관할 등기소에서의 상호가등기 허용

---

**해설** ㄱ. [○]
부정한 목적으로 타인의 영업으로 오인할 수 있는 상호를 사용하는 자가 있는 경우에 이로 인하여 손해를 받을 염려가 있는 자 또는 상호를 등기한 자는 그 폐지를 청구할 수 있고, 손해배상을 청구할 수 있다(제23조 제1항, 제2항, 제3항).

ㄴ. [✕]
상호는 영업을 폐지하거나 영업과 함께 하는 경우에 한하여 양도할 수 있다(제25조 제1항). 이 경우 **영업의 폐지**는 사실상의 **영업 중단으로 충분**하다.

ㄷ. [○]
동일한 영업에는 단일상호를 사용하여야 한다(제21조 제1항). 회사의 상호는 회사 자체를 표시하므로, 회사는 여러 영업을 하더라도 하나의 상호만 사용해야 한다. 회사와 달리 개인은 독립된 영업별로 다른 상호를 사용하는 것이 가능하다.

ㄹ. [○]
회사 설립 이후 상호와 목적사항을 변경하거나 본점을 이전하는 경우 상호가등기가 허용된다(제22조의2 제2항, 제3항). 회사 설립시 **상호가등기는 주식회사, 유한회사 및 유한책임회사만 가능**하다(제22조의2 제1항). 상호의 가등기는 자연인에게는 허용되지 않는다.

## 05

명의대여자 乙을 영업주로 오인하여 상인인 명의차용자 丙에게 1억 원 상당의 물품을 공급한 甲이 乙과 丙을 공동피고로 삼아, 乙에 대하여는 「상법」 제24조에 의한 명의대여자의 책임을 묻기 위하여, 丙에 대하여는 물품대금의 지급을 구하기 위하여 1억 원의 물품대금청구의 소를 제기하였다. 이에 관한 설명 중 옳지 않은 것은? (다툼이 있는 경우 판례에 의함)　　　　　　　　　　　　　　[20 변호사]

① 위 소송에서 乙이 상인이 아닌 것으로 밝혀지더라도 乙의 책임을 인정할 수 있다.

② 위 소송에서 乙에 대한 청구와 관련하여 甲이 명의대여 사실을 알았거나 중대한 과실로 알지 못하였다는 점에 대한 증명책임은 乙에게 있다.

③ 위 소송에서 乙이 소멸시효 완성의 항변을 하고, 시효기간 경과 전에 丙이 물품대금채권을 변제하겠다고 약속한 사실을 甲이 주장·증명하였다면, 이로써 乙의 소멸시효 완성의 항변은 배척된다.

④ 위 소송에서 乙의 책임이 인정되었다. 丙이 물품대금 중 3,000만 원 변제 사실을 주장·증명하였고 乙이 이를 원용하였다면, 법원은 乙에 대한 청구에 관하여 7,000만 원의 지급을 명하여야 한다.

⑤ 위 소송에서 甲의 청구가 모두 인용되었고 위 판결에 대하여 乙만이 항소한 경우, 위 항소로 인한 확정차단의 효력은 乙과 甲 사이에서만 발생하고 丙에 대하여는 발생하지 아니한다.

## 05
정답 ③

> **핵심공략** 명의대여자책임
>
> - 명의대여자 상인 요구 ✕
> - 요건
>   - ㉠ 외관의 존재(지점, 출장소, 영업소 명칭 부가 ○, 대리점 명칭 부가 ✕)
>   - ㉡ 외관의 부여(동업 탈퇴 후 상대방에게 알리지 않은 경우 ○, 법률위반 무효 명의대여 ○, 상호 사용 없이 단순한 창고 사용 방치 ✕)
>   - ㉢ 외관의 신뢰(오인과 피해 발생 사이의 인과관계 요구 ○, 상대방 악의·중과실 명의대여자 입증책임)
> - 효과: 부진정연대책임
>   ⇨ 변제, 대물변제, 공탁, 상계 절대적 효력 ○
>   ⇨ 이행청구 등 소멸시효중단, 시효이익포기, 항소 확정차단 효력 상대적 효력 ○
> - 적용범위
>   허락한 영업범위 내의 채무에 대한 책임, 명의에서 객관적으로 추론되는 영업거래인지 여부를 기준
>   명의차용자의 피용자 ✕, 불법행위 ✕, 어음수표채무 ○

① [○]

**해설** 명의차용자는 상인이어야 하나, 명의대여자는 상인일 것이 요구되지 않고, 공법인이어도 된다. 判例 또한 "명의대여자가 상인이 아니거나, 명의차용자의 영업이 상행위가 아니더라도 명의대여자 책임의 법리를 적용하는 데에 아무런 영향이 없다"고 판시하여(대판 1987.3.24. 85다카2219), 인천광역시가 명의대여자가 될 수 있다고 보았다.

② [○]

**해설** 상법 제24조의 규정에 의한 명의대여자의 책임은 명의자를 영업주로 오인하여 거래한 제3자를 보호하기 위한 것이므로 거래 상대방이 명의대여사실을 알았거나 모른 데 대하여 중대한 과실이 있는 때에는 책임을 지지 않는바, 이때 거래의 상대방이 **명의대여사실을 알았거나 모른 데 대한 중대한 과실이 있었는지 여부에 대하여는 면책을 주장하는 명의대여자들이 입증책임을 부담한다.**(대판 2001.4.13. 2000다10512) 이러한 判例에 의하면 명의대여자가 상대방의 고의·중과실의 입증책임을 부담한다.

③ [✕]

**해설** 명의대여자는 자기를 영업주로 오인하여 거래한 제3자에 대하여 그 타인과 연대하여 변제할 책임이 있다(제24조). 이러한 명의대여자와 명의차용자의 연대책임의 법적 성질은 **부진정연대책임**이다. 부진정연대채무자 중 1인의 변제, 대물변제, 공탁, 상계는 다른 채무자에게 효력이 있다. 명의차용자에 대한 **이행청구 등 소멸시효 중단**이나 시효이익의 포기는 명의대여자에게 **효력이 없다.** 따라서 명의차용자인 丙의 변제약속과 같은 소멸시효 중단은 명의대여자인 乙에게 효력이 없으므로, 丙의 변제약속 사실이 주장, 증명된다 하더라도 이를 이유로 乙의 소멸시효항변이 배척되지 않는다.

④ [○]

**해설** 부진정연대채무자 중 1인의 변제, 대물변제, 공탁, 상계는 다른 채무자에게 효력이 있다. 이처럼 丙의 3,000만원 변제사실은 乙에게도 효력이 있으므로 乙에 대한 청구 또한 7,000만원만 인정될 수 있다.

⑤ [○]

**해설** **공동소송인 가운데 한 사람의 소송행위 또는 이에 대한 상대방의 소송행위와 공동소송인 가운데 한 사람에 관한 사항은 다른 공동소송인에게 영향을 미치지 아니한다**(민사소송법 제66조). 부진정연대채무자들을 상대로 제기된 공동소송은 소송목적이 공동소송인 모두에게 합일적으로 확정되어야 할 필요적 공동소송이 아니므로, 乙의 항소로 인한 확정차단의 효력은 丙에게 발생하지 않는다.

## 06

「상법」상 명의대여자의 책임에 관한 설명 중 옳은 것을 모두 고른 것은? (다툼이 있는 경우 판례에 의함) [18 변호사]

ㄱ. 명의대여자가 상인이 아니거나 명의차용자의 영업이 상행위가 아니라도 명의대여자의 책임이 성립할 수 있다.

ㄴ. 명의차용자의 불법행위에 대해서도 명의대여자의 책임이 성립한다.

ㄷ. 명의대여자의 책임은 명의차용자의 행위에만 한하고 명의차용자의 피용자의 행위에는 미치지 아니한다.

ㄹ. 명의차용자에 대한 이행청구 또는 명의차용자가 행한 채무의 승인 등 소멸시효의 중단사유나 시효이익의 포기는 명의대여자에게 효력을 미치지 아니한다.

① ㄴ
② ㄷ
③ ㄱ, ㄴ
④ ㄱ, ㄹ
⑤ ㄱ, ㄷ, ㄹ

**해설** ㄱ. [○]

명의대여자가 상인이 아니거나, 명의차용자의 영업이 상행위가 아니더라도 명의대여자 책임의 법리를 적용하는 데에 아무런 영향이 없다(대판 1987.3.24. 85다카2219). 위 사안에서 판례는 인천광역시가 명의대여자가 될 수 있다고 보았다.

ㄴ. [×]

상법 제24조 소정의 명의대여자 책임은 명의차용인과 그 상대방의 거래행위에 의하여 생긴 채무에 관하여 명의대여자를 진실한 상대방으로 오인하고 그 신용·명의 등을 신뢰한 제3자를 보호하기 위한 것으로, **불법행위의 경우**에는 설령 피해자가 명의대여자를 영업주로 오인하고 있었더라도 그와 같은 오인과 피해의 발생 사이에 아무런 인과관계가 없으므로, 이 경우 신뢰관계를 이유로 **명의대여자에게 책임을 지워야 할 이유가 없다.**(대판 1998.3.24. 97다55621)

ㄷ. [○]

**명의대여자의 책임**은 명의의 사용을 허락받은 자의 행위에 한하고 **명의차용자의 피용자의 행위에 대해서까지 미칠 수는 없다.**(대판 1989.9.12. 88다카26390)

ㄹ. [○]

명의대여자는 자기를 영업주로 오인하여 거래한 제3자에 대하여 그 타인과 연대하여 변제할 책임이 있다(제24조). 이러한 명의대여자와 명의차용자의 연대책임의 법적 성질은 부진정연대책임이다. 부진정연대채무자 중 1인의 변제, 대물변제, 공탁, 상계는 다른 채무자에게 효력이 있으나, 명의차용자에 대한 이행청구 등 소멸시효 중단이나 시효이익의 포기는 명의대여자에게 효력이 없다.

## 07

甲과 乙은 동업계약을 체결하고 공동의 명의로 사업자등록을 한 뒤, 2011. 4. 8. 丙 소유의 호텔(상호는 '반도호텔') 건물 내의 일부 시설을 3년간 임차하여 '반도나이트클럽'이라는 상호로 영업을 하였다. 위 '반도나이트클럽'은 丙의 명의로 영업허가가 난 것이고, 丙은 甲과 乙에게 그 영업허가 명의를 이용할 것을 허락하였다. 그 후 乙은 甲과의 동업계약을 해지하고, 2012. 12. 15. 공동사업자 탈퇴신고를 하여 甲 단독명의로 사업자등록을 변경하였다. 甲은 단독으로 위 나이트클럽을 운영하던 중 개업 당시부터 거래관계에 있던 丁에게 2013. 12. 5. 외상으로 공급받은 주류대금을 지급하지 않은 상태에서 임대차 기간이 종료된 2014. 4. 7. 영업을 정리하였다. 이후 2014. 12. 5. 戊가 丙으로부터 위 나이트클럽 시설을 임대받아 현재까지 같은 업종으로 운영하고 있다. 이에 관한 설명 중 옳은 것을 모두 고른 것은? (아래 각 지문은 독립적이며, 다툼이 있는 경우 판례에 의함) [16 변호사]

ㄱ. 명의대여자가 상인이 아니거나 명의차용자의 영업이 상행위가 아니라도 명의대여자의 책임이 성립할 수 있다. 동업관계가 종결된 이후에도 甲이 '반도나이트클럽'이라는 상호를 계속 사용하는 것에 대하여 乙이 아무런 이의를 제기하지 않았고, 乙이 동업관계로부터 탈퇴한 사실을 丁이 알지 못한 데에 중대한 과실이 없다면, 丁은 위 주류대금채권에 관하여 乙에게 명의대여자의 책임을 물을 수 있다.

ㄴ. 甲과 丙이 '반도나이트클럽'을 운영하는 것으로 丁이 중대한 과실 없이 믿은 경우, 丁의 甲에 대한 위 주류대금채무의 이행청구에 대하여 甲이 채무승인을 한 경우에도 그것만으로는 丙의 丁에 대한 명의대여자로서의 책임은 시효중단 되지 않는다.

ㄷ. 戊는 丁의 위 주류대금채권에 대하여 영업양수인으로서 변제할 책임을 진다.

ㄹ. 甲이 2015. 6. 6. '반도나이트클럽' 인근에서 종전 영업과 동일한 내용으로 나이트클럽을 개업하여 운영하고 있는 경우라면, 戊는 甲을 상대로 「상법」상의 경업금지의무 위반을 이유로 영업금지를 구하거나 손해배상을 청구할 수 있는 권리를 갖는다.

① ㄱ
② ㄴ
③ ㄱ, ㄴ
④ ㄷ, ㄹ
⑤ ㄱ, ㄷ, ㄹ

**07**  정답 ③

**해설** ㄱ. [○]

명의자가 타인과 동업계약을 체결하고 공동 명의로 사업자등록을 한 후 타인으로 하여금 사업을 운영하도록 허락하였고, 거래상대방도 명의자를 공동사업주로 오인하여 거래를 하여온 경우에는, 그 후 명의자가 동업관계에서 탈퇴하고 사업자등록을 타인 단독 명의로 변경하였다 하더라도 이를 거래상대방에게 알리는 등의 조치를 취하지 아니하여 여전히 공동사업주인 것으로 오인하게 하였다면 명의자는 탈퇴 이후에 타인과 거래 상대방 사이에 이루어진 거래에 대하여도 상법 제24조에 의한 명의대여자로서의 책임을 부담한다. 그리고 상법 제24조에서 규정한 명의대여자의 책임은 명의자를 사업주로 오인하여 거래한 제3자를 보호하기 위한 것이므로 거래 상대방이 명의대여사실을 알았거나 모른 데 대하여 중대한 과실이 있는 때에는 책임을 지지 않는바, 이때 거래의 상대방이 명의대여사실을 알았거나 모른 데 대한 중대한 과실이 있었는지 여부에 대하여는 면책을 주장하는 명의대여자가 입증책임을 부담한다.(대판 2008.1.24. 2006다21330)

설문의 경우 동업관계가 종결된 이후에도 甲이 '반도나이트클럽'이라는 상호를 계속 사용하는 것에 대하여 乙이 아무런 이의를 제기하지 않았고, 乙이 동업관계로부터 탈퇴한 사실을 丁이 알지 못한 데에 중대한 과실이 없다면, 丁은 위 주류대금채권에 관하여 乙에게 명의대여자의 책임을 물을 수 있다.

ㄴ. [○]

명의대여자가 영업을 하지 않고 명의만 대여한 경우에는 명의의 동일성 여부만 문제되나 이와 달리 명의대여자가 영업을 하고 있는 경우 영업외관이 동일하여야 하는지 문제된다. 학설은 필요설과 불요설이 존재한다.

"임대인이 그 명의로 영업허가가 난 나이트클럽을 임대함에 있어 임차인에게 영업허가 명의를 사용하여 다른 사람에게 영업을 하도록 허락한 이상 위 임차인들이 위 영업과 관련하여 부담한 채무에 관하여 상법 제24조의 규정에 따라 그 임차인들과 연대하여 제3자에 대하여 변제할 책임이 있다".(대판 1978.6.13. 78다236)

설문의 경우 丙은 '반도호텔'이라는 상호로 호텔을 소유하면서 자신의 호텔 건물 내에 소재한 '반도나이트클럽'의 영업허가를 자신의 명의로 얻은 후 甲과 乙에게 그 영업허가 명의를 이용할 것을 허락하였으므로, 丙에게 명의대여자책임이 인정될 수 있다.

명의대여자책임이 인정되는 경우 명의대여자와 명의차용자는 연대책임을 부담하는데 이러한 연대책임의 법적 성질은 부진정연대책임이다. 부진정연대채무자 중 1인의 변제, 대물변제, 공탁, 상계는 다른 채무자에게 효력이 있으나, 명의차용자에 대한 이행청구 등 소멸시효 중단이나 시효이익의 포기는 명의대여자에게 효력이 없다.

설문의 경우 甲에 대한 丁의 주류대금 이행청구에 대하여 甲이 채무승인을 했다는 사정만으로 丙의 丁에 대한 명의대여자로서의 책임은 시효중단 되지 않는다.

ㄷ. [×]

영업양도와 관련하여 상호속용 또는 채무인수 광고와 같은 외관이 존재하는 경우, 채무인수의 합의가 없었더라도 양수인이 양도인의 영업으로 인한 채무에 대한 책임을 부담한다(제42조 제1항, 제44조).

임차인이 임대인에게 대가를 지급하고 임대인의 영업재산과 영업조직을 포괄적으로 그대로 이용하여 영업을 하는 것을 영업의 임대차라 하는데, 이러한 영업의 임대차에 영업양수인의 책임이 유추적용 되는지 문제된다. 학설은 긍정설과 부정설이 존재한다.

判例는 "영업임대차의 경우에는 상법 제42조 제1항과 같은 법률규정이 없을 뿐만 아니라, 영업상의 채권자가 제공하는 신용에 대하여 실질적인 담보의 기능을 하는 영업재산의 소유권이 재고상품 등 일부를 제외하고는 모두 임대인에게 유보되어 있고 임차인은 사용·수익권만을 가질 뿐이어서 임차인에게 임대인의 채무에 대한 변제책임을 부담시키면서까지 임대인의 채권자를 보호할 필요가 있다고 보기 어렵다. 여기에 상법 제42조 제1항에 의하여 양수인이 부담하는 책임은 양수한 영업재산에 한정되지 아니하고 그의 전 재산에 미친다는 점 등을 더하여 보면, 영업임대차의 경우에 상법 제42조 제1항을 그대로 유추적용할 것은 아니다."고 판시하여 영업 임대차에는 영업양수인 책임이 적용되지 않는다고 보았다.(대판 2016.8.24. 2014다9212)

설문의 경우 戊는 丙으로부터 위 나이트클럽 시설을 임대받은 자이므로 丁의 주류대금채권에 대하여 상법상 영업양수인으로서 변제할 책임을 지지 않는다.

ㄹ. [×]

상법은 시설 임대인의 임차인에 대한 경업금지에 관하여 규정하고 있지 아니하다. 따라서 戊는 甲을 상대로 상법상의 경업금지의무 위반에 따른 영업금지와 손해배상을 청구할 권리는 가지지 않는다.

## 08

A와 B가 발행주식총수의 각 50%를 보유하고 있는 비상장 회사 甲주식회사는 B, D를 이사로, C를 대표이사로 선임하는 등기를 마쳤다. 그런데 A는 주주총회 및 이사회 의사록 등 관련서류를 허위로 작성한 후 이에 터잡아 C 대신 E를 새로운 이사 및 대표이사로, D 대신 F를 새로운 이사로 선임하는 등기를 마쳤다. E와 F는 기존의 이사인 B, C, D를 배제한 채 주주총회 소집을 결의한 후, B에 대한 주주총회 소집통지 없이 주주총회를 개최하여 기존 이사들을 전부 해임하고 다시 새로운 이사들을 선임하였다. 새로 선임된 이사들로 구성된 이사회에서 G는 甲회사의 대표이사로 선임되어 등기까지 마쳤고, 이 과정에서 C는 이러한 사실을 모두 알고도 아무런 조치를 취하지 않았다. 대표이사로 선임등기된 이후 G는 회사의 대출금을 갚기 위해 H에게 회사사옥을 처분하였다. 이러한 경우 회사의 부실등기책임에 관한 설명 중 옳지 않은 것은? (다툼이 있는 경우에는 판례에 의함) [18 변호사]

① H가 선의·무과실인 경우 회사는 사실과 상위한 사항이 등기되었다는 이유로 H에 대하여 G의 사옥처분행위의 무효를 주장할 수 없다.

② 회사에 대해 부실등기책임을 묻기 위해서는 원칙적으로 등기가 등기신청권자인 회사에 의하여 고의·과실로 마쳐진 것임을 요한다.

③ 회사의 부실등기책임을 묻기 위해 필요한 등기신청권자의 고의·과실의 유무는 대표이사를 기준으로 판단한다.

④ 대표이사의 선임등기에 있어 회사가 고의·과실로 부실등기를 한 것과 동일시할 수 있는 사정이 없는 경우 결의의 외관이 존재하는 것만으로 회사에 대해 부실등기책임을 물을 수 없다.

⑤ 甲회사의 상당한 지분을 가진 주주인 A가 허위의 주주총회의 결의 등의 외관을 만들어 부실등기를 마친 것은 그 자체로 회사의 고의·과실로 볼 수 있다.

## 08
정답 ⑤

> **핵심공략** 부실등기
>
> ■ 의의
> 고의 또는 과실로 사실과 상위한 사항을 등기한 자는 그
> 상위를 선의의 제3자에게 대항 ✕(제39조).
> ■ 요건
> ◇ 외관의 존재(사실과 다른 등기)
> 이사선임 주주총회결의 취소판결 확정에 따라 선임결의
> 가 취소되는 대표이사와 거래한 상대방은 상법 제39조
> 의 적용 내지 유추적용에 의해 보호 가능. 취소되는 주주
> 총회결의에 의해 이사로 선임된 대표이사가 한 이사선임
> 등기는 상법 제39조 부실등기 해당.(대판 2004.2.27.
> 2002다19797)
> ◇ 외관의 부여(등기신청인의 고의 또는 과실)
> 등기신청인 고의, 과실은 대표자 기준 판단, 등기공무원
> 잘못인 경우 적용 ✕
> 제3자(상당한 지분 보유자 포함) 문서위조에 의한 경우
> 적용 ✕ (예외: 대표이사의 협조·묵인, 회사가 알면서
> 방치)
> ◇ 외관의 신뢰: 제3자의 선의, 무중과실

① [○]

**해설** 회사의 적법한 대표이사가 그 불실등기가 이루어지는 것에
협조·묵인하는 등의 방법으로 관여하였다거나 회사가 그 불
실등기의 존재를 알고 있음에도 시정하지 않고 방치하는 등
이를 회사의 고의 또는 과실로 불실등기를 한 것과 동일시할
수 있는 특별한 사정이 없는 한, 회사에 대하여 상법 제39조
에 의한 불실등기 책임을 물을 수 없고, 이 경우 위와 같이
허위의 주주총회결의 등의 외관을 만들어 불실등기를 마친
사람이 회사의 상당한 지분을 가진 주주라고 하더라도 그러
한 사정만으로는 회사의 고의 또는 과실로 불실등기를 한 것
과 동일시할 수는 없다.(대판 2008.7.24. 2006다24100)
사안의 경우 진정한 대표이사 C가 부실등기 사실을 모두 알
고도 아무런 조치를 취하지 않고 방치하였는바, 이는 위 판례
상 회사에 대하여 상법 제39조에 의한 부실등기책임을 물을
수 있는 특별한 사정에 해당한다. 따라서 H가 선의·무과실
인 경우 회사는 사실과 상위한 사항이 등기되었다는 이유로
H에 대하여 G의 사옥처분행위의 무효를 주장할 수 없다.

② [○]

**해설** 등기신청권자 아닌 제3자가 문서위조 등의 방법으로 등기신
청권자의 명의를 도용하여 부실등기를 경료한 것과 같은 경
우에는 비록 그 제3자가 명의를 도용하여 등기신청을 함에
있어 등기신청권자에게 과실이 있다 하여도 이로서 곧 등기
신청권자 자신이 고의나 과실로 사실과 상위한 등기를 신청
한 것과 동일시 할 수는 없는 것이고, 또 이미 경료되어 있는
부실등기를 등기신청권자가 알면서 이를 방치한 것이 아니
고 이를 알지 못하여 부실등기 상태가 존속된 경우에는 비
록 등기신청권자에게 부실등기 상태를 발견하여 이를 시정

하지 못한 점에 있어서 과실이 있다 하여도 역시 이로서 곧
스스로 사실과 상위한 등기를 신청한 것과 동일시 할 수 없
는 법리라 할 것이므로 등기신청권자 아닌 제3자의 문서위조
등의 방법으로 이루어진 부실등기에 있어서는 등기신청권자
에게 그 부실등기의 경료 및 존속에 있어서 그 정도가 어떠하
건 과실이 있다는 사유만 가지고는 상법 제39조를 적용하여
선의의 제3자에게 대항할 수 없다고 볼 수는 없다.(대판
1975.5.27. 74다1366)
따라서 회사에 대해 부실등기책임을 묻기 위해서는 원칙적으
로 등기가 등기신청권자인 회사에 의하여 고의·과실로 마쳐
진 것임을 요한다.

③ [○]

**해설** 합명회사에 있어서 부실등기에 대한 고의과실 유무는 대표사
원을 기준으로 판정하여야 하고 대표사원의 유고로 회사 정
관에 따라 업무를 집행하는 사원이 있다고 하더라도 그 사원
을 기준으로 판정하여서는 아니 된다.(대판 1981.1.27. 79
다1618,1619)

④ [○]

**해설** 위 ①항과 관련하여 검토한 判例에 의하는 경우 대표이사의
선임등기에 있어 회사가 고의·과실로 부실등기를 한 것과 동
일시할 수 있는 사정이 없는 경우 결의의 외관이 존재하는
것만으로 회사에 대해 부실등기책임을 물을 수 없다.

⑤ [✕]

**해설** 위 ①항과 관련하여 검토한 判例에 의하는 경우 甲회사의 상
당한 지분을 가진 주주인 A가 허위의 주주총회의 결의 등의
외관을 만들어 부실등기를 마쳤다는 사정만으로는 회사의
고의·과실로 부실등기를 한 것으로 볼 수 없다.

## 09

**영업양도·양수에 관한 설명 중 옳지 않은 것은? (다툼이 있는 경우 판례에 의함)** [21 변호사]

① 다른 기업의 사업 부문의 일부를 양수하는 계약을 체결하면서 그 물적 시설과 인적 조직을 함께 포괄승계받기로 약정한 경우 원칙적으로 양도인과 근로자 사이의 근로관계는 양수인에게 포괄적으로 승계되지만 계약 체결일 이전에 해당 영업 부문에서 근무하다가 해고되어 해고의 효력을 다투는 근로자와의 근로관계까지 승계되는 것은 아니다.

② 양수인이 양도인의 상호를 계속 사용하는 경우 양도인의 영업으로 인한 제3자의 채권에 대하여 양수인도 변제할 책임이 있으며, 이 채권은 영업양도 당시까지 발생한 것임을 요하지 아니하므로 영업양도 당시로 보아 가까운 장래에 발생될 것이 확실한 채권도 이에 포함된다.

③ 양수인이 양도인의 상호를 계속 사용하지 아니하는 경우에 양도인의 영업으로 인한 채무를 인수할 것을 광고한 때에는 양수인도 변제할 책임이 있다.

④ 영업을 출자하여 주식회사를 설립하고 그 상호를 계속 사용함으로써 「상법」 제42조(상호를 속용하는 양수인의 책임) 제1항의 규정이 유추적용되는 경우에는 「상법」 제45조(영업양도인의 책임의 존속기간)의 규정도 당연히 유추적용된다.

⑤ 양수인이 양도인의 상호를 계속 사용하는 경우 양도인의 영업으로 인한 채권에 대하여 채무자가 선의이며 중대한 과실 없이 양수인에게 변제한 때에는 그 효력이 있다.

**09** 정답 ②

**핵심공략** 상호속용 영업양수인의 책임

- 영업양도와 근로관계의 이전
  - ㉠ 근로관계는 반대특약이 없는 한 동일성 유지하며 승계 ○
  - ㉡ 근로관계 승계를 거부하는 근로자의 근로관계 승계 ✕
  - ㉢ 계약체결일 이전 해고된 근로자로서 해고 효력을 다투는 근로자와의 근로관계 승계 ✕
  - ㉣ 영업양도 이전에 부당해고 된 근로자의 근로관계 승계 ○(대판 2020.11.5. 2018두54705)
- 영업양수인의 책임
  ◇ 의의
  상호속용 또는 채무인수 광고 영업양수인은 양도인의 영업상 채무 변제 책임(제42조 제1항, 제44조)
  ◇ 요건
  - ㉠ 영업양도의 존재
  - ㉡ 양도인의 영업으로 인한 제3자의 채권(채무불이행, 불법행위, 부당이득, 어음수표 채권 ○, 영업양도 당시 채권 발생 요구 ○, 변제기 도래 요구 ✕)
  - ㉢ 양수인의 채무인수 부존재
  - ㉣ 상호속용 또는 채무인수 광고(상호양도 합의 무효, 취소, 상호 무단사용 포함, 옥호, 영업표지 ○)
  - ㉤ 채권자 선의(채무인수 부존재에 대한 선의, 영업양수인이 채권자 악의 입증책임 부담)
  ◇ 효과
  - ㉠ 영업양수인 무한책임(양수한 재산으로 제한 ✕), 부진정연대책임
  - ㉡ 피보증인 지위 승계 ✕, 채권자의 채권양도 대항요건 채무자별로 요구 ○
  - ㉢ 영업양도 또는 광고 후 2년 경과시 양도인 책임 소멸(제45조)
  - ㉣ 양수인 면책등기 ⇨ 모든 채권자 면책, 양도인 및 양수인의 제3자 통지 ⇨ 제3자 면책
  - ㉤ 현물출자 유추적용 ○, 영업임대차 유추적용 ✕
- 영업상 채무자의 보호
  양도인의 영업상 채무자가 선의, 무중과실로 상호속용(광고 ✕) 양수인에게 변제한 경우 유효(제43조)

① [○]

**해설** 영업양도에 의해 승계되는 근로관계는 계약체결일 현재 실제로 그 영업부문에서 근무하고 있는 근로자와의 근로관계만을 의미하고, 계약체결일 이전에 해당 영업부문에서 근무하다 해고된 근로자로서 해고의 효력을 다투는 근로자와의 근로관계까지 승계되는 것은 아니다.(대판 1996.5.31. 95다33238)

② [✕]

**해설** ㉠ 영업양수인이 상법 제42조 제1항에 따라 책임지는 제3자의 채권은 영업양도 당시 채무의 변제기가 도래할 필요는 없다고 하더라도 그 당시까지 발생한 것이어야 하고, 영업양도 당시로 보아 가까운 장래에 발생될 것이 확실한 채권은 양수인이 책임져야 한다고 볼 수 없다.(대판 2020.2.6. 2019다270217) ㉡ 상호를 속용하는 영업양수인이 변제책임을 지는 양도인의 제3자에 대한 채무는 양도인의 영업으로 인한 채무로서 영업양도 전에 발생한 것이면 족하고, 반드시 영업양도 당시의 상호를 사용하는 동안 발생한 채무에 한하는 것은 아니다.(대판 2010.9.30. 2010다35138)

③ [○]

**해설** 영업양수인이 양도인의 상호를 계속 사용하지 아니하더라도 양도인의 영업으로 인한 채무를 인수할 것을 광고한 때에는 양수인도 변제할 책임이 있으며, 이 경우 양수인의 제3자에 대한 채무는 광고 후 2년이 경과하면 소멸한다(제45조).

④ [○]

**해설** 상법 제42조 제1항은 영업양수인이 양도인의 상호를 계속 사용하는 경우에는 양도인의 영업으로 인한 제3자의 채권에 대하여 양수인도 변제할 책임이 있다고 규정하고, 상법 제45조는 영업양수인이 상법 제42조 제1항의 규정에 의하여 변제의 책임이 있는 경우에는 양도인의 제3자에 대한 채무는 영업양도 후 2년이 경과하면 소멸한다고 규정하고 있는바, 영업을 출자하여 주식회사를 설립하고 그 상호를 계속 사용함으로써 상법 제42조 제1항의 규정이 유추적용되는 경우에는 상법 제45조의 규정도 당연히 유추적용된다.(대판 2009.9.10. 2009다38827)

⑤ [○]

**해설** 영업양수인이 양도인의 상호를 계속 사용하는 경우, 양도인의 영업으로 인한 채권에 대하여 채무자가 선의이며 중대한 과실 없이 양수인에게 변제한 때에는 그 효력이 있다(제43조).

## 10

「상법」상 영업양도와 영업임대차에 관한 설명 중 옳지 않은 것은? (다툼이 있는 경우 판례에 의함)   [20 변호사]

① 영업을 양도한 경우에 다른 약정이 없으면 양도인은 10년간 동일한 특별시·광역시·시·군과 인접 특별시·광역시·시·군에서 동종영업을 하지 못한다.

② 주식회사가 영업의 중요한 일부를 양도한 후 주주총회의 특별결의가 없었다는 이유를 들어 스스로 그 약정의 무효를 주장하는 경우, 주주 전원이 그와 같은 약정에 동의한 것으로 볼 수 있다면, 그 영업양도에 대한 무효의 주장은 신의성실의 원칙에 반할 수 있다.

③ 영업양수인에 의하여 속용되는 명칭이 상호 자체가 아니라 영업표지인 때에도 그것이 영업주체를 나타내는 것으로 사용되는 경우에는 영업양수인은 특별한 사정이 없는 한 상호를 속용하는 영업양수인의 책임을 정한 「상법」 제42조 제1항의 유추적용에 의하여 영업양도인의 영업으로 인한 제3자에 대한 채무를 부담한다.

④ 상호를 속용하는 영업임차인의 책임에 대해서는 상호를 속용하는 영업양수인의 책임을 정한 「상법」 제42조 제1항이 유추적용된다.

⑤ 상호를 속용하는 영업양수인이 영업양도를 받은 후 지체 없이 영업양도인의 영업으로 인한 제3자에 대한 채무에 대한 책임이 없음을 등기한 때에는 영업양수인은 그 제3자에 대한 채무를 변제할 책임이 없다.

**10**  정답 ④

> **핵심공략** 영업양도인의 경업금지의무
>
> - 의의
>   - ㉠ 다른 약정이 없으면 10년간 동일 특광시군과 인접 특광시군에서 동종영업 제한(제41조 제1항)
>   - ㉡ 약정 존재시 동일 특광시군과 인접 특광시군에서 20년 초과 않는 범위 내 유효(제41조 제2항)
> - 적용범위
>   - ㉠ 동일 또는 인접 지역 여부는 양도인의 통상적인 영업활동 지역을 기준(물적 설비 지역 ✕)
>   - ㉡ 양도인이 상인이 아닌 경우 경업금지의무 ✕(농업협동조합 경업금지의무 부담 ✕)
> - 위반효과
>   상법 규정 ✕, 개입권 ✕, 민법상 영업폐지청구, 손해배상청구, 영업양도계약 해제 가능

① [○]

**해설** 영업양도인은 **다른 약정이 없으면 10년간 동일한 특별시·광역시·시·군과 인접 특별시·광역시·시·군에서 동종영업을 하지 못하는 경업금지의무를 부담**한다(제41조).

② [○]

**해설** 주식회사가 영업의 전부 또는 중요한 일부를 양도한 후 주주총회의 특별결의가 없었다는 이유를 들어 스스로 그 약정의 무효를 주장하더라도 **주주 전원이 그와 같은 약정에 동의한 것으로 볼 수 있는 등 특별한 사정이 인정되지 않는다면** 위와 같은 무효 주장이 신의성실 원칙에 반한다고 할 수는 없다.(대판 2018.4.26. 2017다288757)
설문은 위 判例 본문의 내용으로 출제되었는바, 判例의 취지에 비추어 보면 주주 전원이 영업 전부 등의 양도에 관한 약정에 동의한 것으로 볼 수 있다면, 주식회사가 그 영업양도에 대한 무효를 주장하는 것은 신의성실의 원칙에 반할 수 있다.

③ [○]

**해설** 양수인에 의하여 속용되는 명칭이 **상호 자체가 아닌 옥호 또는 영업표지인 때에도 그것이 영업주체를 나타내는 것으로 사용되는 경우**에는 영업상의 채권자가 영업주체의 교체나 채무승계 여부 등을 용이하게 알 수 없다는 점에서 일반적인 상호속용의 경우와 다를 바 없으므로, 양수인은 특별한 사정이 없는 한 **상법 제42조 제1항의 유추적용에 의하여 그 채무를 부담**한다.(대판 2010.9.30. 2010다35138)

④ [✕]

**해설** 영업임대차의 경우 상법 제42조 제1항과 같은 법률규정이 없을 뿐만 아니라, 영업상의 채권자가 제공하는 신용에 대하여 실질적인 담보기능을 하는 영업재산의 소유권이 재고상품 등 일부를 제외하고는 모두 임대인에게 유보되어 있고 임차인은 사용·수익권만을 가질 뿐이어서 임차인에게 임대인의 채무에 대한 변제책임을 부담시키면서까지 임대인의 채권자를 보호할 필요가 있다고 보기 어렵다. 여기에 상법 제42조

제1항에 의하여 양수인이 부담하는 책임은 양수한 영업재산에 한정되지 아니하고 그의 전 재산에 미친다는 점 등을 더하여 보면, **영업임대차의 경우에 상법 제42조 제1항을 그대로 유추적용 할 것은 아니다.**(대판 2016.8.24. 2014다9212)

⑤ [○]

**해설** 양수인이 영업양도를 받은 후 지체 없이 양도인의 채무에 대한 책임이 없음을 등기한 때에는 양수인은 책임을 부담하지 않는다(제42조 제2항). 면책등기는 모든 채권자에게 효력이 미친다.

상법

# PART 2

# 상행위

## 11

**대리에 관한 설명 중 옳은 것은?** [22 변호사]

① 표현대리가 성립하여 본인이 이행책임을 부담하는 경우, 상대방에게 과실이 있으면 과실상계의 법리가 적용된다.

② 「민법」상 조합에 있어서 조합원들의 대리인인 업무집행조합원이 조합을 위한 것임을 표시하지 않고 조합을 위하여 상행위를 한 경우, 상대방이 조합을 위한 행위임을 과실 없이 몰랐다면 그 행위는 다른 조합원들에게 효력이 미치지 않는다.

③ 부부간의 일상의 가사에 관한 대리권은 법정대리권이므로 그 제한은 선의의 제3자에게도 대항할 수 있다.

④ 부분적 포괄대리권을 가진 상업사용인이 위임받은 특정 영업 또는 사항 이외의 거래행위를 한 경우, 그 행위의 상대방이 그 상업사용인에게 그 권한이 있다고 믿을 만한 정당한 이유가 있으면 영업주는 그 행위에 대하여 책임이 있다.

⑤ 주주의 대리인이 의결권 행사의 대리권을 증명하는 서면을 주주총회에 제출한다면 회사는 그 총회의 개최가 방해될 염려가 있는 등의 특별한 사정이 있어도 그 대리행사를 거절할 수 없다.

## 11                                                           정답 ④

> **핵심공략** 상법상 대리
>
> ㉠ 상법상 대리인이 본인을 위한 것임을 표시하지 않아도 본인에게 효력 인정(제48조 본문)
> ㉡ 조합대리에 있어서 그 법률행위가 조합에게 상행위가 되는 경우 조합을 위한 것임을 표시하지 않았더라도 법률행위의 효력은 조합원 전원에게 미침(대판 2009.1.30. 2008다79340)
> ㉢ 상대방이 본인을 위한 것임을 알지 못한 경우 대리인에게도 이행 청구 가능(제48조 단서)
> ㉣ 상인이 영업에 관하여 수여한 대리권은 본인의 사망으로 소멸 ✕(제50조)
> ㉤ 의결권의 대리행사로 주주총회 개최가 부당 저해되거나 회사 이익이 부당 침해될 염려가 있는 경우 회사는 주주 의결권 대리행사 거절 가능

① [✕]

**해설** 표현대리행위가 성립하는 경우에 그 본인은 표현대리행위에 의하여 전적인 책임을 져야 하고, 상대방에게 과실이 있다고 하더라도 과실상계의 법리를 유추적용하여 본인의 책임을 경감할 수 없다.(대판 1996.7.12. 95다49554)
따라서 표현대리가 성립하여 본인이 이행책임을 부담하는 경우에는 상대방에게 과실이 있다 할지라도 과실상계의 법리를 적용할 수 없다.

② [✕]

**해설** 민법 제114조 제1항은 "대리인이 그 권한 내에서 본인을 위한 것임을 표시한 의사표시는 직접 본인에 대하여 효력이 생긴다"라고 규정하고 있으므로, 원칙적으로 대리행위는 본인을 위한 것임을 표시하여야 직접 본인에 대하여 효력이 생기는 것이고, 한편 민법상 조합의 경우 법인격이 없어 조합 자체가 본인이 될 수 없으므로, 이른바 조합대리에 있어서는 본인에 해당하는 모든 조합원을 위한 것임을 표시하여야 하나, 반드시 조합원 전원의 성명을 제시할 필요는 없고, 상대방이 알 수 있을 정도로 조합을 표시하는 것으로 충분하다. 그리고 상법 제48조는 "상행위의 대리인이 본인을 위한 것임을 표시하지 아니하여도 그 행위는 본인에 대하여 효력이 있다. 그러나 상대방이 본인을 위한 것임을 알지 못한 때에는 대리인에 대하여도 이행의 청구를 할 수 있다"고 규정하고 있으므로, 조합대리에 있어서도 그 법률행위가 조합에게 상행위가 되는 경우에는 조합을 위한 것임을 표시하지 않았다고 하더라도 그 법률행위의 효력은 본인인 조합원 전원에게 미친다.(대판 2009.1.30. 2008다79340)
따라서 민법상 조합에 있어서 조합원들의 대리인인 업무집행 조합원이 조합을 위한 것임을 표시하지 않고 조합을 위하여

상행위를 한 경우, 상대방이 조합을 위한 행위임을 과실 없이 몰랐더라도 그 행위는 다른 조합원들에게 효력이 미친다.

③ [✕]

**해설** 부부는 일상의 가사에 관하여 서로 대리권이 있다(민법 제827조 제1항). 전항의 대리권에 가한 제한은 선의의 제3자에게 대항하지 못한다(민법 제827조 제2항).

④ [○]

**해설** 부분적 포괄대리권을 가진 상업사용인이 특정된 영업이나 특정된 사항에 속하지 아니하는 행위를 한 경우, 영업주가 책임을 지기 위하여는 민법상의 표현대리의 법리에 의하여 그 상업사용인과 거래한 상대방이 그 상업사용인에게 그 권한이 있다고 믿을 만한 정당한 이유가 있어야 한다.(대판 2012.12.13. 2011다69770).
설문의 경우, 부분적 포괄대리권을 가진 상업사용인에게 그 권한이 있다고 믿을 만한 정당한 이유가 있으면 영업주는 그 행위에 대하여 책임이 있다.

⑤ [✕]

**해설** 주주의 의결권 행사를 위한 대리인의 선임은 무제한적으로 허용되는 것은 아니고, 그 의결권의 대리행사로 말미암아 주주총회의 개최가 부당하게 저해되거나 회사의 이익이 부당하게 침해될 염려가 있는 등의 특별한 사정이 있는 경우에는 회사는 이를 거절할 수 있으며, 주주가 의결권 불통일행사를 위하여 수인의 대리인을 선임하고자 하는 경우에는 회사는 이를 거절할 수 있다.(대판 2001.9.7. 2001도2917)
설문의 경우와 같이 주주의 대리인이 대리권을 증명하는 서면을 주주총회에 제출하였다 할지라도 대리권 행사로 인하여 총회의 개최가 방해될 염려가 있는 경우에는 회사는 그 대리권 행사를 거절할 수 있다.

## 12

부당이득반환청구권의 소멸시효에 관한 설명 중 옳은 것을 모두 고른 것은? (다툼이 있는 경우에는 판례에 의함)

[22 변호사]

ㄱ. 가맹업자인 甲주식회사가 가맹계약상 근거 없이 'Administration Fee'라는 항목으로 매장 매출액의 일정 비율에 해당하는 금액을 가맹상인 乙에게 청구하여 지급받은 것은 부당이득에 해당하므로, 이에 관하여 乙이 청구하는 부당이득반환청구권에는 5년의 상사소멸시효기간이 적용된다.

ㄴ. 주식회사인 매수인이 의료법인인 매도인과의 부동산 매매계약의 이행으로서 그 매매대금을 매도인에게 지급하였으나, 매도인 법인을 대표하여 위 매매계약을 체결한 대표자의 선임에 관한 이사회 결의가 부존재함이 확정됨에 따라 위 매매계약이 무효가 되고, 이에 따라 발생하는 매수인의 부당이득반환청구권에는 5년의 상사소멸시효기간이 적용된다.

ㄷ. 甲은행으로부터 대출받으면서 근저당권설정비용을 부담한 채무자 乙이 그 비용 부담의 근거가 된 약관 조항의 무효로 인하여 행사할 수 있는 근저당권설정비용에 대한 부당이득반환청구권에는 5년의 상사소멸시효기간이 적용된다.

ㄹ. 주식회사에 있어서 배당가능이익이 없는데도 이익배당이 이루어진 경우, 회사가 주주로부터 위법배당금을 회수하기 위하여 행사하는 부당이득반환청구권에는 10년의 민사소멸시효기간이 적용된다.

ㅁ. 공공건설임대주택의 임대사업자인 甲공사와 분양계약을 체결한 乙이 일률적인 산정방식에 따라 정한 분양전환가격이 강행법규 위반으로 무효가 됨을 이유로 납부한 분양대금과 정당한 분양전환가격의 차액 상당을 청구하는 부당이득반환청구권에는 10년의 민사소멸시효기간이 적용된다.

① ㄱ, ㄴ, ㄹ      ② ㄱ, ㄷ, ㄹ

③ ㄱ, ㄷ, ㅁ      ④ ㄴ, ㄷ, ㄹ

⑤ ㄷ, ㄹ, ㅁ

부당이득반환청구권의 소멸시효기간은 민법 제162조 제1항에 따라 10년이다.(대판 2003.4.8. 2002다64957,64964)

**ㄷ. [○]**
甲은행으로부터 대출을 받으면서 근저당권설정비용 등을 부담한 채무자 乙이 그 근거인 대출약관 관련 규정의 무효를 주장하면서 자신이 부담한 비용 등의 부당이득 반환을 구하는 경우, 그러한 **부당이득반환채권에는 상사소멸시효가 적용**된다.(대판 2014.7.24. 2013다214871)

**ㄹ. [○]**
이익배당이나 중간배당은 회사 이익을 내부적으로 주주에게 분배하는 행위로서 회사가 영업으로 또는 영업을 위하여 하는 상행위가 아니므로 배당금지급청구권은 상행위로 인한 채권으로 볼 수 없다. 따라서 위법배당에 따른 부당이득반환청구권 역시 상행위에 기초하여 발생한 것이라고 볼 수 없다. 배당가능이익이 없는데도 이익배당이나 중간배당이 실시된 경우 회사나 채권자가 주주로부터 배당금을 회수하는 것은 회사의 자본충실과 회사 채권자보호에 필수적이므로 부당이득반환청구권 행사를 신속하게 확정할 필요성이 크다고 볼 수 없다. 따라서 **위법배당에 따른 부당이득반환청구권은 10년의 민사소멸시효에 걸린다고** 보아야 한다.(대판 2021.6.24. 2020다208622)

**ㅁ. [×]**
임대사업자가 일률적으로 정한 분양전환가격으로 분양계약을 체결한 자가 납부한 **분양대금과 정당한 분양전환가격의 차액에 대한 부당이득반환채권**은 거래관계를 신속하게 해결할 필요가 있으므로, 상법 제64조가 적용되어 5년의 소멸시효가 적용된다.(대판 2015.9.15. 2015다210811)

---

**핵심공략** 상사소멸시효

- 상사소멸시효가 적용되는 경우
  ㉠ 쌍방적, 일방적, 보조적 상행위 불문
  ㉡ 은행 대출금에 대한 변제기 이후의 지연손해금
  ㉢ 보험계약 급부의 부당산정에 따른 부당이득반환청구권,
  ㉣ 가맹본부를 상대로 한 가맹점사업자의 Administration Fee 부당이득반환청구
  ㉤ 위탁자의 위탁매매인에 대한 이득상환청구권, 이행담보책임청구권(대판 1996.1.23. 95다39854)
  ㉥ 주주의 배당금 지급청구권(제464조의2 제2항)(대판 2006.4.27. 2006다1381)
- 상사소멸시효가 적용되지 않는 경우 [물/불/주/무/대개/임무해태]
  ㉠ 물상보증인의 채무자에 대한 구상권(대판 2001.4.24. 2001다6237)
  ㉡ 불법행위로 인한 손해배상채권(대판 1985.5.28. 84다카966)
  ㉢ 근로자의 근로계약상의 주의의무 위반으로 인한 손해배상청구권(대판 2005.11.10. 2004다222742)
  ㉣ 임대차계약 종료 후 무단점유에 대한 부당이득 반환청구(대판 2012.5.10. 2012다4633)
  ㉤ 대표이사 개인의 차용금 채무(대판 2012.7.26. 2011다43594)
  ㉥ 이사, 감사의 회사에 대한 임무해태로 인한 손해배상책임(대판 1986.6.25. 84다카1954)
- 보증채무: 성질에 따라 보증인에 대한 채권이 민사채권인 경우 10년, 상사채권인 경우 5년 소멸시효

**해설** **ㄱ. [○]**
가맹점사업자가 가맹본부를 상대로 가맹계약상 근거를 찾을 수 없는 'Administration Fee'이라는 항목으로 매장 매출액의 일정 비율로 지급받은 금액을 부당이득으로 반환청구하는 경우, 그러한 **부당이득반환채권은 상행위가 되는 가맹계약에 기초하여 발생한 것**일 뿐만 아니라, 가맹본부가 수백명에 달하는 가맹점사업자들에게 같은 내용의 부당이득반환채무를 부담하는 점 등 채권 발생의 경위나 원인 등에 비추어 볼 때 그로 인한 거래관계를 신속하게 해결할 필요가 있으므로, 상법 제64조에 따라 5년간 행사하지 않으면 소멸시효가 완성된다.(대판 2018.6.15. 2017다248803,248810)

**ㄴ. [×]**
주식회사인 부동산 매수인이 의료법인인 매도인과의 부동산 매매계약의 이행으로 매매대금을 매도인에게 지급하였으나, 매도인 법인을 대표하여 매매계약을 체결한 대표자의 선임에 관한 이사회결의가 부존재하는 것으로 확정됨에 따라 매매계약의 무효를 이유로 민법 규정에 따라 **매매대금 상당액의 반환을 구하는 부당이득반환청구**의 경우, 상거래 관계와 같은 정도로 신속하게 해결할 필요성이 있다고 볼 수 없으므로 위

## 13

자연인 甲은 식당을 개업하기 위하여 乙로부터 상가건물을 임차하여 내부시설을 조성하고 상업사용인 구인광고를 하였다. 이후 이러한 영업준비에 필요한 자금을 조달하기 위하여 이 같은 사정을 잘 아는 친구 丙으로부터 500만 원을 차용하였다. 그 후 甲은 식당을 개업하였다. 이에 관한 설명 중 옳은 것을 모두 고른 것은? (다툼이 있는 경우에는 판례에 의함)

[19 변호사]

ㄱ. 甲이 상가건물을 임차하는 시점에 甲을 상인으로 볼 수 있다.

ㄴ. 甲이 식당영업을 위해 상가건물을 임차하는 것을 乙이 알면서 임대한 경우에는 영업으로 임대행위를 하지 않았어도 乙은 상인이 된다.

ㄷ. 丙이 甲에 대하여 가지는 500만 원의 대여금채권은 민사채권으로서 소멸시효기간은 10년이다.

ㄹ. 甲이 자본금액 900만 원만으로 음식점 영업을 하는 경우 「상법」상 상호에 관한 규정이 적용되지 않는다.

ㅁ. 甲이 '고객의 휴대물에 대하여 책임이 없음'을 알린 경우에도, 식당에서 甲이 임치받지 않은 고객의 저가 스마트폰이 甲의 사용인의 과실로 인하여 훼손되었을 때에는 甲은 그 손해를 배상할 책임이 있다.

① ㄱ, ㄴ          ② ㄴ, ㅁ
③ ㄷ, ㅁ          ④ ㄱ, ㄹ, ㅁ
⑤ ㄴ, ㄷ, ㄹ

**핵심공략** 소상인 및 공중접객업자의 책임

- 소상인
  - ㉠ 자본금(영업자산의 현재가치) 1천만 원 미만의 상인으로 회사가 아닌 자(제9조, 시행령 제2조)
  - ㉡ 지배인, 상호, 상업장부, 상업등기 소상인에게 적용 ✕ (제9조)
  - ㉢ 회사는 아무리 규모가 작아도 소상인 ✕
  - ㉣ 소상인이 지배인 등을 이용하는 것은 가능
- 공중접객업자의 책임
  - ㉠ 임치물의 경우 자기 또는 사용인의 무과실을 증명하지 못하면 손해배상책임 부담(제152조 제1항)
  - ㉡ 임치물이 아닌 경우에도 자기 또는 사용인의 과실로 인한 고객의 시설 내 휴대 물건에 대한 손해배상책임 부담(제152조 제2항)
  - ㉢ 고객의 휴대물에 대하여 책임이 없음을 알린 것만으로는 공중접객업자의 책임이 면제되지 않음(제152조 제3항)
  - ㉣ 고객이 고가물의 종류와 가액을 명시하여 임치하지 않은 경우 공중접객업자는 그 물건의 멸실 또는 훼손으로 인한 손해배상책임 ✕(제153조)

**해설** ㄱ. [○]

영업의 목적인 기본적 상행위의 개시 전에 영업을 위한 준비행위를 하는 자는 영업으로 상행위를 할 의사를 실현하는 것이므로 **준비행위를 한 때 상인자격을 취득하고** 개업준비행위는 영업을 위한 행위로서 최초의 보조적 상행위가 된다. 개업준비행위는 상호등기, 개업광고, 간판부착 등에 의해 영업의사를 일반적·대외적으로 표시할 필요는 없으나, **점포구입, 영업양수, 상업사용인의 고용 등** 준비행위의 성질로 보아 영업의사를 상대방이 객관적으로 인식할 수 있으면 당해 준비행위는 보조적 상행위로서 상행위에 관한 상법 규정이 적용된다.(대판 1999.1.29. 98다1584)
甲이 상가건물을 임차하는 행위는 영업의사를 객관적으로 인식할 수 있는 준비행위에 해당하므로 甲이 상가건물을 임차하는 시점에 甲을 상인으로 볼 수 있다.

ㄴ. [✕]

乙이 상인자격을 취득하기 위해서는 영업으로 임대행위를 하였다는 사정이 인정되어야 한다. 甲이 식당영업을 위해 상가건물을 임차하는 것을 乙이 알면서 임대하였다는 사정만으로 乙이 상인이 되지는 않는다.

ㄷ. [✕]

영업자금 차입 행위는 행위 자체의 성질로 보아서는 영업의 목적인 상행위를 준비하는 행위라고 할 수 없지만, **행위자의 주관적 의사가 영업을 위한 준비행위이었고 상대방도 행위자의 설명 등에 의하여 그 행위가 영업을 위한 준비행위라는 점을 인식하였던 경우에는 상행위에 관한 상법의 규정이** 적용된다.(대판 2012.4.13. 2011다104246)
설문의 경우 甲은 영업준비에 필요한 자금을 조달하기 위하여 丙으로부터 500만원을 차용하였으므로 甲의 주관적 의사가 영업을 위한 준비행위였고, 丙이 이러한 사정을 잘 알았으므로 이러한 차용행위에는 상행위에 관한 상법이 규정되어 5년의 상사시효가 적용된다(제64조).

ㄹ. [○]

자본금이 900만원인 경우 소상인에 해당한다. 따라서 상법상 상호에 관한 규정이 적용되지 않는다.

ㅁ. [○]

공중접객업자가 고객의 휴대물에 대하여 책임이 없음을 알렸더라도 공중접객업자가 고객으로부터 임치받지 않은 물건으로서 그 시설 내에 휴대한 물건이 자기 또는 사용인의 과실로 인하여 멸실 또는 훼손되었을 때에는 손해를 배상할 책임이 있다(제152조 제2항, 제3항). 고객이 화폐, 유가증권, 그 밖의 고가물의 종류와 가액을 명시하여 임치하지 않은 경우 공중접객업자는 그 물건의 멸실 또는 훼손으로 인한 손해를 배상할 책임을 지지 않는다(제153조).
설문의 경우 고객의 물건이 '저가 스마트폰'으로서 고가물에 해당하지 않으므로 위와 같은 고가물에 대한 책임 조항이 적용되지 않는다.

## 14

주택의 신축·분양사업을 하려는 당사자들은 다음과 같이 약정하였다. (이하에서 각 사례는 독립적이고, 언급된 것 외에는 다른 약정은 없는 것으로 가정함, 다툼이 있는 경우에는 판례에 의함)

> 가. X, 甲, 乙은 각각 1억 원을 상호출자하여 공동사업을 경영하고, X를 업무집행자로 정하는 동업계약을 체결하였다.
>
> 나. X는 출자를 하지 않고 A와 B가 각각 1억 원을 출자하며, X가 단독으로 X의 성명만이 들어간 상호를 사용하여 영업을 하고, 그 영업으로 인하여 발생한 이익의 25%씩을 A와 B에게 각각 분배하기로 하는 약정을 체결하였다.
>
> 다. X, Y, Z는 각각 1억 원을 상호출자하여 공동사업을 경영하고, Y와 Z는 조합의 채무에 대하여 출자가액을 한도로 하여 각각 유한책임을 지며, X는 업무집행조합원으로서 조합의 채무에 대하여 무한책임을 지기로 하는 약정을 체결하고 적법하게 합자조합을 설립하였다.

**X는 C주식회사로부터 위 약정에 따라 주택의 신축·분양사업에 필요한 건축자재를 대금 1천만 원에 외상으로 구매하였다. 이에 대한 설명 중 옳지 않은 것은?** [17 변호사]

① 가.의 경우, 甲은 위 건축자재 대금채무를 변제할 책임이 있다.

② 나.의 경우, A와 B가 출자한 출자금 2억 원은 X의 재산으로 본다.

③ 나.의 경우, A는 위 건축자재 대금채무를 변제할 책임이 없다.

④ 다.의 경우, Y가 출자를 전혀 이행하지 않은 때에는 Y는 위 건축자재 대금채무를 변제할 책임이 없다.

⑤ 다.의 경우, X는 Y와 Z의 동의가 없으면 자기 또는 제3자의 계산으로 조합의 영업부류에 속하는 거래를 하지 못한다.

하는 약정은 익명조합에 해당한다. 익명조합원인 A와 B가 출자한 출자금 2억 원은 영업자인 X의 재산으로 본다.

③ [○]

**해설** 익명조합의 경우 제3자에 대한 영업상의 권리의무는 영업자만 가진다. 대외적인 모든 책임은 영업자가 지고, 익명조합원은 책임을 지지 않는다.

설문의 경우 익명조합원 A는 대외적 채무인 건축자재 대금채무를 변제할 책임이 없다.

④ [×]

**해설** 유한책임조합원은 조합계약에서 정한 출자가액에서 이미 이행한 부분을 뺀 가액을 한도로 하여 조합채무를 변제할 책임이 있다(제86조의6 제1항).

설문의 경우 유한책임조합원 Y가 출자를 이행하지 않은 때에는 Y는 자신의 출자가액을 한도로 위 건축자재 대금채무를 변제할 책임이 있다.

⑤ [○]

**해설** 합자조합의 업무집행조합원은 다른 모든 조합원의 동의가 없으면 자기 또는 제3자의 계산으로 합자조합의 영업부류에 속하는 거래를 하지 못하며 동종영업을 목적으로 하는 다른 회사의 무한책임사원 또는 이사가 되지 못한다(제86조의8 제2항, 제198조).

설문의 경우 합자조합의 업무집행조합원 X는 유한책임조합원 Y와 乙의 각 동의가 없으면 자기 또는 제3자의 계산으로 조합의 영업부류에 속하는 거래를 하지 못한다.

---

**핵심공략** 다수당사자의 연대책임, 익명조합, 합자조합

- 다수당사자의 연대책임(제57조 제1항)
  - ㉠ 수인이 그 1인 또는 전원에게 상행위가 되는 행위로 채무 부담하는 경우 전원 연대 책임
    - ⇨ 채무자 전원에게 상행위 요구 ×, 채권자는 상인이 아니어도 됨
  - ㉡ 조합채무가 조합원 전원을 위하여 상행위가 되는 행위로 인한 경우 조합원들의 연대 책임
- 익명조합(제78조)
  - ㉠ 영업자는 상인이어야 하나, 익명조합원은 상인이 아니어도 됨
  - ㉡ 익명조합원이 출자한 금전 기타의 재산은 영업자의 재산(영업자 횡령죄 불성립)
  - ㉢ 대외적인 모든 책임은 영업자 부담, 익명조합원은 책임 ×
- 합자조합(제86조의2)
  - ㉠ 무한책임을 지는 업무집행조합원과 출자가액 한도 유한책임을 지는 유한책임조합원 사이의 조합계약
  - ㉡ 업무집행조합원은 경업금지의무(영업부류)와 겸직금지의무(동종영업) 부담
  - ㉢ 업무집행조합원은 직접·연대·무한책임 부담
  - ㉣ 유한책임조합원은 출자가액에서 이미 이행한 부분을 뺀 가액 한도로 조합채무 변제책임 부담

---

① [○]

**해설** X, 甲, 乙이 각각 1억 원을 상호출자하여 공동사업을 경영하고, X를 업무집행자로 정하는 내용의 동업 계약 관계는 민법상의 조합에 해당한다(민법 제703조).

조합의 채무는 조합원의 채무로서 특별한 사정이 없는 한 조합채권자는 각 조합원에 대하여 지분의 비율에 따라 또는 균일적으로 변제의 청구를 할 수 있을 뿐이나, **조합채무가 특히 조합원 전원을 위하여 상행위가 되는 행위로 인하여 부담하게 된** 것이라면 상법 제57조 제1항을 적용하여 **조합원들의 연대책임을 인정함이 상당하다.**(대판 1998.3.13. 97다6919)

설문의 경우 X가 C주식회사로부터 건축자재를 1천만 원에 외상으로 구매한 것은 주택 신축·분양사업을 목적으로 하는 조합의 조합원 전원을 위하여 상행위가 되는 행위로 인한 것이므로 甲은 연대채무를 부담하고 따라서 甲은 건축자재 대금채무를 변제할 책임이 있다.

② [○]

**해설** 당사자의 일방이 상대방의 영업을 위하여 출자하고 상대방은 그 영업으로 인한 이익을 분배할 것을 내용으로 하는 약정은 상법상 익명조합에 해당한다(제78조). 익명조합원이 출자한 금전 기타의 재산은 영업자의 재산으로 본다(제79조).

영업자인 X는 출자를 하지 않고 익명조합원인 A와 B가 각각 1억 원을 출자하며, 영업자 X가 단독으로 영업자 X의 성명만이 들어간 상호를 사용하여 영업을 하고, 그 영업으로 인하여 발생한 이익의 25%씩을 익명조합원 A와 B에게 분배하기로

## 15

**유치권에 관한 설명 중 옳은 것을 모두 고른 것은? (다툼이 있는 경우 판례에 의함)** [21 변호사]

ㄱ. 운송주선인은 운송물에 관하여 받을 보수, 운임, 기타 위탁자를 위한 체당금이나 선대금에 관하여서만 그 운송물을 유치할 수 있다.

ㄴ. 채무자 소유의 부동산에 관하여 이미 선행저당권이 설정되어 있는 상태에서 채권자의 상사유치권이 성립한 경우, 상사유치권자는 채무자 및 그 이후 채무자로부터 부동산을 양수하거나 제한물권을 설정받는 자에 대해서는 대항할 수 있지만, 선행저당권자 또는 선행저당권에 기한 임의경매절차에서 부동산을 취득한 매수인에 대한 관계에서는 상사유치권으로 대항할 수 없다.

ㄷ. 유치권 포기로 인한 유치권의 소멸은 유치권 포기의 의사표시의 상대방만 주장할 수 있다.

ㄹ. 공사대금채권에 기하여 유치권을 행사하는 자가 스스로 유치물인 주택에 거주하며 사용하는 것은 특별한 사정이 없는 한 유치물의 보존에 필요한 사용이므로 채무자는 유치권 소멸을 청구할 수 없다.

ㅁ. 대리상의 유치권은 유치권의 목적물과 피담보채권의 견련성이 요구되지 않지만, 목적물이 채무자의 소유일 것을 요한다.

① ㄱ, ㄴ      ② ㄷ, ㄹ

③ ㄷ, ㅁ      ④ ㄱ, ㄴ, ㄹ

⑤ ㄴ, ㄹ, ㅁ

## 15                  정답 ④

> **핵심공략** 상사유치권
>
> - 일반상사유치권[변소(꼴)불견]
>   ◇ 요건
>     - ㉠ 채권자와 채무자 쌍방 상인, 쌍방 상행위로 인한 채권(제3자로부터 양수한 채권 ✕)
>     - ㉡ 피담보채권 성립시점과 유치물 점유 개시시점(유치권 성립이후 ✕)에 상인일 것
>     - ㉢ 변제기 도래
>     - ㉣ 채무자 소유물(부동산 포함)
>     - ㉤ 견련관계 ✕
>     - ㉥ 배제특약 가능(유치권 포기의 경우 상대방 이외 제3자도 주장 가능)
>   ◇ 효과
>     선행저당권자 또는 선행저당권에 기한 임의경매절차에서 부동산 취득한 매수인에 대해서는 상사유치권으로 대항할 수 없음(대판 2013.2.28. 2010다57350)
> - 특별상사유치권[운견불소/대위불소견]
>     - ㉠ 운송주선인 및 운송인: 견련관계 ○, 채무자 소유물 ✕
>     - ㉡ 대리상 및 위탁매매인: 채무자 소유물 ✕, 견련관계 ✕

**해설** ㄱ. [○]

운송주선인은 운송물에 관하여 받을 보수, 운임, 기타 위탁자를 위한 체당금이나 선대금에 관해서만 그 운송물을 유치할 수 있다(제120조).

ㄴ. [○]

채무자 소유의 부동산에 관하여 이미 선행저당권이 설정되어 있는 상태에서 채권자의 상사유치권이 성립한 경우, 상사유치권자는 채무자 및 그 이후 채무자로부터 부동산을 양수하거나 제한물권을 설정받는 자에 대해서는 대항할 수 있지만, **선행저당권자 또는 선행저당권에 기한 임의경매절차에서 부동산을 취득한 매수인에 대한 관계에서는 상사유치권으로 대항할 수 없다.**(대판 2013.2.28. 2010다57350)

ㄷ. [✕]

유치권은 법정담보물권이기는 하나 채권자의 이익보호를 위한 채권담보의 수단에 불과하므로 이를 포기하는 특약은 유효하고, 유치권을 사전에 포기한 경우 다른 법정요건이 모두 충족되더라도 유치권이 발생하지 않는 것과 마찬가지로 유치권을 사후에 포기한 경우 곧바로 유치권은 소멸한다. 그리고 **유치권 포기로 인한 유치권의 소멸은 유치권 포기의 의사표시의 상대방뿐 아니라 그 이외의 사람도 주장할 수 있다.**(대판 2016.5.12. 2014다52087)

ㄹ. [○]

민법 제324조에 의하면, 유치권자는 선관주의로 유치물을 점유하여야 하고, 소유자의 승낙 없이 유치물을 보존에 필요한 범위를 넘어 사용하거나 대여 또는 담보제공을 할 수 없으며, 소유자는 유치권자가 위 의무를 위반한 때에는 유치권의 소멸을 청구할 수 있지만, **공사대금채권에 기하여 유치권을 행사하는 자가** 스스로 유치물인 주택에 거주하며 사용하는 것은 특별한 사정이 없는 한 유치물인 주택의 보존에 도움이 되는 행위로서 **유치물의 보존에 필요한 사용**에 해당하므로, 그러한 경우에는 유치권의 소멸을 청구할 수 없다.(대판 2013.4.11. 2011다107009)

ㅁ. [✕]

대리상은 거래의 대리 또는 중개로 인한 채권이 변제기에 있는 때에는 그 변제를 받을 때까지 본인을 위하여 점유하는 물건 또는 유가증권을 유치할 수 있다(제91조).

## 16

채권·채무관계에 관한 설명 중 옳지 않은 것은? (다툼이 있는 경우에는 판례에 의함)  [21 변호사]

① 「민법」상 채무자가 수인인 경우에 특별한 의사표시가 없으면 각 채무자는 균등한 비율로 의무를 부담하고, 「상법」상 수인이 그 1인 또는 전원에게 상행위가 되는 행위로 인하여 채무를 부담한 때에는 연대하여 변제할 책임이 있다.

② 「상법」상 상행위의 대리인이 본인을 위한 것임을 표시하지 아니하여 상대방이 이를 알지 못한 경우에도 그 행위는 본인에 대하여 효력이 있고, 이 경우 상대방은 대리인에 대하여도 이행의 청구를 할 수 있다.

③ 「민법」상 보수없이 임치를 받은 자와 「상법」상 자신의 영업범위 내에서 보수를 받지 아니하고 임치를 받은 상인은 임치물을 선량한 관리자의 주의로 보관하여야 한다.

④ 상인 간에서 금전소비대차가 있었음을 주장하면서 약정이자의 지급을 구하는 청구에는 약정 이자율이 인정되지 않더라도 「상법」에서 정한 법정이자의 지급을 구하는 취지가 포함되어 있다고 보아야 한다.

⑤ 「상법」 제54조(상사법정이율)의 상사법정이율은 상행위로 인한 채무나 이와 동일성을 가진 채무에 관하여 적용되는 것이고, 상행위가 아닌 불법행위로 인한 손해배상채무에는 적용되지 않는다.

## 17

다수 당사자의 채권·채무관계에 관한 설명 중 옳지 않은 것은? (다툼이 있는 경우 판례에 의함)  [19 변호사]

① 甲과 乙이 甲에게만 상행위가 되는 하나의 행위로 인하여 공동으로 채무를 부담한 때에는 이를 연대하여 변제할 책임을 부담한다.

② 하나의 행위로 甲과 乙 모두에게 상행위로 인한 채무가 되지 않지만 채권자인 丙에게는 상행위로 인한 채권이 되는 경우 甲과 乙이 공동으로 지는 채무는 특약이 없는 한 균등한 비율로 분할채무를 부담한다.

③ 전문보증기관인 주식회사 甲이 영업으로 보증을 한 경우 주채무가 상행위로 인한 것이 아닌 경우에도 회사 甲은 주채무자와 연대하여 변제할 책임이 있다.

④ 임대인 甲의 이행보조자인 乙이 과실로 임차인 丙의 임차권을 침해한 경우, 甲의 채무불이행으로 인한 손해배상책임과 乙의 불법행위로 인한 손해배상책임은 부진정연대책임관계에 있다.

⑤ 「민법」상 조합원 전원인 甲과 乙에게 상행위가 되는 행위로 인하여 조합채무를 부담하게 된 것이라면 그 채무에 관하여 甲과 乙 상호 간에는 분할채무 원칙이 적용된다.

**16** 　　　　　　　　　　　　　　　정답 ③

**민법 채권에 대한 특칙**
- 상사법정이율
  - ㉠ 상행위로 직접 생긴 채무뿐 아니라 그와 동일성이 있거나 변형 채무에도 적용
  - ㉡ 불법행위로 인한 손해배상채무 적용 ✕, 법률규정에 의한 법정채무 적용 ✕
- 법정이자청구권
  - ㉠ 상인이 영업에 관하여 금전을 대여한 경우 법정이자 청구 가능(제55조 제1항)
  - ㉡ 상인 간의 약정이자 청구에는 상법 소정 법정이자 청구가 포함되어 있다고 보아야 함
- 상사임치
  상인이 영업범위 내에서 물건 임치를 받은 경우 무보수인 경우에도 선관주의의무 부담(제62조)
- 청약에 대한 낙부통지의무
  상인이 상시 거래관계에 있는 자로부터 영업부류에 속한 계약의 청약을 받고 지체 없이 낙부 통지를 발송하지 않으면 승낙한 것으로 봄(제53조)

① [ ○ ]

**해설** 민법에 의하면 다수 당사자의 채무는 분할채무이지만(민법 제408조), 상법에 의하면 수인이 그 1인 또는 전원에게 상행위가 되는 행위로 인하여 채무를 부담한 때에는 연대하여 변제할 책임이 있다(제57조 제1항).

② [ ○ ]

**해설** 상법상 대리의 경우, 대리인이 본인을 위한 것임을 표시하지 아니하여도 그 행위는 본인에 대하여 효력이 있다(제48조 본문). 상대방이 본인을 위한 것임을 알지 못한 경우 대리인에게도 이행을 청구할 수 있다(제48조 단서).

③ [ ✕ ]

**해설** 보수없이 임치를 받은 자는 임치물을 자기재산과 동일한 주의로 보관하여야 한다(민법 제695조). 상인이 그 영업범위 내에서 물건의 임치를 받은 경우에는 보수를 받지 않는 경우에도 선량한 관리자의 주의를 하여야 한다(제62조). 상법 제62조는 민법 제695조의 특칙으로서 의미를 가진다. 아울러 상법 제62조와 관련해서는 **상인의 영업범위 내에서 임치를 받은 경우에 적용된다는 점을 기억해야 한다.**

④ [ ○ ]

**해설** 상인 간에서 금전소비대차에 따른 약정이자를 구하는 청구에는 약정이자율이 인정되지 않더라도 상법 소정의 법정이자의 지급을 구하는 취지가 포함되어 있다고 보아야 한다.(대판 2007.3.15. 2006다73072)

⑤ [ ○ ]

**해설** 상행위가 아닌 불법행위로 인한 손해배상채무에는 상사법정이율이 적용되지 않는다.(대판 1985.5.28. 84다카966)

**17** 　　　　　　　　　　　　　　　정답 ⑤

**보증인의 연대책임**
보증인의 보증이 상행위이거나 주채무가 상행위로 인한 경우 보증인 연대책임 부담(제57조 제2항)

① [ ○ ]

**해설** 민법상 채권자나 채무자가 수인인 경우에 특별한 의사표시가 없으면 각 채권자 또는 각 채무자는 균등한 비율로 권리가 있고 의무를 부담한다(민법 제408조). 상법은 이에 대한 특칙으로 수인이 그 1인 또는 전원에게 상행위가 되는 행위로 인하여 채무를 부담한 때에는 연대하여 변제할 책임이 있다고 규정하고 있다(제57조 제1항).
설문과 같이 채무자 甲과 乙 중 하나인 甲에게 상행위가 되는 행위로 채무를 부담하고, 甲과 乙이 하나의 행위로 인하여 공동의 채무를 부담한 경우 甲과 乙은 연대채무를 부담한다.

② [ ○ ]

**해설** 상법 제57조 제1항에 따른 다수당사자의 연대채무가 성립하려면 채무자에게 상행위가 되는 행위로 인하여 채무를 부담하여야 한다.
따라서 설문의 경우와 같이 채무자 어느 누구에게도 상행위가 아닌 행위로 인하여 채무를 부담하게 된 경우에는 비록 채권자 丙에게 상행위가 성립한다고 하여도 다수당사자의 연대채무가 인정되지 않는다. 설문의 경우 민법에 따라 분할채무를 부담한다.

③ [ ○ ]

**해설** 보증인이 있는 경우에 그 보증이 상행위이거나 주채무가 상행위로 인한 것인 때에는 주채무자와 보증인은 연대하여 변제할 책임이 있다(제57조 제2항).
설문의 경우 전문보증기관인 주식회사 甲의 보증이 상행위이므로 주채무가 상행위로 인한 것이 아닌 경우에도 회사 甲은 주채무자와 연대하여 변제할 책임이 있다.

④ [ ○ ]

**해설** 임대인인 피고 甲은 이행보조자인 피고 乙이 임차물인 점포의 출입을 봉쇄하고 내부시설공사를 중단시켜 임차인 원고가 사용·수익을 하지 못하게 한 행위에 대하여 임대인으로서의 채무불이행으로 인한 손해배상의무가 있고, 또한 피고 乙이 원고가 임차인이라는 사정을 알면서도 위와 같은 방법으로 원고로 하여금 점포를 사용·수익하지 못하게 한 것은 원고의 임차권을 침해하는 불법행위를 이룬다고 할 것이므로 피고 乙은 원고에게 불법행위로 인한 손해배상의무가 있다고 할 경우, 피고 甲의 채무불이행책임과 피고 乙의 불법행위책임은 동일한 사실관계에 기한 것으로 부진정연대채무관계에 있다.(대판 1994.11.11. 94다22446)

⑤ [ ✕ ]

**해설** 조합채무가 조합원 전원을 위하여 상행위가 되는 행위로 인하여 부담하게 된 것이라면 그 채무에 관하여 조합원들에 대하여 상법 제57조 제1항을 적용하여 연대책임을 인정함이 상당하다.(대판 1992.11.27. 92다30405)

# 18

서울에 본점을 둔 A주식회사(이하 'A'라 함)가 부산에 본점을 둔 B주식회사(이하 'B'라 함)와 체결한 계약의 효력에 관한 설명 중 옳은 것을 모두 고른 것은? (각 지문은 독립적이며 다툼이 있는 경우 판례에 의함)

[18 변호사]

ㄱ. A의 등록상표가 인쇄된 특수규격의 포장박스를 B가 제작·공급하기로 하는 계약에 따라 A가 포장박스를 인도받고 그 하자유무에 대하여 지체없이 검사하지 아니한 채 보관하던 중 인쇄가 잘못된 것을 발견한 경우「상법」제69조가 적용되어 A는 계약을 해제할 수 없다.

ㄴ. A가 상시 거래관계에 있는 B에게 승낙기간을 정하여 물품의 공급을 청약하였으나 B가 지체없이 거절의 의사를 표시하지 아니한 경우에는 승낙이 의제된다.

ㄷ. 매수인 A가 목적물의 수령을 거부하는 경우 매도인 B는 상당한 기간을 정하여 최고한 후 법원의 허가를 얻지 않고 경매할 수 있고 이 경우 지체없이 A에게 그 통지를 발송하여야 한다.

ㄹ. B가 석가탄신일에 사용할 연등을 A에게 공급하기로 하였으나 이행을 지체한 경우 A가 즉시 그 이행을 청구하지 아니하면 계약이 해제된 것으로 본다.

ㅁ. 부동산임대업을 영위하는 A가 같은 영업을 하는 B로부터 건물을 매수하여 인도받은 후 지체없이 검사를 하였다면 6개월이 지난 후에 건물의 하자를 발견한 경우에도 B에게 하자담보책임을 물을 수 있다.

① ㄱ, ㅁ
② ㄴ, ㄹ
③ ㄴ, ㅁ
④ ㄷ, ㄹ
⑤ ㄱ, ㄷ, ㄹ

**18**                                             정답 ④

┌─────────────────────────────────────────┐
│ **핵심공략** 상사매매                      │
│                                           │
│ ■ 쌍방이 상인이어야 하고, 쌍방 상행위이어야 함 │
│ ■ 매도인의 목적물 공탁, 경매권              │
│   매수인의 목적물 수령거부 또는 수령불능의 경우, 매도인 │
│   은 목적물 공탁 또는 최고 후 경매 가능(제67조 제1항)(법 │
│   원 허가 ✕)                              │
│ ■ 확정기매매                               │
│   확정기매매의 당사자 일방이 이행시기를 경과한 경우 상대 │
│   방은 즉시 이행을 청구하지 아니하면 계약을 해제한 것으 │
│   로 봄(제68조)                            │
│ ■ 매수인의 검사통지의무                     │
│   ◇ 요건                                  │
│     ㉠ 쌍방 상인                           │
│     ㉡ 매매(도급, 임대차 ✕, 부대체물 공급계약 ✕, 별도 │
│       주문 포장지 또는 승강기 ✕)          │
│     ㉢ 매수인의 목적물 현실 수령            │
│     ㉣ 수량부족 또는 하자(권리하자, 수량초과, 목적물 │
│       상이 ✕)                            │
│     ㉤ 매도인 선의(악의, 중과실 적용 ✕)    │
│     ㉥ 배제특약 부존재                     │
│   ◇ 효과                                  │
│     ㉠ 6개월 이후 하자가 발견된 경우, 6개월 내 발견할 │
│       수 없었던 하자의 경우에도 담보책임 ✕ │
│     ㉡ 불완전이행으로 인한 손해배상책임에는 적용 ✕ │
└─────────────────────────────────────────┘

**해설** ㄱ. [✕]

判例에 의하면 제작물공급계약에서 공급할 물건이 부대체물인
경우에는 매매에 적용되는 상법 제69조가 적용되지 않는다.
설문의 경우 상법 제69조가 적용되지 아니하므로 도급인 A는
검사통지의무를 이행하지 않아도 수급인 B에게 민법에 의한
수급인의 담보책임을 물을 수 있다(민법 제668조, 669조).

ㄴ. [✕]

상인이 상시 거래관계에 있는 자로부터 그 영업부류에 속한
계약의 청약을 받은 때에는 지체 없이 낙부의 통지를 발송하
여야 한다. 이를 해태한 때에는 승낙한 것으로 본다(제53조).
상시 거래관계에 있는 상인간의 거래에서 그 영업부류에 속
한 계약의 청약이 이루어지면 낙부통지 발송 의무가 인정되
고 청약자가 승낙기간을 정하여 청약할 것이 요구되지는 않
는다.

ㄷ. [○]

상인간의 매매에 있어서 매수인이 목적물의 수령을 거부하거
나 이를 수령할 수 없는 때에는 매도인은 그 물건을 공탁하거
나 상당한 기간을 정하여 최고한 후 경매할 수 있다. 이 경우
에는 지체 없이 매수인에 대하여 그 통지를 발송하여야 한다
(제67조 제1항). 이 경우 법원의 허가가 요구되지 않는다.

ㄹ. [○]

상법상 상인간의 매매에 있어서 매매의 성질 또는 당사자의
의사표시에 의하여 일정한 일시 또는 일정한 기간 내에 이행
하지 아니하면 계약의 목적을 달성할 수 없는 경우에 당사자
의 일방이 이행시기를 경과한 때에는 상대방은 즉시 그 이행
을 청구하지 아니하면 계약을 해제한 것으로 본다(제68조).
설문의 경우 매매의 목적물이 석가탄신일에 사용할 연등으로
서 석가탄신일 이라는 일정한 일시 또는 기간 내에 이행하지
아니하면 계약의 목적을 달성할 수 없는 경우에 해당하므로,
B가 이행을 지체한 경우 A가 즉시 그 이행을 청구하지 아니
하면 계약이 해제된 것으로 본다.

ㅁ. [✕]

설령 매매의 목적물에 상인에게 통상 요구되는 객관적인 주
의의무를 다하여도 즉시 발견할 수 없는 하자가 있는 경우에
도 매수인은 6월 이내에 그 하자를 발견하여 지체 없이 이를
통지하지 아니하면 매수인은 과실의 유무를 불문하고 매도인
에게 하자담보책임을 물을 수 없다.(대판 1999.1.29. 98다
1584)
설문의 경우 부동산임대업을 영위하는 상인인 A와 같은 영업
을 하는 상인인 B 사이에 건물에 대한 매매계약이 체결되었
으므로 상법 제67조 제1항에 따른 매수인의 하자통지의무가
적용된다. A가 하자를 발견한 시점이 6개월이 지난 후이므로
A는 B에게 담보책임을 물을 수 없다.

## 19

「상법」상 상호계산과 「민법」상 상계에 관한 설명 중 옳지 않은 것을 모두 고른 것은? [19 변호사]

ㄱ. 소멸시효가 완성된 채권이 그 완성 전에 상계할 수 있었던 것이면 그 채권자는 상계할 수 있다.

ㄴ. 상호계산에 관한 규정이 적용되려면 당사자가 모두 상인이어야 한다.

ㄷ. 채권이 압류하지 못할 것인 때에는 그 채무자는 상계로 채권자에게 대항하지 못하고, 지급을 금지하는 명령을 받은 제3채무자는 그 후에 취득한 채권에 의한 상계로 그 명령을 신청한 채권자에게 대항하지 못한다.

ㄹ. 어음으로 인한 채권·채무를 상호계산에 계입한 경우에 그 어음채무자가 변제하지 아니한 때에 당사자는 그 채무의 항목을 상호계산에서 제거할 수 있다.

ㅁ. 상호계산은 당사자 간 일정기간의 거래로 발생한 채권·채무를 대상으로 하는데, 불법행위로 인하여 발생한 채권·채무도 상호계산에 포함된다.

① ㄱ, ㄷ      ② ㄴ, ㄹ
③ ㄴ, ㅁ      ④ ㄷ, ㄹ
⑤ ㄹ, ㅁ

**19**　　　　　　　　　　　　　　　　　정답 ③

> **핵심공략** 상호계산
>
> - 의의
>   상인간 또는 상인과 비상인간 상시 거래관계가 있는 경우 일정기간 거래로 인한 채권채무 총액의 상계 후 잔액을 지급하는 계약(제72조)
> - 요건
>   ㉠ 일방 당사자는 상인일 것, 계속적 거래관계의 존재
>   ㉡ 상호계산기간을 정하지 않은 경우 상호계산기간은 6월(제74조)
>   ㉢ 거래로 인한 금전채권채무만 대상
>   ㉣ 어음·수표는 상호계산 대상 ✕, 어음·수표 수수에 따른 대가채권은 상호계산 대상 ○
>   ㉤ 불법행위채권, 제3자로부터 양수한 채권, 특정물 인도채권 ✕
> - 효과
>   ㉠ 편입된 채권은 이행지체와 소멸시효 진행 ✕, 편입되지 않은 채권과 편입된 채권 사이 상계 ✕
>   ㉡ 상호계산에 포함된 어음의 채무자가 변제하지 않는 경우 그 채무 항목을 상호계산에서 제거 가능
>   ㉢ 각 당사자가 계산서를 승인하면 잔액채권이 확정되어 각 항목에 대해 이의할 수 없음
>   ㉣ 계산서 승인 행위 자체 무효취소 주장 가능, 어느 항목에 대한 착오나 탈루 주장 가능
>   ㉤ 잔액채권에 대하여 계산폐쇄일 이후의 법정이자 청구 가능, 확정된 잔액채권은 소멸시효 진행
> - 해지
>   각 당사자는 언제든지 상호계산을 해지 가능
>   이 경우 각 당사자는 즉시 계산을 폐쇄하고 잔액의 지급을 청구할 수 있음

**해설** ㄱ. [○]
민법상 소멸시효가 완성되기 전에 상계할 수 있었던 것이면 그 채권자는 상계할 수 있다(민법 제495조).

ㄴ. [✕]
상호계산은 **상인 간 또는 상인과 비상인간에 상시 거래관계**가 있는 경우에 일정한 기간의 거래로 인한 채권채무의 총액에 관하여 상계하고 그 잔액을 지급할 것을 약정함으로써 그 효력이 생긴다(제72조). 상호계산은 당사자 중 일방이 상인인 경우에 가능하고, 당사자 쌍방이 상인일 것을 요건으로 하지 않는다.

ㄷ. [○]
민법상 지급을 금지하는 명령을 받은 제3채무자는 그 후에 취득한 채권에 의한 상계로 그 명령을 신청한 채권자에게 대항하지 못한다(민법 제498조).

ㄹ. [○]
어음 기타의 상업증권으로 인한 채권채무를 상호계산에 계입한 경우에 그 증권채무자가 변제하지 아니한 때에는 당사자는 그 채무의 항목을 상호계산에서 제거할 수 있다(제73조). 어음·수표는 지급기일 등에 일정한 방법으로 지급되는 것이 예정되어 있으므로 상호계산의 대상이 되지 않는다. 다만, 어음·수표 수수에 따른 대가채권은 상호계산 대상이 된다.

ㅁ. [✕]
상호계산은 원칙적으로 상시 거래로 인한 금전채권채무를 대상으로 한다. 따라서 불법행위채권, 제3자로부터 양수한 채권 및 금전채권이 아닌 특정물의 인도를 목적으로 하는 채권 등은 상호계산에서 제외된다.

## 20

「민법」상 조합과 「상법」상 익명조합·합자조합에 관한 설명 중 옳은 것을 모두 고른 것은? (다툼이 있는 경우에는 판례에 의함) 　　　　　　　　　　　[22 변호사]

> ㄱ. 2인으로 구성된 「민법」상 조합에서 조합원 1인이 자신의 불법행위로 인하여 조합에 대하여 손해배상책임을 지게 되고 그로 인하여 조합관계가 종료되어 조합재산의 분배라는 청산절차만이 남게 된 경우 다른 조합원은 조합에 손해를 가한 조합원을 상대로 불법행위에 따른 손해배상채권액 중 자신의 출자가액 비율에 의한 몫에 해당하는 돈을 청구하는 형식으로 조합관계의 종료로 인한 잔여재산의 분배를 청구할 수 있다.
>
> ㄴ. 익명조합원이 자기의 성명을 영업자의 상호 중에 사용하게 하거나 자기의 상호를 영업자의 상호로 사용할 것을 허락한 때에는 그 사용 전에 발생한 영업자의 채무에 대하여도 영업자와 연대하여 변제할 책임이 있다.
>
> ㄷ. 합자조합에서 둘 이상의 업무집행조합원이 있는 경우에 조합계약에 다른 정함이 없으면 그 각 업무집행조합원의 업무집행에 관한 행위에 대하여 다른 업무집행조합원의 이의가 있는 경우에는 그 행위를 중지하고 업무집행조합원 과반수의 결의에 따라야 한다.
>
> ㄹ. 당사자의 일방이 상대방의 영업을 위하여 출자를 하는 경우라 할지라도 그 영업에서 이익이 난 여부를 따지지 않고 상대방이 정기적으로 일정한 금액을 지급하기로 약정한 경우는 가령 이익이라는 명칭을 사용하였다 하더라도 익명조합약정이라 할 수 없다.
>
> ㅁ. 동업계약에 따라 조합을 구성한 후 공동으로 매수함으로써 조합재산이 된 부동산을 조합원의 합유로 등기하지 않고 조합원 중의 1인 명의로 소유권이전등기를 한 것은 조합체가 그 조합원에게 부동산을 명의신탁한 것으로서 이는 유효한 등기이다.

① ㄱ, ㄴ, ㄹ
② ㄱ, ㄴ, ㅁ
③ ㄱ, ㄷ, ㄹ
④ ㄴ, ㄷ, ㄹ
⑤ ㄷ, ㄹ, ㅁ

**핵심공략** 익명조합, 합자조합

■ 익명조합
  ㉠ 영업 이익 여부와 상관없이 익명조합원이 일정 금원을 지급받는 경우 익명조합 ✕
  ㉡ 익명조합원이 전혀 손실을 부담하지 않는 약정도 유효
  ㉢ 익명조합원의 출자가 손실로 감소된 때에는 손실을 전보한 후가 아니면 이익배당을 청구하지 못함
  ㉣ 대외적인 모든 책임은 영업자 부담 〇, 익명조합원은 책임 ✕
  ㉤ 익명조합원이 자기 성명을 영업자 상호에 사용하게 하거나 자기 상호를 영업자 상호로 사용할 것을 허락한 경우 그 사용 이후 채무에 대해 영업자와 연대하여 변제책임 부담
■ 합자조합의 업무집행
  ㉠ 업무집행조합원은 각자 업무를 집행
  ㉡ 둘 이상의 업무집행조합원이 있는 경우 조합계약에 다른 정함이 없으면 각 업무집행조합원의 업무집행에 대하여 다른 업무집행조합원의 이의가 있는 경우 행위를 중지하고 업무집행조합원 과반수 결의에 따라야 함

**해설** ㄱ. [〇]
2인으로 구성된 조합의 조합원 중 1인이 불법행위로 인하여 조합에 대하여 손해배상책임을 지게 되고 또한 그로 인하여 조합관계마저 그 목적달성이 불가능하게 되어 종료됨으로써 조합재산의 분배라는 청산절차만이 남게 된 경우에, 다른 조합원이 불법행위를 저지른 조합원을 상대로 그 불법행위에 따른 손해배상을 청구하는 것을 조합관계의 종료로 인한 잔여재산분배청구로 보아 판단할 수 있다.(대판 1992.4.24. 92다2509)

ㄴ. [✕]
익명조합원이 자기의 성명을 영업자의 상호 중에 사용하게 하거나 자기의 상호를 영업자의 상호로 사용할 것을 허락한 때에는 그 사용 이후의 채무에 대하여 영업자와 연대하여 변제할 책임을 부담한다(제81조). 이는 상법 제24조 명의대여자책임과 동일한 취지의 규정이다.

ㄷ. [〇]
합자조합의 업무집행조합원은 조합계약에 다른 규정이 없으면 각자가 업무를 집행하고 대리한다(제86조의5 제1항). 둘 이상의 업무집행조합원이 있는 경우에 조합계약에 다른 정함이 없으면 각 업무집행조합원의 업무집행에 관한 행위에 대하여 다른 업무집행조합원의 이의가 있는 경우에는 그 행위를 중지하고 업무집행조합원 과반수의 결의에 따라야 한다(제86조의5 제3항).

ㄹ. [〇]
음식점시설제공자에게 이익여부에 관계없이 정기적으로 일정액을 지급하고, 대외적 거래관계는 경영자 단독으로 하여 권리의무가 그에게만 귀속되는 동업관계는 상법상 익명조합도 아니고 민법상 조합도 아니어서 대외적으로는 경영자만 권리를 취득하고 채무를 부담한다.(대판 1983.5.10. 81다650). 이러한 判例에 의하면 영업 이익 여부와 상관없이 익명조합원이 일정 금원을 지급받는 경우 역시 상법상 익명조합에 해당하지 않는다.

ㅁ. [✕]
수인이 부동산을 공동으로 매수한 경우, 매수인들 사이의 법률관계는 공유관계로서 단순한 공동매수인에 불과하여 매도인은 매수인 수인에게 그 지분에 대한 소유권이전등기의무를 부담하는 경우도 있을 수 있고, 그 수인을 조합원으로 하는 조합체에서 매수한 것으로서 매도인이 소유권 전부의 이전의무를 그 조합체에 대하여 부담하는 경우도 있을 수 있으나, 매수인들이 상호 출자하여 공동사업을 경영할 것을 목적으로 하는 조합이 조합재산으로서 부동산의 소유권을 취득하였다면 민법 제271조 제1항의 규정에 의하여 당연히 그 조합체의 합유물이 되고, 다만 그 조합체가 합유등기를 하지 아니하고 그 대신 조합원 1인의 명의로 소유권이전등기를 하였다면 이는 조합체가 그 조합원에게 명의신탁한 것으로 보아야 상당하므로, 이는 부동산 실권리자명의 등기에 관한 법률에 위반되어 무효이다.(대판 2006.4.13. 2003다25256)
따라서 조합체가 합유등기를 하지 아니하고 조합원 1인의 명의로 소유권이전등기를 하였다면 이는 명의신탁에 해당하며, 이러한 명의신탁은 부동산실권리자명의등기에 관한 법률에 위반되어 무효이다.

## 21

「상법」상 위탁매매업과 가맹업에 관한 설명 중 옳지 않은 것은? (다툼이 있는 경우에는 판례에 의함) [21 변호사]

① 가맹업자는 다른 약정이 없으면 가맹상의 영업지역 내에서 동일 또는 유사한 업종의 영업을 하거나, 동일 또는 유사한 업종의 가맹계약을 체결할 수 있다.

② 위탁매매인이 제3자에 대하여 부담하는 채무를 담보하기 위하여 그 채권자에게 위탁매매로 취득한 채권을 양도한 경우 위탁매매인은 위탁자에 대한 관계에서는 위탁자에 속하는 채권을 무권리자로서 양도한 것이므로 양수인이 그 채권을 선의취득하였다는 등의 특별한 사정이 없는 한 위탁자에 대하여 효력이 없다.

③ 위탁매매인이 거래소의 시세가 있는 물건 또는 유가증권의 매매를 위탁받은 경우에는 직접 그 매도인이나 매수인이 될 수 있다.

④ 가맹상은 가맹업자의 동의를 받아 그 영업을 양도할 수 있고, 가맹업자는 특별한 사유가 없으면 가맹상의 영업양도에 동의하여야 한다.

⑤ 어떠한 계약이 일반 매매계약인지 위탁매매계약인지는 계약의 명칭 또는 형식적인 문언을 떠나 그 실질을 중시하여 판단하여야 한다.

**21**    정답 ①

---

**핵심공략 위탁매매업**

- 의의
  - ㉠ 자기명의 타인 계산으로 물건 또는 유가증권의 매매를 영업으로 하는 자(제101조)
  - ㉡ 일반 매매계약인지 위탁매매계약인지는 계약 명칭 또는 형식적인 문언을 떠나 실질에 따라 판단
  - ㉢ 위탁자는 불특정다수인, 상인이 아니어도 가능
- 위탁매매인의 개입권
  거래소 시세 있는 물건 또는 유가증권의 경우 위탁매매인이 매도인이나 매수인 가능, 보수청구 ○
- 위탁매매 법률관계 및 위탁물의 귀속
  - ㉠ 매매계약의 상대방과의 관계에서 위탁매매인이 직접 권리 취득, 의무 부담
  - ㉡ 매매계약 무효, 취소 등 위탁매매인 기준
  - ㉢ 위탁자는 상대방 사이에 권리, 의무 ✕, 이행청구 ✕, 손해배상청구 ✕
  - ㉣ 위탁매매인이 위탁자로부터 받은 물건, 위탁매매로 취득한 물건, 채권
  - ⇨ 위탁자와 위탁매매인 또는 위탁매매인의 채권자 간 위탁자 소유, 위탁매매인 임의사용시 횡령죄 ○

---

**핵심공략 가맹업**

- ㉠ 가맹업자는 다른 약정이 없으면 가맹상의 영업지역 내에서 동일 또는 유사한 업종의 영업을 하거나, 동일 또는 유사한 업종의 가맹계약을 체결할 수 없음
- ㉡ 가맹상은 계약 종료 후에도 가맹업자의 영업비밀을 준수해야 함
- ㉢ 가맹상은 가맹업자 동의를 받아 영업양도 가능, 가맹업자는 특별한 사유가 없으면 동의하여야 함
- ㉣ 계약상 존속기간과 관계없이 부득이한 사정이 있으면 각 당사자는 상당 기간 예고 후 해지 가능

---

① [ ✕ ]

**해설** 가맹업자는 다른 약정이 없으면 가맹상의 영업지역 내에서 동일 또는 유사한 업종의 영업을 하거나, 동일 또는 유사한 업종의 가맹계약을 체결할 수 없다(제168조의7 제2항).

② [ ○ ]

**해설** 위탁매매인이 대금채권을 제3자에게 양도한 경우 위탁자에 대해서는 무권리자가 양도한 것이므로 제3자가 선의라도 그 채권양도는 위탁자에 대해 효력이 없다. **위탁매매인이 그가 제3자에 대하여 부담하는 채무를 담보하기 위하여 그 채권자에게 위탁매매로 취득한 채권을 양도**한 경우에 위탁매매인은 위탁자에 대한 관계에서는 위탁자에 속하는 채권을 무권리자로서 양도한 것이고, 따라서 그 **채권양도는 무권리자의 처분** 일반에서와 마찬가지로 양수인이 그 채권을 선의취

득하였다는 등의 특별한 사정이 없는 한 **위탁자에 대하여 효력이 없다.**(대판 2011.7.14. 2011다31645)

③ [ ○ ]

**해설** 위탁매매인이 거래소의 시세가 있는 물건 또는 유가증권의 매매를 위탁받은 경우에는 직접 매도인이나 매수인이 될 수 있다(제107조 제1항 전문).

④ [ ○ ]

**해설** 가맹상은 가맹업자의 동의를 받아 영업을 양도할 수 있다. 가맹업자는 특별한 사유가 없으면 영업양도에 동의하여야 한다(제168조의9).

⑤ [ ○ ]

**해설** 어떤 계약이 일반 매매계약인지 위탁매매계약인지는 계약의 명칭 또는 형식적인 문언을 떠나 실질에 따라 판단하여야 한다.(대판 2011.7.14. 2011다31645)

## 22

甲은 청과물시장의 위탁매매상인 乙에게 자신이 과수원에서 재배한 대추의 판매를 위탁하고, 乙은 이를 대추가공품 제조업자인 상인 丙에게 판매하였다. 甲, 乙, 丙의 법률관계에 관한 설명 중 옳은 것(○)과 옳지 않은 것(×)을 올바르게 조합한 것은? (이에 관하여 다른 약정이나 관습이 없다고 가정하고, 다툼이 있는 경우에는 판례에 의함) [16 변호사]

ㄱ. 乙이 丙으로부터 받을 판매대금채권을 甲에게 알리지 않고 자신의 채권자 丁에게 양도하였다면, 丁이 그 채권을 선의취득했다는 등의 특별한 사정이 없는 한 위 채권양도는 甲에 대하여 효력이 없다.

ㄴ. 乙이 甲으로부터 대추를 인도받은 후 가격이 폭락하는 상황임을 안 때에는 즉시 甲에게 통지를 발송해야 하고, 甲의 지시를 받을 수 없는 경우 적절한 보관을 할 수는 있지만 이를 처분할 수는 없다.

ㄷ. 丙이 매매대금채무를 이행하지 아니하는 경우 乙에게 귀책사유가 없다면, 乙은 甲에게 그 매매대금채무를 이행할 책임이 없다.

ㄹ. 甲이 乙에게 1kg당 1만 원에 매도할 것을 위탁하였으나 乙이 이를 1kg당 1만 5천 원에 매도했다면, 1kg당 차익 5천 원은 甲의 이익으로 한다.

ㅁ. 乙이 丙으로부터 판매대금을 받아 보유하던 중 이를 임의로 사용·소비한 때에는 특별한 사정이 없는 한 횡령죄가 성립한다.

① ㄱ(×), ㄴ(○), ㄷ(○), ㄹ(×), ㅁ(○)
② ㄱ(○), ㄴ(×), ㄷ(×), ㄹ(○), ㅁ(○)
③ ㄱ(×), ㄴ(○), ㄷ(○), ㄹ(×), ㅁ(×)
④ ㄱ(○), ㄴ(○), ㄷ(×), ㄹ(○), ㅁ(○)
⑤ ㄱ(○), ㄴ(×), ㄷ(×), ㄹ(×), ㅁ(○)

**22**                                                        정답 ②

ㄹ. [○]
위탁자가 지정한 가액보다 고가로 매도하거나 염가로 매수한 경우에는 그 차액은 다른 약정이 없으면 위탁자의 이익으로 한다(제106조 제2항). 따라서 설문의 경우 1kg당 차익 5천 원은 甲의 이익으로 한다.

ㅁ. [○]
위탁매매인이 위탁자로부터 받은 물건 또는 유가증권이나 위탁매매로 인하여 취득한 물건, 유가증권 또는 채권은 위탁자와 위탁매매인 또는 위탁매매인의 채권자간의 관계에서는 이를 위탁자의 소유 또는 채권으로 본다(제103조). 따라서 위탁매매인이 이러한 물건 등을 임의로 사용·소비한 경우 횡령죄가 성립한다.
**위탁매매인이 위탁물의 판매대금을 임의로 사용한 경우 횡령죄에 해당한다.**(대판 1982.2.23. 81도2619)

---

**핵심공략  위탁매매인의 의무**

- 목적물 관련 통지의무
  위탁매매 목적물 인수 후 훼손, 하자를 발견하거나 부패염려 또는 가격 저락 상황을 안 경우 지체 없이 위탁자에게 통지하여야 함
- 지정가격준수의무
  ㉠ 염가매도 또는 고가매수의 경우
    ⇨ 매매계약 유효, 경제적 효과 위탁자 귀속 ×, 보수청구 ×, 위탁매매인 차액 부담시 보수 청구 ○
  ㉡ 고가매도 또는 염가매수의 경우
    ⇨ 차액은 다른 약정이 없으면 위탁자 이익
- 이행담보책임
  ㉠ 매매 상대방의 채무불이행시 위탁매매인은 위탁자에 대하여 이를 이행할 책임 부담
    ⇨ 무과실 이행담보책임, 상대방 채무와 동일 채무 부담, 상대방의 항변권 행사 가능
  ㉡ 위탁자의 위탁매매인에 대한 매매위탁으로 인한 채권 소멸시효 ⇨ 5년(대판 1996.1.23. 95다39854)

---

**해설** ㄱ. [○]
위탁매매인이 제3자에 대하여 부담하는 채무를 담보하기 위하여 제3자에게 위탁매매로 취득한 채권을 양도한 경우에 위탁매매인은 위탁자에 대한 관계에서는 위탁자에 속하는 채권을 무권리자로서 양도한 것이고, 따라서 그 채권양도는 무권리자의 처분 일반에서와 마찬가지로 위탁자에 대하여 효력이 없다. 이는 채권양수인이 채권의 귀속에 대하여 선의 또는 무과실이더라도 달라지지 아니한다.(대판 2011.7.14. 2011다31645)

ㄴ. [×]
위탁매매인이 위탁매매의 목적물을 인도받은 후에 그 물건의 훼손 또는 하자를 발견하거나 그 물건이 부패할 염려가 있는 때 또는 가격저락의 상황을 안 때에는 지체 없이 위탁자에게 그 통지를 발송하여야 한다(제108조 제1항). 이 경우 위탁자의 지시를 받을 수 없거나 그 지시가 지연되는 때에는 위탁매매인은 위탁자의 이익을 위하여 적당한 처분을 할 수 있다(제108조 제2항).
설문은 위탁매매인이 지시를 받을 수 없는 경우 적당한 처분을 할 수 없다고 기재하고 있으므로 옳지 않다.

ㄷ. [×]
위탁매매인은 위탁자를 위한 매매에 관하여 상대방이 채무를 이행하지 아니하는 경우에는 위탁자에 대하여 이를 이행할 책임이 있다(제105조). 그러나 다른 약정이나 관습이 있으면 그러하지 아니하다(제105조 단서). 위탁자는 거래상대방과 직접적인 계약 관계가 없으므로 위탁자를 보호하기 위하여 위탁매매인이 위와 같은 이행담보책임을 지도록 하고 있다.

## 23

「상법」상 육상물건운송인에 관한 설명 중 옳지 않은 것은?

[19 변호사]

① 운송물의 멸실이 운송인의 중대한 과실에 의한 경우에도 운송물의 전부 멸실의 손해배상액은 인도할 날의 도착지의 가격에 의한다.

② 화물상환증을 작성하지 않은 경우에 운송물이 도착지에 도착한 때에는 수하인은 송하인과 동일한 권리를 취득한다.

③ 화물상환증을 선의로 취득한 소지인에 대하여 운송인은 화물상환증에 적힌 대로 운송물을 수령한 것으로 보고 화물상환증에 적힌 바에 따라 운송인으로서 책임을 진다.

④ 화물상환증을 작성한 경우에는 운송물에 관한 처분을 화물상환증으로써 하여야 한다.

⑤ 수인이 순차로 운송할 경우 각 운송인은 운송물의 멸실로 인한 손해를 연대하여 배상할 책임을 부담하지만, 각 운송인은 그 손해가 자기의 운송구간 내에서 발생하지 아니하였음을 증명한 때에는 손해분담의 책임이 없다.

**23** 　　　　　　　　　　　　　　　　　정답 ⑤

┌─────────────────────────────────────────┐
│ **핵심공략** 운송업 │
│ │
│ ■ 수하인의 지위 │
│ 　㉠ 운송물의 도착 전: 수하인은 아무런 권리의무 ✕ │
│ 　㉡ 운송물의 도착 후: 송하인과 동일한 권리의무 │
│ 　㉢ 운송물의 도착 및 수하인의 인도 청구 후: 송하인에 우선 │
│ 　㉣ 운송물 수령 후: 운송인에게 운임 기타 운송비용과 체 │
│ 　　당금 지급의무 부담 │
│ 　㉤ 화물상환증이 발행된 경우: 화물상환증 소지인이 배타 │
│ 　　적 권리 행사 ○, 수하인 권리 ✕ │
│ ■ 화물상환증 │
│ 　㉠ 화물상환증을 작성한 경우 운송물에 관한 처분은 화물 │
│ 　　상환증으로써 하여야 함 │
│ 　㉡ 화물상환증은 송하인의 청구에 의하여 운송인이 발행 │
│ 　㉢ 화물상환증이 발행된 경우, 화물상환증 대로 운송계약 │
│ 　　이 체결되고 운송물을 수령한 것으로 추정 │
│ ■ 순차운송 │
│ 　㉠ 각 운송인은 운송물의 멸실·훼손·연착으로 인한 손해 │
│ 　　에 대한 연대배상책임 부담 │
│ 　㉡ 손해 원인된 행위를 한 운송인을 알 수 없는 경우 각 │
│ 　　운송인은 운임액 비율로 손해 분담 │
│ 　㉢ 손해가 자기 운송구간 내에서 발생하지 아니하였음을 │
│ 　　증명한 경우 손해분담 책임 ✕ │
└─────────────────────────────────────────┘

① [○]

**해설** 운송물의 멸실·훼손·연착이 운송인의 고의나 중대한 과실로 인한 때에는 운송인은 모든 손해를 배상하여야 한다(제137조 제3항). 운송물이 전부멸실 또는 연착된 경우 손해배상액은 인도할 날의 도착지 가격에 따른다(제137조 제1항).

② [○]

**해설** 운송물이 도착지에 도착하게 되면 수하인은 송하인과 동일한 권리의무를 갖는다(제140조 제1항). 그리고 운송물이 도착지에 도착한 후 수하인이 그 인도를 청구한 때에는 수하인의 권리가 송하인의 권리에 우선한다(제140조 제2항).

③ [○]

**해설** 화물상환증을 선의취득한 소지인에 대하여 운송인은 화물상환증에 적힌 대로 운송물을 수령한 것으로 보고 화물상환증에 적힌 바에 따라 운송인으로서 책임을 진다(제131조 제2항).

④ [○]

**해설** 화물상환증이 발행된 경우 화물상환증 소지인만 처분권을 가진다.

⑤ [✕]

**해설** 각 운송인은 운송물의 멸실·훼손·연착으로 인한 손해를 연대하여 배상해야 한다(제138조 제1항). 손해의 원인이 된 행위를 한 운송인을 알 수 없는 때에는 각 운송인은 그 운임액의 비율로 손해를 분담한다. 다만 그 손해가 자기의 운송구간 내에서 발생하지 아니하였음을 증명한 때에는 손해분담의 책임을 면한다(제138조 제3항).

# 24

컴퓨터 관련 부품제조업자인 甲은 화물운송업자인 乙과 甲의 제품을 운송하기로 하는 운송계약을 체결하였고, 乙은 다른 화물운송업자인 丙에게 위 제품을 운송하도록 의뢰하였다. 丙은 운송물을 적재하고 화물차량을 운전하여 고속도로를 주행하던 중 졸음운전으로 과속하는 바람에 차량이 전복되어 운송물 일부가 훼손되었다. 다음 설명 중 옳지 않은 것은? (각 지문은 독립적이고, 다툼이 있는 경우 판례에 의함)

[14 변호사]

① 甲이 乙을 상대로 손해배상청구소송을 제기하면서 채무불이행에 의한 손해배상청구와 불법행위에 의한 손해배상청구를 동시에 주장하였다면 이는 선택적 병합이다.

② 乙이 약정된 날짜에 도착지에서 위와 같이 일부 훼손된 운송물을 인도하였다면, 甲이 乙을 상대로 채무불이행에 의한 손해배상청구를 한 경우 乙은 원칙적으로 인도한 날의 도착지에서의 운송물의 가격에 의하여 甲에게 그 손해를 배상할 책임이 있다.

③ 甲이 乙에게 운송물이 고가의 물건인 최첨단 반도체임을 명시하지 않았다면, 상법상의 고가물 불고지에 따른 면책규정은 甲의 운송계약상의 채무불이행으로 인한 손해배상청구에는 적용되고 불법행위로 인한 손해배상청구에는 적용되지 않는다.

④ 甲이 丙을 상대로 손해배상청구소송을 제기한 경우, 甲이 위 운송 당시 丙에 대하여까지 운송물이 고가의 물건인 최첨단 반도체임을 알릴 의무가 있다고 할 수 없으므로 이를 이유로 내세운 丙의 과실상계 주장은 받아들여질 수 없다.

⑤ 甲의 채무불이행으로 인한 손해배상청구권의 소멸시효는 甲이 운송물을 수령한 날로부터 1년이며, 이 기간은 당사자 사이의 합의에 의하여 단축할 수 없다.

**24**  정답 ⑤

---

핵심공략 **운송인의 손해배상책임**

- 의의

  운송인은 자기 또는 운송주선인이나 사용인, 그 밖에 운송
  을 위하여 사용한 자가 운송물의 수령, 인도, 보관 및 운송
  에 관하여 주의를 게을리 하지 아니하였음을 증명하지 아
  니하면 운송물의 멸실, 훼손 또는 연착으로 인한 손해를 배
  상할 책임을 부담

  ⇨ 운송인이 무과실 입증책임, 손해배상액 정형화, 고가물
    특칙, 특별책임소멸사유, 1년 단기소멸시효

- 손해배상액 정형화

  ㉠ 운송물 전부멸실 또는 연착: 인도할 날의 도착지 가격

  ㉡ 운송물 일부 멸실 또는 훼손: 인도한 날의 도착지 가격

  ㉢ 운송인의 고의나 중대한 과실로 인한 운송물의 멸실·
    훼손·연착: 모든 손해 배상

- 고가물책임

  ㉠ 고가물의 경우 송하인이 운송 위탁 시 종류와 가액을
    명시한 경우에 한하여 손해배상책임 부담

  ㉡ 명시상대방은 운송인 또는 대리인 ○, 운송인을 위해
    운송행위를 하는 자 또는 운송인의 하수급자 ✕

- 운송인 책임소멸

  ㉠ 수하인 또는 화물상환증소지인이 유보 없이 운송물 수
    령 및 운임 기타 비용 지급 시 소멸 ○

  ㉡ 즉시 발견할 수 없는 훼손, 일부 멸실에 대해 수령일부
    터 2주 내에 운송인에게 통지 발송한 경우, 운송인 또
    는 사용인이 악의인 경우 책임 소멸 ✕

- 단기소멸시효

  ㉠ 전부멸실의 경우 인도할 날로부터, 일부 멸실, 훼손,
    연착된 경우 인도한 날로부터 1년 단기소멸시효

  ㉡ 운송인이나 그 사용인이 악의인 경우에 5년의 상사시효

  ㉢ 당사자 합의에 의해 연장, 단축 가능(대판 2009.8.20.
    2008다58978)

- 불법행위책임과의 관계

  운송인 책임 관련 특칙은 불법행위로 인한 손해배상청구에
  는 적용 ✕

---

① [○]

해설 해상운송인이 운송 도중 운송인이나 그 사용인 등의 고의 또
는 과실로 인하여 운송물을 감실 훼손시킨 경우, 선하증권 소
지인은 운송인에 대하여 운송계약상의 채무불이행으로 인한
손해배상청구권과 아울러 소유권 침해의 불법행위로 인한 손
해배상 청구권을 취득하며 그 중 어느 쪽의 손해배상청구권
이라도 선택적으로 행사할 수 있다.(대판 1983.3.22. 82다
카1533)

② [○]

해설 운송물이 일부 멸실 또는 훼손된 경우의 손해배상액은 인도
한 날의 도착지의 가격에 의한다(제137조 제1항).

③ [○]

해설 상법 제136조와 관련되는 고가물 불고지로 인한 면책규정은
일반적으로 운송인의 운송계약상의 채무불이행으로 인한 청
구에만 적용되고 불법행위로 인한 손해배상청구에는 그 적
용이 없다.(대판 1991.8.23. 91다15409)

④ [○]

해설 기계의 소유자가 기계의 운송 및 하역을 운수회사에게 맡기
면서 그 운송물의 내용을 알렸는데 운수회사의 의뢰를 받아
크레인으로 위 기계의 하역작업을 하던 중기회사의 크레인
운전업무상 과실로 기계가 파손된 경우 소유자는 중기회사에
대하여까지 위 기계가 고가물임을 알릴 의무가 있다 할 수
없으므로 이를 이유로 내세운 과실상계항변은 이유 없다.(대
판 1991.1.11.90다8947)

⑤ [✕]

해설 육상운송의 경우 운송인의 책임은 수하인이 운송물을 수령
한 날로부터 1년을 경과하면 소멸시효가 완성하고 이는
당사자의 합의에 의하여 연장하거나 단축할 수 있다.(대판
2009.8.20. 2008다58978)

## 25

甲은 A호텔을 경영하는 숙박업자이다. 乙은 A호텔에 투숙하면서 A호텔직원이 차량출입을 통제하고 관리하는 호텔 지하주차장에 자신의 중저가 소형 자동차를 주차하고 그 직원에게 차량 열쇠를 맡겼다. 乙은 호텔 투숙 중 저가의 카메라를 자신의 객실에 있는 탁자 위에 놓아두었다. A호텔에 도둑이 침입하여 乙은 카메라와 자동차를 모두 도난당하였다. 또한 A호텔에 화재가 발생하였으나 甲과 A호텔직원들이 비상벨로써 투숙객에게 화재발생사실을 알리는 등의 투숙객 보호를 위한 구체적인 주의의무를 다하지 않아서 乙이 화상을 입었다. 甲의 책임에 관한 설명 중 옳은 것을 모두 고른 것은? (다툼이 있는 경우 판례에 의함)                [17 변호사]

---

ㄱ. 甲은 A호텔에 "보관을 의뢰하지 아니한 물건의 도난이나 손상 등에 대하여 책임을 지지 아니한다."라는 내용의 게시물을 부착한 것만으로도 乙의 카메라 도난으로 인한 손해에 대하여 배상책임을 지지 않는다.

ㄴ. 甲이 乙로부터 카메라를 임치받지 아니한 경우에도, 甲은 자기 또는 그 사용인의 과실로 인하여 乙이 객실에 놓아둔 카메라를 도난당했을 때에는 그 손해를 배상할 책임이 있다.

ㄷ. 甲은 자기 또는 그 사용인이 자동차 보관에 관하여 주의를 게을리하지 아니하였음을 증명하지 아니하면 자동차 도난으로 인한 손해를 배상할 책임이 있다.

ㄹ. 甲이 乙에게 객실을 제공하여 사용할 수 있도록 하는 계약상의 의무를 이행하였으므로, 乙은 甲에게 화상으로 인한 손해에 대하여 채무불이행에 기한 손해배상책임을 물을 수는 없으나 불법행위에 기한 손해배상책임을 물을 수 있다.

---

① ㄴ

② ㄱ, ㄴ

③ ㄱ, ㄹ

④ ㄴ, ㄷ

⑤ ㄷ, ㄹ

## 25           정답 ④

> **핵심공략** 공중접객업자의 책임
>
> - 임치물에 대한 책임
>   - ㉠ 공중접객업자는 임치물의 보관에 관한 무과실을 증명 못하면 손해배상책임 ○
>   - ㉡ 차량 묵시적 임치 요건: 차량출입통제시설이나 인원 비치, 주차사실 고지 또는 차량열쇠 보관
> - 임치받지 않은 물건에 대한 책임
>   임치받지 않은 경우에도 공중접객업자 또는 사용인 과실로 멸실, 훼손된 경우 손해배상책임 ○
> - 면책특약 및 면책고지
>   - ㉠ 공중접객업자 책임 면제 또는 감경 특약 유효
>   - ㉡ 고객의 휴대물에 대하여 책임이 없음을 알린 것만으로는 책임 면제 ×
> - 고가물책임
>   고객이 고가물의 종류와 가액을 명시하여 임치하지 않은 경우 공중접객업자는 손해배상책임 ×
> - 소멸시효
>   - ㉠ 임치물 반환 또는 고객이 휴대물을 가져간 후 6개월 소멸시효
>   - ㉡ 물건 전부 멸실의 경우 퇴거일부터 기산
>   - ㉢ 공중접객업자나 그 사용인이 악의인 경우 5년 상사소멸시효
> - 민법상 불완전이행책임
>   숙박업자가 안전배려 보호의무 위반으로 고객의 생명, 신체에 손해를 입힌 경우 불완전이행 채무불이행책임 부담 (대판 1994.1.28. 93다43590)

**해설** ㄱ. [×]

고객의 휴대물에 대하여 책임이 없음을 알린 것만으로는 공중접객업자의 책임이 면제되지 않는다(제152조 제3항).

ㄴ. [○]

공중접객업자는 고객으로부터 임치 받지 않은 경우에도 고객이 시설 내에 휴대한 물건이 공중접객업자 또는 그 사용인의 과실로 인하여 멸실 또는 훼손되었을 때에는 손해를 배상하여야 한다(제152조 제2항).

ㄷ. [○]

공중접객업자가 이용객들의 차량을 주차할 수 있는 주차장을 설치하면서 주차장에 차량출입을 통제할 시설이나 인원을 따로 두지 않았다면, 그 주차장은 단지 이용객의 편의를 위한 주차장으로 제공된 것에 불과하고, 공중접객업자와 이용객 사이에 통상 주차차량에 대한 관리를 공중접객업자에게 맡긴다는 의사까지는 없다고 보이므로, **공중접객업자에게 차량시동열쇠를 보관시키는 등의 명시적이거나 묵시적인 방법으로 주차차량의 관리를 맡겼다는 등의 특수한 사정이 없는 한, 공중접객업자에게 선량한 관리자의 주의로써 주차차량을 관리할 책임이 있다고 할 수 없다.**(대판 1998.12.8. 98다37507)

설문의 경우 A호텔직원이 차량출입을 통제하고 있었고, 그 직원에게 차량 열쇠를 맡겼으므로, 위 判例에 의할 때 차량의 임치가 인정된다. 따라서 甲은 자기 또는 그 사용인이 자동차 보관에 관하여 주의를 게을리하지 아니하였음을 증명하지 아니하면 자동차 도난으로 인한 손해를 배상할 책임이 있다.

ㄹ. [×]

공중접객업인 숙박업을 경영하는 자가 투숙객과 체결하는 숙박계약은 숙박업자가 고객에게 숙박을 할 수 있는 객실을 제공하여 고객으로 하여금 이를 사용할 수 있도록 하고 고객으로부터 그 대가를 받는 일종의 일시사용을 위한 임대차계약으로서, 여관의 객실 및 관련시설, 공간은 오로지 숙박업자의 지배 아래 놓여 있는 것이므로 숙박업자는 통상의 임대차와 같이 단순히 여관의 객실 및 관련시설을 제공하여 고객으로 하여금 이를 사용수익하게 할 의무를 부담하는 것에서 한 걸음 더 나아가 **고객에게 위험이 없는 안전하고 편안한 객실 및 관련시설을 제공함으로써 고객의 안전을 배려하여야 할 보호의무를 부담하여** 이러한 의무는 숙박계약의 특수성을 고려하여 신의칙상 인정되는 부수적인 의무로서 숙박업자가 이를 위반하여 고객의 생명, 신체를 침해하여 손해를 입힌 경우 불완전이행으로 인한 채무불이행책임을 부담한다.(대판 1992. 10.27. 92다20125)

상법

# PART 3
# 회사법

## 26

발기인 甲, 乙, 丙은 A주식회사를 설립하면서 각각 발행주식총수의 100분의 10에 해당하는 주식을 인수한 후 주주를 모집하였다. 이에 상장회사인 B주식회사는 발행주식총수의 100분의 60에 해당하는 주식을, 丁과 戊는 각각 발행주식총수의 100분의 5에 해당하는 주식을 인수하여 A회사의 주주명부에 주주로 기재되었다. A회사의 설립등기는 2021. 12. 15. 이루어졌다. 이에 관한 설명 중 옳지 않은 것을 모두 고른 것은? [22 변호사]

> ㄱ. 丁은 2022. 1. 7. 착오로 주식을 인수하였음을 이유로 주식인수를 취소할 수 있고, 발기인들은 丁이 인수를 취소한 주식에 대하여 인수담보책임을 진다.
>
> ㄴ. 만일 설립과정에서 戊의 의사표시에 하자가 있었던 경우라면 A회사의 설립무효사유로 인정된다.
>
> ㄷ. A회사의 설립과정에서 甲이 일시적인 차입금으로 주금납입의 외형을 갖추어 설립절차를 마친 다음 바로 그 납입금을 인출하여 차입금을 변제하였더라도 주금납입의 효력은 인정된다.
>
> ㄹ. 乙이 설립에 관하여 그 임무를 해태하여 A회사에 대하여 손해배상책임을 지게 된 경우, B회사의 발행주식총수의 100분의 5에 해당하는 주식을 가진 주주는 A회사에 대하여 乙의 책임을 추궁할 소의 제기를 청구할 수 있다.

① ㄱ, ㄴ      ② ㄱ, ㄷ
③ ㄴ, ㄷ      ④ ㄴ, ㄹ
⑤ ㄷ, ㄹ

## 26 정답 ①

**핵심공략** 주식인수 취소 제한, 설립무효사유, 가장납입 효력, 발기인책임, 다중대표소송

- **회사성립 후 주식 인수 취소의 제한**
  회사성립 후, 모집주는 주식청약서 요건 흠결을 이유로 인수 무효 주장 ✕, 사기·강박·착오를 이유로 인수 취소 ✕ (제320조 제1항)
- **설립무효사유**
  회사설립무효의 원인은 ㉠ 정관 절대적 기재사항 흠결, ㉡ 발행주식 인수 납입의 현저한 미달, ㉢ 주식발행사항에 발기인 전원 동의 부존재, ㉣ 창립총회 부존재 또는 조사보고의 부존재, ㉤ 설립등기 무효 등 객관적 사유로 한정 발기인이나 주식인수인의 주관적 사유(무권대리, 제한능력, 의사표시의 무효·취소 등)는 무효사유 ✕
- **가장납입의 효력**
  ㉠ 금원이동에 따른 현실불입, ㉡ 주금납입 가장이더라도 이는 발기인 또는 이사들 주관적 의도의 문제, ㉢ 내심적 사정에 집단적 절차인 주금납입 효력 좌우될 수 ✕(대판 1997.5.23. 95다5790)
- **발기인의 책임**
  ㉠ 인수·납입담보책임: 인수되지 않은 주식 또는 청약 취소된 주식 발기인 공동 인수(제321조 제1항), 납입 미완료 주식 발기인 연대 납입(제321조 제2항)
  ㉡ 발기인 회사설립 임무 해태 시 회사에 대한 손해배상책임(제322조 제1항)
  ㉢ 발기인 악의·중과실로 임무 해태 시 제3자에 대한 손해배상책임(제322조 제2항)
  ㉣ 대표소송에 의하여 발기인의 책임 추궁 가능 ○(제324조, 제403조)
- **다중대표소송(제406조의2)**
  ㉠ 모회사 발행주식총수 1% 주주 자회사 이사에 대한 대표소송 제기 가능
  ㉡ 상장회사의 경우 6개월 보유 0.5%(제542조의6 제7항)

**해설** ㄱ. [✕]
회사성립 이후 모집주는 주식인수인의 착오, 사기, 강박 등의 주관적 사유로 주식인수를 취소하지 못한다(제320조 제1항). 주식회사는 설립등기에 의하여 법인격을 취득하고 성립된다. A주식회사는 2021. 12. 15. 설립등기 하였으므로 법인격을 취득하고 회사가 성립되었다.
따라서 설문의 경우 모집주인 丁은 회사성립 이후인 2022. 1. 7. 착오로 주식을 인수하였음을 이유로 주식인수를 취소할 수 없고, 발기인들은 인수담보책임을 부담하지 않는다.

ㄴ. [✕]
발기인이나 주식인수인의 주관적 사유(무권대리, 제한능력, 의사표시의 무효·취소 등)만으로는 무효사유에 해당하지 않는다.
설문의 경우 설립과정에서 주식인수인 戊의 의사표시에 하자가 있었다는 주관적 사유는 A회사의 설립무효사유로 인정되지 않는다.

ㄷ. [○]
사채업자로부터 일시 차입하여 주금을 납입하고 회사설립절차를 마친 후 바로 납입금을 인출하여 차입금을 변제한 경우 주금납입 효력이 부인되지 않기 때문에 회사설립무효의 원인이 되지 못하고(대판 1998.12.23. 97다20649), 주주총회에서 의결권 행사도 가능하다.(대판 1997.5.23. 95다5790)
설문의 경우와 같이 A회사의 설립과정에서 甲이 일시적인 차입금으로 주금납입의 외형을 갖추어 설립절차를 마친 다음 바로 납입금을 인출하여 차입금을 변제하였더라도 주금납입의 효력은 인정된다.

ㄹ. [○]
발기인이 회사의 설립에 관하여 그 임무를 해태한 때에는 그 발기인은 회사에 대하여 연대하여 손해를 배상할 책임이 있다(제322조 제1항). 주주 대표소송의 규정은 발기인에게 준용된다(제324조). 설문의 경우, 발기인 乙이 설립에 관하여 그 임무를 해태하여 A회사에 대하여 손해배상책임을 지게 된 경우, A회사의 모회사인 B회사의 발행주식총수의 100분의 5에 해당하는 주식을 가진 주주는 자회사인 A회사에 대하여 발기인 乙의 책임을 추궁할 소의 제기를 청구할 수 있다.

## 27

甲과 乙은 자신들이 발기인이 되어 자본금을 2억 원으로 하는 A주식회사를 모집설립 방식으로 설립하기로 하였다(다른 발기인은 존재하지 않음). 甲과 乙은 A회사 주식의 인수 전에 공장부지로 필요한 토지가 급매로 나오자 공동명의로 그 공장부지를 매수하는 계약을 丙과 체결하였다. 그 후 甲은 주식대금 전액을 당좌수표로 납입하였고, 乙은 6,000만 원의 주식대금을 지급하기 위하여 자신이 등록한 특허권이 6,000만 원의 가치가 있다고 주장하며 현물출자 하였다. 한편 丁은 재산인수계약으로 자신이 소유한 부동산을 A회사로 이전하기로 甲, 乙과 합의하였다. A회사의 이사로 선임된 戊는 현물출자된 특허권에 관한 어떠한 조사나 보고가 없음을 인식하였음에도 아무런 조치를 취하지 않았다. 그 후 A회사는 설립등기를 경료하였다. 이에 관한 설명 중 옳지 않은 것은? (다툼이 있는 경우 판례에 의함) [19 변호사]

① 甲이 교부한 당좌수표가 현실적으로 결제되어 현금화되기 전까지는 주금의 유효한 납입이 있었다고 할 수 없다.

② 乙의 현물출자가 과대평가되어 A회사가 손해를 입었다면 戊는 이를 배상할 책임이 있다.

③ 丁과의 계약에 관한 사항 중 부동산의 종류와 가격을 정관에 기재하지 아니하면 그 계약은 원칙적으로 효력이 없다.

④ A회사의 설립을 위하여 설립사무소로 사용하는 사무실을 임차한 후 그 차임을 甲과 乙이 사비로 지출하였다면, 그 차임을 정관에 기재하지 않은 경우라도 甲과 乙은 회사설립 후 A회사에게 그 비용의 반환을 청구할 수 있다.

⑤ 회사설립 후 A회사가 丙에 대하여 공장부지소유권 이전을 위한 등기청구권을 행사하기 위하여는 A회사와 甲, 乙 간에 권리양수 등의 특별한 이전행위가 있어야 한다.

**27** 정답 ④

---

**핵심공략** 현물출자, 재산인수, 설립비용, 설립중의 회사

- **현물출자**
  - ㉠ 회사설립 시 현물출자자 성명, 재산 종류, 수량, 가격, 부여주식의 종류와 수를 정관 기재해야 유효
  - ㉡ 신주발행의 경우에는 정관규정 ✕, 주주총회결의 ✕, 이사회결의 ○
- **설립등기 이후 현물출자 부당평가의 효력**
  - ㉠ 경미한 **부당평가** ⇨ 발기인, 이사, 감사의 손해배상 책임
  - ㉡ 중대한 부당평가 ⇨ 현물출자가 무효
  - ㉢ 해당 출자 재산이 회사 목적수행에 필수불가결한 재산 ⇨ 설립무효사유
- **재산인수, 설립비용**
  - ㉠ 재산인수: 발기인이 설립될 회사를 위해 회사 성립 조건으로 특정인으로부터 일정 재산을 양수하기로 하는 개인법상 계약(단체법상 출자행위 ✕)(제290조 제3호), 정관 기재 없으면 무효(제290조)
  - ㉡ 설립비용: 정관 기재 없는 설립비용은 대내적으로 발기인 연대책임 부담, 대외적으로 성립 후 회사가 부담(대결 1994.3.28. 93마1916)
- **설립중의 회사**
  - ㉠ 의의: 발기인이 회사설립을 위한 행위로 취득한 권리의무가 회사 설립과 동시에 설립된 회사에 귀속되는 관계를 설명하기 위한 강학상 개념(대판 1970.8.31. 70다1357)
  - ㉡ 성립시기: 학설(작/발/교), 판례(정관 작성 및 발기인 1주 이상 주식 인수)

---

① [○]

**해설** 상법상 주식인수인의 인수가액 납입의무는 현실이행이 있어야 하므로, 특별한 사정이 없는 한, 현금으로 하여야 하고, 당**좌수표로 납입**한 때에는 그 수표가 현실적으로 **결제되어 현금화되기 전에는 납입이 있었다고 할 수 없다.**(대판 1977. 4.12. 76다943)

② [○]

**해설** 설립등기 이후 현물출자가 부당평가 된 경우, ㉠ 부당평가 정도가 경미하면 발기인, 이사, 감사에 대하여 손해배상 책임을 물을 수 있으며(제322조, 제323조), ㉡ '부당평가 정도가 중대하면 현물출자가 무효로 되고, ㉢ 해당 출자 재산이 회사의 목적수행에 필수불가결한 재산이면 설립무효사유에 해당한다. 설문의 경우 乙의 현물출자가 과대평가되어 A회사가 손해를 입었다고 기재하여 현물출자가 무효가 되거나 설립무효사유에 해당하지는 않는다고 밝히고 있으므로 이사인 戊는 회사의 손해를 배상할 책임이 있다.

③ [○]

**해설** 당사자 사이에 회사를 설립하기로 합의하면서 일방은 재산을 현물로 출자하고, 타방은 현금을 출자하되, 현물출자에 따른 번잡함을 피하기 위하여 회사 성립 후 회사와 현물출자자 사이의 매매계약에 의하여 위 현물출자를 완성하기로 약정하고 그 후 회사설립을 위한 소정의 절차를 거쳐 위 약정에 따른 현물출자가 이루어진 것이라면, 위 현물출자를 위한 약정은 재산인수에 해당하여 정관에 기재되지 아니하는 한 무효이다.(대판 1994.5.13. 94다323)

④ [✕]

**해설** 정관에 기재되지 않은 설립비용이나 정관에 기재된 금액을 초과한 설립비용을 발기인이 부담한 경우 이러한 설립비용을 내부적으로 누가 부담할 것인지에 관하여 학설은 일반적으로 정관에 기재가 없는 한 이를 회사의 부담으로 할 수 없고 발기인이 부담하여야 하고, 발기인은 부당이득 또는 사무관리에 의해서도 회사에 설립비용을 청구할 수 없다고 본다.
설문의 경우 설립사무소 임차비용을 甲과 乙이 사비로 지출한 뒤 이를 회사 설립 후 회사에게 청구할 수 있는지 여부에 관한 것으로 이는 내부적인 부담의 문제이므로, 차임을 정관에 기재하지 않은 경우 甲과 乙은 회사설립 후 A회사에게 그 비용의 반환을 청구할 수 없다.

⑤ [○]

**해설** 공장부지 매수계약이 체결되었을 당시 A주식회사가 설립 중의 회사에 해당하는 경우에는 별도의 이전행위 없이 회사설립 과정에서 형성된 법률관계가 성립 후의 회사로 자동승계된다. 설립 중의 회사에 해당하지 않는 경우에는 회사설립 과정에서 형성된 법률관계를 성립 후의 회사로 이전하기 위한 특별한 이전행위가 있어야 한다. 判例에 의하면 설립중의 회사는 ㉠ 정관 작성 및 ㉡ 적어도 1주 이상 주식의 인수에 의하여 성립한다.
설문의 경우 공장부지 매수계약 체결 당시 발기인 甲과 乙 어느 누구도 A회사 주식을 인수하지 않았으므로 공장부지 매수계약 체결 당시 설립중의 회사가 성립되었다고 볼 수 없다. 따라서 회사설립 후 A회사가 丙에 대하여 공장부지소유권 이전을 위한 등기청구권을 행사하기 위해서는 A회사와 甲, 乙 간에 권리양수 등의 특별한 이전행위가 있어야 한다.

## 28

주식회사에 있어서 「상법」상 현물출자, 재산인수, 사후설립에 관한 설명 중 옳은 것은? (다툼이 있는 경우 판례에 의함)

[17 변호사]

① 현물출자를 하려면 회사설립시 뿐만 아니라 신주발행시에도 정관에 그 근거를 두도록 「상법」에 규정하고 있다.

② 회사설립시의 현물출자, 재산인수, 사후설립은 변태설립사항에 해당한다.

③ 재산인수는 발기인이 일정한 재산을 회사성립 후에 양수할 것을 특정인과 약정하는 것으로 출자를 목적으로 하는 단체법상의 출자행위이다.

④ 사후설립은 회사성립 후 3년 내에 그 성립 전부터 존재하는 재산으로 영업을 위하여 사용하여야 할 것을 자본금의 5% 이상의 대가로 취득함으로써 회사에 손해를 끼치는 계약으로, 이에 대하여 주주총회의 특별결의가 없는 경우에는 무효이다.

⑤ 회사설립 후 신주발행시, 이행기가 도래하지 않은 출자자의 제3자에 대한 1억 원의 물품대금채권을 현물출자의 목적으로 하는 경우, 이사의 청구에 의하여 법원이 선임한 검사인의 조사를 받거나, 이에 갈음하여 공인된 감정인의 감정을 받아야 한다.

## 28                                          정답 ⑤

> **핵심공략** 변태설립사항, 사후설립
>
> ■ 변태설립사항[발특/현/인/비/보]
>   ㉠ 정관기재사항(제290조), 정관기재 ✕ ⇨ 무효
>   ㉡ 모집설립의 경우 주식청약서 기재사항(제302조 제2항 제2호)
> ■ 사후설립(제375조) ⇨ 변태설립사항 ✕
>   ㉠ 회사성립 후 2년 내, ㉡ 회사성립 전 존재 재산, ㉢ 영업에 계속 사용할 재산, ㉣ 자본금 100분의 5 이상 대가로 취득하는 계약, ㉤ 주주총회 특별결의 요구

① [✕]

**해설** 신주발행의 경우에는 정관규정과 주주총회결의를 요하지 않고, 이사회 결의만으로 현물출자가 가능하다.

② [✕]

**해설** 변태설립사항이란 발기인이 그 권한을 남용하여 회사의 재산적 기초를 위태롭게 하여 이해관계자의 이익을 침해할 위험이 큰 사항으로서, 발기인의 특별이익, 현물출자, 재산인수, 설립비용과 발기인의 보수(제290조)를 말한다. 따라서 사후설립은 변태설립사항이 아니다.

③ [✕]

**해설** 재산인수란 발기인이 설립될 회사를 위해서 회사의 성립을 조건으로 하여 특정인으로부터 일정한 재산을 양수하기로 약정하는 개인법상의 계약을 말한다(제290조 제3호).

④ [✕]

**해설** 사후설립은 회사가 그 성립 후 2년 내에 그 성립 전부터 존재하는 재산으로서 영업을 위하여 계속하여 사용하여야 할 것을 자본금의 100분의 5 이상에 해당하는 대가로 취득하는 계약으로, 주주총회 특별결의가 있어야 한다(제375조).

⑤ [○]

**해설** 신주발행시 현물출자의 경우, 법원에 의하여 선임된 검사인의 검사절차가 진행되어야 한다(제422조 제1항). 이 경우 공인된 감정인의 감정으로 검사인의 조사에 갈음할 수 있다. 회사 설립시의 경우와 달리 신주발행시에는 변제기가 도래한 회사에 대한 금전채권을 현물출자하는 경우 검사인의 조사가 면제된다. 그러나 변제기가 도래하지 않은 채권은 신주발행의 경우에도 여전히 검사인의 조사가 이루어져야 한다.
아래의 경우 검사인 조사 없이 현물출자에 의한 신주발행이 가능하다(제422조 제2항).
㉠ 현물출자 재산의 가액이 자본금의 5분의 1을 초과하지 아니하고 5천만 원 이하인 경우 ㉡ 현물출자 재산이 거래소의 시세 있는 유가증권인 경우, 현물출자 재산의 가액이 1개월 평균종가 1주일 평균종가, 직전일 종가의 산술평균 금액 및 직전일 종가 중 낮은 금액 이하인 경우 ㉢ 변제기가 도래한 회사에 대한 금전채권을 출자하는 경우로서 그 가액이 회사 장부에 적혀 있는 가액 이하인 경우

## 29

**회사의 설립에 관한 설명 중 옳지 않은 것은? (다툼이 있는 경우 판례에 의함)** [21 변호사]

① 주식회사 설립의 무효는 주주·이사 또는 감사에 한하여 회사성립의 날로부터 2년 내에 소만으로 이를 주장할 수 있다.

② 주관적 하자를 원인으로 하는 설립취소의 소는 합명회사와 합자회사에만 인정되고, 객관적 하자를 원인으로 하는 설립무효의 소는 주식회사에만 인정된다.

③ 설립무효의 판결 또는 설립취소의 판결이 확정된 때에는 해산의 경우에 준하여 청산하여야 한다.

④ 주식회사 발기설립의 경우 이사와 감사는 취임 후 지체없이 회사의 설립에 관한 모든 사항이 법령 또는 정관의 규정에 위반되지 아니하는지의 여부를 조사하여 발기인에게 보고하여야 한다.

⑤ 주식회사의 설립과정에서 설립 중의 회사는 정관이 작성되고 발기인이 적어도 1주 이상의 주식을 인수하였을 때 성립한다.

**29**　　　　　　　　　　　　　　　　정답 ②

---

**핵심공략** 회사설립의 무효, 취소

- 회사별 설립무효와 취소
  ㉠ 주식회사 설립무효 ○, 설립취소 ✕
  ㉡ 주식회사 제외한 다른 회사 설립무효 ○, 설립취소 ○
- 설립무효, 취소의 소
  ㉠ 설립무효는 주주(1주 이상)·이사·감사에 한하여 회사 성립일로부터 2년 내에 소만으로 주장 가능
  ㉡ 형성의 소, 본점소재지 지방법원 전속관할
  ㉢ 설립무효의 소 또는 설립취소의 소에 대하여 법원 재량기각 가능(제328조 제2항, 제189조)
  ㉣ 원고승소판결은 대세효 ○[제190조 본문], 소급효 ✕ [제190조 단서]
- 설립경과 및 변태설립사항 조사, 검사
  ㉠ 변태설립사항(검사인선임 및 검사인보고)

| | 선임 청구자 | 선임 청구대상 | 검사인 선임기관 | 검사인 보고상대방 |
|---|---|---|---|---|
| 발기 설립 | 이사 | 법원 | 법원 | 법원 |
| 모집 설립 | 발기인 | 법원 | 법원 | 창립총회 |

  ㉡ 설립경과 조사보고

| | 보고주체 | 보고상대방 | 보고사항 |
|---|---|---|---|
| 발기 설립 | 이사·감사 | 발기인 | 설립사항 법령정관 위배 여부 |
| 모집 설립 | 발기인 | 창립총회 | 창립사항 |
| | 이사·감사 | 창립총회 | 설립사항 법령정관 위배 여부 |

---

① [○]

**해설** 주식회사 설립의 무효는 주주·이사 또는 감사에 한하여 회사 성립의 날로부터 2년 내에 소만으로 이를 주장할 수 있다(제328조 제1항). 주식회사는 인적회사나 유한회사와 달리 설립취소가 인정되지 않고 설립무효만 인정된다.

② [✕]

**해설** 합자회사는 합명회사의 규정을 준용하므로 합명회사 설립무효취소에 관한 제184조가 합자회사에도 적용된다. 합명회사 설립무효취소에 관한 제184조는 유한책임회사에도 준용된다(제287조의6). 유한회사 또한 설립무효와 취소에 관하여 규정하고 있다(제552조 제1항). 따라서 주식회사를 제외한 모든 회사에 설립취소가 인정된다. 설립무효의 소는 모든 회사에 인정된다.

③ [○]

**해설** 회사설립취소의 소가 확정되면 회사는 해산의 경우에 준하여 청산하여야 하며, 이 때 법원은 이해관계인의 청구에 의하여 청산인을 선임할 수 있다(제193조).

④ [○]

**해설** 발기설립의 경우 이사와 감사는 취임 후 지체 없이 회사설립에 관한 모든 사항이 법령 또는 정관 규정에 위반되지 않는지 여부를 조사하여 **발기인에게 보고**하여야 한다(제298조 제1항). 이사는 변태설립사항에 관한 조사를 위하여 **검사인의 선임을 법원에 청구**하여야 한다(제298조 제4항). 검사인은 변태설립사항을 조사하여 법원에 보고하여야 한다(제299조 제1항).

설문의 경우 발기설립에 의하여 회사가 설립되므로 A회사의 이사와 감사는 취임 후 지체없이 회사의 설립에 관한 모든 사항이 법령 또는 정관의 규정에 위반되지 아니하는지의 여부를 조사하여 **발기인에게 보고**하여야 한다. 또한 설문의 경우 변태설립사항인 현물출자가 존재하므로 이사는 이에 관한 조사를 위하여 검사인의 선임을 법원에 청구하여야 한다.

⑤ [○]

**해설** 설립 중의 회사는 정관이 작성되고 발기인이 적어도 1주 이상의 주식을 인수하였을 때 성립하고, 설립 중의 회사로서의 실체가 갖추어지기 이전에 발기인이 취득한 권리의무는 구체적 사정에 따라 발기인 개인 또는 발기인조합에 귀속되고 이들에게 귀속된 권리의무를 설립 후의 회사에 귀속시키기 위해서는 양수나 채무인수 등의 특별한 이전행위가 있어야 한다.(대판 1994.1.28. 93다50215)

## 30

**종류주식에 관한 설명 중 옳지 않은 것은? (다툼이 있는 경우 판례에 의함)** [21 변호사]

① 회사가 의결권이 없는 종류주식이나 의결권이 제한되는 종류주식을 발행하는 경우 그 종류주식의 총수는 발행주식총수의 4분의 1을 초과하지 못한다.

② 회사가 상환주식을 발행한 경우 정관이나 상환주식인수계약 등에서 특별히 정한 바가 없으면 주주가 상환권을 행사한 이후에도 회사로부터 상환금을 지급받을 때까지는 주주의 지위에 있다.

③ 주주가 전환주식의 전환을 청구하는 경우에는 그 청구한 때로부터 2주가 경과한 때에 효력이 발생한다.

④ 회사는 이익의 배당, 잔여재산의 분배, 주주총회에서의 의결권의 행사, 상환 및 전환 등에 관하여 내용이 다른 종류의 주식을 발행하는 경우 정관으로 각 종류주식의 내용과 수를 정하여야 한다.

⑤ 상환주식을 상환하는 경우 회사의 자본금이 감소하지 않으므로 채권자보호절차를 거치지 아니하여도 된다.

**30** 　　　　　　　　　　　　　　　　　　　　정답 ③

---

**핵심공략** 종류주식

- 종류주식의 의의 및 발행[이/잔/의/상/전]
  - ㉠ 이익의 배당, 잔여재산의 분배, 의결권 행사, 상환 및 전환에 관하여 내용이 다른 종류 주식
  - ㉡ 정관에 종류주식의 내용과 수를 정해야 함
  - ㉢ 종류주식발행의 경우 정관 규정 없이 신주인수, 주식배정(주식 병합·분할·소각, 합병·분할 관련) 달리 정할 수 ○
  - ㉣ 둘 이상 종류주식 결합한 주식 발행 가능
- 의결권의 배제·제한에 관한 종류주식
  - ㉠ 의결권 제한 종류주식 총수는 발생주식 총수 4분의 1 초과 ✕
  - ㉡ 특정 사안 결의의 효력을 가지게 하는 주식, 의결권 수 차등 부여 주식 허용 ✕
  - ㉢ 총회결의 정족수 계산시 발행주식 총수에 산입 ✕ (제371조 제1항)
  - ㉣ 의결권 인정되는 경우: ㉠ 창립총회결의, ㉡ 유한회사로의 조직변경결의, ㉢ 종류주주총회 결의, ㉣ 회사분할 또는 분할합병결의(회사 합병 ✕), ㉤ 이사 등 책임면제 결의
- 상환주식
  - ㉠ 상환주식의 상환은 배당가능이익으로 하므로 자본금 감소 ✕, 채권자보호절차 필요 ✕
  - ㉡ 회사상환주식의 경우 주권제출기간 경과한 때 상환 효력 발생
  - ㉢ 주주의 상환권 행사에 따른 주주권 이전 시기는 주주가 회사로부터 상환금 지급받은 때
- 전환주식
  - ㉠ 전환주식의 대가로 사채지급을 청구할 수 있는 전환주식 허용 ✕
  - ㉡ 주주가 전환권을 가지는 경우 전환청구시 전환 효력 발생
  - ㉢ 회사가 전환권을 가지는 경우 주권제출기간 만료시 전환 효력 발생
  - ㉣ 전환으로 발행되는 신주식 발행가액은 전환전 주식의 발행가액과 동일해야 ○

---

① [○]

**해설** 의결권이 제한되는 종류주식의 총수는 발행주식 총수의 4분의 1을 초과하지 못한다(제344조의3 제2항). 초과한 경우 회사는 지체 없이 제한을 초과하지 않도록 하기 위하여 필요한 조치를 취해야 한다(제344조의3 제2항).

② [○]

**해설** 주주가 상환권을 행사하면 회사는 주식 취득의 대가로 주주에게 상환금을 지급할 의무를 부담하고, 주주는 상환금을 지급받음과 동시에 회사에게 주식을 이전할 의무를 부담한다. 따라서 정관이나 상환주식인수계약 등에서 특별히 정한 바가 없으면 주주가 회사로부터 상환금을 지급받을 때까지는 상환권을 행사한 이후에도 여전히 주주의 지위에 있다.(대판 2020.4.9. 2017다251564)

③ [✕]

**해설** 주주가 전환권을 가지는 경우, 전환청구시에 전환 효력이 발생한다(제350조 제1항). 회사가 전환권을 가지는 경우 주권제출기간 만료시에 전환 효력이 발생한다(제350조 제1항).

④ [○]

**해설** 회사가 종류주식을 발행하기 위해서는 정관에 종류주식의 내용과 수를 정하여야 한다(제344조 제2항).

⑤ [○]

**해설** 상환주식의 상환은 배당가능이익으로 하므로 상환주식이 상환되더라도 회사의 자본금이 감소하지 않기 때문에 채권자보호절차를 거칠 필요가 없다. 액면주식의 상환이 이루어지면 발행주식의 액면총액이 자본금이라는 등식이 성립되지 않는다.

## 31

「상법」상 유질계약에 관한 설명 중 옳은 것은? (다툼이 있는 경우 판례에 의함)                    [20 변호사]

① 질권설정계약에 포함된 유질약정이 「상법」 제59조에 따라 유효하기 위해서는 질권설정계약의 피담보채권이 상행위로 인하여 생긴 채권이어야 하고, 질권설정자는 상인이어야 한다.

② A주식회사가 영업을 위하여 주식회사인 B은행으로부터 금전을 차용하면서, A회사의 대표이사 甲이 B은행에 위 대출금채권을 담보하기 위하여 자신이 보유하고 있는 C주식회사 발행 주식에 관하여 유질약정이 포함된 근질권설정계약을 B은행과 체결한 경우, 위 유질약정에 대하여는 「상법」 제59조가 적용된다.

③ 주식에 대하여 질권을 설정한 경우 질권설정계약의 피담보채권이 상행위로 인한 채권이더라도 그 주식질권설정계약에 포함된 유질약정에 대하여는 「상법」 제59조가 적용되지 않는다.

④ 주식질권설정계약에 포함된 유질약정이 「상법」 제59조에 따라 유효하기 위해서는 질권설정자와 질권자 쌍방이 상인이어야 한다.

⑤ 질권설정계약에 있어서 유질계약의 성립을 인정하기 위해서는 그에 관하여 별도의 명시적 또는 묵시적인 약정이 성립되어야 하는 것은 아니다.

**31** 정답 ②

핵심공략 유질계약, 주식질권

- 유질계약
  - ⊙ 민법상 유질계약 금지(민법 제339조), 상법상 유질계약 허용(제59조)
  - ⊙ 질권설정자는 상인이 아니어도 되나, 채무자는 상인이어야 함
  - ⊙ 일방적 상행위로 생긴 채권을 담보하기 위한 질권에도 유질계약 성립 ○
  - ⊙ 상법상 유질계약에는 별도의 명시적·묵시적 약정 요구 ○
- 주식질권
  - ⊙ 등록질 성립요건은 물권합의, 주권교부, 질권자 성명 주주명부 기재
  - ⊙ 주권 교부는 현실인도, 간이인도, 목적물반환청구권양도 가능
  - ⊙ 주식 질권설정자가 주주 지위 보유, 의결권 행사
  - ⊙ 주식 소각, 병합, 분할 또는 전환으로 주주가 받을 금전, 주식에 대한 물상대위 인정
  - ⊙ 약식질권자는 질권설정자가 지급받을 금전 기타 물건의 지급 또는 인도 전에 압류해야 함

① [×]

**해설** 질권설정계약에 포함된 **유질약정이 상법 제59조에 따라 유효**하기 위해서는 질권설정계약의 피담보채권이 상행위로 인하여 생긴 채권이면 충분하고, **질권설정자가 상인이어야 하는 것은 아니다.** 또한 상법 제3조는 당사자 중 그 1인의 행위가 상행위인 때에는 전원에 대하여 본법을 적용한다고 정하고 있으므로, 일방적 상행위로 생긴 채권을 담보하기 위한 질권에 대해서도 유질약정을 허용한 상법 제59조가 적용된다. (대판 2017.7.18. 2017다207499)

② [○]

**해설** ①항과 관련하여 살펴본 바와 같이 상법 제59조의 유질약정의 성립에는 피담보채권이 상행위로 인하여 생기면 충분하고 질권설정자가 상인이 아니어도 무방하다. 설문의 경우 주식회사인 B은행이 A주식회사에 영업자금을 대여한 행위는 적어도 B은행의 입장에서는 상행위에 해당하고 당사자 중 그 1인의 행위가 상행위인 경우 전원에 대하여 상법이 적용되므로(상법 제3조) 일방적 상행위로 생긴 채권을 담보하기 위한 질권에 대해서도 상법 제59조의 유질약정이 적용된다. 따라서 설문의 경우 질권설정자인 甲이 상인이 아니라 하더라도 유질약정이 유효하게 성립한다.

③ [×]

**해설** 앞서 살펴본 바와 같이 상행위로 인하여 생긴 채권을 담보하기 위하여 설정한 질권의 경우 유질약정이 허용된다. 따라서 주식에 대하여 질권을 설정한 경우 질권설정계약의 피담보채권이 상행위로 인한 채권인 경우 그 주식질권설정계약에 포함된 유질약정에 대하여는 「상법」 제59조가 적용된다.

④ [×]

**해설** 피담보채권이 상행위로 인하여 생긴 이상 질권설정자는 상인이 아니어도 유질약정이 성립한다.

⑤ [×]

**해설** 상행위로 인하여 생긴 채권을 담보하기 위하여 설정한 질권의 경우에는 이른바 유질계약이 허용된다고 할 것이나(상법 제59조, 민법 제339조), 그렇다고 하여 모든 상사질권설정계약이 당연히 유질계약에 해당한다고 할 수는 없는 것이고, 상사질권설정계약에 있어서 **유질계약의 성립**을 인정하기 위하여서는 그에 관하여 별도의 **명시적 또는 묵시적인 약정이 성립**되어야 할 것이다.(대판 2008.3.14. 2007다11996)

## 32

비상장회사 甲주식회사는 설립 즉시 발행주식의 주권을 발행하였다. 그 후 甲회사는 주식 2주를 1주로 병합하는 주식병합을 하였으나 병합 후 신주의 주권은 주식병합의 효력발생 후 6개월이 경과하도록 발행하지 않았다. 주식병합 전에 주주 A는 B와 주식에 관한 양도약정을 하였으나 그 주권은 교부하지 않았다. 당시 A는 주권을 P에게 보관해 두었고 P는 다시 Q에게 이를 보관해 두었다. 이에 관한 설명 중 옳은 것은? (다툼이 있는 경우 판례에 의함)　　　　[18 변호사]

① 주식병합 전에는 B가 주권을 교부받지 못하여 주식양도의 효력이 발생하지 않았고, 주식병합 후에는 구주권이 실효되므로 A의 B에 대한 주식양도를 위하여는 주식병합 후 새로운 주식양도 합의가 필요하다.

② 주식병합의 효력발생 후 6개월이 경과한 후에는 신주의 주권 교부가 없더라도 A와 B 사이의 의사표시만으로 주식양도의 효력이 생긴다.

③ 주식병합 전 A가 주권을 P에게 보관해 두었으므로 주식병합 후 A의 B에 대한 주식양도의 효력이 발생하려면 그 주권의 교부가 필요하다.

④ A가 B에게 주식을 양도하면서 P에 대하여 그 양도약정사실 및 주권을 B에게 반환하라는 취지의 통지를 한 것만으로는 주식양도의 효력이 발생하지 않는다.

⑤ 목적물반환청구권의 양도 방식으로 주권을 교부하기 위하여는 A가 B에게 Q에 대한 반환청구권을 양도하고, 그 대항요건으로서 Q의 승낙 또는 Q에 대한 통지를 갖추어야 한다.

정답 ②

---

**핵심공략** 주식병합

- 의의
  수개의 주식을 합하여 그보다 적은 수의 주식을 발행하는 것
- 절차
  ㉠ 주주총회 특별결의 및 채권자보호절차(결손보전 위한 자본금감소의 경우 채권자보호절차 ✕
  ㉡ 회사는 1월 이상 기간을 정하여 그 뜻과 기간 내에 주권을 회사에 제출할 것을 공고하고 주주명부 주주와 질권자에겍 통지해야 함
  ㉢ 구주권을 제출할 수 없는 자가 있는 경우 회사는 그 자의 청구에 의하여 3월 이상의 기간을 정하고 이해관계인에게 기간 내에 이의 제출을 공고하고 기간 경과 후 신주권을 청구자에게 교부 가능
- 주식병합과 주식양도
  ㉠ 주식병합 이후 신주식 양도 ⇨ 신주권 교부 필요 ○, 구주권 필요 ✕
  ㉡ 주식병합에 따라 교환된 주권은 병합 전의 주식을 여전히 표창하면서 그와 동일성 유지
  ㉢ 주권발행 후 주식양도가 있었으나 주권 교부가 없는 상태에서 주식병합이 되고 그로부터 6월 경과 시까지 신주권이 미발행된 경우, 주식병합 전의 당사자의 의사표시만으로 주식양도 효력 발생
  ㉣ 주식병합 후 6월 경과시까지 신주권이 미발행된 경우 주식병합 전 주식양수인은 주식양수 사실을 증명하여 명의개서 청구가능
- 효력발생시기
  ㉠ 자본금 감소 주식병합은 주권제출기간 만료 및 채권자보호절차 종료시 효력발생
  ㉡ 자본금이 감소하지 않는 주식병합은 주권제출기간 만료시 효력발생
- 주식병합을 다투는 절차
  ㉠ 주식병합으로 자본금 감소되는 경우 주주·이사·감사·청산인·파산관재인 또는 자본금의 감소를 승인하지 아니한 채권자만이 자본금감소 변경등기일부터 6개월 내에 소만으로 주장 가능
  ㉡ 적법 절차를 거쳐 모든 주식에 대해 동일 비율로 주식병합이 이루어진 경우 10,000:1의 비율에 의한 주식병합에 따른 단주처리로 소수주주가 주주 지위를 상실한 경우에도 주식병합은 적법

---

① [✕]

**해설** 주권발행 후 주식양도가 있었으나 주권 교부가 없는 상태에서 주식병합이 이루어지고 그로부터 6월이 경과할 때까지 회사가 신주권을 발행하지 않은 경우, 주식병합 전의 당사자의 의사표시만으로 주식양도의 효력 발생한다.(대판 2012.2.9. 2011다62076,2011다62083)
설문의 경우 주식병합으로부터 6월이 경과할 때까지 회사가 신주권을 발행하지 않은 관계로 주식병합 전의 당사자의 의사표시만으로 주식양도의 효력 발생하므로 B가 별도의 새로운 양도합의를 체결할 것이 요구되지 않는다.

② [○]

**해설** 위 ①항 판례 참조.
설문의 경우 병합 후 신주의 주권을 주식병합의 효력발생 후 6개월이 경과하도록 발행하지 않았으므로 주식병합의 효력발생 후 6개월이 경과한 후에는 신주의 주권 교부가 없더라도 A와 B 사이의 의사표시만으로 주식양도의 효력이 생긴다.

③ [✕]

**해설** 주식병합의 효력이 발생하면 구주권은 실효되고 회사는 신주권을 발행하여야 하며, 주주는 병합된 만큼 감소된 수의 신주권을 교부받게 된다. 따라서 주식병합 후 A의 B에 대한 주식양도의 효력이 발생하기 위해 구 주권의 교부가 요구되지 않는다.

④ [✕]

**해설** (중첩적 점유매개관계의 경우) 최상위 간접점유자인 질권설정자는 질권자에게 자신의 점유매개자인 제3자에 대한 반환청구권을 양도하고 대항요건으로서 제3자의 승낙 또는 제3자에 대한 통지를 갖추면 충분하며, 직접점유자인 타인의 승낙이나 그에 대한 질권설정자 또는 제3자의 통지까지 갖출 필요는 없다.(대판 2012.8.23. 2012다34764)
설문의 경우 A가 P에 대하여 양도약정사실 및 주권을 B에게 반환하라는 취지의 통지를 하는 것으로 주식양도의 효력이 발생한다.

⑤ [✕]

**해설** ④항과 관련하여 살펴본 判例에 의하면, A가 B에게 직접점유자인 Q에 대한 반환청구권을 양도하고, 대항요건으로서 Q의 승낙 또는 Q에 대한 통지를 갖출 필요는 없다.

## 33

주식의 소각 · 병합 · 분할에 관한 설명 중 옳은 것을 모두 고른 것은? (다툼이 있는 경우에는 판례에 의함) [22 변호사]

---

ㄱ. 회사가 보유하는 자기주식을 소각하는 경우 자본금 감소에 관한 규정에 따라서만 소각하여야 한다.

ㄴ. 주식분할의 경우 구주권을 회사에 제출할 수 없는 자가 있는 때에는 회사는 그 자의 청구에 의하여 3개월 이상의 기간을 정하고 이해관계인에게 그 주권에 대한 이의가 있으면 그 기간 내에 제출할 뜻을 공고하고 그 기간이 경과한 후에 신주권을 청구자에게 교부할 수 있다.

ㄷ. 주식병합의 경우 회사는 1개월 이상의 기간을 정하여 그 뜻과 그 기간 내에 주권을 회사에 제출할 것을 공고하고 주주명부에 기재된 주주와 질권자에 대하여는 각별로 그 통지를 하여야 한다.

ㄹ. 주식소각의 효력은 주주가 주권을 회사에 제출한 때에 생기지만, 채권자의 이의절차가 종료하지 아니한 때에는 그 종료한 때에 효력이 생긴다.

---

① ㄱ, ㄴ      ② ㄱ, ㄹ

③ ㄴ, ㄷ      ④ ㄴ, ㄹ

⑤ ㄷ, ㄹ

**핵심공략** 주식소각, 주식분할, 자본금감소

- 주식소각
  - ㉠ 회사의 존속 중 특정 주식을 절대적으로 소멸시키는 회사의 행위
  - ㉡ 소각은 원칙적으로 자본금감소 규정에 의해야 함
    ⇨ 원칙적으로 채권자보호절차 요구 ○
  - ㉢ 배당가능이익으로 자기주식을 취득한 후 하는 소각과 같이 자본금 감소가 없는 자기주식소각은 자본금감소 규정에 의하지 않음 ⇨ 채권자보호절차 요구 ✕
- 주식분할
  - ㉠ 주식을 나누어 발행주식 총수를 증가시키는 것 ⇨ 발행주식총수 증가 및 액면 감소
  - ㉡ 주주총회 특별결의 ○, 자본금 변화 없으므로 채권자보호절차 ✕
  - ㉢ 회사가 공고한 주권제출기간 내에 주주가 구주권을 제출하더라도 주권제출기간이 지나야 신주권 발행 및 교부 청구 가능
  - ㉣ 주식분할의 효력은 주권제출기간 만료시 발생
  - ㉤ 준용규정: 주식분할의 절차, 주식분할 효력발생, 기타 구주권의 제출 및 신주권의 교부, 단주처리에 관하여는 주식병합에 관한 규정 준용(제329조의2 제3항)
- 자본금감소
  - ㉠ 유상감자(실질감자): 주주총회특별결의 및 채권자보호절차 필요
  - ㉡ 무상감자(명목상감자): 자산총액 변동 ✕, 주주총회 보통결의 ○, 채권자보호절차 ✕
  - ㉢ 감자무효의 소: 주주·이사·감사·청산인·파산관재인 또는 자본금의 감소를 승인하지 아니한 채권자만이 자본금 감소 변경등기가 된 날부터 6개월 내에 소만으로 주장(제445조)
  - ㉣ 원고 승소판결은 대세효 ○, 소급효 ○

**해설** ㄱ. [✕]

주식은 자본금 감소에 관한 규정에 따라서만 소각할 수 있다. 다만, 이사회의 결의에 의하여 회사가 보유하는 자기주식을 소각하는 경우에는 그러하지 아니하다(제343조 제1항). 따라서 회사가 자기주식 소각을 이사회 결의에 의하는 경우 자본금 감소 규정에 의하지 아니할 수 있다.

ㄴ. [○]

주식분할과 관련하여 기타 구주권의 제출 및 신주권의 교부(제442조)에 관하여는 주식병합에 관한 규정을 준용한다(제329조의2 제3항). 주식을 병합하는 경우에 구주권을 회사에 제출할 수 없는 자가 있는 때에는 회사는 그 자의 청구에 의하여 3월 이상의 기간을 정하고 이해관계인에 대하여 그 주권에 대한 이의가 있으면 그 기간 내에 제출할 뜻을 공고하고 그 기간이 경과한 후에 신주권을 청구자에게 교부할 수 있다(제442조). 따라서 주식분할의 경우 구주권을 회사에 제출할

수 없는 자가 있는 때에는 회사는 그 자의 청구에 의하여 3개월 이상의 기간을 정하고 이해관계인에게 그 주권에 대한 이의가 있으면 그 기간 내에 제출할 뜻을 공고하고 그 기간이 경과한 후에 신주권을 청구자에게 교부할 수 있다.

ㄷ. [○]

주식을 병합할 경우에는 회사는 1월 이상의 기간을 정하여 그 뜻과 그 기간 내에 주권을 회사에 제출할 것을 공고하고 주주명부에 기재된 주주와 질권자에 대하여는 각별로 그 통지를 하여야 한다(제440조).

ㄹ. [✕]

자본금감소에 관한 규정에 따라 주식을 소각하는 경우에는 제440조(주식병합의 절차) 및 제441조(주식병합의 절차)를 준용한다(제343조 제2항). 따라서 주식의 병합은 주권제출 기간이 만료한 때에 그 효력이 생긴다. 그러나 채권자보호절차가 종료하지 아니한 때에는 그 종료한 때에 효력이 생긴다(제441조).

## 34

「상법」상 비상장주식회사가 발행한 주식에 관한 설명 중 옳지 않은 것은? (다툼이 있는 경우에는 판례에 의함)

[20 변호사]

① 증권이나 증서의 무효를 선고한 제권판결은 단순히 공시최고 신청인에게 그 증권 또는 증서를 소지하고 있는 것과 동일한 지위를 회복시키는 것에 그치는 것이 아니라 공시최고 신청인이 그 증권 또는 증서의 실질적인 권리자임을 확정하는 효력이 있다.

② 회사가 신주를 발행하면서 그 권리의 귀속자를 주주총회나 이사회의 결의에 의한 일정 시점에 주주명부에 기재된 주주로 한정할 경우, 그 신주인수권은 이러한 일정 시점에 실질상의 주주인지의 여부와 관계없이 회사에 대하여 법적으로 대항할 수 있는 주주, 즉 주주명부에 기재된 주주에 귀속된다.

③ 주권발행 전 주식의 양도가 회사 성립 후 6월이 경과한 후에 이루어진 때에는 당사자의 의사표시만으로 회사에 대하여 효력이 있으므로, 그 주식양수인은 특별한 사정이 없는 한 양도인의 협력을 받을 필요 없이 단독으로 자신이 주식을 양수한 사실을 증명함으로써 회사에 대하여 그 명의개서를 청구할 수 있다.

④ 주권 취득이 악의 또는 중대한 과실로 인한 때에는 선의취득이 인정되지 않는데, 이 경우 '악의'란 교부계약에 하자가 있다는 것을 알고 있었던 경우, 즉 종전 소지인이 무권리자 또는 무능력자라거나 대리권이 흠결되었다는 등의 사정을 알고 취득한 것을 말하고, 중대한 과실이란 거래에서 필요로 하는 주의의무를 현저히 결여한 것을 말한다.

⑤ 주식의 양도에 관하여 정관에 이사회의 승인을 받도록 한 경우, 이사회의 승인을 받지 아니한 주식양도계약은 양도인과 양수인 사이에서 채권적 효력은 인정된다.

**핵심공략** 제권판결, 선의취득, 주식의 양도

- 제권판결
  - ㉠ 의의: 상실된 주권에 대하여 공시최고절차를 통하여 주권을 무효로 하는 판결
  - ㉡ 효력: 주권 무효, 신청인 회사에 주권 없이 권리행사 가능, 신청인 회사에 주권 재발행청구 가능
  - ㉢ 신청인을 실질적 권리자로 확정 ✕, 제권판결 취소의 경우 재발행된 주권 소급 무효, 선의취득 ✕
  - ㉣ 제권판결 전 주권 선의취득자가 제권판결 전에 법원에 권리신고를 하는 경우 ⇨ 주권을 선의취득
  - ㉤ 권리신고 ✕ ⇨ 주권 선의취득 ✕, 제권판결 후 선의취득 ✕
- 주권 선의취득 요건
  - ㉠ 주권의 유효, ㉡ 양도인 무권리(무권대리 포함), ㉢ 주권 교부, ㉣ 양수인의 선의·무중과실
- 정관에 의한 주식양도 제한
  - ㉠ 회사는 정관으로 주식 양도에 이사회 승인을 받도록 할 수 있음
  - ㉡ 이사회 승인 ✕ 주식 양도 회사에 대하여 효력 ✕, 양도인과 양수인 사이 유효 ○
  - ㉢ 회사 설립일로부터 5년 동안 주식 전부 또는 일부의 양도 제한하는 약정은 무효
- 주권발행 전 주식양도
  - ㉠ 주권발행 전 주식양도는 회사에 대해 무효, 회사성립 후 또는 신주납입기일 후 6월 경과 시 유효
  - ㉡ 6월 경과 후 주식 양수인은 양도인 협력 없이 단독으로 주식양수사실 증명하여 명의개서청구 가능
- 주주명부 대항력
  - ㉠ 주주명부상 주주만 주주권 행사, 회사도 알았든 몰랐든 주주권 부인 ✕, 제3자 주주권 인정 ✕
  - ㉡ 주주명부 기재 없이 주주권 행사가능한 경우 ⇨ 명의개서청구 부당지연 또는 거절

① [✕]

**해설** 증권이나 증서의 무효를 선고한 제권판결의 효력은 공시최고 신청인에게 그 증권 또는 증서를 소지하고 있는 것과 동일한 지위를 회복시키는 것에 그치고 공시최고 신청인이 실질적인 권리자임을 확정하는 것은 아니다.(대판 2013.12.12. 2011다112247,112254)

② [○]

**해설** 특별한 사정이 없는 한, 주주명부에 적법하게 주주로 기재되어 있는 자는 회사에 대한 관계에서 주식에 관한 의결권 등 주주권을 행사할 수 있고, 회사 역시 주주명부상 주주 외에 실제 주식을 인수하거나 양수하고자 하였던 자가 따로 존재한다는 사실을 알았든 몰랐든 간에 주주명부상 주주의 주주권 행사를 부인할 수 없으며, 주주명부에 기재를 마치지 아니한 자의 주주권 행사를 인정할 수도 없다. 주주명부에 기재를 마치지 않고도 회사에 대한 관계에서 주주권을 행사할 수 있는 경우는 주주명부에의 기재 또는 명의개서청구가 부당하게 지연되거나 거절되었다는 등의 극히 예외적인 사정이 인정되는 경우에 한한다.(대판 2017.3.23. 2015다248342 전합)

③ [○]

**해설** 주권발행 전 주식의 양도는 당사자의 의사표시만으로 효력이 발생하고, 주권발행 전 주식을 양수한 사람은 특별한 사정이 없는 한 양도인의 협력을 받을 필요 없이 단독으로 자신이 주식을 양수한 사실을 증명함으로써 회사에 대하여 그 명의개서를 청구할 수 있다.(대판 2006.9.14. 2005다45537)

④ [○]

**해설** 주권의 선의취득에 있어 악의란 교부계약에 하자가 있다는 것을 알고 있었던 경우, 즉 종전 소지인이 무권리자 또는 무능력자라거나 대리권이 흠결되었다는 등의 사정을 알고 취득한 것을 말하고, 중대한 과실이란 거래에서 필요로 하는 주의의무를 현저히 결여한 것을 말한다.(대판 2018.7.12. 2015다251812)

⑤ [○]

**해설** 양도금지특약을 위반하여 채권을 제3자에게 양도한 경우에 채권양수인이 양도금지특약이 있음을 알았거나 중대한 과실로 알지 못하였다면 채권 이전의 효과가 생기지 아니한다. 반대로 양수인이 중대한 과실 없이 양도금지특약의 존재를 알지 못하였다면 채권양도는 유효하게 되어 채무자는 양수인에게 양도금지특약을 가지고 채무 이행을 거절할 수 없다. 채권양수인의 악의 내지 중과실은 양도금지특약으로 양수인에게 대항하려는 자가 주장·증명하여야 한다.(대판 2019.12.19. 2016다24284 전합)

# 35

'주주권에 관한 확인의 소'와 '명의개서에 관한 소'에 관한 설명 중 옳지 않은 것은? (다툼이 있는 경우 판례에 의함)

[21 변호사]

① 주권이 발행되어 있는 주식을 양수한 자는 주권을 제시하여 양수사실을 증명함으로써 회사에 대해 단독으로 명의개서를 청구할 수 있다.

② 무효인 주식 매매계약에 따라 매수인에게 명의개서절차가 이행되었더라도, 매도인은 특별한 사정이 없는 한 매수인의 협력을 받을 필요 없이 단독으로 그 매매계약이 무효임을 증명함으로써 회사에 대해 명의개서를 청구할 수 있다.

③ 주주가 자신이 주주명부상 주식의 소유자인데 위조된 주식 매매계약서에 의해 타인 앞으로 명의개서가 되었다고 주장하면서, 주식회사를 상대로 주주권 확인을 구하는 것은 주주의 권리 또는 법률상 지위에 현존하는 불안·위험을 제거하는 유효·적절한 수단이고 분쟁의 종국적 해결방법이므로 확인의 이익이 인정된다.

④ 주권발행 전 주식의 양도가 회사 성립 후 6월이 경과한 후에 이루어진 때에는, 그 주식양수인은 특별한 사정이 없는 한 양도인의 협력을 받을 필요 없이 단독으로 자신이 주식을 양수한 사실을 증명함으로써 회사에 대하여 그 명의개서를 청구할 수 있다.

⑤ 주권발행 전 주식에 관하여 주주명의를 신탁한 사람이 수탁자에 대하여 명의신탁계약을 해지하면 그 주식에 대한 주주의 권리는 해지의 의사표시만으로 명의신탁자에게 복귀하는 것이고, 이러한 경우 주주명부에 등재된 형식상 주주명의인이 실질적인 주주의 주주권을 다투는 경우에 실질적인 주주가 주주명부상 주주명의인을 상대로 주주권의 확인을 구할 이익이 있다.

> **핵심공략** 주주권 확인 및 명의개서[회사 상대 확인이익 ×,
> 이행청구 ○ / 제3자 상대 확인이익 ○]
>
> ㉠ 주식을 취득한 자는 자신의 주식취득사실을 증명하여 회
> 사에 단독으로 명의개서 청구 가능
> ㉡ 주주명부상 주주는 자기 주식에 대한 소유권 주장하는 제
> 3자 상대로 소유권확인의 이익 ○
> ㉢ 위조에 의해 타인 앞으로 명의개서가 된 주주는 회사 상대
> 로 주주권확인의 이익 ×(이행청구 ○)
> ㉣ 무효계약에 따라 명의개서가 된 매도인은 단독으로 계약
> 무효 증명하여 회사에 명의개서청구 가능
> ㉤ 실질주주가 주주명부상 주주 상대로 주주권확인 구할 이
> 익 ○

① [ ○ ]

**해설** 주식을 취득한 자는 특별한 사정이 없는 한 점유하고 있는
주권의 제시 등의 방법으로 자신이 **주식을 취득한 사실**을 증
명함으로써 회사에 대하여 **단독으로 그 명의개서를 청구**할
수 있다.(대판 2019.5.16. 2016다240338)

② [ ○ ]

**해설** **무효인 매매계약**에 따라 매수인에게 명의개서절차가 이행되
었더라도, **매도인**은 특별한 사정이 없는 한 매수인의 협력을
받을 필요 없이 **단독으로 매매계약이 무효임을 증명**함으로
써 회사에 대해 **명의개서를 청구**할 수 있다.(대판 2018.
10.25. 2016다42800,42817,42824,42831)

③ [ × ]

**해설** 위조된 주식매매계약서에 의해 타인 앞으로 명의개서가 된
주주 甲이 회사를 상대로 자신의 주주권의 확인을 구하는
것은 甲이 회사를 상대로 직접 자신이 주주임을 증명하여 명
의개서절차의 이행을 구할 수 있으므로, 甲이 회사를 상대로
주주권 확인을 구하는 것은 甲의 권리 또는 법률상 지위에
현존하는 불안·위험을 제거하는 유효·적절한 수단이 아니거
나 분쟁의 종국적 해결방법이 아니어서 **확인의 이익이 없**
**다**.(대판 2019.5.16. 2016다240338)

④ [ ○ ]

**해설** 주권발행 전 주식의 양도가 회사 성립 후 6월이 경과한 후에
이루어진 때에는 당사자의 의사표시만으로 회사에 대하여 효
력이 있으므로, 그 **주식양수인**은 특별한 사정이 없는 한 양도
인의 협력을 받을 필요 없이 **단독으로 자신이 주식을 양수한**
**사실을 증명**함으로써 회사에 대하여 그 **명의개서를 청구**할
수 있다.(대판 2006.9.14. 2005다45537)

⑤ [ ○ ]

**해설** 주권발행 전 주식에 관하여 **주주명의를 신탁**한 사람이 수탁
자에 대하여 명의신탁계약을 해지하면 그 주식에 대한 주주
의 권리는 **해지의 의사표시만으로 명의신탁자에게 복귀**하는
것이고, 이러한 경우 주주명부에 등재된 형식상 주주명의인
이 실질적인 주주의 주주권을 다투는 경우에 **실질적인 주주**
**가 주주명부상 주주명의인을 상대로 주주권의 확인을 구할**
**이익**이 있다. 이는 실질적인 주주의 채권자가 자신의 채권을
보전하기 위하여 실질적인 주주를 대위하여 명의신탁계약을
해지하고 주주명의인을 상대로 주주권의 확인을 구하는 경우
에도 마찬가지이고, 그 주식을 발행한 회사를 상대로 명의개
서절차의 이행을 구할 수 있다거나 명의신탁자와 명의수탁자
사이에 직접적인 분쟁이 없다고 하여 달리 볼 것은 아니다.
(대판 2013.2.14. 2011다109708)

# 36

비상장 회사인 A주식회사는 2018. 5. 1. 설립등기를 마쳤다. 甲은 A회사의 설립 시 발행된 주식 1,000주를 인수하고 주식대금을 납입하였으며 A회사 주주명부에 그 1,000주의 주주로 기재되었다. 2018. 6. 1. 甲은 A회사가 주권을 발행하지 않자 주식 1,000주를 乙에게 양도하는 합의를 하고 같은 날짜에 이러한 사실을 A회사의 대표이사에게 통지하였다. 이에 관한 설명 중 옳은 것은?(다툼이 있는 경우에는 판례에 의함) [19 변호사]

① 乙로 명의개서가 이루어지지 않은 상태라도 乙이 A회사에게 2018. 6. 10. 자신에게 주권을 발행할 것을 청구한다면, A회사는 乙에게 주권을 발행해 주어야 한다.

② 乙이 2018. 6. 15. A회사에게 명의개서를 청구한다면, A회사는 이에 응하여야 한다.

③ 乙은 2018. 6. 20. A회사에게 자신이 아닌 甲에게 주권을 발행할 것을 대위 청구할 수 없다.

④ A회사가 2018. 6. 25. 임시주주총회를 개최하면서 주주명부상 주주인 甲에게 소집통지하고 의결권을 행사하도록 했다면, 乙에게 주식이 양도된 사실을 알면서도 甲에게 의결권을 행사하도록 한 것이므로 그 총회의 결의에 취소사유가 존재한다.

⑤ A회사가 주권을 계속하여 발행하고 있지 않다면, 그 상태에서 乙이 2018. 12. 10. 위 1,000주에 대한 명의개서를 A회사에게 청구할 경우, A회사는 이에 응하여야 한다.

---

**핵심공략** 주권발행 전 주식양도

- 6월 경과 전 주식양도
  - ㉠ 회사성립 후 또는 신주 납입기일로부터 6월 전의 주권 발행 전 주식양도는 회사에 효력 ✕
  - ㉡ 회사가 주권발행 전 주식양도를 승인하고 명의개서를 하더라도 무효
  - ㉢ 양수인이 회사에 대하여 양도인을 대위하여 양도인에의 주권발행 및 교부 청구 가능
  - ㉣ 6월 전 주식양도라도 그 이후 6월이 경과하고 주권이 발행되지 않으면 하자 치유되어 주식양도 유효
- 6월 경과 후 주식양도
  - ㉠ 회사성립 후 또는 신주 납입기일로부터 6월 후의 주권 발행 전 주식양도는 회사에 효력 ○
  - ㉡ 양수인은 양도사실 입증하여 회사에 명의개서 청구 가능, 주권 발행 및 교부 청구 가능
  - ㉢ 회사 이외의 제3자 대항요건은 확정일자 있는 증서에 의한 양도통지 또는 회사 승낙
  - ㉣ 확정일자 선후가 아니라 양도통지 도달일자 선후가 기준

---

① [✕]

**해설** 주권발행 전에 한 주식의 양도는 회사에 대하여 효력이 없다(제335조 제3항 본문). 그러나 회사성립 후 또는 신주의 납입기일 후 6월이 경과한 때에는 그러하지 아니하다(제335조 제3항 단서). **주권발행 전에 한 주식의 양도는 회사가 이를 승인하여 주주명부에 그 변경을 기재하거나 후일 회사에 의하여 주권이 발행되었다 할지라도 회사에 대한 관계에 있어서는 그 효력이 없다.**(대판 1982.9.28 82다카21)
설문의 경우 甲과 乙이 주식양도의 합의를 한 시점인 2018. 6. 1.에 주권이 발행되지 않았고, 위 합의시점은 A주식회사가 설립된 날인 2018. 5. 1.로부터 아직 6월이 경과하기 전이므로, 甲과 乙의 주식양도 합의는 회사에 대하여 효력이 없고, 회사도 이를 승인할 수 없다.

② [✕]

**해설** 위 ①항과 관련하여 살펴본 바에 의할 때, 설문의 경우 甲과 乙이 주식양도의 합의를 한 시점인 2018. 6. 1.은 A주식회사가 설립된 날인 2018. 5. 1.로부터 아직 6월이 경과하기 전이므로 甲과 乙사이의 주식양도 합의는 회사에 대하여 효력이 없다.
나아가 乙이 명의개서를 청구한 시점인 2018. 6. 15. 또한 A주식회사의 설립일인 2018. 5. 1.로부터 6월이 경과하기 전이므로 甲과 乙사이의 주식양도 합의의 하자가 치유되었다고 볼 수 없다. 따라서 乙이 회사에 대하여 명의개서를 청구하더라도 회사는 이를 거절할 수 있다.

③ [✕]

**해설** 상법 제335조 제2항의 규정은 주권발행 전의 주식양도는 당사자 간에서는 유효하다 할 것이니 주권발행 전의 주식을 전전 양수한 원고가 회사에 대하여 원시 주주를 대위하여 직접 원고에게 주권의 발행교부를 청구할 수는 없다 할지라도 **원시 주주들의 회사에 대한 주권발행 및 교부청구권을 대위행사하여 원시 주주에의 주권발행 및 교부를 구할 수 있다.**(대판 1982.9.28. 82다카21)

④ [✕]

**해설** 甲과 乙이 주식양도의 합의를 한 시점인 2018. 6. 1.은 A주식회사의 설립일인 2018. 5. 1.로부터 아직 6월이 경과하기 전이므로 甲과 乙사이의 주식양도 합의는 회사에 대하여 효력이 없다. A회사의 임시주주총회 개최일인 2018. 6. 25. 또한 A주식회사의 설립일로부터 6월이 경과하기 전이므로 甲과 乙 사이의 주식양도 합의의 하자가 치유되었다고 볼 수도 없다. 따라서 A주식회사에 대한 관계에서 주주는 여전히 甲이다. 실질주주와 주주명부상의 주주가 다른 경우 누가 회사에 대한 관계에서 주주권을 행사할 수 있는지와 관련하여 判例는 "회사가 주주명부상의 주주 외에 실제 주식을 인수하거나 양수하고자 하였던 자가 따로 존재한다는 사실을 알았든 몰랐든 간에 주주명부상의 주주의 주주권 행사를 부인할 수 없다"고 판시하여 주주명부상 주주에 대해서만 주주권 행사를 인정하고 있다.(대판 2017.3.23. 2015다248342 전합)
설문의 경우 A회사가 임시주주총회를 개최한 2018. 6. 25. A회사에 대하여 주주권을 행사할 수 있는 자는 甲이므로 A주식회사가 주주명부상 주주인 甲에게 소집통지하고 의결권을 행사하도록 했다면, 乙에게 주식이 양도된 사실을 알면서도 甲에게 의결권을 행사하도록 하였더라도 총회의 결의는 적법·유효하며, 이를 취소사유로 볼 수 없다.

⑤ [○]

**해설** 설문의 경우 甲과 乙이 주식양도의 합의를 한 시점인 2018. 6. 1.은 A주식회사의 설립일인 2018. 5. 1.로부터 6월이 경과하기 전이라 하더라도 乙이 명의개서를 청구한 시점인 2018. 12. 10.은 A주식회사의 설립일인 2018. 5. 1.로부터 6월이 경과한 시점이고 당시까지 주권이 발행되지 않아 甲과 乙 사이의 주식양도 합의의 하자가 치유되었으므로 乙은 자신이 양수한 주식에 대한 명의개서를 A주식회사에 청구할 수 있고, A주식회사는 이에 응하여야 한다.

## 37

비상장회사인 A주식회사의 주주총회 결의에 관한 정족수
및 의결권수의 계산에 관한 설명 중 옳지 않은 것을 모두
고른 것은?                                    [22 변호사]

ㄱ. A회사가 비상장회사인 B주식회사 발행주식총수의
   100분의 10에 해당하는 주식을 소유하고, B회사가
   A회사 발행주식총수의 100분의 15에 해당하는 주식
   을 취득하면서 이 사실을 A회사에 지체 없이 통지한
   경우, B회사가 소유한 A회사의 주식은 발행주식총
   수에 산입한다.
ㄴ. A회사가 발행한 의결권이 없는 종류주식은 발행주
   식총수에는 산입하지만, 출석한 의결권수에는 산입
   하지 않는다.
ㄷ. A회사가 비상장회사인 C주식회사를 흡수합병하여
   C회사가 보유하고 있던 A회사 주식을 취득하게 된
   경우, 그 A회사 주식은 발행주식총수에 산입한다.
ㄹ. A회사의 주주인 甲을 이사로 선임하는 결의에 관하
   여 甲이 소유한 주식은 발행주식총수에는 산입하지
   만, 출석한 의결권수에는 산입하지 않는다.

① ㄱ, ㄴ                    ② ㄴ, ㄷ
③ ㄱ, ㄴ, ㄷ                ④ ㄱ, ㄷ, ㄹ
⑤ ㄴ, ㄷ, ㄹ

정답 ⑤

---

**핵심공략** 발행주식총수 및 의결권 수 불산입, 특별이해관계인

- 발행주식총수 산입하지 아니하는 경우(제371조 제1항)
  - ㉠ 의결권 종류주식, 의결권 제한 종류주식(제344조의3 제1항)
  - ㉡ 자기주식(제369조 제2항)
  - ㉢ 상호주(제369조 제3항)
  - ㉣ 감사 등 선임시 3% 초과 주식(判例)
- 의결권의 수에 산입하지 아니하는 경우(제371조 제2항)
  - ㉠ 특별이해관계인
  - ㉡ 감사선임의 결의에서 의결권 없는 주식 제외 발행주식 총수 100분의 3을 초과 주식
  - ㉢ 감사위원회 선임·해임 결의에서 상장회사 의결권 없는 주식 제외 발행주식총수 100분의 3 초과 주식
- 상호주 의결권 제한
  - ㉠ 회사, 모회사 및 자회사 또는 자회사가 다른 회사 발행 주식총수 10분의 1 초과 주식 보유
    - ⇨ 그 다른 회사가 가지고 있는 회사 또는 모회사의 주식 의결권 ✕
  - ㉡ 회사가 다른 회사 발행주식총수 10분의 1 초과 취득한 때 그 다른 회사에 지체 없이 통지해야 함
- 특별이해관계인에 해당하는 경우
  - ㉠ 이사책임 면제결의에서 그 이사, ㉡ 영업양도·영업양수 결의에서 상대방, ㉢ 이사보수 또는 퇴직금 결의에서 이사, ㉣ 이사와 감사 책임추궁 결의에서 이사와 감사
- 특별이해관계인에 해당하지 않는 경우
  - ㉠ 이사·감사 선임·해임 결의, ㉡ 재무제표 승인, ㉢ 합병 등 회사 지배 관련 결의

---

**해설** ㄱ. [○]

총회의 결의에 관하여는 의결권이 없는 종류주식이나 의결권이 제한되는 종류주식(제344조의3 제1항)과 회사의 자기주식(제369조 제2항) 및 상호주(제369조 제3항)는 발행주식총수에 산입하지 아니한다(제371조 제1항).

설문의 경우 A회사는 B주식회사 발행주식총수의 100분의 10에 해당하는 주식을 소유하고 있으므로, 10% 초과 보유에 해당하지 않는다. 따라서 B회사가 보유한 A회사 주식은 상호주에 해당하지 않고 A회사의 발행주식총수에 산입된다. 이와 달리 B회사는 A회사의 발행주식총수의 15%를 취득하면서 이를 A회사에 통지하였으므로, A회사가 보유한 B회사 주식은 상호주에 해당하여 B회사의 발행주식총수에 산입되지 않는다.

ㄴ. [×]

A회사가 발행한 의결권이 없는 종류주식은 상법 제371조 제1항에 따라 발행주식총수에 산입하지 아니한다.

ㄷ. [×]

A회사가 비상장회사인 C주식회사를 흡수합병하여 C회사가 보유하고 있던 A회사 주식을 취득하게 된 경우, 이는 A회사가 취득한 자기주식으로 상법 제371조 제1항에 따라 발행주식총수에 산입하지 아니한다.

ㄹ. [×]

총회의 결의에 관하여 특별한 이해관계가 있는 자는 의결권을 행사하지 못한다(제368조 제3항).

**주주총회가 재무제표를 승인한 후 2년 내에 이사와 감사의 책임을 추궁하는 결의를 하는 경우 당해 이사와 감사인 주주는 회사로부터 책임을 추궁당하는 위치에 서게 되어 주주의 입장을 떠나 개인적으로 이해관계를 가지는 경우로서 그 결의에 관한 특별이해관계인에 해당한다.**(대판 2007.9.6. 2007다40000)

설문의 경우, A회사의 주주인 甲을 이사로 선임하는 결의에 관하여 甲은 특별이해관계인에 해당하지 않으므로 甲이 소유한 주식은 발행주식총수와 출석한 의결권수에 산입된다.

# 38

**비상장 주식회사의 주주총회에 관한 설명 중 옳지 않은 것은? (다툼이 있는 경우에는 판례에 의함)** [19 변호사]

① 이사와 회사 사이의 이익상반거래에 대한 승인은 주주 전원의 동의가 있다거나 그 승인이 정관에 주주총회의 권한사항으로 정해져 있다는 등의 특별한 사정이 없는 한 이사회의 전결사항이라 할 것이므로, 이사회의 승인을 받지 못한 이익상반거래에 대하여 아무런 승인 권한이 없는 주주총회에서 사후적으로 추인 결의를 하였다 하여 그 거래가 유효하게 될 수는 없다.

② 법원이 총회의 소집기간을 구체적으로 정하지 않고 소수주주에게 총회의 소집을 허가한 경우, 소수주주가 총회의 소집허가결정일로부터 소집의 목적에 비추어 상당한 기간이 경과하도록 총회를 소집하지 않았다면, 소집허가결정에 따른 소집권한은 특별한 사정이 없는 한 소멸한다.

③ 정관에 의하여 주주총회의 성립에 관한 의사정족수를 규정하는 경우 그 정관규정은 효력이 없다.

④ 주주의 의결권 행사를 위한 대리인의 선임은 무제한적으로 허용되는 것은 아니고, 그 의결권의 대리행사로 말미암아 주주총회의 개최가 부당하게 저해되거나 회사의 이익이 부당하게 침해될 염려가 있는 등의 특별한 사정이 있는 경우에는 회사는 이를 거절할 수 있다.

⑤ 주주총회에서 여러 개의 안건이 상정되어 각기 결의가 행하여진 경우, 결의 취소의 소의 제소기간을 준수하였는지는 각 안건에 대한 결의마다 별도로 판단하여야 한다.

┌─────────────────────────────────────────────┐
**핵심공략** 주주총회 권한, 소집, 의결권, 주주총회결의취소의 소

- 이사회 전결사항에 대한 주주총회 권한 ✕
  - ㉠ 이사회 전결사항인 이사의 자기거래를 주주총회에서 사후 승인 ✕
  - ㉡ 예외: 주주 전원 동의, 정관상 주주총회 권한으로 규정
- 소수주의 소집청구권
  - ㉠ 발행주식 총수 100분의 3 이상 주식 보유 주주는 회의 목적사항과 소집이유를 적은 서면 또는 전자문서를 이사회에 제출하여 임시총회 소집 청구 가능
  - ㉡ 소수주의 주식합산 가능, 무의결권 주식 포함
  - ㉢ 주주총회 의장은 법원이 이해관계인의 청구나 직권으로 선임 가능
  - ㉣ 소집허가 받은 소수주주가 상당 기간 내 주주총회 소집하지 않는 경우 소집권한 소멸
- 정관상 의사정족수 규정 효력
  정관으로 주주총회 의사정족수 규정 가능, 집중투표의 경우에도 의사정족수 충족해야 함
- 주주의결권 대리행사 거절사유
  의결권 대리행사로 주주총회 개최가 부당하게 저해되거나 회사 이익 부당침해의 염려가 있는 경우
- 주주총회 결의취소의 소의 제소기간
  - ㉠ 결의취소의 소, 부당결의 취소·변경의 소 결의일로부터 2개월 이내 제기 가능
  - ㉡ 주주총회 결의 안건이 여러 개인 경우 각 안건별로 제소기간 준수 ○
└─────────────────────────────────────────────┘

① [○]

**해설** 이사가 자기 또는 제3자의 계산으로 회사와 거래를 하기 위하여는 미리 이사회에서 해당 거래에 관한 중요사실을 밝히고 이사회의 승인을 받아야 한다(제398조).
이사의 자기거래에 대한 사후승인은 주주 전원의 동의가 있거나 그 승인이 정관에 주주총회의 권한사항으로 정해져 있다는 등의 특별한 사정이 없는 한 이사회의 전결사항이므로 이러한 특별한 사정없이 주주총회에서 승인결의를 한 것만으로는 그 거래가 유효하게 될 수 없다.(대판 2007.5.10. 2005다4284)

② [○]

**해설** 법원은 상법 제366조 제2항에 따라 총회의 소집을 구하는 소수주주에게 회의의 목적사항을 정하여 이를 허가할 수 있다. 이때 법원이 총회의 소집기간을 구체적으로 정하지 않은 경우에도 소집허가를 받은 주주는 소집의 목적에 비추어 상당한 기간 내에 총회를 소집하여야 한다. 소수주주가 아무런 시간적 제약 없이 총회를 소집할 수 있다고 보는 것은 이사회 이외에 소수주주가 총회의 소집권한을 가진다는 예외적인 사정이 장기간 계속되는 상태를 허용하는 것이 되고, 이사회는 소수주주가 소집청구를 한 경우 지체 없이 소집절차를 밟아야 하는 것에 비해 균형을 상실하는 것이 된다. 따라서 총회

소집허가결정일로부터 상당한 기간이 경과하도록 총회가 소집되지 않았다면, 소집허가결정에 따른 소집권한은 특별한 사정이 없는 한 소멸한다.(대판 2018.3.15. 2016다275679)

③ [✕]

**해설** 상법 제368조 제1항은 주주총회의 보통결의 요건에 관하여 총회의 결의는 이 법 또는 정관에 다른 정함이 있는 경우를 제외하고는 출석한 주주의 의결권의 과반수와 발행주식총수의 4분의 1 이상의 수로써 하여야 한다고 규정하여 주주총회의 성립에 관한 의사정족수를 따로 정하고 있지는 않지만, 보통결의 요건을 정관에서 달리 정할 수 있음을 허용하고 있으므로, 정관에 의하여 의사정족수를 규정하는 것은 가능하다. 주식회사의 정관에서 이사의 선임을 발행주식총수의 과반수에 해당하는 주식을 가진 주주의 출석과 출석주주의 의결권의 과반수에 의한다고 규정하는 경우, 이사의 선임을 집중투표의 방법으로 하는 경우에도 정관에 규정한 의사정족수는 충족되어야 한다.(대판 2017.1.12. 2016다217741)

④ [○]

**해설** 주주의 의결권 행사를 위한 대리인 선임이 무제한적으로 허용되는 것은 아니고, 그 의결권의 대리행사로 말미암아 주주총회의 개최가 부당하게 저해되거나 혹은 회사의 이익이 부당하게 침해될 염려가 있는 등의 특별한 사정이 있는 경우에는 회사는 이를 거절할 수 있다.(대판 2001.9.7. 2001도2917)

⑤ [○]

**해설** 주주총회결의 취소의 소는 상법 제376조 제1항에 따라 그 결의의 날로부터 2개월 내에 제기하여야 하고, 이 기간이 지난 후에 제기된 소는 부적법하다. 그리고 주주총회에서 여러 개의 안건이 상정되어 각기 결의가 행하여진 경우 위 제소기간의 준수 여부는 각 안건에 대한 결의마다 별도로 판단되어야 한다.(대판 2010.3.11. 2007다51505)

## 39

**주주의 의결권에 관한 설명 중 옳지 않은 것을 모두 고른 것은? (다툼이 있는 경우 판례에 의함)** [21 변호사]

ㄱ. 주식에 대하여 질권이 설정된 경우 특별한 약정이 없는 한 의결권을 행사할 수 있는 자는 질권자이다.

ㄴ. 의결권의 대리행사로 말미암아 주주총회의 개최가 부당하게 저해되거나 혹은 회사의 이익이 부당하게 침해될 염려가 있는 등의 특별한 사정이 있는 경우에는 회사가 이를 거절할 수 있다.

ㄷ. 주주가 일정기간 주주권을 포기하고 타인에게 주주로서의 의결권 행사권한을 위임하기로 약정하였다면 그 주주는 주주로서의 의결권을 직접 행사할 수 없게 된다.

ㄹ. 회사는 이사회의 결의로 주주가 총회에 출석하지 아니하고 전자적 방법으로 의결권을 행사할 수 있음을 정할 수 있다.

ㅁ. 비상장주식회사의 감사 선임결의에 관한 주주총회에서 의결권 없는 주식을 제외한 발행주식총수의 100분의 3을 초과하는 주식은 출석한 주주의 의결권 수에는 산입되지 않지만 발행주식총수에는 산입된다.

① ㄱ, ㄴ, ㄹ      ② ㄱ, ㄷ, ㄹ

③ ㄱ, ㄷ, ㅁ      ④ ㄴ, ㄷ, ㅁ

⑤ ㄴ, ㄹ, ㅁ

**핵심공략**  주주의결권

- 의의
  - ㉠ 1주당 1의결권(제369조 제1항)은 강행규정, 이에 반하는 정관, 주주총회 결의 무효 ○
  - ㉡ 당사자 사이 특약, 주주권 포기에 의한 주주권 상실 ✕, 주주간 의결권 포기 약정 무효 ○
- 의결권의 대리행사
  - ㉠ 주주 의결권 대리행사 가능(제368조 제2항)
  - ㉡ 대리인 자격 주주로 한정하는 정관 규정 유효
  - ㉢ 대리인 자격 주주로 한정되더라도 소속 공무원, 직원 또는 피용자 대리인 가능
  - ㉣ 대리권 포괄적 위임 가능, 수임자는 위임자나 회사 재산에 불리한 사항에 대해서도 주주권 행사 가능
  - ㉤ 대리권을 증명하는 서면이란 위임장, 위임장 원본 제출 원칙
- 서면투표, 전자투표
  - ㉠ 서면투표: 주주가 정관 규정에 따라 총회 출석 없이 서면으로 의결권 행사(제368조의3 제1항)
  - ㉡ 전자투표: 이사회 결의로 총회 출석 없이 전자투표 규정 가능
  - ㉢ 서면결의: 총회 자체 개최 ✕, 유한회사 및 소규모회사 인정

**해설**  ㄱ. [✕]

주식에 대해 질권이 설정되었다고 하더라도 질권설정계약 등에 따라 질권자가 담보제공자인 주주로부터 의결권을 위임받아 직접 의결권을 행사하기로 약정하는 등의 특별한 약정이 있는 경우를 제외하고 **질권설정자인 주주는 여전히 주주로서의 지위를 가지고 의결권을 행사할 수 있다.**(대판 2017.8.18. 2015다5569)

ㄴ. [○]

주주의 자유로운 의결권 행사를 보장하기 위해 주주가 의결권 행사를 대리인에게 위임하는 것이 보장된다고 하더라도 주주의 의결권 행사를 위한 **대리인 선임이 무제한적으로 허용되는 것은 아니고,** 그 의결권의 대리행사로 말미암아 **주주총회의 개최가 부당하게 저해되거나 혹은 회사의 이익이 부당하게 침해될 염려가 있는 등의 특별한 사정이 있는 경우에는 회사는 이를 거절할 수 있다.**(대판 2001.9.7. 2001도2917)

ㄷ. [✕]

주주권은 주식의 양도나 소각 등 법률에 정하여진 사유에 의하여서만 상실되고 단순히 당사자 사이의 특약이나 주주권 포기의 의사표시만으로 상실되지 아니하며 다른 특별한 사정이 없는 한 그 행사가 제한되지도 아니한다. 주주가 7년간 주주권 및 경영권을 포기하고 주식의 매매와 양도 등을 하지 아니하며 타인에게 정관에 따라 주주로서의 의결권 행사권한을 위임하기로 약정하였다는 이유로, 그 주주가 의결권을 직접 행사할 수 없게 되었다고 볼 수 없다.(대판 2002.12.24. 2002다54691)

ㄹ. [○]

서면투표는 주주가 정관이 정한 바에 따라 총회에 출석하지 아니하고 서면에 의하여 의결권을 행사하는 것을 의미한다(제368조의3 제1항). 회사는 이사회의 결의로 주주가 총회에 출석하지 아니하고 전자적 방법으로 의결권을 행사할 수 있음을 정할 수 있다(제368조의4 제1항). 서면투표와 전자투표 모두 주주총회는 개최하여야 한다. 서면투표는 정관에 규정이 있어야 하고, 전자투표는 정관에 규정이 없더라도 이사회결의로 가능하다. 상법상 명문 규정은 없으나 주주총회의 사전투표는 허용된다.(대결 2014.7.11. 2013마2397)

ㅁ. [✕]

만약 3% 초과 주식이 '발행주식총수'에 산입된다고 보면, 어느 주주가 발행주식총수의 78%를 초과하여 소유하는 경우와 같이 3% 초과 주식의 수가 발행주식총수의 75%를 넘는 경우에는 '발행주식총수의 4분의 1 이상의 수'라는 요건을 충족시키는 것이 불가능하게 되는데, 이러한 결과는 감사를 주식회사의 필요적 상설기관으로 규정하고 있는 상법의 기본입장과 모순된다. 따라서 **감사의 선임에 있어서 3% 초과 주식은 상법 제368조 제1항에서 말하는 '발행주식총수'에 산입되지 않는다**고 보아야 한다. 그리고 이는 자본금 총액이 10억 원 미만이어서 감사를 반드시 선임하지 않아도 되는 주식회사라고 하여 달리 볼 것도 아니다.(대판 2016.8.17. 2016다222996)

## 40

「상법」상 비상장주식회사 주주의 의결권에 관한 설명 중 옳은 것을 모두 고른 것은? (다툼이 있는 경우 판례에 의함)

[20 변호사]

ㄱ. 주주가 향후 7년간 주주권 및 경영권을 포기하고 주식의 매매와 양도 등을 하지 아니하며 타인에게 정관에 따라 주주로서의 의결권 행사권한을 위임하기로 약정하였다면 주주로서의 의결권을 직접 행사할 수 없다.

ㄴ. 주식에 대해 질권이 설정되었다고 하더라도, 질권설정계약 등에 따라 질권자가 담보제공자인 주주로부터 의결권을 위임받아 직접 의결권을 행사하기로 약정하는 등의 특별한 약정이 있는 경우를 제외하고, 질권설정자인 주주는 여전히 주주로서의 지위를 가지고 의결권을 행사할 수 있다.

ㄷ. 「상법」은 1주 1의결권의 원칙을 규정하고 있는바, 이 규정은 강행규정이므로 법률에서 위 원칙에 대한 예외를 인정하는 경우를 제외하고, 정관의 규정이나 주주총회의 결의 등으로 위 원칙에 반하여 의결권을 제한하더라도 그 효력이 없다.

ㄹ. 의결권 없는 종류주식이 우선주인 경우, 우선배당을 받지 못하는 경우에 한하여 정관으로 정하는 바에 따라 의결권의 부활을 인정할 수 있다.

ㅁ. 주주의 대리인의 자격을 그 회사의 주주로 한정하는 정관규정은 주주총회가 주주 이외의 제3자에 의하여 교란되는 것을 방지하여 회사이익을 보호하는 취지에서 마련된 것으로서 합리적인 이유에 의한 상당한 정도의 제한이라고 볼 수 있다.

① ㄱ, ㄷ, ㄹ      ② ㄱ, ㄹ, ㅁ
③ ㄴ, ㄷ, ㄹ      ④ ㄴ, ㄷ, ㅁ
⑤ ㄷ, ㄹ, ㅁ

정답 ④

**해설** ㄱ. [×]
주주가 일정기간 주주권을 포기하고 타인에게 주주로서의 의
결권 행사권한을 위임하기로 약정한 사정만으로는 그 주주가
주주로서의 의결권을 직접 행사할 수 없게 되었다고 볼 수
없다.(대판 2002.12.24. 2002다54691)

ㄴ. [○]
주식에 질권이 설정된 경우 주식 자체가 질권자에게 이전하
는 것은 아니므로 질권이 설정된 주식의 의결권은 원칙적으
로 질권설정자가 행사한다.
주식에 대해 질권이 설정되었다고 하더라도 질권설정계약 등
에 따라 질권자가 담보제공자인 주주로부터 의결권을 위임받
아 직접 의결권을 행사하기로 약정하는 등의 특별한 약정이
있는 경우를 제외하고 질권설정자인 주주는 여전히 주주로서
의 지위를 가지고 의결권을 행사할 수 있다.(대판 2017.8.
18. 2015다5569)

ㄷ. [○]
주식의 의결권은 1주마다 1개로 한다(제369조 제1항). 判例
는 1주 1의결권의 원칙을 규정한 위 상법 규정을 강행규정으
로 보아, 법률에서 위 원칙에 대한 예외를 인정하는 경우를
제외하고, 정관의 규정이나 주주총회의 결의 등으로 위 원칙
에 반하여 의결권을 제한하더라도 효력이 없다고 본다.
상법 제369조 제1항에서 주식회사의 주주는 1주마다 1개의
의결권을 가진다고 하는 **1주 1의결권의 원칙**을 규정하고 있
는바, 위 규정은 **강행규정**이므로 법률에서 위 원칙에 대한 예
외를 인정하는 경우를 제외하고, 정관의 규정이나 주주총회
의 결의 등으로 **위 원칙에 반하여 의결권을 제한하더라도 효**
**력이 없다.** 상법 제409조 제2항, 제3항은 '주주'가 일정 비율
을 초과하여 소유하는 주식에 관하여 감사의 선임에 있어서
그 의결권을 제한하고 있고, 구 증권거래법 제191조의11은
'최대주주와 그 특수관계인 등'이 일정 비율을 초과하여 소유
하는 주권상장법인의 주식에 관하여 감사의 선임 및 해임에
있어서 의결권을 제한하고 있을 뿐이므로, '최대주주가 아닌
주주와 그 특수관계인 등'에 대하여도 일정 비율을 초과하여
소유하는 주식에 관하여 감사의 선임 및 해임에 있어서 의결
권을 제한하는 내용의 정관 규정이나 주주총회결의 등은 무
효이다.(대판 2009.11.26. 2009다51820)

ㄹ. [×]
의결권 배제·제한에 관한 종류주식이란 의결권이 없거나 제
한되는 종류주식을 말한다. 회사가 의결권이 없는 종류주식
이나 의결권이 제한되는 종류주식을 발행하는 경우에는 정관
에 의결권을 행사할 수 없는 사항과, 의결권행사 또는 부활의
조건을 정한 경우에는 그 조건 등을 정하여야 한다(제344조
의3 제1항). 2011년 개정상법은 우선주, 보통주뿐만 아니라
이익배당여부와 무관하게 의결권이 제한되는 종류주식을 인
정한다. 그 결과 보통주의 의결권을 배제하거나 제한하는 종
류주식도 허용되고, 의결권 부활의 조건 또한 우선적 배당을
받지 못하는 경우로 제한되지 않고 정관에서 자유로이 정할
수 있다.

ㅁ. [○]
대리인의 자격을 주주로 한정하는 취지의 주식회사의 정관
규정은 주주총회가 주주 이외의 제3자에 의하여 교란되는 것
을 방지하여 회사 이익을 보호하는 취지에서 마련된 것으로
서 합리적인 이유에 의한 상당한 정도의 제한이라고 볼 수
있으므로 이를 **무효라고 볼 수는 없다.**(대판 2009.4.23.
2005다 22701,22718)

## 41

**주주총회결의의 효력을 다투는 소송에 관한 설명 중 옳지 않은 것은? (다툼이 있는 경우에는 판례에 의함)** [22 변호사]

① 주주총회결의 취소의 소는 그 결의의 날로부터 2개월 내에 제기하여야 하고, 주주총회에서 여러 개의 안건이 상정되어 각기 결의가 행하여진 경우 위 제소기간의 준수 여부는 각 안건에 대한 결의마다 별도로 판단되어야 한다.

② 가처분에 의하여 직무집행이 정지된 이사를 선임한 주주총회결의 취소 등의 본안소송에서 가처분 채권자가 승소하여 판결이 확정된 경우, 그 가처분 결정은 직무집행정지 기간의 정함이 없는 경우에도 본안 승소판결의 확정과 동시에 효력을 상실하게 된다.

③ 주주총회결의 취소소송의 계속 중 그 회사의 이사나 감사가 아닌 원고가 주주로서의 지위를 상실하면 원고는 그 취소를 구할 당사자적격을 상실한다.

④ 주주 아닌 이사가 임기만료로 퇴임한 경우 자신의 후임 이사 취임 시까지 이사의 권리의무를 보유하는지와 관계없이 후임 이사선임 결의의 하자를 주장하여 주주총회결의 부존재 또는 무효확인을 구할 법률상 이익이 있다.

⑤ 정당한 소집권자에 의하여 소집된 주주총회의 결의라면, 설령 주주총회의 소집에 이사회의 결의가 없었고 그 소집통지가 서면에 의하지 아니한 구두 소집통지로서 법정 소집기간을 준수하지 아니하였으며 극히 일부의 주주에 대하여는 소집통지를 빠뜨렸다 하더라도, 그와 같은 주주총회 소집절차상의 하자는 주주총회결의의 단순한 취소사유에 불과하다.

> **핵심공략** **주주총회결의취소의 소**
>
> - **주주총회결의 취소사유**
>   - ㉠ 소집절차, 결의방법의 법령, 정관 위반 또는 현저한 불공정, 결의내용 정관 위반
>   - ㉡ 일부 주주 소집통지 누락, 소집통지기간 위반, 소집통지방법 위반(구두, 전화, 문자메시지), 소집통지시 목적사항 누락, 통지된 소집장소 및 일시의 현저한 부적당
> - **소의 원고인 주주**
>   - ㉠ 의결권 없는 주주 ○, ㉡ 결의 당시 주주가 아니었더라도 소 제기 당시 주주 ○, ㉢ 찬성 주주 ○, ㉣ 원고 적격은 변론종결시까지 유지되어야 ○ ⇨ 소 제기 이후 주주 사망, 주식 양도 소 각하
> - **소의 원고인 이사**
>   - ㉠ 퇴임이사: 후임이사 선임 주주총회결의 하자 주장 가능
>   - ㉡ 임기 만료되지 않은 이사들에 의해 정상적인 법인 활동 가능시 임기만료로 당연 퇴임
>   - ㉢ 이사가 주주총회결의 취소의 소 제기 후 소송 계속 중 또는 사실심 변론종결 후 사망 ⇨ 소송 종료
> - **이사 직무집행정지가처분의 실효**
>   가처분에 의해 직무집행이 정지된 이사를 선임한 주주총회결의 무효확인의 본안소송이 가처분채권자 승소로 확정된 경우 가처분은 당연 효력 상실

① [ ○ ]

**해설** 결의취소의 소와 부당결의 취소·변경의 소는 결의의 날로부터 2개월 이내에 제기할 수 있다(제376조 제1항, 제381조 제1항).
주주총회에서 여러 개의 안건이 상정되어 각기 결의가 행하여진 경우, 결의 취소의 소의 제소기간을 준수하였는지는 각 안건에 대한 결의마다 별도로 판단하여야 한다.(대판 2010. 3.11. 2007다51505)

② [ ○ ]

**해설** 가처분에 의해 직무집행이 정지된 당해 이사를 선임한 주주총회결의의 무효확인을 구하는 **본안소송에서 가처분채권자가 승소하여 그 판결이 확정**된 경우, **가처분은** 직무집행정지기간의 정함이 없더라도 본안승소판결의 확정과 동시에 목적을 달성한 것이 되어 **당연히 효력을 상실한다.**(대판 1989. 9.12. 87다카2691)

③ [ ○ ]

**해설** 주주총회결의 취소소송의 계속 중 원고가 주주로서의 지위를 상실하면 원고는 상법 제376조에 따라 그 취소를 구할 **당사자적격을 상실하고,** 이는 원고가 자신의 의사에 반하여 주주의 지위를 상실하였다 하여 달리 볼 것은 아니다. 甲 주식회사의 주주인 乙 등이 주주총회결의의 부존재 확인 및 취소를 구하는 소를 제기하였는데 소송 계속 중에 甲 회사와 丙 주식회사의 주식 교환에 따라 丙 회사가 甲 회사의 완전모회사가 되고 乙 등은 丙 회사의 주주가 된 사안에서, 乙 등에게 주주총회결의의 부존재 확인을 구할 이익이 없고, 결의취소의 소를 제기할 원고 적격도 인정되지 않는다.(대판 2016.7.22. 2015다66397)

④ [ × ]

**해설** ㉠ 이사가 사임하여 퇴임하였더라도 그 퇴임에 의하여 법률 또는 정관 소정의 이사의 인원수를 결하게 됨으로써 적법하게 선임된 이사가 취임할 때까지 여전히 이사로서의 권리의무를 보유하게 되는 경우, 이사로서 그 후임이사를 선임한 주주총회결의의 하자를 주장하여 부존재확인을 구할 법률상의 이익이 있다.(대판 1992.8.14. 91다45141) ㉡ 이사 중의 일부에 임기가 만료되었다 하더라도 아직 임기가 만료되지 않은 **다른 이사들로써 정상적인 법인의 활동을 할 수 있는 경우**에는 임기 만료된 이사로 하여금 이사로서의 직무를 계속 수행케 할 필요는 없으므로 위와 같은 경우에는 **임기만료로서 당연히 퇴임한다.**(대판 1988.3.22. 85누884)
따라서 주주 아닌 이사가 임기만료로 퇴임한 경우 자신의 후임 이사 취임 시까지 이사의 권리의무를 보유하지 않는 경우에는 후임 이사선임 결의의 하자를 주장하여 주주총회결의의 부존재 또는 무효확인을 구할 법률상 이익이 없다.

⑤ [ ○ ]

**해설** 정당한 소집권자에 의해 소집된 주주총회의 결의라면 설령 주주총회의 소집에 이사회의 결의가 없었고 그 소집통지가 서면에 의하지 아니한 구두 소집통지로서 법정 소집기간을 준수하지 아니하였으며 극히 일부의 주주에 대해서는 소집통지를 빠뜨린 주주총회 소집절차상의 하자는 주주총회 결의의 단순한 **취소사유에 불과하다.**(대판 1987.4.28. 86다카553)

## 42

회사소송에 관한 설명 중 옳지 않은 것을 모두 고른 것은?
(다툼이 있는 경우에는 판례에 의함)  [21 변호사]

> ㄱ. 자본금 감소의 무효는 주주·이사·감사·청산인·파
> 산관재인 또는 자본금의 감소를 승인하지 아니한 채
> 권자만이 자본금 감소로 인한 변경등기가 된 날부터
> 6개월 내에 소만으로 주장할 수 있다.
> ㄴ. 주주총회에서 이루어진 여러 의안에 대한 결의 중 이
> 사선임결의에 대하여 주주총회결의 취소의 소를 제
> 기한 뒤에 위 총회에서 이루어진 감사선임결의에 대
> 한 주주총회결의 취소의 소를 위 소에 추가적으로 병
> 합한 경우, 병합된 주주총회결의 취소의 소의 제소기
> 간 준수 여부는 이사선임결의에 대한 취소의 소 제기
> 시를 기준으로 판단한다.
> ㄷ. 주주총회결의 취소의 소는 결의의 날로부터 2월 내
> 에 제기하여야 할 것이나, 동일한 결의에 관하여 부
> 존재확인의 소가 위 제소기간 내에 제기되어 있다면,
> 동일한 하자를 원인으로 하여 결의의 날로부터 2월
> 이 경과한 후 취소의 소로 변경한 경우에도 제소기간
> 을 준수한 것으로 본다.
> ㄹ. 이사선임의 주주총회결의에 대한 취소판결이 확정된
> 경우 그 결의에 의하여 선임된 이사들로 구성된 이사
> 회에서 선정된 대표이사가 이사선임의 주주총회결의
> 에 대한 취소판결이 확정되기 전에 한 행위는 무효가
> 된다.
> ㅁ. 이사가 그 지위에 기하여 주주총회결의 취소의 소를
> 제기하였다가 소송계속 중에 사망하였거나 사실심
> 변론종결 후에 사망하였다면, 그 소송절차는 이사의
> 사망으로 중단된다.

① ㄱ, ㄷ      ② ㄱ, ㅁ
③ ㄴ, ㄹ      ④ ㄴ, ㅁ
⑤ ㄷ, ㄹ

**42** 　　　　　　　　　　　　　　　　　정답 ④

**핵심공략** 감자무효의 소, 주주총회결의 취소소송 제소기간

- 감자무효의 소
  ㉠ 원고: 주주·이사·감사·청산인·파산관재인 또는 자본금 감소 불승인 채권자
  ㉡ 제소기간: 자본금감소 변경등기일부터 6개월 내
- 주주총회결의취소의 소 제소기간 준수 여부
  ㉠ 이사 및 감사 선임 결의 주주총회결의에 대해 이사 선임 결의 취소를 제소기간 이내에 제기하고 결의일로부터 2개월 후에 감사 선임결의 취소를 추가적 병합 ⇨ 부적법
  ㉡ 부존재확인청구 결의일로부터 2개월 이내 제기 후 항소심에서 결의취소청구 예비적 추가 ⇨ 적법
  ㉢ 주주총회 결의내용이 등기사항인 경우 등기일로부터 기산 ✕
  ㉣ 이사가 주주총회 결의가 있었음을 알지 못한 경우 제소기간은 그 사실을 안 날로부터 기산 ✕
- 주주총회결의 하자와 별도 소송
  합병 주주총회결의 취소의 경우, 취소의 소 제기기간 내에 합병등기가 되지 않았다면 제소기간 내 결의취소의 소 제기 후 등기 이후 합병무효의 소로 변경, 이 경우 합병무효 소 6개월 제소기간 적용 ✕

**해설** ㄱ. [○]
자본금감소 절차나 내용에 하자가 있는 경우, 주주·이사·감사·청산인·파산관재인 또는 자본금의 감소를 승인하지 아니한 채권자만이 자본금 감소로 인한 변경등기가 된 날부터 6개월 내에 소만으로 주장할 수 있다(제445조).

ㄴ. [✕]
주주총회에서 여러 개의 안건에 대한 결의가 이루어진 경우 각 안건별로 제소기간을 지켜야 한다. 주주총회에서 이사 선임 결의와 감사 선임 결의가 각각 이루어진 뒤 이사 선임 결의 취소를 결의일로부터 2개월 이내에 제기하였더라도 **결의일로부터 2개월 후에 감사 선임결의 취소를 추가적으로 병합**하는 것은 **제소기간이 지난 것으로 부적법**하다.(대판 2010.3.11. 2007다51505)

ㄷ. [○]
ⓐ 주주총회결의 취소의 소는 상법 제376조에 따라 결의의 날로부터 2월 내에 제기하여야 할 것이나, **동일한 결의에 관하여 부존재확인의 소가** 상법 제376조 소정의 제소기간 내에 제기되어 있다면, **동일한 하자를 원인으로 하여 결의의 날로부터 2월이 경과한 후 취소소송으로 소를 변경**하거나 추가한 경우에도 부존재확인의 소 제기시에 제기된 것과 동일하게 취급하여 제소기간을 준수한 것으로 보아야 한다.
ⓑ 주주총회의 개회시각이 부득이한 사정으로 당초 소집통지된 시각보다 지연되는 경우에도 사회통념에 비추어 볼 때 정각에 출석한 주주들의 입장에서 변경된 개회시각까지 기다려 참석하는 것이 곤란하지 않을 정도라면 절차상의 하자가 되지 아니할 것이나, 그 정도를 넘어 개회시각을 사실상 부정확하게 만들고 소집통지 된 시각에 출석한 주주들의 참석을 기대하기 어려워 그들의 참석권을 침해하기에 이르렀다면 주주총회의 소집절차가 현저히 불공정하다고 하지 않을 수 없고, 소집통지 및 공고가 적법하게 이루어진 이후에 당초의 소집장소에서 개회를 하여 소집장소를 변경하기로 하는 결의조차 할 수 없는 부득이한 사정이 발생한 경우, 소집권자가 대체장소를 정한 다음 당초의 소집장소에 출석한 주주로 하여금 변경된 장소에 모일 수 있도록 상당한 방법으로 알리고 이동에 필요한 조치를 다한 때에 한하여 적법하게 소집장소가 변경되었다고 볼 수 있다. ⓒ 주주는 다른 주주에 대한 소집절차의 하자를 이유로 주주총회결의 취소의 소를 제기할 수도 있다. ⓓ 주주총회결의 취소의 소에 있어 법원의 재량에 의하여 청구를 기각할 수 있음을 밝힌 상법 제379조는, 결의의 절차에 하자가 있는 경우에 결의를 취소하여도 회사 또는 주주에게 이익이 되지 않는가 이미 결의가 집행되었기 때문에 이를 취소하여도 아무런 효과가 없든가 하는 때에 결의를 취소함으로써, 회사에 손해를 끼치거나 일반거래의 안전을 해치는 것을 막고 결의취소의 소의 남용을 방지하려는 취지이며, 또한 위와 같은 사정이 인정되는 경우에는 당사자의 주장이 없더라도 법원이 직권으로 재량에 의하여 취소청구를 기각할 수도 있다.(대판 2003.7.11. 2001다45584)

ㄹ. [○]
이사선임의 주주총회결의에 대한 취소 판결이 확정된 경우, 해당 주주총회결의로 이사로 선임된 후 이사회에서 대표이사로 선정된 자가 해당 주주총회결의에 대한 취소판결이 확정되기 전에 한 행위는 대표권 없는 자가 한 행위로서 무효가 된다.(대판 2004.2.27. 2002다19797)

ㅁ. [✕]
이사가 그 지위에 기하여 주주총회결의 취소의 소를 제기하였다가 소송 계속 중에 사망하였거나 사실심 변론종결 후에 사망하였다면 그 소송은 이사의 사망으로 종료된다.

# 43

**주식회사의 주주총회결의 부존재확인의 소에 관한 설명 중 옳지 않은 것은? (다툼이 있는 경우에는 판례에 의함)**

[20 변호사]

① 총회의 소집절차 또는 결의방법에 총회결의가 존재한다고 볼 수 없을 정도의 중대한 하자가 있는 경우, 주주총회결의 부존재확인의 소의 청구원인이 된다.

② 이사가 사임하여 퇴임하였더라도 그 퇴임에 의하여 법률 또는 정관 소정의 이사의 인원수를 결하게 됨으로써 적법하게 선임된 이사가 취임할 때까지 여전히 이사로서의 권리의무를 보유하게 되는 경우, 이사로서 그 후임이사를 선임한 주주총회결의의 하자를 주장하여 부존재확인을 구할 법률상의 이익이 있다.

③ 乙을 甲 주식회사의 이사로 선임한 주주총회결의에 대하여 부존재확인의 소가 제기되었다. 위 소송에서 원고가 甲 회사와 乙을 공동피고로 삼은 경우, 법원은 乙에 대한 소를 각하하여야 한다.

④ 甲 주식회사의 이사 乙이 제기한 주주총회결의 부존재확인 소송(전소)에서 乙의 청구를 기각한 판결이 확정된 경우, 甲 회사의 다른 이사 丙이 전소와 동일한 내용의 부존재확인의 소(후소)를 제기하더라도 전소 확정판결의 기판력은 후소에 미치지 아니한다.

⑤ 甲 주식회사의 주주총회는 2019. 10. 1. 乙과 丙을 새로이 이사로 선임하였고, 이어서 乙과 丙을 포함하여 새로이 구성된 甲 회사의 이사회는 같은 달 8. 乙을 대표이사로 선임하였다. 위 주주총회결의에 대하여는 부존재확인의 소가 제기되어 현재 소송계속 중이다. 위 이사회에서 의결권을 행사한 乙과 丙을 제외하면 이사회의 의결정족수를 충족시키지 못할 경우에는, 위 주주총회결의 부존재를 확인하는 판결이 확정된 후에야 甲 회사의 주주 丁은 甲 회사를 상대로 위 이사회결의 무효확인의 소를 제기하여 승소판결을 받을 수 있다.

## 43                  정답 ⑤

> **핵심공략** 주주총회 결의부존재 확인의 소
>
> - 소의 원인
>   - ㉠ 소집절차 또는 결의방법에 총회결의가 존재한다고 볼 수 없을 정도의 중대한 하자 존재(제380조)
>   - ㉡ 대부분 주주에 대한 소집통지 누락, 이사회결의 없이 소집권한 없는 자가 일부 주주에게만 구두 소집통지, 유효한 주주총회 종료 이후 일부 주주에 의한 결의, 결의참여자 대부분이 주주 아닌 경우, 실제로 주주총회가 없었음에도 지배주주가 허위로 의사록을 작성한 경우
>   - ㉢ 주주총회 결의가 있었다는 점 회사 입증책임, 중대한 하자 존재 주주 입증책임
>   - ㉣ 결의부존재에 대한 결의무효 확인 청구 ⇨ 부존재확인의 의미인 무효 확인 청구로 보아 적법 ○
> - 원고: 누구나 확인의 이익이 있는 한 가능
>   - ㉠ 주권교부의무 불이행 양도인의 양수인이 개최한 임시주주총회 결의부존재 주장 ⇨ 신의칙 위배 ○
>   - ㉡ 하자있는 주주총회결의 이후 새로운 주주총회결의가 적법하게 된 경우 소의 이익 ×
>   - ㉣ 주주총회결의가 채권자 권리·법적 지위 구체적 침해, 직접 영향을 미치는 경우 소의 이익 인정
> - 피고: 회사 ○, 이사 ×
> - 제소기간: 결의무효·부존재 확인의 소는 제소기간 제한 ×
> - 판결의 효력
>   - ㉠ 원고 승소판결 대세효 ○, 소급효 ○, 원고 패소판결 대세효 ×(다른 제소권자 별도 소제기 가능)
>   - ㉡ 취소된 주주총회결의에 의해 선임된 대표이사의 취소판결 전 행위 무효 ○, 부실등기 적용 ○
>   - ㉢ 주주총회결의 효력이 제3자 사이 소송의 선결문제로 된 경우 당사자는 언제든지 주주총회결의 무효, 부존재 주장 가능 ○, 회사 상대 제소 요구 ×

① [○]

**해설** 주주총회결의부존재의 확인을 청구하는 소는 총회의 소집절차 또는 결의방법에 총회결의가 존재한다고 볼 수 없을 정도의 중대한 하자가 있는 것을 이유로 한다(제380조).

② [○]

**해설** ㉠ 이사나 대표이사가 사임하여 퇴임하였다 하더라도 그 퇴임에 의하여 법률 또는 정관 소정의 이사의 원수를 결하게 됨으로써 적법하게 선임된 이사가 취임할 때까지 여전히 이사로서의 권리의무를 보유하는 경우에는 이사로서 그 후임이사를 선임한 주주총회결의나 이사회결의의 하자를 주장하여 부존재확인을 구할 법률상의 이익이 있다. ㉡ 甲이 乙에게 사실상 1인회사인 주식회사의 주식 전부를 양도한 다음, 그 대표이사직을 사임함과 동시에 乙이 위 회사를 인수함에 있어 어떠한 형태로 처리하더라도 이의를 제기하지 않기로 하였다면 甲이 그 이후에 위 회사의 주주총회결의나 이사회결의에 대하여 상법 제389조, 제386조 제1항에 의하여 그 대표이사로서의 권리의무를 계속 보유하고 있다는 이유로 부존재확인을 구하는 것은 신의성실의 원칙에 반한다. ㉢ 주식회사의 채권자는 그 주주총회의 결의가 그 채권자의 권리 또는 법적 지위를 구체적으로 침해하고 또 직접적으로 이에 영향을 미치는 경우에 한하여 주주총회결의의 부존재확인을 구할 이익이 있다. 다만 회사에 대하여 구상금채권을 보유하였다는 것만으로는 채권자가 주주총회결의의 부존재확인을 구할 이익이 없다.(대판 1992.8.14. 91다45141)

③ [○]

**해설** 주주총회결의부존재확인이나 대표이사지위부존재확인을 구하는 소에 있어서는 그 결의에 참여하거나 그 결의에 의하여 선임된 이사, 감사 또는 대표이사들 개인을 상대로 제소할 것이 아니라 당해주주총회나 이사회 또는 대표이사를 기관으로 하는 회사만을 상대로 제소하여야만 그 소를 제기할 확인의 이익이 있다.(서울고판 1976.7.2. 75나2965)

④ [○]

**해설** 甲 주식회사의 이사 乙이 제기한 주주총회결의 부존재확인소송(전소)에서 乙의 청구를 기각한 판결이 확정된 경우, 甲 회사의 다른 이사 丙이 전소와 동일한 내용의 부존재확인의 소(후소)를 제기하더라도 전소 확정판결의 기판력은 후소에 미치지 아니한다.

⑤ [×]

**해설** 주주총회결의의 효력이 그 회사 아닌 제3자 사이의 소송에 있어 선결문제로 된 경우에는 당사자는 언제든지 당해 소송에서 주주총회결의가 처음부터 무효 또는 부존재하다고 다투어 주장할 수 있는 것이고, 반드시 먼저 회사를 상대로 제소하여야만 하는 것은 아니다.(대판 1992.9.22. 91다5365) 설문의 경우 주주총회결의 부존재를 확인판결이 확정되기 전이라도 주주 丁은 甲 회사를 상대로 乙과 丙을 이사로 선임한 주주총회결의 부존재를 주장하여 그러한 주주총회에 의하여 선임된 이사들에 의한 이사회결의의 무효 확인을 구하는 소를 제기할 수 있다.

## 44

「상법」상 주식회사 기관의 권한에 관한 설명 중 옳지 않은 것을 모두 고른 것은? [22 변호사]

ㄱ. 주주총회는 「상법」 또는 정관에 정하는 사항 외에는 결의할 권한이 없다.

ㄴ. 정관에서 이사회 결의를 거치도록 대표이사의 대표권을 제한한 경우 거래행위의 상대방인 제3자가 보호받기 위하여는 선의 이외에 무과실까지 필요하다.

ㄷ. 주식매수선택권 부여에 관한 주주총회 결의는 회사의 의사결정 절차에 지나지 않고, 특정인에 대한 주식매수선택권의 구체 내용은 일반적으로 회사가 체결하는 계약을 통해서 정해진다.

ㄹ. 주주총회에서 이사로 선임된 자는 회사와 별도의 위임계약을 체결함으로써 이사의 지위를 취득한다.

ㅁ. 주식회사의 중요한 자산의 처분이나 대규모 재산의 차입행위뿐만 아니라 이사회가 일반적·구체적으로 대표이사에게 위임하지 않은 업무로서 일상 업무에 속하지 아니한 중요한 업무는 이사회 결의를 거쳐야 한다.

① ㄱ, ㄴ  ② ㄴ, ㄷ
③ ㄴ, ㄹ  ④ ㄷ, ㄹ
⑤ ㄹ, ㅁ

**44** 　　　　　　　　　　　　　　　정답 ③

---

**핵심공략** 이사의 선임, 전단적대표행위, 주식매수선택권,
　　　　　　이사회 권한

- **이사의 선임**
  주주총회 선임결의 및 이사 등 피선임자의 승낙으로 지위
  취득 O, 별도 임용계약 요구 X
- **전단적 대표행위**
  ㉠ 법률에 의하여 요구되는 주주총회결의 없는 대표이사
  　 행위 ⇨ 제3자 선·악 불문 무효
  ㉡ 주주총회특별결의 부존재 이유로 한 회사의 영업양도
  　 무효 주장 신의칙 위배 X
  ㉢ 정관, 이사회 규정에서 요구되는 이사회결의 없는 대표
  　 이사 행위 ⇨ 선의·무중과실 제3자 대항 X
- **주식매수선택권**
  ㉠ 부여절차: 정관규정 및 주주총회 특별결의
  ㉡ 재직기간: 주주총회 결의일부터 2년 이상 재임 또는 재
  　 직해야 행사가능
  ㉢ 상장회사: 사망, 본인책임 아닌 사유로 인한 퇴임·퇴직
  　 ⇨ 2년 미만 재임하더라도 행사 가능, 정년퇴직의 경우
  　 행사 X
  ㉣ 비상장회사: 본인책임 아닌 사유로 인한 퇴임·퇴직
  　 ⇨ 2년 이상 재임하지 않으면 행사 X
  ㉤ 회사는 주주총회결의와 개별 계약을 통해서 주식매수
  　 선택권의 행사기간을 자유롭게 정할 수 있음
  ㉥ 주주총회결의 본질적 내용을 훼손하지 않는 한 계약 체
  　 결과정에서 행사기간 변경, 조정 가능
- **이사회권한**
  ㉠ 중요자산 처분 및 양도, 대규모 재산 차입, 지배인 선
  　 임·해임, 지점의 설치·이전 또는 폐지
  ㉡ 중요자산처분 대표이사에게 일임 불가, 이사회규정상
  　 이사회부의사항 아니어도 이사회결의 거쳐야 O
  ㉢ 이사회가 대표이사에게 일반적·구체적으로 위임하지
  　 않은 업무로서 일상업무가 아닌 중요업무 결정기관
  　 ⇨ 이사회

---

**해설** ㄱ. [O]
주주총회는 본법 또는 정관에 정하는 사항에 한하여 결의할
수 있다(제361조).
이사의 자기거래에 대한 승인은 주주 전원의 동의가 있다거
나 그 승인이 정관에 주주총회의 권한사항으로 정해져 있는
경우 등의 특별한 사정이 없는 한 이사회의 전결사항이라 할
것이므로, **이사회의 승인을 받지 못한 자기거래에 대하여 아
무런 승인 권한이 없는 주주총회에서 사후적으로 추인 결의
를 하였다 하여 그 거래가 유효하게 될 수는 없다.**(대판 2007.
5.10. 2005다4284)

ㄴ. [×]
이사회결의를 거치지 않은 대표이사 행위의 상대방인 제3자
가 상법 제209조 제2항에 따라 보호받기 위하여 선의 이외
에 무과실까지 필요하지는 않지만 중대한 과실이 있는 경우
에는 제3자의 신뢰를 보호할 만한 가치가 없다고 보아 거래
행위가 무효라고 해석함이 타당하다. 제3자가 대표이사와 거
래행위를 하면서 회사의 이사회 의의가 없었다고 의심할 만
한 특별한 사정이 없다면 일반적으로 이사회 결의가 있었는
지를 확인하는 등의 조치를 취할 의무까지 있다고 볼 수는
없다.(대판 2021.2.18. 2015다45451 전합)

ㄷ. [O]
회사는 주주총회결의에 의하여 주식매수선택권을 부여받은
자와 계약을 체결하고 상당한 기간 내에 그에 관한 계약서를
작성하여야 한다(제340조의3 제3항).
주식매수선택권을 부여하는 회사의 주주총회 결의 이후 회사
가 주식매수선택권 부여에 관한 계약을 체결할 때 주식매수
선택권의 행사기간 등을 일부 변경하거나 조정한 경우 그것
이 주식매수선택권을 부여받은 자, 기존 주주 등 이해관계인
들 사이의 균형을 해치지 않고 주주총회 결의에서 정한 본
질적인 내용을 훼손하는 것이 아니라면 유효하다. 주식매수
선택권의 구체적인 내용은 일반적으로 회사와 체결하는 계약
을 통해 정해지므로 주식매수선택권을 부여받은 자는 계약에
서 주어진 조건에 따라 계약에서 정한 기간 내에 선택권을
행사할 수 있다.(대판 2018.7.26. 2016다237714)

ㄹ. [×]
주주총회에서 이사나 감사를 선임하는 선임결의와 피선임자
의 승낙이 있으면, 피선임자가 대표이사와 별도의 임용계약
을 체결하였는지와 관계없이 이사나 감사의 지위를 취득한
다.(대판 2017.3.23. 2016다251215)

ㅁ. [O]
법률 또는 정관 등의 규정에 의하여 주주총회 또는 이사회의
결의를 필요로 하는 것으로 되어 있지 아니한 업무 중 이사회
가 일반적·구체적으로 대표이사에게 위임하지 않은 업무로서
일상 업무에 속하지 아니한 중요한 업무에 대하여는 이사회에
게 그 의사결정 권한이 있다.(대판 1997.6.13. 96다48282)

## 45

「상법」상 비상장주식회사인 A회사의 정관은 "이사 선임은 발행주식총수의 과반수에 해당하는 주식을 가진 주주의 출석과 출석주주의 의결권의 과반수로 한다."라고 정하고 있다. A회사는 이사 2명의 선임을 유일한 안건으로 하는 임시주주총회의 소집통지서를 주주들에게 보냈는데, 소집통지서에는 이사 후보자 3명의 이력사항이 첨부되어 있었다. 집중투표의 방법으로 이사를 선임하는 경우에 관한 설명 중 옳지 않은 것은? (다툼이 있는 경우 판례에 의함) [21 변호사]

① 의결권없는 주식을 제외한 발행주식총수의 100분의 3 이상에 해당하는 주식을 가진 주주는 정관에서 달리 정하는 경우를 제외하고는 A회사에 대하여 집중투표의 방법으로 이사를 선임할 것을 청구할 수 있다.

② A회사의 각 주주는 1주마다 3개의 의결권을 갖는다.

③ A회사가 집중투표의 방법으로 이사를 선임하는 경우에는 투표의 최다수를 얻은 자부터 순차적으로 2명이 이사에 선임되는 것으로 한다.

④ 이사의 선임을 집중투표의 방법으로 하는 경우에도 A회사의 정관에 규정한 의사정족수는 충족되어야 한다.

⑤ A회사의 위 임시주주총회에 출석하여 실제로 투표를 하지 아니한 채 기권한 주주는 의사정족수 산정 시 주주총회에 출석한 것으로 본다.

정답 ②

③ [○]

> 해설 집중투표의 방법으로 이사를 선임하는 경우에는 투표의 최다수를 얻은 자부터 순차적으로 이사에 선임되는 것으로 한다(제382조의2 제4항).

④ [○]

> 해설 주주총회의 이사선임 결의를 위한 의사정족수를 규정한 정관 조항은 유효하다. 정관에서 이사의 선임을 발행주식총수의 과반수에 해당하는 주식을 가진 주주의 출석과 출석주주의 의결권의 과반수에 의한다고 규정하는 경우, 집중투표에 관한 상법 조항이 정관에 규정된 의사정족수 규정을 배제한다고 볼 것은 아니므로 **이사의 선임을 집중투표의 방법으로 하는 경우에도 정관에 규정한 의사정족수는 충족**되어야 한다. (대판 2017.1.12. 2016다217741)

⑤ [○]

> 해설 전체 주주들이 주주총회에 출석한 이상 그 중 일부가 실제로 투표하지 않고 기권했더라도 회사의 주주 전원이 출석한 것이므로 의사정족수 요건이 충족되었다.

---

**핵심공략** 집중투표제

- 의의
  - ㉠ 이사 선임결의에 관하여 각 주주가 1주마다 선임할 이사 수와 동일한 수의 의결권을 가지고 의결권을 이사 후보자 1인 또는 수인에게 집중하여 투표하는 방법으로 행사할 수 있게 하는 제도(제382조의2 제3항).
  - ㉡ 2인 이상의 이사 선임을 목적으로 하는 총회소집이 있는 경우 의결권 없는 주식을 제외한 발행주식 총수의 3% 이상 주주는 정관에서 달리 정하는 경우를 제외하고 회사에 집중투표 청구 가능
- 요건
  - ㉠ 2인 이상 이사 선임을 위한 주주총회 소집
  - ㉡ 정관상 집중투표 배제 조항 부존재
  - ㉢ 비상장회사 의결권 있는 발총 3% 이상, 2조원 이상 상장회사 1% 이상 ○, 6개월 보유 ✕
  - ㉣ 서면, 전자문서에 의한 청구
  - ㉤ 청구기한: 비상장회사 주주총회일의 7일전, 상장회사 6주 전
- 선임방법
  - ㉠ 투표의 최다수를 얻은 자부터 순차적으로 이사 선임
  - ㉡ 의결정족수에 관한 제368조 제1항은 집중투표제에는 적용 ✕
- 고지 및 공시
  - ㉠ 소수주주의 집중투표청구가 있는 경우, 의장은 그러한 청구가 있다는 취지 고지
  - ㉡ 대규모상장회사가 정관으로 집중투표를 배제하거나 그 배제된 정관을 다시 변경하려는 경우, 의결권 있는 발행주식 총수 3% 초과 주식 의결권 ✕, 정관으로 낮은 주식 보유비율 규정 가능
  - ㉢ 대규모상장회사가 집중투표 배제에 관한 정관 변경 의안을 주주총회 목적사항으로 상정하는 경우, 다른 의안과 별도로 상정하여 의결해야 함

① [○]

> 해설 2인 이상의 이사의 선임을 목적으로 하는 총회의 소집이 있는 때에는 의결권 없는 주식을 제외한 발행주식총수의 100분의 3 이상에 해당하는 주식을 가진 주주는 정관에서 달리 정하는 경우를 제외하고는 회사에 대하여 집중투표의 방법으로 이사를 선임할 것을 청구할 수 있다(제382조의2 제1항).

② [✕]

> 해설 집중투표는 이사의 선임결의에 관하여 각 주주가 1주마다 선임할 이사의 수와 동일한 수의 의결권을 가지고 그 의결권을 이사 후보자 1인 또는 수인에게 집중하여 투표하는 방법으로 행사할 수 있게 하는 제도를 말한다(제382조의2 제3항). 설문의 경우 이사 2명을 선임하는 안건이므로 각 주주는 1주마다 2개의 의결권을 갖는다.

## 46

상장회사 A(최근 사업연도 말 현재 자산총액이 1,000억 원임)의 주주 甲, 乙은 각각 A사의 의결권 있는 주식의 20%, 3%를 보유하고 있다. A사의 의결권 있는 주식의 30%를 보유하는 丙은 대표이사로서 A사를 경영하고 있다. 2인의 이사 선임을 목적으로 하는 A사의 정기주주총회에서 회사는 X와 Y를 이사 후보로 추천할 것이라고 알려져 있다. 그런데 甲, 乙은 자신이 원하는 K를 이사로 선임되게 하기 위하여 집중투표의 방법으로 이사를 선임할 것을 청구하였다. A사의 정관은 집중투표제에 관하여 아무런 조항을 두고 있지 않다. 다음 설명 중 옳지 않은 것은? [13 변호사]

① 乙은 회사에 대해 집중투표의 방법으로 이사를 선임할 것을 직전 연도의 정기주주총회일에 해당하는 올해의 해당일 6주 전까지 서면 또는 전자문서로 청구할 수 있다.

② A사의 주주총회에서 이사선임 안건이 상정되자 특별결의 성립에 필요한 수에 해당하는 주주들이 집중투표의 방법에 의하지 않고 이사를 선임하자는 결의를 하였다면 집중투표에 의하지 않고 이사를 선임하여야 한다.

③ A사의 주주총회는 1개의 이사선임결의로 2인의 이사를 선임하여야 한다.

④ 丙은 회사가 추천한 이사 후보인 X와 Y에게 자신이 행사할 수 있는 의결권을 분산하여 투표할 수 있다.

⑤ 甲 또는 乙은 K를 이사 후보로 추천하는 주주제안을 乙의 집중투표 청구와는 별도로 회사에 제출하여야 한다.

**46** 　　　　　　　　　　　　　　　　　　정답 ②

---

> **핵심공략 주주제안권**
>
> - 의의
>   - ㉠ 의결권 있는 발행주식 총수의 3% 이상 주주(상장회사 6개월 보유 조건 1% 또는 0.5%(자본금 1천억 이상))는 이사에게 주주총회일 6주 전에 서면 또는 전자문서로 일정한 사항을 주주총회 목적사항으로 할 것을 제안할 수 있음
>   - ㉡ 주주제안을 받은 이사는 이사회에 보고하고, 이사회는 주주제안 내용이 법령, 정관에 위배되는 경우 등 거부할 수 있는 경우가 아닌 한 주주총회의 의제 또는 의안으로 해야 함
> - 주주제안을 거부할 수 있는 경우
>   - ㉠ 주주총회에서 의결권 10% 미만 찬성으로 부결된 의안을 3년 내에 다시 제안, ㉡ 주주 개인 고충, ㉢ 소수주주권 관련, ㉣ 상장회사 임기 중 임원 해임, ㉤ 회사가 실현할 수 없는 사항, ㉥ 제안이유가 명백히 거짓이거나 특정인 명예훼손
> - 주주제안 의제가 의안으로 상정되지 않은 경우
>   ⇨ 주주총회유효 ○, 주주제안 주주 손해배상청구 ○

① [○]

**해설** 2인 이상의 이사의 선임을 목적으로 하는 총회의 소집이 있는 때에는 의결권없는 주식을 제외한 발행주식 총수의 100분의 3 이상에 해당하는 주식을 가진 주주는 정관에서 달리 정하는 경우를 제외하고는 회사에 대하여 집중투표의 방법으로 이사를 선임할 것을 청구할 수 있다(제383조의2 제2항). 소수주주의 주식 보유요건은 비상장회사와 자산총액 2조원 미만의 상장회사의 경우 의결권 있는 발행주식 총수의 3% 이상이고, 자산총액 2조원 이상 상장회사의 경우 의결권 있는 발행주식 총수의 1% 이상이다. 소수주주의 청구는 비상장회사의 경우 주주총회일의 7일 전까지 서면 또는 전자문서로 하여야 하고(제383조의2 제3항), 상장회사의 경우 6주 전까지 하여야 한다(제542조의7 제1항).

설문의 경우 A회사는 최근 사업연도 말 현재 자산총액이 1,000억 원인 상장회사이므로 집중투표를 청구할 수 있는 주주의 주식보유요건은 의결권 있는 발행주식 총수의 3% 이상이며, 청구기간은 주주총회일의 6주 전까지이다. 乙은 A회사의 의결권 있는 발행주식 총수의 3%를 보유한 주주이므로 회사에 대해 집중투표의 방법으로 이사를 선임할 것을 직전 연도의 정기주주총회일에 해당하는 올해의 해당일 6주 전까지 서면 또는 전자문서로 청구할 수 있다.

② [×]

**해설** 정관으로 집중투표에 관해 달리 규정하여 집중투표제를 채택하지 않을 수 있다(제382조의2 제1항). 정관으로 달리 규정하지 않는 한, 주주총회의 결의로 집중투표를 배제할 수 없다. 설문의 경우 A사의 정관은 집중투표제에 관하여 아무런 조항을 두고 있지 않으므로, 소수주주의 적법한 집중투표 청구가

있는 경우 A사의 주주총회의 결의에 의하여 집중투표를 배제하는 결의를 하더라도 이는 효력이 없다.

③ [○]

**해설** 여러 명의 이사를 집중투표에 의하여 선임하는 경우 이사의 선임결의에 관하여 각 주주는 1주마다 선임할 이사의 수와 동일한 수의 의결권을 가지며, 그 의결권은 이사 후보자 1인 또는 수인에게 집중하여 투표하는 방법으로 행사할 수 있다(제382조의2 제3항). 이러한 투표의 방법으로 이사를 선임하는 경우에는 투표의 최다수를 얻은 자부터 순차적으로 이사에 선임되는 것으로 한다(제382조의2 제4항). 따라서 집중투표에 의하여 복수의 이사를 선임하는 경우에는 1개의 이사선임결의에 의하여 복수의 이사를 선임하여야 한다.

설문의 경우 A사는 2명의 이사를 집중투표에 의하여 선임하고자 하므로 A사의 주주총회는 1개의 이사선임결의로 2인의 이사를 선임하여야 한다.

④ [○]

**해설** 여러 명의 이사를 집중투표에 의하여 선임하는 경우 이사의 선임결의에 관하여 각 주주는 1주마다 선임할 이사의 수와 동일한 수의 의결권을 가지며, 그 의결권은 이사 후보자 1인 또는 수인에게 집중하여 투표하는 방법으로 행사할 수 있다(제382조의2 제3항). 설문의 경우 丙은 회사가 추천한 이사 후보인 X와 Y에게 자신이 행사할 수 있는 의결권을 분산하여 투표할 수 있다.

⑤ [○]

**해설** 주주제안권이란 의결권 없는 주식을 제외한 발행주식총수의 3% 이상 주식을 가진 주주가 이사에게 주주총회의 목적사항(의제)과 의안의 요령(의안)을 제안할 수 있는 권리이다(제363조의2 제1항). 상장회사는 6개월 보유 조건으로 회사 규모에 따라 1% 또는 0.5%(자산규모 1천억 이상) 이상 주식을 보유한 주주가 행사할 수 있다. 주주제안으로 특정 이사 후보를 추천하는 것도 허용된다.

집중투표제는 주주총회의 의안이나 의제를 제안하는 것이 아니라 제안된 안건에 대한 의결 방법에 관한 것이므로 만약 특정 의안이나 의제를 집중투표제에 의하여 의결하고자 하는 경우에는 해당 의제 내지 의안을 주주제안의 방식으로 별도로 제출하여야 한다.

## 47

「상법」상 A주식회사는 자본금 20억 원의 비상장회사이며, 그 지배주주이자 대표이사인 甲이 의결권 없는 주식을 제외한 발행주식총수의 30%, 2대 주주인 乙이 15%에 해당하는 주식을 각 보유하고 있다. 甲은 업무를 집행하면서 고의로 「상법」 규정을 위반하여 그 결과 A회사에 막대한 손해를 입혔다. 이후 乙은 甲을 이사에서 해임하고 丙을 신임이사로 선임하고자 한다. 이에 관한 설명 중 옳지 않은 것은? (각 지문은 독립적이고, 다툼이 있는 경우 판례에 의함)　[20 변호사]

① 주주총회에서 丙을 이사로 선임하는 경우 그 주주총회의 선임결의와 피선임자인 丙의 승낙이 있다면, 丙은 대표이사 甲과 별도의 임용계약을 체결하지 않아도 이사의 지위를 취득한다.

② 乙이 주주총회일의 6주 전에 서면으로 이사 甲의 해임을 주주총회의 목적사항으로 할 것을 제안하는 경우, A회사 이사회가 그 해임안을 주주총회의 목적사항으로 하지 않더라도 이는 적법하다.

③ A회사가 甲을 이사직에서 해임하기 위해서는 주주총회 특별결의에 의하여야 한다.

④ 乙의 소집청구대로 개최된 임시 주주총회에서 이사 甲의 해임건이 부결되는 경우, 乙은 그 총회의 결의가 있은 날부터 1월 내에 법원에 이사 甲의 해임을 청구할 수 있다.

⑤ 乙이 甲의 해임을 구하는 적법한 이사해임의 소를 제기하는 경우, 乙은 이사 甲의 직무집행을 정지하고 직무대행자를 선임하는 가처분을 신청할 수 있다.

┌─────────────────────────────────────────┐
│ **핵심공략** 이사 해임                         │
│                                           │
│ ■ 이사 해임                                 │
│   ㉠ 이사는 언제든지 주주총회의 특별결의로 해임       │
│   ㉡ 이사해임에 정당한 이유는 이사 업무집행에 장해가 될 │
│      객관적 상황이 발생한 경우                   │
│   ㉢ 주주와 이사 사이의 불화 등 주관적인 신뢰관계 상실  │
│      정당한 이유 ✕                           │
│   ㉣ 정당한 이유 없이 이사의 임기만료 전에 해임한 경우  │
│      이사는 회사에 대해 손해배상청구 가능           │
│ ■ 소수주주의 이사해임청구권(제385조 제2항)           │
│   ㉠ 사유: 이사 직무상 부정행위, 법령·정관에 위반한 중대 │
│      한 사실의 존재 및 주주총회 해임 부결           │
│   ㉡ 원고: 발행주식총수 3% 이상 주주(상장회사 6개월 보 │
│      유 0.5% 이상, 대규모상장회사 0.25% 이상)    │
│   ㉢ 이사해임의 건으로 소집한 임시주주총회가 정족수 미 │
│      달로 유회된 경우 해임 부결된 때에 해당         │
│   ㉣ 이사 경업금지위반 법령위반 중대사실 ○, 가장납입 해 │
│      임사유 ○                               │
│   ㉤ 제소기간: 총회결의일로부터 1월 내 이사 해임을 법원 │
│      에 청구 가능                             │
└─────────────────────────────────────────┘

① [○]

**해설** 이사는 주주총회에서 선임한다(제382조 제1항). 이사 선임에 관한 주주총회의 권한은 강행규정으로 정관으로도 제3자에게 위임하거나 주주총회의 권한을 제한할 수 없고 그러한 규정은 무효이다.

주주총회에서 이사나 감사를 선임하는 경우, **선임결의와 피선임자의 승낙만 있으면, 피선임자는 대표이사와 별도의 임용계약을 체결하였는지와 관계없이 이사나 감사의 지위를 취득한다.**(대판 2017.3.23. 2016다251215 전합)

설문의 경우 주주총회의 선임결의와 피선임자인 丙의 승낙이 있다면, 丙은 대표이사 甲과 별도의 임용계약을 체결하지 않아도 이사의 지위를 취득한다.

② [✕]

**해설** 설문의 경우 A주식회사는 비상장회사이고 乙이 A주식회사 의결권 없는 주식을 제외한 발행주식 총수의 15%를 보유하고 있으므로 주주제안권을 행사하기 위한 주식보유비율 3%를 충족하고, 乙이 주주총회일의 6주 전에 서면으로 제안하였으므로 주주제안에 요구되는 기간 및 방식을 준수하였으며, 乙이 제안한 주주총회 목적사항은 이사 甲의 해임에 관한 것으로서 이사회가 주주제안을 거부할 수 있는 경우에 해당하지 않는다. 따라서 A회사 이사회가 주주 乙이 제안한 이사 甲의 해임안을 주주총회의 목적사항으로 하지 않는 것은 위법하다.

③ [○]

**해설** 이사는 언제든지 주주총회의 특별결의로 이를 해임할 수 있다(제385조 제1항 본문). 그러나 이사의 임기를 정한 경우에 정당한 이유 없이 그 임기만료 전에 이를 해임한 때에는 그 이사는 회사에 대하여 해임으로 인한 손해의 배상을 청구할 수 있다(제385조 제1항 단서).

설문의 경우 A회사가 甲을 이사직에서 해임하기 위해서는 주주총회 특별결의에 의해야 한다.

④ [○]

**해설** 이사가 그 직무에 관하여 부정행위 또는 법령이나 정관에 위반한 중대한 사실이 있음에도 불구하고 주주총회에서 그 해임을 부결한 때에는 발행주식의 총수의 100분의 3 이상에 해당하는 주식을 가진 주주는 총회의 결의가 있은 날부터 1월 내에 그 이사의 해임을 법원에 청구할 수 있다(제385조 제2항). 이사해임청구의 소는 본점소재지의 지방법원의 관할에 전속한다(제385조 제3항).

설문의 경우 ㉠ 乙이 비상장회사인 A주식회사의 의결권 없는 주식을 제외한 발행주식 총수의 15%의 주식을 보유하고 있으므로 주식보유 요건은 충족되고, ㉡ 甲이 업무를 집행하면서 고의로 상법 규정을 위반하여 그 결과 A회사에 막대한 손해를 입혔으므로 이사에게 직무에 관한 부정행위 또는 법령이나 정관에 위반한 중대한 사실이 존재한다. 따라서 주주총회에서 甲을 이사에서 해임하는 안건이 부결되는 경우 乙은 그러한 주주총회의 결의가 있은 날부터 1월내에 법원에 이사 甲의 해임을 청구할 수 있다.

⑤ [○]

**해설** 이사선임결의의 무효나 취소 또는 이사해임의 소가 제기된 경우에는 법원은 당사자의 신청에 의하여 가처분으로써 이사의 직무집행을 정지할 수 있고 또는 직무대행자를 선임할 수 있다(제407조 제1항). 급박한 사정이 있는 경우 본안소송 제기 전에도 그 처분을 할 수 있다. 설문의 경우 乙이 甲의 해임을 구하는 적법한 이사해임의 소를 제기하는 경우, 乙은 이사 甲의 직무집행을 정지하고 직무대행자를 선임하는 가처분을 신청할 수 있다.

**48**

A주식회사의 대표이사 甲이 그 직무에 관하여 부정행위 또는 법령에 위반한 중대한 사실이 있다는 이유로 甲을 해임하는 안건이 주주총회에 회부되어 부결되었다. 이에 甲의 해임을 구하는 소가 제기되고, 甲의 직무집행 정지 및 직무대행자 선임을 위한 가처분이 신청되었다. 이에 관한 설명 중 옳지 않은 것은? (다툼이 있는 경우 판례에 의함) [21 변호사]

① 위 이사 해임의 소는 위 총회의 결의가 있은 날부터 1월 내에 법원에 제기하여야 한다.

② 위 가처분신청에서 피신청인이 될 수 있는 자는 그 성질상 당해 대표이사 甲이고, A주식회사는 피신청인이 될 수 없다.

③ 가처분명령에 의해 선임된 직무대행자는 그 명령에 다른 정함이 있거나 법원의 허가를 받은 경우 외에는 회사의 상무에 속하지 아니한 행위를 하지 못한다.

④ 선임된 직무대행자가 법원의 허가 없이 이사회 구성 자체를 변경하는 것을 안건으로 하여 주주총회를 소집하여 결의한 때에는 결의취소사유에 해당한다.

⑤ 위 가처분신청이 인용된 후 甲이 해임되고 새로운 대표이사가 선정된 경우 이 가처분명령의 취소 여부와 관계없이 새로 선정된 대표이사는 대표이사로서의 권한을 가진다.

> **핵심공략** 이사직무집행정지 및 직무대행자
>
> - 의의
>   - ㉠ 이사선임결의의 무효·취소 또는 이사해임의 소가 제기된 경우 법원은 당사자 신청에 의한 가처분으로 이사직무집행 정지 및 직무대행자선임 가능
>   - ㉡ 급박한 사정이 있는 경우 본안소송 전에도 처분 가능
>   - ㉢ 퇴임이사에 대한 직무집행정지 원칙적으로 허용 ×, 퇴임시 이사 원수가 충족된 경우 허용 ○
>   - ㉣ 피신청인은 이사 ○, 회사 ×
> - 가처분결정의 효력
>   - ㉠ 대세효 ○
>   - ㉡ 직무집행정지가처분에 의해 권한이 정지된 대표이사의 행위는 무효
>   - ㉢ 청산인직무집행정지 및 직무대행자선임가처분 후 주주총회 결의로 회사를 계속하기로 한 경우에도 청산인직무대행자의 권한이 당연히 소멸하지는 않음
>   - ㉣ 직무대행자선임가처분 신청 이후 해당 대표이사가 사임하고 새로운 자가 대표이사로 취임하여 임원변경등기를 마친 경우에도 가처분결정 이후 회사대표자는 직무대행자
>   - ㉤ 직무집행이 정지된 이사를 선임한 주주총회결의 취소 등 본안소송이 가처분채권자의 승소로 확정된 경우 직무집행정지가처분의 효력이 상실됨
> - 직무대행자 권한
>   - ㉠ 회사의 상무에 속하는 사항으로 제한
>   - ㉡ 법원 허가를 얻으면 상무에 속하지 않은 사항에 대해서도 권한 ○
>   - ㉢ 직무대행자가 법원허가 없이 상무에 속하지 않은 행위를 한 경우 회사는 선의의 제3자에게 책임 ○
>   - ㉣ 직무대행자가 소집하는 정기주주총회 안건에 이사회구성 변경이나 주주총회 특별결의사항 등 경영 및 지배에 영향을 미칠 수 있는 것이 포함된 경우 그 안건 범위에서 정기주주총회 소집은 상무 ×

① [○]

**해설** 이사가 그 직무에 관하여 부정행위 또는 법령이나 정관에 위반한 중대한 사실이 있음에도 불구하고 주주총회에서 그 해임을 부결한 때에는 발행주식총수의 3% 이상에 해당하는 주식을 가진 주주는 총회의 결의가 있은 날부터 1월 내에 그 이사의 해임을 법원에 청구할 수 있다(제385조 제2항).

② [○]

**해설** 임시의 지위를 정하기 위한 **이사직무집행정지가처분**에 있어서 **피신청인**이 될 수 있는 자는 그 성질상 **당해 이사**이고, 회사에게는 피신청인의 적격이 없다.(대판 1982.2.9. 80다2424)

③ [○]

**해설** 직무대행자의 권한은 회사의 상무에 속하는 사항으로 제한된다(제408조 제1항). 그러나 법원의 허가를 얻은 경우에는 상무에 속하지 않은 사항에 대해서도 권한을 가질 수 있다(제408조 제1항 단서).

④ [○]

**해설** 직무대행자가 소집하는 정기주주총회 안건에 **이사회의 구성 자체를 변경하는 행위나 주주총회 특별결의사항 등** 회사의 **경영 및 지배에 영향을 미칠 수 있는 것이 포함**되어 있다면 그 안건의 범위에서 정기총회의 소집은 **상무에 속하지 않고**, 직무대행자가 정기주주총회를 소집하는 행위가 상무에 속하지 아니함에도 법원의 허가 없이 이를 소집하여 결의한 때에는 소집절차상의 하자로 결의취소사유에 해당한다.(대판 2007. 6.28. 2006다62362)

⑤ [×]

**해설** 대표이사의 직무집행정지 및 직무대행자선임의 가처분이 이루어진 이상, 그 후 대표이사가 해임되고 새로운 대표이사가 선임되었다 하더라도 **가처분결정이 취소되지 아니하는 한 직무대행자의 권한은 유효**하게 존속하고, 새로이 선임된 대표이사는 그 선임결의의 적법 여부에 관계 없이 대표이사로서의 권한을 가지지 못한다.(대판 1992.5.12. 92다5638)

## 49

「상법」상 이사의 보수에 관한 설명으로 옳지 않은 것은? (다툼이 있는 경우 판례에 의함)　　　　　　　　　[20 변호사]

① 「상법」 제388조가 정하는 '이사의 보수'에는 월급·상여금 등 명칭을 불문하고 이사의 직무수행에 대한 보상으로 지급되는 대가가 모두 포함되고, 퇴직금 또는 퇴직위로금도 그 재직 중의 직무수행에 대한 대가로 지급되는 급여로서 「상법」 제388조의 '이사의 보수'에 해당한다.

② 「상법」이 정관 또는 주주총회의 결의로 이사의 보수를 정하도록 한 것은 이사들의 고용계약과 관련하여 사익 도모의 폐해를 방지함으로써 회사와 주주 및 회사채권자의 이익을 보호하기 위한 것이다.

③ 주식회사와 이사 사이에 체결된 고용계약에서 이사가 그 의사에 반하여 이사직에서 해임될 경우 퇴직위로금과는 별도로 일정한 금액의 해직보상금을 지급받기로 약정한 경우, 이러한 해직보상금에 대하여 이사의 보수에 관한 「상법」 제388조의 규정을 준용하거나 유추적용할 수 없다.

④ 이사가 회사와 체결한 약정에 따라 업무를 다른 이사 등에게 포괄적으로 위임하여 이사로서의 실질적인 업무를 수행하지 않고 소극적인 직무만을 수행한 경우라 하더라도, 보수지급 결의에 위배되는 배임적인 행위에 해당하는 등의 특별한 사정이 없다면, 그 이사로서의 자격을 부정하거나 주주총회 결의에서 정한 보수청구권의 효력을 부정하기는 어렵다.

⑤ 유한회사에서 「상법」 제567조, 제388조에 따라 정관 또는 사원총회 결의로 특정 이사의 보수액을 구체적으로 정한 경우 특별한 사정이 없는 한, 회사가 이사의 보수를 일방적으로 감액하거나 박탈할 수 없다. 따라서 유한회사의 사원총회에서 임용계약의 내용으로 이미 편입된 이사의 보수를 감액하거나 박탈하는 결의를 하더라도, 이러한 사원총회 결의는 그 결의 자체의 효력과 관계없이 그 이사의 보수청구권에 아무런 영향을 미치지 못한다.

**49**                                                   정답 ③

> **핵심공략**  이사 보수
>
> - 의의
>   ㉠ 이사 보수는 정관 규정 없으면 주주총회 결의로 정함
>   ㉡ 명목상 이사·감사도 보수청구권 인정(대판 2015.7. 23. 2014다236311)
> - 보수의 결정
>   ㉠ 사실상 1인 회사 실질적 1인 주주 결재·승인을 거쳐 이사퇴직금이 지급된 경우 주주총회결의 인정
>   ㉡ 이사 보수 사항 이사회에 포괄적 위임 허용 ✕
>   ㉢ 이사 보수 사항 이사회 위임 후 주주총회에서 직접 정할 수 있음
>   ㉣ 1인 회사가 아닌 주식회사는 주주총회 의결정족수 충족 주주 동의·승인만으로 주주총회 결의 ✕
>   ㉤ 유한회사에서 정관, 사원총회결의로 이사 보수액 정한 경우, 일방적 감액·박탈 ✕
> - 보수의 범위
>   ㉠ 월급, 상여금, 성과급, 특별성과금, 퇴직금, 퇴직금 중간 정산금, 퇴직위로금, 해직보상금 보수에 해당
>   ㉡ 명칭 불문하고 이사 직무수행 보상으로 지급되는 대가 모두 포함

① [○]

**해설** 상법 제388조에서 말하는 이사의 보수에는 월급·상여금 등 명칭을 불문하고 이사의 직무수행에 대한 보상으로 지급되는 대가가 모두 포함되고, 퇴직금 내지 퇴직위로금도 그 재직 중의 직무집행의 대가로 지급되는 보수의 일종이다. 위 규정은 강행규정이므로, 정관에서 이사의 보수 또는 퇴직금에 관하여 주주총회의 결의로 정한다고 되어 있는 경우에 그 금액·지급시기·지급방법 등에 관한 주주총회의 결의가 있었음을 인정할 증거가 없다면 이사는 보수나 퇴직금을 청구할 수 없다.(대판 2014.5.29. 2012다98720)

② [○]

**해설** 상법이 정관 또는 주주총회의 결의로 이사의 보수를 정하도록 한 것은 이사들의 고용계약과 관련하여 사익 도모의 폐해를 방지함으로써 회사와 주주 및 회사채권자의 이익을 보호하기 위한 것이므로, 비록 보수와 직무의 상관관계가 상법에 명시되어 있지 않더라도 이사가 회사에 대하여 제공하는 직무와 지급받는 보수 사이에는 합리적 비례관계가 유지되어야 하며, 회사의 채무 상황이나 영업실적에 비추어 합리적인 수준을 벗어나서 현저히 균형성을 잃을 정도로 과다하여서는 아니 된다. 따라서 회사에 대한 경영권 상실 등으로 퇴직을 앞둔 이사가 회사에서 최대한 많은 보수를 받기 위하여 그에 동조하는 다른 이사와 함께 이사의 직무내용, 회사의 재무상황이나 영업실적 등에 비추어 지나치게 과다하여 합리적 수준을 현저히 벗어나는 보수 지급 기준을 마련하고 지위를 이용하여 주주총회에 영향력을 행사함으로써 소수주의 반대에 불구하고 이에 관한 주주총회결의가 성립되도록

하였다면, 이는 회사를 위하여 직무를 충실하게 수행하여야 하는 상법 제382조의3에서 정한 의무를 위반하여 회사재산의 부당한 유출을 야기함으로써 회사와 주주의 이익을 침해하는 것으로서 회사에 대한 배임행위에 해당하므로, **주주총회결의를 거쳤다 하더라도 그러한 위법행위가 유효하다 할 수는 없다.**(대판 2016.1.28. 2014다11888)

③ [✕]

**해설** 해직보상금은 형식상으로는 보수에 해당하지 않더라도 상법 제388조를 준용 내지 유추적용 하여 이사는 해직보상금에 관하여도 정관에서 그 액을 정하지 않는 한 주주총회 결의가 있어야만 회사에 대하여 이를 청구할 수 있다.(대판 2006. 11.23. 2004다49570)

④ [○]

**해설** 이사, 감사가 실질적인 업무를 수행하지 않은 경우에도 보수청구권이 인정되는지와 관련하여 判例는 "이사·감사가 회사와의 명시적 또는 묵시적 약정에 따라 업무를 다른 이사 등에게 포괄적으로 위임하고 **이사·감사로서의 실질적인 업무를 수행하지 않는 경우**라 하더라도 주주총회에서 한 선임 결의 및 보수지급 결의에 위배되는 **배임적인 행위에 해당하는 등의 특별한 사정**이 없다면, 소극적인 직무 수행 사유만을 가지고 이사·감사로서의 자격을 부정하거나 주주총회 결의에서 정한 보수청구권의 효력을 부정하기는 어렵다. 다만 보수가 합리적인 수준을 벗어나서 현저히 균형성을 잃을 정도로 과다하거나, 오로지 보수의 지급이라는 형식으로 회사의 자금을 개인에게 지급하기 위한 방편으로 이사·감사로 선임하였다는 등의 특별한 사정이 있는 경우에는 보수청구권의 일부 또는 전부에 대한 행사가 제한되고 회사는 합리적이라고 인정되는 범위를 초과하여 지급된 보수의 반환을 구할 수 있다.(대판 2015.9.10. 2015다213308)

⑤ [○]

**해설** 유한회사에서 정관 또는 사원총회 결의로 특정 이사의 보수액을 구체적으로 정한 경우, 유한회사가 이사의 보수를 일방적으로 감액하거나 박탈할 수 없다.(대판 2017.3.30. 2016다21643)

## 50

「상법」상 비상장주식회사의 주식매수선택권에 관한 설명 중 옳지 않은 것은? (다툼이 있는 경우 판례에 의함)

[20 변호사]

① 회사는 정관으로 정하는 바에 따라 주주총회의 특별결의로 회사의 설립·경영 및 기술혁신 등에 기여하거나 기여할 수 있는 회사의 이사, 집행임원, 감사 또는 피용자에게 미리 정한 가액으로 신주를 인수하거나 자기의 주식을 매수할 수 있는 주식매수선택권을 부여할 수 있다.

② 특정인에 부여되는 주식매수선택권의 구체적인 내용은 일반적으로 회사와 체결하는 계약을 통해 정해지므로 주식매수선택권을 부여받은 자는 계약에서 주어진 조건에 따라 계약에서 정한 기간 내에 선택권을 행사할 수 있다.

③ 주식매수선택권은 이를 부여하기로 하는 주주총회결의일부터 2년 이상 재임 또는 재직하여야 행사할 수 있다.

④ 회사의 정관에 "주식매수선택권을 부여받은 자는 주식매수선택권 부여에 관한 주주총회 특별결의일부터 2년 이상 재임 또는 재직한 날로부터 5년 내에 그 권리를 행사할 수 있다."라고 정할 수 있다.

⑤ 회사가 주식매수선택권을 부여받은 자와 맺은 계약 중 "주식매수선택권의 행사기간 종료 시까지 행사되지 않은 주식매수선택권은 소멸한 것으로 간주한다. 다만 경과기간 2년이 지난 후에 퇴직한 경우에는 퇴직일부터 3개월 이내에 행사하여야 한다."라는 내용의 조항을 둔 경우 이러한 조항은 주식매수선택권을 부여받은 자의 이익을 침해하는 것으로 무효이다.

**50**                      정답 ⑤

---

**핵심공략** 주식매수선택권

㉠ 부여절차: 정관규정 및 주주총회 특별결의
㉡ 재직기간: 주주총회 결의일부터 2년 이상 재임 또는 재직해야 행사가능
㉢ 상장회사: 사망, 본인책임 아닌 사유로 인한 퇴임·퇴직 ⇨ 2년 미만 재임하더라도 행사 가능, 정년퇴직의 경우 행사 ✕
㉣ 비상장회사: 본인책임 아닌 사유로 인한 퇴임·퇴직 ⇨ 2년 이상 재임하지 않으면 행사 ✕
㉤ 회사는 주주총회결의와 개별 계약을 통해서 주식매수선택권의 행사기간을 자유롭게 정할 수 있음
㉥ 주주총회결의 본질적 내용을 훼손하지 않는 한 계약 체결 과정에서 행사기간 변경, 조정 가능

---

① [○]

**해설** 주식매수선택권이란 제3자가 회사의 주식을 일정한 행사가격에 매수할 수 있는 권리를 말한다. 회사는 정관으로 정하는 바에 따라 주주총회의 특별결의로 회사의 설립·경영 및 기술혁신 등에 기여하거나 기여할 수 있는 회사의 이사, 집행임원, 감사 또는 피용자에게 행사가액으로 신주를 인수하거나 자기의 주식을 매수할 수 있는 권리를 부여할 수 있다(제340조의2 제1항).

② [○]

**해설** 회사는 주주총회결의에 의하여 주식매수선택권을 부여받은 자와 계약을 체결하고 상당한 기간 내에 그에 관한 계약서를 작성하여야 한다(제340조의3 제3항).
주식매수선택권 부여에 관한 주주총회 결의는 회사의 의사결정절차에 지나지 않고, **특정인에 대한 주식매수선택권의 구체적 내용은 일반적으로 회사가 체결하는 계약**을 통해서 정해진다. 주식매수선택권을 부여받은 자는 계약에서 주어진 조건에 따라 계약에서 정한 기간 내에 선택권을 행사할 수 있다.(대판 2018.7.26. 2016다237714)

③ [○]

**해설** 주식매수선택권은 주식매수선택권을 부여하기로 결의한 주주총회 결의일부터 2년 이상 재임 또는 재직하여야 이를 행사할 수 있다(제340조의4 제1항). 상장회사는 사망 또는 본인의 책임이 아닌 사유로 퇴임하거나 퇴직한 경우에는 2년 이상 재임하지 않더라도 주식매수선택권을 행사할 수 있으나 정년퇴직으로 2년 이상 재임하지 못한 경우에는 주식매수선택권을 행사할 수 없다(제542조의3 제4항, 시행령 제30조 제5항). 비상장회사는 상장회사와 같은 규정이 없으므로 본인의 책임이 아닌 사유로 퇴임하거나 퇴직한 경우에도 2년 이상 재임하지 않으면 주식매수선택권을 행사할 수 없다.

④ [○]

**해설** ④항과 ⑤항은 ②항 判例(대판 2018.7.26. 2016다237714)의 사실관계를 바탕으로 하고 있다. 해당 判例의 사실관계는 다음과 같다. 피고 회사의 정관은 주식매수선택권을 부여받은 자는 주식매수선택권 부여에 관한 주주총회 특별결의일부터 2년 이상 재임 또는 재직한 날로부터 5년 내에 권리를 행사할 수 있다고 정하고 있었다. 피고 회사는 2009. 3. 13. 개최된 주주총회에서 원고에게 주식매수선택권을 부여하면서 경과기간 2009. 3. 13.~2011. 3. 12. 행사시간 2011. 3. 13.~2016. 3. 12.로 결의하였다. 그런데 피고 회사와 원고 사이에 체결된 주식매수선택권계약에는 "행사기간 종료 시까지 행사되지 않은 주식매수선택권은 소멸한 것으로 간주한다. 다만 경과기간이 지난 후에 퇴직한 경우에는 퇴직일로부터 3개월 이내에 행사하는 것이어야 한다"는 내용이 규정되었다. 원고는 2011. 12. 6. 피고회사에서 퇴직한 이후 2015. 1. 22. 주식매수청구권을 행사한다는 의사를 피고 회사에 표시하였다. 원심은 위와 같은 정관 조항과 계약조항을 유효하다고 보면서 원고의 주식매수청구권이 행사기간 내에 행사되지 않았다는 이유로 원고의 청구를 기각하였고, 대법원도 원심의 판결을 확정하였다. 위와 같은 判例에 의하는 경우 설문과 같이 회사의 정관에 "주식매수선택권을 부여받은 자는 주식매수선택권 부여에 관한 주주총회 특별결의일부터 2년 이상 재임 또는 재직한 날로부터 5년 내에 그 권리를 행사할 수 있다"라고 정할 수 있다.

⑤ [✕]

**해설** 위 ④항에서 살펴본 判例의 사실관계 및 판시내용에 의하면, 회사가 주식매수선택권을 부여받은 자와 맺은 계약 중 "주식매수선택권의 행사기간 종료 시까지 행사되지 않은 주식매수선택권은 소멸한 것으로 간주한다. 다만 경과기간 2년이 지난 후에 퇴직한 경우에는 퇴직일부터 3개월 이내에 행사하여야 한다."라는 내용의 조항을 둔 경우 이러한 조항은 권리자, 주주 등의 이익 사이의 균형을 해치지 않으므로, 주식매수선택권 부여계약에서 정한 선택권의 행사기간이 피고 회사의 정관이나 주주총회결의와 차이가 있다고 하더라도 무효라고 볼 수 없다.

## 51

주식회사의 이사회 결의에 관한 설명 중 옳은 것을 모두 고른 것은? (각 지문은 독립적이며, 다툼이 있는 경우 판례에 의함)                                      [21 변호사]

ㄱ. 이사 甲이 이사회에 출석하여 결의에 기권하였다고 의사록에 기재된 경우에 甲은 「상법」 제399조(회사에 대한 책임) 제3항에 따라 이사회 결의에 찬성한 것으로 추정할 수 없다.

ㄴ. 주식회사에서의 이사회의 역할 및 회생절차개시결정의 효과 등에 비추어 보면 주식회사의 회생절차개시신청은 대표이사의 업무권한인 일상 업무에 속하지 아니한 중요한 업무에 해당하여 이사회 결의가 필요하다.

ㄷ. 이사와 회사 사이의 거래라고 하더라도 양자 사이 이해충돌의 염려가 없고 회사에 불이익을 초래할 우려가 없는 때에는 이사회의 승인을 얻을 필요가 없다.

ㄹ. 이사는 이사 과반수의 출석과 출석 이사의 과반수의 찬성에 의한 이사회의 승인이 있으면 회사의 사업기회를 자기 또는 제3자의 이익을 위하여 이용할 수 있다.

ㅁ. 「상법」 제393조(이사회의 권한) 제1항에서 정한 주식회사의 중요한 자산의 처분에 해당하는 경우라도 이사회규정상 이사회 부의사항으로 정해져 있지 않으면 이사회의 결의를 거치지 않아도 된다.

① ㄱ, ㄴ, ㄷ         ② ㄱ, ㄴ, ㄹ
③ ㄱ, ㄷ, ㅁ         ④ ㄴ, ㄷ, ㄹ
⑤ ㄴ, ㄹ, ㅁ

**51** 정답 ①

- 이사회 결의 찬성 추정
  - ㉠ 이사회 결의 찬성 이사는 연대책임 O, 이사회 결의에 이의 기재 없는 이사 찬성 추정
  - ㉡ 기권으로 의사록에 기재된 경우 찬성 추정 ×, 연대책임 ×
- 이사회 권한
  - ㉠ 이사회가 일반적·구체적으로 대표이사에게 위임 않은 업무로서 일상 업무에 속하지 않은 중요업무
  - ㉡ 회생절차개시신청은 중요업무에 해당, 이사회 결의 필요
- 이사 등의 자기거래
  - ㉠ 거래의 성질상 회사에 불이익이 생길 염려가 없는 행위 자기거래 해당 ×
  - ㉡ 성질상 약관에 의해 정형적으로 체결되는 계약(보험계약), 회사 채무에 대한 이사의 보증, 법령이나 주주총회 결의 집행을 위한 것으로서 재량의 여지가 없는 경우, 주주배정 유상증자 ⇨ 자기거래 ×
  - ㉢ 제3자 배정 방식 유상증자, 실권주 배정, 자기주식 처분, 합병 ⇨ 자기거래 O
- 이사 등의 자기거래 및 회사기회유용 관련 이사회 승인
  - ㉠ 이사가 1명 또는 2명인 소규모회사로서 이사회를 두지 않은 회사 ⇨ 주주총회 승인
  - ㉡ 이사 3분의 2 이상의 승인

**해설** ㄱ. [○]
이사가 고의 또는 중대한 과실로 임무를 게을리 한 때에는 제3자에 대하여 연대하여 손해를 배상할 책임이 있다(제401조 제1항). 이사회 결의에 찬성한 이사는 연대하여 책임을 진다. 또한 이사회 결의에 참여하였으나 이의를 한 기재가 없는 이사는 결의에 찬성한 것으로 추정된다(제401조 제2항, 제399조 제2항, 제3항).
이사가 이사회에 출석하여 **결의에 기권하였다고 의사록에 기재된 경우**에 그 이사는 이의를 한 기재가 의사록에 없는 자에 해당하지 않으므로 상법 제399조 제3항에 따라 **이사회 결의에 찬성한 것으로 추정할 수 없고**, 따라서 같은 조 제2항의 책임을 부담하지 않는다.(대판 2019.5.16. 2016다260455)

ㄴ. [○]
**주식회사의 회생절차개시신청**은 대표이사의 업무권한인 일상 업무에 속하지 아니한 **중요한 업무**에 해당하여 이사회 결의가 필요하다.(대판 2019.8.14. 2019다204463)

ㄷ. [○]
거래의 성질상 회사에 불이익이 생길 염려가 없는 행위는 자기거래에 해당되지 않는다. ㉠ 기존 회사 채무의 조건을 회사에 유리하게 변경하는 행위, ㉡ 회사에 대한 무이자, 무담보 대여, ㉢ 회사의 부담이 없는 증여, 상계, 채무변제, ㉣ 보험

계약 등 거래의 성질상 약관에 의하여 정형적으로 체결되는 계약, ㉤ 회사 채무에 대한 이사의 보증, ㉥ 회사 명의의 퇴직보험 가입, ㉦ 법령이나 주주총회의 결의를 집행하기 위한 것으로서 재량의 여지가 없는 경우는 자기거래에 해당되지 않는다.

ㄹ. [×]
이사는 이사회의 승인 없이 현재 또는 장래에 회사의 이익이 될 수 있는 회사의 사업기회를 자기 또는 제3자의 이익을 위하여 이용하여서는 아니 된다(제397조의2 제1항). 이 경우 이사회의 승인은 이사 3분의 2 이상의 수로써 하여야 한다. 대상이 되는 사업기회는 ㉠ 직무를 수행하는 과정에서 알게 되거나 회사의 정보를 이용한 사업기회 및 ㉡ 회사가 수행하고 있거나 수행할 사업과 밀접한 관계가 있는 사업기회를 말한다.

ㅁ. [×]
**중요한 자산의 처분에 해당하는 경우**에는 이사회가 그에 관하여 직접 결의하지 아니한 채 대표이사에게 그 처분에 관한 사항을 일임할 수 없으므로 **이사회규정상 이사회 부의사항으로 정해져 있지 않더라도 반드시 이사회의 결의를 거쳐야 한다.**(대판 2011.4.28. 2009다47791)

## 52

「상법」상 주식회사의 이사회에 관한 설명 중 옳은 것은? (다툼이 있는 경우에는 판례에 의함)    [20 변호사]

① 중요한 자산의 처분에 해당하는 경우 이사회가 그에 관하여 직접 결의하지 아니한 채 대표이사에게 그 처분에 관한 사항을 일임할 수 있다.

② 이사회의 결의는 이사 과반수의 출석과 출석이사의 과반수로 하여야 한다. 그러나 정관으로 그 비율을 높게 정할 수는 없다.

③ 이사회 결의요건을 충족하는지 여부는 이사회 결의의 대상인 행위가 실제로 이루어진 날을 기준으로 판단하여야 한다.

④ 법률 또는 정관 등의 규정에 의하여 주주총회 또는 이사회의 결의를 필요로 하는 것으로 되어 있지 아니한 업무 중 이사회가 일반적·구체적으로 대표이사에게 위임하지 않은 업무로서 일상 업무에 속하지 아니한 중요한 업무에 대하여는 이사회에게 그 의사결정 권한이 있다.

⑤ 특별이해관계가 있는 이사는 이사회의 의사정족수 산정의 기초가 되는 이사의 수에 포함되지 않는다.

**52**                                    정답 ④

⑤ [×]
**해설** 결의요건의 계산과 관련하여 특별이해관계인은 의사정족수
계산시에는 분모와 분자에 포함되나, 의결정족수 계산시에는
분모와 분자에 포함되지 않는다.
이해관계 있는 이사는 의사정족수 산정의 기초가 되는 이사
의 수에는 포함되고, 다만 결의성립에 필요한 출석이사에는
산입되지 아니한다.(대판 1991.5.28. 90다20084)

---

**핵심공략** 이사회 결의

- 결의요건
  - ㉠ 일반결의요건은 이사 과반수 출석 및 출석이사 과반수
  - ㉡ 정관으로 비율을 높게 정할 수 있음
  - ㉢ 이사회 정족수는 이사회 개최시와 토의 및 의결 전 과
    정을 통해 유지되어야 함
  - ㉣ 이사회 결의요건 충족 여부는 이사회 결의 당시를 기준
    ○, 결의대상 행위가 실제로 이루어진 날 ×
- 특별이해관계인
  - ㉠ 특별이해관계인 의결권 ×
  - ㉡ 주식양도승인 청구 이사, 자기거래 대상 이사, 경업승
    인 대상 이사 ⇨ 특별이해관계인 ○
  - ㉢ 대표이사 선임, 해임, 감사위원 해임의 경우 해당 이사
    ⇨ 특별이해관계인 ×
  - ㉣ 특별이해관계인은 의사정족수 계산시 분모·분자에 포
    함 ○, 의결정족수 계산시 분모·분자에 포함 ×

① [×]
**해설** 중요한 자산의 처분 및 양도, 대규모 재산의 차입, 지배인의
선임 또는 해임과 지점의 설치·이전 또는 폐지 등 회사의 업
무집행은 이사회의 결의로 한다(제393조 제1항).
중요한 자산의 처분에 해당하는 경우에는 이사회가 그에 관
하여 직접 결의하지 아니한 채 대표이사에게 그 처분에 관한
사항을 일임할 수 없으므로 **이사회규정상 이사회 부의사항
으로 정해져 있지 않더라도 반드시 이사회의 결의를 거쳐야
한다.**(대판 2011.4.28. 2009다47791)

② [×]
**해설** 이사회의 결의는 이사과반수의 출석과 출석이사의 과반수로
하여야 한다(제391조 제1항 본문). 그러나 정관으로 그 비율
을 높게 정할 수 있다(제391조 제1항 단서).

③ [×]
**해설** **이사회 결의요건을 충족하는지 여부는 이사회 결의 당시를
기준으로 판단하여야 하고,** 그 결의의 대상인 행위가 실제로
이루어진 날을 기준으로 판단할 것은 아니다.(대판 2003.
1.24. 2000다20670)

④ [○]
**해설** 법률 또는 정관 등의 규정에 의하여 주주총회 또는 이사회의
결의를 필요로 하는 것으로 되어 있지 아니한 업무 중 이사회
가 일반적·구체적으로 **대표이사에게 위임하지 않은 업무로
서 일상 업무에 속하지 아니한 중요한 업무에 대하여는 이사
회에게 그 의사결정권한이 있다.**(대판 1997.6.13. 96다
48282)

# 53

**주식회사의 이사회결의 하자에 관한 설명 중 옳지 않은 것은? (다툼이 있는 경우 판례에 의함)** [20 변호사]

① 주식회사의 대표이사가 이사회결의를 거쳐야 할 대외적 거래행위에 관하여 이를 거치지 아니하고 거래행위를 하였더라도 그 거래 상대방이 이사회결의가 없었음을 알았거나 알 수 있었을 경우가 아니라면 그 거래행위는 유효하다.

② 이사 선임의 주주총회결의에 대한 취소판결이 확정된 경우, 그 결의로 선임된 이사들로 구성된 이사회에서 선정된 대표이사는 소급하여 그 자격을 상실하고, 그 대표이사가 이사 선임의 주주총회결의에 대한 취소판결이 확정되기 전에 한 행위는 대표권이 없는 자가 한 행위로서 무효가 된다.

③ 이사 선임의 주주총회결의에 대한 취소판결이 확정되어 그 결의가 무효로 된 경우에도, 취소된 주주총회결의에 의하여 이사로 선임된 대표이사가 마친 이사 선임 등기는 「상법」 제39조의 부실등기에 해당한다.

④ 이사회결의에 무효사유가 있는 경우, 이해관계인은 언제든지 그 무효를 주장할 수 있다.

⑤ 이사회결의 무효확인의 소에서 원고가 승소한 경우, 그 확정판결은 제3자에 대하여도 효력이 있다.

## 53 정답 ⑤

> **핵심공략** 이사회 결의의 하자
>
> ㉠ 절차상, 내용상 하자 있는 이사회결의 효력에 관하여 상법 규정 ✕
> ㉡ 민법 일반원칙에 따라 절차상, 내용상 하자있는 이사회결의는 무효
> ㉢ 다른 소의 공격방어방법으로 이사회결의 무효 주장 가능
> ㉣ 확인이익이 있는 자는 누구든지 이사회결의 무효의 소 제기 가능
> ㉤ 이사회결의무효확인소송의 원고 승소판결은 대세적 효력 ✕
> ㉥ 이사 상대로 이사회결의무효확인 구할 이익 ✕

① [○]

**해설** 출제 당시의 대법원 판례에 의하면 맞는 지문이나, 그 이후 변경된 현재 대법원 판례에 의하면 선의, 무중과실인 상대방에게 대항하지 못한다.

② [○]

**해설** 이사 선임의 주주총회결의에 대한 취소판결이 확정된 경우 그 결의에 의하여 이사로 선임된 이사들에 의하여 구성된 이사회에서 선정된 대표이사는 소급하여 그 자격을 상실하고, 그 대표이사가 이사 선임의 주주총회결의에 대한 취소판결이 확정되기 전에 한 행위는 대표권이 없는 자가 한 행위로서 무효가 된다. 이사 선임의 주주총회결의에 대한 취소판결이 확정되어 그 결의가 소급하여 무효가 된다고 하더라도 그 선임 결의가 취소되는 대표이사와 거래한 상대방은 상법 제39조의 적용 내지 유추적용에 의하여 보호될 수 있으며, 주식회사의 법인등기의 경우 회사는 대표자를 통하여 등기를 신청하지만 등기신청권자는 회사 자체이므로 취소되는 주주총회결의에 의하여 이사로 선임된 대표이사가 마친 이사 선임 등기는 상법 제39조의 부실등기에 해당된다.(대판 2004.2.27. 2002다19797)

③ [○]

**해설** ②항 判例

④ [○]

**해설** 이사회의 결의에 하자가 있는 경우에 관하여 상법은 아무런 규정을 두고 있지 아니하나 그 결의에 **무효사유가 있는 경우**에는 이해관계인은 언제든지 또 어떤 방법에 의하든지 그 무효를 주장할 수 있다.(대판 1988.4.25. 87누399)

⑤ [✕]

**해설** 이사회결의무효확인소송이 제기되어 승소확정판결을 받은 경우, 그 판결의 효력에 관하여는 주주총회결의무효확인소송 등과는 달리 상법 제190조가 준용될 근거가 없으므로 **대세적 효력은 없다.**(대판 1988.4.25. 87누399)

# 54

**대표이사에 관한 설명 중 옳지 않은 것은? (다툼이 있는 경우 판례에 의함)**
[19 변호사]

① 회사가 전(前) 이사를 상대로 소송을 수행하는 경우 대표이사가 회사를 대표하지 아니하고 감사가 이를 대표한다.

② 회사가 공동대표이사 중 1인에게 대표이사라는 명칭의 사용을 용인 내지 방임한 경우에는 「상법」 제395조(표현대표이사의 행위와 회사의 책임)에 의한 표현책임을 질 수 있다.

③ 이사 선임의 주주총회결의에 대한 취소판결이 확정된 경우 그 결의에 따라 선임된 이사들로 구성된 이사회에서 선정된 대표이사는 소급하여 그 자격을 상실한다.

④ 대표이사의 직무집행정지 및 직무대행자선임의 가처분이 이루어진 이상, 그 후 대표이사가 해임되고 새로운 대표이사가 선임되었다 하더라도 가처분결정이 취소되지 아니하는 한 직무대행자의 권한은 유효하게 존속하는 반면 새로이 선임된 대표이사는 그 선임결의의 적법 여부에 관계없이 대표이사로서의 권한을 가지지 못한다.

⑤ 회사의 대표이사가 그 업무집행 중 불법행위로 인하여 제3자에게 손해를 가한 때에는 대표이사는 회사와 연대하여 배상할 책임이 있고 그 불법행위는 고의는 물론 과실 있는 때에도 성립된다.

**54** 　　　　　　　　　　　　　　　　　　정답 ①

> **핵심공략** 회사대표권, 공동대표이사
>
> - 이사와 회사 사이의 소에 관한 회사대표권
>   - ㉠ 회사가 이사에 대하여 또는 이사가 회사에 대하여 소를 제기하는 경우 감사가 회사 대표
>   - ㉡ 소수주주가 대표소송 제기 전에 회사에 이사 책임 추궁 소 제기를 청구하는 경우 감사가 회사 대표
>   - ㉢ 일시대표이사가 선임된 회사의 경우 감사 회사 대표 ✕
>   - ㉣ 이사가 회사 상대로 사임을 주장하는 경우 회사 대표권자는 대표이사 ○
>   - ㉤ 전 이사들을 상대로 하는 주주대표소송에 회사가 참가하는 경우, 회사 대표권자는 대표이사 ○
> - 공동대표이사
>   - ㉠ 수인의 대표이사가 공동으로 회사를 대표하도록 선정된 대표이사, 등기사항
>   - ㉡ 공동대표이사가 단독으로 한 대표행위는 원칙적으로 무효
>   - ㉢ 회사에 대한 의사표시는 공동대표이사 중 1인에게만 하면 됨
>   - ㉣ 공동대표이사 중 1인이 다른 공동대표이사에게 대표권 포괄위임 허용 ✕
>   - ㉤ 공동대표이사가 단독으로 한 법률행위에 대한 추인 의사표시는 단독으로 행위한 공동대표이사 또는 그 상대방인 제3자에게 할 수 있음
>   - ㉥ 공동대표이사가 단독으로 '대표이사' 명칭으로 대표행위를 한 경우 표현대표이사 법리 적용 가능
> - 회사와 대표이사의 불법행위책임
>   회사 대표사원이 그 업무집행으로 인하여 타인에게 손해를 가한 경우 회사는 그 사원과 연대책임

① [✕]

**해설** 회사가 이사에 대하여 또는 이사가 회사에 대하여 소를 제기하는 경우에 감사는 그 소에 관하여 회사를 대표한다(제394조 제1항).
전 이사들을 상대로 하는 주주대표소송에 회사가 참가하는 경우, 상법 제394조 제1항의 적용이 배제되어 회사를 대표하는 자는 대표이사이다.(대판 2002.3.15. 2000다9086)

② [○]

**해설** 회사가 공동대표이사에게 단순한 대표이사라는 명칭을 사용하여 법률행위를 하는 것을 용인 내지 방임한 경우 상법 제395조에 의한 표현책임을 부담한다.(대판 1992.10.27. 92다19033)

③ [○]

**해설** 이사선임의 주주총회결의에 대한 취소 판결이 확정된 경우, 해당 주주총회결의로 이사로 선임된 후 이사회에서 대표이사로 선정된 자가 해당 주주총회결의에 대한 취소판결이 확정되기 전에 한 행위는 대표권 없는 자가 한 행위로서 무효가

된다. 이사 선임의 주주총회결의에 대한 취소판결이 확정되어 그 결의가 소급하여 무효가 된다고 하더라도 그 선임 결의가 취소되는 대표이사와 거래한 상대방은 부실등기 적용 내지 유추적용에 의하여 보호될 수 있으며, 주식회사의 법인등기의 경우 회사는 대표자를 통하여 등기를 신청하지만 등기신청권자는 회사 자체이므로 취소되는 주주총회결의에 의하여 이사로 선임된 대표이사가 마친 이사 선임 등기는 부실등기에 해당된다.(대판 2004.2.27. 2002다19797)

④ [○]

**해설** 대표이사의 직무집행정지 및 직무대행자선임의 가처분이 이루어진 이상, 그 후 대표이사가 해임되고 새로운 대표이사가 선임되었다 하더라도 가처분결정이 취소되지 아니하는 한 직무대행자의 권한은 유효하게 존속하고, 새로이 선임된 대표이사는 그 선임결의의 적법 여부에 관계없이 대표이사로서의 권한을 가지지 못한다. 신규대표이사가 위 가처분에 반하여 회사 대표자격에서 한 행위는 제3자에게 무효이고 신규대표이사와 거래한 제3자는 자신이 선의였음을 이유로 법률행위의 유효를 주장할 수 없다.(대판 1992.5.12. 92다5638)

⑤ [○]

**해설** 주식회사의 대표이사가 업무집행을 하면서 고의 또는 과실에 의한 위법행위로 타인에게 손해를 가한 경우 주식회사는 상법 제389조 제3항, 제210조에 의하여 손해배상책임을 부담하고, 대표이사도 민법 제750조 또는 상법 제389조 제3항, 제210조에 의해 주식회사와 연대하여 불법행위책임을 부담한다.(대판 2013.6.27. 2011다50165)

## 55

비상장 주식회사의 이사, 이사회 또는 집행임원에 관한 설명 중 옳지 않은 것은? (다툼이 있는 경우 판례에 의함)

[19 변호사]

① 집행임원 설치회사의 경우 집행임원과 집행임원 설치회사와의 소송에서는 감사가 집행임원 설치회사를 대표하여야 한다.

② 이사가 이사회의 승인이 없이 회사와 동종영업을 목적으로 하는 회사를 설립하고 그 회사의 이사 겸 대표이사가 되어 영업준비작업을 하고 있다면, 그 영업활동을 개시하기 전에 그 회사의 이사 및 대표이사직을 사임하더라도 이사의 경업금지의무를 위반한 행위에 해당한다.

③ 이사가 법령을 위반하여 그 임무를 수행함으로써 회사에 대하여 손해배상책임이 문제되는 경우, 경영판단의 원칙은 원칙적으로 적용되지 않는다.

④ 이사회 소집통지를 할 때에, 회사의 정관에 이사들에게 회의의 목적사항을 함께 통지하도록 정하고 있거나 회의의 목적사항을 함께 통지하지 않으면 이사회에서의 심의·의결에 현저한 지장을 초래하는 등의 특별한 사정이 없는 한, 회의의 목적사항을 함께 통지할 필요는 없다.

⑤ 정관으로 이사가 가질 주식의 수를 정한 경우에 다른 규정이 없는 때에는 이사는 그 수의 주권을 감사에게 공탁하여야 한다.

## 55

---

**핵심공략** 집행임원, 경영판단원칙, 이사의 경업겸직금지의무, 이사회 소집절차

- 집행임원
  - ㉠ 주식회사의 업무집행을 담당하는 자로 이사회에서 선임된 자, 이사가 아닌 자도 선임 가능
  - ㉡ 집행임원 둔 회사는 대표이사 ✕
  - ㉢ 집행임원 임기는 정관에 다른 규정이 없으면 2년 초과 ✕
  - ㉣ 집행임원 임기 중 정당한 이유 없이 해임되더라도 회사에게 손해배상 청구 ✕
  - ㉤ 집행임원과 회사 소송에서 회사 대표할 자는 이사회가 선임
- 경영판단의 원칙
  - ㉠ 충분한 정보 수집·분석 및 정당한 절차에 따른 이사회 의사결정은 경영판단으로 존중되어야 함
  - ㉡ 법령위반 행위는 경영판단원칙 적용 ✕
- 이사의 경업겸직금지의무
  - ㉠ 이사는 이사회 승인이 없으면 자기 또는 제3자의 계산으로 회사 영업부류에 속한 거래를 하거나 동종영업을 목적으로 하는 다른 회사의 무한책임사원이나 이사가 되지 못함
  - ㉡ 겸직금지대상회사의 지배주주가 되는 경우에도 이사회 승인 얻어야 ○
  - ㉢ 경업금지의무(겸직금지의무 ✕) 위반의 경우, 회사는 이사회 결의로 개입권 행사 가능
- 이사회소집절차
  - ㉠ 이사회는 각 이사가 소집
  - ㉡ 이사회 소집에는 회일을 정하고 1주 전(정관 단축 가능)에 각 이사 및 감사에게 통지 발송
  - ㉢ 서면이나 전자문서가 아닌 구두, 전화, 팩스, 문자메시지에 의한 통지 허용
  - ㉣ 이사회 소집통지에는 목적사항을 기재하지 않아도 됨

① [✕]

**해설** 집행임원이란 주식회사의 업무집행을 담당하는 자로 이사회에 의하여 선임된 자를 말한다(제408조의2). 집행임원은 회사의 업무를 집행할 권한과 정관이나 이사회의 결의에 의하여 위임받은 업무집행에 관한 의사결정에 관한 권한을 가진다(제408조의4). **집행임원 설치회사의 이사회는 집행임원과 집행임원 설치회사의 소송에서 집행임원 설치회사를 대표할 자를 선임할 권한을 가진다**(제408조의2 제3항).

② [○]

**해설** 이사는 이사회의 승인이 없으면 자기 또는 제삼자의 계산으로 회사의 영업부류에 속한 거래를 하거나 동종영업을 목적으로 하는 다른 회사의 무한책임사원이나 이사가 되지 못한다(제397조 제1항 후단).
이사가 주주총회의 승인이 없이 그 회사와 동종 영업을 목적으로 하는 다른 회사를 설립하고 그 회사의 이사 겸 대표이사가 되었다면 설령 그 회사가 **영업활동을 개시하기 전에** 그 회사의 이사 및 대표이사직을 사임하였다고 하더라도, 이는 분명히 상법 제397조 제1항 소정의 **경업금지의무를 위반한** 행위에 해당한다.(대결 1990.11.2. 90마745)

③ [○]

**해설** 경영판단의 원칙이란 이사의 의사결정 당시에 합리적으로 결정하였다면 사후적으로 결정이 잘못된 것으로 드러나더라도 이사에게 책임을 물을 수 없다는 원칙을 의미한다.
**법령에 위반한 행위에 대하여는 이사가 임무를 수행함에 있어서 선관주의의무를 위반하여 임무해태로 인한 손해배상책임이 문제되는 경우에 고려될 수 있는 경영판단의 원칙은 적용될 여지가 없다.**(대판 2005.10.28. 2003다69638)

④ [○]

**해설** 이사회 소집통지를 할 때에는, 회사 정관에 이사들에게 회의 **목적사항을 함께 통지하도록** 정하고 있거나 회의의 목적사항을 함께 통지하지 아니하면 이사회에서의 심의·의결에 현저한 지장을 초래하는 등의 특별한 사정이 없는 한, 주주총회 소집통지의 경우와 달리 회의의 목적사항을 함께 통지할 필요는 없다.(대판 2011.6.24. 2009다35033)

⑤ [○]

**해설** 정관으로 이사가 가질 주식의 수를 정한 경우에 다른 규정이 없는 때에는 이사는 그 수의 주권을 감사에게 공탁하여야 한다(제387조).

## 56

이사 등과 회사 간의 거래에 관한 설명 중 옳지 않은 것을 모두 고른 것은? (甲과 乙은 자연인이며, A주식회사의 자본금 총액은 10억 원 이상임. 각 지문은 독립적이고, 다툼이 있는 경우에는 판례에 의함) [15 변호사]

---

ㄱ. A주식회사의 이사인 甲이 B주식회사의 의결권 있는 발행주식총수의 50%를 가지고 있는 경우, B회사가 자기의 계산으로 A회사와 거래를 하기 위해서는 A회사 이사회의 승인을 받아야 한다.

ㄴ. A주식회사의 이사인 甲이 B주식회사의 의결권 있는 발행주식총수의 60%를 가지고 있고, 甲과 B회사가 합하여 C주식회사의 의결권 있는 발행주식총수의 60%를 가지고 있는 경우, C회사가 자기의 계산으로 A회사와 거래를 하기 위해서는 A회사 이사회의 승인을 받아야 한다.

ㄷ. A주식회사의 이사인 甲과 A회사 사이의 거래가 「상법」 제398조를 위반하였음을 이유로 무효를 주장할 수 있는 자는 A회사에 한정되고 특별한 사정이 없는 한 거래의 상대방이나 제3자는 그 무효를 주장할 이익이 없다.

ㄹ. A주식회사가 상장회사인 경우, 그 주주인 乙이 A회사의 의결권 없는 주식을 제외한 발행주식총수의 10분의 1의 주식을 자기의 계산으로 소유하고 있으나 회사의 주요 경영사항에 대하여 아무런 영향력이 없다면, 乙은 A회사 이사회의 승인을 받을 필요 없이 A회사로부터 금전을 차용할 수 있다.

---

① ㄱ                    ② ㄹ
③ ㄴ, ㄷ               ④ ㄷ, ㄹ
⑤ ㄱ, ㄴ, ㄷ

---

**핵심공략** 자기거래 금지의무, 상장회사 신용공여금지

- **의의**
  이사 또는 주요주주 등이 자기 또는 제3자의 계산으로 회사와 거래를 하기 위하여는 미리 이사회에서 해당 거래에 관한 중요사실을 밝히고 이사회 승인을 얻어야 함. 이사회 승인은 이사 3분의 2 이상의 수, 거래내용과 절차는 공정해야 ○

- **자기거래유형**
  ㉠ 이사 또는 주요주주, ㉡ 이사 또는 주요주주의 배우자, 직계존비속, 배우자의 직계존비속, ㉢ 제1호부터 제3호까지의 자가 단독·공동으로 의결권 있는 발행주식총수 50% 이상 가진 회사 및 그 자회사, ㉣ 제1호부터 제3호까지의 자가 제4호 회사와 합하여 의결권 있는 발행주식총수 50% 이상을 가진 회사

- **자기거래금지 위반 효과**
  ㉠ 회사와 이사 사이 무효
  ㉡ 회사만 무효 주장 가능 ○, 거래상대방 및 제3자 무효 주장 ✕

- **이사 등의 책임**
  이사회 사전승인 없거나 승인 있더라도 거래가 불공한 경우 해당 이사는 회사에 손해배상책임 부담

- **상장회사 신용공여 금지**
  ㉠ 상법 제542조의9 제1항 강행규정, 위반행위 무효
  ㉡ 이사회 사전 승인, 추인의 경우에도 무효
  ㉢ 선의, 무중과실 제3자에게 무효 주장 ✕

---

**해설** ㄱ. [○]

자기거래란 이사 또는 주요주주와 회사 사이의 거래를 의미한다. 이러한 자기거래는 사전에 이사회의 승인을 얻어야 한다. 설문의 경우 A주식회사의 이사인 甲이 B주식회사의 의결권 있는 발행주식 총수의 50%를 가지고 있으므로, B주식회사는 상법 제398조 제4호에 해당하여 A주식회사와 B주식회사 사이의 거래는 A회사 이사회의 승인을 얻어야 한다.

ㄴ. [○]

설문의 경우 A회사의 이사 甲이 B회사의 의결권 있는 발행주식 총수의 60%를 가지고 있고, 甲과 B회사가 합하여 C회사의 의결권 있는 발행주식총수의 60%를 가지고 있으므로, 상법 제398조 제5호에 해당하여 A주식회사와 C주식회사 사이의 거래는 A회사 이사회의 승인을 얻어야 한다.

ㄷ. [○]

**이사와 회사 사이의 거래가 상법 제398조를 위반하였음을 이유로 무효임을 주장할 수 있는 자는 회사에 한정되고** 특별한 사정이 없는 한 거래의 상대방이나 제3자는 그 무효를 주장할 이익이 없다고 보아야 하므로, 거래의 상대방인 당해 이사 스스로가 위 규정 위반을 내세워 그 거래의 무효를 주장하는 것은 허용되지 않는다

ㄹ. [×]

상장회사는 주요주주 및 그의 특수관계인, 이사, 업무집행관여자 또는 감사를 상대방으로 하거나 그를 위하여 신용공여를 해서는 아니 된다(제542조의9 제1항). 다만 다른 법령에서 허용하는 신용공여 또는 이사, 감사에 대한 복리후생의 측면에서 행하거나 상장회사의 경영건전성을 해칠 우려가 없이 행하는 금전 대여 등의 경우에는 신용공여를 할 수 있다(제542조의9 제2항). 설문의 경우 乙은 A회사의 의결권 없는 주식을 제외한 발행주식 총수의 10분의 1의 주식을 자기의 계산으로 소유하고 있는 A회사의 주요주주이므로, A회사는 주요주주인 乙에게 신용공여를 할 수 없다.

**관련관례**  ㉠ **상법 제542조의9 제1항은 강행규정에 해당하므로 위 조항에 위반하여 이루어진 신용공여는 사법상 무효**이고, 누구나 무효를 주장할 수 있다. ㉡ 위 조항을 위반하여 이루어진 신용공여는, 이사회의 승인 유무와 관계없이 금지되는 것이므로, 이사회의 사전 승인이나 사후 추인이 있어도 유효로 될 수 없다. ㉢ 상법 제542조의9 제1항을 위반한 신용공여라고 하더라도 **제3자가 그에 대해 알지 못하였고 알지 못한 데에 중대한 과실이 없는 경우에는 그 제3자에 대하여는 무효를 주장할 수 없다고 보아야 한다.**(대판 2021.4.29. 2017 다 261943)

## 57

A 주식회사는 그 회사의 이사인 甲과 乙을 상대로 「상법」 제399조에 따른 이사의 회사에 대한 손해배상책임을 추궁하는 소를 제기하려고 한다. 이에 관한 설명 중 옳지 않은 것은? (다툼이 있는 경우 판례에 의함)   [22 변호사]

① 甲이 비상근 이사라고 하더라도 A 회사의 이사회에 참석하지도 않고 사후적으로 이사회의 결의를 추인하는 등 실질적으로 이사의 임무를 전혀 수행하지 않았다면 그 자체로서 임무해태가 된다.

② 甲의 A 회사에 대한 임무해태로 인한 손해배상책임은 위임관계로 인한 채무불이행책임이므로 그 채무는 10년의 소멸시효기간이 경과함으로써 소멸한다.

③ 甲의 임무위반행위가 A 회사의 이사회결의에 의한 것일 때, 乙이 그 이사회에 출석하여 결의에 기권하였다고 의사록에 기재되었다면 乙은 결의에 찬성한 것으로 추정된다.

④ 업무담당 이사인 甲은 이사회의 일원으로서 담당 업무는 물론 다른 이사인 乙의 업무집행을 전반적으로 감시할 의무가 있으므로 甲이 乙의 업무집행이 위법하다고 의심할 만한 사유가 있음에도 불구하고 이를 방치한 때에는 그로 말미암아 A 회사가 입은 손해에 대한 배상책임을 부담한다.

⑤ A 회사가 甲을 상대로 총 손해액 중 일부청구를 한 경우에 법원이 손해배상액을 제한할 때에는, 손해의 전액에서 책임감경사유나 책임제한비율을 적용하여 산정한 손해배상액이 일부청구액을 초과하지 않을 경우에는 손해배상액을, 일부청구액을 초과할 경우에는 일부청구액을 인용함이 상당하다.

## 57 정답 ③

> **핵심공략** 이사의 감시의무, 이사의 회사에 대한 손해배상책임
>
> ■ 이사의 감시의무
> - ㉠ 업무집행이사는 평이사보다 높은 주의의무 부담 ○
> - ㉡ 내부 사무분장으로 다른 이사의 감시의무 면제 ✕
> - ㉢ 평이사는 대표이사와 업무담당이사의 전반적 업무집행에 대한 감시의무 부담 ○
> - ㉣ 사외이사와 비상근이사는 이사회 참석 및 의결권 행사를 통한 업무집행 감시감독 의무 부담 ○
> ■ 이사의 회사에 대한 손해배상 책임
> - ㉠ 이사가 고의, 과실로 법령·정관 위반 행위를 하거나 임무를 게을리 한 경우 회사에 연대하여 손해배상책임 부담
> - ㉡ 채무불이행책임(일반불법행위책임 ✕), 소멸시효기간 10년
> - ㉢ 법원은 사건의 공평한 해결 위해 직권으로 화해권고결정 가능
> - ㉣ 회사는 정관으로 행위일 이전 최근 1년간 보수액의 6배(사외이사의 경우는 3배) 초과 금액에 대하여 이사 손해배상책임 면제 가능
> - ㉤ 고의·중과실로 인한 경우, 경업겸직금지, 회사기회유용금지, 자기거래 위반의 경우 책임 제한 ✕

① [ ○ ]

**해설** ㉠ 주식회사의 이사는 이사회의 일원으로서 이사회에 상정된 의안에 대하여 찬부의 의사표시를 하는데 그치지 않고, 담당업무는 물론 다른 업무담당 이사의 업무집행을 전반적으로 감시할 의무가 있고 이러한 의무는 비상근 이사라고 하여 면할 수 있는 것은 아니므로 주식회사의 이사가 **이사회에 참석하지도 않고 사후적으로 이사회의 결의를 추인**하는 등으로 실질적으로 이사의 임무를 전혀 수행하지 않은 이상 그 자체로서 **임무해태**가 된다고 할 것이다.(대판 2008.12.11. 2005다51471), ㉡ 이사는 이사회의 일원으로서 이사회에 상정된 안건에 관해 찬부의 의사표시를 하는 데 그치지 않고, 이사회 참석 및 이사회에서의 의결권 행사를 통해 대표이사 및 다른 이사들의 업무집행을 감시·감독할 의무가 있다. 이는 사외이사와 비상근이사라 하여 달리 볼 것은 아니다.(대판 2019.11.28. 2017다244115)

② [ ○ ]

**해설** ㉠ 이사의 제3자에 대한 손해배상책임이 제3자를 보호하기 위하여 상법이 인정하는 특수한 책임이라는 점을 감안할 때, 일반 불법행위책임의 단기소멸시효를 규정한 민법 제766조 제1항은 적용될 여지가 없고, **일반채권으로서 소멸시효기간은 10년이다.**(대판 2006.12.22. 2004다63354), ㉡ 주식회사의 이사가 회사에 대하여 위 조항에 따라 손해배상채무를 부담하는 경우 특별한 사정이 없는 한 **이행청구를 받은 때부터 지체책임을 진다.**(대판 2021.5.7. 2018다275888)

③ [ ✕ ]

**해설** 이사가 이사회에 출석하여 결의에 기권하였다고 의사록에 기재된 경우에 그 이사는 이의를 한 기재가 의사록에 없는 자에 해당하지 않으므로 상법 제399조 제3항에 따라 **이사회 결의에 찬성한 것으로 추정할 수 없고**, 따라서 같은 조 제2항의 책임을 부담하지 않는다.(대판 2019.5.16. 2016다260455)

④ [ ○ ]

**해설** 이사가 다른 업무담당이사의 **업무집행이 위법하다고 의심할 만한 사유가 있음에도 불구하고 이를 방치한 때에는** 이로 말미암아 회사가 입은 손해에 대하여 배상책임을 면할 수 없다.(대판 2018.3.22. 2012다74236 전합)

⑤ [ ○ ]

**해설** 이사가 법령 또는 정관에 위반한 행위를 하거나 그 임무를 해태함으로써 회사에 대하여 손해를 배상할 책임이 있어 그 **손해배상의 범위를 정할 때에는** 손해분담의 공평이라는 손해배상제도의 이념에 비추어 그 **손해배상액을 제한할 수 있고**, 원고가 손해배상청구액 중 일부청구를 하고 있는 경우에 손해배상액을 제한함에 있어서는 손해의 전액에서 책임감경사유나 책임제한비율을 적용하여 산정한 손해배상액이 일부청구액을 초과하지 않을 경우에는 손해배상액을, 일부청구액을 초과할 경우에는 일부청구액을 인용하여 줄 것을 구하는 것이 당사자의 통상적인 의사라고 보아야 할 것이다.(대판 2008.12.11. 2006다5550)

## 58

비상장회사인 A주식회사가 발행한 주식은 모두 의결권 있는 주식으로, 이 중 甲은 100분의 2를, 乙은 100분의 98을 각각 자기의 계산으로 취득하여 보유하고 있는 주주명부상 주주이다. 한편 丙은 A회사에 대하여 1억 원의 금전채권을 가지고 있다. A회사에 대한 甲, 乙, 丙의 법적 지위에 관한 설명 중 옳지 않은 것은? [22 변호사]

① 丙은 영업시간 내에 언제든지 A회사 주주명부의 열람 또는 등사를 청구할 수 있다.

② 甲은 A회사에 대하여 회계의 장부와 서류의 열람 또는 등사를 청구할 수 없다.

③ 丙은 영업시간 내에 A회사의 이사회 의사록의 열람 또는 등사를 청구할 수 있다.

④ A회사가 배당가능한 이익이 없음에도 甲과 乙에게 금전으로 배당한 경우, 丙은 甲과 乙을 상대로 그 배당받은 이익을 A회사에 반환할 것을 청구할 수 있다.

⑤ 甲이 해외 이주를 이유로 乙에게 자신이 보유하고 있는 주식의 매수를 청구하면, 乙은 甲이 매수를 청구한 날을 기준으로 2개월 내에 甲의 주식을 매수하여야 한다.

---

**핵심공략** 열람등사권, 지배주주의 매도청구

- 정관, 주주명부 열람등사권
  - ㉠ 주주와 회사채권자는 영업시간 내에 정관, 주주총회의 사록, 주주명부, 사채원부 열람 또는 등사 가능
  - ㉡ 주주명부 열람등사청구에 정당한 목적이 없다는 점은 회사가 입증책임 부담
- 이사회의사록 열람등사권
  - ㉠ 주주는 영업시간 내에 이사회의사록의 열람 또는 등사 청구 가능
  - ㉡ 회사는 이유를 붙여 거절 가능, 주주는 법원 허가를 얻어 이사회의사록 열람, 등사 가능
- 회계장부 열람등사권
  - ㉠ 비상장회사 발행주식총수 3% 이상 주주는 이유기재 서면으로 회계장부서류의 열람, 등사청구 가능
  - ㉡ 상장회사 6개월 전부터 발행주식 총수의 0.1%(자본금 총액 1,000억 이상 0.05%) 이상 보유 주주
  - ㉢ 주식보유 요건은 소송계속 전 기간에 충족되어야 ㅇ
- 지배주주의 매도청구
  - ㉠ 발행주식 총수 95% 이상을 자기 계산으로 보유하고 있는 지배주주는 경영상 목적 위해 필요한 경우, 소수주주에게 그 보유 주식의 매도 청구 가능
  - ㉡ 보유주식 수는 모회사와 자회사 보유 주식 합산, 자회사 보유 자기주식은 모회사 보유주식에 합산
  - ㉢ 주주총회의 사전승인 필요
  - ㉣ 형성권, 매도청구 시점에 소수주주 승낙 여부와 상관없이 매매계약 체결
  - ㉤ 매매가액이 협의되지 않았더라도 2개월 경과하면 지배주주는 매수대금 지체책임 부담
  - ㉥ 주식 이전은 매수대금 지급시점
  - ㉦ 소수주주는 언제든 지배주주에게 소수주주 보유 주식 매수 청구 가능

① [ㅇ]

**해설** 주주와 회사채권자는 영업시간 내에 언제든지 정관, 주주총회의 의사록, 사채원부, 주주명부의 열람 또는 등사를 청구할 수 있다(제396조 제2항).

설문의 경우 회사의 채권자인 丙은 영업시간 내에 언제든지 A회사 주주명부의 열람 또는 등사를 청구할 수 있다.

② [ㅇ]

**해설** 비상장회사의 경우, 발행주식 총수의 3% 이상을 보유한 주주는 이유를 붙인 서면으로 회계의 장부와 서류의 열람 또는 등사를 청구할 수 있다(제466조 제1항).

설문의 경우, A회사는 비상장회사이므로 A회사 발행주식 총수의 3% 이상을 보유한 주주는 회사의 장부와 서류의 열람 또는 등사를 청구할 수 있다. 따라서 A회사의 의결권 있는 발행주식 2%를 보유한 甲은 회사에 회계장부와 서류의 열람 또는 등사를 청구할 수 없다.

③ [×]

**해설** 주주는 영업시간 내에 **이사회의사록의 열람 또는 등사를 청구할 수 있다**(제391조의3 제3항). 회사는 제3항의 청구에 대하여 이유를 붙여 이를 거절할 수 있다. 이 경우 주주는 법원의 허가를 얻어 이사회의사록을 열람 또는 등사할 수 있다(제391조의3 제4항). 설문의 경우, 丙은 회사의 주주가 아닌 채권자이므로, 영업시간 내에 A회사의 이사회 의사록의 열람 또는 등사를 청구할 수 없다.

④ [ㅇ]

**해설** 배당가능이익을 초과하여 이익배당을 한 경우, **회사채권자는 배당한 이익을 회사에게 반환할 것을 청구할 수 있다**(제462조 제3항). 설문의 경우, 회사채권자인 丙은 甲과 乙을 상대로 그 배당받은 이익을 A회사에 반환할 것을 청구할 수 있다.

⑤ [ㅇ]

**해설** 지배주주가 있는 회사의 소수주주는 언제든지 지배주주에게 소수주주가 보유한 주식의 매수를 청구할 수 있다(제360조의25 제1항).

설문의 경우, 甲은 A회사 주식의 2%를 보유하고 있고, 乙은 A회사 주식의 98%를 보유하고 있어, 甲은 A회사의 소수주주에 해당하고, 乙은 A회사의 지배주주에 해당한다. 따라서 소수주주인 甲이 해외 이주를 이유로 지배주주인 乙에게 자신이 보유하고 있는 주식의 매수를 청구하면, 乙은 甲이 매수를 청구한 날을 기준으로 2개월 내에 甲의 주식을 매수하여야 한다.

## 59

甲이 「상법」상 비상장주식회사인 A회사 등을 상대로 소송을 할 경우 당사자적격이 인정되는 것을 모두 고른 것은? (다툼이 있는 경우 판례에 의함)　　　　[21 변호사]

> ㄱ. A회사의 발행주식총수의 100분의 3을 보유한 甲이 A회사에 대하여 회계장부의 열람 및 등사청구소송을 제기하였으나 소송계속 중 A회사가 신주를 발행하여 甲의 보유주식이 발행주식총수의 100분의 2로 감소한 경우
> ㄴ. 甲이 乙의 승낙 하에 乙 명의로 주식을 인수하여 주주명부에 등재한 후 A회사에 대하여 주주명부의 열람 및 등사청구소송을 제기한 경우
> ㄷ. A회사의 발행주식총수의 100분의 1을 보유한 甲이 A회사의 이사 丙에 대하여 대표소송을 제기하였으나 소송계속 중 보유주식의 일부를 양도하여 甲의 보유주식이 발행주식총수의 1,000분의 5로 감소한 경우
> ㄹ. A회사의 주주 甲이 주주총회결의 취소의 소를 제기하였으나 소송계속 중 A회사가 B주식회사와 주식의 포괄적 교환을 하였고 이에 따라 B회사가 A회사의 완전모회사가 된 경우
> ㅁ. A회사의 주주총회에 참석하여 의결권을 행사한 주주 甲이 다른 주주 丁에 대한 소집절차의 하자를 이유로 주주총회결의 취소의 소를 제기한 경우

① ㄱ, ㄴ　　　　　　② ㄱ, ㄹ
③ ㄴ, ㅁ　　　　　　④ ㄷ, ㄹ
⑤ ㄷ, ㅁ

# 59

---

**핵심공략** 당사자적격

- 대표소송
  - ㉠ 발행주식 총수 1% 이상 주주는 회사에 서면으로 이사 책임 추궁 소의 제기 청구 가능
  - ㉡ 상장회사의 경우 6개월 전부터 계속하여 0.01% 이상의 지분 보유, 의결권 없는 주식도 포함
  - ㉢ 소제기 당시에 주주, 이사 책임원인 발생 뒤 주식을 취득한 주주도 가능
  - ㉣ 소제기 이후 1% 미만으로 감소되었다고 하더라도 제소의 효력에 영향 없음
  - ㉤ 주주 지위 상실하는 경우 해당 주주는 원고 적격 상실
- 주주총회결의 취소의 소
  - ㉠ 원고: 주주, 이사 또는 감사
  - ㉡ 주주: 주주명부상 주주, 의결권 없는 주주 및 결의찬성 주주 O, 명의개서미필 주주 ✕
  - ㉢ 결의 당시 주주가 아니었더라도 소 제기 당시 주주이면 소 제기 가능
  - ㉣ 다른 주주에 대한 소집절차 하자 이유로 취소의 소 제기 가능
  - ㉤ 소 제기 이후 주주 사망, 주식양도 등 더 이상 주주가 아니게 된 경우 소 각하

**해설** ㄱ. [✕]

발행주식의 총수의 3% 이상에 해당하는 주식을 가진 주주는 상법 제466조 제1항에 따라 이유를 붙인 서면으로 회계의 장부와 서류의 열람 또는 등사를 청구할 수 있다. 열람과 등사에 시간이 소요되는 경우에는 열람·등사를 청구한 주주가 전 기간을 통해 발행주식 총수의 100분의 3 이상의 주식을 보유하여야 하고, **회계장부의 열람·등사를 재판상 청구하는 경우에는 소송이 계속되는 동안 위 주식 보유요건을 구비하여야 한다.**(대판 2017.11.9. 2015다252037)

설문의 경우 甲은 소 제기 당시에는 3% 이상의 주식을 보유하였으므로 당사자적격이 인정되나, 소송계속 중 2%로 감소하였으므로 判例에 의하면 甲은 당사자적격이 인정되지 않는다.

ㄴ. [✕]

주주명부상 주주는 회사에 대하여 주식 의결권 등 주주권을 행사할 수 있고, 회사 역시 주주명부상 주주 외에 실제 주식을 인수하거나 양수하고자 하였던 자가 따로 존재한다는 사실을 알았든 몰랐든 간에 주주명부상 주주의 주주권 행사를 부인할 수 없으며, 주주명부 기재를 마치지 않은 자의 주주권 행사를 인정할 수도 없다.(대판 2017.3.23. 2015다 248342)

설문의 경우 甲이 乙의 승낙을 얻어 乙 명의로 주식을 인수하였더라도 주주명부상 주주는 乙이므로 A회사에 대한 주주권은 乙에게 속한다. 따라서 甲은 당사자적격이 인정되지 않는다.

ㄷ. [O]

대표소송을 제기하는 주주는 비상장회사의 경우 발행주식의 총수의 1% 이상, 상장회사의 경우 6개월 전부터 계속하여 0.01% 이상의 지분을 보유하여야 한다. 의결권 없는 주식도 포함된다. 주식 보유 비율은 단독으로 또는 다른 주주와 합산하여 제소 당시에만 충족되면 되고, 그 이후에 1% 미만으로 감소되었다고 하더라도 제소의 효력에 영향이 없다(제403조 제5항).

ㄹ. [✕]

주주총회결의 취소소송의 계속 중 원고가 주주로서의 지위를 상실하면 원고는 상법 제376조에 따라 그 취소를 구할 당사자적격을 상실하고, 이는 원고가 자신의 의사에 반하여 주주의 지위를 상실하였다 하여 달리 볼 것은 아니다.(대판 2016.7.22. 2015다66397).

설문의 경우 A 주식회사의 주주인 甲 등이 주주총회결의 부존재 확인 및 취소를 구하는 소를 제기하였는데 소송 계속 중에 A 회사와 B 주식회사의 주식 교환에 따라 B 회사가 A 회사의 완전모회사가 되고 甲 등이 B 회사의 주주가 된 경우, 甲 등에게 주주총회결의 부존재 확인을 구할 이익이 없고, 결의취소의 소를 제기할 원고 적격도 인정되지 않는다.

ㅁ. [O]

총회에 참석하여 의결권을 행사한 주주도 다른 주주에 대한 소집절차의 하자를 이유로 취소의 소를 제기할 수 있다.(대판 2003.7.11. 2001다45584)

## 60

비상장주식회사의 경우 「상법」 제466조에 따른 주주의 회계장부 열람·등사 청구권에 관한 설명 중 옳은 것을 모두 고른 것은? (다툼이 있는 경우 판례에 의함) [20 변호사]

---

ㄱ. 회사는 발행주식의 총수의 100분의 3 이상에 해당하는 주식을 가진 주주가 이유를 붙인 서면으로 회계의 장부와 서류의 열람 또는 등사를 청구하는 경우 그 청구가 부당함을 증명하지 아니하면 이를 거부하지 못한다.

ㄴ. 발행주식의 총수의 100분의 3 이상에 해당하는 주식을 가진 주주가 회계의 장부와 서류의 열람·등사 청구의 소를 제기하는 경우에는 소송이 계속되는 동안 위 주식 보유요건을 구비하고 있어야 소의 당사자적격을 상실하지 않는다.

ㄷ. 발행주식의 총수의 100분의 3 이상에 해당하는 주식을 가진 주주가 회사에 지나치게 불리한 시기를 택하여 회사의 회계의 장부와 서류의 열람 또는 등사 청구권을 행사하는 경우에는 정당한 목적을 결하여 부당한 것이라고 보아야 한다.

ㄹ. 주식매수청구권을 행사한 주주는 회사로부터 주식의 매매대금을 지급받지 아니하였더라도 주식매수청구권을 행사한 때에 주주로서의 지위를 잃게 되므로 회계의 장부와 서류의 열람 또는 등사 청구권을 행사할 수 없다.

---

① ㄱ, ㄴ      ② ㄴ, ㄷ
③ ㄱ, ㄴ, ㄷ      ④ ㄱ, ㄴ, ㄹ
⑤ ㄱ, ㄷ, ㄹ

ㄷ. [○]

주주의 회계장부열람등사청구에 대하여 회사는 주주의 청구가 부당함을 증명하는 경우 이를 거부할 수 있다(제466조 제2항).

주주의 열람·등사권 행사가 부당한 것인지 여부는 그 행사에 이르게 된 경위, 행사의 목적, 악의성 유무 등 제반 사정을 종합적으로 고려하여 판단하여야 할 것이고, 특히 주주의 이와 같은 열람·등사권의 행사가 ㉠ 회사업무의 운영 또는 주주 공동의 이익을 해치거나 ㉡ 주주가 회사의 경쟁자로서 그 취득한 정보를 경업에 이용할 우려가 있거나, 또는 ㉢ 회사에 지나치게 불리한 시기를 택하여 행사하는 경우 등에는 정당한 목적을 결하여 부당한 것이라고 보아야 한다.(대결 2004.12.24. 2003마1575)

설문의 경우 회사에 지나치게 불리한 시기를 택하여 회사의 회계의 장부와 서류의 열람 또는 등사 청구권을 행사하는 경우에는 정당한 목적을 결하여 부당한 것이라고 보아야 한다.

ㄹ. [×]

주식매수청구권 행사 주주도 **회사로부터 주식 매매대금을 지급받지 않고 있는 동안에는 주주로서의 지위를 여전히 가지고 있으므로** 특별한 사정이 없는 한 주주로서의 권리를 행사하기 위하여 필요한 경우에는 위와 같은 회계장부열람·등사권을 가진다. 주식매수청구권을 행사하였다는 사정만으로 **청구가 정당한 목적을 결하여 부당한 것이라고 볼 수 없다.** (대판 2018.2.28. 2017다270916)

설문의 경우 주식매수청구권을 행사한 주주는 회사로부터 주식의 매매대금을 지급받기 전까지는 주주로서의 지위를 잃지 않으므로 회계의 장부와 서류의 열람 또는 등사 청구권을 행사할 수 있다.

---

> **핵심공략** 회계장부열람등사청구권
>
> - **대상범위**
>   - ㉠ 회계장부는 열람·등사를 구하는 이유와 실질적 관련 있는 회계장부 및 근거자료 회계서류 포함 ○
>   - ㉡ 자회사 회계서류는 모회사 보관, 모회사 회계 상황 파악 근거자료로 필요한 경우, 모회사 회계서류로서 모회사 소수주주의 열람등사청구 대상 ○
> - **청구방법**
>   - ㉠ 열람·등사 청구 이유는 구체적으로 기재해야 ○
>   - ㉡ 열람등사는 권리행사 필요범위 내에서 허용 ○, 1회에 국한 ×
>   - ㉢ 회계장부열람등사청구권을 피보전권리로 하는 가처분 허용 ○
>   - ㉣ 회계장부열람등사청구권은 회사 회생절차 개시되더라도 배제 ×
> - **열람·등사의 거부**
>   - ㉠ 회사는 주주 청구가 부당함을 증명하여 거부 가능
>   - ㉡ 열람등사청구가 회사업무 운영 또는 주주 공동이익을 해치거나, 취득정보 경업이용 우려, 회사에 지나치게 불리한 시기에 행사 ⇨ 정당한 목적을 결하여 부당
>   - ㉢ 주주가 적대적 기업인수를 시도하고 있다는 사정만으로는 열람등사 청구 부당 ×
>   - ㉣ 주식매수청구권 행사 사정 ⇨ 열람등사청구 부당 ×

**해설** ㄱ. [○]

비상장회사의 경우, 발행주식 총수의 3% 이상을 보유한 주주는 이유를 붙인 서면으로 회계의 장부와 서류의 열람 또는 등사를 청구할 수 있다(제466조 제1항). 회사는 주주의 청구가 부당함을 증명하지 아니하면 이를 거부하지 못한다(제466조 제2항).

설문의 경우 비상장회사이므로 회사는 발행주식 총수의 100분의 3 이상에 해당하는 주식을 가진 주주가 이유를 붙인 서면으로 회계의 장부와 서류의 열람 또는 등사를 청구하는 경우 그 청구가 부당함을 증명하지 아니하면 이를 거부하지 못한다.

ㄴ. [○]

열람과 등사에 시간이 소요되는 경우에는 열람·등사를 청구한 주주가 전 기간을 통해 발행주식 총수의 100분의 3 이상의 주식을 보유하여야 하고, **회계장부의 열람·등사를 재판상 청구하는 경우에는 소송이 계속되는 동안 위 주식 보유요건을 구비하여야 한다.**(대판 2017.11.9. 2015다252037)

설문의 경우 발행주식 총수의 100분의 3 이상에 해당하는 주식을 가진 주주가 회계의 장부와 서류의 열람·등사 청구의 소를 제기하는 경우에는 소송이 계속되는 동안 위 주식 보유요건을 구비하고 있어야 소의 당사자적격을 상실하지 않는다.

# 61

「상법」상 주식회사의 주주대표소송에 관한 설명 중 옳지 않은 것을 모두 고른 것은? (다툼이 있는 경우 판례에 의함)

[22 변호사]

ㄱ. 주주대표소송의 목적이 되는 권리관계가 이사의 재직 중에 일어난 사유로 인한 것이라 할지라도 그 이사가 이미 이사의 자리를 떠났다면 회사가 그 이사를 상대로 하는 주주대표소송에 공동소송참가하는 경우, 특별한 사정이 없는 한 회사를 대표하는 자는 감사가 아닌 대표이사이다.

ㄴ. 발행주식 총수의 100분의 1 이상에 해당하는 주식을 가진 주주가 회사에 회복할 수 없는 손해가 생길 염려가 없음에도 불구하고 회사에 대하여 이사의 책임을 추궁할 소의 제기를 청구하지 아니한 채 즉시 회사를 위하여 소를 제기하면, 그 소는 부적법한 것으로서 각하되어야 한다.

ㄷ. 주주가 파산관재인에 대하여 이사에 대한 책임을 추궁할 것을 청구하였음에도 파산관재인이 이를 거부하여, 주주대표소송으로 이사의 책임을 추궁하는 소를 제기하면 그 소는 적법하다.

ㄹ. 주주대표소송의 주주와 같이 다른 사람을 위하여 원고가 된 사람이 받은 확정판결의 집행력은 확정판결의 당사자인 원고가 된 사람과 그 다른 사람 모두에게 미치므로, 주주대표소송의 주주는 집행채권자가 될 수 있다.

① ㄱ
② ㄷ
③ ㄱ, ㄷ
④ ㄴ, ㄹ
⑤ ㄷ, ㄹ

## 61

정답 ②

**핵심공략** 주주대표소송(제403조)

- 의의
  - ㉠ 발행주식 총수 1% 이상 주주는 회사에 서면으로 이사 책임을 추궁할 소의 제기를 청구 가능
  - ㉡ 주주가 회사에 대한 소 제기 청구를 하지 않고 대표소송을 제기한 경우 각하
  - ㉢ 주주의 청구일로부터 30일 내에 회사가 소를 제기하지 않는 경우 직접 소 제기 가능
  - ㉣ 회사에 회복할 수 없는 손해가 생길 염려가 있는 경우 30일 기다리지 않고 즉시 소 제기 가능
  - ㉤ 파산절차 중 회사에는 인정 ×, 회사가 소를 제기하지 않은 사이 파산선고가 된 경우 동일
  - ㉥ 승소 주주는 주주대표소송 확정판결의 집행채권자 ○

**해설** ㄱ. [○]
소송의 목적이 되는 권리관계가 이사의 재직 중에 일어난 사유로 인한 것이라 할지라도 회사가 그 사람을 이사 자격으로 제소하는 것이 아니고 **이사가 이미 이사의 자리를 떠난 경우에 회사가 그 사람을 상대로 제소하는 경우**에는 특별한 사정이 없는 한 상법 제394조 제1항은 적용되지 않고 **대표이사가 회사를 대표한다.**(대판 2002.3.15. 2000다9086)

ㄴ. [○]
주주가 회사에 대한 소 제기 청구를 하지 않고 대표소송을 제기한 경우 제403조 제4항에 해당하지 않는 한 소 제기를 위한 요건의 흠결로 각하된다.

ㄷ. [×]
대표소송은 **파산절차가 진행 중인 경우에는 적용이 없고**, 주주가 파산관재인에 대하여 이사 또는 감사에 대한 책임을 추궁할 것을 청구하였는데 파산관재인이 이를 거부하였다고 하더라도 주주가 대표소송으로서 이사 또는 감사의 책임을 추궁하는 소를 제기할 수 없고, 이는 주주가 회사에 소의 제기를 청구하였지만 회사가 소를 제기하지 않고 있는 사이에 회사에 대하여 파산선고가 있는 경우에도 마찬가지이다(대판 2002.7.12. 2001다2617). 따라서 파산 절차가 진행 중인 경우에는 파산관재인이 소의 제기를 거부한 경우에도 주주는 대표소송으로 이사의 책임을 추궁하는 소를 제기할 수 없다.

ㄹ. [○]
주주대표소송의 주주와 같이 다른 사람을 위하여 원고가 된 사람이 받은 확정판결의 집행력은 확정판결의 당사자인 원고가 된 사람과 다른 사람 모두에게 미치므로, 주주대표소송의 주주는 집행채권자가 될 수 있다(대판 2014.2.19. 2013마2316). 따라서 주주대표소송에서 승소확정판결을 받은 주주는 확정판결을 집행권원으로 한 집행에 있어 집행채권자가 될 수 있다.

## 62

**주주대표소송에 관한 설명 중 옳지 않은 것은? (다툼이 있는 경우 판례에 의함)**                    [21 변호사]

① 주주대표소송의 원고인 주주는 그 소송에 관한 승소확정판결의 집행채권자가 될 수 있다.

② 퇴임한 이사들을 상대로 하는 주주대표소송에 회사가 참가하는 경우 회사를 대표하는 자는 대표이사가 아닌 감사이다.

③ 파산절차가 진행 중인 회사의 주주가 회사의 이사 또는 감사를 상대로 손해배상책임을 구하는 대표소송을 제기한 경우 법원은 당사자적격이 없는 자에 의하여 제기된 것으로 보아 소각하 판결을 하여야 한다.

④ 주주의 대표소송과 관련하여 「상법」 제404조 제1항에서 규정하고 있는 회사의 소송참가는 공동소송참가를 의미하는 것이고, 이는 중복된 소 제기 금지의 원칙에 위배되지 않는다.

⑤ 대표소송을 제기한 주주들 중 일부가 주식을 처분하는 등의 사유로 주식을 전혀 보유하지 아니하게 되어 주주의 지위를 상실하면, 특별한 사정이 없는 한 그 주주는 원고적격을 상실하여 그가 제기한 부분의 소는 부적법하게 되고, 이는 함께 대표소송을 제기한 다른 원고들이 주주의 지위를 유지하고 있다고 하여 달리 볼 것은 아니다.

```
┌─────────────────────────────────────────┐
│ 핵심공략  주주대표소송                       │
│                                           │
│ ■ 대표소송의 원고                          │
│   ㉠ 소 제기 당시 주주 ○, 이사 책임원인 발생 뒤 주식 취 │
│      득 주주 ○                            │
│   ㉡ 소 제기 이후 1% 미만으로 감소되더라도 제소 효력 영 │
│      향 ✕                                │
│   ㉢ 대표소송 제기 주주 중 일부가 주주 지위 상실하는 경 │
│      우 해당 주주 원고 적격 상실            │
│ ■ 소송참가                                │
│   ㉠ 회사는 주주 제기 대표소송에 참가 가능, 주주는 소 제 │
│      기 후 지체 없이 회사에 소송고지 해야 ○ │
│   ㉡ 회사의 소송참가는 공동소송참가 ○, 중복제소금지 위 │
│      배 ✕                                │
│   ㉢ 회사 소송참가 이후 주주가 소 취하하거나 주주 원고적 │
│      격이 없어지더라도 소송은 계속 ○        │
│   ㉣ 주주대표소송의 각하 판결 선고 전 회사의 공동소송 참 │
│      가신청 적법                          │
│   ㉤ 다른 주주의 소송참가 인정, 공동소송적 보조참가     │
│ ■ 다중대표소송(제406조의2)                 │
│   ㉠ 모회사 발행주식총수 1% 이상 주주는 자회사에 대하 │
│      여 자회사 이사 책임 추궁 소 제기 청구 가능 │
│   ㉡ 자회사가 청구일부터 30일 내에 소를 제기하지 아니한 │
│      때 위 주주는 즉시 소 제기 가능         │
│   ㉢ 상장회사의 경우 6개월 전부터 계속하여 발행주식총수 │
│      0.5% 이상 보유 주주                   │
│   ㉣ 주주 소 제기 청구 이후 모회사 보유 자회사 주식이 자 │
│      회사 발행주식 총수 50% 이하로 감소한 경우(발행주 │
│      식 미보유 제외) 다중대표소송 효력에 영향 ✕ │
└─────────────────────────────────────────┘
```

① [○]

**해설** 주주대표소송의 주주와 같이 다른 사람을 위하여 원고가 된 사람이 받은 확정판결의 집행력은 확정판결의 당사자인 원고가 된 사람과 다른 사람 모두에게 미치므로, 주주대표소송의 주주는 집행채권자가 될 수 있다(대판 2014.2.19. 2013마2316). 따라서 주주대표소송의 원고인 주주는 그 소송에 관한 승소확정판결의 집행채권자가 될 수 있다.

② [✕]

**해설** 전 이사들을 상대로 하는 주주대표소송에 회사가 참가하는 경우, 상법 제394조 제1항의 적용이 배제되어 회사를 대표하는 자는 대표이사이다.(대판 2002.3.15. 2000다9086)

③ [○]

**해설** 회사가 이사 또는 감사에 대하여 그들이 선량한 관리자의 주의의무를 다하지 못하였음을 이유로 손해배상책임을 구하는 소는 회사의 재산관계에 관한 소로서 **회사에 대한 파산선고가 있으면 파산관재인이 당사자 적격을 가지므로**(파산법 제152조), 대표소송은 파산절차가 진행 중인 경우에는 그 적용이 없고, 주주가 파산관재인에 대하여 이사 또는 감사에 대한 책임을 추궁할 것을 청구하였는데 파산관재인이 이를 거부하였다고 하더라도 **주주가 상법 제403조, 제415조에 근거하여 대표소송을 제기할 수 없으며**, 이는 주주가 회사에 대하여 책임추궁의 소의 제기를 청구하였지만 회사가 소를 제기하지 않고 있는 사이에 회사에 대하여 파산선고가 있는 경우에도 마찬가지이다. 따라서 파산절차가 진행 중인 회사의 경우 주주에게 대표소송을 제기할 당사자적격이 인정되지 않는다.

④ [○]

**해설** 주주의 대표소송에 있어서 원고 주주가 원고로서 제대로 소송수행을 하지 못하거나 혹은 상대방이 된 이사와 결탁함으로써 회사의 권리보호에 미흡하여 회사의 이익이 침해될 염려가 있는 경우 그 판결의 효력을 받는 권리귀속주체인 회사가 이를 막거나 자신의 권리를 보호하기 위하여 소송수행권한을 가진 정당한 당사자로서 그 소송에 참가할 필요가 있으며, 회사가 대표소송에 당사자로서 참가하는 경우 소송경제가 도모될 뿐만 아니라 판결의 모순·저촉을 유발할 가능성도 없다는 사정과, 상법 제404조 제1항에서 특별히 참가에 관한 규정을 두어 주주의 대표소송의 특성을 살려 회사의 권익을 보호하려한 입법 취지를 함께 고려할 때, **상법 제404조 제1항에서 규정하고 있는 회사의 참가는 공동소송참가를 의미하는 것으로** 해석함이 타당하고, 나아가 이러한 해석이 중복제소를 금지하고 있는 민사소송법 제234조에 반하는 것도 아니다.(대판 2002.3.15. 2000다9086)

⑤ [○]

**해설** 대표소송을 제기한 주주 중 일부가 주식을 처분하는 등의 사유로 주식을 전혀 보유하지 아니하게 되어 주주의 지위를 상실하면, 특별한 사정이 없는 한 그 주주는 **원고적격을 상실**하여 그가 제기한 부분의 소는 부적법하게 되고, 이는 함께 대표소송을 제기한 다른 원고들이 주주의 지위를 유지하고 있다고 하여 달리 볼 것은 아니다.(대판 2013.9.12. 2011다57869)

## 63

비상장 회사인 A주식회사의 대표이사 乙은 회사 자금을 횡령하여 A회사에 손해를 끼쳤다. A회사 발행주식총수의 100분의 2를 보유한 주주 甲은 대표소송을 제기하고자 한다. 이에 관한 설명 중 옳지 않은 것은? (다툼이 있는 경우 판례에 의함) [19 변호사]

① 甲은 먼저 A회사에 대하여 그 이유를 기재한 서면으로 乙에 대해 책임을 추궁할 소의 제기를 청구하여야 하며, 만일 A회사가 이 청구를 받은 날로부터 30일 이내에 乙에 대하여 소를 제기하지 아니하는 때에는 甲은 즉시 대표소송을 제기할 수 있다.

② 甲은 乙을 피고로 하여 대표소송을 제기하여야 하고, 대표소송을 제기한 경우 지체없이 A회사에 대하여 소송의 고지를 하여야 한다.

③ 만일 대표소송 제기 후 甲의 지분비율이 감소하였다 하더라도 사실심 변론종결시까지 甲이 A회사의 주식을 단 1주라도 보유하고 있다면 제소의 효력에는 영향이 없다.

④ 甲이 대표소송을 제기한 후 이를 취하하고자 할 경우에는 A회사의 동의를 얻어야 하며, 법원의 허가를 받을 필요는 없다.

⑤ 甲은 대표소송에서 패소하더라도 악의인 경우 외에는 A회사에 대하여 손해를 배상할 책임이 없다.

┌─────────────────────────────────────────┐
│ **핵심공략** 주주대표소송                    │
│ ■ 대표소송의 피고                          │
│   이사 또는 이사이었던 자, 업무집행관여자, 집행임원, 퇴임 │
│   한 이사, 대표소송 계속 중 퇴임한 이사 ○    │
│ ■ 소송법적 쟁점                            │
│   ㉠ 전속관할: 회사 본점소재지 지방법원 ○, 합의관할 ×, │
│     응소관할 ×                            │
│   ㉡ 회사가 이사 책임 추궁 소송을 제기하거나 대표소송이 │
│     제기된 이후 당사자는 법원 허가 없이 소의 취하, 청구 │
│     의 포기, 인낙, 화해 ×                  │
│   ㉢ 회사가 이사 책임 추궁 소송을 제기하거나 대표소송이 │
│     제기된 경우 원고와 피고의 공모로 회사 권리 사해 목 │
│     적 판결이 된 때 회사 또는 주주는 종국판결에 대한 재 │
│     심의 소 제기 가능                      │
│ ■ 승소 원고의 소송비용 청구 및 악의 패소 원고의 손해배상 │
│   책임                                    │
│   ㉠ 승소 주주는 회사에 소송비용 및 소송으로 지출한 비용 │
│     중 상당 금액 지급 청구 가능            │
│   ㉡ 패소 주주는 악의인 경우 외에는 회사에 손해배상책임 │
│     부담 ×                                │
└─────────────────────────────────────────┘

① [ ○ ]

**해설** 발행주식의 총수의 100분의 1 이상에 해당하는 주식을 가진 주주는 회사에 대하여 이사의 책임을 추궁할 소의 제기를 청구할 수 있다(제403조 제1항). 회사가 청구를 받은 날로부터 30일 내에 소를 제기하지 아니한 때에는 제1항의 주주는 즉시 회사를 위하여 소를 제기할 수 있다(제403조 제3항). 설문의 경우 甲은 먼저 A회사에 그 이유를 기재한 서면으로 乙에 대해 책임을 추궁할 소의 제기를 청구하여야 하며, 만일 A회사가 이 청구를 받은 날로부터 30일 이내에 乙에 대하여 소를 제기하지 아니하는 때에는 甲은 즉시 대표소송을 제기할 수 있다

② [ ○ ]

**해설** **대표소송의 피고는 이사 또는 이사이었던 자이다.** 퇴임한 이사도 재직 중 책임에 대하여 대표소송의 피고가 된다. 대표소송 계속 중에 이사가 퇴임하더라도 소송에 아무런 영향이 없다. 업무집행관여자, 집행임원 등도 대표소송의 피고가 된다. 주주는 대표소송을 제기한 후 지체 없이 회사에 대하여 그 소송의 고지를 하여야 한다(제404조 제2항).

③ [ ○ ]

**해설** 대표소송을 제기한 주주의 보유주식이 제소 후 발행주식 총수의 100분의 1 미만으로 감소한 경우에도 제소의 효력에는 영향이 없다. 다만 주주가 발행주식을 보유하지 아니하게 된 경우를 제외한다(제403조 제5항).
여러 주주들이 함께 대표소송을 제기하기 위하여는 그들이 회사에 대하여 이사의 책임을 추궁할 소의 제기를 청구할 때

와 회사를 위하여 그 소를 제기할 때 보유주식을 합산하여 상법 또는 구 증권거래법이 정하는 주식보유요건을 갖추면 되고, 소 제기 후에는 보유주식의 수가 그 요건에 미달하게 되어도 무방하다. 그러나 대표소송을 제기한 주주 중 일부가 주식을 처분하는 등의 사유로 주식을 전혀 보유하지 아니하게 되어 **주주의 지위를 상실하면, 특별한 사정이 없는 한 그 주주는 원고적격을 상실하여 그가 제기한 부분의 소는 부적법하게 되고, 이는 함께 대표소송을 제기한 다른 원고들이 주주의 지위를 유지하고 있다고 하여 달리 볼 것은 아니다.**(대판 2013.9.12. 2011다57869)

④ [ × ]

**해설** 회사가 주주의 청구에 따라 소를 제기하거나 주주가 대표소송을 제기한 경우 당사자는 **법원의 허가를 얻지 아니하고는 소의 취하, 청구의 포기·인락·화해를 할 수 없다**(제403조 제6항). 설문의 경우 주주인 甲이 대표소송을 제기한 후 이를 취하하고자 할 경우에는 법원의 허가를 받아야 한다.

⑤ [ ○ ]

**해설** 대표소송을 제기한 주주가 승소한 때에는 그 주주는 회사에 대하여 소송비용 및 그 밖에 소송으로 인하여 지출한 비용중 상당한 금액의 지급을 청구할 수 있다(제405조 제1항). 이 경우 소송비용을 지급한 회사는 이사 또는 감사에 대하여 구상권이 있다(제405조 제1항). **대표소송을 제기한 주주가 패소한 때에는 악의인 경우 외에는 회사에 대하여 손해를 배상할 책임이 없다**(제405조 제2항). 즉 대표소송을 제기한 주주가 중과실인 경우에도 패소시 손해를 배상할 책임이 없다. 설문의 경우 甲은 대표소송에서 패소하더라도 악의인 경우 외에는 A회사에 대하여 손해를 배상할 책임이 없다.

## 64

「상법」상 A주식회사는 자본금 100억 원의 비상장회사로 감사위원회 설치회사이다. 甲은 A회사의 이사로서 감사위원회 위원(이하 '감사위원'이라 한다)이다. 이에 관한 설명 중 옳은 것을 모두 고른 것은? (다툼이 있는 경우 판례에 의함)

[20 변호사]

ㄱ. 감사위원회는 그 직무를 수행하기 위하여 필요한 때에는 자회사에 대하여 영업의 보고를 요구할 수 있으며 이 경우 자회사가 지체 없이 보고를 하지 아니하는 경우에는 자회사의 업무와 재산상태를 조사할 수 있다.

ㄴ. 감사위원회를 소집하기 위해서는 회일을 정하고 그 1주일 전에 각 위원에게 통지를 발송하여야 하는데, 감사위원 전원의 동의가 있으면 이러한 절차 없이 언제든지 회의할 수 있다.

ㄷ. A회사가 감사위원 甲에게 소를 제기하는 경우 감사위원회 또는 이사는 법원에 회사를 대표할 자를 선임하여 줄 것을 신청하여야 한다.

ㄹ. 감사위원 甲의 해임에 관한 이사회의 결의는 이사의 3분의 2 이상이 출석하고 그 출석이사 과반수의 찬성을 요한다.

① ㄱ, ㄴ      ② ㄱ, ㄷ
③ ㄱ, ㄴ, ㄷ      ④ ㄱ, ㄴ, ㄹ
⑤ ㄴ, ㄷ, ㄹ

**64** 정답 ③

**핵심공략** 감사위원회

- 의의
  - ㉠ 회사는 정관이 정한 바에 따라 감사에 갈음하여 감사위원회를 설치가능(제415조의2 제1항)
  - ㉡ 감사위원회를 설치한 경우 감사를 둘 수 없음(제415조의2 제1항 단서)
  - ㉢ 자산총액 2조원 이상인 상장회사는 감사위원회를 설치해야 함(제542조의11 제1항)
- 감사위원회의 대표권
  - ㉠ 감사위원회가 설치되어 있는 경우 감사위원회가 회사 대표
  - ㉡ 감사위원회 위원이 소 당사자인 경우 감사위원회 또는 이사 법원에 회사대표자 선임을 신청해야 ○
- 감사와 감사위원회의 자회사 조사권
  - ㉠ 모회사 감사는 직무수행에 필요한 경우 자회사에 영업보고 요구 가능, 모회사 감사는 자회사가 지체 없이 보고하지 아니하거나 보고내용을 확인할 필요가 있는 경우 자회사 업무와 재산 조사 가능
  - ㉡ 감사의 권한은 감사위원회에 준용 ○
- 감사위원회의 운영
  - ㉠ 감사위원회 소집과 결의방법은 위원회 규정 적용
  - ㉡ 감사위원회 소집은 회일 1주일 전 위원에게 통지 발송, 감사위원 전원 동의로 절차 없이 회의 가능
- 비상장회사 감사위원의 선임과 해임
  - ㉠ 선임: 이사회 보통결의
  - ㉡ 해임: 이사 총수의 3분의 2 이상 이사회 결의
- 자산총액 2조원 이상 상장회사 감사위원의 선임과 해임
  - ㉠ 주주총회가 감사위원 선임, 주주총회 특별결의로 해임
  - ㉡ 주주총회에서 이사 선임 후 선임된 이사 중 감사위원회 위원 선임
  - ㉢ 감사위원회 위원 중 1명은 다른 이사들과 분리하여 감사위원회 위원이 되는 이사로 선임해야 ○

**해설** ㄱ. [○]

상법은 감사의 권한에 관한 조항을 감사위원회에 준용하고 있다(제415조의2 제7항). **모회사의 감사는 그 직무를 수행하기 위하여 필요한 때에는 자회사에 대하여 영업의 보고를 요구할 수 있다**(제412조의5 제1항). 모회사의 감사는 자회사가 지체 없이 보고를 하지 아니하거나 그 보고의 내용을 확인할 필요가 있는 경우 자회사의 업무와 재산 상태를 조사할 수 있다(제412조의5 제2항). 자회사는 정당한 이유가 없는 한 보고 또는 조사를 거부하지 못한다(제412조의5 제3항). 다만 감사의 이러한 권한이 자회사에 대한 감사권을 의미하는 것은 아니다. 즉 자회사에 대한 보고요구, 조사권은 모회사의 감사를 위해 필요한 범위로 한정된다.

ㄴ. [○]

감사위원회의 소집과 결의방법 등은 상법상 위원회에 관한 규정이 적용된다(제393조의2 제4항, 제5항). 따라서 감사위원회를 소집하기 위해서는 회일을 정하고 그 1주일 전에 각 위원에게 통지를 발송하여야 하는데, 감사위원 전원의 동의가 있으면 이러한 절차 없이 언제든지 회의할 수 있다(제393조의2 제5항, 제390조).

ㄷ. [○]

감사위원회가 설치되어 있는 경우에는 회사가 이사에 대하여 또는 이사가 회사에 대하여 소를 제기하는 경우 감사위원회가 회사를 대표한다(제415조의2 제7항, 제394조 제1항). 감사위원회의 위원이 소의 당사자인 경우에는 감사위원회 또는 이사는 법원에 회사를 대표할 자를 선임하여 줄 것을 신청하여야 한다(제394조 제2항). 감사위원회와 집행임원이 설치된 회사의 경우, 소송상대방이 사임한 또는 퇴임한 이사일 때 소송상 회사의 대표는 대표집행임원이 하며, 소송상대방이 감사위원회의 위원이 아닌 이사인 경우 소송상 회사의 대표는 감사위원회 위원이 한다.

ㄹ. [×]

감사위원회의 위원의 해임에 관한 이사회의 결의는 이사 총수의 3분의 2 이상의 결의로 하여야 한다(제415조의2 제3항).

# 65

**비상장 주식회사의 감사에 관한 설명 중 옳지 않은 것은?**
**(다툼이 있는 경우 판례에 의함)**                [19 변호사]

① 감사는 회사 및 자회사의 이사 또는 지배인 기타의 사용인의
   직무를 겸하지 못한다.

② 감사의 임기는 취임 후 3년 내의 최종의 결산기에 관한 정기
   총회의 종결시까지로 한다.

③ 주주총회에서 감사를 선임하는 경우, 선임결의와 피선임자
   의 승낙만 있으면, 피선임자는 대표이사와 별도의 임용계약
   을 체결하였는지와 관계없이 감사의 지위를 취득한다.

④ 모회사의 감사는 자회사에 대하여 언제든지 업무와 재산상
   태를 조사할 수 있다.

⑤ 감사는 언제든지 이사에 대하여 영업에 관한 보고를 요구하
   거나 회사의 업무와 재산상태를 조사할 수 있다.

## 65 정답 ④

**핵심공략** 감사

- 선임, 임기
  - ㉠ 주주총회 보통결의로 선임, 회사가 전자적 방법으로 의결권을 행사할 수 있도록 한 경우 출석 주주 의결권 과반수로써 감사 선임 결의
  - ㉡ 의결권 없는 주식을 제외한 발행주식 총수 3% 초과 주주는 초과 주식에 관하여 감사 선임에 있어서 의결권 행사 ×, 정관에서 더 낮은 주식 보유비율 규정 가능
  - ㉢ 감사는 회사 및 자회사 이사, 지배인 기타 사용인 직무 겸직 ×
  - ㉣ 자회사 감사 모회사 감사 겸임 가능, 자회사 감사 모회사 이사 겸임 가능
  - ㉤ 감사가 겸직 허용되지 않는 직에 선임된 경우 선임 당시의 현직 사임을 조건으로 유효하고, 피선임자가 새로 선임된 지위 취임을 승낙한 경우 종전 직 사임의사를 표시한 것으로 해석해야 ○
  - ㉥ 임기는 취임 후 3년 내 최종결산기에 관한 정기총회 종결 시, 정관으로도 연장 또는 단축 불가
- 감사의 보고요구·조사권
  - ㉠ 감사는 언제든지 이사에게 영업 보고 요구 가능, 회사 업무와 재산 조사 가능
  - ㉡ 이사는 정기총회회일의 6주간 전에 재무제표와 영업보고서를 감사에게 제출하여야 ○
- 이사와 회사 사이의 소에 관한 회사대표권
  - ㉠ 회사가 이사에 대하여 또는 이사가 회사에 대하여 소를 제기하는 경우 감사가 회사 대표
  - ㉡ 소수주주가 대표소송 제기 전 회사에 이사책임 추궁 소 제기 청구하는 경우 감사가 회사 대표

① [○]

**해설** 비상장회사 감사의 자격에는 제한이 없다. 제한능력자도 비상장회사의 감사가 될 수 있다. **감사는 회사 및 자회사의 이사, 지배인 기타의 사용인의 직무를 겸하지 못한다**(제411조). 자회사의 감사가 모회사 감사를 겸임하거나 자회사의 감사가 모회사의 이사를 겸임하는 것은 가능하다.

감사가 회사 또는 자회사의 이사 또는 지배인 기타의 사용인에 선임되거나 반대로 회사 또는 자회사의 이사 또는 지배인 기타의 사용인이 회사의 감사에 선임된 경우에는 그 선임행위는 각각의 선임 당시에 있어 현직을 사임하는 것을 조건으로 하여 효력을 가지고, **피선임자가 새로이 선임된 지위에 취임할 것을 승낙한 때에는 종전의 직을 사임하는 의사를 표시한 것으로 해석해야 한다.**(대판 2007.12.13. 2007다60080)

② [○]

**해설** 감사의 임기는 취임 후 3년 내의 최종의 결산기에 관한 정기총회의 종결시까지로 한다(제410조). 정관으로도 연장 또는 단축할 수 없다.

③ [○]

**해설** 감사는 주주총회의 보통결의로 선임한다(제409조 제1항). 다만 회사가 전자적 방법으로 의결권을 행사할 수 있도록 한 경우에는 출석한 주주의 의결권의 과반수로써 감사의 선임을 결의할 수 있다(제409조 제3항).

주주총회에서 이사나 감사를 선임하는 경우, **선임결의와 피선임자의 승낙만 있으면, 피선임자는 대표이사와 별도의 임용계약을 체결하였는지 관계없이 이사나 감사의 지위를 취득한다.**(대판 2017.3.23. 2016다251215)

④ [×]

**해설** 모회사의 감사는 그 직무를 수행하기 위하여 필요한 때에는 자회사에 대하여 영업의 보고를 요구할 수 있다(제412조의5 제1항). 모회사의 감사는 자회사가 지체 없이 보고를 하지 아니하거나 그 보고의 내용을 확인할 필요가 있는 경우 자회사의 업무와 재산 상태를 조사할 수 있다(제412조의5 제2항). 자회사는 정당한 이유가 없는 한 보고 또는 조사를 거부하지 못한다(제412조의5 제3항). 다만 감사의 이러한 권한이 자회사에 대한 감사권을 의미하는 것은 아니다. 즉 자회사에 대한 보고요구, 조사권은 모회사의 감사를 위해 필요한 범위로 한정된다.

⑤ [○]

**해설** 감사는 언제든지 이사에 대하여 영업에 관한 보고를 요구하거나 회사의 업무와 재산 상태를 조사할 수 있다(제412조 제2항). 감사는 회사의 비용으로 전문가의 도움을 구할 수 있다(제412조 제3항). 이사는 정기총회회일의 6주간 전에 재무제표와 영업보고서를 감사에게 제출하여야 한다(제447조의3).

## 66

A주식회사는 최근 사업연도 말 자산총액이 3조 원인 상장회사이다. 「상법」상 A회사에 관한 설명 중 옳은 것을 모두 고른 것은? (다툼이 있는 경우 판례에 의함) [22 변호사]

ㄱ. 감사위원회를 구성할 때 정관에 다른 정함이 없으면, 감사위원회위원 모두를 주주총회 결의로 다른 이사들과 분리하여 감사위원회위원이 되는 이사로 선임하여야 한다.

ㄴ. 주주총회의 목적사항으로 '집중투표 배제에 관한 정관 변경의 안'을 상정하려는 경우에는 그 밖의 사항의 정관 변경에 관한 의안과 별도로 상정하여 의결하여야 한다.

ㄷ. 정관에 "이사의 선임은 발행주식총수의 과반수에 해당하는 주식을 가진 주주의 출석과 그 출석주주의 의결권의 과반수에 의한다."라고 규정한 경우라도 2인의 이사를 집중투표의 방법으로 선임하는 때에는 집중투표에 관한 「상법」 규정이 우선하므로 정관에 규정한 의사정족수가 충족되어야 하는 것은 아니다.

ㄹ. 이사의 퇴직금 중간정산을 허용하는 정관 규정이나 주주총회 결의가 없는 경우, 이사회가 퇴직금 중간정산을 인정하는 임원퇴직급여규정을 제정하더라도 이사의 퇴직금 중간정산은 허용되지 않는다.

① ㄱ, ㄴ　　　　② ㄱ, ㄹ
③ ㄴ, ㄷ　　　　④ ㄴ, ㄹ
⑤ ㄷ, ㄹ

를 얻은 자부터 순차적으로 이사에 선임되는 것으로서, 이 규정은 어디까지나 주주의 의결권 행사에 관련된 조항이다. 따라서 주식회사의 정관에서 이사의 선임을 발행주식총수의 과반수에 해당하는 주식을 가진 주주의 출석과 출석주주의 의결권의 과반수에 의한다고 규정하는 경우, 집중투표에 관한 위 상법 조항이 정관에 규정된 의사정족수 규정을 배제한다고 볼 것은 아니므로, **이사의 선임을 집중투표의 방법으로 하는 경우에도 정관에 규정한 의사정족수는 충족되어야 한다**(대판 2017.1.12. 2016다217741). 따라서 설문의 경우 이사 선임을 집중투표의 방법으로 하는 경우에도 정관에 규정한 의사정족수는 충족되어야 한다.

ㄹ. [○]
이사의 퇴직금은 상법 제388조에 규정된 보수에 포함되고, 퇴직금을 미리 정산하여 지급받는 형식을 취하는 퇴직금 중간정산금도 퇴직금과 성격이 동일하다. 따라서 정관 등에서 이사의 퇴직금에 관하여 주주총회의 결의로 정한다고 규정하면서 퇴직금의 액수에 관하여만 정하고 있다면, **퇴직금 중간정산에 관한 주주총회의 결의가 있었음을 인정할 증거가 없는 한 이사는 퇴직금 중간정산금 청구권을 행사할 수 없다.** (대판 2019.7.4. 2017다17436)

---

**핵심공략** 자산총액 2조원 이상의 대규모상장회사

- 감사위원회
  - ㉠ 감사위원회를 반드시 설치해야 ○
  - ㉡ 상장회사 감사위원회는 3명 이상 이사로 구성, 사외이사가 위원의 3분의 2 이상
  - ㉢ 대규모상장회사 감사위원 중 1명 이상은 회계 또는 재무전문가
  - ㉣ 사외이사가 감사위원회 대표
  - ㉤ 주주총회에서 이사 선임 후 선임된 이사 중에서 감사위원회위원을 선임하여야 ○
  - ㉥ 감사위원회위원 중 1명은 다른 이사들과 분리하여 감사위원회위원이 되는 이사로 선임하여야 ○
  - ㉦ 분리 선임되는 감사위원의 수는 정관에서 2명 이상으로 규정 가능
- 집중투표 관련 분리 상정 및 의결권 제한
  - ㉠ 대규모상장회사가 정관으로 집중투표를 배제하거나 그 배제된 정관을 변경하려는 경우 의결권 없는 주식 제외 발행주식 총수 3% 초과 주주는 그 초과하는 주식에 관하여 의결권 행사 ✕
  - ㉡ 대규모상장회사가 주주총회 목적사항으로 집중투표 배제에 관한 정관 변경 의안을 상정하려는 경우에는 그 밖의 정관 변경 의안과 별도로 상정하여 의결하여야 ○

**해설** ㄱ. [✕]
최근 사업연도 말 현재의 자산총액이 2조원 이상인 상장회사의 감사위원회위원을 선임하거나 해임하는 권한은 주주총회에 있다(제542조의12 제1항). 위 상장회사는 주주총회에서 이사를 선임한 후 선임된 이사 중에서 감사위원회위원을 선임하여야 한다. 다만, 감사위원회위원 중 1명은 주주총회 결의로 다른 이사들과 분리하여 감사위원회위원이 되는 이사로 선임하여야 한다. 분리 선임되는 감사위원의 수는 정관에서 2명 이상으로 정할 수 있다(제542조의12 제2항).
설문의 경우, 감사위원회 구성에 대하여 정관에 다른 정함이 없으므로, 감사위원회위원 1명은 주주총회 결의로 다른 이사들과 분리하여 감사위원회위원이 되는 이사로 선임하여야 한다.

ㄴ. [○]
최근 사업연도 말 현재의 자산총액이 2조원 이상인 상장회사가 주주총회의 목적사항으로 **집중투표 배제에 관한 정관 변경에 관한 의안을 상정**하려는 경우에는 그 밖의 사항의 정관 변경에 관한 의안과 **별도로 상정하여 의결**하여야 한다(제542조의7 제4항).

ㄷ. [✕]
상법 제382조의2에 정한 집중투표란 2인 이상의 이사를 선임하는 경우에 각 주주가 1주마다 선임할 이사의 수와 동일한 수의 의결권을 가지고 이를 이사 후보자 1인 또는 수인에게 집중하여 투표하는 방법으로 행사함으로써 투표의 최다수

## 67

비상장주식회사의 신주발행 및 신주인수권에 관한 설명 중 옳지 않은 것은? (다툼이 있는 경우 판례에 의함) [22 변호사]

① 회사가 주주배정방식에 의하여 신주를 발행하려는데 주주가 인수를 포기하여 실권된 신주를 제3자에게 발행하기 위해서는 정관에 근거 규정이 있어야 한다.

② 회사가 신주를 발행함에 있어 경영상 목적을 달성하기 위하여 필요한 범위 안에서 정관이 정한 사유가 없는데도, 회사의 경영권 분쟁이 현실화된 상황에서 경영진의 경영권이나 지배권 방어라는 목적을 달성하기 위하여 제3자에게 신주를 배정하는 것은 주주의 신주인수권을 침해하는 것이다.

③ 회사가 정관이나 이사회 결의로 주주의 신주인수권 양도에 관한 사항을 결정하지 아니하였더라도 회사가 그와 같은 양도를 승낙한 경우 그 구체적 신주인수권의 양도는 회사에 대하여도 효력이 있다.

④ 신주인수권증서가 발행되지 아니한 주주의 구체적 신주인수권 양도의 제3자에 대한 대항요건은 지명채권의 양도와 마찬가지로 확정일자 있는 증서에 의한 양도통지 또는 회사의 승낙이다.

⑤ 현물출자자에게 발행하는 신주에 대하여는 일반주주의 신주인수권이 미치지 않는다.

# 67 정답 ①

추상적 신주인수권, 구체적 신주인수권, 실권주

- 추상적 신주인수권(제418조)
  - ㉠ 주주는 보유 주식 수에 따라서 신주 배정을 받을 권리 ○
  - ㉡ 추상적 신주인수권은 법률상 인정, 주식과 분리 양도 ✕
  - ㉢ 회사는 신기술도입, 재무구조개선 등 회사 경영상 목적 달성 위해 필요한 경우에 한하여 정관 규정에 따라 주주 외의 자에게 신주 배정 가능
  - ㉣ 주주배정과 제3자 배정의 구별은 주주에게 지분비율에 따라 신주를 우선적으로 인수할 기회를 부여하였는지 여부를 기준 ○, 주주의 실제 인수 여부 기준 ✕
  - ㉤ 현물출자 적용 ✕
- 구체적 신주인수권
  - ㉠ 이사회가 구체적으로 주주 배정 또는 제3자 배정을 결정함으로써 주주 또는 제3자가 취득하는 신주인수의 청약을 할 수 있는 권리
  - ㉡ 구체적 신주인수권은 주주의 고유권 ✕, 주주권 이전에 수반되어 이전 ✕
  - ㉢ 구체적 신주인수권의 양도는 정관 규정 또는 이사회 결정이 있는 경우에 한하여 회사에 대해 허용
  - ㉣ 회사가 정관이나 이사회의 결의로 신주인수권의 양도에 관한 사항을 결정하지 않은 경우에도 회사가 양도 승낙한 경우 회사에 효력 ○
  - ㉤ 신주인수권증서가 발행되지 않은 신주인수권의 양도는 지명채권 양도의 일반원칙에 의함
  - ㉥ 제3자 대항요건은 확정일자 있는 증서에 의한 양도통지 또는 회사의 승낙
- 실권주 처분
  - ㉠ 주주의 신주인수권 포기 또는 인수 뒤 납입 불이행시 실권주 발생
  - ㉡ 실권주는 다시 인수인을 모집하거나 미발행주식수로 남겨둔 후 차후에 발행 가능
  - ㉢ 회사는 이사회 결의에 의하여 실권주 제3자 배정 가능, 정관 규정 필요 ✕
  - ㉣ 실권주 제3자 배정의 경우 발행조건이 동일해야 ○

① [✕]

해설 주주의 신주인수권은 주주의 권리일 뿐 의무가 아니므로 주주가 이를 행사하지 않을 수 있다. 따라서 주주가 신주인수권을 포기하거나(제419조 제3항), 신주 인수를 한 뒤 납입하지 않으면(제423조 제2항) 주주는 실권하게 되고, 이러한 주식을 실권주라 한다. 회사는 이사회 결의에 의하여 실권주를 제3자에게 배정할 수 있다.

실권주가 발생한 경우 회사는 이사회 결의로 인수가 없는 부분에 대하여 자유로이 이를 제3자에게 처분할 수 있고, 이 경우 실권된 신주를 제3자에게 발행하는 것에 관하여 정관에 반드시 근거 규정이 있어야 하는 것은 아니다(대판 2012. 11.15. 2010다49380). 따라서 설문의 경우와 같이 실권된 신주를 제3자에게 발행하기 위해서는 정관의 규정이 요구되지 않는다.

② [○]

해설 회사가 신주를 발행함에 있어 신기술의 도입이나 재무구조의 개선 등 경영상 목적을 달성하기 위하여 필요한 범위 안에서 정관이 정한 사유가 없는데도, 회사의 경영권 분쟁이 현실화된 상황에서 경영진의 경영권 방어를 위하여 제3자에게 신주를 배정하는 것은 주주의 신주인수권을 침해하는 것이다(대판 2009.1.30. 2008다50776). 따라서 회사의 경영권 분쟁이 현실화된 상황에서 경영진의 경영권이나 지배권 방어라는 목적을 달성하기 위하여 제3자에게 신주를 배정하는 것은 주주의 신주인수권을 침해하는 것이다.

③ [○], ④ [○]

해설 회사가 정관이나 이사회의 결의로 신주인수권의 양도에 관한 사항을 결정하지 않았다고 해서 신주인수권의 양도가 전혀 허용되지 않는 것은 아니고, 회사가 그러한 양도를 승낙한 경우에는 회사에 대하여도 그 효력이 있다. 신주인수권증서가 발행되지 아니한 신주인수권의 양도 또한 주권발행 전의 주식양도에 준하여 지명채권 양도의 일반원칙에 따른다. 회사가 신주인수권증서를 발행하지 아니한 경우 신주인수권자로 통지받은 주주가 신주인수권을 양도하려면 제3자에 대한 대항요건으로 확정일자 있는 증서에 의한 양도통지 또는 회사의 승낙을 요한다(대판 1995.5.23. 94다36421). 따라서 설문의 경우와 같이 정관이나 이사회 결의로 주주의 신주인수권 양도에 관한 사항을 결정하지 아니하였더라도 회사가 양도를 승낙한 경우 그 구체적 신주인수권의 양도는 회사에 대하여도 효력이 있다.

⑤ [○]

해설 현물출자자에게 발행하는 신주에는 일반주주의 신주인수권이 미치지 않는다.(대판 1989.3.14. 88누889)

## 68

비상장 회사인 A주식회사는 추가적인 자금조달을 위하여 주주배정방식으로 유상증자를 하기로 하고 아래와 같은 일정으로 실시하였다. 이에 관한 설명 중 옳지 않은 것은? (다툼이 있는 경우 판례에 의함) [19 변호사]

| |
|---|
| 2018. 10. 10. 이사회에서 신주발행사항 결의 및 공고 |
| 2018. 10. 29. 신주배정일 |
| 2018. 10. 30. 신주인수권자에게 통지 |
| 2018. 11. 14. ~ 11. 15. 신주인수의 청약기일 |
| 2018. 11. 19. ~ 11. 21. 납입기일 |
| 2018. 11. 23. 변경등기 |
| 2018. 11. 28. 주권교부 |

① 정관에 규정이 없으면 2018. 10. 10. 이사회에서 신주의 종류와 수를 결정하여야 한다.

② 신주인수인이 2018. 11. 21.까지 납입을 하지 않을 때에는 그 권리를 잃는다.

③ 신주인수의 청약은 구두로 할 수 없고, 주식청약서에 의하여야 한다.

④ A회사가 신주인수권증서를 발행하지 아니한 경우 신주인수권자로 통지받은 주주 甲이 2018. 11. 10. 乙에게 신주인수권을 양도하려면 제3자에 대한 대항요건으로 확정일자 있는 증서에 의한 양도통지 또는 회사의 승낙을 요한다.

⑤ 신주의 효력이 발생하는 시점은 2018. 11. 28.이다.

**68** 정답 ⑤

① [ ○ ]

**해설** 회사가 그 성립 후에 주식을 발행하는 경우에는 정관에 규정이 없는 **발행사항은 이사회가 결정**한다(제416조 본문). 다만, 상법에 다른 규정이 있거나 정관으로 주주총회에서 결정하기로 정한 경우에는 그러하지 아니하다(제416조 단서). 설문의 경우 신주의 종류와 수 등 신주발행에 관한 사항은 정관에 다른 규정이 없으면 이사회에서 결정하여야 한다.

② [ ○ ]

**해설** 주주의 신주인수권은 주주의 권리일 뿐 의무가 아니므로 주주가 이를 행사하지 않을 수 있다. **주주가 신주인수권을 포기하거나**(제419조 제3항), **신주 인수를 한 뒤 납입을 하지 않으면**(제423조 제2항) **주주는 실권**하게 된다. 주주배정에 의한 신주발행의 경우, 인수나 납입이 되지 않은 주식을 실권주라 한다. 실권주가 발생하면 다시 인수인을 모집하여 배정하거나, 발행을 포기하고 미발행주식수로 남겨두고 차후에 발행할 수도 있다. 한편 회사설립시 발행한 주식 중 회사성립 후에 아직 인수되지 아니한 주식이 있거나 주식인수의 청약이 취소된 때에는 발기인이 이를 공동으로 인수한 것으로 본다(제321조 제1항). 회사 성립 후 납입을 완료하지 아니한 주식이 있는 때에는 발기인은 연대하여 납입을 하여야 한다(제321조제2항). 인수담보책임의 경우와 달리, 발기인들이 납입담보책임을 이행하였다고 해서 발기인들이 주주가 되는 것은 아니며 주식인수인이 여전히 주주의 지위를 가진다고 본다. 설문은 회사 설립 후 신주발행의 경우이므로 신주인수인이 납입기일의 마지막 날인 2018. 11. 21.까지 납입을 하지 않을 때에는 그 권리를 잃는다.

③ [ ○ ]

**해설** 주식의 청약은 신주인수권증서를 발행한 경우에는 신주인수권증서에 의하여 한다(제420조의5 제1항). 신주인수권증서를 상실한 자는 주식청약서에 의하여 주식의 청약을 할 수 있다(제420조의5 제2항). 그러나 그 청약은 신주인수권증서에 의한 청약이 있는 때에는 그 효력을 잃는다(제420조의5 제2항). 설문의 경우 신주인수의 청약은 구두로 할 수 없고, 주식청약서에 의하여야 한다.

④ [ ○ ]

**해설** 설문의 경우 甲은 신주인수권자로 통지를 받아 구체적 신주인수권을 취득하였고 2018. 11. 10.은 아직 청약기일이 종료되기 이전이므로 甲은 구체적 신주인수권을 양도할 수 있다. 또한 A회사는 신주인수권증서를 발행하지 않았으므로 甲의 신주인수권의 양도는 지명채권 양도방법에 의하게 된다. 따라서 甲이 乙에게 신주인수권을 양도하기 위해서는 제3자에 대한 대항요건으로 확정일자 있는 증서에 의한 양도통지 또는 회사의 승낙이 요구된다.

⑤ [ ✕ ]

**해설** 주식회사는 설립등기에 의하여 법인격을 취득하고 회사로 성립된다. 따라서 회사설립시에는 설립등기 시점에 주주의 지위를 취득한다. 회사설립의 경우와 달리 신주발행의 경우 신주의 인수인은 납입 또는 현물출자의 이행을 한 때에는 **납입기일의 다음 날로부터 주주의 권리의무가 있다**(제423조 제1항). 설문의 경우 납입기일인 2018. 11. 21.의 다음날인 2018. 11. 22. 신주의 효력이 발생한다.

# 69

甲은 주식회사 乙을 상대로 "피고가 2014. 6. 10.에 한 액면 금 5,000원의 보통주식 10,000주의 신주발행을 무효로 한다."라는 취지의 소를 2014. 11. 10. 제기하였다. 다음 설명 중 옳지 않은 것은? (다툼이 있는 경우 판례에 의함)

[15 변호사]

① 甲은 주주·이사 또는 감사에 한한다.
② 법령이나 정관의 중대한 위반 또는 현저한 불공정이 있어 그것이 주식회사의 본질이나 회사법의 기본원칙에 반하거나 기존 주주들의 이익과 회사의 경영권 내지 지배권에 중대한 영향을 미치는 경우로서 신주와 관련된 거래의 안전, 주주 기타 이해관계인의 이익 등을 고려하더라도 도저히 묵과할 수 없는 정도라고 평가되는 경우에 한하여 신주의 발행을 무효로 할 수 있다.
③ 甲은 위 소송의 계속 중 2015. 1. 8.에 이르러 새로운 무효사유를 추가하여 주장할 수 없다.
④ 위 소송의 계속 중 주주인 甲의 주식이 丙에게 양도되고, 丙이 명의개서절차를 거쳐 승계참가하는 경우에 그 제소기간의 준수 여부는 승계참가시를 기준으로 판단하여야 한다.
⑤ 신주발행에 관한 이사회의 결의가 없거나 이사회의 결의에 하자가 있더라도 대표이사가 그 권한에 의하여 신주를 발행한 이상 신주발행의 효력에는 영향이 없다.

**69** 　　　　　　　　　　　　　　　　　　　정답 ④

> **핵심공략** 신주발행무효의 소
>
> - 원고:
>   주주, 이사, 감사
> - 제소기간
>   ㉠ 신주 발행일부터 6월 내, 제소기간 경과 후 새로운 사유 주장 ✕
>   ㉡ 신주발행무효의 소 계속 중 주식 양도된 경우 양수인은 제소기간 요건 충족 시 신소 제기 가능, 양도인 제기 기존 소송 승계 가능
>   ㉢ 승계참가의 경우 제소기간 준수 여부는 원래 소 제기 시 기준 ○, 승계참가 시 ✕
>   ㉣ 주식양수인이 명의개서 없이 승계참가 한 경우 사실심 변론종결 이전에 명의개서 마친 후 이전 소송절차 유지하였다면 소송절차상 하자 치유 ○
> - 신주발행무효사유
>   ㉠ 엄격히 제한적으로 인정
>   ㉡ 발행예정주식 초과 신주발행, 위법한 액면미달발행, 회사채권 및 자기주식 인수 방식 신주발행, 경영상 목적 부존재 제3자 배정 ⇨ 무효 ○
>   ㉢ 대표이사 권한에 기하여 신주발행 한 이상 신주발행 유효, 이사회결의 없거나 하자 있더라도 유효

① [○]

**해설** 신주발행무효의 소는 신주발행의 하자를 이유로 신주발행의 무효를 주장하며 신주발행일로부터 6개월 이내에 제기하는 소를 말한다. 신주발행무효의 소는 형성의 소이다. **신주발행의 무효는 주주·이사 또는 감사에 한하여 신주를 발행한 날로부터 6월내에 소만으로 이를 주장할 수 있다**(제429조). 설문의 경우 甲은 신주발행무효의 소의 원고이므로, 甲은 주식회사 乙의 주주·이사 또는 감사에 한한다.

② [○]

**해설** 신주발행 무효의 소는 사후에 이를 무효로 함으로써 거래의 안전과 법적 안정성을 해칠 위험이 큰 점을 고려할 때, 그 무효원인은 가급적 엄격하게 해석하여야 하고, 따라서 **법령이나 정관의 중대한 위반 또는 현저한 불공정이 있어 그것이 주식회사의 본질이나 회사법의 기본원칙에 반하거나 기존 주주들의 이익과 회사의 경영권 내지 지배권에 중대한 영향을 미치는 경우**로서 신주와 관련된 거래의 안전, 주주 기타 이해관계인의 이익 등을 고려하더라도 도저히 묵과할 수 없는 정도라고 평가되는 경우에 한하여 신주의 발행을 무효로 할 수 있을 것이다. 신주발행을 결의한 甲 회사의 이사회에 참여한 이사들이 하자 있는 주주총회에서 선임된 이사들이어서, 그 후 이사 선임에 관한 주주총회결의가 확정판결로 취소되었고, 위와 같은 하자를 지적한 신주발행금지가처분이 발령되었음에도 위 이사들을 동원하여 위 이사회를 진행한 측만이 신주를 인수한 경우 위 신주발행은 신주의 발행사항을 이사회결의에 의하도록 한 법령과 정관을 위반하였을 뿐만

아니라 현저하게 불공정하고, 그로 인하여 기존 주주들의 이익과 회사의 경영권 내지 지배권에 중대한 영향을 미쳤다는 등의 이유로 무효이다.(대판 2010.4.29. 2008다65860)

③ [○]

**해설** **신주발행무효의 소에서 신주를 발행한 날부터 6월의 출소기간이 경과한 후에는 새로운 무효사유를 추가하여 주장할 수 없다**(대판 2012.11.15. 2010다49380). 설문의 경우 2015. 1. 8.은 신주발행일인 2014. 6. 10.로부터 6개월이 경과한 이후이므로, 위 判例에 의하면 甲은 위 소송의 계속 중 2015. 1. 8.에 이르러 새로운 무효사유를 추가하여 주장할 수 없다.

④ [✕]

**해설** 신주발행무효의 소 계속 중 그 원고 적격의 근거가 되는 주식이 양도된 경우에 그 양수인은 제소기간 등의 요건이 충족된다면 새로운 주주의 지위에서 신소를 제기할 수 있을 뿐만 아니라, 양도인이 이미 제기한 **기존의 위 소송을 적법하게 승계**할 수도 있다. 승계참가의 경우 제소기간 준수 여부는 승계참가시가 아닌 원래 소 제기시를 기준으로 판단한다(대판 2003.2.26. 2000다42786). 따라서 丙의 제소기간 준수 여부는 甲이 소를 제기한 시점을 기준으로 판단하여야 한다.

⑤ [○]

**해설** 주식회사의 신주발행은 주식회사의 업무집행에 준하는 것으로서 **대표이사가 그 권한에 기하여 신주를 발행한 이상 신주발행은 유효**하고, 설령 신주발행에 관한 이사회의 결의가 없거나 이사회의 결의에 하자가 있더라도 **이사회의 결의는 회사의 내부적 의사결정에 불과하므로 신주발행의 효력에는 영향이 없다.**(대판 2007.2.22. 2005다77060,77077)

# 70

**A주식회사의 전환사채발행에 관한 설명 중 옳지 않은 것은?**
**(각 지문은 독립적이며, 다툼이 있는 경우 판례에 의함)**

[21 변호사]

① A회사의 주주 甲이 전환사채발행의 유지를 청구하는 경우 전환사채 발행의 효력이 생기기 전인 전환사채의 납입기일까지 하여야 한다.

② A회사의 주주 甲이 전환사채를 취득한 경우 甲은 그 전환사채에 질권을 설정할 수 있고 만일 甲이 그 전환으로 인하여 주식을 받는다면 질권자 乙은 그 주식에 대하여 질권을 행사할 수 있다.

③ A회사가 전환사채를 주주외의 자에게 발행하는 경우 정관에 그 발행할 수 있는 전환사채의 액, 전환의 조건, 전환으로 인하여 발행할 주식의 내용과 전환을 청구할 수 있는 기간에 관하여 규정이 있어야 할 뿐만 아니라 이에 대한 주주총회의 특별결의에 의한 승인이 있어야 한다.

④ 丙이 A회사의 전환사채를 인수하는 과정에서 그 납입을 가장하였더라도 「상법」 제628조(납입가장죄등) 제1항의 납입가장죄는 성립하지 아니한다.

⑤ A회사의 전환사채발행에 법령이나 정관의 중대한 위반이 있어 그것이 주식회사의 본질이나 회사법의 기본원칙에 반하는 경우로서 전환사채와 관련된 거래의 안전, 주주 기타 이해관계인의 이익 등을 고려하더라도 도저히 묵과할 수 없는 정도라고 평가되는 경우 A회사의 주주 丁은 소송으로 전환사채발행의 무효를 주장할 수 있는데, 이 경우에는 신주발행무효의 소의 규정이 유추적용된다.

70                                               정답 ③

┌─────────────────────────────────────────────┐
│ **핵심공략** 전환사채                              │
│                                               │
│ ▪ 제3자에 대한 전환사채발행 요건                     │
│   ㉠ 정관의 규정 또는 주주총회 특별결의              │
│   ㉡ 정관에 제3자 전환사채 발행 규정이 있는 경우, 발행가│
│     능 전환사채의 액, 전환조건, 전환으로 발행할 주식의 │
│     내용과 전환청구기간 관련 사항은 정관 규정 없으면 주 │
│     주총회 특별결의로 정해야 ○                     │
│   ㉢ 정관에 전환사채 발행 관련 일응의 기준을 정한 다음 │
│     정관의 범위에서 이사회가 구체적인 전환조건을 정하 │
│     여 발행하는 전환사채 유효(대판 2004.6.25. 2000다│
│     37326)                                    │
│   ㉣ 제3자에게 전환사채를 발행하기 위해서는 회사의 경영│
│     상 목적 존재해야 ○                           │
│ ▪ 전환사채발행유지청구                            │
│   ㉠ 신주 발행 관련 규정의 준용                     │
│   ㉡ 회사가 법령, 정관에 위반하거나 현저하게 불공정한 방│
│     법으로 전환사채를 발행하는 경우, 불이익 받을 염려가 │
│     있는 주주는 회사에 그 발행유지 청구 가능         │
│   ㉢ 전환사채발행유지청구는 전환사채발행의 효력이 생기 │
│     기 전인 전환사채 납입기일까지 행사 가능          │
│ ▪ 전환사채발행무효의 소                           │
│   ㉠ 상법상 전환사채발행무효의 소 규정 부존재         │
│   ㉡ 判例는 신주발행무효의 소에 관한 규정을 전환사채의 │
│     발행에 유추적용 ○                            │
└─────────────────────────────────────────────┘

① [○]

**해설** 회사가 법령 또는 정관에 위반하거나 현저하게 불공정한 방법으로 전환사채를 발행하는 경우, 불이익을 받을 염려가 있는 주주는 회사에 그 발행을 유지할 것을 청구할 수 있다(제516조 제1항, 제424조). **전환사채발행유지청구는** 전환사채발행의 효력이 생기기 전 즉, **전환사채의 납입기일까지 행사할 수 있다.**

② [○]

**해설** 전환사채란 발행회사의 주식으로 전환할 수 있는 권리가 부여된 사채를 의미한다. 전환사채는 주식으로 전환될 수 있다는 점에서 발행회사 주주의 이익에 영향을 미치게 된다. 그러한 관계로 전환사채의 인수권은 원칙적으로 주주가 가지고 제3자에게 전환사채를 발행하는 경우 주주총회의 특별결의를 거쳐야 한다. **전환사채권자는** 자신이 취득한 전환사채에 **질권을 설정할 수 있고, 질권설정 후 전환에 따라 전환사채권자가가 주식을 받는 경우 질권자는 그 주식에 대해 질권을 행사할 수 있다.**

③ [×]

**해설** 정관에 주주 외의 자에 대하여 전환사채를 발행할 수 있다는 규정이 있는 경우, 그 발행할 수 있는 전환사채의 액, 전환의 조건, 전환으로 인하여 발행할 주식의 내용과 전환을 청구할 수 있는 기간에 관한 사항은 정관의 규정이 없으면 주주총회의 특별결의로 이를 정하여야 한다(제513조 제3항). 이 경우 신기술의 도입, 재무구조의 개선 등 회사의 경영상 목적을 달성하기 위하여 필요한 경우에 한한다(제513조 제3항).

④ [○]

**해설** 상법 제628조 제1항에 따른 납입가장죄는 회사의 발기인, 업무집행사원, 이사, 집행임원, 감사위원회 위원, 감사 또는 제386조 제2항, 제407조 제1항, 제415조 또는 제567조의 직무대행자, 지배인 기타 회사영업에 관한 어느 종류 또는 특정한 사항의 위임을 받은 사용인이 납입 또는 현물출자의 이행을 가장하는 행위를 한 때에 성립한다. 따라서 전환사채 인수 과정에서 그 납입을 가장하였더라도 상법 제628조 제1항의 납입가장죄는 성립하지 아니한다.

⑤ [○]

**해설** 상법상 전환사채발행 무효의 소는 별도로 규정되어 있지 않으나, 判例는 신주발행무효의 소에 관한 규정이 전환사채의 발행에 유추적용 된다고 본다.
**전환사채의 발행은** 주식회사의 물적 기초와 기존 주주들의 이해관계에 영향을 미친다는 점에서 사실상 **신주를 발행하는 것과 유사**하므로, **전환사채의 발행의 경우에도 신주발행무효의 소에 관한 상법 제429조가 유추적용** 된다. 법령이나 정관의 중대한 위반 또는 현저한 불공정이 있어 그것이 주식회사의 본질이나 회사법의 기본원칙에 반하거나 기존 주주들의 이익과 회사의 경영권 내지 지배권에 중대한 영향을 미치는 경우로서 전환사채와 관련된 거래의 안전, 주주 기타 이해관계인의 이익 등을 고려하더라도 도저히 묵과할 수 없는 정도라고 평가되는 경우에 한하여 전환사채의 발행 또는 그 전환권의 행사에 의한 주식의 발행을 무효로 할 수 있을 것이다.(대판 2004.6.25. 2000다37326)

## 71

「상법」상 이익배당에 관한 설명 중 옳지 않은 것은?

[22 변호사]

① 주식회사에서 이익배당은 주주총회 결의로 정하지만, 재무
제표의 승인에 대한 특칙에 따라 재무제표를 이사회가 승인
하는 경우에는 이사회 결의로 정한다.

② 주식회사는 이사회 결의에 의하여 이익배당을 새로이 발행
하는 주식으로써 할 수 있지만, 주식에 의한 배당은 이익배
당총액의 2분의 1에 상당하는 금액을 초과하지 못한다.

③ 익명조합원의 출자가 손실로 인하여 감소된 때에는 당사자
간에 다른 약정이 없으면 그 손실을 전보한 후가 아니면 이
익배당을 청구하지 못한다.

④ 유한회사에서 이익배당은 정관에 다른 정함이 있는 경우 외
에는 각 사원의 출자좌수에 따라 하여야 한다.

⑤ 합자조합에서 유한책임조합원은 조합계약에서 정한 출자가
액에서 이미 이행한 부분을 뺀 가액을 한도로 하여 조합채무
를 변제할 책임이 있고, 이 경우 합자조합에 이익이 없음에
도 불구하고 배당을 받은 금액은 변제책임을 정할 때에 변제
책임의 한도액에 더한다.

③ [○]

**해설** 익명조합원의 출자가 손실로 인해 감소된 때에는 당사자 간에 다른 약정이 없으면 그 손실을 전보한 후가 아니면 익명조합원은 이익배당을 청구하지 못한다(제82조 제1항).

④ [○]

**해설** 유한회사에서 이익의 배당은 정관에 다른 정함이 있는 경우 외에는 각 사원의 출자좌수에 따라 하여야 한다(제580조).

⑤ [○]

**해설** 유한책임조합원은 조합계약에서 정한 출자가액에서 이미 이행한 부분을 뺀 가액을 한도로 조합채무를 변제할 책임을 부담한다(제86조의6 제1항). 그 경우 합자조합에 이익이 없음에도 불구하고 배당을 받은 금액은 변제책임을 정할 때에 변제책임의 한도액에 더한다(제86조의6 제2항).

---

**핵심공략** 이익배당, 주식배당, 익명조합 이익배당, 합자조합 유한책임조합원

- 이익배당
  - ㉠ 회사는 배당가능이익을 한도로 이익배당 가능
  - ㉡ 이익배당에 관한 우선주에 대해서는 배당가능이익이 없는 경우에도 배당한다는 정관 규정 허용 ✕
  - ㉢ 이익배당은 주주총회의 결의로 정함
  - ㉣ 정관으로 재무제표 승인을 이사회가 하는 경우 이사회 결의로 이익배당 결정
  - ㉤ 배당가능이익이 발생하였음에도 주주총회 또는 이사회가 배당결의 않더라도, 주주가 회사에 배당결의를 청구 ✕
- 주식배당
  - ㉠ 신주발행 방식만 가능, 회사 보유 자기주식 ✕
  - ㉡ 이익배당총액(배당가능이익 ✕)의 1/2을 초과 ✕
  - ㉢ 주주총회 결의
  - ㉣ 주식배당을 받은 주주는 주식배당 주주총회 종결 시 (주주총회 결의시 ✕) 주주 지위 취득
- 익명조합 이익배당
  - ㉠ 익명조합원 출자 금전 기타 재산은 영업자 재산 간주
  - ㉡ 영업 이익여부와 상관없이 익명조합원이 일정 금원을 지급받는 경우 ⇨ 익명조합 ✕
  - ㉢ 익명조합원의 출자가 손실로 감소된 경우 손실 전보 후 아니면 이익배당 청구 ✕
- 합자조합 유한책임조합원
  - ㉠ 유한책임조합원은 조합계약상 출자가액에서 이미 이행한 부분 뺀 가액 한도로 조합채무 책임 부담
  - ㉡ 합자조합에 이익이 없음에도 배당받은 금액은 변제책임 한도액에 더함

① [○]

**해설** 회사의 이익을 주주에게 배당의 형식으로 지급하는 것을 이익배당이라 한다. **이익배당은 주주총회의 결의로 정한다.** 다만, **정관으로 재무제표의 승인을 이사회가 하도록 정한 경우**에는 **이익배당을 이사회 결의로 정한다**(제462조 제2항). 재무제표의 승인을 이사회가 하기 위해서는 외부감사인의 감사를 받아야 하며, 감사 전원의 동의가 있어야 한다(제449조의2 제1항).

② [✕]

**해설** **주식배당은 주주총회의 결의에 의한다**(제462조의2 제1항). 이익배당은 정관 규정에 의하여 이사회 결의로 할 수 있는데 반하여 주식배당에 대하여 상법은 이사회 결의에 관하여 규정하지 않고 있다. 따라서 설문의 경우와 같이 이사회 결의에 의하여 이익배당을 새로이 발행하는 주식으로 할 수 없다.

## 72
**주식회사의 회계에 관한 설명 중 옳지 않은 것은?**

[21 변호사]

① 이익준비금 및 자본준비금은 자본금의 결손 보전에 충당하는 경우 외에는 처분하지 못한다.

② 회사의 자본금은 액면주식을 무액면주식으로 전환하거나 무액면주식을 액면주식으로 전환함으로써 변경할 수 없다.

③ 준비금의 자본금 전입을 정관으로 주주총회에서 결정하기로 정한 경우에 주주는 주주총회의 결의가 있는 때로부터 그 자본금 전입에 따른 신주의 주주가 된다.

④ 주식에 의한 배당은 이익배당총액의 2분의 1에 상당하는 금액을 초과하지 못하며, 주식으로 배당을 받은 주주는 그 배당 결의가 있는 주주총회가 종결한 때부터 신주의 주주가 된다.

⑤ 회사는 적립된 자본준비금 및 이익준비금의 총액이 자본금의 1.5배를 초과하는 경우에 이사회의 결의에 따라 그 초과한 금액 범위에서 자본준비금과 이익준비금을 감액할 수 있다.

**72** 　　　　　　　　　　　　　　　　　　정답 ⑤

---

`핵심공략` **준비금**

- 이익준비금
  - ㉠ 회사는 자본의 1/2에 달할 때까지 매결산기 이익배당액의 1/10 이상 금액을 이익준비금으로 적립
  - ㉡ 주식배당의 경우 적립 요구 ✕
  - ㉢ 이익배당액은 금전배당액과 현물배당액
- 자본준비금
  - ㉠ 회사는 자본거래에서 발생한 잉여금을 대통령령으로 정하는 바에 따라 자본준비금으로 적립해야
  - ㉡ 자본준비금은 적립한도 ✕
- 법정준비금의 사용
  - ㉠ 이익준비금과 자본준비금은 자본금 결손 보전 충당 외에는 처분 ✕
  - ㉡ 회사는 이사회 결의로 준비금의 전부 또는 일부를 자본금에 전입
  - ㉢ 정관으로 준비금 자본금 전입을 주주총회에서 결정하기로 정한 경우, 주주총회결의에 의함
  - ㉣ 주주총회결의로 준비금 자본전입을 결정하는 경우, 주주총회 결의가 있는 때로부터 신주의 주주가 됨
- 법정준비금의 감액
  - ㉠ 회사는 적립된 자본준비금 및 이익준비금의 총액이 자본금의 1.5배 초과하는 경우 주주총회의 보통결의로 초과한 금액 범위에서 자본준비금과 이익준비금 감액 가능
  - ㉡ 정관상 이사회가 재무제표를 승인하는 경우에도 준비금 감소는 주주총회 결의에 의해야 ○

---

① [○]

`해설` 이익준비금과 자본준비금은 자본금의 결손 보전에 충당하는 경우 외에는 처분하지 못한다(제460조). 이익준비금이란 자본금의 2분의 1이 될 때까지 매 결산기 이익배당액의 10% 이상 적립되는 금액을 의미한다(제458조). 자본준비금이란 자본거래에서 발생한 잉여금을 의미한다(제459조 제1항). 결손이란 회사의 손실이 누적되어 회사의 순재산을 초과하는 경우를 말한다. 설문은 이익준비금과 자본준비금의 처분에 관한 상법 규정을 반영하고 있다.

② [○]

`해설` 회사의 자본금은 액면주식을 무액면주식으로 전환하거나 무액면주식을 액면주식으로 전환함으로써 변경할 수 없다(제451조 제3항).

③ [○]

`해설` 이사회 결의로 준비금의 자본전입을 결정하는 경우, 이사회 결의로 정한 배정기준일에 신주의 효력이 발생하고(제461조 제3항), 주주총회결의로 준비금의 자본전입을 결정하는 경우, 주주총회 결의가 있는 때로부터 신주의 주주가 된다(제461조 제4항).

④ [○]

`해설` 주식배당을 받은 주주는 주식배당 결의가 있는 주주총회가 종결한 때(주주총회 결의시 ✕)부터 주주가 된다(제462조의2 제4항). 주식배당은 이익배당총액(배당가능이익 ✕)의 50%를 초과할 수 없다(제462조의2 제1항 단서). 주식배당의 결의가 이루어지면 이익잉여금을 자본금에 전입하고 신주를 발행한다.

⑤ [✕]

`해설` 회사는 적립된 자본준비금 및 이익준비금의 총액이 자본금의 1.5배를 초과하는 경우에 주주총회의 결의에 따라 그 초과한 금액 범위에서 자본준비금과 이익준비금을 감액할 수 있다(제461조의2).

# 73

**상법상 비상장 주식회사의 배당에 관한 설명 중 옳은 것을 모두 고른 것은? (다툼이 있는 경우 판례에 의함)** [13 변호사]

ㄱ. 회사가 상법 제462조 제1항에 따른 배당가능이익을 초과하여 이익배당을 한 경우, 회사채권자는 배당한 이익을 자신에게 반환할 것을 청구할 수 있다.

ㄴ. 연 1회의 결산기를 정한 회사의 경우 정관에 정함에 따라 영업연도 중 1회에 한하여 이사회 결의로 중간배당을 할 수 있다.

ㄷ. 회사는 주주총회 결의에 의하여 이익배당총액의 3분의 2의 범위 안에서 새로이 발행하는 주식으로써 이익의 배당을 할 수 있다.

ㄹ. 회사의 정관으로 금전 외의 재산으로 배당을 할 수 있도록 정한 경우에 회사는 현물로 배당을 할 수 있다.

ㅁ. 상법 제462조 제1항에 따른 배당가능이익이 발생하였음에도 주주총회 또는 이사회가 배당을 결의하지 않은 경우 주주는 이익배당청구권에 의하여 회사에 대하여 배당의 결의를 청구할 수 있다.

① ㄴ, ㄷ      ② ㄴ, ㄹ
③ ㄱ, ㄴ, ㅁ      ④ ㄱ, ㄷ, ㄹ
⑤ ㄴ, ㄹ, ㅁ

정답 ②

액을 초과하지 못한다(제462조의2 제1항). 다만 상장회사는
주식의 시가가 액면금액 이상일 것을 조건으로 이익배당 전
부를 새로 발행하는 주식으로 할 수 있다(자본시장법 제165
조의13 제1항). 설문의 경우 회사가 비상장회사이므로 주식
에 의한 배당은 이익배당총액의 2분의 1에 상당하는 금액을
초과하지 못한다. 따라서 회사가 이익배당총액의 3분의 2의
범위 안에서 새로이 발행하는 주식으로써 이익의 배당을 하
는 것은 이익배당총액의 2분의 1에 상당하는 금액을 초과하
지 못한다는 상법 규정에 위배되어 옳지 않다.

ㄹ. [○]
회사는 정관으로 금전 외의 재산으로 배당을 할 수 있음을
정할 수 있다(제462조의4 제1항).

ㅁ. [×]
이익배당은 주주총회의 결의로 정한다(제462조 제2항). 주
주총회의 결의로 각 주주에게 구체적 이익배당청구권이 발생
한다. 정관으로 재무제표의 승인을 이사회가 하도록 정한 경
우에는 이익배당을 이사회 결의로 정한다(제462조 제2항).
사원총회의 계산서류승인에 의한 **배당금의 확정과 배당에
관한 결의가 없는 경우에는 이익배당금 청구는 이유 없다.**
(대판 1983.3.22. 81다343) 이러한 판례에 의하면 상법 제
462조 제1항에 따른 배당가능이익이 발생하였음에도 주주
총회 또는 이사회가 배당을 결의하지 않는다 하더라도, 주주
가 회사에 대하여 배당의 결의를 청구할 수 없다.

---

> **핵심공략** 위법배당, 중간배당, 현물배당
>
> - 위법배당
>   - ㉠ 배당가능이익 초과 배당, 배당가능이익이 없음에도 실
>     시된 배당, 이익배당 관련 이사회, 주주총회 결의에 하
>     자 존재, 정관 근거 없는 중간배당, 주주평등원칙 위반
>     차등배당
>   - ㉡ 배당가능이익 없음에도 이루어진 이익배당 ⇨ 강행법
>     규 위반, 무효
>   - ㉢ 회사는 배당받은 주주에게 배당금 반환 청구 가능
>   - ㉣ 배당가능이익 제한 위반의 경우 채권자도 배당이익 전
>     부를 회사에 반환할 것을 청구 가능
> - 중간배당
>   - ㉠ 연 1회 결산기를 정한 회사, 정관 규정, 이사회 결의,
>     영업연도 중 1회에 한정
>   - ㉡ 이익배당을 주주총회에서 결정하는 회사도 중간배당은
>     이사회 결의
>   - ㉢ 연 1회 결산기를 정한 상장회사는 3월, 6월, 9월 말일
>     을 기준으로 금전으로 분기배당 허용
>   - ㉣ 당해 결산기 재무제표상 배당가능이익이 없을 우려가
>     있으면 중간배당은 허용 ✕
>   - ㉤ 회사가 중간배당을 하였으나 당해 결산기에 회사에 배
>     당가능이익이 없는 것으로 확정되어 중간배당을 행한
>     이사에게 손해배상책임을 묻는 경우 해당 이사의 과실
>     을 증명하지 않아도 됨
> - 현물배당
>   - ㉠ 현물배당을 하기 위해서는 정관으로 규정해야 함
>   - ㉡ 현물배당은 이익배당을 결정하는 주주총회 또는 이사
>     회 결의로 정함

**해설** ㄱ. [×]
회사는 대차대조표의 순자산액으로부터 ㉠ 자본금의 액,
㉡ 그 결산기까지 적립된 자본준비금과 이익준비금의 합계
액, ㉢ 그 결산기에 적립하여야 할 이익준비금의 액 및 ㉣
미실현이익의 합계액을 공제한 금액인 배당가능이익을 한도
로 하여 이익배당을 할 수 있다(제462조 제1항). 이에 위반
하여 이익을 배당한 경우에 **회사채권자는 배당한 이익을 회
사에 반환할 것을 청구할 수 있다**(제462조 제3항).

ㄴ. [○]
연 1회의 결산기를 정한 회사는 영업년도 중 1회에 한하여
이사회의 결의로 일정한 날을 정하여 그 날의 주주에 대하여
이익을 배당할 수 있음을 정관으로 정할 수 있다(제462조의
3 제1항).

ㄷ. [×]
회사는 **주주총회의 결의에 의하여 이익의 배당을 새로이 발
행하는 주식으로써 할 수 있다**(제462조의2 제1항). 그러나
주식에 의한 배당은 이익배당총액의 2분의 1에 상당하는 금

## 74

비상장회사인 A주식회사는 비상장회사인 B주식회사를 흡수합병하기 위하여 그 합병계약서를 승인하기 위한 주주총회를 개최하여 적법하게 결의하였다. 「상법」상 이에 관한 설명 중 옳은 것을 모두 고른 것은?　　　　　[22 변호사]

ㄱ. A회사는 주주총회의 합병승인결의가 있은 날로부터 2주 내에 채권자에 대하여 합병에 이의가 있으면 1개월 이상의 기간 내에 이를 제출할 것을 공고하고, 알고 있는 채권자에 대하여는 따로따로 이를 최고하여야 한다.

ㄴ. A회사가 B회사의 주주에게 합병대가의 일부를 신주 대신에 금전으로 제공하는 경우라도 B회사의 최대주주가 보유한 B회사 주식에 대하여는 신주만을 배정하여야 한다.

ㄷ. A회사와 B회사의 합병비율이 현저하게 불공정하다면 이는 합병무효의 사유가 될 수 있다.

ㄹ. 만일 합병무효판결이 확정된다면 합병등기 후 판결확정 전에 이루어진 A회사의 자산처분은 효력을 상실한다.

① ㄱ, ㄴ  　　　　② ㄱ, ㄷ
③ ㄱ, ㄹ  　　　　④ ㄴ, ㄷ
⑤ ㄷ, ㄹ

┌─────────────────────────────────────────┐
│ **핵심공략** 합병                          │

- 채권자보호절차
  - ㉠ 합병계약 주주총회 승인결의일로부터 2주 내에 이의가 있는 경우 1월 이상 기간 내에 이의하도록 공고, 알고 있는 채권자에게 따로 최고해야 ○
  - ㉡ 이의제출 채권자에 대하여 변제, 상당한 담보 제공 또는 상당한 재산 신탁 의무 ○
  - ㉢ 간이합병과 소규모합병의 경우 채권자보호절차 요구 ○ ⇨ 이사회 승인결의를 주주총회결의로 봄
  - ㉣ 회사가 알고 있는 채권자에 대표이사 개인이 알고 있는 채권자 포함
- 합병대가
  - ㉠ 존속회사는 소멸회사의 주주에게 합병신주 또는 자기주식 제공
  - ㉡ 존속회사는 소멸회사의 주주에게 합병 대가의 전부를 주식 이외의 금전이나 기타 재산 제공 가능
- 합병비율의 현저한 불공정 ⇨ 합병무효사유
- 합병무효판결의 효력
  - ㉠ 원고승소판결: 대세효 ○ 및 장래효 ○
  - ㉡ 원고패소판결: 대세효 ✕, 악의 또는 중과실 원고 ⇨ 회사에 손해배상책임 부담
└─────────────────────────────────────────┘

**해설** ㄱ. [○]

회사는 합병계약에 대한 주주총회의 승인결의가 있는 날부터 2주 내에 채권자에 대하여 합병에 이의가 있으면 1월 이상의 기간 내에 이를 제출할 것을 공고하고 알고 있는 채권자에 대하여는 따로따로 이를 최고하여야 한다(제527조의5 제1항). 간이합병과 소규모합병의 경우에도 채권자보호절차를 거쳐야 하고, 이 경우 이사회 승인결의를 주주총회 승인결의로 본다(제527조의5 제2항). 이의를 제출한 채권자가 있는 경우 회사는 그 채권자에 대하여 변제 또는 상당한 담보를 제공하거나 상당한 재산을 신탁하여야 한다(제527조의5 제3항, 제232조 제3항). **개별 최고가 필요한 회사가 알고 있는 채권자란 채권자가 누구이고 채권이 어떠한 내용의 청구권인지가 대체로 회사에게 알려져 있는 채권자**로서, 회사의 장부 기타 근거에 의하여 성명과 주소가 회사에 알려져 있는 자는 물론이고 **회사 대표이사 개인이 알고 있는 채권자도 포함**된다.(대판 2011.9.29. 2011다38516)

ㄴ. [✕]

흡수합병에서 존속회사는 소멸회사의 주주에게 합병대가로 합병신주 또는 자기주식을 제공한다(제523조 제3호). 합병 후 존속하는 회사는 합병으로 소멸하는 회사의 주주에게 합병의 대가의 전부를 주식 이외의 금전이나 기타의 재산을 제공할 수 있다(제523조 제4호). 따라서 설문의 경우와 같이, 존속하는 A회사가 소멸회사인 B회사의 주주에게 합병대가의 일부를 신주 대신에 금전으로 제공하는 경우, A회사는 B회사

의 최대주주가 보유한 소멸회사 주식에 대하여 자기주식 또는 신주를 배정할 수 있으며, 그 전부를 금전이나 기타의 재산으로 제공할 수도 있다.

ㄷ. [○]

합병비율이란 합병의 대가로 소멸회사의 주식 1주에 대해 지급되는 존속회사의 주식의 비율을 의미한다.

현저하게 불공정한 합병비율을 정한 합병계약은 신의성실의 원칙이나 공평의 원칙 등에 비추어 무효이고, 따라서 **합병비율이 현저하게 불공정한 경우 합병할 각 회사의 주주 등은 소로써 합병의 무효를 구할 수 있다**(대판 2008.1.10. 2007다64136). 따라서 A회사와 B회사의 합병비율이 현저하게 불공정하다면 A회사와 B회사의 주주는 합병무효의 소를 제기할 수 있다.

ㄹ. [✕]

**합병무효의 판결은 제3자에 대하여도 그 효력이 있다.** 그러나 판결확정 전에 생긴 회사와 주주 및 제3자 간의 권리의무에 영향을 미치지 아니한다(제530조 제2항, 제240조, 제190조). 따라서 **합병무효 판결은 대세효와 장래효를 가지므로**, 합병무효 판결이 확정된다면 합병등기 후 판결 확정 전에 이루어진 A회사의 자산처분에는 아무런 영향을 미치지 아니한다.

## 75

**주식회사의 합병에 관한 설명 중 옳지 않은 것은? (다툼이 있는 경우 판례에 의함)**                              [21 변호사]

① 소규모합병의 경우 존속하는 회사는 합병계약서를 작성한 날부터 2월 내에 소멸하는 회사의 상호 및 본점의 소재지, 합병을 할 날, 주주총회의 승인을 얻지 아니하고 합병을 한다는 뜻을 공고하거나 주주에게 통지하여야 한다.

② 소규모합병의 경우 합병에 반대하는 존속하는 회사의 주주에게는 주식매수청구권이 인정되지 않는다.

③ 이사는 채권자보호절차의 경과, 합병을 한 날, 합병으로 인하여 소멸하는 회사로부터 승계한 재산의 가액과 채무액 기타 합병에 관한 사항을 기재한 서면을 합병을 한 날부터 6월간 본점에 비치하여야 한다.

④ 회사의 합병에 있어서 합병등기에 의하여 합병의 효력이 발생한 후에는 합병무효의 소를 제기하는 외에 합병결의무효확인청구만을 독립된 소로서 구할 수 없다.

⑤ 소규모합병의 경우 존속하는 회사의 합병계약서에는 주주총회의 승인을 얻지 아니하고 합병을 한다는 뜻을 기재하여야 한다.

> **핵심공략** 소규모합병, 합병승인결의의 하자
>
> ■ 소규모합병
>   ㉠ 의의: 합병신주 총수 및 합병으로 이전하는 자기주식 총수가 존속회사 발행주식 총수 10% 이하
>   ㉡ 합병승인: 존속회사 주주총회 승인 ⇨ 이사회 승인으로 갈음
>   ㉢ 존속회사 반대주주 주식매수청구권 ✕
>   ㉣ 존속회사의 합병계약서에 주주총회 승인 얻지 않고 합병한다는 뜻 기재해야 ○
>   ㉤ 합병계약서 작성일로부터 2주 내에 소규모합병사실 공고 또는 주주에게 통지해야 ○
>   ㉥ 합병교부금 기타 재산 가액이 존속회사 순자산액 5% 초과 ⇨ 소규모합병 ✕
>   ㉦ 존속회사 발행주식 총수 20% 이상 주주가 공고 또는 통지일로부터 2주 내에 회사에 서면으로 소규모합병 반대의사 통지한 경우 소규모합병 ✕
> ■ 합병승인결의하자소송과 합병무효의 소
>   ㉠ 합병결의하자소송은 합병무효의 소에 흡수
>   ㉡ 합병등기이전: 합병결의하자소송 제기
>   ㉢ 합병등기이후: 합병무효의 소로 변경
>   ㉣ 합병등기이후 합병결의무효확인청구만 구하는 독립된 소송 ✕

① [✕]

**해설** 소규모합병의 경우 존속회사의 합병계약서에는 주주총회의 승인을 얻지 아니하고 합병을 한다는 뜻을 기재하여야 한다. 존속회사는 합병계약서를 작성한 날부터 2주 내에 소규모합병 사실을 공고하거나 주주에게 통지하여야 한다(제527조의3 제3항).

② [○]

**해설** 합병 후 존속하는 회사가 합병으로 인하여 발행하는 신주의 총수 및 합병으로 이전하는 자기주식의 총수가 존속회사의 발행주식 총수의 100분의 10을 초과하지 아니하는 소규모합병의 경우 존속회사의 주주총회 승인은 이를 이사회 승인으로 갈음할 수 있다(제527조의3 제1항). **소규모합병의 경우에는 존속회사 주주에게 주식매수청구권이 인정되지 않는다**(제527조의3 제5항).

③ [○]

**해설** 이사는 합병결의를 위한 주주총회의 2주 전부터 합병을 한 날 이후 6개월이 지나는 날까지 합병계약서, 소멸회사 주주에 대한 신주 배정 또는 자기주식 이전에 관한 서면, 각 회사의 최종의 대차대조표와 손익계산서를 본점에 비치하여야 한다(제522조의2 제1항).

④ [○]

**해설** 회사합병에 있어서 합병등기에 의하여 합병의 효력이 발생한 후에는 합병무효의 소를 제기하는 외에 합병결의 무효확인청구만을 독립된 소로서 구할 수 없다.(대판 1993.5.27. 92누14908)

⑤ [○]

**해설** 소규모합병의 경우 존속회사의 합병계약서에는 주주총회의 승인을 얻지 아니하고 합병을 한다는 뜻을 기재하여야 한다(제527조의3 제3항).

# 76

「상법」상 주식의 포괄적 교환(이하 '주식교환'이라 한다)에
관한 설명 중 옳은 것은? [20 변호사]

① 완전모회사가 되는 회사가 주식교환을 위하여 발행하는 신
주 및 이전하는 자기주식의 총수가 그 회사의 발행주식총수
의 100분의 10을 초과하지 아니하는 경우에도 주주총회에
서 주식교환계약서의 승인을 얻어야 한다.
② 회사의 채권자 또는 회사에 중대한 이해관계가 있는 자는
주식교환의 날부터 6월 내에 소만으로 주식교환의 무효를
주장할 수 있다.
③ 주식교환에 의하여 완전자회사가 되는 회사의 주주는 완전
모회사가 되는 회사가 주식교환을 위하여 발행하는 신주의
배정을 받거나 그 회사의 자기주식을 이전받음으로써 완전
모회사의 주주가 된다.
④ 주식교환에 의하여 완전모회사가 되는 회사의 이사로서 주
식교환 이전에 취임한 자는 주식교환계약서에 다른 정함이
있는 경우를 제외하고는 주식교환이 이루어진 영업연도가
종료된 때 퇴임한다.
⑤ 완전자회사가 되는 회사의 발행주식총수의 100분의 90 이
상을 완전모회사가 되는 회사가 소유하고 있는 때에는 완전
자회사가 되는 회사의 주주총회의 승인은 이를 이사회 승인
으로 갈음할 수 없다.

76

정답 ③

> **핵심공략** 주식의 포괄적 교환
>
> ■ 의의
>   ㉠ 완전자회사가 되는 회사의 주주가 가지는 주식 전부를 완전모회사가 되는 회사에 이전, 완전자회사가 되는 회사의 주주는 완전모회사가 되는 회사가 발행하는 신주를 배정받거나 그 회사의 자기주식을 이전받아 그 회사의 주주가 되는 방법으로 완전모자관계를 형성하는 것
>   ㉡ 주주만 변동될 뿐 자산변동 ✕ ⇨ 채권자보호절차 ✕
>   ㉢ 반대주주의 주식매수청구권 ○
>   ㉣ 주식은 주식교환계약서에 규정된 주식을 교환할 날에 이전
> ■ 승인결의
>   ㉠ 주주총회 특별결의
>   ㉡ 간이주식교환: 완전자회사가 되는 회사 총주주 동의 또는 그 회사 발행주식총수 100분의 90 이상 완전모회사가 되는 회사가 소유하고 있는 경우 ⇨ 완전자회사가 되는 회사 주주총회 승인을 이사회 승인으로 갈음
>   ㉢ 소규모주식교환: 완전모회사 되는 회사가 주식교환 위해 발행하는 신주 및 이전하는 자기주식 총수가 그 회사의 발행주식총수의 100분의 10을 초과하지 않는 경우 ⇨ 완전모회사 주주총회 승인을 이사회 승인으로 갈음
> ■ 주식교환무효의 소
>   ㉠ 제소권자: 주주, 이사, 감사, 감사위원회의 위원 또는 청산인(채권자 ✕)
>   ㉡ 제소기간: 주식교환의 날부터 6월내
> ■ 이사·감사의 퇴임
>   완전모회사가 되는 회사의 이사 및 감사로서 주식교환 전에 취임한 자는 주식교환 후 최초 도래하는 결산기에 관한 정기총회가 종료하는 때 퇴임

① [✕]

해설 완전모회사가 되는 회사가 주식교환을 위하여 발행하는 신주 및 이전하는 자기주식의 총수가 그 회사의 발행주식총수의 100분의 10을 초과하지 아니하는 경우에는 그 회사에서의 주주총회의 승인은 이사회의 승인으로 갈음할 수 있다(제360조의10 제1항 본문). 다만, 완전자회사가 되는 회사의 주주에게 제공할 금전이나 그 밖의 재산을 정한 경우에 그 금액 및 그 밖의 재산의 가액이 완전모회사가 되는 회사에 현존하는 순자산액의 100분의 5를 초과하는 때에는 그러하지 아니하다(제360조의10 제1항 단서).

② [✕]

해설 주식교환의 무효는 각 회사의 주주·이사·감사·감사위원회의 위원 또는 청산인에 한하여 주식교환의 날부터 6월내에 소만으로 이를 주장할 수 있다(제360조의14 제1항). 주식의 포괄적 교환은 완전모회사가 되는 회사는 자본금의 변동이 없고, 완전자회사가 되는 회사 또한 주주만 변동될 뿐 회사 자산의 변동이 없는 관계로 채권자를 해할 염려가 없기에 상법은 주식교환 무효의 소를 제기할 수 있는 자에 채권자를 포함하지 않고 있다. 따라서 회사의 채권자 또는 회사에 중대한 이해관계가 있는 자는 주식교환의 무효를 주장할 수 없다.

③ [○]

해설 주식의 포괄적 교환에 의하여 완전자회사가 되는 회사의 주주가 가지는 그 회사의 주식은 주식을 교환하는 날에 주식교환에 의하여 완전모회사가 되는 회사에 이전하고, 그 완전자회사가 되는 회사의 주주는 그 완전모회사가 되는 회사가 주식교환을 위하여 발행하는 신주의 배정을 받거나 그 회사 자기주식의 이전을 받음으로써 그 회사의 주주가 된다(제360조의2 제2항). 설문은 이러한 상법 규정에 부합한다.

④ [✕]

해설 주식교환에 의하여 완전모회사가 되는 회사의 이사 및 감사로서 주식교환 전에 취임한 자는 주식교환계약서에 다른 정함이 있는 경우를 제외하고는 주식교환 후 최초로 도래하는 결산기에 관한 정기총회가 종료하는 때에 퇴임한다(제360조의13).

⑤ [✕]

해설 완전자회사가 되는 회사의 총주주의 동의가 있거나 그 회사의 발행주식총수의 100분의 90 이상을 완전모회사가 되는 회사가 소유하고 있는 때에는 완전자회사가 되는 회사의 주주총회의 승인은 이를 이사회의 승인으로 갈음할 수 있다(제360조의9 제1항).

## 77

「상법」상 각각 비상장주식회사인 A회사와 B회사는 A회사가 가지고 있는 투자 부분을 분할하여 B회사에 합병시키는 내용의 분할합병계약을 2019. 9. 10. 체결하고, A회사는 2019. 10. 10. 10:00경 임시주주총회를 개최하였다. A회사는 발행주식총수의 9.22%를 보유한 주주 甲에게 위 임시주주총회 소집통지를 하지 아니하여 주주 甲은 위 임시주주총회에 출석하지 못하였는데, A회사 발행주식총수의 45%를 보유한 주주 乙과 발행주식총수의 45.78%를 보유한 주주 丙이 위 임시주주총회에 출석하여 전원 찬성으로 분할합병계약의 승인 결의를 하였다. 이후 A회사는 2019. 12. 16. 분할합병의 등기를 마쳤다. 이에 관한 설명 중 옳지 않은 것은? A주식회사는 B주식회사의 발행주식 총수의 70%를 소유하고 있다. B주식회사는 C주식회사를 흡수합병하고자 한다. 이에 관한 설명 중 옳지 않은 것은? (각 지문은 독립적이며, 다툼이 있는 경우 판례에 의함)　　　　　[20 변호사]

① 만일 A회사가 2019. 9. 20. 주주 甲에게 주식매수청구권의 내용 및 행사방법을 명시하지 아니한 채 임시주주총회 소집통지를 하였다고 가정할 때, 주주 甲은 임시주주총회 소집통지를 받은 이상 주주총회 전에 서면으로 위 분할합병 결의에 반대하는 의사의 통지를 미리 하지 아니하면 주식매수청구권을 행사할 수 없다.

② 주주 甲이 2019. 12. 20. A회사를 상대로 분할합병무효의 소를 제기한 경우에 법원이 이를 재량기각하기 위해서는 원칙적으로 그 소 제기 전이나 그 심리 중에 소의 원인이 된 하자가 보완되어야 할 것이나, 그 하자가 추후 보완될 수 없는 성질의 것인 경우에는 그 하자가 보완되지 아니하였다고 하더라도 회사의 현황 등 제반 사정을 참작하여 분할합병무효의 소를 재량기각할 수 있다.

③ 주주 甲이 2019. 12. 20. A회사를 상대로 분할합병무효의 소를 제기하고 그 소송에서 분할합병계약을 승인한 주주총회결의 자체가 있었는지 및 그 결의에 이를 부존재로 볼 만한 중대한 하자가 있는지 등 주주총회결의의 존부에 관하여 다툼이 있는 경우, 주주총회결의 자체가 있었다는 점에 관해서는 A회사가 증명책임을 부담하고 그 결의에 이를 부존재로 볼 만한 중대한 하자가 있다는 점에 관해서는 주주 甲이 증명책임을 부담한다.

④ 주주 甲이 A회사와 경쟁관계에 있고 분쟁 중에 있으며 A회사의 경영에 간섭할 목적을 가지고 있는 C주식회사에게 자신이 보유한 A회사 발행 주식 전부를 양도하였다고 하여 이를 반사회질서 법률행위라고 할 수 없다.

⑤ 주주 甲이 C주식회사에게 자신이 보유한 A회사 발행 주식 전부를 양도한 경우 분할합병무효의 소를 제기할 원고적격이 없다.

**핵심공략** 반대주주의 주식매수청구권, 회사분할무효의 소

- 반대주주의 주식매수청구
  - ㉠ 합병결의 주주총회 소집통지에 합병반대주주의 주식매수청구권 내용 및 행사 방법을 명시해야 ○
  - ㉡ 반대주주는 주주총회 전에 회사에 서면으로 반대의사 통지해야 ○
  - ㉢ 회사가 소집통지에 주식매수청구권 명시하지 않은 경우 반대주주가 반대의사 사전통지 않았더라도 총회의 결의일부터 20일 이내에 주식매수청구 가능
  - ㉣ 단순분할의 경우, 주식매수청구권 ✕
  - ㉤ 소규모분할합병의 경우, 승계회사의 주주에게 주식매수청구권 ✕
- 회사분할무효의 소
  - ㉠ 제소권자: 주주(주식 전부 양도한 주주 ✕), 이사, 감사, 청산인, 파산관재인, 또는 합병을 승인하지 아니한 채권자
  - ㉡ 재량기각: 하자가 추후 보완될 수 없는 성질의 것인 경우
  - ㉢ 입증책임: 주주총회결의가 있었다는 점 ⇨ 회사, 중대한 하자가 있다는 점 ⇨ 주주

① [✕]

**해설** 甲 주식회사가 주주들에게 합병반대주주의 주식매수청구권에 관한 내용과 행사방법을 명시하지 않은 소집통지서를 발송하여 임시주주총회를 개최한 다음 乙 주식회사와의 합병승인 안건을 통과시킨 경우, 총회 전 서면으로 합병에 반대하는 의사를 통지하지 않은 주주 丙이 총회 결의일로부터 20일 내에 갑 회사에 내용증명을 발송하여 주식매수청구를 하였다면 丙은 주식매수청구권을 행사할 수 있다.(서울고등결정 2011.12.9. 2011라1303)

설문의 경우 만일 A회사가 2019. 9. 20. 주주 甲에게 주식매수청구권의 내용 및 행사방법을 명시하지 아니한 채 임시주주총회 소집통지를 하였다면, 주주 甲은 임시주주총회 소집통지를 받은 이상 주주총회 전에 서면으로 위 분할합병 결의에 반대하는 의사의 통지를 미리 하지 않았더라도 주식매수청구권을 행사할 수 있다.

② [○]

**해설** 설문의 경우 甲은 A회사의 주주이고, 분할합병을 결의한 임시주주총회일인 2019. 10. 10.로부터 6개월 이내인 2019. 12. 20. A회사를 상대로 분할합병무효의 소를 제기하였으므로, 甲의 분할합병무효의 소 제기는 적법하다. 한편 분할합병무효의 소가 그 심리 중에 원인이 된 하자가 보완되고 회사의 현황과 제반사정을 참작하여 분할합병을 무효 또는 취소하는 것이 부적당하다고 인정한 때에는 법원은 그 청구를 기각할 수 있다(제530조의11 제1항, 제240조, 제189조).

**분할합병무효의 소의 원인이 된 하자가 추후 보완될 수 없는 성질의 것인 경우, 그 하자가 보완되지 아니하더라도 법원이 제반 사정을 참작하여 분할합병무효의 소를 재량기각할 수 있다.**(대판 2010.7.22. 2008다37193)

③ [○]

**해설** 주주가 회사를 상대로 제기한 분할합병무효의 소에서 당사자 사이에 분할합병계약을 승인한 주주총회결의 자체가 있었는지 및 그 결의에 이를 부존재로 볼 만한 중대한 하자가 있는지 등 주주총회결의의 존부에 관하여 다툼이 있는 경우 주주총회결의 자체가 있었다는 점에 관해서는 회사가 증명책임을 부담하고 그 결의에 이를 부존재로 볼 만한 중대한 하자가 있다는 점에 관해서는 주주가 증명책임을 부담하는 것이 타당하다.(대판 2010.7.22. 2008다37193)

④ [○]

**해설** 상법 제335조 제1항 본문은 주식은 타인에게 이를 양도할 수 있다고 하여 주식양도의 자유를 보장하고 있으므로 **회사와 경쟁관계에 있거나 분쟁 중에 있어 그 회사의 경영에 간섭할 목적을 가지고 있는 자에게 주식을 양도하였다고 하여 그러한 사정만으로 이를 반사회질서 법률행위라고 할 수 없다.**(대판 2010.7.22. 2008다37193)

⑤ [○]

**해설** **분할합병무효는 각 회사의 주주·이사·감사·청산인·파산관재인 또는 분할합병을 승인하지 아니한 채권자에 한하여 소만으로 이를 주장할 수 있다**(제530조의11 제1항, 제529조 제1항). 따라서 주주가 아닌 자는 분할합병무효의 소를 제기할 원고적격이 없다.

분할합병무효의 소를 제기한 원고가 소 제기 이후 주식을 처분한 경우 원고 적격이 없다.(대판 2010.7.22. 2008다37193)

# 78

유아용품 제작과 판매를 목적으로 하는 A주식회사는 유아
용품 제작 부분을 분할하여 단순분할신설회사 B주식회사를
설립하기로 하였다. A회사는 분할 전 유아용품 제작과 관련
한 채무를 甲에게 부담하고 있었다. A회사는 유아용품 제작
과 관련한 채무만을 B회사에게 승계하기로 정하였으나, 분
할계약서에는 이에 관하여 기재하지 않았다. 이후 주주총회
의 특별결의로 분할계약서가 승인되었고, 적법한 절차를 밟
아 분할등기가 경료되었으며, B회사와 甲 사이에는 아무런
거래가 없었다. 이에 관한 설명 중 옳은 것은? (다툼이 있는
경우 판례에 의함)                              [19 변호사]

① A회사의 주주가 B회사의 주식의 총수를 취득한다면, 이를
  물적 분할이라 한다.
② A회사는 유아용품 제작과 관련한 채무를 더 이상 부담하지
  않는다.
③ B회사가 甲에 대하여 변제할 책임을 부담하는 채무의 소멸
  시효는 분할등기시점으로부터 기산한다.
④ A회사의 분할로 인하여 분할에 관련되는 A회사의 주주의
  부담이 가중되는 경우에는 위 주주총회의 승인 외에 그 주주
  전원의 동의가 있어야 한다.
⑤ 만일 「상법」 제344조의3(의결권의 배제·제한에 관한 종류
  주식) 제1항에 따라 의결권이 배제되는 주주가 있다면, 그
  주주는 A회사의 위 주주총회 결의에 관하여 의결권을 행사
  할 수 없다.

┌─────────────────────────────────────────────┐
**핵심공략** 회사분할유형, 회사분할과 연대책임, 회사분할결의

■ 회사분할의 유형
  ㉠ 단순분할: 분리된 영업이 독립하여 신설회사로 남는 것
  ㉡ 분할합병: 회사에서 분리된 영업이 다른 회사에 흡수되는 것
  ㉢ 인적분할: 신설회사, 승계회사가 발행하는 분할신주를 분할회사 주주에게 교부
  ㉣ 물적분할: 신설회사 또는 승계회사가 발행하는 분할신주를 분할회사에게 교부
■ 회사분할과 연대책임 및 채권자보호절차
  ㉠ 단순분할 신설회사는 분할 전 분할회사의 채무 연대책임 부담, 채권자보호절차 요구 ✕
  ㉡ 분할이전 분할회사의 채무와 동일, 소멸시효나 기산점도 본래 채무 기준
  ㉢ 단순분할신설회사가 분할회사 채무 중 분할계획서상 승계채무만 부담 가능 ○, 이 경우 존속회사는 단순분할신설회사가 부담하지 않는 채무만 부담 ○, 이 경우 채권자보호절차가 요구 ○
■ 회사분할결의
  ㉠ 주주총회 특별결의
  ㉡ 의결권 없는 주주의 의결권 인정
  ㉢ 회사 주주의 부담이 가중되는 경우 주주총회 특별결의 이외에 해당 주주 전원 동의 요구
└─────────────────────────────────────────────┘

① [✕]
**해설** 신설회사 또는 승계회사가 발행하는 분할신주를 분할회사의 주주에게 교부하는 회사분할을 인적 분할이라 하고, 신설회사 또는 승계회사가 발행하는 분할신주를 분할회사에게 교부하는 회사분할을 물적 분할이라 한다. 설문의 경우 분할회사인 A회사의 주주가 신설회사인 B회사의 주식의 총수를 취득하므로, 이는 인적분할에 해당한다.

② [✕]
**해설** **단순분할**의 경우 **단순분할신설회사는 분할 전 분할회사의 채무에 대하여 연대책임**을 부담한다(제530조의9 제1항). 따라서 단순분할의 경우 채권자의 입장에서는 회사 책임재산의 변동이 없고 채권자의 이익이 침해되지 않으므로 **채권자보호절차가 요구되지 않는다**. 한편 단순분할을 하면서 단순분할신설회사가 분할회사의 채무 중에서 **분할계획서에 승계하기로 정한 채무**에 대해서만 책임을 부담하는 것으로 정할 수 있다(제530조의9 제2항 제1문). 이 경우 분할회사가 분할 후에 존속하면 단순분할신설회사가 부담하지 아니하는 채무에 대한 책임만을 부담한다(제530조의9 제2항 제2문). 위와 같은 경우에는 **채권자보호절차가 요구된다**(제530조의9 제4항, 제527조의5). 설문의 경우 A회사는 유아용품 제작과 관련한 채무만을 B회사에게 승계하기로 정하였으나, 분할계약서에는 이에 관하여 기재하지 않았고, 채권자보호절차를 거

쳤다는 사정도 보이지 않는다. 따라서 A회사 또한 유아용품 제작과 관련한 채무를 부담한다.

③ [✕]
**해설** **분할신설회사가 채권자에게 부담하는 연대채무의 소멸시효 기간과 기산점은 분할회사가 채권자에게 부담하는 채무의 소멸시효 기간과 기산점과 동일하다.**(대판 2017.5.30. 2016다34687)
설문의 경우 단순분할신설회사인 B회사가 甲에 대하여 변제할 책임을 부담하는 채무의 소멸시효는 분할회사인 A회사의 甲에 대한 채무의 소멸시효 기산점이 적용된다.

④ [○]
**해설** 회사의 분할 또는 분할합병으로 인해 분할 또는 분할합병에 관련되는 각 회사의 **주주의 부담이 가중되는 경우**에는 주주총회 특별결의 이외에 그 주주 **전원의 동의**가 있어야 한다(제530조의3 제6항).

⑤ [✕]
**해설** 회사가 분할 또는 분할합병을 하는 때에는 분할계획서 또는 분할합병계약서를 작성하여 **주주총회 특별결의에 의한 승인을 얻어야 한다**(제530조의3 제1항, 제2항). 위 결의에는 **의결권 없는 종류주식의 주주도 의결권이 인정된다**(제530조의3 제3항). 설문의 경우 만일 상법 제344조의3(의결권의 배제·제한에 관한 종류주식) 제1항에 따라 의결권이 배제되는 주주가 있다면, 그 주주도 A회사의 위 주주총회 결의에 관하여 의결권을 행사할 수 있다.

## 79

**회사의 사원에 관한 설명 중 옳은 것은?** [22 변호사]

① 합명회사의 사원은 정관에 정한 퇴사사유가 발생한 경우에도 다른 사원 전원의 동의를 얻어야 퇴사할 수 있다.

② 유한회사의 사원은 그 지분의 전부 또는 일부를 양도할 수 있지만, 정관으로 지분의 양도를 제한할 수 있다.

③ 주식의 공유자는 각자의 공유지분권에 기하여 이익배당청구권을 각자 행사할 수 있다.

④ 유한책임회사의 업무집행자는 정관으로 정하되, 사원이 아닌 자나 법인을 업무집행자로 정할 수 없다.

⑤ 합자회사와 유한책임회사의 사원은 신용 또는 노무를 출자의 목적으로 할 수 있다.

> **핵심공략** 합명회사 사원 퇴사, 유한회사 지분양도, 유한책임
> 회사 업무집행자, 사원의 출자
>
> - 합명회사 사원 퇴사
>   - ㉠ 정관으로 회사 존립기간 정하지 않거나 어느 사원 종신
>     까지 존속할 것을 정한 경우 ⇨ 사원은 영업년도 말에
>     한하여 퇴사 가능, 6월 전 예고해야
>   - ㉡ 부득이한 사유가 있는 경우 언제든지 퇴사 가능
>   - ㉢ 당연퇴사사유: 정관에 정한 사유의 발생, 총사원 동의,
>     사망, 성년후견개시, 파산, 제명
> - 유한회사 지분 양도
>   - ㉠ 사원은 지분 전부 또는 일부 양도, 상속 가능
>   - ㉡ 정관으로 지분 양도 제한 가능
> - 유한책임회사 사원 출자와 업무집행자
>   - ㉠ 유한책임사원의 출자: 금전이나 그 밖의 재산, 현물 출자
>     가능 ○, 신용이나 노무 ×
>   - ㉡ 업무집행자: 정관으로 사원 또는 사원이 아닌 자(법인
>     가능)를 업무집행자로 지정 가능
> - 합자회사 사원 출자
>   - ㉠ 무한책임사원: 신용, 노무 출자 ○
>   - ㉡ 유한책임사원: 신용, 노무 출자 ×

① [×]

> **해설** 합명회사 사원의 퇴사란 회사가 존속하는 중에 특정사원이
> 사원의 지위를 절대적으로 상실하는 것을 말하며, 사원은 퇴
> 사를 통하여 지분을 환급받아 투하자금을 회수할 수 있게 된
> 다. 퇴사에는 강제퇴사와 당연퇴사가 있다. 강제퇴사는 사원
> 의 압류채권자가 그 사원을 퇴사시키는 것을 말하며, 당연퇴
> 사 사유에는 정관에 정한 사유의 발생, 총사원의 동의, 사망,
> 성년후견개시, 파산, 제명이 있다(제218조). 또한 사원은 영
> 업연도 말에 한하여 퇴사할 수 있으나, 6월 전에 예고해야 한
> 다. 다만, 사원이 부득이한 사유가 있을 때에는 언제든지 퇴
> 사할 수 있다(제217조). 따라서 정관에 정한 퇴사사유가 발
> 생하여 당연퇴사가 되는 경우, 사원은 다른 사원 전원의 동의
> 없이 퇴사할 수 있다.

② [○]

> **해설** 유한회사는 사원이 균등액 단위로 출자하여 자본금을 형성하
> 고, 사원은 회사에 대해 출자금액을 한도로 유한책임을 부담
> 하며, 채권자에 대해 직접적으로 어떠한 책임도 부담하지 않
> 는 회사를 말한다. 사원은 그 **지분의 전부 또는 일부를 양도
> 하거나 상속할 수 있다. 다만, 정관으로 지분의 양도를 제한
> 할 수 있다**(제556조). 따라서 정관으로 정하기만 하면 사원
> 의 지분 양도에 다른 사원의 동의를 얻어야 하는 것으로도
> 할 수 있다. 상법 제556조에 의하면 사원의 지분 양도는 정

관변경의 절차 없이 가능하다. 이와 관련하여 사원의 지분이
양도되면 정관은 자동적으로 변경된 것으로 본다. 또한 사원
의 지분의 이전은 취득자의 성명, 주소와 그 목적이 되는 출
자좌수를 사원명부에 기재하지 아니하면 이로써 회사와 제3
자에게 대항하지 못한다(제557조).

③ [×]

> **해설** 수인이 공동으로 주식을 인수한 자는 연대하여 납입할 책임
> 이 있다(제333조 제1항). 주식이 수인의 공유에 속하는 때에
> 는 공유자는 주주의 권리를 행사할 자 1인을 정하여야 한다
> (제333조 제2항). 따라서 수인이 주식을 공유하고, 주주의
> 권리를 행사할 자 1인을 정한 경우, 이익배당청구권을 행사
> 할 수 있는 자는 주식 공유자가 아닌 주주의 권리를 행사할
> 자로 정한 1인에 한한다.

④ [×]

> **해설** **유한책임회사는 정관으로 사원 또는 사원이 아닌 자를 업무
> 집행자로 정하여야 한다**(제287조의12 제1항). 사원의 전부
> 를 업무집행자로 할 수도 있다. 법인이 업무집행자인 경우 그
> 법인은 업무집행자의 직무를 행할 자를 선임하고, 그 자의 성
> 명과 주소를 다른 사원에게 통지해야 한다(제287조의15 제
> 1항). 이러한 상법 규정에 따라 유한책임회사의 업무집행자
> 는 정관으로 정하여야 하며, 이러한 업무집행자는 사원 또는
> 사원이 아닌 자, 법인 모두 가능하다.

⑤ [×]

> **해설** 합자회사는 무한책임사원과 유한책임사원으로 구성된 인적
> 회사이다. **합자회사의 유한책임사원은 신용 또는 노무를 출
> 자의 목적으로 하지 못하며**(제272조), **무한책임사원은 합명
> 회사의 사원과 같이 노무와 신용도 출자 할 수 있다. 유한책
> 임회사는 출자금액을 한도로 유한책임을 지는 사원만으로
> 구성된 회사를 말한다. 사원이 모두 유한책임사원으로만 구
> 성되고, 사원은 신용이나 노무를 출자의 목적으로 하지 못한
> 다**(제287조의4 제1항). 따라서 합자회사의 무한책임사원만
> 이 신용 또는 노무를 출자의 목적으로 할 수 있다.

# 80

**회사에 있어 사원의 지분 등에 관한 설명 중 옳지 않은 것은?**

[19 변호사]

① 합자회사의 무한책임사원이 지분의 일부를 타인에게 양도하는 경우에는 다른 사원 전원의 동의가 필요하다.

② 업무를 집행하는 사원이 있는 유한책임회사에 있어서 업무를 집행하지 아니한 사원의 지분양도에는 사원 전원의 동의를 얻어야 한다.

③ 합명회사의 사원이 사망한 경우 그 지분은 원칙적으로 상속인에게 상속되지 않고 그 사원은 퇴사된다.

④ 유한회사 사원의 지분은 질권의 목적으로 할 수 있다.

⑤ 주식회사에 있어서 주식의 인수로 인한 권리의 양도는 회사에 대하여 효력이 없다.

정답 ②

> **핵심공략** 회사별 지분양도
> - 합자회사 지분양도
>   ㉠ 무한책임사원: 총사원의 동의
>   ㉡ 유한책임사원: 무한책임사원 전원 동의
> - 유한책임회사 지분양도
>   ㉠ 사원은 다른 사원의 동의 없이 지분 양도 ✕
>   ㉡ 업무 집행하지 않는 사원: 업무집행사원 전원 동의 ○,
>      업무집행사원 없는 경우 사원 전원 동의 ○
> - 합명회사 지분양도
>   ㉠ 사원은 다른 사원의 동의 없이 지분 양도 ✕
>   ㉡ 원칙적으로 지분 상속 인정 ✕
>   ㉢ 사원사망: 상속인에게 상속 ✕, 사원 퇴사
> - 유한회사 지분양도
>   ㉠ 사원 지분 양도, 상속 가능
>   ㉡ 지시식 또는 무기명식 증권 발행 ✕
>   ㉢ 정관에 제한이 없는 경우 지분에 질권 설정 가능

① [○]
**해설** 합자회사 무한책임사원 지분의 양도는 총사원의 동의를 요하므로 유한책임사원의 동의도 필요하다(제269조, 제197조). 유한책임사원 지분의 양도는 무한책임사원 전원의 동의만 있으면 된다(제276조).
상법 제270조는 합자회사 정관에는 각 사원이 무한책임사원인지 또는 유한책임사원인지를 기재하도록 규정하고 있으므로, 정관에 기재된 합자회사 사원의 책임 변경은 정관변경의 절차에 의하여야 하고, 이를 위해서는 정관에 그 의결정족수 내지 동의정족수 등에 관하여 별도로 정하고 있다는 등의 특별한 사정이 없는 한 상법 제269조에 의하여 준용되는 상법 제204조에 따라 총 사원의 동의가 필요하다. 합자회사의 유한책임사원이 한 지분양도가 합자회사의 정관에서 규정하고 있는 요건을 갖추지 못한 경우에는 그 지분양도는 무효이다.(대판 2010.9.30. 2010다21337)

② [✕]
**해설** 유한책임회사의 사원은 다른 사원의 동의를 받지 아니하면 그 지분의 전부 또는 일부를 타인에게 양도하지 못한다(제287조의8 제1항). 다만 업무를 집행하지 아니한 사원은 업무집행사원 전원의 동의가 있으면 지분의 전부 또는 일부를 타인에게 양도할 수 있다. 이 경우 업무집행사원이 없는 경우에는 사원 전원의 동의를 받아야 한다(제287조의8 제1항). 유한책임사원 지분 양도에 관하여 정관으로 달리 정할 수 있다(제287조의8 제3항).

③ [○]
**해설** 합명회사의 경우 원칙적으로 지분의 상속은 인정되지 않는다. 합명회사 사원의 사망은 퇴사원인이므로(제218조 제3호), 상속인이 지분환급청구권을 상속할 뿐이다. 다만 정관으로 지분을 상속할 수 있다고 정할 수 있다(제219조).

④ [○]
**해설** 유한회사 사원의 지분은 질권의 목적으로 할 수 있다(제559조).

⑤ [○]
**해설** 주식의 인수로 인한 권리의 양도는 회사에 대하여 효력이 없다(제319조, 제425조).

변호사시험전문 해커스변호사
**lawyer.Hackers.com**

상법

# PART 4
## 보험법

# 81

「상법」상 보험계약에 관한 설명 중 옳지 않은 것은? (다툼이 있는 경우에는 판례에 의함)                    [21 변호사]

① 보험자가 보험약관의 교부·설명 의무를 위반한 경우 보험 계약자는 보험계약이 성립한 날부터 3개월 이내에 그 계약 을 취소할 수 있다.

② 보험대리상은 보험계약자로부터 보험료를 수령할 수 있는 권한이 있다.

③ 보험자가 서면으로 질문한 사항은 보험계약에 있어서 중요 한 사항에 해당하는 것으로 추정되고 여기의 서면에는 보험 청약서도 포함될 수 있으므로 보험청약서에 일정한 사항에 관하여 답변을 구하는 취지가 포함되어 있다면 그 사항은 고지의무의 대상이 되는 '중요한 사항'으로 추정된다.

④ 보험대리상이 아니면서 특정한 보험자를 위하여 계속적으로 보험계약의 체결을 중개하는 자는 보험계약자로부터 청약, 고지, 통지, 해지, 취소 등 보험계약에 관한 의사표시를 수령 할 수 있는 권한이 있다.

⑤ 보험자가 보험약관의 교부·설명 의무를 위반하여 보험계약 을 체결한 경우에는 보험계약자나 그 대리인이 그 약관에 규정된 고지의무를 위반하였다 하더라도 이를 이유로 보험 계약을 해지할 수는 없다.

## 81                                                      정답 ④

┌─────────────────────────────────────────────┐
│ **핵심공략**  보험대리상의 권한, 설명의무, 고지의무
│
│ ■ 보험대리상의 권한
│   ◇ 대리인에 의하여 보험계약 체결한 경우 대리인이 안 사
│     유는 본인이 안 것과 동일 ○(제646조)
│   ◇ ㉠ 보험료 수령권한, ㉡ 보험증권 교부권한, ㉢ 보험계
│     약자로부터 청약, 고지 등 보험계약 관련 의사표시 수령
│     권한, ㉣ 보험계약자에게 보험계약의 체결, 변경, 해지
│     등 보험계약 관련 의사표시 권한
│ ■ 설명의무
│   ㉠ 약관 교부설명의무 위반의 경우 보험계약자는 보험계
│     약 성립일로부터 3개월 이내에 계약 취소 가능
│   ㉡ 보험계약자나 대리인이 내용을 충분히 잘 알고 있거나,
│     거래상 일반적, 공통된 것이어서 보험계약자가 설명 없
│     이도 충분히 예상할 수 있었거나, 법령을 되풀이, 부연
│     하는 사항은 명시·설명의무의 대상 ×
│   ㉢ 설명의무 위반의 경우 고지의무 위반이 있더라도 보험
│     계약 해지 ×
│ ■ 고지의무의 대상
│   ㉠ 보험자가 서면으로 질문한 사항 중요사항으로 추정
│   ㉡ 보험청약서에 일정 사항에 관한 답변을 구하는 취지가
│     포함되어 있다면 중요사항으로 추정
└─────────────────────────────────────────────┘

① [○]

**해설** 보험자는 보험계약을 체결할 때에 보험계약자에게 보험약관
을 교부하고 그 약관의 중요한 내용을 설명하여야 한다(제
638조의3 제1항). **보험자가 보험약관 교부 및 설명의무를
위반한 경우 보험계약자는 보험계약이 성립한 날부터 3개월
이내에 그 계약을 취소할 수 있다**(제638조의3 제2항).

② [○]

**해설** 보험대리상이란 일정한 보험자를 위해서 계속적으로 보험계
약의 체결을 대리하거나 중개하는 독립된 상인을 말한다. 보
험대리상은 체약대리상과 중개대리상으로 나누어지는데 상
법은 보험대리상의 보험계약 체결권을 인정하여(제646조의
2 제1항) 체약대리상과 중개대리상을 구별하지 않고 있다.
또한 보험자가 상법상 보험대리상의 권한 중 일부를 제한할
수 있으나, 보험자는 그러한 권한 제한을 이유로 선의의 보험
계약자에게 대항하지 못한다(제646조의2 제2항). 보험대리
상은 ㉠ 보험료 수령권한, ㉡ 보험증권 교부권한, ㉢ 보험계
약자로부터 청약, 고지, 통지, 해지, 취소 등 보험계약에 관한
의사표시를 수령할 수 있는 권한, ㉣ 보험계약자에게 보험계
약의 체결, 변경, 해지 등 보험계약에 관한 의사표시를 할 수
있는 권한을 가진다(제646조의2 제1항).

③ [○]

**해설** 보험자가 서면으로 질문한 사항은 보험계약에 있어서 중요
한 사항에 해당하는 것으로 추정되고, 보험청약서에 일정한
사항에 관하여 답변을 구하는 취지가 포함되어 있다면 그 사
항은 상법 제651조에서 말하는 중요한 사항으로 추정된다.
(대판 2004.6.11. 2003다18494)

④ [×]

**해설** 보험중개사는 보험자의 대리인이 아니므로 계약 체결권한,
고지 수령권한, 보험료 수령권한 등 보험자를 대리할 어떠한
권한도 인정되지 않는다.

⑤ [○]

**해설** 보험자 및 보험계약의 체결 또는 모집에 종사하는 자가 보
험약관의 명시·설명의무에 위반하여 보험계약을 체결한 때
에는 그 약관의 내용을 보험계약의 내용으로 주장할 수 없다
할 것이므로, **보험계약자나 그 대리인이 그 약관에 규정된
고지의무를 위반하였다** 하더라도 이를 이유로 **보험계약을
해지할 수는 없다.**(대판 1998.4.10. 97다47255)

## 82

**보험계약에 관한 다음 설명 중 옳지 않은 것은? (다툼이 있는 경우에는 판례에 의함)** [13 변호사]

① 대리인에 의하여 보험계약을 체결한 경우에 대리인이 안 사유는 그 본인이 안 것과 동일한 것으로 한다.

② 보험사고의 발생으로 보험자가 보험금액을 지급한 때에도 보험금액이 감액되지 아니하는 보험의 경우에는 보험계약자는 그 사고 발생 후에는 보험계약을 해지할 수 없다.

③ 보험계약자 또는 피보험자나 보험수익자가 보험사고 발생의 통지의무를 해태함으로 인하여 손해가 증가된 때에는 보험자가 그 증가된 손해를 보상할 책임이 없다.

④ 보험계약이 체결되기 전에 보험사고가 이미 발생하였을 경우, 보험계약의 당사자 쌍방 및 피보험자가 이를 알지 못한 경우를 제외하고는 그 보험계약을 무효로 한다는 상법 제644조의 규정은 강행규정이므로, 당사자 사이의 합의에 의해 이 규정에 반하는 보험계약을 체결하더라도 그 계약은 무효임을 면할 수 없다.

⑤ 보험자가 보험계약자로부터 보험계약의 청약과 함께 보험료 상당액의 전부 또는 일부를 받은 경우에 그 청약을 승낙하기 전에 보험계약에서 정한 보험사고가 생긴 때에는 청약을 거절할 사유가 없는 한 보험자는 보험계약상의 책임을 지지만, 인보험계약의 피보험자가 신체검사를 받아야 하는 경우에 그 검사를 받지 아니한 때에는 그러하지 아니하다.

**82** 정답 ②

**핵심공략** 보험계약의 해지, 보험계약자의 의무, 보험사고의 불확실성, 승낙 전 보험사고

- **보험계약자의 보험계약 해지**
  - ㉠ 보험사고 발생 전 보험계약자는 언제든지 계약의 전부 또는 일부를 해지 가능, 다만 타인을 위한 보험계약의 경우 타인의 동의 없거나 보험증권 소지 않으면 계약 해지 ✕(제649조 제1항)
  - ㉡ 보험사고 발생으로 보험자가 보험금액 지급한 때에도 보험금액이 감액되지 않는 보험의 경우, 보험계약자는 사고발생 후에도 보험계약 해지 가능(제649조 제2항)
- **보험자의 보험계약 해지**
  - ◇ 보험계약자의 보험사고발생 통지의무 불이행을 이유로 보험금 지급 거부 ✕, 보험계약 해지 ✕
    - ㉠ 계속보험료 미지급(제650조 제2항), ㉡ 고지의무위반(제651조), ㉢ 위험변경증가의 통지의무 해태(제652조 제1항), ㉣ 보험계약자 등의 고의나 중과실로 인한 위험증가(제653조)의 경우 해지 가능
- **위험변경증가 통지의무(제652조, 제655조)**
  - ㉠ 보험기간 중 보험계약자 또는 피보험자가 사고발생 위험의 현저한 변경, 증가 사실을 안 경우 지체없이 보험자에게 통지할 의무 부담, 위반의 경우 보험자는 그 사실을 안 날로부터 1월내에 계약해지 가능
  - ㉡ 보험자는 위험변경증가 통지 수령일로부터 1개월 내에 보험료 증액 청구 또는 계약해지 가능
  - ㉢ 보험사고 발생 후라도 보험자는 보험계약 해지 가능, 보험금 지급책임 ✕, 지급보험금 반환청구 가능
  - ㉣ 위험의 변경·증가와 보험사고 간 인과관계 부존재의 경우 보험금 지급 책임 ○
- **보험사고발생 통지의무(제657조)**
  - ㉠ 보험계약자, 피보험자, 보험수익자는 보험사고 발생을 지체 없이 보험자에게 통지해야 함
  - ㉡ 보험사고발생 통지의무 위반으로 손해 증가된 경우 보험자는 증가 손해 보상책임 ✕
  - ㉢ 보험사고발생 통지의무 불이행의 경우 보험자 보험금 지급거부 ✕, 계약해지 ✕
- **보험사고의 불확실성(제644조)**
  - ㉠ 보험계약 당시 보험사고가 이미 발생하였거나 또는 발생할 수 없는 것인 때 계약 무효
  - ㉡ 보험계약 체결 당시 계약당사자가 위험 사실을 알지 못하는 경우 계약 유효
  - ㉢ 강행규정인 보험사고 불확실성 조항에 반하는 조항이 규정된 보험계약은 전부 무효(대판 1998.8.21. 97다50091)

- **승낙 전 보험사고(제638조의2)**
  - ㉠ 보험자가 청약과 함께 보험료의 전부, 일부를 받은 경우 승낙 전에 보험사고가 발생하더라도 청약 거절사유가 없는 한 책임 부담
  - ㉡ 인보험계약 피보험자가 신체검사 받지 않은 경우 승낙 전 보험사고가 발생하더라도 책임 ✕

① [○]

**해설** 대리인에 의하여 보험계약을 체결한 경우에 대리인이 안 사유는 그 본인이 안 것과 동일한 것으로 한다(제646조).

② [✕]

**해설** 보험사고의 발생으로 보험자가 보험금액을 지급한 때에도 보험금액이 감액되지 아니하는 보험의 경우에는 보험계약자는 사고발생 후에도 보험계약을 해지할 수 있다(제649조 제2항).

③ [○]

**해설** 보험계약자 또는 피보험자나 보험수익자는 보험사고의 발생을 안 때에는 지체 없이 보험자에게 그 통지를 발송하여야 한다(제657조 제1항). 보험계약자 또는 피보험자나 보험수익자가 보험사고 발생 통지의무를 해태함으로 인하여 손해가 증가된 때에는 보험자는 그 증가된 손해를 보상할 책임이 없다(제657조 제2항).

④ [○]

**해설** 보험계약 체결 전에 보험사고가 이미 발생하였을 경우, 보험계약의 당사자 쌍방 및 피보험자가 이를 알지 못한 경우를 제외하고는 그 보험계약을 무효로 한다는 **상법 제644조의 규정은, 보험사고는 불확정한 것이어야 한다는 보험의 본질에 따른 강행규정으로,** 당사자 사이의 합의에 의해 이 규정에 반하는 보험계약을 체결하더라도 그 계약은 무효임을 면할 수 없다.(대판 1998.8.21. 97다50091)

⑤ [○]

**해설** 보험자가 보험계약자로부터 보험계약의 청약과 함께 보험료 상당액의 전부 또는 일부를 받은 경우에 그 청약을 승낙하기 전에 보험계약에서 정한 보험사고가 생긴 때에는 그 청약을 거절할 사유가 없는 한 보험자는 보험계약상의 책임을 진다(제638조의2 제3항 본문). 그러나 인보험계약의 피보험자가 신체검사를 받아야 하는 경우에 그 검사를 받지 아니한 때에는 그러하지 아니하다(제638조의2 제3항 단서).

# 83

**보험약관의 교부·설명 의무에 관한 설명 중 옳지 않은 것은? (다툼이 있는 경우 판례에 의함)** [19 변호사]

① 보험계약의 중요사항은 반드시 보험약관에 규정된 것에 한정된다고 할 수 없으므로, 보험약관만으로 보험계약의 중요사항을 설명하기 어려운 경우에는 적절한 추가자료를 활용하는 등의 방법을 통하여 보험계약의 중요사항을 고객이 이해할 수 있도록 설명하여야 한다.

② 보험자가 보험계약을 체결할 때에 보험계약자에게 보험약관을 교부하고 그 약관의 중요한 내용을 설명할 의무를 위반한 경우, 보험계약자는 보험계약이 성립한 날부터 3개월 이내에 보험계약을 취소할 수 있다.

③ 보험자의 책임은 당사자 간에 다른 약정이 없으면 최초의 보험료의 지급을 받은 때부터 개시한다고 규정하고 있는 「상법」의 일반 조항과 다른 내용으로 보험자의 책임개시시기를 정한 경우, 그 약관 내용은 보험자가 구체적이고 상세한 명시·설명 의무를 지는 보험계약의 중요한 내용이라 할 수 없다.

④ 통신판매 방식으로 체결된 상해보험계약에서 보험자가 약관 내용의 개요를 소개한 것이라는 내용과 면책사고에 해당하는 경우를 확인하라는 내용이 기재된 안내문과 청약서를 보험계약자에게 우송한 것만으로는 보험자의 면책약관에 관한 설명의무를 다한 것으로 볼 수 없다.

⑤ 보험약관의 중요한 내용에 해당하는 사항이라 하더라도 보험계약자가 그 내용을 충분히 잘 알고 있는 경우에는 해당 약관이 바로 계약 내용이 되어 당사자에 대하여 구속력을 가지므로 보험자로서는 보험계약자에게 약관의 내용을 따로 설명할 필요가 없다.

**83**  정답 ③

---

> **핵심공략** 보험약관 교부설명의무
>
> - 교부설명의 대상
>   - ㉠ 중요한 내용이란 사회통념상 보험계약 체결 여부에 영향을 줄 수 있는 사항을 의미
>   - ㉡ 설명의무 대상이 아니라는 점에 대하여 보험자 입증책임
>   - ㉢ 중요한 내용이더라도 보험계약자나 그 대리인이 그 내용을 충분히 잘 알고 있는 경우 설명의무 ✕
> - 중요한 내용 해당 예
>   - ㉠ 상법상 보험자책임 개시시기와 달리 책임개시 시기 정한 조항, ㉡ 상대방 차량 가입보험에 따른 보상금 공제 액수만 보험금 지급된다는 조항, ㉢ 피보험차량 유상운송의 경우 보험자 면책 조항
> - 교부설명의 방법
>   - ㉠ 보험약관만으로 중요사항 설명하기 어려운 경우 상품설명서 등 적절한 추가자료를 활용하는 등의 방법으로 중요사항을 고객이 이해할 수 있도록 설명해야 함
>   - ㉡ 안내문에 보험약관의 내용을 기재하여 송부한 것만으로 설명의무 이행 ✕

① [○]

**해설** 보험계약의 중요사항은 반드시 보험약관에 규정된 것에 한정된다고 할 수 없으므로, **보험약관만으로 보험계약의 중요사항을 설명하기 어려운 경우**에는 보험회사 또는 보험모집종사자는 상품설명서 등 **적절한 추가자료를 활용하는 등의 방법**을 통하여 개별 보험상품의 특성과 위험성에 관한 보험계약의 중요사항을 고객이 이해할 수 있도록 설명해야 한다. (대판 2018.4.12. 2017다229536)

② [○]

**해설** 보험자가 보험약관 교부 및 설명의무를 위반한 경우 보험계약자는 보험계약이 성립한 날부터 3개월 이내에 그 계약을 취소할 수 있다(제638조의3 제2항).

③ [✕]

**해설** 보험자의 책임은 당사자 간에 다른 약정이 없으면 최초의 보험료를 지급받은 때로부터 개시한다고 규정하고 있는 상법의 일반 조항과 다른 내용으로 보험자의 책임개시시기를 정한 경우, 그 약관 내용은 보험자가 구체적이고 상세한 명시·설명의무를 지는 보험계약의 중요한 내용이고, 그 약관의 내용이 거래상 일반적이고 공통된 것이어서 보험계약자가 별도의 설명 없이도 충분히 예상할 수 있었던 내용이라 할 수 없다. (대판 2005.12.9. 2004다26164,26171)

④ [○]

**해설** ㉠ 보험자가 보험약관의 명시·설명의무에 위반하여 보험계약을 체결한 때에는 그 약관의 내용을 보험계약의 내용으로 주장할 수 없다. ㉡ 보험약관의 중요한 내용에 해당하는 사항이라 하더라도 보험계약자나 그 대리인이 그 내용을 충분히 잘 알고 있는 경우에는 당해 약관이 바로 계약 내용이 되어 당사자에 대하여 구속력을 가지므로 보험자로서는 보험계약자 또는 그 대리인에게 약관의 내용을 따로 설명할 필요가 없다. ㉢ 보험계약의 청약을 유인하는 안내문에 보험약관의 내용이 추상적·개괄적으로 소개되어 있을 뿐 그 약관 내용이 당해 보험계약에 있어서 일반적이고 공통된 것이어서 보험계약자가 충분히 예상할 수 있거나 법령의 규정에 의하여 정하여진 것을 부연하는 것과 같은 것이 아닌 이상, 그러한 안내문의 송부만으로 그 약관에 대한 보험자의 설명의무를 다하였다거나 보험계약자가 그 내용을 알게 되어 굳이 설명의무를 인정할 필요가 없다고는 할 수 없으며, 이와 같은 보험약관의 명시·설명의무에 관한 법리는 보험료율이 낮다거나 보험계약의 체결 방식이 통상의 경우와 다르다고 하여 달라지지 아니한다. ㉣ 보험계약자가 보험자의 보험약관 명시·설명의무 위반을 이유로 보험계약을 취소하지 않았다고 하더라도 보험자의 설명의무 위반의 법률효과가 소멸되어 이로써 보험계약자가 보험자의 **설명의무 위반의 법률효과를 주장할 수 없다거나** 보험자의 설명의무 위반의 하자가 치유되는 것이 아니다. ㉤ 통신판매 방식으로 체결된 상해보험계약에서 보험자가 약관 내용의 개요를 소개한 것이라는 내용과 면책사고에 해당하는 경우를 확인하라는 내용이 기재된 안내문과 청약서를 보험계약자에게 우송한 것만으로는 보험자의 면책약관에 관한 설명의무를 다한 것으로 볼 수 없다. (대판 1999.3.9. 98다43342,43359)

⑤ [○]

**해설** 보험약관의 중요한 내용에 해당하는 사항이라 하더라도 **보험계약자나 그 대리인이 그 내용을 충분히 잘 알고 있는 경우**에는 당해 약관이 바로 계약 내용이 되어 당사자에 대하여 **구속력을 가지므로** 보험자로서는 보험계약자 또는 그 대리인에게 약관의 내용을 따로 설명할 필요가 없다.(대판 1999.3.9. 98다43342,43359)

## 84

보험계약의 체결에 있어서 고지의무에 관한 설명 중 옳지 않은 것은?(다툼이 있는 경우 판례에 의함)  [16 변호사]

① 보험계약 당시에 보험계약자 또는 피보험자가 고의 또는 중대한 과실로 중요한 사항에 대하여 고지하지 않거나 부실의 고지를 하는 경우 고지의무 위반이 된다.

② 냉동창고에 대한 화재보험계약 체결시에 보험의 목적인 냉동창고 건물이 완성되지 않아 완성된 냉동창고에 비하여 현저히 높은 화재위험에 노출되어 있었던 경우에 잔여공사를 계속하여야 한다는 사정은 고지의무의 대상이 된다.

③ 생명보험계약에 있어서 고지의무 위반이 있는 경우 보험자는 그 위반사실을 증명하여 보험계약자나 그의 상속인(또는 그들의 대리인)에 대하여 해지의 의사표시를 할 수 있다.

④ 고지의무 위반시 보험자는 보험사고 발생 후라도 그 위반사실을 안 날로부터 1월 내에, 보험계약 체결시로부터 3년 내에 한하여 보험계약을 해지할 수 있다.

⑤ 고지의무를 위반한 사실이 보험사고 발생에 영향을 미치지 아니하였음이 증명된 경우라 하더라도 보험자는 보험계약을 해지할 수 있을 뿐만 아니라 보험금지급책임도 면한다.

**84** 　　　　　　　　　　　　　　　　　정답 ⑤

> **핵심공략** 고지의무
>
> - 의의
>   - ㉠ 보험계약 당시 보험계약자 또는 피보험자가 고의 또는 중과실로 중요사항을 고지하지 아니하거나 부실고지를 한 때 보험자는 그 사실을 안 날로부터 1월 내, 계약체결일로부터 3년 내 계약해지 가능
>   - ㉡ 보험자가 계약 당시에 그 사실을 알았거나 중과실로 알지 못한 경우 적용 ✕
>   - ㉢ 인보험 수익자는 고지의무자 ✕
>   - ㉣ 보험계약자 고의·중과실 입증책임 ⇨ 보험자, 보험계약 해지 상대방 ⇨ 보험계약자 또는 상속인
> - 고지의무의 대상인 중요사항
>   - ㉠ 보험자가 서면으로 질문한 사항 중요사항으로 추정
>   - ㉡ 보험청약서에 일정 사항에 관한 답변을 구하는 취지가 포함되어 있다면 중요사항으로 추정
>   - ㉢ 냉동창고건물에 관한 화재보험계약에 있어 건물 미완공 사실은 고지의무 대상 ○
> - 고지의무위반의 효과
>   - ㉠ 고지의무 위반과 보험사고 발생 사이 인과관계 부존재의 경우 보험자는 보험금 지급책임 ○
>   - ㉡ 고지의무 위반과 보험사고 발생 사이 인과관계 부존재의 경우 보험자는 보험계약 해지 가능

① [○]

**해설** 보험계약자 또는 피보험자가 고의 또는 중대한 과실로 인하여 중요한 사항을 고지하지 아니하거나 부실의 고지를 한 때에는 보험자는 그 사실을 안 날로부터 1월 내에, 계약을 체결한 날로부터 3년 내에 한하여 계약을 해지할 수 있다(제651조 본문).

② [○]

**해설** 甲이 乙 주식회사와 냉동창고건물에 관한 보험계약을 체결하였는데, 체결 당시 보험의 목적인 건물이 완성되지 않아 잔여공사를 계속하여야 한다는 사정을 乙 회사에 고지하지 않은 사안에서, 위 냉동창고건물은 형식적 사용승인에도 불구하고 냉동설비공사 등 주요 공사가 완료되지 않아 잔여공사를 계속해야 할 상황이었고, 이러한 공사로 인하여 완성된 냉동창고건물에 비하여 현저히 높은 화재 위험에 노출되어 있었으며, 위험의 정도나 중요성에 비추어 甲은 보험계약을 체결할 때 이러한 사정을 고지하여야 함을 충분히 알고 있었거나 적어도 현저한 부주의로 인하여 이를 알지 못하였다고 봄이 타당하다.(대판 2012.11.29. 2010다38663,38670)

③ [○]

**해설** 보험계약자의 고지의무 위반을 이유로 보험자가 보험계약을 해지하는 경우 ㉠ 보험계약자의 고의, 중과실에 대한 입증책임은 보험자에게 있고, ㉡ 보험계약 해지의 상대방은 계약당사자인 보험계약자나 그의 상속인이다.

㉠ 보험계약자의 고의, 중과실에 대한 입증책임은 보험자에게 있다.(대판 2013.6.13. 2011다54631,54648), ㉡ 생명보험계약에 있어서 고지의무위반을 이유로 한 해지의 경우에는 계약의 상대방 당사자인 보험계약자나 그의 상속인(또는 그들의 대리인)에 대하여 해지의 의사표시를 하여야 하고, 타인을 위한 보험에 있어서도 보험금 수익자에게 해지의 의사표시를 하는 것은 특별한 사정(보험약관상의 별도기재 등)이 없는 한 효력이 없다.(대판 1989.2.14. 87다카2973)

④ [○]

**해설** 보험자는 보험계약자의 고지의무 위반 사실을 안 날로부터 1월 내에, 계약을 체결한 날로부터 3년 내에 한하여 계약을 해지할 수 있다(제651조 본문). 다만 보험자가 보험계약 당시 고지의무 위반의 사실을 알았거나 중대한 과실로 알지 못한 경우에는 보험계약을 해지할 수 없다(제651조 단서). **보험자의 계약해지는 보험사고 발생 전후를 불문하고, 고지의무 위반과 보험사고 사이에 인과관계가 인정되지 않는 경우에도 고지의무 위반을 이유로 보험계약을 해지할 수 있다.**

⑤ [✕]

**해설** 보험자는 **고지의무를 위반한 사실과 보험사고의 발생 사이의 인과관계를 불문하고** 상법 제651조에 의하여 **고지의무 위반을 이유로 계약을 해지할 수 있다.** 그러나 **보험금액청구권**에 관해서는 보험사고 발생 후에 고지의무 위반을 이유로 보험계약을 해지한 때에는 **고지의무에 위반한 사실과 보험사고 발생 사이의 인과관계에 따라 보험금액 지급책임이 달라지고, 그 범위 내에서 계약해지의 효력이 제한될 수 있다.**(대판 2010.7.22. 2010다25353)(고혈압 진단 및 투약 사실에 관한 피보험자의 고지의무 위반과 백혈병 발병이라는 보험사고 사이에 인과관계가 인정되지 않지만 보험자가 고지의무 위반을 이유로 보험계약을 해지할 수 있다고 본 사안)

# 85

「상법」상 보험료 지급의무에 관한 설명 중 옳지 않은 것은? (다른 약관이나 당사자 간에 다른 약정은 없는 것으로 가정하고, 다툼이 있는 경우에는 판례에 의함)　　　[17 변호사]

① 보험계약자가 계약체결 후 보험료의 전부 또는 제1회 보험료를 지급하지 아니한 경우, 다른 약정이 없는 한 계약성립 후 2개월이 경과하면 그 계약은 해제된 것으로 본다.

② 보험자가 보험계약의 청약에 대하여 승낙을 하지 아니한 동안에 보험계약의 청약인으로부터 제1회 보험료로 선일자수표를 발행받은 경우 보험자가 그 선일자수표를 받은 날로부터 보험자의 책임이 개시된다.

③ 계속보험료가 약정한 시기에 지급되지 아니하였음을 이유로 상당한 기간을 정하여 보험계약자에게 최고하지 않고 곧바로 보험계약이 해지되거나 실효됨을 규정한 보험약관은 「상법」 규정에 위배되어 무효이다.

④ 특정한 타인을 위한 보험의 경우에 보험계약자가 보험료의 지급을 지체한 때에는 보험자는 그 타인에게도 상당한 기간을 정하여 보험료의 지급을 최고한 후가 아니면 그 보험계약을 해제 또는 해지하지 못한다.

⑤ 계속보험료의 지급지체로 보험계약이 적법하게 해지되고 해지환급금이 지급되지 아니한 경우에 보험계약자는 일정한 기간내에 연체보험료에 약정이자를 붙여 보험자에게 지급하고 그 계약의 부활을 청구할 수 있다.

---

**핵심공략** **보험료지급의무**

ⓐ 보험자 책임은 다른 약정이 없으면 최초 보험료 지급시에 개시(제656조)

ⓑ 제1회 보험료로 선일자수표를 발행받고 보험료 가수증을 해주었더라도 선일자수표를 받은 날을 보험자 책임발생 시점이 되는 제1회 보험료 수령일로 보아서는 안 됨

ⓒ 보험계약자가 계약 체결 후 지체 없이 보험료 전부 또는 제1회 보험료 미지급하는 경우 계약 성립 후 2월 경과하면 계약 해제 간주(제650조 제1항)

ⓓ 타인을 위한 보험의 경우 보험계약자가 보험료 지급 지체한 때 보험자는 그 타인에게도 상당 기간보험료 지급을 최고한 후가 아니면 그 계약을 해제 또는 해지하지 못함(제650조 제3항)

ⓔ 계속보험료(최초 보험료 ✕) 미지급으로 보험계약이 해지되고 해지환급금이 지급되지 않은 경우 보험계약자는 연체보험료에 약정이자를 붙여 보험자에게 지급하고 그 계약 부활 청구 가능(제650조의2)

ⓕ 분납보험료 미지급 시 바로 보험계약 해지·실효되고 보험자가 보험금지급책임을 면하는 약관은 무효

① [○]

**해설** 보험계약자는 계약체결 후 지체 없이 보험료의 전부 또는 제1회 보험료를 지급하여야 하며, 보험계약자가 이를 지급하지 아니하는 경우에는 다른 약정이 없는 한 계약 성립 후 2월이 경과하면 그 계약은 해제된 것으로 본다(제650조 제1항).

② [✕]

**해설** 선일자수표는 대부분의 경우 당해 발행일자 이후의 제시기간 내의 제시에 따라 결제되는 것이라고 보아야 하므로 선일자수표가 발행 교부된 날에 액면금의 지급효과가 발생된다고 볼 수 없으니 제1회 보험료로서 선일자수표를 발행받고 보험료 가수증을 해주었더라도 그가 선일자수표를 받은 날을 보험자의 책임발생 시점이 되는 제1회 보험료의 수령일로 보아서는 안 된다.(대판 1989.11.28. 88다카33367)

③ [○]

**해설** 실효약관이란 보험료 미지급이 일정 기간 계속되는 경우 보험자의 별도의 최고나 해지의 의사표시 없이 보험계약이 실효 또는 해지되는 것을 내용으로 하는 보험약관 규정을 말한다. 상법 제650조는 보험료가 적당한 시기에 지급되지 아니한 때에는 보험자는 상당한 기간을 정하여 보험계약자에게 최고하고 그 기간 내에 지급하지 아니한 때에는 계약을 해지할 수 있도록 규정하고, 같은 법 제663조는 위 규정을 보험당사자 간의 특약으로 보험계약자 또는 보험수익자의 불이익으로 변경하지 못한다고 규정하고 있으므로, 분납 보험료가 소정의 시기에 납입되지 아니하였음을 이유로 그와 같은 절차를 거치지 아니하고 막바로 보험계약이 해지되거나 실효됨을 규정하고 보험자의 보험금지급 책임을 면하도록 규정한 보

험약관은 위 상법의 규정에 위배되어 무효이다.(대판 1995. 11.16. 94다56852)

④ [○]

**해설** 특정한 타인을 위한 보험의 경우에 보험계약자가 보험료의 지급을 지체한 때에는 보험자는 그 타인에게도 상당한 기간을 정하여 보험료의 지급을 최고한 후가 아니면 그 계약을 해제 또는 해지하지 못한다(제650조 제3항).

⑤ [○]

**해설** 계속보험료의 연체를 이유로 보험계약이 해지되고 해지환급금이 지급되지 아니한 경우에 보험계약자는 일정한 기간 내에 연체보험료에 약정이자를 붙여 보험자에게 지급하고 그 계약의 부활을 청구할 수 있다(제650조의2).

# 86

「상법」 제680조에 의한 손해방지비용과 「상법」 제720조에 의한 방어비용에 관한 설명 중 옳지 않은 것은? (다툼이 있는 경우 판례에 의함) [15 변호사]

① 보험사고 발생시 또는 보험사고가 발생한 것과 같게 볼 수 있는 경우에 피보험자의 법률상 책임 여부가 판명되지 않은 상태에서 피보험자가 손해확대방지를 위한 긴급한 행위를 하였다면, 이로 인하여 발생한 필요 또는 유익한 비용도 손해확대방지를 위한 비용으로서 보험자가 부담하는 것으로 해석하여야 한다.

② 손해의 방지와 경감을 위하여 필요 또는 유익하였던 비용과 보상액은 보험금액을 한도로 하여 보험자가 이를 부담한다.

③ 피보험자가 제3자의 청구를 방어하기 위하여 지출한 재판상 또는 재판외의 필요비용은 보험의 목적에 포함된 것으로 한다.

④ 손해방지비용과 방어비용은 서로 구별되는 것이므로 보험계약에 적용되는 보통약관에 손해방지비용과 관련한 별도의 규정을 두고 있다고 하더라도 그 규정이 당연히 방어비용에 대하여도 적용된다고 할 수는 없다.

⑤ 피보험자는 보험자에 대하여 방어비용의 선급을 청구할 수 있다.

## 86
정답 ②

핵심공략 손해방지비용, 방어비용

- 손해방지비용
  - ㉠ 손해방지의무비용과 보상액이 보험금액을 초과하더라도 보험자가 부담(제680조 제1항 단서)
  - ㉡ 손해방지의무 위반을 이유로 보험자는 계약 해지 ✕
  - ㉢ 피보험자 책임 불분명한 상태에서 손해확대방지 위해 피보험자가 지출한 필요·유익비용 보험자 부담
  - ㉣ 보험계약자와 피보험자가 고의 또는 중과실로 손해방지의무 위반한 경우 보험자는 손해방지의무 위반과 상당인과관계 손해에 대하여 배상청구하거나 보험금과 상계 가능, 경과실 위반의 경우 ✕
  - ㉤ 손해방지비용과 방어비용은 구별. 약관상 손해방지비용 규정이 방어비용에도 적용된다고 볼 수 ✕
- 방어비용
  - ㉠ 피보험자가 제3자 청구 방어 위해 지출한 재판상 또는 재판 외 방어비용 보험목적에 포함 ○
  - ㉡ 피보험자는 보험자에게 방어비용 선급 청구 가능
  - ㉢ 보험자 지시로 지출된 방어비용과 손해액 합계액이 보험금액을 초과해도 보험자가 부담
  - ㉣ 보험자 지시에 의하지 않은 방어비용과 손해액의 합계액 중 보험금액 초과 부분은 보험자 부담 ✕
  - ㉤ 피보험자와 보험자의 법률상 책임이 판명되지 아니한 상태에서 피보험자가 소송에 응소하여 지출하였거나 지출할 것이 명백히 예상되는 필요비용도 방어비용에 해당(대판 2002.6.28. 2002다22106)
  - ㉥ 방어비용에 해당하는 변호사비용은 미리 보험자 동의가 없으면 보험자가 책임이 없다는 약관조항은 불이익변경을 금지한 상법 제663조에 반하여 무효(대판 2002. 6.28. 2002다22106)

① [○]

**해설** 손해보험의 일종인 책임보험에 있어서도 보험자가 보상책임을 지지 아니하는 사고에 대하여는 손해방지의무가 없고, 따라서 이로 인한 보험자의 비용부담 등의 문제도 발생할 수 없다 할 것이나, 보험사고 발생시 피보험자의 법률상 책임 여부가 판명되지 아니한 상태에서 피보험자가 손해확대방지를 위한 긴급한 행위를 함으로써 발생한 필요·유익한 비용도 손해방지비용에 관한 상법 규정에 따라 보험자가 부담하여야 한다.(대판 1993.1.12. 91다42777)

② [✕]

**해설** 손해보험의 보험계약자와 피보험자는 손해의 방지와 경감을 위하여 노력하여야 한다(제680조 제1항 본문). 이를 위하여 **필요 또는 유익하였던 비용과 보상액이 보험금액을 초과한 경우라도 보험자가 이를 부담**한다(제680조 제1항 단서).

③ [○]

**해설** 피보험자가 제3자의 청구를 방어하기 위하여 지출한 재판상 또는 재판외의 필요비용은 보험의 목적에 포함된 것으로 한다(제720조 제1항).

④ [○]

**해설** **보험계약 보통약관에 손해방지비용과 관련한 별도의 규정을 두고 있다고 하더라도, 그 규정이 당연히 방어비용에 대하여도 적용된다고 할 수는 없다.**(대판 2006.6.30. 2005다21531)

⑤ [○]

**해설** 피보험자는 보험자에 대하여 방어비용의 선급을 청구할 수 있다(제720조 제1항).

## 87

「상법」상 보험자대위에 관한 설명 중 옳은 것을 모두 고른 것은? (다툼이 있는 경우에는 판례에 의함)  [20 변호사]

ㄱ. 제3자에 대한 보험자대위에 관한 「상법」 제682조 소정의 제3자의 행위란 피보험이익에 대하여 손해를 일으키는 행위를 뜻하는 것으로서 고의 또는 과실에 의한 행위만이 이에 해당하는 것은 아니다.

ㄴ. 타인을 위한 손해보험에서 보험계약자가 보험사고를 일으킨 경우 보험계약자는 제3자에 대한 보험자대위에 관한 「상법」 제682조 소정의 제3자의 범주에서 제외된다.

ㄷ. 타인을 위한 손해보험에서 손해가 보험계약자나 피보험자와 생계를 같이 하는 가족이 고의로 일으킨 사고로 발생한 경우 보험금을 전부 지급한 보험자는 그 지급한 금액의 한도에서 그 가족에 대한 보험계약자 또는 피보험자의 권리를 취득한다.

ㄹ. 상해보험계약의 경우 당사자 사이의 약정에 의하여 보험자는 피보험자의 권리를 해하지 아니하는 범위 안에서 보험사고로 인하여 생긴 보험계약자 또는 보험수익자의 제3자에 대한 권리를 대위하여 행사할 수 있다.

① ㄱ, ㄴ
② ㄱ, ㄹ
③ ㄴ, ㄷ
④ ㄱ, ㄷ, ㄹ
⑤ ㄴ, ㄷ, ㄹ

## 87 정답 ④

> **핵심공략** 보험자대위
>
> - 의의
>   - ㉠ 손해가 제3자의 행위로 발생한 경우 보험금을 지급한 보험자는 지급금액의 한도에서 제3자에 대한 보험계약자 또는 피보험자의 권리 취득(제682조 제1항 본문)
>   - ㉡ 상해보험계약의 경우 당사자 간 다른 약정이 있는 경우 보험자는 피보험자 권리를 해하지 아니하는 범위 안에서 권리대위행사 가능(제729조 단서)
> - 제3자 행위에 의한 보험사고 발생
>   - ㉠ 보험계약자나 피보험자와 생계를 같이 하는 가족은 제3자에 해당 ✕, 보험자대위 ✕
>   - ㉡ 손해가 가족의 고의로 인한 경우 보험자대위 ○
>   - ㉢ 제3자의 행위는 제3자의 고의, 과실에 의한 행위에 한정 ✕
>   - ㉣ 화재보험의 피보험자는 청구권대위의 상대방 ✕
>   - ㉤ 타인을 위한 보험계약에서 보험계약자는 제3자에 해당 ○

**해설** ㄱ. [○]

보험사고에 의하여 손해가 발생하고 피보험자가 그 손해에 관하여 제3자에게 손해배상 청구권을 갖게 되면 보험금을 지급한 보험자는 제3자에게 귀책사유가 있음을 입증할 필요가 없이 법률의 규정에 의하여 당연히 그 손해배상 청구권을 취득하게 된다고 할 것이므로, 상법 제682조 소정의 **제3자의 행위**란 피보험이익에 대하여 손해를 일으키는 행위를 뜻하는 것으로서 **고의 또는 과실에 의한 행위만이 이에 해당하는 것은 아니다.**(대판 1995.11.14. 95다33092)

ㄴ. [✕]

타인을 위한 손해보험계약은 타인의 이익을 위한 계약으로서 그 타인(피보험자)의 이익이 보험의 목적이지 여기에 당연히 (특약 없이) 보험계약자의 보험이익이 포함되거나 예정되어 있는 것은 아니므로 피보험이익의 주체가 아닌 보험계약자는 비록 보험자와의 사이에서는 계약당사자이고 약정된 보험료를 지급할 의무자이지만 그 지위의 성격과 보험자대위 규정의 취지에 비추어 보면 **보험자대위에 있어서 보험계약자와 제3자를 구별하여 취급할 법률상의 이유는 없는 것이며** 따라서 타인을 위한 손해보험계약자가 당연히 제3자의 범주에서 제외되는 것은 아니다.(대판 1989.4.25. 87다카1669)

ㄷ. [○]

보험계약자나 피보험자의 제3자에 대한 권리가 그와 생계를 같이 하는 가족에 대한 것인 경우 보험자는 그 권리를 취득하지 못한다(제682조 제2항 본문). 다만, 손해가 그 **가족의 고의로 인하여 발생한** 경우에는 그러하지 아니하다(제682조 제2항 단서).

설문의 경우 타인을 위한 손해보험에서 손해가 보험계약자나 피보험자와 생계를 같이 하는 가족이 '고의'로 인하여 발생한 경우이므로 보험금을 전부 지급한 보험자는 상법 제682조 제2항 단서에 따라 지급금액의 한도에서 가족에 대한 보험계약자 또는 피보험자의 권리를 취득한다.

ㄹ. [○]

상해보험의 경우 보험금은 보험사고 발생에 의하여 바로 그 지급조건이 성취되고, 보험자와 보험계약자 또는 피보험자 사이에 **피보험자의 제3자에 대한 권리를 대위하여 행사할 수 있다는 취지의 약정이 없는 한**, 피보험자가 제3자로부터 손해배상을 받더라도 이에 관계없이 보험자는 보험금을 지급할 의무가 있고, **피보험자의 제3자에 대한 권리를 대위하여 행사할 수도 없다.**(대판 2002.3.29. 2000다18752,18769)

## 88

甲은 A보험회사와 자신을 피보험자로 하여 자신의 자동차에 대한 차량보험계약을 체결하고 그 자동차로 도로를 운행하던 중, 무단으로 중앙선을 침범하여 운전한 乙의 자동차에 의해 甲의 자동차가 크게 파손되는 사고를 당하여 A보험회사에 보험금청구권을 갖게 되었다. 이에 관한 설명 중 옳지 않은 것은? (아래 각 지문은 독립적이며, 다툼이 있는 경우 판례에 의함)　　　　　　　　　[16 변호사]

① A보험회사가 甲에 대해 차량보험금을 전액 지급하였다면, A보험회사는 그 지급한 금액의 한도에서 甲의 乙에 대한 손해배상청구권을 대위할 수 있다.

② 甲이 보험금을 지급받은 후 乙에 대한 손해배상청구권을 포기한 경우라 하더라도 A보험회사는 여전히 甲의 乙에 대한 손해배상청구권을 대위할 수 있다.

③ 甲에게 보험금을 지급한 A보험회사가 乙에 대해 대위할 수 있는 손해배상청구권은 甲의 A보험회사에 대한 보험금청구권과 같이 위 사고발생일로부터 3년의 시효로 소멸한다.

④ 甲이 A보험회사로부터 보험금을 지급받은 후, 乙이 A보험회사의 대위권 취득의 사실을 모르고 과실 없이 甲에게 손해배상금을 지급한 때에는 A보험회사는 乙에 대해 대위권을 행사할 수 없다.

⑤ 乙이 생계를 같이하는 甲의 배우자인 경우 A보험회사는 甲의 손해배상청구권을 대위할 수 없지만, 만일 乙이 고의로 위 사고를 일으켰다면 A보험회사는 乙에 대해 대위할 수 있다.

---

**핵심공략** 보험자대위

- 보험자대위 범위
  - ㉠ 보험금 일부 지급의 경우 피보험자 권리를 침해하지 않는 범위에서 보험자대위 가능
  - ㉡ 보험자 면책으로 지급 의무 없음에도 임의로 보험금 지급한 경우 보험자대위권 ✕
  - ㉢ 피보험자가 보험사고에 무과실인 경우, 보험자대위권 ✕
  - ㉣ 설명의무 위반으로 면책약관 주장 못하여 보험금을 지급하게 된 경우 보험자대위 가능
- 보험자대위의 효과
  - ㉠ 보험금 지급과 동시에 보험계약자 또는 피보험자의 제3자에 대한 권리는 보험자에게 이전
  - ㉡ 보험자대위에 의하여 제3자에 대한 권리는 동일성을 잃지 않고 그대로 보험자에게 이전
  - ㉢ 보험자 취득 채권의 소멸시효기간과 기산점 또한 피보험자 등의 제3자에 대한 채권을 기준
  - ㉣ 보험자가 보험금을 지급한 이후 보험계약자 또는 피보험자는 권리를 행사하거나 처분할 수 없음
  - ㉤ 피보험자가 제3자에 대한 손해배상청구권을 포기하더라도 이러한 포기는 효력 ✕, 채권자대위 가능
  - ㉥ 제3자의 변제가 채권의 준점유자에 대한 변제로 유효한 경우, 보험자는 피보험자에게 부당이득반환청구 또는 손해배상청구 가능

---

① [○]

**해설** 손해보험의 경우 **손해가 제3자의 행위로 인하여 발생**한 경우에 **보험금을 지급한 보험자는 그 지급한 금액의 한도에서 그 제3자에 대한 보험계약자 또는 피보험자의 권리를 취득한다**(제682조 제1항 본문). 다만, 보험자가 보상할 보험금의 일부를 지급한 경우에는 피보험자의 권리를 침해하지 아니하는 범위에서 그 권리를 행사할 수 있다(제682조 제1항 단서).

② [○]

**해설** 화재보험의 피보험자가 보험금을 지급받은 후 화재에 대한 책임 있는 자로부터 손해배상을 받으면서 나머지 손해배상청구권을 포기하였다 하더라도, 피보험자의 화재에 대한 책임 있는 자에 대한 손해배상청구권은 피보험자가 보험자로부터 보험금을 지급받음과 동시에 그 보험금액의 범위 내에서 보험자에게 당연히 이전되므로, 이미 이전된 보험금 상당 부분에 관한 손해배상청구권의 포기는 무권한자의 처분행위로서 효력이 없고, 따라서 보험자가 이로 인하여 손해를 입었다고 볼 수 없다.(대판 1997.11.11. 97다37609)

③ [✕]

**해설** 보험자대위에 의하여 피보험자 등의 제3자에 대한 권리는 동일성을 잃지 않고 그대로 보험자에게 이전되는 것이므로, 이때에 **보험자가 취득하는 채권의 소멸시효 기간과 그 기산점 또한 피보험자 등이 제3자에 대하여 가지는 채권 자체를 기준**으로 판단하여야 한다.(대판 1999.6.11. 99다3143) 설문의 경우 甲이 乙에 대하여 보유하는 채권은 불법행위채권이므로 손해 및 가해자를 안 날로부터 3년, 불법행위가 있은 날로부터 10년의 시효로 소멸한다(민법 제766조).

④ [○]

**해설** 보험금을 지급한 보험자가 피보험자를 상대로 보험자대위권 침해를 이유로 부당이득반환 또는 손해배상청구를 하기 위하여는 ㉠ 보험자가 피보험자에게 보험금을 지급한 사실, ㉡ 피보험자가 보험금을 수령한 후 무권한자임에도 불구하고 제3자로부터 손해배상을 받은 사실, ㉢ 제3자의 피보험자에 대한 손해배상이 채권의 준점유자에 대한 변제로서 유효한 사실을 주장, 입증하여야 할 것이고, 이 경우에 **채권의 준점유자에 대한 변제가 유효하기 위한 요건으로서의 선의**라 함은 준점유자에게 변제수령의 권한이 없음을 알지 못하는 것뿐만 아니라 적극적으로 진정한 권리자라고 믿었음을 요하는 것이고, 무과실이란 그렇게 믿는 데에 과실이 없음을 의미하므로, 제3자가 피보험자가 보험에 가입하여 보험금을 수령한 사실을 전혀 모르고 이 점에 대하여 과실이 없이 피보험자에게 손해배상을 한 경우, 또는 제3자가 피보험자가 보험에 가입하여 이미 보험금을 수령한 사실을 알고 있었던 경우에는 피보험자가 입은 손해액과 피보험자가 보험자로부터 보험금을 수령함으로써 보험자대위권의 대상이 된 금액을 살펴, 피보험자에게 아직도 자신에 대한 손해배상청구권이 남아 있다고 믿고 손해배상을 한 경우에만 선의, 무과실에 해당된다고 할 수 있을 것이고, 위 요건의 주장, 입증책임도 보험자에게 있다.(대판 1999.4.27. 98다61593)

⑤ [○]

**해설** 보험계약자나 피보험자의 제3자에 대한 권리가 그와 생계를 같이 하는 가족에 대한 것인 경우 보험자는 그 권리를 취득하지 못한다(제682조 제2항 본문). 다만, 손해가 그 가족의 고의로 인하여 발생한 경우에는 그러하지 아니하다(제682조 제2항 단서).

# 89

「상법」상 책임보험에 관한 설명 중 옳지 않은 것은?(다툼이
있는 경우 판례에 의함)                           [18 변호사]

① 동일한 보험계약의 목적과 동일한 사고에 관하여 수개의 책
임보험계약이 동시 또는 순차로 체결되어 보험금액의 총액
이 피보험자의 제3자에 대한 손해배상액을 초과하는 경우
보험자는 각자의 보험금액을 한도로 하여 각자의 보험금액
의 비율에 따라 연대책임을 부담한다.

② 피보험자가 보험자의 동의없이 제3자에 대하여 변제, 승인
또는 화해를 한 경우에는 보험자가 그 책임을 면하게 되는
합의가 있는 때에도 그 행위가 현저하게 부당한 것이 아니면
여전히 보험자는 계약에 따른 보상책임을 부담한다.

③ 보험사고 발생시 피보험자의 법률상 책임 여부가 판명되지
않은 상태에서 피보험자가 손해확대방지를 위한 긴급한 행
위를 한 경우 이로 인하여 발생한 비용은 손해방지비용에
포함되지 않는다.

④ 피보험자가 책임질 사고로 손해를 입은 제3자가 보험금액의
한도 내에서 보험자에게 행사할 수 있는 직접청구권의 법적
성질은 보험자에 대한 보험금청구권이 아니라 손해배상청구
권이다.

⑤ 피보험자가 보험자에 대하여 가지는 보험금청구권과 제3자
가 보험자에 대하여 가지는 직접청구권이 경합하는 경우에
는 제3자의 직접청구권이 우선한다.

## 89 정답 ③

---

- 의의 및 효과
  - ㉠ 수개의 책임보험계약이 동시 또는 순차로 체결된 경우 보험금액의 총액이 피보험자의 제3자에 대한 손해배상액을 초과하는 때 각자의 보험금액의 비율에 따른 보상책임 연대 부담(제725조의2)
  - ㉡ 각 보험자가 연대책임을 부담하는 경우 각 보험자는 부진정연대
  - ㉢ 피보험자가 보험자의 동의 없이 제3자에 대하여 변제, 승인 또는 화해를 한 경우 보험자가 책임을 면하게 되는 합의가 있는 때에도 그 행위가 현저하게 부당한 것이 아니면 보험자는 보상책임 부담(제723조 제3항)
- 제3자의 직접청구권
  - ㉠ 보험자는 제3자가 배상을 받기 전에는 보험금액의 전부 또는 일부를 피보험자에게 지급하지 못함(제724조 제1항)
  - ㉡ 제3자는 보험금액 한도에서 보험자에게 직접 보상 청구 가능(제724조 제2항)
  - ㉢ 직접청구권은 피해자의 보험자에 대한 손해배상청구권 ○, 피보험자의 보험금청구권의 변형 또는 이에 준하는 권리 ✕
  - ㉣ 직접청구권의 소멸시효기간은 피해자 또는 그 법정대리인이 그 손해 및 가해자를 안 날로부터 3년
  - ㉤ 제3자의 직접청구권에 대한 지연손해금은 5%의 민사 법정이율 적용
  - ㉥ 피해자에 대한 보험자의 보상손해액 산정시 법원은 약관 지급기준에 구속 ✕
- 직접청구권과 보험금청구권의 관계
  - ㉠ 제3자의 직접청구권과 피보험자의 보험금청구권이 동시에 행사된 경우 제3자의 직접청구권 우선
  - ㉡ 보험자는 피보험자의 항변으로 제3자에게 대항 가능(제724조 제2항 단서)
  - ㉢ 보험자가 보험계약자나 피보험자에 대한 대항사유로 제3자에게 대항 가능
  - ㉣ 피해자의 보험자에 대한 손해배상청구로 피보험자의 보험금청구권 시효 중단 ✕
  - ㉤ 직접청구권 소멸시효 중단으로 피해자의 가해자에 대한 손해배상청구권의 소멸시효 중단 ✕

① [○]

**해설** 피보험자가 동일한 사고로 제3자에게 배상책임을 짐으로써 입은 손해를 보상하는 수개의 책임보험계약이 동시 또는 순차로 체결된 경우에 그 보험금액의 총액이 피보험자의 제3자에 대한 손해배상액을 초과하는 때에는 각자의 보험금액의 비율에 따른 보상책임을 연대하여 진다(제725조의2).

② [○]

**해설** 피보험자가 보험자의 동의 없이 제3자에 대하여 변제, 승인 또는 화해를 한 경우에는 보험자가 그 책임을 면하게 되는 합의가 있는 때에도 그 행위가 현저하게 부당한 것이 아니면 보험자는 보상할 책임을 진다(제723조 제3항).

③ [✕]

**해설** 책임보험에 있어서 **사고발생시 피보험자의 법률상 책임 여부가 판명되지 아니한 상태에서 피보험자가 손해확대방지를 위한 긴급한 행위를 하였다면 이로 인하여 발생한 필요·유익한 비용도 보험자가 부담하는 것으로** 해석함이 상당하다.(대판 1993.1.12. 91다42777)

④ [○]

**해설** 상법 제724조 제2항에 의하여 **피해자에게 인정되는 직접청구권의 법적 성질**은 보험자가 피보험자의 피해자에 대한 손해배상채무를 병존적으로 인수한 것으로서 **피해자가 보험자에 대하여 가지는 손해배상청구권**이고, 피보험자의 보험자에 대한 보험금청구권의 변형 내지는 이에 준하는 권리가 아니다.(대판 2017.5.18. 2012다86895,86901)

⑤ [○]

**해설** 상법 제724조 제1항은 **제3자의 직접청구권이 피보험자의 보험금청구권에 우선한다**는 것을 선언하는 규정이므로, 보험자는 제3자가 피보험자로부터 배상을 받기 전에는 피보험자에 대한 보험금 지급으로 직접청구권을 갖는 피해자에게 대항할 수 없고, 따라서 보험자는 제3자가 피보험자로부터 배상을 받기 전에는 상법 제724조 제1항의 규정을 들어 피보험자의 보험금지급 청구를 거절할 권리를 갖게 된다.(대판 1995.9.26. 94다28093)

## 90

甲은 자신이 사망하면 乙이 사망보험금을 받기로 하는 생명보험계약을 체결하면서 보험기간은 보험계약 체결일부터 개시하는 것으로 정하였다. 甲은 보험계약 체결 즉시 최초의 보험료를 지급하였다. 甲은 보험수익자를 상속인으로 변경하여 보험자에게 통지하였고, 그 후 보험기간 중에 사망하였다. 甲이 사망할 당시 상속인은 丙과 丁이다. 이 보험계약과 관련한 설명 중 옳지 않은 것은? (다툼이 있는 경우 판례에 의함) [22 변호사]

① 乙이 보험계약 체결 당시에 중요한 사항을 고의로 알리지 아니하였더라도 고지의무 위반이 되지 않는다.
② 甲이 보험수익자를 상속인으로 변경한 것이 유효하기 위해서는 보험자와 乙의 동의를 받았어야 한다.
③ 만일 甲이 보험계약을 사망 전에 해지하였다면 보험자는 보험수익자를 위하여 적립한 금액을 甲에게 지급하여야 한다.
④ 만일 丙이 보험기간 중에 고의로 甲을 사망하게 하였더라도 보험자는 丁에 대한 보험금 지급책임을 면하지 못한다.
⑤ 만일 丁이 자신에게 귀속된 보험금 청구권을 포기하더라도 그 포기한 부분이 당연히 공동상속인인 丙에게 귀속되지는 않는다.

## 90           정답 ②

> **핵심공략** 보험수익자, 보험자 면책사유
>
> - 보험수익자 고지의무 ✕
>   고지의무를 부담하는 자는 보험계약자 또는 피보험자 ○,
>   보험수익자 ✕
> - 보험수익자 지정변경
>   - ㉠ 보험계약자는 보험수익자를 지정, 변경 가능(형성권)
>     (제733조 제1항), 보험자에게 통지하지 아니하면 보험
>     자에게 대항 ✕
>   - ㉡ 보험계약자가 지정권 행사 없이 사망한 때 피보험자가
>     보험수익자
>   - ㉢ 보험계약자가 변경권 행사 없이 사망한 때 보험수익자
>     권리 확정
>   - ㉣ 보험계약자가 지정권 행사 전에 보험사고가 생긴 경우
>     피보험자가 보험수익자
>   - ㉤ 타인의 사망보험의 경우, 보험계약 체결시 그 타인의
>     동의 얻어야 ○, 피보험자 이외 제3자를 보험수익자로
>     지정, 변경할 때에는 피보험자 서면 동의 얻어야 ○
> - 피보험자의 상속인이자 보험수익자의 보험금청구권의 성격
>   상속재산 ✕, 상속인의 고유재산 ○, 상속인 중 1인의 포기
>   부분 다른 상속인에게 귀속 ✕
> - 보험자 면책사유(제732조의2)
>   - ㉠ 사망보험 사고가 보험계약자, 피보험자 또는 보험수익
>     자 중과실로 발생한 경우에도 보험자 면책 ✕
>   - ㉡ 사망보험에서는 고의에 의한 사망만이 면책사유
>   - ㉢ 둘 이상 보험수익자 중 일부가 고의로 피보험자를 사망
>     하게 한 경우, 보험자는 다른 보험수익자에 대한 보험
>     금 지급 책임은 면책 ✕

① [○]

**해설** 보험계약 당시에 보험계약자 또는 피보험자가 고의 또는 중
대한 과실로 인하여 중요한 사항을 고지하지 아니하거나 부
실의 고지를 한 때에는 보험자는 그 사실을 안 날로부터 1월
내에, 계약을 체결한 날로부터 3년 내에 한하여 계약을 해지
할 수 있다(제651조 본문).
설문의 경우는 타인을 위한 생명보험으로 乙은 해당 보험의
보험수익자이므로 고지의무자에 해당되지 않는다.

② [✕]

**해설** 보험계약자는 보험수익자를 지정 또는 변경할 권리가 있다
(제733조 제1항). 다만 **보험자에 대하여 통지하지 아니하면
보험자에게 대항하지 못한다**(제734조 제1항).
설문의 경우 보험계약자인 甲이 보험수익자를 상속인으로 변
경한 것이 유효하기 위해서 보험자와 보험수익자의 서면동의
가 요구되지 않는다.

③ [○]

**해설** 사고발생 전의 임의해지(제649조), 보험료의 지급과 지체의
효과(제650조), 고지의무위반으로 인한 해지(제651조) 및
위험변경증가의 통지(제652조) 등 규정에 의해 보험계약이
해지된 때 보험자는 보험수익자를 위하여 적립한 금액을 보
험계약자에게 지급하여야 한다(제736조 제1항).
설문의 경우, 보험계약자 甲이 보험계약을 사망 전에 해지한
것은 사고발생 전 임의해지에 해당하므로, 보험자는 보험수
익자를 위하여 적립한 금액을 보험계약자인 甲에게 지급해야
한다.

④ [○]

**해설** 사망을 보험사고로 한 보험계약에서는 사고가 보험계약자
또는 피보험자나 보험수익자의 중대한 과실로 인하여 발생
한 경우에도 보험자는 보험금을 지급할 책임을 면하지 못한
다(제732조의2 제1항). 둘 이상의 보험수익자 중 일부가 고
의로 피보험자를 사망하게 한 경우 보험자는 다른 보험수익
자에 대한 보험금 지급책임을 면하지 못한다(제732조의2
제2항).
설문의 경우 보험수익자 丙이 보험기간 중에 고의로 보험계
약자 및 피보험자인 甲을 사망하게 했더라도 보험자는 공동
상속인으로 보험수익자인 丁에 대한 보험금지급책임을 면하
지 못한다.

⑤ [○]

**해설** 보험계약자가 피보험자의 상속인을 보험수익자로 하여 맺은
생명보험계약이나 상해보험계약에서 피보험자의 상속인은
피보험자의 사망이라는 보험사고가 발생한 때에는 보험수익
자의 지위에서 보험금 지급을 청구할 수 있고, 이 권리는 보
험계약의 효력으로 당연히 생기는 것으로서 상속재산이 아니
라 상속인의 고유재산이다. 이때 보험수익자로 지정된 상속
인 중 1인이 자신에게 귀속된 보험금청구권을 포기하더라도
그 포기한 부분이 당연히 다른 상속인에게 귀속되지는 아니
한다. 이러한 법리는 단체보험에서 피보험자의 상속인이 보험
수익자로 인정된 경우에도 동일하게 적용된다.(대판 2020.
2.6. 2017다215728).
설문의 경우, 위 판례에 따라 공동상속인 丁이 자신에게 귀속
된 보험금 청구권을 포기하더라도 그 포기한 부분이 당연히
공동상속인인 丙에게 귀속되지는 않는다.

상법

# PART 5
# 어음·수표법

## 91

A주식회사는 甲으로부터 5천만 원 상당의 가죽원단을 매수하고 그 대금 지급을 위하여 아래의 약속어음을 발행하였다. 당시 A회사와 甲은 어음의 기재와 상관없이 실제로는 5천만 원과 이에 대한 연 5%의 이자를 지급하기로 합의하였다. 이에 관한 설명 중 옳지 않은 것은? (다툼이 있는 경우 판례에 의함)                                                        [22 변호사]

```
            어 음

 甲 귀하
 금 60,000,000원(금 육천만 원정) 및 이에 대한 연 5%의 이자


        위의 금액을 귀하 또는 귀하의 지시인에게
        이 약속어음과 상환하여 지급하겠습니다.


 • 지급기일: 2021년 4월 28일  • 발행일: 2020년 11월 30일
 • 지급지: 수원시 영통구 원천동  • 발행인: 서울시 서초구 서초동
 • 지급장소: 주식회사 우수은행         법조빌딩 2층
        원천동 지점   A주식회사 대표이사 홍길동 (인)
```

① 위 어음은 「어음법」상 '약속어음'이라는 글자를 표시하여야 하는 요건을 갖추었다.

② 위 어음은 '서울시 서초구 서초동 법조빌딩 2층'을 발행지로 본다.

③ 위 어음의 어음금액은 금 6천만 원과 이에 대한 '2021년 4월 28일'부터 연 5%의 이자를 계산하여 결정된다.

④ 만일 甲이 위 어음을 지급제시하지 않고 2021. 4. 29. 乙에게 배서양도하였는데, 乙이 A회사와 甲 사이에 이루어진 위 지급합의에 대하여 과실 없이 이를 알지 못하였다면, A회사는 어음금 지급을 청구한 乙에게 甲과의 위 지급합의를 가지고 대항할 수 없다.

⑤ 만일 丙이 위 어음의 앞면에 단순하게 기명날인 또는 서명만 하였다면, 丙은 A회사를 위하여 위 어음을 보증한 것으로 본다.

**91**

> **핵심공략** 약속어음 요건, 발행지, 만기후 배서, 인적항변절단,
> 어음보증
>
> ■ 약속어음 요건
> ㉠ 증권 본문에 약속어음 표시, ㉡ 조건 없이 일정금액 지
> 급 약속, ㉢ 만기, ㉣ 지급지, ㉤ 지급받을 자 또는 지급받
> 을 자를 지시할 자의 명칭, ㉥ 발행일과 발행지, ㉦ 발행인
> 의 기명날인 또는 서명
> ■ 발행지
> ㉠ 발행지 기재 × ⇨ 발행인 명칭에 부기한 곳
> ㉡ 어음면 기재로 보아 국내어음으로 인정되는 경우 발행
> 지 미기재인 경우에도 어음 유효
> ■ 만기후 배서
> 만기후 지급거절증서 작성 전 또는 지급거절증서 작성기간
> 경과 전의 배서, 만기전 배서와 동일 효력
> ■ 인적항변절단
> ㉠ 발행인 또는 종전의 소지인에 대한 인적 항변으로 소지
> 인에게 대항 ×
> ㉡ 소지인이 그 채무자를 해할 것을 알고 어음을 취득한
> 경우 인적 항변으로 대항 가능
> ■ 어음보증
> ㉠ 약속어음 앞면 발행인 이외 단순한 기명날인 또는 서명
> 존재 ⇨ 보증으로 간주(간략약식보증),
> ㉡ 정식보증: 피보증인 ○, 보증문구 ○, 보증인 기명날인
> 또는 서명 ○
> ㉢ 통상의 약식보증: 보증문구 ○, 보증인 기명날인 또는
> 서명 ○, 어음 앞, 뒤 모두 가능
> ㉣ 간략약식보증: 보증인 기명날인 또는 서명 ○, 어음 앞
> 면만 가능

① [○]

**해설** 약속어음에는 ㉠ 증권의 본문 중에 그 증권을 작성할 때 사
용하는 국어로 약속어음임을 표시하는 글자, ㉡ 조건 없이 일
정한 금액을 지급할 것을 약속하는 뜻, ㉢ 만기, ㉣ 지급지,
㉤ 지급받을 자 또는 지급받을 자를 지시할 자의 명칭,
㉥ 발행일과 발행지, ㉦ 발행인의 기명날인 또는 서명을
기재하여야 한다(어음법 제75조).
설문의 경우 본문에 '이 약속어음'이라고 기재하고 있으므로,
어음법상 '약속어음'이라는 글자를 표시하여야 하는 요건을
갖추었다.

② [○]

**해설** 약속어음에 발행지가 적혀 있지 아니한 경우, 발행인의 명칭
에 부기한 지를 발행지로 본다(어음법 제76조 제3호). 따라
서 설문의 경우 약속어음이 발행지가 적혀 있지 않으므로 발
행인의 명칭에 부기한 지인 서울시 서초구 서초동 법조빌딩
2층을 발행지로 본다.

③ [×]

**해설** 특정한 날짜가 적혀 있지 아니한 경우에는 어음을 발행한 날
부터 이자를 계산한다(어음법 제5조 제3항). 설문의 약속어
음에는 특정한 날짜가 적혀 있지 아니하므로 해당 약속어음
의 이자 계산은 발행일인 2020년 11월 30일부터 계산하여
결정된다.

④ [○]

**해설** 만기 후의 배서는 만기 전의 배서와 같은 효력이 있다. **약속
어음에 의하여 청구를 받은 자는 발행인 또는 종전의 소지
인에 대한 인적 관계로 인한 항변으로써 소지인에게 대항하
지 못한다.** 그러나 소지인이 그 채무자를 해할 것을 알고 어
음을 취득한 경우에는 그러하지 아니하다(어음법 제77조 제
1항 제1호, 제17조).
설문의 경우 배서일 2021. 4. 29.은 지급기일인 2021. 4.
28.로부터 2거래일 내이므로, 설문의 배서 또한 만기 전의
배서와 동일한 효력이 있다. 따라서 乙이 A회사와 甲 사이에
이루어진 위 지급합의에 대하여 과실 없이 이를 알지 못하였
다면, A회사는 어음금 지급을 청구한 乙에게 甲과의 위 지급
합의를 가지고 대항할 수 없다.

⑤ [○]

**해설** **약속어음의 앞면에 단순한 기명날인 또는 서명**이 있는 경우
에는 **보증을 한 것으로 본다**(어음법 제77조 제3항, 제31조
제3항). 설문의 경우 발행인이 아닌 丙이 어음 앞면에 단순하
게 기명날인 또는 서명만 하였다면, 丙은 발행인인 A회사를
위해 어음을 보증한 것으로 본다.

## 92

**어음의 배서에 관한 설명 중 옳지 않은 것은? (다툼이 있는 경우 판례에 의함)**                                [22 변호사]

① 최후의 배서가 피배서인을 백지로 한 채 이루어진 경우 배서의 연속을 증명한 어음의 점유자는 적법한 어음소지인으로 추정된다.

② 지급거절증서를 작성하여야 하는 어음의 경우 지급거절 사실이 어음면에 명백하게 나타나 있어 어음취득자가 이를 알 수 있어도 적법한 지급거절증서가 작성되지 않았다면, 지급거절증서 작성기간 내 이루어진 배서는 기한후배서가 아니다.

③ 공연한 추심위임배서는 어음상의 권리를 이전하기 위한 것이 아니기 때문에 배서금지어음에도 할 수 있다.

④ 종전에 발행인으로부터 인적항변의 대항을 받는 어음소지인은 제3자에게 배서양도한 후 환배서에 의하여 다시 어음을 취득하여도 발행인으로부터 여전히 인적항변의 대항을 받는다.

⑤ 배서인이 어음에 '지시금지'라는 글자를 기재하면 그 어음은 그때부터 배서금지어음이 되어 그 후로는 지명채권양도방식으로만 양도할 수 있다.

정답 ⑤

**핵심공략** 백지식 배서효력, 기한후배서 판단, 추심위임배서, 환배서 효력, 배서금지어음

- **백지식 배서의 효력**
  - ㉠ 백지식배서에 의해 어음상 권리 이전, 인적항변 절단 인정
  - ㉡ 백지식배서인에게 형식적 자격 인정되는 경우 피배서인에게도 형식적 자격 인정
  - ㉢ 최후의 배서가 백지식인 경우 어음소지인은 적법하게 어음상 권리 취득한 것으로 추정
  - ㉣ 백지식 배서에 의한 어음취득자의 선의취득 인정
- **기한후배서 판단**
  - ㉠ 기한후배서: 지급거절증서 작성 후, 지급거절증서 작성기간 경과 후에 한 배서
  - ㉡ 지급거절증서 작성 ✕, 어음 문면상 지급거절 사실이 분명히 드러나 있는 어음 ➡ 만기후배서
- **추심위임배서**: 추심위임문언 드러남, 배서금지어음에 가능
- **환배서 효력**: 권리이전적 효력 ○, 자격수여적 효력 ○, 선의취득 ○, 인적항변으로 대항 가능
- **배서금지어음, 배서금지배서**
  - ㉠ 배서금지어음: 발행인이 지시금지 문구 기재 ➡ 지명채권 양도방법으로 이전
  - ㉡ 배서금지배서: 배서인이 배서금지의 뜻 기재 ➡ 배서에 의해 양도 가능

① [○]

**해설** 백지식배서란 피배서인을 기재하지 않고 이루어진 배서를 말한다. 어음법은 피배서인만을 기재하지 않는 백지식배서와 피배서인과 배서문언을 모두 기재하지 않고 배서인의 기명날인 또는 서명만으로도 하는 간략백지식배서를 규정하고 있다(어음법 제13조 제2항). 백지식배서인에게 형식적 자격이 인정되는 경우, 피배서인에게도 형식적 자격이 인정된다. 최후의 배서가 백지식인 경우, 그 어음의 소지인은 적법하게 어음상 권리를 취득한 것으로 추정한다(어음법 제16조 제1항 제2문).
배서가 연속된 약속어음을 지급거절증서 작성기간이 지난 후에 백지식 배서의 방식으로 교부받은 어음 소지인은 여전히 약속어음의 적법한 소지인으로 추정되므로 특별한 사정이 없는 한 발행인에게 약속어음금 지급을 구할 수 있다.(대판 2012.3.29. 2010다106290,106306,106313)

② [○]

**해설** 기한후배서란 지급거절증서가 작성된 후에 한 배서 또는 지급거절증서 작성기간이 지난 후에 한 배서를 말한다(어음법 제20조 제1항).
지급거절의 사실이 어음면에 명백하다 하더라도 이를 가지고 적법한 지급거절증서가 작성되었다고는 할 수 없으므로, 그러한 어음에 한 배서도 그것이 지급거절증서 작성 전으로서 지급거절증서 작성기간 경과 전이기만 하면 이는 **기한후 배**

서가 아닌 만기후배서로서 만기 전 배서와 동일한 효력이 있다.(대판 2000.1.28. 99다44250)

③ [○]

**해설** 추심위임배서란 배서인이 피배서인에게 어음상의 권리를 행사할 대리권을 부여할 목적으로 하는 배서를 추심위임배서에는 추심위임문언이 드러나는 공연한 추심위임배서와 추심위임문언이 드러나지 않는 숨은 추심위임배서가 존재한다. 공연한 추심위임배서는 어음상의 권리를 이전하는 것이 아니므로 배서금지어음에도 할 수 있다.

④ [○]

**해설** 어음채무자를 피배서인으로 하는 배서를 환배서 또는 역배서라고 한다(어음법 제11조 제3항). 어음법은 환배서의 피배서인은 다시 어음에 배서할 수 있다고 규정하여 혼동에 의한 채권채무의 소멸을 명시적으로 배제하고 있다. 환배서도 양도배서이므로 권리이전적 효력과 자격수여적 효력이 인정되고, 선의취득도 인정된다. 甲 ⇨ 乙 ⇨ 丙 ⇨ 乙의 순서로 환배서가 이루어졌는데 甲과 乙의 원인관계가 乙의 사기로 취소되었음에도 乙이 선의의 丙에게 어음을 배서하고 丙이 乙에게 다시 배서한 경우 甲이 乙에 대한 항변사유로써 어음소지인 乙에게 대항할 수 있는지와 관련하여, 判例는 "**약속어음 발행인으로부터 인적항변의 대항을 받는 어음소지인은 당해 어음을 제3자에게 배서·양도한 후 환배서에 의하여 이를 다시 취득하여 소지하게 되었다고 할지라도 발행인으로부터 여전히 위 항변의 대항을 받는다.**"고 판시하여 인적항변이 절단되지 않는다고 보았다(대판 2002.4.26. 2000다42915)

⑤ [✕]

**해설** 배서금지어음이란 발행인이 어음에 "지시 금지"라는 글자 또는 이와 같은 뜻이 있는 문구를 적은 어음을 말한다(어음법 제11조 제2항). 배서금지어음은 지명채권 양도방법에 의하여 양도할 수 있다. 배서금지배서는 배서인이 배서금지의 뜻을 기재하는 것을 말한다. 배서금지배서는 해당 배서인의 담보책임을 제한할 뿐이다. 배서금지배서 이후에도 어음은 여전히 배서에 의하여 양도할 수 있다. 설문은 배서인이 어음에 '지시금지'라는 글자를 기재하였으므로, 이는 배서금지어음이 아닌 배서금지배서이므로 해당 어음은 여전히 배서에 의하여 양도할 수 있다.

## 93

약속어음 및 약속어음금청구의 소에 관한 설명 중 옳은 것을 모두 고른 것은? (다툼이 있는 경우에는 판례에 의함)

[22 변호사]

---

ㄱ. 만기는 기재되어 있으나 지급지, 지급을 받을 자와 같은 어음요건이 백지인 어음의 소지인이 그 백지 부분을 보충하지 않은 상태에서 어음금청구의 소를 제기하더라도 어음상의 청구권에 관한 소멸시효는 중단된다.

ㄴ. 백지어음 소지인이 어음금청구의 소(전소)를 제기하여 사실심 변론종결시까지 백지 부분을 보충하지 않았다는 이유로 청구기각의 판결을 선고받아 그 판결이 확정된 후, 위 소지인이 그 백지 부분을 보충하여 완성된 어음에 기해서 다시 전소 피고에 대하여 제기한 어음금청구의 소(후소)는 특별한 사정이 없는 한 기판력에 저촉된다.

ㄷ. 어음상에 지급지가 서울로 기재되어 있더라도 어음 소지인의 주소지가 부산이라면 부산지방법원에도 어음금청구의 소에 관한 토지관할권이 인정된다.

ㄹ. 甲의 乙에 대한 대여금채권의 지급을 확보하기 위한 방법으로 乙이 甲에게 어음을 교부하였다면, 甲이 乙을 상대로 소멸시효가 완성되지 않은 어음채권에 기하여 어음금청구의 소를 제기한 경우는 대여금채권의 소멸시효를 중단시키는 효력이 있지만, 甲이 乙을 상대로 대여금채권에 기하여 대여금반환청구의 소를 제기한 것만으로는 어음채권의 소멸시효를 중단시키지 못한다.

---

① ㄷ

② ㄷ, ㄹ

③ ㄱ, ㄴ, ㄷ

④ ㄱ, ㄴ, ㄹ

⑤ ㄱ, ㄴ, ㄷ, ㄹ

> **핵심공략** 어음금 청구 소송, 어음상 권리의 행사와 원인채권의 소멸시효 중단
>
> ■ 어음금 청구 소송
>  ㉠ 관할법원: 지급지 소재지 ○, 어음소지인 주소지 ✕
>  ㉡ 백지 보충 없는 어음금 청구: 어음상 청구권 소멸시효
>   중단 ○
>  ㉢ 어음금 청구 소송에서 백지 보충 가능 기간: 사실심 변
>   론종결시
>  ㉣ 백지 보충 ✕ ⇨ 패소 ⇨ 백지 보충하여 소송제기 ⇨
>   전소판결 기판력 적용
> ■ 어음상 권리의 행사와 원인채권의 소멸시효 중단
>  ㉠ 어음상 권리행사: 원인채권의 소멸시효 중단 ○
>  ㉡ 원인채권 행사: 어음채권의 소멸시효 중단 ✕

**해설** ㄱ. [○]
백지어음은 백지가 보충되기 전까지는 어음요건을 갖춘 어음이 아니므로 어느 누구에게도 어음상의 권리를 행사하지 못한다. 백지어음인 상태로 청구를 하거나 백지어음인 상태의 어음소지인에게 승인을 하는 경우 소멸시효중단의 효력을 인정할 수 있을 것인지에 관하여 학설은 백지를 보충하지 않고 지급제시를 하는 경우에도 권리자가 권리 위에 잠자고 있다고 볼 수 없다는 점에서 시효중단의 효력이 인정된다고 본다. ㉠ 만기가 기재된 백지어음은 일반적인 조건부 권리와는 달리 그 백지 부분이 보충되지 않은 미완성어음인 상태에서도 만기의 날로부터 어음상의 청구권에 대하여 소멸시효가 진행한다. ㉡ 어음요건이 백지인 약속어음의 소지인이 그 백지 부분을 보충하지 않은 상태에서 어음금을 청구하는 것은 어음상의 청구권에 관하여 잠자는 자가 아님을 객관적으로 표명한 것이라고 할 수 있고 그 청구로써 어음상의 청구권에 관한 소멸시효는 중단된다. ㉢ 이 경우 백지에 대한 보충권은 그 행사에 의하여 어음상의 청구권을 완성시키는 것에 불과하여 그 보충권이 어음상의 청구권과 별개로 독립하여 시효에 의하여 소멸한다고 볼 것은 아니므로 어음상의 청구권이 시효중단에 의하여 소멸하지 않고 존속하고 있는 한 이를 행사할 수 있다.(대판 2010.5.20. 2009다48312)

ㄴ. [○]
약속어음의 소지인이 어음요건의 일부를 흠결한 이른바 백지어음에 기하여 어음금 청구소송(이하 '전소'라고 한다)을 제기하였다가 위 어음요건의 흠결을 이유로 청구기각의 판결을 받고 위 판결이 확정된 후 위 백지 부분을 보충하여 완성한 어음에 기하여 다시 전소의 피고에 대하여 어음금 청구소송(이하 '후소'라고 한다)을 제기한 경우에는, 원고가 전소에서 어음요건의 일부를 오해하거나 그 흠결을 알지 못했다고 하더라도, 전소와 후소는 동일한 권리 또는 법률관계의 존부를 목적으로 하는 것이어서 그 소송물은 동일한 것이라고 보아야 한다. 약속어음 소지인이 전소의 사실심 변론종결일까지 백지보충권을 행사하여 어음금 지급을 청구할 수 있었음에

도 위 변론종결일까지 백지 부분을 보충하지 않아 이를 이유로 패소판결을 받고 그 판결이 확정된 후에 백지보충권을 행사하여 어음이 완성된 것을 이유로 전소 피고를 상대로 다시 동일한 어음금을 청구하는 경우에는, 위 백지보충권 행사의 주장은 특별한 사정이 없는 한 전소판결의 기판력에 의하여 차단되어 허용되지 않는다.(대판 2008.11.27. 2008다59230)

ㄷ. [✕]
약속어음은 그 성질상 그 어음에 표시된 지급지가 의무이행지라 할 것이므로 그 관할법원은 채권자의 주소지를 관할하는 법원이 아니고 그 지급지의 소재지를 관할하는 법원임이 뚜렷하다.(대결 1973.11.26. 73마910)
설문의 경우, 어음상에 지급지가 서울로 기재되어 있으므로, 어음금청구의 소의 관할은 어음소지인의 주소지 관할이 아닌, 어음상 지급지의 소재지가 관할법원이 된다.

ㄹ. [○]
원인채권의 지급을 확보하기 위한 방법으로 어음이 수수된 경우에 원인채권과 어음채권은 별개로서 채권자는 그 선택에 따라 권리를 행사할 수 있고, 원인채권에 기하여 청구를 한 것만으로는 어음채권 그 자체를 행사한 것으로 볼 수 없어 어음채권의 소멸시효를 중단시키지 못한다. 채권자가 원인채권에 기하여 청구를 한 것이 아니라 어음채권에 기하여 청구를 하는 반대의 경우에는 원인채권의 소멸시효를 중단시키는 효력이 있다고 봄이 상당하고, 이러한 법리는 채권자가 어음채권을 피보전권리로 하여 채무자의 재산을 가압류함으로써 그 권리를 행사한 경우에도 마찬가지로 적용된다.(대판 1999.6.11. 99다16378)
설문의 경우, 대여금채권의 지급을 확보하기 위하여 乙이 甲에게 어음을 교부하였다면, 甲이 乙을 상대로 소멸시효가 완성되지 않은 어음채권에 기하여 어음금청구의 소를 제기한 경우는 대여금채권의 소멸시효를 중단시키는 효력이 있지만, 甲이 乙을 상대로 대여금채권에 기해 대여금반환청구의 소를 제기한 것만으로는 어음채권의 소멸시효를 중단시키지 못한다.

# 94

**대리에 관한 설명 중 옳지 않은 것은? (다툼이 있는 경우 판례에 의함)**  [20 변호사]

① 어음행위의 대리의 방식에 있어서 어음의 문면으로 보아 본인을 위하여 어음행위를 한다는 취지를 인식할 수 있을 정도의 표시가 있으면 대리관계의 표시로 보아야 할 것이므로, "A주식회사 대구영업소장 甲"이라는 표시는 대리관계의 표시로서 적법하다.

② 다른 사람이 본인을 위하여 한다는 대리문구를 어음상에 기재하지 않고 직접 본인 명의로 기명날인을 하여 어음행위를 하는 이른바 기관 방식 또는 서명대리 방식의 어음행위가 권한 없는 자에 의하여 행하여졌다면 이는 어음행위의 무권대리에 해당한다.

③ 표현대리 제도는 대리권이 있는 것과 같은 외관이 생긴 데 대해 본인이 「민법」 제125조, 제126조 및 제129조 소정의 원인을 주고 있는 경우에 그러한 외관을 신뢰한 선의·무과실의 제3자를 보호하기 위하여 그 무권대리 행위에 대하여 본인이 책임을 지게 하려는 것이고 이와 같은 문제는 무권대리인과 본인과의 관계, 무권대리인의 행위 당시의 여러 가지 사정 등에 따라 결정되어야 할 것이므로, 당사자가 표현대리를 주장함에는 무권대리인과 표현대리에 해당하는 무권대리 행위를 특정하여 주장하여야 한다 할 것이고 따라서 당사자의 표현대리의 항변은 그 항변에 의하여 특정된 무권대리인의 행위에만 미치고 그 밖의 무권대리인이나 무권대리 행위에는 미치지 아니한다.

④ 보증 부분이 위조된 약속어음을 배서양도받은 제3취득자는 그 어음보증행위가 「민법」 제126조 소정의 표현대리행위로서 보증인에게 그 효력이 미친다고 주장할 수 있는 제3자에 해당하지 않는다.

⑤ 어음위조의 경우에도 제3자가 어음행위를 실제로 한 자에게 그와 같은 어음행위를 할 수 있는 권한이 있다고 믿을 만한 사유가 있고, 본인에게 책임을 질 만한 사유가 있는 때에는 대리방식에 의한 어음행위의 경우와 마찬가지로 「민법」상의 표현대리 규정을 유추적용하여 본인에게 그 책임을 물을 수 있다.

> **핵심공략** 대리관계 표시, 무권대행, 표현대리 제3자 범위
>
> - 대리관계 표시
>   - ㉠ 대리관계가 어음 문면에 나타나지 않으면 본인은 어음상 채무 부담 ✕
>   - ㉡ 대리관계 표시: 지배인, 지점장, 영업소장 등 대리자격 표시나 대리인이 본인을 위해서 어음행위를 한다는 취지를 인식할 수 있는 정도 ○
> - 무권대행
>   - ㉠ 대리문구를 기재하지 않고 본인의 명칭 사용하는 대행방식의 어음행위 ⇨ 무권대리 ✕, 위조 ○
>   - ㉡ 본인 귀책사유가 있는 경우 민법상 표현대리규정 유추적용에 의해 본인 책임 부담 ○
> - 어음지급보증의 경우 표현대리 주장가능한 제3자: 발행인 ○, 제3취득자 ✕

① [○]

**해설** 어음행위의 대리인은 대리관계를 표시해야 한다. 대리관계가 어음의 문면에 나타나지 않으면 본인은 어음상 채무를 부담하지 않는다. 대리관계의 표시는 대리관계를 직접 나타내는 문자가 아니더라도 **지배인, 지점장, 영업소장 등 대리자격을 나타내는 표시나 대리인이 본인을 위해서 어음행위를 한다는 취지를 인식할 수 있는 정도**의 표시가 있으면 된다. 判例는 "A 주식회사 이사 甲이라고 기재한 경우, 대표기관의 행위로 볼 수는 없으나 법인에 대한 대리관계의 표시로는 유효하다"고 보아 법인의 책임을 인정하였다(**대판 1973. 12.26. 73다1436**). 설문의 경우 **대구영업소장**이란 명칭은 적어도 **지배인 또는 부분적 포괄적 대리권을 가진 상업사용인**에 해당하고, 이러한 상업사용인에 대해서는 대리권이 부여되어 있으므로, "A주식회사 대구영업소장 甲"이라는 표시는 대리관계의 표시에 해당한다.

② [✕]

**해설** 어음행위자가 **대리문구를 기재하지 않고 본인의 명칭을 사용하는 대행의 방식으로 어음행위를 한 경우 이러한 무권대행은 원칙적으로 위조에 해당한다.** 判例는 이러한 무권대행은 무권대리가 아니라 위조에 해당한다고 하면서 다만 위조에 본인의 귀책사유가 있는 경우 표현대리의 규정을 유추적용하여 본인의 책임을 인정하고 있다.(대판 2000.3.23. 99다50385)

다른 사람이 본인을 위하여 한다는 대리문구를 어음상에 기재하지 않고 직접 본인 명의로 기명날인을 하여 어음행위를 하는 이른바 **기관 방식 또는 서명대리 방식의 어음행위가 권한 없는 자에 의하여 행하여졌다면 이는 어음행위의 무권대리가 아니라 어음의 위조에 해당**하는 것이기는 하나, 그 경우에도 제3자가 어음행위를 실제로 한 자에게 그와 같은 어음행위를 할 수 있는 권한이 있다고 믿을 만한 사유가 있고, 본인에게 책임을 질 만한 사유가 있는 때에는 대리방식에 의한 어음행위의 경우와 마찬가지로 민법상의 표현대리 규정을 유추적용하여 본인에게 그 책임을 물을 수 있다.(대판 2000. 3.23. 99다50385)

③ [○]

**해설** ㉠ 유권대리에 관한 주장 속에는 무권대리에 속하는 표현대리 주장이 포함되어 있다고 볼 수 없다. ㉡ 당사자가 표현대리를 주장함에는 무권대리인과 표현대리에 해당하는 무권대리 행위를 특정하여 주장하여야 한다 할 것이고 따라서 **당사자의 표현대리의 항변은 특정된 무권대리인의 행위에만 미치고 그 밖의 무권대리인이나 무권대리 행위에는 미치지 아니 한다.**(대판 1984.7.24. 83다카1819)

④ [○]

**해설** 표현대리에 관한 민법 제126조의 규정에서 제3자라 함은 당해 표현대리행위의 직접 상대방이 된 자만을 지시하는 것이고, 약속어음의 지급보증은 발행인을 위하여 어음금채무를 담보할 목적으로 하는 보증인의 단독행위이므로 그 행위의 **구체적, 실질적인 상대방은 어음의 제3취득자가 아니라 발행인**이어서 약속어음의 지급보증 부분이 위조된 경우, 약속어음을 배서, 양도받은 제3취득자는 위 지급보증행위가 민법 제126조 소정의 표현대리행위로서 지급보증인에게 효력이 미친다고 주장할 수 있는 제3자에 해당하지 않는다.(대판 1986.9.9. 84다카2310)

⑤ [○]

**해설** 위 ②항에서 살펴본 바와 같이 判例는 민법상의 표현대리에 관한 규정이 어음행위의 위조에 유추적용된다고 본다.

## 95

**어음의 위조·변조에 관한 설명 중 옳지 않은 것은? (다툼이 있는 경우 판례에 의함)**　　　　　　　　[21 변호사]

① 환어음에 위조된 기명날인 또는 서명이 있는 경우에도 다른 기명날인 또는 서명을 한 자의 채무는 그 효력에 영향을 받지 아니한다.

② 피용자가 어음위조로 인한 불법행위에 관여한 경우에 그것이 사용자의 업무집행과 관련한 위법한 행위로 인하여 이루어졌으면 그 사용자는 「민법」 제756조(사용자의 배상책임)에 의한 손해배상책임을 지는 경우가 있고, 이 경우에 사용자가 지는 책임은 어음상의 책임이 아니라 「민법」상의 불법행위책임이다.

③ 어음에 어음채무자로 기재되어 있는 사람이 자신의 기명날인이 위조된 것이라고 주장하는 경우에는, 그 사람에 대하여 어음채무의 이행을 청구하는 어음의 소지인이 그 기명날인이 진정한 것임을 증명해야 한다.

④ 권한 없이 기명날인을 대행하는 방식에 의하여 약속어음을 위조한 경우에 피위조자가 이를 묵시적으로 추인하였다고 인정하려면 추인의 의사가 표시되었다고 볼 만한 사유가 있어야 한다.

⑤ 권한 없는 제3자가 발행 당시 약속어음에 기재된 지시금지의 문구를 고의로 가리기 위하여 수입인지를 지시금지의 문구 위에 첨부한 경우 이는 어음의 변조에 해당하지 않는다.

**95** 정답 ⑤

| 핵심공략 | 어음채무의 독립성, 피위조자의 책임, 위조입증책임, 어음변조 |

- 어음채무의 독립성
  위조된 기명날인 또는 서명 ⇨ 다른 기명날인 또는 서명을 한 자의 채무 영향 ✕
- 피위조자의 책임
  ㉠ 원칙적으로 누구에 대해서도 어음상 책임 ✕
  ㉡ 위조자가 피용자인 경우 민법상 불법행위책임인 사용자책임 부담 가능 ○, 어음상 책임 ✕
- 위조의 입증책임: 어음 소지인이 기명날인 진정 증명 ○
- 어음 변조
  ㉠ 권한 없는 자가 기명날인 또는 서명 이외의 어음 기재사항 변경
  ㉡ 지시금지 문구 위에 고의로 인지 첨부 ⇨ 변조 해당, 발행인은 변조 전 문언에 따른 책임
  ㉢ 변조 전 기명날인 또는 서명한 자 ⇨ 행위 당시 원문언에 따라 책임
  ㉣ 변조 후 기명날인 또는 서명한 자 ⇨ 변조된 문언에 따라 책임

① [○]
**해설** 환어음에 위조된 기명날인 또는 서명이 있는 경우에도 다른 기명날인 또는 서명을 한 자의 채무는 그 효력에 영향을 받지 아니한다(어음법 제7조 제3호).

② [○]
**해설** 어음이 위조된 경우에 피용자가 어음위조로 인한 불법행위에 관여한 경우에 그것이 사용자의 업무집행과 관련한 위법한 행위로 인하여 이루어졌으면 사용자는 민법 제756조에 의한 손해배상책임을 지고, 이 경우에 사용자가 지는 책임은 어음상의 책임이 아니라 **민법상의 불법행위책임**이므로 그 책임의 요건과 범위가 어음상의 그것과 일치하는 것이 아니다.(대판 1994.11.8. 93다21514)

③ [○]
**해설** 어음에 어음채무자로 기재되어 있는 사람이 자신의 기명날인이 위조된 것이라고 주장하는 경우에는 그 사람에 대하여 **어음채무의 이행을 청구하는 어음의 소지인이 그 기명날인이 진정한 것임을 증명하여야** 한다.(대판 1993.8.24. 93다4151)

④ [○]
**해설** 권한 없이 기명날인을 대행한 약속어음의 위조를 피위조자가 묵시적으로 추인했다고 인정하려면 추인의사가 표시되었다고 볼 만한 사유가 있어야 한다.(대판 1998.2.10. 97다31113)

⑤ [✕]
**해설** 제3자가 고의로 인지를 약속어음에 기재된 지시금지의 문구 위에 첨부한 경우에는 이는 어음의 기재내용을 일부 변조한 것이므로, 어음발행인은 변조 전의 문구에 따라서만 책임을 부담한다.(대판 1980.3.25. 80다202)

## 96

**어음의 위조와 변조에 관한 설명 중 옳은 것은? (다툼이 있는 경우 판례에 의함)**                                    [16 변호사]

① 위조된 배서를 진정한 것으로 믿고 어음을 유상취득한 경우의 손해액은 그 어음을 취득하기 위하여 지급한 금원이 아니라 해당 어음액면 상당액이다.

② 어음상의 피위조자는 귀책사유를 불문하고 선의의 어음소지인에게 어음상의 책임을 진다.

③ 어음상의 피위조자는 위조 사실을 증명하지 못하면 어음상의 책임을 면하지 못한다.

④ 어음이 위조된 후 그 어음을 취득하여 배서양도한 자는 위조된 문언대로 어음상의 책임을 진다.

⑤ 변조 후에 그 어음에 기명날인하여 어음행위를 한 자는 원칙적으로 원래 문구에 따라 어음상의 책임을 진다.

**96** 정답 ④

---

**핵심공략** 위조에 따른 손해액, 위조어음 기명날인·서명한 자의 책임, 위조 입증책임

- 위조의 경우 손해액
  - ㉠ 위조된 배서: 어음 취득을 위해 지급한 금액 O, 어음액 면금액 ✕
  - ㉡ 위조된 수표 할인: 현실적으로 출연한 할인금
- 위조된 어음에 기명날인 또는 서명한 자의 책임
  - ㉠ 어음행위독립의 원칙: 위조 이후 어음행위에 대한 어음상 채무 부담
  - ㉡ 유효하게 배서한 배서인에 대한 상환청구 가능
- 위조 입증책임
  - ㉠ 어음소지인이 기명날인 진정 입증책임
  - ㉡ 피고가 배서란에 찍힌 피고 명의 인영의 진정 인정 ⇨ 배서 진정 추정
  - ㉢ 제3자 인영 날인의 경우 제3자의 날인 권한 입증되어야 O

---

① [✕]

**해설** 위조된 배서를 진정한 것으로 믿고 어음을 유상 취득한 경우의 손해액과 관련하여 判例는 "위조된 배서를 진정한 것으로 믿고 금원을 지급하고 어음 등을 취득한 때에 이미 불법행위책임이 성립하였고, 그 경우 손해액은 어음 등의 **액면액**이 아니라 그 어음 등을 취득하기 위하여 지급한 금원이다." 고 판시하였다.(대판 1994.11.22. 94다20709)

② [✕]

**해설** 피위조자는 자신이 어음행위를 하지 않았고 타인에게 그러한 권한을 부여한 바도 없으므로 원칙적으로 누구에 대해서도 어음상의 책임을 지지 않는다. 위조의 항변은 물적 항변이기에 소지인의 선의·악의를 불문하고 모든 소지인에 대하여 대항할 수 있다. 따라서 어음을 **선의취득한 자**에 대해서도 원칙적으로 **책임을 지지 않는다.** 피위조자에게 외관 형성에 대한 귀책사유가 존재하는 경우 민법상 표현대리나 상법상 표현지배인 또는 표현대표이사의 법리를 유추 적용하여 피위조자가 책임을 질 수 있다. 判例는 "**민법상 표현대리 규정의 유추적용**을 인정하면서 피위조자의 책임이 인정되기 위해서는 상대방이 위조자에게 어음행위를 할 권한이 있다고 믿거나 피위조자가 진정하게 당해 어음행위를 한 것으로 믿은 것만으로는 부족하고, 그와 같이 믿은 데에 **정당한 사유가 있어야 한다**"고 판시하였다.(대판 2000.2.11. 99다47525)

③ [✕]

**해설** ㉠ 어음에 어음채무자로 기재되어 있는 사람이 자신의 기명날인이 위조된 것이라고 주장하는 경우에는 그 사람에 대하여 어음채무의 이행을 청구하는 어음의 소지인이 그 기명날인이 진정한 것임을 증명해야 한다. ㉡ 피고 명의의 배서란에 찍힌 피고 명의의 인영이 피고의 인장에 의한 것임을 피고가 인정하고 있다면 그 배서부분이 진정한 것으로 추정되지만,

그 인영이 작성명의인인 피고 이외의 사람이 날인한 것으로 밝혀질 때에는 위와 같은 추정은 깨어지는 것이므로, 이와 같은 경우에는 어음을 증거로 제출한 원고가 작성명의인인 피고로부터 날인을 할 권한을 위임받은 사람이 날인을 한 사실까지 입증하여야만 그 배서부분이 진정한 것임이 증명된다.(대판 1993.8.24. 93다4151 전합)

④ [O]

**해설** 위조된 어음이라 하더라도 어음에 형식적인 하자가 없는 한 **위조 이후의 어음행위를 한 자**는 어음행위독립의 원칙에 따라 **어음상 채무를 부담**한다(어음법 제7조 제2호).
위조발행 된 어음이라도 어음행위독립의 원칙상 그 뒤에 유효하게 배서한 배서인에 대하여는 상환청구권을 행사할 수 있다.(대판 1977.12.13. 77다1753)

⑤ [✕]

**해설** 환어음의 문구가 변조된 경우에는 그 변조 후에 기명날인하거나 서명한 자는 변조된 문구에 따라 책임을 지고 변조 전에 기명날인하거나 서명한 자는 원래 문구에 따라 책임을 진다(어음법 제69조). 약속어음에 대하여는 약속어음의 성질에 상반되지 아니하는 한도에서 변조에 관한 환어음에 대한 규정을 준용한다(어음법 제77조 제1항 제7호).

# 97

원인채권과 어음채권의 관계에 관한 설명 중 옳지 않은 것은? (다툼이 있는 경우 판례에 의함)  [21 변호사]

① 기존 원인채무의 지급을 위하여 어음이 교부된 경우 채권자는 어음채권을 우선 행사해야 하고 그에 의하여 만족을 얻을 수 없는 때 비로소 채무자에 대하여 기존 원인채권을 행사할 수 있으며, 이러한 목적으로 어음을 배서양도받은 채권자는 특별한 사정이 없는 한 채무자에 대하여 원인채권을 행사하기 위하여는 어음을 채무자에게 반환하여야 하므로, 채권자는 자기의 원인채권을 행사하기 위한 전제로서 지급기일에 어음을 적법하게 제시하여 상환청구권 보전절차를 취할 의무가 있다.

② 기존 원인채무의 지급을 담보하기 위하여 어음이 발행되어 채권자가 그 어음을 유상 또는 무상으로 타인에게 배서양도하였다면 다른 특별한 사정이 없는 한 기존 채권의 채권자는 채무자에 대하여 기존 채무의 지급을 청구할 수 없다.

③ 기존 원인채무의 지급을 담보하기 위하여 어음이 교부된 경우 채권자가 어음채권의 소멸시효가 완성되기 전에 어음채권을 청구채권으로 하여 채무자의 재산을 압류함으로써 그 권리를 행사한 경우에는 그 원인채권의 소멸시효를 중단시키는 효력이 있다.

④ 기존 원인채무의 지급을 담보하기 위하여 어음이 발행되거나 배서된 경우 어음채권이 시효로 소멸되면 발행인 또는 배서인에 대하여 이득상환청구권이 발생한다.

⑤ 채권자가 기존채무의 변제기보다 후의 일자가 만기로 된 어음을 교부받은 때에는 특별한 사정이 없는 한 기존채무의 지급을 유예하는 의사가 있었다고 보아야 한다.

**97**                                              정답 ④

---

**핵심공략** 원인채권과 어음채권, 이득상환청구권

- 권리행사 순서
  - ㉠ 원인채무 지급을 위한 어음교부의 경우: 어음채권 먼저 행사해야 ○
  - ㉡ 채권자는 원인채권 행사 위해 어음 반환할 의무 ○, 상환청구보전절차 이행 의무 부담
- 어음채권 행사와 원인채권 시효 중단
  - ㉠ 피보전권리가 시효완성 전 어음채권인 경우: 원인채권 소멸시효 중단 ○
  - ㉡ 피보전권리가 시효소멸 된 어음채권인 경우: 원인채권 소멸시효 중단 ×
- 이득상환청구권
  - ㉠ 어음소지인의 어음상 권리가 절차 흠결 또는 소멸시효 완성으로 소멸한 경우 소지인이 발행인, 인수인 또는 배서인에 대하여 그가 받은 이익 한도 내에서 상환을 청구하는 권리
  - ㉡ 완전한 어음상 권리를 보유했던 어음소지인의 어음상 권리가 소멸해야 ○
  - ㉢ 다른 구제 수단이 부존재해야 ○
  - ㉣ 어음채무자에게 실질적 이익이 발행해야 ○
  - ㉤ 원인관계 채권 지급확보 위해 어음 발행된 경우 어음채권이 시효로 소멸하더라도 이득상환청구권이 발생 × (원인채권 행사 가능), 어음채권 시효소멸 전에 원인채권 소멸한 경우에도 마찬가지(어음채무 시효소멸로 인한 이익 ×)
- 변제기 보다 후일자 만기인 어음 교부 ⇨ 지급유예의사 인정

---

① [○]

**해설** 어음이 지급을 위해 교부된 경우 채권자는 어음채권을 우선 행사하고, 그에 의해 만족을 얻을 수 없을 때 비로소 채무자에 대하여 기존의 원인채권을 행사할 수 있다고 해야 한다. 이러한 목적으로 어음을 배서양도 받은 채권자는 특별한 사정이 없는 한 채무자에게 원인채권을 행사하기 위해서는 어음을 채무자에게 반환해야 하므로, **채권자가 채무자에게 원인채권을 행사하기 위한 전제로서 지급기일에 어음을 적법하게 제시하여 소구권 보전절차를 취할 의무가 있다.**(대판 1996.11.8. 95다25060)

② [○]

**해설** 원인채무를 담보하기 위하여 발행된 약속어음을 교부받은 채권자가 위 어음을 제3자에게 배서양도하여 그 대가를 결정적으로 보유하게 될 경우, 예컨대 어음금이 지급되거나 양수인이 보전절차를 해태하여 배서양도인인 채권자가 소구받을 위험이 없는 경우 및 무담보배서의 경우에는 원인채무도 함께 소멸한다.(서울고등법원 1986.4.24. 85나3432)

③ [○]

**해설** ㉠ 원인채권의 지급을 확보하기 위하여 어음이 수수된 경우 원인채권과 어음채권은 별개로서 채권자는 선택에 따라 권리를 행사할 수 있고, 원인채권에 기하여 청구를 한 것만으로는 어음채권 자체를 행사한 것으로 볼 수 없어 어음채권의 소멸시효를 중단시키지 못한다. ㉡ 원인채권의 지급을 확보하기 위한 방법으로 어음이 수수된 경우, 어음채권의 행사는 원인채권을 실현하기 위한 것일 뿐만 아니라, 원인채권의 소멸시효는 어음금 청구소송에 있어서 채무자의 인적항변 사유에 해당하는 관계로 채권자가 어음채권의 소멸시효를 중단하여 두어도 채무자의 인적항변에 따라 그 권리를 실현할 수 없게 되는 불합리한 결과가 발생하게 되므로, 채권자가 원인채권에 기하여 청구를 한 것이 아니라 **어음채권에 기하여 청구**를 하는 반대의 경우에는 **원인채권의 소멸시효를 중단시키는 효력**이 있다. ㉢ 이러한 법리는 채권자가 어음채권을 피보전권리로 하여 채무자의 재산을 가압류함으로써 그 권리를 행사한 경우에도 마찬가지로 적용된다.(대판 1999.6.11. 99다16378)

④ [×]

**해설** 원인관계 채권의 **지급을 확보하기 위해 어음이 발행**된 경우 **어음채권이 시효로 소멸**하더라도 **이득상환청구권이 발생하지 않고** 이는 어음채권이 시효소멸하기 전에 먼저 원인관계에 있는 채권이 시효 등 별개의 원인으로 소멸했더라도 마찬가지이다.(대판 1992.3.31. 91다40443)

⑤ [○]

**해설** 채권자가 기존 채무의 지급을 위해 그 채무의 변제기보다 후의 일자가 만기로 된 어음의 교부를 받은 경우에는 묵시적으로 기존 채무의 지급을 유예하는 의사가 있었다고 보는 것이 상당하므로 기존 채무의 변제기는 어음에 기재된 만기일로 변경된다고 볼 것이다.(대판 1999.8.24. 99다24508)

# 98

**어음의 원인관계에 관한 설명 중 옳은 것은? (다툼이 있는 경우 판례에 의함)**  [20 변호사]

① 어음소지인이 자기에 대한 배서의 원인관계가 흠결됨으로써 그 어음을 소지할 정당한 권원이 없어지고 어음금의 지급을 구할 경제적 이익이 없게 된 경우에는 인적항변 절단의 이익을 향유할 지위에 있지 아니하다.

② 채무자가 채권자에게 기존채무의 이행에 관하여 어음을 교부함에 있어서 당사자 사이에 특별한 의사표시가 없으면 이는 '지급에 갈음하여' 교부된 것으로 추정한다.

③ 기존채무의 '지급을 위하여' 어음이 발행된 경우 어음의 반환 없이 채권자가 원인채권을 행사하여 만족을 얻으면 어음채무는 소멸한다.

④ 기존채무의 '지급을 위하여' 어음이 발행된 경우 당사자 사이에 특약이 없다면 원인채권을 먼저 행사하여야 한다.

⑤ 채권자가 기존채무의 '지급을 위하여' 그 채무의 변제기보다 후의 일자가 만기로 된 어음을 교부받은 경우 특별한 사정이 없는 한 기존채무의 지급을 유예하는 의사가 있었다고 볼 수 없다.

## 98 정답 ①

> **핵심공략** 이중무권의 항변, 어음채권과 원인채권의 관계
>
> - 이중무권의 항변
>   - ⊙ 어음채무자와 그 후자 사이 인적 항변사유 존재하고 그 후자와 어음소지인 사이 인적항변사유 존재하는 경우 어음채무자가 어음소지자에게 위 항변사유들을 자신의 항변사유로 주장
>   - ⓛ 자기에 대한 배서의 원인관계 흠결로써 어음소지 할 정당한 권원이 없고 어음금 지급을 구할 경제적 이익이 없게 된 경우 인적항변 절단 이익 ✕
> - 어음채권과 원인채권
>   - ⊙ 지급에 갈음하여: 원인채무 ✕, 어음채무 ○
>   - ⓛ 지급을 위해서: 원인채무 ○, 어음채무 ○
>   - ⓒ 지급을 담보하기 위해서: 원인채무 ○, 어음채무 ○
>   - ⓔ 채무자가 채권자에게 어음을 교부하는 경우, '지급을 위한' 교부로 추정

① [○]

**해설** 자기에 대한 배서의 원인관계가 흠결됨으로써 **어음을 소지할 정당한 권원이 없어지고 어음금의 지급을 구할 경제적 이익이 없게 된 경우에는 인적항변 절단의 이익을 향유할 지위에 있지 아니하다.** 따라서 어음 배서인이 발행인으로부터 지급받은 어음금 중 일부를 어음소지인에게 지급한 경우, 어음소지인은 배서인과 사이에 소멸된 어음금에 대하여는 지급을 구할 경제적 이익이 없게 되어 인적항변 절단의 이익을 향유할 지위에 있지 않으므로 어음 발행인은 그 범위 내에서 배서인에 대한 인적항변으로써 소지인에게 대항하여 그 부분 어음금의 지급을 거절할 수 있다.(대판 2003.1.10. 2002다46508)

② [✕]

**해설** ⊙ 채무자가 기존 채무의 이행에 관하여 채권자에게 어음을 교부하는 경우에 당사자 사이에 특별한 의사표시가 없고, 다른 한편 **어음상의 주채무자가 원인관계상의 채무자와 동일하지 아니한 때에는** 제3자인 어음상의 주채무자에 의한 지급이 예정되고 있으므로, 이는 **지급을 위하여 교부된 것으로 추정된다.** ⓛ 그 경우, 채권자는 어음채권과 원인채권 중 어음채권을 먼저 행사하여 만족을 얻을 것을 당사자가 예정하였다고 할 것이므로, **채권자로서는 어음채권을 우선 행사하고 그에 의하여서는 만족을 얻을 수 없을 때 비로소 채무자에 대하여 기존의 원인채권을 행사할 수 있으며,** 나아가 이러한 목적으로 어음을 배서양도받은 채권자는 특별한 사정이 없는 한 채무자에 대하여 원인채권을 행사하기 위하여는 어음을 채무자에게 반환하여야 하므로, 채권자가 채무자에 대하여 자기의 원인채권을 행사하기 위한 전제로서 지급기일에 어음을 적법히 제시하여 소구권 보전절차를 취할 의무가 있다고 보는 것이 양자 사이의 형평에 맞는다.(대판 1995. 10.13. 93다12213)

③ [✕]

**해설** 어음관계는 원칙적으로 원인관계의 유효 여부에 영향을 받지 않는다. 어음상 권리와 원인관계상 채권은 서로 별개로 존속한다. 원인관계상 채무의 지급을 위해 어음을 교부한 경우 기존채무가 지급되더라도 어음채무는 소멸하지 않는다. 또한 원인채권을 행사한 것으로 어음상 권리의 소멸시효가 중단되지도 않는다.
원인채권의 지급을 확보하기 위한 방법으로 어음이 수수된 경우에 **원인채권과 어음채권은 별개로서 채권자는 그 선택에 따라 권리를 행사할 수 있고, 원인채권에 기하여 청구를 한 것만으로는 어음채권 그 자체를 행사한 것으로 볼 수 없어 어음채권의 소멸시효를 중단시키지 못한다.**(대판 1999.6. 11. 99다16378)

④ [✕]

**해설** 위 ②항에서 살펴본 判例에 의하면 채무자가 기존 채무의 이행에 관하여 채권자에게 어음을 교부하는 경우 채권자로서는 어음채권을 우선 행사하고 그에 의하여서는 만족을 얻을 수 없을 때 비로소 채무자에 대하여 기존의 원인채권을 행사할 수 있다.

⑤ [✕]

**해설** 채권자가 기존 채무의 지급을 위하여 그 **채무의 변제기보다 후의 일자가 만기로 된 어음의 교부를 받은 때에는 묵시적으로 기존 채무의 지급을 유예하는 의사가 있었다고 보는 것이** 상당하므로 기존 채무의 변제기는 어음에 기재된 만기일로 변경된다고 볼 것이다.(대판 1999.8.24. 99다24508)

## 99

甲은 乙에게 금액란만을 백지로 한 약속어음을 발행하면서 1억 원의 범위 내에서 금액을 보충할 수 있는 권한을 부여하였다. 乙은 丙에게 위 약속어음을 배서교부하면서 보충권의 범위가 2억 원이라고 말하였다. 이에 관한 설명 중 옳은 것은? (다툼이 있는 경우 판례에 의함)  [19 변호사]

① 丙이 위 약속어음의 금액란을 보충하지 않은 채 甲을 피고로 어음금지급청구의 소를 제기한 경우 어음금채권의 소멸시효는 중단되지 않는다.

② 丙이 甲을 피고로 어음금지급청구의 소를 제기하였으나 사실심 변론종결일까지 백지부분을 보충하지 않아 패소판결을 받고 그 판결이 확정된 경우, 丙은 특별한 사정이 없는 한 백지보충권을 행사하여 완성한 어음에 기하여 甲을 상대로 동일한 어음금을 청구할 수 없다.

③ 甲은 丙이 악의로 어음을 취득한 경우에만 丙에게 부당보충을 이유로 대항할 수 있다.

④ 丙이 乙의 말을 믿고 금액란에 2억 원을 보충하여 甲을 피고로 어음금지급청구의 소를 제기한 경우, 법원은 丙의 청구를 전부 기각하여야 한다.

⑤ 丙이 甲에게 어음금을 청구하기 위하여는 만기로부터 1년 이내에 백지보충권을 행사하여야 한다.

---

**핵심공략** 백지어음

- 백지보충 하지 않은 권리행사
  - ㉠ 백지상태에서는 어음상의 권리가 적법하게 성립 ✕
    ⇨ 지급제시 효력 ✕
  - ㉡ 1심 패소 이후 백지보충 하여 전소의 피고를 상대로 동일한 어음금 청구 ✕
  - ㉢ 시효중단 ○
- 백지어음 보충권
  - ㉠ 만기 이외 백지: 만기로부터 3년
  - ㉡ 만기 백지: 백지보충권을 행사할 수 있는 때로부터 3년
- 백지어음 보충의 효과
  - ㉠ 보충의 효력은 장래효 ○
  - ㉡ 백지어음 만기 후에 백지가 보충된 경우 만기 전에 이루어진 배서는 기한후 배서 ✕
- 백지어음 부당보충
  - ㉠ 부당보충의 내용으로 소지인에게 대항 ✕
  - ㉡ 소지인이 악의 또는 중대한 과실 ⇨ 대항 가능
  - ㉢ 발행인은 보충권 범위 안에서 어음상 책임 부담

---

① [✕]

**해설** 백지어음이란 기명날인 또는 서명 이외의 어음요건의 전부 또는 일부를 추후 타인으로 하여금 보충시킬 의사로 의도적으로 공백으로 남겨두고 발행한 미완성의 어음을 말한다(어음법 제10조, 제77조 제2항).

어음요건이 백지인 약속어음의 소지인이 그 **백지 부분을 보충하지 않은** 상태에서 어음금을 청구하는 것은 어음상의 청구권에 관하여 잠자는 자가 아님을 객관적으로 표명한 것이라고 할 수 있고 그 청구로써 **어음상의 청구권에 관한 소멸시효는 중단**되고, 이 경우 백지에 대한 보충권은 그 행사에 의하여 어음상의 청구권을 완성시키는 것에 불과하여 그 보충권이 어음상의 청구권과 별개로 독립하여 시효에 의하여 소멸한다고 볼 것은 아니므로 **어음상의 청구권이 시효중단에 의하여 소멸하지 않고 존속하고 있는 한 이를 행사할 수 있다.**(대판 2010.5.20. 2009다48312)

② [○]

**해설** 백지어음 소지인이 어음금 청구소송의 사실심 변론종결일까지 백지 부분을 보충하지 않아 패소판결을 받고 그 판결이 확정된 경우, 백지보충권을 행사하여 완성한 어음에 기하여 전소의 피고를 상대로 다시 **동일한 어음금을 청구할 수 없다.**(대판 2008.11.27. 2008다59230)

③ [✕]

**해설** 미완성으로 발행한 환어음에 미리 합의한 사항과 다른 내용을 보충한 경우에는 그 합의의 위반을 이유로 소지인에게 **대항하지 못한다**(어음법 제10조 본문). 그러나 소지인이 악의 또는 중대한 과실로 인하여 환어음을 취득한 경우에는 그러하지 아니하다(어음법 제10조 단서). 소지인에게 악의 또는 중과실이 없는 한 어음채무자는 보충권의 남용을 이유로 소지인에게 대항할 수 없다. 소지인의 악의 또는 중대한 과실에 대한 입증책임은 채무자가 부담한다. 소지인에게 악의 또는 중과실이 있는 경우에도 발행인은 원래 수여한 보충권의 범위에서는 어음상의 책임을 진다.

④ [✕]

**해설** 보충권의 범위를 잘못 알고 아직 백지 상태인 어음을 취득한 후 백지를 보충한 제3자에게도 어음법 제10조가 적용되는지에 대하여 判例는 어음소지자가 백지어음 부분에 대한 보충권한을 부여받은 자의 지시에 의하여 백지어음 금액란을 실제 부여된 보충권의 범위를 초과하여 보충한 사안에서 "어음소지자가 어음을 악의 또는 중대한 과실 없이 취득하였다면 어음법 제10조에 의해 보호된다"고 판시하여 어음법 제10조의 적용을 인정하고 있다(대판 1978.3.14. 77다2020). 또한 判例는 "소지인이 악의 또는 중과실로 부당 보충된 어음을 취득한 경우에도 **발행인은 자신이 유효하게 보충권을 수여한 범위 안에서는 당연히 어음상의 책임을 진다**"고 판시하였다(대판 1999.2.9. 98다37736).

⑤ [✕]

**해설** 백지어음 보충권의 소멸시효와 관련하여 判例는 "만기를 백지로 하여 발행된 약속어음의 백지보충권의 소멸시효기간은 **백지보충권을 행사할 수 있는 때로부터 3년**으로 보아야 한다"고 판시하였다(대판 2003.5.30. 2003다16214). 判例에 의하면 丙이 甲에게 어음금을 청구하기 위하여는 백지보충권을 행사할 수 있는 때로부터 3년 이내에 백지보충권을 행사하여야 한다.

## 100

甲은 乙로부터 매수한 토지의 매매잔금채무의 담보를 위하여 2019. 11. 25. 위 채무금액을 액면금액으로 하는 약속어음을 乙에게 발행하였다. 이때 丙이 위 약속어음의 앞면에 "아래 지급기일까지 보증인에게 지급제시하여야 어음금액의 지급을 보증함"이라는 문구를 적고 기명날인하였다. 乙은 이를 丁으로부터 공급받은 컴퓨터 100대의 대금채무의 담보를 위하여 2019. 12. 10. 丁에게 배서양도하였다. 이에 관한 설명 중 옳지 않은 것은? [20 변호사]

① 丙은 甲의 어음상 채무에 대하여 어음보증한 것이고, 乙과의 원인관계상 채무까지 보증한 것은 아니다.

② 丁은 甲에게 지급을 위한 제시를 하지 아니하여도 甲에게 지급청구를 할 수 있다.

③ 丁은 위 어음을 지급기일까지 보증인 丙에게 지급제시하지 않으면, 丙은 보증책임을 지지 않는다.

④ 丙은 누구를 위하여 어음보증을 한 것인지 표시하지 않았으므로 甲을 위하여 보증한 것으로 본다.

⑤ 丁은 甲에게 먼저 지급청구를 한 후에야 丙에게 보증채무의 이행을 청구할 수 있다.

## 100

> **핵심공략** 어음보증효력, 주채무자의 의무, 어음보증인의
> 보증채무 및 피보증인
>
> - 어음보증 효력
>   - ⊙ 어음보증: 원인채무에 대한 보증책임 ✕
>   - ⓒ 소지인은 피보증인에게 먼저 청구할 필요 없이 보증인
>     에게 바로 어음금 청구 가능
> - 주채무자의 의무
>   - ⊙ 주채무자: 약속어음의 발행인과 환어음의 인수인
>   - ⓒ 절대적으로 어음금 지급 채무 부담, 지급제시 불필요
> - 어음보증인의 보증채무
>   - ⊙ 보증인은 피보증인과 함께 합동책임 ○, 최고·검색 항
>     변권 ✕ ⇨ 보증인에게 바로 청구 가능
>   - ⓒ 약속어음 발행인을 위한 보증은 어음의 적법한 지급
>     제시 여부와 상관없이 어음채무 부담
> - 조건부보증: 조건부 보증문언대로 보증인 책임 발생 ○
> - 어음보증의 피보증인: 피보증인을 기재하지 않은 보증은
>   발행인을 위한 보증

① [ ○ ]

**해설** 어음상의 채무에 대해서 보증을 하였다고 해서 원인관계에 대한 민사보증을 한 것으로 볼 수는 없다.

다른 사람이 발행하는 약속어음에 명시적으로 어음보증을 하는 사람은 그 어음보증으로 인한 어음상의 채무만을 부담하는 것이 원칙이고, 특별히 채권자에 대하여 자기가 그 약속어음 발행의 원인이 된 채무까지 보증하겠다는 뜻으로 어음보증을 한 경우에 한하여 그 원인채무에 대한 보증책임을 부담하게 되므로, 타인이 물품공급계약을 맺은 공급자에게 물품대금 채무의 담보를 위하여 발행·교부하는 약속어음에 어음보증을 한 경우에도 달리 민사상의 원인채무까지 보증하는 의미로 어음보증을 하였다고 볼 특별한 사정이 없는 한, 단지 어음보증인으로서 어음상의 채무를 부담하는 것에 의하여 신용을 부여하려는 데에 지나지 아니하는 것이고, 어음보증 당시 그 어음이 물품대금 채무의 담보를 위하여 발행·교부되는 것을 알고 있었다 하여도 이와 달리 볼 수가 없다.(대판 1998.6.26. 98다2051)

② [ ○ ]

**해설** 약속어음의 발행인은 어음금액을 절대적으로 지급할 채무를 부담하는 자이므로 어음법 제77조 제1항 제3호에 의한 **지급을 위한 제시의 규정은 약속어음 발행인에게는 적용될 수 없다.**(대판 1971.7.20. 71다1070)

③ [ ○ ]

**해설** 약속어음의 발행인은 어음금을 절대적으로 지급할 의무를 부담하는 것이므로 어음소지인이 발행인에 대하여 지급을 위한 제시를 하지 아니하였다 해도 발행인에게 어음금액을 청구할 수 있고, **발행인을 위한 어음보증인은 보증된 자와 동일한 책임을 지므로**(어음법 제77조 제3항, 어음법 제32조 제1항)

이러한 어음보증인에게도 소지인은 지급을 위한 제시없이도 어음금청구권을 행사할 수 있다.(대판 1988.8.9. 86다카1858)

한편 조건부보증의 효력과 관련하여 判例는 "어음법상 보증에 대해 발행 및 배서의 경우와 같이 단순성을 요구하는 규정이 없고, 어음보증에 대해 환어음 인수보다 더 엄격하게 단순성을 요구함은 균형을 잃은 것이고 조건부 보증을 유효로 보아도 어음거래의 안전성이 저해되는 것도 아니므로 **조건을 붙인 불단순 보증은 그 조건부 보증문언대로 보증인의 책임이 발생한다고 보는 것이 타당하다.**"고 판시하였다(대판 1986. 3.11. 85다카1600).

설문의 경우 원칙적으로 보증인에 대한 지급제시가 요구되는 것은 아니나 "아래 지급기일까지 보증인에게 지급제시하여야 어음금액의 지급을 보증함"이라는 문구는 유익적 기재사항에 해당하므로 위 문구로 인하여 丁이 위 어음을 지급기일까지 보증인 丙에게 지급제시하지 않으면, 丙은 보증책임을 지지 않는다.

④ [ ○ ]

**해설** 보증에는 누구를 위하여 한 것임을 표시하여야 한다. 그 표시가 없는 경우에는 **발행인을 위하여 보증한 것으로 본다**(어음법 제31조 제4항).

⑤ [ ✕ ]

**해설** **보증인은 피보증인과 함께 소지인에 대해서 합동책임을 진다**(어음법 제47조 제1항). 보증인은 민법상 최고, 검색의 항변권이 없다. 따라서 **소지인은 피보증인에게 먼저 청구할 필요 없이 보증인에게 바로 어음금의 지급을 청구할 수 있다.** 소지인은 피보증인과 보증인 중 1명, 여러 명 또는 전원에 대하여 청구할 수 있다(어음법 제47조 제2항).

# MEMO

MEMO

**MEMO**